U0873470

金融脱媒 上册 FINANCIAL DISINTRERMEDIATION

——一场经历金融改革的实践与演说

张宇◎著

中国经济出版社
CHINA ECONOMIC PUBLISHING HOUSE
·北京·

图书在版编目(CIP)数据

金融脱媒:一场经历金融改革的实践与演说/张宇著.
北京:中国经济出版社,2017.8
ISBN 978-7-5136-4726-7

Ⅰ.①金… Ⅱ.①张… Ⅲ.①互联网络—应用—借贷—金融机构—概况—中国
Ⅳ.①F832.4

中国版本图书馆 CIP 数据核字(2017)第 121965 号

责任编辑 杨 莹
责任印制 巢新强
封面设计 任燕飞

出版发行 中国经济出版社
印 刷 者 北京金明盛印刷有限公司
经 销 者 各地新华书店
开　　本 710mm×1000mm 1/16
印　　张 90.5
字　　数 1522 千字
版　　次 2017 年 8 月第 1 版
印　　次 2017 年 8 月第 1 次
定　　价 258.00 元
广告经营许可证 京西工商广字第 8179 号

中国经济出版社 **网址** www.economyph.com **社址** 北京市西城区百万庄北街 3 号 **邮编** 100037
本版图书如存在印装质量问题,请与本社发行中心联系调换(联系电话:010-68330607)

献给：

共同为这一事业做出努力的同仁！

2017 年 8 月于深圳

序

《金融脱媒》是红岭创投前总裁张宇先生的力作。张宇先生是我一直敬重的老领导、老师。从 2013 年 11 月—2016 年 11 月，张宇先生在红岭创投辛苦耕耘了整整三年。张宇先生刚加盟红岭时，红岭的待收余额在 6 亿左右，累计投资额不超 30 亿，而三年后，当张宇先生因合约到期离开红岭时，红岭的待收余额接近 200 亿，累计投资额超 2000 亿，并获得监管部门的总体认可，这真是一件了不起的事情！

一次偶然的机会，我在张老师的书房看到了这套《金融脱媒》，便请求老师借一套给我拜读。在阅读过程中，我被书中简单、朴实同时又被其高屋建瓴的观点感动和折服。我觉得这套书应该出版，让互联网金融行业的人员学习和拜读，而不是以资料汇编的形式躺在书房里。于是我便和张老师提出了这个想法，张老师一开始是拒绝的，觉得没有必要再出版。在我再三的说服之下，张老师才接受了我的建议。

早在 2000 年年初，张宇先生就担任了深圳发展银行总行行长助理、总行贷款审批委员会主任、总行资产负债管理委员会主任。可以说，张宇先生既是金融专家，也是互联网金融专家。

《金融脱媒》以录音资料整理的形式，将张宇先生在红岭创投工作期间的看法及会议讲话整理成文字，尽量原始的记录了张宇先生的观点和处理问题的方法。这些资料是很宝贵的，在复杂的经济环境下，在复杂的监管环境下，互联网金融企业怎样去面对和处理一系列的挑战？《金融脱媒》让从业人员看到真正的金融专家是怎样“举重若轻”的。

最后，任何事物都有因其所处的特定空间和时间而形成的局限性，没有放之四海而皆准的方法。互联网金融直到现在相对于传统金融来说还是新生事物,需要社会各界的批评、鞭策和指正,更需要社会各界的关心、理解和呵护!从这个角度来说,《金融脱媒》也是抛砖引玉之作。

深圳市蓝海投资电子商务有限公司执行董事副总裁 邓昊
2017 年 8 月 1 日

前　言

人本来是徒步行走的，现在有了高速铁路、动车、飞机；

交易本来是物物交换的，现在有了纸币、信用卡；

金融本来是通过面对面进行的，现在有了互联网，变成了互联网金融、智能手机，跨过空间贴身交易……

世界是永恒发展的，目前进入了新的时代，移动互联网已经成为社会的基础设施，离不开了，也不能离开了。任何离开移动互联网的经营、管理、研发、学习和生活，注定已经落后了。

2014 年、2015 年、2016 年是中国互联网金融，P2P 高速发展的三年。红岭创投一样投身于其中，其快速的起步、发展，引起社会的巨大反响。这本书 ，通过录音原生态的管理内容，还原这一发展中的主要过程，记载着红岭创投从目标建立、制度建设、管理架构的建设、人员招聘培训、业务品种、产品模板建立、外延式的扩大和内涵式的提高、战略规划的制定、实施、调整、充实 、传统金融走向互联网金融、通过 P2P 的形式，探索、实践金融脱媒的全过程、全方位的内容。

内容完全根据录音整理，并未做任何修改，以供各方面研究、总结、探索、启发、批评、参考使用。

真实的总是有他美好的一面。辛勤的努力、认真的思考、不懈的探索，不能代替不足的经验、欠缺的管理能力，以至留下众多遗憾。实践过程中，不乏众多错误，因为从认识到实践，从战略到战术以至操作，无一存在先例，全是根据社会的需求，在不违法、不违规、保障投资者利益不受损失的前提下，一步一步实践过来的。所以这些真实的记载无疑是有益的。是我们努力过的证明，功过让历史去评判。内容由有兴趣者参考。

能够在这一实践中做出点付出，得到一定的社会上投资者、融资者的认可，首先要感谢各级政府，监管部门的各级领导，他们为这一新现象的发展采取了“让子弹飞一会”的态度，使这项工作有了实践的机会和环境。其次，感谢红岭创投董事长周世平先生，他为我们开辟了实践的基础环境，并和我们一起勇敢地克服了一个个困难，实现了八年来未让一个投资者受损失的辉煌战绩。我们解决了流动性、(净值标—个人、理财标—企业本身)利率市场化、(借款利率从年化24%以上降至最低的年化11%，投资利率从年化18%以上，降至至年化9%)真实性的民间金融(真实交易、一一对应)大问题，我们按市场规律逐步介入市场主体，对安全性、效益性、流动性做了成功的实践，并让社会受益。我们合规、合法、交税、安排就业，补充了主体金融系统或缺，建立了一条通往市场经济金融新路，我们努力，我们兢兢业业，我们小心翼翼，探索了一条可持发展的创新之路，历史会证明，金融脱媒的伟大生命力！第三，要感谢董事会、监事会成员的鞭策与鼓励，和红岭创投各级管理干部、全体员工的辛勤劳动。第四，要感谢广大的投资者、贷款者，同行业兄弟单位，新闻单位，感谢那些批评者、质疑者，以及所有对红岭创投发展过程中有过各种影响的行为，正是在这样的环境中，我们努力工作，努力学习，改正错误，取得了一点点收获。

我衷心的祝愿红岭创投继续探索实践，希望能成为百年老店，完成在特定历史阶段，社会经济发展所提出的需求和任务。在理论和实践上，有众多问题需要研究、实践、解读，要采用全新的探索和实践的方法。比如：巴塞尔协议的监管方法如何有机的在互联网金融方面运用？以什么样的监管规则适应于建立良性的生态环境？利率市场化的路应该怎么走才能有效以及避免经济过大的震动？传统金融发展的要求怎么才能适应现实经济的发展？这一切的一切都应建立在遵循市场规律的前提下，运用先进的金融科技手段，大家共同努力，使社会逐步向前发展，使国家不断强大。

在这本书的编辑过程中，李佳、肖桂林、蔡晨、陈岑、苏星影、孙嘉亦、王旭等同仁付出了辛勤的劳动，在此表示深深地谢意。

作者：时任红岭创投总裁 

(2013年11月至2016年11月)

2017年8月于深圳

目　录

1 对行业的看法

1.1 互联网/互联网金融/互联网 +

对互联网思维和互联网金融的看法

互联网思维是一个概念,是对互联网现象从一个侧面提出的研究形式。互联网是社会的一个基础设施,全世界都已经建立了这样的互联网基础。在互联网的基础上,不只是金融,各行各业都应该在互联网这样一个社会基础上,和我们思维相关的事情,包括工作等,从这个角度去理解互联网。至于用户体验等具体的东西,很重要,但不是最主要的。互联网实际上对我们政治上的民主化,经济上的市场化,还有世界经济的一体化,都起着不可估量的作用。而红岭创投正是搭上了这辆车在往前走,它也和整个政治上的民主化、经济上的市场化,以及世界经济的一体化离不开。对于风险问题,越往下研究,就越会发现风险已经发生了变化。不仅仅是一开始的那种企业风险,极端的风险是否会出现?有可能出现。但是我们能否不去考虑?不能。现在办公会的规模越来越小,研究的问题也越来越深入,讨论的问题也越来越有高度。对于极端问题的出现,相关部门都在考虑。想要避开这种问题很难,要就极端问题提出方案。但是,用一个方法解决所有的问题,在互联网的思维下是肯定不行的,谁都没有这个本领。如果不能把这个问题突破,红岭就不能突破,就不要说其他小 P2P 企业了,这就是问题。因为它没有模式,没有参照的东西,也没有规定。连银监会也不敢说怎么办,人民银行也不敢说让子弹飞一会,看看会有什么结果出现。最根本的问题就是极端问题的出现——一个亿的贷款烂掉了,拿什么来补，马上出现流动性风险，让老百姓不要挤兑。最怕的就是一个激发点，一系列的连锁反应。所以说现在互联网时代已经到了这个程度，一个关于民生的信息，有关于每个人利益的信息，一旦在手机上传到两百人以后，马上全国只要有手机的人基本都知道了，已经到了这个程度。要想让一个企业垮台，是一瞬间的事。这个风险，与我刚到红岭时候的风险相比较，不是一个量级的，因为里面包含大量的理论思维、政治思维在里面，以及社会进步的思维等内容。现在红岭来了几位成熟的副总，一起站在这个高度去思考问题，下一步红岭才能走，否则寸步难行。

——2014 年 5 月 31 日第 27 期总经理办公会议

对互联网和互联网金融的认识

安徽分公司是红岭第三家在深圳以外成立的省级分公司。截至目前，已经运行了七个月。在以丁之俊总经理的带领下以及团队积极努力的工作下，取得了明显的成果。团队总结了经验、创造了效益、产生了影响，也吸取了教训。下一阶段的工作，任重道远。因为互联网金融、互联网经济、互联网现象，都是历史发展、经济发展、生产力发展的产物。就像农业革命、工业革命、信息革命和今天的互联网革命一样，它在整个社会发展史上是一个相当重要的历史阶段。这个历史阶段，不是每个人都有机会遇到。有的人处于拥有灿烂文明的农耕社会，也有人处于同样拥有灿烂文明的工业社会。例如，中国每个历史阶段都有自己的鼎盛时期。虽然我们无法选择生活在哪个历史时期，但我们有幸赶上了互联网，赶上了这样一种形态、这样一个历史阶段。

互联网经济的发展，是在十几年前开始的。那个时候移动互联网发展得很慢。刚有互联网的时候，是在电信局申请专线，用电话线上网。那个时候的电脑型号还是 286，速度很慢，内存还不到 1T，可能连 1G 都没有。计算机在我国发展的时间其实并不是很长，但是伴随着信息革命、计算机的发展和互联网的发展，现在的社会已经天翻地覆了。在移动互联网和无线通信还没有大力发展之前，最先进的就是大哥大，一万多元一部，只能打电话，其他什么都不能干。当时，合肥市电信局能提供的上网的用户，只有三千个名额。这属于无线通信时期,还没有进入移动互联网时期。接着是 BB 机出现,这依然属于无线寻呼时代。之后随着时间的推移,无线通信开始越来越发展好。也就是近 5 ~10 年,无线通信与互联网接轨。互联网开始真正进入每个家庭,到每个人身边。20 世纪 80 年代,有些家庭开始安装电话。到哪里都说,打我家电话吧,我家电话号码是 XXX。在那个时期,家里能装部电话是很骄傲的事情。而现在花三百元就能买部手机,再花五十元买张卡就可以使用。可以看出,科技的发展突飞猛进。

随着生产技术和科学技术的发展,我们的生活、工作、事业都离不开互联网。互联网在某种程度上打破了空间限制。无论你是在全国各地,还是全球各地,一个短信、一条微信,马上就能联系起来。比如,我们在外地出差,今晚要开董事会,大家可能在全国各个地方,一个通知大家就可以在微信群里面直接开会,可能半个小时就能把会议议题讨论好,只要半个小时就可以了。而在过去,大家要坐飞机、坐火车,要安排接送吃住,开一次会议前前后后至少要两三天的时间。

互联网的发展、移动通信的发展把全世界连接成了一体,连到了一个点上。让我们在任何时候、任何地方遇到问题都可以迅速、准确地解决。所以我们做任何事情,第一个想到的就应该是互联网。过去我们如果想学习一样东西要到处找老师,甚至有的专业老师还不容易找到,要了解一种专业知识需要翻好多书。现在呢? 只需要有一部手机,上网搜索搜索,什么都知道了。说个笑话,有的领导对百度还是很熟悉的。讲座的时候,底下提个问题,一下子蒙住了,怎么办? 我们就去下洗手间,到洗手间用手机百度下,然后回来“第一、第二、第三、第四、第五”一条条地回答学生问题,学生听得发愣。这么一个冷门的知识,我们居然知道得这么清楚。互联网就像一个贴身老师一样在你的身边。什么样的问题它都能给你解决。你要买什么东西,可以上淘宝网、京东等网上商城,可以说应有尽有。这种新的技术发展给我们的生活、工作以及各个方面都提供了一个崭新的平台。在这个平台上可以做过去很多我们想做但是做不到,想努力但是没有支撑,想创造又没有人帮助,提出疑问但没有人回答的事情。所以说,我们是互联网企业,对于互联网思维、互联网体验等东西都要建立在对互联网的认识上。

以上就是对互联网的认识不管生活的哪个方面，包括我们家庭生活、交友等，一切都离不开互联网。只有加入互联网你才能和这个时代同行；所有的东西考虑到互联网，你才和这个时代同行。可以说，互联网的出现对于整个社会业态产生了颠覆性的影响。互联网已经变成了社会的基础设施，就像马路、下水道、公交车、飞机一样，它已经是基础设施。如果这个时候你不会用互联网，那就赶快学习，还来得及。特别是我们在座的同志，有的年纪稍微大点，有的还非常年轻，要意识到互联网的意义。开店经商首先想到网店，写文章首先想到网上有没有模板，搞创业想到网上有没有案例。这些网上全部都有。在这种思维的指导下，在开展我们今后的工作的时候，你的办法就多种多样了。在这个思维条件下，再去创造、再去往前走。你就会很轻松，过去很难的问题，就会变得很简单。

在新的社会基础设施的背景下，金融当然也会发生变化。这就产生了P2P，继而产生了今天的市场信贷。这种市场信贷实质上就是过去的高利贷。它最后通过网络变成今天的P2P，把各不相干的投资人和借款人拉到了一起。P2P最早是从英国开始的，最后在美国，在西方社会的背景下壮大。2013年是中国互联网金融发展的元年。2014年，在座的各位都非常幸运地赶上了互联网金融发展的快车。搭上了这趟快车，我们所有的思维都是和互联网相关的。互联网金融往前走就是解决借贷问题，解决有人想投资、有人想借款的问题。进一步，这个解决过程中有什么样的障碍、有什么样的难点需要解决。比如我们在淘宝网上买衣服，之后衣服寄来了。还举刚才鳄鱼T恤的例子，两个厂生产的，都是L号，但是两件衣服大小不一样，这是由于版型不一样。皮鞋也是一样，两个不同的鞋厂生产的一样码数的鞋子，穿到脚上大小不一样，在网页上看到的色彩和做工和你实际拿到手的色彩、做工又不一样。这一系列的不一样就造成了拿到手不满意、不合适，继而要退货、换货。从而耽误了时间，加大了社会物流的成本。一个物流来回和两个来回是完全不一样的。一个来回，全国物流速递行业GDP如果是一万亿的话，两个来回就是两万亿，消耗了很大的社会资源。

——张宇总经理在安徽分公司的讲话

对互联网金融的认识

他们既是来祝贺，也是来学习的，更是来交流的。各个分公司在组建和业务发展的过程当中都有很多大家可以相互交流、相互支持、相互使用的东西。他们都有很多的经验。同样，我们目前在行业内排名还算在前列的，但是我们身上的担子还很重。我们在一个完全没有标准、没有老师、没有监管又面临着很多法律方面的控制的环境下。中国经济环境也正处于一个非常复杂的时期，要求各条线、各个行业与国际接轨。现在国际上，中国与世界水平最接近的就是互联网金融和互联网经济这一块。陆金所的董事长计葵生是个美国人，他说5年后的美国肯定要到中国来学互联网金融。慢慢主流的认识会出来。过去各种各样的认识都有，互联网金融的本质还是金融。不懂金融的人来做互联网金融，可能很吃力，或者说做不成。但做互联网的人来做，如果能做好的话，确实能让金融来到众多老百姓中间。

社会的经济发展对我们企业的发展有好处的事情，它应该能成功。好事，一定是对大家都好的事。对少数人好的事情未必是好事。大家心情都很好，有一个和谐的环境，有一个和谐的社会，让大家都能够物质生活和精神生活同步地进步和增长，这就是我们所追求的目标。银行水平高，我们不能比他们低，这是我们第一个努力的方向，要做好这一点。现在我们30个分公司的筹建正如火如荼进行。

——张宇总经理在云南分公司的讲话

互联网金融是世界发展的必然产物

人本来是徒步行走的，现在有了火车、飞机；交易本来是物物交换的，现在有了纸币、信用卡；金融本来是通过面对面进行的，现在有了互联网，变成了互联网金融，跨过空间贴身交易……世界是永恒发展的，目前进入了新的时代，移动互联网已成为社会的基础设施，离不开了，也不能离开了。任何离开移动互联网的经营、管理、研发、学习和生活，注定已经落后了。

互联网金融本身就是个新东西，对于世界也是个新东西。我们现在与世界各国站在同一个起跑线上，我们所做的是对整个世界发展和进步都有意义的事。

——张宇总裁在投资人交流会上的讲话

互联网金融的产生和发展

互联网金融的发展，是一个历史现象。金融，本来是面对面进行的，现在通过互联网，贴近每一个人，手机上可以完成支付、投资。这些变化是随着社会的进步、生产工具的进步、知识的进步所取得的成果。而互联网金融的出现本身也是社会进步的产物，当因特网刚出现的时候，我们感觉很新鲜。随后有了计算机，不断更新换代。计算机之后有了互联网，但当时是有线的，有时间界限、通道受限、国内网页有限。后来出现了移动通信，移动通信是建立在无线电通信技术基础之上。之后有了手机，再后来互联网接入了移动通信。时代和科技的发展，使得互联网金融应运而生。

——张宇总裁在山东分公司座谈会上的讲话

对互联网＋、互联网思维的几点看法

从我自己的感觉，互联网金融这个行业以后不得了，提出的“互联网＋”，这个加号加什么都不得了，所以反过来也会变成我们过去的认识，互联网已经成为我们的基础设施，成为世界的基础设施。做什么事情都不能离开互联网，不管年纪大小，只要离开互联网就注定落后了。有这种认识后，再开展所有工作时，我们就有了最先进的基础设施，运用最先进的思维，我们在最先进的一个产业内还有什么理由搞不好呢。应该能干好，还有这么一伙人，这么多兄弟，还有这么多专业人员，一起研究，天天在一起动脑筋，怎么搞产品，怎么搞发展，所以说我们很幸运，赶上了这个时代。

——张宇总裁在苏州分公司座谈会上的讲话

对互联网金融技术发展的认识

对互联网金融，我们都是新兵，因为这个产业，这个业态本身就是新的现象，包括我们新进的这么多的员工，我都看了，很年轻。这种业态本身就是全新的业态，它是随着技术进步而产生的，在几十年或几年前都不可能到今天这样一个阶段，因为现在的业务是完全建立在互联网基础上的，再进一步讲，是建立在移动互联网这样的技术上开展的。

——张宇总裁在湖北分公司座谈会上的讲话

互联网对经济、工作、生活等方面的影响

在过去的年代，从国家制定通货膨胀政策，决定当年发行四万亿，到最终老百姓感觉自己手里的钱不值钱，需要半年的传导时间。因为政策首先要给银行，银行的信贷规模增加，银行的信贷规模增加要分配到各家银行，分配到各家银行以后又要贷到企业去，贷到企业，企业有钱，钱多物少，价格就随之上涨，一上涨，老百姓就感觉到了，整个过程历时半年。但在发达国家就快一点，尤其是在互联网经济年代，速度就更快了，很可能只用一天，这边一发行那边就看到了，股市就反映出来了。这是宏观经济学的内容，所以就给大家建立一个概念，是货与劳动不断地易位，我们企业这样的借贷行为是永远都存在的，而现在我们在互联网这个平台上，对于传统企业的操作人员来说，互联网将是一场革命，对于我们所有接触生活、接触工作、接触创业的这些人来讲都是一个非常重要的工具。

——张宇总裁在湖北分公司座谈会上的讲话

互联网技术发展以及“互联网 +”

1994 年至今，互联网金融在所有的新闻载体上都是一个热词。我们国家从各个角度都提到过“互联网 +”，可以加任何东西。实际上，互联网金融是社会进步的产物，社会进步是依赖于技术进步产生的动力，我们现在主要是靠移动通信，这个技术的发展让今天的互联网金融有了可能。同样，互联网如今在全世界已成为基础设施，它介入了工作、生活等方方面面，我们今天这代人的立足点、出发点、操作点都不应该离开互联网。我们红岭创投的员工要知道互联网的重要性，对它要有认识，既然是互联网金融企业，那所有的思维都应该建立在互联网的基础上。在这个基础上，无论你问什么问

题、解释什么问题、传播什么问题都离不开互联网，它已经深入到我们身边，有什么问题马上就可以问互联网。互联网进步到今天，我们对本职工作也该有新的认识。

——张宇总裁在辽宁分公司座谈会上的讲话

“互联网+”与互联网金融

国家总理在很多公开场合都透露出要大力发展互联网金融、“互联网+”。现今，“互联网+”和互联网金融都变成一种主流，成为大家经营各种业务时思考问题的一个支点。考虑任何问题和事情都必须在现今社会互联网发展的水平下开展，这样至少能保证自己不落后。我们现在实际上就是把银行倒过来做，银行是先拉存款后放贷款，我们是先找项目再拉投资。此外，我们是在互联网上进行的，速度比银行快很多，只要项目审查能把风险控制住，前景一片光明。

——张宇总裁在云南分公司的讲话

要用互联网思维连接整个世界

我们所有的产业、所有的经济现象、所有的人脉往来、生活当中所有的内容，没有一个能够离开互联网。任何产业，起步就应该在网上思维，不管做什么事情，首先要有网上思维。我的想法、我的理念、我的创意、我的追求，首先得有网上思维，因为思维的发散性是没有边际的，它延伸的触角是到全世界所有能够接到无线通信的地方，可以抓住大量的信息。当在处理问题、制订计划、安排自己的工作或者旅游行程、交往或者学术研究时，利用这样的通道和条件，就可以和世界同步了。反之，则说明落后了。

——2015 年大学生职业培训暨互联网金融研究所成立典礼

对技术的看法

从最早 20 世纪 80 年代我和黄总一起接触过 4381 系统，就是安徽省工商银行整个的生产机，黄总当时是省计算中心的工程师，合肥分行的电脑部由我分管，大学里也学过，对这些也不陌生，技术方面的问题实际上和我们搞专业的一样，银行专业、会计专业都一样，讲通俗一点就是一门手艺，是前人们把先进的思想和管理方法用某种方法把它固化了，然后把它衔接起来，为我们新的工作服务。掌握这门手艺的人，特别是在大学里面学过或工作中做过一些应用的一定有些体会，手艺如果没环境，则手艺一点用也没有，就像搞金融的人没有金融环境，金融一点用都没有，要有一个能够需求、使用、重视的环境它才变得有意义。

——张宇总裁于技术部致辞

P2P的产生与发展

我们现在所从事的行业，都称之为P2P。那么，P2P到底是什么，我们有些任职的同事还不一定知道，现在我们到底是不是P2P，P2P里包含着什么内容，我们下一步的发展是基于什么样的基础，会作出什么样的探索，会对整个经济发展起什么样的作用，从整个社会的各个层面上怎么能找到科学的定位，这一切的一切都是在发展、实践、摸索当中。因为这是个全新的行业，国家很多监督系统，或者讲监管部门，对于这个行业下一步如何监管的问题上，也在实践和探索过程中。这个行业的发展是伴随着技术发展来的，过去没有互联网，不可能产生这个行业，没有互联网的时候，像我们现在投资的形式，包括借款的形式，都不会发展如此之快，涉及面如此之广。一个标的只要挂上去，所有能上互联网的人都能在上面投资，不管天南海北，只要能上互联网，甚至在全世界各地，只要能上中国的互联网，都可以进行投资，这种时空跟过去传统银行、投资的时空是完全不一样的。在这样一个新的时空当中，事实上大家都没有一套完整的办法，包括很多的小贷公司，很多的担保公司，很多的想投资新领域的投资者，甚至资本的投资者，他们在寻求新的行业。我也遇到很多做房地产、贩煤、贩钢材赚了一点钱的人，都想涉及一个新的行业、领先的行业、朝阳行业，因为这些行业赚钱机会多，但是这个行业跟其他行业不一样，并不是说转手倒卖，卖完了就结束了，这行业要求投资者投资后本金要拿到，收益要拿到才算结束，周期远远不像在淘宝网上购物那么简单，比那个要复杂得多。

从原始的P2P来看，我们知道它是产生在英国，发扬光大在美国，P2P在英文上是Peer to Peer，从个体到个体，2在英语里也念to，拿这个代记，简写成P2P。很多一开始接触这个行业的人不知道这什么意思，就念P2P，但不知道原理，实际上是中间没了媒体，就直接从客户到客户，不需要银行，也不需要投资机构了，比如我有3万美元，我想得到多少的回报，年化收益率3%、5%、20%、50%，然后设定一个期限，需要借钱的人也会到网上来，也通过网页上进行借贷。P2P在西方经济比较发达的国家做得很好。早在10年前我在美国的网站上就看到了这个东西，多数是小额的，因为在发达国家，整个征信系统比中国发达很多，每个人的信誉记载，从出生到离开这个世界，所有的记录在相关部门都有。结合这些数据就能查出这个人的整个情况，就能刻画出你所有的行为，所有的思想，所有的行动，所有的错误，所有的成就。所以说在西方发达国家，特别是市场经济比较发达的国家，这项专业、这块领域已经发展到了一个比较成熟的阶段。但由于发达国家的投资渠道很多，不只有P2P这种投资形式，包括资产证券化、租赁、股权投资等各种投资形式应有尽有。在两百年的市场经济中，每种投资机会中的各种模板，各个环节，各个容易出风险的地方，都有比较精确的设计。人们生下来就在这个环节中生活、工作的话，所有的行为从生下来开始就被约束在这个范围中，所以他们长大以后知道他们所选择的投资是什么，投资不一定是P2P，可能是其他，这就根据每个人的收入情况、收入结构、收入的数量、希望得到回报的结构、得到的数量、风险的偏好、自己对风险辨识能力的高低来选择自己的投资方向和投资品种。

而我们国家不一样，我们生下来就在社会主义国家，从我生下来到改革开放之前只知道有一个投资渠道，就是银行储蓄，也只有储蓄存款，连信用卡都没有，储蓄存款也只有定期活期，定期也叫死期，只有半年的、一年的、三年的、五年的，最长的有八年，时间越长利率越高，活期的利率比较低，而中国当时的经济不是很发达，用来投资和储蓄的钱没有多少，所以食利者阶层在相当一段时间没有成立，没有更多的结余，这个前提造成了当改革开放大门一开，市场经济国家很多的投资品种、投资方式进来了以后在中国这个巨大的市场上得到了更加具有想象力的发挥。所以说P2P到了中国，它的形式千变万化,P2P 这个业务的原身从市场业务发展的初期,到现在发展的结果,大大地改变,尤其包括我们现在知道的市场上各家 P2P 平台,各家主要的经营品种和方式都不一样,看看全国几个比较有代表性的投资方式,从页面上看这些方式好像很接近,就是一个利率、一个期限、一个充值,然后是还款,但你要想这个钱拿去怎么做,这里面就千变万化了。

——张宇总裁在青岛分公司座谈会上的讲话

互联网时代的社会变革

现在进入了互联网时代,这个时代的意义不亚于工业革命,对社会经济带来的变革之大、速度之快,思考一下会觉得振奋。比如滴滴打车,过去打车多难,现在三分钟就到你面前又不用考虑停车,比买车方便太多,这只有在互联网状态下才出现,信息的传递让很多新的产业孕育而生。互联网金融也一样,先走进这个领域的人就比后走进来的人得到的多一点,所以大家可以看到目前互联网已经变成我们全世界的基础设施,任何一件事如果离开了互联网就落后了至少 50% 。互联网到了今天,我们行业又是个朝阳行业,里面研究的内容非常多,早上有人问我:“你们有没有牌照?”我说我们没有,国家给我们做,人民银行总行、国家银监会、国务院通知我们参加会议,我们都是发起人单位,在文件上有关领导批示我们作为金融改革的试点。我们运行到现在,没有哪个监管单位对我们说过一个不字,谁想来检查我都欢迎,我真的需要谁来指导我该怎么做。经济发展到一定程度,很多东西必须有人去尝试、有人去牺牲、有人去打前站,不可能在所有东西做好以后才出现,如果谁还有这样的认识注定是落后的,往前是走不了的。干什么都是有风险的。人民银行说过“让子弹飞一会儿”,先让我们发展,慢慢观察,有什么问题再慢慢说。

——张宇总裁在青岛分公司座谈会上的讲话

对资产管理和计提准备的认识

今年我们的一个战略点就是资产管理公司,总公司成立资产管理部,以后每个省公司至少有一个资产管理部，对接在一起把良性资产流动起来。前提是我们所有资产都有充足抵押的，有终极风险的缺口就不会太高，不会超过1% ~2%，完全可以被利润覆盖。那么，为什么这样做？怎样做才是安全的？为什么对分公司报上来的项目这么严格，因为一旦把不住这个缺口的话，以后出现问题都没办法救，把住了怎么都不怕，最后怎么都能处理好，就是个时间问题，时间长了就是利润变少了，这就看产生不良资产的比例有多大，只要在我们控制范围内就好一点，不在范围内就产生亏损，但只要是周转起来的就不怕。这种涉及深层次的理论，让大家知道公司下一步该怎么做，大家都关心的流动性风险、终极风险问题我就从理论上讲清楚了。

另外，还有计提准备，说要从1%提高到2%，还是内部资金，就是不提那个钱还要抵偿风险，在经营当中始终是存在的，只是变一种形式而已。就像一个单位买一辆车觉得浪费，其实从资产管理上说并没有浪费，只是资产的形态产生了变化，从现金资产变成物质资产，而物质资产每年计提折旧，用税收把它折回来了，交税的时候把钱交给国家，折旧的时候又把钱拿回来，是这样的问题。买的车是公司资产，比如我觉得买办公室比租办公室好，买了是我们自己的资产，抵出去还能把资金换回来，租的话资金就没了，包括装修就不是固定资产，后来就没了。但我们现在还没有这种气魄，或许一年以后就是直接买了，花两个亿买几千平方米，需要钱的时候抵押给银行，只要我们的事业在往前走，路也在，房地产行业维持平稳状态，不要下滑，我们的事业肯定能做大，但是我们目前还不行，因为红岭创投原来太弱小。我在2013年到红岭创投的时候，整个待收余额是6亿，其中资产质量可想而知，全是信用类，做了5年6亿的待收资产，整个交易额30亿，那么薄弱的队伍，那么基础的管理，我在一年九个月的时间里，从6亿一把拉到现在160个亿，交易额从30亿到昨天730多个亿，想想增加了多少倍，而且这还只是开始，真正的拉伸是在明年，因为我们的队伍还没建立好，机构还没建完，本来想今年全部完成的，但是现在我们确实已经发挥到极致了，队伍全部是从零开始，过去真正能够使用的骨干力量很少，一共四百人，就是这样的水平。但是后来进来的同志就不一样了，基础不同、知识不一样、能力不一样、下一步的打法也不一样，有一个过渡的时间，现在十五个分公司开业了，但还是不够。过去已经形成的流动性问题，包括历史呆账问题，必须有新的业务进来才能覆盖，才能消化，我们的业务还要健康、大踏步地往前发展，这是对P2P前一阶段的工作、互联网金融工作、金融脱媒工作的认识。

——张宇总裁在青岛分公司座谈会上的讲话

工作离开互联网就意味着落后

红岭创投不是做几个项目，拿点提成和手续费的小作坊。红岭创投是未来的互联网银行，在中国还没有互联网银行，很多人都在摸索，包括前海的微众银行，包括大家看到各种各样的P2P机构。红岭创投所走的路，是互联网金融的交易广场，是金融的交易广场互联网化。相当于把民间的借贷和社会上所有的借贷行为全部在网上实现，包括农村之间的邻居的相互借贷、单位之间的员工的相互借贷、单位给个人的借贷、公司相互之间的借贷、金融机构相互之间的借贷，所有的借贷都放在网上。这个目标是很大，要完成这个目标，首先要有一支操作队伍，操作队伍需要执行、找项目、风控。再往后发展就不仅仅是操作队伍，每个分公司都要有理论研究的人员，要研究、研发，要有新产品，要把整个未来互联网金融里边有可能出现的新产品能够开发出来，再结合当地的特点，制定出具有当地特色的产品项目，这种产品现在可能都还没有看到，到以后会有，我们珠海分公司同样要担当这个职责。这个新产品不是天上掉下来和脑子空想出来的。首先是整个社会发展的需要和人们自己的需求。第二是已经有人做过，但是没有形成规模和批量，包括国内和国外。最近听说陆金所要从国外引进很多的P2P产品，我们也不妨要向他们学学，是什么样的产品。分公司摸索出来后直接上报总公司，我们的平台什么都可以做，只要不违法、不违规，不让老百姓吃亏，没有什么能阻挡我们，现在政策是非常好的时候。互联网金融、P2P、网贷，还包括淘宝、京东、微信等的产生，都是生产力、生产工具、技术进步带来的。就像农耕社会进入农业社会，原始社会进入农业社会，然后农业社会进入工业社会，工业社会开展的第一次工业革命、第二次工业革命、第三次工业革命，它们都有各自的不同标志。

我们到去年年底开了5个分公司，今年到现在为止是11个，到年底15

个没问题，今年的数量就比去年提高了3倍，这也是在不断完善过程当中。我们到去年年底整个交易规模是200亿元，今年董事会让我报任务的时候，我说规模、待收、利润都增加50%，他们说增加50%不行，GDP一年也只增加8%。那到现在多少了，从200亿～800亿元，到年底肯定1000亿元，增加了4倍。待收去年年底是大概几十个亿，现在待收到了170亿元。前年我来的时候1000万元，到去年年底利润是9800万元，今年如果我们的整个操作是正常的话，或者说我们流动性占用能够拿回来的话，至少是2亿元。明年可能是爆发式的增长，明年将是互联网金融爆发的一年，死掉就死掉了，站起来就站起来了，能站起来的话肯定有很重要的东西在里面，就是理论性的思维，和整个生态环境的构建，你能不能看到这个问题，这个问题你怎么解决，在解决的过程中能不能得到百姓的认可和国家监管当局的认可。技术上解决任何问题我们都有办法，唯有遇到这个问题的时候就不是简单的东西了。当我们认识到一定程度，知道了互联网的重要，知道企业目前的运营完全是在网上，我们建议大家千万别落后。

生产工具的演变是社会进步程度的最重要的标志，从没有生产工具到有，大家认可的是石器时代，工具让动物变成了人，从石器到铁器，就进入了农耕社会，再到机器就变成工业社会，变成电脑就进入了信息社会。一个阶段工具的进步标志社会的进步，我们现在的工具已经进入到互联网，在这个工具的使用上不能掉队。技术一定要用最好的，特别是电脑里的软件、功能都是先进思维先进方法的固化，只要这头输入，那头输出就可以了，过程不需要你知道，这样你做起来就非常快。从事互联网金融的，要接受新的思维、新的方法，你的工作成功概率和成果一定比没有用这些先进方法的人来得多，来得快。有的人已经意识到，有的人未必意识到。

——张宇总裁在珠海分公司座谈会上的讲话

对互联网金融的认识

我要说的第一点就是认识的方法，认识提高了，其他方面才有可能提高，如何认识互联网金融？从本质上说就是金融中的一种做法，即放贷。传统金融就是存、放、汇，互联网金融即是贷款，寻找好的项目，挂到网上，吸引投资者来投资。其在本质上和银行的贷款和组织存款是一样的,只是倒过来了,我们是先有贷款项目,后组织投资者来投资。寻找项目、发放贷款比拉存款容易。银行一线人员的技术含量不高,我们去寻找项目的同志对资金需求方的整体状况、贷款用途、风险控制都要懂,所以我总结了我在银行工作的30多年经验,我一开始就是人民银行的信贷员,合肥市人民银行信贷部把贷款按照行业划分,分为八个股,重工业股、轻工业股、纺织股、电子化工股、物资股、商业一股、商业二股等,信贷员的主要任务就是审查企业的贷款用途,在这个过程中锻炼了我们对企业经济状况和经营状况的审查能力。我只需要3分钟看企业的财务报表,就能够描述这个企业的情况了。

过去会计准则有四部分,现在只有三部分,流动资产、固定资产和往来部分,来源就是权益部分、往来部分、贷款部分,权益部分就是资本金,往来部分和其他企业的资金往来,贷款部分就是银行贷款,这三个部分一一对应,一旦错位就说明资金用到了不该用的地方。我们审查企业经营状况首先要看企业财务报表,现在的客户经理对这些的掌握能力如何,从静态的财务报表再到动态的财务状况就可见一班。最难的是制造业的财务报表,而房地产是最简单的,很容易辨别真假。而我们一线客户经理不一定能够掌握这些知识,办互联网金融学院就是为了让大家掌握这些基本技能。互联网金融学院有几类课程,政治经济学、西方经济学、宏观经济学、微观经济学,这些都是基础课程,专业理论就是货币银行学、货币信用学,后面是专业课,如信贷、会计、统计,但最终有个综合应用,我给大家总结了三门课,第一门课是信用评级,即企业贷款之前,了解企业情况,了解企业的信用程度,能否归还贷款,是否有可能违约,这就是信用评级;第二是项目评估,了解资金的具体用途、周转速度;第三是抵押贷款,如果没有那么多抵押物怎么办,一个大的市场就是供应链。供应链的本质是拿我们的本笔贷款所购买的货物来给本笔贷款进行抵押,我钱出去了货得回来,货出去了钱得回来,这就是供应链的本质,钱与货移位时要做到无缝对接,中间只要有一点含糊就会出问题。关键是这个货要有销路,供应链金融的货物是大宗的、市场有需求的货物,以及石油、钢铁、粮食等基础行业,银行现在供应链这块做得比较多。在我提出供应链金融之前,还没有人提出过这个概念,所以我能清楚描述它的本质。

所以，我们不能够懒。一是懒得学习知识，二是学了知识懒得应用，三是错了懒得改正，所以我告诉员工们不能偷懒，懒了就没有机会了。只要不懒，你就能够寻找到很多机会。这三门课是新来的同志们必须掌握的，具有很强的综合性。以上就是我说的认识，有了认识后，你就能够懂得工作的方法。我们经常建立微信群，这也是一种方法，有什么问题都能够有反馈，要善于应用各种新方法。做互联网金融也是这样，我们走在前面，一开始就考虑如何换回流动性，如何让投资者投资后的资产归我们支配。这些思考和认识是我每天学习、工作体会到的。

——张宇总裁在四川分公司座谈会上的讲话

在传统业务基础上加上互联网

不论叫互联网金融还是P2P还是网贷行业都好，我们先不定位它，因为借贷的发展是自古就有的，有高利贷，人与人之间都有借贷，企业也有借贷，只不过现在把线下的搬到线上了。由于现在无线通信技术的发展，我们这项业务能够在线上完成，优势是面大、速度快，所以中央提出“互联网+”，这是随着科学技术的发展、生产工具的发展而发展的。从原始社会到农耕社会，到工业社会，到信息社会，再到今天的互联网社会，每一个社会的变化都有一个标志，就是生产工具的进步。发现了火以后，从原始社会变成奴隶社会，人们可以生存了。发现铁器以后，变成农业社会，可以耕田了。发明了机器后，就变成工业社会。都有一个标志性的生产工具。到了今天的互联网社会，生产工具的标志就是互联网。不论做什么，离开了互联网就注定落后了，因为互联网是信息的来源，所有东西的起点都是信息。你只有知道了越多信息，做事成功的概率才越高。我们这个行业最后如何定位？实际我是带着探索和实践的思想来到红岭创投，这个行业是社会的进步，是一次千载难逢的机会，我们每个人是这次进步的参与者，可能若干年以后，都是这段历史的创造者，包括在座的每一个人。我这么一说，大家就有一个很高的认识高度，你们做的事就是在传统业务的基础上把互联网加上去。

——陕西分公司座谈会

随着通信技术的发展，传统金融需拥抱互联网

互联网金融行业是大家都很热心参与的一个行业，因为通信技术的发展，人们的支付行为和各种调拨资金、存取款等其他方面的行为都通过这个新的方式解决了，整个生活发生了巨大的改变。当然这个改变是悄悄地进行的，在年轻人当中的接受是很快的。在深圳逛街基本上可以不带现金了，连上公共汽车都可以刷微信了，小水果店也可以，坐出租车都不用现金。到现在这个社会基本上不用现金了，只要你卡里有钱，没钱你透支额度，已经到这种程度了，一旦社会到了这种程度的话，过去所有的动作都要发生变化，至少我们现在业务的变化是为什么，是因为其他所有的东西都在变了，我们必须跟着它变，传统的金融无可非议，它们必须变。人们的金融行为、融资行为、借贷行为、投资行为都在发生改变，因为它们的工具改变了。它的各个方面的场景变了，这样一变的话，所有资金需求的方向、用途，包括归还的来源都发生了一些新的变化，而这个变化都是我们前所未有的，没有遇到过的，对于没有遇到过的东西我们就要学习，就是在探索。

——贵州分公司座谈会

1.2 金融脱媒

金融脱媒的含义、内容、生态环境和未来发展趋势

我们办公会议越开越紧凑，内容越开越需要保密，因为最近开始，我们的工作要进入主战场了，之前都称之为序幕和准备，不仅是从制度上、架构上、干部上等方面进行准备，随着基础工作进一步的完善，我们的工作也逐步地进入主战场，也就是主体工作了。实际上，我们所做的，我在这个地方跟大家交底，英文上叫 Financial Disintermediation，中文叫金融脱媒。媒是中介，现在不光是金融，很多东西都在脱媒，这是整个社会经济发展的必然现象，也是大家都在努力，都在做的东西。发达国家金融脱媒工作比我们早，金融脱媒主要指我们的金融产品和金融行为脱离了银行，因为银行本来是

个媒介，它组织存款、发放贷款、组织资金、安排资金。脱媒实际上就是把中间人去掉了，我们 P2P 就是 Peer to Peer，就是脱离中间体的，个人到个人，客户到客户，就变成这样的一个过程了。我们过去搞的网贷也好，P to N 也好，都是个人到另一个方面。我们现在所做的就是金融脱媒，这项工作，不是简单的 P2P。P2P 仅仅是金融脱媒的一种形式，而金融脱媒是建立在社会发展上的必然要求，是整个经济所发展的方向，在国际上都是这样的共识。我们现在所做的工作，是顺应整个经济发展的潮流，有这样一个深厚的背景，还有这样的一个潮流，我们一定会成功。因为社会基础，世界的经济基础，以及人类发展的一个必然规律在起作用，任何人都不敢轻易去反对。因为反对过后，最后会证明他会失败的。我也是，正是因为看到了这一点，我才敢到这里来，我才敢那么大踏步地往前走。过去我们这个平台，包括我们同时在这个平台看到很多很多的东西，交易量、利率水平、风险控制等，都是一些感觉上的东西，只是单纯地为了赚钱。但是这种想法，原始的要求是有社会基础和经济基础的。我今天把金融脱媒这个名词特地在办公会上提出来，可以提示大家我们在做什么了。金融脱媒里面的内容仅仅是 P2P 吗？肯定不是。所以说下一步战略的安排，为什么要安排 30 个分公司，为什么要安排 300 家体验店，为什么我们还要即将上线特别项目，包括六大事业部，为什么要这么做，大家就知道理由在哪里了。我们有了这个充足的理由，对于下一步金融脱媒的工作将怎么做，首先，名词知道是什么了，内容知道是什么了，那么第二点它的生态环境到底怎么样呢？我们应该想想。政府现在没有让我们停，还记得当时我们出现亿元项目的时候，大家都来评论我们，大家都看着红岭创投放了 1 个亿的大单，我当时是没有感觉的。因为我是从风险控制来看的，没有从它的大小。因为对于项目来说，风险固然和它的金额成正比，金额越大，风险也就越大，这是从绝对数上讲的，但是质不一样，里面的东西还是差不多的，本质上不是在于它的量。我当时和周总讲我就是有两个担心：第一个担心是监管当局的态度，我称之为政策性风险，这个要出现没办法，因为是国家的需要，我们也只有服从；第二个担心是系统性风险的出现。系统性风险出现的原因有它本身的经济周期，还有就是政府的失误。记得我很久之前看过一篇关于通货膨胀的文章——“纸币发行的历史就是一部通货膨胀的历史”。纸币本身是不具有价值的,它的价值是政府强制赋予它的价值,称为纸币它才能够流通。我们昨天发的标一下就没了,利用这种间断的形式在测试我们网站对社会的影响力和在这个行业内对社会整个的影响力。现在大家都看到了,这个不奇怪,这是必然现象,以后的影响会越来越大。如果不出意外的话,以后我们一天成交5亿、10亿都是正常现象,不像双十一那天,成交了5亿大家都惊呼起来了,业界都热闹起来了,认为这不得了了。实际上和金融系统比起来,它们一天的交易量是多少,我们这些连个皮毛都算不上,不就是5亿。就像支付宝说有两千亿资金,连个分行都有两千亿了,根本什么事都没有,只是他们可能在传统的金融体系下待得太寂寞了,找点说头。包括我们现在的工作,其实也就是一个一般的网站,只是我们稍微认真地做了一下,其实根本没有产生巨大的影响,还没形成会对整个金融服务行业产生巨大影响的基础。现在生态环境的第一点,政府不让我们停,实际上就是让我们做了。我们各地的政府,都发出了支持互联网金融的支持意见,包括深圳、安徽、湖南、上海等都出台相关政策,但是从我看来,现在出台的政策质量不高,因为我们真正要解决的生态环境问题并没有解决,我们下一步要研究出账问题。出账问题就是委贷行的问题,这个钱怎么出去?政府能给我们一些政策吗?这个我们考虑到了没有?第一,是不是我们没有反映上去?第二,是不是他们根本没有考虑到这个问题?第三,是不是根本不给你讲这种话的机会?但是我们要研究,特别是我们风险条线,出账实际上是风险条线和计划财务这条线共同的问题,哪怕去找政府,也要把这个委贷行的问题解决。不要筹集好了资金没有去处,别人说你还是违法的,这个钱来不了等这些规章制度。我们联系过不下20家银行,最后的问题就是你这个钱从哪里来的,是不是合法的,都讲到这个问题了。怎么能不合法呢?但是因为政府没有明文规定。那这个事情还做不做呢?法不禁止即可行。但是在中国这个恰恰是反过来,法不禁止即不可行,没有说行就不行,变成这样一种东西了,挺消极的,不是一种积极的态度。这个问题,我们信贷上和我们计划上,一定要作为一个问题去解决。当然,委贷行又涉及一些相关的问题,为什么要委贷,这又牵扯到房地产登记问题、抵押权人的问题等一系列的问题。如果政府支持我们发展的话这些都是政府应该拿出来的政策，为什么没有？首先，可能我们没提出来；其次。提出来可能没人听；最后就是听的人解决不了，无非就是这三种问题。实际上我原来当行长的时候就想过，既可以给我带来存款，又没有风险，为什么不能干？我就干了，我也不汇报，直接就办了。现在有些出账的行不都是这么想的吗？而现在很多都是即可做，也可不做，都处于这个之间的。如果处于可做，也可不做，但我们去做做工作的话，也能够产生突破点的。一旦这个突破点解决了，我们的生态环境就会好一些。这是其中的一点。

——2014 年 12 月 13 日第 53 期总经理办公会议

金融脱媒过程中的实践和未来要做的事情

第三个就是实践，就是怎么去打？我们在走一条过去任何人都没走过的路，包括国际上，全世界都没有一条成熟的路。我们这条实践的路是非常地艰难，没有样板，还有可能出错。所以每走一步都要有容错的能力。我们的政策、我们的东西、我们的方法、我们的目标，在制定、在往前走的时候，就要考虑好一个词——拿捏，这里面是非常有技术的。我们下一步金融脱媒的每一步路要留出一个巨大的容错、缓冲的空间，一旦我拿不起来的时候，一下还能接住，不至于我们的政策出去了，收不回来了。说到底还是风险问题。一步一步在往前走，我一来就跟青云说，要把政策改掉，才能把这些受托资产变现，解决我们所遇到的问题。我和牛冰副总经理说，把所有的发标公告都要加一句："经企业确认……"就是要说明，这是企业发的标，不是我们发的，我们只是代替它们发标，这是它们在募集资金，你们投标。而不是我们搞好了，我们再筹集资金。其实挖掘机也是在帮我们的忙，提醒大家投标是有风险的，大家要看到这个层面。他向广大的投资者在提示，这个项目有风险。即使到了最后如果这笔贷款真的出现了问题，企业公告有，提示也有，法律上我们不会承担任何责任。我们承诺先行垫付是我们一种鼓励措施，一种担当的措施，垫完了怎么办？最起码我没有违法，我可以帮你追，企业的所有信息都公布在网上了，而且也提示了有风险。为什么我要做这一步，就是跟大家说清楚。如果真的出现了问题，我们可以理直气壮地说，我们该说的都说了，我们该做的都做了，还能怎么办？这是在非常极端的情况才出现的解决方法，但是现在我们能解决的都解决了，没问题。我们实践都是在做什么？实践当中就是要拿出一套办法来，参与这项伟大事业的人从中都能够得到他们应该得到的那一部分，包括物质上的，包括精神上的，包括才能上的回报。所以说，金融脱媒的实践是我们正在进行的，正在突破，又正在实验的。这里面有很多困难，有很多需要我们把握的东西，但是有一条，我们必须做，虽然可能会错，但是只要留好余地，不违法，不违规，最起码是在国家没有禁止的领域做。这样我们面对监管者，面对任何人，面对老百姓，都问心无愧。因为这一步一步地实现，从制度开始，到管理框架，到里面的产品，包括机构，都是有机联系的，都不是单一的东西。马上在 1 月，特定项目就要上线，我们现在有分公司或者将要有分公司的地方，把排名前 100 的企业都找过来，我们现有的客户经理，包括银行的客户经理都能够帮我们做。银行能做的我们也能做，而且不是收 6 个点，是收 3 个点，剩下的部分给投资者，这是主战场。这个主战场一旦打开，每个地方前 100 名的企业跟红岭创投都有往来了，其他的一般性企业就不用说了。不在于我们现在拥有什么，而在于如何把整个社会资源进行有效的配置。因为社会资源对于每个人都是对等的。只要有办法就能够支配，看有什么样的方式，什么样的能力，我们现在就在调配这样的资源。资源配置得越好，资金、项目，怎么搭配得最好，这就是个能力。最后我们对特定项目起的名字，干脆加一组标。根据《三个办法一个指引》，我们四个特全在里面，跟银行的打法一样，我们给企业的贷款就跟在银行的融资成本一样，且我们的速度比银行快，投资者到银行存款一年的利息是三点几，我们比银行提供的更高。而企业也是可以接受的，往下扣 3 个点作为我们自己的费用，剩下的给投资者。如果给贷款企业是 12 个点，我们就 9 个点给投资者；如果贷款企业可以接受 15 个点，我们就给投资者 12 个点，把中间的空间压小。这一压小的话，这个市场就不言而喻。这种做法一定行得通，你们想一想。如果不行的话就是我们的工作没有做到位，只有这个原因。因为这个社会基础在这里，利率一样，但是态度相比更好，企业为什么不到这边来，否则是没有道理的。明明这边的利率高，它为什么投资利率低的，而且我们的标还没有风险。当然这需要一个过程。我讲我们周总最伟大的就是五年里把信誉保住了，没有出事，没有让任何投资人受损失。这点是不得了的，我把他看得很大，因为自己的信誉比什么都重要。一个人没了信誉就完了，做什么东西都被人提防着就麻烦了，那还干什么事情？我们这个特定的标里面，根据四种贷款形式，原来讲特1、特2、特3、特4，但是好像不太符合里面的内容，但是讲"特流""特固"都不好听，后来就干脆用拼音字母了。流动资金贷款，就是特－L，拼音首字母；固定资产就是特－G，项目贷款是特－X，个人贷款，为了区分前面的G，就写成特－R。这样的话，在页面设计上也变得简单了，我们整个网站打开以后，显示的标后面增加一个特标，点开以后是这四个，这四个点进去以后就是项目了。这样的话逻辑联系就清楚了。今后的六个事业部上去了也一样，也设计六个事业部的标，好比租赁用什么开头，典当用什么开头，保险用什么开头，PE用什么开头，VC用什么开头。这些都是实践，都是在金融脱媒过程中的实践和未来将要做的事情。当然，在这个实践中可能会遇到很多的问题，包括现有制度的不完善。现有的公司制度本身就不完善，很多都是在探索中，包括内引外联问题、和战略发展单位的合作的问题、我们自己队伍的培养问题、我们机构设置的问题等。这里面有大量的工作，这些工作就要靠各个部门根据自己承担的条线任务去设计自己的架构，去积聚这样的人才，然后制定合理的分配制度和激励制度，这样我们的仗才能打得起来。所以在这个实践中，遇到的都是新的东西，绝不是像一般的小网站去赚一点钱。

——2014年12月13日第53期总经理办公会议

通过金融脱媒的形式让大众真正享受到金融创新、市场开放的红利

从现在开始，各个部门的工作都要围绕金融脱媒来进行，这是技术含量很高的东西，不仅是操作的技术含量，有政策的技术含量，有市场营销的技术含量，而且这些技术含量前期是没有经验参考可寻的，红岭是第一个做的，所以意义是非常重大的。一旦做成了，这个世界就打开了，一旦做不成我还是要做，就是一定要想办法把这个事做成，一定要向传统上百万亿的信贷资产进攻，那么多大中型企业、国有企业，它们有多少流动资金，它们每天

的利润都源源不断地被银行拿走了，现在通过金融脱媒的形式把大中型企业所创造的利润让老百姓收益，让中间人少赚点。银行是靠着国家的政策吃饭的，我们就是金融脱媒，让老百姓真正享受到金融创新、市场开放的红利，而不是少数人独享这块市场发展红利。

——2014 年 12 月 20 日第 54 期总经理办公会议

对金融脱媒内涵的详细解读

首先谈一下我从事的这个行业的认识。我在很多场合都说过，现在网络上充满 P2P、P2C、P2O 等等很多的看法，到最后归纳起来就是一句话——金融脱媒。金融脱媒实际上就是脱离了媒介，金融的媒介原来就是银行，所有的钱都到了银行，银行再把钱贷出去。现在这些金融的行为离开了银行，投资者和项目的需求者直接接触了。大家可以在百度上查到这个名词，我们从事这个行业的人一定要知道我们在做什么。但是有很多的小的 P2P 公司还意识不到这一点，包括很多大的机构也没有认识到这一点。金融一脱媒就不仅仅是贷款脱媒了，所有的投资都要脱媒。一脱媒的话，我们的机会就要来了。六大事业部，和我们的特定突击计划都是建立在金融脱媒的认识上。金融脱媒是获得诺贝尔奖的经济学家们和现有的一些经济学家们在一起研究得出的结论：金融脱媒是发展的必然趋势，是经济发展的必然结果。我们既然看到了这种判断，就先行一步，直接从 P2P 走到金融脱媒。现在的众筹就是金融脱媒，我们现在实际上也是众筹，就是从大家手里筹集资金。股权众筹、项目众筹都是这样，都离不开金融脱媒。当我们懂了金融脱媒以后，我们所有的行动都是做脱媒的，就是在互联网上让交易更加迅速，使我们的投资人在有钱的时候，能够取得合理的收益。使那些需要钱的人，在合理的时间取得合理的贷款，使社会资源进行最优的配置，令社会的经济质量和速度一定会提高。中国的互联网金融目前在世界上已经属于领先了，它是与世界先进水平最近的地方。因为这里面的突破既有实践的突破又有理论的突破。金融从业人员应当利用世界的这个技术，利用目前的历史阶段，把握好我们自己的位置，为这个社会的推进和金融改革贡献我们自己的力量。同时我们也从中获取我们该得的一份收入，这也是很正常的。

目前的管理制度迟迟未出，就是担心一出来市场就会僵化。刘世余同志讲："让子弹再飞一会儿"，就是在观察。我们现在处于其中，只要记住国务院来红岭创投调查时强调的两点：第一，不要卷款跑了；第二，不要让投资者受损失，就这两个要求。只要做到，就没事。我现在也把这个话传给你们，我们现在就这两点。我们肯定是不会逃跑的，跑路是那些骗子公司的做法。我们每个项目都是公布到网上，所有投资人都是可以看到的。我们真正是在做金融脱媒，真正是在做对这个企业有用的事情。但是我们担心的是让企业损失了。不是主观上造成的损失，是客观上造成的损失，就讲不良贷款，造成违约。造成违约以后对我们倒是没有多大的影响，但是对于广大的投资人来讲，就很不好过。我们如何全力以赴地把这点做到，就靠我们在座的各位了。

——2014 年终工作会议（一）

与银行不同，红岭创投是金融脱媒

跟银行有相同之处，也有不同之处，相同的是红岭贷款的审查跟银行完全一样，甚至比银行还要严格；不同的是银行先组织存款，我们是先发放贷款，先寻找项目，把这个项目综合评审之后然后通过项目，挂到网上，让投资者直接投资，所以从大的方面讲就是金融脱媒，让大众直接投资而不是通过银行这个媒介把贷款给企业，每一个项目上去以后就是大众自己投资。我们就负责把这个项目审查好，拿上去，当然也欢迎大众进行监督，可以自己去项目中看，也可以到我们这调档案，然后自己决定投还是不投。

——张宇总裁面试海峡筹备组

对于金融脱媒的理解和认知

我们做的是金融脱媒，金融脱媒是西方的一个概念，也是在经济发展到一定阶段所产生的一个概念，就是金融脱离了媒介，所有的东西都是点对点做，在国际上都属于先进的。P2P 只是金融脱媒当中的一个现象，后面是 P2C 也好，O2O 也好，P2U 也好，P2N 也好，它们统统都属于金融脱媒。当你意识到这点以后，一些小的P2P公司就完全不一样了，我们把过去所有金融的产品全部脱媒，所有的东西都来找我红岭创投，你只要上了我的平台，你想买保险也行，你想买信托也行，你想租赁产品也行，PE/VC的差别都只是在风险度、收益率、期限，那些风险跟收益是成正比的，跟时间也成正比。在相同情况下，时间越短，风险越小；价格越低，风险越小。但是信托产品，搞成一个产品出去卖，卖的时候是个证券化的过程，实际上也是一个载体。那么像这种过程，造成我们所有的传统产品只是在期限、风险度以及价格三个方面有区别而已，本质上完全一样，我们认识到这一点的话，把这些东西都搬到互联网上，这就是我们红岭创投以后要做的事情。

——张宇总裁在湖北分公司座谈会上的讲话

P2P未来发展的方向是金融脱媒

从传统的金融业务全部变成互联网金融的一个内容，这样就覆盖了整个金融市场，那以后红岭创投到底叫什么名字，商务公司？电子商务？不一定。我们在概念上要把自己看成什么，是网贷？还是P2P？都没有办法来覆盖它，或者来整个统一它了。那就需要有新的名字和概念出现，它的基础还是金融货币，所有东西离开银行了，所有东西离开信托公司了，所有东西离开保险公司了，所有东西离开租赁公司了，都是投资者和项目的需要者直接在网上交流，这个基础是叫金融脱媒，这个地方就成了互联网金融广场，或者叫互联网金融中心，它不是银行，它仅仅是互联网金融的一种新的形态，或者叫金融脱媒公社，我想了几个名字，以后的发展方向到底是怎样的一个方向，一定要搞清楚。

——2015年6月30日传统P2P专题会议

1.3 行业监管和政策

行业监管动态的分析

传统的风险控制是起作用的，但是还有很多其他的问题。很多的风险是我们没考虑到的。红岭创投现行的模式已经跟人民银行汇报了，模式基本没什么问题。这给了我很大的信心，标志着至少在近3～5个月内的政策是基本没什么问题的。那么未来三五个月我们的方向是不会变的，等冲到了年底，真正把我们的业务做到了一定规模以后，一旦做到100亿以上，涉及的投资者就是几百万的了，那么国家在改变政策的时候也要考虑到我们真正做事企业的感受。首先我们主观上没有打擦边球的想法，我和总行讲，我们盼望国家的监管给我们指条明路，提示我们哪些东西可以做，哪些不可以做。当然现在已经越来越明确了，目前对照限制着P2P网贷发展的限制性的条款，我们一直都没碰，我们以后也不会碰。但往后发展可能会出现其他的新问题，银监会可能考虑到了，也可能没有考虑到。但是我考虑到了，就是再发展下去会出现什么新的问题，应该怎么解决这些问题，我们要在实践中慢慢摸索。

——2014年5月6日第23期总经理办公会议

对政策的分析

下一步可能要研究国家的政策，如何保护、遵守，又能结合我们公司所存在的特点。最近，人民银行启动对商业银行的再贷款，再贷款打开是对市场资金量的增加；从另一个角度放出的信息就是人民银行的再贷款的启动，是过去对商业银行的再贷款始终把握得很紧，各家商业银行在人民银行开的户，交的存款准备金和二级备付金。根据人民银行的定义，所有银行必须在人民银行开户，银行与银行之间的结算必须通过人民银行。如果人民银行愿意让我们在人民银行开户，我们将击败所有的对手。如果国家支持互联网金融，只要允许我们在人民银行开户，我们就可以没有柜台，所有的结算，所有的存款，所有的东西都能全部完成。最终的存款都是在人民银行，如果没有人民银行的户头就无法清算。如果出现问题了，人民银行给你通过再贷款给你注入资金，也是通过这个方式。相对于互联网银行，我们只具备银行的一个基本业务：贷款。银行三项最基本的东西：存、放、汇。存款就是资金池，资金的来源。汇款就是支付，我们也没有，我们只有三项当中的放。如果我们向互联网银行迈进的话，现在就要从存、汇、放开始动手。能不能实现就需要国家政策，国家不允许，就实现不了。现在有几个地方可以攻，包括支付牌照问题。支付牌照问题实际上是从汇—结算的角度，这点项总和综合管理委员会主任可以考虑下。如果我们要批支付牌照的话，多了解下，看是否能做，看有什么样的途径。现存的问题，实际上也是人民银行的问题，如果搞互联网银行的话就必须有结算户，如果能给我们开个结算户，我们互联网银行的雏形就形成了。形成时间也不用很长，三个月内就能完成。现在我们只做当中的一块蛋糕，后面从贷款中还能派生出很多业务。包括租赁、信托、基金、典当，包括资金运作方面的产品都可以做。当我们支付牌照没有拿到手，人民银行没有给我们开户前，我们就把资产业务做好。还包括现在票据的贴现，这也是资产业务，这是货运资产业务，我们也可以做。现在票据满天飞，这个空当很大。如果票据贴现这个量做起来会非常大，等于我们转贴一下就可以了。通过融资的方式把票据买下来，然后再到银行贴现或到期兑付就完了，反正是银行的票，怕什么？如果投资者愿意干，而我们能把利率算得很好的话，大把的业务可以做。现在四位专业的副总到了，就要经常考虑这些东西，下一步再往前推的时候，才能推上去。现在不一定马上就要做，但可以作为议题，因为现在在讲目前的宏观形势方面的感觉，有了这些感觉在下一步往前推进的时候才有基础，大家才有共识，而不是一些零碎的东西。所以说人民银行出现再贷款的政策对于我们的发展是良性信号。

第二是我们有很多担心，但是这些担心过后觉得都不是什么问题。包括现在是否可以将有些筹备组就开始注册，注册以后，万一政策叫停的时候，我们的分公司已经注册完了，先放在那，心里能踏实一点。我一想也有道理。但是后来一想，现在叫停的可能性极小。首先，银监会刚刚介入，我们也刚参加完银监会的座谈会，银监会的办法到现在还没出来，也正在进行时，这个过程中突然叫停是不可能的。其次，宜信出了那么大的事情，8 个亿的项目在东北，估计总资产数至少 800 亿元，肯定不低于这个数。他们做了那么多年，依靠资本管理可以做得很大很大,只是不愿意公开。他们有自己资金缓冲(资金池)的方法,所以他们能生存下去,可以通过时间将不良缓冲下去。因为这个原理,社会的发展就是这么发展的,是由国家政策决定的。人民银行和银监会监管什么,就是监管五级分类,而他们就是因为有钱进来,有钱出去,中间的资产划分得不准确,但最终准确的是利润。我们现在的生息资产大约是18个亿,待9个亿下去后,我们的生息资产可以达到27个亿。一年生息资产的成本达到多少,才能保证我们一个亿的利润呢?这都能算得出来,从人民银行监管我们这些东西,第二个信号就是我们不要担心,不会立刻叫停。最后,我们现在往前发展是最重要的。到目前还想进入P2P,还未受监管,现在注册还是可以的。所以说,根据现在的环境,是不可能叫停的。P2P要想做好,不是那么简单,不是三五个人搞一个小平台就能起来的事。对于整个政策面、环境面,包括发展的空间,对于我们来说都是利好,在这个机遇当中,我们要把握好自己,现在着急的就是协议。协议一旦上线后,就为我们流动性风险的化解提供了基础工作。基础的东西一旦解决以后,我们就不怕了。

——2014年6月7日第28期总经理办公会议

资金池的定义与界定问题探究

什么是资金池的问题?什么叫资金池?按照原来资金池的定义,就是蓄水池,把所有的资金放在里面,根据需要再花出去,这就是资金池。还有一种,这个钱到了以后暂时停留一天,这叫不叫资金池?人家还了钱又停了一天,这算不算资金池?我们不是有意要搞一个"水池",起码我认为不算资金池。主观上并不是讲蓄积资金在这里的,因为别人提前到账归还了,我这还有两天才能归还,还有就是企业发标,钱已经到了,但是这个企业讲我手续没办完,过两天再要钱,这个能叫资金池吗?这个并没有,但是客观上起到了资金池的作用。我们每天有100亿元进来,再有100亿元出去,那每天都有100亿元在这里,这也会形成一种资金池,这种算不算资金池?哪家没有?都有。实际上,我认为,我们也做了一辈子金融,也参加过金融政策的制定，最后还是实事求是，主观上没有聚积资金自己去干自己的事那种恶意的主观意图的话，那就没有什么问题。我们公司现阶段的项目审核到发标流程，存在企业提前还款到我们这边，那能说我们这个算是资金池？

——2014 年 11 月 29 日第 51 期总经理办公会议

做大标和做零售的关系

都说红岭创投在做大标，实际上真不是，我们有公信贷、车易贷、房宜贷，这都是零售，只能说不排斥大标。如果把红岭创投定位为投大标的平台那就错了。监管部门如果说不让做大标，那我们做小标也行，从来我们都不是只做大标，只能说是不排斥，大小我们都能做，个人的也做，公司的也做，零售的、批发的、现在银行贷款形式的、股权众筹的、信托、保险的，我们都能做。就是真正地把社会上的所有的借贷关系全都摆上互联网，出现另外一个世界。过去线下的现在全变成线上的，线上线下相结合，这样真正给大家打出一个新的平台。如果监管部门觉得不能做，那就先停下来，做能做的，如果做的不好就反映情况。

——张宇总裁在福建分公司座谈会上的讲话

P2P 行业未来监管面临的问题

“不违法、不违规、不让老百姓吃亏”是我们经常讲的话，那么，下一步的业务无论怎样往前发展也依然如此。规定什么不能做，那就不做，或者是我们探讨一下、改变一下，变一种形式看能不能做，如果可以做就做。一步步往前走，因为监管介入我们管理会变得规范起来，可能有的业务会增加一些新的难度，但是反过来我们变得安全了，因为我们按照国家的规定来做的话国家就要负责任了，那我的流动性缺口哪里来，你不能不承认有风险，国家能不能给我流动性的支持？人民银行能不能给我再贷款？同业允不允许我们拆借？另外允不允许我们有其他的资金入口？这都是理论上的问题了，我就会和他们讨论这些问题，我们没有不合规的地方，如果要我们关门那没办法只能关门。

——张宇总裁在福建分公司座谈会上的讲话

如何对待资金池问题

红岭创投的目的是平台能够稳定地发展，是自己化解流动性风险，这些数据上的游戏和规律，不能不运用哪里都有资金池，资金池怎么错配，资金的间歇算不算。如果把资金的间歇多归为资金池的话，那么这个世界上就没有不是资金池的了。客户把钱投到我们这里了，投资完了，企业没审查好，委贷没办完，钱在我的账上，这个形不形成资金池？但是这种资金池出现的时候，就得用，因为我要不用，就得我自己付。客户还款了，但是没到期，客户提前还款，投资者没到期，他资金来了，趴在我的账上，是不是资金池？在规模小的时候体现不出来，规模一大，这些问题全都会体现出来了。哪有不错配的？这个企业明明需要钱，它的标还没发完，但是我的账上有5个亿，这个标只发了3个亿，我给不给？我肯定给，我给的原因是这些资金不想闲置，给就生息。最终最根本的事情就是，我们的立足点是不违法、不违规、不让老百姓吃亏。我们要为社会、为老百姓负责，在这个前提下，允许我们使用各种手段，不造成损失，我觉得都没有什么错。

——张宇总裁在客服培训会上的讲话

盼望监管

这么多年来，我们都是在迷雾当中前行，没有任何支撑、指导，准或不准，只有一个东西，就是法律。法律里面跟我们比较接近的就是非法集资，其他的东西不能说是规定，非法集资是不可能的，因为都是一一对应的，其他方面没有办法，现在规范当中可能会出现这样或者那样需要调整完善的地方，我倒盼望监管部门给我们指出一条路，对于这样的问题该怎么解决，大家一起研究一下，总是要前行的，我们不能停下来，这是第一。第二，我们不能违规。第三，前面没有规定。在现有的条件下怎么走，我们要选择一个既能发展又稳妥的路，当然非常难。但是有一条：不能停下来，就是再难也不能停下来。

——2016 年 5 月 9 日第 15 期总裁办公会议

1.4 国内外行业生态环境

由政策和环境出发，谈对红岭出路的看法，对 P2P 未来发展的看法

红岭的出路到底怎样呢？央行，包括国务院、银监会，所有的部门现阶段都不是反对，都是谨慎地支持。老百姓是又惊喜又害怕，惊喜的是能找到年化收益率在 15% ~18% 的投资渠道，但是又担心万一没了怎么办？还像过去一样到企业去闹事？这样我们就联想到央行的政策，和目前监管部门透露出来的底线，即所谓的红线。为什么不让我们去担保？为什么不让我们以某些代价为诱因引导企业投资？为什么不让做一些广告宣传的事情？过去政府大包大揽，出了什么问题国家一把兜着，从这种思维变到了你自己也要负责任，你们这些网站不要替他们负责任，投资者本身就应该承担风险的，应该意识到这一点，不要想着赚了钱就是你的，业务风险都是政府的，都是企业的，在教育我们每一个投资人，实际上根本的用意是在这个地方。当然我们那么长时间的先行垫付，对个人、对企业起到了更大的引导作用，使人们心里感觉很踏实。但是从另外一面，这种使用保险的意识，在市场经济条件下是不对的。投资就是有风险，应该怎么做？应该都把风险跟他们讲清楚，高收益高风险，低收益低风险，由投资者自己决定。政府还是根据市场化在考虑问题。红岭现在已经达到全国的前列，就需要有社会责任感，一旦有了社会责任，就理解政府政策。这个思想就会产生几种情况：第一种情况，我们先行垫付，不是一种担保，担保公司不能出现，这是监管部门要求的；另外，说不定最后要给我们资金池，因为国家要是真的关心这个行业发展的话，不仅要管制，更多地还要给予支持。如果不给予政策支持的话，肯定一管就死，所以我相信国务院、银监会在下达管制条件的同时，一定对这些合格、有希望的 P2P 企业给予政策上的支援，这才合理。因为这几年来我们

的经营没出什么问题,或者出了问题都是老板自己扛。监管部门对我们进行了一些调研,调研时把我们三本贷款资料借走了。他们只是担心出现极端现象,而如何解决这个极端现象?不光对于我们,对于任何一家 P2P 企业,都是一个难题。现阶段由于我们的速度过快,3.5 亿元的贷款已经放出去了,那我们现在只能速度上解决问题。我们现在还没有国家政策实质性的支持,我们只能通过另外一种方法,市场的问题交给市场去解决。我们怎么样把我们出现的问题交给市场解决?市场解决的话就是优胜劣汰了,但是这个阶段,我们也要拿出我们的行动来保护投资者。但对投资者不是光保护利益,他自己要有承担风险的责任,这个教育很重要。流动性风险是不可能避免的,只是比例的问题。只要终极风险不出现,解决流动性风险就简单得多。如果终极风险出现缺口,流动性风险解决得再好也无法弥补。加快速度,资产存量达到50 个亿,并通过修改协议解决流动性风险。另一个办法是,如果国家支持,我也认为国家一定会支持,银监会会在加强监管的条件下,会给你一个资金池,或者叫资金流动性贷款。如果我们管理得规范,国家会考虑给我们这样的帮助。现在我们主要要做的两件事:一是内部管理赶快跟上,二是业务迅速上去。我们的余额一旦到50 个亿,如果银监会能给我们一个资金池,那我们就基本上是站在制高点了。最后的要求就是这两点。

——2014 年 5 月 31 日第 27 期总经理办公会议

建立良好的生态环境对解决流动性问题和公司发展的重大意义

对外我们讲生息资产是50 个亿。这块主要是对外合作还有资产包是我非常着急的事。这不仅是市场部门的事情,同时也是计划部门的事情,又是我们风险部门的事情,是我们大家的事情。因为这个,像互联网金融这样企业性质的现状,流动性问题不解决,生态环境就不完整,生态环境不完整,就举步维艰,随时有可能遇到重大风险。所以这次我到重庆去谈,才知道,他们现在,把小贷公司的流动性问题都加以解决了。各个地方,都建了一个金交所,小贷公司的产品证券化,把东西挂上去,钱拿回来,小贷公司下一步生态环境会变好起来,即使短期流动性出现问题,也垮不了。因为它们通过产品证券化就可以挂在金交所把产品卖出去,这样它们就有资金来源了。现在的金交所,如果不跟我们进行对接,进行交易,不用多长时间,P2P 行业自己会出现一个金交所,一定会出现,P2P 产品流动性的问题。任何一家 P2P 产品出现流动性问题的时候,都可以拿到他们那里去,进行资产证券化。我把这个原理一讲,大家都明白了。金交所,或者说这些地方的交易机构,把小贷公司的流动性问题解决了,那我们这块流动性没有道理不解决,如果说是为了保护地方性他们的利益,不用多长时间,我们联合几家,专门成立一个真正的互联网金融的金融产品交易所。可以有实体,也可以挂在网上。市场的问题还是由市场来解决,只要让我们去做,应该讲就不会有问题,资金的流动性就给拉通了。

——2014 年 11 月 15 日第 49 期总经理办公会议

P2P 行业在中国的生存环境

P2P 在国际上、在中国都是一个新鲜事物,这个新鲜事物不是谁主观地想发展就发展,它根据社会,全世界,它的技术发展,作为一个基础。就包括社会变革,由于生产工具的变化,由于技术的提升,所产生的一种新的业态。我们知道,当柯达、富士胶卷还在满世界搞这个搞那个的时候,数码相机已经悄悄地占领了全部的市场。它们明白过来的时候,柯达胶卷业已经彻底崩溃,这事大家都经历过。当中国电信在拼命收取我们电话费的时候,我们的腾讯微信,悄悄地发展到了多少户?大家的通信一下就变得极其方便,资金价格变得极其便宜。这些过去带有垄断色彩的国家的通信行业,利润被别人挖走了多少自己都算不出来。因为它们本来就没有人算,但是社会上的评价机构,包括美国的一些权威的投行,它们算得出来,那么往后如果中国电信、中国联通这些国有的通信行业,再不小心的话,它们最后拥有的只是一堆基站。由于我们知道微信设在它们的前端,采用了它们的机架,导致以后实现能力,所以它们的需求和它们的应用方面,包括我们现在,我们本身,这样一个 P2P 公司,我们现在开会全部是在微信上开,我们的办公全部 OA 了,移动 OA,我们在全世界各地的时候就可以立即、瞬间召开会议,瞬间决定问题,这都是技术的进步(所带来的)。同样 P2P 也是技术进步的代表。基于无线电技术和通信技术的发展,创造今天这样新的环境,那么这种新的环境从美国开始,从 Lending Club 开始,咱们就知道,世界闻名的一个马上上市的美国的网贷企业,它不怎么好,但它们在美国这样大的环境下,经济系统比较完善,投资渠道比较充分,它们在其中找到了它们生存的空间。而在中国这块土地上,又不一样,征信系统不完善,还有很多,连人民银行,对于我们征信系统,有征信系统都没有对我们进行开放。这样很多的监管部门嘴上说,是在支持,实际上我们未见更多的动作。发出的一系列文件都是"不准",不准靠红线,不准搞资金池,还不准变相集资。当然,国家有很多的不准,口头讲支持实际上并没有达成这些支持的具体行动。

应该讲,小微企业贷款难,我们都分析过小微企业。小微企业贷款为什么难,因为小微企业本身就是一个高风险的企业。小微企业本身的经营就是一个低层次、原始的状态,它的风险就是比一般大型的国营企业的风险大。而把这些风险大的企业交给小贷公司们去干,那不就是雪上加霜,怎么可能做得好?而真正国有的大银行,反而都不做,就把这些风险交给了小贷公司这些担保企业,这些小额贷款公司或担保公司,从国家的宏观经济控制上,我觉得应该有些问题。一方面,那些大银行不准这边搞资金池,那些大银行你知道有多少资金池吗?至少有三个:第一个,人民银行的在贷款,不光是每个银行给它上交管理资金,更重要的,它后面还有一个跟财政上连在一起,货币都在那,这是一个巨大的资金池,是一个无形的资金池。第二个资金池,所有的银行都可以同业拆借。同业之间相互拆借,就有一个资金的来源。一旦出现流动性支付风险的时候,它也是跟我们一样的,企业要转个支票,向其他银行转,一转银行没钱付了,那就支付支票。包括你一次性提现金超额了,它就出现了流动性风险,那么这个时候,它的来源是什么,人民银行可以再贷款,同业也可以拆借,还有一个更大的资金池,它随时随地随意可以组织存款。三个大的资金池保证它的运行,它能有什么大的问题?这种大单在银行当中,毕竟我们是从这个过程过来的。它只要在五级分类上稍微乖一点,你看看银行(账面)就很漂亮了。只要它存款能够支付贷款者给存款者的利息,它存款的速度只要能够跟上支付给存款者的利息,它就是安全的,这很荒唐。

但是反过来,我们搞银行的人讲得更明白,而在我们 P2P 行业没有,全靠我们自己。所有的监管层嘴上说支持,实际上没有任何行动。同业不能拆借，银行不给我们再贷款，我们现在的状况只有把我们持有资产抵押出去，打包出去向商业银行借款人家都不敢干。实际上有什么风险呢？只不过这一块业务没有人去尝试，或者尝试当中就遇到一些障碍。人家就询问我为什么，过去我们的风险，特别是我们金融体系里面，这种长期的垄断，进而造成官僚体系，进而造成维持守旧。至于真正的创新都是在能够保住自己的位置，和垄断利益的前提下来进行的实施，每一次都是这样。而像我们这些土生土长的民营企业、草根企业，真正去解决那些社会上需要资金的地方，真正是推动社会发展的源头动力方面这些东西，反而没有人真正去关心、拿出一些真正的实际行动来关心。

——2014 年 9 月 24 日江苏南京融资说明会

国外 P2P 发展形态和现状

英国也好，美国也好，到现在的南非和德国，都有 P2P，做得最好的就是 Lendingclub，主打都是以小额，一对一这种形式交易，一般的老百姓缺钱了，那么直接在这申请一下挂上去；那么我需要钱了，我就直接到上面借钱，那么就起到了一个中间的作用，我们现在红岭创投性质没变，但是主体可能做了一个巨大的改革，就可能不是一对一了，可能是一对多，一个借款客户对着众多的投资客户，一个人是多对一，很多的借款客户对着一个投资客户，还有多对多。一对一，一对多，多对一，多对多，最起码有这四种形态，都会在我们本标内出现，这样不论是公司业务、个人业务，不论是过去已经形成固定模式的信托业务、租赁业务、典当业务、保险业务、PE 业务、VC 业务等，上面都有了。这一有了的话，对于传统的 P2P 是一个发扬光大，也是在中国土地上的改革。这个改革有它的必然性，也有存在的客观基础。因为在西方发达国家，首先要有互联网，P2P 才有可能，否则连基础都没有，只有通过互联网才能进行交易，因为是面对面的，其他的方式没有办法交易。

——2015 年 8 月 8 日第 27 期总裁办公会议

国内外市场经济差异化比较分析

因为发达国家是在市场经济的环境下所发展起来的经济体系，这种经济体系在互联网还没有发展到今天的形式之前,它的投资渠道就是多样化的。当时有一些信托、租赁、典当、保险、PE、VC 还有资产证券化,以及美国的二级债权、对冲基金等,以及华尔街的交易员。它们的发展已经很完整了,不仅仅是不良资产的证券化,良性资产也是可以证券化的。它的经济理论的基础就是在任何有价值的东西,都可以在任意时点流动起来。我们国家是从计划经济条件下发展起来的,这种条件下,有的东西可以流动,有的就是不可以流动。市场经济是一个客观规律,之所以客观,是什么都不可以阻挡。当时我们的粮票可以换鸡蛋,可以卖钱,这都是市场经济下利益的交换,谁也不会跑出市场经济。计划经济也没有脱离市场经济的轨道,只是不能全方位地利用这种规律,使社会经济得到健康的发展和最优的发展。在某种阶段上可能阻碍了整个社会经济的发展。我们的政府也脱离不了市场经济,因为这个是规律,所有的东西都是按照这个规律走的,推翻不了。那么就是因为当时在计划经济条件下,我们的市场发育不全,发育不充分,所以当互联网把我们带到一个完全的市场经济条件下的平台的时候,我们的机会就来了。

——2015 年 8 月 8 日第 27 期总裁办公会议

对目前市场形势的分析

凯恩斯陷阱就是消费者剩余理论研究起来的,进而得出了,边际消费递减规律,之后就产生了重大的消费与生产的不平衡,不平衡以后如果你积累到一定程度不去购买东西,就会造成生产过剩,之后就会造成经济危机,卖不掉了,就没收入了,没利润了,就发不出工资了,整个社会经济就停滞了。怎么办呢? 凯恩斯就做了一个研究,就是当你一个月拿 100 元的时候,你的储蓄可能是 10% ,但是当你一个月拿 200 元的时候,你的储蓄至少是 15% ~ 20% ,就是拿 100 元钱的时候,可以存 10 元,但是你拿 200 元的时候绝不会只存 20 块,你可能存 30、40 或者更多。随着你的收入的增长,你的消费在你收入当中的比重会越来越低,而你的储蓄越来越高,这叫消费边际需求递减。一不消费社会的购买力就会下降,因为社会的购买力是均衡的,所有生产出来的东西和所有的货币以及分到人们手上的钱是绝对均衡的。从大生产上来讲,消费者不去购买就卖不掉了,社会危机就出现了。只有通货膨胀政策,多发一点货币,哪怕消费比例一样,购买力也会增加。购买力增加,生产力激活了,就进入下一阶段的经济循环了。在这个过程中就要调整我们的产业结构,调整生产分配,使下一个经济周期能够出现新的局面。这就是凯恩斯理论的基础。这个理论是为了告诉大家消费者剩余是永远有的,也不会像过去一样把钱埋在自己家里,投资是无限的,积累到一定量活期存款不合算了就会考虑换方式了。根据分析,我们现在所做的事情,市场需求是刚性的,目前的市场需求大家是不需要担心的。所以在我们网站上有些投资者发出各种声音,我们认真去听,但不要太在意,他们在所有投资者中占的比重极小。99%的投资者还没有发现这样的投资形式。所以我们现在上本标就是为了这99%的投资者。当然项目需要的资金和投资者想要的回报之间有一个错位,错位在任何时候都是有的。正是由于这种差异才出现了机会,如果一成不变这个世界就没有机会了。

——2015年8月8日第27期总裁办公会议

全国P2P行业发展现状

P2P网络借贷是互联网金融的一个重要组成部分,2014年得到了迅猛的发展,全国P2P网贷成交额突破3280亿元! P2P的出现与发展,一方面缓解了中小企业融资难问题,另一方面为普通民众提供了一个方便快捷的投资理财渠道,同时在一定程度上推动了利率的市场化进程。但是这个行业的生态环境还远远没有建好,作为行业中"最早吃螃蟹的一批人",红岭创投将持续为建立科学的行业生态环境而努力实践。我们会按照公司发展的总体规划,使公司的业务发展和各种金融形态全接触,走出一条对投资人、借款人、政府、金融改革、对我们自己发展有益的路。

——张宇总裁在投资人交流会上的讲话

关于P2P新出现的派生贷款现象

派生存款导出了货币陈述的理论,货币陈述的理论导出了存款准备金的形式，以及从基本的金融到巴塞尔协议里，所有的联通都是逐步做起来的。这些理论的每一个环节都需要大量的研究。而我们的 P2P 行业，特别像我们这个平台也出现了一个现象——派生贷款，这是我定义的。那就是净值表，向投资人借款，来购买快借，这使我们每天的成交额在放大，这个放大反过来它也有一个货币陈述，到底这个最大的极限是多少。我们发的是 18%，然后他发 16%、15% 再来卖 18% 的，或者把 18% 的再卖给 16%、15%，他赚 2 ~ 3 个点的利差，那么第三级人拿到手以后他再往下卖呢？他买 12%、13%，他也在调节，第三级、第四级都在出现，那么可能就会出现一个贷款的派生利润。这个是我们都没见过的。这个民间过去有，从银行借了贷款，银行的利率很低，然后他再借给别人。我们平台已经出现这种看似很正常的派生贷款，那么这种派生贷款的规模能做到多大，它的派生倍数有多少，它的收益对于我们的平台有多大影响，它的风险有多大。它应该有哪几个观察点，这个观察点的变化会对我们的公司、平台的发展产生什么样的影响，这都是新问题。

——张宇总裁在客服培训会上的讲话

看懂行业规律，明确前进方向

行业规律我已经讲了这个问题，就是每个行业，当你们以后进行市场开拓，市场管理，包括风险管理，一定要把这个行业的规律看清楚，行业规律看清楚就是能看懂会计报表，第二个是把行业里面资金周转特点要看到，然后看到主要部位在什么地方，然后制定出什么办法和管理思路，再往下进行处理。这样我们经常讲模板，喜欢讲模型，它实际上是一种规律，我们把握这个规律，按这个规律行事的时候，它的出错率就会降低。第三个是合法合规的政策环境，政策环境有两个，一个是国家的政策环境，国家的政策环境是大的，包括银监会、人民银行、国务院提出的政策环境，到目前为止没有对我们不利的，都是有利的，因为“互联网 +”是一场革命，很多传统的东西都要被废弃。

——张宇总裁对风险、市场部门的培训

《关于当前业务管理中的几个重点问题》

1.5　P2P 行业是否该垫付及应对策略

对本金垫付的看法

本金垫付是有限的，你能有多少钱，你能永远垫付下去吗？这是不可能的。本金垫付只是我们现在有条件的情况下主动去垫付的，一旦没有这个条件，那么投资人就要对项目本身进行判断和选择。中国的投资者们总是喜欢没有风险的东西，一定要万无一失，一旦有什么问题，就要承担全部的责任。这边也是，一旦投资人投资到红岭或者其他平台，一定要保本保息，不保本保息好像就没有道理了。实际上，真正的本质是所有的风险还是要自己去控制。所以在选择我们所有的贷款项目的时候是严格地按照风控流程进行的，包括抵押、担保、终极风险以及流动性风险。因为每个人，特别是红岭进行风险管理的人，没有哪一个从主观上希望这笔贷款出现风险，就连借款的人，包括金山联，他未必不想还我们的钱。他为什么不还，是因为经营失误了，资金链断了，社会经济状况变化没预测到，或者在做某些生意的时候自己的风险管理没到位。这些都是客观情况，当然这些客观情况也是主观认识水平造成的，自身没有认识到。所以最终社会是怎么解决问题，还是法律，所以我始终把法律放到最重要的位置，一切到最后皆有规则。所以今天这个律师讲的就比较冷静；点赞的人就是在叫人上吊，他不懂，只是拼命地赞美你。因为我们的垫付能力也是有限的，不是无限的，国家赋予了国家的专业银行无限的垫付能力，等于是变相地给国家、只要是监管类的银行无限的垫付能力，为什么？不就是怕支付不出去了吗？出现危机的时候就两个表现，第一个表现：客户来提现金提不到；第二个，客户拿支票去买东西但是不被受理这张支票了。为什么呢？因为银行的钱出不来了，就这两个支付危机。这两个支付危机都是因为这个企业在人民银行的账户上没钱了，就是说这个商业银行，这个开户行在人民银行的账户上没钱了，银行出去的支票，没法划转到其他银行了。再一个就是你库里没现金了，不光头寸没钱，同时你也拿不出钱了，没人支持你了，你就垮台了、破产了。而我们国家银行有三个大资金池:第一,人民银行的再贷款,它是跟货币发行机器连在一起的,想印多少印多少,只要它不想你垮台,你怎么都垮不了;第二,同业拆借,如果有几家银行关系不错,一旦出现流动性风险,几家银行一起支持它,每家借给它十个亿那么就什么都不怕;第三,它有无限的存款,你只要存款抓得好,存款可以随时进来补充,它怎么能垮得掉,根本垮不掉。这样就造成现在我们的商业银行实际的不良资产有多少,没人能讲清楚,它的资金池有多少也没人能讲清楚,它的五级分类准确吗?五级分类稍微偏一偏,它计提的准备金就可能是几亿、几十亿、几百亿元。因为它是上万亿元的银行,只要松一松就有很多几百亿元利润,然后就发这个发那个,就是这个原理。因为我搞计划很多年,包括巴塞尔里面整个银行周转的东西我都非常熟,它里面就是这个东西、这么玩的。那么你银监会,能监管它的五级分类吗?这里面有多少万笔的贷款在里面,能一笔一笔去看吗?不可能的,你从正常到关注、到次级、到可疑、到损失,这五个部分,每个部分的比例应该是多少你能一笔一笔地去看吗?不可能的,银行在这个地方稍微调整一下,它的利润怎么看都没问题。又有三大资金池,这就是国家保护的垄断性银行,这个垄断性银行就是这样的。所以作为商业银行,养了那么多的储户,储户到这个地方来怎么能没钱,你怎么能不兑付,所以它的利率就是低,就是几厘。然而我们现在的P2P就完全不一样,它完全是市场机制下的产物,市场下的银行就要自担风险,最重要的是:不准搞资金池,不准自融自用,不准非法集资,不准自己给自己的平台担保。其中不准搞资金池,不准搞担保是最主要的。不准担保是对的,因为你根本就担保不了,一篇文章讲有些P2P平台没有操守,一上去就讲我平台百分百担保,保证你不受损失,这样讲话没操守,讲话是不算数的,一出问题就完了。但是对于资金池这一点,要想一个像我们一样的平台或者银行稳定向前发展的话,它不可能没有资金池,只是你怎么描述、看待这个问题。银行的资金池在哪,它都在计划上,实际上明显的资金池就是二级备付金,在人民银行的头寸,就是它的资金池。存款只要增加了,贷款没动,它的钱就会变多,有时会变少,但总是会有钱,有个存贷比在这里控制着。当然贷款出去了,这个钱就到贷款户去了,存款户就减少了。但如果没有转移到他行,它的派生存款还会增加,因为贷款没出去之前会产生派生存款，这里有个货币乘数在里面。资金池到底是什么，如果在公开场合辩论的话，我会和央行谈这个问题："你们讲资金池是什么，如果讲把我们红岭创投劈开，我们也一定有资金池，只是你看不见，我们没说，没把它点出来而已"。如果没有的话，一旦出现垫付的话就会死。没有利润的话，不就不行了吗？过去已经垫付那么多钱，哪来的钱，资本金不就5000万元，那么哪里的钱来垫付，这个我们是知道，能够把它分析出来的，现在只是在理论上没说而已。那么这里面怎样让它形成一个真正的市场机制，就是这个钱不要拿到自己的口袋里去，别拿去干自己的其他的事情，还是为了维持平台正常的运转，还是为了投资者的利益，还是为了企业的长期发展这个角度，那有什么问题？搞资金池一个是怕你是旁氏骗局，哪里没庞氏骗局，公共汽车就是庞氏骗局，上车下车车上总有人，这就是庞氏骗局。银行的资金池，贷款存款，它也是庞氏骗局，你不能把大自然的正常循环讲成是庞氏骗局，那就不对了。庞氏骗局是有目的地进行诈骗的，首先它的最终目的就不一样，犯罪是要有犯罪动机的。这里的犯罪动机是不一样的，它目的是造福社会的，你能讲它是庞氏骗局？那是一个自然规律，很多事情是一个自然规律，水流了就不会腐烂，这个水不流堵死了就会臭。小贷公司最后就会臭，肯定的，为什么呢？它就一个亿，没有任何支援，放完了就没了。我不成立小贷公司，我有一个亿，你讲我能不能放出去，一样可以放出去的，我成立小贷公司干吗，没必要。你企业有一个亿，借给谁不能借。无非就是享受了50%的商业银行拆借政策。担保公司就更荒唐，10倍的担保，最后肯定也要出事情，所以很多担保公司也垮台了，它是不符合市场经济规律的，都是乱来的，所以政府就想让你们自生自灭就好，实际上吴晓灵、刘世余同志他们有些人是不是整个都负责任了呢？我想不一定。我今天早上写了一段话："让江南愤青们操心了，让吴晓玲们的操心是有道理的，不准承诺担保是因为担保能力确实有限，怕聪明的百姓们受骗，然后造成社会不稳定；不准搞资金池，是怕掩盖风险，庞氏骗局。社会上确实是有些小买卖人，利用大嘴巴来骗人、蒙钱、跑路，可也有那么一批社会脊梁，想为自己的长久发展进而和社会的共同发展做一些扎实的、市场需要的事情，同样这也不能承诺担保，市场本身就是由众多不确定性组成的，我们只要本着对社会负责、遵纪守法的原则来做人做事,相信会得到多数人的支持。真正的市场经济做不下去了就大大方方到法院申请破产。我们希望政府能给一点支持,到目前为止,没有叫停就是扶持,喊几句口号,自生自灭,有问题了抓人判刑,没问题了改革开放新成果,它们怎么都不会错,只有我们有可能错。管不管这个网站,让大家听听投资人和借款人的意见,所以我不准备停下来,进而成立风投、私募、信托、租赁、典当、保险六个事业部,建立管理体系和发展规划使公司业务发展和社会金融全接触,走出一条对投资人、借款人、政府、金融改革以及我们自己的发展有益的路,我期望和大家一路前行。"

这是我对本次事件的一个看法。我们的看法就是用我们的知识为社会做一点事,最终以法律来约束每个人的行为。这是最重要的,要树起自己的责任心和责任感。只要竖起这个责任感,真正经营不下去了,那是由于我们的能力,那时大大方方去法院申请破产,该怎么清算就怎么清算,或者有人来接盘,那才是真正的市场经济社会里面最客观的结果,跑路是不负责任的行为。但我相信我们不会。

下一步计划是增资扩股,增加抗风险能力。那我们风险部门、市场部门要接受这次教训,以后每一笔抵押(货押)都要考虑到风险,要本着最坏打算来考察项目。同时要学会从投资者角度来考虑此次事件的影响,不要沾沾自喜于目前的一些正面影响。P2P 是适应市场经济发展的,市场经济的特征就是相互选择、讨价还价。流动性风险实际上是投资者心理上可以承受的,而我们的担保、垫付是一种优惠条件,而不可能永远垫付下去。同时我们内部所有对本次危机的处理作出贡献的同事都是值得表扬的,这也是我们进一步扎实工作的信心。过去项目存在很多遗留问题,目前先将过去的账目一单单梳理清楚,交给资产保全部接上,尽可能减少损失。

——2014 年 8 月 30 日第 40 期总经理办公会议

关于经营模式的思考

明年是新的一年,新的一年当中有很多新的想法和新的思路,我一直在想,我们原来的经营模式是不是有问题,因为我们干得很吃力,不论是从基础上,从产品品种上和社会环境上,一个个比较,现在的 P2P 行业,你说哪家做得好？陆金所？我找不出来了。我们从快标产生的风险，分析下去，是由于高利率必然带来高风险，能带来高利率的贷款都不是正常贷款，都属于次级贷款。逼着我们找好的项目，就要求利率低。还要考虑市场能不能承受，如果利率低了，没有投资者投资了还是干不了。在快标基础上生出好一点的企业，利率降一点，风险降一点，然后到特标，一直到国有企业，因为它是国家背书的。我们做信息平台，而不能做信用平台，不能刚性兑付。国家从一定的高度在讲，要去担保化，不要刚性兑付，但是投资人不甘心这样。对这些没有系统的思考，都很难走下去。我是一直在思考这个问题，但到目前为止，也没有真正找到一条适合我们发展的路，从快标到特标到议标，到最后我们回归中央的精神，本标，我们的力量可以倾斜在任何一个位置上。它是根据风险来进行判断的，它的价格也是根据风险来定的，我们的收入也是根据风险来的。从快标到议标到特标，到本标，风险度是逐步下降的。做本标，我们同事又担心，不垫付了人家还来不来投，如果要用垫付来做担保，吸引别人过来投资，那风险本身就在这里了，垫付不了就回家了。所以要循环起来，始终有抵押物，抵押物又是和经济周期联系在一起的，如果经济周期上行的时候，那十年八年都没有问题的，如果正好落在这个区间内，我们很享福。但是现在经济不是处于上行期，在处于波动期，在博弈，我们也在博弈，但是很难。涉及金融，可不是开玩笑的，我做金融做了一辈子，都是胆战心惊的。银行是一个非常精巧的机器，绝对不是你头脑发热就可以做好的。所以从事金融行业的人，对他的要求在某种程度上就是比其他行业要高一点，银行的工资比别人高一点，但就是比别人辛苦。

——2015 年 12 月 26 日第 44 期总裁办公会议

1.6 P2P 行业的流动性风险及解决办法

出现资金缺口且没有外部资金时的解决方法

资金缺口时将浮出水面，只要没有实现无缝隙对接，缺口就会出现。一一对应之间必须实现无缝对接，一旦出现缝隙就必须垫付，使用内部资金垫付，外部没有资金支持。解决的办法就是自求自保，防止欠款，如延长期限，但提前还款，可垫付。但当项目金额比较大时风险就会出现。要把问题交给客户，高收益的收入要有底线，虽然垫付，但也不是百分之百的，要跟客户沟通好。

和银行谈建立三个账户没问题，三个账户的作用就是把三个不同性质的资金分开。这是好事情，没问题。问题是可信担保，对公司工作担保。不要对外宣传，怎么解释呢？我们只承诺先行垫付，垫付多少？要看我们的风险控制的水平。这么多年来我们没出现过客户拿不到钱。我们风控是按照全国银行的风控体系进行的。如果银行能够帮忙实现系统的升级，会给予相应的奖励。

——2014 年 3 月 18 日第 16 期总经理办公会议

提出解决公司流动性风险的新方法——建立风险准备权

昨天他们在网页上提的问题我也看了下，他们想知道到底风险准备金有多少，从他们投资者角度来看，这种心理很正常。实事求是，我们目前确实捉襟见肘，引进战略投资者也是为了增大资本金，增大抗风险的能力。但是这种抗风险的能力不是一句两句话就能讲清楚，而且就算资金真正到位，也不可能像银行那样以巴塞尔协议中控制资本充足率的方式来控制风险。那就不是 P2P 了。所以我提出全新的概念，建立一个风险准备权，即建立流动性风险的准备金，类似于特别提款权，在国际货币基金组织 IMF 有这种设置。就是利用时间错配、拆标错配来准备当出现风险时的准备权如何使用。也叫流动性控制杆，在什么时候启动从市场角度来解决 P2P 企业市场问题。

我跟有关金融从业人员也做过这种探讨，整个方向是对的，因为市场问题最终还是市场来解决。目前我们已经感觉有效的就是时间错配，包括留出两三个月的时间去追收，但是时间长了以后，大额的项目必须有准备权制度，就是真正把这块资金不还给企业，因为企业还了之后有三个月钱在我们账上，当我们没风险的时候，我们立刻提前归还给企业。一旦出现风险，企业还没到账，我使用这种权利，这种权利实际上建立了风险准备权，这种新的思想和名词的提出属行业首家，如果成功，则是P2P行业乃至全世界的创新。因为我们打破了传统行业巴塞尔协议中关于资本充足率的风险控制方法，而且还是通过市场机制的作用来完成。只要监管部门允许我们做就可以。我们只是用市场的钱来解决市场的问题，来缓释流动性风险，来短暂地解决临时流动性出现错配时的流动性缺口。这就是一些既有理论又有实践的问题，P2P网站都没有提到过这个概念思维，但我们还需要一个出口。

——2014年8月9日第37期总经理办公会议

公司流动性风险的解决方法

第一个入口我们已经解决了，即协议的问题，已经上线。这个伏笔我们已经埋下去了。资产证券化的方式也没有问题了。对外拿我们享有处置权的资产到外面去融资，来解决流动性风险的问题，是资产证券化的思路，这种思路我们也已经铺垫下去，在紧急时候可以运用。法律上是通过的，对人行解释：我们是出现流动性风险，但是我需要钱的时候可以拿我的良性资产去打包，把资产包给别人换取资金来缓解流动性风险。我没有终极风险，如果有，不会超过1%，超过1%就用贷款准备金去覆盖。

这样大家就明白我们的流动性风险该怎么控制。终极风险就是1%，而且我们历史上、掌握风险控制的程序和能力上，是一定能控制在1%的，因为它是有抵押的，而且抵押是充分的。有可能出现的是流动性风险，到期还不了；没有按期付息；这些只是支付转移、推迟、欠息了，但到时资产拍卖后还是可以还上的，只是还上之前投资者不同意，可能会闹事。这个就涉及垫付问题，与银行系统不同，它们有存款、再贷款、同业拆借等资金来源，这就是合法的国家支持的“资金池”，我们没有资金来源，只能想办法搞一个不是资金池的“资金池”，也就是风险准备权。这不是资金池，因为没有资金，只是用我们追诉的时间把那部分权利使用起来，来弥补已经产生没有按期支付的钱。整个世界就是庞氏骗局，只有循环流动起来才有活力。经济循环起来就是庞氏骗局，只要我们不掺杂个人利益，坚持不做损害投资者利益的最高原则。我们凭我们的劳动、知识，为社会做一些利国利民、利投资者、利贷款者、利自己的事情。关于风控的问题这个是大方向，如果监管当局能够提供更好的政策，比如人行给我们再贷款，那我们就视同传统银行了。这样一来，风险控制的思维、想法、认识和理论具备了，哪怕到了一万亿我们都不怕了。我说这些是希望你们心里有底，遇到事情要有没什么大不了的底气。牢牢控制终极风险，掌握流动性风险控制办法，控制效率和速度，抓好每人每天的事情，这样来看，我们下一步发展的空间是很大的。

——2014 年 8 月 9 日第 37 期总经理办公会议

对解决公司流动性风险的看法

流动性的问题我们上个星期也安排了跟全国 30 个分公司的筹备部门发出了建立流动性通道的通知，这个流动性通道就是把我们的优质资产打包然后典当出去，定期赎回，使我们流动性出现问题的时候有个出口和借口。目前我们在谈的已经有很多家了，这件事情很多部门，包括风险条线牛总、市场条线、计财条线三个部门都在抓，这件事情也是我们的重点，这样要保证我们在大踏步往前走的过程中流动性出现问题时资金不会产生影响，就像董事长讲的，最终是保护投资者的利益，投资者到期一定还本付息没问题，一定要保住，这是生命线，这个要是保不住，你的信誉立马打折，其他东西可以讲顷刻土崩瓦解，这个太重要了，我们把家产全部卖了也要顶上，就是到这个程度，不能让投资者有一分的损失，以后红岭创投也就是这样一个口号，投资者就是上帝，投资者就是爹娘，他的利益就是我们所有人的利益，他的所有的工作都是我们应该负责的工作，这个就是最近要抓的流动性工作，这块也是非常非常重要。

——2014 年 9 月 27 日第 43 期总经理办公会议

解决公司流动性风险的方法

关于流动性资产包出售的问题，这个问题很大，不光我们遇到，可能整个 P2P 行业都会遇到这个问题。因为靠自有资本金来补偿流动性风险对金融企业来讲本身理论设计就是有问题的，那么国家为什么把金融部门管得这么严，因为国家掌握着发行机器。就是说不管哪个银行的存款准备金到它那个地方,它可以统一地协调使用,规定你的存贷比,然后你的哪些资金不能放贷款,流动性在你开办的第一天起就规定死了,一般不会出现流动性问题。一旦出现流动性问题有三条解决通道:一个是再贷款,一个是同业拆借,一个是组织存款,随时都可以解决。但是P2P行业在理论上来讲根本就没有这些东西,还设置不准碰这个红线、不准碰那个东西等限制,但是相关部门又想让你干,就是不知道怎么去管,所以现在监管政策迟迟出不了台,那么我们不能等,我们的流动性风险自己解决。

我们现在是三条出路:第一条出路是战略投资者,我们董事长正在想办法,我们为什么搞信用评级、商誉评估,都是为了引进战略投资者等等做理论上的铺垫和技术上的支撑。这样才能搞清楚我们公司值多少钱,引进多少资金。这是第一条控制流动性风险的方法。

第二条就是我讲的流动性风险控制权,这个实际上已经在使用,多家P2P平台已经在使用,只不过没说而已。我觉得互联网金融本来就是探索,就是实验,牌照什么我们统统没有,但是人民银行说你们可以先行先试,让子弹飞一会儿,只要没犯罪都没有问题。所以流动性风险的控制权我们为什么敢使用了,就是到现在没有人说我们。每次周总到北京汇报的时候都讲,我们留出两个月来追索贷款,实际上这就是流动性控制权的基础,造成投资人和贷款者时间的错配。这个错配一旦形成就可以无限使用,一旦无限使用,那么自己良性地来解决自己流动性问题是没问题的。只不过过去是盲目地在做,而且做得很小,看不出来。那么现在我们看到很清楚了,分析了,这种方式能解决。一个是提前还款,就是到期以后企业的钱还给我们了,但投资者没到期,这个钱我们可以放在这个地方,暂时不要还给投资者,而出现流动性风险的那笔贷款还没有回来的,我可以把这个钱先还那些投资者。那么这样这边也会形成循环,不断地有到期的,不断地有能归还的,不断地有不能归还的,这样产生一个良性循环,就是这个原理,我讲流动性的控制权就是控制这个东西。这一旦控制起来以后,到一万亿元我们也不怕,你讲是资金池就肯定是资金池。人民银行如果讲这就是资金池,不能搞就叫人家关门,严格去执行就是关门的事情,那没什么话说,就跟小贷公司一样,你又一个亿就只能放一个亿,实际上就是不支持这个行业的发展,所以小贷公司就是死路一条，根本就发展不起来，它没有形成良性循环，没有一个生态环境。一个东西它有生命力的话一定有个生态环境，这个生态环境有的是政府规定好的，现在国家准入的银行们生态环境是非常好的，怎么都死不掉，所以你要听话，就算不放贷款也没问题。我们的生态环境是什么样的，现在还不错，他不管你，不管是最好的了，要不然就不给你做了，不让你做嘴上也不说，设置两道红线一评级就垮掉。但是到现在没出手，他怕什么？就怕你规模做大！规模一旦做大就不敢动你了，一动就是群体事件，哪个政府不怕群体事件？但是反过来，董事长在年初讲的话我很同意，我们现在的风险就是速度太慢了，如果速度迅速推到500亿元，那就没人敢动，只要我们没犯罪。动了投资者会找你，所以我们是在抢时间，这是我们讲的第二条流动性风险的控制思路。

第三条就是把我们现有的良性资产打包以后当给有关资产管理公司，我们到时候再把它赎回来。就是一个临时的周转作用，并不是把它卖了。因为银行之间的同业相互拆借是什么都不要的，属于信用借款，有的是一天的，有的是一月、半年的，各种形态都有。我们没有同业或者同业之间不能拆借，那就只有跨行业。当然以后可能会有同业，但我们国家肯定不会批准。但是可以试，比如我们跟拍拍贷、陆金所互换，如果它们有这个胸怀，我们肯定是有这个胸怀的。我们企业没有任何依靠，我们是从泥土里面钻出来的，自己想办法求生存。为什么我们让30个分公司同时找资产管理公司，就是要找出一条临时能够有资金进来，又不让别人承担风险的方法。这条路一打通，三条路全部启动的话还有什么问题。我们在风险控制上再把终极风险控制住，全是抵押的没问题。流动性风险控制住，再提取1%的风险准备金，然后还有资本金进来，还有自己的利润，我想我们的企业不应该有大的问题了，最后由1%覆盖终极风险的损失完全够用，这就是以后P2P大的方向的整个思路。

——2014年9月27日第43期总经理办公会议

引进战略投资者对解决流动性风险问题的重大意义

首先，对于引进战略投资人就我个人来讲，我不期待。这是我的观点。

因为我们只要维持住两三个月左右，我们将会触碰性地发展，像华为一样。我跟你们讲的都是心里话，但是确实，公司要想发展得更加好一点，流动性风险的出现是不可避免的。在任何一家银行和金融机构，都不可避免要出现流动性风险。因为在我们目前的风险管理体制当中，对每个项目终极风险的控制，我们做到位的。如果从终极风险的损失率和违约率，违约概率和损失率上，我们取1%的风险准备金是足够了。但是流动性风险，因为各种各样的情况，会造成一个阶段的资金紧缺，因为要保证所有的投资者不受损失，所有的投资者不仅要拿到本金，还要拿到利息。那么一旦出现流动性风险的时候，你如果控制在我们能控制的比例之内，是不会出问题的。但是一旦出现意外，像广州事件，我认为是一个极端事件，这个极端事件，在银行碰到都是概率很小的小概率事件。因为它是一种欺诈行为，就像杀人在我们的正常生活中是一个小概率事件，如果一天到晚到处杀人就麻烦了。像这种欺诈行为，在银行的贷款，或者是在P2P，或者是一些信托，包括我们的私募、风投当中，由于尽职调查的问题，由于企业本身的问题以及各方面的问题都是极端事件。对于这种极端事件的出现，防范也应该列入我们风险控制的范围。这次启动以这个价格迅速引进战略投资者，主要是解决这种极端事件的问题，这个时候对于我们公司来讲非常重要。但是我们也不依赖，我的心态向我们几位老总说了，我们不依赖。因为雪中送炭的事情总不会很多，锦上添花的事情好多。当然能做到雪中送炭的我们将永远记住他，他们就会以合理的价格来争取到今后与风险投资所得到的高额回报。我们一旦度过这个非常时期，那可能就不是这个价格了。因为这个价格对我们的经营团队是一种轻视，看轻我们，因为毕竟我们这支队伍，包括这次我们全国过来的筹备组的老总们，他们的经历都是在银行当过行长，对于风险控制和业务发展，都是有相当资深的经历。我是一个一个面试的，也是一个一个进行考量的，一个一个给他们授权的，我相信他们。我也相信我们董事长，我也相信我们这个高管团队，我也相信我自己。所以说对于流动性风险出现的极端行为，在商业银行。我今天稍微讲深一点，因为在公开场合，我很少讲话，可以说没说过话。为了这次战略投资，我说几句。

——2014年9月24日江苏南京融资说明会

解决流动性风险的思路和方法

我们担心是流动性风险问题,流动性风险里边,第一就是到期,这个企业没有按期还款。另外就是到支付利息的时候,它没有现金来及时地支付利率。流动性风险就是这样,你包括广州纸业的逾期,它的现象是老板跑了,但是造成的事实就是这个项目逾期了,因为你说跑了没那么简单,那肯定通过法律途径追到底,你跑到哪儿追到哪儿,你这辈子就别想安生,因为我们已经通过民事和刑事两条对其进行起诉。起诉以后把他们老板一逼出来,好在没有跑到哪里去,他另外派人来跟我们谈,按照法律一看,是刑事,属于合同欺诈,金额特别巨大,造成损失造成社会影响的是 12 ~ 15 年有期徒刑,那可不是开玩笑。这样就逼着他把他手里的一些有价值的资产拿出来,这对我们下一步追收方向,通过法律,刑事、民事的两个途径,将他的资产进行拍卖,而在动用这些政策和这些措施的管理人员,我们认为都是战略者,我们红岭创投的政策都是非常稳定的,都是在原来银行里很优秀的,都是很熟悉的,而我们在这一块都是很熟悉的在做。就是讲追收这一块。

风险准备金的准备这一块,再一个就是流动性风险的控制,我们提出一个新的概念叫流动性风险控制权,流动性风险控制权,实际上就相当于一个国际货币基金组织的特别提款权一样,这个权我们无期出售,一旦我们出现流动性风险的时候,我们会长期受动它,为什么?从哪里来的?第一,我们贷款期和投资期有一个期限错配,投资人可能是一年两个月到期,但是贷款企业一年期,中间有两个月的缓冲期,那么这个时候,如果企业按时还款,我们是不是非要帮它立刻还给投资者?如果不是这样,那么这两个月的资金沉淀,我们是不是在需要的时候可以调动拿过来,如果可以调动它?后面的事情就简单了。我想告诉大家的应该能听明白,就简单了,这是我们一直没有把它理论化,没有把它进行归纳之前实际上我们做了五年了,我们周世平董事长做了五年就是这么做的。也没有谁来说过什么,我们也汇报,我们把期限错配的问题做了些汇报,也没有什么,这个我觉得到以后可能是在国家有关监管部门没有给我们实质性政策的时候,我们可以尝试的政策。这个政策一旦尝试起来,我们就不管你规模有多大,我只要你留下 10%,我只要留下三分之一,我什么都不怕。

当然这个巴塞尔协议Ⅲ也进行对接,因为巴塞尔Ⅲ它里边最重要的是提高了资本充足率,从原来6%提到了7.5%。资本充足率大家也都知道,在分子部分一个是核心资本一个负债资本,下面分母部分是加权固定资产,加权固定资产说得简单的就是我们的待收,待收里边每个情况可能不一样,它里边抵押占50%,现金0,其他的100%,就我们资产的匹配,但核心资本这一块,除了我们自己增资扩股这一部分之外,加上我们内部资金这一部分之外,我们可以加上一个流动性控制权,这样就可以计算出,我们跟银行一样的资本充足率,可以跟国际巴塞尔Ⅲ接轨,而这一块只能用市场的办法来解决市场的问题。这些话我是第一次在公开场合说,没有在其他地方说过,因为今天面临的是投资者,我跟你们讲,理论上是这样的,它有一个原则,那有些人说,你这不是资金池吗?严格意义上讲,是资金池,它不可能没有资金池,不可能不留资金池,人们家里都还有备用存款,家里还有借银行的那么多钱,你只要不违法,你只要不把它放自己的口袋,你为了事业的发展,调用一些临时需要的资金,我觉得无可非议。像我们出现流动性风险了,我找企业给借一两个亿过来,我三个月以后还你,这叫资金池?我跟你企业事先就有个约定,你叫资金池?我跟是10个企业都有这样的约定,我一旦有困难的时候借我一两个亿,行不行?应该讲行,它不违法,同样,我们给投资者也有这样一个约定,这个在几个月之前,我们就已经把它定下来了,我们董事长可能现在才明白我当时为什么要在协议里边增加这个条款。就是投资人,当你投资以后,在没有放款之前,这个支配权是属于我们红岭创投的,为什么属于红岭创投,因为我们在追债的时候,我们必须带着这几万个债权人去追债,你们一个一个去追债,没有人能拿回来,这既合理又合法,又能够解决我们目前所遇到的问题,那么这个理论上的问题一旦解决以后,再把证券化包括我们现在的良性资产打包,跟有关单位之间做一些交易,我拿我现在36亿元的待收资产,我拿一半出来,18个亿,我抵押出去拿5亿元出来行不行,没有理由不干,因为我们并不是要筹钱,我们是要它的流动性,流动性解决以后我们还把我们的资产赎回来,我肯定干,当我的资产追回来了,当我的资产负债跟上以后,因为追回来以后还有什么问题,无非很多东西就是时间，资金拨备问题，怎么样才把它统一起来，流动性不要断就行。那么在操作这点上，我觉得我们，一是有这个经验，二是有这个事实，三是已经感觉到这样做是可以的。

我们现状是这样的。那我们下一步该怎么做？我们现在就已经开始启动，因为我讲到，最近资金有点紧张，就挺到17号，为什么挺到17号，因为到17号以后，流动性根本不可能出现，再过一天，因为在这个规模上的准备，所采取的措施会更大，17号，今天10号还有7天，我们的标，13个亿的标，浙江1号，一亿五千万，已经发到第三，那么这个资金也一样，我们的标发的是不停的，还款也是不停的，那么这个不停的中间的间隙只要有一天，它就会连续地发展得非常快。

——2014年9月24日江苏南京融资说明会

解决流动性风险的思路和方法

从专业上来讲，房地产它是逐步投入、一次性回本、单件生产的性质。不到销售的时候没有现金流来，有现金流的话就是融资性现金流，最终还是要靠它的销售回款，那么销售回款在房地产大势不好的时候就比较麻烦，可能最后就要卖它的房子的。但是好在抵押物足值的话就没什么问题，只是时间问题，但是房子要是盖不完，产生烂尾楼那就死定了，房地产贷款在20世纪80年代我就说过，房地产最怕是烂尾，一烂尾全部完蛋，所以哪怕拼命给钱也要把它盖完，盖完就是一栋楼了，就能卖了，能抵押了。没盖完的半截子就什么都不是，一分钱都没有，地钱收不回来都有可能。所以这种风险我们多数都在房地产贷款上，这种贷款的流动性风险是100%要出现的，这是房地产的销售规律，那么出现这种流动性风险我们就要有应对这种风险的办法，并不是它还不上了，就是那一阶段没有资金，那就要往后延，要等到他们的楼能卖掉为止。如果是卖不掉的那种楼房，我们介入的是短进短出，过桥资金。如果这一步还没有做完之前，那就真正是房地产开发贷款，那就一定看他房子盖好以后什么时候开始卖，多少资金能盖完，一旦出现流动性风险的时候我们用什么方法来解决它。

我们现在说的资产包问题、错配的问题、站队资金给利息的问题都是在解决流动性的问题,要有一笔充足的资金在手上,能够把它周转起来,如果流动性风险过得去,其他问题都不大。如果讲过不去,那就可能有问题。上次董事长给我提了个建议,我讲我考虑一下,就是说投资者在向我们贷款的时候,就像银行回存的存款一样,要交10%的风险准备金在我们这里,每一笔贷款都是,我们付息。比如给他3个亿,要有3000万元放在这里,一个是扣息,一个是风险准备金。到时你就还2.7亿元就行,或者就是3.3亿元给你3亿元,这3000万元是放在我这里的,如果讲我40亿元的话,10%下来就有四个亿的流动性准备在这里。这个到底能不能试试,是不是违规,这个我还没有明白,但是极端情况也也要试试。好比,企业要3000万元,我另外给你3300万元那300万元不计息,只是用你的名义从网上筹下来,放在我这里做风险准备,但是贷款必须记在企业头上,这都是极端办法了,我觉得搞不好还真要拿一两笔试试。像这种所有解决流动性的办法全部要用上,毕竟国务院讲我们是试点单位,要允许错误的。如果不试我们就是笨蛋,如果试好了那就没问题。

——2014年11月1日第47期总经理办公会议

要高度重视流动性风险

现在,要高度重视流动性风险,至少要10%。不管中飞也好,璧山也好,我们现在放出去的房地产贷款没有哪一笔到期归还,准时到期归还的估计是零。这由行业的特性决定的,能正常归还的反而少。

——2014年11月1日第47期总经理办公会议

流动性风险的必然性和控制流动性风险的必要性

风险控制中流动性的问题要作为重点工作,我一直在强调这个问题,也再一次呼吁要把这个事情放在第一位,因为以后我们贷款的流动性一定会出现的,而且也是正常的。银行的房地产贷款50%都不能正常还款,它有三个月的缓冲期。银行有资金池能够解决这个问题,我们没有资金池就要创造办法来解决这个问题,这个如果解决了我们就不怕了,如果解决不了,就一点余地都没有。我今天这个内部会议上的讲话大家不要对外讲。我做了一辈子银行，知道问题在哪里，所以我们就要做一点实验，在某种程度上做一点牺牲，那么这个冒险是为了事业的发展，是为了投资者资金的安全，这样我们心里都踏实了。我就希望我们的高管们能认识到这一点，我们能够统一起来，后面的事情就好做了。

——2014 年 11 月 1 日第 47 期总经理办公会议

解决流动性问题的准备工作

主要是它们（东方、长城和华融等资产管理公司）没有积极性，像金控有积极性的话非常好谈，没积极性的话它随便找个什么理由，实际上它根本就没研究，提两个让我们想办法的理由，实际上这理由也没啥用。这个工作应该讲是非常重要的，现在没其他要求，就是越快越好，在尽可能短的时间内，最起码签几份协议，不能交易先签几份协议吧，标准给它定下来，到时一旦需要紧急援助的时候马上就能启动起来，这个东西也取决于我们这边流动性出现的可能性和流动性风险出现的现状来决定我们什么时候启动它，但是这个必须做好准备。就是一旦有问题之后我立马就启动，立马就接上了。包括流动性风险的控制权也是这样，那个实际上已经使用了，不动的话今天就活不下去，早就关门回家了，这个事情还得做。

——2014 年 11 月 1 日第 47 期总经理办公会议

解决流动性问题的思路和方法

我在有些会议上讲过，小贷公司的生态环境肯定是有问题的，担保公司的生态环境也是肯定有问题的，那么注定它们以后的路是走不开的。现在大批小贷公司很艰难，这个担保公司也很艰难，都是因为它的生态环境，纯生态环境造成的，小贷公司和担保公司所遇到的问题，通通是一个问题：就是流动性的问题。担保公司肯定知道担保这笔贷款的风险，被担保的单位还有一些反抵押给这些担保公司，实际上就是反担保，抵押给了担保公司，担保公司才帮它出担保函。担保公司还不掉的时候，流动性风险出现了问题的时候，担保公司就要负责代偿，这个代偿能有多大？不能有多大，如果说有流动性的资金能进来，可以接得上，那就不一样了。而我们监管当局可能没有考虑到这些问题，而且我们经营这些小贷公司、担保公司的同胞们也没考虑到这些问题，一旦出现问题的时候就束手无策，客户一挤兑，他们就跑路，能怎么办？他们解决不了，只能跑路，他也不是犯罪，东西都交给你了，我什么都没拿走，但是对社会会带来不安定。那么解决这个流动性的问题，到底有什么办法？其实之前，我就和项旭副总经理就流动性的问题包括大会上讨论的把我们资产打包，实际上就是我在年初提出的资产证券化的方法，就是资产证券化的过程，只是我没有把它变成一份一份的证券而已，而且这个证券没有在市场上流通，而且兑付这个证券的还是我们本人而已。实际上你在美国的二级市场上，在次级债的二级市场上就跟一手一手的股票一样，可以买也可以卖，最后兑付就是我们这些发行单位，就是我们拥有这些资产的单位。债发出去把钱拿回来，流动性好了，这边形成一旦没什么问题，兑付就完了，就这么一个过程。但是当流动性一旦出现兑付不了的时候，你这边有流动性的来源，比如说央行，或者是讲有新的流动性的产品出来，再进行发行，就跟国家的国债一样，是永远欠下去的。这期国债兑完了，下一期国债又发了。新发一期国债就兑付过去一期国债，银行贷款也是这样。贷新还旧，只要能够付得了利息也没什么，因为企业本身也在发展，那么这种思路昨天董事长也在群里面转发了，一篇文章关于 P2P 证券化的问题，实际上我们现在提出的问题也是这个问题，还比他们提出得更早，只不过我们在寻求证券化的渠道。我们胡宏敏副总经理在上面讲了一句，我也看了，在中国敢吃这个螃蟹的不多，没人敢搞，实际上根本就没问题，总有方法。连信用贷款都敢放，良性资产就是这个东西还不敢放，是不是？这实际上就是对我们本身的不信任。还有一条路，就向老百姓发行，直接向老百姓发行，直接把良性资产变成一种产品，通过包装以后，直接上网，直接发，就不需要再去找其他单位了，这也是一条路。因为从理论上它是能走通的，不是不能走通的事情。如果理论上能走通，就要看这条路怎么走了，这是肯定能走得了的。正因为有这样的理论思维和理论基础，我们才敢于迅速地把它做大。因为你只有做大的时候，你才能有东西，你才有资源，你才有可能去操作它,否则的话你没办法操作。如果到 100 亿元就好多了,如果到 1000 亿元就更好,如果到 1 万亿元谁都来求你了,那时候你的资源比谁都厉害,什么都可以做了。

——2014 年 11 月 8 日第 48 期总经理办公会议

项目风险的解决方法和思路

用其他的方式告诉他 24% 本身是有风险的,要是叫我们垫,做大以后我们也是垫不起。但是这个 15% 的就可以垫,因为他风险低。这个风险审查起来太辛苦啦,我们陆斌总监压力太大。到现在为止,要说不敬业我不承认,他们的敬业精神、专业精神都已经用到了极致,但还是有问题,那就是说这里面本身就是有风险,没办法,我们风险控制的水平和能力不输给各家银行,哪个环节都是非常尽心的,也没有去乱搞什么东西,都是认真地去做,但是有些地方还要出现问题,那就是项目本身的风险就是大,那么只能采取其他的办法来解决。过去已经做过的没办法,只能用时间换空间,然后把时间往后推一推,我们流动性能跟得上。不是就事论事,那是解决不了问题的,这笔贷款形成不良了,我现在想办法把这笔贷款解决,那根本不行,只能把这个大的流量做起来,用某种方法把这笔风险往后推,等我后面整个化解的力量跟上了,就能逐步消化了,只能用这种方式,其他方式没用。看看还有什么? 反正思路就是这样了,推出的时间准备明年元月一号,现在陆斌总监可以把这个交给企划部了,企划部你看需要多少画面,多少种贷款就有多少种画面,画面搞完了以后它的逻辑关系交给运营部去做,哪一个点进去出现哪种情况,最后交给电脑部去开发,这样它的需求就是完整的了,每个环节都是清楚的了。

——2014 年 11 月 15 日第 49 期总经理办公会议

解决流动性问题的方法、措施和手段

在生态环境当中,包括我们上次讲的流动性风险是所有 P2P 企业,金融企业,包括各类企业都会遇到的问题。有一半以上的企业都是因为流动性的问题破产的，不光是金融企业，不光是银行，其他企业都是一样，那些破产的不一定是没钱，资金链断了；特别像金融行业，像我们这些新金融行业，流动性尤为重要。那这个位置，政府给了什么关心了？不是给支持了吗？不是给政策了吗？也没有。要解决这个流动性的问题，我们只有自己想办法。那么如何解决流动性的问题？我们现在有几个措施，这样是不是违规，是不是违法了？但是想到根上，我们没有往自己口袋装，我们为的是社会的安定，而流动性风险的出现是必然的，那么流动性风险出现政府给我们什么支持？如果不给我们支持，我们为了社会的稳定，我们自己采取了一些手段，你能说我们什么？做什么事情不能不讲道理。但是从政府来说，应该需要给我们点支持。我们现在走证券化的路，把我们的良性资产打包垫出去，换来一些流动性；我们提高站队资金的利率，通过红币的方式，稳定一部分的站队资金；我们用企业已经归还的贷款，在未到期的时候，我们暂时运用一下。这些点点滴滴地把它积累起来，解决我们流动性的问题。当然也有机构投资者，还有周总本人的个人资产，另外最后还有一招就是自救，利用我们的网站救自己。现在马上要成立资产管理公司，都是要解决我们这个行业当中非常关键的问题——流动性。正常的信用风险的控制并不难，因为第一个就是信用风险，就是个违约率和违约概率。假定它违约了，最后把抵押物拿出来，那么它违约的程度都会降低，这个好搞。但是流动性风险有随机性，不是说在计划内能计划到的。例如广州纸业的事，谁能考虑到？贷款单位几家串通起来，连仓库都是他们自己的人，你能搞得过人家吗？所以我说在发公告的时候，说这个是极端现象，就是违法了。这不是一种常态，我们对付流动性，没办法，只能我们自己创造。

——2014 年 12 月 13 日第 53 期总经理办公会议

房地产贷款流动性问题引起的原因

一定要把这个流动性的问题解决好。因为房地产最怕的就是两点，第一点是烂尾，不管什么房地产一旦接手了，你就要想尽一切办法把它盖完，不能烂尾，一烂尾就完蛋了，一旦烂尾的话，往后只要一拖，它利息就付不起了，而利息在不断地加大，如果建设没什么进度，也没办法卖，这样很容易就崩掉了，一崩掉就没人卖，也没人管，后面的问题什么都来了，而且整个的价值也就在迅速下降了。这个是在房地产贷款中遇到的第一个风险，就是不能盖完，中途没钱了，所以说我们在搞这些房地产项目时，万一它没钱了，我们要给它增加钱，再发标，一定要把它盖完，不盖完肯定不行，不盖完肯定就会有问题。

第二，因为每个房地产的销售周期不一样，销售周期根据房地产的地段、价格、行业的景气指数，行业的景气指数每阶段都不一样，在某一个阶段房地产非常好，在某一个阶段它又非常冷，每一个房地产它都不一样，它的规律是，多次投入，一次回流。从一开始的买地，施工队，到一个个地往后建，都是在投入，一直到最后的销售，资金就集中地回来了，它是这样一个周转方式，那么它到底周转多长时间，它有一个一般的时间，或者有一个标准，多高的楼一般要几年到几年。那么在这个阶段，我们就不能让它烂尾，只要它盖出来了，价格只要在我们当初贷款抵押物的折打得是对等的，抵押物的评价是真实的，应该讲它的终极风险是没有的。

——2015 年 6 月 27 日第 22 期总裁办公会议

化解流动性风险办法

如何化解流动性风险，我们最后研究下来的方式就是一旦出现违约，不是去催收，而是立刻以物抵债，就没有催收的过程了，就立马物抵债了，一旦以物抵债了，我们就把资产拿到我们的资产管理公司来了，然后我们的资产管理公司可以自己重新组队去把它盖完，然后我们自己来把它拍卖。当然拍卖不一定是卖给最终的消费者，不一定是卖给住户，我们可以卖给中介公司，中介公司可以通过发的形式来筹集它的购买资金，那么就等于把它之前的钱还上了，这样它就周转起来了。

总公司有一个资产管理部，下面分公司都配有若干个资产管理公司，专门来收购产生违约的这部分资产，它不一定是不良，但它违约了，也就是流动性出现问题了，就立马把它收回来，及时进行处理。因为目前我们网站本身的筹资能力和影响力，已经可以自己采取措施了。有很多大的资产管理公司都眼红我们的现金流，我们往上一挂，就有人投资，它们是非常羡慕，不是一般的羡慕，包括华融，还有安徽的一个资产管理公司，都羡慕得不得了，想到这边来卖。等我们的传统 P2P 搞好了，它来卖就是了，有人买就行了，怎么卖都行，我们收管理费就行了。

——2015 年 6 月 27 日第 22 期总裁办公会议

资金配对的底线是一一对应

特别是对于一些项目出现了流动性问题的时候，有些标的重新进行发标，这也是一种展期，只要投资者的收入不降低，保持在合理范围内，只要保证终极风险没有问题，我觉得都可以办，保证一一对应，我们的底线就是一一对应，那就跟非法集资根本联系不上了，所有的项目都是和投资者一一对应的，不产生错位，就没什么大问题。如果少量产生错位的时候，一定要在我们自由资金和内部资金可以覆盖的范围内，现在可覆盖的范围大概有 8 个亿，这个范围内错位是没什么大问题的，超过这个范围必须一一对应，如果现在有超过的部分，要在很短的时间内纠正过来，发几个标就解决问题了，后面只要一一对应就没什么大问题了。这样一来，我们的经营上就有了一道安全线，不论山崩地裂，我们也不怕，因为是一一对应的。

——2015 年 8 月 8 日第 27 期总裁办公会议

关于资产流动性问题

那么我们的优质资产部分，同样也有流动性问题，现在大的宏观政策已经对我们放开了，所有商业银行可以支持 P2P 公司的发展了，第二四大国有资产管理公司可以收购非金融机构的金融资产了，不是说我们要把不良资产给它，而是我们建起了多条换回流动性的通道，我们回购，我把资产抵押给你，你给我流动性，我最后再回购，我给你利息，这样多种渠道就全部建立了，所以说，互联网金融目前是历史上发展的最好一个阶段，我感觉所有的政策现在对我们都放开了，只要努力去做，都有路子了，不像过去，很盲目，现在一点都不盲目了，我们流动性就没有问题了。

——2015 年 8 月 8 日第 27 期总裁办公会议

关于不良资产和流动性问题

按照我们现在有问题的贷款就是产生流动性问题的贷款，不是终极风险，估计是在10%～15%之间，如果我们是150亿元待收的话，估计是在15亿～20亿元之间。有流动性风险的比例大概在正负15%之间，第二流动性风险在法律上的处理时间一般在两年左右，就是从起诉到法院最后的判决，大概是两年，这个也是我们统计的一个意见。假设时间不变，每年产生15%的流动性风险的话，两年绝对的流动性风险就是30%，因为在新的流动性风险没有化解之前，新的风险还会出来，绝对数字就是在30%，到了30%就不会再上升了，那么30%就是处理的周期和最高限，那我们就要准备30%的流动性来解决问题。到哪里去找这30%？假设我们现在是100亿元的资产，有15%有问题的，还剩85亿元是正常的，现在我们找到流动性渠道就可以换回流动性了，这85亿元如果有资产管理公司的话，进行典当和回购式的拆借，对折的话就能够拿回来43亿元，这是一年我们就有这么多，如果两年就加倍，那么我们就把一年的43%足以覆盖30%的，这个通道就通了。现在大政策已经为我们解决了这个问题，当然我们不一定会做到这么大，我是把它放到了最大，所以说我们在发放贷款的初期，充足抵押率只要抵实了，只要把良性资产拿回来的话，这样一个模型就在直接解决了。

——2015年8月8日第27期总裁办公会议

资金一一对应是底线

但是如果红岭创投要调资金往外拆借的话，一定要根据我们的能力来，就跟银行一样，你往外拆借资金，自己一定要有这么多资金，不能因为拆借资金影响正常经营，一旦影响的话，就还要有其他补充渠道，如果没有补充来源的渠道，就会出问题了，就会造成投资者提现提不出的现象，一旦提不到就会造成恐慌、挤兑等一系列现象，这是一条，我想告诉大家的，这个风险我们是控制得住的。第二条，底线，就是一一对应，充足抵押，这是最重要的底线。我们现在是先行垫付，这个先行垫付是有限的。一旦我们出现流动性危机，我们垫付就没有了，没钱垫付了，这时候怎么办，这时候我们最后的底线：一一对应、充足抵押。你们的东西都在那儿，你们投资的都是一一对应的，都是根据市场价格打了五折以后的抵押品在那儿，我来帮你追，你永远不会有损失。

——2015 年 8 月 8 日第 27 期总裁办公会议

流动性风险

我们贷款放出去以后，按月支付利息，到期还本付息，这个过程是有计划的。在实施这个计划的过程中，归还这些资金当中，它的资金从哪儿来，因为我们的抵押物是足值的，出现风险，我们可以处理抵押物。但是流动性风险，是指到期以后，每个月付给我们投资者的利息的资金在哪里，找到了这个资金来源，而且还能落实下来，我们才能说没有流动性风险。因为每个月都要支付利息，那利息哪里来，当然，最好的来源是销售收入，就说明这个贷款是良性的，能卖得掉。当然也有一个我们叫融资性现金流，借其他地方的钱，或者用其他项目抵押出租的钱，来归还我们的本息，这也正常。但是要去你贷款的时候也要落实，这就是流动性风险。

——张宇总裁在山东分公司座谈会上的讲话

对存款保险制度的看法

比如说存款保险制度马上要出台了，这个制度是指，比如在银行破产以后，你的存款最多赔 50 万元，业外人士和其他研究的同志看不懂，觉得风险加大了，但我告诉你们它的理论依据在哪里。这一制度的意义在于教育投资者，银行是有风险的，一旦出现风险以后最多赔付 50 万元，教育投资者要分散投资，要选择好一点的银行。这样投资者就会在投资出现问题的时候，反省自己是否这样去做了，如果你一旦把 500 万元都放在一家银行，那你干吗不放到 10 家银行？在这 10 家银行，你干吗不选择好的银行？这就为竞争创造条件，那么竞争的起点和导火索在哪里？就在于利率市场化，我们现有银行的利率就会出现波动，根据它的需要、资源的配置和盈利能力，管理不好的有可能不动，也可以提高利率。一提高以后，人们的那种逐利心理，就会投资利率高的，投资利率高的之后风险就产生了，一旦破产就会只赔你50万元。

——张宇总裁在山东分公司座谈会上的讲话

关于流动性风险问题

流动性风险就是企业到了还本或者付息的时候，没有足够的现金来归还投资人，这时候怎么办。我们第一是垫付，但是我们也没有那么多钱，那时候资金从哪里来。那就出现一个新的战略，就是资产管理公司。我们现在城里三个资产管理公司，以后可能还会更多，我们希望每一个省公司都有一个资管公司，这个资管公司我们可以用联营的，可以用参股的，可以用各种各样的方法，这个资产管理公司是干什么的呢？就是对于那些没有终极风险的企业，一旦出现了违约，资产立马拿过来，不跟你磨叽。你要是四个亿的资产抵押给我贷款2亿元，我把这4亿元资产全部拿过来，直接以物抵债，我自己处理，可能还赚钱，就这种方式来对付流动性风险。那么拿到了，暂时拿不到钱给投资人怎么办？可以再发，或者是跟其他的相同类型的企业交叉合作。这是一个生态，如果把这个生态链建立起来以后，我们敢做到一万亿元。流动性风险的控制，就是我刚才讲的，贷款的时候就要考虑到，你一个月的利息钱从哪里来，你到期之后本金从哪里来。你用你销售的钱还也可以，你用融资性现金流也可以，都可以，但是你一定要落实。如果你落实不了的话，就暂时不要考虑。

——张宇总裁在苏州分公司座谈会上的讲话

应对前期流动性压力

对前期的发展，我们也总结存在很多的问题，一开始的发展形成了一些流动性的压力，企业到期以后这笔贷款本身没有终极风险，抵押率是达到的，只是在过程中有各种各样的因素出现造成他没有按期付息，到期以后没有按期还款，我们出现了流动性的垫付。但这些资产都还在，这些资产如何把它流动起来我们就要抢回一些时间。在这段时间我们成立了几个资产管理公司，下一步我们的操作方法是每个分公司配备一两个资产管理公司，或者我们自己成立，我们现在已经成立4个在运行了。一旦有充足抵押率的贷款，到期以后，没有延期，什么都没有，直接以物抵债，以物抵债以后我可以让另外一些企业直接在网上再发标就完了，很快就处理了，然后我们把接手的楼盘盖完，不行我们可以再把它卖了，那这个风险不就化解掉了嘛。这里面的核心问题就是时间长度，是多长时间，我们已经开始试验了，这必须通过实践才能知道。

——张宇总裁在福建分公司座谈会上的讲话

化解流动性风险的方法和策略

我们现在的风险，从我们现在的控制方法来讲，一般出现的多数为流动性风险。因为我们一开始在做贷款的时候，都是抵押贷款，出现终极风险的可能性都不会很大，这个抵押做好了，基本不太可能出现终极风险。而房地产这种性质，你不知道它什么时候能够全部盖完、什么时候能够卖掉，当中一旦出现一些因素就会影响它的进度，它的销售进度，工程进度，影响它回笼进度，不管怎样，只要我们认真分析了，还是可以把控的，知道它在某个范围内。知道这个范围内，把风险控制在这个范围内了。当流动性风险出现的时候，我们有流动性风险准备金来进行抵偿，就可以了。我们的代价就是利润、资金成本会高。我们现在组建的资产管理公司解决的就是这个问题，只要是抵押贷款，足值的，一旦出现风险，拿回来，立马起诉，处理。这个处理有很多种方法，比如发标，发标之后，暂时的流动性风险就解决了，最终这个房子还是要盖出来，不盖出来还是没有解决。如果我们的30多个分公司，每个分公司都会有一两个资管公司，跟着收购我们的资产，解决我们的流动性资产的时候，我们的风险就会降低了，就建立生态了。没有生态的话，你只靠资本金抵偿，靠利润抵偿，天方夜谭。第二种方法，就是资产证券化，这个国家也在支持。我们也在想把良性资产打包，这些良性资产本来的抵押率就是50%以下，我10亿元打个包，我把它当给有关的资管公司，或者银行，我10亿元只要能换回5亿元就够了，我只要三个月，这样我就没有终极风险。没有终极风险，延续时间不会超过一年，只要一年能让这部分资金周转起来,我就不怕了。我要有100亿元资产,打10包,我就可以拿回来50亿元,我的流动性就转起来了。

——张宇总裁在客服培训会上的讲话

一一对应与充足抵押率的重要性

我们做的一定是一一对应,一定是把标放上去,告诉老百姓就是这个标,你们愿意投的话,风险我们跟你都展示了都揭示了,这是一个有充足抵押率的标,多长时间利率多少你们自行选择。老百姓看了后希望能有利率高点的,我们也有利率高的,也有利率低一点的,那就保证了我们最后有一条底线,就是情况恶化到极端的情况我们都不怕,我们一一对应。老百姓的投资都在这些项目上,我来给你追,不止本金,利息也给追回来,这是极端情况出现的时候。按照这样的模式往下走你们说会有什么大的风险呢?

为什么我那么重视充足抵押率,为什么我要求一定要抵押,没有抵押就不能做,因为我们要垫付,因为有这个基数,有些钱我们要先行垫付,因为最后我能追回来。只要没有欺诈,这笔抵押物是真的,那就没有问题。就是最后真的出现我们垫付不起了,我们就向老百姓说清楚,你的钱都在哪,我们帮你追。银行一旦出现破产,存款最多只赔50万元,大家都知道的存款保险法。因为刚性的兑付是不符合市场经济发展规律的,市场发展的规律是没有刚性兑付的,就是任何一件事情双方肯定都是有风险的。好比我借你的钱,你只要付了利息给我,那我也有责任,我有选择权,可以选择不借,但我借给了你,到最后你没有还我,我们可以谈判,没有绝对的对和错,但如果欺诈了就是犯罪。银行肯定没有欺诈广大的客户,客户去存款,存了100万元,当然银行讲最后我也有可能破产,流动性一旦有问题了,你们要集中提款,银行马上破产,我保证每个人提50万元,这个国家已经规定了。而我们下一步做的事情不是50万元,是全赔,比银行还好,不仅本金,利息都追回来。所以我们在前期,分公司在开业过程中,包括一些老的分公司产生了一些不良贷款,这些不良贷款通常都是流动性的问题,为什么?抵押物是充足的,就是有充足抵押率,我们只要把流动性风险解决了,这个公司就可以继续走下去,就不会有问题。如果前面我们的口子把不住,一旦充足抵押率跟不上,后面的问题就会出来，一旦出来就是大问题，我们讲就是终极风险。但是由于我们在评估过程中可能会出现缺口，所以我们对评估公司出具的我们所有的资产价格都只能做参考，不能当作法律依据，仅仅是参考，我在公司开会的时候已经把这个讲到了极端的程度，就是说评估，如果是房产抵押，如果是土地抵押，很简单，什么都别看，你看那天的交易价格是多少。你青岛如果拿现房来抵押，今天的交易价格是多少，就按照这个交易价格来打个对折，抵押过来，能有多大风险？出现风险就把它没收了，你一万块一平方米，我五千拿过来了，这是现成的成交价，我七千卖出去，市场上卖一万，我卖七千，产品还一样，肯定卖得掉。土地你是三百万一亩，我打个对折，有一百亩，三个亿，然后我打个对折给你一亿五。政府的挂牌价是三百万一亩我一百七十万抵出去哪里会抵不出去，卖给谁谁都要，这就是充足抵押率，保证了我们以后不会有问题。甚至我们更极端一点，这个行业是个新的行业，没有规范，我们就专门去有抵押物的项目，然后把它打得低低的，最后就是让它还不了款以后拿来自己盈利，这跟典当有点像了，到期你赎不回，实际上是到期你拿钱来把抵押物赎回，你没钱这个就归我了，以后我卖多少是我的事。那么整个贷款和做项目的整个动因就发生变化了，这样还能有什么风险呢，为什么我现在在全国设这么多分公司，为什么呢，因为符合我们条件的项目并不是漫山遍野到处都是，必须有个搜寻的过程，搜寻当中既有具体的行动，还有理论的思维，在做的过程中，怎么保证我们项目最终把钱收回来，连本带息要还给我们投资者，这是最重要的，如果这个做不到，就不能做这个事情，因为涉及国家的安定，涉及是否产生群体事件。

分公司的老总们，我们对老百姓要负责任，我们是有社会责任的，而不是搅一竿子就跑，那也做不长，就别到这个行业里来，我们在业务上控制终极风险的方法就是抵押，抵押率要充足，只要抵押率充足，剩下的可能我们心里就有底一点，下面就只是流动性的问题。关于流动性的问题今年我们总公司专门成立了一个资产管理部，因为今后流动性的处理跟银行的处理是不一样的。银行的处理就是打官司，然后拍卖抵押物，拍卖不掉就把它放这，最后搞不回来就核销。我们这不行，我们不能损失，必须搞回来，时间再长都要搞回来，首先抵押物要是充足的，足值的，另外一系列的法律手续也要跟上，但在这个过程中，从理论上解释这个问题，任何有价值的东西就是市场上有价值的东西，都可以变现，不论在哪个阶段，都能变现，而且能流通。股票市场就是这个原理，原始股发行以后第一次投资的人拿了原始股票，然后要钱的时候在二级市场就把它卖掉，接手的人也没拿它资产，拿的也是这支股票，当他再需要钱也会把它卖出去，每天都在交易，实际上资产始终在流动，随着这个企业业绩的好与坏价格在上下波动，随着供求关系的强与弱价格在波动，都是造成价格波动的因素。我们也一样，现在研究所在做一个课题关于红岭创投的净值标与资产证券化的原始形态之间的关系，实际上净值标看透了就是个二级市场，当人投了快标想变现的时候立马把它卖掉就有人买，到期之前的利息拿到了，底下还有人愿意买，这实际上就是个二级市场。国家睁着眼睛看着这个不要批准的二级市场在这里流通，为什么净值标利率一会儿降一会儿升？我们的利率动它跟在后面动，和炒大户一个道理。3000 万元的快标年化收益率很高，16%，然后净值标 10% 卖掉，中间利差拿走了，然后又去买 3000 万元，这中间杠杆很厉害，一年据说赚本金的 50%。为什么红岭快标经久不衰？一个是大家知道不会损失，第二是大家的利益很大。净值标是借钱的，实际上在红岭创投是有抵押的，就是买的快标，净值标很小，几万块钱，但是千千万万个净值标加起来就很大了。

我从原始形态的理论上到实践上说到下一步该怎么做，首先第一步风险要控制住。不论什么条件下，只要是利率高一点的快标，一定是在充足抵押率情况下做，没有充足抵押率一定不做。当然我们不反对在有充足抵押率情况下尽管它目的就是让我们收购不良资产的，有的人讲别做贷款最后做成开发商了，实际上这里面就是个机会。你第一价把它买过来以后证券化再卖出去就赚钱了，金融就是有这个功能。你看这个楼盖不下去了，烂尾了，本来已经投进去 3 个亿，最后我贷给它 3000 万元全部拿过来，一旦它不还我们就全部拿过来 5000 万元卖出去赚 2000 万元。当它需要的时候就拿出来抵押，跟当铺是一样的，典当的原理就在这里，典当也是金融的一种形态。比如一只劳力士手表值 10 万只，典当的时候就给 1 万元，要就拿走，如果一个月还不了钱那表就拿走了卖 5 万块钱也与你无关了。这是一种融资形态，自古以来很多年了，互联网发展到今天，在我们目前实施的业务中同样可以采用，这种思想在正常贷款中也是可以使用的。最终保障是保障投资者利益不受损失，另外让我们自己赚点钱，保障投资者利益是维持住市场的发育，我们自己赚点钱是让员工队伍成长起来，他们需要生活、养家，需要不断提高自己的生活质量，如果不赚钱是不行的。这个行业是个全新的行业，是新的技术发展到今天才有可能出现的行业，过去的移动通信不发达的时候是不可能的，今天这个机遇不是人人都懂的，我们占了一个先机。

——张宇总裁在青岛分公司座谈会上的讲话

不违法、不违规、不让老百姓吃亏

我们的底线就是三句话：不违法、不违规、不让老百姓吃亏。只要做到了，我想不管哪个监管部门、哪个老百姓都不会找我们麻烦，不会指责我们错了。有些鱼龙混杂的人根本不懂金融理论，想靠 P2P 圈点钱，搞到钱去做自己的项目那就是非法集资，叫作自融，这是不行的，我们这里没有。我们全都是为社会的中小企业提供融资服务，而且这融资来自广大的老百姓，他们直接选择，我们没有干预，这彻头彻尾交给了老百姓去选择，这样做我认为很有意义，应该把这件事情做好做下去，而且这条路非常广阔，非常光明，只要记住"不违法、不违规、不让老百姓吃亏"这句简单的话，所有的工作别离开这个就不会有问题，不要学那些自融的、逃跑的，我们所有的贷款都是一一对应的，都是有充足抵押率的，为什么要跑，没必要，东西都在肯定追回来。陆金所等一些大的网贷企业就是有延迟三个月付款，就是告诉你这三个月逾期了我来帮你追，因为我并没有违法，包括信托公司不保底的也很多，到时候付不出来了我帮你追，它也不犯法。这是从风险角度考虑这个问题，如果从操作角度考虑就不能出这个问题，要解决流动性，用我们的资金垫上去给投资人，然后下一步再考虑怎么追回来。流动性的钱哪里来？只要是资产，只要是有价值的东西都可以变现，只是变现的这个方法怎么走而已。当然这其中有一些法律问题，有人会说实际上这笔资产所有权是投资者的，跟红岭创投没关系，怎么能把这笔资产去解决流动性？这是理论上的关键点，在我们投资协议里面我已经修正了，那是 2014 年年初就改掉了。一旦产生不良，我们必须把资产追回来，投资者单个的几万几十万不可能单独去追，投资的第一天起这个资产的支配权就要委托给红岭创投，这样企业逾期的时候我才能帮他去追讨，这是一个法律委托，认可过了。从投资第一天起这个资产是由我支配的，还你之后才是你的，我代替你来追回这笔资产，这样就主动了。抓住资产的方法很多，可以资产证券化，可以抵给银行，所以现在建立许多流动性渠道，不良资产、优质资产都可以做。如果现在待收160亿元的话，打10个包，16个亿一个包抵给银行，这个支配权在我手上，典当给银行三个月，给我8个亿就可以了，等三个月以后我再把它赎回来，先放两个包出去，解决问题了赎回来，解决不了再发两个包，以新发的包的钱把老的包还上，这个钱就流动起来了。这是资产证券化的一种方式，当然还有诸多种方式，以前我是不跟基层谈论这些东西的，但是分公司老总们要懂得这个，一旦出问题的时候能解决的办法是什么。这是在当初设立条例的时候就已经埋下去的，一旦有问题让他们看我们网站上的协议是没问题的，这样良性资产一旦流动起来是很大的。现在银行也在搞信贷资产证券化，不是不良资产证券化，性质跟我们完全一样，把信贷资产发成票据，风险高一点的价格高一点，风险低一点的价格低一点，现在每家银行都在处理不良资产，把不良资产打得很低，一旦价格高一点就能赚钱，中间的空缺是什么，每年准备金的拨备已经把它核销了，减少损失同时挣点钱。

——张宇总裁在青岛分公司座谈会上的讲话

流动性风险的应对措施

对这个市场判断到底怎么样。无论是房地产也好，商业企业也好，一、对这个市场的判断，二、自己的管理能力。管理能力尤其重要，管理不好，早晚会出问题。银行信贷也是这样的，贷款企业，不是看这个企业有多少钱，而是看它经营的项目有没有市场，有没有能力驾驭这个市场，如果能驾驭，那就没什么问题。它和银行的利益是一致的。在银行信贷里面有一个二重投入，二重归流。第一重是从市场回到企业，再从企业回到银行，市场的钱是从企业到银行，银行是帮助企业怎么从市场拿回钱来。那就看东西是否能卖出，卖不出的东西就不要去做。能卖出能回款企业才有保障，是这个原理。企业实际上是朋友不是敌人，更不是对手。所以要和企业谈好，这个市场能不能完成，如果能，我们也要考虑流动性风险，如果出现流动性风险的时候，我们该如何应对，正常的回流：东西卖掉—回款—还款给投资者—利息到账，这笔款就结束。一旦回不了款，按银行来讲就是清收，拍卖抵债，钱不够核销，只有这条路了。走到核销就按风险准备金去核销，有多大的能力就得按风险出现的比重，为什么要有五级分类，为什么要有集体准备金，都是为最后出现终极风险做的准备。但在正常的营运当中，可以通过充足现金流来掩盖，亏损看不见。

五级分类在银行来讲，是巴塞尔协议所规定的内部评级法里面，把你所有的贷款一个个分类，风险状态由正常、次级、关注、可疑、损失，这五个的风险状态不同，不同的风险准备比例，计入成本，等于银行拿出这笔钱放在这里，看它规模做得大，对你的不良资产覆盖的多少，但它风险是浅析，每一笔贷款的风险具体比例是不一样的，后三位的具体是比较多是，前 2 位是比较少。红岭创投公布常规数据时，无论大小事都不是什么好事，出现坏账，烂账，不良资产，正常能称之为不良资产的不超过 2%，其他的看是流动性暂用，因为这些抵押物充足，只是换回现金的时间不知道在哪一天，这个时间我们要一个办法，让不能流动的东西流动起来，通过资产证券化的方式，通过资产公司的方式，通过创新发展标的形式，换回来。投资人考虑安全和利益，就是贷款的短期标能不能发，重组标能不能发，利率高点就可以。等难关一过，业务量一上去，现在所控制的项目越来越紧。

现在我已经让他们做出一个方案，关于重组标，贷新换旧标，展期标，通过这个让后面投资人把前面投资人替换出去，本质上是重组抵押率，我们比银行好，东西都赔给你，只是时间问题，时间的底线是诉讼的周期 2 ~ 3 年。既有诉讼的问题，又有实际的问题，这也是资产证券化的一种做法。我们现在不是不良贷款，有重组抵押率的。当然也有不重组的，那就是房地产，如果房地产抵押大幅度下降，就是灾难出现，就不单单是 P2P 问题。经济危机出现大家都亏，就说不什么话。

我们留一条最强底线，就是投资者和企业一对一，全是一一对应的，如果逾期，有操作抵押率，抵押物卖掉，钱就给投资者，理论上全部已经懂了，才敢大规模往前推行，过程上可能有些难关，但是已经把握住。红岭创投对于整个行业认识程度，我已经基本说明。下一步很细的东西，有时间再说。对于很多还没有认识到的东西，争取很多法律的支持，珠海当地的互联网的政策。红岭创投是国务院承认的试点单位，我们也会提出一点支持 P2P 的政策，但是现在关于 P2P 的政策，国家很难给予，不知道怎么给。如果是按银行的政策安在 P2P 上是不管用的。例如淘宝，在网上注册只要几千块，没有工商注册、税务登记，然后开始销售经营都是属于违法的。李克强总理说“批准了，你就合法”。它们是和过去传统的商业模式比较，像互联网金融和传统的也是有比较，但不能同日而语，互联网金融是轻资本，属中介性质，像一个农贸市场，我们只收一个地摊费。都是一一对应的，不会有多大的问题。

——张宇总裁在珠海分公司座谈会上的讲话

流动性风险的应对措施

流动性是我们这个行业的核心，产生流动性占用问题，只要换回流动性就没事了，而我们没有渠道。银行至少有四条渠道，第一条渠道是人民银行的再贷款。当支付出现问题，人民银行可以给予再贷款。第二条，商业银行之间可以相互拆借，银行可以同业拆借，而 P2P 没有拆借。第三条，银行有取之不尽的各项存款。第四条，银行发行票据，比如承兑汇票，自己可以做，拿到其他银行就可以贴现，一贴现，现金不就换回来了嘛。而我们这个地方有吗，啥都没有，都是靠硬的，这个项目必须还回来，我讲了，现在他们从银行出来的，银行的贷款的不良资产，如果像我们这样管的话，银行早就垮台了，它肯定垮台，它现在的贷款有 70% 都是转贷的，一停止转贷，他就完蛋。你看不出来的，因为它是保证支付利息，它去搞点钱能够把你支付了，我就给你转贷，银行都是这样的，银行是只要不欠我利息，我就(给你转贷)，它就拼命地搞点利息给你，然后银行把利息收回来，就给你转贷。实际上底下的资产质量到底怎么样，根本就搞不清楚。我是银行过来的，我知道这些东西，五级分类弹性大得要命。五级分类的风险稍微往上移一点，利润就高一点，往下移一点，利润就低一点。往上移一点，国家所得税就少一点，往下移一点，国家所得税就多一点，这个东西全都是可以调节出来的。而我们 P2P

有吗？都没有。

——陕西分公司座谈会

1.7 利率的确定及利率市场化

风险定价及利率市场化

昨日和计财部、市场部及风险控制部一同召开了关于风险定价的专题办公会，对于我们下一步利率的设定，做了一个理论和实践的讨论。风险定价的是一门很深的学问，如何做到利率市场化也在不停地探索。2% 的月息对于众多企业来说压力较大，且会影响我们下一步业务向纵深发展的速度。陆金所现在是一个标杆：是 P2P 行业与政府相结合的一个平台，其投资利率为 8.61%，若我们的下限利率定得比陆金所高，投资客户就会成倍地增加。资金来源的价格决定资金运用的价格。今后红岭创投如何和现有的银行接上轨，我们现有的贷款利率就需要降低到银行现有的贷款利率。一旦利率降低，可吸引许多原本打算在银行申请贷款的客户，而我们在审批链条短，审批内容简洁，这样我们的项目才能源源不断地进入。在利率测试中，从 8% ~24% 每个档次的标都需要有，但是当利率下降后，期限可能需要拉长，同时也需要向客户明确如何打款。因此，关于风险定价问题由计财部牵头，风险管理部及市场部参会，下周一正式开始利率测试。

——2014 年 3 月 25 日第 17 期总经理办公会议

关于降息和利率区间

分公司所提出的降息申请都不要拒绝，先交给风险管理部审查，若贷款项目为优质项目，我们再和企业谈。同时还需要明确我们的贷款利率为 14% ~24%，但是利率越低，满标的时间越难确定，给客户选择的余地。

——2014 年 3 月 25 日第 17 期总经理办公会议

利率和市场的供求关系

最后还有一点，就是较低利率标挂出去后，需要告知项目方，我们无法预估满标的时候，由市场决定。利率定价是要根据市场的供求来确定。可以定成区间，但是不能定死。我们最低可以放到多少，我们最高只放到多少。风险定价是根据市场的供求和风险强度来决定的。需求和供求关系有关，需要的时候肯定会往上涨，不需要的话肯定会往下降。还有另一个要求是风险度。如果风险很高，那定价肯定也很高。同样我们在制定市场化利率方案的时候，这两个是非常重要的东西。但是我们无法确定市场的利率到底是多少，所以我们可以定成区间，挂上去后，根据满标的速度来决定。一般企业可能容忍的时间是一个星期，那我们一个星期挂多少利率它可以满多少标，这才是我们测算的目标。另外，不要做行业的区分，是没有意义的。不管什么行业，最高 24，最低十几。而现阶段，我们已经有了部分的测算数据了，在资金站队的情况下和资金不站队的情况下，测算出来的结果也是不同的。分析后才能真正找到市场化利率的变化在哪里。因此，需要建立多变量的思维，在考虑问题的时候才能说清楚，才能解释清楚。如果不懂这些，光靠误打误撞，是根本不可能做大的，有了规律就好办了。

国家对于我们 P2P 行业，要实行评级的方法，也就是一堆数据，达到什么级别来给你相应的控制。所以说，现在没有政策的时候赶紧做大。利率定价的大框架是给一个区间，剩下的细则则可再详细分类。如果说是五证齐全的地产为什么不能做？风险度很低，但如果是用于买地，带有一些投资性质，就另当别论了。最低的利率定为 16 行不行？16 ~ 24 这个区间是否可以？根据贷款时间的长短、贷款金额大小、评级、市场的需求、风险度等来制定利率。可以拿小的标来试，但是不要用大标，否则会影响平台的运作。根据风险度的不同，对每个项目进行评级，评级的资料也有。看下哪些分公司有好的人员，先把项目交给他们，要善于用手下的人员。

——2014 年 6 月 7 日第 28 期总经理办公会议

贷款利率的条件设置

这个(**陆斌总监:**我要把这个贷款的条件设置清楚,这样的话我认为非常好,一下子把思路拓宽了,因为我是搞风险的,我就怕风险,这对我们的风险来讲大大有所降低,另外一个就是个人贷款我不具体说了,请大家对这个提点看法,我再往下讲。)我先来讲,这个事情本身也是我提出来的,这个本来是准备明年推出来的。现在看来要开始全面做准备,因为最后我们红岭创投生存的基础可能是这一块,那么这一块一个是风险度比较低,二是我们现在的知名度推出去的时候是有意义了,人家敢到你这个地方来搞,24%都敢做,降到这样还不敢来吗?这样可能使我们下面的客户经理,包括跟外面进行合作的时候很多事情都能做了,我们高息的那一块以后变成一种产品,理财1号、2号产品,那种可以和外面交流合作,那中间空间比较大。这个实际上就是我们的基础业务,这里面利率的问题我们不能说到底定多少。但是我总体的思路是把它压小一点,给它一个区间,我们原来是六个点,我们四个点到六个点之间都可能,特别好的企业只要四个点就行了。1%的呆账准备金计提可还有三个点,一个点估计是各种各样的费用,剩下还有两个点的利润。因为我在2001年管理总行计划的时候对全国的银行系统做个调查,包括深圳的,各个银行三年来它们的日均存款和它们的利润之间的关系,这个比较好找,找下来以后就是存款的两个点。所有银行的平均存款的两个点。好比存款是100个亿,今年的纯利润是2个亿。这个我做过调查的,后来我把这个调查数据应用在我的工作当中基本上都是正确的。它们银行拿我这个经验数据去做保证不会错。比如招行日均存款有一万亿元,那一年利润估计就有两百亿元,高也高不上去多少,低也低不了多少,就这个水平。这是个经验数据,是我当时搞的调查。那么这有两个点的利润,利差到底多大是能够算得出来的,所以说我们真的只要经营得好,除了1%的拨备,一个点的费用,剩下两个点的利润还是能够拿到的。那规模一大的话,国有银行也就是两个点的利润,你还能要多少啊。

——2014年11月15日第49期总经理办公会议

产品的风险定价与投标速度的权衡问题

根据这个设计（六标齐发），以后风险部和计划部可以上几个标，再一个通过这个对比，我们可以明显感觉到，同等利率，不同期限的情况下，期限短的要满得比较快。那么期限长和期限短的就可以利用利率来调节速度，期限短的可以降低利率，就是投资的利率可以降低一点，期限长的就可以升高一点，但是总体还是24。现在是18，一年以内的我可以设定为17，你抢就抢吧。那么抢出来的利润就是归我们自己短的。所以在我们发标的时候，在风险定价的时候要动一些脑筋，给我们增加一些收益又能均衡一下速度。如果时间比较长，但是利率和短的一样的话就不公平了。但是这个定价是我们造成的。

——2014年11月15日第49期总经理办公会议

设定风险定价模板的思路与方法

这个因素（**项旭副总经理**：我昨天说可以降到三个点，而且给投资者的利率可以设一个区间，比如多少到多少之间。）设得太概念化了，就是必须有个模板，什么样的企业给它什么样的价格一定要有一个具体的模板，从企业的规模，到企业的盈利能力，企业的现金流，企业的流动比率，速动比率，内部收益率，全部要算出来一个模板，达到哪个模板区间它就是什么价格，是这种算法。你搞个全国百强县、全省前十强这类东西没办法去执行的，还有什么企业资产质量在行业标准范围内，企业资产负债的行业标准本身就是我们国家缺失的一个参数，根本就没有。我写第一本企业信用等级评估指南的时候，就是1988年中国没有参数，跟什么比，AAA是跟什么比出来的？都是跟自己比，我今年比去年好，它在行业的上升期间，行业的盈利水平本身就应该是15%，结果你弄个13%，你也说你挣钱了，但是好还是不好？达到了这个平均水平你才说你在这个行业里面是可以的，你超过了才是好的，才是AAA，它没有这个比较的参数系统，这个东西我理论上做过研究，我是知道的，所以说你要是给它风险定价的时候是一定要有一个模板的，这个模板不难，你去看风险定价的书基本就知道了，它也有很复杂的，但是你也可以把它搞得很简单,就像每年的现金流如果是商业企业的话每年的周转速度要达到多少次,比如说6次;你的盈利水平要达到1%或者2%,或者5%;你的坏账率要达到多少。这就跟考察银行一样,这几个指标看一下,要是没问题,未来的市场也很好,领导班子也很好,那就是AAA。如果是AAA的话,那利率就可以给得低一点,但是这个就比较稳当,不会有问题了。当然这只是我提的一个建议,就是说在设定这个风险定价区间的时候是一定要有一个模板的,这个模板的设定并不难,那本书我又翻出来了,到时候给你们看一下就知道了,就是《企业信用等级评估指南》那本书,书里面所有的指标都有,你在里面找几个指标,然后设一下就好,包括定量的和定性的,定量的占到70%,定性的占30%。实际上一个企业的好和坏的考察不会超过五个指标,只要是真实的五项指标,只要可以查出来。这里我讲的是概念上的,到底是哪五项指标我没有去算,只要是真实的五项指标,一个企业的好坏就基本上看到了,除非它搞假的,那我们就没办法了。

——2014年11月29日第51期总经理办公会议

要参照银行的利率水平来制定我们贷款项目的利率价格

那么要想把优质项目搞过来,目前市场的利率价格到底是多少?那就是银行的参照水平,所有银行正常贷款的利率参照水平,也就是企业从银行融资,不同的期限、不同的种类的实际融资成本。我们大家从银行出来的都知道,反过来要存多少款,要弄一个咨询费,一个担保,那么这个中间费用加起来到底是多少?这个我做过调查,我对全国一百个企业做过调查,我是到了红岭以后做的调查。我给我们深发展,包括原来的工商银行,让他们10个行长,一个人找了10个企业,我对企业的类型做了划分,就是在全国10个地方各自找了10个企业,10个企业的贷款支出是多少,我基本上有一个数。就是说它一年以上的贷款中基本上都在12到15之间,一年以下的融资成本一般是在8到10之间,高的可能到12,最低不会低于8。这样就从客观上给我们的定价找了一个支点,就是我们的贷款应该定在多少,再有一个就是陆金所的定价是多少,这个我不知道,我还没看过他们的贷款标准和融资标准。

——2014年11月29日第51期总经理办公会议

对利率市场化的几点看法

真正拉开一个中国从计划经济条件下的金融迈向市场经济的大幕，这对我们是利好的。因为我们已经实现利率市场化了。我们的利率是最高的，这也是造成我们的网站活跃度比较高，因为我们承诺本金垫付。有一个原理叫黑箱原理，就是说市场像黑箱一样，你看不清，它很复杂，你置入一个动作到市场，看看市场如何反应。利率也是一样，我们在不断地尝试不同的利率，看看哪种利率最能为市场所接受，最后得出规律，这也是建立模型、探索规律的方法。包括我们的特标，利率多少才算合理，它的成交平衡点在哪里。最明显的示范就是股票，有的人看涨，有的人看某只股票要回调了，他就会卖。企业贷款，想获得比较低的利率。它的比较对象就是银行。银行的利率有一个名义利率，还有一个实际利率，二者之间有一个差额，这个差额就是企业为了融资所付出的其他成本。我们做过100个企业的调查，有一个基本参数。最近互联网研究筹备组写了一个报告，是关于风险定价问题的研究报告，风险定价是银行，从事金融、市场的人员要永远学习的。因为一旦搞准了，对经济会起到巨大的推动作用。利率市场化从我们的角度，从金融和市场的角度，在不同的时间，反映着一个国家、地区、行业经济景气的状况。经济不可能停止，只要有人在，有需求在。市场经济像水一样，无孔不入，那我们做任何事情都要像水一样，有水的这个能力，也不是一蹴而就的，一点一点去做，尽可能少犯错误，尽可能用适当的方法去把应该做的做好。这就是我讲的我们的现状。

——张宇总裁在山东分公司座谈会上的讲话

利率市场化与供求价格

利率还有一个市场化的问题，18%还卖不掉，是因为买的人还不多，买的人多了以后17.5%都有人要了。这就是供求关系，当供不应求的价格上涨，当供过于求的时候价格下降。当你知道这个原理以后，我们投资人队伍一下子上来几千万，你看你价格跌不跌。当然也有一个合理点，就是交易点，这个交易点是根据国家规定的利率以及市场上可以成交的，它自己产业的各种平均利润率,这是一个交点,这就是利率市场化的一个中线。

——张宇总裁在浙江分公司座谈会上的讲话

民间借贷与利率合法

过去我们办业务,到银行去贷款或存款,那时候利率很低,包括现在也不高,贷款也不高,存款也不高。那么随着发展,民间借贷永远都有,在急需资金的时候就会产生一种民间借贷的需求。民间借贷估计从历史上到今天都没有低过两分,月息两分,年化收益率24%,这个价格始终都是这样,而且它永远都存在。在过去是违法的,在计划经济下,这种高利贷是违法的,但最后定义它不是高利贷,只要不超过两分都不算高利贷,最后国家发展小贷公司的时候给它们定了个法律上保护的定律就是两分,就是年化收益率24%,就如果损失了到法院判定,它是合法的,利率是合法的。

——张宇总裁在湖北分公司座谈会上的讲话

对于利率市场化的认识

而这个利率到底是不是市场供求之间真正的利率水平呢?也不一定,因为在急的时候,价格就可能上涨,就是供不应求的时候,供过于求的时候价格就下跌,资金多的时候,价格就下跌;资金少的时候价格就上涨。什么叫资金多、资金少,就是它形态变化当中在某一个环节,局部的环节,现金流暂时出现了问题。因为从宏观经济学上讲,全世界所有的货币跟全世界所有的物质是画等号的,只不过在不同的地方,它所积聚的数量和积聚的时间不一样,一个是时间差,一个是空间差,它这个不一样就形成了有的企业赚钱,有的企业亏本,宏观上是这么个问题。

——张宇总裁在湖北分公司座谈会上的讲话

价值与附加价值的判断

这一栋楼,这栋楼是什么,你们看是钢筋水泥,实际上这栋楼完全是价值的结晶,就全是工资,它的工资在不同的时点上付给不同的人了,我们举当中的几项主要材料来看:水泥,它原来是石灰岩,在石灰岩没开采的时候它不值钱,但是我们的工人把它从矿山上开采出来了,烧成了石灰,那中间就付了工资,就为它附加了一个增加值。它所用的设备通过其他地方生产出来,那个设备本身也有增加值,那么这增加值就是增加了很多成本。然后水泥制造出来以后,拿到工地上,那中间还有批发价,还有零售价,搞商业的行为就从里面加了一道价。那么这种都变成了什么,都变成了工资,然后到了一个大楼上,把它变成了钢筋混凝土,房子又卖给了别人,在买房子的时候这部分又变成了钱,都是这样一个一个。实际上这栋楼包括钢筋,包括里面用的门窗,包括里面所有的东西,都是一种价值的结晶,就是一种原始的物资跟不断累加的劳动,所形成的东西。这种东西的价值度量就是货币,这种货币最后是分给每个人的,不同的划分不一样,那么在每一个经济现象出现的时候,很多东西不一定看得很清楚,搞宏观经济学的人不分析不知道。那我们在工厂里面,特别是电厂里面,烧一吨煤的时候要多少多少钱,发电以后电要多少钱,这里面也是加上很多很多附加值,这附加值就是人的劳动,有简单的体力劳动,有复杂的脑力劳动。劳动在价值上越高,技术含量越高,可能价值量越大。银行行长可能一年有一两百万的收入,农民工累死累活也就十万块钱、五万块钱,在家里种田一年就几千块钱,劳动价值不一样,效率也不一样,技术含量不一样。

——张宇总裁在湖北分公司座谈会上的讲话

关于本标降息的问题

本标的设计已经完成,就差对接一下,不用超过半个月肯定上线。上线我们的分公司就如虎添翼,就没有不能做的东西,实在没退路就上本标保证没问题,你想多少利率就多少利率,只要有老百姓投就行了嘛,不然讲再高都没用。像现在山东特标一个亿,现在五千多万了,它就是慢,有些投资客户就想拿高息,一天到晚在网上叽叽歪歪的,降息跟天塌了似的。有些管理同志说不能降,我说非降不可,别看这几个人,网页统计一下每天有没有五万人在上面说话,不可能,最多 500 人,这些人占投资客户的比重连千分之一都不到,万分之一,何况我们外面参与投资的才 50 多万人,全国参与我们的银行至少有三个亿,这根本不是个比例。这些客户有的有百分之五点几六点几收入的还很兴奋呢,同样我们的兄弟陆金所那边8.61%也还是很好的,我们都搞到12%多还是不行那不是奇怪吗。你要是听拿了12%还在叽叽歪歪的人的意见不是奇怪了吗。

——张宇总裁在福建分公司座谈会上的讲话

资金错配和利率问题

先给钱这个就错配了,这个不是一一对应,不可以。线上线下结合起来做跟项旭副总裁讲。特标速度慢不影响公司形象,这是在测试市场,我们大量的投资人还没上来,上来一样可以抢了。以后我们12的标也可以抢了。市场上价格高低有一个总趋势在这里,12的价格是企业要求的,不是我们定的。12的标挂在这里就是给大家看,也告诉企业现在12的标就是慢一点,以后不会随便就12了,也告诉投资者最后可能就是12。市场的价格就是根据供求关系来的,以后企业如果急需用钱就要提高利率。我们现在在组织大量的投资者就是要让银行的客户进入我们的平台里,在联通发的标利率是8也全部抢了,这说明信息还没沟通充分。过去做得不准确的我们现在要调整,也要有一个调整机制,但是这个调整机制不能跟总的机制矛盾,不然就舍弃调整机制。如果一致,没问题。

——张宇总裁在福建分公司座谈会上的讲话

关于降息问题

我们最初是以18%的高收益,把投资者吸引过来,一下子在P2P市场领先了,我们的标一挂上去就被秒杀。现在我们不担心别人不来红岭创投了,我们降利率最多会产生比较,一般P2P最高利率也就是12%,我们降也会高过它们,所以我们降息的空间很大。只要降到还是最高的就可以了,因为我们在宏观上打好了基础,队伍出来了、盘子大了、规章制度出来了、规模出来了,别人还是会到我们这里来。我们现在已经进入了降息通道,利率在逐步下降。

——张宇总裁在云南分公司的讲话

关于利率确定的问题

第一点就是我们的贷款者，我们给贷款者的利率是24%，这个利率的前身是从小贷公司过来的，国家已经有规定，是受法律保护的。到了社会上，很多小贷公司，把它变形了，变成了3、4、5分利，就是高利了，高利的同时，它的风险也加大了，那么当我们互联网金融出现后，就承接了2，在国家法律规定的范围内。这样从企业需求层面，一般风险偏高。因为任何一个产业，能够获得24%以上的年化利润的话，基本没有，它相当于把钱都给你了，还赔本，它就不敢用了。国际上的标准折现系数，也就是平均投资收入是在10%左右，不会超过12%。我们在项目评估的时候，超过了12%就可以上，低于12%就别上了，这是一个参数。那么也就得出来一般企业的投资回报，它的利率也就在10%左右，24%它怎么能承受得了。那为什么有这样的需求呢？那就是阶段性的，过桥嘛，出现的一些投标啊、保证金啊等这方面的短期资金需求。再一个就是在某个国家，某个特定的历史阶段，影响房地产行业，由于经济的拉动造成了房子的刚需。而从过去不是市场化的房价，一下弹到由市场价来决定的空间里面，就产生了弹性的需求，弹性需求有时候会超过客观需求，房价变成2万，3万，5万多，肯定不正常。那个需求弹得很高，还要回来，但什么时候回来是不知道的。那么从24%的贷款怎么解脱它，那才真正是我们做大做强的依据。

——张宇总裁在客服培训会上的讲话

利率市场化会带来银行风险

银行本没有什么风险，但银行的风险马上就要开始，国家要走利率市场化的路。第一步存款保险制度出来，意味着这家银行破产，储户最多只能拿到50万元的赔偿，这马上要成为法律的。第二步就是取消存贷比，就意味着各家银行放贷的能力增强了，选择项目的机会增多了，同样对它的要求也就高了，放得越多，肯定风险越大，不放是没有风险的，一放肯定风险增大，这就检验这个银行的管理能力和风控能力，一旦不强，它的存款就少了，因为只赔50万元，人们就会存到大银行，为了保住自己就会高息揽存，马上利率放开以后，就会出现银行之间的高息揽存，尽管央行在降息，但是具体的商业银行可能要涨，涨得越高的，这个银行的风险越大，到最后真正扛不了的时候，人民银行按照资本充足率，按照巴塞尔协议的规定监管每一个银行的时候，当你的资本充足率跟不上了，当你的五级分类出现问题的时候，几个指标都出问题了，就会停止再贷款，这时一旦出现挤兑，一种形式就是到柜面提取存款，另一种就是支票转到另外一家银行。此时银行就会申请再贷款或者强拆或者同业拆借，或者自己迅速地组织存款来保证银行的正常营运。一旦放开竞争以后，它有借款指标，你达到了哪个指标，就难以获得再贷款，接着转向同业拆借，但是同业看到风险很大，不愿拆借，同样老百姓也不愿存款，银行肯定要垮台了。只要银行这种集中性的风险一爆发的话，是断崖式的，非常恐怖，可能两天内就垮台了，你们以后一定会看到这一现象，因为国家的动作已经开始了。这就为我们互联网金融创造了一个条件，因为我们已经市场化了，我们每个项目已经放到网上了，控制风险已经接受了所有人的建议，我们也会采取，而且大家可以监督，不行的话标可以停。

——张宇总裁对风险、市场部门的培训

——《关于当前业务管理中的几个重点问题》

1.8　P2P 同行

对陆金所的看法与比较

所以说，我和董事长私下聊天，我们今后的对手到底是谁？这个对手有可能是陆金所。陆金所是我们的老师，我们要好好向其学习。第一，它的信息来源是国际化的，因为计葵生本身就是美国人。第二，它的干部队伍力量非常强，他是经过多年积累起来的。第三，它的内部管理体制非常有效。这都是我们现在没办法和他们争的，我们得承认这一点。第四，它所占领的位置在上海自贸区。第五，它有好的背景，它有平安集团为它背书。这都是值得我们学习的。那我们自己是不是一无是处呢？不是，有一点我还是蛮自信的。计葵生是美国人，我们都是中国人。身为一个中国人，我有着对于祖国母亲的忠诚，我不会败给美国人。这就是我们的长处。这句话记者听了以后全部鼓掌。我们把我们的国家，我们的人民，把这片生我养我们的土地放在第一位，单凭这一点，我们不会输给他。我们已经连续130天，交易额每天都是领先的。这对于一般的小企业是望尘莫及的。而我们的分公司才开了8家。这就是我们在行业的地位。

——张宇总裁在山东分公司座谈会上的讲话

比较陆金所和红岭创投

现在陆金所的董事长计葵生，他是土生土长的美国人，蓝眼睛大鼻子，在台湾工作十年，现在是陆金所董事长，他和我们是同业，它在全国的互联网金融协会发起人大会上，有十家是代表，我们是其中一家，当时是全国270家，在这之前人民银行专门来红岭创投进行过调研，调研后确定的十家，不是说我想发起的就发起，这是有四分之一官方血统的，有四分之一官方血统是刘士余说的话，不是我说的话。

——张宇总裁在苏州分公司座谈会上的讲话

对一些小P2P平台的看法

我们有些专业知识一旦嫁接到互联网上来将会十分厉害，基础还是专业，想用互联网做些事情的话你必须原来这个专业要好，你不好，单纯的像现在搞电商，还有些小家伙，一些学校刚出来的，懂一点互联网，搞个平台就想以后能挣钱了，他们那种玩法玩不出来的，整个宏观经济他们都不知道，方向都不知道，不知道怎么打，他怎么能赚到钱呢。把自己搞死了怎么回事都不知道。

——张宇总裁在湖北分公司座谈会上的讲话

建立P2P同业互助平台，提供流动性支持

明年我们要做什么，我现在已经开始考虑了，一定要建立一个同业的互助平台，当我们遇到流动性危险的时候，这个平台可以给我们提供流动性支持，

就跟银行相互拆借一样，但我们这个拆借，大家都没有资金池怎么办？发标，相互发标，我在你那里发，你在我这儿发。就是流动性支持从我们开始，我们首先去救别人一把，哪家要是垮台了，跟我们谈，我看你什么情况，如果你好的话，把你的良性资产给我，我帮你处理掉，每个 P2P 多多少少都会有点良性资产，拿给我，我一发标，流动性一来，它马上就活了。然后可能就把它改成红岭创投了，全国两千家，我们的做法，不是仅仅签协议的做法，我们是帮助他人快乐自己，这是董事长的话。当然我们自己一旦有流动性问题的时候，也需要他们帮我们解决，这个行业还没有完全形成，在我心里我怎么都没感觉到竞争，因为我觉得没什么竞争的，它也是在探索，就算他掌握了，他就用，也未必能用好。因为这里面是一个有机的东西，人的脑子是一个有机的问题，随时发生情况，随时都会发生变化，一个同样的事情，两个不同的人是不同的方法，结果就是不一样。这里有很多背景和信息在里面，这个基础不是一下就能积累起来的。所以说对于商业机密要保护，不要有意泄露，但是我觉得有些东西，可以公开的就公开，没有什么了不起。所以我讲流动性的问题对我们非常重要。

——2015 年 10 月 10 日第 34 期总裁办公会议

对传统金融行业和互联网金融行业的认识

我在很多场合都说过，对互联网金融的认识最重要，首先要有认识，要有认识的能力、内容、深度，互联网金融的重要性在整个经济社会中的地位不言而喻，从党中央、国务院到各级领导人对互联网金融的认可、支持和有关政策的陆续出台大家都能体会到这一点。不论在广播、电视、微信、互联网上，大家都可以看到听到舆论支持的声音，以及专家们对互联网金融的新的认识。互联网金融与过去的传统金融有很多本质上的区别，主要是从方式上和过去不一样，过去是面对面，大家到银行柜台或者银行 ATM 机等等，而互联网金融只要一个密码、一部手机，手机现在实际上等于微型电脑，在上面什么都能办。而互联网金融从消费到支付到购买到投资等等各种行为可以通过一个终端，也就是手机就可以解决了，现在深圳很多地方都可以实现了。技术高速发展，很多金融行为一定会产生变化。

过去在银行年终结算的时候要打账页，过去每一个储户都有一个账页在银行，每存或取一笔款，银行就会用手工的方式记录在账页上，叫卡片账，银行有多少客户就有多少张卡片账，可能几十万、几百万张，银行到年终打卡片账的任务最重，银行各个专业的人都在打卡片账，把余额核对好，从每个账目到每个科目到总账，一个个核对数字，到最后才进入总账，最后再和金库里的现金核对，完全是手工方式。后来转向计算机方式时，从手工到计算机的移行的工作量也是很大，每一个银行办事处移行一次要两天两夜，一共进行了一年时间才移行完毕。现在年终结算已经非常简单了，和过去没有区别的只是12点最后的结账，和查库。现在互联网金融伴随着移动通信、无线通信的发展才成为可能，原来的互联网是在电信局里的，你家里要有电话才能有数据，买台电脑接上才有Internet。

而现在不一样了，用手机就解决问题了，而当时接电话线都不容易，必须用线才能接电话，才能装有线的Internet。电脑也是在不断优化，处理能力不断提高。材料技术、制作技术、通信技术等各种技术的集成才形成今天的结果，现在全世界站在同一个起跑线上，里面跑的东西也都一样，但是在如何分解、归纳、使用上各国不一样，发达国家可能信息采集的面更广泛、更细致，分解、归纳更深入，最后出来的数据准确性可能更好一些。包括现在发放信用贷款时所说的大数据，大数据实际上就是统计，把一个人所有行为用电脑记录下来，统一到一起，对你的信用行为做一个刻画，包括购买、信用卡的透支、交水电费等等，发达国家网络发达程度，及信息采集的合理性，公开、民主等等各方面原因，使原始资料能够迅速汇集起来，在这些资料的基础上给你发放贷款、透支、消费，它可以确定你的违约率和违约成本。像我们在座的各位同志，给你透支一万元绝对没问题，你不会为了这一万元去丢面子。造成不良贷款和不能还款的单位，它都不是不想还款，如果它一开始就不想还，那就是犯罪问题，就不是借贷了。遇到有犯罪动机的人，在某种程度上防不胜防，因为他可以造假，那就没有办法。就像法律规定不可以杀人，那他还是要杀人，那是法律有问题吗，是政府管理不善吗？不是，就是里面有各种杀人动机，没有办法。

在今天，我们的范围内，真正造成违约的都是没有支付能力，我们在审查贷款的时候很重要的就要查他是否有支付能力，支付能力以现金、资产或者准资产的形态表现，我们要的是现金，我们就要看他资产变现的能力如何。资产变现的途径很多，可以直接在市场上出售，也可以向银行抵押贷款，也可以变成某种产品让老百姓来投资，都是变现渠道。投资者考虑的就是，一、利率能够尽可能高一点。二、是保证我的安全，到期能够还款，其他的没有，所以我说从过去原始的金融形态到现在的互联网金融形态产生了很多的变化，在这个平台上我们该怎么做没有现成的模板，没有老师，也没有这个专业，世界上所有国家关于互联网金融方面的资料几乎找不到，只有支离破碎的一点。

——张宇总裁在筹备组负责人专项培训会上的讲话

2 红岭现状和未来规划

2.1 红岭现状、定位及形势分析

企业筹资成本的估算以及我们与商业银行的优劣势分析

这个汇报并不重要，你们要改变一个观念，以后我们要听你们的，你部门说了算的，以后基本我不会动，只有明显看到错误的时候我们才说句话，而不是什么东西都问领导怎么做，那样是不行的。领导确实可能比你们懂得多一点，经历比你们长一点，经验比你们丰富一点，但是领导代替不了你们。我希望你们能成长起来，我告诉你们方法，都是启发你们。领导和老师都是一把钥匙，能够把你们身边人的心胸打开，让他们的潜力和心胸发挥出来，这才是成功。利率的问题我是这么想的，我上周做了一个调查，找了150个企业，就目前企业资金的筹资成本到底是多少，分成三段，一段是半年以后，一段是半年到一年，一段是一年到两年，我的资料的来源是工行、浦发、平安、民生等九个银行，九个银行的十五个分支机构，每个给我提供了十个企业的贷款数据，把这些企业的贷款成本做了梳理，贷款成本就是利息加其他费用，包括上浮30%或40%，房地产贷款通常都上浮50%。因为基准利率很低，另外加上评估费、咨询费等各种费，最后这个结果是，半年以内的平均成本在年化9%左右，半年到一年的大约是10%，一年到两年的就属于中长期了，大概在12%~15%。这个参数就可以使用。如果下一步想把我们的业务打开的话，那我们应该定什么样的利率最合适，我们现在的利率给贷款企业是24%，那跟银行贷款中企业之间的利率差距还是比较大的，那么越往下寻找的空间越大，如果我们降到15%了，那就是跟所有的专业银行竞争,他们手里的贷款客户都可以挖过来,那个量级是不得了的。我们现在网上挂的标最低是13%、15%,跟一年期以上的接轨,而我们的出款速度比专业银行快很多,如果我们的价格定在13%左右,给企业15%左右,中间只有两三个点的利差,但是当有几千亿的时候,那是不得了的。现在的利差是不可持续的,没有那么多的业务。那我们只能靠近市场上有巨大业务量的水平。在24%与15%之间有一个区间,15%之下也有一个区间,但是这个区间社会供求到底是个什么状况,现在一下子看不清楚,但肯定是连续的,为此我提出建议,在我们的网站上以后挂出的利率从大的开始,每一档都有,一直挂到18%,这样我们在找15% ~24%的时候,选择就很多了,可以衔接很多项目,而且我们的市场人员在做业务的时候谈判余地也就大了很多,你能承受多大利率,然后我们把你挂在网上,多长时间成交我不知道,这是市场供求决定的。这样一来在整个市场上找到真正的利率结合点,就是资金供求的市场价格,一旦摸清楚我们就站在市场的高端了。市场部在培训市场人员的时候要加强培训,要对市场的利率、企业的性质,包括风险各方面都要考虑。具体的产品你们每个人都能设计出来。关键是利率要连续起来,这样我们的市场人员出去什么都能谈了,至少手里有个武器了,但是要跟企业说清楚,筹资时间长短我们无法控制。

——2014年1月28日第10期总经理办公会议

公司目前的组织框架

目前公司架构属于过渡性管理框架,以便于管理,日后还是需要简化。委员会成立后公司领导级别不变,仅把所有事宜归纳,使分公司和总公司以及股权基金公司的关系明朗化。各部门回去以后根据人员需求进展完善岗位管理,使得人员和岗位匹配,包括劳资、培训、组织、档案四岗的匹配。下周人事部配合五个委员会构建各部门组织架构,然后再上办公会议,大家讨论下看是否合理,可以对比同业(银行)完善一下架构。

——2014年2月25日第13期总经理办公会议

对红岭目前流动资金不足，以及不良资产的看法

现在从财务核算上来看，报喜的就是这个月的利润在逐步地加大，报忧的是我们的资本金确实是不足，站队资金和我们控制的头寸有差额，这个差额是由于过去我们的垫付太多，目前已经达到八九千万元，估计还会增加，都是过去我们红岭胆子太大，做了一些信用贷款，抵押贷款几乎没有。过去完全是信用贷款，几乎没有抵押，他们的胆子真是够大，放信用贷款多潇洒，因为什么都不需要。这样一来缺口可能还要加大，那么我们的办法是什么，利用我们新的增量，把过去的问题解决好，另外我们的资产保全部要想办法把过去的信用贷款欠债的努力追回来，不管多少。实际上就是让我们的垫付越来越少，这样我们的效益才能明显好起来，那么这样一来，我们能够控制住的话，员工收入各个方面都会提高，即便我们的收入不是很高，或者是讲由于颠覆过去的东西，或者呆账准备金的提取导致我们的账面利润不是很理想，我会和董事长谈，会和董事会谈，应该支付给员工的是一分钱不能少的。哪怕公司亏损，该发的还是要发。另一方面我们要积极努力，把我们的差额缩小，只要差额在，我们每天的损失都在，哪怕垫付出去了，垫付资金也是有成本的，搞财务的人都明白。这个成本就是减少我们的利润，最终财务核算出来以后，就是这样。所以我们资产保全部的任务很重，陈青云要赶紧把过去产生的不良资产，一步步落实，并逐步追回。追不回来的话能重组的话就进行重组，想尽一切办法把钱追回来。新的贷款没有抵押我们都不放，没有抵押的贷款要盯紧，不能出任何问题。贷后管理工作一定要做好。只要这个工作做好，终极风险控制住了，我们的技术手段有很多，绝对不会让它看出有什么问题。所以最终就是两条线的工作，一是新的项目要抓住，二是老的要落实。这边资金调度上，我要求项旭副总经理能想办法撑住 12 天，只要撑过接下来的 12 天以后就没什么可怕的了。目前已经撑下来了，计划方面没什么问题。大家都已经做了充分的准备。我们这些老家伙、老同志都是从金融行业一辈子走过来的，处理这些问题的时候无论是从技术上、经验上、态度上，或者个人道德上都不会有任何问题的。这些可以放一百个心，我可以在任何地方站起来告诉大家，没问题，肯定是没问题的。至于那

些在暗地里为了个人利益而搅乱大局的人，甚至于做出损人不利己的事情的人，我们不要理会也无须解释。我们的论坛就是个江湖，说话是不需要负责任的，所以我们不需要理会。我希望我们在座的以及红岭创投所有的办公人员都应该不理会莫须有的东西，集中精力干好自己的工作，等候别人给我们的锦上添花。财务上面很好，给了大家两个信息，一是利润在往上走，一个是缺口还很大，一好一坏，但是不好的信息没有问题，我们肯定撑得住，好的我们就把它发扬光大，越来越好。

——2014 年 9 月 5 日第 41 期总经理办公会议

在互联网金融大发展、大繁荣的时代，红岭创投也逐步走向全国

我们赶上了一个技术高速发展的时代。信息技术、电子通信手段的广泛应用使得互联网金融应运而生，并逐渐显现出巨大的生命力。传统企业互联网化的步伐逐渐加快，使我们金融从业人员搭上了互联网金融大发展、大繁荣的快车。互联网金融本身就是个新东西，对于世界也是个新东西。我们现在与世界各国站在同一个起跑线上，我们所做的是对整个世界发展和进步都有意义的事情。面对这全新的金融业态，我们既是历史的参与者，也是历史的创造者。P2P 网络借贷是互联网金融的一个重要组成部分，去年以来得到了迅猛的发展，预计到今年年底全国借贷规模将突破 2500 亿元！P2P 的出现与发展，一方面缓解了中小企业融资难问题，另一方面为普通民众提供了一个方便快捷的投资理财渠道，同时在一定程度上推动了利率的市场化进程，得到了国家有关部门的肯定与支持。

红岭创投自 2009 年初成立以来，在董事长周世平先生带领下，五年多来坚持改革与创新。首创本金先行垫付制度，引领国内 P2P 行业迅猛发展。平台已拥有超过 22 万名注册客户，在国内 P2P 平台中处于较高水平。截至 11 月末，红岭创投累计交易量已达 156 亿元，为投资人赚取收益突破 3 亿元。今年，红岭创投成为人民银行互联网金融专业委员会十家发起人单位之一；加入了经国务院批准的全国互联网金融协会；参加了由中国银监会召开的互联网金融监管政策座谈会。最近，在搜狐发布的中国互联网金融 16 强企业榜单中，我们红岭创投与阿里巴巴、腾讯、百度等著名企业一起位列

其中。我们正参与到我国互联网金融政策的建设中，同时我们也在不断进行内部完善。今年4月份，我们创立了全国第一家互联网金融学院。红岭创投的发展正在逐步走向全国。

——张宇总经理在分公司开业典礼上的讲话

相比于银行、证券等其他机构的理财产品，红岭创投的产品市场发展潜力很大

我们再看下收益率的差别，前段时间我去中国银行办事，在排队的时候中国银行的理财经理给我看了他们最新的理财产品，收益率只有4.5%。第二天我又去了农业银行，农业银行有年化收益率5.5%的理财。网上也有收益率更高的，大约7%～8%，这些都非常紧俏，想买还得托关系。我们再看看证券公司，最好的理财产品，收益率大约12%，这个收益率就已经让大家很吃惊了。那大家知道我们红岭创投的收益率是多少吗？我们的收益率有15%～18%。可想而知，还有多大的市场等着我们去开发，这就是体验店、分公司要做的工作。让每个投资者分享到我们的利益。让每个投资者享受到互联网发展带来的改革红利。让每个老百姓辛苦攒的钱能增值超过通胀。不要在银行存一年，利息还没有通胀高，反而让钱越存越少。

——张宇总经理在安徽分公司的讲话

红岭创投的管理者的学习能力、管理能力都要与时俱进

所以我说的第一部分是关于互联网、对互联网金融、对我们这个行业的认识。它的过去、现在和未来。第二部分是我们红岭创投发展到今天是个什么样的状况。我们公司从2009年开始在深圳发展，初始注册资金只有100多万元。发展到今天我们整个注册资本金也不大，但是市值和商誉非常大。我们的市值和商誉大到什么样的程度呢？我也没有办法估计。曾经联想控股下的君联投资给我们做过估值，开价一百倍，5000万元已经变成50亿元了。我们目前正常经营，一个月的利润在1000万元至1200万元之间。到明年，每个月的利润就至少能达到1500万元至1800万元

之间。

我们内部的管理也基本完成了,我们建立了五条线,即市场、风控、计划财务、技术和综合。这五条线的最高领导团队的建设也基本完成。30 家分公司和体验店也在筹建过程中。以后的行政管理就是四级,总公司,省级分公司,市级分公司和体验店。以后安徽省分公司的规模就像各家银行的安徽省分行一样。而我们的内容比他们多,他们变窄了,他们只有存贷款外汇,而我们什么都有,保险、证券、信托等等。这样就对我们公司每个员工提出了新的要求,即人才引进、人才培养和我们自身的不断学习。如果我们落伍了,那我们怎么带队！如果我们什么都不懂,我们怎么去教别人！当然不可能每个人什么都懂,但是总体的规划、总体的安排、总体的协调,即组织、判断、培养能力,是一个管理者必须具备的才能。我们总公司参加会议的员工,每一位都是不同节点上的负责人,都有自己的管理对象。那么这就要求你们好好学习自己的管理对象。传统是基础,在互联网上运行就是未来。这就需要我们将传统与互联网相结合,融会贯通,变成自己的能力,这样我们的管理才能上一个新的轨道。这个轨道是什么?就是一个新的模型、新的模板,即经过归纳以后可行的、优化的方法。它可能是实物式的,可能是数字式的,也可能是时间式的。它都是一种方法。把这些优化的方法集中在一起,它就形成了一种模板。大家就可以整齐化、规模化地操作。否则每个人自成体系,就一定会出问题。红岭创投发展到现在,我们基础的架构已经构建完毕,管理职能也分配完毕,我们下一步在进行内涵式的提高和外延式的扩大的同时,运作、分配好我们每个人的精历、体力,在某一个时点上使边际效益最大。这就是我们所要的。

——张宇总经理在安徽分公司的讲话

对红岭创投当前形势的分析

2014 年是红岭创投辛勤耕耘、开拓创新的一年,也是理清思路、迅速发展的一年。面对国内经济下行,P2P 行业爆发式增长的复杂形势,在周世平董事长的带领下,在全体员工的共同努力下,红岭创投克服重重困难,勇于开拓,始终坚持规范经营、防范风险的原则,以打基础、谋发展为主线,以普惠大众为目标，积极扩展创新产品、培育客户，实现了企业的全面快速的增长。截止至2014年12月31日24时，红岭创投及投资宝平台累计交易额为200.05亿元，其中，2014年全年交易额为158.09亿元，同比增长6.17倍；贷款余额（含投资宝）为72.26亿元，同比增长12.17倍；累计注册用户为34.1万人，较2013年增长169%，本年新增注册用户21.42万，同比增长299%。

当然还有一些统计数据，我们就没有统计出来，因为这个材料是公开的。比如双十一当天全天的成交额，我们占了全国整个网贷界的两个统计数据，一个统计数据讲的是我们占了47%，一个是讲我们占了25%。我们算小口径的话就是25%，就是四分之一。大家想一想，不论是哪一个行业，在全国的行业内能够占到一定的比重就很不容易了，何况我们一下子占了25%。那就是说我们在中国的网贷行业，P2P行业里，应该说我们是领先的，而且朝着越来越好的方向发展。

——2014年终工作会议（一）

张总借银监会发出的商业银行委托贷款讨论稿发表对红岭发展的看法

今后我们办公会是轮值主持的，今天是胡总主持，在这之前我先讲几句话，因为昨天晚上是一个阶段性的总结，是我从去年11月21日正式入职，到现在一年零两个月，我们昨晚等于是画了一个逗号，应该讲都有些感触，不是很完美，但是我们进步了，红岭创投所面临的前途更加远大了，同时所面临的困难也会越来越多，简单的东西一个人去办就好了，大的东西必须很多人一起去办，大的事情很多人去办的时候，这些人的协调配合比一个人干事就难，尤其就涉及我们总公司的管理能力，总公司的管理能力就在我们身上，我今天发现的第一个问题就是对我们的挑战，银监会发出了商业银行委托贷款的讨论稿，大家都看了吧？似乎把我们P2P企业募集资金后再放贷给企业的委托贷款，银行不予接收，但是我的判断是90%不能实行，这是我的第一判断，因为它涉及各家商业银行，因为银监会的这帮官员我可以肯定他们不负责任，我从业几十年来，从李克强总理对金融改革的方向上来看，这个办法显然违背了这个方向，你们以后会看出我的判断结果对不对，它把市场自然发展的行为阻断了，这本身就是错的，做任何事情都不能轻易地说不准，你要是说不准就是在行使某种权力，就在行使某种规范或要求，这是一种法律，当然银监会是一种法律，但你这种法律是在国家的大法和国务院的领导下制定的，这样的做法相当于把商业银行业截掉了一块，就说跟我们在一个方面的不仅仅是刚刚兴起的 P2P 行业，有一些信托、租赁，它们过去的通道都是银行委贷，现在要停止放在其他项里面。我今天跟你们讲的东西不是过去管理的东西，过去管理的东西你们应该掌握了，那些制定制度、执行制度、日常管理等，我以后不再讲了，你们以后慢慢去适应、去加强就行了，没有什么东西，一年下来我觉得够了，要是现在还跟不上的话，就自己把自己淘汰了。这个就牵扯到政策面上了，就这能看出判断问题的功底了，我昨晚看到这个消息后想了将近两个小时，已经想通了是怎么一回事，注意它目前是个讨论稿，就跟前面中央党校有个文件要搞无产阶级专政一样，中央党校前一阶段有个著名教授发表了一篇文章，说中国要实行无产阶级专政，而且中央并不组织，这实际上是一种投石问路，讨论稿通常是一种投石问路，即使讨论稿它允许各种不同的意见出来，但是它没有给我们说话的机会，如果银监会这次召集我们征求意见的话我会去的，我想问“你们想干什么”，如果你们坚持要这么干，我们也一样，我们也有路，个人对个人都能放贷我们这个贷款能放不出去？只是我们维护的方法要产生一个变化，首先从这个办法上你就能看出来，小贷这条路没死，就是所有的 P2P 公司完全可以从小贷公司把钱放出去，那我们就收购一个小贷公司或者注册一个小贷公司就完了，还是解决了问题。但是你这种就是把中国金融体制改革行进中有可能纳入整个国家管理的这条路劈断了，又变成了一个土生土长、野蛮生长的东西了，你不想负责任，你也不想管，你让公安局来管也好，我只要不犯法，不卷款逃跑，你也没办法动我，那这样在管理上我们还轻松一点，不用一天到晚接受那些自己拍脑袋制定不合理不现实办法的人的管理，它要是真来管，我也没有办法，只有停住了。现在每一个参加办公会的人都是红岭创投的最高管理人员，但你们还不足，你们还差得很远，但你们的起点在这个位置上，红岭创投的老同志这里不多，也很宝贵，他们承载着红岭创投的过去、现在和未来，红岭的新同志他们进来后没有什么包袱，对未来也是充满着希望,会全心全意努力的,有几个同志是承上启下的,对未来我们有自己的设想,我们大家一起讨论我们的未来应该怎么发展。我要提醒大家的是在任何状态下,任何利空的因素出来的时候,都不要惊慌,积极的态度才是对的,消极的等待对谁都没有好处。这个消息确实让我睡不好觉,因为我知道在我们目前正常的业务发展过程中,委贷一直是我们要努力解决的问题,现在逼迫我们要开辟另外一条路,就是小贷公司这条路要启动了,要准备它不准。风险条线、计财条线要联合解决这个问题,我们不是没路,银监会要是把我们逼上这条路,我们就按照国家规定的这条路走,你看走到最后是什么结果,我们可以保证我们不违规、不违法,我们一切按照制度来办事,如果你说不准,我们就不这样做,那么最后对整个国家、对整个金融体制改革,对李克强总理说的"给你们一个温暖的春天,倒逼金融体制改革"这个话是相一致还是相悖?这一点我想银监局的领导,如果他不懂业务,我们可以原谅,他可以征求一下懂业务的人,如果他是那些懂业务的人,那是不是有点官僚了,你是不是站在总理的立场上,站在国家发展的立场上去思考问题?因为那一级的领导我接触过,很多都有待于提高,他们对整个国家和大局的发展和把握通常还停留在官僚这一阶段,就是当官、位置这方面,当然我们不能为难他们的是,建国这么多年以来,中国的整个管理文化就是这个为主线,我之所以今天讲这些话,并不是我有多高明,我已经离开这个体制了。但是冷静思考的时候它就是这个问题,麦肯锡在给我们做咨询的时候,我跟他谈过两次,我问"你们对目前中国商业银行的发展的优势、劣势和对我们这种企业发展的优势和劣势有什么建议和看法",他们这个看法和建议是值钱的,因为他们是通过大量的调研所得出的结论,实际上就那么几个字。这么几句话可能值几个亿,这两句话他要是不说,你可能永远不知道,而且他们研究这两句话就研究了几十年,塔索包含的内容太多太多,而我们目前红岭创投的高管团队能有这种意识的,我觉得不多,要上升到这个层面去认识问题的话,红岭创投就真的有希望了。麦肯锡最后对中国商业银行的评价是什么?就是"他们有的癌症是治疗不了的,就是内部官僚,他们的岗位设置越来越密,制度建设越来越多,好像每个岗位上的人为了保证自己的位置,都越来越精细,越来越'负责'。而负责与负责之间扣住了,你搞个制度,我也搞个制度。”

都没有责任,因为我都做到了,这是癌症,是治疗不了的,不光一般的银行,大银行都存在这个问题,那么多节点,都好像很好,实际上他们不知道他们今天所拿的工资,今天所处的位置和影响是来自什么?来自于国家的垄断,来自于国家政权建设过程中所赋予他们的特许权利,没有特许权他们什么都不是,审批一个银行的牌照,拿一个特许权比什么都难,这种思路也形成了一种文化,甚至于形成了后面送礼行贿的作风,就是商业化了,最后市场发展要靠这些东西,那能够让市场按照正常的渠道发展吗?不可能的!而中国商业银行这种癌症性质的掣肘在管理部门有没有?一样的!我不知道银监会的主要领导是不是理解我们克强总理和国务院的决策、知道怎样配合国家的改革政策?如果不懂,那就是悲哀!我今天讲了我的一些观点,这些观点不要外传,大家听了或许会有所启发,或许对今后你们的发展有些好处。就是在任何事情出现的时候要冷静,要思考它,到底要我们做什么,我们将会做什么,把我们往哪个规范道路上引导。就跟我在年会上说的一样,就是认识论方面的自然法则和自然规律,很多的东西不是没有解决办法的,任何一个问题的出现相对都有平衡它的地方,每个问题出现都有解决它的办法。大家一听所有的银行不准搞这种委贷,那没有研究过这个东西的人觉得坏了,实际上不要紧,一定有另外一个办法,小贷公司这条路就是通的,怎么搞都不能不通,要不把小贷公司全砍掉,私人之间的借贷有什么不行的,我就从我的账户转给你不行吗?我们过去就是以个人的名义向企业发放贷款的吧?犯法吗?永远也不可能!这个基础在的话我们还怕什么呢?只不过是走哪一条路的问题。我们走银行这条路,可能我们管理跟着走银行这条路的方法建立了,某些地方要费点劲,某些地方就很省劲;当我们换一种打法,也有可能某一方面要费点劲,但是另外一方面就很省劲,比如我们找委托单位的时候就轻松多了,但是在收息方面就没有像在银行委贷这样顺畅,在办理抵押登记的时候可能又有什么样的区别,但只是改变一个走法,其他没有什么了不起的事情,都是可以摆平的。我讲的这个话对不对都是基于我的认识,这个认识基于红岭创投,大一点是基于我们国家金融改革。如果银监会这次邀请我去的话,我会提出我的看法“你们这个文件的出台还好只是个讨论稿”，就是改变还有可能。换句话讲，如果把委贷通道给这些互联网金融企业打通了，你是受益的，所有的商业银行也是受益的，这个社会上积极性会更高啊，那些去摸索新的金融现象、金融改革的产品、金融的模式都会产生更加丰富的东西，一旦丰富了，各种可能性都出来了，可以把全世界没有做过的事情都到中国来做了，这本身就是有宏观思维能力的人才会想到的东西。反正大家感觉到一点，就是我们下一阶段红岭创投的工作，人家讲我们引领中国的P2P，我们不敢引领，我们只要把自己做好，还是那句话，做对投资人、贷款企业、政府、金融改革、对我们自身都有利的事情，如何在法律法规的约束下做得更好一点。

——2015年1月17日第2期总裁办公会议

张总借央视节目对目前P2P行业以及我们公司的形势和发展方向发表看法

大家可以看到，这实际上就是国家的态度。央视特别像“经济与法”，属于重点节目，这个重点节目的方向，受宣传部的管理，这内部的东西我知道。所以让我们这些高管看看央行的态度，中央的态度，更多的是政府的态度。实际上目前对P2P整个风险出现的种类、处理的态度和理论界的认识作出了披露，虽然没有结论，但是披露了很多问题，使我们参与这个行业的经营者，要认清哪些做对了哪些没做对，哪些需要充实，哪些需要提高。我们只有在认识到政府、监管部门、老百姓和市场的反应的规则下，认清了才能调整好我们每一步的战略和工作计划，不能糊里糊涂的，否则的话，会从社会比较触目的跑路开始，给家庭、个人造成很多压力，造成很多群体事件，造成社会的不安定。当然，这里面也举了例，第一个事件就是拿钱跑路，这是非常恶劣的事件，这属于直接犯罪，这一点我们没有。我们要对照着看我们自己，我们没有。然后又讲了其他的案例，也有跑的，但是没有讲细。另外，也讲了不垫付，又是另外一种，有他们的看法，也讲了我们垫付和监管部门的意见，特别是人民银行副行长吴晓灵的意见，把P2P作为信息中介，其实吴晓灵的认识和意图是在保护P2P的，这个我是可以看出来的。P2P平台是不应该承担垫付的任务的，所以后面几家讲话也是非常清楚：你们不是存款，是投资，那就必须承担一部分的损失，你自己就要有这种风险准备，当然很多的事情不是非黑即白，还有很多是处于垫付与不垫付之间的，P2P 网贷行业发展过程中，在阶段性当中需要某些行为，出于发展的需要，出于履行的需要，出于我们社会责任的需要，在某个阶段会采取某种行动。包括我们的垫付。我们怎么看我们的垫付？对于投资者来说是刚性的，等于承诺了到我这来，你不会有损失，有损失全是我的，实际上就是这样的话。等于把我们最后一道线也赌上去了，最后一定要垫付的话就什么都没了，那就彻底垮台了。谁都不敢说这句话，要说这句话的话就很幼稚了。当你垫付不起的时候要怎么办？一边宣布我这个地方是垫付的，然后到最后风险准备金都用完了，垫付不起了怎么办？那就还是要回到实事求是的前提下。这一点我们早就看见了，现在的经营团队早就看清楚了，这就是为什么我们每笔贷款都是有抵押的，每个风险点都是看得那么紧，这就是为什么我们在条款协议当中做了很多修改，这就是为什么我们的公告要经过企业确认，然后是投资人自己看到这个东西的，是自己选择进行投资的，我们这仅仅是信息中介。垫付实际上是我们的一种姿态，就是说我既然办了这个平台，只要我们有能力，我就会进行垫付，一直垫付到我不能垫付为止。这是一种能力，另一种能力就是从一开始竭尽全力把我们的风险控制好。另外，一旦出现风险的时候，我们要把这笔钱追回来，然后帮投资者讨回损失，不会让投资者受损失，或者尽量减少投资者的损失。那么现在，红岭创投这样 P2P 或者互联网金融企业，我们每一步工作的支点应该在哪里，我们的重点工作在哪里？对于我们过去，和我来之前的工作要反省，有一些习惯还在延续，而这些延续的习惯必须改正。要想做强做大，要想可持续发展，要想成为百年老店，必须遵循社会发展规律，必须遵循市场规律。如果不遵循的话是走不长的，是没办法走长的。我们这批高管全都来自银行，都知道风险怎么控制，认真起来比谁都认真，也可以看到那些风险，但是不仅是今天，我们要看到三步以外，五步以外，趋势看清楚，才能约束我们的行为，才能看到哪些需要完善，还存在哪些缺陷，哪些地方还需要提高，哪些地方还需要学习。因为借着这次中央二台，借着董事长在这上面的讲话，可能会在社会上引起很大的反响，有正面的，也有反面的，大家不要认为都是赞歌一片。不会这样，也不可能这样。就像后面几个理直气壮地说不垫付,你能说别人不对吗?我认为没错。他们没错。可能到最后就是这样。我们这种业态的性质一旦确定后,就是这样。那垫付只是一种竞争手段,我现在有这种能力或者说经营得还不错,我就先垫付了,展示了两种信心:一种是不会出现,说明我们的风控团队的能力,大家在工作的时候都非常认真去做,对我们的团队非常有信心。另一种是在我们的能力范围内垫付了,因为前提是我们的风控团队靠得住,第二,我们所需垫付的比例不是很大。但是还有个第三步,万一垫付不起怎么办?这种情况很可能出现,但是不知道在哪一天。当出现了以后,我和董事长也讲过,大大方方地承认,到法院申请破产,如果同意我们破产就破产,该清偿给投资者的就把我们的资产清偿给投资者。第二和投资者达成一种谅解,我们不去法院申请破产,但是答应投资者我们帮他们追诉,并且让他们分担一些损失。再有一个是等我们盈利了以后再逐步还他。这是踏踏实实解决这些问题的方法。万无一失肯定是没有的,现在银行都存在保险了,在西方市场经济国家都是一套完整的体系,但是在我们国家还没有形成。特别是在 P2P,新的业态里面,在我们这个行业很多的监管规则都没有,谁都能干,但是什么问题都有,有也是低端的问题。因为方式不对,方式错了,错了以后就要承担错了的后果,怎么承担的后果也要想好,最后还是要解决。那么看了这个中央电视台二台的新闻以后,每个岗位都要看到自己应该怎么去做,我们不是完全正确的,我们有很多瑕疵,要想进步的话就要不断看到自己的不足,而且要准备好出现意外的时候怎么对付,纸业、森海园林出现的垫付我们只能这么选择,如果其他选择对哪一方都不利,那么这种选择就是对哪一方都有好处,不这么选就死掉了。但是选了这个做法后面怎么办?还没完,后面怎么办?我们追,包括资产保全部在追,风控在追,反过来我们市场的要求,对我们风控新的要求,逐步逐步要警觉起来,哪些能做,哪些不能做。到目前为止,还没有一个能够分析 P2P 风险比例和风险形态的模型,因为数量不够,期限也不够,要建立模型最起码时间要够。需要几年以上,多大的范围,然后把多种形态搞清楚了以后,根据各国家多少年的历史得出了资本充足率在 8%、10% 之内可以控制住资本充足率,还有包括五级分类提取呆账准备金,这个比例跟你经营的比例之间怎么进行消化和覆盖的关系，这个大模型是经过多少年的时间才搞下来的，P2P 到底要多大的东西才能覆盖，没人知道，也没人敢说，因为只有五六年，长度不够。没有五六十年是拿不出这种模型的。还有这个面，在这五六年的发展过程当中，各种各样的形态都有，大家做的都不一样。不一样的话，到最后用风险准备金还是资本金或是证券化等等方式来覆盖出现的流动性风险和终极风险，这本身都处于研讨过程当中。在这个过程当中，企业就有生有死。最后生存下来的证明它就是对的，死掉的就证明是错的。市场就是这么残酷。到目前为止市场上有这么多 P2P，我们目前算是成功的，因为生存下来了，影响力上来了，这要承认。但能不能保证明天、后天还成功，那只能通过我们大家的努力、摸索和我们各个岗位上每个同志对自己的工作不断钻研、不断学习，然后才有意义。

开会之前我讲这个，因为这对我们公司的发展方向、对我们所有部门、分公司的定位还有我们平时工作的谨慎程度都有极大的关系，因为最后都极有可能出现这种结果。而我们作为例子，一方面是褒义，没有让老百姓吃亏；但是理论上，专业部门、理论部门都认为我们是不对的。取消担保是因为担保不了，是骗人的，不让垫付也是这个意思。垫付只是一种姿态，不是一种制度，建立不起这种制度的，大家一定要看清楚，永远记住这一点。除非下一步发展央行、银监会或者政府给你什么政策了，专门给了流动性通道了，那就是另一码事了。中央电视台的这个节目，大家都喜出望外，我倒是没有，我觉得这可以提示我们，要变成百年老店，大家都要头脑清醒地看待这个问题。有些做法可能在目前阶段是对的，但长期来讲，不一定对。我们只能从阶段来看，做对的就不断坚持，做错的我们就不断修改。这里就讲到改错问题，我经常跟大家讲，错了不要紧，改了就好。我一辈子犯了很多很多的错误，但这些错误 99% 都不是主观上的，都是客观的。因为不懂、因为信息不对称犯了错误。我们每个人都有这样的经历，如果提前知道那个后果没人去犯那个错误。那么客观前提就是我们每个人都会犯错误，我们犯的错误或者失误、不当、不准确，这些要不断地进行提高。其实就是改错，改错首先要认错，刚刚说的垫付问题就是认错，要看清楚这个是错的，要先有认识。有时候我批评大家，某些部门过去工作的态度、效率、节奏、计划都不行，拖拉不进步。如果认识到错误就赶紧改，制订计划。过去我们红岭创投的整个体系是很原始的，用这种原始的东西来进入今天这种复杂的情况，是完全跟不上了。反过来银行是一部非常精巧的机器，它把每一个环节的每一个东西都记载下来，然后在分析、判断、制订计划的时候就有了依据。我们高管都是从银行来的，在管理的精细程度上我们都要努力。要把银行那种已经被社会认可的精细的管理方法运用到我们的管理当中来，改善我们过去很原始的管理架构、方法、态度。当然也不全是银行来的，包括学校的、政府的、企业来的，你们都要把原有地方的优秀的东西带过来，在这里求同存异，共同往前走。这些不足、错误、需要改善的地方，要从我做起。我哪里做错了我要认，所以我有时候讲话重了一点，那是因为我意识到了我哪里没有做好，我在纠正，我要告诉你们不能这么去做。这是对大家负责任。出现问题要问自己，我怎么控制的，我怎么做的，哪里失误了，弄清楚了赶紧建立一套模式一套计划一套方法，在大家的共同努力下把这个方法实现。出现问题承担责任是次要的，关键是要有解决问题的办法。办法总比困难多。公司越来越大，前进速度也越来越快，当然问题也越来越多，对我们的要求也越来越高、现有的人员、现有的方式、现有的方法都需要提高、都需要补充。我们后面的蓝图很大，这就要求我们每一个节点上，都需要每一个干部在自己身上挖掘潜力，在自己身上找出不足，怎么样有机地把自己的能力和事业的发展结合起来，这样才能把大家的积极性统一到企业发展的关键点上，这样企业才有可能健康地发展。

今天央视的这个节目对我们大概60%的肯定，我们自己要冷静。我们肯定不能随随便便就取消垫付，但是也要知道我们垫付的资金是有限的。一方面就是控制住风险，使我们的风险准备金不断增加；第二就是使我们资本、股本不断增加，增加抗风险能力；第三就是化解风险；第四就是要逐步让我们的投资者知道是要承担部分风险的，这是我们需要尝试的东西，在某种标上你要承担百分之多少的风险，在什么时候利息降一点等等，这都是方式，希望我们风控研究一下这个问题。今天开会之前占用大家这么些时间，借由央视二套的节目谈谈我自己的个人想法，开始会议吧。

——2015年3月7日第8期总裁办公会议

当前平台规模发展迅速，队伍、管理跟不上

现在规模大家应该看得到，速度和规模我自己都没有想得到。交易量现在每天都过3个亿了，当然这里面有很多是净值标，不是快借，成交的结构跟我预想的不一样，我不知道派生性那么强，高的时候达到了5倍、6倍。因为有这个快借，所以后面才会产生这个。当然，增加了他们的交易量，某种程度增加了我们的费用，我们的收益会增加，这个不能够讲是坏事。我讲这个是因为，去年你们看这个网站，他们总结了很多比较准确的话：前面的50亿元用了5年多，第二个50亿元用了149天，第三个50亿元用了58天，第四个50亿元用了53天。现在的50亿元估计一个月。那么再往后走，可能就是一天，那么这个速度，太快了。一快以后我们的队伍就跟不上了，管理制度也跟不上了，很多都是新的东西。很多我们未必见过的情况。监管当局为什么现在迟迟不出手，因为不敢出手，因为一旦出手搞乱了也是罪过，所以只能让子弹飞一会儿。不熟悉情况的人就在乱讲，那个东西都是不可能的，最终如果想把事情搞好，还是能够深思熟虑的。那种不考虑后果的，急功近利的，一上来就要搞一些业绩的做法，在这种大的环境面前是不敢乱搞的，否则有可能就把一个新兴行业掐死在萌芽状态了。这在过去是可以的，但是现在是不可能了。

——2015年3月21日第10期总裁办公会议

企业发展太快面临的问题：流动性问题、风险抵偿问题、队伍建设

我们这个企业发展也是这样，现在发展快了，我现在最头疼的就是流动性问题。好在现在我们把方案拿出来了，而且也正准备实施了。那么这个流动性的问题一旦解决，下一步我们的发展速度将更快，因为没有后顾之忧了，这我们已经开始行动了。第二个就是风险的抵偿问题，也就是我们风险准备金的问题。就是拨备金的覆盖，一个是动态的拨备金覆盖，用我们新增加的资产一点点增加我们的覆盖，另外一个是增加我们的资本金，增加风险准备金。这个我们也和项总和周总研究好了，下面我们将迅速扩大我们的风险准备金。我和项总讨论过，感觉这个方法是可行的，这个必须开始动

了,迅速开始不能停,停下来就麻烦了。第三个重点就是我们的队伍问题。这个是永远的重点,队伍问题。在座参加总裁办公会的领导们,你们想想你们身上哪些工作需要加强,哪些还不足,哪些还需要加强学习,哪些你们看到了没有办法改变要想办法改变它。一个公司的成长、进步就是在座每一个人的进步。在座每一个人的进步就是公司的进步;如果我们每一个人还停在原地的话,不可想象这个公司还能够进步。进步就是靠学习和实践。学习哪里来?就是请教,不懂就问,错了就改,要勤奋。只要不间断,每天都在进步,就会一天比一天强大;如果不这么做,没了就没了。谁也不会可怜你。这个世界这么大,你算什么?什么都不算,不过当你努力了,就什么都算,因为你说话算数,你做出来的事情对你生命有了一个记载。所以我们这个队伍,结构都已经有了,但是大家都需要提高。办公会议上讨论的问题,批评了一些同志,提示了一些问题,大家千万不要放在心上,这都是为了工作,没有谁为了和谁过不去,我希望参加办公会的同志都要有这么一个心态,这讨论问题的会议,如果不指出不足的地方就过去的话,整个的步调都会受到影响,我们都会受到影响,我们每个人在这个世界上都是唯一的,在公司都是唯一的,你们在工作中能够积极地发挥自己的优势,无疑对公司起到至关作用,有的甚至是决定性的作用。所以参加办公会,批评、表扬、沟通、有不同认识都很正常,不这样反而不正常,都是好的话怎么发现问题、怎么去进步,怎么去管理?发现问题没人管,怎么办?所以每个人身上都负有责任,我希望大家都能够担起责任,使自己的工作更充实,跟人家谈话聊天更有信心一点,你讲难很难,你讲不难又不难,每天一点点去做,就会变得美好起来。

——2015 年 3 月 21 日第 10 期总裁办公会议

目前我公司利润能覆盖不良资产的最终损失

从我目前的感觉是肯定能覆盖得了的,为什么,因为我们现在,从我来了以后,这个贷款都是抵押贷款,这个抵押物不足它那个缺口也不是多大,不管有多大,我们一年搞好了利润有三个亿,从今年年底到明年都是三个亿以上的利润,整个不良资产也就是十个亿左右,我讲的不良资产就是出现流动性风险的十到十二个亿左右，那最终的损失不会超过三个亿，不可能超过三个亿，就是终极风险，我们的利润绝对能够把它覆盖，那我们还可以大踏步地往前走，这是给大家进一步的信心，对我们经营管理者也是一个信心。

——2015 年 6 月 27 日第 22 期总裁办公会议

机遇和风险并存

机遇和挑战总是并存的。我们在前进的过程中随时会遇到新的挑战，但是每个挑战都会给我们带来新的机遇。在这一点上需要我们，一是冷静下来；二是不要偷懒，积极地思考，积极地去做。把每天自己的 24 个小时的工作安排好，这样我们才有希望。

——2015 年 7 月 25 日第 25 期总裁办公会议

红岭不会跑路

我在红岭创投已经一年零五个月了，我平时是不对外说话的，我对新闻记者是闭口不言的，我过去、现在和将来都不会说，没必要说。那些投资者问，你们红岭创投会不会跑路，我跟他们讲，跑路不属于红岭创投。这么多分公司、体验店、投资人，不可能跑。他们说你本金先行垫付，当你们没有什么可以垫付的时候怎么办？我说本金先行垫付是一个态度，我只要有钱，我全部垫付，垫完了怎么办，那没人知道。但是我也和董事长讲过，大大方方地承认，这个钱是由于企业目前经营遇到了困难，暂时还不了，但是我们目前的贷款都是有抵押的，我们会负责任地帮你们去追，追回来多少给你多少，我们绝对不会不认账。但是你要是逼到我没有办法，我有什么办法。目前我们在抵御流动性风险上，我们已经采取了很多措施，就目前来讲不会有问题。你把投资拿出去之后，我的资产还在这个地方，我有另外一块资金进来了，能够把生态建立起来了后，就不会出现这个问题。

——张宇总裁在浙江分公司座谈会上的讲话

红岭的现状

红岭创投从 2009 年上线，到现在为止，已经 6 年多了，我是 2013 年 11

月21日来红岭创投的。当时来的时候待收资产是6亿元,交易额到年底是39亿元,不良资产是80%以上,因为他们当时做的全是信用贷款。当时董事长也知道,如果看了财务报表是没有人敢接手的。我到这里之前有很多的选择,但是为什么选择红岭,因为我感觉红岭发展的潜力和发展的趋势将是爆炸性的。它两头无限大:投资者无限大,项目也是无限大。经济只要发展,项目就不会停,只要有消费、生产,工资收入也在积累,投资人也无穷。有一个平台在这里,投资和使用就爱和银行一样。它所不同的是和银行正好倒过来,银行是先有存款,后有贷款,我们是先有项目,后有投资。现在我们网站发表1亿元,2亿元,一两天就满标了,很快。6亿元项目就是两天。我来了以后,从规章制度,到架构建设,从整个战略安排,人员培养,很多地方都是综合的东西,因为不能伤害原有员工,应该讲他们的素质是不太完整的,因为如果你伤害他,使他过去的业绩做法完全动了的话,我们新的做法又没接上,没接上这样红岭创投的品牌可能就要倒了。那倒了以后,我来之后干吗呢。我到年底从6亿元的生息资产,干到了75亿元,利润6年下来从每个月的1200万元到现在的2000多万人。倒不是讲我付出多少,这个机会我们赶上了,我们就要抓住机会努力去做,那发展就非常快。我们现在已经到了400亿元的交易量,以后到年底肯定是1000亿元。只要发展上去了,什么都不怕了。发展永远是硬道理,就怕你停下来,停下来什么都麻烦了。

——张宇总裁在浙江分公司座谈会上的讲话

红岭创投产品线基本齐全

从产品上,我们已经全覆盖,马上我们要上本标。全覆盖就是你任意一个需要借钱的人和任意一个需要投资的人,你想要什么样的利率,你想以什么样的时间,你想用到哪个地方,都可以在红岭创投这个平台找到位置。因为我们最后上的一个本标里面就是原生的P2P,规则就是那个规则,我们跟借款者只签订一个协议证明他身份的真实,他可以到这个平台上来挂他需要多少钱,他需要多少利率自己挂,只要他有人要,风险他们自己控制,我们只是两边各收手续费0.5,这样一来不管他是什么需求都可以往上面挂,在其他那些快标、特标、议标里面解决不了的问题全上这本标。实际上原生

P2P 就是自行撮合,从英国的开始到美国的发扬光大,都是比较小额的,真正大额的并不多。到中国以后,在发展过程中就走了一个擦边球把它搞大了。

——张宇总裁在福建分公司座谈会上的讲话

红岭创投目前的发展现状

我们现在属于互联网金融,本质还是金融,还是银行。我们怎么证明我们不输给别人,那就是看你做了什么?你最后做出的结果是什么?人家看得见。我现在就敢说,我到了红岭创投以后,一年多的时间干到 500 亿元了,就在这,什么都不说了。生息资产从 6 个亿做到 150 亿元;利润从过去一年才 1000 万元,现在一个月 2200 万元;机构从过去什么都没有,到现在变成三十几个分公司,已经有 11 个分公司开业;产品上从特标到议标,到 6 个事业部。整个框架都有了,整个往上一推,后面就成了。

——张宇总裁在云南分公司的讲话

红岭坎坷发展之路及声誉

另外跟大家交流一下公司的现状。我们董事长是从 2009 年组建的这家公司,到今天为止经历过惊涛骇浪、风风雨雨、上上下下,很多灾难,很多坎坷,他带领我们勇敢地一个一个地把它越过来了。而到了今天,我们没有让一个投资者受到损失,这一点很不容易,非常不容易,董事长本人损失很多,我们企业也有一些损失,但是从没让一个投资者受损失,包括利息准确无误地送到他们那里。红岭创投整个企业声誉就是靠着这种“对客户负责”、“客户永远是上帝”的理念和做法所创造、努力出来的。

——2015 大学生职业培训暨互联网金融研究所成立典礼

目前行业看法和形势分析

如果做不了,其他你也能做,议标利率往下降就行了,再降降到特标,再不行,放到本标里也可以,所有的人到你这里都能成为你的客户,这样就真的成为一个金融交易超市了,这就很有意义,马上这个产品就要出来了,一上去我们红岭创投就完整了。监管是分业监管，我们这边全都有，监管机构会很纠结，全国P2P行业中，红岭创投垮了，其他网贷平台还怎么生存，绝对不可能。再有大家都知道我们的三句话，不违法，不违规，不让老百姓吃亏，你把这样的企业搞垮，这种可能性极小。

——2015年7月23日张宇总裁与北京筹备组段建宇组长的谈话

做大标也做小标，致力于普惠金融

还有一个宣传上，不要说红岭创投是专门做大标的，我们不是这样的，我们是不排斥大标的，小标我们也做，都说红岭创投大标风险大，一个项目出问题，风险就很大，不是这样的。我们做大标，也做小标，我们还是致力于普惠金融的，但是我们有能力控制住大标的风险，所以我们大标也一样做，优质的大标我们为什么不做，是不是？但是我们专门有零售风险部，公信贷、车易贷、房易贷，很多就是零售，而且有的地方已经做得很大了。

——2015年7月23日张宇总裁与北京筹备组段建宇组长的谈话

关于红岭各部门的发展定位

部门是撤是并是提还是充实，是根据整个业务的发展才逐步显现出来的，一开始我们没法把它定位多大，只能去看，以后在工作发展中，哪个部门、岗位很重要会显示出它工作的重要性，还有它这个部门本身的能力，和这个部门领导的努力。如果以后我们哪个部门慢慢弱化了，也可以撤销。这都是在组织管理上的一些需要，我们要顺应整个管理工作的需要，才能把整个工作抓好，比如说我们风险条线现在是五个部门，哪个部门最大，哪个部门最小，现在还很难说，哪个是一级部，哪个是一级半部，都很难说，这要看你们条线的发展。但是我现在已经感觉到，资产管理部以后会是一个很大的部门，因为我们现在的这个行业，和银行有些地方是有区别的，区别就在于出现问题时候的资产处置能力，银行是专门把它剥离出来，成立了资产管理公司，我们看到中农工建都有四大资产管理公司，长城、华融、东方，把不良资产都剥离了，而我们这样一个公司、行业，就是网贷行业吧，这个行业的后续资产的流动性处理,有什么样的方法,没有先例,也没有参照,完全在摸着石头过河,有时候连石头都没有,一点点往前蹚。

——2015 年 8 月 15 日第 28 期总裁办公会议

开拓市场的四大武器:快标、特标、议标、本标

我们都需要做业务,所有的借贷行为我们全覆盖了,最早我们做的是快标,年化收益率 24%,客户群主要在小贷公司,而不是房地产商,当你找到小贷公司,它们已经帮你筛选过一次客户了,你找小贷公司的客户,你就轻松多了,这就是方法。小贷公司、信托公司、担保公司这些就是年化收益率 24% 客户的主要来源,第一种办法是直接和他们业务员联系,第二种办法和他们联合做,有利益一起分。对于年化收益率 24% 的产品,我们叫快标,快标最核心的问题是充足抵押率,充足抵押率的判断方法是拿来抵押的东西的真实价格,如果是房子,就看它今天的成交价,然后打五折,这就是充足抵押率,土地也一样,真实价格打五折,在建工程也是真实投入价格打五折,这样的项目难找,是沙里淘金,但是如果不这样我们就要背负风险了。为什么要打五折?我们的依据是现在处理资产的周期是 2 ~ 3 年,投资者的利息我们要付,加上 3 年的利息,就是 100% 了,如果打七折,抵押率不充足,那一定亏损。如果抵押率充足,三年以后我们能够打平,中间这三年我们能用其他方法换回流动性。这就是资产证券化的原始形态。这种形态有很多种形式,包括线下募资、给银行资产包典当、在我们自己网页上发行重组标、转贷标、贷新换旧标,这样从理论上就通了。现在人民银行对此也是认可的,现在商业银行可以用良性资产直接到人民银行换回流动性,这就是流动性的支持,我们没有央行,我们有老百姓的支持。我们一旦走通,迈向一万亿元就不是梦了。

初期我们产生的问题是人为问题,比如责任心、个人利益、失误等,我们现在的 180 亿元待收资产所产生的利润是能够覆盖我们的终极损失的,剩下的要靠两部分,一是靠流动性来维持正常运转,二是靠 40 个分公司的新业务,用新业务赚的钱和流动性来使我们的资产更加良性化。快借标的意义和控制以及使用方法的关键是充足抵押率,抵押率一旦缺失就是损失了,快

借标年利率24%的企业基本上都有瑕疵。第二，在快借标中比较好的，风险比较低的，“身体”比较好的企业，我们可以降低利率，比如18%～23%都行，只要能够养活我们自己都可以，这个叫议标，指企业“身体”比较好，又有充足抵押率。第三，大家都知道中小企业融资难，因为风险大，大银行不愿意贷给它们，我们为什么要贷给它们呢。现在很多小贷公司、担保公司、P2P公司本身就不专业，它们把钱贷给有问题的企业，到双方都出问题。而我们不可以，我们要找“身体”好的企业，“身体”好的企业本身经营好，国家给予支持，国有企业基本都处在垄断行业，“身体”够好，所以第三种标的是特标，就是给这些“身体”好的国有企业以及上市公司中优质公司，利息也比较低，9%～12%都行。现在年利率9%的在我们平台融资相对慢，是因为我们有更高年利率的标的，更吸引投资者，但是9%有诱惑力吗，当然有，每个人在银行都开户，存款的年化收益率从百分之零点几到百分之三点几，银行理财产品也就5%左右，我们9%比它们高多了，我们现在才70万投资者，如果有700万、7000万投资者，那么9%的标的也会很快完成融资。

第四种，是本标，有争议的项目我们上本标，我们不垫付，企业自行定好利率，只要投资者愿意投就行。有以上四种标的，那么我们就没有不能做的业务了。我的图纸已经画完，从产品到构架到流动性换回的方式全有了，从理论到实践都很全面了。这是我们的现状，我告诉大家我们拥有哪些武器，怎么去占领市场。本标我们能够和所有的金融形态全接触，包括现有的信托公司、典当公司、保险公司、私募基金、风投，都能够做，我们就收取手续费，最终能够把所有的借贷行为都拉到网上，这是我们的目标，一旦做到，我们中国的金融面貌就能够得到巨大改变。既然我们走到了一起，希望我们能够携手走下去。这个行业是朝阳行业，前途是光明的，我们在这个行业中是一批新兵，过几年会变为老兵，最后会变成行业先驱。

——张宇总裁在四川分公司座谈会上的讲话

快标、议标、特标、本标覆盖了所有的借贷行为

快标、议标、特标、本标，所有的贷款项目全覆盖，没有我们不能做的，利率怎么都可以谈，最重要的是我们把它挂到网上后，投资者是否愿意接受。

接受的过程实际就是利率市场化的过程，供求关系不断寻找资金能够成交的节点，这就是利率市场化。就和我们炒股一样，你不知道股票今天涨跌多少，但是它随时都在成交。资金的价格也一样，只要知道利率参数，底部是各家银行的存款，活期零点几，一年定期一点几，而在我们这，年化收益率不会低于9%，年化收益率能达到9%的应该还是不多，当然也有极少数很高的，那可能有问题。我们是要做为老百姓服务的事情，一些老同志，包括我们的父辈，他们工作了一辈子，拿了退休工资基本存在银行里，一年定期拿个一点几的利息，而我们的通货膨胀，物价、CPI、零售物价指数每年都在涨，货币每天都在贬值，每年贬值是大大高于百分之一点几，银行实际上是负利率，存在银行里的钱是在贬值的，购买力是在下降的，下降原因是社会生产和银行经营、国家政策问题，规定就这么高，没有利率市场化。但是我们这里不一样，我们是利率市场化，挂多少利率我们说了算，买不买广大老百姓说了算，我们就希望老百姓们能够拿到高一点的利率，那就必须由超出银行贷款利率的企业来承受这一部分利率，银行贷款年化利率百分之六点几，加上手续一年可能是10%左右，包括回存存款、评估费等等，我们给企业贷款价格是多少？我们特标也到了12%，接近银行的价格了。我们让利率降低的做法并不是一个结果，就是一个过程，市场利率到底应该定在什么标准上，我们也不知道，但是如果定低了没人买，那资金需求方就会提高价格。我们公司也需要收一定费用，如果贷款企业给13%，我们可以发10%，如果14%，我们可以发11%。投资者看到高的，总想要，看到低利率，满标就会慢一点。我们希望贷款企业承受能力强一点，利率高一点，我们收益也高一点。如果说国有企业利率承受能力低，只能承受6%、8%、10%，这种利率也是在上下波动。能够承受高利率的企业，相应它的风险就高，就有瑕疵，在我们控制和管理的时候就容易出问题，包括抵押物是否足值，是否缺少文件，总是会有瑕疵。过去我们是年化利率24%的贷款，实际上是小贷公司的底线，但是我们认为年化利率24%的贷款里面，没有一单是没有瑕疵的。所有年化收益率24%的全有瑕疵，贷款企业的身体不好，风险大，产生违约的可能性就大。我们是经营风险的，我们不能让风险大，大了以后收不回来了，怎么去还给投资人。那系统性风险就产生了。社会的安定团结，群众闹事等等现象就出来了。

所以年化收益率24%的贷款我们并没取消,但是必须有抵押,我们称为充足抵押率。如果是房地产进行抵押,它的抵押价格别去听房地产公司的。首先,看这个房屋在这个地段、这个时间内,在房屋交易所里的成交价是多少,要看这个,要把市场的价格摸到。如果是土地抵押,不管是否农村的,要去看看政府挂牌那块地值多少钱。别听他吹牛说,什么这块地马上要升值了,什么这个是工业用地要变成商业用地了。要拿到这些抵押物,包括在建工程,你实实在在投入了多少钱,别把盖成的作为抵押。盖成要花多少钱?盖成后能不能卖得掉?这都是问题。我们举例是用房产来举例,但是其他东西也一样,应该根据当时的市场价格作为底价,底价以后打对折。以后总公司再审查抵押贷款,资本充足率是否充足,这就是一条铁律。在审查的时候,达不到这条就别做了。为什么要打五折?这也是从风险的角度考虑的。因为,如果我们给企业年化收益率要到24%,那么给投资者一般要到16%。我们自己要到3~6个点才能生存,另外到最后一旦产生违约我们需要费用。这个费用是怎么算出来的?每年一旦这个企业停止付息了,逾期以后,我们给投资者的这16%还是得继续付的,我们自己垫付,而垫付是有限的。我们拿到资产处置它,把它兑现。即便我们打了对折,资产的变现也需要时间,法院需要判决,还要过户,处理需要周期。这个周期一般是1~3年。而这段时间,我们所需要付出的成本也是在16%左右,付给投资者的也是这么多。三年下来就50%了,对折就没了。也就是三年后,我们处置完,这笔贷款是不赚钱的。那么对于这种身体不好的企业,我们把它的最终风险控制的数学计算、模型计算都有了,我们打折的时候,是不是充足抵押的时候,就有依据了。只要做不了,就不做,不去惹事,能达到就做,就肯定没问题。现在我们的损失就是红岭创投在初期的时候也有这个问题,抵押不足,当时高估了。我在银行就是做信用评级的,我非常清楚这个只能做一个参考。只要做市场人抓住几个核心数据就行了。只要有缺口加担保也没用,他如果没有这个能力,很多东西都可以抵掉那个小缺口的话,那是天方夜谭,不可能。我在银行做了一辈子这个,我知道里面的诀窍。我们做风险的有时候被别人一忽悠就放松条件了。年化收益率的24%为什么要弄这么紧?因为它本身风险就大。

想要真正地把系统风险控制住，能有什么办法呢？那就把身体好的企业拉进来，国有企业、垄断行业的企业，这些公司的经营非常稳定，怎么样都不会欠 P2P 钱。它们经不起打官司，欠的是老百姓的钱。这样我们就产生了议标，什么是议标？就是年化收益率 24% 的没有瑕疵的，比如说大的房地产公司，我们就把利率降下来。我们少拿一点，但是安全。议标现在很火，也是有重组抵押率的，但是利差很小。议标跟企业谈的话，就容易一点，好的企业我们降三个点、四个点，我们最低可以发 15%、13%，这样利率空间就出来了，我们企业的身体就好了。好了以后产生违约和不良的风险就小了。再往下，就是特标。特标是什么呢？就是对于好的上市公司，不是 ST，再就是对于国有企业，垄断行业的企业，我们给它们的利率是非常低的，12%、13%。我们发标的利率就是 9%、10%，非常低，而且是用担保的形式，不一定是抵押。为什么敢这么给？因为它们的信用背书是国家，国家不会跟老百姓过不去。这样从快标到议标，到特标，基本上就覆盖了所有的风险。还有一些企业说出现这样的情况它们能够克服，我们就为此有一个新的标，叫作本标。但是我们没有垫付，你挂多少利率都行，只要有人愿意买。我们的前提是不垫付，我们负责审查，但是挂在本标上，老百姓愿意买也可以。这样的话，就四种类型的标的覆盖了所有的借贷行为。

——张宇总裁在江西分公司座谈会上的讲话

发展是硬道理

公司现状的核心是经济规模的问题，就是做到多大规模才划算。做到一定规模，财务就会良性化了。我们的规模是到多大才安全，维持开门和运作的基本投入费用必须回来。我们的固定开支有多大，要做多少规模才能做到盈亏平衡。我们现在还没到盈亏平衡点，我们一直在投入，但是我们的经营是好的、成功的，到底该做多大，可能做多大也不知道，一定可以做到大家都满意的程度，那就是我们第一步的经济规模了。我们在经济规模的形成过程中，还有风险控制问题，还有对风险的控制能力和出现风险后的消化能力的问题，折旧谈到了代偿准备金、流动性占用、终极风险，这都是经济规模里的子项，都要考虑到。

在此基础上，发展永远是硬道理，因为还没有到一定规模。第一是机构的发展，一直没停。必须有那么多备选在那里，才可以源源不断地来业务。光有机构没有产品是不行的。现在我们的产品基本告一段落，但还没完成。我们现在想做网贷，事业部这块才刚开始，私募、租赁、保险、信托等都还在建立中，这都是市场，这些市场都依托在我们的机构上，谁要把发展停了，就不行了。建立在机构和业务品种之间的最重要的就是人员队伍。自己的队伍、外围的队伍，政策，学院，我们要把每个分公司每个人都培训到位，知道我们的发展规模和方向，产品品种，风险控制方法，财务分配的方法，战略发展的方法。这样团结起来，往前走才有基础，所以说，第四个问题就是发展就是硬道理。到明年可能加强外部联络，通过并购、参股的方法使我们的机构扩大，这方法就简单多了，甚至救一批小的 P2P，把它们变成我们的机构。我们的发展前景不可能有问题，项总跟我讲 2 月之前，我们是安全的，那么最起码我们还有 3 个月，这 3 个月大力开拓项目，清收不良，哪怕三分之一，就会好过很多。方法有很多，贷新还旧、展期、重组，都可以。只要有充足抵押率，换回流动性就可以。这个工作要加强，加快速度。希望每个人每个部门在这 3 个月都努力一点，从内外部，从管理，从部门责任都提高，使企业健康发展。

——2015 年 11 月 21 日第 39 期总裁办公会议

对公司内部管理和发展方向的八点指导性意见

在分公司我说了一些比较一致的问题，共八点。针对监管政策的另一只靴子要落地了，而且现在对于 P2P 行业众说纷纭，我们红岭创投近两年来发展速度比较快，存在各个方面的担忧，内部管理、发展方向等很多问题都需要给大家提出指导性建议，在讨论中我主要说了八点。

第一点，我们现在所有的项目必须做到一一对应，守住底线，这样对于所有的监管政策来说我们就不会错。刚才我们说到消费理财上线，一定要守住一一对应的底线。

第二，我们现在所有的业务对于借贷来说，就是全面覆盖，转轨随行就市。监管政策落地之前,我们对于所有的产品已经全覆盖了,从快借到议标、特标、本标,另外我们六个事业部的业务有担保的、抵押的,不担保的、不抵押的,各种利率水平的全有了。我们提供了市场上供需双方的平台,价格随行就市,只要有人愿意要,我们就促成它,收取手续费。我们已经做到了可以 360 度掉头,缓冲期也有 18 个月,即便我们现在是零,我们也不担心。过去我们所有的产品都是一一对应守住底线的,即使监管政策落地,在我们这个平台上,360 度我们都可以转,我们转型可能只需要 8 个月就能够完成,因为我们的机构设置已经完成,有 19 个分公司,还有很多筹备组,所以全面覆盖,转轨随行就市这个灵活的机制和基础都已经建立好了。

第三,我们现在的重点是流动性,重点流动,多极并举。解决流动性的方法很多,包括线下的沃百富,包括财富中心的一些高净值客户的产品,另外我们投资理财的一些消费理财,这些都是我们化解流动性的方法。另外我们向其他企业学习的新产品的营销都是缓解流动性又能够取得收入的方法。流动性解决得好,我们的财务状况就好,盈利就多一点;流动性解决得不好,有可能亏损,这完全在于我们的经营。而我们的经营是在实践中不断调整的,一直调整到我们能够盈利且合规。

第四点,合规经营,已占先机。在全国两千多个 P2P 企业中,我们的合规经营是站在最前列的,我们制度建设、流动性的处理方法、风险控制、市场开拓、人事管理、互联网金融学院等等,所有的已经建立好了,我说过我们图纸都已经画完了,下一步就看如何施工了。

第五,我们要做产品归集,包括对公的、个人的、高净值客户的、一般客户等等,总部的每个部门都要做产品归集,分公司也要做当地的产品归集,看看这个市场上到底有多少类型的产品,总结出来几种性质的产品后,我们再对这几种产品进行深入研究,然后再组织新的推进的方法。我要求每个分公司了解当地的网贷企业有哪些先进的做法,包括车贷、房贷、公信贷,都是市场上经常在跑的产品,这些产品哪个地方做得更好,我们要吸取别人的经验,要有“拿来主义”的思想,把人家做得很成熟的产品,拿过来就用。我们的平台在同行业之中应该是前列了,那我们再把好产品放上去就更好了。这次的落地,就像做一个最大公约数一样,把所有的 P2P 企业都约分一次,它的值该多大还是多大。如果大家都不垫付,那么投资者进行选择的时候,红岭创投应该还是排在前面的选择。除非是国家说这个行业不准做了,全部关门,一个都不留,那是另外一码事,我们集体转业。只要不到这个程度,我们360度朝向任何一个方向,我们都有进攻的基础和能力。对于不同的产品要选准市场,快借标的市场到底在哪一层,我跟他们也谈了,快借标的市场都是年化收益率在24%左右或以上的。快借的产品基本上就是瞄准了市场上所有小贷公司和担保公司的产品。全部的小贷公司加担保公司,目前的余额是3.7万亿元,都是年化收益率在24%左右或以上的,那么我们每个分公司在当地,就应该在这里面分一分,把里面优秀的、好一点的、能控制住的,搞一点过来。不要全部都沾一点,那样风险也大,我们只从里面选一些好的,这样每个分公司如果把当地的所有小贷公司的项目经理,他们所研究的客户,他们的对象,都找来的话,我们下一步就好办了。上面讲的是快借标。所以现在风险比较低的产品,比方说公信贷、车易贷、房易贷,我这次在外面也见到有做车贷的,半年以后就不想再做了,催收人员就几百,几十台拖车。当地的二手车市场是有,但这钱也确实不好赚,而且每一笔只有三万五万,十万八万,做一百笔还不如我们一笔,他们都做得很吃力,很辛苦,好像风险很小,但最后也不怎么赚钱。还要看着车,每一个车上都要装一个GPS。市场上各种类型都有,都不容易,我们都能做,但是要找准每一种产品的市场在哪里,这样各个分公司就有支点,就有方向了,我们每个部门在管理市场的时候,心里就有数了。

第六要互联互动、共生共赢。分公司在当地的互联网、P2P、网贷企业,要建立起朋友关系。目前这个行业还没形成,春节以后,国家的互联网金融行业协会才在上海挂牌,我们是十家发起单位之一。目前在行业还没有完全形成的情况下,大家都是朋友,要互联互动。而且以后互联网金融业务是永远做不完的,它的空间和市场的广阔程度足够大,它覆盖了银行,而且在某种程度上,比银行覆盖的范围还要大,到最后就是手机在你的身边,你就有这个业务,是到这种程度的。所以说在任意一个方面开辟一条路出来,都能赚到钱,问题是有没有找到这条路、有没有组织好。广交朋友的目的有两个,一个是向别人学习,二个是相互帮助、抱团取暖。因为现在这个流动性的问题是所有网贷企业都遇到的问题,小贷公司、担保公司也遇到这样的问题,包括我们的国家在某些阶段都会遇到流动性的问题。这种流动性不均的问题,现在大的行业、大的企业,包括银行,它们都有固定的来源,它们的生态都已经解决过了。而互联网金融行业对于流动性的问题,到现在还没有一个规范的解决方法,国家仅仅在舆论上和认识上支持,真正这方面的政策都没有拿出来,那怎么办?我就鼓励每个分公司加入当地的网贷协会,或者自己和它们一起组建民间的网贷协会,然后在当地组建一个相互帮助的互助协会,每个人拿点钱出来,大家一旦出现流动性问题的时候,相互地支持一下。当然这也是有代价的,必须有足值的抵押物来抵押换回流动性。我们没有人民银行,人民银行不支持我们,那我们自己造一个民间的人民银行。大家都是网贷企业参加,这样就可以相互之间进行补充,能够自己再创造一个流动性的来源。每个公司自己拿钱,根据拿钱的份额取得相应的流动性,但是拿回流动性的时候必须有充足的抵押物,对于抵押物要有专门的审核。如果这个协会赚到钱,大家按比例分成,如果亏了钱,大家按比例摊。平时大家都拿出来一点费用,这样冬天的时候大家就可以抱团取暖,共生共赢。只有用这种方法,我们上下一致,不同层次上都来解决流动性,从社会上、从我们本身、从我们的产品设计上都来思考问题,依靠政府,大家共同把流动性的问题解决。

第七个就是依靠政府、依靠百姓,两个依靠。在当地一定要依靠当地的政府,跟当地的金融办、银行、银监、证监,都要保持良好关系,平时跟它们多走动、多请示、多汇报,取得政府的支持。我们这次到武汉去,武汉金融局的局长是个博士,我们交流了很多东西,她说如果 P2P 企业都像红岭创投这样,该多省心。后来我就跟湖北分公司总经理颜泽启讲了,要多跟政府汇报,这样能够建立一些渠道,也能对当地的经济作出一点贡献,这是一个。第二个就是依靠老百姓。我们对他负责,他也要对我们负责。我们周总经常在网站上跟投资者进行互动,互动过程中解决了一些老百姓关心的问题,同时对这些老百姓也要加强风险教育,比如“不要把鸡蛋放在同一个篮子里”,“投资有风险”,“亏损、赚钱,责任自负”,像这些观念要传导给每一个投资者,不要老是强调“保底”,就是说他只要到我这儿来,什么事(风险)都没了,我全包了,这种观念是不能宣传的，我们不可能有这样的能耐。

第八点就是团结一致、其利断金。总公司的团队、分公司的团队、总公司和分公司之间，都要团结一致，只要大家团结起来，就没有解决不了的问题。我们所做的事情，是大家都觉得好的事情，没有理由我们相互之间有什么隔阂和怨言。有时候信息不对称，有时候业务发展比较艰难，我们都在往前摸索。很多好的办法不是一下子就有的，要通过很多灾难、困难磨炼，交很多学费，最后才得到一条自己可以成长的路。

我们总结了几个字，一个是“稳”，要做稳，今天董事长也提醒我们的业务，特别是我们机构扩张的速度，要稍微慢一点。机构扩张的速度要稳，业务也要稳。第二个，要“准”，就是我们的业务方向和制度的制定要准。第三个，要“狠”，一旦看准方向之后，大家全都要上去，比如在某一个阶段我们要做消费理财产品，就要非常狠，一把打出去，让大家都知道，有问题以后再说。最后要“正”，不能歪。“稳、准、狠、正”，抓住这几个字，我们新型的业务、这个新型的行业，才能在国家的经济发展过程当中起到促进作用。

我在分公司的讲话当中，主要归纳了以上八点，跟分公司做了一个交流。大家都非常有积极性，陕西分公司的老总张胜利说，市场部、风险部等几个部门给他们下达了任务，他们保证用半年时间完成全年的任务。几个分公司表态都很好，这就说明我们的基础还是好的，我们抓住这几个好的公司，帮助它们，让它们做榜样，把其他的公司带起来。组织打仗，是一场战役，一个人、两个人是不行的，一定是一支队伍、一个群体，要蓄势，不是我要下一点东西、赚一点小钱就行了，要蓄出一个势。当我们的势出来之后，就锐不可当了。我到分公司，当地有些小的网贷企业来了以后就说“你们是大企业，你们是大哥啊”。到每个地方我都给分公司一个任务，找几家当地比较好的网贷企业，开一个座谈会。福建找的最多，找了五六家，有的分公司找了两家，有的只找了一家，得到的信息我现在反馈给你们，都说红岭创投做得最好，能感觉到它们对我们很尊重，而且我们做的很多事情都有很大的影响。这次下去座谈，看看人家有哪些好的东西、好的产品我们学一学，现在看来，尽管我们做得不好，还有很多问题，但是它们的回答给了我安慰，我把这个安慰带回来给大家，也让大家分享一下，过年前让大家开心开心。问题是肯定有的，困难是肯定有的,但只要我们团结一致,没有什么克服不了的困难,没有什么解决不了的问题。我是充满信心的,我们在这个行业、在这个单位干一天,就要忠心耿耿,付出我们所有的力量。

——2016 年 2 月 1 日第 5 期总裁办公会议

红岭创投的三项准备

我做好了三项准备。第一项准备,底线。很多 P2P 跑路,一旦出现流动性问题,马上就跑了,而我们永远不会跑。我们所有贷款都是一一对应的,不光一一对应,而且是全部有充足抵押率的,那我有这个东西,我怕什么,每一个企业的贷款都是公示的,而且公示的语言是经企业认可,实际上是企业挂这个标,老百姓是自己投的,我没逼着他投,没诱惑他投,我都给他公布我是什么抵押率,是老百姓自己投的。投了以后,即便出现风险,我帮他追,保证把他的本金和利息都给追回来,保证不会损失,因为我们的充足抵押率不是假的,是真的。存款保险法只赔 50 万元,存再多钱也只赔 50 万元,而我们是全赔,只是时间问题,这就取决于经济周期,这个经济周期到底是多长时间,不知道,但是从我们现在看来是 3 年,因为法院处置整个资产的时间,从起诉开始到最后打官司,所有东西搞完,最长是 3 年,所以我们的充足抵押率就按照 50% 打折。一年 15% 的利息,三年 45% ,加上底线 50 万元,到 3 年以后,我们处置完以后,一分钱不损失,这都是有理论根据的,没有理论根据我们不敢干。所以说,讲红岭创投跑路,不可能,也没必要,大不了到最后国家正好东风来了,讲不准垫付了,好我们就不垫付了,我们就一一对应,一个个登记,自己都知道的。然后我们起诉了之后,到什么样的程度了,我们每一单都公布,而且我们现在只要打官司,都是赢的,没有输的,怎么可能输,他欠钱要还钱,天经地义,剩下的不就是追的问题嘛,就是执行的东西嘛,执行的东西又不是空东西,都有东西在那儿,经济周期只要一到,房地产只要稍微好一点,或者讲我只要帮他再重组,再发一个标,另外一个项目装进去,也一样消化。这是讲第一项,底线。

第二项,转型。我们现在从快标开始,然后有了特标,有了议标,有了本标,你们说还有什么不能做。所有东西都能上来,再大的困难,上本标就是了，反正老百姓能要你就行。我们留出了转向的360度空间，只要你说这个方向不能做，我们就换到别的方向做，我总有一个方向能做，而且给了我们18个月的整改期，在整改期里，我们转另外一个方向都来得及，就是一个业务都没有，从一个新的方向做，都来得及，因为有这支队伍在这里。这是第二点，360度旋转的调整，都有。

第三点就是我们现在的产品。我们6个事业部现在才上了一个私募，搞了两个私募产品，我们还有典当、租赁、保险、PE、VC，全有，6个事业部现在并成一个金融发展事业部，因为它们都还没长大，如果长大一个就独立出来一个，就把所有的都覆盖了。都有了的话，就上本标，怎么上？一个是我们自己直接调查，二个是跟当地的信托公司谈好，你业务到我那做吧，这还不简单。尽调也是他的，价格也是他定，我们就提供这个平台，收手续费。分公司的业务有多宽，陕西省有什么业务不能上来，都能上来，他们都到我们这里边来做，我们提供平台。再加上我们零售业务，现在就八个零售品种，对公现在有这么多业务。这三条我都给你留出来了。

我到红岭创投工作了两年多，最后留下这三条线，第一条是底线，第二是360度的转换空间，第三个是我们的产品。所以说只要坚持下去，这种失败的可能很小。除非说国家不让你干了。只要允许你干，就没问题，我们肯定能干下去。你们都是种子，所以我今天讲得深了一点，不是简单的风控的东西，讲了以后你们心里就有底了。对员工整个技术和专业能力的培养，我们都超前。我为什么搞金融学院，为什么搞金融研究所，为什么搞互联网金融研究杂志，还有红岭指数，就是要把几个制高点占住了。那么我们的同志们，认识上要提高到这个程度，你们就所向无敌，没有什么做不了的。

——陕西分公司座谈会

2.2 对红岭重点战略部署的分析及建议

2.2.1 特标、议标的意义及发展建议

利率的定价问题

就是定多少利率为准？是不是要垫付？这两个确实是核心问题，你们讨论也讨论不出结果来，必须就决定了，没有什么讨论的。因为利率的决定本身是风险定价问题，第一次定未必准确，本身就是带有试探性的东西，按照我们对市场的了解，就定在同期银行实际利率的融资成本，这个是多少数字？我做过市场调查。如果你们做过调查你们拿出参数来，参照执行。如果你们拿不出参数来按我的执行。你们有没有？

——2015 年 1 月 10 日第 1 期总裁办公会议

特标的利率、垫付和风险系数问题

就这么定了，不要讨论了。扣三个点就发标，再低就这么试行。第二，垫付是绝对垫付，这不可能不垫付，不仅垫付本金，还垫付利息。过去的问题不说，24% 的照发。但是公告里要谈到风险系数不一样，这面对的是国有大中型企业，大家就看到企业的好与坏了，愿意买就买了，因为很多人都喜欢低风险的。陆金所 8% 多都能发出，我们 10% 发不出？我真的不相信。

——2015 年 1 月 10 日第 1 期总裁办公会议

特标能否发出取决于投资者的数量，所以关键是发动投资者

但是也很难说，可能需要一个过程，但是都取决于我们的投资者的数量。只要投资者数量一上去就没问题。投资者没有上去，人家就要选择，可能少数人就选高的。银行的客户要是全部发动起来的话，我们就把银行打垮了，问题是能不能发动到那个位置？这还是市场的事情，还是投资人的事

情，怎样根据产品把投资者发动起来，为什么代理店一下子要扩张到70家，就是这个意思。

——2015年1月10日第1期总裁办公会议

项目没有准备好之前不要发公告，是没有意义的

不是光发布，你后面要准备好一批项目，项目没有准备好之前不要发公告。

为什么我没有签这个东西？你们有项目吗？分公司知道吗？他们拿到项目了吗？最后你们审贷会通过了吗？没有的话，你发这个东西，后面跟不上怎么办？必须已经批了几个项目在手上再发才有意义。

——2015年1月10日第1期总裁办公会议

一百家企业的授信问题

是不是把企业的财务报表相关数据输进去以后，评级就出来了？（对。）那就行了，完成了下一步就是市场部的任务了，要对一百家企业授信的话，把这一百家企业的财务报表都拿来，评级以后我们先授信，所有地方的报表是全部要公开，我估计一个地区授信能达到500亿~1000亿元的授信，管他要不要，先授信再说，这样我们30个分公司是3万亿元的授信出去，然后等着，他有项目就来了，没项目就放着等，我们这个宣传攻势是非常大的。

——2015年1月10日第1期总裁办公会议

特标的具体实施和宣传工作

今年才是我们真正开始动起来，特定项目一上来，就相当于向传统银行宣战了，这个动作是非常大的。一旦宣传出去，100个企业一授信就差不多是1000亿元，这个宣传是非常大的，也不用我们拿钱。风险管理部要准备好项目，要有几个能挂上去的，只要有一个能挂上去的，我们就出公告。至于他们买不买就是另外一码事，就要靠我们下面的体验店，靠我们的分公司了。还有各家银行的信贷员都是我们的信贷员，各家银行批不下来的项目

我们都可以干，只要是好的。这样的话，从今年开始红岭创投就会展示出一个完全的新的外貌。当然大家可能会比去年更辛苦，加班是很正常的事情。同样到年底，不会亏待大家的。我们一起干活，一起赚钱。董事长讲两句吧。

——2015 年 1 月 10 日第 1 期总裁办公会议

特定项目是否发标要根据企业资质区别对待

这个可以研究一下，就是短期的周转，包括华为这样的公司，给他们两个亿都没什么关系。你要看是什么样的性质。我们都不否定，但是要看是什么企业，企业不行的话，那我们就不做了。

——2015 年 1 月 17 日第 2 期总裁办公会议

要加快特标的工作进度

第二个就是重点的工作，那个特标是我们具有战略意义的安排，这个问题我是想越快越好。这种特标的方式可以是授信的方式，不一定它提出要求我们才来审核，主动授信就很好，那没有风险的，这就是我们的一个宣传攻势，这样也不用费尽心思找项目了，你找好企业就行了，等它要的时候再逐笔核贷，能贷就贷，不能贷就不贷，我利用这种方式做个宣传也告诉大中型企业它们以后的贷款来源不仅仅是银行了，金融脱媒就是从这里去突破。所以市场部也好，风险管理部也好，在贯彻这样一种已经认可过的工作和战略方法上要加把劲。因为贷前调查和贷后管理应该是市场部的事情，贷前调查的发动，包括模板的设计，要和风险部联合起来怎样把它研究好，把这个事情推开。我对这个特标非常着急，哪一次办公会我没有强调这个问题？你们想想你们做了多少了？我就补充这一点。

——2015 年 2 月 7 日第 5 期总裁办公会议

关于特定项目的利率定价问题

这个特定项目我很期待，因为特定项目的利率全部是市场化的，包括发标的利率和贷款的利率,这里面是非常有技术含量的。可能利率会修改几次,一定要能找到市场接受的那一点,议价的时候要议定一个市场接受的价格它才有意义。技术难度很高,但是要赶快推。这是我最关注的。这个一旦打开的话,今年的主战场就出来了。

——2015 年 3 月 14 日第 9 期总裁办公会议

(市场部)抓住工作重点:特标、贷前、打开新路

一定要有固定工作量,而且每周的工作一定要有进度。什么叫进度?就是比过去要好一点,比过去有些东西要看得到。天天汇报,每次都很忙,忙到现在什么都没看到。市场部忙到现在看到什么?自己讲,我不讲。一汇报一大堆,最后什么东西都没有,没有一个看到成果的。都是过程,哪怕集中精力看到一件事可以看到成果的。比如说我们的特标问题,都是大事情,我不知道市场部抓了没有。贷前问题属于市场部,不知道我们市场部抓了没有?这是让我们头疼的问题。是为了一条新的路要打开的问题,可是市场部抓了没有?这将决定着红岭未来的路怎么走的问题。原来的贷款本身体制就不好,风险就高,而且 24% 那么高的利率又那么长的时候企业能承受得了?本来就承受不了。就是在很多很多的企业中挑选这种过桥的,临时的,长时间没有哪个企业可以承受了 24% 的利率,自己都不知道赚不赚得了这么多。所以以后的出路就是在一些优质企业上面,红岭也是这样的出路。那么现在这项工作,我从去年就已经安排了,风险管理部还制定出了模板,这样很好,已经在搞了,现在市场要开始往外推了,这些才是真的重点工作。今后我们每个分公司都在外面做特标的时候,还难什么呢?难的话说明连银行都没干过。底下分公司的老总连银行都没干过,否则的话贷款怎么放?怎么可能放不出?都是正常贷款,不是高息贷款,如果这都放不出,这老总是真的有问题了,又不是说要拉存款。路都那么宽了,但是这项工作的推进如此之慢,市场部应该把这个工作作为重点工作推开。

——2015 年 3 月 29 日第 11 期总裁办公会议

发展特标的重要性，特标作为主打方向

这个特标我跟你们说一下，将来就是红岭走向全国、走向世界的突破口。我把这个的重要性讲给你们听。做这个高息24%肯定是搞不长的，而且也没有这个能力把这个顶住，我们过去做得再好，按理说我们这些银行行长搞了那么久的贷款，不可能搞不好这些贷款，做到现在还是有各种各样的问题，这个问题就是本身这个企业的体制不好。搞这个贷款时候就有一些问题没有解决，有一些偷鸡摸狗的行为，那么我们前面接受了这些教训，掉过头来看，筹备初期的时候各家分公司都出现问题了。好在我们现在的速度上去了，我们用速度把这个事情扳回来。现在主打的方向必须是特标的方向，不是原来的方向了，当然，快标能做我们也不把它舍弃，我们不舍弃，但是更重要的方向是把特标作为主打，如果我们要讲自己是互联网银行的话，那么这个才是主体业务。我们的队伍包括分公司都说贷款难找啊，能接受24%又要安全的，确实难找。如果让我去找，那我肯定也觉得很费事，那么只能和小贷公司、信托公司竞争了，把它们东西抢过来，那么本身这些项目的主体也不是很好，基本上都是一些前期的项目，这些代价是很高，但是对人员要求的质量也很高，每个项目尽职调查的时间都很长，而且要求很细，十个能成功一个就不错了。

那么以后作为看家本领，作为要赖以吃饭的东西，不能做这种项目，以后可以让一个部门来做，一般一些正常的项目，还是要考虑大众化的，针对众多企业的。现在银行的信贷资产是200万亿元，如果能挖1%下来就是2万亿元，如果挖0.5下来就是1万亿元，这个体量多大。如果我们把利率市场化的平衡点找到，国家银行动一下要费很大力，银监会又没有这个时间去批这个东西，里面又涉及风险定价问题，既是经济问题，又是政治问题，不是一个简单的东西。我们正好抓住这样的空间，没人管，在这里面游来游去，我们找这个平衡点，一旦找到，不仅对我们自己，对国家甚至世界都是一个贡献。为什么我把这个盯得那么紧，不是讲像过去一样放几笔贷款，做点小生意，而是经济本身起着一个探索、研究、经营的作用，从中我们得到我们那一份。如果我们的贡献大了，那我们当然要提高，如果贡献小的话，想提高

都提高不了。所以说,在市场部后面说,你们要知道从理论意义上、实践意义上明白这个东西有多重要你们就知道了。为什么马上要搞互联网研究,就是要从理论上要有一个高度。做一个百年老店的事情没有一定的根基是不行的,没有一定的高度是不行的,随便一下把我们摧毁是不行的。万丈高楼平地起,很多东西都是要从基础做起,做好了就好办了。为什么我们现在可以每天两三个亿往上拉,因为你基础已经做成了,但这个基础不行,再往上走的话压力会更大,所以要把特标作为首位,要用特标往上拉,而且还是盈利的,那么我们的希望就大了。我讲的一万亿元就真不是梦,现在完全靠24%的利率是肯定不行,量可以达到,但是质肯定不行的,还有流动性等后面的问题。所以市场部你们的定位,牛冰你来负责,和风险控制一起一个一个地解决。反正有问题我也参加,就这样。

——2015 年 3 月 29 日第 11 期总裁办公会议

市场部开展特定项目的思路和方法

时间、负责人、怎么处理有吗?一句话就完了。这个不要讲了,你们还没有搞清楚,下次汇报的时候一定要有时间,由谁来负责,里面主要内容是什么,最后完成后有什么奖惩,这才是方案。你现在最重要的事情是特定项目,这是公司打开整个流动性通道和降低风险的一个战略措施,这是非常重要的。你这个特标的推行计划怎么完成。包括把当地前 100 强的优秀企业的财报拿来,这个要做哪些动作?是找各家银行还是找小贷公司?还是找中间人?这些都要有方案,包括我们一开始深圳分公司一下子拿到 2000 名客户经理的电话号码,这个基础就非常好,这个营销项目就非常厉害了。那么我们其他分公司有没有这个动作?这种动作实际上我们都已经安排下去了。特标实际上就是在银行身上挖一块下来,后面就要有一支队伍,然后就是找项目了,想办法拿到财报就行了,这边我们的评级方案已经全部做完了,整个的电脑程序都有,评级以后就主动去授信了,报纸上一公布,对那个省前多少强企业第一批授信 300 亿元。到时候需要用钱的时候逐笔核贷,你知道这个宣传力量有多大吗?你们看看会议纪要我有没有讲过这个问题。现在我们 11 个分公司,一个地方授信 10 个企业,就是 110 个企业,一个企业授信1亿元就是110亿元,10亿元就是1100亿元。你需要的时候再来拿,这是打法,要不要钱是另外一码事。剩下的具体的项目让我们的客户经理去找,找到以后我们有专门的模板,专门的审查。就是武器都准备好了,弹药也准备好了,就是叫你们去打,还不知道怎么个打法。队伍也有,办法也有,就是中间的管理部门老是起不来。这个特标到现在进展确实很慢,我一直强调贷前调查和贷后管理,贷前调查就是这个东西啊,现在都没有,还有就是贷后管理,就是一个责任问题,到现在形成一些不良资产,还有个预警的问题,每个月贷后检查报告问题,这才是市场管理部的核心问题。

——2015年4月4日第12期总裁办公会议

(特定项目)利率问题解决思路

关于利率的问题我建议和线上营运部探讨一下。这个是可以拿到群里面讨论一下的。现在客户需要的是多少,投资人可以接受多少的利率。这个可以和他们谈一谈,听听他们的想法。如果他们给我们的是10的话,那我们就要拿的是3,给投资人的就是7,那么这个利率投资人能不能接受?这是在很真诚地和投资人沟通。这么一对比,他们知道我们在承受多大的压力了。如果他们能够接受的话我们就做,如果不能接受,那就问问他们能接受多少,这样的话也是对我们市场利率化的一个推动。

——2015年4月4日第12期总裁办公会议

特标对公司发展的重大意义以及风险解决思路

我来讲一下。特标是我们今年的战略点,也是红岭创投正式迈向市场的战略点。因为前期都是试水,包括我们现在成交量到300多亿元,也还是在试水。目前的交易量是把红岭创投的品牌打到了大家都知道,但是靠它生存肯定是不可能的。风险度降不下来,是维持不了多长时间的。真正的生存就是我们的特标。因为我们是在从过去计划体制包括垄断体制上要分一块蛋糕。为什么这么说,因为我们过去的贷款或者项目,企业的体制都不是很好,我们的队伍也都是江湖郎中。江湖郎中给身体不好的看病,能够看好几个？过去我们的国家在引导的时候，三农、支农、小微、中小企业贷款，为什么大银行都不愿意贷，为什么推给市场的这些小额贷款公司、担保公司和民间的这些所谓金融机构，因为风险大。明眼人一看就知道，专业银行是不愿意做。最大的特点是什么？本身身体就不好，投机心理大于投资心理，做生意都是在博，不是在经营，而这种极端的风险和冒险的思想，造成了它本身管理基础的薄弱，所以我说它身体不好。这些小贷公司，担保公司还有一些原始的 P2P 们，它们都想搞金融，以为金融的钱好赚，实际上它操作这项专业的基本技能几乎为零，它仅仅是个江湖郎中，那么它给那些病重的人看病能看好几个？它的结果就是跑路，就是案件，就是破产。如果红岭创投按照这条路往下走，也一定是这个结局。怎么办？这个战略点是我到红岭创投的第二天就开始想了，就必须这么做。我们本来医术就不高，那就干脆做做保健，这样人家身体本来就不错，风险就小多了。那么寻求保健的这些人就是我们现在的大中型企业和国有企业，它有垄断的资源，有垄断的背景和市场，这样风险就不会太大，这是一个方面。就是从中农工建交这些大行里面，从它们 200 万亿元的资产上挖下来 0.5%，就是 1 万亿元，这 1 万亿元身体好的我们给它做保健，这个风险就会小得多，这是一头。另外一头，本来这么医术就不高的队伍，我们要进行更换，进行培养、培训，让他们的医术一点点地提升，逐步走向知道什么是风险，什么是终极风险、流动性风险、操作风险、法律风险，以及什么是市场风险、政策性风险，然后控制这些风险的模型应该是什么样的，应该怎么去操作，包括问题出现的时候该去怎么调查，怎么归纳，怎么去制定解决方案，这一系列的思维，在过去小贷公司性质的 P2P 里面根本不具备。我们刚进入这个行业，要包容过去的打法，又要把新的打法注入进去，促进业务发展。这个难度很大，但是必须往前走。

——2015 年 4 月 11 日第 13 期总裁办公会议

特定标的四种贷款及针对性控制方法

过去所形成的不良资产实非我们所愿，但确实是责任上的问题，技术上的问题，制度上的问题。现在把特定标推上去，一旦推开这个规模会迅速做大，风险会迅速地降低，那么对人员的要求要迅速地统一化。特定标里面还少了一层,它里面还有四种贷款,流动资金,固定资产,项目融资,个人贷款,我们风险管理部在制定审批条件的时候,要对照银监会三个办法一个指引的办法,要判定它是属于哪种贷款,这里面都没有提。而且一旦分类就有原则了,流动资金类的贷款该去怎么控制,固定资产类的贷款该去怎么控制,这个项目融资该怎么控制等等,这些有针对性的控制方法都是传统的,经过市场检验的,经过大家认可的,便于推销的,便于学习的。

流动资金贷款跟项目贷款本质上不一样,流动资金贷款是针对劳动对象所发生的贷款,这个矿泉水就是劳动对象,生产出来就卖掉了。它的特点就是周转很快,固定资产贷款通常是对于劳动手段所产生的贷款,我生产矿泉水的时候需要一些设备,一些厂房,一些固定资产的投入,这些投入的贷款性质就是固定资产贷款,它的周转方式就与流动资金贷款不一样,它不是一次性归还,必须用它新增的利润和折旧逐步归还。项目融资,项目里面有固定资产项目,也有一些融资项目。个人贷款又是一种性质,每一种性质的不同,决定了我们控制它的方法不同,这样我们所有的原则和培训、推广所有的东西都不一样。前面小苏讲的是一般的,实际上真说起来这些专业性的东西还是有它的特点的,跟你讲的是不一样的。不管怎么样,只能说市场部比过去大大进了一步,开始接触到主要的问题了,这是个好现象,但仅仅是开始,还差得很远,以后要学的东西还很多。

——2015 年 4 月 11 日第 13 期总裁办公会议

特标的重要性和负责部门

特标是我们全公司的大事,一定只能成功不能失败。这个战略动作一旦成功,很多事情都好解决了,以后的路也好走多了。转不成我们必须立刻总结经验,找出不足。一定要找一批好的企业过来,这样我们才能稳定。现在每个项目都是在火山口上,再大本事都不行。我们现在这么高的利率,一般企业承受不了。现在不换好的企业,不把利率降下来,以后的路也不是说没有,但是永远在风口浪尖上,永远被火烤,一天到晚心神不宁。特标我们所有部门都要重视,涉及特标的问题,一个是市场部,一个是风险管理部,还有计划部涉及定价问题。以什么样的价格出去,怎么样能够获得比较好的结果？几个部门要全上，都要考虑这个问题。

——2015 年 4 月 11 日第 13 期总裁办公会议

特标定价方法：定价标准和参与部门

我的意见越快越好，但是现在的问题是什么？我们现在的特标一发出去，就是我们国家金融体制改革中第一个破冰试验市场利率的第一笔。我们在座的所有人都要知道这个历史意义，所以这个定价要定多少，既是理论的问题，又是技术问题，还是时间问题。因为过去的东西都是很盲目的，不管是定 18 还是 24。这个市场的风险定价应该在什么位置上，我们都不知道。但是我们已经开始有意地试了，这样的话可能会有错。可能高了，也可能低了，但是这个调整是正常的。再有它的速度也能体现出来，它能体现出来很多问题。我们就是要不断地试。在你们试之前，这个破冰的利率应该多高你们要定好，因为要保证我们不亏本。不能亏本，而且要略有盈利。这个东西你们在往外推之前，我们的计财部、风险管理部门、市场部门参加一下，研究一下最终的价格定在多少比较合适。因为风险定价的问题既是计划的问题，也是风险的问题，你们两个合起来。那么项总你牵个头，这个会议定一下。我不指望一次成功，但是你们要有几个方案备选。这个事情就这样了。

——2015 年 4 月 11 日第 13 期总裁办公会议

开业分公司特标项目待解决的问题

我跟你说，特定项目，那些没有开业的分公司不要去，全部到我们开业的分公司去，因为它基础，可以进行一些计划和规划，没开业的你去有什么意思？没开业的别管它，因为没开业的话，随时可以把它淘汰。但是我们已经开业了的就要给它各种支持。

光有要求不行，你更重要的是要辅导它，你刚才给我讲的那些特定项目的对象有哪些？上市公司、国有企业你们做了吗？你们现在提交了哪些？用什么方法去做？这边有九个分公司，你一个分公司有一个办法的话，你就有九个办法了,这个是最重要的。你其他问题,商城什么的问题,我现在没兴趣。我一点兴趣都没有,我对你最大的兴趣现在就是特标,赶快搞上去。你所有的精力全部放在上面,这是我们未来的生命。好吧?

——2015 年 4 月 25 日第 14 期总裁办公会议

议标营销方案制定的思路和方法

包括制定议标的营销方案,议标的核心是什么?议标的核心还是价格。我刚才给你们讲的那个区间,投资者的区间,贷款者的区间,价格区间,利率区间……这个区间,在市场上有什么样的反应?你制定营销方案的时候,市场有什么反应?市场就是企业需要多少,一个地方是不是先搞一个试点?或者两个试点,三个试点?试点过程中,它能接受的是哪一个?接受以后我们再怎么在网上做一个测试?而这种测试是真的测试,你能不能成功,在什么样的价位上能够成功?如果成功以后,下一步再制订新的计划。所以这计划的目标一定要非常清楚,计划目标清楚了,执行起来才有依据,执行当中遇到的问题,才能检查、纠正。目标都不清楚,就先去看看,你这十万八千里的,现在不要去看看了,你已经到了指定议标方案,指定项目转接制度了。

——2015 年 5 月 9 日第 15 期总裁办公会议

分公司拿到银行各大客户经理电话的方法,议标打开市场的方法思路

我们市场部在全国各家分公司安排的时候,这个方法要告诉他们。给他们一个提示的方法,当领导不就是出点子嘛!给他们一些方法,把各大银行的客户经理的电话搞到手,我们这边钱多得很,不存在规模和存贷比的问题,你们只要项目好,价格合适,我们发出去,马上资金就来了。我来红岭初衷就在这里,你搞个存贷比,给我个小贷公司,给我 100 个亿我去干都没劲。为什么?限制住了,搞个存贷比,70%,70 个亿放完就没事了。就跟陈锋一样,原来在广州银行做副行长,也在佛山银行做过副行长,后来去重庆搞个小贷公司。中央二台采访他,因为他做得不错,然后播出来了,他说一年的工作,他三个月就完成了。他一共就 5000 万元,他找个企业,放出去,他就没

事了。然后他就一直盯着它。要是有5亿元,那分十笔放,那一个月也就放完了,那搞什么意思呢。后来就你管我,我管你。那就没有市场没有方向。

那么我们市场部现在能够把广东联通打下来,进行上线试点,特别有意义。第二,你们特标议标,前边那些方案,我都同意,现在就是议标会议赶快开,就要告诉他们这是怎么个打法,蔡晨一定要把我在云南的讲话赶快整理出来。就是怎么样能够让一个分公司迅速占领当地的市场,那个目标就是要站在所有金融系统的最前列。就是要站在中农工建交的前面,因为我们的做法跟它们完全不同,我们是倒过来做银行。你先拉存款,后放贷款,我是先找项目,后找投资。反过来全部合法。所有东西都是公开的,华润银行它有这个胆量,把它的贷款都拿到网上去,给那些网民们评论,给挖掘机去挖,随便一个项目都可以把它挖垮。我们就被挖到现在,还在挖,但是我们没有垮,我们还活得越来越好。为什么呢?我们所有信息的公开透明程度很对得起老百姓。所以现在我很着急的就是我们的时间不多,因为我们自身,这种业态本身的发展,过去是没有参照物的。在哪个节点可能会出现问题根本都不知道。只是感觉这个地方会出现问题,感觉在什么地方我们会出现瓶颈,感觉到什么时候会出现风险,都是感觉。

所以我的感觉就是我们还有两个月的时间,如果在此期间,特标和议标项目一下上去以后,最起码在两三年内不会有问题了。那时候就可以考虑一下我们个人的职业规划,考虑一下给每个人提供一个好的工作学习生活条件,现在没时间,现在在打仗,先把在这个山头攻下来。现在议标,东西都拿出来了,所有的方案、战略办法都有了,你们什么都不缺,那你们现在就要赶快把它干出来。到七月底,因为项总给我们的时间,我们的安全时间是7月底,就是第一个安全期。安全期之内,我考虑的就是赶快推上去,一旦推上去,特标和议标的项目范围比原来的项目范围至少要大10倍。如果原来全国有20万亿元,全国整个的市场是200万亿元,那么至少要大十倍,大十倍的话,我们30多个分公司开始干,我们就算30个,每个分公司每个月报两个项目,就是60个项目,每个项目平均5000万元,就是30亿元,两个月下来就是60亿元,这都是待收啊,这是最起码可以做到的。如果推上去,搞得好就可以做到100亿元,100亿元流量一旦进来的话，所有的东西都可以缓解。

——2015年5月30日第18期总裁办公会议

分公司特标议标营销的思路和方法

老叶我跟你讲，还有一件事，在特标议标的营销当中，在已开业分公司当地所有客户经理名单的归集和划片，这些东西你们做了没有啊？我没听到这个汇报。没有，下周做这件事。脑子进水了？这个多重要的工作，今天没汇报。现在就是要把现成的经验赶快推广下去，这些东西对当地拿特标议标，就相当于当地所有的客户经理或者银行的支行行长都在为我们服务了，你的视野是看到全社会的。我们给他们代办费，提成啊，而且是具有竞争力的。下周我们12个分公司开业，把12个省这样一做的话你知道这样规模会有多大吗？非常大的，但是你没有这种战略安排的话，仗你怎么打？它都是有具体的动作的。

我到昆明讲话讲了一个多小时，我叫蔡晨把讲话整理出来，如果没有什么碰线的地方发给大家看一看，就是关于营销的问题，关于客户经理的营销，还有特标议标出来以后的营销方案到底该怎么做，落实到每个人。分公司该怎么做，总公司该怎么做，每一个市场的经理该怎么做。这些都连贯起来才可以。所以你们这些市场部门，投资部门，平时要思考这些东西。你思考了，做了，你在办公会汇报的东西才有点质量。你嘴上说，你没做，那些没料的东西我一听就听出来了。你搞下去就没结果。力度不够，力度要够就得真的搞起来。

——2015年6月6日第19期总裁办公会议

特标议标规则和推广思路

议标这笔我已经在合肥面谈了，全部有录音。我还是讲抵押和担保的东西有个规则，特别是抵押的价格和担保的能力要有规则，大家要按照规则来。这个议标就是实验一下，你们的口号可以打大一点，探索利率市场化的第一步或者什么，这个特标和议标就是走利率市场化的路子的。看用个什么名词在特标、议标推出来的时候更有力一点，让政府看了，贷款者看了，投资人看了都能舒服一点。我们不是为了赚钱，而是为了风险方面能够更好，投资者在风险可控的情况下取得更好的收益，又使贷款者在需求的情况下以合理的价格取得资金。让政府看到在资源配置的时候能够有个合理的平台。

——2015年6月6日第19期总裁办公会议

市场部关于特标议标的分公司管理：分公司分类，下指标（指令性和指导性）

你后面这些都是一般性工作，没东西。你现在里面重点的工作就是一个，联通的上线。还有一个特标、议标，里面具体的措施写得太松散，因为这个上次讲过，这是一个非常重点的工作，对于每个分公司最起码要做到每个已开业的和正在筹建的，还有一定的业绩，可能能够开业的分公司，对于一些根本开不了业的分公司，可能要换人的分公司，分成三种类型，你根据业务量和目前的队伍，最起码下达一个考核任务。这个任务就根据它自己过去发标的量，或者搞一个试探性的，分几挡，如果完成了以后，适当地给点奖励，不一定给钱，可以表扬，可以通报，激励人的方式有很多种，并不是动不动就是奖金，有时候荣誉比奖金更值钱。所以说这种工作像特标和议标的工作，我在上次办公会上就说过是我们近期红岭创投破局之策，一下走出非常宽的路上非常宽的战略动作。这个战略动作是把优质的客户能够引到我们红岭创投来，进而降低红岭创投整个贷款的风险，意义是在这里。哪怕是我们少赚钱，甚至是在近期不赚钱，一定把风险度降到最低。那么起点和着力点就是特标和议标。企业的身体要好，其他的东西我们都可以去试，我们不赚钱都可以搞。

一个分公司特标到底是多少，你可以给它下一个考核指标，这个考核指标可以不是指令性的，可以是指导性的。下计划的时候有两种，一种是指导性计划，还有一种是指令性计划，指令性计划是必须完成的，如果完成不了可以扣他们工资和奖金。还有一种是指导性计划，可以完成也可以不完成，如果完成以后可以给适当的奖励,在使用干部上,在其他方面都可以帮助帮助,提高提高,培养培养,这都可以。那么特标这一类当中,可以有一部分是指令性的,再一部分是指导性的,两种办法都可以下。

——2015 年 6 月 6 日第 19 期总裁办公会议

市场部特标、议标推进的进度问题

所以你们的进度实在是慢。当然这个过程中是有的分公司的开业。但是这 12 个分公司一旦开始的话,一个分公司报 10 笔,就是 120 笔。那么如果我只要它们报四五笔,这也是不少了。但是就它们手中的资源,报上来 8 笔、10 笔肯定是没有问题的。但是你们现在的数量就这些,这个组织管理肯定是不对的。何况我们还有那么多的正在组建的分公司。开业分公司如果报不上来的话,这个工作就是有问题的,你们就要下去检查,看看分公司的人都在干什么。这都是一些基础的工作,但是基础工作都没有完成的话,更不要说重点工作了。所以说,你这里属于战略点,这项工作一定要落到实处,这计划的基础就是我让你们做的第二项工作。但是现在第二项工作还没有搞,那么搞起来就是散兵游勇。就像这个联通的工作,基础只要搞好了,以后的投资人上来了以后可能就是几万人。那么后面可能就是其他的——联通、电信、移动都可以是这样的,包括保险公司、信托公司都是这个性质,只要这个基础工作做好了,后面都起来了。

特标、议标的基础工作,一个是投资人这边,然后是项目方,那就是我们对分公司做出来的特标和议标的要求。现在你们的统计工作是已经做了,这个给我的印象也就是这个工作开始动了,但是我们现在一个标都还没有发出去。我很着急,因为这个坎没有越过去的话,我们公司没有进入安全的时期。只有把这个动作做出来了,全国的分公司都开始报特标了,老百姓也就接受了便宜的利率,资金的流量也能达到 10 亿元以上了,那么这个时候就可以说我们安全了。安全不在于有了多少钱,而在于一种模式、生态的建立。今天我们项总和信达谈的也是我们生态重点额非常重要的环节,一旦这个环节建立起来,可以说我们公司就安全了,一旦安全了我们公司就可以做得很好了。那我们在座的所有人都会学习到新的东西,有新的进步,那就和原来的基础意义不一样了，就是在做一项事业了，一项非常伟大的事业了。市场管理部的工作就是要抓紧时间。

——2015 年 6 月 13 日第 20 期总裁办公会议

议标发表速度慢的原因，最根本是投资人少了

议标到昨天下午为止一共是发了多少？（**市场管理部叶自荣总经理：**4 个标，2000 万元，第一天 1000 万元，第二天 1000 万元，该项议标一共需要发 5000 万元。）

那就是平均一天 1000 万元，这个是否属于自然增长速度？现在我们是在测试，这里面有各种各样的原因，因为这几天我都在等这个议标的消息，而关于议标的消息无论在市场部也好，在其他部门也好，始终没有当作重点工作来进行研究、汇报和跟踪。实际上这项工作非常重要，当这个议标下去了以后，到底是什么结果，什么原因造成了它的慢我们是要分析的。各种情况都有，比如说打新股，还有快标等等各种因素造成，但是最根本的因素还是投资人少了，我们投资理财部应该看清楚。15% 的年化收益率现在一天才 1000 万元，比银行和其他理财产品高多了，对不对？

——2015 年 6 月 20 日第 21 期总裁办公会议

议标利率高的原因及利率降低的连锁好的影响

那么我们投资理财部就要看到这个信号，投资人不够了。如果投资人真的有 1000 万元上来的话，上去就抢光了，最根本的还是我们投资人少了。所以投资理财部要保证我们的议标在我们的网站上面是不断的，以后每天都是有的，来了就可以买到，就跟银行储蓄一样。到银行就可以把这个钱存进，就是要这种感觉。当这个量上去了以后，那么利率就会自动往下降，供不应求的时候就会抢。我们把利率弄下来倒不是为了钱，就是为了要把贷款利率降下来，因为这个筹集资金成本低一点，贷款成本下来了以后，使更优质的客户进入我们的红岭创投，然后让我们的风险真正降低下来。只有好的企业进来了，这类企业最起码诚信度是高的，我们才能长治久安，才能

健康稳定往前发展。每件事情都有相关性，都不是孤立的事情，主要的战略意图都是这个，这个发下去的目的就是要把利率搞下来，实际上我们的利率还是不低的，我把这个消息告诉了原来佛山分行的群里，大家都说：哇，年化收益率 15%，那么高！都是这个反应。

——2015 年 6 月 20 日第 21 期总裁办公会议

特标议标的宣传渠道和思路

说明我们的宣传还是不够，很多人都还不知道，我们投资理财部想想办法，怎么让每个人都能够知道，这个很重要，我们现在到底有多少人，我们体验店在宣传，也在做，一个人传给 10 个人，10 个人传给 100 个人，这是一种方法，还是要用更多的方法让全国的投资者，也让各家银行的储户也要知道，派人去发小折页都可以，网络上发，信息上发，微信上发，让大家都知道红岭创投现在的几个优势，把几个优势，办公室搞几个非常简洁的模板，一张纸上就可以把我们所有的优势写在上面，然后这个折页做成电子版或者单页，想尽一些办法往外推。这个宣传不够，很多人不知道，这个就属于大方面的操作了。

另一个就是有机的操作，结合某项活动。投资理财部可以想想办法，赞助几个事情也可以，还有好多活动都可以考虑，这都是我们的宣传方式，包括网站上人家感兴趣的特标、议标上都可以做个截板，能够在网上全部传出去，也包括我们互联网金融学院，本身慕课就很好，可以把我们的宣传册放在上面，所有的活动能够赞助的，从广告费里面拿出一点，就是扩大知名度。

——2015 年 6 月 20 日第 21 期总裁办公会议

特标议标宣传的内容缺乏问题，宣传思路以及成果检测方法（社会调查）

所以说，目前对于特标、议标，以及红岭的宣传力度远远不够，等于没有真正启动过，我做过这个事情，我知道里面只要是用了精力，肯定是可以做到的。所以说我们的市场条线，包括我们的综合部门，都要动动脑筋，下一步宣传上能不能做点事情，具体的你们去考虑，特别是市场部和投资理财部，你们要拿出方案，每个月都要有几次活动。我们红岭的宣传目前还没有正式进入编制，但是机构有了，就是内容还没进入，这个环节要加快做了。这是刚才从议标讲起的，你们回去也听听我的这段讲话，尽快把宣传做到位，把钱花到该花的地方去。这是刚才从议标讲起来的，议标一天才 1000 万元，这是肯定不对的。这个不对不是因为我们的标不好，也不是因为我们的价格太高，而是因为我们的投资人不够。这么讲是有依据的，我把我们的信息发到了朋友的群里面，很多人都赞叹高得不行。很多人都不相信我们 15% 的利率，觉得这么高都是有问题。实际上我们没有问题的，不管怎么样都不会把投资人的钱搞没了的。所以 15% 的利率是不低的。大家不要把精力放在那些投机者身上，要放在那些普通老百姓身上。现在网上有些评论我看了以后觉得很欣慰，就讲我们现在的做法是面对草的，不是面向牛的。牛在里面是起作用的，但是不能去面向他们，如果是面向他们的话就是鼓励投机了，而不是投资。比如在股市里面的投机者，借钱炒股，这里面的杠杆的风险是巨大的。如果是倾向于牛的话，那么我们就是鼓励投机了。

但是占到中国投资人 80% 的是那些倾向于低风险、踏实和安稳的，真正投机者是很少的。如果我们主要盯住投机者的话，那就是很小的受众了，就是围着他们转。所以不能去迎合这些人的心里。这样一来，我们才能做成百年老店。所以我给我们宣传部门的意见就是要做到家喻户晓。以后你们可以做一个社会调查，或者是找一个社会调查公司做一个社会调查，就是调查现在 100 个人中有多少人知道红岭创投，然后通过我们的宣传以后上升了多少的百分比。这样的话就比较专业了，就像我们每个城市的城调队一样，对社会性的数据进行调查分析，然后提交给国家。这种调查在我们国家是官方进行的，在经济发达国家是社会的，就是花钱让别人去做就可以。我估计我们国内也是有这样的公司的，以后在我们自己做不过来的时候也可以找这样的公司来进行调查。

——2015 年 6 月 20 日第 21 期总裁办公会议

议标、特标的开展思路，以及议标提量的解决办法（宣传）

我们现在的几个战略打法都非常清楚，只有传导给别人，别人很容易接受的时候，你这个行动才容易一致起来。我们现在的打法每条线很清楚，就不是银行，但是近似于银行，跟银行是倒过来做的，但是不是存放汇都有，我们只有贷款和投资，银行是存款、汇款和放款三大基本业务，我们只有两个，没有汇款，就是接近于银行的某项功能。我们现在搞投资和搞存款一样，但是比搞存款要容易，因为我们的利率高，当然银行稳定安全，我们的稳定性、安全性还没有宣传出去，要是想稳定安全就要把利率降下来，把好的企业引进来，这整个是套系统动作，我们所有的服务部门都是围绕这个进行的，能够把市场真正的价格节点找到，这个最大量的交易点找到，在统计上叫众数，我们就打这块最多的，就是大家都认可的价格，当你真正成为第一了以后，你也可以形成垄断，现在还不行。我们国家过去的利率是国家规定的，活期是多少、半年是多少、一年是多少都是定死的，然后上浮多少都有个基准，这个基准从经济学来看是取决于银根，就是再贷款、再贴现的利率，资本主义国家控制银行系统的三大法宝，第一个就是存款准备金，第二个是公开市场，第三个就是利率政策，就是再贷款的利率，央行是终极贷款人，再贷款利率只要一提高，底下的利率全要高，银根就是在它手里。

我们今天要找到这个真正的交易点在哪里，需要我们共同的努力。企业这边引进特标、议标，投资人也要引进来，在我们平台上撮合，找这个利率就是看它的供求，15%现在不能秒杀，一天只能搞一千万元，什么时候能搞到两千万元，两种可能，一种利率提高到16%，还有一种是人增加。那么我们现在不想把利率提高，我们的安民告示上还有快标是17.5%呢，还有很多人在等呢，那只有一条路，就是迅速地把投资人搞进来，我们要意识到我们的利率不低，就是我们产品收益不少，一般的投资人是满足的，只是我们的宣传力度不够，量跟不上。我们要采取各种各样的方法把它打开，现在从架构上有四十几个分公司，方法上什么都可以采取，后面就好办了。

——2015年6月20日第21期总裁办公会议

特标和议标的发展目标以及如何解决流动性问题

每个工作不能拖，拖的话就来不及了。我给自己的时间是到7月底，董事长给我的时间也是7月底。7月底这边所有的问题都要解决。在我的计划里面，特标和议标在7月底要有100个亿，要放款100亿元，放不出去这个数额都不算有意义。那就是现在12个分公司，每个分公司不到10个亿，再加上正在组建的分公司，这样的话将近2个月的时间，一个月是5个亿。特标和议标的话，10各项目的话，每个就是5000万元。最起码你们要按照这个指标来做。最后我们每天的资金流要有10个亿，这样的话我们也安全了。公共汽车上车下车总有人，每个企业都留3天的话，这样我们就解决了流动性的问题。向企业的解释就是由于划账的问题，我们要留三天，我们不缺钱的时候就直接划给他们了。这是为了对付我们过去的流动性的风险没有解决，我们的资产处理还没有跟上的时候，我们有30亿元在周转。我们现在的轻资本的互联网金融和过去的资本充足率是不一样的，我们只能是用自己的量来解决自己的流动性，而且这是可以实现的。现在我们是2个亿的交易量，我们以后的目标是10个亿，搞不好就是20个亿、30个亿。

——2015年6月13日第20期总裁办公会议

公司发展需要考虑的事情：特标供求关系的确定；议标利率控制和管理

我考虑的是后面的事情，而不是表面的事情。第一个特标是12%，是最伟大的，上去了以后这个供求关系是怎么确定的，这是最伟大的。我们是怎么在技术上确定的，它的发行速度有多快。你们是第二个特标，是13%，要稍微比第一个高一点，投资者会认为红岭创投在测试，利率会逐步回到17%，实际上我们不是这样的，我们看的是看项目的，有项目想快，利率就高一点，项目想慢，利率就会低一点，我们要控制住，控制好这个节奏，管理节奏搞好了，质量就上去了。资产管理公司现在一直在搞，还没有一笔业务做成，我要的是要有一笔做成。

——张宇总裁和许永锦总的谈话

平台近期主要业务的介绍：特标和议标的介绍

当然呢，近期我们推出两个比较重要的产品，一个叫特标一个叫议标，特标实际上呢，就是对国有大中型企业，包括上市公司这种比较好的企业，这种利率很低，投资的利率也很低，但是风险很低，这就是对传统银行的一个补充，它们有很多的贷款企业啊也是大中型企业很好的银行存在很多的问题，这些存在问题贷不下来，我们就通过这种方式来给企业筹资，这种利率比较低。

第二个呢就是议标，因为本来人民银行给我规定的一般是两分，小贷公司的价格，小贷公司的这个价格呢，风险是比较高的，一般企业承受不了这么高，但也有人承受得了。再一个呢，就是把利润稍微降一降。这样的话，在企业能够承受范围内，当然呢这个是双刃剑，你这个贷款人的利率降低，投资人的利率也得降低，你不降低的话我们就喝西北风，倒过来的话没有投资者，没有钱的话是一句空话，没有用，这一点也取决于我们在网上发标的是老百姓在运营，是老百姓在投，这里面呢也不是随意的，好吧，这是根据他的风险度，根据他的信用，根据他的还款，我们制定出的一种新的价格。所以说现在呢，我们的客户也比较好选择哪，最终不是我们在选择而是老百姓在选择，老百姓觉得他能投他就投，他觉得他不能投，那我们也没有办法，我们的目的就是把这些企业的需求拿到网上，然后我们把所有的消息告诉投资者，剩下的让他们自己完成，好不好？你们自己去完成，如果你们感觉好你们就在上面成交，如果你们感觉不好，这个标完不成。也不是我们的责任，因为你这个价格太低了那你要高点就有人要。这样一来的话我们就成功变成了一个中介的平台，这样一个中介的平台在某种程度上呢就相对安全多了，所以说我们的主要业务就是这个业务。

——张宇总裁面试海峡筹备组

关于特标、议标的背后意义和价值

从原理上来分析的话，不应该有问题，是有依据的。资产证券化、债券的流通都是一个道理，都是有重组的物资，无非就是流动性的问题和市场的问题。我们现在的重点是在解决资产证券化的问题和流动性的问题。

这是快标部分的重点，如果我们的风险人员还没有把这个作为重点的话，那就要批评了。第二就是这些抵押物重组的项目中，如果有比较优秀的话，就可以作为议标降价了。议标也是要有重组的抵押物的，但是担保不可以。我们对担保企业的审查和抵押企业的审查都是一样的，都要有审查。第三个就是特标了，特标的定义就是国有企业，优秀的上市公司。我提出的500强只是一个导向，而不是一个限制条件。我要的就是国家的信用背书，有了这个信用背书以后我们就不怕了。因为国有企业都不遵守信用的话，这个国家就完了，这是不可能的。所以我们可以建立一条国有企业来贷款、我们收很低的管理费的通道，搞上来以后就是一个标志，就是打开一个更广阔的融资渠道，让国有企业都知道可以从红岭创投借钱。

——2015年8月1日第26期总裁办公会议

特标在未来的战略地位

特标，这个关系到公司今后在中国金融体系当中是否能够真正站稳位置的命运。要引入一些优质的企业。当你们把特标做好以后就会轻松很多，利率低了，企业质量好了，风险度降低了，这是肯定的。更重要的意义是我们找了一堆好的客户，这就需要首先提高自身队伍人员的素质。过去小，不需要这样的大动作，公司大了以后，就需要这样的大动作。一旦搞出去以后，各大银行就会慌了。所以特标的战略动作至关重要。

——张宇总裁在山东分公司座谈会上的讲话

特标是目前工作的战略点

我们现在怎么搞，现在的战略点，我把特标看得这么重。理论依据在这里，所以讲你们苏州也好，其他分公司，一定要瞄准身体好的企业，那么最后我们承受的是什么，承受的是百姓是不是认可，不是企业好不好，而是这个利率接受不接受，它肯定要利率低嘛，我们无所谓，但是问题是有没有人来买，没人来买，没有市场，那不就是空话嘛。那我们就跟企业讲，我们给你20怎么样，18都可以，挂上去，看看有没有人买，再不行我们扣5个点，扣4个点,3 个点,只要我能活我就可以干,反正没风险。当我们以这个方向打出去以后,当我们做大了,我讲一万亿元,一个点就是多少,要算这个账了。一万亿元一个点是 100 个亿了。那你们这些老总工资多高你们自己定去,我都不管,想多少,只要说得过去。所以跟你们讲一讲,战略点为什么要打特标,这个是整个都联系在一起的,不是盲目的东西。

——张宇总裁在湖北分公司座谈会上的讲话

议标的风险问题

现在出现一个议标,议标是从过去的快标,到特标这一段,过去是 24% 的,我现在可以和你谈,他们搞特标,山东焦化集团,3 亿元,年销售收入 270 亿元,你 3 亿元在我们那里算什么东西。我跟他们老板最后约谈的时候,最后讲到一个法律风险的问题,我讲我说的法律风险,就是在这笔贷款贷下去的时候是安全的,但是每一个企业在经营的过程中,有很多的交易对手,包括供应的、销售的,房地产里面有公司的,有费用的,还有开发商的,各种交易对手,这么多交易对手,在这么长的时间内,很难保证没有交易纠纷,一旦有,就容易打官司,就会有时间去处理。如果有这几种肯定的话,那么这笔贷款在刚开始是好的,但是你过去的交易纠纷产生的案件,把我这个项目给查封了,要我命了。我们的抵押都是好的,但就是因为其他纠纷一查封就完蛋了。它还死不掉,为什么呢,它要往后维持。但是一般小的 P2P 平台,它如果没有这个垫付的资金,没有建立起流动性资金,没有垫付机制,那这个生态就没办法生存了,一笔就会失败。今后像特标这样的企业我们一定要把它看清楚,不仅仅指法律风险这一块,特标多数是担保的,抵押不多。想不通的是,我们过去抵押的年化收益率 24% 还变成了 16% 了,降了,谁都知道抵押比担保的风险小多了,不要因为企业它大就怕它,店大欺客就是这个道理。很多企业把自己公司搞得很大,你给我保我给你保,一旦垮了全都跑不了。我们在搞特标的过程中,担保我们不怕,实际上看企业的市场和企业的经营状况,再者看这笔钱下去之后是干什么,因为利率低。再讲深一点,是用这笔贷款采购的物资来给这笔贷款担保,明白了吗?我给你们 3 个亿,你们用这 3 个亿买来的东西进行担保,等于是信用贷款,但是要把它锁定,货在我手上，不能有任何空隙，所有的银行的流动性贷款都是这些东西。

——张宇总裁在湖北分公司座谈会上的讲话

从议标说互联网金融的生态建设

从议标做起来也是很有前景的一块，因为最后风险降低，真正能过好日子是在这块上，我们跟大银行是一样的，比它们厉害在我们没有包袱，这个互联网平台对谁都是公平的，对一个再大的企业和再小的人都一样。在这个公平的平台上如果做对了，你还愁发展不起来吗？业务的开展从议标、特标到体验店、六个事业部都是战略点，把所有的传统金融业务和互联网全接触，叫互联网金融+，只要是金融行业的业务我们全做，互联网金融的前景是什么？我看不清，我只知道它很好，那我们一点点往前做，做得好的推开做不好的改掉，只要留出纠错的时间和能力。纠错能力就是我要有盈利，有抗风险能力，而且要有时间把它顶上。现在总公司所建立的所有生态都是围绕这个，一个个分公司逐步开业也是一个战略点，不能停必须继续往前走，分公司里或多或少存在这样那样的问题，不要紧，但不要等大家来救你你自己也要救自己。

——张宇总裁在湖北分公司座谈会上的讲话

关于特标和议标，只给“身体好的”企业“做保健”

我就讲，我们在管理上，在风险控制上，要切记这一点，为什么我们要搞特标和议标，这些是对体质好的企业的，它们管理好，那个个人老板什么都敢干的。我讲一个观念大家记住就行了，过去包括从中央到地方，从政府到老百姓，支持三农，支持小微，支持中小企业的贷款，中小企业的贷款难，你们都要支持，政府也给政策，国有银行一个都不愿干，为啥，风险大，这个企业的身体不好，人家都不愿给它。结果小贷公司，说我支持三农小微，我来搞。这些江湖郎中给别人看麻风病，肯定看不好，肯定是在找死，所以说我现在为什么把战略放到特标和议标上，明白吧？有多少人看到这一点了？很少人看到这一点，但是我就是要告诉你们，为什么要这么做，这才是长久之计，必须给身体好的人做保健，才是最安全的，就讲到这里。

——张宇总裁在湖北分公司座谈会上的讲话

关于议标

第二个是议标，是年化收益率 24% 以下的，我们有一个支点是安徽华融资产管理公司，他们做到了年化 17%，72 亿元资产做到双零，没有逾期没有欠息，说明社会上在 17% 上是有好资产的。议标是对好的企业也是有抵押的，只是降低一点。

——张宇总裁在辽宁分公司座谈会上的讲话

关于特标

第三是特标，开始时是瞄准国有企业的，一旦它们违约政府会介入，怎样都会让它还款，这道信誉保证是谁都不敢逾越的。还有一些好的上市公司，信誉较强的，符合信用贷款。就像公信贷一样给公务员贷款，特标就是给信用背景非常好的。

——张宇总裁在辽宁分公司座谈会上的讲话

关于特标和议标问题

当然，贷款利率也在下降。在这个降息通道里，有两款产品来承载：一个叫特标，一个叫议标。特标是对非常好的企业、国有大中型企业、上市公司，我们给它的资金价格就相当于银行的实际价格，或者略高一点点，我们中间的利差也压小。只要风险度下来，日子很好过。议标就是我们从 24% 开始往下降，抵押品非常好，风险度低我们价格就可以低一点，一直降到一个合理的价格。用议标把以前的快标逐渐替代，用特标和传统银行、国有企业对接上。这样一来市场的空间全有了。

——张宇总裁在云南分公司的讲话

关于特标、议标

我们的特标,议标,还有即将上线的本标,也就是原始的P2P,我们只负责登记,只保证你人是真实的,钱的交易是真实的,其他的你们自己控制,我们只收0.5%的管理费,这又是一种新的产品,但是实际上是最老的产品,这是本源的peer-to-peer,从个人到个人,都是直接进行的,是真正的金融脱媒。我们的特标和议标是解决目前的大中型企业以及较好企业的需求,因为现在承受年化收益率24%企业的身体通常不是很健康,如果健康的话,不会以如此高的利率这么急需要贷款,而且能承受24%利率的企业不多,现在也只有房地产行业和一些非常特殊的行业才能承受,一般的工业企业利润率能达到10%就已经很不错了,商业企业也就是10%左右,因为国际上的标准折现系数也就是十到十二,也就是大家的平均收益率是这个水平,所有的投资高于10%到12%,你就投资,不到这个水平就不要投资。

——张宇总裁对风险、市场部门的培训

——《关于当前业务管理中的几个重点问题》

2.2.2 本标的意义及发展思路

对传统P2P业务的看法

传统P2P业务要尽快搞完,因为它是最有生命力的,国内很多平台都有这种形式,北京开会这种呼声也很大,一定要抓紧搞,运营部牵头其他部门协作。可以抄别人的网站再修改下,在我们网站上挂上传统P2P页面,投资者也可以选择其他形式。这个工作下个星期搞完,有问题下周汇报。

传统P2P的规则就是不垫付的,这也是最终的走势。垫付也是自欺欺人,资本金有限,平台垮了也没办法追究了。我们的担心就是不能让投资者拿不到钱,想办法解决流动性供应问题。

——2014年8月16日第38期总经理办公会议

传统 P2P 上线问题的解决思路和流程

就是上个标，点进去就是传统 P2P 的功能在里面了。这个有什么难的？完全是模仿人家的东西，这个一搞好对我们的整个的战略发展有多大的战略意义！为什么我盯这个事情，因为很多我们救自己的方案在传统 P2P 这块。下周一定要上，上了有问题我们再想办法解决。首先把标先搞上去，点开有内容就行了，哪怕只有一条内容。这个不能等了，到 7 月底这些东西我们全都要完成，最起码我们要向社会打出一个传统 P2P 的空间，我们什么都能挂，别人能挂，我们自己也能挂。你愿意买就买，不愿意买就算了。这个风险度就可以极大降低，这个意义非常大，我们在转化资产流动性的时候都可以在这个进行。

运营部下一步的重点工作，第一是传统 P2P 赶快上线，下周完成，如果没完成要作出说明，按照项总刚才讲的，先易后难，先推上去。在做之前先做一个宣传，今天你们就可以把宣传稿准备好了，当然在所有的文字推出之前要征求一下董事长的意见，因为他在这方面的经验比较多。把我们的意图告诉他，如果他没有什么意见，我们就开始宣传。传统 P2P 这里，意义项总刚才讲得非常充分，我非常同意。

——2014 年 6 月 27 日第 22 期总裁办公会议

对于本标的含义和特点

本标上我们是不承担风险的，我们只收个手续费，那么这里面专门有一个管理部门，因为它不一样，性质不一样，财务上统一管理，但业务上有特殊性，我们不管你内容了我们只管你人是不是真实，是不是有身份证，就按照我们过去传统的 P2P 的管理把它拎上去，你们自己去交易，交易完了我们也不管，我们只收取手续费，我们这个等于说是个交易所，我开个大赌场，你赢了输了跟我无关。

——2015 年 7 月 11 日第 24 期总裁办公会议

本标以及后续完善工作

本标只要一上去，包括特标、议标，上去只要站住了，后面的事情就是完善，包括资产管理公司，一定要处理完，你处理完了之后，你就有经验了，哪个地方不行，你再完善。你不处理完，你不知道还有哪里有问题，你没做过嘛，做过了你就知道哪里会有问题。

——2015 年 7 月 11 日第 24 期总裁办公会议

本标上线的意义

那么对于我们下一步的工作要进一步地细化和安排，刚才讲的上周所跟踪的几项工作中，有两点工作我再强调一下，第一个就是本标的问题。本标的问题实际上在红岭创投整个发展的历史上是一个转折点，实际上在过去是没有的。因为红岭创投本身就是以先行垫付这个牌子去占领市场的，事实证明这个方法在市场上是有效果的，以至于红岭创投现在在市场上有这样的影响力感召力、凝聚力和用户黏性，是与我们本金先行垫付息息相关的。这个结果大家都看到了。但是当本标一旦上线之后，红岭创投就增加了另外一块，就像鸟的两个翅膀一样，我们原来有这么一块，现在又增加了一边，加上另外一只翅膀，如果有两边的翅膀的话，那么红岭创投要飞的话就要稳当一些了。本标时间的确定，主要是向项总和董事长做了一个汇报，原计划是在 8 月 14 日上线，但是 14 这个数字不吉利，干脆就放在 16 号，我也没什么意见，但是本标的上线对于红岭创投来说是非常大的事件，对于 P2P 界都是非常大的事情，因为它终结了红岭创投本金先行垫付的主打，当然也没有否定它继续往下进行，更重要的是本标不垫付，什么都不垫付，完全属于原生 P2P 的形态，但是又比原生 P2P 进行了极大的扩充。

——2015 年 8 月 8 日第 27 期总裁办公会议

本标的特殊意义和价值

本标的宣传就是要满足投资者的需求和借款者的需要，我们不承担责任。红岭现在上本标是具备条件了，影响力足够了。我们要珍惜社会现在对红岭这个平台的认可、拥护、依赖。所以下一步本标要做一个大的宣传，这个宣传从现在开始，有个预热阶段。把我们该宣传的、该说的加把力，也告诉社会过去我们没说话，现在我们开始发声了。对于本标的内容，我们市场部对我们各个分公司、事业部上本标的项目、模板、运行规则一一要落实。公司所有人全力配合把本标做上去做好。你想借钱随时有，你想投资随时投。我们只是平台，只是个见证，只提供身份的真实、交易的真实，只是协助，没有责任。筛选出来不能上快标的可以放本标。快标、议标、特标实际上是本标当中具有特殊意义、特定内容和特标方向的标，都属于本标范畴，本金垫付。

——2015 年 8 月 8 日第 27 期总裁办公会议

关于本标

第四是马上上线的本标，P2P 原型，我们平台不承担风险只证明两边的真实性，两边自负盈亏，我们纯粹是信息中介。

——张宇总裁在辽宁分公司座谈会上的讲话

本标定义的来源和过程

今天我们所参加的会议主要是研究传统 P2P 的专题办公会议，传统 P2P 业务实际上就是完全按照国际上的规则来建立一套 P2P 业务。在这之前，我在想这种 P2P 业务，我们叫传统 P2P 业务，但不能在网上这么叫，这种叫法放在网上看起来也不伦不类。那么根据我们一贯的做法，从快标到特标、议标，包括秒标、净值标，我提出一个建议，看是否能叫本标，就是“本领”的“本”，就叫本标，你叫本标的话，大家就很容易讲，点到本标，很多东西都可以往里面挂，挂了以后声明我们是不垫付，什么都不管了，只是我们像 LendingClub 一样，做的完全就是交易平台，就是一种信息中介的交易平台，你们自己在上面交流，我们只负责资料的完整性和资料的准确性，如果他提供资料不准确，由他本人负责，但是他的身份证我们是要审查的，实名制就不要审查,审查完之后就让他们自己去谈,挂出去之后想要用什么新鲜名词吸引其他人,这是人家的事情,标的的透明度由他们自己去解释,我们附加任何条件,费用我在想我们就收1%,一边收0.5%就行了,当然你们还可以考虑到底费用收多少,利率我们不要,我们也不承担其他责任。

——2015年6月30日传统P2P专题会议

互联网+与本标的发展方向

但是我们跟所有和我们合作的单位,都提供空间,都提供接口,就像一个大城市一样,我们都提供了接口,只要是金融类的,都可以往互联网上接。现在有一个概念叫作"互联网+",这个概念也对,那么我们就是"互联网金融+",我们有特标、有议标、有快标,马上还有一个本标,容纳性是最强的,这就类似于一个大的教育平台,我们这个平台也是个交易所,这个交易所里面你想干什么都行,也能是赌场,输的赢的我们不管,我们只收手续费,就像澳门赌场一样,老板只是抽个手续费而已。以后的交易环境也就是这么个交易环境,这讲的有点绝对,但事实上就是这样,就像婚姻介绍所一样,你们报名找对象,你谈成谈不成跟他没关系。那我们传统P2P业务的出发点就是在金融脱媒这个前提下,做一个最广泛的平台,而这个平台是不予垫付的,也就是风险自担的,我们全方位地做好服务,包括记账的服务,包括充值的服务,当然这些服务我们下一步要和支付公司谈一谈,或者我们在这个方向上自己成立一个公司,这是方向,现在办不到不要紧,但要知道这是个口子,最重要的还是支付问题。

——2015年6月30日传统P2P专题会议

本标与终极风险控制

不是,都有。本标这块是纯中介,但是我们依然有快标,特标,议标,再加个本标等于把互联网全部覆盖了,把所有的传统金融覆盖了,银行、证券、保险都打不过我。我们网站的影响力胜利了。现在628亿元,马上630亿元了,哪家平台能做到630亿元,陆金所都远远赶超了,而且六年来没有让一个投资者受损失,这是真家伙,而且收益又高,贷款的终极风险就在于一定要控制好抵押物,充足抵押率是最重要的,这就意味着,在任何时点上,一旦出现违约的话,我立马就能把抵押物处理了,回来的钱能够保障贷款的本息支付,这就是充足抵押率。充足抵押率的核心就是价格,现在很多的抵押物价格都是依据评估公司,它们通常都是高估,我们要自己评,自己心里要有数,在项目上报前,就抓住抵押物。抵押物如果是房屋,任何房屋在就近时点上都有一个交易价格,土地的话你到土地交易所拍个照,今天的交易价格是多少,就按这个价格来定价,如果是在建工程就按发标来定价,定完了之后再拦腰一折,五折,这样就不会有终极风险了,但是流动性风险还可能出现,也就是到期没有现金来支付利息,到期不能及时归还本金,这时候我们再集中力量解决流动性风险,现在已经找到了好几个出口,包括证券化的方式,资金错配的方式等,把流动性问题解决,解决流动性比解决终极风险要容易一点。因为当我们做大了以后,有几家银行给我们主动授信,像华润银行,这样就解决了流动性,在本息还没收回来之前,我们就能给把投资者的钱先还上,但是抵押物到时再处理,可以重新发标或者重组,都可以,方式很多。所以你们前期最重要的就是牢牢控制住终极风险,一点漏洞都不能有,一旦有了漏洞就是损失。只要把握住了这一点,后面所有问题我们都能解决,那就是时间问题,用流动性盘活就行了,值钱的东西在就不怕。

——150723 张宇总裁与北京筹备组段建宇组长的谈话

本标相关的法律协议签署

那么同样我们本标里面的租赁业务,典当业务,保险业务,信托业务私募,众筹包括风投都可以,这都是自己负责任,我们是个大广场是个大中心,你有什么项目就都在这挂吧,挂完我们签个合同就完了,我们资产保全部在法律上把合同搞好,就一定讲清楚,本标的开发是一定按照法律来的,你们自行进行交易我们是不承担风险的,我们只提供这个平台,然后做真实性的审查,交易我们做记录是第三者,这个记录我们可以提供法律证明给你,他们打官司的时候证明这个交易是真实的就行了,就几个点上我们把它搞好以后，到要上线的时候要把这个进行公布，叫法律意见书还是叫协议，凡是要到我们本标上挂的我们签一个协议，要到本标上来投的人也要签一个协议，这个协议里面就要把我们这些内容放进去，放进去以后出问题就不关我们事，这是我们一个大战略。

——2015 年 7 月 11 日第 24 期总裁办公会议

对本标流标的认识及下一步工作的建议

第一个就是本标流标的问题。本标现在实际上也是个尝试的过程，互联网金融或者 P2P 这种业务模式本身就没有现成的标准可查，没有现成的成功经验借鉴，只能走一步看一步，在“不违法不违规不让老百姓吃亏”的大前提下往前走。因为理论和指导都是跟在市场后面的，都是在市场实践之后才能总结的东西，还没往前走很多东西都是未知的。本标的流标原因我们相关部门做一个分析。从现象上来看还是价格低了，年化收益率 8%，从我们现在发标的风险定价来讲，是比较低的，一般人情愿排队买别的都不买这个，再加上我们现在本金先行垫付，大家肯定买有垫付的。只有在高利率的标买不到的时候，比较其他投资，这个地方的投资收益高一点安全一点，才会买这个。解决这个问题有两个出路，第一是继续加大投资人，毕竟 8% 还是比银行存款高很多，比银行理财也高很多。我们同行跟我们面临的是同一个问题，为什么把利率调这么高，就是想吸引客户。另一方面，冒着风险也承担一部分责任，我们都知道网贷企业贷款的单位在银行取得贷款都是比较困难的。从我们本标说开去，还是要走我们利率市场化的路，为想投资的资金和想贷款的项目之间连接起一座桥梁，这个桥梁的价格还是市场决定的，所吸引的资金、价格、期限、风险度都不一样，每个人可以根据自己的风险偏好和流动性偏好来决定买什么样的产品。我们拼命组织投资人就是为了让项目的价格降下来，并不是想赚他们钱，我们为的是让更多企业借到钱又能承受。可能我们在某些审查上不像银行那么周密，但是我们要抓住主要的点，行业再不好也有好的企业，再不好的项目也有黄金地段，我们就在里面选。如果我们把抵押率做得比较充足的话我认为没有问题。市场经济把销售生产的各个层次划分得非常清楚，而不是以人的脑袋决定的，像水一样无孔不入。交易的核心就是价格,价格是根据价值决定的,是供求关系决定的。我们制定贷款价格的时候一定不能忘记市场的因素。我们尽管步履艰难但是还能生存,就是因为市场上一定有我们生存的空间,只不过我们还没有很准确地找到。如果找到了我们会活得很好,但是寻找的过程非常艰险。我们要做先驱而不是先烈,要往前走,不能停下来,在这个领域,把这个市场真正有组织、有目的、有效益、有好处的功能做出来就是我们的初衷。要把做个项目赚点钱的思维转移到做点事业上,这个事业需要每个人的付出。努力没有其他的方式,就是一分耕耘一分收获。第一是要做事,第二是要做有用的事,第三要提高做事的效率。这样才能把工作一步一步推进。

这里我表扬一下互联网金融学院最近上线的随意学。要在一个领域把队伍真正打到前沿,每个兵都要懂。从战略目标上我们属于金融脱媒、属于P2P,属于网贷,属于新兴的范畴,"金融脱媒"这个词最近出现在一些媒体了。我们目前针对资金供求、资金市场,就是做特殊商品的。我们的产品带有互联网的性质,就是快标、议标、特标、本标。每个产品的意义是什么,属于什么类型,在社会的哪个层面和哪个行业或者系统使用,这需要我们进一步往下探索。办公室最近做了一个小册子很好,介绍了几种标,很简洁,在这之后,这四个产品中间还要划分很多产品。比如本标里面,六大事业部就是六种,每个事业部里面都有很多产品,这些产品模板的制定,风险制度的制定,审批流程的制定,调研过程的制定,包括对于这个项目奖惩的制定,都是项目中很重要的环节,刚刚进公司的员工能知道吗?要一下掌握透彻,没有互联网金融学院培训是不可能的。我到红岭创投第一天起就考虑到,如果要做大做强培训是必不可少的,一定要培养一支有战斗力的队伍,选择很重要,但最终是培养。我们都知道外面来的人一时间上手也难,自己培养的人,师傅带徒弟是非常容易上手的,因为有一套培训的经验了。我们各位领导安排任务的时候不仅仅是考虑安排给谁,更要考虑能不能完成,完成不了是缺哪些条件,这些条件怎么创造。这里面的核心就是人掌握产品的能力,然后在市场上运营的能力。对人也要进行管理上的训练、目标上的训练。没有培训的企业肯定是没有前途的,每个人停止学习生命就停止前进了。

从本标流标说开去我谈几点认识，利率市场化是一个非常艰难的过程，要想以后本标不流标，就要完全和市场对接，当然流标也是一种正常现象，就是说目前的价格市场不接受。第一就是要增加投资人，比较银行存款和理财高得多。投资理财部目标就是在投资人这一块进行无穷的努力，这个边很大，任何同行业我们都可以联手，不是敌人，能上别的网站的一定能上我们的网站，能上我们的网站的人也能为这个行业作贡献。我从来不把这个行业的人看作对手，都是朋友。投资网贷的这批队伍都是比较超前的，按比例来说还是不多。另外一头就是提高利率，贷款的单位能承受多少呢？它承受不了就没办法。不是我们想提高，我们不想提高，我们提高是想让投资人进来，让投资人来投你的标。他不投你的标，利率这么低不就流掉了吗，流掉了前期工作就白费。这不像银行，银行是国家规定的利率，包括存款利率都是国家规定的。老百姓的钱到了银行，银行组织大量的资金，这个才零点几的成本，放出去的贷款当然低。它低，它就紧俏，它的背后完全依靠的是国家垄断，不是依靠市场。现在 P2P 打开了新市场的一扇窗，我昨天晚上看到，陆金所推出一个近似于活期的东西，我还没继续看它里面的内容，但这个是有战略眼光的，它就针对银行的活期开始打。一旦把银行的活期打掉，当然不是打掉，是换一个流程，那银行压力就真的很大了。因为很多对公存款都是活期，真正定期还是不多，定期一个是成本相对高，再一个定期本身的结构，一年三年五年，定期结构还是不多的。过去多，现在慢慢在下降。定期的意义在于派生存款，因为有了定期这个稳定的资金来源，银行也有资金错配，一年期的存款和一年期的贷款有一个错配，三年期的存款和三年期的贷款也有错配。错配之间的差额，就是靠活期来填补，或者一级级往上递进的。它也会算头寸，也一样会有流动性风险。但是它（银行）流动性风险一旦出现，它不怕，因为国家兜底了。我们在做本标的时候，我觉得现在对于本标的试验不是从低价开始，应该从高价开始，就是风险加大，高价，24% 的，直接挂上去，我们就属于这种。25% 的，26% 的，30% 的都可以往上挂，告诉它我们不兜底，这样我们的新闻效应就来了，眼球效应就来了。来了以后告诉它们这是有风险的，大声地讲这是有风险的，你们愿意干就干，就这样，保证有人往前冲，不会流标，不相信你们可以做个试验。

另外一个方向看,我们低的已经试过了,不行。现在倒过来做另外一个方面,往上走。所以我们从市场部门,林总这个地方,跟各个分支机构,我们现在已经有15个开业的分公司了,就等于一个总行下面已经有15个分行了,这15个分行的工作量非常大,而且我们市场部现在已经形成了这么多的部门,你们的主要精力不是那些筹备组,主要是15个正正规规的分公司,他们有总经理、副总经理,有产品,有各个部门,什么都有。你往下指挥指导,什么东西都有支点,现在我们已经15个了。所以我们参加办公会的各个部门,你们要知道你们的支点是在15个已开业的分公司身上,要给它们一些指导。高的赶快让它上去,市场部门赶快去找,发动起来,就去找高的,哪怕不符合条件,不要紧,拿过来,发到本标上做个尝试。我们风险控制就注意,这个风险控制是流程的控制,不是信用风险的控制,不是它不还款的控制,它也有风险,这种风险是一旦客户跟发标单位之间发生矛盾,我们怎么摆脱这个问题,能让我们摆脱这个风险的机制是什么。摆脱了人家来找我们麻烦的,这个机制是什么,风险管理部门研究这个,那个信用风险不是我们控制的。这种标的立足点是我们摆脱,而不是我们帮人家化解什么风险,你帮不了。就告诉他我们不垫付了,剩下的你们自己去谈,但是我们客观,我们会把真实的情况挂上去。企业我们要告诉他,你得是真的,但你要诈骗是你的事情,公安局会找你的,老百姓也会找你的,与我们无关,那么你跟借款者之间,投资者跟借款者的协议,是你们俩的协议,跟我们无关。

我们跟投资者和贷款者之间也有一个协议,这个协议的内容就是摆脱法律风险。你保障不了,特别是按照风险的抵偿,不可能的,那个东西谁也担不下来。所以我觉得现在应该走上另外一条路,往利率高的走,那就是一分利两分利的问题,这就是民间借贷,P2P的原型就出来了,风险我们不承担,也符合国家的监管标准,符合这个方向。而且我们时间也不多,我们是越快越好,为什么我要逼着你们赶快上线,因为这个对我们平台的生命至关重要。一旦占领了这一块领域,就是监管部门下来,它要我们怎么做,我们都已经有了,我们仅仅是整改,就已经占先了。如果还没有,(监管部门)讲你这个没有,别做了停下来,一停下来就完蛋了。

我们现在都有了,哪怕是原始的P2P我这都有,不履行垫付义务的我也有了，我什么都有了，如果哪个地方做得不完整，我即使关掉一个，或者是削弱一个，我加强一个就行了，我们这批队伍同样存在，这样就保证我们这批就业的人员安安稳稳的，不会有问题，只是工作的重点有转移而已。我平时不会把意义讲得这么深，但我推你们赶快上，一定要上因为这是有时间的，一旦上了就占领了先机，占领了先机就稳定一点。我原来经常跟项总讲，现在能保证我们多长时间不穿。一开始两个月，后来三个月，现在可能有四个月，能有四个月保证不穿，是很不得了的，过去是天天怕穿，现在是四个月不会穿，最起码我们有四个月的时间，这四个月的时间我们调动任意一种产品上来了救我们自己的话，都有可能。哪一家银行都不敢保证它有多长时间不穿，只有国家来保它，只要国家一撤，谁敢保证。我们只要敢保证我们一年不穿，我们就胜利了，就是伟大的胜利，在这个行业里就成功了，肯定很成功，因为一年这个周期过来了。现在我们保证到四个月了，已经很不简单了，我们都在扛，都在一点点往前探索。所以刚才从本标的流标到投资者的缺乏，到利率的往上提，对于这三个点来讲，在这后面我们该做些什么事，我们各个部门都应该知道。下一步的工作，特别是市场部，要在本标工作方面迅速跟进，最起码让一个分公司报一个高的上来，我觉得这个难度不大，一个分公司报一个高的上来就是 15 个，同时你再辅导它。我给你的条件就是我们只要不承担风险，你想报多高我都可以。那么我们风险管理条线，我给你们的要求就是，我们怎么摆脱风险。审核这个东西，其他不要去多管，我们不承担责任，要特别明确。线上运营部主要弄清楚几个协议，跟投资者、跟借款者，借款者跟投资者之间，是不是也要签协议，要做好这些。这几个主要方面一旦落实，一周下来，我觉得应该有些成效，那么我们到下周办公会再看。这是我今天讲的第一个问题，就是由本标流标所想到的，以及我们下一步该怎么做的一个建议。

——2015 年 9 月 12 日第 31 期总裁办公会议

要迅速铺开本标业务

从督办情况看，各项工作都在有序地进行。我在几次会议上都强调我们本标的问题，是因为本标是原始 P2P 的形态，是最终摆脱我们压力的一个出口,既能满足我们借贷双方的基本需要,又能为我们这些经营者和管理者提供一个合理的又能控制风险的经营场所或平台。我到红岭创投 1 年 10 个月以来,不能说我没尽力,我对金融的理解不能说不专业,专业又尽力了还是有那么多的逾期和违约,逼着我要思考到底是什么问题。好在尽管出现了一些违约和欠息,抵押物应该说是充足的。即便在充足抵押率解决过程中可能还会有一部分终极风险,但是我们盈利和呆账准备金应该是能否覆盖终极风险的,风险管理部对停息资产马上会有一个报告,可以听到大的方向上没有问题,流动性肯定会出问题的。

计划上我们这两个月的利润在下降,下降的原因是停息资产的增加,这样很多利润就不能计提了,看起来账面利润在下降,可实际上这些利息都在,只不过是被停息资产占用了。我们清理一笔的话利息会一起回来,我们的抵押率充足,资产不仅可以覆盖本金也是可以覆盖我们的利息的。这牵涉到我们财务部怎么核算这个问题,只要是充足抵押率都是正常贷款,因为可以展期但是我们重新发了一笔,其实是一样的。流动性问题是永远存在的,只要周转起来,只是延缓的问题。我们现在确定损失的是 8000 万元,远低于我们的呆账准备金和利润,这给大家一个信心,我们的经营是没有问题的。从我们经营的状况、社会的环境、团队的组织能力看,这个行业难度非常大。这种经营模式或许就是这样一种状态,是大的政治环境、信用环境、操作环境整体的一种结果、一个展示。在充足抵押率上我们竭尽了力量,把速度放了下来,宁愿放弃也不冒险。我们分支机构在进行组建、筹备的过程中,达到目标才能开业,急于达到目标拿到钱,这是一种正当的需求,需要在制度的约束下往前走。快标的利率 24%,在这种利率下的企业身体都不是很好的,我们要让它健康成长,到最后能够顺顺利利还本付息,不健康的企业难度就很大。风险管理部的同志也说过,年化的利率在 24% 的贷款,可以说没有一笔没有瑕疵,这些有瑕疵的贷款我们是冒险还是不做? 两个都不对,只能说是在我们能力控制的范围内有约束地继续经营,确实一般企业承受不了 24% 的利率,只有特殊需要,比如临时的、保证金等等为了下一个目标做一个承接,但像这种特殊现象出现的概率很小。所以我们利率要降下来,要进来一些好企业,但原来的还是不能放松,好的降下来就是议标,投资者也少拿一些，投资者想要高的可以去投本标。

垫付是营销时候的一种姿态，当作担保就超过了自己的能力的。人的能力是有限的，想好结果不一定好。万一垫付不起怎么都不好，现在做得越来越大，最后真的没办法垫付，一旦出现流动性问题，我们就是 6 倍到 12 倍业务量赚的钱才能覆盖。善意的、有牺牲精神的我都赞赏，但最终解决不了，再肝胆相照最后没这个能力了。明明我们看到这一点了还不纠正，后面很危险。我们每一个经营者都要很清醒地看到这一点，经营中的每一个步骤都要从长远发展来考虑。我觉得应该尊重客观，我们分析的数字和报告是实事求是的。我们风险的人都尽力了，不行换人试试看，但是换人还是这个路子。我这样一个干了一辈子风险的老同志在这里，绝对不是工作态度和经验的问题，那就有其他问题了。

在这个新的领域新的现象进步的时候有些东西没看清，新东西是很难看清楚的，在往前行进的过程中遇到了很多过去没有遇到过的问题。比如，风控不能按照巴塞尔协议那一套来算资本充足率的方法。6000 万元的资本金现在待收资产做到了 160 个亿是个什么比例？是 300 倍，全世界都没有这样的杠杆，稍微出现流动性风险是没有可能有能力覆盖的，我们国家、政府、银监会、人民银行老是说不能担保垫付，为什么说？因为它们知道做不了，我们也知道。我现在回答投资者，万一到垫付不起的时候，你们投入的资产都是一一对应的，都是有充足抵押率的，我们都能追回来，只是时间问题，银行存多少钱都只赔 50 万元，而我们可以连本带息追回来。底线我们已经留好了，红岭创投既不会跑路也不会垮台，无非经营过程中遇到困难和障碍，我们有勇气、决心和能力把这些问题解决，保证这个行业在新的时期能逐步走向健康发展的渠道，保证企业能逐步变得健康、壮大、变得对广大老百姓负得起责任。

所以风险控制不仅仅是风险部门的事情，在设计经营模式的时候就要考虑，而不是具体一笔贷款的风险。经营模式的风险在设计时出现风险缺陷，再去怪罪风险管理的同志这不公平，因为模式就是有风险的，当然每个人有每个人的认识、态度、立场，不论讨论什么问题我们都应该站在客观、公正的立场上。对一个问题最终处理的时候要讲道理，这样才能把团队凝聚在一个标准的有共识的、都愿意为企业添砖加瓦的基础上，这样事业才有希望。从本标说开来，为什么要这样做，我给大家说的都是心里话，就是要走出一条长治久安的路，要有吃饭的地方。在本标上也许发不了财，但可以养活大家，我们 P2P 年化收益率 24% 不能去干风投的事情，我们不承担垫付任务的前提就是压力小，控制起来容易很多。而且在市场上已经有成功的案例了，如美国的 LendingClub 全世界第一，我们只拿手续费维护现在公司水平是可以的，最起码大家没有压力。这就是风险控制为什么要走向本标这种形式。

第二个就是具体的管理，一一对应是最后底线。每笔贷款都有相应的位置，都能对上，这要求风险管理部、审批部、零售风险部等搞资产的部门一定要做到，我认为它们已经做到了。如果有失误、意外、过失，也是很小的百分比了，通过我们经营完全可以覆盖，如果我说的这点不对，牛总、陆总可以纠正。希望大家能够理解我们为什么这么做，这就是一一对应的最后底线，一定守住。

另外就是本标一定要突破，昨天本标突破 300 万我非常开心，因为在红岭平台上终于出现不用垫付的标了，而且时间还很快就满标。我们要感谢原来的标的给红岭打下了名声，也要感谢这第一笔本标为红岭开启了方向。这都是有历史阶段的，垫付也是个好东西能增加投资人，但是久而久之承受不了，中央这么多经济学家、从业人员、研究者都在说不能担保，就是怕你承担不了，一旦承担不了那就不得了了，社会动乱就来了。一旦出现社会动乱我们也有责任，那就对不起投资者们，没有哪一个形成不良资产的人、有不良资产过失的人当初是想形成的，哪怕他有侵占和违法行为但也是不想的，那为什么还会造成不良资产？那就是水平问题，没有看到本质问题。同样本金垫付问题也是这样，本质上没有谁想让平台垮台，但客观上到最后就是垫付不起，要想可持续发展、越做越大的话这模式必须重新调整。

由于红岭创投这么长时间来本金先行垫付在社会上产生了很多正面效应，但我们已经看到危机出来了，我们也不能停止就上本标，双线走，把本标逐步做大，垫付逐步缩小。如果是好的项目能垫付能控制住的继续做，如果控制不住的就放在本标来做。这是我以一个负责人的态度来给大家说怎么做，对于过去形成逾期、不良资产的分公司不应把调查放在最主要位置上，方向就错了，主要方向是如何把项目不良资产扭回来。一个油瓶子倒了不要先去追究谁碰倒的，而是要赶紧扶起来。我的多年经验来说，等你抓到谁弄倒的人才发现油没了，这是生命线，就该付出所有力量先扶起来，弄好了再去追究是谁做的，做过的人肯定跑不了。所以主要精力是在抢救资产上，而不是处理人上。四个分公司最后的调整，一是给它们机会，二是挪出位置，三是稽核部调查的时候没有障碍。一个企业的长治久安、健康发展不是单条线的，是多维的。

我们前期形成的一些违约、不良该怎么办？第一，一一对应是底线，第二是突破本标，第三是逐步降息萎缩垫付。萎缩要看市场需求，但本标要全力发展，这样才能保证企业逐步健康起来。风控是生命线，是所有动作的生命线，包括身体健康，身体是1，其他都是0，也是一样的。风险已经影响到正常经营和生存了，模式的风险控制如果控制不住，下面的项目风险是控制不住的，我希望同志们到达这个高度思考问题，为什么要推本标？为什么要做互联网金融学院？为什么成立研究所？这都是一个体系上一步步的动作使红岭创投丰满起来，具有自我的痊愈能力、抗风险能力，当机体健康了那内体会自动修复，由于机制在，谁来做都会做好，现在每一位就是参与机制建设的每一位，这个制度不是哪一个人的意志而是多年总结的经验，是"这样做才对"的意识。

我的任务就是把我认为"这样做才对"的事情告诉大家，大家通过实践也认为"这样做才对"形成共识，这样这个企业就能健康往前走了。有时候我讲话很重，是恨铁不成钢，我不图什么，只是把想做又还能做到的事情尽一点力，把生命充实起来，这就是我的人生观。所以我们每个项目审查的风险和经营模式的风险都要考虑，然后逐步完善，在完善中肯定会遇到很多问题，但大家本着实事求是的态度，不带有个人的观点，不要偷懒，不懂就问，错了就改，我觉得这个事情就好办了，带着这种坦荡的心胸诚诚实实，这样一起工作心情就会好起来，不要眼睛后面还有一双眼睛，那会使企业变复杂，这样主要精力就不在工作上了。我希望我的观点能够让大家有所启发，不是要求大家执行，如果你们感觉是对的，就去试一试，如果觉得是错的，那就听一听，兼听则明。

从本标说开，现在就是设计问题，原则就是不垫付，这是最重要的，其他什么都可以做，哪怕不赚钱，这里涉及几个可以设计产品的部门，包括零售、市场、风险管理部、资产管理部、资产保全部、投资理财部、客服中心以及分支机构都可以参与到本标的设计过程中去。第一就是学习，市场上有多少本标的原始形态，兄弟单位有多少做的属于本标性质的东西，都可以参照，当然最终本标是靠市场部营销的，统一管理的。本标是营销中的一类产品，这类产品中还有其他产品，包括个人的、集体的、典当的、租赁的、信托的、保险的、VC的、PE的，各种各样的表现形态，如何组合好，点对点的，农村里邻居借钱，父子间借钱，单位里同事间借钱，一对一、一对多、多对多等等都可以做，就是借贷行为的全覆盖，这就把市场打开了。

过程中要研究很多东西，国外的、国内的。最近陆金所讲要把国外的东西搬进来，我不知道是什么东西，也不知道你们市场部研究了没有，这个消息看到过没有，如果看到了，是什么东西可以拿过来研究一下，如果行立刻拿过来，他们有我们也得有，就靠学习。他们能有多大能耐，最多管道好一点，多一点，但是管道是靠人去建立的，我们只要有尽职尽责的人，我们的事业是没有问题的，都这么健康，学历都这么高，工作经历包括你们的思想品质，我都给你们打至少80分，参加会议的所有同志，我希望我们能够团结起来，把应该解决的事情解决好。产品是我们要卖的东西，产品的设计到市场营销到风险控制到审批到贷后管理，都有各自的特点，实质上就是制度问题，违反了制度就有风险，所以要建立全员的风险意识，那么每个环节的风险控制也就迎刃而解，而不是孤立的，这是一个系统性的问题。所以会议前我就把这几个问题从本标说开去，一定要把本标迅速铺开。

——2015年9月26日第33期总裁办公会议

2.3 红岭发展历程中阶段性问题汇总

2.3.1 对红岭上市的看法及建议

支持公司在新三板上市，在此之前，要一步一个脚印，把发展工作做扎实

这些事情是董事会的事情，我都同意，这有个过程，因为上新三板挂的价格很重要，我是支持这个做法的，因为它还有一段时间，一般需要至少半年。我们下一步的发展方向是一步一个脚印的，没有踩空的地方，不能做的事情我们也不敢做。这个事情我不反对，但是这个节奏要控制好，跟周总汇报就行了。公司治理里面首先就是董事会、监事会、经营班子、股东大会，就这四个构成。我们是经营班子，CEO、职业经理人就是你给我什么材料，我把它做到最好，新三板是相当于通过市场把这个公司卖出去，如果董事会说这么做，我们没有权利说不行。但是实现的节奏我们要配合一点，使我们整个的业务发展速度上去一个台阶以后再谈，这样会更好一点。

——2014 年 1 月 28 日第 10 期总经理办公会议

红岭创投要借壳上市

今天的轮值是我们胡总，31 号还有一次，再下一次就是项总了。周总和项总一起去北京了，要准备完成一件大事，这件大事估计现在已经差不多了，也就是大家关心的上市问题。所以说，和大家讲一个重大的利好：我们准备要上市了，可能性为 80%。因为后面还有尽职调查，这是双方的，上市公司也要进行尽职调查。因为这次的上市行为是借壳，和证监会已经沟通过了，已经同意了，具体的东西事先也已经谈得差不多了，今天就是签字了，周一这支股票就要停牌了，现在还不能告诉你们，到时候会告诉你们的。一旦停牌以后，这边就要开始重组和整个的并购也好，参股也好，或者各种形

式吧，最后要更名为红岭创投，我们占 67% 的股份。先把这个可能性很大的利好告诉你们，因为这还没有完全确定，还有 20% 的悬念。我们自己尽职调查没有问题，所有的问题我们都已经考虑过了，但是企业的尽职调查还没完成，我们需要了解企业的净资产有多少，外面的负债到底是多少。当然我们不依赖它们，它们过去的东西都要清理干净，不能说过去的烂账让我们来背，这不行。它们把过去的东西清理干净，我们已经去就是空壳，剩下的就是我们的了。可以给它们留下 33% 的股份，它们跟在后面受益就行了，剩下的就是我们自己的事情。这个是第一，我跟大家讲一下这个消息。

——2015 年 1 月 24 日第 3 期总裁办公会议

2.3.2 对红岭平台上投机现象的看法

对于网站上部分投资人投机的看法

我插两句，这个市场经济的发展正是由于投机行为的存在。因为投资和投机都属于投机，投机是属于对资金不定性的一种投资，投资就是大众性的行为。不管什么东西，当有了炒作的时候就会有一些人吃亏，有些人得了便宜，所以这个我建议不要压着不允许出现，否则的话就没必要搞二级市场了。在某种程度上你们分析一下，它就是发展起来，对我们有损害吗?

如果是这样的话，还有一点道理。实际上这种行为就是一种倒买倒卖的表现，市场正是因为有了这种倒卖倒卖的现象的存在，才推动了市场的发展。我这个判断不一定准确，但是一定有它的道理。若客户的投机行为损害了我们的利益，我们应该有所干预；若客户的投机行为为我们带来了利益，我们就不要轻易地打击这种行为。

——2014 年 4 月 15 日第 20 期总经理办公会议

要及时发现并制止投机行为，真实地去操作，逐步地完善，无愧于所有的投资者

这一点我就插一个，就比如我们双十一送 50 元红包这个问题，有的人特

别是外面的人，见到这个问题就搞，甚至于在里面搞个程序，专门有个网站，可以拿到无数的身份证，还能拿到千万级的银行卡，如果说身份证和银行卡是我们的必备条件的话，那一下就上千万，真拿几个亿走，这个可能性是真的有，理论上是可以的。但是我们在设计的时候就没思考到专门干这种事情的，我们叫撸羊毛，整天在各个网站上看有没有活动的，主要就一个卡一个身份证，都分析出来了，这个卡和身份证网上全都能买到，或者说是很便宜的，一毛钱一张，一下买几千万，从你这个网站一过，一下就把几千万扫光了。但是我们缺乏这个知识，不知道会有这种情况出来。很可悲的是，我们内部员工认为这个是我们的漏洞，他们也在钻这个空子，那就很糟糕了。他也参与了这个过程，那么这就很糟糕了。这就是我们本单位的员工就跟本单位的股票是不能炒一样，因为一旦参与了在制定规则的时候你就会倾向于有利于你的这个方面，这是不言而喻的。这不是说利用你这个规则去做，我们没文化，但是问题上是你是制定这个规则的人，这就麻烦了。因为制定规则很难不包括让你自己操作，也包括你先知道某些消息，你再去炒，去当黄牛，那就完蛋了，非出什么问题不可。所以说我们制定规则的人不能当黄牛，只要我抓到一个，开除一个，一个不留，你家里人可以，但是你不行。不要把快借标买回来了，再卖出去，那制定规则的时候肯定是有利于你的。有利于你的就不公平啊，这样每一次制定规则的时候都要考虑我在里面能够搞多少，那这不就完蛋了嘛，这对社会也不公平，对投资人也不公平，对每一个人都不公平。因为我听说了，倒不一定是事实，如果有这样一件事，赶快停下来，过去了就过去了，不能参与，一旦参与我们的规则就是不公平的规则。那么这次，为什么我要先讲，因为这次确实是我们遇到了没有想到的问题，这个责任我来承担，经过会议讨论以后，我们及时地进行了调整，但是调整没有到位也是兼顾到社会影响，如果一下全部改掉的话，别人就会说我们朝令夕改，朝令夕改也是很正常的，别听别人说朝令夕改就跟犯了多大错一样，错了就改嘛，网上那些人恨不得把你刺激得跳起来才开心。受那个伤自己心理承受能力就不对了，毕竟那些只是少数人，以个人提出意见的人不代表大多数。我们这样做是代表大多数的，是要让大多数人受益，就是说我们不能做，不能让少数拿着程序在这捞钱的人收益，这么一搞的话就违背了我们的初衷,所以我说立刻叫停。叫停我们把它纠正过来,但是没有纠正那么彻底,原因是还想看看,不行就再纠正,也别听他们说我们朝令夕改,什么东西都是慢慢完善,不可能一步就走得那么完善,我们只要认真地,真实地去操作我们无愧于天下,我们无愧于所有的投资者。

——2014 年 11 月 8 日第 48 期总经理办公会议

2.3.3 对投资人见面会的看法

对投资人见面会的看法

昨天的投资会顺利落幕了,该来的都应该来,迟来不如早来,这就是市场对我们管理的一个测试,还有可能有更大的测试,我是有心理准备的。这次我为什么没有出面,不能因为这个小事就出面,有更大的事我会亲自上。我会向社会解释、说明,一同研究 P2P 该如何发展。没有必要有的投资者提这样的意见,有些并不是完全客观,过于激烈,过于片面。听到这些意见,我们要冷静,哪些是重要的哪些是不重要的我们要分清楚。本着商量、探讨、改正,大家都已经证明是错误的东西。为什么银监会和相关部门关于 P2P 的监管迟迟不能出台,因为它们也在担心,包括国务院领导,包括我们这些专业线上最高的领导,他们一定比我们要聪明得多。怎样有利于国家和企业的发展,他们也思考得比我们周到。我们只是在做一个尝试,做一个试探,遇到这样那样的问题,非常正常。大家能放在稳定的心态下就去处理、面对所有的问题,就没有必要去证明什么,我们就是这样做的、我们就是这样认为的,错了就改正,没有必要去否定我们所做的事。这样感觉我们就是在维护我们的做法,如果是有生命力的、好的东西大家都会去维护它。大家不说它好,无论你怎么说它好都没有。一个成功的事,一定是多数人共同努力的结果。昨天我听了整个会议进展的情况,应该说是正常,也不要做过高的评价。因为这件事对于我们来说也是新的东西,有一点我们不会错,就是我们很坦然,怎么讲都不会错。投资者来进行这样的质询,进行的调查,包括要看一些东西,这些是可以理解的,但是我们没有必要做到你要看什么我就给你看什么。你要干什么我就给你干什么,没必要。因为有的投资者认识的角度和能力未必能到那个高度上，有些人以为他懂了，但是未必他懂。不要因为他干过一些银行工作，他就变成了老大了。对银行理解比他深的人，无论从资历、履历、品质、认识比他高得多的人。但是不能不给他提，听了就听了。我并不反对投资人来我司对我们一些项目进行考察，但是以后这个不可能长做。我们连自信都没有了，还需要别人来帮我们检验？我可以告诉你，根本没问题，可以让银监会来查。就这么一句话就把它挡住了，你来查不够格，你没有那个能力，你从个人的角度，大不了考虑自己资金自身的安全，我们考虑的比他们多得多。我讲这个话的目的并不是反对投资者来我们公司进行考察，就是没必要把这个事情看得很重，只是一个很正常的工作。我们对于应付这种东西没有什么经验。别人把投资者当成上帝对他们的尊重，不要把自己的位置摆错了，我们这么多人在这里辛辛苦苦赚钱，你们还这样那样，不干走人。这个声誉不是靠吹出来，也不是靠检查一次两次出来的，这个东西它实实在在的质量和管理是千锤百炼，经过多少年总结出来的做法，这种做法不是一个两个人可以做起来的，也不是检查一次两次就有问题的。如果有问题靠这样一次两次就能检查到？如果摆个假东西还不容易吗？如果我们要做局给他们看还不容易吗？不可能嘛。但是在这样的初期，因为我们的网站还是在初级阶段，对于一些投资人的疑问，我们应该给予一些解答。这个我是支持，但是绝不能常有。把整个公司搞得屁滚尿流，外面还有 30 个分公司在筹备，多少工作要抓，那才是实实在在，需要对整个社会负责任的事情，后面的规模还有多大，整个 P2P 行业下一步该怎么发展，有实践上的问题，也有理论上的问题。有好多好多的问题都需要考虑，我们比一些想要那点钱投资拿回点利息的人所考虑的问题要多得多。内心的压力比他大得多。他的钱拿不回去不要说话，我们的压力都比他大。而且说我们会跑路，开什么玩笑？我们现在规模上来了，生息资产已经在 20 亿元以上了，不能垮了，也不能动了。这样一动就会出大事。这种状态下我们就要更加负责任。本身就是有探索在里面，就是试验，所以为什么说是改革呢？这个就是金融改革，包括一些新的东西在里面，我不反对。泡网站的都是没料的人，包括什么江南愤青，通通是没料的。有料自己干点实事，这样才是有料的。真正有料的人根本就不上网站的。我这次去江苏、安徽也见了一些高层的领导，他们从来不上网站，他们各方面、理论都是非常好的，从来不上这些网站。你看现在网易的客户端，那些发帖的人，有一半以上的人都是三教九流的人。讲的那些话简直是一点教养都没有。我们的社区网站也是这样的，讲话一点都不负责，50%都不要理，少数的还是有意义。我对这次投资者来这看这些情况，我们的接待和我们组织应该来讲是满意的。大家是辛苦的，大家是做了充分的准备的，也就展示了我们现在这样的水平。我们没有必要再证明什么问题，我们只是在踏踏实实工作，我们只要证明我们对这个社会是负责任的，我们只要证明我们是正能量就行了。错了我们就大大方方地承认，不懂我们就诚心诚意地向别人请教，那还有什么怕的，怕什么东西呢？在这个阶段，维护我们公司的形象，在处理这次的危机当中，大家做得非常出色。既辛苦又出色，向大家表示感谢，我也要向你们学习。

——2014年8月9日第37期总经理办公会议

关于记者招待会的事项安排

今天下午的会议非常重要，可能就是我们红岭创投的转折点。而且这个转折点是大的转折点，我们都做了非常充足的准备。本来说我就不露面了，董事长让我要露面一下，关于重大问题我也做了一些准备，不论从记者从宏观上还是什么，我都做了一些准备。下午我是把这个当作记者招待会，准备记者提出所有的宏观的、微观的、理论的、实践的、好答的、刁钻的，都有，所以说今天下午我是做好了充分准备。董事长按照过去的套路打就行了，我们上来肯定是给你加分的，不可能让你减分。我们各位副总，包括参加的老总们，把你们的业务都要搞清楚就行了，实事求是，没有什么大的压力。下午我们基本上都在台上，问题都有人回答，没什么问题。我昨天晚上已经基本把整个思想分为六类，怎么能都引上来。毕竟新闻发布会和记者招待会我们都参加过，记者提出的那几类问题都考虑过了，别担心了。因为过去的投资人见面会在红岭创投的历史上是个特点，这次相当于是过去的延伸，也是一次活动，按照过去的办法开就行。一些后来的，要给我们董事长在过去的投资人见面会上加分，不仅要达到，还要做到更好。让整个新闻界和关心 P2P 的监管机构当这场新闻发布会结束以后,新闻通稿一发出去以后,马上就是另外一个样子了。所以讲,事先我们做了很多的准备,包括我们条线的领导,没什么压力,上市的问题项总准备好了,然后把另外两个问题通报一下,具体的东西由你们来答,董事长负责回答过去和现在的一些衔接,剩下的我来回答就好了。不用担心肯定没问题,我还是有这点自信的。一切都在掌控之中。

——2015 年 2 月 14 日第 6 期总裁办公会议

2.3.4 对用户体验的看法和要求

对用户体验的看法和要求

第二点,这次我出去了一下。到了安徽、江苏,搞了个调查。我印象最深的就是用户体验。不及格!一个生手如何能尽快地注册投资?结果是不及格。我不知道我们公司这些人都是在做什么,一天到晚 PPT 汇报一大堆。我们下次做一个测试,找一个在旁边作辅导,找 10 个人看他们自己能否完成注册。别讲很容易。多数投资者都是上了年龄的,如果让他们都能自己操作,这多有意义。当一个通不过的时候,会有几种可能,是否有相关部门做出这种分析?遇到什么情况,你怎么解决,再轮到下一层。有哪几种情况会遇到这种情况?是否有人做这种枚举分析?我不知道我们哪个部门做这种东西,也不知道过去做没做这种东西,如果没做的话,我建议大家要开始做。要是我们出去开拓市场,去吸引宣传投资客户的时候,要让他们用最快的速度,最简洁的手段一下就可以看到网站,就可以进去。同时让他们明白,大标不是随时都有的。现在很多人根本就不知道。有些人说好不容易搞上去了,我说可以找客服啊,但有些人不想打,并不是我们客服不好,有些人认为自己搞银行搞投资好多年了,对电脑还是相对熟练的,这个我自己都搞不定不是丢人嘛,还要打电话给客服。但是我告诉他们,有时候并不是自己不熟练,但是可能就是有一个技巧看不到就容易登不进去,再聪明都不行。所以,我们电话给人的指引,同时在网站上也要给出相关指引,这样当投资者往上上的时候,会出现哪些情况就清楚明了了。这些是我们客服的工作,也就是我们市场的工作。回去以后这个一定要做测试。将可能遇到的问题变成话术和操作指南,这样不会漏了,也增加了客户体验。因为大家知道要降利率、规模要扩大,如果别人上不去,就停在那里了,最后变成要维护网站上那些仅有的投资者,做什么,根本做不大。我们现在要做的是大事,很多工作都要能操作起来,这个才是最重要的。市场永远是第一位的。希望我们市场部把这些变成具体操作的东西,最重要的是每一步都能具体操作的问题。我发给江苏、安徽的朋友的卡,非常好发。用董事长说的话:我们还没有宣传,或者我们已经在宣传,但是没有宣传到点上。我们要有一个长期、正常的工作,市场部要对各个分支机构每天都在做什么、业务开拓方面、发展投资者方面每天都做了什么,我们所给他们的模板、指引做完整没有?如果没有做完整,我们要赶快把这些整理出来提交给他们去执行,这样才会有考核。大而化之的东西根本不行,那个基础是不牢的。现在不要进行系统优化,一定要两条腿走路,先解决还没有优化的情况下如何辅导别人注册,同时再进行系统优化。

——2014 年 8 月 9 日第 37 期总经理办公会议

对用户体验的要求

我强调几点,一个是用户体验问题,对于可能遇到的注册障碍进行枚举分析,列出相应的解决方案,市场部门要完成相应工作,完善对客户注册流程的引导,然后安排人员进行客户体验的测试,提交对我们公司网站的所有问题,将这些问题变成话术,变为操作指南,一定要保证每个人都能上去。

——2014 年 8 月 9 日第 37 期总经理办公会议

对用户体验的要求

我们的用户体验总是不合格,我建议线上运营部再做一下调查。你们现在的做法没有理解我的意思,我让你们做的仅仅是个方法,最重要的是找到我们网站的缺陷在哪里。不要把过程拿来汇报,应该有很多用户检验方法。很多人都还不能注册上,要做到一拿到就能够上我们的网站。然后你们对可能碰到的问题进行归纳分析，然后每种可以怎么解决。我就讲你们分五组人调查，然后根据调查结果立马修改上线，修改结果下周汇报。最后要做到所有人没有障碍注册，即使有障碍客服也能解决。线上运营部加快工作进度，我们的生息资产已经30亿元，客户一定要跟上。

——2014年8月16日第38期总经理办公会议

改善用户体验的思路和措施，如成立体验店等

那个刮刮卡下去了为什么这么长时间没有效果？为什么半天也上不了我们的网站，我们项总也有这种感觉。我第一次也上不去，上不去了那就不上了，那么这就是用户体验不好，这个用户体验还是互联网的语言，那么我们怎么样才能让用户体验得更好一点。这个我们也在做工作，我们总公司每一周的办公会议上都要提出这个客户体验的问题，他们也在努力。我们的分公司在搞好客户服务的时候，刚才有一个老总提得很好，设立一个体验的场所，你来了我这里以后我给你体验一下。苹果到处都是体验店，实际上它就是卖东西的，讲的好听。你体验一下，倒杯水给你喝喝，我们以后重庆分公司也搞个体验的地方。我讲简单点，你搞个办公室专门让你的客户来体验，实际上都是一些大户。体验的同时他在买你的产品，包括信托公司，都可以跟他们谈，给他们来一个客户体验。那么我们还可以培养一批专门推广体验这种方式的编外的队伍都可以，你帮我发多少张卡，你帮我把他拉到线上来，发展客户的钱我不要，把这个钱都给你，这个也可以，也不是不可以做。给谁不是给？我们都要发展投资客户的，都可以做。这样一来你回去每个分公司每周的工作计划里边的内容都会变得充实得多，包括投资人的发展，包括项目的寻找，包括一些有项目的，以后要把他们拉到我们这个平台上来的这些六个事业部的统统可以全接触。这样的空间就非常非常之大。你们的凝聚力，你们的宣传能力，都会变得更强，就会变得更加有意义了。

市场这一块我们胡总在负责，他也是一天到晚搞得焦头烂额，很多事情。因为过去我说实话，你们提出的所有问题，所有责任我该负，是我的责任。我没有做好的原因，我后来仔细想想，不是我不卖力，也不是我不投入，

也不是我不懂，是因为速度太快，基础太差。你想想，不敢把过去的东西摧毁，不敢摧，一旦摧毁的话，断了这个链子会更麻烦，只能渐进式地一点点来，请大家再给我一段时间，我会努力，一定把大家提出来的问题一个一个踏踏实实地给你们解决。

——南京分公司开业总经理座谈会

2.3.5 对社区论坛的看法

对社区论坛内容的看法

我以前是不看社区论坛的，我昨天晚上把这个社区论坛所有的从头到尾全看了一遍，看到晚上两点多钟，我看了以后的体会是什么？在这个网上80%的人都是扯淡，为什么说呢？他们都是到这个地方赚钱的，他哄你讲你几句好话也是为了让你赶快赚钱，你发个红包，他喊你万岁，就是这种人。真正地为红岭的发展好的人不可能上这个网页。他干吗要上这个网页，要么就是捣蛋的，他不可能上这个网页，而周总，我们这边是干什么的，是为投资者赚钱的，都是在想尽一切办法为投资者赚钱分给大家的，他到最后还来谴责，你的银行高管团队能不能靠得住啊？这个疑问我就感到非常非常之奇怪，你赚你的钱，这边能否靠住是我们周总该考虑的问题，怎么是你考虑的问题呢？我听你的，如果垮掉以后，那我还要你的钱吗？你说你不要了，你敢说这个话吗？他简直不像话，你看看，越看越笑话，你投了点钱，不就投了那么一点点钱，还想得到高额的回报，得到高额的回报还去指责人家这里不行，那里不行，都是你行的话你来搞吧，那它仅仅是一个窗口，就是看一看而已，仅仅是个窗口，看看里面是一些什么反应而已，其他的一点用也没有。我就不服气，我看到最后我就不服气，这些人简直都，一是土匪，二是没教养，根本没一点点，就是最起码的教养都没有，所以对那个论坛，我建议你们以后别去看那个东西，看就算了，不要在上面做一些回答，周总以后别跟他们回答，回答什么东西，那些人提的都是些什么烂问题啊？就跟你过节，拿一万块钱，每人发一个红包，没有哪个不说你好话，但是真心能帮助你发展的有几个？只有极少极少，只有这边的这些人倒是真的，因为他发展好了对他自己的未来和生存都有好处，他那个动不动要撤资了，你撤就是了，有什么了不起的，你有多少钱啊？给你赚了钱了还动不动，我一周以后要车子，你就撤去，我根本就不理你，我还有时间去跟你啰唆呢！我的这个判断是不会错的，我这个老头子，六十多岁的人了，我看了多少东西了，那是不会错的。就是不要去在意他，什么论坛里面，昨天还有一个"怀念"董勇，写他多好多好，我们要把他的事情往上一放的话，她又会多坏多坏，放到最后又变成董事长用人不当，就变成这样了。你能听他们的？听他们的就糟糕了，对我们的身份都怀疑，还有把我们的履历在上面公布一下，我公布给你看干吗？你爱买不买，该告诉你的都告诉你了，你还不相信，我没必要去跟你计较，一计较的话就是穷追猛打，他永远有问题问。什么要把我们团队亮到上面去，根本不亮，亮什么团队啊，你认就认，不认就算了，到最后你看我们的工作就知道了，亮什么团队啊，没必要。跟人家比什么肌肉啊，把肌肉亮给人家看看啊？要比你们能提得起多少重量，这是真的，你到底能提得起多重的东西，从过去六个亿到现在四十亿了，你看拎起多大的东西了。过去的资产才多少，现在总资产是多少，我就讲包括我们的代收，这属于我们的经营总资产，原来是多少总资产，现在是多少总资产，至少是五倍以上了吧。这个重量过去你能拎得起来？你们这些过去就叫这些投资人，你能拎得起来？你拎拎看，你亮着肌肉在那边，"我是搞银行搞了多少年了"，底下论坛里面也有人说"我是在银行工作多少年了"，你跟我亮这个肌肉干什么啊，我不知道你有多大能耐？他到时候又搞一大堆，哪个哪个地方的 P2P 也是银行过来的，他们搞得都不行，好像我们都不行了，这是什么推理啊，简直是胡说八道的东西在里面，没有任何道理的东西，所以我的建议就是说今后论坛可以看，但尽可能少和他们啰唆，我们不和人家去比肌肉，比什么我有多少多少团队，没必要跟人家比，你看我们拎起多重就行了。拎起多大分量的东西就行了，到年底你就看到了，等我们这 300 个体验店第一步开始往外扩的时候，这些投资人马上就没分量了，一点分量都没有了，一个体验店就说每天搞十个人过来，每个人一万块钱就知道这个规模有多大，不要讲了，你们自己去算。可能一天只搞十个投资人吗？不可能的，这规模就一下子就起来了，现在就让你们算一下成本，哪怕打平都可以做，但不要亏，亏了不行，打平都能做，因为投资人一旦进来，第二年就不知福这些东西了，他已经进来了，就跟我们当时在银行，我们傻乎乎的，保险公司找到我们当时的信贷员，就讲你们去帮我们搞几个企业财产保险，一个企业的保险可以给你多少的提成，百分之多少。我们当时高兴得不行，搞了一大批企业，第一次就拿了三万块钱，开心死了，就像以后每年就有三万块钱了，这样想，我每年就有3万块钱了，第二年他根本就不理你了，什么三万块钱，三千块钱都没了，买个三四百块钱的小礼品送给你，为什么呢，因为这些企业直接就已经连上了，还找你干吗呢？他本身的优惠政策一下就给到了企业，那么这个企业就直接跟他联系了，我们搞投资人不也是这样吗？

——2014年9月22日市场条线专题办公会议

2.3.6　广州纸业的经验教训

广州纸业的经验教训

广州纸业事件中资产应尽快想办法查封，望孙院长帮忙找相关人员尽快落实资产查封。这次广州纸业事件对社会和我们公司都产生了巨大的影响。从主观来讲，这是谁也不愿看见的事，但是我们要反思自身的不足。首先，我对这件事负有责任，没有在关键时间调整关键人员。因为相关人员不具备风险管理能力和素质。其实很多风险点和关键点都已经提示过，就是在操作层面出现问题。在这里向各位道歉。其次，对这件事我们要吸取教训，我相信市场部、风控部只要足够重视认真，这类事情就不会发生。第三，目前风险条线组织架构基本完成，变成五个一级部门。公司对风控条线的支持会全力以赴，不能有任何障碍。我们最重要的部门是市场部、风控部，有了市场，才有风险控制，才有计财、技术及综合。接下来，计财。

——2014年8月30日第40期总经理办公会议

解决广州纸业危机的主要原因是充足的抵押率

哪怕出现了一些小小的问题，就像广州纸业是有充足抵押率的，你还怕什么，你把它拿回来不就完了嘛，拿回来再把它便宜点卖掉，卖不掉的话，我自己再发个标，找个公司把它接下来，都不要紧，因为它的真正价值在那里。当真正理解了风险控制的核心问题之后，那么我们在制定办法、在每个岗位强调责任时，在设置这些岗位的科学性，以及办理这个业务的流程时，你就有依托和基础了，你就不会错了，我们资产保全部按照这种思想去做工作，也就好做了，那打官司的内容都不一样，就是直接以物抵债，只要打这一个环节就好了，以物抵债属于我们了，那就结束了，下面就是我们自己的事了，也别去求企业了，去求它干吗，听他天天讲故事，第一天去，说明天钱就来了，第二天去，还是明天钱就来了，第三天，依然明天钱就来了，你看它能不能到？以后我们就根本不考虑这些问题了，把资产直接拿过来，我们法律上就直接以物抵债，我们在贷款的时候，在协议上加上这一条，在前期就把它做好，一旦出现违约，我们将进行以物抵债，要让它同意，如果这都不敢承诺，那抵押还有什么用？前期就要埋一个伏笔，就要建立一个到时候以物抵债的法律基础，我今天在办公会上讲了，你们回去就要把它落实一下。

——2015 年 7 月 4 日第 23 期总裁办公会议

2.3.7 社科院调研

对社科院来我司调研的指示

社科院来调研，请董事长定，具体内容我不知道，如果我不参加的话，我建议，互联网金融研究所、金融学院要参加，高管们谁参加是领导的事情。另外，因为他们一开始来的文件太业余，没有主送单位，内容里带了个人姓名，最后也没有盖公章，后来我又退回去了，提了建议，一来的文件里要有主送单位，二里面不要提个人，你是单位，第三后面必须盖社科院的公章，这次按照要求，有文件来了，对我们来说是一个重大利好，正规的中国社科院金融研究所的红头文件，红岭创投主送单位。这样一来，后天在红岭创投六楼会议室接待的时候，宣传的同志要拉横幅，欢迎中国社会科学研究院金融研究所专家莅临指导或者调研，注意留下资料，包括横幅资料、他们的讲话资料、录像资料、照片资料，这对红岭创投不管在什么阶段都是利好。因为是中国社科院，里面也提到红岭创投是中国 P2P 行业里比较知名的企业，社科院能够给出这种评价，那就是国家学术界给的评价了，这种评价对于我们来说，无疑是一种鼓舞。

我们要提出的问题，也即是我们有什么愿望，我在这里也公开说一下，四个问题，不管哪个领导接待，第一个问题就是法律周期问题，因为我们都是抵押贷款，抵押贷款都有一个法律周期，希望国家在起诉之后的法律周期上作出规定，不能超过三年，或者不能超过两年，以后我们同行业在处理资产和流动性方面都有依据，时间定下来，我们都好办，第一个这是法律问题。第二个问题关于我们的财务制度问题，我们到底执行什么样的财务制度，是一般企业的还是金融界的比如银行的财务制度，因为这直接关系到我们的经营，我们的利润，我们的拨备，我们呆账准备金的提取，涉及方方面面，希望社科院给我们指引和指导。第三，要给我们流动性的支持，像我们这样的企业，包括银行，都是需要流动性支持的，再好的单位都有可能出现流动性的问题，银行的流动性支持来自于人民银行，人民银行可以给它再贷款，同业可以拆借，可以大额存款，而我们到目前为止没有，我们提出的建议，能不能和银行一样，人民银行可以给我们再贷款，我们比照银行，用优质资产向人民银行换回流动性，这种从操作上来讲应该是可以的，能够做到的。在我刚到红岭创投就已经改过了，在没有还款之前，债务的支配权是属于红岭创投的，因为一旦形成不良之后，我们必须集体追诉，这是第三点。第四点，我们盼望尽快地进行监管，如果再不监管的话，我们不知道下一步路该怎么走，因为我们想不违法、不违规、不让老百姓吃亏，但往前到底该怎么走，我们心里没数，如果这些政策不给到位的话，那就会出现一些偏差，如果再不给，我们就有可能通过其他方式完成流动性的兑付，不管是线上重新发标还是从线下组织理财产品，都是解决流动性问题的渠道。你们社科院怎么看这个问题，专业人员怎么看这个问题，如果自己为了生存、为了保持稳定，就要改变一个方向。国家到底是观察的态度还是给出一条路，给出一条路最好，盼望他们来监管，让我们干，我们就理直气壮地干下去，不让我们干，我们就听，我们绝不想违规。所以我提这四点建议，在座的领导不管谁最后参加会议，都要转达我对社科院的这四点建议，最后它要给个建议的。财务制度的问题，税收等其他问题都是以这个为基础，流动性是我们的生命线，这些问题都要解决。

——2015 年 12 月 5 日第 41 期总裁办公会议

房地产经济下行期间的发展方向

给各个分公司下任务是很具体但很难的工作，因为现在红岭创投发展的速度、质量、规模、内容，都有非常大的不确定。本身这个行业都还在摸索，所以指标的下达一是要慎重，下达得要准确。指标仅仅是一个引导，不能作为执行性计划，因为有很多东西都在变。我这两天和几个副总裁也在思考这个问题，大家都知道我们前期的几个公司，包括安徽、江苏、重庆、云南、浙江、湖南，根据它们先后开业的顺序，流动性占用逐步在增加，以致有的先开业的公司，全部逾期，尽管我们有充足抵押，也全部逾期，这引起我们一些思考。原来规模没到，我们没办法提出这种疑问，现在规模慢慢变大，我们也慢慢要思考这些问题。

逾期的比例这么高，除了我们管理需要提高之外，是不是业务方向本身也包含着这种因素？如果有这种因素在里面，我们再往下分析一层，这种贷款回收的方式可能跟过去我们一般贷款回收的方式不一样，必须全部通过法律的手续来进行贷款回收。为什么通过法律手续来收回贷款，有可能这个行业或者产业，由于经济周期的问题，它属于下行。在下行经济周期当中，不要讲我们，银行也一样，它们表现为不良资产，我们表现为流动性占用，因为我们的抵押物是充足的，它们(银行)的抵押物未必充足。那么我们在经济下行时期的战略方向，是不是应该作出一些调整，这种调整化解到具体工作当中，就是指标的下达。因为贷款的逾期，流动性占用逐步都表现出来了。另一方面，我们还得垫付，垫付的资金也是一种流动性。这就必然导致审批部门越来越严格，因为怕出问题。审批部门越来越严格，分公司意见就越来越大。这一系列的动作都是连贯的，都是有理由的。连贯的东西，我们就要进行连贯的思考，到底解决问题的症结在哪里，我们应该从哪个地方下手和着力，才能使公司下一步健康发展。这是我们第一需要思考的问题，否则下面的路就不好走了。

那么在经济下行期中，我们的流动性占用在增加、垫付在持续，我们的资金来源从哪里来？实际上我和几个副总讨论过，计提2%的准备金之后，我们还要支出日常工作的费用，包括工资、开门的费用及其他的费用，扣除这些之后我们还有没有利润，计算过之后才有可能再往后走。这都搞不清的话，我们越做越亏，那我们就别做了。我跟项总计算之后，还是能够维持的，但不可能有多大的利润，只能在各方面比较好的情况下维持下去这样的经营模式。主要是利差，包括手续费，根据我们的规模，各方面的关系建立起来之后，还是能够维持的，维持现在的工资水平、维持现在的规模，是可以往前走的。但是，现在难以解决的问题是我们形成的利润都被待收资产占用了。待收资产三个月以后就不能计提了，即使用权责发生制，超过三个月也不能计提了。不计提的话，就显示为我们的收入在减少。收入减少，支出的费用不变，在财务上就显示为亏损。这还不加上计提的风险准备金。风险准备金是财务调整的问题，还是我们自己的钱，钱不花还在那儿，无非就是冲抵利润而已，增大成本、增大支出，但这个支出是放在边上的，我们要用随时可以用，这都不可怕。可怕的是我们原来计划当中很多可以实现的利润，都被待收资产占用了。这些待收资产如果收不回来，利润就实现不了，那从财务的账面上看，亏损就越来越大。如果按照标准的计提，按照五级分类，所有的东西一旦计提，亏损就很大了。如果按照考核利润的方法，那就不亏损，还是赚钱的，只不过是以不同的形态来表示财务成果。我们这些企业到底按照怎样的核算方式来进行，到现在还没有定论。

上次社科院过来调研的时候，我就提过这个问题，国家给我们政策，给了舆论、认识上的支持，能不能在政策上也给我们一些支持，比方能不能给我们规定执行哪种类型的会计制度，是执行金融系统的会计制度，还是服务行业的会计制度，还是一般商业的会计制度。如果规定了会计制度，我们就能很清楚地看见经营成果了。现在看不清经营成果，因为怎么做都不对。如果是电子商务公司，那就按照商务、按照服务型公司的会计制度，那就不能计提准备金，税务局根本不认这个账。计提准备金无非就是让投资者看到我有风险准备,起一个舆论上的作用,实际上垫付也是在前期起舆论上的作用。

有一次开投资者见面会,有人就提问"公司的钱垫付完了怎么办",我说只有上帝知道了。所以我们在管理当中一直要求一一对应,在我们的网站上发什么标,一定要一一对应,一定要有实质的东西,一定要是真正的项目的贷款。除此之外不能发标。发了就是假的,假的话就是大问题,就不是一般的问题了。即便是重组,也是有实质性的东西在里边,要让投资者投资的东西都物有所值。一旦产生风险之后,我们最后一道堤坝就是一一对应。我们可以和银行比较,银行只赔你 50 万元,而我多少都赔你,只不过是时间问题。那也不是说就没有终极风险了,也有,随着时间的推移、利息支出的增加,本来打折的那一部分是可以承受的,但由于时间的推移,抵押物、包括行业的下行,抵押物的减值也有可能出现。出现这种终极风险,我们用我们的准备金,和我们自己的资本金,以及我们创造的利润,从经验来看,是有能力覆盖终极风险的。过去所有我们发放的贷款,一笔一笔进行计算,也就是 2% ~3% 的水平。我们市场的战略方向该怎么调整,包括快标的 30 个亿,这个数字是个结构性的数字,最重要的是我们的方向该往哪里走。有低风险的,车易贷、房易贷,还有公信贷,这些都是风险比较低的,规模不会太大,但这是可以做大的。单位变小,密集性变强,管理方法也应该相适应地进行改变。对于这些(贷款),密集性比较强,单位贷款比较小,但量是很大的,那么管理方法也要有一些改变。这就是我们的风险投资降低。

那么,周一我们要开一个全公司的业务发展座谈会,各分公司的领导都来,我要听听他们的意见。他们也是我们的老师,我希望大家要把态度端正过来,就跟我刚才讲的一样,他们在用不同的方式教育我们。他们是以反向的方式教育我们,而我们要听懂他们在说什么。有的分公司老总火气很大,说"这样就没办法干了",实际上他要是真不想干,他讲这个话做什么,直接走人就是了。应该这样去想,他是确实遇到困难了,自己解决不了,向总公司求救了。当总公司救不了他的时候,就会产生反向的反应,他就会对总公司有意见。如果总公司帮了他,他也会感谢总公司。那要是帮,怎么帮?不可能降低门槛,更不可能放松风险控制标准,这些都是刚性的东西。唯一可以帮助分公司的是，和它一起分析市场，它们觉得我们有什么应该调整的地方？它们认为我们产品的主要方向应该在哪里？如果有，它们（分公司）可以试一试，效果好的话我们可以在全公司推广。分公司也是我们的老师，可以找一些风险度比较低的（项目）。

经济的萎缩在全世界、在市场经济的环境下看来，是 GDP 的萎缩，这就是经济下行。GDP 实际上是劳动量，当全社会的劳动量都在增加，衡量劳动量的价值尺度，就是货币，就会衡量出劳动量大，GDP 就会上升。如果大家都没有活干，GDP 肯定自动变小。那么这几年我们的 GDP 还在增长，说明总量还在增大，那这个增长点在哪里？这个增长点就是我们新的方向。国家在制定经济政策的时候，一个行业在制定政策的时候，所要把握的基点，要往那个方向走。GDP 萎缩就没办法，那就是不发展了。但现在 GDP 在往上走，这个数字是大家有目共睹的，那么是哪个行业在往上走？这个往上走的行业一定需要资金。而这个资金并不是它口袋里的钱，是根据经济规律研究出来的边际消费递减规律、边际储蓄增加规律、边际投资量增加规律在起作用，只不过这些规律都体现为货币或投资总量，衔接到市场经济、GDP 增长的行业当中去，这就是整个社会经济了，我们就起这样的引导作用。下面的方向就需要我们特别是总部的机关人员每个人都要去想这个问题。当然，有的人是研究过经济的，有的人没有，但是不要紧，只要学习。因为我这是从最基本的经济理论上分析现状，就知道我们下一步的方向该怎么走了，如果你没有对自己有这种角度和理论思维的要求，下一步就会很盲目，一盲目，整个体制就会乱掉，一乱，那么企业就没有多大的希望了。

今天，我跟大家讲了一个非常重要的思想，就是在房地产经济下行的期间，我们下一步整顿的方向该怎么发展。市场在下达任务的时候，怎样去找到低风险的产品，它可能力度不一样，单位不一样，单位大小不一样，但是它的总量或许会变得更大，这个是有可能的，这就需要我们去动脑筋了。周一的座谈会大家的心态要调整过来，首先我自己的心态就要调整过来，下面所有分公司的老总都是我的老师，你不懂就可以反过去问他，我不懂，你能不能给我解答一下这个问题。他如果回答不上来了，那我们再一起讨论这是什么问题，或许你有错误，你的认识可能不对，用这种方式大家心里就踏实了。反正大家是来学习的,有不懂的就可以请教。比如,哪个贷款报了三遍了都不批,问你为什么批,那你认为怎么解决。反过来要让你们这些提问题的老总在一起讨论一下这个风险该怎么控制,我听你们的,如果他们讲可以控制住,那我们再谈谈我们的想法和我们的认识。让两种不同认识在一起,再分析下来,最终总会得出一个比较客观的结果,有这样一个客观的结果的话,再来指导我们今后的风控和审批工作的话,可能就要稍微踏实一点,他们喜欢接地气,这个不是你说什么就是什么,因为现在我说审批部越来越严,只不过是具体的措施越来越清楚。这些东西是有原因的,最简单的原因就是我开始讲的。前期开办的分公司,流动性占用一直在往上升,升到哪一天我都不知道,我现在都不知道,上次讲的经济规模,我不知道经济规模要做到多大。因为这是个新兴行业,没有可以参照的,我也害怕。但是有一条,一一对应这一点我就不害怕,只要抓住这一点,就是败了也败不到哪里去,因为我有个底线在这里。打不了就跑,三十六计走为上计,我们讲这个走不是人走,就是要推到底线,一一对应,就是监管部门怎么来我都能交代,如果交代不了,那就麻烦了。前面是怎么走的,我们现在也还是怎么走,现在不是完全有底,也没办法完全有底,这是一个新的行业,这是我个人观点,是不是对,大家还可以在一起研究和讨论。

投资者快标讲我们下架了,没有了,在网站上提各种各样的意见,快标越来越少了,这些投资者可能是网贷投资的先行者,他们有他们的优势,敢于去冒险,去寻找新的东西,但是同样,他们的风险也是最大的,赚钱他们很开心,亏了钱他们就会骂人,现在包括我们的 80 万投资者当中至少有 70 万都是这种人,因为大量的稳健投资者在银行里,根本就没有出来,老干部、公务员和解放军等都还没出来,而仅仅是我们网站的那些敢于冒险和投资的这些人,我们很欢迎他们,他们所讲的赶快发快标,利率再高一点,周总是我们的希望,我们就跟着你后面赚钱了,到时候我们垮了,他比我们还跑得快,然后还返回来骂你一顿,这些人的话没有必要听。他没有恶意,并且心态也没有错,但我们没有必要把这个看得太重,真正看我们所做的这些事情是不是合理。所有参与过快标管理的同志,无一不得出这样的结论,就是没有一笔贷款是没有瑕疵的,年化收益率是 24% 的贷款,没有一笔是没有瑕疵的,否则他就不会过来找你了。从贷款的形态上它就是次级贷款，全是次级贷款，不是标准贷款和一般贷款，贷出去的时候就是次级了，这个次级贷款应该怎么管理，那就要比一般性的贷款下工夫要大，风险大，管理难度大，回报率越高。不会那么容易的，又想拿高息，又想没风险，没有这样的事情，讲出来很简单，但是你要让他接触，他就不是那么想了，所以我们董事长很不简单，挺了7年了，一直是在这个水平上，当然积累的问题都还没有解决，要是想全部解决好这些问题的话，那后面还有大量的工作，好在我们后来全部是一一对应的，不会是太大的问题。实际是在全国中年化24%的项目中选择，那就是沙里淘金，几十、几百个当中就是只能选一个。要是几百个当中都是选一半出来，那就不是次级贷款了，那大家都能做了。那为什么我们要推出议标、特标和本标，你们可以从方向和趋势看到，我在思考这个趋势就是我们逐步变成一个交易中心和平台，很多的风险是我们承担不了的，靠义气和不怕死是解决不了问题的。最近本标我们上了几个基金和私募，我觉得还是不错的，费用不高，赚钱不高，但是没风险。这样我们大家思考一下，我们开业的19家分公司，如果每一家分公司报3到5个这类的项目，你说我们这个好不好呢，这就是我们市场部的方向了。把风险低或者没风险的项目迅速扩开，这才是方向，把那些有风险、风险高的迅速收缩，而且给个规定，应该怎么做，把这个道理传导下去，让他们认识到为什么这么做，要让他们知道这样做的后果。

开业的19家分公司以及那么多家筹备组，他们见到的无风险或者有风险的项目比我们多，因为他是全国的，每个地方提一个做法，那就是20个以上，那么我们市场部就要去寻找、汇集，分析、归纳、选择、确定，既能够推开，风险又低，这样的项目和方向。希望总是有的，快标也不是说不能做，还是可以继续做下去的。它的要求、风险的把控的准确程度越来越准，但是它的比重不可能大。全国每年有1000亿元快标无风险的项目，能选做100亿元就不错了。过桥贷款到底有多少，这个没有统计。银行已经安排好的贷款，银行就是过一下桥，每年估计也有几千亿元，但是这几千亿元我们通过这么多公司怎么能拿过来，拿过来一两百亿元也是有可能的，那就是我们总公司的指挥了。就是在沙里淘金，如果遍地都是的话，那用不着红岭创投了，大家都可以干了。

我这样一讲，做市场的人员头脑就清晰了，他不是没有方向，都是有方向的，都是有方法和市场的，就在我们怎么去看、去分析、去听取别人的意见、去集中大家的智慧。

——2015 年 12 月 12 日第 42 期总裁办公会议

需要的三项支持

上次社科院到我们这里调研，社科院研究的东西是涉及理论上的东西，如果你没有理论基础，跟社科院谈话就搭不上，这就达不到最关键的地方。当时我们就提了三条。国家、中央支持互联网金融的发展，不要光从认识上、舆论上支持，要拿出点实际行动。支持互联网发展，到现在拿了什么实际行动，一个没有。实际行动的核心是什么？我们提出，能不能给点流动性的支持。流动性支持，我们也不要国家为难，现在人民银行已经放开了一般商业银行向人民银行申请换回流动性的时候，以它的信贷资产抵押，人民银行就可以给它贷款，我们只需要享受同等政策，这个应该能做到，因为我们的抵押财产，基本上都有充足抵押率的，最高的也只有五折，那我们拿着这个资产去人民银行抵押，人民银行给我换回流动性就行了，完全按照国家的标准来，我保证不会让你有什么问题。这是第一点。我觉得这个要求不算高，如果你们（社科院）解决不了，我希望你们写个报告到国务院汇报一下，对互联网金融企业、P2P 企业的流动性支持，就这一点，跟银行享受一样再贷款就行了，一样地也有抵押，我也不是要国家有损失，有风险。

第二条，尽快出我们这个行业的会计准则或者会计制度。到底 P2P 行业是用什么会计制度，是用银行和金融企业的会计制度，还是用一般企业的会计制度，还是用服务企业的会计制度，这也是一个很重要的问题。因为我们现在一提贷款准备金，一提五级分类，马上就吃利润，一吃利润税务局就找你了，你又不是金融企业，你怎么能那么做，金融企业是我们国家特批的，是有准入制度的，你没批就不能用这种会计制度。一旦不用这个会计制度，那用什么？这是一点。第二点，如果我用金融企业的会计制度，那我要按照金融企业资本充足率来管理，因为它的第一道就是资本充足率，那我们整个

5000万元的资本金,搞那么200亿元的资产,那资本充足率多少?不好答,一般是12倍,8%到10%,资本充足率是8%到10%。如果是8%到10%的话,那我们现在至少要20亿元才能撑起来现在200亿元的待收资产,而我们只有5000万元,这个倍数不对。但是国家也没管,我不知道是什么意思,我们下面怎么走,我们也很担心,你讲轻资产,轻资产风险出现的时候就不是轻资产了,风险一出现就不得了,那你让这个本来肩膀就不是很硬,资本就不是很强的,担起来这么大一个任务,那你国家不负责任吗,你能不拿出一点办法来吗。所以我讲,会计制度这一点,你们社科院带回去。

第三点,尽快出监管制度。有的人怕出,我就希望他出,因为我们进这个行业我们根本不知道方向,我们这些从银行过来的,干什么都是有规则的,大家都是良民,都不想违规,都不想偷鸡摸狗,都希望有个准则,我们按照这个去干,我不相信我干不过别人,你只要有规则,我不相信我干不过别人。我在银行,在管理上,在专业上,在整个执行各个方面的东西,我不会输给人家,从我几十年的从业经历,看到我的履历,我不会输给别人的。但是我现在每走一步都要担心我是不是走错了,我问你,你也不知道。到北京开会,银监会讲,我们不管,人民银行也不管,金融办也不管,都不管,最后叫我发言,我不讲话,没什么讲的。其他人根本的东西都没看到。最后我就讲,我盼望你们来监管,越快越好,你们来管了,我们就好办了。你说怎么办我们就怎么办,你不让我们办,我们就回家,但我绝不违规,我们这个行业每个人都有自己的生活,都有未来的前途。如果这个东西你不来管,最后讲我们犯法了,把我们抓起来了,那我觉得我们太亏了。我们根本没有想违规的意图,我们只想在行业里好好干,但是你没有规定叫我们怎么干。

——陕西分公司座谈会

2.4 对红岭未来发展的规划及愿景

对今年开设分公司和扩展业务的思考和要求

这是春节前的最后一次会议,到场参会的都是我们公司最重要的骨干力量。以往通常是安排春节安全、休假等事情，但是我们今天同样研究工作，因为我们等不及，这个阶段对于我们太重要了，能早一天把我们红岭创投推上整个发展的大路，对我们公司的意义重大，所以再辛苦、再有困难大家都要克服一下。实际上工作的事情并不一定都是在办公室完成的，很多事情在睡觉前、起床时，甚至在某个饭局当中突然有一个解决问题的办法或方案，真正开会的时候基本都已经考虑成熟了。像总书记他们在提出整个国家大战略思路，在开会之前早就考虑好了，上会通过后通知大家开始实施了，我们办公会议也应该是这样的，很多方案我们在办公会上进行了安排，也听取了大家的汇报，大家对方案都来批评指点，这都是正常的。我们五个委员会是今后红岭创投整个管理体系的起点，上周我们跟异地分公司的筹备人员及意向筹备人员进行了交流，也已经开始启动了，外地分公司正在部署，每个分公司都将成立五大委员会，与同总公司五个部门一样，总部的五大委员会将分管对应部门，并给予它们技术支持和管理。这个工作我们已经展开了，南京、广州、佛山已经启动了。开设分公司通常是将客源找好以后，我们的资金进去，实际上对当地的市场是个激活，今年到底开多少个分公司？我觉得应该不是三五个，速度越快越好，如果全国30个省，每个省都是5个亿的开业要求，150亿就过来了。再加上我们深圳地区，我们讨论了很长时间时间，今天也有个方案，办公会汇报以后，大家集思广益。我们下一步的工作确实是非常大的启动，我们现在风险管理部、市场部、计划财务部、技术及综合管理身上的担子都很重，我第一天来就讲，不懂就问，错了就改是我们始终做人做事的原则，只要自己勤奋起来的话，没有什么做不了的。下面我们按顺序把各自安排工作中需要在办公会上讨论的汇报一下，风险管理部先开始。

——2014年1月28日第10期总经理办公会议

对未来的愿景及计划

那么我个人到红岭来，我下一步的工作计划远不止这些。我对于公司未来的三年进行了规划。今年的工作，第一步已基本完成，管理体系、管理线条及制度已基本完成，人员招聘也已基本完成，但人员的素质还需要尽快提高；第二步主要是推分公司，年底之前争取建立30个分公司。起点5个亿

（省级），其他的城市可根据当地的经济状况灵活处理开业条件。今后对于分公司的管理将采用划片管理，扁平化管理对于总公司来说压力较大，将划分4～5个片区，每个片区负责管理4～5家分公司，这样才能将全国的公司管理起来。各分公司的发展之间会存在相互的差距，慢慢协调。现阶段有三个部门已经介入分公司的筹建，分公司开业后，所有部门都要对接上。

那么明年就是选几个分公司开始内涵式的提高。第一步，根据对互联网金融的研究，目前真正称为互联网金融企业的类型很多种，有做点对点、众筹等模式。任何一个项目都可以采用众筹的模式。明年我们将加入租赁、典当、信托、私募基金等至少十种产品，建立十个部门，通过换股的形式将发展较好的公司变成我们的部门。这种扩张速度可以在3个月内迅速将股本扩大几千倍。第二步，逐步建立研究所，吸纳有素质、基础和经验的人才，研究各类金融产品，可挂名于互联网金融学院名下。

后年就是要走向世界。若我们的模式在国内取得成功了，那我们的产品可在世界各地推展开来，在世界各地开办分公司。包括总经办许多的工作都在为以后做准备。现在考虑的每一步都有其可行性，希望各位参会人员能够珍惜一路同行的机会，大家在一起多包容，相互理解。如果我有哪些地方做得不到位的地方，希望大家谅解和包容。如果有员工犯了错误，批评加重，但处罚要从轻，要让他们意识到问题的严重性就好了。

这几天冷静考虑了今后该如何发展的问题，能做到什么程度就需要依靠于大家和大环境，个人得失不重要，重要的是过程，大家一同经历过。希望企划部、线上运营部尽可能地多宣传红岭创投对社会做出有益的事，少报道个人行为，如果有记者提出关于我的名字，尽可能去掉。只要把事情做好就行。

——2014年5月6日第23期总经理办公会议

对分公司筹备的建议和规划

我们现在分公司的筹备到周五为止已经24家。最近的一个是苏州（计划单列）。因为苏州在江苏省境内，但是苏州的经济总量和深圳差不多，经济总量和存款总量都是2万亿元，所以说建立那么大的容量，苏州应该计划单列。下周估计还有两家：广州和贵阳，估计在9月份能完成30个分公司筹备组，然后全面进入筹备期的组织和管理。现在我们已经开始着手这方面工作的指引，工作的指导和监督管理的工作已经开始了。第一步要先把全国的网点、架构建立起来，建立完后以后，我们要在当中监督、管理和指导，使它们的业务迅速进入开业的状态。一旦开业，我们的业务就非常大了，比现在要大 10 倍以上，基本是这个感觉。同样，在筹备过程中，资金的运用也会大起来。因为每个分公司都买一部车的话，100 万元，30 个分公司就是 3000 万元，买两部就是 4500 万元，再加上房租、装修，资金量也会越来越大。当然，这些资金的来源还是它们自己创造。当分公司开业以后，一开业它们就有五个亿的资产，按照年化收益率有 6% 的话，就是 3000 万元，分到每个月的话就是 250 万元，250 万元估计一个月以后，自己就平了。但是在中间我们可能会有一些垫付，但是这些垫付的时间不会长，需要我们的速度来解决垫付期。业务发展越快，垫付期越短，有的甚至不需要垫付。有些已开业的公司和后面待开业的公司也能把这个钱赚回来。这个就是前期需要这些，估计 30 个分公司，一个分公司所有的费用在 500 万元左右，整个对分公司的投入在 1.5 个亿。在这个 1.5 个亿，我们的垫付资金估计只需要 5000 元 ~ 6000 万左右，剩下的它们自己就解决了。这个垫付也就是几个月以后，这个钱也就是我们的了，这也是跟董事长汇报一下，到下一步我们就需要准备这部分资金了。现在没有什么影响，我们的利润每个月接近 1000 万元，用利润顶下去，两个分公司开业是没有问题，但是可能我们今后几个月不是一个月两个分公司，可能是多个分公司，所以资金的用量要开始上来了。如果我们业务发展上来的话，自求平衡还是可以的，没有什么多大问题，但是必须做一些准备。如果不做准备，万一哪家公司具备了开业条件却无法开业，就会影响业务的发展。昨天和苏州的行长谈，苏州整个是将近两万亿的 GDP，存款也差不多，跟深圳差不多，他说项目根本没什么问题，关键是要找准，风险上要控制好。我们下面，可能在华东、华南地区重点关注，我们上海和北京都还没过去，估计 9 月底 30 个分公司筹备完毕，现在开始我的工作是介入分公司的管理。因为总公司这边，我们的架构已经搭完，每条线的老总们都在负责每条线的方向和机构建立，包括业务的设立、研究和发展。因为各条线最终的基础还是在分公司。30 个分公司每个分公司的动作都涉及总经理五条线如何去指挥，包括风控、计财、综合。技术主要是在上面，但是下面还有一些简单的维护工作。各条线把主要的工作计划定出来以后，分部、分段、分重点、分时间逐步实施，在我们头脑里都要有这个基本的概念。因为现在的红岭创投已经不是我来之前的那个红岭创投了，跟那个时候是完全两码事。现在是集团军，30 个省级分公司一旦起来就相当于总行，这样一个量级，因为我们分公司 90% 以上都是行长级的人员，就跟带领一支银行的队伍在打一支 P2P 的仗。这样他们接受起来就非常快，也非常负责任，素质也很好。他们基本上都有任职资格，这样一来，到我们打下一步的仗，从外延式的扩大到内涵式的提高，两个方面去落实，提供了一个人、队伍、架构的物质保证。有了这个保证我们下一步在实施过程中就不会乱，我们这个办公会议的意义就会更大，以后讨论的问题更专业、更具体、更具有改革性。

——2014 年 8 月 23 日第 39 期总经理办公会议

对红岭未来发展的规划

因为，像目前我们这个行业没有什么现成的经验，特别是适应于我国的 P2P，金融市场怎么开展，怎么和传统金融找出不同点和共同点，怎么样抓住我们红岭创投的优势，发展好下一步的业务。因为我们国家每个 P2P 都有各自的特点，这取决于它的老板。互联网金融本来就是个新东西，在我们国家也是个新东西。但是，恰恰是这个新东西让我们离国际先进水平最近。我们现在讨论的东西，实际上是世界的量级，我们解决的东西对于整个世界都有意义。同样，国外对 P2P 的发展对我们也一样有借鉴的意义。包括它们的风控、营运、盈利水平、政府角度、投资者的看法等等都有一定的借鉴意义。前几天看微信上，我们是 16 强中的一员，其他多数为国内最顶尖的互联网企业，我们排在当中说明我们已经不是一个一般的企业了。红岭创投下一步的业务到底应该怎么发展？阿里巴巴是从交易做起的，卖东西、卖产品。怎么能够开辟出一个场、开辟出一个环境，让大家都能在那进行交易，那是货物的交易。从一开始零售的交易到现在什么东西都有了，以后估计也会考虑人才交易。我们做的是什么呢？我们做的是资金交易，那么站在阿里巴巴的角度上怎么看我们发展？也是互联网企业，所以说我们的发展也是非常大的。所以我提出，只要它属于用钱来解决的项目：风投、基金、信托、典当、租赁等所有项目都是要钱的，根据它的不同特点，不同的风险度，各自定出了在期限、利率不同的方法，不同的约束。当然投资的方向都是来自一个，每个人都可以投资，我们就改成信托产品在做的：起步就是50万元，一个项目不能超过200人，这些都是对很多项目限制门槛的，我们一旦把它变成众筹，就不存在这样的问题。这样受众更多。我们变革一下，变成像我们这样挂在上面的标，不也一样吗？信托现在最长的产品期限也是3~5年，租赁项目一年一次也有，风投也是一般3年就看出眉目了，这样一来实际上我就是给大家灌输明年我们将做什么，今年大局已定，下面就是实施方面的问题，没有理论上的研究问题。理论上的研究问题在我来的第一个月内已考虑完毕。目前的实施结果还是成功的，而且是良性发展，机构设置良性的产出和方法，因为基本我们没花什么钱，现在已经进入24个分公司的筹备了，9月底30个我看没问题。以后可以搞几个计划单列的，可能会大于30个，这个就不是重点了，北上广是重点。我们现在机构已经搞得差不多了，就轮到内涵式的提高摆上日程，等于给大家先放个风。下一步我的工作重点就要转移了，对全国所有业态的归纳。我们的总经办、人力、市场、风控、计财都要介入分析和讨论这个问题，第一批上什么、第二批上什么。上去了以后用什么方法去拓展这个业务，因为有很多种方法，怎么样快、成本少、风险小。包括市场部联系的一些内引外联、合作项目、大平台套小平台等等这些东西都是同理的、同一个方法，只不过里面装的内容不一样，通通是在网络上筹资。当然线下是不是也能做呢？当然可以，紧紧抓住国家支持我们互联网金融企业的发展当中，可以做很多很多的事情。经过思考，我们这个行业简直是不得了，什么都能做，实际上在做证券市场。宝葫芦，二级市场债权的转让，这些东西都是非常厉害，过去碰都不能碰的。现在能做了，能做多少事情，稍微研究一下能做很多事情出来，包括资产证券化的东西。我们现在还没有开始对这块充分研究，只是根据过去的市场感觉在做，没有理论依据，实际上做起来了，是靠不住的。模型一旦建立起来，跟证券市场是一样的，国家准入条件很高的类型，全一样。等于我们这个平台既是证券市场，又是交易市场，又是股票市场，又是债券市场，什么都是，这个空间有多大，而且现在国家是不反对，让子弹飞一会儿，对于我们这个企业来讲，战略意义非常巨大。我们从业于这个行业的人员，学习实践工作各个方面的压力都会加大。同样，加大过程当中我们会得到提高，也会得到收获，我们会得到荣誉。我们对我们这个企业宏观发展的方向性和可行性，以及目前政策背景下的约束性，我们都要知道。走大路、走正道，从理论到实践到需求这几个方面，如果不理解的话，稀里糊涂走成什么样都还不知道。在座的干部我们已经共事9个月了，相互都熟悉了，下一步做事的步调比较统一起来了，没有什么怀疑了，大家相互之间已经建立起这种信任了，研究工作的方法跟过去也不一样了，该怎么做就怎么做了，该骂还是要骂。一个企业最珍贵的就是它的管理团队，是核心。有了一支好的管理团队要打起仗来就好多了。在各条线上发挥各自最大的作用，使我们红岭创投为社会的发展做点事情。增强一份社会责任心，还是那句话：不懂就问，错了就改，我们有可能犯错误，我们有可能有失误，但是我们要面对它。面对它错了就改，大大方方的，不懂的地方就多请教，包括请教监管当局，请教同行业，请教方方面面的老师，这样活得才踏实，工作起来才踏实，剩下一点是顺其自然。要善于运用现在我们能运用的条件来达到我们想做的事这样一个目的。最近在我们的管理上已经慢慢上道了，但是仍出现了一些失误，不好的东西。面对这些事情，我们应该正视，我们领导私下也作出了一些调整，这些调整都是有利于我们公司整个的发展。因为过去的队伍和过去的管理模式和现在的完全不一样，而且过去所接触的业务量和社会影响力、贡献性，反面就是破坏性不是很大，再往后我们的贡献性会很大，我们的破坏性也会加大。一旦搞不好，我们对社会的破坏性是非常严重的，我们要更加有责任心。把过去的东西要好好地看看，哪些可以理清并解决，哪些我们暂时还无法解决，要提出一些针对性的办法。一步一个脚印，把该解决的问题一步一步地解决。今天在会签我讲了一些，主要是最近的工作慢慢上了轨道，大家的工作也找到一些方法了。我希望今天这些话可以给大家一些启示，使各项工作能更顺利地开展。下面就请大家按照条线来汇报。

——2014年8月23日第39期总经理办公会议

红岭未来发展，未来工作安排

最后讲几点。一个是，现在外延式的扩大基本要完成了，基本要进入尾声，分公司批筹基本要完成了。之后就是明年的任务了，明年计划成立六个事业部，把所有线下的金融品种搬到线上，总公司和分公司都设六个事业部。这六个事业部可以和传统金融当中的各种做法进行对接，对接之后可以进行合作，可以参股，可以在我们这里重新做。六个事业部包括：PE 私募，VC 风投，信托，租赁，典当，保险。这六个事业部由计划委、市场委、风险委主任分管，包括选人、内部规章制度的制定、与外部的谈判，从总公司的设立到分公司的设立全由三人分两条线。暂定的分工是，项旭副总经理管 PE 和 VC，牛冰副总经理管信托和租赁，胡宏敏副总经理管保险和典当。这里面有很多的事情可以做，都很有技术含量。现在不急，但要开始思考，方案可以一个一个往外拿，有了方案可以上会进行讨论。最起码大家可以有方向，包括相关人员的招募，因为总公司的队伍已建立的话分公司就很好推了。这样就将红岭全方位的业务建设起来，将线下搬到线上来。这样一来对技术发展管理委员会主任的压力就大了，要求交易量要加大，要按照上海证券交易所的交易量来做，里面的产品和设计也要跟上。如果不能一下子做好的话就一步步将板块加上去，这样未来三年大家的工作也就明确了。

——2014 年 8 月 30 日第 40 期总经理办公会议

公司下一步的总体发展方向一定是传统金融与互联网的全接触

那么下面从风险控制上引进战略投资者，发挥根本的问题，给大家做这样的一个解析，因为今天我们分公司的领导都在，我也想给大家讲一下下一步的发展方向。下一步的总体发展方向一定是传统金融与互联网的全接触。传统金融有哪些？除了银行之外还有些什么？至少有六大块，我们打哪你们现在走哪。PE、VC 我不用给你们说，讲清楚一点，私募、风投，这些东西都有，保险、租赁、信托、典当都是传统金融里边的，我们第二步把它全拿到线上来，马上成立六个事业部。成立风投事业部，私募事业部，信托事业部，租赁事业部，保险事业部，典当事业部，把这些还没有上网的企业全部拉到我们的网上来，大不了都是一个资金来源，全民众筹募集资金。线上和线下一起，不仅做线上还要做线下，我们今天来有三位副总经理，就是每个人分管两个部门的筹建和发展，项总负责 PE 和 VC，牛总负责信托和租赁，胡总负责保险和典当，那么下一步在我们成立分公司之后，只要分公司一落地，六个部门同时开始业务，在筹建过程当中可以跟现有这六个行业的所有的部门、单位都可以谈，可以把它们的产品直接拿到我们网上来，都可以。只要能把它联合起来，只要你们把互联网这样一个社会的基础设施，在传统金融这样一个领域，可以充分利用，这就是我们的目标。你们说，能做多大？你们说，能走多远？我不知道，当然，我会带着大家一起努力，然后把互联网和技术进步给我们国家所带来的机遇发挥到最大的程度。我们金融从业人员能够抓住这次机会，把它利用得充分，道理我就讲这么多，谢谢。

——2014 年 9 月 24 日江苏南京融资说明会

公司未来的发展道路

用什么样的办法能够继续增加，能够维持住我们的规模不断地扩大，只有走资产证券化的道路或者众筹核心资本的道路，就是在网上挂的标就是核心资本，大家的投资平台大家办，我们也给投资者一部分汇报，这个汇报肯定比银行高，但是很稳定。这几条一旦撑住，就不会有大问题，但是都是带有冒险的金融探索，国家都没有这方面的政策，但是先行先试我们又不能不做，我们下一步怎么做都是我们风险控制要研究的问题，一个是计划、一个是信贷，这两个部门真的要好好研究。这个事情我们一旦做成了，我们就打开了一条路，如果做不成我们就举步维艰。

——2014 年 11 月 1 日第 47 期总经理办公会议

公司未来的发展方向

第一问题就是说，以后我们这个公司的发展方向到底是什么？这个发展方向一定是属于第三产业，属于服务类。这个跟银行是一样，是属于服务类，最终我们的平台也是为大家服务的，因为你没有多少资本。如果比较以后，我们做得很大的时候，即便有风投进来以后，资本金在里面比较，还是属于轻资本，轻资本行业中最重要的就是服务，这个服务里面包括我们的风险审查、风险审批，都是为投资者服务，我们不是投资主体，这个始终要记住。我们本身不是投资主体，也不是投资人，更不是借款人。投资人是社会上每一个独立的人，甚至会有一些集团，会有一些单位是投资主体。一些借款人、借款主体也是在外面的，我们帮你找，帮你们撮合，在网上进行交易的，一定是这样。这样就把我们要承付要垫付的这种半截子话，其实先行垫付就是半截子话，人家说你垫完了怎么办，你就没办法回答，垫完了就歇，其实本质不就是这样嘛！我就一句就行了，你垫完了怎么办？垫完了不就是歇嘛，就不垫了，那还垫什么？拿什么垫？根本垫不了。为什么央行一个劲地讲你那个担保不能担保，因为你的担保是有限的，讲了那个担保，某种带有一些欺诈性，它本意不是欺诈，但是结果就是造成一些智商比较低的，它担保了没问题了，怎么可能没问题呢？它担保了，但是能有多大？你能有多大？就跟我们的现行垫付，你能够垫付多少？不就5000万元，一个项目就没了，根本不够垫，别人一说出来你早就已经破产过了，这不就是实话嘛？但是为什么监管部门没有说，它没有叫停，他们是笨蛋？没有一个是笨蛋，他们都看到了这个问题。包括吴晓灵的讲话，包括刘士余后面的讲话，老百姓不要觉得这个公司有担保，这个公司有背书，背书还好，这个力量比较大，比如说平安集团给陆金所这个背书比较大，几万块钱、几十万块钱这个比较小，随便就垫了，但是担保不也就是垫嘛，性质有什么区别？都是一样的，只是形式不同。就是保证你不受损失，但是怎么能保证你不受损失呢？你炒股票损失你找谁啊？证券如果没有按照当时规定的利率损失了你去找谁呀？你根本谁都找不了。那就是你在选择这个投资的时候，你自己也要承担一部分责任，这是显而易见的事情，只不过我们没有扯开讲，非常显而易见。当我们理解了这样的思维格局，这个本质以后，那我们首先要从公告开始。我们以后每一个项目的公告，都要经过企业的确认，哪个企业的标，都要经过哪个企业确认一下，这是个重要的环节。这就保证了我们这么一个前提，这是企业在我们上面发的，这个话都是企业说的，我们仅仅是平台，但是不解释。就还是红岭创投某某公司，但是上面要加一句话：经企业确认……我们先把责任推出去，不要揽在自己身上。

——2014 年 11 月 8 日第 48 期总经理办公会议

红岭创投最后的方向是风投区和高风险区

所以说，今天我先讲，传统银行这块包括对企业的评级和价格，完全是正相关的，评级好的可能就是按照银行 AAA 级，给正常的利率，评级差一点，收入又比较高的，我们劳动力付出比较多的，我们收的就比较高。那后面还有一个风投区。风投区是搞什么的呢？风投区实际上是现在私募基金所说的，3 年 5 倍，5 年 10 倍，也有可能血本无归，就是这样的。那就可以公布，哪个私募基金可以公布这个，就在上面可以直接搞了。搞了以后我们没有责任，我们只是收个手续费的问题。那就属于风险区吧，投资区后面有个高风险区，就跟赌场一样，百分之百的高风险区，永远是 50% 的概率，有的人就是愿意去搏。实际上成本很大。风险区是有人来的，我们不管。我们这个平台永远是收手续费的，最后这个大的方向还是要往这个上靠。这样使我们的风险逐步降低，使我们的盈利逐步提高，使我们的外延越来越大，使我们的内涵越来越丰富。

——2014 年 11 月 8 日第 48 期总经理办公会议

建立互联网银行的思路

零售现在是一个起步的时候，马上我们新的产品要出来。风险管理部一个很重的任务，就是说传统贷款当中，要把银行贷款全部要收起来，两头都往上挂，存款贷款都往上挂。就是说你在交通银行贷款多少利率我给你多少利率，那么好质量的项目还不过来嘛。挂到网上去，投资者想要安全的，我给你安全的，跟银行的一样安全。然后中间我们再拉出一个连续的曲线，就是从最低的利率到最高的利率都有，你觉得哪个方面合适你就往哪个方面去投。这样我们就真正是一个互联网银行的雏形了。

——2014 年 11 月 8 日第 48 期总经理办公会议

传统银行区的建立问题

这两个工作可以做到,那马上就是第三件大事我们马上要做的,这个涉及整个动作了:建立传统银行区。就是说,银行你有什么样的贷款,我就有什么样的贷款,你有什么样的价格,我就有什么样的价格。或许加一点,企业从你这边贷一年期的流动资金贷款,企业实际的贷款成本是多少,你把它算出来,无非就是加一两个点,如果年化收益率6%,我估计企业的融资成本在8% ~10%,那我们就放在8% ~10%,就这么高。然后,一年的定期存款是3%点多,那我们就加3个点,7%左右,全传统的。就是银行你做,我现在也开始做了。看看,我们测试一下,我不知道会是什么样的结果,但一定是值得测试的。我现在就是银行了,我不同的是我不是吸收存款再放,我是把你现在的标给挂上去,好项目立马就过来了。这样好项目过来了,投资者一看,都是银行的项目,绝对没有什么风险,比银行3%要高,高到什么程度我们可以在当中搞几个档次进行测试。这个动作很大,这个动作一旦要是打开的话,那是一个相当大的动作,那就真的是向银行挑战了。我们不是组织存款,发放贷款,我们是组织项目,吸收投资。

——2014年11月8日第48期总经理办公会议

将红岭平台发展为社会银行的思路

这个(成立体验店)也不是点子,是早就在计划中的,只是早一点推出、晚一点推出的问题。最后就是要干这个事情。就是讲深圳地区所有银行的信贷员都是我们的信贷员,你拿的项目到我们这里都能做,好项目都能往上挂,只要我们审查通过都可以,这样我们就做大了,变成一个社会银行了。一下子全拉通了。

——2014年11月8日第48期总经理办公会议

从传统银行模式到互联网模式的转变与改善

我们现在的做法就和银行完全一样,就是银行的操作方法,包括管理等各个方面都一样，只是演变过来，就是从传统的变成了一个互联网的模式，具体的操作全是一样的。那么用这样的模型来操作的话，漏洞往往就比较小，因为这个银行运作的模型已经经过多年的论证了，所以说我们按照这条路往下走的话，应该讲我们在经营和管理上不会出很大错误。因为开始是小公司的话还无所谓，一旦规模到上千亿元、上万亿元的话，没有这样一个管理模式是一定要出问题的，不能是想到哪里就搞哪里，那样的话一旦出现一个小洞就不得了。

——2014 年 11 月 22 日第 50 期总经理办公会议

红岭创投下一步发展的基础、思路和解决方法

从认识上面，我谈我自己对互联网金融对我们红岭创投下一步发展的基础是什么，发展思路应该怎么去走，我们怎么去解决这个问题，提供一个非常好的机会，大家应该说是中国金融界的专业人，我觉得这个不过分。大家应该在各自的岗位上指挥，不管你的是大队伍还是小队伍，正规军还是游击队，不管怎么样，你都是一支队伍，那么这些队伍在红岭的大旗下面，我们才会有这样的机会，这个整个的打法，武器，进攻路线，战略安排要服从统一的指挥。总公司没有提供所有的枪支，弹药，战略、战术，方向，那么这个也是要靠我们分公司在发展过程中与各自经营过程中，包括红岭已经实施的一些项目中，还有我们已经看到的一些跑路的企业中一些血的经验教训，这些东西都是我们要学的，从这些方面把我们的办法寻找出来，找到这些办法以后才能把大家结合起来，达到最终的目的。当领导要做到，第一，带领好大家；二在管理上要公正，必须遵守规则，包括业务上的规则，管理上的规则，生活上的规则，都在内。只有这样做好了，才能带领大家，才能带领出队伍。这也是这些年以及来红岭这几个月思考出的成果来进行一些分享，希望能够抛砖引玉，能够启发出大家还有一些其他地方考虑得更深、更透、更有益的问题，我们把它启发出来。其他的问题，我们再一起进行讨论，一起研究，来共同制定我们今后的发展方向，我觉得这个会议在红岭创投的发展过程中，也是一个里程碑。

看得见的东西要学，看不见的东西更重要，人的心理、理念、行为习惯及

人的思维。现在就请各位分公司的老总谈谈，一、你现在做什么？还想做什么？二、你准备做什么？你需要分公司怎样的支持？

——张宇总经理在重庆分公司开业座谈会上的讲话

红岭创投的贷款项目与其他公司的信托项目、保险项目等合作的思路

第三部分，我们谈谈公司在下一步发展工作中，我们每个人应该做什么、怎么去做。先谈谈我们今天开业的体验店。我们安徽是全国第三家开业的体验店，还是很不错的。开业以后下一步怎么运作？那么从我们来讲本身也是一个创新。但是里面有些元素是相近的、是现有的，把这些元素全部集中起来，重新变成我们自己的产品，新的体验店的内容就产生了。比如，前段时间出现的九一金融，它就有体验店的性质。昨天晚上，对于这个公司和创始人，我在网上进行了地毯式的搜索，他们是从阿里巴巴做网购开始的。我还观看了凤凰网对于他个人的一个采访。淘宝网卖的是人们的消费品，九一金融卖的是银行的理财产品。他和各家银行联系，然后代销各家银行的理财产品。他从这个切入点进去，市场是一定有的。但是他的内容就比较单一，没有别的东西，远远没有达到我们研究的金融市场的深度和广度。但是这个营销方式和我们互联网金融的营销方式类似，可以用来解决金融产品的销路问题。我们红岭创投的网站上销售的是我们自己的产品，我们有自己的项目、自己的风控。我们目前的项目仅仅是贷款项目，未来我们可能有信托项目、保险项目等等。这些项目都是我们自己的，未来我们也可以和它们合作，把它们变成我们的销路。所以，我们在互联网金融的发展市场上，没有敌人，都是伙伴。问题是我们怎么结合、怎么合作。我们可以做自己的产品，也可以做其他公司的，别人能做的，我们也可以做。以后银行产品资产证券化、房地产资产证券化，我们互联网金融、我们的体验店都可以做这些产品。

——张宇总经理在安徽分公司的讲话

从发展投资人、新系统与分支机构的建设、优化产品结构、做

好项目风控措施、化解信贷资产风险等方面，提出2015年的总体发展规划

二、2015年的总体计划工作思想：抓准机遇，勇于创新，把控风险，稳健经营，以市场为导向，努力实现有质量的稳定增长及可持续的全面发展。工作目标：2015年的工作目标为完成三个50%的增长：成交量增长50%，贷款余额增长50%，利润增长50%，不良资产率有所下降。

1. 大力发展投资人队伍，加强营销服务工作发展投资人队伍作为今年工作的重中之重，将主要围绕以下工作进行展开：

(1)成立投资理财部，专职管理投资人工作。

(2)成立线上体验专区，加强用户体验，使网站链接全覆盖，实现网站任何页面可链接至线上体验专区。通过增强网站用户体验，将品牌效应发挥到最大化。自第二季度开始，将逐步对手机客户端、移动网页版进行优化设计，并在新系统上线后对网站进行全方面优化。同时，成立线上体验专区，客户可在线上模拟投资体验，并实现网站任何页面均可链接至线上体验专区，以解决用户的个性化需求，增强用户黏性。

(3)加强发展高净值客户，将财富中心延伸至全国。针对高净值客户的营销，将全面建设线下私募团队，完善财富中心的组织架构。2015年起，分公司财富中心将跟随分公司的正式开业而推进，并计划在6月30日开设20家分中心，年底实现30亿元的销售额。

(4)加速推进集团客户的合作，以资源换资源。今年将重点与大型集团客户建立联系，寻找业务合作突破口，共同创造和开拓新市场，实现资源的共享，促进资源的合理利用。

(5)迅速推开实体体验店和代理店的工作，参照银行抓储蓄存款一样发动投资人队伍。第二季度将开始全面推开体验店的建设。在架设直营店的同时，根据《互联网金融体验店(代理店、加盟店)暂行管理办法》，加快铺设代理店和加盟店，使体验店的工作规范化、统一化。在体验店的开设中不断总结经验，制定出一套规范化的流程，使各种形式的体验店的开设常规化、正规化、系统化。投资人队伍的壮大将是红岭未来发展的关键，所以今年我

们将集中火力，攻下投资人市场，迅速提升投资人数量。

2. 加快新系统的开发进程，使新系统建设取得新突破。2014 年红岭交易平台支撑的业务总量同比增长近 400%。为支撑起 2015 年公司业务的快速发展，高效提升红岭交易平台在强事务、高并发、大数据下的性能问题成为 2015 年技术部工作的重点。为达成目标，技术部一方面坚持对当前的红岭交易平台和投资宝交易平台持续性优化，确保当前业务正常快速开展；另一方面，建设以先进成熟的技术框架为基础的满足未来长期发展的全新的交易平台。新交易平台建设完成后，一方面迅速提升网站系统安全性和稳定性，保障在峰值数据流量下系统的平稳运行，为大力发展投资人提供坚实的保障。另一方面，将会拓宽产品技术接口，为后续开发新产品作充足准备。同时，新系统能够实现财务数据的接入和导出，为各分公司财务核算打下坚实基础，为开展多元化业务领域提供理想的支撑平台。

3. 着力推进分支机构和业务机构的建设，拓宽业务的深度与广度。今年将重点跟进处于拟正式开业分公司的筹办工作，加快正式开业进程；同时协助处于筹备阶段的筹备组完成放款 3 亿元的业绩指标；对进度滞后的筹备组开辟绿色通道，加大扶持、督促、指导及调整。同时，我们将在北京、上海两地开展分公司筹备事宜，继续扩大红岭创投的市场。同时，加强对业务机构的建设工作。合理的业务机构设置将为业务的快速发展起到重要的推动作用，而拓宽业务的深度与广度更是加快企业发展的重要环节。下一步，在完善业务机构方面，将根据业务发展的规模逐步对成熟业务进行细化，不断完善业务机构；在拓宽业务的深度与广度方面，一是要结合我公司实际情况，横向涵盖金融业的各类业务，以满足投资者对产品投资的个性化需求；二是要深入探索各项业务的深度，纵向延伸至各业务的核心部分，大力加强核心竞争力的建设。

4. 深入推动产品的创新发展，不断优化产品结构。自去年年底开始，已着手对三项重点产品筹备工作进行部署。今年将主要完成下述三项产品的上线及推进工作：

(1)2015 年元月份推出特定项目突击计划。特定项目突击计划是按照银监会的《三个办法一个指引》制定的，是所有信贷工作的主要产品和核心，包括了流动资金贷款、固定资产贷款、项目融资、个人贷款。特定项目的内容全部是按照银监局的规定进行操作，按照银行的方法进行管理。项目对象为全国国有及大中小型企业。通过各分公司提交当地100强企业，再对各企业的财务报表进行评级授信。这项举措是红岭创投2015年主战场的第一步，它将迅速壮大红岭队伍，让红岭创投在互联网金融领域站稳脚跟，发展出足以和银行抗衡的实力。

(2)六大事业部的设立及新产品的推进。我们计划在2015年完成租赁、保险、典当、信托、PE和VC六大事业部的建设以及推进工作。将这些传统金融的产品搬到线上，充分利用互联网这一社会化的基础设施，实现传统金融向互联网金融的创新性变革。目前租赁、信托和保险三个事业部已经基本落实，虽然还有很多未知的困难，但是我会与大家一起努力，将互联网和技术进步所带来的机遇发挥到最大，让我们这些金融从业人员抓住这次机会，为社会、投资人、企业及我们自身获取最大的利益。有人大胆预测互联网将颠覆过去的一切，那么金融也不例外，肯定也要被颠覆。如果你不站在互联网的平台上思考的话，你本身就已经落后了。任何的思维都必须站在互联网金融的角度来考虑，那我们现在的金融从业人员中有多少人是站在互联网这个思维上思考问题的呢？我看还差得很远。我们董事长是这么考虑的，所有的东西都离不开这个网站。但是我们很多传统行业的人员的思维很落后，包括我们现在在传统银行的部分人员。我们现在看到了新的东西，新的东西就是快半拍。有些东西需要几天做的，我可能一秒钟就解决了。这就是方法不一样了。那么在这样新的互联网平台上，保险的互联网化怎么样？P2P是从银行的借贷开始的，现在开始火了，那么保险呢？差得远。但这正是我们的空间。原始的保险市场是非常大的，只要我们从互联网上切入进去以后，速度又快，它们又能为我们所用，把它变成我们的资源。要善于站到一定的高度上，这样的话整个资源的配置就不一样了。我们再讲私募基金，中国的私募基金很多，但是没有一个私募基金考虑过成立一个私募基金的平台，它们都在考虑众筹的问题。实际上这个问题归集到一起也就是个项目，向多少人去收集项目。包括信托也是这样的，一头是投资人，一头是项目。只不过是期限不一样，利润的水平不一样，还款的期限不一样，投资的方向不一样，性质完全一样。但它们每一份以不同的价格、不同的规模分掉了，但这些东西在本质上完全一样。你们看网上现在众筹的问题沸沸扬扬，实际上我们以后的VC事业部就把市场上所有的私募基金都拉到网上来了，它们只是我们的产品中的一个而已。信托也一样，典当也一样，都是一个道理。那么对于金融的全接触，我们站在互联网的高度上，发现这个切入点，然后我们一旦切进去以后，我们的保险事业部可能就变成红岭保险了，租赁事业部就变成红岭租赁了。但是这些都要有孕育的过程，孕育的过程要有一个试验的过程。这个实验过程就在我们红岭创投目前的平台上一点一点去做。我们现在已经有33条腿在下面了，我们有可能实现它，当然我们有可能遇到困难，但是我觉得我有信心。我最怕的就是时间不够。我为什么每天就睡几个小时？因为我在思考着怎么去一步一步地实现它。实现它首先就是队伍的问题。我们最近的队伍比我刚来的时候好多了，现在最起码我们有三四十个行长在这里了。大家都是金融的从业人员，最起码智商是高的，原则是强的，智慧是有的，方法也是充足的。那么你们以后就要想，这六个事业部下去以后，你这个总经理应该怎么当。你不想也要想，这样的话，这个管理就跑到第一位来了。一开始的时候分公司的老总们在忙着跑项目，当你分公司一开业，跑项目就是次要的了，你更重要的是管理。有的时候更重要的是方法。我们现在搞六个事业部也是一种新的格局，也是一种新的战略打法。这种打法一旦开始以后，很多的东西都会变得很简单了。所以说六大事业部的设立和新产品的推进，我们在2015年要全部完成。这个要完成的话，担子很重，事情也很多。但是不要紧，只要尽力。

(3)推动合作产品的快速上线，加快投资人队伍的建设。积极推进与大型机构的业务合作是我们营销的重要目标。目前，我们正在与部分机构进行密切联系，为加快推动合作产品的快速上线，将重点探索和研究合作产品，力争在第一季度有突破性进展。待合作项目成熟后，即向分公司推广，扩大合作的范围和成果。

5. 切实做好项目全流程风控措施，确保资产安全稳妥。围绕把控风险、稳健经营的共同目标，总公司与各分公司一同努力，从项目上报、项目审查、发标出款及贷后管理等各个环节需遵照规范流程执行。切实加强对信贷项目的行业结构、客户结构、期限结构、收益结构的监测与调节，不断分散经营风险，防止系统性风险、流动性风险的发生，为有效防范项目风险奠定坚实的基础。重点把握客户的基本信息、项目合规性、企业的财务状况、市场前景、投融资方案、偿债能力、经济的可行性、担保分析、抵押物手续办理、还款方式设定及贷款条件落实等方面，确保公司及投资人资产的安全稳妥。

6. 重点完善组织架构的搭建，创造适应体制的管理新思路。自今年年初起，为适应公司的快速发展，将以直线型管理架构作为改革的推进重点。一直以来，由于部门权责界定不合理和内部管理链条较长被认为存在较多的问题，多头管理、环节过多、业务流程路径过长等问题较为普遍。通过调整现有的组织架构，使结构更合理，做到人员的合理使用、资源的优化配置，实现企业效益的最大化。同时，继续完善现有的规章制度，在执行中探索、在实践中完善、在总结中提高、在创新中发展，以用制度管权、按制度办事、靠制度管人为目标，建立健全岗位责任制，转变工作作风、强化服务意识、提升执行力，进一步加强机关内部协调，精简办事程序，创造出适应我公司体制的管理新思路。

7. 提高员工薪酬福利，开展全员持股计划。在周世平董事长的支持下，我们参照了深圳地区各大银行以及同业的平均工资水平，结合公司实际情况制订了新的工资计划，以维护和提升员工利益为工作出发点，大幅提升基层员工的薪酬福利，让员工切实分享企业发展的成果，营造和谐向上的文化新环境。同时，我们计划在今年三月份之前提出一个股份激励计划，每年的考核指标定下来以后，按计划进行分配，员工们一起享受股权产生的价值。我想，在这样的条件下，每一位员工将会更加努力地为红岭付出努力，为我们红岭的发展贡献自己的力量，共同将红岭的价值发挥到最大化。我们的工资、薪酬期权等激励制度都在紧锣密鼓的实施过程中。我们的一般员工工资、中层干部的工资到高管的工资现在已经进行了最后的确认，目前正在等待董事会最后的审批。审批后的工资，我们一般员工的工资将是深圳金融业最高的，包括基本收入和年终奖，一定是最高的。那么我们也要求各地的分公司也一定要做到第一，让我们创造出来的成果真正地让我们的队伍也享受到，要让他们也有一个宽松的环境。永远要把员工放到第一位，这支队伍强了，什么都有了，所以大家一定要带出一支队伍来。当然我们分公司的领导将来都是要有期权的，我们现在的估值是非常高的。

8. 加大清收不良贷款力度，防范化解信贷资产风险。由于今年宏观形势较以往更为错综复杂，金融体系内生性的问题也在增多，我国经济仍处于增长转段和结构调整的阵痛期，部分企业运行困难加剧，资金链趋紧，信用违约风险加大。今年我们应合理控制信贷总量，化解到期风险，优化贷款结构，增加有效资产抵押，对于已出现逾期、欠息的项目将视情况加大贷款清收力度，建立预警体系。同时，加强内控制度建设，健全风险控制流程中审批、出账、贷后管理制度，加强对公司内部制度执行的监督，减少甚至杜绝操作风险、道德风险、合规风险等内生风险的发生。

9. 充分发挥工会的纽带作用，凝聚力量建设和谐红岭。凝聚力的核心是凝聚人心、凝聚智慧、凝聚力量，目的是促进发展。凝聚人心，使红岭人的价值理念高度认同，不论形势如何变化都始终予以坚持；凝聚智慧，要把红岭人的聪明才智激发出来，为公司又好又快的发展共同奋斗；凝聚力量，就是要使全体红岭人团结一致、上下同欲，共促公司和谐发展。为此，我们通过建立员工沟通渠道，改善员工工作、生活、学习的条件，增强员工归属感，同时，通过组建工会，切实为每一位员工考虑，进而使其把这种精神和物质动力内化为工作、生活、学习的共同价值理念和行为准则，形成强大的凝聚力，不断追求自身素质的提升和企业发展的新跨越。

10. 引进培育复合型人才，完善培训方案。2014 年通过校园招聘 300 名大学生将于 7 月份至总公司报到，经统一培训后分配到各岗位以及各分公司。他们将成为红岭未来发展的重要骨干力量。并且我们的互联网金融学院将完善全员在线学习系统功能，实现 O2O 精准培训，完成新入职员工及分公司、体验店员工的培训，提高企业员工的素质，为这个行业输送高素质的互联网金融人才。

11. 全面的组织与推进。今年，全公司将在周世平董事长的领导下，全面推进各部门的工作，要把公司的各项制度建设落到实处，提高各部门的执行力和创新力，并以积极向上的精神状态、科学有效的工作方法、扎实过硬的工作作风抓好各项组织工作任务的落实。2015 年红岭创投大发展的序幕才刚刚拉开，我们有信心在新的一年里创造出更大的价值和利润回报公司、回报社会。

——2014 年终工作会议（一）

点面格局形成后的战略意义

到最后就是个格局问题，这个格局一旦起来，我们所布置的点面一旦起来之后，一般的公司是想象不到的。这个意义是非常大的，全面经济发展的均衡程度在我们的分公司都有体现，从这一点可以看到全国的经济形势，甚至于价格、物资、生活水平等我们关心的问题。所以这个格局不仅仅是我们搞十几个分公司，它是带有相当大的政治意义的。

——2015 年 1 月 10 日第 1 期总裁办公会议

梳理会议要点，强调今年的工作重点以及需要注意的事项

这个会议还是把大家该说的都说了，还有一些遗漏的地方，需要各个部门回去以后自己梳理，梳理出来一些重点的工作。第一就是说不能停下来，干什么事情都不要停下来。你们的思考、思维不能停下来，我是在任何状态下都在考虑红岭的工作的。我的手机是不关的，所以我再强调一下，我们参加办公会的人的手机一定要开着，不要让我找不到你。即便你暂时不停，我建议我们这些互联网企业的领导人，半个小时看一下手机。除了 12 点以后、早上 8 点事前允许有特殊情况，在这个时间之外不能关机。

第二个，有些容易出现特殊情况的，不行的话就按 AB 角的方法，就是一个人做不了的时候另一个人要能顶上，不管他是哪一干部。这样才能保证工作不中断，工作只要不中断就什么都不怕了。工作一中断了，找不到人了，很多东西就很麻烦了。当然最后我得顶替，员工的工作我都得顶替，因为我是总经理。什么事情你们副总不在了，那我就得顶上来。你们分管的条线，哪个经理不在了，你们就要顶上去。这样才能保证整个工作的有序。第三点，今年的工作已经开始了，大家回去把重点工作做一个安排。我刚才强调了一下财务费用，大家要赶快报上来，报上来以后财务在安排上就有一

个计划了，就知道我们能挣多少钱，可以花多少钱，还有多少钱可以给大家分。我很关心给大家分多少钱，因为工作的报酬是很重要的。我的目标是今年年底超过银行。在银行是哪一级干部，我们这里就是哪一级干部。我们不能和总行比的话，我们最起码在分行这一级，如果搞得好，可能就超过他们的总行这一级。因为现在我们的预算还没有出来，很多东西还不确定。大家现在都是走一步看一步。我们收入根据趋势外推的预测现在有吗？根据现在的情况预测我们每个月会增加多少？到年终会是怎么样？这都是我们平时要想的工作。还有我们很多其他部门，比如说你的资产保全部，风控条线。我们现在需要多少钱上去才能把这个覆盖？就是风险准备金才能把终极风险覆盖？我们需要怎么样的规模才能安全。这些都是要计算的。还有我们现在的案件都处于怎么样的状态，我们最可能的损失会有多大？我们最小的损失会有多大，这也有一个区间。这些分析报告是我们的部门老总们都要考虑的东西。这样我们在宏观，在公司的支点上就有一个支点了，就有一个基础了。在讨论问题的时候就有方向了，就知道我们大的轮廓该怎么把握了。这是第三点。第四点，我们现在是五条线，这五条线基本上覆盖了我们所有的工作，也有可能有一些遗漏。如果有遗漏的话大家要立刻把问题提出来，发现了问题，在你的条线能解决的你要自己解决。解决不了的就看看哪条线负责，这样的话就能在管理上不留死角。新的一年我们要有一个新的姿态，一般这个会议我们是春节之后再开的。但是今年我们年会之后就开了，开了以后所有的工作要进入正常化。春节是七天假，大家该玩玩，特殊情况要多请几天假我也会批准，但是大家要一直在状态中。这样的话我们就不怕，今年我们就是一个完整的工作年度，大家的状态也会好一些。希望大家把工作完成得出色一点。

——2015 年 1 月 17 日第 2 期总裁办公会议

红岭内部管理体制的改进

如果红岭创投一上市，那么大家就都变了，就变成真正的上市公司了，一旦变成了真正的上市公司，那么在座各位的身份就都变了，就不像过去的那一套管理了，大家都要有这样的思想准备。我们现在的高管都是从上市公司过来的，对于上市公司的管理都是很熟悉的。一直是在被监管下和市场的挑战下，在夹缝中生存。红岭创投作为一般的企业，在这方面的训练少，有些知识几乎是空白，包括从管理上的。我来了以后，一年多的时间，有了一些进步，特别是我们的队伍，但是还差得很远。差得很远是因为原来这支队伍的素质太低，不是一般的低，这不能怪他们。原来他们生活的领域，和我们之前的根本就不是同一个领域，一下子放到一个领域来了，这一下子差距就很大。有的人他看清楚了，就不断地改变自己，就跟上来了，有些他看不清楚，他还认为他自己原来是对的，有的还选择了离开，跑到其他公司去了，有的还怨言很大，拿了奖金就走了。我就觉得很奇怪，哪里有红岭创投那么好，待遇，过去是不高，现在哪个跟我们可以比，这只是今天，到年底就根本没法比。第二干活，哪个地方有我们这思路那么清楚，该干什么都告诉你，只要你不懒，该做什么都清楚。第三这里公正公平的环境已经基本建立起来了，在这边努力的同志都能得到重用，都能得到提拔，是应该给他物质和精神利益的。我们去年的年终会为什么设了那么多的奖项，就是为了在红岭创投建立起一种凡是你做了事了都要给掌声，凡是你做得相对优秀，就要给奖励。这样，这个企业的文化和我们在管理当中，每一步往前走的时候，都有目标，都有标杆，都会有判断，都会有鞭策和鼓励。那么每个人在这样的环境里工作、生活，会始终处于一种向上的能量中。我们所享受的生活质量和精神质量都会在不断地提高。这不也正是大家正在追求的吗？那么我们把个人的追求和企业的发展，于老百姓、投资者、企业、贷款单位、监管当局、政府、与我们自己还有国家都有利，那为什么不干呢？为什么做不成呢？

——2015 年 1 月 24 日第 3 期总裁办公会议

下一步工作重点关注的三个部门及其相应的任务和职责

这个地方我要点几个部门，是我下一步的工作要关注的地方。一个是办公室，因为我们的办公室是一个大的办公室，就相当于一个办公厅。你下面有五个部门，很杂。很多的文件都从这里面出来，不论是分公司也好，总公司也好，很多事情都需要你们来办。这个时候就需要你们的积极性提高起来，效率要提高，方法要提高。不懂不要紧，要问，要学。另外就是互联网金融学院，是我们未来发展的基础。下一步要迈开更大的步子，不仅是内部的培训，而是要内引外联。大学生招聘中和各大高校的合作，多和几家合作，然后就在我们这里挂牌。这本身是对人才的培训创造的一个基础，更重要的是对我们企业的一种宣传。第三个，就是我们的市场，市场整个条线的工作都要加强。因为市场的工作确实是很多，干部又不够，而且很多东西都是比较散的。但是现在我们都已经归集好了，部门也设定了，每个部门也有各自的职责了，后面的工作也好做了。那么今年上半年就看你们了。现在我们的标已经出现排队的情况了，如果跟不上的话，就要出现一些问题了。我的重点就要放在这里了，因为这部分上来了以后，整个公司才能撑住。风险条线的工作做得很好，尽管已开始出现了一些问题，但是不断地在提出方案和落实，基本上是让我们踏实的。我会亲自来把帮着把这三个工作抓起来的，你们的事情也是我的事，你们如果工作没有搞到一定位置的话就是我的失职。下一阶段我们要一起下工夫，最起码使得我们的满标速度快起来，每天的成交量大起来，我们的客户群要多起来。我们现在的投资人是 30 多万，目前还没有大的集团客户。我们要把集团客户的工作抓起来，不一定要很大，但是要开始慢慢地建立起来。做事情不要只做一件事情，要学会并行，很多事情一起去做，然后这个事情成功的可能性就会大一点。前面讲得很杂，工资也已经确定了，下面就是谈话，什么时候叫到你们，你们来就可以了。工资不要相互过问，这是纪律，只要知道自己的就行了。其他的没有多说的了，看看董事长有没有要讲的。

——2015 年 1 月 31 日第 4 期总裁办公会议

今年的主要工作是发展，其次是培养企业文化，最终落实到每一项工作当中

第一个问题讲的多了一点，现在讲第二个问题。第二个问题就是我们到今天为止，应该讲 2014 年的总结都已经完成了。2015 年的工作也都已经安排了。都已经在年终工作会议上对 2015 年的全年工作进行了安排。我们三个条线专业会议也已经开完了。等于把今年主要三个条线的任务都已经

安排下去了，并且跟大家进行了讨论。讨论以后然后现在有个执行的方案了。当然在执行过程当中，对计划还是要重新地修正、完善和执行情况的检查，然后到年底才能进行总结。这样就把全年的工作穿插起来了，而且每一个节点上都知道我们该做什么，将做什么。这个我做一个简单的回顾。那么今年我们要做什么，今年从整个宏观上看是新的年度新的起点。新的起点的主要核心——"发展永远是硬道理"，还是要发展。在任何情况下都别忘了要发展。那么再发展这个基础上，我们企业的文化就是要勤奋、学习、进步，通俗地讲就是不要偷懒、不懂就问、错了就改。用这种基本的态度，实施发展就是硬道理，然后具体落实到我们每一项工作当中去，落实到每一个条线的具体工作当中去。我们就有了一个企业的成长和个人的成长的一致性，就有了一个基本的支撑点。这既是要专业做事，更重要的是做人。顺序是做人、做事、做专业，不是倒过来的。有人开玩笑，关于德才的问题。有德有才是精品，有德无才是赝品，无德无才是废品，还有一个是有才无德是毒品。这种四个评价实际上是讲人在一起工作最重要的是人、做人、做人的道德和品质。企业和企业的竞争是什么的竞争？是人的竞争，是人的质量的竞争。我们这个队伍比你们队伍的人厉害，那我就跟你打仗。游击队就是打不过正规军，因为队伍不一样，人不一样，武器不一样，接受的训练也不一样，怎么打？拿老炮筒和机关枪打仗，没见面人就没了。不是一个量级根本打不了。这是从浅显的道理上这样讲。那么人跟人之间的竞争是什么？最终是一个品德的竞争。就是这个人的德好，他什么都好。他的学习、进步所有都好。一个人德不好，你再好也没用，越好越糟糕。德不好最后变成一个毒品在那里，成天干坏事，聪明干的全是坏事，那要命了。所以说我们在企业管理中，在干部管理中，人的品德是放在第一位的。有了良好的品德和品行，然后再去学习，再去努力、勤奋，再去不断地改错，那么这个企业才能真正地强大起来。所以说今年的工作，在培养我们企业的文化，在培养我们员工的当家做主的精神、民主管理的精神、以公司为家的精神这些方面，我们大家都共同努力，我们都为这个企业的发展能够尽一份力量。

——2015 年 2 月 7 日第 5 期总裁办公会议

红岭的发展愿景

今天下午我肯定要讲，过去我一直不讲，董事长也要讲，你们各个部门也要讲。为的是我们红岭创投前一段时间遭到的负面影响，为我们自己正个名，把自己想说的也告诉大家。因为我们到今天，红岭创投都是在阳光下，成绩我们也在阳光下，我们还会继续在阳光下。我们接受监督，我们努力工作，我们改正错误。只要我们这样心胸坦荡地做一切工作的话，我觉得我们都有机会，这也是能够获得大家尊重的一个做法。

——2015 年 2 月 14 日第 6 期总裁办公会议

各部门要加大发展投资人的工作，争取年后有一个突破

第二个我关心的就是投资人的事情。因为投资人的事情在我们全年的工作中，可能要占到最重要的位置，那么主要就是涉及我们的市场条线和我们的 VC 事业部，还有其他的就包括我们的信托事业部、保险事业部等，都涉及我们的投资人的问题。那么我们要把这个投资人的问题集中起来，要解决这个问题。

我们各条线都要拿出各自的方案，争取要在年后有一个突破。所以关心投资人的问题，各个部门回去以后都要动动脑筋，投资人这个概念还是比较大的，落实要在我们这里的很多个部门，目前主要还是在我们市场部。我们现在也是要全员发动投资人，包括我和董事长，包括集团的、线上的、线下的、高净值的，都要发动起来。我们前一个阶段的动作不够快，或者说效果不够好，这个主要责任在我，不怪大家，因为我没有把它放在一个重要的位置上。所以也造成了我们目前的投资人跟不上项目，我们手里面的项目现在很多，而且我们现在有 35 家分公司和筹备组在外面找项目的话，下一步的工作量，各个方面都会极大地加大。不是一般的加大，可能我们过去都没有应对的经验。到时候公司的总部的管理机构要到多大才科学我都没数。只能是一步一步往前走，然后需要什么我们再扩充它，逐步调整。

——2015 年 2 月 14 日第 6 期总裁办公会议

我们所从事的事业的责任和价值

我们的担子很重，但是也很光荣，因为我们在做前人没有做过的事情，我们在这个历史阶段能承担这样一项责任，并为这项事业的发展作出我们的贡献的话，我们将非常光荣。我们从里面得到了我们该得到的利益和成长。国家也从中得到了经济强大的一个基础，也让世界经济看到我们中国在进步，使我们的中华民族在世界上有脸面。

——2015 年 2 月 14 日第 6 期总裁办公会议

张总在 2014 年终报告会上作出的 2015 年总体计划

工作思想：抓准机遇，勇于创新，把控风险，稳健经营，以市场为导向，努力实现有质量的稳定增长及可持续的全面发展。

工作目标：成交量增长 50%，贷款余额增长 50%，利润增长 50%，不良资产率有所下降。

1. 大力发展投资人队伍，加强营销服务工作

发展投资人队伍作为今年工作的当务之急和重中之重，将主要围绕以下几个方面展开工作：

(1) 成立投资理财部，专职管理投资人发展及维护工作。

(2) 成立线上体验专区，加强用户体验，使网站链接全覆盖，实现网站任何页面可链接至线上体验专区。我们将通过增强网站用户体验，将品牌效应发挥到最大化。自第二季度开始，将逐步对手机客户端、移动网页版进行优化设计，并在新系统上线后对网站进行全面优化。同时，成立线上体验专区，使客户可以在线上模拟投资体验，并实现网站任何页面均可链接至线上体验专区的功能，以解决用户的个性化需求，增强用户黏性。

(3) 加强发展高净值客户，将财富中心延伸至全国。针对高净值客户的营销，将全面建设线下私募团队，完善财富中心的组织架构。2015 年起，分公司财富中心将跟随分公司的正式开业而推进，并计划在 6 月 30 日前开设 20 家分中心，年底实现 30 亿元的销售额。

(4) 加速推进集团客户的合作，以资源换资源。今年将重点与大型集团

客户建立联系，寻找业务合作突破口，共同创造和开拓新市场，实现资源的共享，促进资源的合理利用。

（5）迅速推开实体体验店和代理店的工作，参照银行抓储蓄存款一样发动投资人队伍。2015年我们将开始全面推开体验店的建设。在架设直营店的同时，根据《互联网金融体验店（代理店、加盟店）暂行管理办法》，在各个分公司（含筹）加快铺设代理店和加盟店，使体验店的工作规范化、统一化。同时，在体验店的开设中不断总结经验，制定出一套规范化的流程，使各种形式的体验店的开设正规化、常规化、系统化。

总之，投资人队伍的壮大将是红岭未来发展的关键所在，所以今年我们将集中火力，攻下投资人市场，迅速提升投资人数量。

2. 加快新系统的开发进程，使新系统建设取得新突破

2014年红岭交易平台支撑的业务总量同比增长近400%。为了支撑2015年公司业务的快速发展，高效提升红岭交易平台在强事务、高并发、大数据下的性能问题成为2015年技术部工作的重点。为达成目标，技术部一方面坚持对当前的红岭交易平台和投资宝交易平台持续性优化，确保当前业务正常地快速开展；另一方面，建设以先进成熟的技术框架为基础的满足未来长期发展的全新的交易平台。新交易平台建设完成后，一方面将迅速提升网站系统安全性和稳定性，保障在峰值数据流量下系统的平稳运行，为大力发展投资人提供坚实的保障。另一方面，将会拓宽产品技术接口，为后续开发新产品作充足准备。同时，新系统能够实现财务数据的接入和导出，为各分公司财务核算打下坚实基础，为开展多元化业务领域提供理想的支撑平台。

3. 着力推进分支机构和业务机构的建设，拓宽业务的深度与广度

今年将重点跟进处于拟正式开业阶段的分公司的筹办工作，加快正式开业进程；同时协助处于筹备阶段的筹备组达到正式开业条件；对进度滞后的筹备组开辟绿色通道，加大扶持、督促、指导及调整。同时，加强对业务机构的建设工作。合理的业务机构设置将为业务的快速发展起到重要的推动作用，而拓宽业务的深度与广度更是加快企业发展的重要环节。下一步，在完善业务机构方面，将根据业务发展的规模逐步对成熟业务进行细化，不断

完善业务机构；在拓宽业务的深度与广度方面，一是要结合我公司实际情况，横向涵盖金融业的各类业务，以满足投资者对产品投资的个性化需求；二是要深入探索各项业务的深度，纵向延伸至各业务的核心部分，大力加强核心竞争力的建设。

4. 深入推动产品的创新发展，不断优化产品结构

自去年年底开始，我们已着手对三项重点产品筹备工作进行部署。今年将主要完成下述三项产品的上线及推进工作：

(1)2015 年推出特定项目系列。特定项目是按照银监会的《三个办法一个指引》制定的，是所有信贷工作的主要产品和核心，包括了流动资金贷款、固定资产贷款、项目融资、个人贷款。特定项目的内容全部是按照银监局的规定进行操作，按照银行的方法进行管理。项目对象为全国国有及大中小型企业。通过各分公司提交当地 100 强企业，再对各企业的财务报表进行评级授信。这项举措是红岭创投 2015 年主战场的第一步，它将迅速扩宽我司的业务范围，大幅度降低项目风险，让红岭创投在互联网金融领域站稳脚，发展出足以和银行抗衡的实力。

(2)设立六大事业部及开发新产品。我们计划在 2015 年完成租赁、保险、典当、信托、PE 和 VC 六大事业部的建设以及推进工作。计划将这些传统金融的产品搬到线上，充分利用互联网这一社会化的基础设施，实现传统金融向互联网金融的创新性变革。目前融资租赁、保险、VC、典当四个事业部已经基本落实，虽然还有很多未知的困难，但是我会与大家一起努力，将互联网和技术进步所带来的机遇发挥到最大，让我们这些金融从业人员抓住这次机会，为社会、投资人、企业及我们自身获取最大的利益。

(3)推动机构合作产品的快速上线，加快投资人队伍的建设。积极推进与大型机构的业务合作是我们今年投资人营销工作的重要目标。目前，我们正在与部分机构进行密切联系，为加快推动合作产品的快速上线，将重点探索和研究合作产品，力争在第一季度有突破性进展。待合作项目成熟后，即向分公司推广实施，扩大合作的范围和成果。

5. 切实做好项目全流程风控措施，确保资产安全稳妥

围绕把控风险、稳健经营的共同目标，总公司与各分公司一同努力，从

项目上报、项目审查、发标出款及贷后管理等各个环节遵照规范流程执行。切实加强对信贷项目的行业结构、客户结构、期限结构、收益结构的监测与调节,不断分散经营风险,防止系统性风险、流动性风险的发生,为有效防范项目风险奠定坚实的基础。同时,重点把握客户的基本信息、项目合规性、企业的财务状况、市场前景、投融资方案、偿债能力、经济的可行性、担保分析、抵押物手续办理、还款方式设定及贷款条件落实等方面,确保公司及投资人资产的安全稳妥。

6. 重点完善组织架构的搭建,创造适应体制的管理新思路

自今年年初起,为适应公司的快速发展,将以直线型管理架构作为改革的推进重点。一直以来,部门权责界定不合理和内部管理链条较长被认为是存在较多的问题,多头管理、环节过多、业务流程路径过长等问题较为普遍。通过调整现有的组织架构,使结构更合理,做到人员的合理使用、资源的优化配置,实现企业效益的最大化。同时,继续完善现有的规章制度,在执行中探索、在实践中完善、在总结中提高、在创新中发展,以用制度管权、按制度办事、靠制度管人为目标,建立健全岗位责任制,转变工作作风、强化服务意识、提升执行力,进一步加强机关内部协调,精简办事程序,创造出适应我司体制的管理新思路。

7. 提高员工薪酬福利,落实全员持股计划

在周世平董事长的支持下,我们参照深圳地区各大银行以及同业的平均工资水平,结合公司实际情况制订了新的工资计划,以维护和提升员工利益为工作出发点,于 2015 年元月份开始大幅提升了基层员工的薪酬福利,让员工切实分享企业发展的成果,营造和谐向上的文化新环境。同时,我们已经提出了一套股份激励计划及员工持股计划,将在今天的大会上提请审议,让员工们一起享受股权投资产生的价值。我想,在这样的条件下,每一位员工将会更加努力地为红岭付出努力,为我们红岭的发展贡献自己的力量,共同将红岭的价值发挥到最大化。

8. 加大清收不良贷款力度,防范化解信贷资产风险

由于今年宏观形势较以往更为错综复杂,金融体系内生性的问题也在增多。我国经济仍处于增长转型和结构调整的阵痛期,部分企业运行困难

加剧，资金链趋紧，信用违约风险加大。今年我们应合理控制信贷总量，化解到期风险，优化贷款结构，增加有效资产抵押，对于已出现逾期、欠息的项目将视情况加大贷款清收力度，建立预警体系。同时，加强内控制度建设，健全风险控制流程中审批、出账、贷后管理制度，加强对公司内部制度执行的监督，减少甚至杜绝操作风险、道德风险、合规风险等内生风险的发生。

9. 充分发挥工会的纽带作用，凝聚力量建设和谐红岭

凝聚力的核心是凝聚人心、凝聚智慧、凝聚力量，目的是促进发展。凝聚人心，使红岭人的价值理念高度认同，不论形势如何变化都始终予以坚持；凝聚智慧，把红岭人的聪明才智激发出来，为公司又好又快的发展共同奋斗；凝聚力量，就是要使全体红岭人团结一致、上下同欲，共促公司和谐发展。为此，我们通过建立员工沟通渠道，改善员工工作、生活、学习的条件，增强员工归属感。同时，通过组建工会，切实为每一位员工考虑，进而使其把这种精神和物质动力内化为工作、生活、学习的共同价值理念和行为准则，形成强大的凝聚力，不断追求自身素质的提升和企业发展的新跨越。

10. 引进培育复合型人才，完善培训方案

2015 年校园招聘的 300 名大学生将于 7 月份至总公司报到，经统一培训后分配到总部各岗位以及各分公司（含筹），他们将成为红岭未来发展中的重要骨干力量。另外，我们的互联网金融学院将完善全员在线学习系统功能，实现 O2O 精准培训，完成新入职员工及分公司、体验店员工的线上培训，提高企业员工的业务能力和综合素质，为这个行业输送高素质的互联网金融人才。

11. 全面地组织与推进，为实现年度目标共同努力

今年，全公司将在周世平董事长的领导下，全面推进各部门的工作，把公司的各项制度建设落实到实处，提高各部门的执行力和创新力，并以积极向上的精神状态、科学有效的工作方法、扎实过硬的工作作风抓好各项组织工作任务的落实。

2015 年红岭创投大发展的序幕才刚刚拉开，我们有信心在新的一年里创造出更大的价值和利润回报股东、回报公司、回报社会。

我的工作报告到此结束，希望各位股东能就今年的工作报告提出宝贵

的意见，谢谢！

——《2014 年度张宇总裁工作报告》

红岭要成为百年老店

我和我们现在管理团队的想法就是，红岭创投是一定要发展成百年老店的。因为我们现在所出现的机遇是百年不遇的，都是新的东西，我们很光荣。我们既是实践者，又是参与者，每个人在里面都有份，那么成功以后都有一种成就感和使命感。我们在这个领域，如果都能团结起来把这件事做好的话，那生活的意义可能就要比原来更丰富一点，我现在就感觉时间过得特别快。我们没有休息，周六开办公会，下午还有一大堆事情，我对我们总经办的要求是周六开完办公会，周一会议纪要必须出来，出来以后，五条线必须跟踪监督，那根本停不下来的，那没办法。都很辛苦。还有这个阶段比较特殊，当我们坚持到 1000 亿元以上了，可能要好一点，还能喘口气。所以从认识上，我们要提高我们对 P2P 企业，对互联网金融的认识高度。这是我讲的第一点，对互联网金融的认识。

——张宇总裁在浙江分公司座谈会上的讲话

谈公司发展现状与未来

就从我们自己来看，大家也可以看得到，我经手红岭创投的时候，也就是 2013 年的 11 月底，也就是在眼前，我过来一年半，那就是一眨眼过来了，我来的时候这个规模才多大，才多少人，才多少利润，整个 5 年积累的交易总额我来的时候是 35 个亿，到年底的时候是 39 个亿，就是我来的 2013 年年底，5 年交易总额对我们现在来说就两周，这个速度你们感受到了，我也感触到了，我自己都感到吃惊，怎么这个速度，可能今天晚上就过 450 亿元了，450 亿元对于过去任何一个行业都是个大数据，450 亿元啊，不是 45 万元，也不是四亿五啊，是 450 亿元啊，那下一步大家就可以看到 1000 亿元可能不是梦吧，我估计就在年底，一万亿如果不出岔子也不是梦吧，最多三年，它肯定是这个速度了，既然这个趋势大家已经看出来了，那么中间我们该做些什么，我们怎么才能维持住这种优势,这种产业优势的特点怎么把它看懂,看懂以后怎么样把我们自己把握好。

——张宇总裁在苏州分公司座谈会上的讲话

讲述来到红岭创投的初衷和想法

所以说,有幸参与我们红岭创投来,我们成为一伙往前走的这些同志我们是很幸运的,我们抓住了这个机会,这个机会不是时时刻刻都有的,但是这个机会是对于那些有准备的人来的,我们不能说是有准备,但还是想做点事,我是从事金融业一辈子,在金融行业讲我不输给任何一个人,不论从风险管理,从机构管理,从综合管理,从业务管理,从国际管理,从监管,从巴塞尔 1 到巴塞尔 3,从最基本的计划经济体制下的企业管理到完全经济体制下的企业经营管理,从国内企业先进典型到不足的地方到国际企业先进典型到不足的地方,应该讲我不输给别人,但最后我为什么选择了这样一个平台,我要选择做点事,那么这件事实际上就是为自己争一份荣誉,为这个行业添砖加瓦,也为我们国家在这个行业内是否能够做一点让中国有面子的事情。

——张宇总裁在苏州分公司座谈会上的讲话

谈行业和红岭创投的未来发展

人民银行原副行长刘士余,他在会议上就作出一个预言,我当时也很振奋,五年之后美国一定会到中国来学习互联网金融,因为中国互联网金融的速度在世界上惊人的,我们从自己身上的成长已经看到了,营业额一年多的时间从 30 多个亿蹦到了 400 多亿元,十几倍,这个大家可以看到,待收余额我来的时候是 6 个亿,现在贷收是 150 个亿,多少倍了,20 倍了,利润在 2013 年年底算来算去账面上 1200 万元,现在我们一个月就接近 2000 万元,这个速度你们完全看到的,那么这个速度就为大家争得了一个机遇,互联网金融是我们这代人,是几百年来所难以遇到的机遇,在这个机遇中我们这个队伍里面所有人都很光荣,而且能够参与到这一体系建设和发展当中,历史上都能留下你们的名字,当然不一定在书本上,但在实际当中一定会留下,因为我们在座的每一个人都是唯一的，没有谁和你重复的，你们每一个人身上都有你们每个人的优势。

——张宇总裁在苏州分公司座谈会上的讲话

对后来同事的期许

那么在今天我谈那个认识，就是告诉大家我们现在进入了一个非常好的领域，这个领域是前无古人，后有没有来者我不知道，这个领域是非常灿烂、非常美好的一个行业，我很荣幸，我有这个机会，在我这么大年纪了，晚年吧，应该说是晚年了，能够有这个机遇带领大家打几年，我觉得很有意义，我也希望我们新进来的年轻的同志，一些中年的同志就没有理由不在这方面作出付出，作出些努力，作出些探索，为自己挣出一份荣誉，为这个行业添砖加瓦，也让这些美国佬看一看，也让其他发达国家看一看，在中国经济经济界也能够崛起一批引领世界的企业，一样，也是这个道理。

——张宇总裁在苏州分公司座谈会上的讲话

要做互联网银行

因为我们的业务，仅仅搞过去两分的，年化收益率24%的民间借贷不是这个东西，这仅仅是开始，从这里介入的，到以后要把它改造成互联网银行，就是银行做什么我们做什么。只不过我们的区别就是倒过来做，银行多数是先有存款后有贷款的，我们是先有项目，后有投资，这都是一样的，这没什么区别，只要找到好的项目，把中间的媒介去掉，让我们每一个存款者直接就可以投资项目，他们从收益率上就会提高很多，那没有说哪个老百姓不同意的，我们大家手上都有些存款，银行年化收益率现在存定期也就是三点几，活期的话是零点几，发个理财产品是五点几，还到处在推销。你们自己也有，家里也有，同学、同事、朋友，他们手里都有钱，而且这些钱都存在银行，90%以上的钱都是存在银行，现在转过来，一旦变成一种投资，他们的收益率会提高，而且每个人都是我们的客户，我们的客户和银行没什么两样，只要经济发展，项目层出不穷。

——张宇总裁在陕西分公司座谈会上的讲话

走资本集中的道路

另外从规模上，下一步要走这种联系、合作，走出这种资本集中的这条路了。在经济学里大家知道，一个企业的扩大有两种形态，第一种叫资本的集聚，是靠我们企业内部的积累，靠自己一点点利润积累在做大，现在基本是这样在做；第二种叫资本的集中，众多的企业一下合作在一起，比方讲有的信托公司、典当公司、P2P 公司、小贷公司，只要定下几条规矩我们立马可以合作，一合作资产就全过来了。

——张宇总裁在福建分公司座谈会上的讲话

关于互联网金融超市的构想

我们就是更完善了，以后就是互联网金融广场、互联网金融交易中心了，就是这个平台更大了。这本身就是对这个网贷界有影响，就是他们看到的我们也看到了，我们不仅看到了也做到了，这样也给了同业信心。我们现在对外宣传都是伙伴，没有竞争对手。

——2015 年 6 月 30 日传统 P2P 专题会议

红岭创投目前的架构与未来发展方向

里面的内容，我们 6 个事业部，租赁、典当、保险、信托、PE、VC 全有，为什么？它们都是需要钱的。投资哪里来？所有的老百姓，你们愿意搞风投我也有，你们愿意搞私募我也有，你们愿意搞保险我也有，你想信托、租赁、典当全都行，这个平台都有。再加上我们过去的快标，那是一般正常的银行贷款，从个人的到集体的到融资性质的全有。我们红岭创投这个互联网企业最后是什么？人家说是个“集团”，我最烦集团，三个企业也搞个集团。比较客观的就是“互联网金融交易广场”，这个我感觉还比较踏实一点。或者叫“互联网金融交易中心”，或者叫“金融脱媒公社”，这是新名词。反正不管怎么样，它的理论定位和它今后的方向一定是这样的。

银行的同志，特别是我们银行的同志过去研究的是今后银行就是手机，以后连银行都没了,你要投资、借款就直接上手机借,手机不只是个工具,你们就直接向有钱的人借,两个人相互借就行了,供求关系来决定它的价格,谁也别承担责任。理论上采取的是这个方式。

——2015 大学生职业培训暨互联网金融研究所成立典礼

张总对新员工的寄语

在座的你们这些同学们有过正规的学习,有过正规的知识,如果你们加入这个行业,你们的前途是无量的。在今天这个开学典礼上,我作为红岭创投的一个老员工,把这些认识先跟你们做一个交流,你们就知道你们身处于一个什么样的行业当中。然后你们在这个行业当中怎么做才是对的,你们会选择。而且我希望你们进入这个企业、进入这个行业以后,不要偷懒,这是我经常讲的一句话,“勤奋一点,不懂就问,错了就改”,只要做到这三点就可以了。这是我讲的第一点,和大家一起分享一点认识,这是对我们这个企业、对这个行业、对目前的现象的一点认识。

——2015 大学生职业培训暨互联网金融研究所成立典礼

张宇对新入职大学生以及红岭未来的期望

但今天你们很幸运,大家在一起做这样一个交流。欢迎你们,希望你们在红岭创投能成为红岭创投的中流砥柱,这个企业的发展靠的不是我们,靠的是你们,因为这是个事业。你们进步了,这个企业就进步了;你们站起来了,红岭创投就站起来了;你们强大了,红岭创投就强大了。

红岭创投的强大不是一个企业的强大,是一个行业、是一场革命、是一个人类进步的强大,这一点你们身上都负有历史使命,也有社会使命。所以我们能够有幸在这样一个历史阶段走到一起,能够在这个领域同舟共济,我们变成“一伙的”,大家一起往前走,我很开心。我愿意跟你们一路欢笑同行,谢谢大家!

——2015 大学生职业培训暨互联网金融研究所成立典礼

红岭是个大家庭，大家要相互扶持

我说深圳像个江湖一样，但是我们企业不能像江湖，红岭创投不能像江湖，要像个家一样，给大家一个安全说话、安全生活、安全进步的地方，企业内部不能像江湖一样，江湖上做任何事情全是交易，企业不一样，企业是个大家庭，有同志之情、朋友之情、家庭之情、兄妹之情，有相互的支持、爱护、提醒和批评，在这样的环境中才能健康成长。我们的员工都进步了，我们企业才会进步，个别的领导、少数的精英是解决不了企业发展的问题的，这必须靠每一个员工的努力，因为每一个员工都是唯一的，他们身上都有别人不可复制的优点，我们把每一个人的优点都运用到我们企业发展上，那企业就有希望。

——张宇总裁对风险、市场部门的培训

——《关于当前业务管理中的几个重点问题》

全面的产品线促成互联网金融交易中心

这样一来，我们就把六个事业部的业务全部放上去了，信托业务，信托公司的标可以挂到我们平台上，下面的人也可以线上交易，因为我们的平台影响力大。租赁我可以挂，典当、保险、PE、VC 全都能挂，还有些感觉利率高的，投资人觉得利率高的或者低的，全部上本标，再高的也有，再低的也有，根据你的灵活偏好去选，风险我们不担。我们和投资者签个协议，在本标上的投资我们只负责标的真实性，风险我们控制不了，因为利率是和风险在一起，是借款者自己定的。跟借款人只保证投资者身份的真实性，然后你要自己控制风险，你不能欺骗投资者。两边协议一签，剩下的就自己交易。这样一来，还有什么产品不能上？所有的借贷产品全部都上了，这周末或者下周末就上线了，一上线，我们平台的意义就变成互联网交易中心。

——2015 年 7 月 23 日张宇总裁与北京筹备组段建宇组长的谈话

关于红岭未来发展的战略方向

本标上线的意义就是借贷行为的全覆盖，就是说民间所有借贷行为、市场借贷行为全覆盖的最后一个行为。所有的借贷行为在我们上面都能进行操作。因为借贷行为从世界来看，只要有经济发展史，无处不有，无时不在。各种各样的借贷形态，不管从发达国家来看，还是其他国家来看，还没有完全地能使它在合适的地方进行交易。都是一个人不同的形态，比如高利贷，个人的借贷，家里人之间的借钱，同事之间相互借钱等等，这些都是借贷行为。我们过去从国家里解决的是银行向企业借贷，银行向个人借贷，个人与个人是没人管的，企业与企业之间的属于商业行为，是允许弄的，但现在不一样了，一旦出现互联网金融发展到现在，一个新的形态出现了，就是 P2P 出现了。那么到底还有哪些形态，我们现在也不知道。但是我旨在通过本标的上线，把所有借贷形态在网上都能成功地进行借贷交易。甲和乙之间，一个单位之间都可以通过本标来实现，而我们并不负责任，所有之间的合同都由双方去协商，我们只负责双方借款人和贷款人信息的真实，以及记录这笔交易的真实就可以了。

你们可以去研究一下 LendingClub 的相关条款，我们运营部的同事可以去研究一下，我们做风险的同志、做资金调拨的同志以及研究所的同志都要进行研究。使这项工作对每个老百姓都能起到作用，当他们想到投资的时候，一旦想到借款的时候都能够想到红岭创投。这就是我们下一步整个要打的战略方向。到底最后宣传口号怎么提，我们都可研究，但是要让大家想到，只要提到借款，就想到红岭创投，只要想到投资就想到红岭创投，在这里可以做他们想做的一切，这就是我们的目标。前提还是我们说的三句话：不违法，不违规，不让老百姓吃亏。那么真正我们把平台做到这个份上，我们对这个社会的责任也尽到了，我们尽到了每个参与这项工作、参与历史变革当中每个人的力量。那么本标上线过程当中，既是试验，也是一个实践，难免会存在很多的不足，难免有很多的东西一下很难完善，这个没关系，只要起步了，后面都好办。

——2015 年 8 月 22 日第 29 期总裁办公会议

红岭未来发展思路

只要靶子树起来了，大家都可以打，打了以后大家逐步进行完善。等于我们现在上线了，树起一个靶子，不是光让外面的人打，我们里面的人也要打，别人打我们自己也要打，找出它们不完善的地方，最后让它真正地进入千家万户，真正地进入我们每个人身边，成为我们日常生活当中，投资和借款这种信用交流和货币交流、债务交流当中很好的贴身交易市场。这个高度可能最后比淘宝还要高，因为淘宝消费的是商品，而消费剩余最后全部变成资金，而且这是每个人都有的，每个人都要处理的。上个星期讲到关于消费者剩余问题，讲到边际效应递减问题，讲到每个人都有投资的来源问题，那么我们就是建立投资来源的场所。只要经济发展就有项目，只要生活发展就会有投资的需求，这样从两边理论上来看全都有的，那么从本次本标的上线过程中有几个问题可能在理论上和时间上大家有不同认识，比如归类的问题、逻辑链接问题、画面链接问题等等，都存在不同认识。我们私下也跟有关领导进行了交流，交流后没问题，每个人都可以把这个问题拿出来，把这个观点谈一谈，谈过了以后最终能够使整个页面的逻辑链接，每个投资者或者借款者的整个切身体验，我们可以自己把自己当作一个借款者，如果我来借款我第一个见到的画面应该怎么去做？如果我来投资的话我见到第一个页面该如何选择，我们可以做一个现场的模拟，模拟下来以后就知道事情该怎么做就对了，之后的归纳和认识都是事后的，只有通过实实在在的模拟操作才能资格说话，而且说出的话才有帮助性。因为我曾经设想过，本标应该是诸多标的当中的一种类型，实际上真正我们要做的借贷业务就是我们后面推出来的那几个标。原来只有一个快标，净值、秒标都是补充。那么现在出来的本标和议标，以及特标都是在快借基础上发展出来根据不同的风险度、不同的期限、不同的条件所归集出来的借款标和投资标的。

——2015 年 8 月 22 日第 29 期总裁办公会议

关于本标的关键点

本标关键是卡住三点，1. 给借款人的合同怎么签订，他为主动方，我们审查他哪些资料。借款方只要真实简单明了就好了，不需要跟我们说，是跟投资者说。2. 投资者就更简单，只要真实。3. 我们其实是记录的作用。太细致很多模板就要变了，信托、租赁这种本身就有合同和对象，我们就只要审核信托公司是真的,挂什么标我们都不管。投资者只要愿意就可以了。我们收费要盯住,要在规则里公布。以后我们是不是也像证券公司一样有人脸识别系统。我们这里最终目的就是创造一个真实的交易环境,交易内容自己决定,风险自己承担,我们拿服务费。任何业务都是没有边的,都要一直往下研究,所以任何时候出现任何问题都不要奇怪,重要的是起步了,后面一点一点去完善。

现在中央给互联网金融行业一个“先行先试”,我们要珍惜,在这个环境里要自律,根据市场需求把我们能做的事情做好。本标是全公司的事,在某种程度上是今后发展的方向,可能是今后的基本形态,在我们这个号称老平台上面不能这种业务都没有,主要是我们有足够的能力经营好这一块,一旦经营好的话,对于我们的安全和这个行业的发展,特别是对我们在座的和公司所有员工的就业都是具有保障性的,这就是我为什么把本标看得这么重,而且屡次开会都在催促,这一上就向监管部门和社会展示了我们在做什么,之后监管部门来审查、来调查的时候,我们已经完整了,只不过是在不断完善,而且我们会彻底地告诉它我们遇到了什么困难,我们需要当局怎么支持,这个时候它就会站在另外一个角度。如果你还在打算上还没上,它一句话,让我们先停下来,那就不知道停到哪一天了,但是如果我们已经上了,那就不一样了,就是完善的问题了。我们现在上线了,所以我要祝贺我们参与本标上线的各个部门,特别是我们线上运营部,上线了就已经成功了,后面只是完善的问题了。因为战略时间、战略点就那么一瞬间,抓住了后面就好办了,没抓住,错失了,后面就会很累。

——2015 年 8 月 22 日第 29 期总裁办公会议

关于新产品的开发

本标里的产品是极为丰富的,有些我们现在能想到,有些可能还没想到,在实践过程中,会出现很多你想不到的机会,这些机会就需要集思广益了,需要我们红岭创投的每一个员工和每一个相关部门都要去研究它,同样我们这个行业每个人也都在研究,这个机遇在市场上的出现,和如何把借贷行为放上网,这是一个大课题,要把它全部周延,只能用其他,把我们没有考虑到的东西作为其他，等发现了去做，摸索出一条我们能走的路，这就很有意义了。在本标问题上，大家讨论得这么深，包括本标的产品设计和产品规则的制定，刚刚项总简单地进行了分工，我们分工的部门要认真地把项总的话记下来，回去以后把自己的工作落实好，但是另外一方面，大家也要分工不分家，大家不要互相推，即便你们不是这几个部门的同事，包括线上运营部，包括市场部，觉得有哪些产品乐意开发的话，我们也不阻拦，也给你们这个机会，包括研究所，感觉有些产品还可以，自己能够出点力的，都可以开发些产品，最后都可以上会，大家一听好的话，就委托相关部门完善一下，无非就是风险控制、发标到最后的贷后监督，所有的贷款规律都是一样的，我们的产品始终是源源不断的。至于说你发现了其他国家某个比较好的网贷行业产品，互联网金融类别的产品，都可以拿过来，思想更解放一点，把所有的借贷产品和借贷行为在我们平台上都能够展示，这是我所期望的。

——2015 年 8 月 22 日第 29 期总裁办公会议

下一步的行动分为两方面，一是发展，二是解决 38 亿元停息资产

昨天我看了一下财务报表和近期报上来的一些数字，我做了一个分析，在银行会有一些资金分析会、经营分析会或者资产负债管理分析会，但是我们红岭创投这些专业的分析会议还没有，只能办公会代替。一个企业的发展靠一个人肯定不行，必须靠我们在座每一个人，每个人身上都担当着很重要的任务。如果部门和公司的发展结合得很好，企业就会发展得很好，如果部门没有起到作用，企业就很难做好。这里我要做个反思，网贷行业里我也是个新手，我只有在传统银行管理上不是新手；在工作态度上我不是新手，从来不偷懒；在个人品质和管理上不是新手。但是在这个行业怎么做好我是个新手，新手就难免有做错的地方，因为还没发生，没办法预测会发生什么。我当时来红岭创投的时候交易量是 33 亿元，待收余额是 6 个亿，从现在来看当时的资产质量，至少一半以上有重大问题，基本全是信用，没有抓手。这是 5 年积累下来余额，当时企业的状态可能比重新起步还要难。但是在市场上，红岭创投是老大，还是全国十家互联网金融协会的发起单位之一。负责任地讲，当时我判断这个企业的方向是好的，把工作干好应该是有希望

的，仅此一点。我来这一年零十个月，每天睡 4 个小时，没有偷懒，学习了大量新的东西，把过去的经验和新的东西结合起来，一步一步往前走。到今天为止大家可以看到现在的数字，昨天待收余额 160 亿元，772 亿元的累计交易额，考核利润一亿元以上。这是在座每一个人的功劳，尽管有些不同的想法和意见，每个人都是尽心尽力的。我们都希望有指导有启发，可惜这里没有老师没前辈，新行业没有任何经验，我们在黑暗当中一点一点摸索，一点一点发掘想办法。感谢这一年多来共事的每一位同事，也感谢董事会监事会对我们工作的支持，今天我们在市场上有了一定的影响，但仅仅是影响而已。我们自己做得怎么样我们最清楚，只尽力还不行，必须盈利、可持续发展、对得起老百姓和监管部门，这个压力天天都在。

昨天下午我把我们的资金情况整个看了一遍，分析了一下，谈一谈我分析的想法，大家知道我们下一步的工作重点是什么。我们最终是要赚钱的，现在待收 160 亿元，按照正常的算法，快借有 100 亿元的话就有 6 亿元的收入，3 亿元作为我们的费用，还有 3 亿元是我们的利润和呆账准备金，这是大数算法。剩下 60 亿元属于净值，这一块发生的费用小，利差也小，这样从大账上看，日子能过。但是看到我们的停息资产，包括逾期甚至可能核销的，38 个亿，占比 23.1%。可怕的是这 38 个亿的利息是先行垫付的，不仅不生息，我们还要为这 38 亿元付出成本，年化利率在 15% 以上。如果要维持住本金垫付这样一个诺言的话，我们要用 3 倍的新增才能保持平衡，否则就要开始亏损。现在有 120 亿元的快借才能覆盖支出，所以上个月的利润下滑。这样发展下去，每增加 1 个亿的停息我们就要增加 3 个亿的不能出问题的资产，4 个亿才能盈利。

为什么我们市场部位置这么重要，为什么两天能批四个新筹备组，都是为了加大市场，上本标就是为了不垫付。我们现在看到了这些问题，就要解决这些问题。我们现在之所以还有饭吃，是还有差额，真的算我们现在是打平的，不赚钱的。但肯定比过去强，我们财务现在清楚了，知道问题在哪里了。办一个企业决不能以其昏昏使人昭昭，如果主要领导人头脑都不清楚下一步没办法打。我有时候给你们指导或者批评，那是在于我已经掌握了很多东西的基础上表示一下我的态度，撤很容易，但是心理负担太重，上的勇气很容易，但是每一步都要付出很大代价。马云讲过晚上有一万个不想干，早上起来又充满精力地去干了，我们也一样。我们盼着监管部门来，我们没有侵占谁的利益，完全是想做好，我们做不好他们能不能给我们一点帮助，当然现在我们没有得到过，只能依靠我们自己，依靠我们每一个同志。刚刚我分析的几个大数都是报表上的数据，如果我们这么发展下去，就要用3个亿的新增来覆盖1个亿的停息。这个参数你们记着，但是对这个信息注意保密。160亿元涉及多少单位多少部门多少老百姓，这个出了问题的话我会觉得我成了罪人，这种社会责任心我希望在座每一个人都建立起来。

昨天晚上在群里讨论e租宝进了福建以后起步利率一个月就有14.2%，破坏了同行规矩，大家在反对，我就有不同认识。所有同行都是为这个行业做广告。这个行业还没形成，很多东西都没有，他们利率再高，跟我们固然有些关系，但是没那么大。互联网金融所有产品宣传都是为红岭创投宣传，大家知道这样一种投资渠道和借款来源就会关注这个行业。有行业有比较了，我们就有地方可以学习了。流动性风险以后是我们这个行业每一家都会遇到的问题，要处理这个问题不抱团取暖、没有相互支援，这个行业怎么生存？指望政府和监管机构不如指望行业本身，因为大家同病相怜。如果同业协会成立可以同业拆借，可能是我们能走的路。从我的职业感觉上互助和抢救机制非有不可，所以同业之间没有敌人，都是同伴，工作上竞争是善意的竞争，行业还没形成就想垄断肯定不行。对于e租宝，流动性风险也一样会出现。

我一直要求我们一定要一一对应，抵押物只要是充足抵押我们就不怕，根据我们上次判断的周期，不良资产变现时间是两到三年，这段时间的利息是暂时收不回来，加上本息这两三年抵押物能不能覆盖，如果可以，那怎么做就是动作问题了。所以我们财务、风险、市场都要会算这一本账，抵押率怎么算的基础就有了，三年的处理期我把利息都加进去，卖掉能拿回来，这个算清楚就可以了。剩下就是流动性问题，不行就设置一个新的科目——预提。新的预提科目新的会计科目在整个经营过程当中是允许重新设计的，一级科目不行设二级，二级不行设三级，叫预提利润或者叫预提利息，提出来摊到成本里面就行，利润计算出来就真实了，当然最后的处理是要保证产品抵押是充足的，大家该怎么做就应该很清楚了。这个方向我们能做得到的，我讲的几个参数，三年的流动性问题、充足的抵押率、利率多少、三年加上以后最后能不能覆盖它，哪怕和它打平为零都可以，我们就是安全的。

前期在找项目算抵押物的时候要把这个数算进去，当然这个没多少，真实抵押可以算，一年的利率主要是给投资者的利率加上去，一年加 15%，三年加 45%，加上本金是 145%，145% 的价格打到 100% 的话就没问题，那市场流动性做起来就可以了。如果我们流动性出现风险的时候有个协会支援我们一下我会很开心，别人遇到问题我也支援你们，把这个行业发展起来不好吗？让老百姓在投资的时候比原来垄断条件下获得的收益高有什么不好呢？这个是好事，有意义的，让贷款单位在急需资金的时候能找到钱，这能做好的话是非常有意义的。

根据这样的情况，所以我们一要解决发展的问题，发展的任务就是 3 倍，有 1 亿元的停息产生，这边就要增加 3 亿元的新的良性贷款，这样才能保证盈亏平衡，38 亿元停息资产只要有一个亿流转起来，这边就增加了 3 个亿的利差收入，意义是反过来的。这就是两条路，所以今天开会我就决定把它分成两条路来走，下一步所有东西围绕这两条路来打，一个是发展，一个是解决 38 亿元，这两条路我们抓准了，企业的船就是平衡的，抓不准就要出问题。好在项总说过我们有四个月的不会穿，够了，这四个月对我们来说太不容易了，是我们项总、牛总、陆总，我们所有同志来到红岭创投创造的安全期，我很欣慰。

这四个月我们仗怎么打，都要围绕这两条路来，首先在组织上要有保证，发展这块我主抓，因为所有干部调整、机构设置都需要我来解决。另外 38 亿元问题三个副总裁全上，牛冰总挂帅，项总陆总配合。发展难度跟解决 38 亿元难度是相当的，38 亿元停息资产要分析，首先这 38 亿元抵押物多少？有多少是没有充足抵押率的？这 38 亿元是涵盖了原来初期过去团队运作时的遗留问题 6 个亿。然后分割出那些是诉讼渠道，诉讼不是一诉了之而是一个手段，诉讼过程中可以完成重组、和解，在起诉后一旦有重组机会，新的充足方法立刻就上，不要等别人。资产管理部的流动性就是针对这个问题，方法运用熟练到后面大规模问题才知道怎么做。所以对于我们新的不良资产出现要严格控制，这个源头在审批、市场上。林总和院长配合特别好，现在训练的面还不全，你们首先作为管理部门领导要知道自己的兵有哪些本事，这批大学生他们刚从学校出来，要加强训练，集中起来轮训。他们要掌握全部产品，需要什么条件我给，把他们训练出来以后源头才能把住，在每个步骤他们才懂得处理。

我认为企业要自己培养干部就是这个原因，培养的干部对企业本身有忠诚度，当然企业要是个好企业，如果不好就辜负了这些员工们孩子们，一定要把孩子们带好，其中的经验、技术含量我们要教会他们。在红岭创投我讲了三个讲座，是我精心考虑的综合知识，这种宏观性、基础性的东西必须我来讲，如果大家掌握了就知道怎么当好信贷员了，这是我一辈子在风险条线最后对信贷员的总结。信用评级是对企业在贷款前的总体评价，如何评价用哪些指标一看就知道怎么回事了；项目评估是本笔贷款的具体用途，对这个项目的收益期、建设期、生产期、投资回收期算出来，包括用货币时间价值的方法对自己判断这笔投资的金融成本是多少，这些掌握了对项目的判断就没问题了；第三个是大家最关心的没有抵押物怎么办，而很多贷款都是没有抵押物的，这些贷款市场也是最大的，这时候就考虑供应链金融，原理就是用本笔贷款物资进行抵押，就看市场如何了。一个信贷人员、客户经理真的掌握这三门课就不怕了，市场部门、金融学院把队伍培养起来能掌握这些知识能综合运用了这源头才算是把住了，这样风控系统才好往下走。目前金融学院有100个课件，如果还不够还可以针对性继续加课件，找到方向、找到人就找到课件了。全国所有人员轮训要多长时间，市场部、金融学院都要排个计划，必须把人员都训练一遍，训练出来以后风控系统才知道怎么做，哪些能审哪些不能审的关键点才能找到。

我审项目非常简单，先看一遍财务报表，然后看钱的用途，钱的位置对不对，有什么抵押什么担保，现金能不能回来，这些一看就知道，最重要的是领导的素质，人不行再好的项目也不要做，我们要有判断人的能力，企业领导人主观还款意愿特别重要，这是我讲的发展，从培训开始。

另外从产品上，这一年多产品已经覆盖了，可以把所有借贷行为搬到网上来了，只要有借钱、投资行为都能在我们网站做了。本标一定要说清楚不垫付不担保，这样如果我们转型也有一个地方可转，有个过程，监管部门来我们可以停发快标特标，停发垫付标，主力本标，如果监管部门不说，我们全部一起往前走。只要我们收入是稳定的就能走得更远，我作为主要领导人如果不思考这些问题就不对了。

还有就是38个亿这块，就靠三位副总裁了，方法没有什么新的就那四五个，如何落实有时候就是要冒点险，方法都可以试验，思想要解放一点，这条路不行还有另外条路，当然动作也要谨慎一点。从现在开始这四个月市场我来抓，剩下的交给你们来做，我相信你们三个相互的互补性、一致性、功底的扎实性、实践中的经验是没有谁比得过的，很厉害的，重担就交给你们三个了。牛冰总在资产保全方面很专业，项总在资金调拨、新产品设计上面也有长处，陆总在风险控制上我一点不怀疑，三个人组合好，牛总负责牵个头，交给你们，下周我要看到整个发展的过程，下面部门如何调配要有个可操作的计划。解决方法有很多，有重组、重新发标、再贷款下去把项目激活等，我们自己的资产管理公司、别人合作的资管公司也都行的。对这38个亿解剖和分析，包括要核销，哪些官司要跟进加快法院处理速度的，包括我们已经起诉的哪些可以充足，速度和效率如何。事情往前推进就要费很大的劲，但这也是你的价值所在。所以现在兵分两路，这是十万火急的，涉及我们的生存问题，当然我们不会垮台，因为每笔贷款都是一一对应的。逾期了客户起诉我们帮他们追，这就是底线。央行监管部门提出不能承诺担保这是个下台的地方，我们不一定下台，但要知道怎么下，我们所有的钱都在贷款项目上，没有自融，大部分都有充足抵押率的，过去没有充足抵押率的部分利润也足够覆盖它。所以底线留好了，目标也有了，就是看我们怎么打了。

今天先是说了干部的调整，第二个是对动作做了重新安排，第三对市场管理部、投资理财部、金融学院提出表扬，办公室需要加强力量今天也做了调整。高层人员也进行了调整，分工也进行了调整，希望市场部再加强一点。年轻人是红岭的未来，我们要为红岭培养出善战的队伍出来，不光是教会他们本领，更重要的是做人。我们在提拔干部的时候要把人品放在第一位，人品不好的人最后会变成毒品，人力资源部在考核干部的时候要有人品测试的一些指标，把素质把握住。我希望我们在座所有同志一起努力，相互支持挺过必然要经历的阶段、难关，从理论上说就是流动性问题，解决之后后面问题就好解决多了。

——2015 年 9 月 19 日第 32 期总裁办公会议

把所有的借贷行为搬到网上，让资产得到最优的配置

我讲讲下一步的工作，我在总公司开会时也讲了，今年的几个战略点，分解到最简单无非就是两头，一头是贷款项目，所有需要钱的地方，一头是投资者，所有投钱的地方，我们就是个平台。银行也一样，一边是贷款，一边是存款，也是两边，它也是一个平台，但是这个平台根据我们现有的条件，该怎么做，我们就要去思考了。过去的项目做的基本上都是高利贷，原来的红岭创投还有现在的很多 P2P 企业，做的还是线下的，贷款利率是看不见的，认为利率谈得越高，本事越大，三分、四分、五分甚至还有一毛，但是要知道敢于冒这种险的风险肯定大，它为什么要给你那么多利息，承受那么大的压力，那都是在救命的时候用的，而在救命的时候来借钱的企业毕竟是少数，有的干脆就破产了，有的可能就被其他企业收购了，真正借高息来渡过难关的机会是不多的，永远有，但不会很多。我们很多小贷公司包括其他 P2P 平台，它们在做业务的时候，拼命在收高息，但是有没有想过风险变大了。我们知道没有企业是不想还钱的，不还是真还不了了，他没能力还钱了，那我们在选择贷款单位的时候就要看它有没有还款来源，整个故事是不是编的，东西是不是真的能卖掉，是不是真的有现金流，把这个看清之后再去谈业务，如果连这个都没弄清楚，就别谈了，浪费时间。我现在和企业谈话不会超过三分钟就知道这个项目能不能做了，把真实的财务报表看一下，其他的都别说，记载的数据都不真实的话，怎么讨论？有多少资产要拿出东西证明，不能光听它说，我们有很多人还真受过这种骗的，也有这样骗人的企业。我在深圳就遇到过，虚构出一个企业，让银行贷款，实地考察的时候把你带到其他企业，看抵押物的时候把你领到一个大仓库，东西都不是它的。我们很多人在改革开放的过程中都上过这样的当，那么我们千万不能上这种当，我们看任何事情都要有根据，选择项目的时候要看实实在在的东西，你也可以从企业老总做事的风格判断出来。我们现在的审贷环节做得那么细，就

是怕出这些闪失，因为一旦出现这些闪失的话，还不像国家银行，银行最后还有拆借，还有人民银行的再贷款，还有取之不尽用之不竭的各项存款，还有自己的信用工具，比如开承兑汇票，它怎么都能救自己，而我们是没有办法救自己的。所以有的人到我们公司工作一段时间，感觉我们这里比银行还厉害，我们这里的要求肯定要比银行高，但是我也可以保证只要我们的工作做好了，工资也一定比银行高，一定得比它高，因为我们比它辛苦，这是用自己的劳动换来的。

那我们下一步要做什么？我把我自己的想法和大家分享一下。实际上我们现在做的这项工作就是把所有的借贷行为搬到网上，让它们合理合法科学地进行交易，让社会的闲散资金，让社会需求资金的项目科学地进行搭配，让资产得到最优的配置，用市场的方法让它们自己进行。完成这项工作还有很长的路，要一步一步来。我们原来最火的就是快标，快标实际上是以房地产为主的，当然还有一些集中的投标，还有一些 BT 项目，短期的过桥，作为主要的对象，投资人利率比较高，我们收的利率也比较高，但是我来以后年化收益率没有超过 24% 的，不准超过。所以我说我们是小贷公司的终结者，它们的利率都是超过两分的，资本金有限，最多两三个亿，不会太大，它也做不大，而我们是取之不尽用之不竭的，只要有好项目，符合条件，再大都可以做，第一步就把小贷公司终结了。第二步就要把信托公司终结，信托公司能做的我这边都能做，而且也是取之不尽用之不竭的，只要我们组织好。第三步就是把典当公司终结，也不是终结，就是把它们的业务放到网上，我们提供一个相互撮合的平台，进行公平的交易，我们只是做个记录和见证，所以在快标的基础上我们第一个推出了特标，这是针对国有企业的，就像我们针对个人的是公信贷，因为在个人信用中，公务员的信用是比较高的，最起码是 98%，这样的话，给公务员 50 万元的信用贷款肯定没问题。特标也是在基于国有企业的信用背景下做起来的，国有企业实际上就是政府的企业，不能赖账的，但是利率就比较低，风险也小。在快标和特标之间又出现了一个议标，是快标中企业质量更好一些的，我们把企业变成我们的好客户，就主动降低它的利率，我们少收一点让给企业，比特标高一些，但是 24% 要低，21%、20%、19% 甚至 18% 都可以，这样就找出了一个空间。安徽华融在华荣集团做得最好，整个贷款余额 72 个亿，双零，好厉害，没有逾期，没有欠息，他们的利率区间在 15% 到 17%，启发我在中国如果好好做的话，是有一个安全区间的，最起码在 17% 左右是不会有问题的，超过肯定承受不了了，因为安徽华融证明了在这个利率区间是安全的，也全是房地产企业，其他行业还是不行的，这就为议标提供了一个示范，我们在 24% 以下寻找一个标端，风险定价怎么定，就定在这个区间上，这个当然是我们计财部定的。

我们在经营中要先行垫付，是要承担风险的，我们要充足抵押的产品，这就要用到我们的队伍了，队伍本身风险审查的能力，这个能力我们不能输给任何一家银行，这是有技术含量的，不会低于银行的任何一个审贷人员，只能比他更好，这一点我对我自己有信心，因为我搞了一辈子，我从最小的信贷员做起，一直到最高的总行审贷管理委员会的主任，一年我批过 6000 亿元，什么情况我都见过，不论是从信用评级还是信用评估到供应链金融，可以讲我都走在我们国家银行业的最前面，这三本书都是我写的。在这样的状态下，我们的队伍不是一天两天就能打造出来的。因为优秀的专业人员多数是在岗位上，因为人家也舍不得放，你也拉不过来，只能自己培养，培养的对象肯定是大学生最好，因为我有我的经验。我在当分行行长的时候，培养一个大学生最快就是半年，最慢一年就出来了，调查报告的写法，对企业的基本判断，风险点的排查，把所有知识和经验都交给他，一个本科金融的毕业生一年肯定是带出来了，老师不好就不行，我带过很多，现在都是行长，就是从大学生开始带起的。所以说红岭创投第一年就招了 58 个大学生，那时我们的公司还很小，今年我们招了 300 个，就是要自己培养出一支互联网金融的队伍出来，可以说我在红岭创投竭尽了我的力量，把我讲的课都变成了教材，把综合运用的东西全都教给了大家，那就看你们大家怎么去学了。老同志是宝贵财富，不是过来当办事员的，是过来当导师的，你们过来以后要对下一代负责任，作用是在这里，而不是去找项目，这个需要，但主要任务不是这个，主要的任务是要带队伍，要带出好的队伍，主要的培养对象应该是那些应届毕业生，年轻，未来很长远。只要把这支队伍培养起来了，即使不在红岭创投了，以后不管去哪家，对这个行业都是有贡献的。对于一些社招人员，有优秀的，但是不到 10%，这是我的判断，因为我们都知道频繁跳槽的人,质量好的不多。

在营销队伍中,不仅要有我们的专职队伍,还要有一支兼职队伍,就在各家银行,因为我们有非常具有竞争力的分配制度,只要有好的项目,一个亿至少有 50 万元到 80 万元,很高的,不知道这个制度我们分公司落实得怎么样,要由稽核监察部就这个专题进行一次稽核监察,钱要用在真正的市场上,用到那些真正能为我们提供一些好项目的人身上,优秀的人才多数在岗位上,如果他们帮我们,我们无形中就有看一支非常强大的外围力量,或者讲地下力量。我刚到红岭创投的时候,大家都说我有一支空军力量,一个项目我可以发给 13 个分行的行长,让他们给出意见,但是代替不了你们,他们只有在必要的时候起作用,在一般情况下还得靠我们自己。同样我们红岭创投在发展过程中,这些优秀力量我们要会使用。各家银行信贷员,他手上掌握了两千人,信贷员队伍,客户经理队伍,都是各家银行的,银行里批不下来的项目拿到我们这里来,给企业解决了资金问题,这错在哪里呢?没错,这是好事。那么我们当领导的,一定要有这种管理思路。一个人浑身是铁也打不了几个钉,但是我们要运用一种队伍,战略思想,然后去做事就不一样了。这是我讲我们现有的快标怎么来的,特标怎么来的,议标怎么来的,最后我们推出本标,这个本标就是原始的 P2P 在中国放大,这个本标就是说所有的借贷行为都可以做,因为我们不兜底。你们借款者自动上去借,贷款者自动上去贷,你们借款者和贷款者之间相互签订协议,我们只做个见证,我们不收多少钱,只收一个点的服务费,你们去做吧。

包括私人之间的借贷,我想向林总接个 10 万块钱,林总不好意思不借给我,怎么办呢,怕我以后赖账跑了,写个借条又不好意思,好好的关系。但是人家心里总是不舒服,这个哪能随便划给你啊,那现在我们提供一个场所,我挂在网上在网上借一下就行了,然后林总挂到网上借出 10 万块,我要借入 10 万块。成交以后,红岭创投本标有个记录,之间的协议你们两个自己签,你们打官司你们自己打去,我只是提供你们俩在这地方有个交易,真实的交易。因为条件什么的不谈,我不维护任何一方,到期以后我可以帮助借款方进行提示,到期了该还人家钱了,有没有欠人家利息啊,我可以提醒你,但是没有法律责任。那么从这个最原始的借贷行为,在农村有,在兄弟之间有,在同事之间有，在凡是有人的地方都有，包括一个企业的职工，家里困难了，向财务部门借个钱，在网上进行。包括单位之间，大平台套小平台的问题，单位之间的相互借贷，它们之间进行，然后放在我们这个平台上，实际上根本不用求，本标一上，直接往上挂了。当然会出现其他的一些情况，当你们两个谈好这个是一分的利率的时候，或许你上去他没借到被别人抢走了。有这种可能，那这就是利率市场化了，那你讲一分不行了，现在市场价是一分二了，一分二不要人家就把它借走了，那就一分二吧，那你想要钱市场价格就是这样，这叫市场，真正找到了一个市场价格，市场价格怎么产生的，就是根据工序产生的。从这样一个简单的案例解释开去，本标放大以后不管什么东西都能做，只要是借贷行为，现在我们本标里面开了 12 个项目，里面全有。但是往上挂，真正全部推开还得一步一步进行，因为这是一个工程，这不是可以一蹴而就的，我们一直在研究，上次办公会已经做了一些分工，哪一类的标归哪一个管，最后发布的流程、规则、法律上的约束，全部把它搞好，成熟一个推一个。到最后我们也可能挂出很高的企业的，给投资者 30% 也有，可以，你们两个谈，你们不怕有风险，我们也把调查的报告发到上面去，企业自己解释，你也可以去调查，调查以后我们不负责任，但你看感觉好，我们也帮你追，或许有的也是有抵押的，都有可能，急着要钱它就高，高了以后你愿意买你就买，但是买了以后我们不兜底。你想要低的钱也可以，8% 你挂上去，你看有没有人投嘛，没人投你就借不到钱，最后还是市场化利率嘛。这个利率进行下去就是一个市场和经济在一起交流、撮合、反应、组合的一个产物，这个产物到以后我们可能会出一个红岭指数，红岭指数就是标志中国利率市场化的资金价格。应该是多少今天，我们这个地方交易是多少，今天到晚上平均交易多少笔，价格是多少，然后公布出去，以后这个指数很值钱，像纳斯达克指数一样。跟着后面有很多统计方面的，对于经济所发展方面的相关数据和我们的行为都是非常有意义的。这就讲我们下一步发展的方向，包括我们分公司在地下做本标也好，特标也好，做快标也好，都是去寻找项目，这是一边，另外一边就是寻找投资人，或许我们是利用一种自然的现象，利用一种自然的发展的轨迹在搞，就是一般的宣传，我们到现在广告的投入基本没有，很少，都是口口相传，他赚钱了他就会宣传了，一宣传了人就来了，来了以后大家就到上面投资了，但下一步不行，我们要想利率市场化，要想是真正好的企业，特别是工业企业、制造业、服务业，这些真正需要钱的企业，能够拿到它们能够承受得起利率的资金，这就需要利率市场化。

而现在的利率市场，存款市场也是个扭曲的市场，因为我们国家的计划经济这么多年来，使多数人的理财习惯还是以银行存款为主，有 90% 的资金都是在银行，不管赚多少钱都是在银行，银行的利率大家都知道，活期是多少，定期是多少，跟我们比是极低，那么推出一些理财产品 5%、6%、7%，但是到我们这个利率还没有，这是一级。另外一级就是非常高的地下的高利贷。一级是低的这级，国家的这级，另外是高的那级，就是地下的高利贷，有的人在赌场上，放款是按小时算的，他就讲你这一扑下去赚一百万元我收你十万块钱不算高啊，但是他不知道输了以后他怎么负责。他不考虑这个问题。那个赌场，在澳门放高利贷的不得了的那些人，按小时算钱的。它就是两级。一级就是高利贷，一级就是国家的按这种银行的存款利率。这种利率水平始终没有在一种合适的地点进行比较，市场就是比较。农贸市场那个价格，它再差价大，东边的白菜两块钱一斤，到西边白菜最多两块一，能贵到哪里去啊，就是在两块钱上下波动。但是在另外一个市场就不一样了，它信息不通就可能变成五块钱一斤了。那么现在利率也一样。

我们现在看，我那天到中国银行办个什么手续，排队的人在外面排队，大堂经理手上拿了一个新的理财产品在推销，“我们新的理财产品出来了”，一个人发一张，“年化收益率我们一年定期在百分之三点几啊，这个下去也就一年，百分之五点几啊，高将近一倍啊”。那些存款者，办业务的，“是啊，是这样，五点几，这个高多了，那我买一点”。我在边上笑，这才五点几，我们这十五点几，还没人知道。你想这个业务空间有多大，这个市场有多大，这个市场我们只要认真地去做，能不赚钱吗？不可能的。我们现在讲的是个体的客户，现在群体的客户起来了，集团客户起来了，包括我们跟广东联通已经开始做了，现在做得非常好，很多的产品把它分成 3 个月的，6 个月的，9 个月的，价格 10%，12%，13%，然后联通的客户，手机客户多厉害啊，一个沃什么富，就专门有一个互联网交易平台一样，你只要有钱就可以在哪个地方直接买我们的产品,10%比银行的高多了。联通这样一个平台,深圳的已经签了,马上这次张立强来,辽宁一个副省长也参加过,光辽宁一个省下面的联通网点就一千多个,整个客户七百多万人,全国我估计要上亿,你想如果在这样一个网接上以后,你想这个投资客户多不多了。那他们都知道银行的年化收益率跟我们不一样,这一旦拉通了以后还得降,价格还得降,利率还得降,降得那些想赚差价的牛们在那骂,骂别理他,有的人很敏感,在论坛上要骂,我想你们不要听他们的,那些人天天没事干,就盯着这个问题,就喜欢人家不知道只有他知道,人家都赚不到钱只有他能赚到钱。

我们是走大富原则的,给老百姓能赚到钱的,让老百姓那些退休金能够升点值,能够赶上通胀,能让他们日子过得好一点,要做这种事的。你看我们的论坛上,很多人很重视他,我说实话我就从来没重视过他。为什么?第一,你看有多少人在上面,我们现在是60万的投资客户,有没有6万人在上面?不可能。6万人一人说一句话,你知道是多少话吗?你们翻都翻不过来。没有6万人有没有6000人?也没有。600人有没有?也没有。我估计就是60来个人,就那几个名字,每次发牢骚啊就这么几个人,你在意他干吗呢。

还有一个“挖掘机”,你让他挖就是了,想怎么挖怎么挖。我们所有东西都是真的,你挖了我就给你解释对不对,你反过来更多的是对我们进行监督,错了就改,不要紧,改了以后不就好了吗,我们又没什么隐私,又没干什么偷鸡摸狗的事情,怕什么呢。如果这个网页真正变成那种民主的,让大家讲点道理的地方,那还有点意义。但上面也有很多好人,这要实事求是,有的也讲很多公道话。我刚才讲得很极端,我就讲不要在意这些讲那些不太好听话的人,不要在意他,看就看吧没什么,他恨不得把你往极端上搞,话讲得非常刺激人,甚至讲到什么银行高管都是原来在银行干不好的,过来以后都是腐败分子,什么话都说得出来。看到以后笑一笑,别当回事。对照我们下一步的发展方向,市场是两边,一边是项目这边,我们要利用广大的队伍去进行,包括我们编外的队伍,地下的队伍,在职的队伍,靠我们的骨干力量去发动去联系,把我们的项目找得更好更多。

另外一头就是投资人,投资人这块我们现在有互联网金融体验店,体验店就是发动投资人的。同时在这个地方也可以衔接项目。它就是我们的终端，就是红岭创投的终端。就是我们银行的每个办事处或者每个支行柜台。红岭的柜台。这个必须有，没有的话，投资者就感觉摸不着你，在云里雾里他不敢和你打交道。人都是这样。但是我现在物理网点已经开到，分公司开到15个了，每一个地方都有一个体验店，马上加盟店、代理店、联营店、自营店全上的话，一个城市第一个目标是500个。深圳现在做实验。500个体验店，都可以把投资者在那个地方做体验，都可以把我们的产品在那个地方做推广。同样，体验店要建立起它们自己的生态环境。就是说体验店不仅仅是代理我们红岭创投的，你可以代替所有的金融产品，包括保险公司产品，包括银行，其他公司的产品，都可以代理。这样就可以让我们的体验店建立起一个生态，这个生态主要是推我们自己的东西，同样也可以推其他的东西。这样建立一些生态，这支队伍一旦在全国建立上万家体验店的话，这本身的规模就是不得了的，这个影响力就不得了。它也就一定会赢利，它就不会亏本。个人去银行，帮他代发信用卡是要给钱的，帮他发了多少理财产品是要提点数的。那么如果它们做得好，还有其他的互联网公司，它们的产品，反正都在一个屏幕上，我打到这个屏幕上给你看，打到那个屏幕上给你看，这个互联网体验店的人员，如果在这方面的技术能做得好的话，介绍得越多，客户不就越多吗，客户越多影响力不就越大，影响力越大收入不就越高吗，不就这么来的吗。

再大了我们还可以代理硬件，比方说电脑啊手机啊，手机配件啊，充电电源啊，插头啊，优盘，都可以，就建立起一个体验店的生态环境，它独立都能运行。或者我们把它承包出去。我现在还不想承包出去，变为我们自己的东西比较好。因为这个生态是能建立起来的，而这个行业到目前还没有起来，我们如果把这个行业带起来，互联网金融体验店，互联网金融超市，这个东西过去没有，一旦搞好了以后，所有的银行产品、存贷款项目都能进行咨询，这样就能出现一个全新的生态，就讲投资者这块。投资者这块我们利用互联网金融体验店，我们线上已经有了，线下现在也有了，线下的发展现在不太理想，下一步我跟许总讲了，最近可能也要召开一下这方面的会议，把这方面的工作推一推，把互联网体验店的工作再推一推。

另外就是集团客户，集团客户我们现在联通在做，深圳还在谈好几家，还有什么真功夫。反正我们各个分公司都可以发挥你们当地的优势，只要有信息点，只要有消费集群，都可以联合，包括我们青岛也一样。青岛房地产协会，都可以跟他们联系，青岛还有其他，反正涉及老百姓越广的，甚至广场舞的大妈们，都行，都能做。它比银行的存款要好做得多，为什么，利率高，它不一样。我们大家做好事，你这不知道的，我母亲上次在某银行，听人介绍理财产品，7.5%的利率，开心得不得了。我回去笑了两个钟头。他们根本就不知道，那些老干部根本就不知道还有百分之十几的，而十几已经撑了六年多，没有让一个投资者受损失，那你还有什么话好说，是真的。

我们家里现在好多人都投资了，我讲我在这个地方就不会有什么问题，我会拼了命都不会让投资者受损失。因为如果让他们受损失，这个企业就垮了，红岭创投就垮了。这就是基石。最有可能就是不能垫付。但是东西永远在，我还帮你追回来，这是最坏的结果。一般我讲一定都是垫付的，一定做到。流动性只要做到，后面有钱跟上来就不怕了，但是跟上来用的时间有多快多长，这个就进行测算，要有个模型。比方说我们不良资产来，到多大的量以后，它的周期的循环应该是多长时间，要按照正常时间，需要多少钱来进行垫付，我就必须一块流动性的来源把这部分垫付的钱归还上。这里面有个模型来测算，我现在叫我们金融研究所正在测算这个模型。测算出来之后，我就知道我们规模做到多大的时候，我需要多少流动性，这个流动性几种方法把它解决，然后一对接，一运行，就不会有问题了。剩下的就是按部就班，搞好管理就可以了。所以说讲一讲，跟大家交流，你们就知道下一步该做什么，我们该怎么做，我们在做的工作当中应该去注重些什么，我们身上有哪些希望，有哪些潜力，能看到这个方向以后你们去做，会感觉到你们这个工作比过去有意义，因为是新的东西，当作赚钱的手段，还是当作一个事业的方向，这个感觉完全是不一样的。

我经常在会上讲，我们赶上了这个时代，我们赶上了这样一波行情，这波行情就是互联网金融这个行情，在这里面我们都是参与者，也都是创造者，历史会记下每一个人，你们都是这个世界上唯一的，我们每个人都是这个世界上唯一的。

——张宇总裁在青岛分公司座谈会上的讲话

贷款项目的选择及风险控制的方法

今天我讲三点,第一点,我们贵州团队是目前所有开业公司团队中最年轻的团队,平均年龄最多30岁,第二个特点,基本上70%都来自于银行,这个团队的专业性相对来说比较好,互联网金融的本质还是金融,只有有金融专业工作经验的人才能比较快地适应。大家从银行来,银行的主要业务是存、放、汇,即存款、贷款、汇款,其他业务就是在这三块业务上发展起来的,红岭创投实际上只做一项业务,就是“放”,所以从某种程度上,从逻辑顺序上我们就把银行倒过来了,银行是先组织存款,发放贷款,然后再结算,组织存款会有很多的开户,组织个人储蓄存款、同业存款、企业存款,从而形成银行贷款的基础和资金来源。红岭创投可以理解为只做贷款的银行,我们的重点是贷款项目的选择、风险的判断和控制,以及人员队伍控制。

我们从贷款的角度来看,风险控制是最重要的,而控制风险的主体还是人,难的是风控的主观意愿以及风控对象的主观意愿。一笔贷款的风险是否产生,除了刚性指标外,很重要的一点是职业的专业能力。一笔贷款好与坏,对贷款企业来说最主要的是还款意愿和还款可能性,如果贷款企业的主要领导人还款意愿很强,那么他就会考虑资金流如何安排,到期才能够还款。如果他不是这样,他准备将抵押物卖给我们了,那他又会是另外一种做法和安排。对于前者,一旦违约,我们帮助他时就会比较顺利,但是后者一旦违约就比较麻烦,还款意愿强的风险就好控制。银行和企业在贷款之前是对立的,贷款之后就站在同一战线上了,大家要共同努力把钱赚回来。在发放贷款前我们就必须考虑收回贷款有没有抓手,在我们考虑成熟前信用贷款不能够发放。给大家解释下我们红岭创投的四个产品,可能有一些一线员工还对产品不够熟悉,我用简洁的语言为大家解释。第一个叫快借标,意思就是比较快,特点是投资者能够得到比较高的利率,利率能达到15%~18%,贷款单位给24%,小贷公司所有的贷款我们都能够做。贵阳有多少小贷公司?(贵州分公司袁园总经理:五六十家)如果一家公司能有一个客户,那我们就有五六十个客户,把这些变为我们的客户,那么我们的日子就好过了。付给24%利率的借款单位往往都有一些瑕疵,我们只能沙里淘金,筛选相对优质的客户，一个分公司一年能够有三五笔快借标就很好了。全国小贷公司、担保公司化收益率24%的贷款有3万亿元，拿下10%就是3000亿元，拿下1%就是300亿元，只要拿下1%日子就能够过得很好。我们考虑到快借标本身成本比较高，对企业压力比较大，那么企业的“身体”就相对来说不是很健康，如果它再生一场病，再背负着24%利率的债，那么我们只能够动用抵押物了，所以快借标抵押物的充足率一定要到位。如何保证充足抵押率？如果是房屋抵押，看房屋的位置，看房屋在当地、当天的交易价，然后打对折给它。如果是土地，就看土地的位置，看在此位置近期土地在国土局挂牌的价格，然后打对折。这样就能保证充足抵押率。这样一旦出现风险，我能够以7折的价格出售，这点操作很简单。如果是在建工程，就看它实际投入了多少钱，包括土地款、工程队、进度、容积率，最终是看实际投入了多少钱，然后打对折，这样就安全了。我们要求的是真实的价格。如果没有充足抵押率，快借标我们宁愿放弃。我为什么要对折，因为一旦出现以物抵债，我们处置的法律周期是1至3年，这段时间贷款人是停止付息的，以3年为例，这3年我们要支付给投资者多少利息呢？因为我们是垫付的，每年16%～18%，这样3年就是50%，加上之前的50%那么就是100%了。这样如果正好三年处置完，我们是安全的。如果这个闭合形成，中间我们再去争取流动性，就是把有充足抵押率的资产重新挂到网上去，这样就能够让所有资产流动起来了。投资者考虑的是两点，一是安全，二是较高的回报。我们的贷款有充足抵押率，是一一对应的，这样就很安全。

大家都知道银行的存款保险只有50万元，一旦银行破产最多只赔50万元，而我们不一样，我们是全赔，而来连利息都赔付。到目前为止，我们待收资产180亿元，最后的终极损失全部加起来不超过2%。所以我非常有信心，第一目前的盈利水平能够覆盖，第二我们的业务还在不断向前发展，往后整个操作会越来越优化，我们是安全的。我们的市场有多大呢？所有在银行开户的人都是我们的客户，银行的利率是极低的，而我们最便宜的特标是9%，我们这是个全新的领域。快借标中由于企业的“身体不好”，我们要找“身体好”的企业，于是就产生了议标，风险较低，利率比快借标低，议标也需要充足抵押率，但是它的企业身体比快标要好，它产生风险小，违约的情况少。我们最终的目的是把所有的借贷行为搬到网上，身体好的贷款方第一个就是国有大型企业，上市公司中优秀的公司，特标 9%、10%，都能够发出去。分公司要去寻找广大投资者，我们的利率高、吸引力强，很容易找到客户。所以就是特标，特标就是特定的标，对象是国有大型企业，优质上市公司，如果它们都到我们平台上贷款，那么这将是跨时代的变化。而现在曙光已经出现了，已经有特标发布了。现在有 72 万投资者，我们要做普惠金融，让所有的投资者都能够受益，投资者能够在我们平台拿到远高出银行的利率。我们所做的事情对投资者、对贷款方，对我们平台，对金融体制改革都有益。特标可以不抵押，因为主体是国有企业和上市公司的优质代表。国有企业是国家背书，优质上市公司一旦没有还款，股价会下降，这对上市公司会造成很大压力，上市公司不敢违约，所以特标的违约率很低，这是公司业务这一块。对于个人业务，我们有公信贷，针对公务员，公务员违约可能性非常小，这块在国外已经是很成熟的业务了。我们知道了快标、特标、议标的本质，知道了如何去控制它们的风险。在这之外的部分，我们就上本标。本标就是本源的 P2P，贷款者和投资者在平台上建立关系，我们做好登记，贷款者和我们签订协议，保证给我们的资料都是真实的，投资者是风险自担的，我们不进行垫付。这块如果做大，我们就没有任何负担了，这块做得越大越安全，包括我们的租赁、典当、保险、信托、风投、私募都可以上本标，我们不承担任何风险。这四个产品应该是覆盖了所有借贷行为，我们围绕这四个方向努力。大家要珍惜现在的机遇，现在互联网金融的出现，只要认清了它，就能够成功，它就是资金买卖、撮合。我们的整个架构都搭建完成。贵州分公司要注意，做每笔交易的时候都一定要保证充足抵押率，如果做不到宁可放弃。特标就比较特殊，必要条件是国有企业、优质上市公司。快标、议标、特标都上不了的，上本标。

——张宇总裁在贵州分公司座谈会上的讲话

新的一年要开发创新产品

我们今年新的工作应该怎么做，我讲第一个，我们对于下一步整个新产品的问题，尽管我们快标、议标、特标、本标这四个台搭好了，里面装什么，这也是个问题。这里就要提到我们投资理财部对翼龙贷做的一个调查,很好,许总同志,非常好,这是个大市场。翼龙贷是把农金处的那一块拿过来了,而且风险确实很小。人家到目前为止确实没有风险,这不是开玩笑的。所以讲,规模、利润、不良资产、管理模式,我们可借鉴、发展、研究此类业务。你从投资理财的角度,拿一个可行性研究报告出来。翼龙贷模式不一定要全部推开,我们可以先交给几个分公司做,等它们做开了,有了经验,然后才全部推开。这是一个翼龙贷的产品,我们还要看看全国有多少个 P2P 产品在市场上,目前在前端风险比较小,而且还踏踏实实的,看有多少。我们每个部门可能都要去做个调查,分公司也去做个调查。最后我们来评价,拿出一百万元,奖励前五名,这五个前五名都是我们能够推开的、能够使用的(产品)。这个看看以什么样的形式传达下去比较好,是以一个专门的文件,还是以什么形式。这是新年度、新产品、新探索,新的东西,让大家都去动脑筋,把这个市场上,我们在互联网金融领域,可以做的新产品,包括别人做的、拿来修正一下的产品,都可以,睁开眼睛看一看这个市场上到底大家都在做什么,有哪些东西真的有生命力,哪些东西没有生命力的就要退了。好在我们的平台搭完了,这一步本来就是计划中的。因为快标、议标、特标、本标这四个台没搭好,东西(产品)来了没地方放,现在(平台搭好了)什么来了我都有地方放,垫付的有地方放,不垫付的也有地方放,而且后台我们的电脑程序开发出来,都已经衔接上了,我们一路上都在宣传,每个方面都跟上了,现在可以启动了。

再加上董事长对我们也有要求,在新的一年,要有创新,要有新的产品,要对我们的转型作一点贡献。这些东西从哪里入手,我觉得我们先做一个尝试,鼓励各个分公司,一个方面是提出分公司对总公司的意见,但是你还有什么建议呢?比如现在我们上什么产品比较好,这就变成一种创新,变成一种对整个公司发展有益的事情。比方浙江的小草金融,如果说它是我们本公司的产品,又有什么不好?这都要思考。但如果它要另立山头,这就不行,那就要处理了。我们要鼓励那些为公司的发展创造新产品的人,而不能鼓励另立山头的人。我们给你一切的环境,包括办公场所等等,到最后却分公司自己做一套,帮别人做,利润什么的,每个人给股份,这种管理肯定不行。我们要从正面引导,我这次从总经理基金里面提一百万元出来,就是奖励这些(为公司的发展创造新产品的人)。最起码一个公司、一个部门提一个新产品出来,我们的许维刚同志已经领先了,如果是公司使用了,肯定是有奖励的。我也希望其他部门,包括线上运营部、零售部、资产保全部,哪一个分公司、哪一个部门,都可以,甚至是个人,只要拿了可研报告出来,到时候我全部都奖励。新产品的发展,要专门搞一个领导小组,在座的副总裁全部参加,副总裁各自分管的部门,都要去督促一下。

同样,各个部门也要督促一下分公司,分公司的督促应该是以办公室为主,办公室是正常的联络部门,但各个条线也可以对分公司作出安排。这要做一个统一部署,我们集体来进行研究,最后向董事长报告。会后办公室要起草文件,关于开展开发创新产品的活动的通知,人人献计献策,创新产品相互学习、借鉴,使我们公司下一步能够往前更健康发展。办公室要下发这个文件,各个分支机构、各个部门都要看,每个副总裁抓分管的部门就行了,整个系统全上,抓这件事情,由办公室最后负责收集,然后我们再统一组织办公会议研究,最终把一二三等奖评出来,为我们新一年的发展起一点作用。

——2015 年 12 月 26 日第 44 期总裁办公会议

新产品开发的具体程序

(关于新产品的开发)刚刚实际上你们几个人都讲了一个相同的问题,就是开发程序的问题。按照过去我们做项目,第一个是项总说的立项,就是提出项目建议书。每一个项目都有一个项目建议书,项目建议书是一张纸,很简单。然后项目建议书汇总起来以后,简单碰一下觉得可行,就进入第二步。就是可研报告,也就是同意这个立项了,然后下面做可研报告。可研报告就是哪个部门开发研究基本上就是它去做这个报告了,报告上来一旦批准了,要是在银行贷款的话就进入设计了。第一个是初步设计,第二是扩大的初步设计,然后到第三个就进行项目评估,后面就进行贷款。整个是这样的过程,任何一个项目都会有这样的规律。所以第一个由项目的提出部门向总公司提供项目建议书,我们准备开发一个什么样的产品,简短的一张纸就行了。报上来,办公室收集到这些资料以后,办公会通过一下,看哪些项目可以立项,是不是可以同意立项报告,同意这个项目立项书。同意以后就可以通知提出的部门做可研报告,可以以它为主,召集各方面的人做可研报告。因为可研报告涉及市场的需求,就是供应方、生产方、销售方,它有好几个方面。一个产品也是,它在市场上卖给谁,再一个到底谁在投资。我们的产品不就是一个谁在投资,卖给谁。然后利差多少,风险多大,实际上评价也不是很难的东西。可研报告做完了以后,就进行设计了。

设计就包括技术部门的程序设计,还有行政管理上的部门设计,还有市场的推广,这些具体的东西,它整个程序就这样。我总结并延伸了刚才三位副总裁包括牛总、项总,还有综合副总裁的话,对我们新的一年新产品开发的程序做了一个简单的归纳。这些行政上的程序综合副总才抓一下,就是说谁来负责收集,什么时候提交办公会,这都是行政上的事情。到了办公会以后,就有业务上的事情了,这个项目建议书到底可不可行,大家要讨论一下。如果可以做,到哪个部门去做,哪些部门配合,就一个个进行研究了。由于新产品不是一个,它是一批。这一批当中还要选择,还有一个优胜劣汰。就哪些东西试试可能不行,有些试试还可以,这样有一批上来的话就好办了。还是全员抓新产品,全员抓市场,全员抓风险,就大家都上。但都上要有一个秩序。

——2015 年 12 月 26 日第 44 期总裁办公会议

红岭的四个阶段

今年是压力很大的一年,我是准备分四个阶段把红岭创投整个打造完的。第一个是基础,就是起步。2014 年,主要是人和制度的建设,内部管理体系的建立。2015 年是发展,外部整个机构的发展,往外扩张;内部所有的产品增加。今年主要是提高,就是做管理,我们管理的节点都在你们的身上,我们每个人的管理,每个部门的管理,每条线的管理应该要怎么管,管理一些什么东西。原计划明年是超越,明年我们要做得更好,如果今年我们能够把不良资产化解,进入良性循环了,那明年我们肯定是走向世界的做法了,我不会等的。今年才年初,我们已经对很多国际上的国家都进行了了解，互联网金融学院对很多国家的财务制度、会计准则都已经开始收集，开始做了，现在已经做到十个国家了，这些铺垫都已经在做了。我总是希望能把它做完，但是现在不管怎么样，我们先把身边的事情做完，把今年先做完。今年做完了再做明年的事，今年第三年是做内部管理，内部管理中涉及最多的就是钱，就是分配制度。我们的工资水平应该说不算低，从普通员工到我们的副总裁到我们部门的老总，到总裁，在行业内我们的工资都算很高的，我们只有义务把我们的工作做得更好，最起码我们要尽力。

——2016年2月22日第6期总裁办公会议

关于红岭创投的终极目标

我们的终极目标到底要干什么？我到红岭创投跟大家一起说，我们终极目标是利率市场化，是找到市场供求的均衡点，使我们整个红岭创投的发展建立在市场经济规律基础上的这样一个企业，让我们所有投资者根据市场需求拿到它该拿的那一份收入，我们就业的人按照就业的规矩拿我们就业这方面的收入。另外，股东们拿到股东们应该得到的回报，然后在市场上找到这个资金的价格到底应该是多少、利率到底应该是多少。但是到底应该是多少，你叫我回答，我回答不出来。我很开心的是我们上两周“苏州一号”本标发出去了，第一个5000万元，大家应该都很关心这个5000万元，第一次发表是12%利率，该有一周没发出去，只发了1000万元。后来调到14%发出去了，全发出去了，我开心得不得了。结果第二个一发定位很准，很快就发出去了。这样一来我们就找到了第一个均衡点，我们在找这个均衡点，这个市场价格到底是多少。很多人到我们那儿贷款说你能不能降低一点？我说行啊，你想多少都行，哪怕你想10也可以，8也可以，只要你能搞掉，我们2个点的手续费不算高。民间贷款2个点手续费也不算高，我们更不算高，拿来能养活大家够了，我们不想其他的东西。所以说我们本标（优选标）这个出现并挂在网上去并在实践当中已经成功了，这对红岭创投将是跨时代的。有的人不一定能体会到这么深，我体会到这一点了，不垫付。而且我们在第二标出现的时候，项总在上面用黑体字向投资者说明“本标不垫付,风险自承担"告诉他们了。当然我们不会不推卸责任,我们推出来的标,按照审查标准我们会负责任,有的是有抵押的,有的也是有担保的。现在出现如果他需求强的时候可能年利率很高,可能挂高 30% 也有可能,他急需要钱,这也有可能,但是那个风险相对就大。收益跟风险永远是成正比的,你想取得高,我们不垫付,你们愿意交易你们愿意就行了,这样我们是提供了一个利率市场化,而且随行就市波动的平台,这样对大家都有好处,对我们也有好处。

我觉得大家所关心的问题,我已经把整个思想给大家做了一个汇报,最后就是他们提出来的股东们关心的问题了。

——2015 年度股东大会

红岭的起步、发展、提高、超越

从我们整个红岭创投的发展来看,主要是经过这么几步,第一步是处于起步阶段,就是 2014 年一年基本上所做的都是起步的工作,包括整个规章制度的制定,包括所有产品的设计、管理架构的搭建,包括人才、行政管理、内部管理等等方面的支持,都是属于基础方面的建设,2014 年完成得还不错。2015 年主要还是发展,发展是两个方面,一个是外延式的扩张,一个是内涵式的提高。前者从机构作为突破点,到年底整个机构的扩大到了 62 个,已开业的分公司 19 个。内涵式的提高主要从几个标的的设计,从过去我们仅有的快标发展议标、特标、本标,零售业务也推出了八个品种,同时在内涵式的提高和外延式的扩张这两条发展路径上,我们的互联网金融学院、互联网金融研究所、互联网金融研究杂志,包括我们的红岭指数全部上线,现在是发展的一年,应该说所有的触角都已经伸出去了,现在进入了 2016 年,第三年,今年这一年应该是提高年,重要的是管理的提高,人员素质的提高,产品技术含量的提高,协同、规模以及和市场协调能力的提高,这是今年的任务,到了明年我的设想是超越,如果到了年底,我的设想基本上完成了,到了年底,如果在 30 家以上的分公司开业了,它们的业务、管理都能到达一个正常水平,能够稳定向前发展,不良资产流动性化用在我们可化解、可控制的范围了,那么我们就进入另外一个阶段,就是超越,走出海外。首先在香港、澳门,以及东南亚这一代,北边是西北面的几个斯坦,包括巴基斯坦、原来俄罗斯联邦出来的几个斯坦国家、再加上周围的韩国、朝鲜以及台湾地区,尝试一旦成功的话我们就走远一点,那就是在世界主要大的城市是不是都能做一点这样的事情,因为金融脱媒本质上讲在国际上都是一个趋势。

——陕西分公司座谈会

发展永远是硬道理

发展永远是硬道理,以往的问题要靠发展来解决。发展的前提,我们留好了底线,不会垮台,因为是一一对应。发展的第二点,我们打开了 360 度的空间,新的产品都在上了,不垫付的产品也在上,我不要 18 个月,我可能 8 个月就把它打开了。就是新的生存空间打开了。第三,监管的政策就要出台了,它就像一个最大公约数,所有的企业都要约分,最大公约数是一样的,约到最后哪个值大还是哪个值大。我们红岭创投全是一一对应,都是正规的,无非是由于国家经济的原因造成我们一些逾期,如果房地产形势好的话,我们肯定不会逾期。那是国家经济的问题,我们最后的责任就是一个个追回来,只要经济好肯定追回来。拦水坝、360 度的空间,监管政策的落地,最后是我们新的打法,这个市场是完整的。这样就给市场管理提供了一些启发,这是总公司今年的打法,按照这种打法,你们马上就能够看到变化,新的一年会有新气象。

——四川分公司座谈会

2.5 红岭各部门开展工作的思路杂谈

公司发展从制度和人员两方面来抓。人员需要制订培养计划,并进行考核,与绩效挂钩。市场部要做好服务

这个目标定下来以后,我们每个部门都要考虑,大家在工作中应该时

刻思考做什么？需要什么？有什么计划？现在公司处在高速发展的阶段，在发展壮大之前原有的基础和架构，我们不能放弃，这对保护好员工的工作积极性是非常重要的。前期我了解了公司的基本情况和构建了公司新架构，现在开始着手抓公司的发展问题，我们要从制度和人两个方面来抓，具体思路如下：第一，加快网站访问通道建设，加快 OA 办公系统和产品研发上线进程。第二，校园招聘制定好行程安排，人力资源部门从知识构成角度制订好员工的培训计划，同时进行实时的培训结果检验，将考核结果和绩效挂钩。第三，对于市场部要做好投资、贷款、服务工作，特别是在服务方面，要对投资者做好技术支持、疑问解答、网站使用方法指导；另一个方面是机构部的筹建要具体落实。第四，计划财务部制定出在发标打款环节之前的保障制度。第五，针对公务员群体设计出新标的类型“公信贷”，并做好产品推广。希望各自部门比照公司发展目标及各自实际，做好工作计划。

——2014 年 2 月 11 日第 11 期总经理办公会议

红岭未来是一家大公司，要按照这种思路去安排组织框架、操作流程、培养队伍

今天这个工作计划是用了点心，但是用心还不够，从内在的逻辑上来看，就是一个一次性的思维，就是一条线，现在不仅要把它变成一个面，还要变成一个体，我从结构和内部结构上提了这些建议，从下一步工作的重点和人才培训、操作流程上都是一些具体的工作。现在定岗、定编、定责还没有开始做，外部的分公司一旦进入了一个正常的轨道以后，我们第一步就是人力资源部的定岗定员定责。我们各个部门要下点工夫，从相关的部门去吸取经验，参照一些大的银行的架构，我们今后就是这条路。我们从现在就要建立这样的意识，我们计划成立 30 个分公司，每个分公司 5 亿元以上，这就是 150 亿元了。我们要多干少说，等我们这支队伍真正站起来了，市场真正占领了，我们的规模真正上去了，让别人去说，我们还要保持谦虚、继续努力。

——2014 年 3 月 4 日第 14 期总经理办公会议

每段时间的重点工作不一样，计划也相应改变，但是计划应做具体，才能围绕计划展开具体工作

我们制订计划既要有点上的工作，又要有面上的工作，既要有描述性的，又要有具体的。最起码要有几件今年要做好的事情，面上的就是描述性的要怎么怎么样的东西，但是更重要的是有几个点，比如OA上线，培训多少人。我们市场部还是有点新意的，有点管理的思想的，但是基本没有量化具体的东西在里面，一定要有几个具体的工作，这样就感觉比较实在了，有点有面，有重点工作，也有日常工作。而且每个阶段的重点工作不一样，我们制订计划也是一样，它的宏观目标是100个亿的贷款余额，1亿元的利润，那么整个的计划都围绕这个进行，如果完成它我们需要什么条件，怎样分工，怎样开拓市场，这才是计划，那些虚的、描述性的东西最后没办法实施，而且不知道要干到什么程度。目标我已经讲了，那么市场部拿下这块市场应该怎么做，应该需要什么样的条件；风险管理部要控制这100亿元的风险应该怎么去做，我们技术部为了维护这100亿元的通道应该怎么做，计划财务为了100亿元的资金调度、利润分配、分公司财务核算应该怎么做，综合部怎么去配备人力，调动综合资源，这才是综合计划。目标都告诉你们了，但是为了完成这些目标所采取的动作没有衔接，你们回去做第二稿的时候要考虑清楚这些问题。市场部回去也一样，你的这个也复杂了，今年都有架构的管理问题。市场属于整个的前台部门，对于前台接进来的所有业务，对后台将会产生什么样的结果，事先就要有预测。

——2014年3月4日第14期总经理办公会议

各部门应有研发功能，成立测试小组对利率进行研究

各部门都要有研发的功能。如投资利率的排序，从10%～18%开始排序。现明确发标流程为由市场部提出（根据不同利率点分档）——风险控制部审查——计划财务部挂上网站。对于贷款方的利率，一直降到有4个点的空间，贷款利率控制在12%～24%，存款利率8%～20%。当市场部找项目的时候，可在贷款利率区间内考虑给贷款方贷款，但需明确指出满标时间不确定，要根

据线上投标情况来决定。若利率高,满标快;若利率低,满标慢。同时,可成立测试小组根据利率的不同,将利率组细分至0.5%/组,计算每组利率对应的满标时间,从而选出最优的贷款利率组合。这样既有弹性,又对投资者和借款方都有好处。若大金额项目可在签署合同前以文字形式明确资金不能保证一次到账,需根据投资者投标的速度来决定。对于市场营销策略,可采取将VIP费用以卡的形式在市场拓展的时候免费赠送给客户,鼓励客户上我们的网站。我们各部门要有主动创新和研究的精神,才能推动公司的发展。

——2014年3月4日第14期总经理办公会议

对工作计划的要求

你们这个工作计划缺乏时间和负责人。计划应该有一般性工作和重点工作,每年都应该有几项重点工作。

——2014年3月4日第14期总经理办公会议

不良资产率的计划、下达和执行流程

我把这个程序讲一下。这个不良资产率是由董事会来决定的,对经营班子提出的一个指标。在任何一个银行里面,都是由董事会提出的。经营班子由计划部核算以后,下达各部门。由风险管理部门进行监督和执行。市场部仅仅是一个粗分,最后的认可是由风险管理部进行的。财务上是下达整个的计划,就是我们今年整个的不良资产控制在什么规模,最后的时候你们也有一个控制。你们不要把这个程序搞乱了。

——2014年4月1日第18期总经理办公会议

做好汇编,按规章制度办事

那就印,就是这套系列的300本。我们这一系列一共有10本,从风险管理到最后的培训一共有10本,也是我为我们红岭建立的一套基础的东西。那么以后所有的部门拿出了制度以后,到年底要有一个汇编,然后明年大家在办事情的时候,直接看规章制度就可以了。这样就慢慢把公司的工作推

入正轨了，会议纪要也要在年底的时候做一个汇总。我们各部门也要有一个对工作进行记录的习惯，然后你去分析、找问题、总结经验的时候才有依据。特别是在风险管理的问题上都要有依据，担保、抵押、归还、协议都要有依据。我们红岭过去的这一批草根出身的人员，没有这个经验，但是有做事情的热情。很多时候你们在讲义气，有时候这种义气是没有用的。当重大责任出来的时候，这个事情就压在你的身上了，如果没有依据的话就麻烦了。

——2014 年 4 月 15 日第 20 期总经理办公会议

如何做好计划、组织工作

所以我今天给大家讲的是今后的工作，包括风险管理到市场开拓，到计划财务，到我们的综合和电脑、企划，都要有要有自己的计划，然后有实施计划的办法，其次要有对计划执行情况的检查。我们以前是在工商银行每个月月初都要制订计划，每个人都要考虑自己手上有多少的项目，这些企业有没有归还。每个信贷员都有这样的计划，然后提交给组长。组长提交给部门，部门就据以下达任务。到月底的时候每个人都要写一个计划执行情况检查，就是对我们这个月初制订的计划的检查，对比一下是否实现。正常的工作就是这么组织的，大家都知道自己要干什么。回去以后各部门每个人要对自己有一个计划，然后每个人要对自己的计划的执行情况做一个检查。这样，工作才能有进度，无论是对个人、单位都有好处。这样管理才会连续起来。大家要养成这样的习惯，养成这样的习惯的话，我们各项工作就会好起来了，我们的进步就会好些，我们个人的提高就会好很多。

无论做什么事要有做大做好的想法，如我们正在进行的培训，不仅仅限于公司内部，而是站在市场的角度思考问题；企划部也不仅仅是单纯的文字撰写、宣传，也应该思考未来的发展方向，应当站在解决社会问题的角度上思考问题。同时，我们现在和全世界一样站在相同的信息载体——互联网的平台上，应当珍惜现在的机会，珍惜现有的环境，认真思考如何找到我们的一席之地。

——2014 年 4 月 15 日第 20 期总经理办公会议

公司结构更换时的做法：两套结构同时运行

行。你们做吧，我没有意见。我是最怕摧毁现在的结构的，现在的结构是不能动的，一动的话很多过去的问题没办法解决。等到这边的问题都解决了以后，而且其他的问题都能解决了，然后再把过去的东西废除，那样就不会有影响了。如果一下子把这些东西都废除的话，很多东西都找不到责任人了。这个办法我同意，还是比较稳妥的。

——2014 年 5 月 6 日第 23 期总经理办公会议

分公司设立的意义

市场的问题始终是这个公司最重要的部分。所有分公司的设置也是为了市场。不同的业务类型，不同的行业，开拓市场的方法有各自的特点。像红岭创投和银行一样开拓市场的办法也有它的特点。不管什么市场，一旦形成了网络，它的能力就巨大。只有一个单点的时候，它的用处很小的。现在我们有 10 个点，虽然还未全部突破，但是开始有意义了。但一旦 30 个点，网络形成的话，整个公司的价值量就一下上去了。今年是在构建这个网络最重要的时候，规模效应相对于单打独斗带来的效果是不同的，这就是一直强调分公司建立的意义。

——2014 年 5 月 24 日第 26 期总经理办公会议

各部门要用数据说话，加强创新意识

刚才综合管理委员会主任说得很好，各部门对自己分管部门主要的数据一定要清晰。做什么事情需要拿数据说话，不要讲空话。大家要有创新意识，对新生事物了解不多，敏感度比较低。要有互联网的概念，多了解国内国外的形势，不要以传统的方式来思考问题。对公司的愿景描绘的很好。

——2014 年 5 月 24 日第 26 期总经理办公会议

对公司各部门管理提出的要求

我提一个要求，就是要让管理程序固化和优化，让操作更有效。五个委员会下各部门的需求都要盯紧,不求全,要求快而且准。大的关节点先提出来,大框架一定要对,以后进行维修就方便。我们五个委员会已经涵盖了公司所有的业务和所有的管理,包括我们技术本身的管理,都有。下一步从管理上的目标,我们的步伐非常快,已经设置了15个省级分公司,每个分公司都相当于分行级,五个委员会以后的管理都是面向全国,因此,对于分公司和总公司管理的需求都要在里面体现出来。从市场、技术、风控、计财也好,都要站在全国的角度上思考,回去将属于自己的那块管起来,尽快将需求提完,按期上线。

——2014年6月28日第31期总经理办公会议

对举办沙龙等活动的看法

咱们公司目前重心还是放在项目开发及拓展上,举办沙龙宣传企业的事宜先暂缓,日后举办沙龙时关键要看所选平面媒体(如南方日报)的影响力,重点分析宣传我公司的力度;考虑按季度开展,沙龙议题主要参考互联网热点及红岭特点来老驴;找外援专家来设计宣传红岭沙龙流程,可尝试实验一期来检测宣传企业效果。

——2014年7月19日第34期总经理办公会议

应急小组的成员等问题

上次提到要成立应急项目小组,今天我们就在这里确定下,由周世平董事长担任组长,项旭副总经理任常务副组长,其他高层领导为组员。各部门须尽快提交应急事件,上交领导小组,确定相关的负责人,并出具应急预案。例如发标问题、企业欠款问题等。

——2014年7月26日第35期总经理办公会议

对过去遗留问题的解决办法

这件事情[侯庆华(二审在诉)抵押车辆维修费用报销。目前和侯庆华的项目正在进行二审,他们之前有一辆奔驰车抵押给周灿军,后来公司经营情况急剧下滑后，催收部接管车后交给财务部保管，后来车维修花了十几万，他们想报销，但是因为目前这辆车涉及诉讼，如果二审我们败诉，这辆车还要赔给对方。这个车是当时的财务主管决定去修的，但是他没有权限。］属于过去遗留问题，我们不能决定，交由周总解决。由保全部将来龙去脉写正式报告，经牛总、张总签字后上报周总决定。现在这类事件应该走什么程序，如果是修车程序，从财务部门报销，它与贷款资产之间是什么关系，是保全部还是风险管理部管，如果没有明确的话尽快明确。你们把过去遗留问题理清出报告交由周总办理。计财部要从资产负债表上整理出不良资产，交由资产保全部和风险管理部，然后分类理出不良资产及状态，分别提出处理方案，然后逐级上报，得出处理办法。

——2014 年 8 月 16 日第 38 期总经理办公会议

对起投金额的建议

50 元起投的原则不能不能改变，宣传这么久不能变。以 50 元 1 份债权来定价交易，把之前的 100 元 1 份的规则更改过来，这是以前遗留的问题，为了适应现在推广需要改变这个规则。

——2014 年 8 月 23 日第 39 期总经理办公会议

对各部门档案保存的要求

还有对于你们的业务档案的管理，主要的档案在风控，计财和市场也有部分。计财部的主要是会计档案，这要永久性保存，这个档案每次到年底了要装订成册然后归档。市场方面有很多的方案也要装订成册归档，包括我们的办公室、企划部做的一些东西，一些资料都要装订成册归档。档案里面不只是纸质档案，还有电子档案，音像档案都要建立起来。信贷档案也要保存。要规范化，要防火防盗。调阅档案要有制度。对文件，全国分公司、筹备组的干部档案全都要有，总经理、副总经理的档案总公司这边一定要有，员工的档案这边要有备案。对人员进行系统全面的统计管理。

——2014 年 8 月 23 日第 39 期总经理办公会议

投资者满足红岭“本金垫付”条件的确定

按照过去规则，我们承诺过投资人垫付这倒没错，但是一旦发生垫付，我们内部的问责机制要跟上。没有问责机制谁搞的都不管了，等到垫付，然后放着就不管了，到最后全都集中到董事长头上。过去就是这样，恶性循环一期一期积累下来，到最后没办法就只能卖股份填上。过去至少50%的都是这样的，稀里糊涂地就贷出去了。另外，关于波特唐事件，这些投资者能事后可以成为VIP会员吗？不通知他们，他们事前知道不申请VIP的垫付政策，如果现在通知他们不是败家子行为吗？当时的制度规定了逾期后办理成为VIP会员可以享受垫付。当时谁定的制度，出于什么考虑？想拉客户，什么条件下都能得到垫付？按照之前制度执行，不通知投资人。立刻修改制度，报办公会哪几条修改了，修改不符合现在要求的，买的时候就要是VIP才能得到垫付保障。

——2014年8月30日第40期总经理办公会议

对危机处理的看法

我们的危机都处理得很好，包括上次的漳州事件。现在这次危机过去了，我们应该从中吸取点教训。如果要关我们的网站，我们的基础是什么，就是我们的社区。如果在社区上调查，银监会现在要关闭我们的网站，估计80%的投资者不会同意的，这样银监会敢关吗？现在两个平台加起来的生息资产33个亿，其中还有3个亿的不良资产，风险这边要全部落实到人头上，包括过去的信用贷款重新受理。下一步就是技术发展管理委员会主任这边的技术上，当投资者上来了，不能出现堵塞，这是下一个瓶颈。

——2014年8月30日第40期总经理办公会议

对总公司各条线专业管理的要求

到明年，总公司的管理每条线都要有专业会议，一个是全公司的全年工作会议，这是要的，之后各个专业要有专业会议，市场要有市场的专业会议，风控、计财、技术等等都要有专业会议,就可以考虑到这边进行。

——2014 年 9 月 5 日第 41 期总经理办公会议

公司的成长,学习是第一位的

没什么的话我最后再讲几句,一个公司的成长,学习是第一位的,包括我在内每天都要学习,网上的学习,书本的学习。所以说三条线上,六个事业部的书已经采购了一部分,今天就给三个负责人,从 PE、VC、保险、典当、到租赁几个方面。只有有了这些知识,有了准备才能做下一步的工作。另外我要求我们的中层干部每个人读书,各个方面要自己抓紧,一个是网上看,一个是看书。你们买书的所有费用全部报销,只要是学习的书通通报。下一步对整个工作的贡献就是另外一码事了,好不好,我们大家都要共同学习,共同进步。这个记到会议纪要里面去,就是买书的钱全都给报销。以后大家进行自学,特别是年轻人考博士、考硕士的,考下来以后我们对学费都进行报销,但是要承诺在这里服务 5 年。这个花不了几个钱。这样一来这个企业才有竞争力,才有生命力。我们企业是走大路的,做正事的。干什么东西都要对每一个人,对这个企业,对这个国家要负责任。

——2014 年 9 月 27 日第 43 期总经理办公会议

各部门的工作计划要求

第二个就是我们各个部门现在的工作计划。现在的工作和过去的工作不一样了,每个部门必须有工作计划,每个月要有个月度计划,月末要有个执行情况的检查,每项工作都需要。我准备干哪几件事,需要什么样的支持。到了月末以后对上个月你的计划进行一次检查,全要书面的,找出一些不足,找出一些做得比较好的,在制订下一个月计划的时候作为依据。这是我对大家所提出的要求,因为这个公司应该讲是越来越完整了,越来越大了,这个管理就要逐步从过去那个随意性、松散性、随机性,那种管理的习惯当中要改变过来。唯此才能知道有多少工作量,需要多少人。实际上我们这个大楼的人已经不少了,200 人,其中我看有的人是从早上一直忙到晚上,有的人可能一天又不到一个小时的工作？有的人可能半个小时的工作都不到，早上混到中午吃顿饭，然后睡一觉，迷糊一会再混一下午，晚上回家了，每个月等着领工资。有的部门就不一样，比如技术部还有几个部门就是非常辛苦，有几个部门我是知道的，很辛苦。劳动负荷不均衡的根本原因是我们工作负荷不均衡，工作不均衡的原因是在于我们工作没有计划，工作没有计划的原因还是在于市场方面的调查、反馈、研究、安排工作不足。根本上是我们过去的基础差了。实际上我参加第一次办公会的时候就说过：你们只需要汇报三个问题，第一你在做什么，第二你还想做什么，第三你想做什么还需要什么支持。去年 11 月份第一次开办公会我就说你们每一个人都汇报一下，我听听你们每天在干什么。有的人就汇报几句，有的人就什么都汇报不出来。工作上自己连个计划都没有，目标都没有，你怎么去把它做好？那么我们各个部门不也一样吗？包括我自己也一样，我自己到红岭来，我的工作是一直有计划的，第一步、第二步……用什么方式推出，用什么组织推出，我全都有计划。而我的计划一般来讲都是几个月跟董事长汇报一次，他只要没有意见，就实施了。那我们各个部门的工作计划怎样呢？现在我们有那么多的分公司了，那么多筹备组了，它们的工作计划怎么样了？包括重庆、安徽、江苏等，它们每个月的工作计划是多少呢？目前是 5 个亿，那它们这个月计划增加到多少？我们上面有人管吗？你一下报来工资计划，我昨天看了一下安徽的工资计划和重庆的工资计划，都是 20 多个人快到 30 个人了，他们每天都是干什么的？这些人身上是什么样的工作量？不是搞个人在那边充数领工资，他做出多少成效来，做出多少事情来很重要。这一点我们人力资源部门做得怎么样？

对这些已经开设的分公司，它们人力资源的安排、结构、质量、数量做过考察没有？做过分析没有？我昨天一眼看过去发现重庆分公司的工资比安徽分公司的工资高，它们没有执行同一个标准吗？我不早就说过一定要有统一的标准吗？后面浮动的部分是根据它的业绩来的，但是前面的基本工资应该是一样的，除非是一线城市和二线城市有个差别，除了北上广深高一点，其他地方都是一样的。但是浮动工资不一样，他这个地方效益高，人家搞了 10 个亿了，你这边才搞了 3 个亿，人家拉高你 3 倍你都没话说。人家是靠本领搞上去的。我这个是有感而发。我光讲的人力部,但是不止这些部门,现在各部门下去都有腿了,至少有 4 条腿,不管哪条线下去都有四条腿。安徽、江苏、重庆,再加上我们的深圳地区,等于这四条腿是扎扎实实的吧?那么你们的管理就不能像过去一样只考虑那么几个人了,一件事情就要通知到四个分公司同时开始落实了,哪个部门不是这样?哪个部门不是这样去思考问题?后面还有 26 个在筹,在筹当中有四五个也准备开业的,这整个大的进度当中,每一条线的安排,你们的工作计划对他们的支持,对他们的检查,对他们的监督,为他们的服务,做哪些事情?那我们这些总公司的部门,你们的工作内容应该是什么?所以我还是要问你们,你们在做什么?你们还想做什么?你们需要什么支持?组织一个公司的正常运转和正常工作的话,你们没有这些东西,没有人过问,就是一盘散沙,自觉的部门累得要死,不自觉的部门一天到晚轻松得很,还要有怨言,还在讲一天到晚累死了,我每天只睡几个小时,但是工作出来的效果到底怎么样?效率到底怎么样?我们可以看一看,另外你效率再高,你干的那件事情的关键程度是不是我这个时间最需要的东西。不同时间段的重点是不一样的,在现在需要做的事情当中,你把这个事情做下来,又能把它做好,效率做的最高,那对这个整个公司推进的速度是最有效的。你做两个月以后或者半年,之前的工作再拼命,干得再好,对公司进度的影响不大,这个时候你就把位置要移一移,你就跟我的位置一样,不同时期我的位置不一样,重点的时候我一定是在最重点的位置上,我所抓的工作一定是最重点的工作。其他工作都有自己最重点的动作,怎么样把它抓好。这都是一般管理上的问题。我们在座的可能有一半以上是搞过管理的,过去都是担任过大单位职务的。整个管理上都是有心得还有大的体会的。可能也有三分之一左右在逐步开始学习的。关于机关的工作作风,还有机关的管理,不论是国家单位,事业单位还是企业,都是一样的。管理层的工作效率和管理能力是非常重要的。关系到整个公司的发展,这非常重要。因为我昨天从两个重庆和安徽的工资上看出这个问题的,怎么搞到昨天的工资还没批,到了发工资的日子才来批,这是分公司的问题吗?根本不是,肯定不可能是,一定是我们机关里面的问题。第一,你们的工资计划应该在几号报,就要定好,工资计划报给谁,谁来批,这个都要定好的，这还要讲吗？你们属于哪个部门，回去检查就行了。你看现在下面四个分公司都有发工资的问题，工资计划是什么时候报？人员流动性可能有一些，这个月增加了，下个月减少了，有的在试用，有的可能在实习，每天人的变动都是不一样的。但是你们要有计划：几号报？是1号报？还是在发工资前9号报？搞到最后急急忙忙，项旭副总经理不在家就没办法做了。但也不会没办法做，谁不在都有办法做，只要董事长在，董事长不在委托谁办，都能办，也不是干不了。但是这影响事情了，本来这就不是个事情，一切都是按照程序在走的，按照规矩在走的。干部的晋升制度，包括任命以后工资的落实情况，这些都是人力资源部门的事情，很多东西都要形成一种习惯，一种规范，没有了这种规范如果想往前走，不可能。但是我们在座的一些同志，我估计是三分之一的同志适应这种管理，因为毕竟他曾经在大的企业工作过，知道他们的管理怎么安排、怎么协调。相当一部分同志根本没经历过，我不怪你们，但是这么长时间了你们应该知道工作的时候，每个工作的节点，该去怎么规范。只有把你自己的事情做好，需要协同的时候应该把它提出来，顺着哪条线提出来，这样才能组织一场战役，这样才能把这场战役左右、前后考虑到。这是我从昨天的工资看出来的，我也要讲一下。

——2014年10月11日第44期总经理办公会议

各部门的工作计划执行情况检查

第一就是案件的问题，第二就是正常的组织管理问题，就是工作的计划性，每一个部门就是月初的时候要有计划，到了月末以后你对自己的工作情况要有一个执行情况检查。我记得我们当时参加工作的时候就有这个东西，我当时一参加工作的时候是信贷员，信贷员每个月月初的时候编一个你所分管的贷款企业的贷款计划，就是有增有减有持平，反正就是三种情况，把每个企业排出来了以后，一个个打电话问下每个月是增加了还是减少了还是持平，然后把计划搞出来以后，把增加和减少的原因写出来，全部整理出来后报给我们当时的股长，然后股长把每个信贷员的计划汇总以后，然后再报给我们上面信贷部的老总，信贷部的老总汇总后报给计划部门，计划部门据以制定项目电报,也就是我们说的项目计划,整个的项目计划包括存贷的平衡,它的基础就是从这个地方来的。储蓄部门也有他们的计划,一个是对公,就是企业存款或者政府存款,然后人民银行一加,他们的计划也是这样,每个月的零存整取储蓄有多少,我们一共有多少户了,这个月的计划要搞多少户。因为当时开户一定要在人民银行,没有其他的银行,存款、财政的拨款情况怎么样,整个的存款计划他也能做得出来。存款情况、贷款情况都做出来了以后,他们给我们多少存贷差,然后按照这个存贷比控制。每个月月末的时候对这份计划进行检查,就知道哪些地方做对了,哪些地方做错了。哪些预测是对的,哪些预测是错的。然后再制订下一个月的计划就清楚了。那么在总公司工作,各个部门,各个人员都要有这样的工作想法,这是个工作习惯,你们每个人都要反思一下自己,我这个月有没有计划,执行情况怎么样?下一个月如何将出现的问题把它补充起来,做得更好一点,这是我今天讲的第二点,我希望从这个月,这个月的工作计划不做成书面的,但是也要知道自己要做什么事,上班就不会发呆了,开办公会就知道要汇报什么问题了。

——2014 年 10 月 11 日第 44 期总经理办公会议

问题要自己解决,不能总来问领导

你不要给我看,给我看没用。我不懂,你看怎么办?完成不了就是你的责任,就这个话,懂不懂啊?我们过去,包括红岭创投的很多部门都是这个样,“你看怎么办”,小游也喜欢搞这些东西。我应该反过来问你,你看怎么办?你给我一个意见,你提不出来一件,你就别干了,连点意见都提不出还干什么。一个部门提一个意见给老板来答,老板就一天到晚回答你的问题啊。这些助手、这些部门都是干什么的?这些助手这些部门把方案拿出来以后,大家再一起讨论一下,是这样的。我们过去在银行有些部门也喜欢搞这些东西。所以各个部门要把方案拿出来。你刚才又是这个意思,我写个报告给你们看,你们批。不行,我现在不要看报告,你说怎么办。行不行,解决不了问题我就找你,简单得很。能不能解决得了,就是你没底气。

——2014 年 10 月 11 日第 44 期总经理办公会议

不能越级汇报

所以在管理上有一个最大的忌讳，一个是越级汇报、一个是越级指挥，这是最大的忌讳。就是电脑部门，我不能越过你去指挥你下面的人，就像黄总来了我不能越过黄总，除非黄总委托了你，我们才听你的汇报，如果不是这样的话，我就只能听黄总的。好比风险条线，我只能听牛冰，我不能听别人的，我一听别人的就乱了，他也不知道怎么办了，我也不知道怎么办了。市场条线我只能听胡宏敏的，我不能不听你的，我要听你下面的，可能又乱了，你不知道听谁的了，你不知道怎么干了，你可能还以为自己不对了，实际上根本不是这样，只是一种随机性造成的。只有你让别人说了我才能听。这是基本的管理的一个原则，这个原则是不能动的，它不是跟谁过不去，它就是个原则，这种原则是千锤百炼最后大家所得出的结果，不是谁想怎样就怎样，现在陆斌总监来了，牛冰副总经理也在，两人都很不错，但只能有一个人负责，必须一个服从另一个，那没有办法，组织管理上只能这么做，不然没有办法，到最后就会出问题。它只能由一个人来搞，越过这条线就麻烦了，都负责的结果是都不负责，所以现在风险出问题就不是陆斌总监的问题，我就直接找牛冰副总经理了。但是来年各个都负责的话麻烦就出来了，到底是哪个的责任？互相推诿后都没有责任，到最后是我的责任。

所以每一个环节的传导它的责任是清楚的，这样一来工作才会有效。民营企业管理的惯性造成管理本身存在很多需要完善的地方。我几次开会慢慢在影响你们，一般人我就讲不要来直接找我，应该找分管部门领导，你跑来找我你们分管领导不知道，我怎么答应你，我一答应你，你们分管领导怎么办？那肯定是要乱的，就算有特殊情况要跟我汇报，到最后我还是要跟分管领导了解下情况我才能做决策，不能按照你的意思就这么办了，也许你还不清楚里面还有其他的问题，一旦信息不对称就搞坏了，到时就来不及了。

——2014 年 10 月 11 日第 44 期总经理办公会议

由市场条线的管理架构和职能，事业部、体验店、线上运营部的工作建议，说到全员做市场，以及人力资源部、技术部、资产保全部的工作

对，就是一级部门，二级部门的事情赶快搞好，搞好以后职能要赶快周延起来，另外我前面讲到的六个事业部实际上都是市场的事情，我们把它分开就是全员搞市场，整个把我们市场的工作做上去，这是讲的面上的东西，具体的东西就是不管什么统计报表，要知道统计的目的是什么，给人间看要让人家明白什么，就跟统计调查一样，一个表在设计的时候是统计调查用的，统计调查的目的是什么，所采取的样本怎样去抽，怎样去排列，怎样去算，最终达到什么样的目的，最终还是个决策依据，我们要怎么办，如果达不到这种目的，统计数据那就是豆腐渣，那就是散的，没有用。他要有个连续性的东西，比较典型的刚才我已经提出，就是现在 5 个体验店，马上是 7 个，它在运行当中都是五个样板，我们把它当作抽样的样本，每一个样板都要有个连续的记载，连续记载的话时间越长越准确，短不一定准确，我们为什么不搞一个体验店而是五个呢，原因就是多一点反映的规律就强一点，那人口调查中普查就是最准确的，但是有时没办法只有抽样，普查的工作量太大，我们也一样，那要等到 300 个体验店都开展起来我们再去总结的话，那个工作量多大，所以说事先我们做个 5 个体验店，马上是 7 个，所以每天所报送的统计资料一定要很认真地把它分析，统计指标要能够联系起来，要能够分析出问题来，找出问题解决的方案，然后在下一步的实施过程中正确反馈我们一线工作的现状。重庆就很糟糕，从统计数据上我没有看到连续数据，我只看到一个孤立数据，如果看到连续数据我可能就要打电话问胥总了"你在干什么东西"，我没看到，你们都是嘴上讲的，你们签了字的东西到我手上看，他开了已经一个多礼拜了吧？10 天了，马上两周了，两周下来那是一条什么曲线，是一条直线或者是一条波浪线，还是一个正弦，还是一个直线方程。这个曲线如果只是 1、2、1、2 的波浪线，我就要打电话问他怎么回事了。如果大家都这样，那就是我们这个设计有问题，就要赶快停下来不要搞了。但有的很好，有的很差，那是什么问题，这个就要边干边总结了。

那么我们市场部，包括线上运营部，那是展览重要，但是企业的运营更重要，分析了没有？什么原因？知道不知道？不知道的话还一天答记者问？我看照片有点恼火。企业这么多问题没解决，这么多核心的问题没有研究，一天在面上搞来搞去搞什么东西？能搞出什么结果来？所以这个营运部今天提出来批评，就是这个工作没做好，我看不出是什么东西来，下次就要看出规律来，这么简单的东西，一般受过高等教育的都是很简单的，怎么搞成这样。市场这条线是全员要搞市场，那么对于市场里面很多新的东西的出现都要理清楚，不仅是定性，也要定量，特别是分析东西的时候，规划的时候一定要定量，这样才有时间的概念，金额多少的概念，速度百分之多少的概念，你有这种概念，你在落实的时候才能摸得着，才能看得见。你搞定性指标，具体东西什么都没有，什么都没办法搞，我今天把两个指标一定定下来，10～50 块就定下来，比例是百分之多少定下来，下面四种形式的体验店核心都是这个问题，这个一定下来，其他问题多一条少一条不会有多大影响。那么今天我们这个结果就很好，周二开会的时候就看到一个比较完整的东西了，这个都定下来了，我们跟分公司宣传的时候也都解决了，市场条线的工作就这样，下一步还有很多的工作，一步一步落实，但根本上市场条线的架构还是很重要，包括人力资源的安排，我看你们只来两个人，实际上这块参加办公会议的以后不会低于 5 个人，这是最大的一个条线，这里面有很多的东西，可不是那么简单的，所以不能过高要求你们，这个量在这里，不是一个很少的量，所以大家辛苦一点。技术发展管理委员会主任之前讲过并行和串行的问题，几件事情同时往前走，那么我们管理者的脑袋就要有并行的概念，别这件事做完了再做那件事，一件事拖了很久，三件事强干三个月，人家可能三天就干完了。我们管理者头脑里面的并行概念是一定要有的，几件事同时往前走，同时做几件事情，你的位置在最重要的位置上。好比现在五条线，我现在的位置在哪里，我一开始在管理架构上，后来在风险上面，现在市场上，就是这个地方最需要我，可能再往下我就要去技术上了，天天跟你们在一起了，就是主要管理者的位置在不断变化的，但是几条线都在往前走，不能这个事搞好再搞那个，那就完蛋了，那企业管理怎么也管不好。那么同样我们每一个节点上都是这样。那天我跟陈总讲现在我们打官司什么的，这是一种常态，不是说这个企业一天到晚打官司，一天到晚往法院跑，烦不烦？不烦！资产保全就是干这种事的，没案子反而不正常了，他就是有案子，这案子就是不停的，这当中就是有规律性的东西，规律性搞好了以后该上一个程序就上一个程序，该怎么做就怎么做，这才是把工作做到位。风险管理也是一样，它的常态化就是贷后管理、贷前调查，就是不断地发现问题，解决问题。那都而没事干了要我们干什么呢。他就是一天到晚有事情，我自己也知道在这个位置很辛苦很累，你在这个位置上就要这么去做，要不然就不要在这个位置上。市场条线的总结我也整理了一些东西，总经办在整理会议纪要中也要总结一下，让他们执行的时候有个依据，最后你们去督察、督办的时候都有依据，信息也不会丢失了。下一个。

——2014 年 11 月 1 日第 47 期总经理办公会议

工作计划的重要性在于为各部门提供应急手段的参考依据

要不然就像我这次到河南郑州，我们本来准备 28 号就回来了，南京开业以后就准备回深圳了，突然接到电话讲他们 30 号开业。30 号开业的话，我想我们飞回深圳的话，刚落地就要返回，来回路费不说还折腾够呛，所以我们就决定直飞河南。结果直飞河南，落地以后，李亚讲“没问题”。因为第三天开业，中间隔了一天，我想正好这一天去看一看。李亚讲，“没问题，明天我带你们去开封去看看，你么你还想去哪里。”结果我们就去转一转，最后就到开封，一个小时，就开车送我和胡宏敏副总经理两个人到开封的清明上河园，一个复制清明上河图的园林。完了下午还要去看看正在装修的办公楼，然后就是要看看明天开业的场地。下午三点钟到了现场，一看把我吓了一跳，什么都没有，一大帮人搞得乱七八糟，连门牌都还没有挂上去，里面的灯都还没有装上去，一共就搞了四台电脑。我讲你的胆子也真大，明天就开业了，这个东西还什么都没搞好，一旦出问题怎么办，对不对？他们的意思，我估计李亚想的是，“反正我稀里糊涂，明天把店开了就行了”。但是我们不是这么想，你开了业就要像个开业的样子，你是代表红岭的脸面的。连桌子，我和胡宏敏副总经理都亲自跑到家具城去买，买到了放置。现去买的，最后买不到现成的怎么办？就把人家的那个拆开，一个是四层的，然后拆成两层一条，买了两组，把它拉起来，然后电脑又增加了四台，把里面的格局一调整，现在看河南的照片就很漂亮了。整个的场面比前面的任何一个，比南京的那个看着都舒服。它就是一条边，就很长，全部是电脑，大概一边是六台电脑，看上去就很舒服。那是我们晚上一直搞到12点半，还没搞完，但是大头落地了，第二天早上就开业。我讲这个话的意思就是说，你要提前给出我们处理这个事情的时间，如果讲我们刚到的时候，第二天上午我们不去开封，直接去看，那我们买家具也还有时间。结果到买家具的时候是5点钟下班，我们四点五十到，结果我们就要求必须晚上安装完成，否则就不买了，最后人家答应晚上十二点之前一定送到。举这个例子是什么意思呢，就是我们计划上，它的重要性就在于，为领导和各个决策部门提供一个超前的预警，让我们都知道。好的东西要说，不好的东西也要说，说了以后有了这个预警的话我们能提前准备，他就不会出问题了。我们的风险控制也是这样，这次我们的陆总到几个地方去看几个大单，也是一种预警，这里面到底后面还有什么，现在看不出问题，但是不能等到出问题的那天我们才来搞，那就完了，那就又跟不上了。那我们包括资金的准备，包括管理方法的调整等方面，全部要上来，上来以后才能保证到时候我们安安稳稳。换句话讲，我们每天的工作内容不就是这些嘛，不是在这个地方享福的，天天都看着开开心心的，我也想这样，但是不可能的。这是一个全新的工作，这种全新的工作对于我们每个人都是一种挑战，我们每天都在动脑筋，我们每天都在想办法，把我们过去所没有遇到的问题解决，所以说很艰苦也很艰难。所以我过去有些朋友讲，“要知道在顺境条件下，怎么样管好自己”，我看了以后就心里不太舒服。我觉得每天都是如履薄冰，我从来都没有觉得我有顺境，是不是？就是他们没有看到我们所看到的东西，他从外表上看我们又是体验店开业，又是参加京交会，大学里招聘也是红红火火的，外面一片灿烂，一片阳光。他就讲，“你现在这个很顺啊，一定要控制好啊，别栽跟头了”。我讲我们哪是顺境啊，我们天天都是如履薄冰，每天在用脑力思考着很多的危机，晚上都睡不着觉。所以讲，我希望大家，特别是计划部门，你们的作用，就是把这个统计报表要搞清楚，要让我们看出轨迹，为我们各个部门提供准备应急手段的参考依据。错配统计的目的就在于这个，每个月大概是多少，刚才牛冰副总经理也讲了，最高是五亿五，这是我看出来的，排了一下，一直排到最后一笔贷款归还，就是我们所有的贷款的最后的日期，最高出现是五亿五。我们是假定5.5亿元全都有问题，那么我们整个的资金错配只需要5.5亿元就够了，但是不可能全都出问题，那是不可能的。但我们要按照这个进行准备，包括周总讲的马上进来的八个亿的资金，这八个亿进来了以后问题也没解决，因为你还要扩大，一扩大以后这个金额还要往上涨，我们还要有一套应对办法，就是在它涨的时候我们要怎么办。一定要有这种思考，你才能保证长治久安。所以我们的脑子每天思考的问题应该超前一点，应该更加细致一点，落实到每个人身上。好不好。下面继续往下讲吧。

——2014年11月1日第47期总经理办公会议

解决工作问题时的思维方法和思路

所以我现在跟你讲审贷会已经审批了25亿元，现在已经落实了5.9亿元，那么这剩余的将近20亿元有什么问题，哪些问题是可以尽快解决的，哪些是尽快经过努力可以解决的，哪些问题是努力了也暂时解决不了的，要把它分出类来，分门别类针对不同的问题采用不同的方法去解决它，再往下走一层，暂时解决不了的问题又是什么性质的问题，通过什么方法能让它解决，如果真正解决不掉，审贷会为什么会通过，倒过来问为什么要批，最后总能找出解决办法，学过自然科学的人都知道，最笨的办法是茶杯不知道怎么修理，我打成粉重新做。所有的问题都是这样，你把它分解到最后，所有的因子全部枚举出来，然后再一块、一块拼起来，最后再把它归纳出来。过去你们没有这种思维方式，我经常告诉你们注意方法，你这个思维的方法没有跟上，有了这个思维方法以后，解决问题就会好得多。

——2014年11月1日第47期总经理办公会议

解决综合性问题的思路

这个我来补充一下，刚才讲得非常好，这（红岭网站优化）里面既有技术上的问题，也有业务上的问题，还有水平上的问题，还有环境上的问题，是一个综合的问题,这个综合的问题我们只能在“两利相权选其重,两弊相权选其轻”,这样一个角度和思路上来讲。因为电脑的程序最终就是一个算法,怎么样的算法是路走的最快,一个数据能够让它符合次数越少,走的路径越短,那么这就是水平,就是也要顾及很多的指标有的人是需要的,为什么会出现 70 多个指标,那就说明人家需要这 70 多个指标,但是多数人未必需要这些指标。

——2014 年 11 月 1 日第 47 期总经理办公会议

解决问题要有方向和思路

反正就是你要人给人,要钱给钱。你有什么问题只要提出来,我肯定是全力以赴的。不要有任何的保留。现在技术发展管理委员会主任来了以后我就放心多了,最起码有一个高级的专业人员在这里指挥,再出格也不会出到那里去,再搞它都有方向,最起码解决问题有思路,这就好多了。不像过去误打误撞,搞到最后自己都不知道问题在哪里,那就很麻烦了。

——2014 年 11 月 1 日第 47 期总经理办公会议

权力部门一定要摆正自己的位置——为大家服务

把这个(人力资源部不批准企划部的一个同事转正)误会消除一下,你和肖桂林通一下气,都是兄弟部门,多沟通一下,这样一来让大家心里都舒服最重要。特别是像我们这些看上去有点权力的部门,一定要摆正自己位置——我们是为大家服务。我跟总经办的人就要求非常严,你们出去都是一个服务的态度,你要做好服务,别人才能为你做好服务,这是相互的。同样我们总公司的各个部门,我们到分公司去的时候,和我们各个部门之间都是一种协同和相互服务的关系,没有谁比谁大,也没有谁架在谁之上。有了这样一种观念的话,大家在一起工作的气氛就会好一些。有不同认识也不要紧,大家都摆出来,摆出来以后大家开诚布公谈一谈,如果还是不能达成意见,那就先以多数人的意见为准。哪怕我的意见和你们不一样,只要多数人形成意见,先执行再说。以后有问题再沟通。这样就形成一个办事公开、公平、公正的局面，使这个公司的气氛和文化走向一个能使大家都感受到温暖的环境，这个对于一个企业的发展是非常重要的。而这些东西很重要的一部分是从我们人力资源部的人文关怀开始，不仅是考核，更重要的是还有一些关怀，你包括对一些大学生的关怀，对一些困难员工的关怀，这些东西都要做到。你们的生日制度就搞得不错，还是让大家蛮感动的。这个制度执行，让大家都有一个家的感觉，这是个好事。但是目前公司在发展比较快的过程当中，很多东西要提高，我也一样，我也要提高。还是我那句话，"一、不要懒惰，勤劳一点，勤奋一点；二、不懂就问；三、错了就改"，就这点东西，人一辈子就这点东西。我们每个人如果真正这么去做了，你一定会受益的。

——2014 年 11 月 1 日第 47 期总经理办公会议

各位领导要根据会议纪要尽快落实工作

今天这个会议开的比较长，我们从来没有开过一天的会议，是弥补我们有两次会议没开，把所有问题能过做得更扎实一点，大家散会以后把各自的工作安排好。总经办明天又不能休息了，会议纪要尽快地搞出来，送到各位老总的手上，各位老总看到会议纪要以后，根据会议纪要所研究的问题去进行逐项落实。包括下周二，项旭副总经理这边还有一个会，这些关键的问题都要落实。一定要把事情排上计划，包括电脑部的问题，还有综合管理委员会的问题。还有综合管理委员会主任这边的稽核检查人员配了没有。

——2014 年 11 月 1 日第 47 期总经理办公会议

最近不论从业务上还是内部管理上，都有新东西出现，要及时沟通、整改。要做到：一是要勤奋，二是不懂就要问，三是错了就改

今天开会我先讲，因为近一个阶段不论从业务上或者是内部管理上，都有新的东西出现，而且新的东西出现当中，要及时地进行沟通，也要及时地进行整改，我讲过一是要勤奋，每个部门和个人工作都不能停下来，做得不错；第二是不懂就要问，大家都要加强这点，因为现在是知识爆炸的时代，很多东西不是说不学习就能跟得上的；第三个就是错了就改，我们在工作当中

经常会出现事与愿违，或者是没有考虑周全的问题，但是一旦发现，就要立马纠正，不要等，不要为了维护一个可怜的面子或者自尊本来该改的东西没改，这三样东西我们在工作当中始终都要遵循，都要作为提醒的。

——2014 年 11 月 8 日第 48 期总经理办公会议

在做决策之前，要经过充分的讨论和酝酿；在制定规则时，要建立维护投资者利益的意志

当然，在做一个决策之前，经过充分的讨论和充分的酝酿是对的，但是我们本身的员工还有一些方法，网上也提出了一些建议，我觉得也有道理：当一些方案出来以后，能够小范围征求一下意见，让投资人先 PK 一下，提出一下不同意见，然后对我们有意义的意见，我们把它收集起来，在制定规则的时候就防止出现这样的问题。不能排除网上有些人是为了个人，但是也有些人是为了个人，也是为了大家，对不对？在这一点上，我们不要听别人说什么就是什么，在制定规则的时候，我们要有这样的意志，这个意志是为了维护广大投资者的利益，是维护我们红岭创投的意义，维护红岭创投的意义实际上就是维护 P2P 这个行业的意义，因为我们现在在 P2P 市场的影响力已经不小了，我们如果遇到重大障碍的话，政府都紧张，不是说我们紧张，所以我们的行为已经不是个人行为了，如果我们要对这个社会负责任的话，我们什么事情都要谨慎。对老百姓，对投资者，对社会的稳定都要负责任。一旦网上投机风气出现的时候，我们发现就要制止，不能在里面开这种玩笑。这就讲到这次的活动，包括我们内部的管理程序也要总结。

——2014 年 11 月 8 日第 48 期总经理办公会议

从错误中吸取教训，总结经验，并逐步改善

完了吗？不管怎么样，从昨天的事件（平台的投机风气盛行）从派生出来的问题，我们各个部门都要进行反思，我个人也要进行反思，一个在专业知识上，一个在互联网知识上，一个在反应速度上，还有一个在办事流程上，这几个方面都要反思一下，每个部门反思的角度不一样，比如从运营部来

讲,这个东西出去了以后会产生什么效果?这是第一要考虑的,不是光考虑投资,要考虑薅羊毛的会不会来?会不会有人钻空子?有没有见过这个东西?如果你连这个东西见都没有见过,那就好好学习。如果见过的话,这次没有想到这个问题就是一种失误,那以后就不要再出现这类问题了,我们讲错了就改不要紧,不可能所有的事情都做得那么好,这不要紧,就等于我们交个学费,我们都知道了还有这种行为,以后在网上公布任何消息,发布任何优惠活动的时候都应该要总结下经验,不要再出现这类问题了。从我们领导的角度,包括审批的流程到底要经过哪几个领导进行把关,这个在OA的审批流程上要把它固定,这个周五就把这个事定下来。领导审批了以后该负什么责任他自己也就知道了,昨天这个事情项旭副总经理一找我,我的职责就是立即叫停,继续下去损失很大。叫停以后我也不去追究谁的责任,立马发公告纠正,讲违背了我们的初衷,这是最核心的一句话,我们的初衷是为了增加投资人的,而不是投机人。但是这个纠正不是最优的最彻底的纠正,最优的纠正总是要慢慢来的,比原来好就是有进步,因为11号还没有到,如果今天我们还能拿出比这更优化的方案,再改一次也没关系,人家爱咋说咋说去。这样一来心里就坦然了,每个人都会犯错误。每个人都会做错事,我也会做错事,昨天这个事情我也没有考虑到还有个薅羊毛的东西,我如果知道我也会提示你们。

——2014年11月8日第48期总经理办公会议

资金要奖励给后面把钱追回来的人

这个资金来源是原来奖给项目经理的,现在他形成了不良,后面的人给他追回来了,前面的人的钱就没了,然后把追回来的钱奖励给后面的人,这才有道理。这个同意了,就这么搞。

——2014年11月8日第48期总经理办公会议

任何部门的位置和重要性是根据它的工作量来的，管理要从强度和技术两方面考虑

下一周我们可能要到重庆去一下，我和董事长可能都要去，牛冰你可能也要去，陆斌在家主持工作，牛冰跟我们一起去，不行叫董总一起去，我们四个一起去。去了重庆把那两笔，最后全都靠劳了。有什么问题都解决了，就是重组的问题的话也在当地就解决了。反正这个事情就是不能出，出来了就不得了了，想尽一切办法都要把这个事情解决。办法我们是有的，也不是说没有办法。那么到以后像这样的公司的管理，有时我们一旦冲动起来也在想，以后这样的分公司就不批了，等你什么时候把事情解决了，再给你批。但是后来又一想，不行，它不能不发展。它不发展了还是我们自己的事情。那好的和坏的还是要分清，还是要实事求是，该批的还是要批，该控制的还是要控制，该换人的还要换人。但是换人也好，审批也好，都要有一个时机，换人的话你要有人，你不批的话以后就没机会了，失去就没有了。这个东西“两利相权取其重，两害相权取其轻”，大家都知道，那么在这个选择过程中，即便有些地方可能说贷款质量没有控制好，但是新贷款还要继续办，不能停。这一停下来就真是大事了。重庆也好，安徽也好，江苏也好，你都要批，不批不行。实事求是的。但是这已经出现问题的，我们也要权宜，只要合理的，把我们风险条线的每一个关口都要把好，每一个部门里面的劳动负荷要安排好。你像风险管理部，现在小叶你在管，你们几个人在桌子上面固定的工作量有没有三个小时？我这个提法很客观，就是上班以后，每一天每一个人在桌子上工作要有三个小时，这是最少的，这样这个岗位才有意义，否则就拿掉，把它并一并。这就是我给你提供的参数，这是最起码的，上了班，一天连最起码的三个小时的固定工作量都没有，我要你们这个岗位干什么。那就这个岗位并掉，如果两个岗位上都不够三个小时，那就让一个人来管两件事，或者到最后再没工作量的话就把这个部门撤掉。还要这个部门干什么呢，一天都干不了活，还设部门干什么，干脆并到另外一个部门，变成一个室。任何部门的位置和重要性是根据它的工作量来的，工作量大了，自然就要增加。工作量小的自然就会萎缩。那么像我们的市场部，现在它的架构

就不够，肯定要迅速地扩充，因为它好多的岗位到现在还没有人，所以工作上不去，所以不赶快扩充是不行的，立刻该加的就要加。风险审批岗也不够，不够还是结构性的缺乏。如果全部是熟手的话哪有不够，你整个才批了多少贷款，不到50笔贷款。一个人平均5笔，干了这么长时间还干不了，那不就是笑话嘛。那也就是个人就够了，如果都能顶上去干的话。你现在的人已经超过10人了吧，那就是结构性的缺乏，那就是这些人还没有完全培养起来，还有些人在岗位上不办事，不行还不动他？该动的还是要动，达不到质量还放着干吗呢，没必要。管理就是这样的东西，合适的劳动力，一个是从技术上，一个是从强度上，从这两个角度来考虑强度也够了，技术也够了，那就合适了。强度不够，太低了，技术含量高，但是强度很低，人搞得很多那么没用。那就赶快减少，立刻减少，不要搞那么多。这是随着业务的发展而发展的。但是现在我们准备29个人，并不感觉到意外，还可以再多一点，因为后面会发展得很快，很快以后，队伍也培养起来了，以后我们的日子会好过一点。现在再搞得捉襟见肘就不对了，已经半年了，大学生来了恐怕有半年了。

——2014年11月8日第48期总经理办公会议

新人只要认真学的话半年就出来了，一年就很好了，如果到了一年还不好就淘汰，明年来了新人再往上上，就这样把优秀的人逐步地留下来

是新人多，但是他们的进步还是很快的，反正一般本科半年的时间信贷员就出来了，这是我的经验。一年就很好了，如果不好就要淘汰了，就是这样的。他只要认真学的话半年就出来了，一年就很好了，如果到了一年还不好就淘汰，就不要让他在这个地方待着了。小孩子就是这样的。换掉以后，明年来了新人再往上上，就这样把一些优秀的人逐步逐步地留下来了。

——2014年11月8日第48期总经理办公会议

充分利用红岭创投平台的思路和方法

今天这个会议开的时间又长了，那也没办法，因为最近的事情确实比较

多，很多都是一些技术含量比较高的东西，不仅仅是劳务上的事情，包括总结经验教训，包括今后发展的规划，包括我们目前要解决的问题，涉及的面很广。下一周的办公会我最关心的问题：一个是风险条线提出新上线品种的产品种类，就是我讲的这些东西，并提出利差空间；第二，计财部提出利率投资，贷款利率水平、计息方式，这些都是关于新产品的；第三，市场部提出银行产品之外的保险、信托等金融产品的开发和合作的问题，也是属于新产品的。因为我们现在要建立一个新的概念，就是不管你现在做什么，我都给你拿到网上来，就要有这个思想，我们可以不赚钱，我们拿手续费。让人家用我们红岭的平台来做他的产品，也可以。只不过在前面冠以红岭就行了，红岭信托、红岭租赁等等就可以了，然后风险我们不承担，如果我们承担，那我们的利润另算。如果就是他的产品，挂上来就行。这样就把平台充分利用起来了。利用广泛的社会影响，建立起我们的队伍，这样的话速度就快得多。第四就是我们企划部可能要编出网页、模块、图形，包括按照我讲的思路，最起码要有 20 幅以上的画面，20 幅到 50 幅画面，把每个画面全部编出来，从投资开始，到最后的衔接可以和线上营运部，沟通，怎么进行衔接，它的逻辑线怎么衔接，你们可以在一起研究。但是画面你们出，出了以后可以给线上营运部做一个参考，线上营运部也可以给他们提出一些修改建议，但是初稿还是企划拿。到时候我要看到 PPT 的演示，这个 PPT 的演示你可以从网上拿现成的修改一下，包括我们的六个模块：PE、VC、信托、租赁、保险、典当，这六个画面我全要，我要的是它的画面，就等于是通过这个办公会大家一起提需求，一边看一边改，改到最后让大家上去以后都感觉很舒服。第五个就是技术上要拿出新产品的接口方案，它的模板和你新产品的接口怎么接，放在哪个位置上，以效率和质量为最高标准，因为这个动作将是我们红岭创投最重要的一个战略，因为这个要比体验店还要厉害，就直接把银行的一般的产品拿下来了。发展下去会是什么样的接口我不知道，但是一定会很大。因为这六个模块的产品一上去，哪怕它是空的，这个影响力都不得了。所以我讲年底推出来，不会那么快，现在一边研究，一边做，最后拿出来一个相对成熟的，或者是我们一样一样往外推，其他工作继续进行，包括我们互联网金融学院的培训问题，包括我们体验店目前的指导和管理问题，我们都讲过了,它的核心问题都出来了,出来以后要往下发。包括双十一的活动问题,各部门自己的问题,还有部门的协调问题,还有国杰提到的正常的办公问题、考察问题,还有刚才提出的 OA 的汇报路线的问题,这都是今天会上提出的问题,大家回去了就把各个部门的工作落实。我觉得目前还是好的,就是整个公司的气氛还是好的,大家一起努力,把它做得更好。

——2014 年 11 月 8 日第 48 期总经理办公会议

工作要有计划性,考虑问题要立体

下周看你们的进度。营运上的,市场上的,机构上的,体验店上的,都要看你们几个了。先列个自己的计划,应该脑子里面有下一周我要干哪几件事情,不能等,一等时间就没有了,根本不能等,想到什么东西就赶快做,做到有问题我们就研究,这个工作才能往前推进,现在分公司的数量越来越多,你们的工作量也会越来越大,从队伍上、从制度上,从方法上都要立体去考虑,你是总公司的部门,那是不一样的,你要管多少东西啊,人不够就增加人,这个根据职务需要和管理上的需要来定。

——2014 年 11 月 15 日第 49 期总经理办公会议

各部门下一步的工作安排

行,今天这个会议的内容还是很多的。下一步整个就是三件大任务:一个是年总决算前很多的财务和相关的问题;第二就是我们现在整个新产品包括互联网金融体验店是一个非常重要的工作,希望我们市场部把它作为一个非常大的工作来做。就是投资者这一块。第三块大任务就是风险这一块,昨天我们在重庆也看到了一些问题,"亡羊补牢,为时未晚。"一开始交学费,这没办法。但是我们对于出现的这些问题,一点都不能松口,责任肯定要追究,看是什么性质的责任。有的是责任心的问题,有的是水平的问题,有的是疏忽,有的是不懂,各种性质不一样,不一样的性质我们就采取不同的处理方法。但是过去的不良资产以及现在产生的不良资产,我们要有一个解决的渠道。首先是点上的渠道,一是每个项目有每个项目的特点,根据这个项目特点和我们能够抓住的支点，然后把问题解决。第二个就是宏观的解决方法，就是我们在引进战略投资者，我们在搞证券化，我们把资产包典当出去是证券化的过程，能够使大量的现金流进来，这是大的东西。大的东西搞好了，小的才能生存。大的没了的话，说死就死。

——2014年11月15日第49期总经理办公会议

草拟预案的意义

另外，还要考虑，我和董事长也建议过，不行的话到了紧急的情况我们就直接在我们网上融资，就是增发。草拟好方案，不需要就放着，需要就直接挂上去，就直接是增发了，增发以后可能三两天就能搞三两个亿，这都是应急措施。不一定要用。因为有些东西就像闪电一样，一下子就来看了，一下子没对策了就麻烦了。现在就是我们做什么事情心里都要有对策，都要有方案，事前能够有预案是最好的。然后我们再考虑解决方法，那样我们就不会乱。没有预案的话就要尽快地拿出预案来，这样才能解决问题，毕竟互联网金融是一个新兴的行业，我们也是一个新型的企业，里面所遇到的风风雨雨谁都不知道是什么样的结果。但我们会一如既往地往前走，希望大家能够团结起来，大家都能够积极主动起来，把我们所做的事情一点一点、一步一步做好，今天开会就这么多，感谢大家。

——2014年11月15日第49期总经理办公会议

各部门发展计划和规划的制定问题

今天有几个同事有特殊情况请假了，各条线都做了工作安排，有人汇报，所以基本没什么问题。只要工作没有停下来就行了，工作一停下来就完了。只要有人研究有人说基本上就没有太大的问题。最近这个阶段的工作应该讲，宣传比较多，真正实质性业务的推进，工作的组织，进展不多，所以说各条线在下一步的工作当中，新方案的提出要作为很重要的条件进行考核，不管作为哪个部门，工作都要有个工作计划，你的计划制订的依据哪里来，主要是根据公司整个的发展目标，来制定部门的发展计划和规划。现在，公司发展的目标非常地清楚，开设分公司，300 个体验店，整个贷款余额要做到多少，大家都是知道的。那么为这个主要工作我们各个部门做了什么？市场部门做了什么？风险部门做了什么？计划财务部门做了些什么？还有我们后勤部门做了些什么？还有我们行政管理部门，这个会议上我要讲几句。

——2014 年 11 月 22 日第 50 期总经理办公会议

各部门的分工与工作计划问题

像这一系列内部管理的东西，我之前都没有去注意，为什么呢？因为工作太多，现在最重要的还是发展，这些东西如果真解决起来也挺快，因为这没有什么难度，就是分一下工，重新调理一下，半天就把它解决了，大家按照各自的方案干就可以了，今天我在会上强调，把自己的工作梳理一下，哪些属于你们部门的，哪些不属于你们部门的就把工作交出去，别放在你们那个部门里面，出不了活，到最后工作还没人管，就麻烦了。我刚刚讲的是各个部门的工作计划问题。工作计划，马上就到年底了，上个星期我就讲了，各个部门还有哪几件事，怎么落实？

——2014 年 11 月 22 日第 50 期总经理办公会议

达到具体目标的思路与方法

提升到多少？目标是要有数字的，平均每个体验店要增加 10 个人，这个才是目标，你没有这个东西就不是目标，没有就说没有，没有我就告诉你要定出这样的目标。为了达到这样的目标我们要做好怎么样的服务，达到了这样的目标我们给予怎么样的奖励就清楚了，你这个目标都没有，描述了半天还是一头雾水，我听不出来东西。如果体验店现在还没有细化到每天增加多少人，至于下面的反馈不积极那就是你处理的问题，不行你就处理，你们有这个权利，没报就通报，不是很简单吗？这反映的就是你没经验。不是一步一步来，而是要一步到位。我现在关心的是有没有目标，为了达到目标需要做什么，需要得到什么样的支持，达到了目标后给予怎么样的奖励。你所有工作就这点东西，离开了这些主线没用，私下调侃下可以。那么多人坐在这里，我不说没人敢说，只有我说。以后你的汇报工作要改变方法，我说过多少次了。

——2014 年 11 月 22 日第 50 期总经理办公会议

个人要有集体荣誉感

但我不能要求我们过去所有员工的觉悟都能达到这个高度，但是要向这个高度慢慢地发展，因为你们最后会明白：企业好了大家才好，企业不好了，即使你再好都好不到哪里去。记住我的话，慢慢你们都会体会到，包括我在内，没这个企业，我啥都不是。就是因为有这个集体，大家一起往前走我们就有了这份荣誉，正是有了这份荣誉，我们才需要给它争光，当它好了我们大家都好，一个人根本没什么能耐，反正我没多大能耐。谁都不敢说，一个人是很渺小的。我就讲这么几句，我现在最关心的就是市场部的内引外联，卖我们产品的问题，在卖我们产品的过程中再兼顾卖别人产品是为了卖更多我们的产品，而不是为了卖别人的产品。体验店也是我最关心的，现在已经开始了，能够组织起来了，能够评比了，第一名给奖励，最后一名不惩罚，但是通报一下都很难受，作为总公司的部门一定要管起来，明白了吧？下周听汇报，一定是有效动作。

——2014 年 11 月 22 日第 50 期总经理办公会议

工作要奖惩分明

历史的、现在的，犯错误的人归犯错误的人，有成绩的还是要奖励，这是我的观点。不能你造成不良资产，这些后面的人因为你不良资产的利息收不回来累得要死。该奖励还是要奖励，只是前面的人要受到惩罚。

——2014 年 11 月 22 日第 50 期总经理办公会议

部门领导进行员工管理的解决方法

可能这段时间你们比较辛苦，但是当你越过这关以后会好起来的，在管理上如果底下有不听话的或者不服从指挥的,直接跟牛冰副总经理汇报,不行就扫掉。这没什么可犹豫的,不要谈什么老同志。老同志做得不像老同志还当什么老同志。老同志应该比别人做得更好,应该身先士卒,你不仅做不到,还给新来的领导制造麻烦,你这老同志算什么?虽然我们很多管理部门的领导年龄都不大,很年轻,但是他们在这个岗位上,在组织上公司委托他们管理这个职责。他们行使的是整个公司,是董事长,是我,是在座办公会议所有的成员赋予的权力,不是代表个人的。底下一些年纪大的老油条们不执行不是对某一个人的不执行,是对整个公司的决定不执行,那你不处理他怎么行?在处理当中可能经验不足,用什么方法处理最好,这个问题可以汇报,因为牛冰副总经理跟我汇报过这个问题,我就跟他讲应该怎么处理这个事情,公司要是想好好地往前走的话不是过去一团和气就行的,有时候该板脸就是要板脸的,下来以后怎么搞都行。但是在解决问题,在组织打仗的时候,那是一点都不能留情的,留情一点点都会多出一个洞来,一下子就没办法搞了,所以在会上我跟大家都是很严厉的,下来以后怎么开玩笑都可以。

——2014 年 11 月 22 日第 50 期总经理办公会议

董事长基金和总经理基金设立的意义

要考虑进去,这样一来的话,在我们的日常管理当中一些重点工作,一些日常的东西就不要再去找奖金来源了。还要搞什么发票,那样太麻烦了。这样就简单了,原来在银行都有这些,董事长有董事长基金,总经理有总经理基金。要不然不符合规范,事先有这个东西的话,执行起来就简单了。这个就是人力资源部的工资制度。

——2014 年 11 月 22 日第 50 期总经理办公会议

公司的运行需有法可依

资产保全部这边汇报的工作思路基本上是比较清楚的,而且工作的进度各个方面基本上是不错的,因为我们公司所有的运行都必须在法律的框架下，所有的行为都必须合理合法，这一点我们的老师实际上都是陈青云，我们也懂法律，但是我们不是这个专业。平时上班所接触的法律条款，所接触的案件，所接触的一些司法解释，这些东西是你们的专业，我们不可能一下子听那么多，很多东西就要靠你提出意见，我们有什么问题会向你提出咨询，有时候法律是这么规定的，我们很不喜欢，但是没办法必须执行，再不高兴都得执行。那你还能怎么样，法律是这么定的，你还敢违法？谁都不敢，我不敢。

——2014 年 11 月 22 日第 50 期总经理办公会议

无论是分业或混业，我们公司的运营一定要合规合法，必须担当起社会责任

而关于分业经营和混业经营的问题，一直到今天都没有一个定论，很难去说到底哪个好哪个不好，都有各自的特点，两个甚至是相互交叉，没有办法分开的。现在互联网金融还有没定出来哪一块是哪一块，只有一个股权众筹是专门拿出来的。私募是属于股权众筹这一块的，另外一个是传统的P2P，这一大堆都还没有一个完整的定论。我的观点是，无论是分业也好，混业也好，只要监管部门没有对我们叫停，因为我们没有主观意思去犯罪，没有主观故意去扰乱金融秩序，我们主观上是给投资者找一个好的投资渠道，给借款者找一个方便的借款来源，给这个社会，找一个金融的突破口，给社会利率市场化做一个试验，也给我们企业的员工增加就业、税收和收入。实际上我们是希望国家相关部门赶紧来监管，盼望他们来监管，他们来监管，就好办了。告诉我们什么能做，什么不能做，只要国家说了哪些不能做，我们坚决不碰。如果要做好，没有 10 倍的力量可不是那么容易的事情，真正要负起这个责可没有那么容易，必须担当起社会责任。昨天 A 股市场突破7000 亿元，说明了什么？现在通货膨胀太厉害了，总量太大了。这就看出，你们所买的东西都不值钱了，所以工资再不给大家涨就不像话了。现在这个不得了了。按照程序来吧，有一些没有方案，只是提出问题的问题就不需要说了，每条线上一些重点工作我也讲讲，看下怎么把年底和明年的工作安

排更有效一些，从市场开始。

——2014 年 11 月 29 日第 51 期总经理办公会议

要培养员工对企业的凝聚力，为红岭的发展增砖加瓦

在分公司没有拿出一个好的办法的时候，我们可以给他们建议，不行再改。这个很多东西都是新的，这是第二点；第三个是，同时代理店的计划和实施时间，今天没听到，因为代理实施会很快，一头自营，一头代理。漫山遍野去搞就行了，一个城市搞几百家都有可能；第四点，要教育我们的员工，所有红岭创投的员工，因为过去企业的性质和基础，决定了基本没有职业规划，对员工的关心程度很淡，所以造成员工对企业没有凝聚力，没有以公司为家的品质。所以以后大家要多宣传，为红岭的发展添砖加瓦。把它真正变成一个温暖的大家庭，哪个部门、人员、分公司有困难我们都应该去帮助、关心，让大家有依靠，不能置之不理，更不能说风凉话。我是听到这些，没有责任心，多数的时间都是没有责任心。当然你不能怪他，主要是企业没有凝聚力，主要是因为经营水平，对他的关心不够，目前高管队伍和新来的大学生对这个企业要开始改变了，员工对企业的忠诚，企业对每个员工的关系要日益加强。不能像过去所发生的问题一样，顾着自己的利益，现在很多人还沾沾自喜，其实只要努力干，以后会比现在多 10 倍 20 倍。单打独斗是干不了什么事情的，解决不了问题的。从体验店这样一个战略安排的实施，不是一个随意的行为。确实是从理论到实践分析出来的，必须做，派生出来的很多东西，都没有总结。体验店在某个城市一立，投资者马上对红岭创投这个企业刮目相看，原来在网上摸不着看不见，现在可以看到实在的东西，对我们的信任度马上增加，这种规模效益一起来的话，给我们带来的业务量也是几何级数往上涨。我们要善于学习和总结，从这次看很细，但是重点不突出，每一点之间逻辑的关系不清晰。

——2014 年 11 月 29 日第 51 期总经理办公会议

做任何事都一定要落到实处，光听别人说而造成的失误太多

我对财富管理这块工作，从我个人来讲，知道，但是不熟悉，因为我没亲

自做过，我不知道你们在座的哪个亲自做过，如果你们有亲自做过的，那你们讲出的体会肯定比我深得多，如果都没有做过，都是一种设想，那我们还是都来试一试要稳妥一点，至少我不会错。最起码在这个问题上是征求了大家的意见，看看到时能做到什么样，不能光听别人说。因为光听别人说而造成的失误太多了。所以说现在做任何事情都一定要落到实处，到时该下手的时候，你要钱给钱，要人给人，你要什么指示都可以，但是这个事情要办好，要是办不好，对大家都交代不了。不是我不支持这个事情，好事我是肯定支持的。

——2014 年 11 月 29 日第 51 期总经理办公会议

流动性贷款和周转贷款的用途

原来人民银行有一个中期的流动性贷款是解决国有企业流动资金不足，以银行来垫付的形式来解决财政问题的一种做法，这个是遗留下来的问题，在银行里面不可能有一年以上的流动性贷款，一年以上就不是流动资金了。如果一年都周转不了一次，还怎么流动呢？有时候是根据周转次数，好比短期内的商品要进货了，得到贷款后，一个月后就卖掉然后就还钱，它就一个月的时间。商业贷款里面专门有一个周转贷款，就是给它一个额度，需要的时候自己就可以透支了，回来的钱自己就还上了。好比额度是 5000 万元或者一个亿，它可以是正的也可以是负的，就是存贷合一户。结算贷款是在托收承付的条件下，国营企业之间在货物营销过程中形成的贷款，它有托收承付的合同。那是结算贷款。好，讲吧。

——2014 年 11 月 29 日第 51 期总经理办公会议

把银行的项目直接拿过来做，在网站发布新产品时需要注意的问题

这样我们分公司的日子也就好过了，都好过了，直接把银行的项目拿过来就行了。我们这个就是链条短，一旦像星火燎原一样蔓延开的时候，根本挡不住，这个速度多快。银行的话需要逐级往上批，没有三个月是走不完流

程的,它每个流程都要研究一下。我们这个办公会结束以后陆总研究一下,研究出来以后就拿出来尽快往下推了,推了以后就定几个试点先试,有分公司的城市先推起来。主要是我们这个东西要先推出来,利差我只要3个点,两头由你来定,定了以后,再起一个好名字就可以推了。但是,要注意找一个衔接的办法,就是过去的这些项目和现在项目的区别要告诉我们的投资者,让他们知道现在的项目和过去是不一样的,现在是脱媒了,不通过银行了,你们自己就可以把钱放到和银行一样利率的贷款上面去了,这些收益都是归你们的,这是完全不一样的。

——2014年11月29日第51期总经理办公会议

产品名称最好互联网化,贷款项目的审查必须有依据

名称的话大家都想一下,反正就是这四大类:“流贷标、固贷标,项目标”,我也没想好,大家回去想一想,最好互联网化。四个名字如果找出一个类型的话一把就全解决了,一组词就一下子解决了。因为固定贷款的审查本身就一样的,项目贷款和流动资金贷款的审查是不一样的,你必须有根据,到银监会那里才会有依据。我们审查都是按照银监会的办法进行审查的,那我们就不会有问题。

——2014年11月29日第51期总经理办公会议

各部门要及时有效地去落实下一步工作

反正今天这个办公会开得松散一点,但是有几样非常重要的内容:

一个是体验店的内容非常重要,我们市场条线要好好落实一下。我也和刘泽汀讲很多了,要好好落实。我们做这些是干什么用的,下一步怎么去落实、去试验,让它有效,体验店这条线要作为一个重要的工作来抓。第二个就是新产品的问题,就是风险条线的工作。要把它作为一个大事来抓。第三个就是我们计划条线,我主要关注的一个就是流动性的问题和错配的问题。还有就是年终决算的问题,年终决算你们要作出一个安排,哪些部门干什么,要做好安排。那天晚上最起码到12点的时候,所有的账务都要出来

了,这个和银行是一样的。年终决算的安排要做一个重点了。技术上面我就讲,你们尽力就行了。APP 的话,我觉得,有的可以先出来就先出来了,不一定要等到新系统全部一起出来了。把 APP 的图形设计好看一点,或者就设计成我们的图标,都可以。我们红岭就是红岭的图标,点进去就可以买卖了。综合这边就是行政部把图设计出来,出来以后我们就做一个整体的整合,因为明年上半年如果利润情况还好的话,整个外墙都要重新装修,所以里面也要搞得规整一点,不要豪华,规整、清洁、方便是最重要的。

——2014 年 11 月 29 日第 51 期总经理办公会议

红岭创投的发展需要统一的标尺,大家共同努力才能促进公司的发展

我们几个年纪大一点的高管,没有问题,都是从岗位上过来的,本来就指挥过全国,指挥过四级的管理,而这些高管之外其他红岭的老同志还有后来招聘过来的新同志没有哪一个能在这个层面上进行指挥,更不要说架构的设置了。但是你们非常好,好在哪里?愿意去努力,也在不断学习。现在我们还能参加办公会的同志可以说是在过去比较优秀的人员了,其他的都慢慢调整了,多数是自己调整了。我们能够跟上的,跟上公司发展步伐的都是不错的,都应该提出表扬,大家都努力了。你们从原来的比较小一点,基础比较弱一点的公司,通过你们和我们共同的努力上到了一个新的台阶。这个新的台阶也仅仅是刚刚开始,也只是序幕的序曲,序幕还没拉开。所以大家都要做好准备,我们这些老同志也要做好准备,大家在一起是一家人,不分你我。在办公会上,我们评价、表扬、批评、鼓励都是同样的标尺,都是一样的,都是有利于红岭创投下一步的发展。没有统一的标尺红岭创投的发展就难以进行,我把这个大前提先说一下。

——2014 年 12 月 6 日第 52 期总经理办公会议

工作要有效,要能创造价值,对总公司的发展作出贡献

我讲第一点是运动,运动是为了锻炼身体的,第二是劳动,劳动是为了赚钱的,第三是有效率的劳动,别干了无用功,第四是有价值的劳动,能够创

造很多价值,就是说我们现在的劳动要创造价值,工作要创造出很大的价值。两个人都是从早上忙到晚上,但是结果不一样,有的人就忙得很有价值,有的人就不一样。忙的价值从哪里来?要根据整个工作中你自己所处的环节进行认定,对总公司的发展作出贡献,起到正面的推动力量,而不是反面或者侧面的。这就是我们每一个管理干部,今天参会的都是搞管理的,所以说要经常思考这些问题。我今天只是借着运营部这个题目来跟大家说这个事情,所以讲对运营部今天的工作应该提出表扬,表扬就是他们在进步,尽管进步不是很大,只要在进步就要给鼓励,就要给掌声。当然,也提提不足。不足就是我刚才说的有效,有价值,还有价值量的大与小。

——2014 年 12 月 6 日第 52 期总经理办公会议

年轻人多向老同志学习管理能力,才能帮助公司大踏步地往前走

你看我们这些老同志,到了红岭创投,你看不出来他们平时说什么,但是一到处理事情的时候就可以看得出来是经验,稍微敲一下他们马上就知道这件事情不应该是这样做,应该是另外一个样子,马上就能作出调整。我们这些年轻的同志,包括我们青云同志,叶丽娟同志,游松平同志,小徐,邝宝杰,周学彬,都算是比较年轻的同志,多向老同志学学,把管理的能力学到手,才能帮助公司大踏步地往前走,每天上班都要有固定的工作才行。所以说,体验店的管理办法我说同意试行,不要像网站上一些网友们讲朝令夕改,不要听。如果是朝令夕不改,明明知道我们的政策错误的还不改,那就是真的傻。不要管别人怎么说,不要维持死面子活受罪。还有做一些工作别人有什么评价,他们想怎么说怎么说,如果别人提出的意见是对的,我们就改,有则改之无则加勉,我们每天都在进步,错了就改就行了。

——2014 年 12 月 6 日第 52 期总经理办公会议

任何事情,一步步往后走,都有解决的办法

下面的就别说了,我就讲你这周的工作和上周比没有什么大的变化,我要提示你们一下,就是要有变化,要有进度。要不你就讲要核销了,那我就

开会，一个个看，看里面还有没有没有做到的地方。如果还有没做到的地方，那就是你们的责任了，因为这是你们的工作；如果不是这样，那你就要有进度。任何事情，一步步往后走，都有解决问题的办法的。但是如果没有解决，只是放着就不应该了。

——2014 年 12 月 13 日第 53 期总经理办公会议

办公会议纪要的决定是大家执行工作的依据，下面的人只能服从

其实就是以开决算会议的形式，把财务管理的东西也在这个会议上布置一下。这个就以你们这条线的意见为准，这个是需要的。计划上面的工作还是要提高，包括计划资金调拨的头寸表，到现在都没搞出来，不知道是怎么回事，统计报表经常出错。以后我们就要搞一个制度，如果报表错了就要扣奖金，做的人和审核的人都要扣，这个东西要有一个制度。再一个刚才我为什么发脾气，因为我最后是结合大家的意见做了决定，就是会议的主持人在做总结了，那么照做就是了。在让你发表意见的时候，你可以说，最后已经决定了，那就不用商量了，因为责任最后是我承担了，不是你承担了。大家也知道，开会实际上就是大家在一起把信息进行一个充分的沟通，沟通过以后必须有一个人对大家的意见进行协调，这个一定是多数人和主持人经过考虑作出的，那么下面的人只能服从，根本不需要商量了。你如果有不同意见，你可以立刻提出来，我们就在会上商量，如果这个会议还决定不了，下面商量就更不可能了。也许你们过去的做法是这样，现在不行，都是有规矩的。办公会议是沟通信息，研究问题、决定问题的，最后它有一个归纳、一个决定。会议纪要的决定就是大家执行的依据，没有这个东西的话就乱套了，这个企业就没办法管的。

——2014 年 12 月 13 日第 53 期总经理办公会议

我司作为互联网金融企业的实践和计划

胡宏敏副总经理这边就是互联网金融企业的市场营销，这里面内容太多了，可以分解为互联网金融的投资与理财等，有些东西不是我们创造出来

的，而是在别人材料的基础上加点我们的认识加工出来的。当然后面还有关于互联网企业的形象宣传，品牌推广，人力资源管理，法律、线上运营及技术等等都非常重要，大家要把做过的事情逐步积累起来，那都是你的财富，不善于总结归纳的人是没办法进步的。所以我讲的第三大点就是关于互联网金融企业的实践，是我们大家共同的课题。最后一点是在我们下一步的发展过程中，我们应该注意些什么，最重要的一点就是大家不能懒惰，要勇于实践，最重要的是工作要有个计划。没有计划就是滑到哪算哪，那人家也没办法跟你配合，我们为什么要召开办公会，办公会就是协调大家工作的，相互之间怎么去服务，所以说我们工作要有个计划，这个计划要从每一个人开始，每一个专业开始，从上面，包括我们财务，财务要有个财务计划，财务计划也要有个基础，包括各个部门你要报出预算来，你今年要花多少钱，你的业务要达到什么规模，这个钱去怎么花，都有制度的，当然也不会不给你们花钱，你们要什么你们也可以说，比如资产保全部今年官司有这么多，可能还会产生什么官司，我今年所有的预算费用最少需要多少钱，最高会花多少钱，包括一些还可以退回的资金，还有拿出去送人的，就是一些交际费用，需要多少你搞个计划出来。行政部、企划部、风险管理部、市场部、线上运营部等等都一样，都要有个预算和计划，你们报上来以后我们财务上才能进行平衡，今年我们的费用大致花多少要知道，我们要挣多少钱才能维持我们的盈亏平衡，我们再挣多少钱大家可以多分一点，这样才有依据，这就是计划。同样我们的工作目标的制定也是计划，这个是我考虑的问题，我们今年打多少，明年打多少，当然既要依赖于我们分公司，又要依赖于每个部门，我们每个分公司也要报计划，一个省公司一年能不能增加 5 个亿或者增加 10 个亿，30 个分公司就是 300 个亿，那么相应管市场的部门能不能制定？管风险的部门你们能不能批得了？这些都要考虑，考虑好以后我们下决心定出明年的计划增加 100 亿元，增加 100 亿元我们的利润增加到多少？然后我跟董事会去谈，我给你今年增加 50% 的利润，多的部分怎么分，干好以后多分点钱给大家，从物质上最起码得到满足，我在这里工作，就是不能低于银行的薪资，现有银行管理人员的年薪是多少，短期内可能不能一下达到，但是最迟明年年底一定达到这个水平。这个目标的实现大家也要有个计划，制订计划是非常重要的,没有目标不知道去打哪儿,有了目标没有安排不知道去怎么打,有个安排最后没有鼓励和激励,人家不想去干,这些东西都是制订我们工作计划的基础。马上要进行年终决算了,下一步我们的很多打法马上要出来了,今天我用这个会议的时间把下一步整个战略方向上的东西、定义和认识上跟大家做个交流。第一个就是金融脱媒,其概念是什么我们要知道。第二个是建立生态环境,第三是实践,第四个就是下一步的计划和要求,在开会之前我就说这些。下面市场部先开始汇报。

——2014 年 12 月 13 日第 53 期总经理办公会议

要善于发现干部、培养干部和使用干部

每次开会之前,我都要讲几个问题。毛主席说过:“政治路线确定了以后,干部就是决定的因素。”我们是用毛主席这个话讲,我们的工作任务、工作目标确定了以后,干部就是决定的因素。最近和胡宏敏副总经理讨论,总觉得干部还是缺。岗位要有一个能干的人来就好了,如果能够招聘一个得力的人来就好了,如果能有一个优秀的人来就好了。这种想法出于人之常情,但是如果你真正去解决这些问题的时候,就不能等待。那该怎么办?先看看你身边有哪些人。第一是发现干部,要会发现。一颗好的种子,及早地发现,及早地给机会,比等待外面的要好。当我们发现缺干部的时候,我希望我们各个条线的领导去发现,包括今年新来的大学生当中,把视野再放宽一点,哪些同志的本质和基本条件,有培养前途,这个非常重要,包括我们技术部。这个我要插一句,我觉得在今年互联网金融学院培训班结业典礼上,获得优秀学员称号的那些都是种子,在第一轮当中就脱颖而出了。我非常赞赏孙院长在会议上所讲的话,这些孩子,在学习当中脱颖而出的好孩子,应该给他们机会,是要看他是不是真的有潜力,真的在打基础,真的为我们这个企业,为我们这项事业的发展积累最基础的东西。所以说我们各个条线以及已经是各个部门最高领导的同志,不要说他们太年轻,我觉得没经验、有朝气的那些年轻同志比社会上那些老油条要好一万倍。你们仔细想想对不对?有些老油条到你身边考虑的全是个人利益,你一天到晚还要考虑怎么去安慰他。那么多的好孩子在这边,我们不培养,不给他机会,跟那

些好像有点经验，但老是歪门邪道的人去讨价还价，为的是什么？这边有年轻的种子，充满活力的生命，有基本完善的基础教育，这样的同志我们不使用、不培养，我们纠缠那些同志干什么？前几天和综合委主任、胡宏敏副总经理、项旭副总经理等领导在说到组织架构的问题，大家都说缺干部。我回去想想，缺吗？你说一个好，还有比他更好的，你说等，但是等到哪一天才到头？为什么不看看身边这些底子比较好、基础比较牢的同志呢？他们是有些缺乏，但是他们有基础，有勇气，他们勤奋，他们不懂就问，错了就改，我觉得就可以培养。因为红岭创投是需要他们的，需要这些红岭创投本身培养出来的队伍。他们忠实于企业，他们忠实于他们的事业，他们忠实于他们的职业生涯，他们会把他们的生命、他们的未来和企业的发展真正捆在一起。而往往比在社会上等待要好一些。当然我们不排斥能选择到更优秀的，但是我们不能等待。从去年年末生息资产 6 个亿，到今年年底接近 70 个亿；从去年年末交易额 39 个亿，到昨天累计 175 亿元；从去年利润 1200 万元，到今年年底估计是 8000 万元，这个速度当中，我们在座的每位同志都付出了辛勤的劳动，都付出了努力，是大家努力的结果。同样，更多是那些年轻的同志，看似他们在学习，风险条线没有这批大学生，我不知道现在会是什么样。我们各个分公司，没有当时一批大学生下去给他们支撑那么几天，我不知道现在会是什么样。同样，我们在座的各位，如果没有你们每天辛勤的劳动，我不知道今天会是什么样。这些都是我们大家共同努力的结果，包括我们在座的高管。大家都很努力，所以第一要发现干部。

第二是培养，要去培养干部。培养干部有各种各样的方式，包括表扬、鼓励、压重担、批评和骂，都是培养的方法。每个人不一样，要根据每个不同同志的实际情况制定培养的方法。干部的培养是一步一步起来的，不可能从天上掉下来一个很优秀的干部为我们企业起到他应该起的骨干作用。那么就要靠我们在座的这些包括董事长、我和高管们进行很细心、很耐心的培养，这些培养不是一天两天，但是想让他多么成熟，多么老练，多么优秀，这个标准不是一下能出来的。互联网金融这个产业它本身就还不够完善，就不可能优秀，怎么优秀得了，但是在探索过程中，和其他人相比，属于优秀就不错了。跟同行业比，他们的干部和我们的干部，企业和企业之间比的是领军人物,另一个比的就是干部队伍。虽然他们经常讲到我们这个队伍有 40 多个行长,确实是,没有什么我们对付不了的事情。靠的是什么,就是我们这批干部队伍。有了这批队伍,我们才能在互联网金融这个新业态里稳步、一步一步地往前走。而这支队伍,是要靠我们不断地去充实、培养和提高的,而充实、培养和提高不是靠一天两天完成的,但这是我们每天、每刻都需要做的事情。如果是家庭作坊式的话,师傅带徒弟就行了,但现在是现代化大生产,已经到了信息社会,到了互联网社会,对人才的要求,对组织管理的要求,对企业经营目标和计划的要求,都不一样了。那么在这种新的环境下,仅仅靠师傅带徒弟,抵不过按照现代科技所研究出来解决问题的一般性办法。培养是一点一滴的,从我们互联网金融学院开始。我们互联网金融学院目前的担子确实很重,但是我和董事长对孙院长的工作目前来说是满意的。一有经验,二不偷懒,三善于思考,四善于实践。只要有这几点,不要说是互联网金融学院,我们的企业都会大踏步地往前走。但是互联网金融学院从人、从干部、从培养是基础。如果没有这个基础,就没办法想象这个企业可以走多远,因为它没办法给你提供弹药,没办法给你提供营养,没有办法给你输送新的知识,如果光靠原来的那些知识,没有多久就跟不上了。那些老的经验和做法有用,但是根据时代的发展必须完善和补充。如果不完善和补充的话就跟不上时代的发展。包括我们这些老同志,我们是有经验,是有经历,但是如果不吸收新的知识,那也只是跟别人谈谈历史,讲讲过去。听妈妈讲过去的事,唱个歌给别人听,都是这样。真正要在现实的工作中起到指挥、引路人的作用,管理者这样的位置的话,不学习肯定不行。我每天至少是 3 到 4 个小时的学习,不学肯定跟不上。靠过去的那些经验,讲讲具体的,讲讲课可以,但是更重要的是今天怎么办,下一步怎么走。那么在培养我们的干部上,培养我们自己上,我们将采取什么样的计划,每天看几本书?每个月看几本书?哪个地方有什么样的培训讲座,我们去看看,我们去学学?网络上每天有哪些新闻和新内容,我们去了解下。学习这些用什么样的方法?例如手机在身边,没事就用百度搜索一下;同事之间、同业之间,每天都有很多东西都可以学,知识不难,难的是综合运用。首先,我们要做一件事情,就要认识这件事情。连想都想不到,怎么能做得到?有的人说一句话，不一定对：只有想不到的事情，没有做不到的事情。这句话一定意义上是对的，但是倒过来讲，想不到的事情你怎么能做得到呢？这句话我就觉得是必要条件了，最起码我觉得这句话是没有什么问题的。并不是说，只有想不到的事情，没有做不到的事情，这句话好像不是很严格，但是存在想得到但是做不到的事情，如果你做得到，你一定要能想得到。培养干部里面有更重要的一点就是示范。你自己怎样？对自己的约束怎样？如果对自己都没有自律，你去培养人，那仅仅是把你的知识告诉了别人，但是如何运用他没有学会，同样的事情在两个人身上所达到的效果是不一样的，同样的制度在两个人身上所执行的结果也是不一样的。大家一想就知道了。有些同志跟我说，我错了，张宇总经理你批评我吧。我笑了笑说，你有什么错，都是我的错。孩子生下来就像张白纸一样，要错都是我们教的，我们多反省下我们自己，哪些地方没做好，没传达好，导致这些孩子做错了。孩子有什么不足？孩子身上的东西都是跟家长学的，如果家长不教他们，他们怎么可能会这些东西？给了他们多少有用的东西？不要去怪孩子。我们的企业也是这样，我们的员工哪些地方没做好，我们要找找看我们自己身上有没有这样的问题，领导的身上有没有这样的问题？如果说领导自己就私分钱，动不动就在从企业那捞点东西，你觉得可能吗？他能不跟你学吗？人的内心世界里都有两面。有种说法是人之初，性本善。也有种说法是人之初，性本恶。人的内心深处都有善恶两个方面，就要看你大的环境把他优秀的那一面激发出来了，还是说把他不优秀的地方把他激发出来了。我过去也有很多老同志，也有优点，也有缺点，有时候缺点也有很多人喜欢。你作为领导人，到底是用优秀的这一面去激发员工还是说用你这不优秀的一面去激发下面的员工？但是有些人不优秀，跟着你你还觉得很骄傲的话，那你就很悲哀。我认为很悲哀。就像我们每个头脑里都有善和不善的地方，作为一个企业，作为一个领导人，如何去激发他们善的地方也是我们这个社会、这个民族和国家，也是人类文化。人类文化应该激发大家什么，应该让大家在什么样的环境生活才有意义。所以说，应该要以身作则，示范作用做得怎么样。孔子说过：见贤思齐，见不贤而内自省也。这些都是老祖宗说过的话，这个道理大家都懂了，我们就知道怎么修炼我们自己了,当知道如何修炼我们自己了,那这个企业还能够不好吗?如果自己都没有修炼好,一天到晚去要求别人,虽然嘴上是听你的,但对你的尊重是虚的。所以讲在培养上,第一是发现,第二是培养,第三是使用。

那么在使用干部的时候,就要放在合适的位置上。但是不知道这些干部是否能合适这些岗位,我们也不知道,连他自己都不知道,那就只能试试。通过实践,给他指标,帮助他,看看他是否适合。只要他做得好就要鼓掌,要给他一身的正能量。尽管有很多的负能量和正能量在身体里较量,但是最终还是正能量在推动发展。包括企业也是一样,要靠正能量推动企业的发展。如果意识不到这一点,不能改变什么。要扪心自问推动自己发展的是什么?是知识,是优秀的传统,是大家的共识。有了这东西,才能组织大家去打仗。一开始使用的时候,并不一定知道自己适合什么样的位置,必须经过一个阶段的测试和实验,但是有一条,必须努力,还是像我强调的一样:千万不要懒,不懂就问,错了就改。只要下了工夫,肯定都很优秀。遇到错了不要怕,改了就好,不要有负担。老祖宗总结这些传统的东西为什么我们愿意吸收,因为帮助了我们进步,使我们感觉到了社会的美好。马上我们就要面临干部这样的问题,企业今后运作的方向、架构、模式基本都出来了,但是人员应该怎么摆,工资都不是问题,我们的工资标准明年年底前不会低于银行的水平,今年因为是第一年和历史原因,我们还有点捉襟见肘,但是对于去年而言,还是有大幅度提高。因为这很重要。大家忙到最后连收入都上不去的话,真的对不起大家,但是钱又不是最重要,能够让自己提高,让自己进步,让自己充满期待,这种感觉更重要。所以说在干部的使用上,我建议大家,各个条线的最高领导,你们的思想解放一点,能使用的立即使用,不行的话再换,先干起来再说,不行再调整。包括我们的 IT 系统、市场系统、综合系统、风控系统、计财系统,下面那些经过一般高考,受过完整教育,在我们这边工作了一段时间,感觉这个苗子可以培养,立即调整,在我们组织架构调整后立即上位。我们这些老同志都是带路的,最终还是属于年轻人的。如果红岭能够培养出一批年轻的骨干力量,那么肯定比我们强很多。如果培养不出来,那么我们这个企业就没有未来。我讲的未来不是 3 年、5 年,而是 30 年、50 年。之所以到现在日本几个出名的企业能走到现在就是提前考虑了未来。在这个社会上,我们找到了这个能够发挥我们长处的平台,我们没有理由把这个机会浪费。我认为我在这个企业里应该尽到自己的职责,应该给大家指一条路。心胸放宽阔一点,更重要的是要带出一支打仗的队伍。我说过,你在一个地方当支行行长,你在的时候存款一直往上走,你一走的时候就往下掉,那你说这个支行行长好还是不好?我对他的衡量标准就是一个好的客户经理,而不是一个好的管理者。如果你走的时候,存款还在往上走,那么就说明你培养出了一支队伍,这才是好的管理者,把制度和文化都建立和形成了。这是我追求的理想。那么在我的身上,我认为我做到了,不论我离开了佛山,还是珠海,那么多年没有一个干部犯错误,而且都是有据可查的。我希望我到红岭创投也是这样的,即使退居二线,那些年富力强的干部们还能继续发挥更大的作用。那个时候我们在世界上的影响就像日本的索尼、日立这样的企业一样。那么我们就在红岭的旗下,把这个品牌做好,把它传遍全国。所以我就对干部的选择、培养和使用谈那么几点看法。因为下面可能给各个条线的领导打开了一扇窗户,该使用就使用,这是我今天要讲的主要的问题,后面的我就不说了,因为时间关系,下一步这个问题很重要。我们下面各条线的领导能使用的时候都把他们放在最重要的岗位上给他们担担子,如果他们遇到了什么困难,我们将全力以赴去帮助他们。就像我跟各个分公司领导谈话的时候,我就说,我只需要你们两个字:信心。如果你没了信心那就什么都没了,只要你有信心,我什么都可以给你,要建立这样的自信,今天开场我就讲这一个问题,下面从市场部开始汇报。

——2014 年 12 月 20 日第 54 期总经理办公会议

大的变革都是从细微之处开始的,都是从可着手操作的每一个动作开始的

不错,这个数字(张宇总经理:深圳的注册曲线往上走得比较均衡,现在最近的数据平均每个体验店日均达到多少了?前天的数据是多少?线上运营部刘泽汀总监:平均是 27.3 人)可以,这个体验店你们看这个数字每天哪怕增加一个人,对这个行业来讲都是具有战略意义的,可能很多人现在不理

解，不超过一年你们就会理解我今天讲的话对不对，因为大的变革都是从细微之处开始的，都是从可着手操作的每一个动作开始的，这个动作只要朝正的方向走，哪怕一天前进一点点，都是不得了的。我们现在投资理财的路线就是走过去人民银行、商业银行储蓄的路子，一点一滴积少成多，集腋成裘。所以刘总你的担子非常重，而且以后要专门搞出一本教材来，这对你的人生都有意义，以后可能对互联网金融投资理财方面你就是权威，我给你们指出这条路，这条路肯定不会错，在中国甚至全世界互联网金融界，在金融脱媒里面，这是非常扎实的一个支点，现在我们搞六个体验店的经营试点，年底你们总结经验，到后面的机构合作所有的经营都是这些东西，这些东西嫁接到任何东西上都能成长，包括我们的代理店经营。这个是非常快的，但是里面的基本功要搞好，里面的管理一定要细致，这样的模拟过程完了，我们到年底还有两个月，明年全面展开，还有明年特定项目要上去，这边的投资人全上去，这个战场就打开了，今年我们就是拉开序幕，明年才是主战场。

——2014 年 12 月 20 日第 54 期总经理办公会议

计划的提出、制订与实施

因为我们是会长单位，就相当于我们在负责，现在交由孙院长负责这个事，但是大事情还是需要经过我们红岭创投的办公会研究，决定深圳市网贷协会的会议，这样一个管理体系。当然，我们也是对政府负责。今天还是我先讲，不会多讲，最多半个小时。今天主要说的是计划。

第一个是计划的提出。每个公司，每个人，每个单位，每件事，每个目标的制定，就是计划的开始。你要干什么？你准备去干什么？这是计划的开始。我们要干什么的时候要根据自己的能力、条件、可行性，相关可利用的知识和力量，还有相关的潜力，这些东西一旦考虑完成以后，就可以决定自己能做什么事。例如，有的人认为 P2P 好做，看人家做了能赚钱，都来弄 P2P 了，但是他不知道这个 P2P 里水到底有多深。搞了不到半个月，或者两三个月跑路，或者一年下来只有 1000 万元。这是什么原因？在制定目标的时候，没有考虑到他自己是不是有这个能力。那么我们在做每一件事，在制订计划的时候，一定要根据自己的能力和自己可能实现的潜力和相关条件。任何一项计划里面都有学习计划。目标的提出，本身就有学习在里面，如果你不学习就想完成目标是不可能的，因为每个事情的目标都在变化的。每一秒钟整个世界都是在瞬息万变的，如果不学习的话，你的目标是非常空洞的，一点用都没有。包括我们红岭创投，一开始所提出的目标，到我来的时候提出的目标，到现在提出的目标，都是根据我们的条件，然后又逐步为了达到我们的目标所创造的条件，我们去努力，我们去做。这些基础做好了，做扎实了，这样的目标才有可能实现。所以说我们每个部门，每个人，包括新进来的大学生，都要有制订计划的能力。可以叫职业规划，也可以说是愿景，一种追求都可以，反正就是你要做什么，制定一个目标。计划的提出，这是第一个阶段。

第二个阶段，计划的制订。这个计划你想要达到什么目标？目标要有哪些措施？没有措施的计划是空洞的计划，完成不了的。例如你需要多少的机构，需要多少人员，需要他们掌握什么技能，这是计划制订当中需要考虑的问题。那么同样，每个部门在制订计划的时候就需要考虑自己需要什么样的措施，一条一条列出来，这是非常重要的环节。如果没有这个环节的话，你所具备的条件有多少，需要外部支援的有多少，需要得到领导的支持有哪些，需要相关部门协助的有哪些，这些都是要在完成目标制定的时候需要的东西。所以在计划的制订方面也包含很多东西和条件在里面。

第三个是计划的实施。计划制订出来了一步一步去做，它是有讲究的，怎么去做，很多任务怎么有机地安排，在物理上有个并行和串行的问题，哪几件事情可以同时做，必须把这些事情做完了才能做那些事，两件事可以放在一起做，对于我们每个人和每个部门都一样。不要越级汇报，这不是权利的问题，这是一个责任和规则的问题，否则会把纪律搞乱的，所以计划的实施过程中是有规则的，不能越级汇报，也不能越级指挥，必须按照规定的汇报流程上传下达，如果不这样做的话，一定会乱，这样会越干越累，中层干部就没压力了。作为公司管理人员，在推进工作的时候一定要均衡。所以在计划的实施过程中，一定要注意实施的方法，是并行还是串行，这是工作方法的问题，一定要注意分配；还有一个是纪律上的问题，必须一级对一级地负责，包括责任追究下去也要明确一级一级的人员。人一旦没有了责任，什么事情都敢干，就没约束了。现在在座的都是红岭创投的核心力量，核心的管理人员都在这里了，大家很光荣，都是红岭创投最优秀的人员。我告诉你们的这些东西，也是我几十年来从业的体会、教育和我的领导传授给我的一些经验。以后在管理过程中，一定要一级对一级地实施。首先，我不会越级指挥，除非是他的领导不在，或者是某个环节出问题了，必须亲自过问这个事情，或者是特别紧急的事情。当然，越级汇报也不是说不行，例如人民来信等都是特例，但是在正常的工作中必须遵循规定按制度汇报。从计划的提出，到计划的制订，再到计划的实施，最后是执行情况的检查。我们的目标订出来了，一步一步地往下走，有阶段性的，例如办公会，对上一周的工作做检查，然后对下一步的工作制订计划，现在办公会的密度大，一般的企业都不会开得那么频繁。我们每周都开，每次都有记录，这个阶段必须有这个密度，没有这个密度工作就整个推不上去。因为人员在不断流动，目标在不断地增加，计划在不断充实，社会在不断地改变，如果没有这样密度的会议去协同，很多东西都解决不了，我觉得会还是开得太少了，那么其他问题就需要专业会议来解决，不能在办公会上解决了，一下就可以并行几个会议，各开各的，这样我们各个条线都有自己的会议，也是贯彻办公会议所安排的各项工作，就跟我们马上要进入年终工作总结了。财务上的叫作年终决算，还有一个就是全面的总结，就是对全年工作执行情况的检查。全年当中，有哪些是属于我们做对了，要发扬，要推广的，哪些是做得不对，要改正的，还有哪些做得不够完善，需要提高的，都需要分分类。今天为什么讲这个话，我已经提过，各个部门都要有计划，从我到红岭以来，第一次参加办公会议的同志还剩下五个，其他全都是新的人员。那么大家回过头来看看，就知道我们这一年做了哪些工作。我从第一次参加办公会就提出，每次都汇报三件事：你在做什么，你还要做什么，你需要得到什么样的支持。最近这一个月，我连续几期办公会也还在说这些话。结果你们的计划我都听了，完全是散的，没有一个集中的目标，没有为一个集中的目标分配到各个部门应该做的事情。

——2014 年 12 月 27 日第 55 期总经理办公会议

每一个同志都要反思并提高执行力

这就是执行力，我们大家都要去反思这个执行力。我们都在网上看过关于美国退伍军人执行力的案例,给他设计了那么多的难度,他最后还是把事情办得很好。有的人就是去问一下,不行了就立马返回来了,这样的话执行力就差了。执行力差的话,可替代性就强了,人家就会想要不要换人了。所以说我们每一个同志都要提高,包括我在内。这次办公会是 2014 年底的最后一次办公会,下一次办公会就是新年办公会了。新年办公会的话,实际上就是检查安排工作了,没别的东西了,就是一个总结了,就等于是大办公会,等于把 2014 年的工作总结一下。另外我们总经办可能要把今年的大事记排出来,最起码在年终总结大会上要把资料发给大家。这些公司发展的历程阶段,重要的事情都要有,包括干部的任命等事件。你可以让各个部门上报,然后汇总就可以了,专门搞一个红岭创投 2014 年大事记,这个就有我们公司发生事情的记录了。这样的话我们以后在写宣传册的时候,这个就是一个重要内容。我们企划部在编制宣传册的时候就好办了。

——2014 年 12 月 27 日第 55 期总经理办公会议

解决难题的方法,就是要学、要问

这是我们大家都遇到的问题,那我们就共同解决,那么解决这个问题的方法呢?只有两条路,一条路学,一条路问,学问学问就是这样。学,干吗不学,借鉴,包括小贷公司,银行,包括什么信托,包括租赁,包括典当等等这些,向它们去学习,要善于发现,你发现不了,就没办法去学,发现了就每天全神贯注地去学习研究,然后知道在哪儿了。接触到我们所需要的层面,要靠学。第二是问,不懂的东西立刻就问,向身边的人问,向互联网问,向我们总公司这些专业的人问,向其他所有能向你解答问题的人问。或许很多东西他们回答不出来,不要紧,我们一起学。只有这样,我们才能真正地把我们红岭创投的基础打扎实,打牢,然后站得住,立得起。

——张宇总经理在重庆分公司开业座谈会上的讲话

互联网金融的空间相当巨大，需要我们努力探索，没有解决不了的问题，只要思想不滑坡，办法总比困难多

现在我们的眼界还比较窄，还没有把视野放宽。如果真的把视野放开的话，在资产市场上，因为贷款是资产，资产业务的话很多。因为到明年我们还是××的时候，还有租赁，还有股权投资，还有典当，还有信托等等，方面都可以上，互联网金融的空间相当巨大，但是我们要进行一个一个讨论，当真正研发出来，红岭创投才真正变成一支有生力量，不断能进行自我分析，能自我调整。使我们整个的业务以及收入和大家的生活质量，继续提高。我们最后总结性地对大家提出的问题做一个简单的回答。这回答不一定完整，但是我认为，没有解决不了的问题，只要思想不滑坡，办法总比困难多！只要大家齐心协力，都是我们的骨干力量，不行大家再学，再问，大家勤奋起来，动起来，明天一定很美好！谢谢！

——张宇总经理在重庆分公司开业座谈会上的讲话

对于工作，要做到只做不说、避开争议、脚踏实地、行人间正道

今天前面我说了几句话，这些话我是不准备说的，一直到我们红岭真正成长起来，到一定的规模以后，可能才会在公开场合说这些话，现在还不算公开场合，我也希望你们回去我讲的话不要对外传，包括一些认识，包括一些理论上的东西，不要外传，没有传的意义。为的是保护红岭，保护我。没到时候不要说，我们只做，而不说。这是我给大家讲的心里话，只做不说，不会错，但是会有争议，我们避开这些争议，不要去跟人家争，我们一步一个脚印地踏踏实实。等我们真正站起来的时候，谁要说也没用。我跟他们开过一个玩笑，我说我们现在网站上目前真正的投资人大概有20多万，他们在社区网站上经常发表这样的观点那样的观点，就包括我们这次一亿元的垫付，很多人就说，不错，红岭怎么怎么样，利息拿到了就很开心，也有的很担心，以后会不会这样，这样的状况。我们投资者现在才20来万，到

时候我们一旦上到200万、2000万、4000万这个时候，那他（投资者）代表的声音就是老百姓的声音了。那么既然是老百姓的声音，又做的是对老百姓、对项目方、对贷款者、对我们本人、公司本身的发展、对金融改革、对国家都有利的事情，有什么理由反对？我想不出有什么理由反对，我们在做一件于国于民于各方面都有利的好事，怎么会不成功？我在想这个问题，因为它不成功才没道理，一切根据国家的法律，我们做好我们每一件事情，走路走大路，我在办公会上经常讲这句话，走路走大路，行人间正道，偷鸡摸狗的事情别干，犯不着，这样大家工作起来心情就比较放松，就比较愉快。大家的钻研刻苦努力都会得到一个很好的结果。我就事先讲这么几句，刚才我们胡总把今天会议的内容跟大家讲了，明天我们还会去安徽，看看安徽又是一个新的公司，在那个地方，我们也会得到一些启发。让分公司的筹备组长们来参加这个会议的目的，就是让你们受受启发。不一定是学习，因为每一个人都有自己独到的地方。你们每一个人都是这个世界唯一的。你们身上都有别人所没有成的事，希望你们这些优势都能发挥出来。然后又有一些好的启发，加上你们自己的能力，我觉得如果这还不能成功的话，那就很奇怪了。事先我就讲这么几句，下面就开始发言。因为胡总在主持会议，我做第一个发言，今天的会议大家做一个交流，我就讲这么多。

——南京分公司开业总经理座谈会

要正确处理过去工作和现有岗位之间的关系、监管和自律的关系、风投和发展的关系、传统和创新的关系、速度和质量的关系

我们都是省一级的公司，你们要处理好你们过去的工作和现有工作岗位之间的关系。因为我们分公司的领导们，特别是主要负责人和筹备组的领导们，你们过去的级别和你们所管理的队伍，和你们将要管理的队伍差距很大。省一级的分公司的管理是需要基础的，需要经验的，在某种程度上是需要威望的，而这些东西要在短期内达到的话，你们要处理好这个关系。最好的办法是加强学习，向你们过去的老领导学习，向书本学习。真正适应省

一级水平上的管理,有这个视野,有与其相匹配的能力,这个是我所期望的。你们现在都在进步,比你们过去做得好得多,都很辛苦,也都有成效。但是都存在一个问题,就是都还不够,都还要努力。我们有的公司请了一些过去的老同事和老领导,这就很好。当你一遇到困难的时候就可以向他们求教,任何一个人的成功都是有老师的。我们也要进步,因为这是个崭新的事业,我们不提高的话我们怎么带队伍?所以我们的老总们要处理好你们过去和现在的岗位之间的关系,你们都有成果,但是你们都还缺一点,都还没有达到最优的标准。不懂就问,错了就改。

第二个关系就是监管和自律的关系,现在我们是没有监管的,要管的话就是属于公安局管。我们现在有些不良资产的形成,有些单位在贷款的时候有一些欺诈行为,这些行为在贷款的时候并不是没有看出来,很多都是倒逼的。有问题,只要你最后把钱还了就没问题了。一旦出了问题,往回查的时候肯定会有问题。如果没有监管靠的是什么——自律。自律是所有管理中的第一位,管理有一半是在管自己。你自己没有管好,你还能管谁?要想大家从心底对你有这份尊重,首先你自己要做好。所以我要求大家在管理上把自律放在第一位,按照国家的法律,按照行为的规范,按照道德的要求,按照公司的规章制度,自己做好表率。我在学校学习社会学的时候,老师讲人有两个权威,一个叫正式权威,一个叫个人权威。正式权威是任命给你的,任命你是总经理,任命你是省长,任命你是省委书记,这是正式权威。还有就是你的个人权威,个人权威是靠你自己的努力所取得的。我们搞管理,就要善于把正式权威和个人权威统一起来,又要有自己的品德和行动,又要把自己的位置放好,这样才能把工作做好。我和董事长已经把正式权威给你们了,个人权威就要靠你们自己了。这样的话,你带起来的队伍才有战斗力。你带不起来一支有战斗力的队伍的话是不行的。未来的路还很长,我们有幸聚到一起,在一面大旗下做事,自律是非常重要的。

第三个就是风投和发展的关系。外面都在讲风投,好像风投进来以后所有的问题都会解决,但是根本的问题不是这个。风投的意义就是把未来卖掉。真正意义上的风投的话,十个之中只能成功一两个就是好的。从这个意义上讲的风投公司,在我们国家现在是没有的。我在斯坦福大学学了三个月就是在学风投的知识。他们的风投是什么样的？比如，李亚有天有个突发奇想，想做一件事情，然后你给风投公司打一个电话，对方就让你带着律师去了。律师就是为了保障你的权利，防止你的成果被剽窃。只要对方觉得可以，第一期投资就下来了；三个月以后如果可以，第二期投资就下来了。如果第一期不行了话，就直接不要了，而我们的风投完全不是这个样子。发展不能依赖于风投，这是我的观点。发展只能依赖于我们自己。风投在某种程度上是助力的，在某种程度上推一把，但不是根本性解决办法，要真的需要风投解决问题的话，风投就不来了。但是不需要他的时候，他天天围绕着你转，这是个辩证的关系。网上有人说风投进来五六个亿，我们投资就加倍，我和董事长商量，如果我们在网上定向增发，五六个亿不会超过三天，就凭我们现在的交易量。风投进来还要规定我的利润，审查我所有的费用，最后还要拿走多少。我们不排斥风投，也不依赖风投，依赖我们自己，靠我们每个人，每一个支点做好了，这个企业一定强大，依赖某样东西最后一定垮。

第四个是梳理传统和创新的关系，我们现在所有的创新业务实际上都是传统业务的发展，不是完全意义的创新，都在过去的经济活动的有它的原型。六个事业部的产品跟过去完全一样，只不过交易方式有点不同，这样更有意义的是，它可以做得很大，火车、飞机租赁都可以做，都是传统业务的发展，所以你要是看到这种发展机遇，稍微延伸一下你就成功了。这就是机遇问题。所以我们要有在传统业务上进行发展和创新的精神和认识。

第五个是处理好速度和质量的关系，今年的发展还是比较快的，因为我们看到 200 亿元的新闻通稿，我们第一个 50 亿元的交易量用了 5 年多，第二个 50 亿元的交易量用了 100 多天，第三个 50 亿元只用了 58 天，第四个 50 亿元的交易量用了 53 天，这个速度是很了不得的，以后还要加快，以后可能达到一天的交易量 50 亿元，因为互联网的时代很多东西你根本想不到的，根本不能按照过去的思路走，原来 5 年做到的事情，现在 50 天就做到了，这个发展速度是多少倍？今后如果我们 30 个分公司全部开业了，网站优化更好一点，产品更丰富一点，投资者都上来了，应该是可以达到的。但是这个速度上来的，要求的是质量，我们现在已经在质量上吃亏了，包括产品的定价，包括产品的质量，这是我们管理的不足和失误造成的。那么在高速发展的过程中怎样才能把握好质量，需要我们既做好稳妥又保持高速。还是一句话，要善于放弃，你一旦对项目没有把握的时候，早一点放弃还好一点。一旦出现问题，我跟陈总说过，一分钟都不要停，一直盯到这个问题出结果，先重组，重组不行就打官司，打官司不行就上刑事，反正一直盯到底。这就要求我们在一线的老总们在每一笔的贷款发放之前就要有准备打官司的想法，我是有准备的，只有质量搞好了，速度才有意义。质量搞不好，速度越快越糟糕，所以要把握好速度和质量的关系。

——2014 年终工作会议(一)

解决问题要讲究方法，方法对了就会事半功倍

最后一点就是关于认识论的自然属性，认识论实际上是世界观，思维有思维的方法，办事有办事的方法，方法对了事情就事半功倍，方法不对就事倍功半，办事的方法是一般的，认识的方法是不一样的，就是怎么去看到这个世界，从哲学、宗教的高度看这个世界怎么看，马克思主义是阶级斗争，但是实际上认识有它的自然属性，社会属性都是人规定出来的。在自然属性当中怎样去找到我们自己的位子，和有利于我们自己发展的认识方法，再讲简单一点，任何一个问题，有矛就有盾，有问题就有解决问题的办法，大家不要气馁。这个自然属性里面加上时间就可以解释整个世界，所以没有解决不了的问题，只是在时间和方法、速度上的问题。

我最后讲几句，我们已成立的省一级的公司已经过了第一关，你们还有很多的关要过，正在组建的公司是正在过关，要达到要求你们还要努力，所以我们已经踏上了这条船，我们已经赶上了历史的机遇，我们已经建立了伟大的目标，我们共同奔向这个目标，我们一起学习，一起进步，我们一起克服困难，我们一起改正错误，我们一起欢笑同行，谢谢大家！

——2014 年终工作会议(一)

各个部门要根据会议纪要把工作落实

这个会议有很多的工作任务，回去以后你们就根据这个会议纪要把工

作落实。因为一个企业的成长是我们每个员工的成长，光靠开会讲要求没用。所以我经常一句话就插到最根本的地方，就是马上就动，怎么动。如果你讲了很多，还不知道什么时候动的话，那你怎么干，最后是不会有结果的。动了以后就要马上检查，就能监督，就要讲出来你没有完成的道理。

——2015 年 1 月 10 日第 1 期总裁办公会议

授权问题

那是，但他可以有委托人，比如发标这块谁签字了就行了，新闻谁签字了就行了。这就等于是授权了，周董一看这个事情以后谁来管就行了，然后这个人觉得还可以授权的话就往下授权。一级对一级下去，不能跳，一跃就麻烦了，管理上就麻烦了。

——2015 年 1 月 10 日第 1 期总裁办公会议

大家要加紧学习、团结协作，企业才能进步

临时调整了会议时间，昨晚等于说给自己第一阶段的工作画上了句号，以这样的形式进行总结，自己给自己打八十分，剩下的大家打分，我们每个员工，每个管理层的同志，包括监管当局、上级领导及所有的投资人、贷款者给我们打分。下一阶段的工作可能比第一阶段的工作难度更大，有优势有基础了，打起来可能对思维的要求、对认识的要求比过去对操作的要求更高，第一阶段的工作基本上都是属于比较简单的，机构设置、体验店设置，制度的建立，人员队伍的筛选培养等都是一般企业最基础的工作，这个基础的工作通过一年多的时间，队伍基本建立起来了，但是大家参差不齐，都需要努力，当然我们现在的队伍都不是很完善的，需要很多新的力量进来，我们现有的人还需要加紧学习，加紧实践，加紧提高，加紧发现我们过去的不足的地方，然后在新的一年里把这些地方一点一点地改正过来，因为这个社会本来就复杂，对于我们每个个体来讲，面对着这么复杂的社会，他的能力和智慧都是有限的，必须有团队，必须有一个和谐、团结、相互支持、能够自我批评，不断发现自己的问题又有进取向上精神的团队，然后我们企业才有可

能往前走，单靠哪一个人都不行，靠我肯定不行，靠周总也肯定不行，靠在座的每一个人都并不行，但是我们又离不开在座的每一个人，这是辩证的，两面的，所以我们每个人对红岭创投的发展都很重要，你们每个人都是唯一的。

——2015 年 1 月 17 日第 2 期总裁办公会议

解释认识论和方法论

今天的讲话我是有点冒险的，但是我不怕，我只是有不同的认识。但是我的认识让我们每个同志都能看到，你们知道以后认识问题该去怎么看，一些哲学上的东西，就是你们的世界观应该怎么去建立，怎么去发现，怎样去看这个世界，办事情的时候简单来说就是方法论，用什么样的具体方法去解决具体的问题，这才能纲举目张，纲抓不住，抓那些目就只能抓一点点。

——2015 年 1 月 17 日第 2 期总裁办公会议

红岭的制度建设

目前我们在很多的问题当中，最终我们在管理当中要追求的原则是什么？就是一切都要按照制度办，如果没有制度的话，立刻建立制度，这是保证我们每个人在操作面安全的最重要的方面，国家有法律，我们做什么事情都按照法律办。国家有规章制度，我们一切按照国家的规章制度办，一个单位也是一样，没有制度，你们在管理岗位上，一发现这个事情没有依据的时候，第一反应应该是建立依据，哪怕这个依据不完善都没有关系，发现了不完善我们下次再来补充完善，一年不行两年，两年不行三年，我们逐步把一整套管理制度建立起来，建立起来以后实质上就是建立起了一个完整的企业，以后不论谁按照制度去执行的话都不会有大问题，从最简单的招聘人事制度开始，来的是什么人，符合什么样的条件才行，来了以后应该给多少工资，这都是制度，不是拍脑袋决定的。这个制度一定要有依据，这是保证我们每个人安全，保证每个人在工作的时候不走弯路的法宝。包括我们对分公司的管理，很多东西在没有制度的时候，你偏一偏，拉一拉还好，但你一旦发现没有制度的时候，立刻建立制度，因为制度就不是一个人的东西了，是大家一起讨论的东西，如果你有什么意见，你也可以说。比如律师也是维护法律的，所以今天是我们2015年很重要的一次会议，在红岭创投的整个发展过程中算逗号，但在一年中算句号。我们在进步，只要在进步就有希望，今天的开年会议，周总到北京去谈关于战略投资者的问题。所以今年的制度建设还是第一位的，遇到任何问题我们首先要有制度，不要盲目地去做事，有时候也需要一点冒险精神，但是这个冒险精神一定是在自己有一定把握的情况下去做的。

——2015年1月17日第2期总裁办公会议

企业发展中人品的重要性

第三个就是企业的竞争问题。企业的竞争有的人说是人才的竞争，这是对的。那么人才哪里来的？现在没那么多现成的人才，只有一条是培养。一个是社会培养拿来用，一个是自己培养。那么企业与企业的竞争是什么？是领军人物之间的竞争。一个企业的领军人物如果好，那么这个企业就好。我们董事长很好，所以这个企业的文化什么的都很好。流动性越强的企业，越难做，凡是能做好的企业都有一个相当长的持续性。那些总是换领导的企业，它们就搞不好。一个人一套班子、一套思路，大家就没办法好好工作。一个企业一旦好了，我们可以让每一位员工都放松，不受到挤压，一放松以后他的潜力就都出来了，他的思维就会更活跃。那么企业主要领导人之间的竞争是什么竞争？就是人品的竞争。人品是最高学历，人品好了，才能为人，才能聚人，才能培养人。才有人愿意向你去靠近。如果我们分公司的老总身边围着的都是优秀的人，那么我们这个老总不错。如果他身边的人不行，那么他也不可能有多强。这么多年来我也一直加强在这方面的修养，就是做事先把人做好。做人、做事、做专业。我们这个企业也是这样，首先要把人做好；如果人都做不好，你这个专业就没用。你就不知道怎么定位，不知道怎么和整体合作。你要把自己放到最低，没有人会看不起你，别人会进行真真切切的感受。这个感受有了以后就有效果了，有了效果以后就会愿意去做。然后他也会得到好处，大家就都好了。因为马上我们要上市，我没有去讲一些专业的东西，而是讲做人方面的东西。为什么？因为这个东西是企业的灵魂。我们的高管和员工出去以后，人品很重要。如果我听到有人讲我们的员工人品不好，那我会很伤心。哪怕我们在哪方面差一点，人品不能差。人品的核心是什么？就是周董讲的“帮助他人，快乐自己”，不要把自己放在前面。做什么事情要先考虑别人，这样做事的基点就对了。如果你把自己放在前面，就肯定错了。你可以很优秀，但是你身边没有人帮你，没有令人尊重的环境和结果。所以人品的第一核心就是“先人后己”。还有看一个人就是看他能不能忍让，有时候争论起来的话就要留一步想一想自己是不是错了。你的声音可以很大，但是你要服从真理，服从正确的东西，善于忍让和宽容。批评可以很重，但是处理的时候要考虑到别人的得失，能够把他的损失降低。虽然我们红岭创投的员工走了一些同志，有不少是因为没有看清楚，也有很多是因为跟不上，还有的是因为有一些问题，不管是谁，他们如果愿意回来，我都欢迎。但是他回来以后，全都要按照功能从新定位。你的能力能干什么就干什么，要有一个考核，考核以后跟我原来在佛山当行长的时候一样，不赶你走，把你的工资降到最低标准，你有本事你再爬起来，就给你这个环境，我们佛山分行员工的最低工资标准当时是600块钱，九十年代末期。但是你要是干好了，又有业绩了，我再给你机会，结果我们有几个现在已经当行长了，那就是经历过磨炼了。我这个打法没有伤害到任何人，到最后才证明你行不行，绝不是盲目地去批评你，然后给你机会让你站起来，只要勤奋愿意学，这样就把我们每个人归集到一个大道上了，有什么问题都不怕，只要按照既定的方法去做，大家心里都是敞亮的，都没有偷鸡摸狗的心态。所以对于我们个人/我们企业，人品也一样是最重要的，一个是先人后己，一个是善良乐于助人，这听起来都是很简单的东西，但是真做到就不简单。能把别人和集体的利益放在心上就是不简单，但是一个团队并肩作战的时候就必须有这些东西，没有这种正能量你就打不赢。我们包括市场、风控都有这种责任，我们每个人都在冒风险，没有人没有风险，做任何事都有风险，问题时风险是不是在可控范围内？还有什么办法去解决风险，绝对的没风险不可能。所以我们企业的经营也好，风险控制也好，要把它建成生态，这个生态是循环的，现金流哪里来，用到哪里去了，有哪些现金又能进来,整个就能循环起来了。因为整个经济就是物与货币之间的不断的交换,那个经济链条分析到最后就全是工资。为什么用GDP作为统计指标呢?实际上就是每个劳动力对这个社会产生的有价值的贡献。所以一个国家的劳动力发展得越充分,效率越高,GDP越高,都懒的话GDP就低。这样的循环如果建立不起良性循环的生态,这个事情就不能做。我们风险控制也好,经营管理也好,就要建立起这个生态,一旦这个生态建立了,用制度的方法维护和完善这个生态,在这基础上只要大家有积极性,就没有问题了。我们做红岭创投就是这样的思路,我们一步步就是这样走的,因为马上要上市,所以我就讲一讲,实际上我们每个人工作上的管理很重要,工作上的思路很重要,但是人品更重要,包括诚实、勤奋、知错就改这些东西。我早就讲过,不要犯了错误以后用另一个错误去掩盖它,能够认错改错是一种基本态度,这种基本态度建立了,往前走就没有问题。这种自省的精神是我们每个人都要努力达到的。我今天讲的这种认识你们可以做参考,历史会证明它是有益无益,是对是错,这种成功最后就是人品、道德的成功。有的人一开始认为红岭创投是技术上的问题,实际上不是的,红岭创投在专业上确实是有短板,但是不能说人不好,我们之前一直处于风雨飘摇中,董事长做得最优秀的就是全心全意对社会负责,5年来没有让一个投资人受一分钱的损失,这一点是非常让人钦佩的,真的很不容易,之所以红岭创投能走到今天,还有这么多优秀的高管们在一起往前走,就是这个基础在,而且我们会走得很远,这个口碑和影响力不是哪一个人都能创造出来的。我们马上发动客户的五个方案从五个方向进行开展,我们总公司的同志,你们每一个人的位子上都是有任务在身上的,做一个项目不难,但是要组织一批人去做就不那么简单了。要组织全国的去做就更不简单了,下一步可能要组织全世界的去做,这里面就更复杂了,但是不要紧,原理是一样的。你能管好6个分公司,其他的是一样的,我们现在已经具备了管理全国的基本雏形,我们的每一个部门在考虑问题的时候,一定要从全国的分公司这个角度作为支点。这个支点是管理上的支点,不是一个单一的业务和单一的产品上的支点,所以竞争实际上是人品的竞争,核心是先人后己,大公无私。孙中山先生说的天下为公,天下是大家的,我们大家为她作贡献。我们在企业中要宣传这种理念，这确实是我们这个民族、人类最基本的东西。就是说人都做不好，怎么做好业务，怎么能做好管理，做人本身就是一辈子的事情，你会把你的人品带到所有你所经过的岗位和节点上，我们分公司正在筹备过程中，有很多很多的困难，但是也有很多很多的积极性，但是到了我们总公司来以后，我们给他们的影响就是企业文化给他们的影响，任何时候都要有个服务的态度，我们都是服务员，业务只是一个内容，态度就是服务，同样我们的分支机构来总公司以后，不论哪个条线，你们的姿态就是服务，永远是这样，到分公司去不要颐指气使，真正值得尊重的人是能够尊重别人的人，让人打心里佩服的是你的礼貌和风度，是你的道德品质。这个人品我觉得我们的企业应该有，你们各个条线的领导对你们的下属说明，各个分公司来的时候一定要有服务意识和服务态度。我在办公会公开讲一下，如果以后听到分公司反映哪个部门或者人在态度上不合理，我就要提醒你了。因为最近我听到有这样的反映，所以我今天作为一个重点问题提出来，各个部门多多少少都有一点，错了怎么批评都不要紧，但一定要诚诚恳恳。在分公司看来，你们都是有权利的，但是另一方面你们也是有责任的。我相信你们能改正，改正就好。

——2015 年 1 月 24 日第 3 期总裁办公会议

我们公司在不断发展壮大，员工也要不断提高自己

另外，上海分公司可能下周来面谈，他们第一批人员已经到位十几个，因为上海的起步不一样，这个我做了充分的准备，这个一旦成立的话对我们公司的影响特别大，筹备组组长也是做了一辈子银行的人。我们公司一天一天在进步、在扩大，所以希望我们的人也要改变，就是提高、进步。过去的一些想法要慢慢地能够融入对企业有利的轨道上来，这样我们的生活、我们的未来都会更加美好。可能到二月底又有分公司要开业，我们每个部门的工作要能扎扎实实地做好，计划要做好，包括马上后面大楼的外装修的设计图可能也出来了，我和董事长已经同意了，之后就可以施工了，我的要求是三月底必须完成，要让分公司过来一定感觉是一个全新的形象，让企业、让监管部门和所有的合作方到我们这边来，看了以后觉得这是一个互联网企

业,一个优秀的互联网企业。就这些事情,开会之前我跟大家强调这几点。这个话不是专业上的,也不是业务上的,也不是直接的管理上的,它是做人上的,是软实力的东西,希望大家能够有所启发。

——2015 年 1 月 24 日第 3 期总裁办公会议

各部门要根据公司的主线制定自己的工作方案

现在的公司就是三头,第一头,我们要有足够的贷款客户,我们的资产才能生息,我们才能收钱。第二块,最大的就是投资者。没有投资者的话,借款者拿不到钱,他们也不会把钱给我们。第三个,要把这两个搞好的话,后面要有大量的人来提供服务,包括客服、技术等等。就这三块大的工作内容,我们所有部门的工作都是围绕着三块进行,这样方向就不会错。

今天我再强调一次,一定要根据公司的主线制定自己的工作方案。各个部门都一样,主线就是三条。只要围绕发展投资人做大量的工作,这个就很好;第二,找大量的借款人;第三个,为这两个服务。你们看看在这三个方面属于哪一块,你就朝着这个方向去做就可以了。

——2015 年 1 月 24 日第 3 期总裁办公会议

做生意要相互友好,讲求共赢

做生意是共赢,应该是大家都有好处,如果你利用某种优势把别人卡住了这种做法,到哪天别人会反过来把你也卡住,这是相对的。你对别人友好,别人对你也友好。

——2015 年 1 月 24 日第 3 期总裁办公会议

进行了干部调整,设定了新的机构设计和框架

今天有一些重要的事情要宣布,一就是干部的调整。这是我来到红岭创投第一次进行的干部调整,这涉及公司的上上下下,我也跟董事长汇报了,董事会也汇报了,所有的东西都已经调整过了。这次干部调整相对要稳定一段时间了,大家在各自的岗位上如何尽职尽责,如何把你所管的方面能

够融入公司整体的发展当中，能够把你所管部门的人的积极性全部调动起来，让他们做出有利于公司发展，也有利于自己发展的事。所以说在座的各位都是红岭创投未来一段时间相对比较稳定的一支队伍，这只管理队伍要管着全国，管着我们34个分公司，每个分公司还有6个事业部。要管着众多的体验店，还要管着我们众多业务的发展：我们投资人的发展，我们项目的发展，我们的客服的发展，使我们从原来的P2P网贷的发展逐步走向一个真正的金融脱媒的事业当中。才能使我们在这个社会上为大家，为投资者，为贷款者，为监管当局，为老百姓做出一些实实在在的事。这次的干部调整，我们是经过了多次研究的，分三个层次：第一个就是顶层。红岭创投有发展委员会，这个委员会是我们公司最高的决策机构。董事长是委员会主席，我是副主席。在座的几位副总还有一些其他的同志，组成了红岭创投发展委员会。在红岭创投发展委员会下面还有一个常务委员会，这个人员就是在座的副总加上我还有董事长。然后后面分成五条线，第一，市场管理委员会。我们现在称之为市场管理委员会主席、副主席，下面就是成员。市场管理委员会下面实际上就是管着市场条线，通过这段时间，把下面的机构设置也做了调整：两个一级部，两个一级半部。两个一级部就是市场管理部和投资理财部。两个一级半部是线上运营部和客户服务中心。一级半部就是比一级部门要低半级，比室要高半级，但是相对独立的，是参加办公会的，但是因为它的规模和业务相对小一点，以后也可能会作出调整，就像我刚到红岭创投的时候，有些部门连一级半都不是，反正就有人管着这个工作，到时候看发展，发展到一定程度来决定。每个一级部和一级半部下设若干的室，根据这个部门所划分的职能来设立相应的室，都要有人进行日常的管理、研究、检查。我们在座的都是头，每个部门的负责人。这是市场管理委员会。第二个是风险管理委员会，跟市场管理委员会一样，下分主席和副主席，里面还包含大一级部，就像公司信贷审批部一样，这个部门很大，里面的内容也很多。下设四个一级部：公司信贷审批部、零售风险管理部、风险管理部和资产保全部。那么在每个一级部下分设若干室，根据各个部门的职能设立的，在各个部门内完成自己所应该完成的工作。第三条线就是计划财务发展委员会，这里面也分主席和副主席，现在有一个一级部：计划财务部，但是随着业务的增加，肯定也要升为几个一级部，现在下面的室就是按照未来一级部的发展所设立的。随着发展，这个部门会逐步扩大，内容逐步增加，甚至还有出纳部。因为计划原来和财务一起，以后可能会分设出会计部，因为互联网会计部本身也是一个专业，也可能会分出财务、计划等，都有可能，但是现在还未到那一步。再往下，就是我们的技术发展管理委员会，下面也是一个部，也有主席和副主席。一级部门里面很多的功能和计划财务部一样，下设若干的室，根据以后的管理的需要和工作量的加大，也可能分设出几个部来。我们干部的配备也是根据这个走的。最后一个就是综合管理委员会，这次调整比较大。综合委把过去的企划、总经办、产业园，还有行政部全部重新调整，变成了三个部门：人力资源部、互联网金融学院，办公室。办公室下面把过去的企划、总经办、文秘、行政全部变成了下面的室，那么职能发生了改变。总经办等于撤销了，变成了办公室下面的文秘综合室。另外，综合下面又设立了一个新的机构：互联网金融研究所，目前处于筹备当中。目前我们给它的定位，暂时是一级半部门，因为很小，但是很重要。这次陈岑同志制定的风险定价的研究报告，几个部门看了还是很满意的。给计财、市场、风险都看了，为我们下一步制定市场利率提供是研究基础。以后它们还会逐步出一些研究报告，对互联网金融的发展进行研究，包括各个部门有什么研究的课题，都可以向它们提出请求，请研究所帮忙研究，他们就会安排，用外面的人可以，用自己的人也可以，他们会安排。还有一个就是稽核监察部，行政能力为一级半。这样五个委员会下面每一个具体的职能设置就完整了。在此之外，现在正在筹备的六个事业部，在我们这以后都是一级机构。一级机构在我们这就是一级部门，按照这个来设置。那么没有筹备之前，我们按照筹备阶段的分公司筹备来进行，正式成立后按照公司一级部门来进行配置。我们的省级分公司、一级分公司都是和总公司一级部门同级的，但是干部的配备上肯定是不一样的。比如说北京的不可能跟佛山的比，上海的不可能跟青岛比，同样对于总公司来说，关注的程度上也是有区别的。前期筹备的时候可能花费会大一点，但是正式成立后的贡献肯定比一些小公司要大。这是管理上的一些东西了。这样就把我们新的机构设计和框架做这么一个报告，已经上报董事会，也已经批准了。今年开始所运行的框架，都开始了。这是讲构架当中的硬件部分，而软件部分实际上就是汇报路线。

——2015 年 1 月 31 日第 4 期总裁办公会议

给干部留出空间，激励其不断进步

第二点就是，我们有的部门因为公司发展的速度太快，很多的干部实际上是达不到这个标准和要求的，两利相权取其重，两害相权取其轻，用起来再说。那么这个过程当中，我第一步就要求在座的各位，你们都是各部门负责人，哪里不足你们比我清楚。如果连自己的不足都看不清的话，那先找找自己的不足。当你找到自己的不足，赶快进步，赶快往前走。因为这越来越大的公司，越来越大的规模，自己没有这样的能力去驾驭的话，像一匹脱缰的野马，那全都砸了。指挥都指挥不了，控制也控制不住，这就是大事了。还有的，就是我们留出了一点空间，明明你是主要负责人，但是你是副职，因为前面没人，这一是给你了机会，也是告诉你你在这个地方还不够，但是你前面又没人，就给了你机会，让你努力。这不能有人情，如果将把你放在那个位置上，你真的完成不了，那我们是看得出来的。自己也留出一个努力的空间，也给领导留出一个空间，如果真的有比你强的人，我会把那个人放在那个主要位置。你如果跟得上去，做得好，我不想换，真的不想换。我希望从一个普通的员工，一直培养到能够尽职尽责的地方，如果拔苗助长的话，反而不好。就跟一个人有一个人的生态环境，一个职务有一个职务的生态环境一样，不能随意地破坏。我讲这个道理明白就行了。这是第二点，给你留出空间。

——2015 年 1 月 31 日第 4 期总裁办公会议

张总对员工的三点要求：要勤奋、不懂就问、错了就改

经历了一年多，红岭创投的基础建设和测试、模拟、市场、检验，到了今天我们终于把一个相对完整的管理架构和人员队伍架起来了。大家都很优秀，身上的潜力都很大，关键是怎么运用，怎么挖掘。我讲的还是三句话，要

勤奋。滴水穿石非一日之功，做一件事情总是从点滴开始。第二句话，不懂就问，意思就是不断学习。第三句话，错了就改。要敢于不断总结经验。然后我们的队伍才能壮大，我们的事业才能发展，我们的工作才能进步。

——2015年1月31日第4期总裁办公会议

新的架构中每个节点的安排

今年是我们全面开打的一年，战略、战术都已经制定差不多了，主要的就是每一个接点。首先是我，我首先要做好。对于整个的安排，我是首当其冲的。安排好了以后，就是我们的副总了。你们身上的担子非常重，你们做得好一点，我的担子就轻松了，你们下面的同志的担子也轻松了。因为在五条线上，你们是最高领导。那么你们就要想一想，整条线怎么从技术、发展、建设等各个方面建设好队伍和规划，包括完成队伍。这就要靠你们五条线做好了。第三级就是我们的各个部门，你们的管理不仅仅是几个部门，你们的管理是全国。现在是34个分公司在筹备，已经成立了6个分公司，就这6个分公司的管理如何整齐划一，如何采用一个标准，如何使它们共同前进。这就是你们每天要考虑的事情。用什么方法，怎么抓典型，怎么先行先试一试，怎么普及，都是各个部门里面很重要的东西。等到全部的分公司都开设以后，整个的管理力量是非常大的。我们的人员可能还要增加，你们部门现在确认了就可以写报告。所以说新的架构开始运行，新的目标也开始运行，管理内容也都知道，希望各级回去以后传达每次办公会议的精神，这次办公会主要讲了什么东西，应该注意什么东西，要有一个整体的配合和协同。不要办公会议开了以后，下面的同事们都不知道。否则使得很多应该贯彻落实的东西没有贯彻落实，大家的步调都不能一致，最后公司还怎么往前运行？办公会议的精神就是要传达给每个人，让大家都知道这个会议上一些重大的事情。所以今天没有进行工作汇报之前，我把这项重要的工作做一个汇报，对今天之前所有的工作做一个交代。今天之后就是真正开打了，开始以后就要看你们的了，对你们是有考核的。我们不讲人情，劳动力的价格已经是确定了的，你们要看看自己是不是对得起这个价格。

——2015年1月31日第4期总裁办公会议

要把每项工作做好，要善于开展批评和自我批评

我讲五分钟。今天这个会议是非常重要的，从现在开始，我们从机构上，从管理路线上，从整个的激活的措施上都已经全部落实了。新的一年，工资也到位了，后面的谈话就是例行公事了。决策性的东西都已经做完了。那么每个同志在今年的节点上，要把每个工作做好，要善于开展批评和自我批评。大家都好的话，事情没干好是谁的责任都不知道了。我讲了，没有人不犯错，但是有一条，错了就改就好。特别是在一个管理队伍里。同样我们每条线的领导也是这样，不能含糊。今年我们的目标已经和大家定下来了，希望大家能各负其责。有时候我批评大家的时候也是在批评我自己，没做好的首要责任是我。那我首先要做自我批评了，很多工作我没有做好。但是很多工作我讲了很多遍，还没有做好的话，那只能是我来做了。我来做的话就给你很大压力了，因为我来做的话肯定能做好，那我能做好的话，你认真去做也能做好。那对于没有努力做的人，你们说怎么办？我把问题分析到位，我们每个部门，每条线都有这样的问题，我还是这几句话，"要勤奋、不要懒惰、不懂就问、错了就改"。当你对你的朋友、你的同事都这样做的时候，这个企业就美好了。

我就讲这些，就是把今天所有的事情讲完了，讲完以后我们新的一年要对得起自己的岗位，要对得起自己的这份工资。到年底我们会进行总结的。有意见的话可以提出来，我们可以协商，我们共同促进，这样才能真正把这个事情干好。我要错了，我会先做自我批评，因为我觉得这没有什么不光荣的，我改正了错误那就是更光荣。这些东西我要和大家讲一讲，因为很多人很难过这一关，就是明明错了还不承认，不承认不要紧，他还不改，这样的话我也烦了。

——2015 年 1 月 31 日第 4 期总裁办公会议

张总就森海园林事件发表的几点看法

第一个问题是个突发事件，就是昨天晚上我们一笔 7000 万元的贷款——森海园林，其实我早就已经知道，一直在处理，现在被网友、投资者在

网站上曝出来了，说形成了风险，形成了纠纷，可能对投资者会形成损失等等，各种各样的传言。出来了以后，董事长立即通知了我，我们刘泽汀同志在我们办公会群里也做了报告，我立刻就点进去看了一下，看了一下过了没多久，董事长就出来做了一个解释，跟他们做了一个简单的交流，以非常正面的态度和坦然的态度做了一个真实的要求。刚才我和董事长说，该来的总该要来，只是时间早晚的问题。你不想让它来的时候，来了以后，我们就要有应对的方法。因为我们现在的风险管理，已经有很大的进步了，而且会越来越好。那么在开始的时候，这个风险管理因为队伍的问题，经验的问题，合作的问题，发展的问题，通通搅在一起，所以说对项目的判断、掌握、分析和最后的判断上，肯定是要有不断完善的地方，这个是 100% 的。任何一件事情都是这样。风险管理已经从巴塞尔 1 到巴塞尔 3 了，全世界的风控都是在不断地改进，何况是我们一个初出茅庐的网贷企业，今后可能走向互联网银行的企业，这也将习以为常了。那么在处理这类事件的时候，我非常欣赏我们董事长的处理方法——坦然面对，实事求是，努力学习，改正错误，不断前进；不躲不闪，不遮不盖，不退不缩，不屈不挠。因为任何一件事情，只要我们认真去做了，做到位了，我相信广大的投资者包括监管当局都会理解的。对于这件事情，我在想我们马上要发一个公告，公告内容要实事求是。我的想法还是实事求是。昨天晚上，我看我们董事长的解释非常好，这笔贷款的风险，能够在得到保护的前提下，能够按照我们的愿望进行实现。因为这个社会上，各种信息的对冲，各种信息的冲击，往往会对你所办的事情有影响，比如说你正在做什么事，突然把你这个信息披露出去的话，对它们官司的进行，对它所有的债权债务都会形成影响，那么它就不能在一个正常的程序进行界定了。如果不按照我们原来的目的进行，那么最后这个事情有可能会事与愿违，有可能会受到阻碍，就不可能彻底地把所有的信息都披露在网上，连上市公司、银行也做不到。谁能做得到？反过来说，哪家没有隐私，哪一家没有小秘密？都有，如果不说出来就不诚信吗？不能说这种话，任何人都有不能说的东西。我的一个老领导对我说过，有些东西要在肚子里吞一辈子，这辈子就是不能说了，因为说了会产生很不好的后果，这个后果会伤害很多人。例如我们的经营，我们不曲解它，有些东西不说，没问题的。主观的初衷是为了把这笔发生问题的贷款，能够按照我们的意志改善，最后能够把这笔贷款收回来。那么投资者在网上为什么那么激烈？实际上他们就想让我们说一句话：我垫付，你放心吧。这句话我们早就说过，而且也一直在实施，也不需要再说了，但是（投资者）还是不放心，还是要我们说这句话。有的人你说这句他还不放心，但是有什么条件进行垫付呢？你跟他解释过，他又提出万一你们垫付不了呢？非要把你逼到垫付不了你看怎么办。上帝说怎么办就怎么办，你非要问到这个程度了让人家要怎么办？孩子提出的问题，十个聪明人都没办法回答出来。问题只要连续问三个为什么，谁都回答不出来了，这是一种很幼稚的问法。我们本身像这种网贷企业，所发布的公告，都已经明确了，投资有风险。你讲我信息不公开，要公开到哪种程度？银行能公开到这种程度吗？那么多企业都公开了吗？不可能的。有些投资者问的问题比较幼稚，但是出于想保全自己本息的投资者要予以理解，他们可能这些钱来得不容易，他们希望自己本息的安全也应该要理解。那就要求我们，不仅在解决我们的风险方面，要努力，在培育投资人风险意识方面，也要作贡献。如果没有这种抵偿风险的心态，就劝他们暂时别做这种投资，如果投资的话肯定会有这样的风险。就跟炒股票一样，它有个门槛，每个人都有一个协议，就是讲从事过多少年的股票投资，如果搞期货的要求更好，如果没有这样的心理准备，就别进来。这种对于投资者的教育，我们每个项目后面都有风险提示：投资需谨慎。现在我们又让每一个公告在挂上去的时候，做一个企业的声明：所披露的信息经企业确认。为什么要做这些东西，就是要告诉投资者我们完全尊重企业的意愿，按照企业的意愿把这个标挂在网上的，我们没有任何欺诈，也没有任何的隐瞒，如果企业看到这种公告，绝对愿意投资，从投资的第一时间开始，所有的责任应该是自己负的，我们的本金先行垫付，是我们的一种优惠，对我们发展这种业务的一种鼓励，甚至于是我们本身的一种牺牲。其实我们可以不垫付，因为我们把一些基础都已经做了，过去可能做得不完善，我可以讲现在做得非常完善了，甚至于出问题了，换了谁都没办法。我垫了，公告完了，企业也已经认可了，是你自己的选择，你说怎么办？要不就告我们，我们不跑路，跑什么路？我只能说我负责代替你们这些投资者把这些账追回来。追回来还给你们这些投资者,争取让你们不受损失,我就把这个底线告诉你们了。庆幸的是这个事我已经做完了,去年赶紧让牛总在公告中加上"经企业确认"这句话。在我一来的时候就跟青云讲,一定要在协议内加上一旦投资发生了逾期,由我们来负责追诉。这都是法律上非常重要的环节,好在我已经做完了。那么现在如果真到了最后,什么事都不会有。无非就是对一些单一的,这笔贷款出现了问题,点对点催收就是了,觉得不可能跑路。我们还有那么多的生息资产,还有那么多的企业在按期付息,我们还养了那么多一批队伍,马上还有300个大学生到岗,还有30多个分公司,事还多着呢。不能为了一笔贷款出现了不良,搞得大家都是屁滚尿流的,世界都要毁灭了一样,根本不是这回事。所以说,昨天晚上董事长在网上对投资者的回复特别好。一个是很自然,第二个是很自信,第三个是很理智。没有说很过头的话,但是又让有些投资者清楚是什么问题了,里面有一句:如果我不进行本金垫付,那我将手续费降低2个点,愿意吗?这话我是看懂了,我很细致地看了这句话。我已承诺对我的本金进行垫付,你也不能要求太高了吧?我已经承诺还能让我怎么办?

所以说,马上在起草公告的时候,有几个要点,我在这里提示一下:首先,我们已经承诺过本金垫付,我们将继续实行本金垫付的原则、态度和做法。我们的愿望是和广大投资者一致的,是想保护我们广大投资者的利益,哪怕我们牺牲我们自己的利益。所以说广大投资者有目前的种种反应,也是正常的;第二点,我们和借款人的利益也是一致的,都是从市场经济当中能够作出每个企业可以作出的贡献,为企业的发展,为国家的就业,作一点我们的贡献。那么都是一致的话,那么我们在做每一个业务的时候,都应该本着实事求是,主动积极,实现承诺,不断进步。这就是个主线。我们回答问题的主线。不做任何遮盖,没必要。我们一定要有这样的胸怀来处理这个问题,你说了一他会追你二,追着你到后面完全没办法回答了,到最后的话就是你愿意投,你就投,如果有风险,那你就观察多一点时间,投了我们就会负责,如果我们有错,我们就改正。如果人做到这个地步,就没有什么可以指责的吧?就是监管当局来看,本来就不是偷鸡摸狗,本来就是为老百姓的利益做事,这有什么能说的?所以说这两个一致,我们和投资者的利益是一致的，他们的资金能够得到升值，能够安全，我们也正是朝着这个方向进行努力，我们的风控团队也是这么做的。他们动不动就挑衅我们的风控团队，我们什么都没说。我们从来没说我们的风控团队怎么怎么样，我只是说我们努力，这个话你不能不给我们说。我不能保证这个风控团队所有事情万无一失，你敢讲哪个万无一失？谁都不敢说，没有风险谁都不敢说。我们的压力比他们都大，所以说，我只是尽力了，我们在座的各位都已经尽力了，如果说有人比我们水平更好，我们绝对让位。就从我们这批人，包括我们所有的同志，我们的水平到底有多高，社会会给我们评价。如果说我们确实有做得不对，需要改正的地方，我们会立即改正，比我们更强的，我们会向他们学习，坦然地面对这一切，错了就改，不懂就问，永不偷懒，如果有这样的态度，我们还能有什么样的问题？所以说，最后这句话是实事求是，我们解决的问题是主动积极，实现承诺，最后是不断进步。实际上不断进步这句话就是我们要不断改正错误，慢慢地将之前的问题尽快地改正。因为我讲，不良资产的形成是有它的原因的，从操作这项资产的主要负责人，办事人员，他们的主观意识上都不会想把这个搞成不良资产。但是为什么还是形成了不良资产呢？如果说个人有问题，那么就更不想搞成不良资产了，因为一旦发现了，就会把他拉出来，他更不愿意了。处理问题一分析都是这个心态，但为什么还会出现？那就是我们审查的水平和审查的方法。审查的风险点，是不是真正从制度上发现，发现了以后是不是都用某种方法和措施约束住了？当时在制度上约束住了，但是在每个操作中是否约束了？有很多的问题就是这样，当不良资产形成了以后，我们倒过来推，肯定发现哪里有漏洞，肯定的。但是我反过来讲，我们一笔已经收回来的贷款，倒过来看，肯定也有漏洞。这样分析就客观了，就是说世界上任何一件事都不可能有完美无缺的，在任何时候都不可能。但是这个契机在什么时候出现，你不知道。例如一笔贷款中在哪个环节出现问题，你根本不知道，是这个问题。我们开始发现了，但是这个地方没有加强。但是一笔收回来的贷款，我们反过来看，会发现漏洞，如果当时我们没有处理好，这个地方出问题要不得了。我搞了一辈子的风险管理，一辈子的不良催收，倒过来想想就是这个问题。那么就有一个一般的规则，这个比例到底多少？如果超过了一般的规则，比如说1%，核销的规则，不超过1%是可以认可的。那么这个认可，就用呆账准备金覆盖就好了，肯定会出现，哪里会不出现的？这是我讲的极端情况下不良资产的解决方法。还有一种不良资产属于什么性质呢？属于重组。就是说不良资产是出现了，但是没有终极风险，那么我们采用若干的方法将这个不良资产进行重组，它的抵押物增加，使它的终极风险更不会出现，更能保障我们的本金和利息的归还，无疑是对这笔贷款起到关键性作用。那么我们研究到最后，哪怕这笔贷款最后出现了很大的问题，最重要的还是还款人的意愿，贷款者的意愿要非常强烈，只要帮他，90%都能解决。只要有时间，他们还能去找项目，何况他们这个控制还不是赌博的控制。这个大家在博弈论里面可能看到过这样的东西，一直输的情况下，总有会回来的时候，这就是概率的问题。这是从博弈的角度上来思考问题的，何况这还不是博弈，胜利的因素在手上，那我们掌握得越多，方法也就越多了，那就坦然了。这时候就要引用周董的话：这就是发展速度的问题。用我们的速度能否达到覆盖我们现在所出现的风险。风险如果能够覆盖，我们就有能力把它化解。如果覆盖不了，规模很小，我们才10个亿，突然出现一个广州纸业，再出现这个森海园林的问题，那我们就真的是屁滚尿流。如果没有外部人员的支持，那我们肯定就很难坦然度过了，只能和投资者说我们来帮你们追，只有这一条出路，没有第二条出路了。现在不一样，我们还有两三条出路，根据流动性本身，我们能够自己垫付，只要我们按时垫付就行了。投资者也不能不讲道理，你们的利息都没有受损失，还说什么呢？当然，你说我们也能接受，我们确实有很多的不足，但是你们最终的利益会得到保障的。

我们回答这些投资者最有利的话就是，你看我们六年来，谁受了损失？我们的周总也好，我们在座的也好，都是把风险顶在头上的，天大的事情，不管怎样都不能让他们受损失。我们规模做到那么快，就是为了化解这些风险。一个是做到呆账准备金，覆盖。还有一块就是流动性这个方法，能够把流动性的风险解决在初始阶段。第三个就是规模上去后会出现很多其他的机会。哪怕最后资金站岗，这个资金可能会非常大。就我们目前的风控，在不断进步、不断改善的前提下，我相信他们会越来越好，我相信他们。没有问题，肯定没有问题。只是时间问题。而且这类问题，投资者肯定不会受损失。但是我们没有必要跟他们拍胸脯，没这个必要。看待问题，两面都要看到，愿意投资，你们也应该要能够承受风险。我们在宣传这项投资，我们在宣传这个项目，我们会承诺，不会让投资者受损失。当你这种坦然的态度和客观的处理方法，展示给投资者，经过若干时间的教育和理解，我相信他们会有一个正确的态度。这样使我们投资人队伍也得到分析风险、评价风险、判断风险的一种能力，这样一种提高。有时候开董事会我就在笑，有人说不听取他的意见，不就是反对票嘛，还有9个人，最后看同意的票多还是反对的票少，这才叫民主。那么做任何事情，遵照了多数原则，这是制胜的法宝和基础。所以说，民主制度是一个培养的过程，也是一个教育的过程。因为民主制度的产生就是一种学习，不懂这个制度在一个新的法律环境下就会不适应。同样，投资者也一样，投资的时候应该知道有风险的，银行来的、经常搞投资的都知道。本来就要有这样的心理准备的，可以在情绪上有所表达，但是不能作为理由去约束别人，指导市场。那么我们解决的方法就是解决一步看一步，就跟黑箱原理一样。我先放进去一个小鸡，看看出来是小鸡还是小鸭；然后放进去一个鸭，看看出来是鹅还是牛，就是放进去一个东西，看出来是什么东西。慢慢地就摸出了整个市场的规律，在市场规律就是这么摸的，就是看看进去以后是什么结果。谁都不能断定自己的方法是正确的，但是通过这样的探索和模拟，最后得出这样的做法是正确的，那么就比较客观了，方法就比较多了。那么这个是通过哪里来的，是通过方法和努力来的。所以我们在工作上一个是努力，一个是用方法。前面讲的第一点就是森海园林事件在网上出现了种种言论，和比较激烈的措辞，这是我的态度。我想董事长和我基本上也是一致的，我就代表董事长表达这样一种态度。然后我们牛冰同志和资产保全部起草一个答复，就是实事求是，一定是不躲、不遮、不盖。该承诺的承诺了，然后他们愿意干什么干什么，我们没时间总是陪着他们。这些人就是在网上找一些小麻烦，找我们董事长出来讲话。我们是有基本运行规则的，我们按照基本的运行规则来就行了。我们双方都有约定，都按照约定执行就行了，也不要做过高的要求，但是对投资者们的做法也要予以理解，就是我可以不同意你的认识，但是我誓死捍卫你说话的权利。每个人都可以表达自己的观点，但是最终还是以多数人的为准。实际上不要看我们只是一个小小的平台，里面包含着很多的知识，包含很多的试验，就包括我们国家经济体制改革的现象，包括民主的进程、包括国家管理的模式都能反射出来，因为这里是一个相对自由的环境。因为上次我们在开董事会的时候，就提出要有一个盯网人员。我们线上运营部要有一个人专门盯网，如果没有人的话就马上招一个人。要把一天在网上看到的东西进行拷贝，分几个类别，然后把里面重要的东西选出来，选出来以后就要写一个报告。这个报告就要交给你的主管领导，你的主管领导如果觉得需要向上汇报的话就要向上报告。这个事情我就在这个会上给你落实了，刘泽汀回去了把这件事做了，然后向胡总汇报。这样一来就和投资者形成了正规的交流，包括有些东西可以交给研究所的就交给他们研究，他们有时候可以在新的研究课题上给你们一些支点。同样给我们的计财部、风控部一个决策的依据。这是一个窗口，这个窗口每时每刻都可以反映我们投资者的心声。这对我们是一个好事情，这么多年以来我们红岭创投一路走下来，这个窗口也对我们作出了巨大的贡献。这个东西我们要从正面去看待。那么我们还会继续从里面吸收正能量和给我们提出的不同的认识，我们把这些认识归纳起来使我们以后的路走得更好。这个事情也是我们的一个议题，就是线上运营部专门成立一个室或者是一个岗，就是要盯网，叫什么名字都行。我就在办公会上定下来了，董事会也提到了这个事情。这样的话就逐步使线上运营部的工作慢慢适应我们的管理模式了，慢慢就适应我们这样一个 P2P 平台或者是金融脱媒的企业今后所发展的模式了，今后发展需要设立什么岗位就慢慢摸索出来了。养一个人就要有用，而且要很准确，这个问题解决以后，就会给我们解决整个面上的问题提供很大的依据。

——2015 年 2 月 7 日第 5 期总裁办公会议

大家要去思考怎样做好自己的工作计划，如何在每个节点上发挥作用

我们现在发展机遇很好，从企业的层面，到国家的层面，到国际的层面，对这种现象、这种业态的发展都提供了一种广阔的空间。我们怎么打都可

以。那么我们现在需要选择的是如何打对我们最有利，如何打我们走得最快、最稳。今年我讲是新年度新起点，那么在这个新的起点上，我们各个部门怎么样去把自己的工作计划做好。从去年我们做了很多的基础工作，包括我们的管理架构，包括我们的干部配置，包括我们的奖金，包括我们的工资，全方位地都进行了调整。调整过后应该讲我们的队伍跟过去相比那是整齐的，每个岗位都有人，没有缺失的。我们对大家学习和工作的态度是鼓励的，好的是进行奖励的，这个机制是存在的。我们给大家的工资和收入在同行业当中是有竞争力的。而我们的基础也逐步建立好了。今年还要来300名大学生，那么我们人员的基础也是好的。那么我们中层干部，也是我们红岭创投组织整个的高管团队都在这里了。你们如何在每个节点上发挥自己的作用，我希望大家去深刻地考虑一下。我喜欢“不须扬鞭自奋蹄”。它是一个事业，我们要把它当作一个事业来做。

——2015年2月7日第5期总裁办公会议

工作中不能有惰性，要改掉拖拉的习惯

过去的那种惰性，那种拖拉，“明天再说吧，春节后再说吧”一拖就是一周。但你抓住了就做完了。昨天我跟王豪同志，我不是批评他。就关于办公室，董事长说他8楼有办公室，楼上的大办公室来的不多。我那边现在有点挤，就把他办公室给我了。我们搬一下办公室，就需要做一下调整。王豪同志就跟我讲，春节前可能来不及了，因为地毯需要等。我就很着急，有什么来不及的？我说我来看一下，就是换个地毯，打两个门。而且他动作还蛮快的，地毯已经定了，但企业讲要15号才能送过来。我想这是最长的一个时间了，地毯来了第二天我就要进去办公。你要能提前一天我就感谢你。王豪同志讲要把工人叫来，我就直接在那边指挥了，你做不了我来做，我做给你看，我给你7天，我保证我来4天把它干掉，我干不掉的话那就不是我。当然这给他的压力巨大。王豪同志很不错，立刻就做，昨天晚上就全部安排好了。今天把门一打，装上以后，估计地毯弄好应该不会有问题。看到了吧，这就是压出来的。怎么压，我做给你看。那么我们各个部门最好不要让我来压，自己给自己压，这样速度就上去了，质量就上去

了,都有潜力。王豪同志还是很优秀的,受过完整的教育,尽管是学理科的,学理科我还喜欢一点,因为逻辑思维好。就是以前在国企里面混这么多年,惯性形成了,干事情都喜欢放两天。这个企业不行,这个企业要往前走的话必须振作起来。我是在表扬王豪,不是批评他,就是他振作起来了,我们大家有些地方要相互学习一下,你一旦振作起来,你的工作就不一样了,而且你是能做到的,你每天都在进步,你会享受另外一番愉悦和快乐,那种成功的快乐,高尚的快乐,高端的快乐,而不是在家里数钱的那种快乐。

——2015 年 2 月 7 日第 5 期总裁办公会议

核实问题时可以采取互查的方式

这个核实问题,特别是总公司的管理部门,要善于运用下面的力量,可以经常有一些互查,安徽查江苏,安徽查云南的,相互去一个人拍照。这样监督就上来了,一天时间全部完成。这样的格局的话,下面的互查,人力资源的调动是全部能用上的。这个方法我们各个部门都要用,这样相互的监督和鼓励就都建立起来了,这样还有效率和比较。

——2015 年 2 月 7 日第 5 期总裁办公会议

所有部门在提需求时每一个步骤都要清清楚楚

不要怪技术,你这个需求提得怎么样,主要需求提得完整,技术上是没有问题的。不光是你这个地方,包括计划上的、风控上的,你们在提需求的时候每一步都要做得很清楚,原始数据从哪里来,其他数据怎么生成的,通过什么公式达到什么样的结论,下一步怎么合作,所有的程序要清清楚楚。我是拿你今天做个典型的例子,一、这个工作做得不错,我很满意。二、这个链接式推销速度会很快,包括资源互换,还有后面的推广,只要能看到效果,花点钱我也是可以干的,关键是要看到效果。所以你们汇报工作的时候,过程少汇报,多汇报困难,我来给你解决,多汇报成绩,给我一点鼓励。

——2015 年 2 月 7 日第 5 期总裁办公会议

应该把业务人员放在第一位

以前就是把技术人员放到第一位去了,实际上是不对的。业务人员应该是放到第一位的。技术部的人员是根据业务人员的需求把这个任务完成。

——2015 年 2 月 7 日第 5 期总裁办公会议

新的管理架构建立以后,大家要明确各自的部门职责、岗位职责和工作任务

我来讲几句。办公室以后是我们所有部门当中最大的部门,相当于中央办公厅一样,它所涉及的很多业务包括秘书、行政、宣传,包括以后出现的公关,这类都在办公室内。综合管理委员会主席在这负责办公室,这块工作非常大。这个新的体制建立以后,办公室的工作很有起色,这个应该提出表扬。就像我很有感触的就是董事长把他的办公室让给我了,他到八楼办公了,装修办公室整个只花了 3 天的时间。换地毯工作量很大,最后搬家的那天搞到了 2 点,全都上来了。所以说应该提出表扬。那么我们各个部门也一样,新的管理架构建立以后,大家要知道自己这个部门是要干什么的,我的岗位职责是什么,然后每天的工作应该是什么,这个逻辑线一定要清楚,不清楚的话每天都是稀里糊涂的,一个月下来还是这样,半个月下来还是这样。这不是指哪一个部门,每一个部门都是这样,包括最高领导也一样,对于你们所分管的部门,到底他们的工作是什么,一定要清楚。这些工作在组织的过程中有什么困难,一定要提出来。要把问题解决在初始阶段,不要变大了再来解决,否则到时候就很麻烦。那么我们每条线的最高领导,每个部门的领导都要有这样的敏感性,这样才能使我们的工作正常发展。行政上的事情开会上的事情,很多事情都是他们的,所以王豪要振作起来,我希望你能够一如既往,别给自己丢脸,我就补充这么多。

——2015 年 2 月 14 日第 6 期总裁办公会议

总公司特别是制定政策和下达政策的部门，做事一定要仔细

现在我们的企业管理，不像过去一样很小，一动就是 30 个分公司，一个红头文件搞错了，一错错一片，那到时候擦鞋都不行。所以总公司特别是制定政策和下达政策的部门，心一定要细一点。这跟你们过去的做法是完全不一样的，我们要像大银行一样的管理体系，跟全国商业银行一样的管理体系，刚把这个架构搞完，网点布置才刚刚开始，还有很多的工作需要处理。

——2015 年 2 月 14 日第 6 期总裁办公会议

分公司是我们的利润中心和价值主体，总公司的每个部门都要做好对分公司的服务

这个东西给大家看就是让大家知道我们现在的分公司是我们的利润中心，也是我们的价值主体，我们总公司的每一个部门都要做好对分公司的服务。很多分公司的人力来上报项目的时候，有些人的态度很不好。我希望我们各个部门一定要做好服务工作，以后一定要对别人热情一点，特别是报项目的时候，尽管不行，你们也不能伤害他们，一定要保护他们的积极性。哪怕不行，我们可以提出建议来，不要随随便便讲一些不好的话，讲了以后人家听了会不敢说的，担心会得罪你。但是人家确实是打粮食的，只有分公司搞好了，我们上面才好搞。所以我们总公司的领导，办公会的主要成员，以后一定要做好对每个分公司的服务。今天项总把整个的财务上的情况让大家看了一下，就是我们都是有数的，下面怎么走我们都是有数的。我就争取和大家一起把今年做得更好一点，到年底的时候使我们在座的和全体员工的收入和生活能够提高一些，这也是我和董事长两个人的意愿，也是我们的想法。

——2015 年 2 月 14 日第 6 期总裁办公会议

阐述学习对企业和个人发展的重要性

大家可以在头脑中进行思考，进行学习。进步是靠学习来的，靠改正错误来的。什么叫学习？就是发现别人身上的优点，发现同业身上的优点，多

看一些对我们有用的东西。在一起工作的同事,我经常讲,一个人能够发现别人优点的能力比他能发现别人缺点的能力更重要。因为如果看不到别人的优点的话,这个人还怎么进步?什么是优点?最基础的就是有好感。你感到有好感的这点就是优点,然后你和他一样,你就进步了。如果明明是有好感的,你没有去学习,那就浪费了。所以同事之间要多发现别人的优点,单位之间要多发现别人的长处,这样我们才能真正进步。这都是从方法方面来讲。包括我们现在发展投资者。投资者现在到底有多少种方法,陆金所采用了哪些方法,拍拍贷用了哪些方法,银行有哪些方法。它们的这些方法首先我们可以去学习,我们各个部门都要去学,有了这些原始的资料以后就可以去加工,然后就有可能往下实施。我今天下午准备一个问题,就是可能有人会挑战我们和陆金所的问题。因为董事长曾经在有关场合讲过我们和陆金所的关系,结果记者们断章取义,讲我们未来唯一的对手就是陆金所。如果讲记者抓住这个问题,回答不当的话,很可能就会给我们自己制造出一个新的对手来。它是我们的对手,但是我们把它看成是我们的老师。下午碰到这个问题的话,我第一句就是陆金所是我们的老师。它的长处是在于,信息渠道比我们充分,它的平均的管理能力比我们强,特别是它的主要领导人在国际企业工作过很多年,非常有经验。你不能不看到这一点。在技术上、在市场的应对上,它有很强的反应系统。这都是我们要学习的。那么红岭创投是不是一点长处都没有?我觉得我们也有一点长处,这个长处可能它也达不到。首先它的主要领导人是外国人,外国人对中国的忠诚度能超过我们吗?能超过在座的对我们国家的忠诚吗?能超过我们对我们国家经济发展的这种忠诚吗?我觉得这点我们不会输给他们,我们会为我们的民族,为我们的国家作出我们每个人的努力,我们学习他们,是我们中国的经济真正能在世界上强大起来。打就要打它的痛点,让他们无法还手。我先拜你为老师,但是我学了以后为我们的民族、为我们的国家,我们都是中国人。我尊重我的母亲,他也尊重我的母亲,但是他尊重我的母亲的程度不如我。类似于这些问题都是要学习,都是要准备的。下午不一定会遇到这些问题,但是一定要做这种准备。做这种准备的话,一旦出现了,大家都不会惊慌,都会游刃有余。而且也会让记者们觉得有亮点了,不会看你的笑话,反过来会为你骄傲了。这样的话我们就成功了。

——2015 年 2 月 14 日第 6 期总裁办公会议

各部门在安排工作时进度一定要均衡，中间不要有空当

那我就插着讲了。这里面重点是三项：一个是联通的接口问题，每次汇报都是下一次下一次，这个进度太慢了。进度太慢的解决办法不仅是对联通的本身，最起码有三家和联通同类型的公司在往前走。你们不能等联通。每天的工作量多少，自己安排负荷不知道吗？当和联通联系他们说要等下一个星期，那你们后面的工作是什么？这不光是对你们市场部，对各个部门都这样，要在日常工作的基础上，开展充实的工作。除了联通就没有其他的集团客户了吗？开展了吗？好像进度比较慢。所以在安排工作的时候，我们的进度一定要均衡，这个均衡中间不要有空当，不能说中间工作停了，都在等这个工作了。比方说联通这个集团客户，不光是联通还有铁通、中国电信、移动，这还只是移动通信的一个端口，除了这个还有保险、证券，以前不是很有进度吗？谈过不是很兴奋吗？那么像证券公司这样的集团用户，我们跑了多少？

——2015 年 3 月 1 日第 7 期总裁办公会议

大家不要把工作推来推去，要争着做

我们每个部门等你工作全部拿光的时候，你这个部门就没有用了，这个是很现实的问题。你的工作量越大，对你的需求也就越大，当你的工作推完，你的工作就没需求了，那就要把你撤了，我要跟你们讲清楚。所以大家不要轻易地推来推去的，大家争着去做才是最好的。

——2015 年 3 月 1 日第 7 期总裁办公会议

设立指挥中心调度处理应急事件

你们整个的处理程序是错误的，你们遇到的所有问题都应该向项总报告，这应该有一个指挥中心，任何应急事件出来的时候应该有个指挥中心，指挥中心调度所有的资源，底下只要一私自联系就要出问题，只有上面了解

了全面的情况，他来调度的话才不会出问题。因为我们有应急小组，以后所有的应急事件全部对着项总，这样就不会乱了。

——2015 年 3 月 1 日第 7 期总裁办公会议

工作中要有风险意识，一定要有 AB 角

这本身就是风险，一定要有 AB 角。

一定要是这样子，我现在之所以要搞轮值，就是风险意识。哪一天要是张老头倒下了，身体不行了，立马要有人能顶上。不能讲张老头在就没什么事，张老头一跑了就完蛋了。那就不对了，那肯定就是最大的风险。这种风险必须避开。要想将事情做好，我本人都一样。

我们这个轮值是安排了 6 个角，我只要不在，这剩下 5 个人都能干，哪个上来都能指挥。不会有大问题。

——2015 年 3 月 1 日第 7 期总裁办公会议

关于员工手机开关机时间的规定

我让李佳他们建了十几个微信群。肯定能找到你自己。你们想找谁汇报工作都可以通过这些微信群。大家都能在这里看到下级、平级、下级，我和周总是全看得到。这样管理起来就很快了。以后要作出规定，我们的手机在晚上十二点钟之前和早上六点以后不准关机。我规定六个小时给你关机睡觉充电去。关键部门要 24 小时开机，一般人可以晚上关六个小时。因为我们是互联网金融企业，跟一般企业不一样。我们本身就是搭在互联网上的，互联网是依据移动通信的，移动通信一旦关掉就等于我们所有的信道都关掉了。所有信号的来源、信息的来源都断了。那企业就没办法生存没办法呼吸了。今天就做一个规定，所有员工白天不准关机，特殊部门 24 小时开机。李佳规定一下哪几个部门是特殊部门。我们建了 14 个群，纳入了所有的员工，在早上六点以后，晚上十二点以前都可以在微信指挥。这是用现代化的工具来使我们的管理提升一点。

——2015 年 3 月 1 日第 7 期总裁办公会议

列举了目前各部门的重点工作，以及重点工作该如何开展

以后各部门汇报工作要有重点，一般性的工作就不要汇报。重点工作重点对待，一般工作一般对待。上班以后，有些东西是必干的。有些东西要成为固定工作量。变动的东西我们就称为重点工作，是另外加上去的。那么我们在座的都是部门老总以上的干部，你们下面的部门有没有重点工作，重点工作有没有进展？办公会议上我们强调的、我强调的、董事长强调的就是重点工作。那么这个重点工作你们下去以后怎么落实？这些都要有一个计划。包括我们线上运营部的盯盘的问题，现在有没有落实？这个肯定是重点工作，因为所有的资料都要从这个地方来。还有我们办公室的装修问题，不能拖时间。我们风险上面马上要召开的三个部门参加的会议，关于贷后管理和贷前调查的责任分配。这都是重点工作，一周内都是要有结果的。还有我们市场部的，关于整个的集团客户、一般性的客户的合作；还有体验店的工作开展，这都是重点工作。每条线每周能够把办公会上所布置的重点工作落实了，我们这个公司的管理就是在不断进步了，否则就是在原地踏步。做一件事情，首先是要学习，收集资料。这是最起码的，做任何事情的开始都是收集资料，搞调查。调查过以后在里面选择对自己有用的东西，然后归纳一下。最后才能下手，否则无从下手。原来我们的网页在改变的时候，我和刘泽汀同志说过，把全世界所有的 P2P 网站都看一遍，然后找到并集。哪些有用的先上，然后在画面上再调整。其他的专业也一样。我们的市场部的集团客户，先把集团客户做一个并集。我们现在提到的可能还不周延，实际上甚至可能更多。那么你们有没有做这项工作？没有的话，就赶快做。包括大型超市、百货商店到底有多少。体验店有多少形式？我们现在是四种形式，还有没有其他的形式？这些都要进行调查和学习。然后再进行归纳，实施起来就简单很多了。这些都是方法，有了这些方法，工作才好开展。特别是综合条线的方法更重要，因为它们的个性很强，不像其他的专业部门。像我们金融学院下一步的工作也很重，包括和大学建立培训基地的问题，对外培训的问题，怎么样迅速走向社会化的问题，怎么样向社会申请与大学联合搞一个机构。这些都是我们互联网金融学院可以做的事情，工作面是很宽的。还有我们的互联网金融研究所已经开始筹备了，马上

我们要出一本杂志，搞一本互联网金融研究的杂志。里面的主要编辑人员，包括撰稿人有多少，互联网金融界有多少人从事于研究，都要开始统计了。这都属于综合条线的工作，综合委员会的主席要把这些工作抓起来。真正从理论上，从人才培养上，然后从整个企业业务的发展上，把这个企业逐步发展起来。互联网金融研究所的问题有很多是新的问题，陈岑你要去看看其他的研究所里面的主要构成是哪些业务。这里面是有很多业务的，有搞专门的研究的，有搞发行的，有搞课题的。可以从大学里面的研究所下手，或者是社会上的研究所，先把里面的构成搞清楚，搞清楚以后根据我们的发展需要来决定其中的职能。然后再去扩充人员，这样就很清楚了。最终我的目的，互联网金融研究所一定要变成全国的顶级的互联网金融学术研究的机构。如果讲吴敬琏、厉以宁能够在我们的杂志上面发表一篇论文的话，给多少钱都可以，10 万块钱都可以。包括 LendingClub 的董事长给我们写一篇文章，我给他 50 万元都可以。为什么？这是站在高端，是不一样的。至于 P2P 行业正常的稿件就是另外的了，就是我们的约稿。还有一些动态，包括国家的政策性的动态，包括要开什么会议，要研究什么内容了。有的时候有些资料我们可以自己搜集到，有的可以从网上找到，编辑人员不需要多少。当我们互联网金融学院的培养人才，有了互联网金融研究的高端的学术刊物，再加上我们红岭创投不断提升的实践，互联网金融业态里面的要素就全都有了，也就是我们从研究到实践、到培养都有了。所以说任意一个企业在和我们竞争的时候，我们就不会输掉。所以陈岑你的担子很重，除了我们正在进行的项目，这个工作也要挑起来。正在进行的项目要进入操作阶段了，就没有什么大的东西了。但是这个工作就比较重要了。互联网金融学院的工作也一样，要迅速地走向社会。我希望能看到一些好的东西，看到一些对我们红岭创投的发展有一些亮点的东西。这个地方的潜力很大，因为我们是站在前沿的，而且我们的互联网金融学院是站在前沿的。各个部门都要振作起来。这是接着综合条线的工作讲的，综合条线的工作比较特殊，如果有什么困难可以和我说，但是涉及各个部门的工作你要直接部署。现在我们有很多的微信群，你可以在里面直接发布安排。我就讲这些。

——2015 年 3 月 1 日第 7 期总裁办公会议

工作不能只是汇报，要看到进度

像这种东西进度要加快。周六上午开的办公会，周一肯定已经布置下去了，最迟三天就应该上来。现在都是电子邮件，都是非常快的，归纳的话就要半个小时。很多工作要做在前面，否则梳理没什么用。重点攻哪个，该如何搞，整个方案就出来了，半天就把这些全部搞定了。组织工作要有方法，要不然再拖两周还是这样，永远看不到进度。看不到进度有什么用？继续说吧。

要给他们订一个统一的标准，不管哪一家第几个月我们停止了。首先从资金上停止了，费用不能再给。第二，积极地寻找替换他的人了。因为业务不能停下来，老是这样子，要拖到哪一天？像我们这样的企业根本拖不起，不像国有企业，不怕，有垄断的能力在那里，我们不一样，要抓紧，没有人来关心你，完全要靠自己。不能像原来一样，工作汇报了，进度怎样看到了就行了，必须自己看到自己的进度，自己想想一年下来有多少工作是做成了，每个人都反省一下，哪几件事做成了，没做成是什么原因，如何改进。老是在一个进度上，有的部门进度到现在我就什么都没看到，还一天到晚汇报一大堆，我就要看到进度，没有实质性的进展很多东西就没用，再汇报我就懒得听了。

你看你多少都是下周继续，这周的进度我就没看到有实质性的进展，这个我三天保证搞定。往下讲吧。

就是说你各项工作推进一定要有时间性，一旦时间到了没有什么进度就不要了。不光是市场部，我们各个部门都有这个问题，所有事情安排了以后必须有结果，不能放任自流，没人管，不行。第二，不但要有人管，还要有进度，这才叫有效，这才叫工作有效率。

那你这个回答又不准确了。这里面有哪几个要点是很重要的，需要我们提哪几个要求，要看到这个东西，才有进度。我们跟他们的分歧在哪里，哪些东西是一致的，这个东西要看清楚。行了，你回去再思考一下，这样的问题一定要思考出来，两边一谈判，两边哪个是优势，哪个是劣势，哪些是统一的，哪些还可以补充，需要解决什么。如果不需要我解决什么，我就要问你为什么进度这么慢，这个工作都是这样。如果你在办公会上提出需要我们解决什么问题，很好，说明你在前进。如果不讲，老是等到下一步再讲，你也在等我也在等，不知道等到哪一天。这工作就是这样。我上周看到陆金所在深圳搞了一个小型的新闻发布会，马上和信托机构合作上线，一大批东西都出来了。我不是说要和他们竞争，毕竟我们的路不一样，但是合作机会肯定有，他们所做出的动作，有些值得我们学习的还是要学习。学习是永远的。所以我老是在办公会上强调进度和落实是最重要的。好吧，往下讲了。

——2015 年 3 月 14 日第 9 期总裁办公会议

公司今年发展速度加快，各部门都要提高工作的效率和质量

胡总讲的对，我也再补充几句。讲市场部的问题不仅仅是在说市场部。今年发展速度、规模都在往上走，对于各个部门，特别是总公司的各个部门的领导者和几个主要的领导，老总、副总、室经理担负的责任都非常重，还像过去那样工作是肯定跟不上的。不要讲你们跟不上，我都跟不上。因为这个速度实在是太快了，很多你根本是想不到的事情都出来了，现在一下子准备人，根本准备不了那么多。我们风控条线、市场条线、计财条线、技术条线和综合条线对大家的要求都提高了，都要提高了，这提高的话就是工作的效率要提高，工作的质量也要提高。那么效率的提高就是看我们每天干了什么事，这个很简单。你每天干了几件事，你一天可以干几件事。从上班开始的八个小时是怎么安排的，把自己的事排一排。另外，排出来了以后，看看怎么让自己的事情干得更快一些，带有交集性质的，那一批就把事情干掉了。关于家具问题，综合主席、王豪你们这边抓一下，6 家公司的装修你一直是参加的，现在物流那么发达，把选好的直接寄过去就好了。我提到这个问题，不仅仅是我们市场部的问题，同时也是各个部门的问题，效率、质量和集约性都要抓。现在明显感觉到工作量大了，还有一个工作的种类多了，有些工作过去没有出现过，现在出现了，就逼着我们大家都要学习，都要提高，不仅是让大家学习，我也要学习，我跟大家一起学。或者把速度放下来，但是现在根本下不来，每天的成交量都是一两个亿，除非要网站垮掉，否则的话速度根本下不来。那么只能靠我们的力量把这个维护好，人不够添人，经验

不够学习,另外就是在平时工作的时候把整段的时间安排得有效率,有质量。好吧?刚好市场部的工作我就插这么几句,我着急,工作又没有进度或者进度很慢,反映问题的时候又没有反映出来,所以说这个东西希望大家能够提高一下,真正像总公司的老总一样去负责任。

——2015 年 3 月 14 日第 9 期总裁办公会议

张总解释为什么希望大家多提问题

我们以前银行的分管领导工作中不需要多费劲,最多是一个指导性的讲一讲该怎么办,再一个是观察、解决问题,我最希望你们能提出困难来,需要我给你们解决我就是最高兴的,说明你们在干活。为什么希望你们提出问题?第一说明你在进步,第二从你提出的问题可以看得出你的工作质量,看你能提出什么样的问题。如果全都是低级问题,你这个领导别当了,连这个都解决不了,你还当什么领导。如果提出技术含量很高的,说明这个领导还可以,能够观察出来很多东西。如果不提出问题来的话,那就不行,说明这个部门没干事,这哪行?好吧,我就提这么几句。

——2015 年 3 月 14 日第 9 期总裁办公会议

借投资理财部的工作汇报提示各部门在工作中要多动脑筋

好,我来讲一下。我们许总刚才汇报的工作我还是蛮感兴趣的,提出了问题,也解决了问题,只是一个时间的问题。这里面因为重庆跟我们提到包括体验店的发展,我跟重庆说先行先试,你先给投资理财部提一个报告,我今天在这个会上也想讲这个问题。类似重庆这样的积极性,和他们一些创造性要给予鼓励,那么重庆能提出来,其他五个能不能提出来?我们还有 30 多个,每个分公司给我们提出一条推进我们的工作,集中起来研究以后,作为你的分管部门,就应该站在这个高度上去研究问题了。然后就把这个交给重庆试点就行了。更重要的是收集更多类似的问题在总公司推开,总公司是作战指挥部门,要在业务每一点上进行分析,进行创造,进行归纳,进行管理,同样在指挥大面积的战场上,更有意义。不能光搞重庆,或者一种情况,有N种情况,还要有更多的思路,很多都不知道,还要一点一点地摸索。那么现在我们有那么多的分支机构,每一个分支机构只要试点那么一件事情,成功了再把它推开,那就轻松很多。所以徐总你们在这个地方要加强点,不仅是重庆,不仅是代理人,代理人非常好。因为有时候代理人的能力不亚于一个代理店。这里面有个非常重要的就是一个经济学原理,一个重要的命题:任何资源和货币的分配最终都是到个人。所有的资源,所有的资金分配最终都是到个人。当你们知道到个人的时候,那就所有的问题都是由个人来解决。所以往后主打的时候,面是一方面,最终具体的问题就是投资人、代理人,一个一个的贷款人,这个才是构成里面的重要部分。一般的大家都知道是二八定律,找二的这些人,找到了以后,这块,人又少,经营的资产量大,那么单位肯定比别人强。养活了一大堆人每天干不了几件事,业绩也上不去,这怎么可能好呢?我刚好借着投资理财部这件事做得不错,能够抓住重庆的这个提法,而且能够在今天的这个会上汇报,我就很高兴,说明有这个敏感性。那么这个方法不要只在一家,更重要的是推开。那么现在是在公司内部,还有公司外部呢?我们现在可以去学习很多家它们有效的办法。银行他们在发信用卡的时候有什么好的方法?信托公司在推销它的理财产品的时候有什么好的方法,保险公司在推销保险的时候有什么好的方法,都是我们学习的东西。像我们现在人才招聘,很早以前我到重庆去,当时我到过红岭创投了,我觉得人不够,看看能不能重庆再找几个人,他们说我们现在招聘都是国际招聘,全世界。当时我在想怎么全世界招聘,结果招到的人就是全世界的,台湾人等等,素质都很高,干的好得很。我们人力资源部在国外招过吗?能不能呢,能不能试一试呢?有很多海归回来找不到工作的,这时候我们在有关网站上想想办法呢?很多东西都在于动脑筋,只要是用心了,很多事情就能很好地往前发展,不用心的话怎么都是一堆困难。我只是启发性地做一点提示,提示各个部门动脑筋。如果大家用心地往前走,困难会越来越多,但办法也会越来越多,最重要的还是我们自己对这个企业、这个公司发展的责任。这个公司的好与坏我们每个人都是有责任的,要建立起这种责任心。国有企业讲主人翁,在这个地方也要把自己当作主人翁一样来解决问题。作为企业也要把员工当作家里人来对待,我是能做到这一点，董事长也能做到这一点，希望我们自己也能把公司当作家一样，动动脑筋。只要大家都有这种精神，我觉得红岭创投真正有力量的是在这个地方，一个能够团结、一起战斗、相互支撑还善于学习并改正错误的团队。徐总后面我就插这几句。

——2015 年 3 月 14 日第 9 期总裁办公会议

张总强调服务水平的重要性

现在这些东西都要跟客服联系，因为投资者一旦出现问题之后他要打客服问。我们的服务能不能达到苹果手机客服的水平？因为以后服务是方向，一个社会越发展，服务业所占的比例越大。这个专业是朝阳行业，以后等我们的生产力、生产工具问题解决了，劳动力和效率问题解决了，技术问题也解决了，那就是服务了，都是相互之间的服务，所以我们的服务，特别是客服中心的服务，体验店的服务，还有我们管理人员的服务意识都要建立，所以我们 APP 上线以后所提出的问题，有可能提出什么问题，整理成话术，然后由我们的客服落实下去，这都是很细节的问题，客服那边也要提前做好准备。

——2015 年 3 月 14 日第 9 期总裁办公会议

张总谈对风险管理的认识

整个技术部门最近的工作还有进度的，慢一点不要紧，一定要有进度。前段时间我们网站问题很多，搞得我们很头疼，你们在这里，要在尽可能短的时间里把我们可能遭受的攻击和可能影响我们整个业务发展的影响降到最低。出了问题也不要着急，只要大家努力，还是能够解决问题的。我做了风险管理一辈子，风险在不同的阶段出现的形态都不一样，环境不一样，类型不一样，计划经济年代，到有计划的商品经济年代，然后到改革开放的年代，到完全市场经济的年代，都是不一样的，谁都没有办法在新的风险出现之前预测到，但是能够预测到一部分。

这个话是很宽的，互联网金融现在是全新的业态，前面会出现什么风险，谁都无法预测。但是有一点我们可以做到，就是出了问题我们迅速作出反应。以我们现在所有的知识和能力来解决问题是我们能做到的，包括我们现在的流动性的问题，像这样一个互联网企业流动比例和速动比例应该是多大，流动比例和资本充足率是联系在一起的，我们风险管理部门、计划部门、研究所有要研究这个问题，我做到一百亿元的话这个流动性水平应该是多大，做到一千亿元的话应该是多大，做到一万亿元的话应该是多大。哪些自己可以消化，哪些还会出现新的问题，这些问题大家都要思考。特别是我们现在的房地产项目比较多，房地产项目一般出现的风险是什么你们也要知道。那么这种风险的化解方法是什么也要知道。现在的重组方法很多，重组方法里面有哪几种类型也要知道。你只有把这些问题都考虑完了，这几种类型都归纳完了，全部周延，全部覆盖了，哪里有问题出现就立刻解决了。最后没有办法的话就只有核销了。核销的话就要算出我们的呆账准备金和核心资本的最大限度是多少，然后通过努力能够达到多少，那就能够对我们的风险底线进行一个兜底，这个兜底如果能够控制住了，我想最终没有什么可害怕的。为什么我们对网站的信誉那么在乎，一定要进行垫付？不让我们的投资者对网站失去信心？因为这就是生命线，想尽一切办法都要留住的。那么其他的方面流动性风险的速度，这两个比例应该控制在多大，我们几个部门都要研究这个问题。另外出现哪几种风险，我们用哪几类的标准模板就能解决？我们做到今天，像这样的互联网金融企业里面会出现哪几种风险，我们应该能概括出来。概括出来以后就要赶快加以推广，在培训的时候就要注意在我们贷款之前防范以后出现这类的东西。这就是在总结经验，就是在不断进步。

——2015 年 3 月 14 日第 9 期总裁办公会议

工作中遇到问题要善于思考和总结

要善于思考和总结，这种思考和总结的能力就是我们进步的能力。如果不去思考和总结，只是解决问题后就不管了，那么你永远都进步不了。但是你能够归纳出来，变成解决问题的方法，作为以后解决问题的依据就可以很好了。害怕没有用，担心没有用，最后还是要冷静下来，去思考，去总结。

不管能解决到什么程度，我们要努力。谁也不敢讲最后一点问题也没有，但是我们争取最后没有问题，最起码在做的时候我们是兜底的。要朝这个目标去进行设定。我们这个企业目前正在一个高速发展的时期，问题也越来越多，越来越杂，很多都是我们没有遇到过的问题。因为这个产业形态本来就是我们过去没有的，那么这种新的形态里面出现新的问题，就需要我们用更高的智慧和更加投入的精力，需要我们更加投入和尽心尽业，需要我们更加勤学苦练，才能把这些问题解决得好一点。这个阶段的确是很累，但是这个累是必需的；大家的累法是不一样的，有的同志是心上的累，有的是劳务上的累，有的是脑力累。那么这种累也不要紧，在这个阶段也很正常。我们每一个副总都很累，都是在发展过程遇到了很多的问题。我们的计财条线到风险条线、市场条线、综合条线、技术条线，都有很多的问题，而且有些问题大家都没有遇到过。但是不要紧，只要大家团结一致，努力思考，不多学习，这些问题一定会解决。我们应该开心的是我们在不断进步，我们克服了一个困难，我们就往前走了一步，走了一步我们最起码比别人就占得高一点，最起码方法也比别人多一点。我们遇到困难以后解决的能力也比别人强一点。我就强调这几点，大家不要担心，有时候遇到了困难都是正常的。

——2015 年 3 月 14 日第 9 期总裁办公会议

张总介绍危机公关小组的职能

这个肯定不对。危机公关只是公关里面的一部分，你这个架构是不对的。上面最高不是危机公关领导小组，这是不需要的，因为这就是一个工作职能，就是有这样的岗位。就是在办公室下面，品牌宣传室下面有这个岗，这个岗里面有各种各样的工作。但是危机公关小组在遇到问题的时候可以直接领导它，就是启动这个部门，但不是它正常的领导部门。这个你们要搞清楚。

这就对了，危机公关小组是有问题的时候全力以赴，没有问题的时候他们有自己的工作。

——2015 年 3 月 14 日第 9 期总裁办公会议

张总重申部门的管理方式和工作职责

如果我们下面的部门自己还拿不定主意的时候,这个部门就应该撤掉了,没有用。没有人告诉你该不该办,你要完成任务的话这个事情要办的话就要这么办,你提出这个要求才对。我们红岭过去的管理就是什么事情都去问董事长的意见,董事长的事情太多了,一个部门出一道题就多少题目了?部门就是要解决问题的,遇到了问题你就要冲上去,你要是冲不上去,你就要下来,这没什么客气的。所以说我们的工作方法也要慢慢进步,过去的工作方法和质量,工作态度是不行的。今年整个的管理架构都进行了梳理,重新地进行了任命,工资奖金所有的东西都已经改掉了,所以今年你们感觉我对你们的管理方法也不一样了,对你们的要求也不一样了,要求提得多了,而不是天天跟在你们后面研究了。因为一旦提出要求了,你们跟不上,我就要换人了。目前这个岗位的价格在市场上是具有竞争力的。所以说我们在座的每一位同事都要珍惜这个工作,首先从我做起。我会珍惜这份工作,会做好每一件事情。那么我们在岗的每一位同事都是这样,看到这个公司在进步,那么我们的人如果不充实提高的话,怎么能跟得上?如果跟不上还不努力的话,你就注定要被淘汰。因为到年末的时候肯定要进行干部考核的,哪个部门搞得好就钱多拿一点,奖金多一点。干得不好的就少拿一点,干得不行的话就下来换人了。这个每年都要有一次,所以我们这些中层干部在岗位上都要努力,都要把各项工作做好,还都要不断进步。进步也很简单,就是不要偷懒、不懂就问、错了就改。我就插几句。

——2015 年 3 月 14 日第 9 期总裁办公会议

对待网站投资人的态度:重视,但不被束缚

投资和投机只有一点点距离。现在银行存款保险制度要出来了,这对于整个社会经济将造成巨大的影响,存款保险制度是第一步,就是告诉你银行可能破产,当银行要破产的时候,你只能拿走 50 万元。这是国家兜的底。第二步肯定是利率市场化,一旦利率市场化的话,很多银行的存款利率就要上浮了,这就考验你的经营能力了。经营能力强的就能生存,能力弱的就要

破产，破产的话国家的法律已经订好了，只赔你 50 万元。这个对中国经济的发展是好事。我接项总的话讲这么多，网站上投资人他怎么讲，我们礼貌点就行了。网站上的说法重视他，但是又不要被他束缚。

——2015 年 4 月 4 日第 12 期总裁办公会议

薅羊毛的手段以及定义范围，以及反映出的制度漏洞

我来补充一下吧。刚才许总讲的这个问题，讲投资人薅羊毛的问题，实际上也牵涉到我们发展投资人的奖励政策，如何不给投资人钻空子，真正保证鼓励投资人的政策能落到实处，是这个问题。薅羊毛一般来讲，我们过去是遇到过的，从网上买了大量的身份证，还有大量的银行卡信息，配对的，你这边搞个活动，能一下上来一大帮人，好像是注册数提高了，实际上什么都没搞就跑了。这次是我们在整个上次会议要求对我们体验店的数量进行检查和督促的时候发现河南做得比较好，数量比较多，在调查过程中发现有可能有这样的嫌疑，也不能说这个就是，这个应该客观地说，怕有这样的性质。许总到我办公室也跟我汇报了这个事情，对这个薅羊毛的事做一个定义。我们拿出这个钱就是鼓励投资人到我们网站进行投资的，如果说这个身份证所有者知道我们这个网站，并上过我们网站，什么都知道了，也接受了我们的宣传，等于知道我们的目的达到了，至于投不投是人家的选择，我们的宣传效果已经达到了，我也能上得来，操作得来，说明他经历了，那就不能算是薅羊毛。但是，如果一打电话，他根本就不知道，100% 是薅羊毛，就是 10 元，投资了就是 40 元。

后一半的问题是刚才两位领导说的我们的制度是否有漏洞？管理制度是否有漏洞，环节内是否有漏洞，没有的话更好，如果有的话会给我们造成一些不必要的劳动，这就是一种浪费了。但是至于客服中心对于每一个注册用户进行回访，过来就有的一个固定工作，服务过程，这个是对的，一点都没错，如果不知道的话就顺便看一下是不是薅羊毛的，但不是专门安排的，说明我们过去服务流程中有这个安排，这是很好的事情。但是我们现在是要看我们每个分公司在组建过程中，分公司的领导和体验店的负责人，每个人的责任心是否有那么强？如果说河南分公司本身体验店的负责人和分公司的总经理他们只

是想把数量搞上去，那就麻烦了。我们要保证在这条线上，在职业道德上要保证，不要是这样的意图，在纪律上要规定好这个，再来实施。

——2015 年 5 月 16 日第 16 期总裁办公会议

公司管理不规范问题：如技术是不能接触账户的

过去红岭创投在管理上很多都不规范，做小的东西还可以，一旦做大了以后，出了问题你都不知道怎么回事。一个是技术人员是不能接触账户的，我们过去是技术什么账户都能动，还能改，这简直是开玩笑。这要是出纰漏，就不知道要出多大纰漏。一些会计数据，是边都不能碰的，那是高压线，那要出问题就是很大的问题。所以刚才运营部一提到这个数据我是这么敏感。你包括有黄牛不错，但我们本身能不能当黄牛，这些问题都是问题啊。那过去是鼓励的，不能怪我们的员工，甚至我们很多领导自己也搞。但是这种做法，到了以后成为一个公众企业还能搞吗？这么一搞就会整个乱套，这个队伍就不堪一击了。现在要逐步进行规范。

就像证监会不能搞内部交易一样，一内部交易，他知道哪个股票要涨啊。你像我们这个尽管不知道那个股票要涨，但我们知道快借标的发放时间和利率，我们也知道快借标和净值标的利率具有正相关，那么如果你掌握了这些信息，你做就比别人有优势。那么这种优势对别的投资者就不公平了。如果利用这种优势为自己赚钱的话，那就涉及是不是违法的问题了。为什么证监会抓内幕交易抓得这么狠？涉及刑法，这不是开玩笑的。过去我们不懂，这么搞，那么以后懂了，还这么搞，会有什么结果和影响？我是想，我们以后逐步知道的同志尽可能就不要搞了，现在我也不能做这种规定，因为这是过去遗留下的问题。一旦搞了的话，最后的影响可能很可怕。可能导出一系列多米诺骨牌的影响，你这一个动作歪了，后面的动作都是歪的。行了，我刚才就多说了两句，这不是今天的主题，接着说吧。

——2015 年 5 月 16 日第 16 期总裁办公会议

公司战略中分公司的配合工作：要有战略合作的资产管理公司；特标和议标的推广；投资人一块：体验店、集团客户、线下募集；队伍建设和机构建设管理

第一个讲的是我们下一步的战略重点。因为现在我们本身，红岭创投发展到今天，应该说已经开始起步了。目前，网站上的交易量截至昨天已经达到450亿元以上，很快就会接近500亿元。这个规模的发展速度在中国的P2P界算是比较快的。但是这是在我的计划内的。我们的计划正在一步一步地实现，但是这是在于过去的整个管理条件下和第一次所设定的目标前提下来开展各项工作的。到目前为止，80%的计划都已经完成了，但是这里面有些问题也逐步显现出来了。比方我们年化收益率24%的贷款利率，大部分企业承受能力有限，要用这样的利率迅速做到很大的规模，具有一定的难度。因为按照企业自身的市场和空间，年化收益率24%这样一个成本下项目投资空间是有限的，可以说在全国来讲都是有限的。像我们这样的一个公司，35个省一级分公司全部开业以后，再想找出这么大的空间的话，难度会一步一步地加大。而且像这样高的利率，在某种程度上来说，风险上比一般的贷款的风险还要大。它有它的特殊性，我们能够把它的主要风险点控制住以后，终极风险就没了，比方，房地产贷款的抵押，控制点就在抵押上。但是我们在这个抵押当中有个核心的问题。专业上的问题我不该在这个会议上讲，但是这个会议上我也讲几个专业上的问题：关于房地产的抵押贷款，抵押值的问题，有的人讲3折，有的人讲5折，8折，不管折扣多少，首先这个评估价格是哪里来的？这个很重要。评估价格是企业提供的，还是指定的评估公司评估的，还是自己评估的，还是哪来的？评估价格一不一样，折数一样，那实际价值就不一样。评估价格一样，折数不一样，实际价值也就不一样，这就是一个必要条件。我们的评估价格，在以后防止终极风险的抵押方面，基本参照的价格应该是现行的成交价，土地是你这个城市这个地方今天的交易价，房屋是你今天房屋的交易价等等，都是以现实的交易价格。评估事务所所搞的评估值仅仅是一个参照，一个参考，最终是我们拿出一个足值的抵押来保证我们的终极风险不会出现。以往的很多贷款在最后

一旦出现违约的时候，我们一查，当时很多说是两折、三折，最后一看才过不到一年，能够把本钱收回、利息收回就不错了。为什么？就是因为当时的估值过高，抵押物打两折超过现在把它卖掉所值的钱，我们风控部门出现像这种低级问题，无非是为了业务的发展，在评估价格上很可能没有进行精确的计算，这样为我们以后的风险管理就留下了很大的隐患。因为我们前期发展得快，各类抵押物都有，但是这个抵押物的质量还是有些良莠不齐。那么现在我们每一个分公司放款时，都要对贷款的抵押物的实际价值做一个测算，这样才心里有数，哪些贷款是真正没有终极风险的，哪些贷款还有可能有终极风险。我希望大家事前就能控制好风险。至于流动性风险的问题，现在如果利用我们本身的资本金、股本，或者是增资扩股部分的资金，永远赶不上我们所发展的速度。关于这一点，我们下一步的战略动作是成立专门的资产管理公司，现在已经成立了一个，还有两个正在筹建中，至少要成立三个这样的资产管理公司，利用这些资产管理公司处理流动性资产，在抵押足值的时候，一旦出现违约，立刻办以物抵债，我们马上拿过来自己处置，不要去依赖它，这就要求我们在评估的时候价格一定要估好，这个步骤做好了以后，我们可以把它任意重新发标，或者打包，拿到哪个公司都可以，处理起来就非常简单了。我们只要做一个动作，就是以物抵债。以物抵债前提就是在进行第一次价格评估的时候一定要得实事求是，到以物抵债的时候是值这么多钱的，否则的话漏洞就出来了。要是值这么多钱甚至是超出那么多钱的，比如说 2 个亿的贷款有 4 个亿的抵押物，如果真的值 4 个亿这么多，那我们立马拿过来处理了。当时如果对这个项目的前景包括位置和价格都预估得没有问题的话，那么我们处置起来也很快。这就是对我们房地产类的项目违约现象、不良现象的一个很好的解决办法。我们希望各个已开业的分公司，你们在当地也要想办法有一些资产管理公司可以进行对接，在我的印象像我们这种互联网银行要做大了话，和传统银行是不一样的，它是轻资本的，最终很重要的一点是用本身的信贷资产来进行证券化的，来化解自己所形成的流动性风险。用这种方法来进行调整，就要求每一个省公司下面都要有一个能够进行战略合作的资产管理公司，这个希望在以后的管理过程当中，每个分公司都要在当地寻找这样的合作伙伴，有了这样的合作伙伴的话,我们的流动性风险从基础上来看不会有什么大的问题了,这跟我们以前的风险控制就结合起来了。

第二块就是我们讲的特标,这是我们的重点工作。特标实际上就是如果有互联网银行的话,那肯定也是按照这个方向做的,当然我们也是先行先试。也就是说先有项目,后有投资,而不是先有存款,后有贷款。如果讲先有项目后有投资的话,价格就是非常重要的因素,项目的需求方它是要求贷款的利率越小越好,那么它的底线就是跟银行一样;它的上限最多跟小贷公司一样,实际上我们在这个区间里能够找一个合适的点。那么我们的低点是什么呢?我们的低点就是银行的民间利率,加上实际企业支出的财务费用,变成一个企业在贷这笔款的时候实际的财务成本,我们的利率按照这个去定,或者加一点,这个就是底线,下一步开始操作所有特标的底线。当然这个底线我们拿到网上去以后,投资人愿不愿意接受?这个我们也不知道,事先可以搞一些研讨,从横向看,同行业包括拍拍贷、人人贷、陆金所,像这些机构,它们现在的贷款利率大家都能看得见。陆金所是常年 8.61%,那么一年期如果是 8.61%,那我们比他们高一点,搞个 10 行不行,搞个 9 行不行?如果 10 可以,9 也可以,那么我们给到企业多少?给企业那么最少就加 3 个点吧,不加 3 个点就没办法生存了,这样的话就在 13 左右,那么在 13 左右的特标企业能不能接受?这就是底线。因为低于这个底线我们就没法做了,我们没办法生存,而且投资者还不一定接受。当这个模版一旦形成以后,它的利率就是随着市场波动的,国家有可能降息,也可能要增息,在这种情况下,整个市场的价格都会随着宏观调控的利率上下进行波动,那么实际上就是我们业务当中的核心问题,就是价格。它的上限很清楚,我们上面是 24%,不会再高了,24% 开始我们扣 6 个点,就是说发是 18%,上面 24%,发 18%,我们中间拿 6%,目前所有贷款的上限不会超过这个。那么下限是 13%,上限不会超过 24%,下限的投资估计是在 9% ~10%,上限是在 18% 左右,那么我们两个波动区间都出来了。在波动区间也就是我们在寻求众数最大的一块,哪个利率交换是最大的,那就是我们的主攻方向。这个主攻方向的打法就是一个一个地在我们网站上进行试验,到时候是能够试验出来的。我们从论坛上看到一些投资人说我们的利率可以降一降,风险降低,我们也可以接受。这些讲是这么讲,但是实施的时候就有很多技术上的问题,还有需求上的问题。所有我讲这个从我们的快标,贷24%,投18%,到我们的特标,贷13%,投10%,中间就有一个波动区间,我们称之为“议标”,可以跟企业谈,谈得区间也是在3~6的利差来进行。一是双方都能接受,这个是标准;二是风险一定可控,这个又是一个标准;三是期限一定不能长。这是几个主要的标准,开始测试的时候周期太长的话那是看不出来的。我们各个省公司都可以先行先试,我今天在这个会议上把几个区间都讲出来了,肯定都落在这个区间内,但是怎么让它实现,就需要一笔一笔地谈。要想红岭创投做强做大,想真正红遍全国的话,那么这个基础业务一定是要有一个战略方向和战略定位的。这个战略定位就是我刚才讲的,它的上限在哪里,它的下限在哪里,主攻方向在哪里,最后我们合作伙伴也好,我们同业也好,我们以后和各家商业银行也可以算是同业,只是我们做的方法不一样而已。因为现在我们已经占领了一个制高点,这个制高点就是红岭创投在网贷行业的影响。这个影响在我们过去一年多,长远点是过去6年多,在董事长的努力下,带着我们红岭创投走过6年多的历程的努力,现在红岭创投这个品牌在网贷行业,在互联网行业,在接触过这个行业的人来说应该是人人皆知的。这就为我们下一步进一步地往前走奠定了良好的基础。为我们进一步的试验,能进一步走向利率市场化提供了非常好的条件,我们要把这个条件运用好,逐步做出一条适合我们每一个投资者,适合于我们每一个企业,适合于不同产业,也适合于我们本身的生存,同样也符合国家的政策,这样一条路。第一个方面就是我讲的几个战略点,一个是特标,一个是议标,一个是过去的快标,下一步怎样的打法。因为我们这个公司以后注定是先做项目再做投资的,当然线下还有一块,线下这一块也是先有项目,把项目变成了证券化,等于是某种证券化的形式,当然后面也还是有别的动作,就是私募事业部在组织了。这就是我们下一步战略的方向,也是贷款人这一头。另外一个就是投资人这一头,最重要的是我们的体验店。我昨天从湖北回来,湖北搞了一个体验中心,但是在其他地方现在还没有体验店,可能下一步也要搞这个体验店,每一个分公司都要搞一个体验店,其他的可以加盟,可以代理,可以联营。因为我们基本的分配政策都已经制定过了,这个分配政策如何落实到每一个体验店,它们的正常的工作中,这需要我们每一个分公司进行先行先试。那么体验店的工作就是我们另一个战略品,范围、种类、质量、效益都是很高的,只是之前没做出来你们不知道,你们没看到这个方向。这个体验店是由我们投资理财部在管,他们还是有一定经验的,但是现在力度不够。最近我们又做了一个调整,今天在会上宣布:以后投资理财部归项总管,会议后工作就直接由项总分管了,这样一来就归口了。因为整个线下募集本来就在项总这一块,投资人这块全部就归一个方向,管理起来就比较方便,跟董事长和高管都已经讨论过了。那么分公司在体验店的先行先试过程当中和目前实践过程中可以反映,有什么好的想法可以向投资理财部进行汇报,汇报过以后有什么好的建议和方法上办公会,一旦形成文件全国统一执行。在这个之前,如果分公司和总公司有意见不一致的时候,分公司可以先行先试,不要等,一等的话就麻烦了。一个部门在工作计划安排当中,遇到了一些正常的情况,在速度和质量上遇到障碍的时候分公司不能停,哪怕分公司有一点先行先试工作都是有意义的。我也希望我们投资理财部让我们分公司有 5 个以上的产品,5 个产品都不一样,但是起码要有重点,这样在 5 个分公司内总结出一套对某一个产品的重点再进行全国推广就很快了。现在对于 5 个分公司的管理已经列入议程了,不像过去分公司少,还能管得到,现在不行了,已经有 11 个分公司了,越来越多了,现在对于总公司各部门的工作也是新的检验,也是一个新的标尺,也是一个新的要求。当然我们这些老同志都在金融界工作了很长很长时间的,但是在这个管理都需要补课,当然除了最高层的几个副总裁加上我之外,估计都没有在过去的机构担任过全国的指挥的,可能都没有。这个经验必须在这个过程当中逐步地提高,好在我经历过,对于全国的指挥,我们黄总经历过,我们徐总也经历过,就是我们总裁和副总裁有几个同志是经历过全国的指挥的,因为没有经历过全国的指挥是不知道在开始建立计划,在实施计划、计划实施情况检查这些步骤中采用哪些方式。当然也有些同志是在省行经历过的,像我们许总在省行经历过,跟在全国工作也有一样的地方,下面也是有两级管理,可以管到二级分行。而我们现在,目前与会的同志相当于过去的省级分行,包括中农工建交的省级分行这一级,你们下面还有二级分公司，整个的业务拓展、人员管理都是站在这个高度上，所以我们每个分公司的领导都要把管理放在第一位。管理的核心就是管人，身边有几个人，身边的人怎么样，完全由你这个领导来决定的。如果说身边的人不怎么样，素质跟不上，一是要培养，二是指出让他改正，三是鼓励，如果再不行就要换人。就是这样，在任何一个地方工作都是这样。在管他们的同时，有一半是在管自己，自己也要做好示范。自己做好了员工都好，自己都做不好，你的这个引导就会影响到每一个员工。如果喜欢听小道消息，喜欢越级汇报，那好，以后你们的员工都是这样，中层也不找了，直接找到你了，那你去扁平化吧，你的副总就没有积极性了，他工作也就做不了了，他就根本谈不上带领一个团队去打仗了。一个人的智慧怎么比得上一个团队的智慧呢？最起码可以给你提出不同认识，有些是好东西，不能说听着不舒服了就是跟你对着干，不用你了，他们看到了你们没看到的地方是好事，看到了补充，提醒你，你们要这么去想，这样才能少犯错误，再去看一些管理上的工作就好办多了。这一点我就跟所有分公司的老总讲一下心里话。我们再回到刚才的问题，投资理财部的体验店我们还有很多工作要做，有大量的管理工作，我希望所有分公司在体验店为龙头的，下面还有财富中心，可能还有租赁、典当、信托、保险还有很多都要慢慢地上了，慢慢地把一块一块的重点抓出来，现在的重点是特标、议标、快标。

另一方面，在投资这一块，一个是体验店，一个是集团客户，一个是线下募集，这几头都是非常重要的，步步都要到位。总公司的这些部门要动脑筋，把这些事情做好，我们各个分公司作为管理一个很重要的堡垒，你们要把队伍指挥好，怎么样去布局，二级分公司怎么去设计，干部怎样去选拔、培养，你们头脑里面都要有计划，只有有这些东西了，你才能打得好一点，我们有的分公司第一批贷款可能已经到期了，或者已经在陆陆续续归还了。你们现在每天早上八点钟上班，坐下来泡杯茶的时候有没有想过这一天该干什么，这一周该干什么，这一天的工作怎么去落实，交给谁去办，有多少进度，这些东西都考虑了没有，我想你们应该都考虑了，但是考虑有没有效，是不是很准确，是不是还有什么等待的思想，千万不要等，只能自己努力去做，至少要把自己的队伍建设好，看看二级分公司怎么建立，这都是重点。还有我们的特标、快标、议标怎么根据不同的类型去寻找。你现在有市场部、风控部、投资理财部，那么对它们的管理是不是应该加强？这就是我们所说的省公司一级的日常管理，我们各个分公司的老总都是当过干部的，这些管理要迅速地抓起来，这样才像个企业，才有凝聚力和战斗力，靠你一个人像个游击队一样跑三五个项目开业了，以后就靠你活着了，那怎么行，一定要把每个节点上，每个人的积极性都发挥出来，那才能真正走向市场，一个企业的发展，一个国家的发展，包括一个人的发展，都是取决于自己，取决于每个人，每个人都努力了，我们才能看得到成就。我昨天参加湖北分公司的开业典礼，他们金融局的局长是个博士，我觉得她的讲话水平很高，这个同志非常优秀，她讲 P2P 企业在武汉落地，过去她是从来不参加的，她参加了我们的开业，对我们抱有很大希望，这说明政府对我们红岭创投已经开始重视了，我们要乘好这个东风，我们走到今天不容易，我们还要继续往前打。而且从目前大的环境来看，国务院，中央领导的精神，都是支持我们的，尽管过去有一些杂音，现在都是一个劲叫好。对于我们已经走了一年多的人来讲，那不是更好的机会嘛。现在每天还有大量的 P2P 公司出现，我们欢迎，我们的同业越多，遇到的问题越多，我们都可以借鉴，避免发生同样的问题，同样我们也在解决同业有可能出现的问题，这样一来就能使我们的企业真正健康发展了，所以我讲的第二块就是投资这一块加上管理这一块，希望各个分公司抓好这块。

第三块就是机构建设，这个机构的建设我们各个分公司一定要放在一个重要的位置上，机构建设是需要人的，是需要规划的，哪一个省没有十几个地级市啊，每个地市哪一个里面没有人啊，这就看你怎么干了，二级分公司一旦成立，你的管理职能就上去了，特标、快标等一上，还有零售产品，线下募集都给你们了。你们在各自的节点上动脑筋的话，工作是有支点的，而且是能够开展起来的，所以你们的管理架构要去思考一下，这个条件对你们提的要求可能高了一点，但是我觉得一点都不高，我觉得一个省分支机构的领导这点素质是要有的。你们都是银行出来的，你们省行的领导是什么样子的，模仿模仿嘛，先去模拟下，看下他们是什么水平，什么胸怀，他们的指挥方法。你们过去的老领导中哪些你比较佩服，比较敬重，他们一些什么好的方法你要学过来，当然他没有告诉你之前你要向他请教，多学就行了。我不是说过了嘛，不要懒惰，只要抓紧时间，每天都有工作计划的安排。第二不懂就问，第三错了就改，我们前期的分公司为我们红岭创投的发展是作过贡献的，包括重庆、安徽、江苏等等，这个分公司大大小小也存在一些不足，这些不足我们要正面地对待，一起想办法把这些问题解决，然后把新的问题抓起来，这是最重要的，因为这个大的行业，它最终的风险怎么去控制，没有定论，怎样去管理也没有定论，它发展到最后是怎样一个最终模式也没有个定论，都是边摸索边往前走，不光是我们，包括银监局、人民银行、国务院及中央领导都不知道前面是什么，我们现在第一线，就要实事求是地把市场上的有关情况汇集起来，然后建立起我们下一步的工作计划，最高原则就是三句话：不违法，不违规，不让老百姓吃亏。希望我们各分公司在工作中牢牢记住这句话，至于人家问我们在经营过程中有没有牌照，是不是要进行监管啦，是不是要有些规定下来啦，这个你们可以放在一边，不要去考虑，这个是总公司的问题，你听总公司的就行了。我们到现在为止，没有一点影响我们发展的声音，就是都可以做，没有什么不可以做的，主要坚持那三个原则就行了。这就正是我们这帮从传统银行走出来，先行先试，为我们自己的职业寻求一个新的发展空间。今天因为是第一次开视频会议，我就讲这些，希望大家在下一步的工作中，对我提出的工作，你们在实践中有哪些难度，有什么问题，都可以提出来。每个分公司开业的时候我都会开个座谈会，分公司老总们跟我聊聊天，也诉诉苦，我觉得我们分公司的老总都很优秀。我们现在是 10 个分公司，马上 30 个分公司就覆盖全国，最北到黑龙江，最南到海南，最东到上海，最西到兰州，每一个节点上都有我们的机构，每一个产品一下子就传遍全国，每一个节点上的任务、空间、责任都很大，我希望大家借助于现代互联网的条件，能够认清我们的工作计划和工作方向，把握好我们每一天、每时每刻、每一个人的工作节奏，不偷懒，不懂就问，错了就改，把工作做好。下面给每个分公司三分钟，简单汇报一下工作，没有的可以不说，有的简短说说一下，按照分公司开业的顺序，现在开始。

——2015 年 5 月 9 日第 15 期总裁办公会议

部门开展工作要点：与公司总的发展战略和计划相吻合

我来讲一下，我不管哪个部门，你所开展的所有工作都应该跟公司总的发展战略和发展计划相吻合，公司目前这个阶段的重点是什么，你每个部门的重点工作就要紧紧围绕总公司的发展目标来安排，现在什么最急，你就应该把什么放在第一，每个部门你的工作跟总目标之间的相关性从内容上应该是完全一致的，从速度上是有前有后的，最重要的应该安排在最前面，红岭商城是最重要的吗？关于议标的营销方案下周才开始修改？那知道我们现在整个计划在干什么吗？实际上大家都知道，我们分管领导应该清楚，各个部门领导更应该清楚，如果这个思路、这种方法、这种工作不立刻贯彻到每个分公司、每个部门的话，公司整体很难形成步调一致，那么在某些阶段应解决的某些问题就会被耽误。

——2015 年 5 月 23 日第 17 期总裁办公会议

发展是硬道理，发展能解决问题，发展不能停

所有分公司（含筹）一共是 35 家，29 个已经有贷款的，在筹的 24 家，实际上就是 6 家没有贷款。这 6 家就是你们要盯的部位，到现在为止没有着落，如果已经超过 3 个月，财务上应该停止，第四个月就直接停止，人力资源部就立刻换人。因为我问这个问题是讲老叶这边的问题，那你马上在扩开开会的时候，没有项目的，你们考虑是不是让它们参加？这个我不过问，但是我觉得可以让它们参加。因为我们现在 35 个在筹，11 个已经开完了，还有 24 个没开，前面 11 个不用开了，把之前开会的内容再克隆一次，就把我们特标和议标消息告诉它们，包括模板，推开方式赶紧跟它们说，这个试点来不及了，而且没什么可试点的，基本上就是这个东西。市场管理部你要把东西报上来了，风险才能有单审，才能慢慢地规范起来。你连项目都没有怎么去指导呢？基础工作做好以后，很多效果就会慢慢出来的。就跟你讲我们今天突破了 500 亿元了，肯定要往上涨，到年底 1000 个亿肯定是没问题的，就不用再说了。

我们现在已开业 11 家，下周再开业一家，35 家还有 23 家没开业，不管怎样到年底一定要全部开业。新的项目上去了，项目本身质量好了，控制也

就简单了,量上去了,对于过去存在的问题我们也有能力去解决它了,这个地方讲一个最简单的道理:发展就是硬道理,话是这么说,但是有多少人去体会这个道理?因为你从整个社会经济发展,国家发展,或者是个人发展看,不发展是不可能的,想回避发展都是不可能的,发展一停下来马上就死。哪个国家的经济不是在一直往上走的,你们能提出来不是的吗?就包括我们国家,从有人的那天起,如果一停,就大灾难了,只有涨才标志着国家的进步,涨才表示国家在发展,涨才表示这个国家还有活人,这是很正常的。同样,涨的过程当中,肯定还是要存在一些问题,通过这个涨,把过去的问题慢慢地解决。当时国家提出的4万亿元,对当时拉动国家经济增长,起到了很好的作用。但是后遗症大家也看到了,通货膨胀很明显,这个结构到底对不对,主要是从房地产开始启动的。但是今天只要把存贷比取消的话,那很有可能就不是4万亿元,是7万亿元,可能还要大。实际上就是放水,还是在促进发展,用这种方式促进宏观经济的发展。

而我们用这个问题,也是促进我们自己宏观的发展,就是发展。不能停下来,一停下就死路一条,包括我们个人。所以我之前就在会上强调,你们一定要把自己的事情干完,而且每天都要动脑子,要勤奋,不要偷懒,不懂就问,错了就改,因为你们每个人都不能停下来,停下来就死定了。我也不能停,一停就死掉了,这就看还能拖多长时间。人的生命在于运动,只要你运动了生命就不会停,每天都在发展,就会出现新的内容,每天生活都有目标,工作也一样,工作只要不停,前面就会出现新的机会,你自己的信心也会增加,你的工作成果也会得到大家的认可,这样多好!所以说,发现的问题立刻就要改,不要等,发现了问题立即解决。明天加班怎么了?加班正常,在这个打硬仗的时期,这个时候不加班,什么时候加班?给分公司打电话给他们,他们敢不加班?这是总公司的统一部署,一个大集团在往前走了,加个班太正常不过了。我们过去在传统企业,在体制内工作的情况如今是一定要扫开的,要按照市场的情况来办事情。我们都在体制内工作过,在体制内工作的感受大家是知道的,后来又到了市场经济的体制内工作,也工作了好多年,市场经济体制内工作还是有带点国有经济体制的特点,那么现在我们到了红岭创投来,完全是市场经济下的东西,你根本就没有任何依靠和等待了，工资都是在自己手上，进步也是在自己的手上，进步了整个人就上去了，整个人不进步，怎么也上不去。好了，往下进行。

——2015年5月30日第18期总裁办公会议

目前公司管理跟不上发展的原因

在红岭创投，金融脱媒过程中的每一个节点的每一个同志都要有这样一种清醒的认识，我们在干什么，我们的这样一个节点在整个业务操作过程中处于什么位置，我们这个位置做什么动作才能对宏观趋势有效，有正效应，要考虑这个问题。因为这个地方是总公司的办公会，到下周就是12家省级分公司，那就是一个非常完整的全国性企业。根本就没什么疑问了，十个以上就是一个全国性的很稳定的企业。而我们目前的管理还远远跟不上，原因是什么，一可能是我们发展的速度太快了，第二这本身就是一个新行业，来的人都需要学习，那么最终的原因可能是我的原因，管理能力和领导能力跟不上，我也需要学习。我也需要和大家进行沟通，怎么能够在限定的时间内达成目标。好不好，我就在你们发言后提几条建议。

——2015年5月30日第18期总裁办公会议

重点工作通报标准设立（办公室）和重点工作通报的流程和执行思路

要搞一个重点工作通报，我们总裁办搞一个重点工作通报的标准格式，各个部门都可以用。例如市场部在12个分公司包括筹备组，需要大家一起动的时候，工作一旦安排下去，发现哪些分公司做得比较好，就针对它们的工作做一次通报。好比现在关于项目划分上如果深圳分公司做得很好，那么就在工作通报上面让每个分公司都可以做得到，大家有一个交流，不光是我们市场部，包括其他部门都可以用重点工作通报来解决这个事情。然后这个重点工作通报汇总起来，可以在我们的刊物上刊登，因为工作管理要有一个记载和推动，很重要的是推动，因为各个分公司都有积极性，但是每个地方的情况都不一样，我们可以统一安排工作以后，根据统一的安排，在实际工作当中有新的创造和新的改革，可能会有效果，那么我们就要迅速地把这个事情推开，管理部门实际上就是做这个事情的。第一，管理部门制订计划，然后把这个计划推下去，然后各个部门执行，然后在执行的时候出现好的经验就立刻交流，如果有不好的就要通报批评，这样才能使这项工作从速度上、从质量上增加并得到提高。那么这个事情由总裁办牵头搞一个重点工作通报的报头，同时准备电子版和纸质版。可以留出来条线的板块和部门的板块，内容有哪几种？可以从我们市场部开始实验，其他部门都可以采用这种方法进行工作的推动。

——2015 年 6 月 20 日第 21 期总裁办公会议

管理者要点：首先要管好自己；解决问题要三套以上的方案；明确责任；调查清楚再批评人；制度建立和规范，根据制度来处理；部门负责人责任定位：职责、计划等

我们每一个管理者在自己的岗位上，都要善于用自己的知识，用自己的经验，和自己的工作方法运用起来，这样才有可能往前走。如果总是等待上面安排工作的话，那肯定不行。这里我多讲两句，我们在座的都是做管理的，每个人可能是管理一个部门，或者一个系统，或者管理一项工作。管理者中最重要的是什么？不是单纯的指挥别人。管理者最重要的第一条就是要把自己管理好，要别人做到的事情，自己要先做到。如果你每天都在等着上面安排工作，没有一个创造性的思维的话，你下面的人也不会有创造性的思维。你想想自己这个月的工作计划有没有安排，如果没有的话，你有什么道理去要求下面的员工安排好自己的计划。这就是我们各个管理岗位上的人应该思考的。所以说让别人做到的，首先你要自己做到，你自己做到以后，这首先会有一个示范的效应，即使你不说，下面的人也会仿效着做。你所有的东西都是在给你们的员工做示范，这也是你们身上最重的担子。你今天没有请假，以后你的员工也会和你学。你做错了事情，想摆脱责任，那你下面的人也会跟着你学。如果你下面的人推脱责任的话，你怎么看他？所以你要求别人做，首先你要自己做到，这样即使你不讲，有一大半都已经

做好了。所以说我们在管理的岗位上,我们每个干部和管理者的示范效应是最重要的。有时候哪怕你只是问一句“这个事情是不是这样做更对”,他也就知道这个事情怎么做了。如果你总是在发牢骚的话,你的员工也是在发牢骚。我在这个单位是行政上面的最高领导,那么我可以做给你们看。我到了红岭创投以来,我首先严格要求自己。你们可以枚举一下我来了红岭以后做错的事情,如果我错了的话,我肯定接受。这不在于表达我是什么样的人,而是我想把这个事情做成,把红岭创投推上去,我只有这么做才行。如果要做成的话,主要领导人首先就要做好,否则就没有资格这么做。所以你们都是重要岗位上的管理者,现在我们已经有41个网点了,这是一个比银行还要大的架构了。我之前和王豪也讲过了,这些机构到年底必须开业,如果开不了的话就立刻扫掉,就直接换人了。因为我们现在的情况也好转了,人员也多了。我就讲你要干成一件事情,后面要有100倍的力量在后面推着,这样这件事情才能够成功。要解决一件事情,至少要有三套以上的方案才能保证这个事情可以达到目的。

我这里讲一个例子。我第一次出书《企业信用评估》的时候,新华书社是要搞一些征订单的。2000本就回本了,那么4000份的话多的就是赚的了。但是人家是发行4000册,发出去10000张订单,这样的话即使一半石沉大海了也还有5000个。最后证明他们成功了。昨天重庆分公司的胥激为来了,我就讲他们来干什么,企业来汇报什么?企业汇报也是向分公司汇报。应该是分公司在第一线拿出方案来,然后我们在一起研究怎么搞。不能是总公司怎么搞就怎么搞,这样的话责任就不明确了。我们总公司的一些领导没有这个经验,你接过来以后是有这个责任,但是这个责任不一样。你不要把不该你负的责任担到自己身上了,然后他跑了。有些事情进行不下去的原因就是责任不清,责任只要一模糊,这个事情的力度就立马减弱。责任如果是清清楚楚的话,他肯定是跑不了。包括不良资产的清收也一样,都要把责任明确了。我对下面的人也一样,工作一定要签字,这样的话责任就清清楚楚,如果有不同意见就写清楚。但是我们很多的管理者很多年都没有明白这个道理,管理中一定是每个责任都清清楚楚的,都是到人的。没有人的工作,大家都是放羊,到最后什么都没有做好。现在我们很多的不良资产都是这样的，责任首先都要放到分公司的老总身上，所有的东西都要放到他身上去。他不能停下来，如果停下来的话，那我们就要起诉了，经侦就要介入了。只要有了损失，我们要追究了，老百姓要追究了，那我们只能这么做，那进去了就进去了。现在我们在做的工作就是把资产能救回来就救回来，能重组就重组。但是前期他们要顶上。我们这些管理者都懂这个道理，责任都是明确的，在安排工作的时候责任也是清楚的，这样才能把工作推上去。利益很清楚，责任很清楚，权力也是很清楚。权力和责任永远都是对等的，多大的权力就有多大的责任。所以在管理上我就讲这些。

第二就是批评人的问题。批评人一定要把事情调查清楚，并且一定要让被批评人认可这个事情以后，你才能去批评人。如果不是这样的话，就让他说清楚，也许就是有误会。管理上很重要的一点就是不能委屈了别人。再大的领导都是一样，在批评人的时候一定要把事情搞清楚。很多事情都是有误会，或者是信息不对称，没有调查清楚。事情调查清楚以后，写出来让他确认，只要他认可了，你就可以去判断对错了。就像这次刘泽汀请假，他向项总请假回家了，家里母亲生病了。这个是应该回去的，但是到现在还没有回来。那么像这样的请假应该怎么请，向谁请？以什么形式请？如果没有履行程序的话怎么办？要知道作为部门的领导，你怎么做下面的人也会效仿的。人事部门都是有规章制度的，他回来以后该怎么处罚就怎么处罚。

今天我再讲一次，组织纪律性是管理者最起码的素质，否则你没办法带兵。我批评人就是这样，首先要看有没有制度，如果没有制度的话我也没有办法批评，只能是先建立制度。就像我刚来的时候没有制度，那有人没做到，我们也没有办法，处罚也没有一个依据，就像国家没有法律一样。我来了以后花半年的时间去修订规章制度，就是告诉大家的行为都是在制度规范以内的。如果按照制度办了就没有问题，如果违反了规章制度的话，就要按照制度处理。我们人员之间都是非常友好的，谁也不会和谁有矛盾，但是如果触犯了制度，那只能是按照制度来执行。制度是为了保护多数人的利益的，我们要以多数人的利益为主。只能是尽快把制度建立起来，这样才有依据。在红岭创投一路走来遇到了很多低级的问题，只有不断地克服这些低级问题，才能让我们向高级的水平前进。

我们要从过去一些不好的状态中凝聚起来，然后才能真正把红岭创投做起来。为什么我这么严厉？实际上从我个人的角度来说，管理上我可以更加柔和，我可以做到，但是时间来不及。很多事情都是要时间的，比如我们7月底有了100亿元，到年底我们有了1000亿元就没有什么能动我们了，我们就是这个行业的老大了。那么在座的各位都是互联网金融的先驱。所以在管理上我要把很多东西不断地、重复地告诉你们，就要让你们知道，知道我在讲这些东西的时候，是为了你们每个人好，是为了让你们每个人都进步，让你们都懂得多一点，这样工作才好干。这是我讲的第二点，就是批评人的时候一定要把事情搞清楚，然后根据制度来处理。因为批评人是一定要有事实的。最终的管理就是人的管理，就是人管人，这就要靠制度。大家在一起，首先要协商一个制度，对每个人都有一个规则，谁违反了规则就要处理。否则的话大家都会去那么做，那么整个的秩序就要乱了。一个单位、一个公司里面没有一个铁的纪律的话，想要打胜仗是不可能的。而且我们从过去的小公司逐步走向大公司的过程中，像这些东西的改进和提高对一些人来讲是很痛苦的，不适应的人可能就走了，这我们也没有办法，人各有志。我们这些老同志习惯在这样的氛围下工作，我希望我们这些年轻的同志，加入了管理岗位行列的时候要尊重自己。你的部下都会看着你的。作为领导，作为各个条线的负责人，要对公司负责，对每个人负责，不要去隐瞒或者欺骗谁，这样才能把我们的工作做好。

我刚才从议标谈起，让大家知道这是我们目前的重点工作，是红岭创投的破局之策，这个动作在实施的过程中没有达到满意的效果，要分析它的原因，包括宣传问题，都是跟不上的，有的钱不能乱花，该花钱的时候绝对不会皱眉头。就像今年上半年的奖金，肯定是要发的，只要有这个能力就一定要发，这是维持大家积极性最基本的东西，而且我们有这个能力。

你们每个部门负责人头脑都要清楚，你该干什么，包括这个宣传职责的制定，督办人员的指定，各个计划的制订，分公司不良资产催收问题等，一个个都要把责任定到位的，不然没办法往前走，所以这次我们连续两天我们搞了六个分公司筹备组，他们对我们的办事效率很惊讶，因为我们流程已经准备好了，这套运行程序已经搞完了，包括申请筹备组的文件都是模板了，签个字就完了，任命的文件都准备好了，我只要把履历一看，一谈话感觉好了，马上下任命。现在这六个全部进入状态了，都非常优秀，后面的动作还是这样，黑龙江分公司的动作太慢了，人力你要想办法在黑龙江和哈尔滨找人啊。

——2015 年 6 月 20 日第 21 期总裁办公会议

分公司问题解决办法：最终要依靠自己的力量

但你们千万不要把总公司当作最后的依靠，依靠谁？还是自己，在任何时候，任何出现危难的时候，最后依靠的还是自己，自己的动力，自己的支持，自己的能力，如果不够，现在再学，那比你在等待、把自己的命运拴在别人的裤腰带上要强，不能等待，等待就是死路一条。你们跟在我后面干活，我给你的思想就是这样的思想，你要有这种思想，你就可以立于不败之地了，你到任何地方就会受到尊重，至于别人怎么评价，你别去理他，理他没有用，他爱怎么讲怎么讲，爱怎么评价怎么评价，你不能阻止别人讲，但是你自己干出来的活，你自己遇到的挫折，你把它搬过来了，谁都能看到，每个人心里都有一杆秤，谁这件事情做得怎么样。实际上法律也好，约束人的很多条条框框也好，那都是做给大家一起看的，真正执行还是自己的内心世界，你不知道好坏吗？你钱还不了了，一直在赖，这是对的吗？你要知道这件事要怎么处理，对他人有利，对自己也有利。

——张宇总裁和胥激为总、丁之俊总的谈话

筹备组一切要按公司的规章制度来

再一个在我们这里面的从业人员都是银行的，所以自律都很好，这个品质、职业精神、职业道德不需要我说了，银行过来的人都知道，在这个方面可能比银行更严格，因为没人能够承担只有自己能够承担，你看像其他银行，它有存款准备金，二级备付金，它有资本金，它有人民银行的贷款，它有取之不尽用之不竭的存款来源对不对，所以它根本就垮不掉，它一旦有这个不良资产、或违约之后它这个都没有什么大问题，那像我们这个就不行了，一旦出问题就不得了，一出问题就是大问题，一出问题很多投资人就要追究，一追究到底的话，我们在哪些环节上有些个人行为或者处理不当，一旦诉之于法律我们是一点办法都没有的。所以每一个筹备组的组长来，我就是先把这个话讲明白，这个地方比银行还要严格，这个地方一定要把自己搞干净，什么事情按着规矩来。

——张宇总裁面试海峡筹备组

筹备组工作要加强（市场、业务、自律），一定要控制风险

那就需要在打前站的人下令，特别是下面当主管的人，对组织管理也好，对市场开拓也好，对业务的发展也好，包括对自己的自律也好，都要加强，特别是在开拓业务当中风险是第一的，一定要控制住风险，一旦出现一单风险的话，你的年薪50万元，你的员工工资你都发不出来，你看你怎么办，那就麻烦得不得了，这就是对你的要求，我们各级都要认真负责，如果你没什么意见的话你就跟他们去办手续。

——张宇总裁面试宁夏筹备组

筹备组工作原则：不能有不良资产，审查要严格

但有个原则，不能有不良资产，一旦有不良资产的话，所有的你都要负责任，一直追到刑事责任，不是开玩笑的，当然有些意外经营上的问题，或者是大的经济形势上的问题那另当别论，不用怪你，但在审查的时候是一定要严格，大家从银行过来的都知道，银行的要求是很高的，我们这个地方比银行要求还高，我们是按上市公司进行管理的，这不是民营的，这是个股份制企业，明白吧，我们现在8个高管，7个高管都来自股份制公司上市公司，7个上市公司都是银行，都是总行部门老总及以上的干部，这个管理是非常严格的而且也是有序的，所有的东西都有人管，互联网金融在中国是一个新的东西，国家国务院银监会，人民银行对我们都是支持的，我们的速度上得是相当快。

作为主要领导人，如果一开始就把有可能有不良这个话拿出来作为自己在实施当中的一个备选的认识水平的话，那你就很危险了。一开始就讲我有不良是正常的，不能有这种思想，我就做过这种没有不良的，我做过五年的基层行长，在佛山分行，在我临走的时候就是无欠息、无违约，当然，有我刚才也给你解释过了，这是客观上所形成的东西，我们会实事求是去解决，但是标准是肯定的，是这样的你要这样下，因为这个跟人民银行不一样，跟国有银行不一样，所以你必须深刻认识这个问题。如果现在拿不定，没有这个把握的话，就不要轻易地来冒险。

——张宇总裁面试宁夏筹备组

分公司不良项目的解决思路：微观的、发展投资人、发展业务

我现在解决你们问题的方法是，全国都来帮你们，把41个分公司都发动起来往上走，把规模赶快搞上去。那我都在想办法，你们分公司本身更是责无旁贷。这就是出路，其他没出路，等是没有出路的，跑也没出路，只有靠干，干，一个是微观的，第二个就是发展投资人。你不论去哪里，都不会有第三条道路。那我们的积极性，我们的利益点在哪里，一个支撑在微观上，每一个贷款项目怎么去跟踪，怎么样尽快地把它收回。另外一条路就是赶快发展业务，能把我们的量做上去。这两条路都能走，也许你做得很好，一年可以20个亿干到位，也许你可以把这个损失覆盖，那也可以。

在发展过程中解决问题的方法很多，并不是只有一条路可以走，你们两条腿走路。我刚才算的是一个粗账，细账可能你也损失不了7000万元，亏损个2000万、3000万元，都有可能。但是你时间往后推移的话，利息一天天地往上加，增大损失，本金没损失，但是利息在损失，这是一个动态的东西，不是静态的，中飞也一样，它是动态的，每天都在损失，损失在不断加大，越往后拖越麻烦。你们在过去的受教育过程中有可能没接触过动态教育，都是静态教育。

今后我们在分析项目时，一个静态的盈亏平衡点，一个动态的盈亏平衡点，动态的全部用货币的时间价值来表示，那就复杂得多，但当你们动态的东西做完以后，再看静态的东西就简单得多。我现在就告诉你们动态的思

维是什么，动态的思维就是一方面微观的东西要盯上，没有办法的要想办法，有了办法的要按照办法实施。另外一条就是发展业务，最终救你的还是这条路。我们总公司也是这样，总公司发动全国来救你，全国现在41个分公司，现在还在增加，我不敢停，一停下来后面的业务进不来的话，我就没有办法了，没有十倍到一百倍的资产，想要解决前面的这些不良资产，这是不可能的。

我们讲一个老师要给一个学生灌进一滴水，这个老师就要有一桶水，你要解决一百万元，就要有一千万元的利润准备才能解决，要解决一千万元的话，就要有一个亿的准备，一个亿的话，就要有十个亿的准备。那我们按照年底一千亿元，大概能消化两个亿，三年内全公司集中起来，就可以把这笔坏账灭掉。但你们是其中的员，你们不努力，靠我一个人来努力，我觉得我很冤。你们自己一定要想办法解决这个问题，如果一直靠我的话，其他的兄弟分公司也有意见了，你们就没有威信了。

你们发展更不能停，其他的方法都不对，只有用发展的方法来解决才对，这个方法谁也不会去阻拦，你们是有这个能力和精力的，平时睡八个小时，你现在就睡四个小时。我以前也是这样，一个是增加工作量，另一个就是提高工作的质量，数量和质量都增加，你工作的质量就上去了。工作密度的提高，表现在你做了哪些事，寻找项目是事，寻找人也是事，寻找管理架构也是事，寻找管理方法也是事，这些都是事啊，你每天都要去想，你的智慧要得到发挥，你不想的话，你的脑子就像一盆水一样，或者就像糨糊，谁都救不了你，我难受，你自己也难受，大家都难受。处理人干吗，处理人有什么意思啊，一点意思都没有，我根本一点兴趣都没有，但是你要解决问题，不解决问题不行啊，你要听话啊，你能拿出解决办法我听你的，拿不出方法来，你就要听话了，叫你怎么做你就怎么做，遇到困难以后我们还可以在一起商量。

——张宇总裁和胥激为总、丁之俊总的谈话

各部门和人员的岗位职责和职业道德

开会之前我还要讲一点，很多部门在汇报工作或者组织工作进度中，经常重点不对，没有感觉到自己和部门该干什么。遇到问题经常是“领导你看怎么办”,这样不对。展开来说就是岗位职责和职业道德的问题。我们每一个同志在你的岗位上都有一个岗位职责,这个岗位职责在整个管理框架制定的时候就已经有了,即在这个节点上你对整个公司往前推进应该起什么作用。比如说我们五个条线,从市场到风控、到计财、到技术、到综合,等于一个企业把方方面面归纳到这五个条线,这五个条线的最高领导人即我们的副总裁就要负全部责任。这五个条线为公司的发展和目标应该做些什么你们要拿出方案来,当然这个方案要在董事会提出的任务和目标的基础上来。我们每年年底都有年度计划会议,总结一年的工作,布置下一年的工作。之后是专业会议,从五个条线去安排自己的工作,然后到部门了,每个部门都不一样,每个部门的职能是什么你们要清楚,部门总经理要干什么要清楚。部门总经理这个职位非常重要,因为它承上启下,指挥的不仅仅是部门的几个人,指挥的是全国。一般的问题到部门总经理这里就应该解决了,应该有解决方案了,不能往上推了,不然就说明你失职了。分公司也一样,总经理有他的岗位职责,副总、每个部门、每个人员也一样。

第二点是职业道德,一般来讲是说认真完成这个岗位要求的任务,另外一面要积极提出新的方案,为公司的发展提出新的建议。从我们的整个工作来看,我们的整体任务每年都下达,安排也很明确。但是从部门看,仅仅是汇报我做了什么,我还将做什么,我遇到什么问题,需要什么支持,这是我们一开始这么指导大家的。但是到目前为止,我们很少看到哪个部门为公司做一点创造性的,走在前面的工作,都是在领导后面。这反映出我们每个部门的领导需要提高,我能理解大家都没有在这种规模这个级别参与过管理,现在我们的管理体系已经是一个全国性的商业银行了,到昨天为止,我们已经有43个筹备组、分公司了,开业12家,31家筹备,可能还要增加。我们总公司跟过去不一样了,我希望能听到哪个部门汇报一个方案,这个方案将引领红岭创投下一步的工作向前迈进,我就开心了。这一点上都是滞后的,当然大家工作都没偷懒,但是都属于消极型而不是积极型。

消极和积极是完全两回事,积极就要把自己的潜力和每天学习的新的东西加进去,不断发现在管理中需要提高和完善的地方,能够为总公司的发展提出新的、有建设性的建议。消极型每天也累得要命,但是始终这个那个没搞好,还经常喊难。如果经常觉得难说明你不适合在这个岗位上。我们现在部门总经理年薪在百万左右,如果你干的还是20万元的事情肯定不对,你们问问你们的劳动是不是有这么大的价值。我来这么久确实还没感觉到哪个部门做了对红岭创投有推动作用或者有明显效果的事情。态度不消极,能力消极,因为并没有去提高自己的能力,而是疲于应付一些事情,完成质量确实不高。总公司质量不高,管理分公司,怎么能提高分公司质量呢?我希望我们参加办公会的这些领导在这一点上反思一下,怎么样能够为红岭创投的发展做出一些有意义的事情。这个问题不是用讲的,是真的要动脑筋想的。有些东西一开始可能是消极的,但是你可以慢慢地提高。我并不是说你的态度是消极的,而是你的能力是消极的,你要慢慢去提高你自己的能力,要去学习怎么把能力提高的知识,当你的能力提高以后,你看问题的视野和解决问题的方法就会多起来。领导说怎么办就怎么办,那是最简单的,我也希望可以有人告诉我怎么办,那是最好的。但是没有人能把你的工作安排得那么细致,不可能的。在公司的发展中,每个人的工作都是有机的组成,随时都是有变化的。变化中你就要有这个能力,大家相互有机地结合起来,从管理的角度向前推进。我在会上批评谁,并不是和谁过不去。孔子就讲过,见贤思齐,见不贤而内自省也。见到不好的东西,要自己去反省是不是也是这样的。如果有不好的东西,你不要和他学习,或者是自己改掉就好。如果有好的东西,就向别人学习。我讲这个意思也是一样,讲了某个事例,某个现象以后,让大家反省一下,看看自己身上是不是有这些东西。这样才能让大家积极地去提高自己,积极地参与工作,才能使公司正常地健康地向前发展。

困难肯定是有的,怎么会没有困难。昨天的安徽9号大家也看到了,影响也很大。从本质上大家都很烦,但是仔细一想,我们这个年化24%的贷款,企业不可能是像国有企业一样的。能承受这么高的贷款的话,它就是有一些问题的,只是我们怎么样去控制住。为什么我们现在要降低利率。有的投资人觉得我们把利率降低了是为了获得更大的利益,但实际上并不是这回事。降低利率是降低贷款的利率,这样好的企业才能进来,贷款的风险才能降低。我们是想走一条金融脱媒的路,通过P2P的方式让老百姓的钱有一个好的投资收益,当然也要安全。同样我们投资的项目也要安全,投向的项目如果不安全的话我们这边承诺的本金垫付是实现不了的。到最后这种规模做大了话,我们也没有那么多钱去垫付了。所以我和项总讲一定要做到一一对应,就是说所有的投资人投资的是哪个项目一定要一一对应上。如果已经错开的话,一定要在短期内,全部对应起来。另外就是不归位的东西不能再扩大了,我们用自己的可支配资金把已经错位的补上。一定要做好这个准备,做到一一对应。我让风险管理部在公告上写上“经企业确认”就是为了这个目的,这个在铺垫说明这是企业在发公告,我们这里只是一个平台,另外后面还有一个“投资有风险,需谨慎”,那么也是主动投资的。我们的项目是公开的,个人又是主动来投资的,我们只要管理是正常的,即使我们扯下来了,我们也不会垮台。然后我们去帮你们追,追回来以后都是投资人的,我们什么都不要。那么这种底线思维一定要有,只要我们把这种底线思维做好了,我们红岭就可以立于不败之地了。追补回来了以后,我们就马上公告,说明是什么问题,然后企业上来解释,然后我们就代表他们去追。大不了投资人就起诉我们,看法院认为是谁对。之前有类似的案例,法院就是判的企业胜诉,因为你拿高息的时候不起诉,现在人家出现了流动性的风险,你来起诉了,那是没有道理的。而且我们国家也是从上到下取消刚性兑付,为什么?因为刚性兑付的话国家的压力太大。新中国成立以后我们老百姓的教育和国家是有关的,什么都是国家负责、单位负责,自己什么都不负责。实际上在市场上应该是自己负责。有些人在论坛上表示自己要走了,不投资了。实际上这些人不知道中国的投资者在银行是几个亿,每个银行的储户都是我们的投资人,只是他们不知道我们这里有这么高的利息收入。现在可能只有5%的人知道P2P。那些先知先觉的人,先进入这个行业享受了高息的,觉得天下就是自己的了,实际上不是的。当真正的储蓄客户过来了,就是10%的过来了的话,我们12%的利率也是秒杀。所以遇到这种网上言论的时候,不要去理会它。

我们是从宏观上来看这个问题的,所以我们的特标和议标推出的意义,有些人就没有看懂。有些人是看懂了,监管部门是肯定看懂了,人民银行、银监会看到我们的动作以后肯定是知道我们红岭创投在做什么的。这个是符合我们政府的利益的，符合老百姓的利益的，符合这个市场的规律的。既然符合，政府肯定不会反对，老百姓也不会反对，即使反对的也是当时享受了高息的人。这些人不要去理会，不会形成大的影响。只要我们坚持住我们的方向，我坚信好的东西还会是好的东西，那么不符合客观规律的人和事，或者是说的话，最后都会证明是错误的。有些人讲的话真的是很让人生气，如果他们胡说一气不伤害什么的话也就罢了，如果真的伤害了人的话，我们就真的采取法律途径了。或者就是适当的时候，管理网站的同志发布信息，说明个人言辞已经产生了人身攻击了，或者是散布谣言了，这种谣言是要负有法律责任的。我们资产保全部的同事也要思考这个问题，对一些没有依据进行人身攻击的人要通过法律途径，要管一管。有些小的投资人信息不对称，不了解情况，那就不要乱说。有些东西产生的原因，一部分是可以理解的，一部分也确实是企业有些问题，所以这些问题我们在管理上，特别是总公司的管理上，每个部门都要抓住管理的要点。

另外，我们每个部门在自己的职责上，包括我们的风险条线，在审批的核心问题上，包括在指导我们每一个调查人员，每个风险审批人员审核贷款的时候，主线掌握了多少。如果看不清关键的问题的话，把一些小的问题看成了主要的问题，把敏感性的问题变成了必然的问题，特别是在我们的风控问题上。因为我们在项目评估上有一个敏感性分析，就是假如出现什么的时候结果会是什么样。这个敏感性的因素一般都有7个以上，加入价格降低了，收益怎么样；加入投资不够，追加投资以后，结果会是怎么样；加入销售价格降低了，会怎么样；加入不能按期完工了会怎么样，都是我们的敏感性的因素。我们的调查人员不能用这种假如怎么样的因素来判断这笔贷款能不能放。你在敏感性分析的时候，也是有一个中位数，假如怎么样就上下浮动10%，这中间有一个准确的数字。如果这个数字都没有的话，就去判断，那对自己也是不负责任。所以我们某些审贷人员在这方面的基础也要尽快地提高。这里我也有责任，这次等新的大学生来了以后，我也给他们上上课，让他们知道怎么样在半个小时之内迅速地把一个项目看完，判断能不能搞。然后你们根据我的感觉，看看对不对，这样我们的审批效率也会提高。我们的审贷人员本身能力的提高又有赖于我们这些管理审贷人员的部门领导的提高,如果你们提高不了的话,你们下面的人员也是提高不了的。所以这些东西,各个条线的最高领导,在问题的组织和管理上一定要很清醒。

我第一点讲的岗位职责,第二是职业道德。职业道德并不仅仅指的是廉政方面的职业道德,还有这个岗位上的积极性的发挥,是积极的思考还是消极的思考,是积极努力还是消极的等待。岗位的负荷是不是够,如果一天3个小时的工作时间都没有的话,那直接并掉就好。所以在前面我在李佳对督办情况汇报以后,我做一个专题的发言,我们所有管理岗位上的人员,都要起到一个积极的作用,要拿出对我们这个公司整个的发展有利、有效、有质量的方案,只要能拿出这个方案,你本身就是一个提高。而且对公司也是一种贡献。并不是要你们去执行,更重要的是拿出方案,这样大家才能一起讨论,才能往下进行,不能消极地等待。

我刚才讲,我们过去是深圳的一个草根公司,这个公司里面很多人都是没有经过正规的训练的,所以说从内心的感觉上要达到要求的话,可能要一些时间。好在我们这些老同志在,都是组织过大的战役的,都知道怎么去打。那么我们各个部门一是要学习,二是要提高,对我们下面的分公司各项工作的组织,各个部门都有义不容辞的责任。怎么样把我们各个部门的负荷安排均衡,能够让我们的工作真正起到作用,这是我每天想看到的。我要求大家这样做,我自己肯定也是要做到的。我们能够一起共事,这也是一个缘分。在这里我也会努力,我也希望大家能够努力。等到能够把红岭创投的队伍真正建立起来,包括接班,包括以后的持久性的方案都有了以后,我们才能退下来,否则就会觉得自己的任务没有完成。当然这个需要相当长的时间,不是那么容易的事情。这个需要我们在座同事的一致努力。我就讲这些。

——2015年6月27日第22期总裁办公会议

首问负责制设立:贷款第一人要负责到底,终身制

领导对部门工作应该有一些指导性的建议,我觉得我指导得相当详细了,到后面就是执行的问题了,到现在你们还抓不住重点?所以下周你们就汇报这些东西,那么开会的东西不需要汇报的,它本身就是一些方法,更重

要的是一些指导，在全国的工作中你有什么方法，这个是最重要的，包括特标、议标你怎么把它推开，包括贷后管理怎么跟上，保证我们及时预警，像安徽九号为什么没有提前预警，现在出现这种情况，我们深入一点，会不会就了解到一些新的情况呢，因为这个首问负责制，贷款的第一人，客户经理这个责任上来讲，他是要负责到底的，这个文件我们有没有，如果没有的话，我们要补一个这个文件，就是贷款项目的首问责任制，就是只要从你手里开始的贷款，这笔贷款没有收回来之前你是永远有责任的，就是终身制的。这是制度，要告诉我们每个信贷员，安徽九号哪个是首要的，你要永远负责任的，不光是信贷员要负责任，包括分公司的老总也是要负责任的。我们干的这种活为什么国家管得那么严，因为搞不好就要出大事，要保证不出大事的话，我们对每个人员的管理就要强一些，这个办法你们看是市场部还是哪个部门拿，应该是你们市场部拿，就对于首问责任制的问题，一定要抓紧，就是首办项目的负责制，你是第一个办的，因为项目在过程中有时候也有一些移交，但是责任是首办负责，具体内容包括经办人、审批人，包括这条线上的所有人，你就是要离开，这个责任还是在你身上，不涉及刑事问题，没事，一涉及刑事问题，你是跑不了的。这样一来就使我们在组织贷款的时候知道这份责任有多重大了，就不会那么轻易地改变某项决定，好不好？下一次注意工作重点。

——2015 年 6 月 27 日第 22 期总裁办公会议

各部门和条线要有积极型职业道德，为公司发展出谋划策

同样，参加办公会的部门，还有总公司的高级领导们，对各自所分管的部门和条线上要认真地负责任，要完成自己应该完成的事情，要拿出对整个公司的发展能起到积极作用的措施，不能是被动地等待办公室、办公会或者是领导安排工作再去做，每个部门本身都是一个激活点，都是为公司发展出谋划策和执行这样一个重要的节点，如果大家每个节点上没有这样的自觉性的话，老是属于被动地听取的话，无疑是非常麻烦的。就跟我们分公司一样，每个力点都是一个力点，怎么发展，平时所有的发展都是从这个力点去汇集一些信息，去产生出一些方案，然后有利于整个公司向前发展。所以说

在这个地方，我就刚才的问题做一个补充。往下进行吧。

——2015年7月4日第23期总裁办公会议

要发展，不出事，有改变

我的压力就是，一、要发展；二、要维持住原来的，不出事；三、制定出新的方案。怎么样平稳过渡，这里面就有很多的内容了。我讲这么多，就是告诉大家，你们现在也面临着我的处境，只是你们是面对的一个部门。你们都面临着过去的很多问题，但是现在这些问题出现在你们面前的时候，你们既不要影响工作，还要拿出新的办法来。还要把这个问题解决，大家的担子就是这么重。很多部门在专业的人员来之前觉得自己做得不错，看不到问题，看清以后其实有很大的问题。那么这些大的问题就要靠我们大家去一点一点解决。

——2015年7月11日第24期总裁办公会议

如何确保工作的专业性

今天我必须把这个想法告诉大家，也是我自己工作当中的一个总结。

就是你做任何一件工作你要从专业的角度去想，不要从业余的角度去想，就是如果我是这个专业，这个专业基础是什么，这个专业做法过程是什么，这个专业最后的解决结果是什么，一定要这么去想，这么去想的话，这个专业技术要具备哪些知识，当你掌握了这个东西按照这个路去走，所有的工作都专业了，一专业了以后你就领先了，我举过学小提琴的例子，父母带着孩子去找老师，感觉小孩很聪明，在家里拉了很长时间，然后跟老师讲我这个孩子很聪明在家已经拉了三年了都会拉歌了，到你这个地方学肯定很快，老师一听，你这个孩子我不教了，为什么啊，因为三年你知道有多少坏动作吗，他已经形成坏习惯了，改坏习惯就要费很长时间，就错误比无知更远这个道理我想大家都懂，业余的是解决不了问题的，但是你专业的话就有专业的路子，专业的路子就是从控弦开始到指法，每一个练习曲最后达到哪个级别就是哪个级别到哪里都不怕，业余技术就是不行，市场上真正能打战的队伍就是专业的队伍，正规军跟游击队就是不一样，火力、组合、战术都不一样，那么我们每个人的工作也是这样，所以我为什么讲要有专业的思维，每个人都回去考虑考虑你这个基础工作有没有专业思维，不管做什么，你写个字，我给我们总经办一个人买了本字帖，小姑娘大学估计都用电脑，我看了不行，那个字不行，我看她们还算好的。还有人更差。这些就是我讲的基础工作的专业性思维。你不管做什么工作都要有专业性思维，不懂不要紧，一是可以学，二是可以借助专业人员，请个人来帮我做。这样就把社会上最好的、最专业的组合在一起，这样打胜仗的可能性就比游击队大得多，这是正规部队了。

——2015 年 7 月 11 日第 24 期总裁办公会议

工作计划的重要性

管理岗位的阶段性计划目标一定要有，知道我今天要干什么，明天要干什么，后天要干什么，并且跟总公司要干什么要连起来。主要是这个部门对总公司的阶段性目标作出什么贡献，而不是只完成任务。有哪些新的思维，有哪些新的亮点。台新银行当年帮深发展弄信用卡，教会我们很多东西。他们就是先把基础建立，发卡队伍、发卡人、发卡流程、发卡方法等，信息是最重要的。台湾有个连锁商店，内部有 500 万客户，台新银行想要这些客户的信息，花了 5 个亿，但是这样 500 万张卡就发出去了，后面接着就是做活动，每隔一个阶段做个活动，中间形成一个一个的小高潮，一个一个的脉冲。基础工作做好之前，这个脉冲的效果不大，而且不专业。比如微信的宣传方法就有 N 种，而且还在层出不穷。专业的方法就是有人专门来收集这些方法，再去研究，在里面选择我们可以用的东西，再举办这类活动的时候肯定领先在前。没时间委托别人或者公司也行，这样你的组织和管理就专业了，你走的就比别人远了，考虑的就比别人深了。阶段性计划对我们每个管理岗位都很重要。部门的阶段性计划一定要对总公司阶段计划的完成起着引导、推动、优化和积极的作用。15 个部门都一样，都值得拿出一两个方案出来。一年没什么贡献和方案就要考虑换人了，这么长时间，去兄弟部门或者单位学也能学点东西来了，不能只完成任务，没做一件系统性的事情。阶段性计划目标一定要清楚。

——2015 年 7 月 11 日第 24 期总裁办公会议

演绎思维在工作中的重要性

第六就是我们日常工作的归纳演绎思维。做任何事情一个是归纳能力,一个是演绎能力。管理者都要有这种能力,没有就赶快补上。形式逻辑没看过就赶紧去看看,搞懂什么是归纳、演绎、推理、判断,明白几个规律,之后才能做。一大盘散沙怎么归纳出几个问题,这几个问题拿什么方案去解决。现在归纳能力不强不要紧,要学,要周延,归纳出来之后可以分出条理来。这件事情量是多少,性质是什么,拿什么方案来解决它。没有这种归纳能力就会遗漏。自己归纳或者找别人归纳都可以,怎样最快最有效。演绎就是分解能力。从总分解到最细,一层一层往下扒,一直到分子、原子、粒子。这样宏观微观都看到了。解决问题的时候分解到所有问题都出来了,构成这件事情的要素就全出来了,这样把基础解决好其他问题就解决了。不知道怎么解决就分解到下一层,哪一层有办法就在哪一层解决,解决不了继续往下。

——2015 年 7 月 11 日第 24 期总裁办公会议

他山之石可以攻玉

方案的解决和很多新的思路不要局限于自己的脑子里,也要善于调动社会的力量,要善于让他山之石来攻玉,很多同学善于把社会的资源配置过来,要会调动社会资源。我举线上运营部的例子,你包括我们 APP 的设计、我们页面的设计,包括每个 APP 后面的整个批处理怎么衔接,还有一些问题都可以把基础做好了以后我们可以广泛地从社会征集方案。

——2015 年 7 月 11 日第 24 期总裁办公会议

执行力的重要性

我们工作也是这样,想好的事情,我们的方向一旦定好了以后,我们的人想到的事情马上就去做，有困难大家一起研究，那这个油一直是有力量的，到了一个高点以后再休息下，这样你的生命也会变得越来越好，人啊，就要有这种机遇和这种环境，真正碰上这种机会，我总希望我们这群参与这场革命的人都能够来尝试一下、体验一下这个过程的快乐和兴奋。因为这种机会不多，真的不多，这是社会给我们的，历史给我们的，我们有缘参与。

——2015 年 7 月 11 日第 24 期总裁办公会议

善于总结，善做计划

另外一个就是下半年的工作，下半年我希望每一个部门对上半年的工作，包括个人做一个反思，做一个总结，这个总结形成文字也行，不形成文字也行，我不想给大家增加工作负担，但这个工作必须进行，因为你连这个工作习惯都没有的话，那你下一步工作计划一点制订基础都没有，那你怎么能打好今后的仗呢，那我到红岭创投一年零八个月，一年零八个月我每一个工作步骤都清清楚楚，我第一步做什么、第二步做什么、第三步做什么、第四步做什么我都清清楚楚，从管理架构的建立，到不影响过去业务的发展，要建立新的业务体系，从制度的建设，到产品的建设，到队伍的建设，到管理架构的建设，到机构的建设，到人力资源的建设，一系列的东西，一步一步在我脑子里。那么到现在，更高一点，生态的建设，然后下面发展的建设，这个都要搞，每一步的每个关键点怎么做，哪些人怎么安排。六月份之前高管就我一个，在座的这些高管都没来，那就是我一个人，带领原来的红岭创投那帮人，把基础打好，那么从六月份开始拔下拳套，一下子顶上去，第二个阶段开始。到了去年底，那么今年又是个新的东西，每一段有新的总结有新的想法，这个速度是很快的，非常快的，为什么我们现在我们 40 多家筹备组，包括分公司，就是考虑到整个战略的覆盖，和自己救自己的后备力量一定要充足，要非常充足才行，因为前面我们在管理上没有经验所造成的失误有多大我还不清楚，我都不清楚，但必须有足够的后备力量才能把前面的化解。一方面我们化解我们出现的问题，另一方面我们要覆盖、消化过去所存在的问题，第三我们还需要走出一条新路，让它不再出问题。

——2015 年 7 月 11 日第 24 期总裁办公会议

谈工作方法的重要性

我在历次会议上都讲过,这不光是完成多少任务的问题,而是完成这些任务时需要很多的方法,就像毛主席说过的:过这条河,是需要解决桥和船的问题。如果我们是今年年底完成一千亿元,一段时间内完成一万亿元,有什么样的方法可以达到,而且保证它是安全的,而且风险度要降低?那就是桥和船的问题如何解决,实际上就是方法问题。那么第一个就是认识,认识上的方法,认识到哪些问题才能提出解决的方法。有解决问题的方法,才能围绕目标往前走,你的方法优劣决定你完成任务的程度和效率。这些东西我几乎听不到你们的思考。

——2015 年 7 月 25 日第 25 期总裁办公会议

中层干部的示范作用

你们自己的示范是什么样的,你们下面的队伍都还看着你们,就像你们在家一样,你们的孩子看着你们,你做得好与不好对孩子会产生直接的影响,如果你一天牢骚满腹他跟在你后面都是牢骚满腹,你讲什么他跟着你都是一样的。原来我们发展银行开董事会,我们有个董事,金校长,原来是深圳中学的校长,他讲我们这些老师讲学生不好,现在这个社会风气,学生不听话啊,这个校长讲了一句话,你不要去怪这些孩子,要怪先怪你自己,你给别人的示范怎么样,要怪孩子的家长,孩子生下来是一张白纸,你周围是什么样的东西最好就是什么东西,开始不会骂人听到别人骂人之后就会骂人了,他开始不会投机取巧看到别人投机取巧就会投机取巧了,我讲这个是为什么?就是说我们部门老总下面都有很多人,你怎么做,大家都看着你,如果你做得好,你这个队伍是肯定能带好的,你下面出来的人都会感觉你好,这一点我就跟我们总经办的综合秘书室的一些同志,我就跟他们讲得很清楚,你们在这个部门不管到哪都是服务性质的,一定要搞好服务,没有其他东西,如果你们在外面没有这种姿态的话,回来我肯定要批评你们,你就是要做好服务,不管是到分公司还是到各个部门,端茶倒水就是这些小事情就要干好,这点小事都干不好,不可能干得了大事情,这就是示范问题,那么我们讲我们每个部门的老总你们的示范怎么样，如果现在做的还需要提高，也不要紧，你只要努力。我始终讲这句话，你每天只要往正道上走一点点，你只要在进步，你下面的员工都会跟着你进步。如果你一天落后下来了，你后面的员工也在边上观望了。

——2015 年 7 月 25 日第 25 期总裁办公会议

要求管理层不断学习提高认识水平

毕竟红岭创投是从过去一个小的企业发展起来的，现在不是小企业了，现在是全国性的企业了，比一般商业银行的管理架构都大，还没有拉起来才刚刚开始，一旦拉起来，一般的中小商业银行就不是我们同等规模的了，我们规模肯定大得多，我们这些干部队伍是不是能够达到这种要求，如果达不到怎么办？是不是要学习，要努力，我们总公司的几个高管当中有过全国管理经验的，我估计就是三个，我、黄总、徐总，全国性的管理经验，其他都不具备，其他可能在分行，在小单位还可以，真正有这种经验的，这不是开玩笑，没有管三十多个分行的经验的话是要学习的，你不学习你跟不上，这不要紧，你只要知道你要学，你也一样能提高，不是你搞个岗位天天在那干活，不是这样的，天天在那干活的话，你只是个大的客户经理，而你不是个行长，你走了以后这个单位就不行了，那说明你就是大客户经理而已，你走了以后这个单位还继续走，说明你带出了一支队伍，你建立了一个好的机制，那就不一样的了，那才是一个好的领导，在我的整个从业实践当中我做到了，我每在一个地方我走了以后那个地方继续发展，没有哪个地方丢了人。我的这种体会、我经历的事情告诉大家，你们看有没有用，不管有没有用都试一试，有用就是你们自己的了，技多不压身，多学点手艺有什么不好，一点手艺都不愿意去学的话也不应该坐在这里。

——2015 年 7 月 25 日第 25 期总裁办公会议

解决问题的关键在于思维方式

任何问题的解决都是时间问题，没有哪个问题解决不掉，关键在于我们在相对时间内解决问题的程度和有效性，程度和有效性加起来就是效果。我们每天工作的支点在哪里，就是学习、寻找、选择方法。一上班你想这些东西，解决这个问题我用什么方法，我去学习方法，我去寻找方法，我去选择方法。用优秀的方法解决每个问题，首先思想上要优秀，解决问题的方法要优秀。有了这样优秀的方法去解决问题，你的效率和有效性就会极大提高，跟着后面不断去检验其有效性。这种思维我是希望我们每个中层干部都能建立，从解决问题方法的角度去考虑，而不要单纯的就事论事。就事论事是难以避免的，这个是最简单的，问题是你头脑里要建立一个空间概念，要能想到这个东西发展方向是什么？方法怎样才能控制住？然后你再模拟去做。你一旦掌握这种思想方法，包括我们的零售业务，包括我们公司目前的业务，实际上就是把银行倒过来做，银行是有了存款再去放款。我们现在一下子把所有东西都倒过来了，我们把所有产品都搞好再让人家去买，其他没区别，本质上就是这个东西。你要是能这么理解的话，你市场管理也好，风险管理也好，所有管理都有支点了，你管理也知道怎么去做了。

——2015 年 7 月 25 日第 25 期总裁办公会议

培养人才和交流学习的重要性

培养人是我们一个最大的责任，把他们培养出来我们就轻松了，不要搞那一套“我不教你”，别来这一套，少来，你不教我来教啊，这个东西大家在一起共事一定要把自己懂的东西尽快教给自己的伙伴，教给自己的部属尽快把这个东西做好，这是我们的责任，这是我们老同志的一种姿态，一种水平。过去封建社会，教会的徒弟，饿死的师傅，师傅没活干了，现在不存在这个问题，现在有什么问题你要好好学，学了以后更好促进，更加进步，除非你不想进步了，你不想进步的话最后还是被超越，你一定会被别人超越，到你被淘汰的时候更惨，所以在这点上，一定要把学生带好，一定把我们每一个部属都带好，把你自己想的一些真实有效的教给他们，这样我们的工作质量才能真正提高。

——2015 年 7 月 25 日第 25 期总裁办公会议

轮值制度在管理中的重要性

我采用这种轮值的方式，就是即使我不在红岭了，这里也不会断了。因为很多的意外是很难说的。很多的事情做起来是靠的制度，而不是靠某个人。每个人都是独立的人，都很重要，但是少了谁，这个事情也不会停。如果搞管理的人，少了自己这个工作不能进行的话，那你就不是一个好的管理者。

——2015 年 7 月 25 日第 25 期总裁办公会议

谈工作计划和目标的重要性

如果我感觉自己不行了我会非常自觉地退位，我不会占着茅坑不拉屎，绝对不会干这种事，包括大家都对我有意见了，感觉我哪些地方做得不对了，我请求大家立刻给我指出，如果我做得不对我会立刻纠正，因为组织整个工作，把这个工作做好，靠的是积极性，靠的是优势靠的是做得对的东西，错的东西是不能前进的，那么对的东西总是在错的东西中找出来的、比较出来的，所以说我最后一句话是错了不要紧改了就好，不足也不要紧只要努力，从队伍建设到工作内容到指引，然后到最后的工作目标，最后一点就是工作目标，就是我们市场部的工作目标是什么，作为主要领导人你清楚不清楚，作为部门老总你清楚不清楚你的工作目标是什么？如果不清楚你先把你的工作目标找到，如果没找到，很盲目的话那就花一周考虑你的工作目标，这个目标里面包含的东西很多有数量有内容的，有静态的有动态的，每个部门都一样，你不能没有工作目标，工作目标没有你每天上班干啥？

——2015 年 7 月 25 日第 25 期总裁办公会议

建立应急小组提高应对突发事件的效率

我们管理人员在这个问题上要慢慢进行加强。效率低低在哪里，就低在这些地方，一个就是岗位的设置不对，一个就是岗位职责没有落实，你到最后一定要看到这个问题才行。我办公会让你们汇报也是做到哪个程度了,你们看到什么了,还有那些问题。网页上翻页出来的是终端反应嘛,客户都讲你这个项目没通过,看到这个了,怎么回事啊,我不知道啊,你们知道为什么客户还会提出这个问题,为什么不在网站上公布这个事情,没有解决这个问题。或者客户提出这个问题,我们在第一时间内,迅速作出反应,告诉你是什么问题,就不需要再去找,对不对,因为我们已经掌握了。这就要有一个应急小组,项目一旦出现问题,资料立马就能提得出来,这都是不难的事情,就是在岗位设置上和职责上,都要搞清楚。提高效率。投资理财部提出的这些问题,包括降息的问题,效率的问题,风险管理部和审批部提高效率的问题,谈了一下自己的看法。

——2015 年 7 月 25 日第 25 期总裁办公会议

部门领导学习更新知识的重要性

分管这项工作的领导和部门领导,要对这项工作加强研究,多多学习,学习的任务是很重的,你一不学习的话,很多东西就会变得很被动,你就不知道从哪里下手,工作计划性就会受到影响,天天手忙脚乱,从早忙到晚,忙得要死,当然最后的效果不好。这一点就是工作方法问题了。工作方法也是可以学习的,对于我们大家,所有参加办公会的领导们,无论以后什么事情都是要从学习开始。每天晚上我至少要看 2 个小时的书,或者是看网上一些比较重要的新闻,一些分析,因为每天没有这 2 个小时的话,第二天工作怎么干都没底。因为知识的更新太快了,每天出现的现象太多,还有别人的经验和做法有什么可以借鉴的东西,以后也要有一个正常的吸收、试验、借鉴过程,要把它落实到行动当中去,不仅变成行动,也要变成有利于红岭创投发展的一系列行动上,怎么去贯彻到每个人,落实到每个人,这个企业才能健康成长。

——2015 年 8 月 1 日第 26 期总裁办公会议

培养有能力的人形成团队战斗力

希望大家还是从认识的角度、学习的高度和方法的高度去解决问题，这样解决起来就简单了，才有能力去指挥一大批人去干，而且一个点是不行的，特别是作为领导，作为参加办公会的领导每个人都必须建立起和锻炼起这种能力，有了这个能力才有可能带着千军万马去打胜仗。单个人是肯定不行的。

——2015 年 8 月 1 日第 26 期总裁办公会议

关于工作计划和工作重心

你要把这个任务分解到可以操作，可以管理，而不仅仅是一个空的计划。空的计划是对外的，内部的管理是非常具体的。我现在给你指出来这个重心，这样你的工作就不会歪。任务一旦完成了，其他的事情就都解决了。完成任务中，你的人员有没有配备，政策有没有执行，管理是不是到位，是不是需要培训，这些都是需要去考虑的。我最开始开办公会的时候，就讲了三句话“你在做什么，你还想做什么，你还需要哪些支持”，就是这三件事情。做什么就是你每天都在做什么；还想做什么就是你的目标，如果没有目标的话就赶快想。有哪些是该做的没有做到的，你需要什么支持。这样一来公司的工作就组织起来了。我关注的就是你们的任务有没有完成。

——2015 年 8 月 1 日第 26 期总裁办公会议

工作责任心问题

办公会实际上就是讨论工作的，同样也是在总结经验的，不是对某个人进行批评。没有做好也不要紧，只要不偷懒，一直努力，也是很好的。最重要的是对自己的事业、位置和工作负责，一旦没有了责任心，那么就是对不起公司，对不起和你共事的同事了，一旦是这样的情况的时候，那么结果是什么样的大家也都知道。

——2015 年 8 月 1 日第 26 期总裁办公会议

正式权威、个人权威与公司管理工作

我在学校学社会学的时候，老师跟我们讲过，一个人有两种权威，一个叫正式权威，一个叫个人权威，正式权威是靠任命给的，任命一个科长、部门老总，你有这个权威。另外还有一个权威是个人权威，是靠自己的辛勤劳动挣来的，这是大家对你发自内心的尊重，我们现实中经常是正式权威和个人权威脱节。因为有正式权威的人未必有个人权威，有个人权威的人有时候得不到正式权威。我们争取能把这两者统一起来，我们在座的都有正式权威的，你们有没有个人权威？你们的属下，你所指挥的范围内，他们对你的认可度怎样，你给他们教过什么东西，你是不是能让他们进步了，你是不是带着他们往前走了，问一问自己，特别是我们这些管理干部，如果还需要提高，我们一起努力。增加一点个人权威，这样每个人都能这样做，这个公司就真的希望了。

——2015 年 8 月 8 日第 27 期总裁办公会议

要承担起对投资者的责任

一旦出现问题，我们当然对不起投资者、对不起社会，因为这会造成社会的动乱等一系列的东西。所以我在跟他们约谈之前，首先要让他们知道他们的社会责任是什么。在我们红岭创投，和银行取得贷款，两者有什么本质的不同。你原来贷的银行，那是国家的银行，那是经过国家准入制度所开的银行，它是组织存款，发放贷款。我们这里是当你需要资金的时候，我们评价合理了，就直接把你挂到网上去，广大的老百姓进行投资，我们也就有了责任，我们用钱的单位责任很大，一旦你归还不了的话，一两个亿的贷款可能所涉及的投资人上万，那些人的钱各种各样都有，但大多数是辛苦攒下来的，有的都是退休金，你一下归还不了了，人家日子怎么过。所以说贷款单位，包括红岭创投的每一个人员，都知道自己身上所担负的社会责任有多重要。

——张宇总裁在山东分公司座谈会上的讲话

关于利益分配

第一要领大家能挣到钱，收益要高于平均水平，他才有积极性，搞不好他就走人了。那红岭创投肯定做到了，我们董事长做得非常好。只要赚了钱，大家说怎么分就怎么分，你只要留下能够让企业生存发展的资金，剩下的就全分完。我也是这个态度，这样我的员工在努力的时候，能够及时得到他的回报。能够撑住这个企业，这个企业就有希望。除了给国家照常纳税以外，其他就不要积累，积累就积累员工的素质，积累员工的信心和能力，这才是最大的财富。

——张宇总裁在浙江分公司座谈会上的讲话

处理问题要公正

处理问题要公开。如果你不公正，办事就没规则了，他会向不公正的位置靠拢。有的领导喜欢听好话，有的领导喜欢轻易表态，他就表态。表态之后，后面事情没有了解清楚，那怎么办？万一事实不是这样怎么办。很多事情有的人先入为主，把情况向领导告黑状，人家反映情况是正常的，但是反映情况一定要经过调查后再做判断。否则，你要是听一面之言作出的判断，那一旦失误了，造成的后患无穷，你要花十倍的力量去弥补。管理上的课，我给大家讲一些体会。不懂就问，千万别装。你身边所有的人都是你的老师，他们身上都有值得你学习的东西，你只有有这种姿态才能提高。不懂你还不去学，就更糟糕了。

——张宇总裁在浙江分公司座谈会上的讲话

如何建立好团队，如何团队协作

希望以后我们相互理解、扶持、谅解，一个好的集体、团队，遇到困难的时候都会相互理解支持，这个比什么都重要。领导着急的时候，作为下属要能理解领导的急，着急的时候处理问题未必那么准确，当下属犯了错误，领导听到了一定要把事情搞清楚再做决定，可不能轻易判断。一定要准确，实事求是。

——张宇总裁在苏州分公司座谈会上的讲话

领导的责任以及要爱护员工

从部队来的同志都有一个特点，都是练过正步的，说话办事，一切比较简单，但是做事方向比较明确，需要牺牲的时候勇往直前，在这一点实际上是部队的优势，我也是这样，需要牺牲的我永远冲在第一个，不可能要大家在下面去冲，真正在政治上出问题的时候一定是我第一个担，不会让大家担，这是部队中的一个优良传统，错了的事情自己先担，有了好的事情要考虑大家，同样我们苏州分公司也应该是这样的，员工是我们的上帝，在企业内部，我们教育员工，客户是我们的上帝，但在我们领导者的心里，员工是我们的上帝。你们在座的所有各位是我的上帝，我是尽可能地全心全意为你们做好服务，如果我有做得不对的地方，有时候我批评你们，你们也可以批评我，都一样的，相互批评，教学相长。

——张宇总裁在苏州分公司座谈会上的讲话

对于管理工作的几点认识

我到分公司很少讲管理，因为分公司人员都在这里，特别是我们兄弟单位老总都来了，因为我一辈子在管理，从基础信贷管理，到最后的队伍管理、机构管理、市场管理，多了，里面很多东西，包括国际上的，哈佛的、麻省理工的、斯坦福的，他们管理的资料、课件我都学习过，各个国家对管理的定义各个侧面很多很多，但我最后总结就是很简单的东西，管理就是把自己底下做的事情让大家一起去做，你想干个什么事情，你不能一个人去做，要让大家一起干，人越多越好，你能让一个国家的人都来做这件事情，你就是国家的管理者，你能把整个公司的人调动起来，你就是公司的管理者，就是把自己想做的事情让别人去做就是管理者，这是从一个角度去看，当然从各个角度不一样。第二，管理有一半是在管自己，我们这些当老总的，当干部，我们能够指挥别人干活的人，有一半是在管自己，至少有一半在管自己，如果你连你自己都管不好的话,你永远管不好别人,千万别把别人当成傻子,把别人当成傻子自己一定是个傻子,谁都是你的老师,谁身上都有值得你学习的东西,有时候调侃,骂两句,把自己的心里话直接讲出来了,但我绝不敢小看任何人,不会不尊敬任何人,我就在批评人,话说得很重的时候,也只是心中直意的表达,就是直抒胸臆,告诉你我怎么想的,我绝不敢轻视你,因为每个人都有他的优势。这个你去怎么做,你身边的员工他们都会看到的,一是他们会和你学,二会产生一种导向,这种管理的导向是良性的导向的话是个好事情,大家都知道把自己管好,把自己做的事情做好,每个人都有责任心,每个人都努力去完成自己该完成的事情,这就很好。但如果讲,我们经常在管理中遇到,向领导汇报工作,汇报工作并不错,但汇报工作后领导直接决定了,没有通过调查,就按照你的意见直接决定某些事情,这种决定事情的方式就有问题,这将影响大家都向你汇报,中间这个管理环节没了,这个管理环节就会倒过来看你,好,你决定,你们就直接向他汇报,同样,你安排工作别安排给我,我安排不下去,他直接向你汇报了,你去直接指挥他,那一个人的脑袋有多少东西啊,按照中央目前常委的设计也就 7 ~9 个人,按照一般班子的管理也就 7 ~9 个人,一般就是这个数据,你的管理数据不能超过 7 ~9 个,超过了一定会有遗漏,你就像我们总部共有 5 个委员会,我只敢搞 5 个,7 个我都不敢搞,因为搞多了我就管不过来,我把所有的工作都并到七块里面来了,你可以并成三块更好,并不过来就细一点,七块,它是有科学原理的,你这样一来大家就分掉了,每个人都打一块,这样把你所想象的东西他们在工作当中贯彻了,然后到时候你再跟他讨论,你有什么想法,这个工作该怎么干,然后他就有责任把下一个管理接着搞好。我讲这一半就是管自己,自己要管好,自己的言行举止,哪些是高压环节,哪些不能碰的,哪些东西可以放开哪些东西可以大家调侃调侃,有时候大家唱唱歌,吹吹牛,都可以,另外我们吉林张总搞个爱拼才会赢,尽管这个声音不是那么很美丽,但是让人很兴奋,让人很快乐,这就很好嘛,每个人让别人快乐的方式不一样,这样的方式我也觉得挺好。所以,跟在座的老总讲,一半以上是管自己,把自己管好,就像一个家庭一样,你在家庭里的权威并不是因为你是老子,因为你懂得比你孩子多,你走过的路比你的孩子多,你告诉你的孩子这个路不能这么走,不然会摔跤的，这个饭要热了才吃，不然会拉肚子，晚上睡觉要把肚子盖上，不然会受凉，为什么？因为你走过，你知道是这样的，他才会听你的。

——张宇总裁在苏州分公司座谈会上的讲话

不要偷懒要勤奋

我常常和人讲，任何人没有区别，人与人区别的特点是谁更先一步认识到我比你笨，我是个笨鸟，你比我聪敏，谁先认识到，谁更厉害，谁先去做，你一定做得比他强，笨鸟先飞嘛，你做一遍我做十遍，你今天去谈一个客户，我谈十个客户还不行吗。你早上七点钟起来，我五点钟起来还不行吗，你一天跑一个单位，我一天跑十个单位还不行吗，你就是个笨鸟你也不会比他差，何况在座的我看都不是笨鸟，如果不是笨鸟也这样做的话，你说是强还是弱了呢，这不需要说了，所以讲在管理上我要求，第一要勤奋，不要偷懒，我经常说一句话是别偷懒，你偷懒就什么都没有了，你在家从早上睡到晚上，起来还是那样，你想三天以后我再搞，三天以后还是那样的没动，就别指望自然发生一些变化，它是变不了多少的。

——张宇总裁在苏州分公司座谈会上的讲话

做事要讲求效率

有目的的劳动，拿斧子去划羊皮，拿两只兔子去换两只鸡，物物交换就是从那个时候开始的，就是有目的的劳动，我能够使我的生活稳定一点，我能使我平时多余的劳动有点储备，到下雨的时候，不能打猎的时候不饿肚子，实际上原始的经济学是从这个地方开始的，变成一个有目的的劳动，有目的的劳动就能够解决生活的问题了，但是光有目的不行，大家都有目的，大家就要比一比谁有效率了，这个效率包含了你干的比别人快还是比别人慢，还有一个就是质量，就是精准，就是你做事技术含量高，你技术含量高的，效率高的，那你肯定做得比别人好。

——张宇总裁在苏州分公司座谈会上的讲话

要善于学习别人的优点和长处

但是你要知道每个人都有自己的优势，也要反过来看，他的优势也可能战胜你，那你要不断地进步，包括提高效率、质量，从哪来啊，你自己要慢慢进步，进步从哪来？从学习来，学习从哪来，我们在座的人，我对谁有好感，从你们从小到这么大，经历了这么多单位，我对谁有好感，这个好感就是优势，这个好感优点，你要学过来，别人都对你有好感那就进步了，就这个道理，你讨厌的别人不讨厌吗，大家都讨厌的东西那个东西能生存下去吗，当然你喜欢的东西肯定多数人喜欢，如果多数人都喜欢那他可能不成功吗，那么上升到管理层怎么看这个问题，就是一个人能够发现别人优点的能力，比他能够发现别人缺点的能力更重要，就是你这个人有没有能力发现别人的优点，你能发现别人的优点你就有优势，你就善于学习别人的优点。

——张宇总裁在苏州分公司座谈会上的讲话

从微信红包说起传统银行的人思维已经落后

我们现在做得不错，你包括我们市政府，金融局的局长讲的一些话，我觉得她讲的是不错的，有一定的高度，开始认识，已经开始分析这些问题了。但是我们有很多，特别是传统银行里面，他们很悲哀，他们真的是很悲哀，我这次回合肥，回老家，我请了 12 个，我过去的老部下，都是工行的，现在都还在岗，很多，在一起吃饭。吃完饭以后我讲我们今天搞个热闹的事情哈，现在工资都拿的很高，来发个微信红包。吃完饭后，结果里面只有一个人玩，有一个，12 个人都不知道怎么弄。你不要不会啊，你身边有的人会啊，好多时候你到工行，你到外面去看看有多少人玩过这个微信红包，会不会面对面建群。所以说在传统银行里，12 个人里面有 11 个连微信都没下载，你微信没下载你搞什么啊，什么也搞不了的，有的手机还是过去的老手机，说我微信下不了。都是在关键岗位上，他们一天到晚考虑明天怎么汇报工作，明天的报告怎么写，怎么让我不犯错误，怎么让我很认真地把事情做好，他们脑袋一天到晚在想这个东西，现在他们早就落后了。你们去看看就知道了，那些老同志都是这样的。然后那顿饭之后给他们发了几个红包以后都知道了，有几个还没有收，他们手机连微信都没下载，这就是社会上很多人，他们很多新东西根本还没有进入大脑，他们还是按照过去的体制来，按照过去的方法来，肯定落后了。

——张宇总裁在湖北分公司座谈会上的讲话

笨鸟先飞与勤奋的道理

我讲过人跟人的区别，如果说有的话，就是谁先认识到，我是个笨鸟，我比别人笨，人家做一遍，我来做十遍，人家做十遍，我做一百遍，人家一天见十个客户，我见一百个客户，人家一周跟这个客户见一次面，我去见十遍，也就是一种重复，一种累加。哲学上讲是量变到质变，做任何事没有一定的量想产生飞跃是不可能的，话说你想给一个学生灌下去一滴水你老师都要有一桶水，像我们张胜利同志，想批一个亿的贷款，你后面至少要有十个亿的贷款做准备，如果你想批十个亿的贷款，后面至少要有一百亿的贷款做准备，这就是大数原则。做任何事情都要有个大数在后面做准备的，如果你想我报一笔这笔就成功，这个可能性是很小的。我想我们在座的员工你做很多事情，为什么成功，为什么失败，会找出原因，但最根本的原因还在你是否努力了，你是否做得比别人多，你是否比别人辛苦了，如果你真做到比别人辛苦了，比别人多了，那么我相信在不久的将来你一定成功。笨鸟先飞这句先人给我们的话，听起来很通俗，但先飞的、多飞的最后就比那些少飞的成功的概率大得多，退后一万步，万一你不是个笨鸟呢，那你飞十遍不是更厉害吗？所以说它的底线就在于笨鸟先飞，人与人的底线也就是在于谁先认识到我就比别人笨，我就是要比别人多做一点。

——张宇总裁在陕西分公司座谈会上的讲话

不要偷懒，勤奋才是成功的捷径

从我参加工作一路走来，所有那些成功的人、那些成功的企业、那些成功的事业，他们的立足点都在于他们比别人勤奋，比别人付出得多。那种偶然的，说谁比谁聪明，这个世界上不存在，他再聪明，他不作出努力，也是没有什么大成就的。也就是我经常告诉大家的一句话：不要偷懒。你只要不偷懒，谁都喜欢你，没有人喜欢一条懒虫，没有人喜欢那些一天到晚耍小聪明的。好像：诶，我突发一个灵感，我想出一个主意，我要去做个什么东西，那它确实有它的意义，但那不是决定性的意义。决定性的意义就是你做得比别人多，你比别人辛苦，你付出的比别人多，你的承受能力比别人强。再大的压力，再大的辛苦，你比别人承受的多，你成功就成功在这里。

——张宇总裁在陕西分公司座谈会上的讲话

发现别人优点，学习别人长处

一个人能够发现别人长处的能力比他能够发现别人短处的能力更重要，因为一个人的进步是靠长处，长处你身上未必具有，但你能去发现。见贤思齐嘛，这是我们孔子说过的话，见到好的我们就向他看齐，我是不是也能做到，如果每一个人每天都去这么思考，都去发现别人的优点，然后把那个优点学过来，你的进步就有基础。什么是优点，优点在众人眼中标准是不一样的，有人认为这样是优点，有人认为那样是优点。

——张宇总裁在陕西分公司座谈会上的讲话

学习他人，相互协作

那么多数人都对你有好感的时候，你在做一件事的时候得到的帮助就会大，因为一个人是成不了事的，做任何事情都是需要帮助的，需要同伴，需要队伍的，需要一呼百应，需要大家齐心协力的。当大家都对你有好感的时候你说出来的话别人才会相信，才会跟你一起协同，愿意跟你一起合作，一起努力，这样你才能成功。那么当你感觉不好的东西就不要去学它，见不贤而内自省也，这也是孔子说的话，见到不好的东西就看自己身上有没有，如果有就把它改掉，这也很简单。

——张宇总裁在陕西分公司座谈会上的讲话

不懂就要问

第二句话就是不懂就问，也就是学习，上周的办公会议我还讲，我们有很多副总裁，年纪很大了，也都是50多岁了，在金融行业工作了一辈子，他比在座的很多人要强很多很多，可能某些方面比我还强，在专业上、在某种角度他都很强。但是我们今天到了互联网这个领域，金融班遇上了互联网，有很多新的东西都是我们没有遇到过的，没有遇到过你怎么办，你是期待有个人来给你帮忙，当然需要，但那毕竟是外人，更重要的是自己去学。学的东西你讲复杂也复杂，你讲简单也简单。我们把它分解到最简单是什么，就是我不懂就问，问有各种各样的办法，包括我们手机上的百度，你们现在任何人提出任意一个问题，我马上就能回答，不是我回答，或许我不懂，但我在百度上一查，马上把百度的答案跟你们一宣读，它是权威的，最起码目前是权威的。当我们自己遇到了困惑，我们工作中遇到了困惑，我们就想，我们要学习，我们不懂就要问。只要你每天对于不懂的东西都问的话，你就肯定每天都在进步。有的人不好意思，觉得丢脸，就比如说我是老同志，我工作也有一定的经验，年轻的同志也觉得我一问不是比你矮半截吗，实际上不是这样的。很少有人会歧视一个向他请教问题的人，你们仔细想想对不对，如果我们任意一个人向你请教，老师这个我不懂，你能告诉我这是怎么一回事吗，如果在你懂的范围内的话，你一定很开心地告诉他，别人称你为老师，这种尊重是每个人都有的，这种自尊是每个人都有的，这种荣誉感是每个人都有的。像我到重庆，重庆有个非常好的社会称呼，但这个社会称呼在很多年发生了很多的改变，最早称为同志，后来又称师傅，多数情况下称同志，改革开放以后叫女孩子小姐，但后来很多人不愿听，觉得有其他意思，有时候又称先生，但有的时候会听着不怎么顺耳，但我在重庆看到不管什么时候都称呼老师，重庆的社会称呼就是老师。你碰上什么样的人，都是老师什么什么，哪怕是边上的老太太，那个卖菜的老头，或者公共汽车上的售票员，相互之间的称呼都是老师。每个人都有个荣誉感，他一听很好，很愿意告诉你是怎么一回事情。那我把它引到这个方面，还有我刚刚讲的一句话，不懂就问。你向别人请教拜别人为师总不会错，别人都会告诉你，既然有这么好的一个氛围和先天的条件你干吗不去采用呢？那你采用了以后你不断向身边的老师请教你就成长了。所以说当你不懂的时候问了你就提高了。

还有一种最不好的缺点是什么呢？就是不懂装懂，明明不懂他还要装懂，到自己吃了亏都不知道是怎么回事。事实上他不懂，还要装懂，充大头，到哪个地方都还觉得自己比谁都厉害，实际上不是这样的，比你厉害的人多得多。山外有山、天外有天、人外有人，在任何时候都有很强的人在边上，他什么话都没说。真正很强的人到哪里就是什么话都不说的，只有那些并不是很强的人喜欢说，说一说呢也没有什么错，但他不懂的时候还说就很麻烦了。

——张宇总裁在陕西分公司座谈会上的讲话

错了就要改

第三句话是错了就改。我们每个人都会犯错，有的是生活上的，有的是工作上的，有的是还没有工作之前认识上的，都会出现一些偏差，这些偏差也很正常。人的进步、社会的进步，就是在不断改正错误的过程中进步的，如果他不犯错误，这个人没进步，他在原地打转，他不会犯错误。他只要往前进，一碰上新的问题他解决不好就是错误，不要紧，改了就好了，改了心里就敞亮了，你只要想进步哪有不犯错的，你只要想发展哪有不遇上困难的，遇到困难你处理不当，开始没有经验，这都是正常的。遇到这些事你唯一的冷静的事就是好好把它改掉，我这有个新的方法，我下次不这么做了，大家都知道，重复地犯一个错误，第二次犯第一次同样的错误，那就真的是个笨蛋。好吧，那就算你第二次再犯，你第三次不能再犯，人讲可一可二不能再三，你再三犯这个错误，你自己能跟自己过得去吗。所以说在工作当中错了就改，错了就改是个美好的品质，认个错轻松了，不认这个错，你一生都背负着包袱，如果以错误去掩盖错误，你一辈子都累死了。

——张宇总裁在陕西分公司座谈会上的讲话

关于做人做事做专业

但当你基础都建立不好的时候，在这上面盖大楼的话，楼是站不稳的。只有把这个基础打扎实，做人知道怎么去做，才知道怎么做事，做事做好了才能做好专业，所以三部分：做人、做事、做专业。那么对于我们陕西分公司我也希望我们的员工首先把做人做好，人品，是最高的学历，在网上都在传，人不好，再大的能耐都没多大用，有时候可能会起副作用，人品好了，他可以学，他可以不懂就问，他可以错了就改，他就会在一条正确的路上往前发展。

——张宇总裁在陕西分公司座谈会上的讲话

管理能力的提高根本在于“认识”

管理能力提高的根子是在“认识”。处理问题首先要有认识的水平，你认识不到问题就不知道怎么做好这件事情，认识问题就讲到方法论。做任何事情都要有个方法，从认识的方法，到计划的方法，到执行的方法，到选择的方法，到判断的方法。当你认识到方法论的高度以后，做很多事情就会有理有据，有步骤有回旋余地，而且有应急措施。如果没有看到方法，仅仅是头疼医头，脚疼医脚，永远抓不住主动权。所以在管理上，我请我们分公司老总在各方面都要进行提高。

——张宇总裁在福建分公司座谈会上的讲话

红岭创投管理的完整性

从我们红岭创投管理的整个完整性上，也可以说告一段落。我们互联网金融研究所已经成立了，新的政策下来了，他们主要针对细则进行研究，拿出规范我们红岭创投各项业务开展当中都必须遵守的规则。如果没有这种规则约束的话，我们就会把路走偏。那么我们主要的业务、行政管理、人员培训、理论研究四个角度全有了。不管哪个全国性的商业银行它最多也就是这样了，它没有更新的东西，而我们现在都已经到位了，下面就是我们怎么稳健向前发展了。就是目前我们红岭创投整个的建设这个框架基本上已经完成了。

——张宇总裁在福建分公司座谈会上的讲话

不要偷懒、不懂就问、错了就改

“不要偷懒、不懂就问、错了就改”。你只要真的遵循这个精神，老老实实去做，要做的又是最难的事情，这一辈子都是要这样做的，做到了的话我相信你们都会进步。包括你们的孩子、家人、兄弟姐妹及你们的朋友,你就告诉他我们红岭创投就这三句话。一懒什么都完了,一天见一个客户和一天见10个客户是不一样的,速度、密度一旦上去这质量不可能不提高,你天天在家睡大觉肯定提高不了,再大的本事都是不行的。第二就是不懂就问,你总会遇到很多很多问题的,我也一样,我天天都在学,不学就是落后,马上这个监管下来了,是个很强大的学习机会,是一个对我们压力很大的一个学习机会。很多东西都是边看边学边做的一个情况,向你身边的人学,向你的老师学、学生学,向路边认识的老大爷学。重庆有一个我很喜欢的称呼,不管遇到什么人都叫作老师,不管你是干什么的都是老师,这个很好。成为老师以后,你都可以告诉我点什么,问他路该怎么走他马上告诉你该怎么走,同样我们运用到工作和生活上,这样我们工作就好开展得多了,心态也会好得多。不懂就问,其实就是学习。第三个就是知错就改,没有人是不犯错的,错了不要紧,改了就好就有机会。我也犯错,一天犯好几个错,到晚上我就想想我哪些错了赶快改,不能开玩笑,否则后患无穷。不要羞羞答答的,一个错误用十个错误去掩盖,用十个谎言去扯谎,最后自己废掉了。到时候你说的话没人相信,就没人想跟你打交道,你什么事也做不成了。干脆点,你错了,一下子就解决了,"我错了!我改",这谁还能不原谅你,没有人不去原谅一个敢于承认错误的人。承认错误就好办了,心里就轻松了,再来、再学、再干什么。这三句话大家都能记住的话,我想大家都能变得轻松起来。我是60岁的人了,这一生真的没什么更高的理论更深的哲学,就是这么简单,你们真的这样做了,我相信你们天天都是笑脸,天天都开心也不会有大的压力。从总公司的下一步发展,主要是这几个方面。

——张宇总裁在福建分公司座谈会上的讲话

关于自律的问题

第三点就是自律问题,我要讲的很重要的一点是什么呢,搞银行的为什么准入制度这么严?因为对社会经济产生的影响太大了,而且它涉及的诱惑也太大了,一动就是上亿的资金出去了,出去以后人家为了得到这个钱各种各样的手段都会上。你们都是银行过来的行长,不要我多说,廉洁自律这东西自己把它把握好。我不喜欢去查,我更不喜欢你们在这上面犯错误,很丢人。只要是贷款单位,你千万别把它看成什么上帝,存款投资可以是上帝,但贷款单位它是有利可图的,它要是靠近你给你点什么好处你千万别上当受骗,它们有时候是无意的,但一旦还不了贷款的时候它就不知道变成什么了。有人写一幅字给你,到时候他还不了款的时候说那幅字值 20 万元,说你收了他 20 万元礼物,其实只值 5 块钱。这种情况多得很,很无聊,所以跟贷款单位千万别占人家便宜。大家都是银行出来的,都知道这个是高压线,不要碰。有一点我非常自豪,我在佛山分行工作这么多年,后来到珠海分行当行长、大连分行当行长,在我培养出来的干部当中、和我共事的干部当中,到目前为止没有一个犯错误的,一个没有。我都告诉过他们,不值!看得清清楚楚,别干这种事情,干这种事情的真是傻瓜,一念之差到时候你哭都没眼泪。我到总行以后有的分行行长们出了事情进了办公室扑通就跪下来了,有什么用啊,法律就是碰上了你怎么办?救都救不了。大家都是很成熟的经济工作者了,不需要我提醒这些东西,但是这些不说一下我的责任好像又没尽到,我相信你们一定做得到,做得比我讲的还要好。

——张宇总裁在福建分公司座谈会上的讲话

专业队伍的建设问题

我们本身是个新行业,过去没有专业人员,现在不管是那些陆金所也好、拍拍贷也好,那里面的人员没有一个是属于互联网金融这样的专业人员,因为这行业本身都是新生的,我们也不是专业人员,都是各个专业里面派生出来的,这里面做得最好的应该还是银行专业。有些开过网店的感觉 P2P 很简单,十几个想开一个,说搞个软件不就行了吗,看着感觉很简单,实际上这里面很复杂,N 多问题。你想走长走远走稳,可持续发展,可真不容易。所以我们每一个人都是这个专业队伍里的一员,这个新的行业里有 N 多种知识需要我们去学习,我们队伍的建设,要把他们从互联网金融所需要的这种知识结构上加以培养,才能带出一支真的能打仗的队伍,才能是在这个行业真的能发展往前走的队伍。所以专业队伍的建立要从我们每个人做起。

——张宇总裁在福建分公司座谈会上的讲话

不惧怕犯错，错了就改

当然在发展的过程中会遇到各种各样的困难和问题，发现、解决这些困难和问题的过程也是我们进步的过程。发展进步的主要内容就是不断地改正错误，不断修正自己的不足。有错误、有不足、有过失才是正常的，如果一个人或一个单位永远不犯错，没有过失和阻碍，就永远不会进步。在座的各位都比我年轻，你们的人生经历或者说工作经历在某些程度上也需要不断地提高、充实，在这个充实过程中，很重要的一点就是不断地总结自己、不断地反思自己、不断地寻找新的突破、不断地去改正错误。在原地不动永远不会犯错误，当然也不会往前走。从我进入红岭那天开始，我就准备好犯错，但是我有一个最重要的主观认识：就是我想做点儿事，错了再改。

——张宇总裁在云南分公司的讲话

关于工作中的管理、合作和对接

今天在这里你可以安排哪个部门做什么事情了。你是个管理者，人不够可以加人，但是你的管理能力需要提高，靠一个人的脑子是不够的。我们希望大家在一起积极性都能调动起来，都能合作得更好。这里面有哪些共性的东西，有哪些个性的东西，共性的东西你提出来，个性的东西各个部门自己提出来，你对接。都有接口，都是产品，区别只是期限和利率，这两个只是参数，归纳出来在哪里动。违约责任我们不负责，利率、期限定好了输进去就可以了。以后在开这种专题会议的时候主持的部门一定要把所有的方案准备好才行。

——2015 年 6 月 30 日传统 P2P 专题会议

风险控制与市场的关系

市场的定位非常重要，就是我们干什么、我们到哪里去找客户。客户是一定有的，根据我们的能力，根据 P2P 金融脱媒的特点，市场定位在哪里？客户定位在哪里？我从银行过来红岭创投一年零七个月之后，慢慢感觉到分为几个阶段。我来之前，红岭创投的市场定位和小贷公司的定位是一样的，基本上是 30 万元、50 万元的贷款，上百万元的很少，最致命的问题是信用贷款，没有抵押没有担保。所以过去的贷款现在想追回的难度都很大，原因是原来的队伍在操作过程中不是按照银行模式进行的，是按照小贷公司模式进行的，包括有一个催收部，找几个胳膊很粗的人去人家那里要钱，这和我们是不一样的，实际上客户就是一些零散的、不具规模的、带有捞虾捞鱼的，是这样的打法，这个阶段的打法就是 5 年的待收余额 6 个亿，交易额 35 个亿。而从 2013 年 11 月 21 号来了以后到现在，一年半的时间，前半年都是在做基础建设、制度建设、管理框架的建设、业务品种的建设、机构的建设，半年以后 6 月份到现在拉了一年，交易额 574 亿元，是我来之前 5 年总和的多少倍大家可以算一算，待收余额目前 160 个亿。2013 年年底整个利润是 1000 万元，现在是一个月 2200 万元，一年 3 个亿的利润是没有悬念的。这就是整个打法改变了，市场也改变了，市场定位也改变了，风险也改变了。现在全是有抵押的产品，把握每一个产品的市场运行规律特别重要，机械行业、钢铁行业、商业、轻工业、房地产行业，每个市场的运行规律都不一样，从投入到产出，到回收到周转都有它自己的生态特点，我们搞风险管理、市场管理的一定要学习、摸索、理解、分析这每个行业的运转特点，找到特点以后才有可能把控它的风险，盲目的批或不批是不能解决这么复杂的行业规律的。

——张宇总裁对风险、市场部门的培训

——《关于当前业务管理中的几个重点问题》

管理系统的完善

整个风险管理系统是从业务的开始一直到业务的结束，就是到这笔钱收回来，无论是以正常贷款收回来还是以资产处置收回来。反正最终都是以现金的方式收回来。到底要经过多少环节、节点，每个节点上要完成什么任务，我们做信贷管理工作的一定要把每个节点弄清楚，这个节点你们要干什么事要清楚，这个节点要无缝对接，不能中间有条缝，连不上，那也是同样麻烦的，从贷款开始我们就规定了，必须有充足抵押率，就是为了最后，资产管理部上的时候，做好前提准备了，在风控中，一旦出现流动性风险了，那么一系列的工作就全跟上了。到后面就可以把风险资产整个的生态建立完毕,让它循环起来。在每个节点上,我们每个人都要负起责任,才算我们把这个业务真正建立起来。在这之前,过去的小贷公司,小的 P2P,包括过去的红岭创投,都没有这套系统,这不是电脑系统,就是这套管理系统,它没有。银行又不能完全照搬,对于这个新的行业,我们在探索和摸索中都要动脑筋,我们在金融系统干的时间比较长,对这个比较敏感,知道哪些东西需要建立起来,当你建立起来以后再加强,再优化,这个行业就会形成它的一套规程或理论。有理论之前总是先有实践,总会有代价,到最后总是要交学费。

——2015 年 8 月 15 日第 28 期总裁办公会议

红岭各部门领导的工作职责

你这个部门的职责是什么,我们分管的副总裁,你分管的几个部门的职责都不清楚的话,你赶快叫你分管的几个部门老总把它的职责弄清楚。如果不完整的话,赶快就要补充完整,下次我要问到你们这个问题,你们还不知道,这不是下边的责任,是副总裁的责任了。信贷部门有信贷部门的职责,计财、技术、办公室等等各个部门都一样,那么同样在这些岗位工作的同志,你们都是红岭创投的中层干部,而且这些中层干部现在是在指挥着全国的。你们现在所处的地位你们感受不到,你们所处的地位就是一家工商银行总行的部门老总的这个位置,下面 40 多个省级分公司,面对着全国,看看自己还有哪些需要提高,哪些还有缺失,赶快要补上来。不管它是正厅级、副厅级,还是正处级、副处级,我们都不管这个级别,但实际上对你的要求就是这个级别的要求,因为你管那么多人那么多片,你如果没有那个级别的管理能力就得迅速地提高。你不是一个很小的单位在一起,几个人凑一点钱,做一点小生意,行我们就干,不行大家就散伙。不是这样的,这属于社会责任,我们每个人身上都有社会责任,每一个总公司部门的领导,也是代表着总公司在指挥着全国的你这个条线。

——2015 年 8 月 15 日第 28 期总裁办公会议

对各部门专业性的工作要求

把所有业余的事情，当成专业去做，把所有的业余爱好，都当成专业去做，这样你出来的东西就不一样，你的质量就高。当专业做并不难，只是它步骤更清楚，学一下就知道了。专业上是从哪个基础开始的，你们要知道，你知道了你出来的东西就是比别人好一点。举个小例子，我们家装修喷油漆，我们以为油漆把底打好然后上一层光就行了，然后把油漆往上一喷，空压机、喷枪我都有。等做完以后我才懂得一个道理，漆家具有一个底漆一个面漆，底漆是尤其重要的，比面漆重要得多，最后的油漆面好与不好，完全在于底漆，底漆是没有颜色的，它包括刮腻子等很专业的过程。等你把这专业的东西做完，最后的面漆很简单，实际就是加颜色上光的，一遍就弄完，弄完以后半小时就干了，干了就结束了。但是底漆要很长的时间，要做好几个月，还要打砂纸等等，那就是专业的东西。我们做每一件事情也是这样，把事情专业地去分解，专业地去做，不光是营运部门，市场部门、风控部门、计财部门也一样，你们的工作专业吗？到现在为止，你们红岭创投的账理清楚了吗？还有什么难度啊？我就是开大刀大卸八块也把它解决！要人给人要钱给钱，还有解决不好的问题？我是把这个道理讲给你们听，什么东西都要从专业的思想上去考虑问题，然后把它分解开，一步一步地去做。我在网页上讲过一句话，生命的内容和经历就是这样构成的，就一步一个脚印，每天去把每件事情做好。你做得出色了，做得大家都喜欢了，你的生命就精彩了，你的生活就丰富了，如果你从早上一直睡到晚上，谁也不知道你，你这一天也就过去了。比如我最近写字有所进步，进步不大，但是有所进步，自己看了也很开心。这进步哪里来的？就是一笔一画写出来的，就是一个字一个字临帖来的。多简单，你们每个人都能做到，如果你们每个人都这么做，你们一定比我强，因为你们比我年轻，你们精力比我更旺盛，你们一定超过我。但你们没去做，我做了，你们感觉我很强，你一旦去做了，你们一定超过我，肯定都比我强。那么我们每一个人在每个特定的特殊岗位上，你这个岗位上的事情，你最起码要专业地去做，其他专业总不能和你比吧？你是这个专业。但你这个专业要是做得还不如人家业余的，人家业余的按你们专业的方法去做的，结果你一比不如人家，那自己就要反思一下了。首先对自己负不负责，另外对企业负不负责，还有对你的部下，对你的队伍负不负责。如果连责任都负不了，你觉得你还有必要在这个位置上待着吗？不是说谁把谁免了，要把谁怎么样，是你在这个地方，你自己感觉你合适不合适。

——2015 年 8 月 29 日第 30 期总裁办公会议

各部门制订工作计划的方法及流程

每个部门对任务的考核标准，实际上是工作计划，计划、标准怎么下达，按照什么方法进行解决，林总提出的问题不是她一个部门的问题，是各个部门都有的问题，这里我统一谈一下我的认识，如果大家没有意见就执行。我们各个部门都是管理部门，都有职能，职能的对象主要是分公司，要管理就要有标准，有动作就要有制度，没有标准的东西经常是空的。每个职能部门各自对工作的对象都要有一个计划、标准，由各部门制定，制定后全公司的计划由计划部门负责，就是标准制定好要给计划部门批一下，因为计划部门可以看到各个部门的计划，它发现各个部门之间有不一致、不协和的地方它就出来调节，调剂完上会通过定一下就可以了。具体工作各个条线的领导、各个部门的计划都要按照部门要求去制订，制订都是有标准的，比如比上年底怎么样，比上个月怎么样，比同行业怎么样，增加多少，能不能增加。计划批过以后就可以执行了，年终考核的时候奖金、工资、待遇可以根据这个来，这是一个制度在管一个公司，非常有必要。刚才林总提到的考核标准实际上是个计划问题，各个部门都要有这样的一套计划。过去也有，只是程序没有被规定下来，这次会议就把它规定下来，每个部门计划出来以后先报给分管条线的领导看一下，条线领导要给它们一些指导，然后报计划部门，计划部门领导觉得没什么可以协调或协调完以后可以执行就上会通过。每年上会下来每项工作的推进就是一系列的制度和文件，安排、督办、结果都是文件，处罚、奖励也是文件，所有的过程都有文件记载，以后遇到问题都清清楚楚看到谁做的、谁负责的、谁批准的，不会乱。

——2015 年 9 月 12 日第 31 期总裁办公会议

充足抵押率与充足的投资人的重要意义

我们资产管理部的问题，还是这句话，人不够增加人，钱不够增加钱，包括我们的理论研究都要跟上，因为是在互联网金融这种形态上一个新的过程和节点，这代表了资产证券化在我们内部的缩影，在完全市场经济条件下，资产证券化有专门的行业，这个行业有很多形态，都是把有价值的资产变成现金，资产到了现金需求者手中，如果还想变成现金，可以流动出去，像击鼓传花一样，永远传个不停，在谁手里待的时间长，他的盈利就会多一点，待的短又急于出手，盈利就会少，这跟股票是一个道理。资产管理部的重点就是在救我们自己问题上。我们自己的东西就是要有充足抵押率，就是在跟外部单位谈判，或者我们自己想办法再创个标再发，同样可以，或者以与资产公司合作的方式发也可以，或者委托别人发也可以，包括刚刚提出来的意见是不是和其他 P2P 平台相互进行发也可以，我都支持，因为现在根本就没有固定的模式来解决我们的情况，能试的都要试，只要成功。但是我们现在的底线已经保证得很好了，第一充足抵押率，这几个月我天天在讲充足抵押率的问题。

第二个，我们网站运作到现在保证有充足的投资人，对于快标可以讲有充足的投资人，因为快借抢不到。一边有充足的抵押率，一边有充足的投资人，变现的难度还能有多大，没多大。很多人都很羡慕我们，包括银行，标发上去几分钟一个亿就被买掉了，一个分支行组织一个亿的存款花半个月一个月，行长还兴奋得不行，我们这里几分钟就搞定了。这个事不是一天两天做成的，包括我们董事长在内和我们所有同事在内，6 年内所集成的心血，千万别小看这短时间筹集大量资金的能力，这个要维持住就不会有问题了，因为我们内部管理在不断优化，内部的风控水平也在不断优化和提高，即便过去由于过失、经验不足、基础不是很好产生了一些问题，我们后面还有十倍的力量来救它，还能解决不了吗？但还需要一定的时间。我们项总说时间上已经抢回了 4 个月，现在 9 月份，到明年 2 月份之前不会有问题，大家安安逸逸过日子，但我们不能不干活，我们干活就是一种抢救行动，这个抢救行动就是一种抢救机制的创造，不是抢救一笔贷款，一定要创造出机制，一旦创造出来我们就成功了，这个成功不是一般的成功，是一个行业的标准，是一个行业的规律的总结，这个总结出来我们在座都是参与者，每个人都很光荣。

再讲到我们 P2P 行业、金融脱媒或是新金融行业，里面的核心部分就是这个贷款借贷部分，我们都知道，钱从哪里来，到哪里去，怎么控制，出现问题怎么处理，全流程我们都知道了。这不是一般人能掌握的，只有你们亲身经历了才能知道，到时候你们到了哪家都是老师，都可以直接去当 CEO。你们不知道你们在进步，但我看到你们在进步，你们的谈话，你们的表达，你们汇报工作的方式都有了极大的进步，你们可能自己感觉不到。你们可以做个最简单的测试，到哪个朋友小 P2P 公司玩一玩，你听听人家讲什么，问你的是什么问题，你有没有能力去解答，你不仅能解答，你们还能指导，我敢肯定你们都有这种能力。当然我们还有很多困难，这些困难重点突破口是资管这块，做得不错，已经理出来了，基础也建立了，这个基础就是 3 分钟就可以扫一亿元的资金，这个基础快标发出去就有这么多，这个基础是什么，我们 15 个已开业的分公司，30 多个正在筹备的筹备组，这个力量多强大，只有源源不断的源头进来，后面才有东西审查，才有政策可实施。项目一旦枯竭，怎么实施，一个月只有一两个项目，弄得再精也不行，一定要有量，所以我们市场部的任务还是很重。为什么让我们林总上任，你年轻、有经验、工作责任心强，这个盘子这么大，你来看怎么把这个指挥得更好，让更多水进来。我们标发上去，一秒发完就好了，但几标齐发的时候，15 个本标上来，全是高息，看你能抢多少，这个市场利率化的东西，我们不承担风险，15 标齐发，怕什么，但是可能做不到。细节的完善这个不要紧，最重要的就这几条，这几条做到了，其他没有多难。

——2015 年 9 月 12 日第 31 期总裁办公会议

业务发展要善于运用全国分公司的力量

我们现在已开业的都 15 个分公司了，一个分公司摊多少零售业务？一个都不到。这个数量就是做小买卖的，我最后要成立 30、50 个分公司是干什么，就是整个系统规模经营。一个地方只要有一条信息就有 40 条信息，一个地方只要有一个项目就是40个项目，这个规模你们运用了吗？我们市场部也一样，我们投资理财部也一样，你是总公司的管理部门，你的视野是面向全国的，你出来的政策是在全国推广开的。如果这点经验和这种道理都不懂，你的工作就推不下去，你推300万，500万，到年底搞个20个项目出来，那也就是六七千万。但如果一个分公司一个项目就是40个项目，一下子就不一样了，如果有10个项目是多大呢？那么就需要你们安排、监督、服务。开个会不难，我们把视频做好，干什么呢？就是你和全国开会随时让他们都可以参加会议，视频会议室就是给你们各个部门用的。你和办公室定好什么时候要用视频会议室，一下我们40多个单位都能看到，你可以把事情在会议上都安排了。零售部现在一个300万元的本标做成了，而且效果还好，这时候你开个视频会议，你把整个过程跟全国的分公司讲一下，给你他们任务让他们自己报，一周能做几笔？你不要下任务，因为他不可能一笔都不报，他不报自己都不好意思，那么一个地方报一笔就是多少啦？你自己讲过的话不可能不执行啊，对不对？这就是方法。总公司的部门的老总们你要有组织总公司、全国工作的方法，你掌握了这种方法你才能把工作的数量和质量做上去。如果用单一的思维方法，你永远也提不高，永远就在原来的水平上。

——2015年9月26日第33期总裁办公会议

应对“挖掘机”的方法

最近网站上消息很多，不同认识也很多，“挖掘机”也很勤奋，在这里我先讲三个问题。第一个问题就是信息披露问题，昨天看到周小川讲话说网贷企业的几个原则和重点，我觉得我们其他都没什么问题，就是要统一认识。我们网站论坛上提出建议或者挖掘我们负面信息和不足的，我们应该摆正心态，是好事，应该正确理解它，是帮助我们发现身上的不足的。我们担心的是挖掘的信息不一定全面，发表观点的角度也不一定全面，这样就会引起一些没有了解全面情况的投资者的恐慌，或者是作出并不一定正确的选择，为此我们做几项准备。第一项，我们可以把我们所有的信贷资料全部公开，不是在网站上公开，是随时接受任何人的调阅，做好这个准备。第二，要规定拥有多少投资额以上的人才能进行调阅；比较小额的想要调阅的话要推选代表，这样让我们投资者完整地掌握企业的信息，这是从企业的贷款情况出发。

另外我们风险条线也要做一个比较详细的解释，就是一种宣传，也是我想说的话，我在多次办公会上也表达过我的心声，网贷行业本身就是个新生事物，新生事物很多无规则可循，无依据可查，无风险非常可控，都有很多的不确定性。这些不确定性只有在我们工作和实践的过程当中慢慢去摸索、探索、完善、积累、借鉴和压力测试，最后才能找出一条适合我们行业的风控、内控标准。在我们内部场合我经常说，我们的风控和银行相比较，一般项目审查应该说没有问题，风险点也看得很清楚，我们看得很清楚的能力是不是传导到了我们每一个客户经理，他们是不是也有这种看清楚的能力，没有的话就要一关一关把上来，一关一关完善。风险点的发现和方法从技术上讲应该是不会有问题的，问题出在哪？我们一线的项目经理有时候为了完成业绩，可能跟企业站一边了。也不能说错，但不能损害公司利益。银行企业本来就是一家，企业赚钱了银行才赚钱。我们发放贷款之前，和企业一起发现市场上这个项目、商品、营销思路是不是能做好，做不好怎么加强，第二才是红岭创投对这个项目各方面的考察。这个也要有个宣传，让投资者知道在控制一个项目风险的问题上，我们很坦率地说没有问题。在风险审查的过程中，也有一些在操作上形成的风险点，很多事情是可以公开的，没什么坏处。比如重庆的项目抵押率不充足是什么原因，审贷会开的时候抵押物不充足这一点审查不出来么？没审查出来是什么原因，怎么造成的？人员素质还是其他方面的问题？广州纸业实际上是供应链金融，货权跟货币之间一定要做到无缝对接，中间不能有任何脱节。结果操作中，第一企业有诈骗行为，第二是提货单没有拿到手，没有做到真正的无缝对接。以后此类供应链性质的贷款和项目肯定越来越大，因为这是一般贷款中比较明确控制风险点的种类，本质上就是用贷款的钱买的货物作为抵押，原则是货物一定畅销。这是我们风险管理上反思、考虑的一些问题，我们在审查、操作过程中有很多风险点。安徽森海园林，本质上最后是有一个收费权质押的，而且学院的收费一年一亿多元，可惜收费权质押的手续没办完整。一些企业抵押物不足值，增加一个担保，其实还是抵押物不足值，漏洞都是从一个小地方开始的。

很多人在这里面有很多曲解，不同的岗位、不同的心态，有些是专业上的问题，有些是人事上的问题，有些是企业政治的问题，甚至是个人利益、倾向性的问题等等很多因素把很清晰的路搞得看不清楚了。我让你们大家都看得很清楚，这样你们约束自己行为的时候就好很多了。网站上讲让“挖掘机”当董事会成员等等这些，很热心但是很幼稚，他只是在网站上透露一些信息，只要是负面的就像挖到宝，这样心态的人怎么能做管理。发现不足提出建议，要全面考虑问题，我们欢迎大家提出不同的认识，欢迎发现我们不足的人，我们可以沟通、逐步修正、逐步走上良性的轨道。但是那种为了达到个人目的、吸引眼球的目的而不管投资者死活这种性质的人我们不能认同。信息的不对称就是造成动乱最根本的原因，他没看到过去、没看到发展、没看到全体，不完整的判断肯定是偏颇的，这样给社会造成很大的影响。所以我们风险管理部堂堂正正地把资料完整放在那里，我们从开始调查、审查、审批、到出账所有环节都放在那里，任何有资格的人都可以来这里检查，好比说投资50万元以上的人可以看，因为他会对自己负责。投资小的则可以推选个代表来看。过去董事长经常召开投资人见面会，这个方式非常好，当面提出问题当面回答，保证不遮掩不偷鸡摸狗，每句话都给你一个最踏实的答复。这个行业是国家开放给我们试验的，过程中当然遇到很多困难，我们一步步努力，如果说我们不行那投资者也可以说说看怎么办，同样在座的管理层都是尽心尽力做的，如果说有些工作没有达到效果的话可能一是专业知识没有达到需要提高，二是可能时间密度上安排不够合理，三是完成工作技术含量有待提高。这几个问题时间长了经常沟通以后是能够慢慢提高的，我相信大家，也感谢大家。网站上的一些言论我们不是怕，而是怕它不完整，不完整会让某个特定时间特定环境里面造成一些特定的结果，说不定是个重大损害，不论对我们还是对投资者。

风控部门做得还是很好的，他们的努力我一直是肯定的，这和银行完全不一样，很多东西不是一两句话就能做好的。如果现在有其他方法能加强它当然更好，增加外部监督很好，及时发现我们的问题又能指导出怎么做那我们接受，不能光是不满意，这样太简单，要告诉我们更好的指导性意见，我们听。概念上讲的“加强风控、严惩腐败”要怎么执行、怎么操作，一旦操作不好是什么后果，作为领导和管理者总要以冷静的思维去考虑这些事情，不然企业不可能做大做强。我在网页上转发了一个小故事：一个人发现了一个宝物，一个茶壶，有一天他不小心把盖子掉在了地上，他心想茶壶没了盖子还要茶壶有何用，顺手就把茶壶扔窗外去了。结果他下床一看茶壶盖子掉在地毯上并没有摔坏，他很生气一脚把盖子踩得粉碎，然后在扔碎片的时候到窗边一看，茶壶被挂在树上了也没有损坏。这个故事告诉我们什么？处理事情要完整地思考问题、考虑后面的后果是什么，不考虑好，最终后悔就真的来不及了。我们现在做得这么慎重、坦诚、认真，就是不要后悔，很多事情我们尽力了但就是做不到的时候就顺其自然，只要我们努力了，问心无愧。不要有因为信息不完整而造成的失误，那是最遗憾的，我们不是这样想的最后却变成那样的结果。

——2015 年 10 月 10 日第 34 期总裁办公会议

应对流动性占用等目前公司存在问题的策略

对于前期产生的很多流动性占用问题，我比谁都急，副总裁们都很急。我们压力比任何人压力都大，因为我们是专业的，并不像外面人轻飘飘讲一句，我们没有介意外界人说什么高管腐败等等，因为他们不了解情况，当他们了解情况或者和我们共事一段自然就会理解我们，就是因为信息的不对称，我们要把问题搞清楚才能把工作做好。新的行业新的工作，本来这帮人在这个行业并不是专业人员，只是在银行管理、银行风控方面是专业的，现在到了新的领域来如何把过去专业的东西结合好、经营成功，我们大家一起作出努力。从战略上说，过去的红岭和现在的红岭发生了什么样的变化是有事实记载的，怎么把过去红岭软着陆到今天的红岭，里面有多少思维、多少心血大家可以思考一下，这是用心在做的。

同样，我们的规模在发展过程中难免碰到很多新的问题，这些都是过去没有遇到过的，最根本的是从规章制度、业务制度、管理模式、市场等等，到最后我考虑到经营模式。逾期这种形态在风控上是非常正常的现象，流动性的资金哪里来？如果垫上的资金跟不上怎么办？考虑成功的同时更要考虑失败，如果失败是否能扛得住，扛不住的话从你下决心的时候开始就是不负责任。我对这个行业还没有吃透，我一直在学习，我真想把工作做好，能够让一起工作的同事、领导一起把这个行业、企业作出一点成绩来。我只能把一些经验告诉大家，给大家一些启发。风控部门一直做得挺好，过去形成的风险属于不专业，主观上没有人想把哪件事做坏，客观上出现问题是哪些问题造成的要冷静分析。我希望在座的每个干部特别是中层干部，你们是最宝贵的财富，因为每个节点都是你们在把关，哪个节点出现问题一旦挺不住就只能我上了，现在二十几个部门根本堵不起来。

目前为止我考虑出来一个思路，整个工作我们退到最底线，首先一一对应，所有投资者和所有项目一一对应不要错，如果中间由于客观原因造成错配，我们的风险准备金和定向募集那块一定要把这块覆盖。前期我做了几项工作，红岭公布的协议里面投资人投资以后到归还以前，这笔资金支配权是我们的，处置权在我们这里，当我们要资产证券化的时候，这笔良性资产是可以换回流动性的。第二件事情，企业的公告上一定要加上“经企业认可”，这是我一年前提出来的，我们作为一个平台，不能作为救世主，要留个底线。流动性的问题是必然存在的，逾期是正常现象，只要保证资产不受损失，每个月可以拿到利息，想看什么资料可以给投资人看，但不能断章取义，不能不负责任地乱说，形成影响非常不好的结果。我和牛总、陆总、项总一起讨论了，如果把抵押算上以后整个损失率是多少？不超过2%。我们现在的定融、利润还有没收回来的，垫付的钱也还在，资产只要收回来就可以了，是财务调节的问题。为什么把资产保全部放在这么重要的位置上，想一切办法把逾期资产通过各种方式流动起来，现在就是把我们利润垫付出去了，而这些东西都有充足抵押物，根子没有问题，只要根子没问题往下走就没有可胆怯的，所以我敢说让投资者来看，但是看了以后不能乱说，要说也说得完整。如果片面做一些东西我们也会拿一些例子告诉大家。分公司有一些职务侵占问题抓一个是一个，绝不姑息，包括所有高管也是一样，一定尽职尽责。

——2015年10月10日第34期总裁办公会议

对风险部门、计财部的工作要求

我们现在风险部门、计划部门至少要考虑三个问题:第一,流动性来源,这个我们已经有很多了,但还需要再列下还有什么来源,包括重组、发标、拆借,包括提前半年等等。第二,有充足的市场抵押率,要检查过去哪些没有充足抵押率,存在哪些问题,从现在起怎么能控制住充足抵押率问题,不能再出问题,这一点我认为是能够控制住的。要和底下解释有几套机制,底下有意见就要把理由反馈给上一层,上一层要看看是什么原因,有可能是因为基层的审查人员态度、水平不足,如果他还不满意还可以向上反映,最后可以反映给我,反映到董事长。越级反映一定是因为有特殊情况出现了,就和越级指挥一样,一般正常情况下按照程序来,风控上也是这样,这是我们一直强调的问题。第三个要考虑操作风险问题。包括政策上、道德上的问题,如手续不完整,这是过去血的教训,没有做到无缝对接,一旦出问题就没有办法挽回了,所以必须扎扎实实落到实处。

我们现在是正常运行的一个单位,每天的工作都是有内容的,要有一个相应的阶段计划。我也考虑过现在红岭创投的定位问题,央行把我们定位为民间借贷,过去高利贷、小贷公司,现在发展到 P2P 这和官方没多大关系,你自生自灭,风险自担就行。但我们的想法不是这样,我们是民间借贷,是想把民间借贷都搬到网上,但我们民间借贷最终如果能够代表全体老百姓的利益,一定会对国有的、官方的,对带有垄断性质的过去的金融体系造成一定的影响,第一,我们如果要真正做安全了,银行的存款会从我们这拐个弯再过去的,最终一定还是存在银行,我们的投资额变成企业存款了,现在浙商银行在做存管行,开始向 P2P 行业招手了,它想组织存款,我们有可能做得非常好。我希望今年我们能打好基础,到年底我们所有的计划能够实现,计划第一就是流动性问题,我们要想尽一切办法实现,这需要我们采取几个办法。包括资产管理公司,需要直接和投资者见面的包括贷新还旧这个标用什么形式发出去,还有重组的标、展期的标如何发,发出来的理由是都有充足的抵押率,都能按期付利息,这是基础。首先你们的网监可以查一下,哪些网站有这些做法? 我不知道你们查了没有,他们做的效果是如何,我们可以借鉴，少走弯路，如果这个拉通了，不行就转贷。我们这个地方，如果把政策运用好了，政策要比在银行宽松得多。只要你这个项目还可以往下运营下去，我可以重组，我可以给你一倍的资金，还可以往下做，没有哪一个银行有这个优势。我看到了这一点，一旦突破了这一点的话，后面就是一马平川。我讲一万亿元肯定很快，因为我第二个措施还没有出来。那么把这几个重点一旦突破以后，我们年底的财务状况肯定好转，肯定2个亿以上，因为现在都垫付在里面，就是因为没有收回来没有周转起来。收回来了，周转起来了，大家的工资奖金什么都好了，也安全了。那么所有的节点大家要知道在哪里。

——2015年10月10日第34期总裁办公会议

对资产保全部及人力资源部的工作要求

我来讲一下。资产保全部的工作是一种常态化的工作，打官司是你的专业，资产保全部在一个企业来讲是一个专业的部门，包括起诉、诉讼过程、和解、判决，最后执行。还有一个职能就是牛总刚刚讲的：管理。管理就是对全公司所有的诉讼项目或者产生不良的项目进行管理，仅仅靠一个主要负责人是远远不够的，你要把你的想法，把你的专业知识告诉每一个分公司的分管领导，这里面又涉及培训问题。我经常会讲到培训，在你不懂的时候我教你怎么做，我教过你之后你不这么做的话那就错了。你不懂不会做，都可以理解，我们可以培训，但是培训过之后你还不懂那就没道理了，懂了之后不能这么做你还去这么做，那你就违反制度了。比如我们分公司老总在任命的时候，有一个保密协议，告诉你不能违反这个协议，否则你将承担法律责任，同样你当了分公司老总以后，资产的质量是负责任的主要目标，一旦形成了不良资产，你有终生的追究责任。分公司老总在任命的时候，人力资源部一定要做这方面的工作，资产保全部要把这个协议加进去，让他签署这个协议，把它制度化，没签过的要补签，不签的就不任命了。首先你要尽职尽责，但也不能太苛刻，反正你是有责任的，第二要尽职，第三如果有刑事责任的要承担刑事责任，这个要明确，如果连这个都不敢签的人当什么领导，这一点在人事上要进一步细化，加强管理。不能等着上面安排，要自己提出点子我想做什么，你支持我一下就行，我很少听到。

我希望我们各个部门能够为企业考虑一些事情，体现一个部门的价值，不能是只会办事。最重要的是你要对这个公司的整体要理解，下一步的计划如何和公司的发展有机地结合起来，当然这种文化的建立不是一天两天就能的，但是必须朝这个方向走，要不然这个企业就做不好，做不大，就没办法健康地往前走。所以每个部门的领导都要拿出方案，然后提出需要我帮你什么。比如周总监你需要我帮你什么？需要办公会为你解决什么？你能提出来让大家都能认可的问题吗？如果你提不出来就回去好好想一想。下次我希望你能提出这样的问题来。包括我们其他各个部门也都是这样，我希望这样。这样各个细胞就活跃了，你下面的分公司才会有支点，方方面面也才能都照顾到，光我们几个总裁、副总裁脑子里有这些有什么用？实际上中层干部是最重要的，年底肯定要进行干部考核的，不合格的话肯定要进行调整，当然调整有各种方式，降薪、减少奖金是一种方式，调整职务是一种，降级也是一种，换岗也是一种方法，我希望你们在原来的岗位上能够做得出色一点，能够把工作做得更好一点，为企业的发展能够贡献一点力量。我不是在批评谁，我是着急，我希望大家能够提出一些对公司发展有用的意见，需要我支持的跟我讲，因为我有时候顾及不到你们那么细的方面。刚才关于不良资产的责任问题，实际上分公司的老总在签字的时候你们就应该考虑到这些问题，在进行任命之前你们就应该提出这个建议了，任命之前要签责任书，最起码要有制度规定，这些事情人事部门都不做。我就讲这一个方面，给你们一个启发。每一个人都去积极思考了，企业才会有希望。当然我们高层也在观察，能力不行了就换人，任其发展企业就完了，包括我在内，如果我不称职，我率先提出辞职，如果董事会允许我辞职，我就辞职，如果不需要我就改正缺点，大家多给我一点帮助，大家一起往前走，这就是一个非常坦诚的态度，首先从我自己做起，你们监督我，我希望我们每一个中层干部都有这种心态，自己努力去工作。错了不要紧，改了就好，但不允许你偷懒，不允许不懂装懂。

——2015 年 10 月 10 日第 34 期总裁办公会议

办公会要围绕重点汇报工作

各部门会签的问题，这个问题可能不仅仅是市场部的事情，各个部门下的任务很多都落在市场经理这里，我们调研的时候，或者我们整个管理中，发现需要总公司各个部门协调的事情，不是市场部解决的事情。如果没有协调好或者有不同认识再拿到会议上协调。办公会就是一个场所，第一大家畅所欲言，第二大家把想法都说出来，最后制定的办法就完整一些，信息也对称一些。办公会就这么开，有些同志不会开办公会。不是汇报我办了多少事生怕领导不知道。重要的是我们现在重点工作是什么，围绕重点工作我们做了什么，我们过程中需要什么样的支持。这样公司的目标才能一致。公司现在的目标就是发展，要抓的一个是产品，一个是队伍，一个是组织管理。产品我们都有了，所以我们现在抓培训，要让我们的市场人员都知道干什么。这些东西用什么方式卖，用什么方式推销非常重要。每个标是销售给哪些单位，我们市场部要非常清楚，培训就培训这个。投资者线下怎么组织，线上怎么设计，线下怎么推广，体验店怎么管理，投资方应该做什么，集团应该怎么做，单独的应该怎么做，这些都应该有具体的方向。有了产品，有了队伍，后面就是管理的问题了。干好、干坏，干多、干少不一样。我们汇报工作要围绕公司主线。我们现在一直是综合的，没有做细分，什么能做就做什么，因为现在还没找到真正适合我们走的路，还在试验。我们六大事业部和零售管理部，都是为了所有的业务都可以做。哪一块成熟了我们就做哪一块，慢慢摸索。

——2015 年 11 月 7 日第 37 期总裁办公会议

部门管理要真正发挥部门的职能

一个部门要真的发挥部门的职能，这样才能推动公司的发展，公司这方面的发展就是你在负责，不是我在负责，虽然部门老总是一个公司里重要的几个节点之一，分管老总不在，主要领导人不在，都不要紧，只要部门老总在，这个企业的运行就乱不了，知道怎么做，换个领导来也一样，按照规则去做。前面管理规则的设置、框架的制定是最重要的，有了这个以后，每个人只要尽到力了，所有的领导不上班都不要紧，所有的工作一定还是会按部就班地往前走。

而我们这个环节的力量还没达到一个及格的水平，过去我不讲这话，现在讲这话，因为你们已经成长一两年了，尽快使自己成长起来，不是汇报工作就是怕领导讲我没干活。我来的时候很多部门领导有这样一个状态，汇报的越多越好，实际上都在这个岗位上了，谁还担心你干没干活，是担心你有效没效，天天忙，什么都没出来也没用。所以刚才风险管理部讲完后我就讲这么几句话，希望你们会后一个环节一个环节落实，不要出现抵押物被解封了我们还不知道，这是安徽分公司的事情，你们可以去问下佘总，我就没有往下追问，人家才来，你们赶快把这件事情搞清楚，向上汇报，另外其他分公司有没有这种情况，这只是其中一种情况，还有其他 N 多情况。我们一起开会不就是把发生了 N 多情况亮出来，大家一起讨论下，然后共同想办法找出应对措施和方法，这才是办公会的意义和方法，所以说风险管理部是命脉不错，但一定要把想做的能做的落到实处。你每天哪怕进步一毫米都在进步，千万不要原地踏步，也不要往后退，一退就彻底完蛋了，每天都要进步，不论是内部管理、专业能力、解决问题的能力，从各个方面，支援、协同，慢慢提高，才能打胜仗。

——2015 年 11 月 7 日第 37 期总裁办公会议

工作计划的制订和落实

计划是提出来了，计划的落实和制订计划的依据，要有相关部门会签或是统一意志，另外就是要把它安排下去，安排下去以后一是要便于操作，二是要便于考核。操作和考核都需要许多条件，这些条件在事先安排计划的时候有些什么难度，需要办公室帮你解决，包括需要哪些部门支持，可以提出来，提出来如果要群策群力就好解决一点。陆总刚才讲的话是讲怎么落实，关键是落实。黄总讲的是提出 20 亿元，实际上是个比例，这个比例是个参考比例，到底是 18 亿元，还是 22 亿元都很难说，因为经历到年底，我昨天在网上看到目前待收是 190 几个亿，到年底估计是 200 亿元。如果年底是 200 亿元，到明年底大概是 300 亿 ~ 400 亿元，平均余额一定在 250 亿元以上,250亿元以上最终完成的计划就不是20亿元,按照比例走的。所以说你们在思考和下达任务的时候,一是可能性,完成不了20%,10%也行,15%也可以,但最起码要有目标,没目标不知道怎么去干,没办法比较,不知道谁做得好谁做得坏。那干与不干一个样,干好干坏一个样,干多干少一个样,没有比较就没法鉴别,没有鉴别就没有动力,这是最简单的道理,所以说制定工作计划、工作目标,实际上是给大家工作都有一个标识。有标识才一样,1和1.1不一样,1.1和1.2不一样,从中就可以找出差距,然后让自己往前进步。

——2015年11月14日第38期总裁办公会议

对分公司的管理首先需要建立起好的管理制度

我们现在已经19家分公司、40家筹备组了,加起来将近有60个单位,参差不齐。但是不管怎样,我们总公司的管理已经列入全国性的管理了,全国性的管理办法和模式都要拿过来了。包括市场部的管理方法,你可以参照银行,中农工建交,包括深发展,它们的信贷部里面的结构是怎么设计的,里面设了几个室,借鉴一下,看几个行,你就知道我们该怎么设计,这样管理逻辑才对,如果逻辑不对,思路通常是乱的,你想到哪里做到哪里,没有连贯的东西。抓住了逻辑之后,一推,所有问题都解决了。刚才综合副总裁讲的人事管理也是一样的,在总公司人力资源管理分哪几块,现在我把培训的职能单独分出来了,还有干部管理、劳动工资管理、劳动合同管理、任免、近亲回避等等,有很多管理制度,我们在人事上全不全,如果不全,也要去学习借鉴。不懂的时候首先去学习,记住这一点,学习的方法很多,向同行学,去网上学,买书看,向领导请教,向部下请教,都是学习的方法。学习了以后你才会掌握,我问你一个问题,你立刻就能回答出来,问你一个问题,你学习了一个阶段,再回答出来,也好,你能做好了也很好,要每天都去努力,工作才能不断地提高。刚才综合副总裁讲的对于人力资源上的管理,包括我们前期开办的分公司,有些就不太规范,总经理自己用钱也没有标准,也没有约束,那怎么去管别人,己不正焉能正人?特别是分公司的总经理各项工作做的不像样,底下人怎么学好?这一点在于我们总公司各个部门对下面的管理,希望我们每一个部门，不仅仅是我们人力资源部、市场部，其他每个部门对全国分公司的管理，都要建立起管理制度。首先就是要学习，多学习，多看，多借鉴，然后根据我们的特点制定管理制度，在管理过程中遇到问题再不断地完善，不断地修改，通过办公会议，大家还可以在一起讨论。好的制度最终都是经过千锤百炼，经过实践的检验，这个制度最后才会有利于管理，一个好的制度能把坏人变好，一个坏的制度能把好人变坏，就是这个道理，我们在制度上一定要能把坏人都能变好。这些请大家要加强。

——2015 年 11 月 14 日第 38 期总裁办公会议

管理需建立起正常的办公制度

从督办的情况看有些工作的效果还不太如人意，比如员工本标，当然这是个尝试，这个业务的尝试是不是有其他的尝试方式？保险事业部业务一直没有上去，这个工作该怎么做。中锐的下一步进展，如何获取最优的结果，都需要大家讨论。当然也不是要一下子拿到办公会讨论，最起码在部门内部、副总裁的牵头下，这些工作要有一个基本的研究，如果已经研究了就要更有效果，没有研究就要研究。入门没有有效的研究制度，就要建立制度。就像总部的办公会议制度，就是有延续性的。我们各个部门也一样，每周部门内部有没有开办公会，办公会上每个人有没有进行发言，是不是都汇报了自己的工作，对下一步工作是不是都有自己的计划，是不是对本部门的工作都有自己的建议。一个部门一周至少开一次会，通过我们每一个部门，管理到全国，我们 40 多个筹备组和 19 个分公司接收到的管理就是我们各个部门具体的管理。办公室下一个文件，建立起正常的办公制度的有关规定，不光包括每个部门，我们每个分公司筹备组都包括在内，各个部门要求肯定是最严的，因为全国的管理从你们这里开始。我希望这方面的制度尽快建立实施起来。

公司越大越要有制度，但是我们现在很多部门还没有这个概念。在座很多人没有经历过全国的管理，没有没关系，要学。之前我们市场部提出的市场人员的提成奖励方案执行得怎么样，到不到位，比例对不对，调查过没有，这个制度执行到什么程度上？也有人反映说花出去的钱被截留了，没有花在点子上。我们公司给的提成比例很高的，但是这个钱哪去了？这个制度利不利于操作，容不容易检查监督？没有很好地贯彻到底，业务发展当然会遇到问题。管理是制定出任务目标以后很多人一起去完成这个目标和任务。还有我们的财务制度，在执行过程中也需要完善。定了比例以后该怎么用也应该有个比例，拨款下去以后应该在什么账户上管理，需要几级审批。我们每个部门把制度问题都解决了，我们几个分支机构才管得好。一定有反馈、解决问题的机制和方法、场所，不然是游击。

——2015 年 11 月 21 日第 39 期总裁办公会议

建立制度的重要性

昨天还是前天我遇到一个问题，就是关于委贷行要求我们出具股东会决议的问题。这个直接就拿到我这里来签了，我一看分管部门的领导没签，分管副总裁没签，直接叫我签字，这个流程是什么我都不知道。这个我不怪你们，过去是不是有过这事情，股东会决议就叫我签个字，当然我可以算一个小股东。我签上去以后，还有其他人也签，签这个的依据是什么？要有个文件规定，有个制度规定。要出具股东会决议，必须由哪些部门提出来，提出来之后，又必须哪些环节要签字。然后我才能签字，然后董事会才能签字。这一定要有个制度，没制度到时候查都没法查。一旦越过很多环节之后，分管的领导都不知道。分管的领导不知道就直接让我签字，我不敢签。以前有越过我直接找董事长签字的，这是过去红岭的习惯，董事长直接签字了，不出事情都没事，出了事情董事长的责任。万一弄错了这个事情冤不冤，分管的领导都不知道，下面好多该知道的环节都还不知道。一旦出了事怎么办？你多一个把关的流程，走一个流程，没什么复杂的。像这类事情如果还有的话，要专门有个规定。弄一个文件，在办公会议上通过一下，以后大家就按这个制度来。诸如此类的还有很多办事的程序，我们办公室制定流程，办公室要加强这方面的工作。

特别是部门与部门之间的协调，产生矛盾之后要按照什么流程来进行协调。包括召开专题会议，包括向风险副总汇报，包括要求其他分管副总裁协助，然后要怎么样以后才能上办公会来讨论解决，这都是一系列的办公制度。这办公制度是保障所有决策的环节和路线是对的。这样大家就少走很多弯路,大家都按流程走,就会减少失误,这是办公室的事情。办公室在组织正常办公和处理需要有关部门协调的,和分公司协调的,都要有个解决办法。如果没有解决办法,你赶快学习,我就是这样要求的,不懂就去学,各单位都有现成的办法。学了以后,把它变成一个文件上办公会讨论一下,通过之后大家都按照这个制度执行,就不会有问题了。一个单位的管理最终是制度的管理,一个国家的管理最终是法律的管理。你没有这些东西,大家行动都没有规则,像这些事情,不光是我们办公室,我们每一个部门都有这样的东西。都有一个办事秩序,都有一个办事的要求。因为你们对各个分公司都有管理职能,真到40个分公司以上,靠一个部门总经理管不过来。出了事情,肯定拿制度,你按照制度来肯定没话说,那就重新研究制度,让这个工作有利于我们整体工作的进行。如果有制度肯定按制度来,现在马上满20个分公司了,哪个分公司跟你汇报,你敢去拍脑袋做决定?哪个部门执行什么,都要有制度,没制度、没规则你是不好办的。每年的财务检查、会计检查、人事干部的考核都得靠制度。所以我一直强调,我们每个部门建立制度的能力怎么样,如果不行赶紧学习,赶紧把有关管理大家的制度建立起来。

从我到红岭的第一天我就开始建立制度,到现在还在建立制度。实际上管理的过程就是建立制度的过程,因为制度是规范大家,协调大家步调一致的标尺,没有这个标尺,大家就会乱。好的制度可以把坏人变好,坏的制度可以把好人变坏。美国乌七八糟的人很多,但杀人抢劫的、身上有枪的都不敢动,因为它制度厉害。进了人家私家花园,一枪把你毙了,而且不违法,制度非常厉害。美国坏人很多,但人家制度厉害,到哪一步就不敢动了。不敢闯红灯不仅仅是文明,还有制度的制约在里面,闯红灯被撞死,自己负责任。为什么我在工作中这么强调制度,是因为有了规则之后,大家都按规则来,错了我们就修改规则。没有规则不行,没有规则不知道怎么办。如果我们是小公司,就几十个人,扁平化管理大家都懂。一下子变成300个人,变成3000个人,一个人讲一句话,你一句话都讲不上,你能控制得了吗?是处理不了的,处理不了就要乱。制度都没建立起来,怎么去管,怎么去处理它?

所以我要求建立制度,而且从我开始都要按制度执行,有些东西不要越级,乱了之后连修补都没法修补。你有什么意见都有解决的办法,都有协调和沟通的场合，最后都有执行的标准。如果对标准有意见，我们把标准修订好，这样每个人都能约束自己。我是主要领导我也约束自己，我有什么没按制度的话，我也像大家一样检查，书面检查，口头检查，都行。大家相互监督，每个部门也要这样要求自己。只有自己做到了，才能要求整个公司，要求已经开业的分公司和40多个筹备组。包括浙江分公司，为什么敢这样，肯定是有想法，我就是处理它解决它，也要有办法。不是乱来的，处理一件事，有更多的人在看。如果处理好，这事情可能就杜绝了。如果处理不好，麻烦就更大。所以每个部门责任都很重，我们大家都需要提高。

——2015年11月28日第40期总裁办公会议

工作要有明确的目标、责任人、完成时间以及完成后的奖励

市场部开拓市场首先要知道我们的目标是什么，做四个标类，六大事业部。等会叫研究所把六十几个风投已经进入的业务做一个总结，有17项业务，一会跟大家汇报一下，这个可以跟市场部接起来，这是一个新的业务，哪一个业务是属于零售或者投资理财或者私募，然后在这个市场上我们再寻找新的空间。这个是我讲的目标。

第二个就是谁去干。首先管理部门要干什么，制定制度、任务、指导性的意见，你不能把任务交给别人以后一个指导性的意见都没有，不要总说别人不行，就因为他不行，才需要我们去管理、指导、培养，需要管理部不断拿出办法去提示他，告诉他们怎么做，或许他们还有一些其他意见，在一起讨论以后总结一个办法该怎么做，这样才能展开业务。分公司业务员应该做什么，老总应该做什么，管理层要做什么，现在总部的职能部门该做什么，这个就是做事部门，交给谁去干，包括我们在内，每个人都是抓市场的，全员都是抓赚钱和分钱的，那么这几个东西大家在头脑里全都记下来，努力地都去做了，我觉得我们就有希望了。

第三就是多长时间完成，别弄两三个月，没有哪一个办法需要那么长时间，急的事情根本不能拖，我们各个部门制定方案、目标，教别人怎么做，最后考核管理办法是什么，这个就是时间限制的事情了。半年、季度、月度、周，还有日业务，从总部的总业务到分公司的分业务，每类业务当中还有一个结构性，哪

一类业务发展多少,都是我们的任务,交给谁去办的事情,多长时间完成。

第四个就是完成任务以后的奖励。

——2016年2月22日第6期总裁办公会议

先改变自己才有可能改变世界

一个很有名的故事,叫作无名墓碑,在英国,很多国家领导人像曼德拉去了都要去看,上面刻了这么一段话:

当我年轻的时候,我的想象力从没有受到过限制,我梦想改变这个世界。

当我成熟以后,我发现我不能改变这个世界,我将目光缩短了些,决定只改变我的国家。

当我进入暮年后,我发现我不能改变我的国家,我的最后愿望仅仅是改变一下我的家庭。但是,这也不可能。

当我躺在床上,行将就木时,我突然意识到:

如果一开始我仅仅去改变我自己,然后作为一个榜样,我可能改变我的家庭;在家人的帮助和鼓励下,我可能为国家做一些事情。然后谁知道呢?我甚至可能改变这个世界。

这个告诉我们,改变要从自己开始,这个比较容易做,你自己的东西掌握在你的手里,你改变后你周遭的环境也会改变,中国的话就叫作独善其身,不能改变世界我可以独善其身,我可以按照自己的原则做我自己,这样企业在进步的时候,也才每一步都走得扎实。

——苏州分公司座谈会

2.6 红岭办公会汇报工作的要求

汇报工作的内容、顺序和技巧

工作汇报时要从我做了什么,我应该做什么,我需要改进什么,这几个方面出发，汇报做了哪些推进部门管理及秩序的事宜；注意抓住问题发展规律性，总结模板，从管理角度思考问题。

——2014 年 2 月 25 日第 13 期总经理办公会议

对汇报工作方式的要求

以后各部门在工作汇报的时候，从“我做了什么，我应该做什么，我需要改进什么”进行汇报。要渐渐开始从管理角度去思考问题，认识自身不足，抓住问题发展规律性，总结模板。

——2014 年 3 月 11 日第 15 期总经理办公会议

汇报工作的注意事项

我刚才对小刘讲的东西是大家都要注意的。在汇报工作的时候应该在下面把方案拿好，然后上来和大家讨论就行。不要把自己摇摆不定的东西拿上来，那样的话就会让大家和你一起摇摆不定，最后就什么都解决不了了。以后就是：我现在需要解决什么问题，需要哪些部门配合就行。对于工作的展示是由人事部门进行考核的时候考虑的。今天我们就到这里。

——2014 年 4 月 15 日第 20 期总经理办公会议

各部门在办公会上汇报的重点

你们要办公会解决什么？我们这个会议要慢慢地变成解决问题了，就是每个部门把问题解决差不多了，会上通过一下就执行了。大量的工作是放在线下的，除非非常重要的问题，战略性的问题。一般的部门问题就是拿出方案来，需要办公会做什么样的肯定和支持。你归纳一下作为异地分支机构在开展的过程中有哪些问题，需要我们这边注意什么，你讲吧。

——2014 年 5 月 6 日第 23 期总经理办公会议

对上办公会汇报的要求

两个人意见不统一的话，不要上会汇报。以后每条线所提交的上会方案，一定要每条线的副总同意后才能上会,不同意时不能上会。此会议是相互对每条线上的讨论提出意见,是每条线相互之间的讨论,不是本条线内部的讨论。如果意见不一致的时候,主要领导一定要拿出意见。另外,我们法律和资产保全部合称为资产保全部。

——2014 年 7 月 12 日第 33 期总经理办公会议

对风控委办公会汇报工作的要求

以后汇报工作不能像流水账一样,不要把每个项目汇报一遍。就是哪几项工作,发标发了多少,还有多少待发,还有哪几项工作要做,主要需要办公会议解决什么问题。如果不需要解决,不要详细汇报,把大致进度讲一下大家知道就行了,不要耽误更多时间。以后汇报方式要改正过来,要知道一周发标几个,哪些已经发了,哪些待发,待发的处在什么阶段。有些障碍比如委贷问题是怎么解决的,包括贷后管理目前进展程度,每个月的贷后检查都跟上了,是不是都进行五级分类了,分类过后是不是提交财务了,财务根据分类有没有提贷款准备金,像这些关键问题要汇报,这都是公司管理最核心的东西。管理部门干的是管理的事情,比一般的工作要更加综合、有规律、有逻辑。

你汇报的问题虽然也没有问题,但不是最关键的问题,最关键的还是管理,我比较关心的是风险管理的贷前、贷中及贷后的问题,这三个阶段都应该做些什么,进入资产保全状态应该做些什么,这些是最重要的。相应的制度多少已经建立了,多少还没有建立,计划什么时间建立,如果建立起来了人员培训情况怎样,他们是否掌握了,掌握了之后执行情况怎样,还有哪些新的情况,这才是管理的核心。

——2014 年 9 月 5 日第 41 期总经理办公会议

参会人员汇报工作要注意的事项

那就是没有,我看你说审贷会已经批过的是 25 亿元,就是说 25 个亿都在办手续,其中已落实的是 5.9 亿元,到 11 号之前还能落实多少不知道?这个现象我们知道了，那么还有将近20亿元没有落实，这个里面哪几种问题你列一下，哪几个问题在哪个环节挡住的你列一下，把这一个一个问题梳理起来，一个个落实，而不是滑到哪算哪，那不行！一定要找出问题的关键，委贷行抵押问题到底哪些是共性问题，哪些是个性问题？委贷行提出的问题哪些是共性问题，哪些是个性问题？因为最终你是要解决这个问题，不是随它到哪就到哪里。一定要梳理这个问题，以后汇报工作也要注意，这件事是我在办，我办了多少，我还有什么困难，要讲到这个样大家才知道怎么帮助你，而不是你们等着我办吧，办成什么结果我还不知道，那麻烦了，过去我们红岭创投就是这样的，经常有一些中间的消息冒上来，两分钟以后一个电话过来又变了，我要这样的汇报干什么呢，一点用都没有。

——2014年11月1日第47期总经理办公会议

汇报工作的思路、内容与关键点

这（线上运营部刘泽汀总监：体验店反馈的情况和意见。我重点说一下我们制定的体验店的初稿，一共六大类，重点是第一类和第二类，我简单地说一下。因为体验店营销活动主要分三类，线上线下同步营销活动、全国性线下活动和区域性线下营销活动，具体的方案都有相应的文字稿）不是文字稿，你这里面还是没有目标。你回到上一页我告诉你哪里没有目标。“如，双十一等”到底是什么，没有，你这里没有。我不要听你在这讲理论，干实事，怎么去干，最后给什么奖励，就这几点，你按照这个思路汇报，我们开会就有东西研究了。如果没什么需要我们解决的，那下个月我们等你汇报几个东西，其他我都不管了。从这次办公会开始到月底前你们的投资人可以增加多少？我就要你们这个数字。你给我个数就完了。然后，为了完成这个数字，需要办公会给你什么样的支持？其他东西别讲，我不听了。有没有这个数字？没有，回去准备。不是等到下个星期，下星期办公会我就要听到这个内容了，体验店的人数增加了多少，我就要问这个了。我就给你安排了这个工作，你回去思考，从战略上的安排你可以，但是具体是一仗一仗地打，脑子绕来绕去，就跟我们市场部一样，联通不知道搞了多长时间，现在还是那样。你这边也是这样，就会绕，绕有什么用，都是要直接的，两点之间选最近的距离,搞到最后把自己绕哪去都不知道。从过去拉拉队,要变到打粮食的,要这样,明白吧?下周能不能完成,我要看到今天的数据到下周开办公会你汇报的数据有哪些变化,这些变化是因为你做了哪些动作?不要说什么有的反馈好,有的反馈不好,那个是你的事情,反馈不好你就处理他,你就通报他。你把他免了,都是你能行使的权力,不要像朋友一样,只汇报好的东西。搞管理就是铁板一块,我敢在办公会上这么对你们说话,那就是要求你们必须做。不要像一堆糊涂蛋一样,会开完还是一堆糊涂蛋没人去管,过一段时间还是这样。那搞什么?速度怎么推进?不要听别人说我们比年初增长了很快,在我心里一点都不满意,因为过去的队伍实在太差。但是这你不能怪他们,他们过去没有在这样比较大一点的企业待过,没有操作过像这样比较复杂一点的业务,我可以理解。现在如果想要跟上就要付出更多的努力,说淘汰就淘汰的。

——2014 年 11 月 22 日第 50 期总经理办公会议

汇报工作要厘清主次要问题

风险条线的工作近期来是最辛苦的,因为所有资产的发展,包括过去问题的解决、跟法院的沟通各个方面,我们风险条线四个方面,审批、零售、资产保全、风险管理,这四个部门的工作应该讲做的都是不错的,但是你们的工作现在还处于一种还没有进入轨道的阶段,我看你们都没有进入轨道,比如你们每次汇报工作,有哪几项工作是必须汇报的,有哪几项是可说可不说的,自己回去整理,上办公会议要汇报的东西通常是办公会给你解决的问题,不是通报,那个通报问题就一带而过,你搞个东西给大家看下就完了,关键是要解决什么问题,这个时候把它重点讲一讲。就是需要各个部门支持,需要领导在办公会上研究这个问题,你们已经解决的问题在这个地方讲个结果就行了,不要去描述,描述多了没有意义,也耽误大家时间。但是风险条线四个部门这么重的担子近期的运行应该还是有步骤有计划的,而且进度还是很明显的,就是工作的质量也在逐步地提高过程中,因为你们这个地方的人员过去的基础也都不好,但是现在都能像个样子进行工作了。这一点是一个非常好的进展,我看了觉得很高兴。包括小叶过去也是游击队出身的，现在慢慢向正规军靠拢，牛冰副总经理还专门跟我讲到你，好好干。

——2014 年 11 月 22 日第 50 期总经理办公会议

汇报工作最重要的是需要办公会议给你解决的问题

好，机构现在有点进展，以后关于机构合作者上会讨论的话，就是基本上办公会不会否决你跟机构接触，上会了以后一个是通报一下我们在干什么，再一个就是需要办公会通过的东西，协议已经拿上来了，通过以后那就直接签了先试行。这就可以了，参加会议多了就知道怎么汇报了，跟大家泛泛告知一下的东西告知一下就完了，需要强调的东西讲一下，最主要的是需要办公会议给你解决的问题。市场条线由哪些东西需要解决在办公会议，与其他部门的协调，需要总公司决策，这些东西拿到这个会议上来讨论，就这样。

——2014 年 11 月 29 日第 51 期总经理办公会议

汇报路线的确定

现在汇报路线最高的就是董事长，然后就是我，然后就是几个委员会的主席，再到副总裁，再到下面的部门总经理、分公司总经理。汇报路线就是这样了。那么根据这个汇报路线，就知道谁对谁负责了。那么每一条线的最高领导就是主席了，副总裁就是行政职务，对于我，他们都要对我负责。我有些东西就要直接找他们。部门总经理对你们所分管的主席负责。当然，如果需要我过问的时候，我会直接插下去，一是了解情况，第二就是可能这条线的副总裁有问题了。主要负责人只要干预到你这个领域，过问了你工作的时候，你就要考虑自己是不是哪里没做好了，哪里需要提高了。同样你们部门老总也是，如果主席过问室经理的时候，就说明你们这个部门老总也有问题了。因为这是非常规的管理行动，一旦这个问题出来，就说明在警告和提示你们了，你这个地方的工作需要加强了。大家知道了这个汇报路线，包括每年工作计划的制订，工作计划执行情况的检查，计划的修订，最终的考核，所有的东西都按照这个路线进行，那么我们各个部门各司其职，每个人根据每个部门所分配的任务完成自己的职责。这是软件里面讲的第一点。

——2015 年 1 月 31 日第 4 期总裁办公会议

新体系下工作汇报中的具体细节

在新的体系内的管理就按照我们这个办法来了，整个一个新的管理体系和方法来管理好现在的工作。正在筹备当中的，只是听汇报工作，目前不纳入这个考核，因为你还不是正式的，还有三个月。三个月经过我们的考核，大家满意的话，才能正式进入我们的这个体系。所以说，筹备过程中就是听会，如果以后没有工作汇报的话，可以不参加这个会议。因为跟他们的关系不是很密切，有什么问题可以向五条线的领导汇报，让他们来帮忙解决。其余的一级部门，一级半部门是办公会的主要成员，各条线可以根据工作需要，如果没什么需要汇报的，也可以不参加，但是一般应该参加，因为参加本身就是一个学习的过程。有事先汇报的内容可以和办公室说一声，办公室在安排这些工作的时候，心里有个数。最后还有时间长度，会议室的大小。

——2015 年 1 月 31 日第 4 期总裁办公会议

上会的东西一定要表达清楚，否则执行起来会很麻烦

你们上会之前这些东西，一定要把概念搞清楚。我听了一下如果没认真听，下去了以后可能就不是这个东西了。包括刚才牛总讲的指用途，那标题就要明确清楚：资金的用途。否则的话一听规避房地产，否则就不叫房易贷了。所以回去你们再商量一下，上会的东西一定要表达清楚，否则执行起来也很麻烦。

——2015 年 2 月 14 日第 6 期总裁办公会议

汇报工作遵循的四个要素

这还是要靠我们总公司的管理。不能靠分公司，有些分公司还在筹备，

没有正规管理的感觉。如果总公司再不抓紧的话,那它们就是三流机构。对于这些机构的管理就要靠我们总公司进行抓,我屡次在办公会上说,我今天再强调一下:第一句话是干什么,我们要做什么事情。比方说分支机构的问题,分支机构业务上不来的问题,我要干这个事情这是第一个要素;第二个要素是谁去干。哪个承担的部门你去干;第三个更重要的是什么时候完成。一定要有时间的效率,没有时间的效率等于白做;第四个是完成得怎么样给予什么样的鼓励和奖励或者惩罚。任何事情就是这四个要素,你们考虑考虑每次汇报工作的时候是不是按照这四个要素进行汇报,是不是按照这个简单的方法进行安排,只要遵循这个,汇报工作清楚得很,根本没什么复杂的东西,也不需要绕,有事就讲,没事就说我没什么汇报的。因为公司各个部门的事情多得很,每次开会开这么长的时间,我估计会浪费到30%,我不讲那么多,最起码有30%的时间是浪费的。另外一些不讲是干货,但是最起码是有意义的议题,能够激发、启发其他人思路的认识有多少?开会要这样开,大家才能得到提高,才能推进。

——2015年3月14日第9期总裁办公会议

专业内容要在专业的会议上解决,不要在办公会上解决

以后在办公会上面不要提项目的名称,像这类的信息不要在会议上出现了。以后风险管理部把几个标准工作的进度汇报一下就行了,其他的细则不要在会议上讲了。还有一些主要的分析的东西,要放在专业会议上讲,包括我们在PPT上打出的模型不要在这个会上展示。因为我们现在已经有信息传出去了,就是我们参加会议的人,有人把我们的机密在往外泄露。以后专业的内容在专业的会议上解决,不要在办公会上解决。因为办公会上各个部门的人都有,有时候不一定是专业部门的人。

——2015年3月14日第9期总裁办公会议

张总强调汇报工作时的侧重点

细节不要说了,你要归纳出你的工作中做了哪几项工作,不是这一个一

个的工作,这个工作有什么难度,如果没有难度,这个计划做到什么程度,需要领导上怎么支持,需要各部门怎么配合,主要是这些东西。你们的重点工作是什么?每个部门都要知道每一周自己的重点工作和一般性工作,天天都干的事情你不要汇报了,一般工作中遇到了问题可以汇报下,没有问题就不要汇报了。你这一周批几笔贷款都是一般正常性工作。但是这个特定项目是个重点工作,因为关系到我们的降息问题、整个网站的生存和整个网贷行业的发展问题,这个就是重点。那么它的进展情况就要汇报了。自己要能够判定出这个部门的主要工作和一般性工作,然后在汇报的时候就知道该怎么讲了。

——2015 年 3 月 14 日第 9 期总裁办公会议

汇报工作要有进度

我们每一个人每天形成的劳动,要积极思考。不懂不要紧,要积极思考;错了不要紧,错了就问,错了就改,不要懒惰。你们做到了吗?而且也不是没说,问题是你们做到了吗?市场部今天的汇报我听了以后可以告诉你们,我是不满意的。看不到进度,老这样怎么行呢?而且这种感觉我已经有很长时间了,什么都是对的,但是我看不出对在哪里。干不了就换人,你看我做给你们看!有什么困难帮你,有什么问题解决,要人给人,要钱给钱,还要怎么样?下次再汇报的时候,哪怕只做一件事,都要有一些进度,对整个公司发展都有点东西的,给这种东西,哪怕只做一件事,都要扎扎实实地把这个工作做好。

——2015 年 3 月 21 日第 10 期总裁办公会议

把握会议重点,合理安排发言时间

今天大家讲了很多的情况,我把刚才孙院长的情况再讲几句。孙院长准备得很充分,而且也想要在这个会议上把自己的想法做一个充分的解释。这个事情肯定没有错,这一点我要给他一个肯定。但是每一次会议都有每次会议的重点,在安排这个会议的时候能够让你讲多少,是根据这个会议的重点来的。有时候就是可以不说的，因为这个事情还翻不了船，塌不了天。我们还有更重要的事情。有时候让你少说两句，让你快一点，简单一点，不是说不重视你的事情，而且觉得你这项工作可以以另一个方式来解决。后面我还有更重要的事情要在时间安排上做好。所以我经常要你们短一点，我们的工作还有很多。所以这个事情不希望大家在会议上去指责。要讲的话就讲自己，不要去指责。如果其他人有什么想法，可以提建议。你们对工作的责任心可以理解，但是没有必要冲动。这个事情就这样了，以后开专题的会议解决。里面可能还涉及几个部门，哪天有时间了召开一个专题会议来解决这个事情，然后把想法充分讲一下，有问题的话还是要解决的。

——2015 年 3 月 29 日第 11 期总裁办公会议

问题提出的方式和规范

所有你提出的东西一定要让别人能够操作，一些泛泛的东西讲了没有用，因为人家最后不知道怎么去操作。现在我们客服中心的工作在进步，从过去仅仅是沟通工具，变得慢慢有序了，有办法了，还有队伍了，作用也越来越大了。作为红岭创投这家机器上的有力组成部门，我对你们的要求会越来越高。那么其中有的可能是你们客服部应该提高的部分，有些不一定仅仅是客服部的问题。有时候讲的问题可能是对各个部门都有启发意义的。提出问题的方式就要考虑好这个问题怎么去解决，而不是提出来就不管了。我被你搞了一头雾水，你们提的规则问题的题目太大了。你们做出来的分类下面一定要有具体的东西，好比规则问题一共有多少条？涉及哪些规则？

——2015 年 4 月 4 日第 12 期总裁办公会议

办公会问题解决的流程和办法

你们这个工作到最后也只是走过场。这个问题应该是你遇到了什么问题，需要怎么做，需要办公会议解决什么？你有什么方案？你不能要让我来拿方案！没有进度的话原因在哪里，你们有什么样的想法，我们办公会提供什么样的支持。办公会就是帮你解决问题的，不需要上会的东西是你的日常工作，你们自己去抓就完了。比如书面通知下去以后没有反应的话，应该怎么搞，我们办公会上就可以定下来，然后下去执行就行了，要有一个明确的结果。今天你提出的问题，有哪几个是需要办公会议解决的？如果没有的话就不要汇报了。

——2015 年 4 月 11 日第 13 期总裁办公会议

办公会规范性内容

其他的没有了，看看大家还有什么要讲的。没有的话，今天的会议内容就没有了。今天因为我们的高管队伍不齐，但是所有的内容照常进行。以后还是这样，没有特殊的情况，办公会议该开还是照常召开。各个部门的主要领导不在的话，可以派人来听，工作的管理不能停。以后我不在的话，轮值的领导可以召开，董事长也可以召开。这样的话就把我们的问题研究好，最后都有会议纪要，也就使我们的工作不会停下来，就会连续了。这次会议上布置的重点工作各个部门回去以后都要落实了，下次汇报的时候都要有进展。我讲的工作都很明确，大家只要按照要求进行就可以了。

——2015 年 4 月 25 日第 14 期总裁办公会议

汇报工作的要点：重点性工作、需要解决什么、不盲目判断

工作不要说什么具体的琐事，一般性工作，重点工作。汇报工作的时候要汇报重点性工作有哪些，一般性工作有哪些，没有重点工作的要维持 8 小时工作量的，最起码 3 个小时是固定工作量要干活的。这是我说的二线工作人员，业绩考核的人员要有一个固定工作量的。固定工作量就是一般性工作，要不然这个岗位就不要。有了这个岗位一般来说是要有 3 个小时的固定工作量，否则就不要。另外一个就是重点工作，是超过 3 个小时的，有的时候甚至是 7 个小时。我们 7 小时工作制，干满了也没说要超过，甚至于还要加班，就像上周我说的，等什么东西，立刻就开会。现在的努力还有意义，再过段时间努力就没意义了，这个和打仗一样，冲过去就冲过去，冲过去就另一个平台了，过了这个阶段以后还要再打，就太费劲了。

所以你们以后汇报工作就是一般性正常工作，想汇报的时候就汇报，但是重点性的工作是一定要汇报的，遇到了什么困难，然后在这个会议上讲一下，大家沟通一下，需要其他部门配合或者完成，需要做决定的，同样还有什么问题也反映，不能听取一方面的意见就盲目下判断，尤其是我们当领导的。

下面向你汇报工作的时候，不要轻易地去表态，把另外一方面了解清楚了以后再表态。万一搞错了的话，怎么办？这是当领导的一个素质。因为我们下面的员工会一下子插到我这边来汇报工作，汇报工作我通常都不会表态的，我也不会指责，我会把另外一方找过来问问，把问题搞清楚了，才能表态。如果我光听到你说，就说这个事情应该怎样搞呢，当领导的怎么能对员工不关心呢？结果员工跑过来是告的黑状，怎么办？领导被动不被动？一次，两次，三次，领导还有威信吗？这都是管理上的基本常识，所以说有什么重点工作，一般性的工作都要分清楚。一般性的工作怎么搞，重点的工作怎么汇报都要搞清楚。

——2015 年 6 月 6 日第 19 期总裁办公会议

汇报时分重点工作和一般性工作

所以我经常让你们汇报工作的时候分为两块：一个是一般性工作，如果没什么的话就别说了；一个是重点性工作，就是我们在执行计划的时候很重点提的几项工作，要快搞的。现在最急的事情我跟大家都讲过，一个是网点建设，一个是市场，一个是风控，一个是计财，这几条主力都是在打仗的，那么技术和综合条线是保障的，才能把整个的工作都完成好。以后每周重要事情督办表搞成一个工作计划执行情况检查，变成这样一个表。另外我们文秘综合室这块的人要在下周内迅速充实到位，下周办公会我就要问这个问题了。包括所有人的分工，都要在会上公布，哪条线上是哪个秘书跟踪全都要搞清楚。这个主线一定要清楚，主线一清楚，每个分工的老总就知道在整个主要工作计划下面怎么去执行他自己那块工作。这上面不能乱，好了我就讲这么多。看董事长有什么要说的。

——2015 年 6 月 13 日第 20 期总裁办公会议

汇报工作要点：要有亮点、有进步，作出成绩

什么时候能有亮点，我们就很开心了。如果以后办公会哪个部门汇报的工作能让大家产生共鸣，带来亮点，大家就会觉得这个部门的工作有所进步了。今天的这个会，我印象最深的还是市场部汇报的联通问题。看到效果了，尽管现在要移交，但是工作成绩作出来了，为下面开辟了一条路，这是要提出表扬的。尽管工作上我给你们的压力很大，但是做得好就是做得好，有效果就是有效果，在同业中比是不是最优秀的这很难说，但对我们来说从过去没有到现在有了，这就不错。那我们每个部门是不是都能做点努力啊，每个部门是不是都能够拿出一个让人眼前一亮，能够有点价值的东西啊，有点技术含量，代表你们管理者也有点技术含量的工作方案出来，能不能啊。如果不能，那你们在这个职务上就不合适了，如果你在努力，我们再给点支持，如果你作出了成绩，我们该给点奖励。

——2015 年 6 月 20 日第 21 期总裁办公会议

扩大办公会议的全国情况通报，全面提高管理能力

另外我们每周办公会议对全国情况的通报，最好范围大一点，最好每个分公司都收到，这样他们就知道自己哪方面做得好哪方面做得不好。这次表扬了三个分公司，要让我们所有的筹备组、分公司都知道哪方面做得好，他们会主动去学习，这样使我们全面的管理能力有所提高。公司越来越大，情况越来越复杂，对大家的要求也越来越高，对在座的每个人的要求也越来越高。参会的同志对公司都是非常重要的人物，我希望你们能在各自的岗位上发挥自己应有的作用。我们创造的效益一定会满足大家在其他方面的需求，这个没问题。我们本身不是为了谋生，是为了一个事业。这个事业做成比仅仅是养家糊口的意义大多了。

——2015 年 6 月 27 日第 22 期总裁办公会议

开办公会的目的就是让问题解决更顺畅

开专题办公会解决问题的时候就是靠这种方法，很少去分析，就是直接

去解决问题。需要哪几个部门配合，多长时间完成。今天你们的任务能不能明确，如果不能，那就私下去一个一个部门跑，跑过以后告诉他们让他们帮你做什么，然后下次再开会。如果明确了就在这个会上提出来。

——2015年6月30日传统P2P专题会议

提出问题还要拿出解决方案

那是不是没有办法了？肯定是有办法的。你们这种被动的工作，只要我问了以后就是汇报就完了的话，这种工作方法不行。必须别人越不过的东西，你们要越过去，就要有这种能力。因为如果第一个回合下来了以后就是这个情况的话，我要你们干吗，还发展什么？你没有超越的能力，碰壁以后就是回来汇报的话，这行吗？这肯定不行，就跟我在红岭创投遇到问题了疑惑就直接跟周总讲，然后问怎么办的话，那肯定不行。红岭还怎么往前走。你这个部门是非常重要的，我对你们充满了希望。所以把这个单子压给你了。一定要想尽一切的方法，哪怕是舆论的方法，这个执行力一旦上来的话，只要想办法以后，这个话他们也讲过，如果还不能解决的话，这就是笑话。他不能解决的话，找他本人能不能解决这个事啊，通过其他的方式能不能解决这个事啊，那么费的质押是他开始承诺的贷款的一个条件。这就跟我们深发展的15亿元贷款，13年以后把本金全部收回，怎么实现的，当时如果律师们，我们主持工作的人遇到一个难点汇报一下就算完了，那还要你干什么，没用，肯定没用，以后你们汇报工作的方式考虑好，不能这样，今天我算批评你了。

——2015年7月4日第23期总裁办公会议

每周开办公会的重要性

我到红岭创投以后，开了三次办公会，这个企业过去没有办公会，以前都是单个汇报，这安排工作都没法安排，办公会必须每周一次。第一次办公会我讲过一个观点，大家一个也不能少，只要愿意老同志们一起往前走，但是你要学习、进步、努力，如果不努力那就要批评，如果批评改正还是好同志，不改我也没办法，出路都在自己身上。现在还是这样，凡是进了红岭创投的每个员工都是同事，一个都别丢，我们一起往前走，有什么需要进步的一起去学习，有困难一起解决，有了这样的归属感大旗下，我们一起把今后的路一步步走好。

——张宇总裁在湖北分公司座谈会上的讲话

办公会汇报工作的注意事项

对于汇报工作提示三点：第一是各个部门在汇报工作的时候，要知道我们每个部门都是总公司的指挥部门、研究部门、执行部门，所以说要解决什么问题的时候，属于哪个部门的自己要先拿出方案来，而不是让领导想该怎么办。你要拿出各个分公司解决这类问题的办法，拿出办法以后上会讨论。第二点就是汇报工作的时候只要汇报自己部门的工作就行了，不是自己部门的事情只需要提出一些建议，是你部门的事情，你就要提出方案。这样大家汇报工作和解决问题的线路就清楚了，能够提出问题和想法还是值得表扬的。第三是任何一个部门汇报的时候都要讲出重点是什么，超过两个就不是重点了。平铺直叙十个问题，都不是重点，一定要有重点工作。比如今天我的重点工作就是双十一，其他都不是重点。

——2015 年 10 月 31 日第 36 期总裁办公会议

关于对统计数据的要求

刚才讲的统计数据，我们每一个部门在汇报工作的时候，统计数据的基础应该有，只要一涉及统计数据，就要有基本的概念，否则你分析什么，能说明什么问题，因为统计数据是为统计目标服务的，统计目标是为了统计分析、制定决策依据服务的，是连贯起来的，我要这个统计数据做什么？最后反映什么问题？针对反映出来的问题，我用什么样的措施能够优化？最后要有一个可以依托的措施，可以操作，然后一段时间以后，哪些数据发生了什么样的变化，才能看到我们的工作有什么样的成果。道理大家都懂，但是有很多动态数据和静态数据还是不清楚，比方我刚才讲的，一，现在的余额，这是很重要的，零售和市场部也有这个问题，第一个就是现在的余额，静态数据，总体的资产负债是多少，然后结构是什么样的结构，这是静态数据，里边首先要有比较，不比较也没有意义，比较第一就是我们讲的定比，就是跟基础相比，一般是去年年底或者今年年初的数据，你们以后汇报都要有这个比较，就是现在跟去年年底或者今年年初相比，是增加了还是减少了，增加是什么原因，减少是什么原因，我们希望它增加将采取什么样的措施，我们希望它降低又将采取什么样的措施，统计数据比较出来我们才知道，知道了以后，比如刚才我们讲有 12 万活跃用户，看来是不多，一百多万人只有 10%，还有 90% 的空间我们应该做什么工作呢，这就是我们各个部门要研究的工作了，这是静态数据。再从动态上看，从 2005 年到 2006 年，这个 12 万人的增量是多少，2004 年到 2005 年的增量是多少，有一个动态数据，可以反映出我们的管理是有效还是无效，是自然增长还是通过我们工作增长的，很多东西有自然增长率，社会大的经济在往前发展，小的经济也在往前走。所以我刚才讲的静态数据、动态数据，比较的，变化率的，都是牵涉到数学，牵涉到统计，这些东西在我们的统计数据里面都要反映出来，反映出来我们进行分析以后，下一步的工作才有依据。线上运营部每次都要汇报数据，投资理财部每次也要汇报数据，市场部和零售部都要，没有哪个部门不牵涉到数据的。数据首先讲就是一个静态的，就是目前是什么状态，然后就是比较，定比、环比、同比、基比，比较出来之后就知道怎么回事了，然后后面很多事情才能做，才知道我们该采取什么样的措施来使我们的指标优化，最起码两个数据、三个数据要有吧，这个月跟年初比，余额上升还是下降，这个数据要有，我才知道我们是往好的方向转化还是往坏的方向，转化速度有多快，跟去年同比一比就知道了嘛，然后环比就是这个月跟上个月比，这些统计的基础知识，我在会上讲的肯定不止五次了，希望以后每个部门搞统计的人，数据都要搞明确，写出来的分析报告有点意义，对我们的工作才能真正起到指导作用。

——2016 年 6 月 20 日第 19 期总裁办公会议

2.7 对做好保密工作的要求

商业机密不得给予外部机构

这个是需要的吗？他们不是监管，有些东西是不一定需要给他们的。他不能把我们的核心系统都拿去。如果他们知道里面所有内容的话，我们就很被动。以后凡是涉及商业机密一律不得给予外部机构，不能损害公司的利益。平安银行不行我们就找其他的银行。我们要以我们这个企业作为支点，任何侵犯企业利益的行为都不应该赞赏，但是需要配合的时候我们都支持。

——2014 年 4 月 15 日第 20 期总经理办公会议

公司数据资料的保密

我们全力支持你，花多少钱都可以。还有希望徐总把自己的业务档案保管好，不要被别人盗走。我们各个部门也要注意，现在制定的这些规章制度是内部资料，是商业机密，不要轻易外泄了。我们要注意保护自己的知识产权。还有什么？

——2014 年 4 月 22 日第 21 期总经理办公会议

重要资料的传送及保密性

重要的资料只能通过 OA 系统或内部办公会议传送。需要增强保密协议。

——2014 年 6 月 7 日第 28 期总经理办公会议

2.8 内部管理

对分公司陈情书的几点想法

我请示过董事长，我要让参加办公会的同志都看一下（分公司致董事长的一封信），以后我们各部门从信中找出自己应该提高、完善、努力的地方，我马上把这封信转发给我们办公会的成员，对照找出自己的不足，我也一样，找出我的不足。管理的能力、态度、水平等方面也要找出自己的不足，能力总是有限的，我对我自己的能力最高打60到70分，但是我一直在努力。对大家的表态就是我不会偷懒，一不会偷懒，二不会无原则地去伤害别人，我作为一个管理者，我所遵循的原则是公开、公平、公正，任何时候都必须这样，做错的要指出，做得好的我就要表扬，至于我自己的能力问题，我会努力，我做错的地方，我会改正，我也希望在我管理过程中有些问题，不管以什么样的方式向我提出来，我都会努力加以改正。能力问题只要作出了努力，已经全部发挥了出来，那就和社会比较了，不合适了就换人，这个也要实事求是，都不要敏感，没有能力的放在那个位置上，让他干，不是让人为难吗？有更优秀的人在适合的位置上，只会把公司的队伍带得更好。

我对大家表态，有什么问题，特别是我有什么缺点，有什么做得不足的地方，你们提出来，相信我会改正。要把这支队伍带好，首先我要把我自己管好，如果我管不好自己的话，这支队伍我带不好，这是我几十年下来总结的经验。我在管理中批评过很多同志，管理上的要求可能也比较严格，但是请大家放心，我没有伤害任何人的企图和动机，只是想让我们红岭创投能够健康往前发展，我觉得有些东西必须点出来，大家以后都能认真地对待自己的行为，对待自己的学习，才能进一步把我们的工作做好。

在今天的会议上，我自己也做一个自我检查，在我来红岭创投两年多的时间里，只是说付出了自己所有的精力和经验。但是效果可能没有达到，可能还存在很多需要完善的地方，因为我在银行工作了一辈子，来到红岭创投，我也想办好，但是确实我的能力也有限，我也讲实话，没有哪个人是什么事情都可以包揽的。何况这还是一个新的行业，这个新行业里没有规定、没有规则，一开始可能有很多动作都是违法的，我也在担心，我也在观察，怎么才能做到不违法、不违规、不让老百姓吃亏，还要承上启下，还要软着陆，还要带领大家奔上一条康庄大道，这里所用的思维和能力、精力，我是没有一点保留的。所以今天把11个分公司老总的陈情书公布给大家是经过董事长同意的，也让我们每个部门在陈情书中找到自己应该努力的方向。我看主要还是集中在风险管理部和财务部，我认为我们做的没错，到现在我都坚持这个意见，只不过是在方式方法上，在我们目前的管理基础的适应性上可能需要沟通而已，分公司的总经理有些是很优秀的，但有些人是不及格的，是很不及格的，如果我们没有制度去统一管理，没有是非标准了，我们这支队伍就没有办法带。他们都是从社会上招聘来的，有的也是推荐过来的，对于他们整个素质、检验、评价基本是看业绩，用规则来进行评价，我们对他个人是没有任何意见的，但是如果违反了规则，必须按照制度来。作为职业经理人，在这个岗位上，我也只能这样做，我心里才踏实，不能有人情的因素来处理管理上的问题，否则，对于红岭创投来说是一个灾难。我不会，我肯定不会，我一定在这里最起码公开、公正、公平，也希望大家也能本着这样的原则去做好每个人应该做的事情。我敢这样理直气壮地说，我肯定也能这样理直气壮地做到，这一点62岁的人不会开玩笑，也没必要开玩笑，大家可以听其言，观其行。你们已经观察我两年了，你们还可以继续观察下去，最后我的努力不一定成功，但是我尽力了，我是想把大家带上一条正道，带上一条大道，带上一条可持续发展的大路，每天都有进步，成为这个行业内有一点手艺的专业人员，每天在自己的岗位上不断进步，进步一点是一点，我们这个公司，这个事业，才能真正地有希望。会后我把陈情书发给大家，我们都是每个部门的主要领导，领导们回去以后把里面的内容好好看一看，对照自己的部门，有哪些没有做好，你们可以召集一定范围的会议，或者私下沟通一下，让他们讲得尽量具体一点。因为有些太抽象了，比如“红岭创投缺乏战略规划”，这句话太大了，我不知道什么是战略规划，我只知道红岭创投要生存，不能违规，要安全生存下去。我们现在的战略规划就是把几个产品搞好，使客户更加稳定，使我们这支队伍不断提高，让我们大家在任何地方都能就业，这就是我们的战略目标。其他的战略规划我不敢提，因为提出来也不一定能够做到。至于他们提出什么战略规划，我也想听听提出这些战略规划的同志们有什么建议，给我们提供一些参考。我以后再也不会把这样的建议放到办公会上来了，这是我第一次，也是我最后一次。这里的意见是要经过分析的，要经过判断的，要经过选择的，有一些讲的不一定对，但是有则改之，无则加勉，给别人说话的权利，给别人发表意见的机会，希望大家转达给各个分公司特别是11家参加陈情的老总们，让他们有意见可以直接找我。不要越过我去找董事长，因为董事长工作很忙，他有更高层，更大的事情要处理，包括资本运作。具体的管理是我在做，如果越过我，报给董事长，会产生一些歧义和误会，会让我觉得，是我做错了什么需要越级汇报。董事长把这个转给我，他没有批评我，等于是提示我，那我就要很认真地对待这个问题，我们参加管理的每一个同志都要团结一致，都应该认真地对待这件事。有人说，堡垒最容易从内部攻破，我希望我们大家能够团结起来，即使有不同认识的同志，也要允许他们说话，然后大家在一起沟通，制定出大家都能执行的规则，我们一起谈一谈，现在做不到，那就缓一步，那现在该怎么做，以后怎么做，一步一步地往下走，这样我们公司就有希望了，端正态度、听取意见、健康发展。

——2015年12月5日第41期总裁办公会议

建立互联网金融的生态

我把LendingClub关于风险控制的要点都看过了，那研究都不深入，就说明我们现在和全世界站在同一起跑线上，大家都在研究，都在往前走，而这种经济生活中所发生的支付、借贷行为是都会发生的行为，永远不会消失，这样民间借贷也会永远存在，这就是我们的市场基础。我们对着这样的市场基础，就要把民间借贷的所有行为在互联网上完成，速度就很快，量就可以做到很大。但是要规模大、速度快又安全，就要有一种形式，一种组合、一种控制方法，这是过去没有的，一开始一些小贷公司、担保公司想转型，大部分都垮了，因为它们对金融、借贷本质的关系，每个环节会出现什么情况，如何去处理，它们都不知道，就是我经常和大家说的，没有建立互联网金融的生态。在我们红岭创投这样的企业里，我们首先要看到生态是什么，然后看到生态如何建立，我们建立起生态再往下走，我们心里就有底了。我来红岭创投两年了，我的感觉是我把图纸画完了，图纸有建筑图、结构图，水电图，像这套图纸我画完了，往后就是施工了，这里面最核心的问题是什么？那要看你一开始设定的条件是什么，因为我们想把所有的借贷行为都拉到网上来，包括现在对企业的借贷，对个人的借贷、企业与企业之间的借贷、个人与个人之间的阶段、企业对员工的借贷，所有的借贷，只要有借贷行为，全都拉到网上来，都在网上交易，我们现在做得最多的就是传统做法，把它变成一个一个的标的，把标的挂到网上，让广大老百姓来投资。

——张宇总裁在筹备组负责人专项培训会上的讲话

标题：关于分支机构提出的问题

市场的需求大多，也不知道，我们能占到多大份额，也不知道，我们通过什么方法来占领份额，也没方案。统计数据的时候一定要统计出对我们发展有意义的数据，然后在此基础上制定我们努力的目标，制定我们可以操作的方案。我们的分支机构提的问题多数，我到了9个分公司，带的都是我们主要部门，包括市场部、审批部、计财部、零售部，都是一些部门领导或管理骨干，你们都听到他们提的问题。有些问题并不难解决，很多都是沟通问题，在青岛他们分析到最后，是他们错了，总公司是在执行制度，他们是想违反制度，这怎么行。不能乱叫，不知道的人以为总公司没有服务好。是你做得不对啊，我不是盲目听你讲，我是带着问题下去，看是总公司没做好还是分公司的问题。如果是分公司没做好，当然我们也有责任，责任在于培训。各条线的培训做到哪了，要让他懂啊，不然无知无畏。无知就敢乱讲，因为他不懂，他懂了就不敢乱作。我们红岭创投，包括整个行业，只要贷款放下去没收回来，多多少少都是有责任的，包括我在内。而且是终身的，即使没有刑事责任，但是在内心的责任是一辈子的，在银行工作过的同志是深有体会的。所有要让分公司的客户经理和老总能理解，能真正懂得这些道理，我相信好与坏他们能明白。为什么我一到红岭创投就把研究所和学院放在第一位，就是你如果不行我教教你。我们分公司老总说你要什么我都给你，你不懂我给你培训，给点钱让你花，但是有些东西我给你不了你，一个是个人品质，一个是信心和努力，这完全靠你自己。

——2016 年 4 月 11 日第 12 期总裁办公会议

关于对团结工作的认识

太阳终于照到我们，我们过去完全是没有太阳的，有些时候完全是照着我们的职业习惯，我们银行过来的就是银行的职业习惯，不同行业来的有不同行业的习惯，这些习惯是不是能满足我们这个企业发展的要求，我觉得我自己首先要学习。在主持这个工作的两年多里犯了很多很多的错误，有很多的不足，有些时候会不小心伤害了一些人的面子，但是有一条，绝无真心地去伤害人，一个没有，斩钉截铁地告诉你们，一个没有。但是这也不是优点，那么今后讲话声音尽量不要这么大，尽量以和缓的声音进行交流，让大家能把心里想说的话说出来，大家都有苦衷，都有一本难念的经，所以合作的过程中相互理解、支持和包容，误会是肯定有的，对于这些误会我个人是能尽量宽容点，多把信息搞清楚，信息不对称的对称了就行，搞不清楚就多做自我批评，看自己身上有哪些不足，偶尔犯错改了就好。我会努力和大家一起前行，只要需要我，我会和大家一起把红岭创投向前推进，哪怕后来能给你们出点点子也很好，因为对它付出了很多，绝不会去伤害它，绝不会去伤害在座的各位，我来红岭的三次办公会都讲了同样一句话，一个也不能少，一个人也不能丢。我没有开除过一个人，没有处分过一个人，没有撤过一个人的职，在座的各位凭良心想一想，是不是这样。所以跟大家讲讲心里话，往后还会是这样，有了错改了就好，信息不对称对称了就好，事实还是非，最后一定是要对大家都好的事，对一方好的事绝不是好事，对我们员工，对我们领导者，对我们管理者都是好事才是好事，伤害了哪一方都不是好事。就像我们做事一样，只对一方好的事不是好事，这是我的体会。这是我在这个社会上已经六十多年了，最终得出的人生的体会，如果我在工作中一不小心讲了太重的话，希望大家原谅我。今天办公会我多讲了些我自己的感觉，这些感觉不管是对的还是只是我自己的判断，总结成一句话，就是团结是最重要的，有意见可以正面提出来，把大家的意见统一起来，到哪都不会错。如果内部有问题，谁都没办法，如果外部有问题我们可以团结解决，但是如果内部有问题，又不明确，又不说明，又不能直率地说出来，这是瓦解一个企业最强的不利因素。我首先保证做到不会这么做，我首先把大家看成兄弟姐妹，就是有不同认识话说得重了点，也是把大家看成兄弟姐妹，大家可以从我过往的经历看，我讲话是负责的。至于有些同志讲的不负责任的话，我无须解释，我原谅他们，原谅所有人，原谅所有对我有误解的人。只希望大家保持一直功能，一种自我纠正的功能，回头去想想，我还有哪些不足，还有哪些需要纠正和沟通的，如果我们每个人都有这种思维和认识的话，那我们就容易团结，容易沟通。

——2016 年 5 月 17 日第 16 期总裁办公会议

关于对制度完善的重视

这个不要紧，这不是关键，关键一是必须有制度，第二个制度执行当中，还没有结果，那么就是董事长是从哪得到信息，反映信息的人是不是准确的，这非常重要，因为问我，信息不对称是造成管理上问题的最大起始点，谁都不会把 100 块的东西 20 块钱卖掉，但如果出现就一定有问题，看是不是这个事情，如果不是这个事情那不就冤死了。如果是这个事一定要处理，对公共资产不负责任。所以这个事情，我建议办公室写一个报告，不一定要在办公会上，要给董事长一个交代，执行到哪个程度，再不行我们每一个分管领导进行一次自查，包括分公司，就是对这项制度的落实进行一项自查，把资产报告一周内报上来，就把这个作为工作上的要求，和发现别人的反应。调查过后我们有结论和意见，加强这方面的管理，把这变成一件好事。让每个人都知道这件事，也许是有这样一个动机但是没有形成，也许是根本没这个东西，就是在这个过程当中。我记得我们固定资产很早就有这个办法，按照办法来查就是了这个责任是谁，总结经验，已经有了制度就不怕，看是哪个环节出了问题。如果没有制度，把制度完善起来，以后杜绝此类事情的发生。总结好最后由董事长审批，但是在处置这方面可能过去有些漏洞，我要做检讨的就是我没有及时地去注意这些东西，内部管理问题办公室一般能解决好的，但是反映上去董事长肯定不开心，一百块的东西二十块卖了，谁都不开心。但是不是这个东西一定要弄清楚，如果是有矛盾总结一下就把矛盾解开了。借此机会我们在这项工作上也抓紧，抓紧也没有什么坏处，王总你看好不好？

——2016 年 6 月 6 日第 18 期总裁办公会议

关于分公司与总公司意见不一致的问题

第三点，分公司现在对总公司意见很杂也很多，分公司群里，总裁副总裁们没有一个人发言，不是不愿意，而是不敢发言，怕说错话，因为一旦说错话，就会形成引导，会形成不同认识，立刻就会分成两派，这都是显而易见的，不能说，一说马上就有倾向性。在群里面是非不一定很清楚，所以大家就不敢说话。但希望我们部门的老总在里面说说话，因为你们和分公司老总是平级的，他们对部门有什么意见你们可以说话，这样总裁副总裁们都还有一个退路。上次我和李佳说，把部门的一把手全拉进去，这样大家讨论问题时，我们能够看出问题。因为全公司只能有一个声音，就是董事长的声音，其他人都别乱说话，我从不乱说，因为一说话，有正确的有错误的，各种各样的思想马上就分成两队，分成两队马上就不好办了，管理上就会出现问题，但中层干部讨论是可以的，我是这个部门，你说的是属于我管的，我不能不说话，这个时候分管副总裁有余地，我也有余地，董事长有余地，大家都在讨论这个问题，这个时候发出不同认识的话就没有问题了，因为你是专业部门，因为一个单位的组织管理，很重要的东西是不能搞乱，一搞乱以后没有胜利者，都是失败者，所以一个国家群里面，大家提的不同的认识，他们有的提的是对的，但有的提的也是无厘头，自己讲的自己把自己否定。有的老总说零售业务怎么能养活我们呢，这些说话都是有记录的，有的老总说零售业务干一笔就可以养活一个人，是这个观念。30 个人办理 30 个零售业务难吗？不难，他最后一看是这样，然后又反过来做零售业务了，如果我们领导在看问题的时候，还没有把问题搞清楚的话就表态，就这个怎么往回收，已经收不回来了。当领导的人可不能那么乱说话，到最后，你说话人家也不敢相信了。你要想也许是你搞错了，所以说不能轻易地去做这样或者那样的判断。所以我说解决的办法就是把各部门的一把手全部拉进去。当分公司

金融脱媒 中册 FINANCIAL DISINTRERMEDIATION

——一场经历金融改革的实践与演说

张宇◎著

中国经济出版社
CHINA ECONOMIC PUBLISHING HOUSE
·北京·

的老总在提出不同认识的时候,你们这群老总们,属于你们谁管的问题你们出来说说,前提是虚心接受,努力改正。我们说了,不懂就问,错了就改,只要有这两条还怕什么呢,这个队伍就好带,就能干好。我这个人不坚持意见,错了就改,因为有可能错,谁能保证自己全是对的,但应该是善意的。还有一种是恶意的,他们就别理他,不用跟他过不去,犯不着,这是分公司对于我们总公司有不同认识的这个角度,我提我个人的第一点看法。第二点看法就是办公室排一下,准备从下一周办公会开始,每周办公会请分公司三个老总参加,让他列席我们的办公会,让他有什么话在办公会上说,什么都可以说,视频也可以,但最好是现场。然后我们一起讨论,这样分公司有什么问题我们就可以一起讨论,这样的话我们就是一起的,千万不要把分公司和总公司对立起来,这样的话非出事不可,我们是一家人。我们是一伙的,你有什么事情要解决的我们帮你一起解决,你们问题解决了我们的问题就解决了,你的问题没有解决,我们解决什么问题呢?所以让他们来参加这个办公会,也就是说他们也是这个管理团队当中的一员,你也可以发表你的意见,不要说我们总部谁讲的话,你就非要去执行,不是这样的。我们有时候也没有做过很周严的调查,也有可能做出错误的判断和错误的指挥动作,这都有可能,但是当我们听到你们说的这些事情的时候,我们会立刻改正。我想视频是一种补充办法,如果说现场到的话,每周一个分公司来一个总经理,参加一次或者两次或者三次都可以。安徽的佘总,他到安徽上任之前,在总部待了3周,参加过三周办公会,到了安徽后该怎么组织清清楚楚。总部各个部门怎么运作的,清清楚楚,沟通起来就很方便,就没有误解了。有的分公司的也不是他自己的误解,有的是他底下的办事人员说到那个地方没有达到目的,回去汇报问题的时候就不全面了,就带有倾向性了,一带有倾向性的话,老总听了就不开心,然后他们也发两句牢骚,我们分管的领导也不开心。本来没有什么毛病,越搞毛病越大,越搞意见越大。实际上要是真把问题摊出来,没有多大的事情,不就是工作上的不同认识嘛,再大的事情不就是不同认识嘛,不同认识的话,大家统一认识就可以了。把问题摆出来大家讲通了就好了。所以说这个建议我们办公室王豪及底下的同志,看看怎么搞比较有效。如果他们有意见,然后又不愿意来,这个就另当别论。

我不想去要求大家这样做，就是说你看，这样做了你们有没有意义，如果他们也感觉有意义的话，那就请他们来参加几期的办公会。之后就知道了。

——2016 年 6 月 20 日第 19 期总裁办公会议

关于落实工作的重要性

刚才牛总讲的我同意，关键问题就是把它变成行动，我们每开一次会是要去落实，不是讲了一百遍我就还是没落实，下次还是这样，什么事都有一个落实的措施，怎么落实，交给谁去办。我们办公室有督办，你们有没有督办？就跟刚才讲的那个河南的那个事情，简直天方夜谭。他们被人把公章抢跑了，这不是抢劫吗，当时就报案，你都给他按到地上你不打电话报案，这讲得通吗？违反常理。人家都按你地上去了，抢你东西了，这是国家的财产，你还不赶快去报案。我就不知道他们在搞什么东西。牛总刚才那些我全部同意，这里边就刚才那些抢劫行为承担刑事责任。承担刑事责任他后边的日子出来看看是谁，我非看看是谁，无法无天了。他把你按到地上，你还不报案，都被笑死了，我听都笑死了。立马打电话报案，根本就没有什么啰唆的。如果没报案，谁没报案谁的责任。大不了谁是最后领导，谁负责任。所以我同意牛总的意见，那么这个处理的事情要落实，要落实，不是嘴上讲讲算话了。有时没落实的话这个会议就白开了，牛总也白讲了，我也白讲了，都白讲了，大家就听个笑话，哈哈笑，东西给他抢了，抢了算了。你老婆给他抢了看你怎么想。这个事情很过分了，我刚才头都大了，怎么还有这种事情呢。跟我们这个云南一样也是笑话，什么人家不给我走，你不打电话报警。这不是笑话吗，要立刻报警。至于你有没有其他原因，如果没有其他原因你为什么不报警啊，对不对？人家拿刀都要伤害你了，你还不想办法赶紧报警啊，先把人搞起来再说，你把我东西抢跑了，你本身就是抢劫罪，别的都没有了，就是抢劫，你抢劫罪该怎么判，立刻起诉，一起诉就把人说回来了。所以有些东西你光念不给他证据。所以我把你的直接犯罪人干倒了，干倒了他就会交代了，还是不是我的钱都交代了。刚开始林副总跟我讲过，很多事情都是小事开始的，哇啦啦地全出来了。有些是我们哪一些领导参加了，也让他亮亮相，在这个地方不行，在这个地方还是像在共产党一样，不能乱来，你要乱来的话跟你不客气。我就讲，资产保全部不管是驻点问题还是每个人工作的责任问题，很多工作要落到实处，不能说了就说了，说了就不知情，说了没进度。你说了要有进度，每件事情都要有交代，我相信我们参加办公会的这些领导们都是有责任心的，你落实我们就放心了，每件事情都落实我们这个公司就有进步了。好了，我就强调这几点。

——2016 年 6 月 20 日第 19 期总裁办公会议

关于对半年工作总结的指导

市场部的统计资料大家都看到了，这是第一步，第二部和第三步都没有做，你们知道统计资料是干什么的呢？拿出统计资料是来分析问题的，分析问题要提出针对性的解决措施，因为你开个办公会你只要提出问题，一定要分析过以后提出针对性的解决措施，所有我们市场部在统计资料出来了以后，结构啊数据啊比较啊，这些都有了，有了以后这些都是什么原因造成的，或者是什么方法能把它做上去，或者我们开展什么样的活动或者怎么样，最起码拿出一点措施，在这个措施拿出来以后需要相关部门怎样支持，需要总裁办公会议给予怎么样的支持，这样就把每一次办公会议，我们每一个部门所总结出来的工作下一步会有一个推进，而不是把数字汇报一下就结束了，最重要的是会上进行讨论提出针对性的解决办法，比如我们现在的增长比例，全年的工作任务，增长比例，好像不是很理想，不理想是什么原因。这个要找找，或许是我们管理上的原因，或许是基础上的原因，当然有一些共性的问题，也有一些个性的问题，共性的问题是哪些，现在我们红岭创投已经变成一个全国性的企业了，而且这个企业的架构越来越向全国性管理架构在走，慢慢地在充实，我们各个部门的工作也是一样，从过去的单独反映，到最后要分析提出解决办法，如果解决的办法针对性不强或者是不完整，可以拿到会上来集思广益，大家都帮你动动脑子，最后就会有解决的办法了，如果没有很好的解决办法，最起码有基础的解决办法，能把这个工作往前推进，这是第一点想法，如果有上半年工作总结的话，最好在这个总结上面能够提一些针对性的解决办法，这是第一点。

——2016 年 7 月 4 日第 21 期总裁办公会议

关于对分公司与总公司矛盾的解决方案的建议

我来说一下。财务上的问题永远是一个矛盾。就跟风控上的问题永远是矛盾一样,所以分公司对总公司应该讲就是审批和财务上的问题,一个就是希望多批我的,再一个就是希望多给我点钱。有不同认识都正常,我们不排除在核算方面有改进和修改的必要,任何时候都有,更需要分公司的领导理解,要讲道理,不能不讲道理。现在给分公司三个名额过来参加办公会,不来也可以,来是为了分公司的人过来了解一下我们总公司的办公会现在在做一些什么。都在研究什么,着急什么。分公司有什么难处我们也应该支持,也应该听听总公司有什么难处,沟通是很重要的。刚才说到55%的费用率是很高的,不是一般的高。在工行时,整个费用率不超过10%,深圳地区的平均费用是45%。现在我们的经营状况不是很好,如果经营状况不是很好,那是又一码子事了。现在为什么颜总讲到时很受委屈,最后算出来的比例有很多是不对的。不对的就不能宣传,在这种情况下要负责任,最终还是要解决问题。我们从总公司的角度来说,是希望把分公司都做好。我这次下去,换了新领导的公司,新的项目被老的项目一折,都没有积极性了,那总公司就借款,但是不是一直借,按照一定的方法,因为我一听这个确实是有道理。借了你就还,还是按照费用一点点地还。不能坐在那等着情况好转,因为还是要靠大家一起努力。那换了新的领导,我们按照借款的方式,而且规定在一定的时间内还。我提这样一个建议,原总你们回去研究一下。一定要给他们努力的空间,换人来还是会有这样的问题,一定要有解决方案。这个方案不一定是最好的方案,但是可以试一试,如果不行立刻改掉。新老花旦,这款限时处理,不是说钱给你,就没限制的时间了。如果还是做不好,那就换人。所以我就有跟新来的人力资源部的老总说,要准备后备力量,可以任意换总经理,一定要有这个水平才行。因为目前我们的梯队是跟不上的,不像在工行,指望大学生不行,我们在不同的猎头公司都要有备份。如果副总裁这一级都感觉到缩手缩脚的,那这部分工作就没办法抓了。所有的事情到分管副总裁这块时已经到顶,我这只是协调,董事长是下达战略任务的,主要的经营工作都是靠他们来负责的。财务上把这个事情试行一下，拿出办法来，尽快给大家会签，开分公司会议的时候让分公司的老总都提提意见，我就补充这么多。

——2016 年 7 月 4 日第 21 期总裁办公会议

关于内部管理的指导意见

管理非常重要，这个管理首先是袁园的管理，总经理对各个部门的管理，每周的办公会，办公会就是组织正常办公的，为什么要组织正常办公，因为办公会上才能发现所有的问题，不会有遗漏，不开办公会你几个部门所有的问题都遮掩了，最后要有个综合，所有别人不管的东西都要它来管，所有的东西都有人管了。几个部的老总都要汇报，不汇报就都是他的责任，而且大家对下一步的工作计划就制订出来了，我刚开始到红岭不知道他们公司根本不开办公会，想起来了大家开个会，就解决一个问题，解决了大家就散了，我问他们汇报什么，他们都不知道，我说这样吧，今天我们第一次开办公会，我连续开三次，这三次我只问三个问题，你们就只回答这三个问题。第一个问题，你们也可以考虑下，你在做什么；第二个问题，你想做什么；第三个问题，你需要我支持什么。但是他抓不到，想我要做什么，天天跟在老板后面，自己独立的什么都没干，90% 都这样，一天什么事情都没干，如果你一天没有 4 个小时的工作量，这个岗位就要撤销，这个岗位就没有意义了，你连 4 个小时的工作量都没有，我留你在这里干什么，或者并掉，两到三个工作岗位可以并成一个岗位，一个人干掉，因为这个工作量少。一线是有指标的，好比我工商银行分给你，你一个月必须把电话号码给我找齐，一共多少个，要搞不了换个人，工作是用量来支撑的，一线人员的考核办法都不一样，二线人员的考核办法就是固定工作量，一天上班只要有一半时间是在干活就可以了，一半的时间给你休息，但起码有 4 个小时工作。一线人员你回家睡觉我都不管你，你反正一周把任务完成，完不成讲什么都没用，所以他们又在想，我在做什么。第二句话你想做什么，第三句话你要想做这个你需要什么支持，慢慢就把大家汇总到一起了，想做肯定是对公司有用、对他自己有用的事情。你汇报你昨天做了什么，没做大家都能看到，想了一天，那也可以，你想了什么，用这种最原始的方式引导起来，把大家都结合在办公会上，每周是个节奏，是个管理，有问题后有专门的人在督办，文秘室是7个人，有5个人都是跟踪5条线，督办，办公会定下来的事情，有个秘书在督办，可能这条线上3个部门，有6件事情，到下次开会的时候督办专门有个总结，会开之前先讲下督办情况，谁完成了，谁没完成，什么原因，整个的管理工作就有个延续性，不会断。像我们分公司也应该有督办，分公司量不像总公司那么大，要管全国那么多的事情，工作量确实大，好多东西，分公司相对来讲就是个市场问题，市场就是为了赚钱，第二个就是分钱的问题，到最后就是，赚更多的钱，怎么合理分钱，所有的规矩都是按照这个定的。管理，通过像这样把我们总公司的管理逐步引到今天，现在我们几个副总裁每次办公会轮值，一个人轮值一个月，我可以参加，也可以不参加，为什么后面有会议纪要，这个机制形成了，都可以发表意见，只要最后决定的意见没什么大的出入，我这一签就发出了，这个机制会自动运转，我就可以来分公司调研了。

——贵州分公司座谈会

定岗、定责、定员

这是从袁总这里的管理，你现在在你这个岗位上，是不是把你这个岗位上所有应该做的事做完了，你这个岗位上该干什么活，你是有责任的，设立每个岗的时候，有三定，定岗定责定员，定这个岗就是对所有这个任务中环节是需要的，就要定岗，定责是岗上要完成什么东西。第三就是定员，什么叫定员？就是有时候一岗多人，有时候一人多岗，这就是定员。客户经理是一个岗，但是它人多，可能五六人完成的都是共同的任务。办公室可能一人兼多个岗，一个人要管打字、公章、印刷、人事档案，这就是一人多岗，要根据量来计算的，二线要用这种方法计算，包括会计部门还有其他一些人员，那就要看工作量来。每周都开这样一次会，大家在一起充分沟通以后，下一步工作制订了科学的计划，那么这个单位尽管他再怎么不行，也可以向前进了。市场怎么个打法我都告诉你们了，然后你们办公会就是研究这些打法该怎么打，怎么样、用多少费用，怎么样搞，让大家都能公平合理，通过自己的辛勤劳动换取自己的所得。一个公司的管理是非常重要的，就是到了年底一定要让好的就是好的,不好的就是不好的,我们总公司为什么要搞评比,评比就是给你们看的,公司是有规则的,如果什么你都不管,干好的和干坏的、干的和不干的、干多的和干少的一个样,都是一个样,这个公司就别管了,就没有正气了,好的同志得不到鼓励,他们就坚持不住了。所以总公司年底有三个员工晋级了,有个软件专门做360度评价,所有人都对他评,评过了以后把总分一加,加完总分最高的前三名,每人晋一级。因为我们每个公司至少有五个等级,都是从低往上走的,一般工作人员也是这样,室经理、副总、总经理,都是这样,总经理提档次就是工资往上涨,就是给你有上升的空间。最后的五名,按理讲是要降级的,要不然就让他走人,末位淘汰制,这次没有让他们走,我搞了个见面谈话,后五名360度评下来的,搞了个见面谈话,叫部门总经理、叫人事部跟他们见面谈话,你今年评的是这个样,明年可不能这样了,这不是我对你的评价,是所有人对你的评价,如果你觉得所有人对你都不公平的话,那就一定是你自己错了,这是多数人的评价,你不能不承认,这个原则你都要违反的话,那就没什么话说了。谈过话以后他们都没什么话说。一个公司到了年底,好的就是好的,不好的就是不好,慢慢地这个公司的正气就出来了,他就知道他平时干点小事,以为人家不在意,其实人家心里都是记住的,到年终评比的时候其实分数就表达出来了,我们就要去鼓励做得好的,不鼓励那些做得不好的,这样一来管理上就基本平衡了。

——贵州分公司座谈会

管理的四个阶段

管理一般分四个阶段,管理的第一个阶段就是命令,这是初级阶段。部队所采用的方式就是第一阶段,全是命令。这个时候结果是不需要执行命令的人去负责的,是下达命令的人负责,因为你这是执行。管理者一般很少用命令,一般是没有办法或者看得很清楚的时候采用。管理的第二阶段是辅导,什么是辅导?就是老师,教你去怎么做。今天我给你们讲市场该怎么打开,队伍该怎么建立,产品该怎么归纳,这都是在教,这是管理的第二阶段。第三个阶段称之为教练,就像踢足球一样,教练是不上场的,看到这个局势是怎么样的，打还是大家在打。大局教练看得清楚，你应该怎么去做，该按着什么方式去做，这就是我们参与这项工作的同事的素质已经达到某种程度的时候采用的方法，点一下就知道了，根本不用多说。前面这三个阶段的方法都是混用的，不同的工作，不同的人，采用不同的方法。最后一个阶段是授权，跟命令是反过来的，交给你了我啥也不管，同样责任也都是你的。做完以后只看结果，不看过程。这是惯例的最高级阶段，是管理者最轻松的阶段，但是要考虑值不值得授权，如果授权授错了，最后损失不还是你的吗？管理者也还是要承受这个结果。这四个过程是交错在一起使用的，在不同的事件、不同的对象，不同的时间里面是交错使用的，这是管理的基本规则。

——重庆分公司座谈会

协同的重要性

工作很重要的一点是协同，特别是部门与部门的领导之间的协同非常重要，万一反应错了，做了错误动作，好事变成坏事，这就是没有协同。我想把红岭创投做成中国第一家互联网银行，我们所有的操作都是按银行来的，因为我们最接近它，现在看来只有接近银行做法的，这个平台还有可能留下来，不是银行过来的人，能留下来的不多。很多人不懂，不是他们不想做好，而是他们不懂这个利害。所以我讲管理当中很重要的就是协同，协同就要有规则，规则大家都要共同遵守，否则后患无穷。跨过我越上去了，我不知道，以后那边有动作，我怎么办，无奈的选择就是我不管，没有其他选择。同样，你这边的部下越过中层干部到你这边来了，你回答了，中层干部怎么办？好多信息是你不知道的，不是说不能越级，越上来之后上边的人一定要通气，通气以后对于特殊情况的处理才好办，否则就会出很大的麻烦。力量整合不到一起去，有时候就会相互抵消，最后就事倍功半。

——湖南分公司座谈会 1

内部管理计划

我先把分公司跑一遍，听听都是些什么问题，带回去以后我梳理一下，交给各个部门,各个部门再针对性地解决一下。在解决问题过程中,第二块,我就一条线一条线地做了,一共五条线,我第一条线就要做风控,做审批,报上来我先看,我就在那上班,我看每个分公司一天能报几单,一个月能报几单,我就知道有多少数量了。上来以后我就要看里面有哪些东西不齐,该怎么做就怎么做了,我先看一遍,看过以后我再看后面的流程对不对,不对的话我来改,然后再听取大家的意见,一定把流程搞顺,在我们这个水平上,在我们这个设备和环境上,最快的速度,把它做好。这个为期不远,不会超过一个月,我就会坐到这个岗位上去,因为前面的调查还有一个杭州、深圳,杭州明天我去,去了之后就还有深圳了。往后我就要整理出来,今年的重点是管理,第一年是打基础,制度、招人、培训,都是第一年的事情。第二年是发展,一下设立19个分公司,管理肯定是跟不上的。今年的重点就是管理,我到基层来,发现问题,有时候大家有不同认识,我们可以交流,回去以后我再和有关领导进行交流,最后我一个一个调查,调查以后我也不会做决定,我把我的意见带到办公会上,大家一起研究。

——湖南分公司座谈会2

3 市场发展管理委员会

3.1 对市场发展管理委员会的工作要求概述

市场委的管理和工作要求

市场委的工作从以下方面入手梳理：

1. 所安排的各项工作要具有可操作性。凡在会上提出的建议，要立刻操作和实施。

2. 统计现有的市场人员并逐个下达工作任务。要求各市场人员找项目，人均5000万。

3. 统计二线工作人员的固定工作量，精简机构，每人每天直接工作负荷不能低于三小时，低于者，要增加工作量或并岗和调整。富余人员并岗入市场部，保证三个月原待遇，三个月后，按市场人员考核。

4. 本周办公会议安排的工作在下周会议前要全部落实。

5. 四个委员会常务副主任代表总经理，下达命令要无条件执行。

6. 市场客户资料要及时提交到市场管理委员会，相互配合工作。

——2014 年 1 月 7 日第 7 期总经理办公会议

市场部应有网页操作方面的培训

关于网站方面，市场部培训的时候要有介绍网页的部分，保证每一个人都很了解我们网页的操作，这样的话在进行营销的时候才能是很顺利的。同样分支机构的客户经理也要了解公司的网页，掌握网站的操作流程。

——2014 年 1 月 21 日第 9 期总经理办公会议

第一步是对公司内部的管理机构和制度的完善，目前已经初步完成。下一阶段的工作重点将是打开市场，部门要围绕异地市场往前走，推动项目的进行

我们第一阶段的工作是对公司内部的管理机构和制度的完善，目前已经初步完成。那么我们下一阶段的工作重点将是打开市场，要在异地设置分支机构。各部门要围绕异地市场往前走，推动项目的进行，把我们整个的市场工作推动起来，在大的发动机的带动下，不断往前。全体人员要做好准备，努力让红岭在互联网市场上占有一席之地。遇到别人的过错，要宽容；遇到自己的错误要反省，经常反省才能进步。

——2014 年 1 月 21 日第 9 期总经理办公会议

努力发展投资人和优质客户，做得好的应奖励

公司各级领导及员工可与市场部建立政府公务员联系渠道，并对推荐者给予一定的奖励。对于贷款方，一定要抓好分公司的建设及深圳市内的优质客户；对于投资者，全国 13 亿人都是我们的客户，如何留住投资者需要市场部的努力。以后市场部的工作汇报可概括为三部分：(1) 投资者情况的汇报；(2) 贷款项目(者)情况的汇报；(3) 市场部内部管理。

——2014 年 3 月 25 日第 17 期总经理办公会议

市场原理和规律

市场部的工作较杂、项目多，但是每件项目落实的方法和力度需要提高。有些问题放在会上讨论是为了解决在发展中出现的问题，这样大家就知道如何处理问题，如何去思考，如何落实工作。因为我们是互联网金融领域的企业，经济部门的核心就是市场，只要把市场的原理搞清楚，把买卖的角色搞清楚，把价格搞清楚。遵循这个规律办事情，应该讲是不会失败的。市场规律就是买方和卖方的转换，如果只有一个人来，我们又很需要这个人，可替代性也很差，那么就是卖家市场。当某些东西稀缺的时候，往这方面走的人就会增加。这是市场的规律。马克思在研究经济学的时候，讲过

一个平均利润率。资本的流动都是根据项目的利润程度流动的。当利润率达到平均利润率的时候,资本就会向更高的地方流动。这是随着社会的发展随时发生的。那么我们红岭在做任何事情的时候都不要忘了市场,不要把任何一个人放得太重要。我们要来的这 200 人,要求全部到银行进行实习,回来以后就是我们的风险管理人员,这样他们即使走到市场岗位也是可以的。我们公司的情况也是这样,慢慢要提高制定方案水平。你掌握了市场规律以后,就掌握了金钱的方向。西方经济学中提到了价值规律,价值规律就是市场。市场就是交易,就是买卖。这个可能有点学术,但是大家要知道这个实质,这样你在操作的时候就不会惊慌。下一个。

——2014 年 4 月 15 日第 20 期总经理办公会议

公司市场的拓展

因为公司在转型,在这个过程中可能有人跟不上,现在设计的产品不多,队伍要理清了,公信贷怎么推开,每个人的任务是不是该下了,包括 600 个房地产公司,由哪些人负责,资金需求量有多少的调查在做吗？还有同业的公司调查了吗？深圳有多少直贷公司,有多少担保公司,当它们的资金流动新出现问题的时候,他们把好的资产抵押给我们的时候,我们同样可以接受。还有众筹这一块,项目的众筹,股权的众筹,信托产品的众筹,租赁产品的众筹,这是下一步内涵式提高的内容。还有一个问题,部门老总不在的时候要有人参会,回去进行内容的传达,重要内容要落实。

——2014 年 4 月 29 日第 22 期总经理办公会议

市场部详细计划的制订、检查与奖惩

我只要你三个数据,第一个是计划数,第二个是计划执行情况的检查,第三个是下一步的计划。就是这个月的公信贷准备增加多少,怎么分配,然后到月底的时候检查一下公信贷完成了多少,为什么没有完成。这个计划是要自己制订的,这样的话你的工作才有序,才知道怎么抓工作。月头抓计划，月末检查计划。查出原因以后要制订出新的计划，就这三件事情。再往下挖一层就是，没有执行计划的怎么奖励，完成计划的应该怎么奖励。这个就全部联系上了，然后在具体的环节有人负责就可以了。所以下次汇报的时候，就是公信贷这个月计划多少，完成了多少，没有完成了怎么办，就这些内容就可以。还有就是要办公会帮你解决的问题，如果没有办公会需要解决的问题，我们就过了。

——2014 年 5 月 6 日第 23 期总经理办公会议

发展投资人、借款人的方法、活动、产品、服务等

会签过以后拿上来。市场部的管理工作，今天讨论的多是行政管理部分，这个不是我看中的部分。重点的工作，一个是投资人这块，对于投资人加大活动的力度。由市场部牵头，企划部和线上运营部配合，共同制定各类活动。市场部要把活动放在首位，不仅仅是刮刮卡。市场营销的办法有很多种，那么哪些营销活动是适应我们这个领域，适应我们这个领域我们又能把活动开展开的，然后就要求做到花钱少，见效快，收益大。我们的平台已经建立，这些活动是可以不断推出的。市场部管投资的部门应该在一年内推出几种活动，做什么类型的。这样的计划比刚才的汇报重要得多，这才是公司生存的关键问题，所有工作应该围绕这个来做，而分公司的设立可由综合部负责，这些都没有技术含量的，你的技术含量是营销活动。第一是有哪些营销活动。营销活动的核心是产品，那么有哪几种产品？刮刮卡只是其中的一种，公信贷也是一种，其他的还有哪些呢？从贷款项目上来看，根据银监会和总行发布的《三个办法一个指引》，贷款项目可以划分为四类，包括流动性资金贷款、固定资产贷款、个人贷款；一个指引是指贸易融资，我们称为表外业务。所有银行产品都可以归成这四类，而我们所要找的贷款也是这四类，但都是大类。那么公信贷只属于个人贷款中的一个产品，市场部在研究时就要从这四类下手，固定资产中还有哪些产品，流动贷款中还有哪些产品，我们就要这样分解出各类产品。然后每一个研究好了以后，就会变成一个模板。网贷企业的针对性现在还不强，如何有针对性地研究出一批对网贷企业所用的产品，就非常有意义。比如银行现在有些产品叫开发贷、土

地贷等，实质上都是房地产贷款，四证不齐全的帮开发企业拿土地抵押也是一种产品，我们是不是可以专门分为一种产品，这个产品做完以后就可以抵给企业了。这些都是我们应该研究的方向，又如过桥贷款，种类繁多，又可细分为投标、融资等过桥贷款，每个模式都不相同，都可研究出对应的模板。市场部在下一步的工作中，这些才是核心的问题。有了产品才能有营销，有了营销才能有东西。而现在的营销是针对已有的产品进行营销。如18%的大标，通过对其营销，一旦大标上线，我们筹集的速度就会加快。但这是否能深入人心，是我们未来需要探讨的问题。因此，市场部主要考虑的问题是：营销问题、产品问题和客户服务的问题。客服的话术应该如何规范，你们要好好想一想。还有刮刮卡的刀币系列暂缓，先把红岭的大事记印在刮刮卡的封面，或者宣传银监会或者国家银行的政策，多宣传红岭的东西都是很有意义的。刮刮卡派发出去，本身就是一种宣传。第四个事情，目前有多数人还不了解P2P，根本不了解这个行业，所以一定要在刮刮卡最明显的位置附上客服电话，无论客户有什么疑问，我们都能替客户解决问题，才有意义，形成帮助投资者的坚强力量。这个宣传、这个教育、这个普及，对我们来讲是要做很多工作的，有时是点对点，有时是面对面，还有的时候是从技术上面做，还有是从市场方面做，每个角度不一样。

——2014年5月6日第23期总经理办公会议

总公司业务量不足的问题分析

除了上面的三个问题，最后才是贷款项目、业务量、贷后检查的问题，这些都在市场部。深圳分公司有那么多的人，有的分公司多的人员是明显少于你们的，但是他们的项目已经报了不少了，你们和他们比较怎么样？你要算一下这个总量。这都是你们市场部的内容，只要你的指标考核到位了，对他们抓紧一点，他们应该能作出成绩来，做不出的话就是两方面的原因了。不要轻易批评谁，一定是客观上哪个地方没有注意到，和大家讨论一下。如果你们真的有想法，可以提出来。总公司和分公司的业务量的差距，因此出现了问题需要和大家讨论下。调查是解决问题的开始，再实事求是地解决问题，是工资低还是政策不对，你们都可以提出来，调查以后就慢慢成为解决问题的方法。这几个都是很重要的问题，会议纪要要标一下这几个重点，市场部工作的时候要有一个依据。

——2014 年 5 月 6 日第 23 期总经理办公会议

对市场部工作管理的要求

我们要按制度办事，不得按照人情。若是担保，按照担保制度办事。关于逾期客户以文字报告的形式汇报就好了。安排项目经理负责周总特批的项目，由项目经理负责贷后。具体内容回去和胡总汇报。

市场部的工作到目前为止是让人不满意的，有主观也有客观的原因。胡总的加入，主要把深圳和全国各地分公司的市场搞好。过去的政策可以延续的继续延续，对于有些问题尽可能地不要去伤害，但是要实事求是地调动员工的积极性，跟不上的要和他们谈谈话，帮助他们。希望下周市场部能汇报实质性的东西。

——2014 年 5 月 31 日第 27 期总经理办公会议

对目前市场的看法

目前的市场从性质上看是：贷款人的市场、投资人的市场和客服的市场。这三个市场服务的是不同的对象，只有这三种要素组合在一起的时候，这个市场才是完整的。缺一不可，少了哪个部分这个市场都是不成立的。所以现在市场部管理的是这三个市场；我们在制定发展客户、发展市场规划的时候，线上的发展和线下的发展是两个重点；在投资客户当中，还可以分为小客户、散户、中型客户、大客户、集团客户，这些客户分类无论是线上还是线下，主要在线下。市场部要根据这样一个思路和结构去安排。现在把线上运营部划到市场的原因是其已经市场化，至于在市场管理委员会下如何摆放，先让子弹飞一阵。如何契合得最好，才是最有意义的。线上运营部最近完成得不错，但是对于沟通之间、公司的发展还可以起更大作用的时候，我们要激发，要做地更好，遇到困难的时候也应该要支持它，当它做得不足的时候我们应该要提出。比如说新网页，给人感觉耳目一新,比过去的界面要简洁多了,但是我很遗憾的是,曾经跟他们说过把全世界所有 P2P 的网站的功能并集,并未体现在新网页的设计中。功能并集中我们缺什么,补的东西是解决什么问题的,我不知道。只是几个大方面,要我自己来归纳我没那么多的时间。推动一些新的工作,新的制度,第一件事就是调查。先把情况调查清楚再下手。几条腿要同时走路,手机端没上就失去了 98% 的客户。这些东西是我们市场发展最根本也是最有效的东西,但是并没有。没有怎么办?我们就借助别人的渠道。如果从大的线上运营的角度,可以与点击率高的网站合作,本身就是一种宣传。这种链接能不能做?发红包、链接阿里巴巴等都是推广线上营销的方式。我们如何衔接好?让客户赚钱,开动脑筋,用最高效的速度将我们的产品推出去。线下这块最近胡总想了很多的办法,因为线上线下都属于市场管理委员会。所以说,市场这块今天没内容汇报可能是准备汇报。最近市场这块,困难很大,第一就是人才。给市场部放权,去找人才,找到执行力强的就行。如果执行力很强的话,一下就做开了。若做不开有两个原因:执行力差和激励制度跟不上。需要什么激励制度提出来。深圳分公司的贷款没做起来,因此深圳分公司要尽快地整合好,把贷款整合好,把投资这块整合好,把服务(客服)这块整合好。从线上和线下的角度。希望下周办公会提出具体的方案。

——2014 年 6 月 28 日第 31 期总经理办公会议

对市场部开展工作的要求

这个阶段的工作,还是之前的工作,都还是那几件事。第一个是市场的问题。最近一直在考虑市场的问题。第一是担心没有项目,中途担心通道,现在又在担心投资人。其实这是正常的现象。但问题是我们看到这种现象,从项目到通道到投资人,每一件事情都是这样,总是有问题。就看总量的平衡点在哪里。市场的两头:投资人和项目之间有个函数关系,最后的表现是在利率。当投资人大于项目数利率肯定下降;项目数大于投资人的时候利率肯定上升。一开始不是正常的现象,而我们老是喊降利率降利率,最后 15.6% 的标用了一个星期的时间。因为我们的量太少。在这个阶段,如果想大规模地做开,投资人这块最重要。利率搞下来后,项目才会增加,项目增加,质量才能上去。当我们24%的时候,是挖小贷公司的市场。风险永远和收益成正比。投资人的发展是有这样的线性关系。市场利率是平衡的,资金供求是平衡的,如果投资人增加,我们的利率就往下走。而我们现在需要寻找到这个平衡点。如果把证券公司的投资者,我们给证券公司12%的利率,剩下的6点,我们分他们一半,这个市场是很大很大的。我们现在的互联网金融学院,在培养人才,所以说,在我们同时走几步棋的情况下,市场部门要努力。现阶段,我仍在弄机构。这次回去,安徽基本没什么问题,8月份基本上是安徽了。现在丁总在设二级分公司,起步4个亿。从队伍建设、风险管理建设、市场建设逐步抓起来。用机构来拉动市场,这个效率高,但成本低。我们把风险控制住,业务上和管理上给予支持。现阶段,周总监在两个月内,将剩余15家分公司全部完成。估计到8月底,3个是没有问题的。市场机构部,平时要多督促。组织相关筹备组到分公司学习,加强对筹备组的辅导和支持。在已开业的公司重点推公信贷。对于分公司的干部任免、考核都要总公司这边负责。随着分公司的逐步增加,管理一定要跟得上。机构的发展,一个是周总监,一个是大银,一个是综合委主任这边都要加快脚步,多花精力。因此,这几个部门要抓紧。其次是市场发展的项目从哪里来。当我刚到红岭的时候,做过指引。对于现在,现将小贷公司、担保公司、信托公司作为我们市场人员进攻的方向。因为哪一个省会城市,小贷公司都不会低于三五十家,它们的项目多了没地方去,而且多数小贷公司的融资成本是高于30的。当我们24的成本进去后,把它们的盘接过来,这个市场非常大。担保公司和小贷公司是一样的,它们经常担保银行担保不了的,缺乏担保条件的,这些都是我们市场人员应该发展的方向。第三个是我们目前做得最多的——房地产。这个也是我们市场人员需要攻的方向,因为只有它们能够承受那么高的利率。第四个,是各家银行、信托公司。它们的客户经理、信贷员,他们手上都有很多项目,我们给他们贷款,给他们回扣,都是公开的。按照公司的制度执行,又没什么风险,为什么不干呢?还有一些租赁公司也有项目。项目来源方,和下面的客户经理要讲清楚,给他们方向,同时包括过桥、典当等都是市场部人员攻克的方向。现阶段,市场部确实人员不足,管理者都应该多思考,多担当。所以说,市场部对项目的来源,要开拓思路,把自己想做的事让一批队伍完成。第一阶段,估计大多数大学生都应该去跑市场。对于他们的培训,也需要管理者们多动脑筋。总公司的市场部,我们如何将信息散出去,让市场知道,也是需要思考的问题。第二块是投资人。投资人的量应该超过我们项目的量。这是市场规律所决定的,客观规律,不是仅凭想象的。怎么把投资者的量弄上去,胡总刚讲了好多点。二八效应,我们要找到这个二。所以从券商下手,但是客户群在哪里?在电信、移动。再往下,保险、银行,大型的系统企业。我们现在还没去宣传,还没做到这步。我们能不能再去跟电商谈谈?我们和它们走的不是一条路,所以说有很大的空间。京东、苏宁等都已经做大了,都是我们可以发展的方向。如何做到位,如何让每个人知道。市场这块,如果力量不够,向各个部门分配。我提一个口号:全员抓市场,全员抓风险。包括我们的企划部。管理是在管企业,但有一半都是在管自己。从投资者角度,一个是项目方一个是投资方,发展的位置是线上和线下。线上有线上的方法,我们这边的有关部门能否也思考一下,拿出几个方案。线上这块有很多东西可以做,包括和其他网站的链接,都是可以学习的。网络上现在已经有很多很好的产品可以借鉴。第二,就是传统的 P2P 业务,这个业务不能停,还要大力发展。这个人少见效快,不需要很多人。如果我们在监管上受到挫折的话,起码我们还有一块业务。什么都有可能存在风险。而现在原始的 P2P 在我们网站上也是有的,而现在给了我们这个平台,我们却没有下工夫,所以将传统的 P2P 交给线上运营部负责设计。线下这块主要靠市场部,将刚刚所讲的部分加强。需要什么条件,需要什么支持提出来。包括线上和线下,落实成一件一件的事。要清楚干什么、谁去干(责任人)、多长时间完成、完成后需要的代价(结果)。如果不鼓励干得好的人,就是对干得不好的人的纵容。因此,奖罚必须分明。因此,市场永远是第一位。所有的需求供应都是第一位,我们公司也应该将市场放在第一位。希望市场回去好好将问题消化一下。好好开一个专题会,下周拿出计划。

——2014 年 7 月 5 日第 32 期总经理办公会议

对市场部工作的要求

针对市场部目前的工作，我讲几句。市场部始终是我们所有工作的中心，任务最多，压力最大，受批评也最多。制定工作方案的时候要考虑方案的可操作性和执行力，把方案落实。运营部关于全世界 P2P 网站优点的并集，到现在还没有结果。希望你们尽快完成这个工作，通过比较参考可以让我们的网站更人性化点。市场部还没有完全规范，公司处于成长中，现在有一帮老师在带着，每天都要学习，要能出新东西，如果跟不上就要调整职位。公司在成长过程中市场永远都是第一位的，对于市场的研究、开发、方法大家要梳理下，每个部门有关市场方面有些什么事，怎么落实、落实的枚举演绎方法都要掌握。现在工作一步步往前走，顶到年底再总结，会上少描述，多搞点干货。内部刊物的雏形总经办先搞出来，然后交给企划部，每周出纸质版和电子版，属企业内部绝密，有些东西不能上，综合委主任把关。5 大 P2P 平台的周交易数据统计，现在交给计划部。向全国其他分公司介绍和推广深圳分公司关于金融机构名录和客户经理名单的收集方法。

——2014 年 8 月 16 日第 38 期总经理办公会议

对市场部统计表的建议

你们的统计表还要有改动：第一，要列上所有分公司的筹备组，贷款余额是 0 就是 0；第二，每周要有一个报表，要有开业日期、时间长短、到现在是多少数额、累计是多少、批了多少、出账多少、本周增加多少等等数据，要全面反映分公司的进度。第三，要保证一张表能反映所有的数据，也可采用树状图的方式。这是我对你们的统计工作提的一些建议。你们还有没有要讲的，没有的话我对市场部的工作提一些工作安排。

——2014 年 8 月 23 日第 39 期总经理办公会议

对市场委各个工作的要求

同意通过分公司筹备组设立管理办法的修订（分公司筹备组设立管理

办法在原有基础上修订,在会上讨论,分成四个阶段,人选认命阶段,人力负责;预筹备阶段,市场部跟进;达标以后正式筹备,包括选址,人员招聘,综合委员会负责;开业以后,总经理直接领导,相关条线业务管理)。市场部工作是所有工作的源头,工作量很大,现在投资者的营销搞了五个方案出来,这个应该常态化,每周搞一个。和机构的合作要扩开,不能局限于现在几家,整个思路要展开。项目越来越多,机构不再逐步成长,稍微用点力就更多,光放线上可能不能满足,可以想线下的办法,和信托合作起来,或者证券公司合作,做个尝试,把我们的产品打个包让它们拿去卖,把思路打开,每天都要有项目上来,在线上吸收不了就要想想线下的办法。市场部、线上运营部、企划部统计每日的工作量有多少,每天至少要有3个小时的工作量,不然过一周还是这样子没进展。很多企业都是这样,随着企业管理质量的提高,好的企业不是这样,每天的工作计划实施有速度、密度和质量,我们要尽快把这个事情做好。

——2014年9月5日第41期总经理办公会议

对市场条线工作的分析

有没有什么补充?市场条线下是线上运营部、市场管理部、客服中心、财富中心,两个一级部门,两个二级部门。市场问题始终是最重要的问题,为什么我把市场放在第一位,市场搞不好后面什么都没有,市场现在在结构上,之前讲过就是三块,一块是投资人,一块是借款人,一块是服务,你怎么变来变去就是这么三块。刚才胡宏敏副总经理所提出的问题,包括线下的业务问题,发展投资人问题,等等,这些问题都是投资人问题,以后你们汇报问题的时候要有个系统方案,大家一看就知道市场部是三大块,第一块是投资人,分为集体投资人、集团投资人、个人投资人都是属于投资人这一块,一定要归纳好,不然汇报别人听了也是晕的,总结工作也是晕的。而刚才讲的投资人线上这一块和线下这一块,包括找朋友,都是找单个投资人;跟中国联通和中国移动这些大单位谈是属于集团投资人;还有一种财富中心下面的应该讲也是一种产品销售,只不过是一种理财产品的销售,就是把我们的贷款贴上红岭1号、红岭2号,或者加上财富1号、财富2号,加一个名字就行，根本没什么复杂的，这就可以找那些20%的掌握80%财富的线下大户，这都是投资人。

我讲这三块，以后我们市场部汇报工作首先整个系统方案要有，整个市场里有投资者、借款者、客户服务这三块，投资人有个人的、集体的、集团的、二八定律的；借款者方面，包括项目的贷后管理，贷后的跟踪，利率的收取、激励政策；第三块客服中心，怎么样让投资者在投资过程中无障碍。

刚才胡宏敏副总经理讲的收取手续费的时间点，收取比例，这些东西方案谁提，这个方案计财提；线下债权转让方案市场提，会下讨论有什么问题补充，最好会下会签，大家看一下，没意见了到会上就一下子通过，这是最好的。发展新的投资人包括奖励有没有方案？不能是设想，想做的事情一定要有方案，最起码有文字的东西，奖励的比例是多大，多少人多少规模，哪些方法进行，30个分公司筹备组都要往下推，怎么个推法也应该有个方案。这就是具体方案，每件事情都得有个方案，有个方案才能讨论。市场部我就讲这么几点。

市场这一块因为我们发展得非常快，大家做得很不错，值得表扬，但是确实有很多新东西需要我们探讨、动脑筋，还需要我们去学习。这次收费问题，把国际上国内收费标准都拿出来，这就是靠谱的，经过调研的，这不是我们创造的。我们做任何事情都应该有基础，都要有背景，有条件。刚才讲的投资有哪几项内容，我觉得讲得已经很清楚了；贷款这一块有哪些工作包括贷款管理、错配、定价，都要有人去落实；客服中心的体验问题，30个分公司都要有体验部门，有个体验的环境，很多产品很方便推销。我先从市场部门讲起，其他部门都有这个问题，一个是系统方案，一个是具体方案，系统方案提不出来具体方案都是孤立的，上面得把它拎起来，不然到处都是散的，一散没办法管理。现在我们这个团队是个总行级别的，以后可能很大，我们的知识都不够，都需要不断学习，即使我管理过总行，还是感觉不够，都是新东西，一边学习一边体验，大家再一边交流一边提高。市场部我暂时就提这么点建议，回去把事情落实，你们提的我都同意，都不反对，要快要具体，另外要知道面对的是30个分公司。

——2014年9月20日第42期总经理办公会议

由分公司和体验店开业谈到市场的发展

我们两周没有开办公会,没开办公会的原因是有比办公会更重要的事情要做。就是我们全国一部分分公司和分公司筹备组的体验店开业。这个可能是我们现在非常重要的一个方面。因为一开始我们是考虑到项目的不足,没项目等于0。有项目以后,风险控制要跟上,否则项目也等于0。有了项目,又控制住一部分了,投资者又不行,跟不上还是不行。我们现在又在忙投资者,投资者跟上的话下一步可能就是电脑的问题了,可能就是瓶颈怎么去解决的问题。这两次办公会议的时候我都在外地,安徽、江苏,还有河南三个地方。这三个地方应该说还是很顺利的。在当地还是引起了比较大的反响,这个我就不一一说了,也了解了很多的情况。因为本身这7个体验店就是试点,通过试点总结经验,然后大面积推开。因为我们的初衷就是解决这个市场上的窗口问题,桥梁问题,学校问题,市场问题,发现这些东西,研究这些东西,然后使我们红岭创投这样具有中国特色的、我们自己特色这样一种新的商业模式、金融模式,能够稳步运行下去。因为这本身就是一项很新的工作,我们过去,就我而言从来没遇到过,这里面很多的问题,绝非是简单学一下,模仿一下,定一个一般性的制度就可以完成的,它有很多东西涉及方方面面的参数,内容很多,怎么样能够有机地把这些东西结合起来,又能够做出对老百姓、投资者,对我们贷款者,对我们的国家,对我们的企业,对我们的金融体制改革有益的事情,这也是我们身上很重很重的任务。

——2014年11月1日第47期总经理办公会议

市场部跟五个机构合作的汇报要求:做出并集和交集,注意共性和特性

这里我再打断一下,这里面你要搞一个并集,还有一个交集。什么是并集,就是跟这五个机构合作,合作哪几个事项;交集是五个单位当中,有哪些合作的项目是一样的,这样你的思路就清晰了,一样的东西作为重点,因为它可能是主要东西,不一样的东西作为特点,因此汇报工作的时候要注意共性和特性。要不然这么一搞,我们一头雾水,五个单位,谈下来到底谈了什

么内容，这样就是并集，可能有10个内容，但是其中有哪些内容是一样的，有的可能是3个是相同的，以后汇报工作的时候思路要清楚一点。

——2014年11月1日第47期总经理办公会议

市场部发展的建议

中农工建交的规模都很大。如果从省行跟我们合作的话，到时候跟我们分公司对接。现在它们也在转型，中国银行目前所研究的问题也在摇摆当中，它们在考虑合作还是自己搞一个平台。有的行在赶时髦，在弄P2P。但是它们的网上银行和手机银行早就有了，有些大银行在和P2P抢，这不是在掉价吗？可以某种程度上展开合作，变成分支、推销、来源的内容，可利用P2P帮忙卖，或者做委贷等，可以是一种支持，当成它们触角的延伸，特别是流动性的问题。所以说我还是回到市场，全员搞市场，包括有几个部门做得挺好的，例如互联网金融学院对于培训人员是及时的、有效的，我们全国分公司是感谢的。但是体验店一开起来，代理、联营等后面要进行大面积的培训，内容要不断地完善。我们当时在弄互联网金融学院就是为了培养，所以将企业把互联网金融学院看得那么重是有原因的，这次体验店、互联网金融学院搞得是不错的，其他几个部门也是不错的，但是它们是属于比较典型的。市场部应该是全员搞，大家都要重视市场问题，因为没有市场什么都没有，风险控什么？电脑干什么？综合部门搞什么？通通没用，市场永远是第一位的，我们要研究、分析、理解市场，我们在市场找出运行规律，然后找出我们想办就能办的事。下一步关于体验店还是一个大事情，首先这个统计报表三种类型的体验店的核算和管理办法都还没说，我就讲到这里。

——2014年11月1日第47期总经理办公会议

把最传统的东西搬到互联网上，重点有二：一是把优质的项目找回来，二是让投资者最大限度地获益

好了我来讲一下。现在就是把这些最传统的东西搬到互联网上，这是

一个必然。即使我们不做,以后也会有人做。银行的业务到最后也会这样做,你们到以后会看到这个结果的。我们只是先做一步而已。我们等不及了,所以就一把推出去了,推出去以后我们的重点是什么? 一、一定要把优质的项目找回来;二、我们宁可少赚钱,让投资者最大限度上获得利益上的提高。就这两个原则。

——2014 年 11 月 29 日第 51 期总经理办公会议

市场部的工作要拓宽宽度,加快进度

你们市场条线现在是四个部门,一个是搞市场信贷的,还有是搞投资理财的。投资理财这块你们搞了一个联通,这个进度不错。但是后面的几个都还很慢,你们要几个同时去搞。有那么多的保险公司,有那么多的网上商城,有那么多的移动通信,还有那么多的银行。如果你和哪家银行签了的话,就不得了了。我们要是和江西的中行连上的话就了不得了,像这种路子,我们市场搞投资人,搞集团客户的都应该想到。所有能够产生集群效应的我们都应该去搞,而不应该等着领导去安排。当然我们过去没有这样的机构,现在有这样的机构了。设立以后,搞高净值的这一部分非常好,但是你们不能仅仅是搞这一块就把其他的放弃了。

——2015 年 1 月 10 日第 1 期总裁办公会议

市场部门是一个执行部门,它不能设计产品,也不能评价风险

这样的话就清楚了,在后期的贷后管理过程中,市场部门是一个执行部门。产品的话,它是不能设计的,而且风险评价这个东西也是不能评价的。它只是把这个东西收集以后交给上面来评价,评价后就进行五级分类。

——2015 年 1 月 10 日第 1 期总裁办公会议

市场会议建议分开开

我建议你们分开开,这样的话总公司的人就不会少很多,每天的工作还能正常进行。如果三个会议一起开的话,一下子就又是一个年会了。你们

要独立地指挥你们的系统。

——2015 年 1 月 17 日第 2 期总裁办公会议

对市场条线工作开展的要求和建议

市场的事情始终是大事，第一的事情，每次汇报的时间最长，这也很正常。因为没有市场什么就没有了。没有市场是最大的风险，所以我们的精力第一是把它放在市场上，对市场上提出的一些不同认识和建议、批评，都是为了让市场更快、更优质地向前发展，这是对条线的重视，今天汇报的情况都是我们在研究工作，不存在对哪个人，哪个事件的批评，但是提示是始终存在的。另外还有一个体验店的问题没有汇报。我来讲一下，体验店的工作现在也是重中之重，是我们发动有效投资人的实质性的、稳扎稳打的战略部署，抓体验店就像抓储蓄存款一样去抓，而且要把我们的体验店建设成能够自己生存的生态环境，那么就是向金融超市方向发展，不仅代理我们红岭创投的产品，以后等我们做好了，可以代理任何金融产品，包括各家银行的理财产品、保险产品、信托产品等等一系列，硬件上可以代理任何电脑、手机及与其相关的配件。因为我们下一步的体验店可能要推得很大很广，在推的时候就要考虑如何建立它本身的生态环境，这样才能使它生存下去，我们体验店的员工们才能有稳定的收入，所以说市场条线的工作是很重的，也很光荣，我们大家都很关注这一块。安徽那边计划春节后在合肥一下子上 100 家代理店，包括把合肥所有的彩票店、卖酒的全部做成我们的代理店，我都支持。包括从我们总公司的市场条线对分公司的扶持，和抓典型、推广它们的经验，实际上是我们总公司的非常重要的工作。市场条线还有一个比较重要的工作汇报得不多，就是我们的客服中心，客服中心最近的工作压力很大，包括他们的标准话术怎么去解释，出现危机的时候话术怎么回答等等都非常重要。技术含量不高，但是反应速度必须快，必须准确，我看我们客服中心的负责人今天也参加办公会，在你们这块工作上我始终是在管理，因为市场三大块嘛，一个是投资者，一块是贷款者，一块是服务，另外还有一块是分析，网站运维这块。就这么几块，大家在每个点上把自己的责任心尽到，把自己的事情做好，我们整个公司的工作就好做得多了，当然市场条线的人和力量目前还跟不上，还需要增加人，还需要培养队伍，甚至领导力量现在也弱了，可能还要再加强。我们每一天每个部门的工作能够安排好，能够有效，这比什么都重要。最后对市场条线我就提这点想法，希望下周的办公会议上今天所提出的问题都有一个落实。

——2015 年 3 月 1 日第 7 期总裁办公会议

市场部和投资理财部两头无限发展的思路

还有什么？我来讲一下。刚才项总讲的很对，一头是市场部，一头是投资理财部。我到红岭创投来，我就看中这两头，如果我不看重这两头，我就不会来了。因为市场这一头无限大，我们就朝这个无限大的方向走。我们所采取的所有措施和方法，都是如此。就是要让所有的项目都可以在这个平台搞。为什么搞特标、议标，为什么搞 6 个事业部，为什么全覆盖就是这个原因。把所有需要钱的项目全部拿到我们这个平台上。另外就是投资人无限大，那就是老许你这块。投资人这块无限大，刚才项总讲的也是很清楚。体验店、集团投资客户、红岭商城等所有的方案都是为了增加投资人，而这个投资人的方案怎么定？线上的，线下的；集团的，个体的。在每一个层次、角落、层面、专业，都是投资人，那就是我们总公司的投资理财部该怎么安排我们的投资理财计划。体验店是我们的一个试点，因为我们投资人在底下必须有一个示范，或者让客户体验，或者能够紧密接触到投资人的这样一个场所。它里面的意义：桥梁、窗口、学校、市场，这些概念当时的提出，就是要起这个作用的。而现在慢慢地，体验店还要建立属于自己的生态。自己的生态就是说它可以代理各种理财产品，不光是我们本身的，这是我补充的啊。我过去就说过，不光代理软件，还可以代理硬件，你就去卖点电脑、手机，或者其他的小产品有什么不可以的呢。你只要有门面，你只要愿意代理，人家都送上门。就没人动这个脑筋。我们那些都是门面房，而且租金每个月都付，换了老百姓，他要是自己有一个门面房，他自己养活自己是根本没问题的。我们还有高端的东西，就是代理理财产品，我们本身就是在卖自己的理财产品嘛！多少银行有多少理财产品？多少保险产品？多少信用卡？这些代理都可以进行。体验店要有自己的生态，它如果没有好的领导，找个小老板来管,搞不好他还有点市场头脑。小老板要是赚了钱就跟他分成,赚了钱,你要是把这些人给我养活了以后,然后一个月有一半的收入或者多少的收入就算他自己的。房租我来付,保证很多小老板来干。还有品牌在这里,怎么能搞不好呢?甚至你就把它开成咖啡店,也卖咖啡有什么不行呢?思路要放开。但是最终的目的不是做这个买卖,最终的目的还是要寻求客户、寻求投资者的。在寻求投资者过程中,要给他体验,让他帮助我们去宣传,然后越宣传越开,然后使我们的产品上去以后,让更多的人适应我们的投资理财方式。比如我们的 APP 上来了,发展情况怎么样?我们都不知道。那体验店也是要体验的。苹果的 APP,三星的 APP 都出来了把,出来了以后体验结果怎样,我没看到体验资料。多少人下载了,多少人使用了,也没有统计。我们做出一项成果,但这个成果的效率怎样,我们要做一个调查。APP 还是很方便的,在手机上点开就可以投资,就可以转款,很方便,我们的业务已经走到终端了。这个终端你还不拼命地去宣传。之后我们的特标议标一上,投资理财产品就搞,应该讲我们的市场就打开了。我们现在赶上了一个非常好的机会,就是银监会、人民银行"让子弹飞一会儿",从来没有说我们半句话,没有干扰过我们任何经营。这一点我们应该感谢我们的政府,应该感谢我们的国家领导人。没有任何指手画脚,那么我们趁着这一段时间,能够迅速地把业务铺向全国,能够迅速做大以后,也为国家提供一点决策的依据,也为我们这个行业工作的每一个伙伴提供一个发展空间,这总是一个好事情。前边两个部门,一个是投资理财,一个是市场,这两个部门是我们最重要的部门。两个都是老同志,你们的经验和你们的稳重、谨慎,我一点都不怀疑,但是我需要的是你们的激情、效率,是你们新的知识和你们管理全国网络的能力。在这方面要加强,我说过,只要别懒,不懂就问,错了就改就不怕。我也相信你们的自尊不会比别人差,还有什么困难提出来,我们来共同解决。好不好,我就讲这么多。

——2015 年 5 月 23 日第 17 期总裁办公会议

公司发展目标及目标实现的思路

我和陕西的张胜利就讲,我们现在在做的这个平台就是互联网银行。

互联网银行目前是最新的银行，所有的环境都是最新的环境，所有的理念都是最新的理念。几年以后陕西分公司就是站在陕西所有银行的前面。那么所有的工作就要按照这个组织和安排来做。我现在已经看清下面要接着怎么去做了。现在宜信总是在讲大数据，这些都没用。陆金所天天发红包，如果一直这么搞也没什么发展。我们现在就是建设一个全国性的互联网银行的格局，就是中国第一个互联网银行，但是我们不对外宣布。我认为我们是能够成功的，如果成功的话，那我觉得是非常有意义的。我们每个部门的负责人就要看看自己还有哪些方面没有做好，赶快提高。如果错了，改正就行，但是不能不改。如果错了，你们提出自己的意见，大家讨论都行。但是不能等，不能放纵。我的目标就是7月底我们这边所有的问题都要解决，特标和议标要有100亿元，这个就是目标。这个目标怎么拆分就看你们自己决定。包括分公司怎么分公司，它们的队伍怎么建设，项目来源怎么来，这边的利率怎么定都已经讲完了，现在就是实施了，执行的过程中有什么问题我们再解决。市场部在市场方面首当其冲，投资方面我们的投资理财部首当其冲，你们都是老同志了，是我们新来的大学生的榜样，但还是要不断学习，做好榜样。同样我们分管的两位领导，还有我也要不断学习，从我们自身不断提高。

——2015年6月13日第17期总裁办公会议

公司全员都是客户经理，全社会都是我们的客户经理

第二个是客户经理管理办法，下一步我们主要是特标和议标的推开，包括我们的体验店，特标议标推出就是降利率，一旦降了以后产品的质量不一样了，质量好起来了，那么我们在寻求项目的时候面就变大了，很多的企业需求会变多，那么通过怎样的渠道去宣传就是市场的问题了。我昨天在云南，现在云南发展很慢，我给他们讲了一个小时，录音整理出来，对几个已经开业的分公司以及发展太慢的分公司给它们听一听，主要的思想就是现在客户经理。实际上，第一，从市场来讲是全员在做市场，我们所有的人员都应该放到市场上去，包括我在内，都应该做市场，全员市场，全员客户经理，这个提法是要有的。

第二个就是说对外来讲，全社会都是我们的客户经理，重点就是金融行业里面所有的客户经理，就是中农工建交等所有的银行、小贷公司、担保公司等等都是我们的客户经理，因为它们手里的项目都是我们能做的项目，只不过利率有所区别，过去我们24%高了，现在我们18%，16%，甚至15%这个程度的话，这个市场供应马上就不一样了，华融资产管理公司的年化收益16%的资产是双零，没有逾期，没有欠息，这个参数是很厉害的，等于告诉我们16%左右是安全的，15%～18%这个区间应该是安全的，我们的特标议标都可以降到这个水平，实际在市场中是存在安全区域这个基础的，利率市场化是在寻找这个安全区域，投资者的安全区域，贷款者的安全区域，更重要的是市场经济发展平衡点的安全区域，市场实际上就是供求，不同阶段的供求不一样。这种市场形成的过程就指引出哪里需要投资，有这个投资以后越急的投资可能价格越高，利率就越高。赌场就是这样的，按小时算。它认为它把这个钱借过去以后，一把掼上去，两秒就回来了，两张扑克牌一翻开，它钱就赢回来了嘛。它就没想到它输，它也可能输。它就根据这个供求关系决定利率、价格。一个是从时间上，有供求，另一个是从项目上，它有需求。这个项目的市场供应量怎样，如房地产价格上涨的时候，说明房地产比较旺，供不应求。和股票一样，大家都愿意买的时候，才会涨，都不买，就会跌。涨的动作提示给我们一个资金流动的方向。全世界的资金也是这么流动的。马克思不研究出平均利润率嘛，就是全世界的资金最终的利润都是趋向平均的。资金的回报率是趋向于平均的，因为信息充分以后，哪个地方的利率高，资金就往哪里流动，一直跑到利率下跌，因为它供应大了嘛。跌了以后它又往其他更多的地方跑。投资者根据资金的流动当中的供求，截取一块，然后做存贷款，做项目，投资、基金……都是围绕这个来的。只不过是在投资的阶段不同，第一阶段是风投，然后到私募，到信托最后到银行，变成理财，风险和利率都是一点点下降，安全越来越高。风险和收益是成正比的，这三条曲线在一起相互作用。

讲这么远的意思是，我们在做全员营销的时候，分公司在做营销的时候，我经常喜欢用大银做的事情，就是要到2000个客户经理的电话号码，这个非常有意义，就能划片、划区域了，社会上掌握项目最多的还是银行。项目尤其是好项目，第一考虑的就是银行，然后才是信托、小贷公司、担保公司，最后才考虑到P2P，像我们这样的单位人家未必相信你。但是这个过程，这个项目的来源你一定要和他们接上轨，要比你直接找项目来的快得多。

——2015年5月30日第18期总裁办公会议

零售业务、市场、对公业务等重点集中在12家已经开业的分公司

放在传统P2P板块给他们卖就行了，以后这种联营的形式都是这样的，不要进入我们主要平台。这个零售风险部现在产品并不少，而且利润空间也不少，都是七八个点，速度稍微慢了一点，而且在我们12个分公司中推行的力度小了一点，现在要善于把一些做得比较好的分公司一些做法迅速地推开，12个已经开业的分公司就是我们的支点，我们的管理对象实际上就是已开业的分公司，筹备组也是我们的管理对象，但是还没有进入我们最终的整体管理范畴，所以12个分公司的所有事情都是我们在管理，零售业务也好，对公也好，市场也好，财富中心也好，所有的公司主要精力是对着12个已开业分公司，未开业的分公司或者准备开业的分公司也可以做，但不是重点，它的基础还不具备，连信任度都没有。你可以跟12个分公司直接下指标，包括品种的指标、数量的指标，包括利润的指标、不良资产的指标都可以，下过去以后就可以进行日常的管理了，融金所的事情最终怎么做还是要请示董事长，如果决定真不做，我们这边服从。我这边建议是放在传统P2P板块，看看董事长有什么建议，如果合理，按照他的意见办。

——2015年6月27日第22期总裁办公会议

市场部和投资理财部的工作职能和职责

我们现在对市场是分成了两块，一个是投资市场，一个是借款市场，也是由两个部门来分管。后面就是我们的风险部门，是这样的设计。贷款部分都是在老叶这里，相当于过去的信贷部，各个分公司的信贷员都是由你们管，你想这个担子有多重；另外就是我们许维刚总这里的，是负责储蓄的，这个怎么抓好。你们两个是两个专业的头，怎么样把工作做好，拿出一些积极

有效的办法出来。我们肯定会在制定任务上责无旁贷,会努力去想点子,那么我们作为这两个部门的领导,身上的责任应该更重一些,也更具体一些。

——2015 年 7 月 4 日第 23 期总裁办公会议

投资理财部和市场部的重要性和工作思路

目前公司最重要的是两个部门,一个是投资理财部,一个是市场管理部。剩下都是为你服务的,包括风险条线和计财条线,都是为你们服务的。所以这两个部门一定要把你们的工作真正地抓起来,不仅仅是在态度上,从组织架构上、管理的科学性上要下一些功夫。不是说每天从早忙到晚就行了,要忙在点上,而且确实是有效,比如和广东联通的合作,这个事情就是比较有效的,是直接可以看到效益的。

——2015 年 7 月 4 日第 23 期总裁办公会议

解决问题是关键

但是回过头来怎么样去看这些问题,解决问题,那么市场部在任何时候都是在前面的,解决问题的时候也是在前面的。我们一开始对贷款的审批、贷前调查、贷后管理都是有问题的,都是不完善的,有人的问题,有制度的问题,有我的问题。主观上来讲,没有人想形成问题,但是客观上形成了问题。那么怎么办?只能把这个问题看清楚,是什么问题,然后怎么解决。最终是要解决问题的。总公司机关的这么多同志都是解决问题的,从各个岗位上解决问题。发展才是硬道理,只有发展才能解决问题。

——2015 年 7 月 11 日第 24 期总裁办公会议

市场部的重要性

市场部的工作我每次都要讲,因为这是我们整个红岭创投里面最重要的部门。所有的业务起点都在这,那么起点如果开得不好,我们所有的工作都会受到影响。所以说,我说在工作汇报过程当中,一定要有非常集中的力量,而且非常重点,一看就知道我们要做些什么,一定跟我们总公司的战略目标是一致起来的。每项工作的完成都是有步骤的,第一是什么,第二是什么,第三做什么,一步一步做上来的。

——2015 年 7 月 25 日第 25 期总裁办公会议

市场部和投资理财部是公司的两头

这是我们的另一头,整个红岭创投就两头,一头是市场部,一头是投资理财部。市场部是找项目、产品的,投资理财部就是找投资人的。我到红岭创投来就是感觉这两头无限大。许总来了以后,投资人的工作慢慢上了轨道,而且大家听汇报也听得出来,里边是动了脑筋,也是有一定成果的,但是我要强调的是,投资理财是我们的另一半,另一半的工作。从某种意义上来讲,它就是基础,没有投资人什么都没有。从市场角度来讲,没有项目就什么都没了。所以这里的工作也非常重要,那么投资人不光是对我们市场部所列出的项目进行投资,同样对我们的零售,对其他六个事业部的投资方面都是全覆盖的。

——2015 年 7 月 25 日第 25 期总裁办公会议

投资人数量与利率市场化的关系

它不是平衡被打破,它这是一个规律,包括我当时在当信贷员的时候,有很多的生产企业,只要产品一好销,原材料就跟不上了,搞供应的人整天屁滚尿流,去买材料,当材料供应上的时候,产品卖不掉了,他一天到晚去推销。这都很正常。就是说目前我们出现投资人增多,实际上就是利率市场化一个非常好的现象,也是我希望看到的一个现象。因为投资人越多,利率下降越快,越快越安全,是这样一个趋势,这是好现象,开始出现了,我们整个战略思路的考虑已经开始显现了,还是要继续加大力度,要知道在我们红岭创投投资的人数还不到 60 万人,而全国在整个银行系统的客户至少有 4 亿人,4 亿和 60 万怎么比,太多了,倍数都是没办法比的,我们要用我们 40 多个分支机构,把投资人还要往我们这边拉,拉得越多越好,然后利率只要在 10% 以上,上去都是秒杀,那就可以了。

——2015 年 7 月 25 日第 25 期总裁办公会议

市场人员的重要性

在风险控制的过程中,因为我们这市场人员可能是占多数的,结构应该是这样的,企业里面市场人员的结构至少要占到三分之二。市场人员要占到整个团队的三分之二,这个比例才对,包括一线的,包括对市场的管理,都算市场条线的。这个市场条线占了三分之二。因为只有这么大,才能养活企业,只有这么大,才有可能研究这个东西,搞个三五年,后面养活一大堆人,你管我、我管你是不是迟到了,明天我管你是不是没上班了,这些啊,你管得再好也没有用啊。没有市场是最大的风险,没有业务是最大的风险,一定要有这种认识,所有东西市场是第一位的,当然我们搞市场的人也一定要带着风险控制的思想去搞市场。

——张宇总裁在湖北分公司座谈会上的讲话

市场人员的培养

对于这些市场人员的培养,如果说有了市场、有了产品、有了人,怎么把这个武器交给这个人,让人去使用这个武器,然后这个武器才能去打仗。你讲简单很简单,讲复杂很复杂,一定要把某些动作分清楚。首先武器我们有了,我们四个标都是武器,卖产品推广市场上就是这四个标:特标、议标、快标、本标都有了,所有的贷款形式全有了,我们下面的市场人员掌握了这些武器了吗,如果没有掌握,可能第一步要让他们全部掌握这个武器,掌握这个武器用什么方法?第一步就是培训,那么现在我们市场人员有多少要进行培训呢,如果讲全员市场的话,全员都在培训,不光市场部的人员。培训的整个过程由金融学院负责,但培训面由我们市场部负责,包括我们整个总公司的每个同事对于我们红岭创投的产品都应该有所了解,不要别人问你一个本标你都不知道,你都不知道什么是快标,那不搞出笑话来了吗,当然培训的形式很多,可以以授课的形式,可以以一些小册子的形式,可以以组织一些活动的形式,把我们主要的产品,现在我们已经设计出来了,下一步怎么把我们这些主要的产品包括6 个事业部一个一个交给我们的市场人员,我们的市场人员各个分公司都有,各个分公司你集中培训也行,分开培训也行，不要用多长时间，最多一批一周就培训完了，没有更多的东西嘛，有模板，培训完了就做个验收，验收就明确你们的市场在哪里，你们一个地区有一个地区的市场，我们的市场人员就是种子，这些种子还可以往外派生，派生到各家专业银行、派生到各家商业银行、派生到各家小贷公司。

——2015 年 8 月 15 日第 28 期总裁办公会议

市场可操作性与退档问题

市场部的工作我早讲过，一定要可操作，那么基础操作就是，我再重复刚才的话，我们有什么产品，有多少队伍，我们这些队伍掌握了这些产品没有，如果掌握了这些产品，我们去寻找我们的市场，我们的市场在哪里，等找到这个市场以后把产品卖给这个市场，或者通过中间人卖给我们市场，这就是市场部任务。你所有任务都是围绕这个市场任务建立，包括培训人员，包括项目报上来退档过多的原因是什么，首先它的推广类型，是不是我们的产品类型，是不是按照我们产品模板去做的，如果底下都还不懂，那当然会退档，有很多东西都是基础的问题，基础问题你不解决上面问题肯定解决不了，所以退档过多它本身就有问题了，本身贷款标准就不知道，就是这个标要有什么标准不知道，要规定它，必须达到什么要求，达不到这个要求退档多了以后，分管的领导我就要考虑了，你还行不行，你要什么培训我给你什么培训，你要什么资料我给你什么资料，剩下的是你的问题，不要把你很多很不讲理的道理拿出来跟总公司说三道四的，分公司说我们要求太严了，要求严难道是错的吗，老是退档没有原因吗，那原因是什么？我们处理任何事都是有原则的，好多贷款是不可能退掉的，有些可能严一点，严一点是允许你申诉的。

——2015 年 8 月 15 日第 28 期总裁办公会议

市场部管理制度的建立找重心

围绕这个重心去建立制度，去考核检查都是有意义的，最终有任务了，各个分公司有任务了，有多少任务，完成情况如何，你可以组织评比，可以组织奖励,也可以组织惩罚,可以开展一些风姿多彩的活动,包括优秀客户经理的评选、优秀贷款项目评选等等都可以,这里面工作很多,但最基础的是我们能做什么。我是拼命把所有产品结合建立起来,现在基本上完成了,另外把这套流程、生态建立起来,从贷款到最后贷款的出品,这个也基本建完了;第三个是把管理的架构建立起来,现在也建立起来了,制度、产品、构架、战略方向基本上都建完了,现在就靠我们每个部门一个一个落实到位,如果落实过程当中有什么难度,我们可以在一起讨论。所以讲在生态上我们已经建立完了,但在每一个节点上要一个一个落实,在落实当中遇到的问题我们再修改,修改后整体的红岭创投管理系统就形成了,形成了管理系统以后我们在整个业务发展过程当中不断提高和完善,不足之处我们再修改。

就像我们经常提出问题,我出个靶子,给大家来打,你们都来打我这个靶子,有什么问题都可以提出来,有问题可以讨论,有个中心,如果连个靶子都树不起来,大家都像散兵游勇一样都不知道自己干什么事情。

——2015 年 8 月 15 日第 28 期总裁办公会议

对市场部工作的指导性意见

这个市场我们主要讲的是贷款的市场,还有一个市场是投资的市场,就是许维刚同志负责的,也一样,我们大家也是围绕着你们的,你们做不好上面就没有意义了,因为你是投资者来源,光有来源没有运用也不行,光有运用没有来源也不行,它是相辅相成的,这一块大家要平衡好。实际上营运部门是一个组织部门,把各种要素组织起来,没有专门去做市场开拓的,没有专门的内容它也是一个空的东西。一段时间以来我们各个部门还是比较努力,现在投资者数量在逐步增加,光靠我们网站上自然增加率,或者做几个活动增加多少那就是天方夜谭,必须有投资理财部,包括我们的体验店专门干这件事,那才能成批上来,包括我们的联通,以后都是我们的客户了,辽宁联通也在干这个事,项总那有标准合同,我们已经行使了,相对靠近,相对靠近就简单了,这也是一大块。这是我对市场部下一块工作给的一些指导性意见,围绕这个走你就不会错了,银行是围绕它的贷款产品走,我们互联网金融也是围绕互联网金融产品走,这个产品的建立、产品的设计、产品的内容,然后把它交给我们的队伍。队伍的准备你们是主要的,人事部门是辅助的,是帮你们去找的,他们都是辅助的,是围绕你进行武装、建设的。

——2015 年 8 月 15 日第 28 期总裁办公会议

关于市场部如何提高工作效率

我们林梅花同志上任,现在产品有了,队伍也有了,现在要把这些产品交给这支队伍推出去,就是这件事,过程中产品有不完善的提出来,在交给分公司培训的过程中,有什么不完善提出来,在交给他们以后要给他们任务,对完成任务的情况要进行统计和评比,如果有什么问题,提出来,三个问题上如果都没有问题的话,最后全是你们的责任,我今天对市场部的工作做了最简单的总结,就是这些,没有其他更多东西。当然按照这种标准来做包含的东西很多,包括六个事业部的内容都在里面,牵涉到租赁、典当、信托、保险、PE、VC,都在本标的项目里,但是特标、议标、快标的内容都不一样,但最基本的工作就是银行信贷员的工作,就是对项目的考察,对项目的了解,对借款人的考察,尽调的模板我们全有,还有哪些不完善的地方,提出来,需要哪个部门支持,哪个部门就支持,有了这些流程,就赶快推到各个分公司,每个分公司都有队伍,把这些产品交给他们,让他们到市场上去销售,有了这些武器才能去打仗,之后就是检查、督促、评比,这就很清楚了。做工作我经常说非常简单,就是四个要素,第一,目标,我们去干什么,第二,谁去干,第三,什么时候完成,第四,完成以后的奖惩,没有更复杂的了,在工作上只要围绕这四个环节去做,你就错不了,你的效率就会提高很多,不要把边边角角的东西研究半天,那解决不了问题,你抓住一些主要的问题,结果就出来了。

——2015 年 8 月 29 日第 30 期总裁办公会议

供应链金融的本质

市场管理部的很多日常管理工作也是我们总公司日常管理工作的缩影,现在市场管理部工作有点计划性了。包括对产品的设计推销,包括对产品类型的建议，实际上，我们现在除了 P2P 这一块是新的以外，实际上线下很多业务就是把银行业务倒过来做，不是先吸收存款，而是先去找贷款项目。

那么为什么银行最后都走向了供应链，供应链为什么成为银行那么火的东西，就是因为在正常贷款中，抵押物已经抵押了，没了，信用贷款一般也不敢放，然后国有企业也都是当官的，真正企业的发展速度快与慢，内在动力不是那么高，所以各方面的需求，使它走向供应链。供应链的本质就是以这笔贷款所买的物资给这笔贷款作抵押。那么它最终的标准就是这笔货物一定可以卖得掉，一定是畅销产品，这就把市场检验出来了。只要是畅销产品，供应链金融做的话就非常简单，一点都不难，几个环节把住就可以了。所有的银行都走向这个方向，因为它不要担保，不要抵押，实际上你如果要钱，要 100 万元，可以，干什么，你去买什么，如果你买的东西是马上能卖得掉的，下家都签好合同了，那还担心什么，货权在我这，你卖了，钱就回来了，就是说我代替你操作市场了。实际上银行，好像是银行，实际上也是企业了，是企业的支付部门了，就是这个本质。

所以市场部要去找项目的时候，供应链金融遍地都是，没有哪个企业没有这个环节，只是利率高低的问题，它要是能做成一个项目、一个产品的话，那个利率就在一个合理的范围内，投资者也知道这个非常安全，最起码比银行的要高得多吧？如果很安全的话，只要比银行高的话，银行的资金肯定要过来。那只是时间和量的问题，量的问题就是投资人的问题，人越多，可能利率越趋于平均化，这也是一个规律，到最后市场规律是一样的，一样投资是一样的收益，一样的风险。

——2015 年 9 月 26 日第 33 期总裁办公会议

市场的重要意义

市场永远是最重要的。所有的起点在市场，所有的终点也在市场，发现问题在市场上，解决问题的方法也在市场上，所以说在商品经济社会中，市场永远是我们的大头，我们要不停向市场学习，不停从市场上寻求解决我们发现问题切实可行的办法，这个是经济工作永远不能离开的主线，千规律万规律,价值规律第一条就是市场经济,市场经济的核心就是供求平衡,供求平衡在我们这边来讲,就是项目和投资的平衡,平衡的支点是安全性、效益性、流动性,这三性在过去的信贷课程当中都讲到了,我们这个也不例外,都是这样的情况。所以说我们每个部门,每一个同志,都应该深深地认识到,市场是我们的老师,所有在市场上各个角落各个层面的每一个市场的因子都是我们学习的对象。

——2016 年 3 月 21 日第 10 期总裁办公会议

关于如何更好推销市场上的产品

市场上的项目我们分了类,大类分成对公和零售,当然还有一个很大的一块,是同业,这次我在分公司搞调研的时候就说,同业市场是很大的市场,同业市场是非常值得研究的市场。为什么说同业市场这么大,我们流动性的解决、市场上的需求,很多同业,我们现在,六个事业部里面所有的工作,可以说都是同业,那么同业类的性质和银行同业类的性质,也很接近,互通有无,我们的标可以给别人发,别人的标可以给我们发,我们可以买同业的银行的债券,同业也可以买我们的产品。但是同业在总公司来讲,还没有提高到比较重要的位置上,要请市场部在市场这样一个大前提下,发展里面首先是三块,第一块是零售,第二块是对公,第三块是同业,这个逻辑关系清楚了。发展的第一步,由这三个类别里边,零售我们有多少产品,对公我们有多少产品,同业我们有多少产品,一个一个都可以理出来,把这些产品都枚举出来之后,我们要交给别人去推销,推销靠谁?靠客户经理,除了专职客户经理,我们还需要大量兼职客户经理,这样才可以把我们的零售、对公和同业产品,大批量往外推。在这里边又有一个探索和研究的过程,因为我们现在目前这个行业是新的行业,为什么我们做得很辛苦,就因为它是个新行业,没参照物,没有人指导我们,不像金融系统、银行、保险、证券,有一行三会,它们早就有人指导和规范,它们所有动作都有依据。我们这个行业,到目前,没有一个有依据,就是真正的国家给予政策性的依据,没有。这样又难,又不难,难在哪里。而我们这个行业走到现在没有依据,没有国家给的政策性的依据,这样又难又不难,难在哪里?走一步都怕犯错,非法集资、假标、自融，在行业内各种各样的形态都有，但在我们这没有，第一，我们没有假标，第二，我们更不可能自融。我们主要着眼点是把市场上有需求的产品通过我们平台推出去。能够使所有的投资者选到性能价格比比较好的，这个性能价格比就是风险和收益比，贷款者也一样，他们需要低利率的，成本低一点，但他要求利率低一点，我们就要求他安全性高一点。那么我们各部门在推销这三类产品的时候，要交给我们客户经理这支队伍往外推，那就需要一是措施，二是政策，政策给到客户经理以后，他们在实践过程中能得到好处，要怎么推？包括从拿电话号码开始，这都是一种提示，一种启发。实际上在做的过程中还会有很多的方法，各个分公司都有，我们总公司每个部门都有，各种各样的方法就会出来，我们要不断地总结。

——2016 年 4 月 11 日第 12 期总裁办公会议

关于市场的可操作性工作

现在的标比较少，是什么原因呢，有的人还是在散养性质，好的标本来就少，就是一个省级分公司，一个分公司一年要是有一笔，那就有 12 笔了，但是你量不到的话，那就出不来，如果有个量在那里的话，那有可能一个月就会毙掉一笔，如果一个公司一个月毙一笔的话那一个公司一个月就是 12 笔，那我们有 20 个分公司，那就 240 笔，而我们现在的贷款 1000 万元以上的有多少笔啊，估计也就两三百，那整个的发展计划在这个基础上就好制订了，所以这个东西是我给大家提的建议。那么现在标的个核心是什么呢？有两个方向，一是有抵押物，只要有充足抵押，我们就想尽一切办法做成，我是这个观点，在市场上就可以宣传这个观点。没有抵押我可以放一边去，在这个没有抵押的里面就可以选择特标，国企，好的上市公司，如果都不是怎么办，它的产品是不是有很好的销路，如果有很好的销路的话，符合供应链的标准，那就把供应链放进去，供应链我们培训过了，不懂我去教他，怎么去控制，用本笔贷款所买的东西给本笔贷款做的抵押，这样一来，市场基本的格局就有了，有了这个格局，这个队伍，这个政策，你再往前推的话，就简单多了。所以说很多东西就是要把我们的认识变成操作，变成结果，我现在已经把这个变成操作了，操作层面应该是我们中层应该解决的事情，或者是我们分公司解决的问题，包括我们现在也还是在研究怎么操作的问题，所以说我希望我们的中层，各个部门，不光讲我们的市场管理部，我们各个部门现在重点有了，要把重点分解成可以操作的过程，有了操作的东西才会有考核，才会有重点。所以说我对市场部的工作，首先要表扬，因为工作是有进度的。第二要提高，过去这样的管理老是看不到实质性的进展，整个基础没有推上去，一旦推到一个新的平台上，那整个业务量一下就好了。

——2016年4月25日第14期总裁办公会议

3.2 市场发展管理委员会的组织结构、制度完善及队伍建设

对市场部开展工作的相关指导：加强培训、健全制度等

目前不要害怕市场，要放手去做，在会上要积极参与，要有“正能量”。还有我们的这200人到位后，不限制项目金额，但市场地区要有金额和费用的控制，用路程来衡量是本地还是外地。大家要计算好费用花销，衡量是否可以投入，对于异地项目，需要考虑成本。还有一点要明确一下，这个债务管理应该是最初的项目接收者接受，应该是客户经理的职责。项目经理要决定项目是否可以进行，并且填制项目审查表。一个项目要有一个人跟到底，我们的项目经理要跟到底。

现在的很多职员还都是客户经理的水平，还不具备项目经理的水平。资料的审查是项目经理的职责，员工的资质还不够高的话需要进行培养，制作报告的水平还需要一个提高。风险管理部的工作主要是审查资料，现场的核实是在必要时才去，一定需要现场核实的才去。过去是业务员只拉项目，导致我们的风控抓两手工作，这是很不合理的。那么管理办法实施后，没有新单走完完整的流程。人员还不足，需要和人力资源部协商。各部门要发挥好自身的职能，保证公司整体运转起来。没有规章制度的要慢慢建立起来。

——2014年1月21日第9期总经理办公会议

市场部的培训及管理

市场部的工作是目前工作最丰富和难度最大的部分。很多事情需要大家配合完成。市场部的员工培训计划中加强对项目经理、客户经理等的专业技能培训,分公司也参照培训。人力资源的培训资料要做好备案。培训问题就这样定下来,课程的设置要归纳好,要有条理。培训的对象项目经理、客户经理、风险经理等人员,交叉了也不要紧,各管各的。每个被培训人员掌握哪些东西要明确,培训的东西由谁去教,讲师要安排好,要形成自己内部完善的培训流程。新产品培训时,所有的客户经理都要进行培训,了解产品。第二个,市场部的内部管理问题,未来的基础更重要。好的领导要让团队在没有自己的时候还能完好发挥,管理者更重要的任务是管理。第三个,人力资源部对所有到场的三个市场部负责人员进行民主测验,用民意说话。

——2014 年 2 月 18 日第 12 期总经理办公会议

市场部客户经理培训的要求

培训方面,要加强客户经理基础课程学习,包括货币银行学、基础会计、银行会计、银行信贷等课程的学习,促进骨干团队整体素质提升;垫付数据这一块你们将各个业务部垫付资金数据核实后,交由市场部落实哪些项目经理在跟着,拿出解决方案和措施。以后每月公布数据,落实到市场部个人。

——2014 年 2 月 25 日第 13 期总经理办公会议

确保员工工作效率,招聘不能停,队伍建设刻不容缓

市场部要统一公信贷推广方式和试点决议,项目上报资料要齐全。会后,你们理一理自己的员工每天的工作计划和日常工作,确保工作效率。对于某些态度散漫的员工,在不伤害他们的基础上,同意解除劳动合同。另一方面招聘工作永远不能停,培训也要抓紧提需求,队伍建设刻不容缓。提升

深圳业务和人员质量,培训技术课和项目讲座。还有就是要求你们下周拿出VIP刮刮卡的设计方案,先在深圳地区试行。我们先看看效果,如果效果不错,我们就在所有的分公司推开。

——2014年3月11日第15期总经理办公会议

市场部的管理:提高素质、加强分工

这个你处理就行,不用上会。重庆分公司就这样了,以后的异地分公司就比照这个来做,有什么问题的话我们再进行研究。市场部这次汇报的内容很多,但是通过你们的汇报,我感觉到市场部在内部管理上要加强。管理上的加强首先要在分工上加强,分工之前要把你的工作进行严格的梳理,梳理过以后,由谁分管哪一块就很清楚。你们回去要把这些好好协调一下,把每件事情落到实处。包括李双双讲的100多笔业务的审查,她一个人肯定审查不了,落实不了。我们最终是要落实,市场部就要总结一下从我到了以后有哪些进展,你们要做一下反思。从业绩上、从队伍上、从管理上、从方法上有哪些进步。你们要从方法、素质,以及认识问题的水平上提高,这样你们的工作才能往前走。你们必须把工作落到实处,否则你们每次汇报的工作有什么进度?你汇报这些工作的意义是什么?一是展示你们的工作成绩,二是展示你们的工作中还存在哪些困难需要支持,三是和大家研讨后面的发展。

——2014年4月22日第21期总经理办公会议

市场部的管理和内部机构

好,我认为最近市场部的工作还是很有成效的,体验店还有几个分公司的筹备,还有投资人的发展和机构合作也是很明显的。但是还有很多需要提高和完善的地方。比如内部机构,这个可能需要市场条线的几个领导在一起研究一下,因为市场条线下面的管理到年底要弄清楚到底留几个一级部,哪些属于二级部,哪些需要包含在一个部下面的二级部门,都要把它考虑好。首先,把我们市场部所管的业务范围进行并集和枚举,工作量进行一个归类，那些工作量大的，肯定就是一级部门，不是一级都是一级部门。工作量小的，发展很快的也可以是一级部门，而发展小的，工作量小的可以将几个部门并一并，并在一个部门里，变成一个二级管理机构，上面有个一级的管理部门。思路是这个思路，包括下面体验店、财富中心的管理，实际上财富中心也是组织和撮合线下投资者和我们一个很重要的方面，那我们的体验店更是如此，现在我们才搞了 5 个，还有 2 个，下周有曲线我们才能分析，这样大家才清楚了。另外市场部的事情不单是市场部的事情，是我们公司的事情，应该是全员搞市场，包括前面提到的六大事业部，都是市场。但是为什么把它分开了，因为目前市场部管不过来，内容太多了，这样大家就全都上，才能找到同类产品，或者是讲它的延伸产品，或者讲是它的基础产品。它原来没上网，经过我们的加工，就变成了新的产品，又或者是原来是 50 万的门槛，到我们这就变成了 50 元等等，有很多的整合，包括 6 个事业部，我觉得不要排斥，研究一下，或许什么就有用。中国银行现在的大银行它们也在转股，这样它们的理财产品我们也可以帮忙代理，那我们流动性的问题就由它们来帮我们解决。估计中国银行应该至少有四五万亿。

——2014 年 11 月 1 日第 47 期总经理办公会议

市场条线工作和结构的安排问题

上次我和胡宏敏副总经理讨论了一下，关于市场条线工作和结构的安排。特别是新的一年开始，要对一些管理架构进行调整，对于级别、定位要重新进行一次梳理。风险条线今年基本是完成了，从风险管理到信贷审批，从零售风险到资产保全共四个一级部门，那市场条线到底是几个一级部门，现在有那么几个想法：市场部，本来就是找项目，就等于是过去的信贷部，这个定位很清楚；第二个就是投资理财部，找投资者的，现在下面有三个中心：客服中心、体验中心和财富管理中心，那么三个中心在投资理财下面，到底是一级部还是二级部，先运行。哪个部先升为一级部，先试行。对全国业务今后的发展和管理，总公司的整个管理架构是非常重要的。它是否科学，是否灵活，是否能指挥起全国各个分公司业务发展和管理的能力，这是非常重要的。当然市场条线还有其他的工作，我们还研究了其他的也包括市场部的,包括6个事业部也是在市场部,不过是独立的一级部,所以分三个领导管。这个都还在考虑,也请我们胡宏敏副总经理再考虑,明年市场条线怎么设置,才有利于整个市场条线的管理。

——2014年12月6日第52期总经理办公会议

市场条线各部门要清楚自己的定位和职能

下面就是两个一级半部门,我们的线上营运部和客服中心。我们市场条线以后就是四个部门,并列的市场部、投资理财部、线上营运部和客服中心。那么你们每个部门要把自己定位清楚,否则我们都不知道怎么抓工作。首先你们市场条线在开会的时候,就要把自己每个部门的职能搞清楚,清楚以后在抓工作、订计划的时候就要靠我们每条线来做了。如果做不了,我们就拿到办公会上来讨论。我是希望你们能直接拿到办公会上通过就可以的,我不希望什么都没搞,上来让大家出点子。要拿个方案出来,这样的话大家就能讨论了。我就插个这个内容。刚才讲到零售业务的问题,其实是交织在一起的东西。上面的工作如果不清楚的话,下面的也就不清楚了。但是不要紧,慢慢地就清楚了。我是很清楚的,只不过在落实的时候我的精力顾不上。

——2015年1月10日第1期总裁办公会议

市场条线要从人力和机构设置两方面多动脑筋

市场部现在的任务很重,很多任务全都要上,这样的话就需要人,需要动脑筋。所以下一步几个月的时间内,我的工作重点可能都是在市场条线了。市场条线要好好动脑筋,一个是从人力上,一个是从机构设置上。我和胡总的意见基本是统一的,就是设四个一级部门,下面怎么设由市场条线考虑。我这样一讲你们也就清楚了,下一步的工作重点在哪个地方,就是投资这块。一个是信贷部分,贷前调查、贷后检查这块,各种产品的推销。市场永远是第一的位置,这里面的工作量很大。小苏你这里的机构扩展已经是一个常态了,没有什么复杂的东西在里面,所以小苏你一方面搞这个工作,另一方面要腾出时间搞其他工作。市场部不行就再增加一部分工作给她，负荷还可以加大，年轻人有能力来做的，我觉得她是可以扛住的。我就讲这些。

——2015 年 1 月 10 日第 1 期总裁办公会议

市场部最主要的工作是贷前调查和贷后管理；而投资部分由投资理财部来做

我们现在市场部分有几个部门——一个是市场部，它的最主要的工作一个是贷前调查，一个是贷后管理。贷前调查就是在搜集项目，也就是在推销我们的产品。公司主要的产品都是通过这个贷前调查来推销的。那么带过来以后就交给风险经理，出账以后的贷后管理就又回到了市场部，就是在客户经理的手上。你们每个月要有贷后调查的报表，然后交给风险部门进行五级分类，就是这样一个传导方式。这是市场部的一个核心工作。

但是投资部分就不是市场部的事情了，我们马上要成立一个投资理财部，投资理财部就是现在老叶做的线上的、线下的、集团的、体验店的。这些都是属于投资理财方面的，这两个是一级部门。

——2015 年 1 月 10 日第 1 期总裁办公会议

和石油公司合作增加客户黏性

因为你这个不仅仅是加油，交水费、交电费都一样，所有的缴费都可以这么做，就是用利息的部分减掉日常的开支了。这个不仅仅是和石油公司，和自来水公司、电力公司都可以合作。就是他们存多少钱，我们把物业管理费都交了。这个意义重大。一定要做成，不一定要和石油来做，这种形态可以和任意一个有均衡支出的，看看有多少投入，包括你每个月家里拿多少生活费，我们都可以算出来。这就是理财了，比如我的消费比较高，那么我在红岭这里要投资多少钱，我每个月才能有 5 万块钱？要不要 500 万元，要的话我就放进去 500 万元，然后每个月就有 5 万元了，所有的费用都可以缴了。这个你们可以搞一个文件出来，可以多几个试点，不要仅仅是油，除了油之外，其他的分公司可以都搞一个，可以是煤气、水，试完以后让下面的分公司把办法报上来，报上来以后就开始执行，这样速度就很快了。

——2015 年 7 月 4 日第 23 期总裁办公会议

邮封的纪念意义和营销价值

我看到这个信封就想到首日封，你去邮电局买点邮票贴上去变成首日封，那些集邮爱好者收起来都是值钱的。一个首日封几毛钱，就贴个邮票，发给朋友就行了。这样我们这个活动就有点技术含量了。你把这个首日封搞个几万封，每个分公司都发去，我们每个人搞一点放在手边，来人就送，你写上自己的推广码，业务都在你名下了。这个可以把量做大，先搞 10 万个。一个就算一块钱，也就 10 万块钱，搞好然后让各个部门去推。

——2015 年 7 月 4 日第 23 期总裁办公会议

纪念封的价值

大家共同做的。马上纪念封上来，我们网站上也可以做点宣传，泽汀啊，像纪念封是很好玩的，只要懂集邮的人，就会明白，等以后红岭创投破了 1 万亿元，这样的纪念封很值钱的，我们过 600 亿元做了这个东西，搞集邮的人，这种纪念封是非常有意义的，以后发行一套都可以。600 亿元一个，700 亿元一个，800 亿元一个，900 亿元一个，或者 600 亿元一个，1000 亿元一个，然后每个图案都不一样，收集一套，到最后他可以收藏，我们也可以回购，回购的话就把价格炒上去了，一炒上去，后面价格就会更高，知道吧。

——2015 年 8 月 1 日第 26 期总裁办公会议

发展集团客户的要点

我们网络上的衔接就是集团客户，就是我们和别的集团交换客户，比如说我们现在有 45 万的客户，和京东合作之后，双方客户可以在对方买产品。我们的信托公司、证券公司都有很多这样的客户。在股票不景气的时候，在资金出现艰辛的时候，如果他能遇到一个 10% 以上的年化收益率，他会很开心的,而我们都在向这个方向努力。这就是集团客户,一搞就是一片。

——张宇总裁在客服培训会上的讲话

对总体计划要进行分割

市场部的计划实际上就是我们整个业务发展计划总体的形态,今天这个只能算指导性计划,因为这个大计划还是要进行分割,分割最起码有这么几块,第一个,零售产品的比重,好比每个地方几个亿当中的比重,从数量上来说零售占多少,对公、事业部和新业务占多少,这里面起码有四块,这四块只是从量,还有投资理财部也在发现这些东西,安徽翼龙贷的合作,零售都很有意义,这些都是在下达计划中的一个组成部分,所以说今年下达新的计划的年终工作会议以后,之前这段时间里面可能都再细细地把这些计划跟各部门和各分公司进行充分的沟通,之后首先把计划的比例和计划的推行的产品品种落实,光有计划,没有产品,没有操作手册,下面就不知道怎么打,尤其是我们零售这边现在已经一大堆产品了,通过去年一年的运作下来,开始两个做得很好很热闹,后面就没有了,没有了之后有没有去组织,分公司有没有去组织?组织当中有什么样的考核条件?零售风险这边跟你们是一样的,在整个市场计划当中所占的比重,有哪些鼓励和奖励的政策,首先市场份额,然后有具体的产品,然后就是产品的操作路径风险控制的方法,然后就是全面地推行,原则要赚钱,这个董事长讲的是对的,赚钱和风险就联系在一起,二者成正比,怎么把握好这个度,找出最合适的市场,然后把最合适的产品推出去。就凭我们现在这支队伍加上全国19家分公司和那么多筹备组,应该说中国任意一家P2P的业务我们都能做得起来,我的这个判断大家有没有信心?应该都有信心吧?不论是从技术上还是从业务上,管理上,业务素质上都不会输给别人,既然是这样,那怎么样从每一个分公司在当地发现一些新产品或者一些新的可以赚钱的东西,尤其是对于那些有风投注入的P2P公司,它们已经帮我们审查一道了,不管审查的对与不对,最起码进行了一次审查,它们进入的审查是要比我们严格得多,如果是没有希望就不会砸钱,既然砸钱了就对它们进行调查,它们是什么产品,它们的产品我们能不能做?在当中选择一些我们能做的产品,或者选择一些我们加工一下就可以做的。现在获得风投的全国有60多家吧？这实际上也是我们的目标和方向，因为风投也在选，都认为这是个方向，这是个机会，这里面哪怕10个只有3个也是符合它们风投的原则，它们也在选。

——2016年1月4日第1期总裁办公会议

对市场管理工作的认识

我们每次都把市场部放在第一个的原因也要知道，不管做什么样的经济工作或者是做什么样的行业，第一就是市场，任何时候都是市场，这个概念一直在提醒大家。不了解市场，不能去运用市场规律，不能从市场中找到我们的发展点，或者说我们不能从市场上发现我们还缺少什么，需要增加一些什么，需要改变一些什么，我们就得不到进步。现在市场所遇到的问题就是我们公司所遇到的问题，他们在第一线首先发现敌情，发现问题。发现了敌情，发现了问题以后反馈回来，然后我们围绕市场的需求和我们在开展业务中所产生的问题，我们一个个地去进行解决。所以，市场部在日常的管理当中，首先要知道市场需要什么，而市场的需要中又要如何来选择我们能够控制住的，而且又能推广开的。一个是发现，一个是控制。同理，市场部内部管理的机构建设都应该根据市场的需求来进行建立，因为市场部是一级部，一级部的下面可以设立很多个室。这个是从市场调查、管理、开发、协调这几个方面来动脑筋，就让每件事情都要有人管，而不是总经理管，要有一个具体的人来管。那么，每天的工作量就是从这些具体的事情上来的，我们讨论问题、协调问题最后的结果都需要人把这些问题一个个地去落实。而这些落实，就是我们管理层的节点。从市场部看到了我们整个公司最宝贵的就是我们的管理体系，这就是我们红岭创投目前最宝贵的，就是在座的每一个人。因为你们每一个人，在每一个节点上所发挥的作用，别人是没办法代替的。所以我们这支队伍，这个系统运行得有效，我们的工作就能往前推进。如果我们的运行当中出现了问题，我们分公司肯定会乱。我们从各个不同的角度，所总结和发现的一些问题，在处理方法上，在制定整个战略规划上，在整个的落实上，都要下工夫。

——2016年1月4日第1期总裁办公会议

关于市场部和营销中心的问题

刚才第一个汇报的就是关于市场部和营销中心的问题,实际上它们是一回事,上次我就讲了,实际上它们是一块牌子,如果是这样大家都认可的话,那就把现在的市场部叫作营销中心行不行,这么思考,肯定也行,或者你现在市场部干的就是营销中心的工作行不行,这不也行吗,第三种设想,如果非要设立不可,为了汇集一下过去的重点工作,营销本身是一块工作,那就在市场部下面设立一个室,或者设立一个二级部,就叫营销中心,最后还归市场部管,因为最后的管理一定要适应于一元化管理,不能有多元,有多元事情就越搞越乱,一个国家、一个企业只能有一个声音、一个纲领,一个部门也一样,本来的工作可以整合在一起做的,你把它分开干什么,这就是管理的基础了,怎样用有限的人力,如果人不够,再增加人也没问题,所以说营销中心,大家提的这个,到底今天能不能定下来,营销中心成立与不成立、工作有没有人干,如果有人干,提出这个概念是不是非常重要,这个事情今天看能不能定下来,如果能定下来,我不反对,要是更稳妥一点的话,干脆营销中心搞个二级部先放着,或者搞个室,成熟以后再拎出来,如果不成熟就是这样,所有功能它都有嘛,市场部老总直管,不就行了吗,如果拎成一级部的话又要搞个干部,这个干部现在需要不需要,不能说不需要,但在一开始的时候稳妥最好,很多业务的开展,先是一个人,然后变成一个组,然后再变成一个部,最后可能分设出去变成一个独立的平台,这都有可能,都是根据业务量发展的,所以我觉得营销中心的事情,你们私下再讨论一下,牛总负责,如果你们同意这样做的话,写份报告通过就完了,把所有职能并进去可以开始运作就行了。这是我讲的营销中心和市场部的关系。

——2016 年 4 月 25 日第 14 期总裁办公会议

关于市场部的主体工作

就是我们现在对于市场部的主体工作,天天讲、月月讲、年年讲,主体工作现在还是没几块工作,是不是管好了。第一我讲客户经理,你管多少人,三百零几人,这周有没有增加,如果没有增加是怎么回事,我们已经把指标分解到可操作了,我们讲的在一个地方扫一个街,比方杭州扫个街,杭州地区,我们讲把各个行分一下,兼职客户经理你搜罗了几个,一个两个、十个八个不算工作,最起码上百上千,这样的规模才算开展了,同样我们每一个已经开业的分公司,当地队伍的建设情况,这是第一的,没有队伍啥都没有,这个队伍专职的已经这么多了,你可以适当再增加,但是兼职队伍可以无限制扩大,扩大以后我们市场部这一块工作的统计,有个总数,可能也有些分解的,每个分公司增加多少,但这个应该作为重点工作来抓,基础队伍要建立起来,这跟打仗一样,没有招兵买马、没有那么多人,你干不了那么多事。我们现在标少,首先报得就少,报得少是因为队伍少,这不光是一方面的原因,还有其他很多综合原因,所以我讲的第一个问题,就是市场部队伍的建设,始终都是一个重要工作,里面还有轮流,还有替换,还有流动,这都是我们营销队伍的管理,应该作为一项基本工作来进行,所以我们各个分公司是不是这块工作抓起来了,这个头是在市场部啊,我们市场部这个头到底抓得怎么样了,这项工作我已经不想再讲了,这已经是第三次讲这个问题了,客户经理专职队伍和兼职队伍的建设,市场部至少要有一个人管这个事吧,有人管,这个事的进度到底是什么原因没有上来?哪些地方上来了,哪些地方不上来,是什么原因,就是要分析这些东西,不一定要拿到办公会上来说。可以比照深圳分公司拿了2000个电话号码过来,2000个一个月行不行,然后分到每个星期是多少个,拿到了以后是否跟进,是否维护,这个是我讲的第一个问题,队伍。

第二个就是产品,产品你们已经搞出来了,但是现在监管马上要落地了,监管当中对一些线下理财产品的推销现在限制了。文件已经签过了,我们现在推销的是零售产品,这个是可以的,这个是国家认可的产品,而且其他的企业也都在做,这个产品跟零售风险管理部研究一下。产品第二个就是对公,对公延伸为四个标,本标、快标,议标、特标,这个标等于是客户经理手上的武器,如果没有武器的话那推销什么呢,我们每个分公司对于产品手册是否都有,是否都交到客户经理手上去了?这个东西也是一个重点,也要有个人抓。

第三个就是政策,奖励政策。怎么样的提成,怎么样的发放,怎么样的不发放，怎么样的扣回，怎么样的罚款，怎么样的惩罚，都属于政策，那我们市场政策这一块要有一个人抓吧，要落实到人吧，一个星期下来抓的情况怎么样？好比湖北分公司，现在把这个政策已经交下去了。那么河北分公司有没有交下去，交下去了是个什么情况，可以抽查，打个电话问问客户经理知不知道这个工作，如果不知道的话那这项工作你就没有落实下去。包括利差的多少，这个也应该早就拿出来了，也是强调很长时间了，这个也是我最关心的问题。

第四个就是重点，每个阶段都是有重点的，前面我说的都是一般性工作，就是日常要搞的，客户经理队伍的建设，产品的建设，政策的研究和落实，这个日常都要有，那么在不同的阶段要有不同的重点，我们现在的重点工作是什么呢，一个是零售产品，第二个是本标业务。那么重点工作再分解下去，包括我们的贷后管理。这次下去调研，我去了三个企业，第一找三个企业的老总，主要的负责人，我跟他谈谈，结果一个还不是主要负责人，第二有财务报表，如果你没有财务报表的话，我都不知道你整个财务状况是什么，有两个单位有报表，我一看报表我就知道了，那报表里面整个总资产 4 个亿，所有者权益有 2. 6 亿元，就这两个数字一看企业就没有多大的问题，我们拿了几千万元，这个数字在整个宏观上的资产来看也没多大的问题。其实具体就是再从应收应付上看一下，然后它的存货里面有什么东西，应收债款别人那里还有什么东西，一分析，基本上方法也就出来了。当然能达到我这个对业务那么熟的水平，我估计我们很多客户经理达不到，但是我们培训当中财务报表你必须看懂吧，搞市场如果连财务报表都看不懂的话，你怎么去做贷后管理，贷后管理就是盯住企业的财务报表看它每个月的变化情况，每个数字是提高了还是降低了，为什么，这就分析出来了，这就是基本功。我们最高的时候一个人管 26 个企业，26 个企业的财务报表几乎能背下来，我们月月看，因为固定资产不会变化太大的，几栋房子和几辆车子变动不会太大，自有资金不会太大。几个变量变动有多大，占用多大的资金，一分析就知道了。

——2016 年 4 月 25 日第 14 期总裁办公会议

关于对客户经理的培训

特别是我们的客户经理，基本功掌握得怎么样，我们现在互联网金融学院不就是在解决这样的事情嘛，这支队伍一旦能达到这样的水平，贷后管理就是一件很简单的事情，所以说我有时候有个误区，就是把我过去的工作方法拿到现在来用了，因为我不知道这个地方的基础很原始，有的根本还没有入门，我们很多客户经理你把财务报表给他看，他们不一定能看懂，一个连财务报表都看不懂的客户经理，他去做业务你能放心吗。我们就要把他的能力提高起来，他能看懂企业的财务报表了，对于企业的整个经济活动通过报表他就能分析出来了，如果企业给你提供一个假的财务报表，那这个企业一开始就是假的。当然一些勾稽贷款，一开始没有财务报表，那个也不要紧，统计也行，或者简单的财务平衡也行，拿的钱，去买地，地在哪里，资金来源方，一方是我们给它贷款，然后占用方就是那块土地，然后它的变化情况，抵押物的情况，每个月的情况我们都能看出来了，经营当中的费用并不是很大，在房地产企业当中很多费用都是忽略不计的，主要是在整个资产的变化和销售的量的变化，过去我没有深入这一层，一是还没有精力去管它。二是我没有想过是这样的基础。这一点我要做自我批评，但是下一步我会介入。所以我跟大家讲的信用评级、项目评估也好，供应链金融也好，都是建立在这个基础上，都能看得懂，很多人估计都没有看懂，很多人都没有看，没看懂他也不说，他要是不说的话业务就上不去，整个管理就上不去，实际上还是一个基础建设的问题。市场部在打开市场的时候，哪些是规定工作，哪些是咨询工作，最起码这三个是规定动作吧，客户经理队伍的建设、产品设计、政策的落实情况是必须做的，这个动作不做的话也没有办法卖东西啊，后面的重点工作是要根据不同的时期来确立我们不同的工作重点。比如近期阶段就是清收，清收的事情市场部也是要上的，然后我们清收当中，有些客户经理也是参加这个项目的，他对企业的财务报表到底掌握多少，问问企业的几个财务数据他能不能答得上来，财务报表、统计报表这些都是非常重要的基础，是我们搞经济类工作的人基本素质，如果没有的话也不要紧，赶快加入培训，成长起来，一旦成长起来，不仅是对我们企业发展是一种贡献，对本人学点手艺是贡献，对我们整个社会都是贡献，这样的好事我觉得我们都应该做。

——2016年4月25日第14期总裁办公会议

关于项目申报及兼职客户经理的问题

牛总还没回来，市场管理部的工作刚才林总讲了个问题。就是我们项目申报过程中，到底申报给哪个部门，看来这个问题还要在会议上明确，因为分公司提出了它们的想法，本来可以直接报到项目审批部的，这样再报到市场管理部，中间对这个效率就会形成一些障碍，拉长了审批链条，刚才我听林总讲底下已经商量了一些意见。市场始终是端口，是对于红岭创投发展的重要基础，一个量的大与小第一个就是由于市场，我们的业务种类从零售到对公到同业，这些包括这三个种类下的每个品种市场部门都应该非常熟悉，如果不熟悉培训各方面要让他们跟得上。要发动市场上面一些合格或者不合格的项目往上报的时候，我们市场在全国的管理过程中就应该包含这方面的内容，所以我的建议是这样，下会以后市场部和信贷审批部做一个沟通，形成一致意见以后我们两个分管副总裁，就是牛总和陆总也做一个沟通，哪一块该怎么管，管好了以后形成一致意见下次上会通过就可以了。这样一来工作就明确了，在分公司的管理过程中也没有什么是模糊不清的障碍，管理上最怕的就是模糊不清，一定要说清楚，汇报和审批路线都是很清楚的，别弄得好像什么都管，什么也都不管，这样就是我们的工作落不到实处，就会对我们的工作有影响，这是第一个事情。第二个事情关于兼职客户经理的事情，这是我们基础队伍的事情，我们的专职客户经理总是有限的，大量的项目，包括零售和对公、同业也好，都是来自社会的各个方面，所以兼职客户经理的队伍必须做大，不一样要要求签订合同，就像投资理财部检查某些工作一样，通过打电话，只要有这样一个人在，知道我们的政策，这就算是落实了，等于他知道我们的政策和产品，在有这样的机会的时候，在他们的单位里面有这种需求的时候，通过他自己去找，能够和我们公司的业务衔接起来，所以说这次下去以后，我们市场部可以做这样的落实，如果你们还有其他更完善的各方面想法，都可以补充发到这个想法里面去。就像之前我说的工商银行有多少客户经理，山东济南有多少，拿了多少电话号码，他们知不知道我们有这个政策，我们市场部就打电话跟他们做一个联系，核实一下有这个就算是一个数字，因为人家跟你签合同，人家也是心有余悸的，谁要是把他捅出去，原单位还是要找他的，人家有顾虑，这样一来没有文字性的东西，那就不会有顾虑了，发现好的项目他就可以往我们这里推荐，或者他们本行里面的项目，他们暂时消化不了，也有可能推荐过来，这个事情落实一下，可操作性就很强了。然后再过一个阶段，从下周开始，每一周作为一个指标汇报一下，就是兼职客户经理队伍发展了多少了，总部这边可以专门叫一个大学生打电话，好比你深圳分公司报了两千个，你先抽查一下，随机抽样，都知道就行了，一个是知道我们的政策，一个是我们的产品，一个是自己的认可，不需要签订书面的合同，签订合同是有困难的。我就说两点。

——2016 年 5 月 9 日第 15 期总裁办公会议

关于筹备组开展零售业务的安排及营销中心的工作指导

牛总刚才讲的我都支持，讲的重点工作和下一步应该做的事情。我每次都讲市场管理部的工作是最重要的部分，风险控制、人力管理、财务分配包括服务中心，没了市场，啥都没有。没了市场是最大的风险，我们所有工作都是围绕市场在进行的，这是第一关，并不是说纯粹在做市场，但市场是第一关，有了市场才有项目源，有了项目源以后我们才有可能延续出下面的一系列工作。上次我们开了零售工作会议，会议上我说了我们在雾霾中走了 7 年，始终没找到能站得住脚的地方，每一项业务我们都是做着做着就出现问题了，有的是不良资产的问题，有的是担保不落实的问题，有的是根本就没有经验，完全是摸索当中的问题，市场感觉不踏实，经过 7 年的发展，终于在大家的努力下和市场的反映的结果，我们觉得零售业务是一个支点。上次的工作会议应该还是有效果的，但是后续的跟踪管理我们做得怎么样，刚才牛总讲要有一点办法，就留给市场部去考虑，要有什么办法，比方开展一些评比活动，赞助一些有影响的活动，什么比赛之类的，都可以，都是开展零售业务的各种各样的方法，相信我们搞市场的同志，动点脑筋是能拿点办法出来的。有些任务我们不能下到说要完成多少多少亿，但是我们可以下到你们必须开展这项工作，每一项分公司的工作做了没有、做得怎么样，从最基础的工作做起。最基础的工作就是队伍，我为什么要强调兼职客户经理，因为任何事情都是人做的，首先要有那么多的人，工作才有可能起来，然后交给他们方法和产品，一步一步推起来，然后总结一些重点，开展一些活动，包括我们总公司的一些活动，把它嵌进去，包括相关行业相关地区的一些活动，我们都可以嵌进去，来广泛宣传发展我们的零售业务。零售主要有两块业务，一块就是我们说的纯零售，还有一块是同业，同业这块也有大量的零售业务，有渠道，包括车易贷、房易贷的渠道商，还有相似的小贷公司、担保公司的小平台转来的，它们的平台拿不到钱，但是我们的优势都已经形成了，所以同业这方面也要进行加强，这样我们的工作就会有一些进步。这是我说的第一点，市场工作在任何时候都是最中心的一项工作。对中心工作整个安排都要有计划、有方案、有责任。所以市场部成立了营销中心，营销中心是一个周延性的组织，就是把分公司、筹备组没有周延到的地方全都包括进去了，或者有分公司的地方，有些行业、品种或者人周延不到的地方都周延了。墙漆完了就有个灌浆的过程，零售就是灌浆的过程，只要有缝，就能倒进去。这就是营销中心的作用，当然市场营销中心的作用不光是零售，对公、同业一样，车易贷、房易贷、快标、优选标、本标、特标、议标都可以做，这些营销中心要加强。在人力配备上，人力资源部的杨焘同志已经上任了，在这方面的力量一定要加强，我们不光要有市场专职人员，还要有兼职人员，财务上就是为这些服务的，就是赚了钱如何分配的政策要告诉大家。同样，包括风险控制、审批都是围绕市场做的，市场的工作永远是中心工作。所以上次零售会议以后的工作落实情况，这一点市场部应该提出几项工作让大家讨论。需要办公会如何支持，需要各部门如何协同，这是最重要的。而不是仅仅简单汇报工作，一周能够完成一两件真正重点的工作就很好了，重要的一两件工作能有进展就好，整个公司的经营也会更好。

第二个问题就是我们零售已经周延到了已开业的分公司，那么筹备组这块，是我思考的重点，筹备组的零售业务会议什么时候开，今天没有提出来，我希望你们能尽快提出方案，越快越好，可以不经过办公会，你只要报上来，会签就行。零售会议的地点你们定，哪些人发言由你们定，具体内容你们定，需要多少钱报上来，我们批。地点可以在深圳，也可以在有特殊意义的地方。为什么我有时候不喜欢把会议安排在总公司而喜欢安排在其他地方，是因为总公司到哪个地方开一次会，对当地的业务就有促进作用。当地的舆论和同业就会知道红岭创投总公司在这开会，比如上次在杭州，就有很多人跑来，这对当地业务起到促进的作用。所以希望你们定下来筹备组的会议。

第三是营销中心的进度一定要有安排，有日程。过去我们排计划，一共几件任务，每件任务由谁负责。比如一共五项任务，五个负责人，每天完成什么，专门有一张表格，这个表格在去年我要求大家做过，现在部门还是应该做这件事，列一张表，几件事哪几个人负责，周一做什么，周二做什么，这样大家就知道自己每天要做什么工作。牛总刚刚说得很对，我们市场工作现在逐步有具体的内容了，我们只要往下走，去努力，去推动，它就是有意义的，对红岭创投，对互联网金融的发展都是有意义的。这一点，营销中心的进度一定要列张表。牛总说等到月底，我觉得不要等，越快越好。如果市场部人员不够就增加人员，因为市场如果弱了，其他就都弱了。人力资源部，杨总来了，这方面人力的需求是很大的，因为吃饭全靠他们。

还有牛总说了，有的分公司到现在还没有开展这个业务，这是什么原因？这是总公司的计划和任务，必须完成，我们规定的你必须完成。我们这样的民营企业很多同志看不懂最后的结果是什么，我们是能看得到的，如果任由某种思想蔓延下去，到最后就是灾难，这种灾难到最后谁也挡不住。比如听到有人说分公司养活总公司，这话是谁说的？谁养活谁？大家是相互支持、协同来把工作做好，不能够弄到了阶级矛盾上去，这就麻烦了。那么谁养活我们？我们养活谁？最后对立的是什么？和谁对立？但是我们很多同志看不清这一点。实际上现在社会整个形态都是合伙人，都是大家在一起共事的年代了。和过去老板同工人的关系完全不一样了，如果用过去那种思想来管理，那是一种灾难。这个灾难一旦出现，谁也挡不了。所以要用这种思维去思考去看待，就不会把分公司和总公司对立起来了，否则后面会非常可怕。以前阶级斗争搞到最后，导致国民经济一塌糊涂，把好多老祖宗的好东西都搞没了。只是某种震荡、某种机构、某种认识在某一阶段宣传的一种方式,或者理论研究的方向。你在这个方向上怎么走,在某些时候可能有意义,但从长远看,很多东西应该从长远考虑。要从红岭创投的百年大计来考虑,要考虑一代代人如何接替下去,要考虑如何平稳交接。必须有平稳的交接和继承,这样优势才能留下来,下一步的工作才能继续开展。我们有这么多优秀人才,工作要相互理解、相互支持、相互包容,只有这样,我们才真的有希望了。所以分公司的一些不正确认识,我们总公司的各个领导,包括部门的领导人,一定要能够分清楚,要有这个敏感性、理论高度和认识水平,有了这个认识水平,才不会不负责任地附和。大家都反思自己在工作中是不是有些事情认识不清楚,说了一些话,做了一些事,助长了一些行为,助长了一些不对的认识,到最后变成了一个助推器。你要懂得道理,这样才知道工作怎么抓,这点上我提示给大家。

市场工作始终是红岭创投的中心工作,市场工作的核心就是根据市场需求来设计某些可以操作的产品,然后用一定的方法把这些产品推销出去,在推销过程中如何计算它的价格,如何赚钱,这些都是一步步来的。整个的机制,从我们总公司到研究部门、互联网金融学院,队伍的培养,这些全都有了。就是你如何去运用它。现在市场是龙头,我希望下一步,在分公司已经确定做零售业务的,这 19 个分公司,你们要有一次检查,对检查出的问题要有一个归纳,要有一个解决方案,解决方案需要哪些部门协同,大家全力以赴。这是第一件事情,立刻就要做。第二,营销中心需要多少人,要马上配置,一个人能做什么?最起码三五个,二十个,五十个人,都有可能,因为它是要周延全国,所有地方能够给我们提供项目源的,这样的管理组织。你的眼界要放这么高去看,后面的业务才能源源不断供应上来,才能谈到风险控制,才能谈到我们个人生活,围绕这些东西才能谈到我们的队伍建设、提高、培训,这些都是有逻辑关系的。这是我说的第二件事,营销中心的事情。第三是筹备组的会议,就这三个重点工作,我希望在本周内都有结果。第一做一个检查,归纳问题,有什么问题需要解决,立刻解决,需要总公司哪些部门支持,我们全力以赴配合。第二个营销中心建立,政策、组织架构如何建立,在这周完成,需要人给人,需要钱给钱,需要政策给政策。筹备组的会议,在下周把这件事落实。

——2016 年 6 月 6 日第 18 期总裁办公会议

关于设立营销中心的目的及要求

大家还有什么要补充的？没有了？那我来谈谈。市场部的工作每次都是大头，所以要多谈一些。刚才说到费用问题，大家都知道重要性，尽快做好，落实。有什么意见归纳上来，只要多数人同意的意见，先执行。第二是关于营销中心的问题，已经开始营运了，但我没有看到它的流程。如果现在有一个人找到我了，能给我们提供项目源，我去找谁？一定要有一个人，一个岗位。市场营销中心成立的目的就是扩大项目源，周延所有的项目来源，营销中心首先就要有一个流程，这和审批部门的流程是一样的，你们的流程效率如何，我下一步来解决。等我跑完分公司，我会去风险管理部，我来当第一接单人，分公司的贷款报上来，我先接，然后我来分配，打回去还是交给谁去做，我来分配，我看看一天有多少工作量，再看看他们的分析质量如何，我亲自上，然后我就可以以最快的速度、最有效的方法帮助你们梳理出一条流程。同样，营销中心也是，营销中心提供一个项目源，开始的资料可能不完整，营销中心要派出人员去进行项目调查，贷前调查，或者叫尽调，就是了解情况。这里一定要有一个工作流程，交给谁，谁再分配给谁，然后谁去调查，调查回来交给谁，这整个都要有流程，后面的管理是谁，全都要清楚，这点我没看到，而这就是操作的核心。第二点，营销中心就是周延项目源，包括对公、零售、同业、渠道，包括一切我们能做政策又允许做的所有项目。当然以后形成规模了，就交给某个部门去做。昨天我参加了私募事业部投资人交流会，听了以后有很多感想。他们做得不错，来了个私募老总也很不错。私募基金现在全国有多少？

——2016 年 6 月 20 日第 19 期总裁办公会议

关于市场部对分公司的管理

对分公司人员的管理、业务的管理，有一个市场周报还是不错的，最起码各个分公司知道自己在业务发展过程当中的位置，是靠前还是靠后还是中间，还有那些东西需要提高，一个总公司总要有这样一个部门来组织大家往前走，有什么问题总是要给大家进行解决，遇到问题总要有一个部门发现，我们市场部就承担这样一个责任。实际上他们的担子很重，而且里面的内容也很多，到什么时候我们说市场部完善了，那这个行业就完善了，这个过程是很长很长的，市场部今后的工作和管理的完善，这条路还很长很长，谁都不能说我们市场部现在的工作已经全部完善了，因为市场本身都还在发展，行业本身都还没有形成，很多东西都是新的。没有市场是最大的风险，市场没了，我们全部喝西北风，所以说我们林总带领市场部也带领着全公司开发市场，发展市场，做业务，怎么样能够对我们现在已经设计好的产品，已经既定的政策和操作路线和操作方法能够贯彻下去，在贯彻过程中遇到什问题要及时地反馈到总部，我们再针对性地一个个解决，这样我们市场部才真正起到了作用，在这以前一直在进步和努力，希望回去以后市场部的工作再安排具体一点。至于三个分公司今天参加办公会的意图有是三个：一个是听总部在研究什么，总部每个部门在汇报什么，因为我们在群里面什么样的事情都能听到，当他们参加办公会听过以后就知道公司每天在研究什么了，让他们了解。第二个是让他们学习，组织一个公司的管理应该从哪几个方面进行，我们的分公司做到了吗？是不是周延了，是不是都考虑到这些东西了？第一批参加的公司我们说谁来都可以，我前几天到苏州，武总说就像第一批去，结果我们没有争取上，我说我现在就批准你周一去参加，他说，那我有事情，去不了了。一个人的威信一个人的影响力，不是靠你要求别人和吓唬别人，是靠你自己的一言一行来争取别人把心交给你，根本不是靠谴责别人来进行提高的。最后一点是带来了分公司一线遇到的困难和问题。到家里来有这么多的部门帮助他们，一起解决，解决了一个就解决了一片。任何问题都可以在办公会上说。而且我们是让每个分公司轮流参加，这个制度定下来就不会停下来了。我们颜总今天是第一次参加，还有第二次第三次，时刻保持分公司和总部管理的一致，一是对分公司管理的漏洞我们及时发现；二是对分公司管理当中的不足我们随时可以补充；这样分公司和总部可以从不同的角度、不是从上下，可以把红岭目前经历的新的行业逐步做好，担子很重，需要的是团结、宽容和理解。如果内部发生矛盾没有胜利者，大家要切记，只有家和万事兴，这个道理大家应该都懂。所以我们要求分公司老总来参加就是这个想法。有些分公司像颜总他们管理经验丰富一点，还有些分公司管理经验急需补充，基础很差，所以说这样一来让他们都来听听，慢慢地把他们拉到一个水平上来，这样一来，管理基础就会好一点，完成任务，遇到问题各个方面最起码可以对起话来。否则我在群里面看到很多话，我都没有办法解释。有的同志说靠零售哪能养活队伍，能发展吗，我们得到的结果是零售一笔业务就可以养活一个人，最后开展起来是可以的，作为分公司老总如果三次都把自己的话给否定了，那你自己讲话的影响力和说服力就逐步会被淡化。所以说讲话要负责。还有一些本身是业务做不上去，一肚子怨气没地方发，在那里起哄，自己什么都没做，做不了就在那里起哄。我佩服我们董事长，在论坛里面啥都能讲。三年以后掉过头来看看你自己讲的话对不对，让你自己教育自己，现在群里面讲的话，我们没有记录，是你自己记录在那里的，然后等 3 个月以后或者半年以后你再看看你说的话对不对。因为红岭的事业是一代代往下走的，我们要变成百年老店，我们肯定都是过路人，往前走的话都要在这整个行业的发展进程当中都会留下你们的足迹，到最后都可以看到自己到底是负责任了还是不负责任。我就市场部的汇报工作，讲这么几点。另外每个部门汇报完了以后分公司在听的过程当中随时想起了什么问题，可以在这个部门汇报完了以后发言，因为我们的发言顺序是部门汇报，分管副总裁汇报，总裁总结，各部门有什么问题都可以提出来，是这样的过程，就保证一件事情的讨论让大家都有讲话的机会，这样就保证决策尽可能的正确。

——2016 年 6 月 27 日第 20 期总裁办公会议

3.3 对发展投资人的建议

分公司市场费用的分配

财务实际上就是分为两块。一块是日常根据整个的效益，综合地划给它整个费用,这个费用有一块就是市场的费用,之后由我们的市场管理部来分配这个费用,相关制度由市场管理部来定。计财部划出这个大费用,你市场管理部制定个规则,保证这个费用真正用到市场发展上,而且要公平公正。这个我们过去没有抓紧,现在一开始抓紧,可能短期内会有些影响,比如有一些分公司老总不高兴。但是从长期来看,必须这么做。必须有个规则,不然钱不知道怎么分配,钱到分公司后都不知道哪去了。总公司是有规定的,尽管不是很明确,但是分公司也不能不按规定来。比例不对我们可以调整,一点不发肯定不对了,那怎么找到客户?如果是我当分公司老总,这么好的政策,我肯定找一堆好的客户,肯定一堆人在帮我干事。结果他们没人帮忙干事,所以每个人都自己变成客户经理,每个项目都从自己面前过,都想夹点私货进去。我给大家的建议就是,每个分公司按照经营情况回切一块费用给他。这费用中有一块是市场管理部的,在这边我们就切好了。这个总量上各部分应该是多少呢?你们去切,好比良性资产的应该怎么发,出现不良资产的应该怎么发,这你们要规定。你规定的话,就可以向大家提出建议来,但最终决定权在你市场管理部,一切要按照多数人的意见来执行。现在有19个分公司,还有个很重要的问题,就是只有8个分公司贷款余额在3亿元以上的,其他的都在3亿元以下。这个你们市场管理部怎么抓,不能光是汇报问题,也要提出方案和建议。你需要总公司怎么支援你,需要办公会怎么帮你,这都是你们部门的事。

——2015年12月5日第41期总裁办公会议

市场发展的重要性

不是做方案,是要实施,一周没有实施。方案做了,一个月过去什么都没做是不行的。所以讲审批部目前人员不足,当时放大到这么多人就是准备业务量突飞猛进往上走的,结果反过来业务量在下行了。当然下行有好的一面,风险控制更为严谨了,但也有不好的一面,我们市场管理部的范围小了。市场范围多的话10个里面选一个。你做100个选10个,原来10个里面选2个,现在10个里面选1个,我做100个项目也能选到10个,还是量没跟上。各分公司的量其实我们把基础工作都做了,从特标、议标、快标到本标业务都框出来了,就是怎么打的问题了,为什么要抓这些市场的财务政策,就是一定要把这些手段政策放到外面去,让那些兼职的客户经理和我们自己的客户经理,做了项目后真正能得到一些实惠。这都是连续的,不是孤立的。我们每个领导都要理解为什么总裁办公会要做这个决定,为什么要这么做,你不能不理解,作为中层干部一定要理解,理解以后才能知道怎么用正方向的力,不要用反了,方向不知道就不好办了。市场的方向就是要多,越多越好。质量能够保证的情况下越多越好,不能判断就去请教审批部,哪些东西我们能做,哪些东西我们不能做,请教事业部,部门哪些东西可以做哪些不可以做。培训力量跟不上,互联网金融学院就是你们强有力的支撑,什么没有?要什么给什么。就是现在跟不上也没关系,你去学,别懒就行,每天都努力,进步一点点都好,如果明天看后天看还是一样,那一周下来什么也没有。

上周就提出我们现在审批部40人,工作量有多大,全员做风控全员也要做市场,风控部门审批部门也有开拓市场的责任,市场人员也有搞风控的责任,大家都是一样的,本来就是一体,没有市场是最大的风险。这个抽象的东西讲多了没用,但我们有这么多具体的产品,怎么能找到合适它们的地方,能够推出去,我们把本标推出去了,就等于我们把所有的金融产品借贷产品都拿上来了,你说你没有产品,实际上是没找到。最后只有我们自己努力,怎样变得更好一点,这个空间是很大的。没有我们不能做的东西,有了以后就要知道怎么去修正它,完善它,怎样去做得更好。

——2015年12月5日第41期总裁办公会议

如何制订工作计划

我同意牛总的意见,林总来了后市场部的工作还是有一些起色的。从她工作的态度和努力的程度来讲,应该给满分,因为这个企业本身就是个新的东西。对于市场部到现在我们都没定位得非常准确,因为它本身就是新的东西,大家都是在边做边思考。市场部的管理,囊括了总公司一般的管理。大家都是为市场部服务的,市场部是为整个分公司服务的,管理线路一定要清楚。市场部管理的内容到底是什么?一个是对人的管理,一个是市场和业务目标的管理。通过管理人去完成市场目标,目标到底是什么?从现在看所有的标的,通过标的能够扩大投资人,能够找到资金需求方,通过标的在网上安全放出去,收回来,产生利润。这个过程需要人去完成,约束人的就是制度,包括客户经理管理制度。我们现在有什么产品,我觉得这个产品小册子做得很好,把小册子给客户经理,再让他们推销出去。这个产品就等于贷款产品,我们有哪些?包括零售。我们还有其他品种,私募、众筹,这都是市场管辖的范围,通过制度把产品推出去。在制定目标的时候,你今年完成5~10个亿,不良资产控制在多少,从前端的调查开始就是市场的事情。到最后不良资产的处理和贷后的跟踪还是市场的事情,林总很辛苦。

如何制订下一步的工作计划,我刚才把这些逻辑联系讲了一下,工作计划如何制订?两条腿,第一条腿:总结过去。我们过去做得怎么样,我们已经做得怎么样了,我们有了哪些东西。实际上就是年终总结的作用。第二条:走出去学习。不能偷懒,看看兄弟部门、银行和P2P,看看它们在做些什么,它们有什么好的产品和做法,我们学过来。一个是总结过去的经验,从当中找出有方向性的、有生命力的东西。另一个就是学习别人,别人的东西学过来,然后结合自己和别人的,制订下一步工作计划,当然计划的制订要符合我们整个公司的发展方向,不能超出我们公司现在的承受能力,太大承受不了,太小干不了活也不行,要适可而止,恰如其分。需要补充的补充,需要发展的发展。管理最重要的就是要把管理的对象分成若干个可以分解、看得见、摸得着和可操作的事情,然后交给不同的人去完成,市场部不是一个人,一个人干不了几件事情,就像我在这个地方当总裁,指挥大家,因为我一个人干不了几件事情,我只有把我的想法,大家的想法集中在一起,按照每个人的分工,把各自任务完成,这是一个协同作战能力。所以在林梅花同志汇报完工作,牛总说完以后我谈这几点认识,希望能对市场部下一步的工作有一点启发。

——2015年12月19日第43期总裁办公会议

3.3.1 对发展投资人工作的建议综述

资金筹集速度慢的原因以及解决措施

资金筹集的速度比较慢的话,查一下是什么原因,开始为什么那么快,后来为什么那么慢。是发动问题,还是自己本身的影响力小了,这个是要做一下分析的。资金筹集速度慢,取决于公司本身宣传不够,网站知名度小。我上次让你们搞的100万张卡你们搞了多少张了?有没有推出去?这只是其中的一个手段。另外,企划部应该筹备几个网站宣传活动方案,增加我们网站的吸引力。一旦以后投资者多了,很快通道的问题也会出现。通道阻塞,这也是问题。通道的阻塞问题现在怎么样了?

——2014年4月1日第18期总经理办公会议

开发投资者时应考虑的原则

这个的确很重要,大家都在讲,但是要有合理的开支。因为我们本身不是推不出去的东西,你要明确这一点。因此,在考虑问题的时候必须转换观念,用最经济的角度去思考问题。能卖掉的东西还送给人家干什么!这不是在批评大家,拿到办公会上来,就是给大家提个醒。我们大家的素质和能力提高以后,对某些事物的看法和做法都会不一样。只要我们的风险控制得很好了,这个肯定是能卖掉的。那么推销的汇报就很重要了。市场经济的核心是交易,是关于买卖双方角色的转换。买方市场和卖方市场是由市场供求关系来决定的。一旦买的人比较少了,它就便宜了;一旦买的人多了,那价格就高了。有的人讲就是"客大欺店,店大欺客",就是这个意思。我不反对你们的意见,你们可以去做,但是我希望这个时间不要太长。因为有这种思维方式的人太落后,至于它里面到底能提多少钱,研究一下,然后拿个方案出来,签了就行,就不要上会了。

——2014年4月15日第20期总经理办公会议

迫切需要发展投资人，市场部、线上运营部、企划部拿出方案

市场部应该对标的速度、规模、利率研究其相关性。在分析时需要有数学头脑。因我们投资者人太少，所有客户才有挑选的权利。很多贷款方希望我们降利率，但是这个速度已经反映出来了。市场部就投资人营销拿出方案。包括线上运营部及市场部有什么方案，企划部能如何宣传，包括技术部如何支持，围绕这个主线来工作。同时，希望计财部能配合提供数据，相关部门给予支持，尽快拿出投资人方案。

——2014 年 6 月 14 日第 29 期总经理办公会议

对市场部寻找投资人的要求

市场部还有什么？这个市场部应该是我们所有工作中的重中之重，它有三块内容，一块是我们的投资人这一块，我现在感觉投资人比项目更重要了，今后我们利率的下降和网站的发展是取决于投资人的多少，投资人越多，利率市场化的基础越好，银行利率水平大家都知道，而我们 18% 的利率有多少人知道？尽管有人知道，也觉得这个很麻烦，很不安全。所以说现在营销投资者应该放在市场部的工作首位，包括线上的、线下的，机构的、个人的，我希望有一些具体的、可操作的东西，那么要求的、希望性质的东西，提再多都没有作用。我们以后专门召开一次市场会议，专门研究市场问题，就是对投资者开辟哪几条，落实到每一个项目，谁去负责，然后一块块开辟。APP 上线以后，就可以在有网络的地方都推开，我们人跟上辅导就行了，个人都是最原始的投资者，至于机构投资者，那是利益的博弈，对你有好处，对我也有好处。下周测试一下自然增长率，我估计是 2 亿元左右，就是不搞任何活动的自然增长率，然后搞一个活动再增加多少就能看到了。市场就像个黑箱，靠你光从线上统计那些数据是没有用的，那不是有效数据，真正的有效数据是看每天有多少人来投标了，这个是实实在在的，我做一个活动以后，一下子一周能发出去 3 个亿了，那就是明显的增长，这不就是黑箱原理嘛。所以现在市场发展投资人这块要放在比风险还重要的位置，因为这个没有，其他事情都无法展开。

——2014 年 8 月 2 日第 36 期总经理办公会议

对市场条线发展投资人工作的建议

第一步项目上来了,30 个分公司快筹建完成。第二步投资者,胡宏敏副总经理牵头,几个部门好好商量下,拿点干货出来,该花钱就花钱,拿出方案来。包括刮刮卡,计划 100 万张,现在 10 万张都没搞完。希望你们拿出一点真实的东西来,25 个分公司也可以办点小事,做做宣传活动吧,也是 25 个渠道。会下就开始拿方案,也可以开专题会,不必等到办公会,直接跟我汇报。

——2014 年 8 月 30 日第 40 期总经理办公会议

发展投资人应有系统方案

我帮你们归纳后,你们以后汇报工作的时候,投资人这一块你们做了哪几项工作,这几项工作是由哪几个部门去完成。我们现在是站在一个总公司的角度,下面有 30 条腿,怎么管理,这个时候我们市场部对整个系统方案的提出要有个基本设置,我称之为系统方案。那么从借款人就提出了其他问题,包括期限的错配、一次性收取服务费、贷后的管理等等这些东西,我们最近产生的一些不良现象根本没提及,而这个东西又是非常之重要,我们已经放下去那么多贷款了,那么贷后管理都应该是客户经理去跟踪,方法由风险管理部拿,不可能风险管理的审批经理跑下去跟踪项目,首办是谁就由谁负责贷后管理,这个一定要落实。包括手续费是向贷款人收,我们把这个调查论据研究出来很好,有依据从国际上包括国内,它们都是一次性收取服务费,这是我们很好的一个依据,我们是按照国际规则,按照市场规律来办理的。所以我们对贷款者应该做哪些事情也应该有一个方案,这也是一种系统方案,不仅是一种产品的研发、制度的制定,还有是系统的管理,因为对应的是 30 条腿,我们不要忘了还有 30 个机构在那里,不能像过去那样搞一笔就算完了。这是市场的第二块。

——2014 年 9 月 20 日第 42 期总经理办公会议

对发展投资人问题的建议

开会。今天开个专题的办公会,为了解决我们投资人市场推广的问题。

从公司上半年以来到现在为止，主要精力都是做项目方面的工作，就是在网点和机构扩张啊、项目选择风险控制上是我们的重点，到目前为止，整个项目的积累已经很多了，上报项目200多亿元了，已批待上线的项目将近20多亿元了，这样一来明显看到投资人速度很慢，一天搞个两千万元已经不错了，这个也是市场的测试，很正常的事情，别感觉到不正常，非常正常的现象。之前董事长经常说没项目了，投资者钱没地方投，催我们搞项目，我说别急，这个一定会解决的，现在解决了，而且解决后项目的上线后面的趋势也看得到，会越来越多，根本不用担心，30个分公司才开业3个就有这么多，如果30个全开业了会是什么情况，这个很明显，不用讨论了。

那么这个搞完了以后第二条线非常重要，就是投资人了，我们主要工作要放在抓投资人上面。在几次办公会上我都提到市场这部分的工作就是三块，一块是项目，一块是投资人，一块是服务。项目这一块现在按照正常的程序推进就可以了，包括分公司的开业、项目的指引、贷前调查贷中审查贷后检查这些日常工作，现在陆总一来的话，风险控制的力量就加强了，项目出现风险就不会有什么大的问题了，概率中的问题就没办法，流动性风险肯定会出现的，搞这个的都知道，没有那是奇迹，有的话我们能不能控制在1%，能不能用风险准备金覆盖，核销每年核销一次。第二个是流动性风险出现后我们有没有流动性资金进来，把它缓解。这两块，风险准备金我们做到了，但是流动性风险还没做到，我们委托计划部门，大家也都积极出面，给30家分公司都发了一封信解决流动性风险问题，尽可能地把我们40亿元的良性资产打包，典当给资产管理公司换取流动性，流动性进来以后，只要3到6个月外面形成一个循环的链条，对折的话也可以拿回来20亿元，但是我们流动性缺口不可能这么大，大不了三五个亿，然后通过多家资产管理公司的循环我们就可以维持经营问题，战略思路和具体的方案都已经拿出来了，下面就是执行问题了，流动性风险的执行问题只要是我们的分公司和计划部，尽快地落实，以尽快的速度把协议签下来，签下来后这块就不会有什么问题了，有个三五亿进来的话流动性问题就解决了，就是垫付一点也不怕。随着规模往上上的话市场才能搞活，包括利润也会往上涨，资金会越来越大，流动性比例也会越来越大，如果我们风险控制得好的话也不会有什么问题。

从理论上和实践上，市场的项目和风险控制，终极风险和流动性风险这一块我们已经完成了，这个设计和整个操作已经完成了，后面就是具体操作了，怎么样操作好就行了，包括内部流动性风险控制权计划部门也已经开始使用了，从几条线上保障我们经营的正常进行，我跟大家做个通报，这个没问题。那么我们的重点全部放在投资人这一块了，在办公会上提出三个层次，一个是个人的，一个机构的，一个是分公司的，其实就是三个方面，个人的我们主要是通过线上，发红包或者发刮刮卡这种形式解决；机构这边我们通过和联通、移动等单位谈，都是批量作业的，线下这一块目前财富中心提出了一些方案，让掌握了80%财富的20%的人怎么样汇聚到红岭。我们财富中心应该讲还是很努力的，但是需要加强管理，提高工作效率，加强工作的针对性。包括我们在座的各个部门，我们之前管理的红岭应该是很原始的红岭，很小的红岭，现在我们的红岭是个开放式的红岭，会做得很大很大，流量会很大很大。第一个瓶颈是要解决项目问题，第二个瓶颈是投资人问题，第三个瓶颈就要解决平台问题，平台我们没有放慢，已经在抓了，但是这个进度我听黄总汇报可能不是很理想，不能等到投资人上来系统瓶颈又出现了。我们整个电子平台出问题，流量不够，很多问题解决不了，这个问题我一直在担心，不是因为担心就不动，这个不可能，该动我还是得动，该往前推还是得往前推。我们现在这么多职能部门，每个职能部门都有自己的工作，那么职能工作怎么样围绕总公司战略目标和各个时期的不同重点工作来开展各自的工作安排，实际上很多工作我们在办公会上都做了安排，在红岭包括过去我们在基层行也有这个问题，就是职责不清，不知道是谁的责任，搞到最后全是董事长的责任，最后是他批的。实际上不应该是这样的，应该是每个部门每个环节都有责任人，不是光提出问题的，更重要的是提出解决问题的解决方案，不然事情太好干了，领导说怎么干就怎么干，那我们这些部门干什么呢？不仅要提出问题，更要提出解决问题的方案，这个方案不一定要准确但是一定要有，这个方案不能只有一点应该有三到五点，有三到五个方案大家再选择。这个方案也不仅仅是我们公司内部的，公司外部有好的方案也可以借鉴过来，借鉴过来后有了好的方案工作运转起来就会少点挫折。

——2014年9月22日市场条线专题办公会议

对市场部的工作建议

今天市场部我没表扬你们，确实你们的工作需要提高了，你们现在很多工作跟不上，我们这边就要抓重点了，不去卖我们自己的产品，反而帮别人卖产品这不是反了吗？所以我要把我们的产品让别人卖，如果说当中要付出点代价，让我们帮别人卖，也是可以的，不能倒过来，倒过来的话立场就错了。

——2014 年 11 月 22 日第 50 期总经理办公会议

分公司发展投资人的思路和方法

项目的投资人这一块，同样我们有几个老总提出了这个问题非常好。因为利率的波动最终是取决于投资人的多少，因为现在我们才二十来万投资人，一般的银行都是几千万的存款客户。这些的存款客户的年化收益率才百分之三点几，还有一些活期的零点几，而这些人都不知道我们这个网站，不知道这个投资方式，这是我们讲的小户。那么大户呢？那么二八定律，20% 掌握 80% 资金的那些人，他们有很多也没找到这样的渠道，很多都窝在证券公司里边，窝在那些理财产品，窝在那些信托公司的账户里边。一个信托产品来了 50 万元一份，100 万元一份，他们拿到 12% 的高息就开心得一塌糊涂，他还不知道我们 18% 的 50 元起步，他都不知道。那么我们各个分支机构的老总，你们在这方面有这个要求我非常高兴，总公司有财富中心，也有线下的这一块，那么我们回去把线下的这一块胡总抓一抓。我们每个分公司从筹备开始就可以建立这种思路，到了六个事业部的思路，已经刚成立的分公司立刻建立起这样的专职人员或者设置这个部门，包括重庆，立即就可以设立理财部，或者财富中心，就找那些有几百万几千万的几个亿的来买我们的产品，我们的产品直接卖给他。他开心得很，比买信托公司的产品好多了嘛。然后我们可以跟信托公司谈一谈，你那个地方有客户，我们上面是 18%，你要是 12% 愿意干，中间六个点我们一人分一半，对不对？这样的信托公司手里有很多客户的，还有证券公司也一样。好多投资者买理财产品，证券公司卖理财产品的也很多。你们去看看年化收益率多少？最高

12%。我们给你12%,给你13%行不行,你把钱拿来搞我这个项目,我保证我们这里风险没问题。我们上面自己去卖就18%,我们下面就把它卖掉,卖掉一人分一半,证券公司赚了钱,投资者也开心,这开拓业务是双向的,不是一个单向的东西。投资人也多了,利率下来了,我们钱又赚多了。我们项目发标速度也快了,线上线下一起做,我们的业务的发展就肯定有方向了。这是我讲的第二块,市场就三块。一块投资人,一块项目。然后中间这块就是服务。

——南京分公司开业总经理座谈会

发展投资人的空间很大,投资人的数量要跟上项目开发的步伐

目前,我们项目是足够了,总公司当前储备项目300亿元,当然从长远角度考虑,这还是远远不够的。但是投资者目前少了,原先我们一个亿的项目,3个小时就投标结束。现在一个亿可能要3天才能筹集款项。明显看到我们的节奏放慢了,放慢的原因是什么呢?投资人的数量没跟上。那么我们如何让投资人的数量跟上呢?实际上这个市场是很大很大的。我们目前注册用户25万人,只占据全国的10%左右。但是银行的储户有多少,必然远远不止这个数。据我所知,平安银行的用户4000万,包括保险用户、贷款用户。由此可见,我们的发展空间还是非常大的,潜在投资者非常多。

——张宇总经理在安徽分公司的讲话

开拓市场的思路及可能遇到的难题

我把市场一分析,大家就知道我们的市场还有多大。我们才刚刚开始,后面还有广阔的市场等我们去开发。合肥市目前存款总量是8000亿元,如果能让互联网走进千家万户,大家想想只要有目前合肥市存款总量的10%投入互联网金融当中,光合肥一个城市就有多大的数额和市场!我们红岭创投的第一目标是1万亿元,客户目标是4000万人。我们现在和这个目标还有距离,这里就需要我们想办法。比如,和联通公司、移动公司、证券公司

沟通，它们手上有效号段就有 2000 万。如果我们和它们合作，那就有 2000 万用户的市场。所以关键是方法，什么样的方法能让我们迅速打开市场。下一步，当我们的投资人数量跟上后，我们又会出现项目不足的情况，我们又要去找项目。所以这是一个循环过程。就像一些工厂，产品一好销售，原材料就跟不上。原材料跟上了，产品又滞销了。这就是一个规律，我们了解了这个规律，就要找中间值。通过我们的平台找中间值。这是一个必须解决的问题，我们想要做大做强就必须解决它。过去的速度已经跟不上今天的速度，过去的信贷也跟不上今天的信贷。

所以说内涵式的提高就是要把诸多的金融产品都拉到我们的公司里来。六个事业部已经开始筹备，即保险、典当、风投、私募、租赁、信托。这样就把金融行业所有的形态都放到了我们这里。我们市场部的员工要非常敏感，我们再出去发展贷款项目的时候，也可以另一面发展我们的投资人。有闲置资金的时候可以放到我们这里投资，需要用钱的时候从我们这里贷款。所以，只要把资金运作好了，成本会非常低。

——张宇总经理在安徽分公司的讲话

对发展投资人的建议

下一步我们还要做很多很多的事，包括六个事业部的问题，特定产品问题。现在我们的项目储备是足够的，但是投资者跟不上了。利率市场化是取决于投资者，而投资者的基础收入来自于银行。要使我们的投资人能尽快上来的话，就必须用高于银行的方法。我们现在利率到了 18%，为什么投资人还没有上来？第一，安全问题，因为网贷的性质不能让大家放心。那么我们要通过体验店的宣传，通过我们分公司的进度，不断进行宣传。第二，还不知道有这样的渠道，而其中有很大一部分的老人手上是有很多的资金的。如果我们为这些人增加了利益，他们是很开心的。所以我们的宣传力度要跟上，重要的是方法。

怎么做把投资人拉上去？我们现在投资理财部的许总来了，他过去是工商银行国际业务部的总经理。我跟他讲，要像过去拉存款一样拉投资，我们要做到协储员、代办员的程度。我们要建立大量的外围队伍，就像我们财富中心在线下找高净值的客户。我们就要培养这样的队伍,所以对于我们现在各个分公司的老总,投资和项目是一样重要的,偏了哪一边都不行。我们现在网站的知名度越来越高,我们把维护网站的信誉作为我们的第一生命。我们董事长做到了,他对网贷界作出的最大贡献就是六年的时间里没有让一个投资人受损失。为什么红岭创投还能大踏步往前走,与这个是分不开的。我们所做的一切都是为了维护网站的信誉,一旦有了网站的信誉,我们的投资者也好,我们的贷款也好,才能活动起来,营运起来。所以说今年我们投资者的发展是重中之重,要在投资理财这块摸出一点规律来。可以从私募、信托、信用卡等等方面学习,然后用到我们自己的实际工作和操作中。

我们现在还有一个很有利的条件,第一,这个网站的信誉是没问题的,我的证明就是我们这6年来没有让一个人受损失;第二,我们的利率高,年化18%。要牌照的话,我们是国务院十家互联网金融的发起人之一,那我们还需要什么牌?这都是可以宣传的,一旦宣传开,我们的投资人队伍迅速上来的话,投资人队伍都是钱,所有的产品都能实现市场化。同样,我们的项目也是钱,当我们项目审查得非常好,然后推荐给其他网站,卖给它们,我们也能赚钱,这都是能交易的。包括我们最近在谈的集团客户,它们有产品,想拿到我们的网站来发,由它们进行反担保。为什么?因为我们有知名度,我们有30多万的投资人。但是实际上这30万的投资人是远远不够的,是按照自然法则在进行增长的,没有我们的突破性动作在里面。我想我们今年上半年的主要任务就是在投资人上有所突破,一旦突破的话将对红岭创投有历史性的重大意义。所以今天开会,我从对金融脱媒的认识,讲到我们在做什么,最后就是讲要处理好几个关系。

——2014年终工作会议(一)

市场部当前工作任务

包括零售产品的推销都是要通过市场部的这个部门推出去的。人不够的话就赶快招人,赶快培训。各个分公司的市场部的任务和总公司的市场部是一样的,是执行总公司市场部的任务的,直线指挥,这样的话全部的工作就展开了。

——2015 年 1 月 10 日第 1 期总裁办公会议

下一步的精力要放在市场部投资这一块

下一步我的精力我想就要放到市场部来了，就要放在投资这一块来了。因为现在的投资已经是捉襟见肘了，我们每天的投资量也就 2000 万元左右，高了就是 3000 万元。这个是根本不行的，投资人上不来。只有过去的投资人的钱回来了，那么这个标才会快一点；新增的投资人的话，这个标的速度就太慢了。那么以后我们的目标就是 5 个亿的交易额，这个交易额的话需要多少投资人是可以算出来的。

——2015 年 1 月 10 日第 1 期总裁办公会议

投资理财部的工作任务

开场白就这么多，给大家介绍一个新同志，许维刚同志，宣读许维刚同志的任命通知书：

公司各部门、各分公司（含筹）：

经总公司研究决定，任命许维刚同志为红岭创投电子商务股份有限公司投资理财部负责人，负责财富中心和体验店的管理工作，以上工作自发布之日起开始实施。特此通知。

2015. 1. 4

这什么意思呢，就是三个月的试用期，试用期满了之后，投资理财部将由我们许总上任。许总原来是安徽省工商银行国际业务部的总经理，恢复高考后第一批大学生，在专业上和管理上都是我的老师，后来到了深圳。他来到我们这里我感到很欣慰，因为我们今年将要展开的重点工作中，必须有一名大将来指挥，因为今年的投资理财工作你们看到我们的投资人队伍跟不上了，我们每天发标的速度降低了，我们低到有时候只有 300 万、

600 万元，我们辉煌的时候一天是 5.5 个亿。这就说明我们的投资人捉襟见肘了，不是资金问题，一个人再有钱能有多少呢？都掏空了。那就需要有新的队伍进来，就是我们投资理财这块必须加强了，包括从体验店，包括线下高净值客户，包括网上，把这些工作都要抓起来了，包括集团的客户，我们老许来我跟他谈话，我们要拿出过去金融系统抓储蓄存款一样去抓投资人，要渗透到社会的每一个角落，要走到每一个人身边，都要让他知道有 P2P，让他知道有年化收益 18% 的产品。信用卡、储蓄谁不知道？但是不是所有人都知道了 P2P 呢？不是这样的，很多人都不知道！中国还有很多人不知道，那么宣传这项新的业务、新的产品也是我们红岭创投下一步发展过程当中必然的，也是很重要的工作，当然，所有的 P2P 都承担着这样的任务，我们董事长讲的好，有时我们做了一些广告，对其他的同业也有利，很多人就传来了，周总就讲“不要紧，这个行业是我们大家的，大家每一点做法都是对这个行业的贡献，这个贡献的群体大了以后，我们就更好做了”，要有这样一种胸怀和远见，我们互联网金融学院的成立是对这个行业在作贡献，但是贡献的同时，对我们行业本身的发展无疑是有好处的，我们提高了是对其他竞争对手的压力。所以我们要想把一件事情真正做好，要有认识能力，另外要有胸怀，还要刻苦的精神，还是那句话，不要懒惰，不懂就问，错了就改。下一步会场交给胡总。

——2015 年 1 月 17 日第 2 期总裁办公会议

发展投资人的工作至关重要，要加快进度，尽快看到实质性进展

投资理财部现在非常重要，我们现在市场部今年所有的工作可能我都要上了，发展投资人这块，所以把财富中心这一块的工作分到了 VC 事业部筹备组，归项总管了，发展投资人这块的工作，我们能多上一点人，多给这块工作一些关心，对公司下一步的发展起到非常重要的作用。下一步市场这边关于发展投资人的工作，包括线上的体验店，包括集团的客户，包括你们谈的联通，目前都是非常重要的工作。工作是有进度的，但是目前没有看到有什么成果，所以我希望能够尽快到看实质性的进展。我对你们要提点要求了，如果再没有明显的成果，那我就要上了。

投资人是我们今年的重中之重，而且现在明显感觉到发展不平衡，项目发标量大，投资人跟不上，给风险条线和计财条线的压力是巨大的，而且有很大的缺口，所以投资人这一方面，下次办公会上要有明显的进展。那么市场条线现在说完了，就由风险条线汇报。

——2015 年 2 月 14 日第 6 期总裁办公会议

张总对胡宏敏副总裁提出的发展投资人奖励要加大的提议的看法

这个事情我不反对，就是现在我们投资人发展的速度是不是跟奖金有直接的正相关，要做这个调查。如果是正相关，把这个事情作为重点工作；如果不是正相关，先把这个事情放一放。这个措施我同意，但是要搞清楚。今天不谈论细节，如果给 50 块分公司做不了外包出去别人能不能做得了？做得了就全给别人去做。这都是一种选择，任何事情都是有选择的，只有比较以后才知道决策对不对。

——2015 年 3 月 14 日第 9 期总裁办公会议

发展投资人的工作重在落实

发展投资人真的是很急切的事情。你的方法对。但是没有落实，有什么用呢？会后就马上协调。这个不要等。日期搞个单子出来给他们去选，哪天有空，定就行了。关键要动起来。你这个投资人队伍的建设和机构投资人的联络都是跟他们搞淘宝网、京东商城是一样的，完全是一个方向上的东西。金融脱媒就是投资者在脱媒。我们就两头，一头是投资人，一头是借款人，我们所有的东西都是围绕这两块在做，你们的责任非常大。这两头就是你们两个部门在掌握，技术、人力、综合等部门都是给你们服务的。风险管理部是控制的。你们这两个部门总是振作不起来，基础没做大，市场没打开，就是捉襟见肘啊。目前分公司还有些积极性，但是市场部在其中起的作用还不足。

——2015 年 4 月 4 日第 12 期总裁办公会议

解决投资人问题，走出利率市场化道路

发标应该不会断掉吧？（不会）我们这个发标是不能断的，再特殊最多一点，不能超过两天，因为今年这一年对我们至关重要，今年年底突破一千亿元交易额了，贷后一下子两百亿元以上了，明年日子就好过了。那么投资者这一块，包括投资理财、红岭商城等，都是解决投资人问题，解决投资人的问题，体验店要抓，这个很重要，它是对我们网站内容的一个反馈，因为我们最终是要靠投资人走出一条利率市场化的道路。这个利率怎么能够真实地反映出这个国家、这个地区的资金供求状况？资金供求状况的背后是生产和经济发展状况，经济发展状况里面最重要的是结构性的东西。经济发展是永恒的，不同的是在不同的阶段它的机构有区别，结构有区别的话它的资金流向就不一样，资金在使用强度上的不一样会造成价格的不一样，也就是利率不一样。从我们具体的操作方面就是投资人一定要多，一定要让投资人得到满意的回报，但是同时兼顾安全性与收益性。

我们就是始终在找投资和借款人的利率平衡点，当然要加上我们的平台管理费。所以利率市场化是我们永远要做的事情。我们国家的利率是垄断的，大的银行利率全是规定的，不像在西方发达国家市场，各家银行的高低与我无关，只要我把 libor 控制住就行了，只要控制住再贷款、再贴现的利率就行了。中央银行的三大法宝就是公开市场、存款准备金，还有一个是再贴现利率。至于市场上的区域供求是不管的。但是我们不一样，我们规定了专业银行必须是多少利率，这是不合理的。我们拼命地解决几个问题不是没有思考的，投资人这个量必须上去，我们国家现在 80% 以上的投资人还在专业银行里面，我们只要过来 1% 就不得了了，而我们投资人的工作真正有效地做了几件啊？要这样去想，如果能够搞过来一部分的话，这个利率对他们无疑是有吸引力的。另一方面，贷款风险是绝对的，不可能没有风险，当出现风险你有什么办法去化解，这才是能力，这是可以努力做到的。我们要知道在复杂的经济环境中所处的位置，怎么走好这个市场经济的路，我们管理团队要明白这一点，要多动脑筋，不要偷懒，这样才能做得好。

——2015 年 4 月 4 日第 12 期总裁办公会议

投资人发展难的解决思路

不要不好意思，就是说有问题我们怎么去解决它，如果不汇报大家都还不汇报。100 个代理店，我们用什么样的方法让它的积极性更高一点，到底是什么原因？我觉得我们年化 18% 的标，找投资人应该不难啊。找到原因以后看我们能够弥补的，采取措施。不对的我们再考虑，始终记住我们的目的就是增加投资人。你们的工作密度要加大，人不够要添人。

——2015 年 4 月 4 日第 12 期总裁办公会议

投资理财部工作重点和解决思路

我今天给投资理财部提两个重点，一个是体验店尽快地搞开，开业的分公司都可以试点，包括加盟店、代理店、金融超市都可以做；第二个就是集团客户。你就抓住这两个重点先做，做的方法一个是你们投资理财部研究这些东西，第二个是发动所有分公司，一个分公司两个或者搞一个题目都可以。总公司人不够，分公司是有很多人才的，能把他们的积极性调动起来，你就多了很多的帮手。不是没有人手，全世界的人都可以调动起来，问题是怎么调动。我在山东跟他们谈，人是最重要的，大家都知道，但是优秀的人才不是很多，都在岗位上，让人家放弃原来的岗位到这里就很难，机会成本很高。但是我们用另外一种办法，我们用智慧、认知形式、思维水平、操作方法而不是劳动力。这些人的脑子能不能帮到我们的呢？完全可以。在山东我跟他们说，先找出来济南银行里最优秀的干部是谁，一个个建立联系请他们吃饭，请他们帮忙考虑一个事情，不用你来工作。所有的资源都在于你是否有能力有方法把它调动起来，这种能力和方法各种各样，有社交场合，有亲戚朋友关系，一些必须处理的问题等等，都可以把这些人的积极性连接起来，这些人的头脑都能为我们所用了，那红岭创投就会迅速强大起来。我们不可能短期内把所有优秀的人弄到公司来，最好就是把他们的思维和想法为我们所用，就是买思路和想法，搞个顾问，量化一下，做多少事情给多少钱。

——2015 年 4 月 11 日第 13 期总裁办公会议

发展投资人思路：重点工作放在已开业分公司；体验店、代理店进展数据；集团客户问题

湖南、重庆、河南、青岛，你看一共几家，一共只有五家，你还有两家没开业的分公司，你还讲其余的，我跟你们讲，现在的重点工作一定要放到已开业的分公司上。因为它们每个月的费用所有东西和总公司都是连成一起的，是一个生命体，而那些未开业的分公司，它们如果做得不好，我们可以把它们废掉，那对我们公司整个的影响不会很大。但是已开业的影响就大了，无论是它的干部队伍建设还是它整个的业务发展，所以你一定要把精力放到这个上面来，这是第一。

第二点，以后像你们理财部汇报什么工作最好给我一个数字，你现在体验店一共是多少个，代理店一共是多少个，发展了多少投资人，一周有多少进展，没有进展就不要汇报，你要汇报就汇报它的进展情况。你不是有，我就要你以后汇报这个东西就要，你一百个代理店搞起来现在干什么了？没声音啊，没声音你搞这个干吗？

不是每个月旬报都有报，这就是重点啊，这都是发动投资人的重点，因为你从经济理论上来看这个问题，不管你再多的钱，你再大的什么产值，最后分解的落点都是个人，你就是几万亿的产值，到最后分几次之后还是分解到个人上去，会变成个人的资产，永远都是这样。包括纳税，税来了以后，然后我们把这个税，国家用于税收与支出，支出投资什么项目，或者搞什么，然后这个项目又以支付工资的形式给到工人，或者支付去买什么设备，那个设备里边又是工资，工资里边又是一道一道，或者我进出口到国外去了，最后也给他现金，都落到个人上去了。所以说个人业务永远都是基点，它再慢都是基点，就是一个人一个人，最后的钱都是在一个人一个人身上。把所有的人的财产都登记出来的话，你把中国人和全世界所有人的财产总和加起来就是这样。它没有一块空在那不动，这个有过一篇论文专门解释这个东西。所以说你们对个人零售这一块，一定要落实到，这是重点我跟你讲，要有数字，你现在别讲了，你现在讲我也不听了，我就跟你讲，你下次汇报工作的时候一定要有这些东西，我要看到你工作的进展。不然你有 100 多个代理店，

我不知道你干没干啥,遇到问题我也不知道,你们自己下一步到底该怎么办我也不知道。至于那些指导方法我没意见,但是重点要放到我们已开业的公司。第三个就是关于集团的问题,很大的一个问题就是你们和集团的一个互动,这是一个重点。

没有开始接触,好吧!你看深圳市有多少个公司,你看我们9个已经开业的分公司的当地有多少个公司,把它作为一个任务布置下去,先进行接触,看看有什么合作区间,现在金融市场这么火,多少资金都盯在那上面。一跌的时候他们跑得比谁都快,恐怕我亏本,现在我们有一个年化收益率在15%、18%的在这个地方,跟他们对接是一定有出路的,他没有出路才奇怪。比如我知道有的证券公司也在卖这个理财产品,卖最高的也就是12,好多还8的7的6的都有。那现在我们有15、18的过去,那证券公司,哪个正经八百的证券公司下面没有几百万的客户啊,都有,包括华泰、包括君安,现在叫不叫君安我不知道了。(现在不叫君安,叫国泰君安)对,像国泰君安这种比较大的公司,哪家都有几百万的客户啊,那一旦要搞成一个就不得了。那么我们全国各地9个分公司,到当地,包括我们深圳地区,我就讲这一个,都要去联系。任何事情开展的第一步就是要联系,联系再下一步就是研究,研究过程中谈谈我们的想法,我们没有想法,我们就有这个产品,想提供给你们,你看你们有没有用?而不是等你所有东西都考虑好了,没有那么多东西天生下来就能考虑那么完整的。都是在不断接触,不断地摸索过程中建立起来的,好不好?工作重点就这么三个,明确了吧?

——2015年4月25日第14期总裁办公会议

针对薅羊毛问题的三点建议

现在办公会委托你们三件事情:第一是看看我们的奖励方案是否合适,是不是这个价格,这个事情要进行调查;第二要教育我们每一级的员工要维护红岭创投的利益,维护集体的利益,认真有效地去执行制度;第三个发展投资人不仅仅是我们体验店的事情,不仅仅是我们投资理财部的事情,是我们全体员工的事情,我们以后投资理财部在汇报工作的时候,我就提这三点建议。

——2015年5月16日第16期总裁办公会议

投资理财部发展投资人的思路

投资理财部的工作很明显，就像过去的储蓄户一样，就是拉存款。这里边有线上的线下的，集团的个人的，各种各样的都有，它实际上就像在市场上的单位，在推销产品。我们就要推销我们红岭创投的每个标，把我们的标卖出去。那么这个标怎么样呢，我觉得很好，这个标超过任何一般商品，利率高，到目前为止没有人受损失。那么任何一个团队拿着这样的理由推广的时候，应该讲都可以做得非常好。我们这个部门在学习其他单位，推广推销经验的时候，都可以借鉴。没有其他单位所采用的手段，我们是不能采用的。甚至我讲得极端一点，就像拿着大喇叭在广场上推销，给牙膏，可能一大堆人听他讲了一上午，也没送出去 5 个牙膏。

类似这样的营销，都可以把我们的产品放上去。我的任务是给你们一把钥匙，把思路打开，至于像哪些思路有哪些具体的动作，网上到处都有，哪个单位都有。你去看一下，哪个单位卖东西卖得好，你去请教一下，拿过来卖我们的东西，都没有问题。你回去稍微思考一下，卖理财产品的、保险的、电话卡的，这都是营销的手段。特别投资理财部是搞营销的，一定要多动脑子，因为这个部门以后可能是红岭最大的部门。投资这一块的非常重要。所以你这个老同志和我一样，都要好好学习。只要你努力，大家在会议上给你提供的一些建议，你回去要好好想一想，才能拿出比你今天汇报工作更丰富一点的内容。因为你线上的东西我看了，招募推广经理里面的推广办法，这一步还没跟上来。就显得很单薄。人不够我给你人嘛，这次来了 300 个大学生，所有部门，你要跟我讲你缺人，你要多少，我给你多少，还都是大学生。但是人去了之后要有活儿干，干的活要对公司发展是有效的。要这么去思考问题。

——2015 年 6 月 6 日第 19 期总裁办公会议

投资部的工作任务：一有多少理财产品，二有多少投资人，三怎么发展更多的投资人去投我们更多的理财产品

投资理财中一个是投资的品种，一个是投资人，你有多少品种，你有多

少人，你希望上多少人，你有多少品种上去，用什么方法把它连接起来推上去，你回去规划一下，我们现在又多少理财产品，包括联通的几个产品，包括我们的几个标的，你搞一个人专门理一下有多少产品，还有可能设计出什么产品。第二个我们现在有多少个投资人，我们每天增加多少，用什么方法迅速增加投资人，这就是把我们的投资人和产品结合起来，这就是你们做的事。两头做得越大越好，当然理财产品是我们风险这边控制的，这个控制牵扯到市场和风险，四十几个分公司去找项目，批完了才变成理财产品，你这边就保证投资人，那么有效没效就是看利率，利率降下来了还是秒杀，你的成绩就有了。如果标挂上去好多天卖不掉就是你的问题。我给你一个指标，哪天 14 的标上去秒杀了，我给你一百万奖金，13 也秒杀了，我再给你一百万奖金，如果 12 也秒杀了，我再给你一百万奖金，然后你去分，你看该奖给谁。这个讲话是算数的，可以记在会议纪要里面。所以你的事情很简单，实际上就是三件事，第一个是你有多少理财产品，第二你有多少投资人，第三你是怎么发展更多的投资人去投我们更多的理财产品，当然里面包括个人的，集团的，网上的，线下的，什么都能做，很多的工作你看到它的主线的时候很简单。

——2015 年 6 月 20 日第 21 期总裁办公会议

投资理财部最重点的事情还是落在发展投资人，做好体验店

一个是体验店的事情是个重点，投资人的事情是个重点，至于统计数据那是反映规律的。如果三天没动静，就不要汇报了。联通就是算一个脉冲，但是不大，这个振幅很小，我们全国那么多分公司，每个分公司是不是都能安排一点任务呢，一共 42 个，现在已开业 12 个，每个分公司一个办法就是 12 个办法。任何一个事情只要公司一致行动起来，就会有很多的办法。要有这种思考，这样才能不断地抓住重点，总结经验，推广起来，然后使我们日常的工作正规健康起来。我就提这么点建议。

——2015 年 6 月 27 日第 22 期总裁办公会议

投资理财部发展投资人的思路：体验店为重点，听取意见，做基本判断

投资理财部是市场的另外一面，实际上你们这两个部是总公司最重要的两个部门，一个是市场管理部，一个是投资理财部，你们都在银行工作三十年以上，你们的经验和经历在座的很多年轻人是望尘莫及的，而你们在你们的岗位上是不是起到了真正该发挥的作用，从你们的管理能力、业务基础各个方面去反思一下。你这边工作也一直在努力，但是真正做出效果，比如联通是老叶他们的功劳，最后我要给他们奖励的，一旦真的做成了我要给他们单项奖励的，这样的工作做得比较好的，我们投资理财部能不能也做几样出来给大家看看，让我们全公司，特别是我们分公司都能有一个好的产品，一个好的指导和好的依靠，一个好的政策，每个分公司都是一个战斗堡垒，都是一个有战斗力的集体，我希望投资理财部把所有的投资人怎么上线，包括体验店怎么管理，那么这一类的工作，我们投资理财部的老总是不是也思考思考什么方法能够使我们投资理财的人数、质量、速度更快一点？能不能拿两三个方法出来呢？拿两三个活动出来呢？这些东西我看你们还在按部就班，现在是个特殊的时期，红岭还没有度过危险期，所以说投资人是最重要的，那么如何发动投资人的方法是重中之重。这个方法非常重要，你发展1个人和发展10个人、100个人是不一样的，它的方法也是不一样的，意见我们要听，少数的意见听了以后做个参考，可以借鉴，更重要的是大多数的意见，对于基本的形式和发展的目标和我们基本的管理的要求，自己要有个基本的判断，就像我刚才讲的年化12%的特标，我们网站上讨论得很热烈，很多人发出很多消极的言论，这种消极的言论我们听了以后很不舒服，因为我们对基本面的把握不是这样，那么通过联通的实力足以说明这个问题。我希望许总把体验店的发展内容和管理能够作为一个重点。

——2015年6月27日第22期总裁办公会议

吸引投资者投资的三步方法和思路

利率不是压的。利率的本质是供求关系所决定的,那我们现在讲的利率往下降,银行利率是基础的,三点几。P2P 目前最安全的,是陆金所,目前的利率是八点几,所以只要我们高于八点几,我们就一定会有市场。有市场的话,但是投资者怎样知道我们的网站,怎么进来投资,第一个是要靠我们的实际行动,我们这么多年来没有让投资者受任何损失。第二是让大家知道我们。现在还有很多人不知道我们。第三个是让投资者知道怎么上网站,要让投资者有体验,知道如何在网站上投资,这种技术性的辅导,是体验店的任务。这三个步骤只要顺利连上了,走通了,就像你这 4 个亿的特标,利率是 13% 或者 13.5%,发出去了,这将是我们一个伟大的胜利。

——张宇总裁和许永锦总的谈话

发展投资人不能只用传统的方法

你用的都是传统的方法,传统的统计和节奏,你现在用这种传统方法肯定不行。联通有几百万上千万的用户数,当然你有一个移植的过程,可能在沃百富上投资的人数,没有作为我们的统计数据。我认为应该作为我们的统计范围,因为他们是我们的投资客户。但怎样变成在我们网站上投资的客户呢?这里就有一个衔接和转化的过程,因为我问过你,联通的这些客户,电话号码和姓名都有,那你想办法引导到我们网站上不费什么事。当然如果你还有其他的顾虑的话,还可以用其他方法做。联通做成功了,移动和电信应该也可以做,所有的证券公司也可以,保险,银行,我们能不能把我们理财产品和它们多沟通交流一点,是我们线下的业务,都可以结合起来,这个链条很大的。全国已经开业 18 个分公司了,你分几类,你让分公司自己投标,哪一条线你自己去做,做了以后给你点奖励,你只要突破这一个地方就行。哪几个分公司专门做信托、保险、银行、电信、淘宝、京东,分工,事成之后给点奖金,试点成功后全面推开,工作方法很多。但是很值得我们开心的是,联通这个事做得很好,老许、老叶都做了很多努力,我们坚持下去。

我们现在都是自救，没人救我们。救别人的时候就有代价了，救你，你就属于我了。这种方式很快就可以铺开业务，这是明年的动作，今年的基础还没有搞好。小公司你占到我的股份最多百分之一，但是我可能占到你的50%的股份，我就可以控股，我们就是没拿钱，你得听我们，全国一下就会变成一片。但是后面的大动作，都要建立在今天的安排上。网贷的投资人数量在全国还是有限的，能够在互联网上投资的投资人应该是思想比较先进的，比较前卫的，敢于冒险的，能上陆金所一定就会上红岭，反之亦然。陆金所的宣传实际上帮了我们，他们一上了网贷投资后，就会找到更高的、更安全的，就会找到我们，这个就是同业的相互帮助，这很好。

在发展投资人上，视野需要再开阔一点，方法再多一点，你的目标底线是在银行开户的人，至少5亿以上。但是现在双降，一年的利率已经降到一点几了，根本跑不过CPI了，现在每年的CPI至少在2%到3%之间，全是负利率了，这个方面，我们行业会慢慢产生一些吸引力。在银行的存款客户多开一个账户，他不吃亏。同样我觉得我们产品的研发部门，特别是我们的零售部门和研究所，都要加强研究。现在陆金所出了一个活期存款的产品，叫灵活宝，四点几的利率，它只是换一种方式在吸收存款，那我们是不是也要想一想可以这样做？我们现在的产品不就是定期投资吗？三个月的，五个月的，六个月的，十个月的等等，我们规范一下就可以了，把我们贷款的标的规范成三个月的、五个月的、半年的、一年的，投资者的思维也就规范起来了。我们也没有违反法律，我们还是一一对应，只不过从时间上、金额上做了一个调整，这就跟银行存款全接上了，那时投资者会选择谁呢？最起码他会开两个，试试就会在我们这边投资了，这样整个中国金融改革的进程一个新的里程碑就出现了，完全是在一个全新的状态下，来对我们国家的经济发展作出应有的贡献。你们这边的工作重要，你是半壁江山——投资者。

——2015年10月10日第34期总裁办公会议

关于对投资理财部资金端的认识

投资理财部，原来我们在划五大块的时候，把它划入市场。过去我们有市场管理委员会、风险管理委员会、计划财务委员会、综合管理委员会、技术管理委员会，我们把它放在市场这一块，因为市场是交易，交易就有双方，就和股票市场一样，有买就有卖，而且动作不是相同的，有人看涨有人看跌。红岭创投也有供求双方，供的一方就是投资者，有大量投资者到红岭创投来投资，你们所做的工作，都是供方，就是资金的供应方，也是投资理财项目的需求方，是市场的一方，你们的对象是所有有投资行为的人，这是一个非常大的概念。就包括所有在银行有存款的人，他们都是我们的投资人。当然我们开投资人交流会，他们可能是一开始就参与红岭的投资，他们只是红岭投资人的一部分，不代表整体。银行一年存款利率才三点几，还是有几亿人把钱存在银行，而我们最起码有 8%、9%、10%，为什么他们不过来？这才是方向，只要他们过来 1% 就不得了，1 亿的 1% 就是 100 万，这 100 万人从原来 3% 的收益率变成 6% 的收益率就会很开心。我妈妈今年 85 了，她买到了 4% 收益率的银行理财产品就很开心，而我们 10%。所以投资理财部要看准方向，不仅仅是投机的那些人，现在我们投资人里很多是投机的，很多人想当“牛”，而真正基础的投资人的队伍还没有起来，这市场是很广阔的，无穷无尽。红岭创投可以两头无限大，投资者无限大，只要能做，所有的银行都是你的客户，人家在银行办手续的时候，我们拿着传单在发，拿号排队的时候客户经理就过来说，我们最近有新的理财产品 4%、5%，他们一看我们的 10%，比他们高多了，这项工作我们现在做还是很原始的状态。但是高端这一块工作确实很重要，高端这一块包括原来的财富中心，因为它来得很多，有个二八定律的问题，就是 80% 的财富掌握在 20% 的人手里，20% 的财富掌握在 80% 的人手里，但是基础不是 20%，基础是 80%，应该从 100% 开始做好基础工作，那是中心工作，是每天都要做的事，重点工作是 20% 这部分，就是掌握着 80% 财富的人，我们重点去推什么产品，这样就把投资者市场周延了，这样工作的安排都有步骤了，就不会乱了。我们刚讲的项目方，是另外一方，是资金的需求方，包括车易贷房易贷，都是资金需求，这两方我们都要做好，所以你们等于这个公司的另一半，其他都是为你们服务的，这两头做好了就有希望了。你们汇报工作只汇报了一小点，包括理财产品的上升、包括我们跟联通的合作，都是刚刚才开始，我来的第一天就讲，我们一定要跟那些大客户，比方说淘宝，现在我们只搞了一个联通，我们跟其他群体客户联系没有？他们一过来就是一大批，证券公司就不得了啊，证券公司天天都在做理财产品，他们的客户每个都上百万，一个搞过来也不得了。所以像你们这些年轻一点的同志，要在这方面进行研究，才能真正在投资市场上打出一条路，不论到哪里，这些手艺都有用，组织市场、管理市场、发现机会，用什么样的产品去做，都掌握一点，就有希望了。现在你们做得还不错，相对过去来讲现在是有进步的，但你们努力的空间还很大，希望投资理财部包括搞投资端的人员，都要下工夫，需要政策我们给政策，包括我们搞体验店的目的，也是在发展投资人，在这个阶段可能暂时没有活起来，但突然一下可能又会有需求，我们还掐不准脉络。所以希望我们投资理财部在下一步工作计划的制订上面，眼界再放宽一点。

——2016 年 6 月 6 日第 18 期总裁办公会议

关于投资理财部如何做好投资端的工作

实际上投资理财的工作在整个市场的定位是另外一端，投资端，一方面是项目端。投资端怎样抓好，一直是我们红岭创投重要的工作。包括我们线上运营部，这些年在宣传，创造的一些条件做得很好。同样我们投资理财部在工作当中也做了很多的创造。但是在 2014 年我来的时候我就提示过，我们的目标在哪里。我上次也说过，我们投资人的目标，工商银行目前零售客户是 4. 675 亿，这 4. 675 亿当中他们拿的利率活期的是年化零点几，定期的是年化二点几，好的理财产品好的也就是四点几，这么大一个客户群，如果我们红岭创投在全国铺开，一旦健康地往前发展，确实能保证不低于银行存款保险法所规定的银行破产只陪 50 万元，我们肯定全赔，我们做得比它还好的前提下，又能拿到比银行更高的收益，最起码能跑赢通胀的利率前提下，你说我们的目标群该有多大。我们许总来的时候我也跟他说过这个事情，包括他的分管领导。靠我们原来一点点往上走的思路要改一下，一些大的客户要跟沃百富那边联动。这只是其中很小的一项，那既然沃百富都联动了，那跟其他的通信公司是否也联动了，跟淘宝的联动到哪一步了？还有跟保险公司很大客户群、证券公司有几百万客户的群体，那些能炒股票的客户群，对我们来说是一个非常大的客户群体。那就是投资端。你们想想有多大工作量，有多少工作需要挖掘，有多少基础可以建立。如果我们的目标没有看在能够给老百姓带来收益的情况下，那我们就是一个很小的企业，能够激发我们这种热情、责任、激情的原因就是我看到了中国工商银行有4亿多的客户投资者，那我们全国会有多大的客户，只要在银行有账户的，包括退休的都是我们的目标投资客户。我们的规划应该建立在这个基础上。所有的方向产品等等就不一样了。在这里面，根据二八定律，20%的人掌握80%的财富，80%的人掌握20%的财富，然后我们一方面是去营销那些高净值客户，包括那些私募，包括以后还有一些喜欢当牛，搬砖的，可以称之为高净值客户，或者高端客户。这部分人我们是需要的，我们不仅要维护还要大力发展。但是更重要的基础还是在于我们现在在银行，在证券市场，在保险公司这些客户，只要有一批出来的话，意义非常大。因为这才是我们取之不尽用之不竭的财富。我们要保证他们的收益，我们要保证他们的安全，还有保证他们的东西。市场是两端，买和卖，市场就是交易，就是公开公平交易，几句话说得清清楚楚。没有交易的地方不是市场，没有公平的地方也不是市场，不公平的地方形成不了交易，就跟股票市场一样，有的看涨，有的看跌，这样才能形成股票市场。如果都看涨，天天涨停板你也买不到，如果都看跌，天天跌停板你也买不了。真有看涨和看跌的才能交易成功，那么我们这个市场也是这样，两端：一端就是我们各个分公司比较重要的一端，资产端，需求资金端，去找好的项目源，我们那么多分公司的设计，筹备组的设计，包括现在营销中心的设计，都是为了项目源能够源源不断地提供。为什么我们要讲大量的兼职客户经理是为了提供像海一样的项目源，否则的话我们啥都没有了。另一端就是资金端，资金端我在很多会议上都讲过，这个也是无穷无尽的，因为我们的消费习惯，已经从理论上总结过了，消费者都有剩余，剩余以后就要投资，哪个能没有剩余的？而且这个剩余是边际递增的，储蓄是递增的。你拿100块，消费可能是90，存10块；当你拿1000块，你就不会消费900块，存100块了，可能就去消费500块钱，存500块钱了，投资的来源就增加了，从均衡生产的角度，投资的来源就自然而然增加。增加以后也要选择去向，这个去向到哪里去？银行是一个选择，私募是个选择，风投也是个选择,各种选择。当然,目前出现的互联网金融也是一个选择,我们是旨在互联网的基础上把银行的东西和非银行的东西,只要是交易的东西,通通脱媒,包括目前西方都在研究的高端,就是脱媒,金融脱媒,就离开交易所,离开银行了。那么离开就需要一个平台,从哪里来?就需要像我们这样的平台,让项目和投资者直接见面。项目是多种多样的,有像我们现在搞得特标、议标、快标,也有像私募基金那样带有风险投资性质的股权投资,还有一种更早的,只需要一个点子,或者电话就能实行的,当然那种风险更大的投资。投资就是两端,一端是风险很高的风投,他们叫 A 轮,还要靠前的叫天使,一个电话就开始投资了。这个风险是最大的,收益也是最高的,投 10 个项目只要成功两个就行了,这是定义,我在斯坦福大学受培训了三个月,就是研究这个东西。还有一种是最安全的投资,国债,那是最低的,那是最安全的,只要买了肯定不会损失。那么中间,还有其他形态的投资,这个投资链接出其他形态的投资和收益,在不同阶段的风险和收益成正比。我这样来分析这个问题,包括我们投资理财部和线上运营部怎么样把目标群放在每一个老百姓,只要在银行开了账户的每一个老百姓,都是我们要求的。

——2016 年 6 月 27 日第 20 期总裁办公会议

3.3.2 对发展集团客户、与机构合作的建议

对和移动云南分公司合作成立内部 P2P 系统的看法

为什么我现在在强调线上 P2P,因为这个就是我们的基石,而且这块的潜力很大,而不是一味地创新。一旦监管部门不给我们搞,我们就没有了发展的道路。我们现在传统 P2P 做得怎样,没有对比,这才是线上运营部真正的工作。我们要有生存的依据。一旦起来了,再去怎么评论都不要紧。胡总提出的方案,是积极的,但是能够调查完善就要完善,这样做起来才比较有底气。先搞清楚他们的意图是什么,要弄清楚。调研清楚就好了,项目小组先不成立,调研回来后再说。关于 PremierGroup 的工作,只是设想,还没有实质性的东西。关于财富中心的产品,必须明确无风险的前提下。

——2014 年 7 月 12 日第 33 期总经理办公会议

对和机构合作的要求和原则

我们在跟机构合作的时候,它能不能把自己的客户全部跟我们联通,让他们知道我们这有18%的理财产品。这就是交易了,如果没有这个交易那就暂时不要做了,如果有这个交易,那我们就冒一次险。

共享的话用什么方法共享,我们介绍他们的产品算是共享了,那它怎么让它的客户知道我们的产品,这是最核心的东西,如果避开了这个,什么都谈不好。这是个双刃剑,如果值那还是要做的。

——2014年8月2日第36期总经理办公会议

与机构合作发展投资人的逻辑和思路

不要紧,逻辑搞清楚。逻辑清楚了以后大家思路都清楚了。你现在这个机构合作应该讲还是清楚的,合作的内容有一些并集和交集,在和别人谈的时候,有一些可以将它们变成我们的投资者,都是双刃剑。我们现在给别人贷款是24,它们就说我们能不能投,可以,投我们就变成18%了,这样整个融资成本就降低了,就变成了6个点的负担了。同样,和企业谈的时候也是,你可不可以帮我们找到投资者,如果你需要资金我们也可以提供,两面都能谈,合作空间很大的。或者作为第三方,帮我们介绍一些人也可以。一定要把思路打开。某种程度上,在市场占的比重很大,就跟零售一样,把他看作个人的,机构看作是批发的。现在体验店多数搞的是零售,但是他们不反对机构,都可以,各有各的长处,各有各的特点。金融本身就是服务业,产业划分归第三产业,我们也是第三产业,我们服务的对象、品种是什么要搞清楚,实际上我们提供了方式,有钱的人怎么找到合适的方式赚钱,有项目的人怎么通过合适的方式筹到钱,都是为了项目,但是最后的核心是为双方做好服务,这是我们平台最重要的功能。另外是,机构合作没什么增加,应该要有一些备选的思路:将要和谁谈,准备和谁谈。因为首先我要看你这个思路的外延到底有多宽?没有想象力你这个思路就受到了制约,我要看你们的想象力不够的时候,大家来帮你们想。在想象力当中再一步步分析,再完善。机构你首先要谈完以后,交集和并集谈完以后,才是实施,这是一个利好。签一个就是利好,企划也好,运营也好,都可以进行宣传,和××签订了战略协议,和××有哪方面的合作,比我们送红包重要得多。就跟我们搞互联网金融学院,懂的人就知道这个营销有多重要,因为这是民族学习作为主线的。没有人敢说不好。就跟我们大学生进来,意味着这个公司的基础将改变,都是本科以上经济类的人员了,而不向过去的人。又比如说周总监现在外面招生,到一个学校发篇东西,比我们发红包的意义要深得多,质量要高得多。同样我们和机构合作,比我们生硬去宣传这些东西要有意义得多。我就说那么多。

——2014 年 11 月 8 日第 48 期总经理办公会议

与机构合作的思路和方法

而对于机构的合作,这是双刃剑,第一,你能不能卖我们的产品,如果可以的话就是证券化,或者卖或者抵押给你;反过来,你可不可以过来买我们的产品,不都可以吗?这是双向的。同样,我们在搞贷款企业的时候,借款企业说为什么你们的利率那么高,我们给客户是 18%,你不能贷款的话,你来存款也可以。这个项目的钱,你要有多余的钱反过来存在我们这也一样,这样你的融资成本为 6%,这有什么不能干的?所以说,大家在市场营销的过程中,要动脑筋,还要总结经验,还有要探索新的路。很多东西不会有现成的。因为我们本身跑的就比别人快,那些现成的东西在哪?靠我们自己去摸,自己去找,所以说跟机构谈一定要有进度,不能说他们别人在谈,一下有事了,我们的进度就没了,从量上要有进度,从机构数上要有进度,从谈的内容上也要有进度。三个进度同时往前走。例如广东联通现在还在审批当中,如果批到明年,我们还做不做了?对不对?那么这个时候你可以做其他的,比如和金控谈,或者和其他的投资单位谈,甚至可以和淘宝联系。他们那个大网络,包括京东、淘宝这些比较大的成熟的网络,都可以跟他们对接。因为红岭创投的名声基本和他们齐名了。在互联网企业界应该和他们是齐名的。你讲到淘宝、红岭创投人们基本都知道了,一齐名,一联手,相互帮助和协作。淘宝上面还是有沉淀资金,我们年化 18% 的能不能和他们谈谈呢?同样我们的产品能不能通过你们销售?

——2014 年 11 月 15 日第 49 期总经理办公会议

与机构合作要把思路和想象力全部打开

正的反的都可以做，要从大的网络上打开，甚至可以跟美国一些大的连锁超市，这些都有网络的东西，你们的思路一定要打开，这里面没有制约，把自己的想象力全部打开。我们在寻找的就是客户，借款的客户和投资的客户，谁的网络大，集合得快，速度快我们就有效，我们需要的就是这个东西。研究市场的人，是对市场敏感的人，对市场敏感的人就是对市场了解的人。市场的结构到底是什么，这些都要知道。多学习，好吧？你们的工作应该是干得不错的，但是对于机构的进度还是在纸上，老是在交谈当中，没有看到实质性的动作。但有了就有意义了。体验店已经开了，但是窗口作用，桥梁作用，学校作用，市场作用到底体现了多少，还没有完全体现出来，如果体现出来的话，无疑对社会起到推动的作用。我就讲这么多，看董事长有没有什么要说的。

——2014 年 11 月 15 日第 49 期总经理办公会议

把第三方机构变成我们产品销售端的思路

我们变成他们的销售端了，我们本身项目都还不够的时候，我们卖他们的产品干吗？我们自己的产品都没卖完的时候，卖他们的产品干什么？你要想这个问题，我们后面还有 100 个亿，所以说这个重点，并不是说这个不好，我认为这种业务应该通过我们新的分区来解决这个问题，这个分区就是卖别人的产品的，利率也低，然后愿意买就买，不愿意买就算了。然后什么私募、信托都可以放上去，我们不承担风险。所以说市场部的理念一定要改过来，你们前期的工作我是不满意的，你们方向不对。都在帮别人卖东西，而不是推销我们自己的东西，在谈判的时候总是在想我们能帮他们做什么，没想到他们能帮我们做什么事情，这个方向上有问题，整个思维有问题，思路不应该这样。你们现在所做的这些我没有说不好，可以做，但是你们要考虑到推销我们自己的产品，别人的产品扩大的时候，如果他们能帮我们卖产品，那我们很高兴，比方说鸿翔资本，我们这边有 18% 的项目，你们能不能帮我们卖？全部反过来，不要讲我们卖他们的，而是他们卖我们的，或者说当成交易，他帮我们卖多少，我们就帮他们卖多少。这样立场就对了。所以说市场的脑子赶紧转过来，产品我们可以帮忙卖，但是这个不是重点，重点是我们要推销我们的产品。推出去也是变相地解决了我们投资人不足的问题。这样我们才真正地有收入。这后面不用汇报了，凡是不是帮我们卖东西的都一律不用汇报了。卖别人的东西有什么汇报，到时候搞个分区，我们收个手续费，根本就不需要汇报，没有收益，不谈，有收益，可以谈。我们有多大的收益？挂上去能不能卖得掉，这个讲清楚，好不好？如果有别人卖我们18%的产品的，你多说说，这个我们爱听。

——2014年11月22日第50期总经理办公会议

集团客户开拓的方向、计划和方法

我想起来了，这个问题不要紧。证券公司必须立即启动，每个证券公司都有四五百万用户，有什么问题的话大家可以坐下来一起商量，有什么问题我们的集团客户不能放掉。如果我们总公司在做集团客户的时候，通信系（如移动、联通等）、证券系列、保险系列、银行系列还有其他各种系列，都有很多单位，如果总公司抓不过来，那么已经开办的6个分公司，每个分公司开始抓试点，这都是方法。或者把证券公司的试点放到安徽去，保险公司的试点放在重庆去，每个地方搞个试点，然后从市场条线的总公司部门抓进度、抓落实、抓评比、抓奖惩。这个机关的整个指挥系统才在起作用。因为确实我们市场部在组织集团客户联通的时候是下了功夫的，也有一些成效，这个是要肯定的，是有进度的，一旦突破，对我们红岭创投的投资者的启动是有巨大意义的，这是无可非议的。但是我们的工作不能停留在一个工作上面，要想取得主动，一定要有三套方案，如果有哪个方案搁浅了，或者耽误了，我们还有其他的方案往前推。推到这个企业始终往前进，我们在整个的工作当中才能立于不败之地。这是讲的第一个问题，集团客户的问题。

第一就是集团客户，要立刻推开，不仅在联通这一点上。联通只算通信系，证券系也要马上进行，有什么问题坐下来谈。我们的目的很清楚，要让他们来买我们的产品，如果用我们的客户来买他的产品，必须有一个比较好的交易,我们要采用资源换资源的方式进行,这是我讲的关于集团客户开拓的方向以及计划和方法,希望市场部门回去后把这个问题落实一下。试点方法也说了,人手不够让分公司作试点,立刻可以交接起来。

——2015 年 3 月 1 日第 7 期总裁办公会议

发展投资人思路:机构投资方案

第三个,就是你讲的机构投资方案,包括我们刚才讲的证券公司,一个没谈,他们资金间歇的时候可以购买我们的理财产品,这是最主要的,我们去买他们的理财产品,这个是次要的,所以屁股要坐正。他来买我们的理财产品,我们能够帮助他们取得在间歇的时候更高的收益,怎么去对接,你们要想办法。这是我讲的机构的第一个,证券你们立刻去联系。保险,包括你们原来营销其他方面有投资人的比如滴滴打车。马上要讲到线上运营部,他们做了一个东西我很开心,就是6 元注册的东西,这我很开心,也是你们这条线做出来的。我拿到以后,全部群都发出去了,电子速度就是快,宣传,就跟送红包一样,这个以后可以形成常态,把价格定得合理就行了。让每个人手机上都能看到红岭创投在送红包。就像陆金所一样,到处发红包。最近有个最实质性的进展就是代码,就是便于统计了,到时候奖励什么都清楚了,什么都有依据了。所以说这个东西我看到就非常的开心。我拿到手一下全部转出去了,能不能在这个的基础上再增加一些其他的内容,让这个更丰富一点?让它传出去更快一点,反应更强烈一点,能否跟其他网站链接起来,这个是要发展的。这个起步我早就说了,你们的推广方法一定再丰富,不行的话先学别人的。你们现在投资理财部要人给人,要钱给钱,还是这个道理,因为很重要,非常重要。这项工作直接向牛总汇报。

——2015 年 3 月 29 日第 11 期总裁办公会议

与保险公司合作保理业务发展投资人的基础:保险公司帮我们拉保理业务而不是帮其拉保险

你这第一个问题没有讲清楚,保理业务的实质是应收账款,你要做什么?抵押给我们,我们给他贷款是不是?就是拿应收账款的银行承兑汇票或者商业承兑汇票来抵押，我们贷款给他，是不是这个？如果是这样的话这些承兑汇票从哪里来？这跟保险公司有什么关系？

那是我们给他拉保险还是他给我们拉保理？

就是我们在开展业务的时候给他拉保险嘛。这个保险公司当然干了。你们的思路要转过来，要他能帮我们拉保理业务。

这个保理业务不要保险也能做，银行承兑汇票只要是大行开出来的，根本就不要担心。

商业承兑汇票也一样。也就是说这种保理业务，它比正常的贷款还要安全，票据已经固定了它的所有关系。如果是银行开出来的承兑汇票，直接贴现都可以。商业承兑汇票通常银行不给它贴现，那拿商票到某些地方进行融资，这种融资跟信用贷款是一样的，那就必须增加一些担保或者这个企业够信用贷款的条件，这种情况下，以应收账款或者商业承兑汇票为表现形式的业务才有意义，要不然没有意义。现在就是讲我们找到了这个业务以后，给保险公司对保理业务进行保险，给他们交保费，这实际上是给保险公司拉业务嘛。那关键你现在有没有这个业务啊？

这个业务不是好找的，只要开商票的企业，能够站住脚的不多。开商票的企业，通常这个企业就是没钱啦，开个票等于给个借条一样。这个欠条就叫商业承兑汇票，到期要承兑的，要还钱的。然后拿着这个欠条可以到处去卖，如果你的信誉很好，一定到期能够承兑的话，那么有的银行业愿意贴现，有的企业也接受这个商票，就能进行一些劳务供应和商品交易。而在我们国家，这个商业票据一直基础不好，我们统称为商业信用，如果要引进保险是可以的，但是主体是先有业务再有保险，你现在就是本末倒置。如果他帮我们拉保理业务了，那还可以，这是我们的主体业务嘛。可是你现在是帮保险公司在拉业务，这肯定不行。

——2015 年 4 月 4 日第 12 期总裁办公会议

保理业务合作没有投资人进来我们不做，只能放在体验店

那就是在帮别人卖保险嘛。

还有一个，你帮他卖保险的同时，他自己也要在下面找客户。不能仅仅

是用我们45万的客户来买他们的保险。

不是要把这个佣金给投资人,而是我们能得到什么好处。你帮投资人推销产品去了,我没有兴趣。如果保险公司不光是推销了产品,把客户也带来了,那就有意义了。如果是仅仅我们的投资人买他们的产品,我不同意做。

不准做,这个事情停下来。只要他们不带客户过来,就坚决不做。这个可以让我们下面的体验店来做,但是我们上面不可以做。

只要他没有投资者进来,而是看上了我们的投资者,那我们不干。你仔细想一想是不是这样。这个事情停下来,只能是放在体验店里面来做。这样的话就不仅仅是他们一家保险公司,所有的保险公司都能做了。

是的,我为什么讲我们的体验店可以做?因为我们的体验店就是在发展客户的,我们发展的客户可以买他们的,也可以买我们的。如果我们原有的投资者去买他们的产品,我们是不是太傻了?这个事情如果是作为我们的保险事业部的主打的话,这个事情停下来。如果体验店要做的话可以,佣金可以都给他们,让他们可以有一个生存的来源。这倒是一个好事情。

——2015年4月4日第12期总裁办公会议

与证券公司合作发展投资者的思路和方法

证券公司本来跟我们在某种程度上是对手,不给利益的话肯定不干,正常,重点是通过什么办法让他们接受,因为他们的客户对我们确实有用。另外不通过证券公司,以他们为节点,从其他地方插进去,让他们的客户知道有一个红岭创投,年化收益率在15%以上的一个平台可以投资。还有就是我们有50万投资者,我们可以引导他们去证券公司开户,但是证券公司那边也要有多少投资者来我们这边开户,以资源换资源,这里面办法很多,要去动脑筋,不能讲一句不行就算了。这是双方的,要把我们的优势展现给对方,一个一个去谈,而且我们11家分公司也可以跟当地谈。

——2015年5月9日第15期总裁办公会议

（投资理财部）加快发展集团客户的方向和思路

投资理财部还有一个重点就是对集团客户、企业客户要加快速度。我们那么多的体验店已经是那么多的支点，在不同的地区做同一个事情的时候，力量就大了。现在已经开业的分公司有11家了，他们除了每天正常的上班下班，你们投资理财部给他们下达工作计划了吗？如果没要求他们，那他们是否自己拿出计划？横向之间是否有拿出对比？哪些做得好，做得不好？做得好的是否有奖励，做得不好的有没有提醒或者批评？作为投资理财部的主管部门，在这个方面上是不是应该加强？效率是由主管部门负责的，你们有没有方法，还是说任其发展，最后再进行检查检查，总公司需要这个资料了，就搞个调查，对自己是否也有要求？刚说到投资理财部，也提了几点建议，顺便把自己的想法和大家交流交流。

——2015年5月16日第16期总裁办公会议

注册投资成本参数调查，横向比较分类

反过来讲，就是我们的这个10元、40元的比例对不对？这个我们做过讨论，在银行发一张信用卡多少钱，有些领导也报了一些数据，但是这些数据是否是真的，我没有去落实，难度相当于发一张卡一样，难度比发张卡还容易，这个没那么麻烦。那么这个成本应该是多少？有些人想多拿一点，这个也可以理解，但作为整体，我们的承受能力到底有多少，另一个是这个钱花出去一定要值，一个人投资50元，注册加投资下来我们还要给50元，不等于是这样吗？这个成本合算不合算？我认为投资理财部对这个参数再进行调查，算一算其他的同类发展的投资人这个成本应该是多少，集团的应该是多少，分类应该要有一个办法。有一个办法的话大家在最后实施的时候就不盲目了，否则的话，大家一盲目，该怎么判断？怎么决策？到底是对还是不对很难说。

——2015年5月16日第16期总裁办公会议

发展投资人的有效办法：与大电商、大公司的合作

各部门把需要协调的事情确认下来，保证这项工作完成，这项工作应该是市场部到目前为止做得有效的工作，上去了以后估计会对我们投资人的增加方法取得一点经验。这种模式如果成功的话就可以不断复制了，不光是广东联通，跟淘宝，跟京东等影响很大的网站合作，甚至直接和百度、360这些搜索引擎直接联系，跟整个互联网打开链接的话，只要上电脑都能看到，就要有这种规划，才能把市场打得开。理财产品的名字就叫红岭理财1号，红岭理财2号不就完了嘛，就是用老百姓理解的，通俗的名字，人家一看能赚钱的，有投资价值的，或者红岭投资1号，红岭投资2号，越朴实，越实在，越好。我讲的也不是定下来的名字，或许你们还有更好的选择，但是你们的这个名字我都不喜欢。

朴实一点。这个事情很好，我们作为一个试点，不断地总结经验推上去，投资端我们是大力发展的，这个是第一次跟大一点的单位合作，现在是110万用户，活跃用户50多万，我们现在是50多万，活跃用户15万。我们跟他们合作，我们给他手续费，那在我们的网站上要做一个发布，就是让我们的网站上知道这个地方也有投资，拉通这个信息，公告是肯定要发的，不仅要发，还要写一个宣传稿，通过广东联通这个平台就此推向全国。如果能做成一个突破口，是非常好的动作。好好完善，然后推上去，总结反思，效果非常好的话要单独给予奖励。

——2015年5月30日第18期总裁办公会议

关于联通合作涉及自借自用的指导思路

这个刚才讲到风险这块，市场部的联通的这个工作，我听了以后感觉很好。我们有些领导也提到，是否存在自借自用的问题，或者自己卖自己产品的问题，这个问题我认为现在可以不考虑，因为我们现在没有实质性的规则，就跟我们线下筹集，也没谁管，也没有谁愿意管，我们财富中心，很多部门在线下不就组织这些东西吗？到现在也没有人管，也没有人来找我们的麻烦。那我们线上不也一样嘛！这些东西都是我们原来的贷款产品，只不

过你投这个标的的时候,便于人家投资,我把它分割成一块一块了。再一个它的收益根据每个人在里面所付出的劳动不一样,大家都能够从当中有一定的利益。就像发工资一样,又不是我们拿了,中间肯定有几个环节嘛! 从这个道理上去解释是能解释清的。当然最后,董事长在这方面肯定更有经验,在我们最后决定实施的时候请示一下董事长,我们这么做行不行。如果董事长还有什么不同的认识的话,看看董事长有没有给我们完善的建议。我讲到,你们要听,听了之后记下来,认真地执行。明白吧,一步一步的。

——2015 年 6 月 6 日第 19 期总裁办公会议

要发展更多类似联通的企业集团

在发展中,我们为什么去组织包括像联通,还有更多的这种企业性质的、集团性质的投资者上线,主要目的就是使我们的投资人越来越多,因为我们的利率比银行的存款利率要高得多,那么就可以吸引很多人。我们也想把利息降下来,因为我们赚也赚不了多少,利息降下来,贷款价格就降下来了,我们也就更安全了。今后的方向就是这个方向,涨则同涨,跌则同跌,整个国家,整个市场都一样。

——2015 年 6 月 6 日第 19 期总裁办公会议

与广东联通合作中出现的协议问题以及解决思路

如果这个费用不签订的话,继续往下走怎么做? 如果就这么过去的话是肯定不行的。联通上线的事情是好事情,我原本是要奖励你们的,但是前面有些事情你们没有做完,要尽快做完。这个协议没签的话,最后不要有纠纷,从我们这边的法务部门要保障我们的利益,否则因为他们的动作导致客户对我们红岭创投有意见的话,那就麻烦了。对于我们来讲这些都是我们的客户,大家的最终目的都是赚钱。如果赚不了钱的话,就会对我们有意见了。这类事情,我们在和广东联通谈的时候一定要谈清楚。如果是费用问题的话,就把这份费用搞清楚。做什么事情,既要听对方的意见,也要有我们的意见。广东联通作为先行先试的工作,里面可能会有一些我们没有注意的地方，这个是允许的，但是发现以后要立刻堵上，纠正。有问题就要立马改正。现在你们讲对方的说法是和其他的公司合作也是这样的？是不是你们自己说的？做什么事情不能没有规则。

我们和别人合作，首先我们先把协议搞好，我们该怎么做都先搞得清清楚楚。到最后一旦有了不同的认识的时候，有一个可以查看的文件。我在这里再讲一下，我们在做的这些中层的领导干部，你们过去的领导级别是不够这个层次的，你们必须赶紧学习。不能用过去的管理思维到这个位置来思考。在公开场合不能乱讲话，错得多了就没有人再相信你了。越高的领导越重要，没有依据的话是不能讲的。否则我会一直追问到你的依据出来，到底是什么。这就提醒你在做任何事情，讲任何话都要有依据。光有热情是不行的，而是要有理智的。广东联通的事情是好事情，实际上就是给我们拉客户。

这里有一个重点问题就是，他们要买我们的产品的话我们要做成一个一个的产品提供给他们，这里我们的领导们有不同的认识。这些不同的认识在会上统一的时候，我就说既然线下也可以做，那么在线下没有约束的时候，我们也可以做，比如是红岭一号和红岭二号就还是原来的东西，本质还是客户去买我们的产品。这样，一般意义上是不会牵扯到红线的问题。不一样的就是价格不一样，也就是联通可以通过比较低的价格卖出去，我们再给联通返点，但是这个总价格肯定是在标的的最高价格 17% 以下的。如果是这个原则的话，我们就先实施，但是一定要把这个协议签订好。你们定一个时间。

——2015 年 6 月 13 日第 20 期总裁办公会议

广东联通合作方案扩大到全国联通

这个问题你们没有解决，会下解决，下周上会的时候最起码方案要有了，然后就过会就可以了。广东联通现在是 150 万的客户，如果做得好的话，他们很可能就把所有的联通都联合起来做了。这样就很有可能把我们的客户推上去。这个项目一定是个好项目，但是我们要想这个项目健康地往下发展，那我们一定要约束好。这个协议最后要上办公会让大家看一下，多数人从多个角度来看的话，失误就会小一点。如果联通全国都做起来的话，我一定给老叶你们奖励，因为这在集团客户方面是有效的。

——2015 年 6 月 13 日第 20 期总裁办公会议

投资理财部发展集团客户问题

另外一个是集团客户，像联通这样的，能够再搞个十个、八个出来，倒不一定是联通了，有可能是保险公司，也可能是证券公司。不要说一谈不行就不行了，那怎么才能行？要动这个脑子，这就是执行力的问题，我们投资理财部在这方面也要好好反省下，要钱给钱，要人给人，关键是你的积极性和你的技术含量，只要有积极性，技术含量不高也不怕，可以学，可以提高。不懂就问，错了就改，最怕的就是懒。每天进步一点点都是在进步，公司目前处于刚刚起步的阶段，每个人的工作密度和力度和本身的技术含量都在逐步提高，在提高的过程中我们这个处于主要管理岗位的领导同志自己的能力和认识也要提高，只有你提高了我们公司才能提高，我们公司提高了，我们大家才有好日子过。

——2015 年 6 月 27 日第 22 期总裁办公会议

投资理财部发展集团客户的思路

现在许总接过去了，要想想怎么样去发扬光大，怎么样在其他的类似客户上做 10 个出来，做 20 个出来，做 100 个出来。下面有那么多的分公司，一个做一个的话，那就是几十个，一下子就起来了。总公司的各个部门有组织、协调和管理的能力，而且你的资源是在整个公司，所以不要光是你们部门的几个人在那里想，要善于去发现一些做得比较好的典型，或者是有苗头，可以支持，可以研究出来新东西的信息。或者是同业之间的，比如我们现在每天都要看微信，微信上有很多有关于互联网金融发展的信息，那么我们作为市场部门更应该关注这方面的信息。在这方面市场上有哪些新的做法、新的方向，你就可以借鉴一下，学习一下。

——2015 年 7 月 4 日第 23 期总裁办公会议

关于投资理财部开展集团客户的问题

一个集团客户就是100多万，每个人稍微投资一点点都不得了，数字增长非常快，集团客户，包括刚才讲的真功夫，我跟许总也说了，跟淘宝、京东都可以联系，因为我们这个平台是可以跟它对接的，而且我们的影响力在某种程度上已经达到了它们的影响力，视野要放得更宽一点，真正把我们投资理财部的工作做得更好。有些尤其要发动分公司的集体智慧，我们现在开业的有14个省级分公司，它们的办公条件比我们总公司还好，至少都是二三十人的队伍，都有好几个部门，每一个部门交给他们研究一项任务的话，到最后你就是十几个，到年底就是三十多个省级分公司，二级分公司也有十几个了，规模在这里，那就看你有没有这种指挥能力了，给你三个人你好指挥，给你三百个人你不知道怎么指挥了，现在就是大兵团作战，要有指挥能力，要把要做的事情给大部队完成，要把规模推上去，这样就好办了，不要局限在一件两件具体的事情上，在管理上，特别是我们总公司部门，每个部门都承担着全国的管理，这个管理有很多技术上的东西，希望投资理财部要抓紧，许总表态说到年底发展300万投资人，我觉得能完成300万也不错，但是我的指标肯定不是300万，联通就100多万，一个广东联通就100多万，加上辽宁联通，加上深圳联通就300多万了，而且大集团还没上来，当然你靠散户，一点点来，搞到300万肯定有吃点力，但是集团客户一条线上好多。

——2015年8月22日第29期总裁办公会议

关于市场发展与同业的关系

要这么大的量，一定要有队伍。我为什么强调要发展兼职客户经理，就是要让队伍足够大，让标足够多，然后我们来排序，适应于上哪种标，了解了标的性质和风险度、收益率，我们再去找目标客户群，就清楚了。我们不只要越做越大，还要越做越安全。我们二线部门为一线部门服务时，都要立足于这样的市场经济基点上，这样制订未来计划才有依据。所以发展是第一，市场发展要注意我今天加入的同业概念，这样市场空间会变得更大。比方租赁公司，上了本标后，租赁产品的收益率可能不是很高，但是都公布了，风险度低，它总有别人有需求的地方，不仅是市场部需要研究，研究所也要研究，还有各个职能部门都要研究。实际上本标是对着事业部来的，前一阶段我们发的基金是不垫付的，也是高收益的，但是高收益的表现形式和特标不一样，是另外一种形态，但是收益就是高，这也发出去了。而我们如果都当本标发的话，可能就流掉了，因为对应的标不对。所以我们对分公司的培训和指导上，我们这些管理者一定要清楚。这是我讲的第一个问题，围绕着发展，从市场部这个角度，我们从哪个地方开始做，我们做的过程中要注意什么，研究些什么，然后我们所出的方案就会慢慢接近于市场，一旦接近于市场，那么我们成功的可能性就大了。这既是实践的过程，又是理论研究的过程，很艰难，但是做成了就很伟大，这种综合系统性的带有理论基础和实践行为的综合性经营是有一定难度的。流标了是不是不能做了？不是的，一定要看清楚。像零售的房易贷、车易贷、公信贷，这些做得很多，如果我们感觉已经抓住规律了，那就大力推开，把所有的政策、队伍用足，大踏步往前走。这就比本标容易多了，该有的都有了，而且市场上也有需求，那就让分公司大力去做，甚至于任务、目标加大一点都没问题，因为它能够完成。像过去的快标，这也不能停下来，我们对下面指导，要告诉他们这些大部分在小贷公司、担保公司范围内，这个范围内，只要有充足抵押率，拿过来挂上去就行，因为有充足抵押率换回流动性就没有问题。上次我说典当事业部如何能把这种有充足抵押率的贷款用典当的方式来做？我们现在设想，在前期有那么多的房地产抵押贷款，我们如果以典当的方式做，我们可以发财了。不是仅仅到期收回本金，而且如果土地增值，房地产涨价，那这些东西全是我们的。现在再涨都和我们无关，只是收回本息，再加一点罚金。但是如果典当能够结合起来做点尝试，无疑对整个红岭创投的发展能起到一个正面的作用。所以发展上希望市场部及所有的部门都动点脑筋，把一般问题当作专业问，不懂就问、错了就改、不要偷懒，每天掌握一些理论知识。我到分公司去做调研，看当地有哪些成熟的产品，直接拿过来，我们能做就行了，因为我们的管理架构已经形成，这不容易，我们全国已经有 19 个分公司，总部有这样的管理团队，不容易。有了，我们就要把这些用好，这样我们发展就有可能。

——2016 年 4 月 11 日第 12 期总裁办公会议

3.3.3 刮刮卡

刮刮卡设计建议

你们这个设计太简单了,企划部要好好想想这个设计。你们把红岭的有关图案以及一些比较有意义的东西搞一下,还有比如说十二生肖的,互联网金融的,风景的。我们的企划部要有创意。比如我们搞一套,每个月有不同的,然后后面我们企划部就可以在后面搞活动,比如收集满了以后就可以参加活动之类的。你们要搞出来一个系列来。第一期的话,有点来不及,那就先搞1万张。这次就先临时发放一下。

也可以,这也是一个新的想法。最后就是四种方案,一种是钱币,一种是公司的重大事件,还有是与互联网有关的记载,还有是字画。这样的话,我们的正面还是设计成我们的LOGO,然后边上就是对LOGO的解释,让人明白是什么。两边还是用钱币,用钱币的话代表着金融。然后这些图片是可以更换的,到最后的话可能就到比特币了,甚至与可以把我们的红币放上去。这样的话都联系起来了。这是第一步,第二步就是公司的大事记,这个不是一天两天能搞出来的,与互联网技术相关的历史性大事件,都可以收集。回去以后给你们三天的时间完成,就是古钱币的方案。LOGO和边上的字都是立体的字,不要做成图片,都用金色,这样的话就好看一点,和我们的袋子是一样的了。这个首先我们肖桂林看,你过不了的话就不要让我看了。还有换沙发靠垫的事情,三天时间能不能完成?你把厂家交给李佳,让她去做。你继续汇报工作吧。

——2014年4月1日第18期总经理办公会议

刮刮卡的性质、推广和完善

刮刮卡一种福利,一种利益,是一种赠予的礼品,而不是那种打折的优惠券。两者的性质不一样。我们红岭过去的心态和我们现在在做的心态,以及未来的心态在发生质变。我们成立红岭学院,我们去大学招聘,我们挂了那么多的大标,我们做这么多的事情都是在提升红岭的品牌,只有红岭的品牌上来了,我们所有的东西才能推开。我们今年最重要的一个是基础,我到了已经5个月,这个基础的构架基本上出来了。第二步是外延式的扩大,设立分公司,到年底可能就有30多个分公司了。第三个是内涵式的提高,包括以后线上业务的提高。我们胡总这一块的私募、投资、基金就会变成总公司的一项业务,我们所有的分公司都做这项业务,都有这个部门。我们要一步一步地往前走,现在我把这个规划讲给你们听,你们心里有个数。第一步的基础工作基本上已经完成了,下面就是人员的培训。搞完以后就是外延式的提高,机构设完以后就是内涵式的提高。然后我们再设计出一些新的品种。这样的话这个大厦才能建立起来。我们在推进刮刮卡的过程中,我没有反对你们的意见,就是让你们去试一试。我相信这个刮刮卡肯定是有很多人抢着要的,但是你们现在以这种返现的方式去发,我感觉不好。但是我还是同意,就是让你们试一下,让事实来说话。继续讲吧。

——2014年4月15日第20期总经理办公会议

刮刮卡的发放方法的要求

我看你们发放的方法都不对,你们把刮刮卡宣传得很不值钱。本来这180元是一种优惠,是送给别人的,但是你们把它发得像街上的小商小贩。就跟银行发信用卡一样,很多信用卡发了以后都没用,都是死卡。我们也一样,一定要把这个卡的价值讲清楚。如果现在还是像在大街上吆喝的方式来发卡的话,那就立即停下来。一定要保证发出去是有效的。自己首先要珍惜自己的东西,然后拿出去的东西才有价值。如果你自己都不珍惜,别人肯定不会重视。所以我跟你们讲这个东西应该怎么发,你们把刮刮卡如果能充分利用起来,是会给我们带来很多的投资者的。营销方法有很多种,发刮刮卡只是其中的一种。同业都做过,国际上也有,拿过来再设计一下,比自己想的有意义得多。你们要去找方法,有很多的活动可以做,然后营销手段也跟上,你这个才能做得好。所以这是我对我们现在刮刮卡的发放情况,做一个补充。然后我们的客服人员数量要加大,加大以后全国各地的电话过来的话,要能很顺畅地知道别人在网页上操作。这些都是细致的工作,但是如果不做,很多都是空的。我不知道在座的诸位领导是否都考虑了。我希望你们能像我一样，工作的效率和工作的准确性都要有。对于市场部，这是你们的主要工作，你们做的分寸，做的程度是什么样？因为市场部的压力很大，要想做好是不容易的。但是要想做好是要有路子，有方法，方法对了就轻松很多。继续说吧。

——2014 年 4 月 22 日第 21 期总经理办公会议

刮刮卡的印刷及发放要求

没发完没关系，后面就别再印了。我们这个也可以开始印了，有的东西废了就废了，我们现在主要是进行宣传。可以再找几个主题，每个主题印一万张。大家发刮刮卡的时候切记不要像推销一样，宁愿发不掉都不要把它贬值。这可以是一种人情，一种赠予，一种礼品，要是这样一种心态。我们后面还要跟着宣传拿到刮刮卡以后怎么去操作，客服的电话要很清楚。那么这就对客服的要求提高了，电话一进来你要能解答他们的问题，清清楚楚的。这些卡发出去以后，估计会有很多的电话打进来。因为现在很多的人都不知道怎么操作。

——2014 年 5 月 6 日第 23 期总经理办公会议

3.3.4 推广码

推广提成

这里我插一句，对于这个提成奖励，现在没有一个部门能够拿出一个让我对提成有确切看法的方案，我上次找几个部门要，我们现在推广一个有效投资人成本多少，没有一个知道，都跑去找刘泽汀，他根本就不知道。推销一张卡，或者说建立一个有效投资人我们的费用到底是多少，这是我们建立一个提成方案的重要组成因素，因为我们是两头加，可提取多少，我们能承受多少，第二个是需要多少就可以了，我们要把两头加起来。在我们现在无法算出成本之前，怎么办？我是想，财务部门是应该算出来的数字，我们现在一共多少有效投资人，有效投资人中他们承担的投资额有多少，然后分摊到个人,这个比例是可以算得出来的。如果实在算不出来,可以参考银行推销一张信用卡给多少奖励,那么多银行都有奖励,包括还有推销理财产品的奖励也有,在我们没办法解决的时候,可以参考其他银行先试行,否则就无法推进这项工作。而这个东西往往是最重要的,下面一推联营店或者代理店,这个就是最主要的,如果这个没搞好,下面都是白搭,不能乱给。所以说,关于有效投资者推广费的提成比例,各个部门都要拿方案,当然除了风险管理部,这个跟你们没关系。第一个是计划财务部,第二个是市场部,第三个是综合管理部也要拿方案。可以借鉴其他银行,不行就搬过来先用再说。这个会下来以后,我想不要超过 3 天就把这个事情落实。下周二开会把这个定下。可能到时候体验店反馈的情况也会上来,上来以后看下这个趋势,如果很好的话就要赶快推开。因为今天市场部汇报体验店的情况没有动态指标,所以根本没办法分析,每天都要有动态指标,下一步的趋势才能看得到。到最后有可能会把 7 家全部关掉,这不是没有可能,如果说没有需求,关掉了反而损失更小。但如果需要推开,就要迅速地推开,头脑一定要清醒,特别是总公司管理部门头脑更要清醒,是在观察一段时间,还是要大作,还是要关掉,但是最有可能的是要观察一段时间,但是观察多久?观察什么?这就很重要,这就是我们市场部的事,另外比如双十一的计划,那个也是非常重要的大东西,如果搞起来可能会在全国引起轰动。不要搞到最后提成问题都落实不下来,而这个恰恰是最重要的东西,包括我们员工的薪金收入,这就是员工最关心的东西。我为什么不敢说话,因为我来的时候这个公司没钱,捉襟见肘,稍微发点钱这个公司就不行了。但是今年,年底可能有钱了,那么年底我就要告诉大家,我们以后这边的年薪应该是多少,大家的水平在哪里,工作好了以后应该达到哪个水平,这都要告诉大家,这样大家才比较有动力,否则今天不知道明天要干什么,说走就走,他无所谓。当然,我们有几个要走我就告诉他们,最好到年底才走,因为到时候你会权衡的,因为这两个同志我感觉还是不错的,什么时候走了在外面不顺心回来我还要你,都是待遇问题。员工要走就两个问题,一个是待遇问题一个是受了委屈,就这两个问题,不受委屈待遇还行他干吗走,好吧,我就插这么一句。

——2014 年 11 月 1 日第 47 期总经理办公会议

推广提成

下面别看了,就是这个东西,把这一条定下来其他都定下来了。就那一条,其他地方无所谓,到底给多少钱?到底是10块、20块,还是50块、100块,一方面是我们自己的承受能力,能够拿出多少钱;二是社会上的一般规则是给多少,包括推销一张信用卡银行给的奖励是多少,到底有没有参数?

我想我们定在发展一个50块,一天发展10个就有500块钱,一个月就有15000元,养三四个人成本就有了。如果是代理店,它一天能搞10个人收500块钱就笑坏了。这就有基础了。刚才说的信用卡是平安的我们发展银行的,那招商银行是多少呢?工行一张是多少钱呢?这个再做一个调查,综合管理委员会主任看能不能去摸一摸。谁去落实啊。

那就定50块钱,不管是对外部还是对内部,对所有人员推广一个就给50块钱。大家都一样,包括我们每个部门,只要发展一个有效投资人就给50块钱,这样积极性不就起来了吗,拿出几百万来专门干这个事情,把我们的投资人一下子推上去。而且这个办法出来了后,要让全公司每个员工都知道,自己的员工是一样的,能给别人为什么不能给我们自己呢。当然这个是一次性的,不能注册了销掉了又来注册一次。

这个就定下来,注册10元投资50元,还有一个就是比例,投资金额达到多少数量了给多少提成,这个是需要测算的,算过后下次办公会拿出来。现在我们给到贷款客户的介绍者是整个利差的20%,是这样吧,把这个拿出来一半鼓励投资者。

——2014年11月1日第47期总经理办公会议

推广提成新方案的考核办法

(新方案让推广大额的人能拿到提成了,但是对于一些推广投资小额的推广人提成比例会有一个小小的降低的问题)那你就把他们的补回去,双线走。两个考核办法,一个考核对这段出现问题的人,按照过去的方法就完了,这个办法很灵活。在制定办法的时候有很多很灵活的。你们刚才说的我听明白了,就是你们在拿一套方案的时候可能会伤及过去一段组距里面的利益,那么像伤害不同组距的利益说明过去的办法就是有问题的。过去就是有问题的,现在搞出来还反映了一些问题,一个是对过去的问题进行了修正,那就不舒服,原来不应该这样的就变成了这样,还有一个就是这个办法触及了过去一些人的利益,就是这些问题,这些问题好调整,你们看看伤及了多少,如果伤及的不大就一并调整掉,按照新的办法办。

——2015 年 3 月 21 日第 10 期总裁办公会议

3.3.5 发展投资人的其他方案、营销宣传活动等

对投资者营销的要求

投资者营销这块,下周对安徽刮刮卡营销的效果进行调研,总结存在的问题,看看是销售方向的问题,还是辅导问题? 但量还是不限制,发了多少,为什么没有上线,同时在业务开拓方面,在发展投资者方面,总公司市场部对分公司的指引。目前要解决在还没有实现系统优化的情况下怎么辅导客户上线,另外要考虑怎么实现系统优化。要在现有条件下先做,在做的过程中逐步完善,要多条腿一起走。

——2014 年 8 月 9 日第 37 期总经理办公会议

对市场部营销工作的要求

首先,市场部发展投资人的工作要加强,随着项目不断增多,投资人方面也要跟上。企划的方案要抓紧时间上线。促进投资者的宣传和活动要加强,从总公司到分公司都可以创造一点方法,研究一点方法,学习一点方法。搞营销的方法很多,所有银行搞营销的方法我们都可以采用,所有卖商品的手段我们也能用。所有用微信,用互联网的营销方案我们都能用。那么我们红岭要选择一些投资少、见效快、效益大的方式先进行宣传,让更多的投资者进入我们网站。项目可持续不会有大问题,因为有分公司项目的供应,估计不会有问题,但要把利率降下来,使每一个标的发放速度均衡,而且能够保持,能够持续,就要求有一个稳定而且庞大的投资人。所以说这项工作

市场这条线要作为最重要的工作来做。我们可以发红包，可以赞助活动等等，什么活动都可以，只要对我们的宣传有益就行。要考虑活动怎么搞，拿出一些活动的方案来。近期的，远期的，有些可以自己制作的，少花钱，多办事、快办事，投资少，效益快，效益大。好，大家都要把市场搞活起来，风生水起的。我先将这些，大家继续汇报。

——2014 年 8 月 23 日第 39 期总经理办公会议

对投资人营销工作的建议

投资人营销这周做得不错，下一步要扩开，要有常态化的方案，不仅要在微信上跑，还要跟着 APP 跑。项目方面，一方面分公司报项目，另一方面要跟信托、证券公司合作，有出口的地方都可以尝试，市场部做个计划，哪些可以合作，哪些可以销售我们的产品。每条线做好调研写个报告，不能做的就都停下来，能做的就开展。可以给下面分公司去调研某一类机构，方法出来了路子也出来，我们上面再进行归纳，有好的经验借鉴再把工作推开，光靠市场部的人很肯定不够，要善于把已有的资源利用起来。客户服务方面包括话术、用户体验等等。以后市场委汇报工作就围绕投资人、项目、客户服务三个方面，进展情况，遇到什么困难把困难提出来，办公会再解决。这周拿出了点东西出来，但是不够周延，只有一点两点，还要努力。接下来风险条线。

——2014 年 9 月 5 日第 41 期总经理办公会议

对市场条线宣传问题的要求

另外是宣传职能，互联网发展了，可能实体店包括我们的门面，商铺有可能都不是销售的了，是体验的，我们在网上买的尺寸有时候不一致，导致来回退货，很麻烦。以后实体店就是体验店，苹果体验店的效应看到没有？那么我们财富中心能不能成为一个体验的地方，里面有大屏幕，怎么投资，有什么产品，可以指导一下，定期搞个沙龙示范一下，客户有体验就不一样了，以后客户打电话解决不了可以到我们财富中心来体验一下，我希望有体验的环节，这也是财富中心的事情，这些事情要有具体的人去落实，先拿出方案。我们总经办就根据这个去督办，方案什么时候提出，具体由谁去落实，跟踪中遇到什么问题，有什么困难需要解决，一步步落实，这样才能把我们讨论的问题在管理过程中落实下去，也才有意义，要不然都是空谈。

——2014 年 9 月 20 日第 42 期总经理办公会议

对营销活动的建议

而对于活动方案，充值送红币、送礼品没什么新意，那个主题口号，吉祥物还有一个新意，那些抢眼球的活动拿点钱就完了，目的还是宣传我们，也不一定要在网站上，视野要更宽阔一点。活动的方式有很多种，哪里都能做活动，只要动脑子，都可以，但是我们要以最小的钱做大事，甚至于不花钱，或者说反而能通过活动挣钱。如果可以变成这种东西，这就是你的价值。光会花钱，不行，要会挣钱；光会攒钱，不行，要会花钱。这个一定要拿出方案来。刚提到的吉祥物，你的目的性很清楚，跟我的思路是一致的。其实吉祥物有没有无所谓，过程的本身很重要；口号有没有无所谓，但是过程很重要。同样，你这次只选了两种，现在很多包括银行、保险等营销，你那边有多少储备？如果没有的话，我建议你们做一个营销活动的储备，这就是方法，如果有几百种营销方法的储备，这次我选几种，下次我再选另外几种，就跟董事长做了一次最大的营销，就是垫付了 1 个亿。这就是营销，这也是营销，这营销所起的作用都是随机的，并不是提前制定好的，碰到了这个问题，一放上去，又把这个事情解决了，又把这个事情营销了，这才是高手。我们在跟外面谈业务当中，都可以把这些营销思路放进去，主导还是市场部、运营部，你有这个设想以后，其他部门都会配合你们，主要还是需要有一个牵头部门。投资和理财，体验店这块很重要，去宣传，过去在一个银行里面，应该来说五分天下有其一，储蓄部的老总都非常厉害，每年计划都要拨一些资金给到储蓄部买礼品。我们现在听到最多的就是 iPhone6，不能变一变吗？高大上的方式太多了。实际上旅游的主题就在慢慢改变了。过去的旅游都喜欢去大城市，后来又变成跑去山里去了，后来又变成农家乐，现在又变成走红军走过的路。那到最后还会出现什么？去考察贫困山区，去赞助贫困山区的孩子,去领养等等慈善的旅游了。那么我们做宣传活动也是一样,可以嫁接到各种活动里面,像你们这个部门应该对这些很敏感,市里有什么活动都可以参加,能够赞助就去赞助一下。那么我们红岭创投下一步的发展跟这些很多都是相通的。以后对于红岭创投的宣传,每一步都是渗透在当中的,我一进来就说这个楼要改了,也跟董事长汇报过了,他也同意了,准备花个800万~1000万元,下周把方案拿出来,这对企业本身也是一个宣传,我现在怎么看都是不满意的。没有那种归属感、可依靠感。如果形象一变的话,我们进到里面就像进到自己家了,这是我赖以生存工作和努力的地方,再加一些新的理念、知识进去,就变成我们的东西了。体验店这块很好,要抓紧,我每天会看到你们的材料,在这块要抓出点样子,这点我很在意。能够交给你来落实这项工作,我也很放心,你的勤奋和智慧我都不怀疑,我担心的是你的经验。这不是担心,是实实在在的东西,你就走了那么点路,就要在未来的时候多去看别人,多学习,把宽度加大,长度就那么点东西,360度,多去学,汇集出来以后把你的经验赶快补足,你的工作会有新的进步,好不好? 讲的话不一定都中听,但都是真话,你试试就知道会不会有效了。刚才运营部和市场部汇报我就说那么多。

——2014年12月6日第52期总经理办公会议

搞营销活动要把优秀的东西、社会所关注的内容加进去

我感觉这种活动(线上运营部刘泽汀总监:其中有几家体验店表现比较突出,深圳体验店周一搞了一个专项营销,效果比较好,后续稍有回落,总体来讲还是达到了我们对专项活动的目标。几家已经开业的体验店表现不太理想的是云南体验店头两天都是零,经过我们的指导和督促,包括从这周开始向每个体验店负责人和分公司总经理发报表,这样也增强了他们的竞争意识和压力,所以后来增长比较大。按照我们的指引,安徽分公司做了一个活动,我给大家展示一下。这个他们也根据当地的情况作了一个调整)还是太原始,没有趣味,没有融入生活,没有融入每个人的爱好和情趣当中,这个是有技术的,你搞一个活动大家都喜欢,他并不一定是为了钱,如果只是为了拿那个奖金的话,那个推动力不是很大。奖金确实是有吸引力,但是那个

吸引力不足以让大家都动起来，一定是心灵方便的沟通。就跟现在旅游一样，原来都是去美国、日本等发达国家去看，现在慢慢是到风景点去看，最后是专门去吃土菜了，再往后看就是带有一种思想品质的，道德旅游，包括捐款、行善等等。后面的动力往往比前面那些都大，因为它是一种自我实现，一种光荣的事情。那么我们在搞营销活动的时候就要想办法把这些东西加入我们的营销活动中去，我们也可以联系一些社会的营销团体，我们可以加入它们，我们也可以拿点钱，通过它们的活动把我们宣传出去。因为社会上很多的公益活动，包括道德模范、见义勇为、拾金不昧等等高尚的活动，我们加入进去，既使我们的活动有意义，又提升了我们红岭的社会品牌，而这个品牌的提升那我是喜欢的。我们要善于把优秀的东西、社会所关注的内容加进去，这个加进去的话感动就不是一分，而是十分。

——2014 年 12 月 13 日第 53 期总经理办公会议

工行可借鉴的宣传方法和思路

过去工商银行在合肥宣传牡丹卡的时候就是花了很多钱，该花还是要花的，搞一些纪念品送人，或者有奖竞答等等，通过活动来吸引投资人。当是在合肥宣传牡丹卡的时候就开展了 5 项活动，第一个就是在报纸上进行有奖竞答，只要认真看了介绍，填写后就可以获得抽奖机会，这样既有乐趣，也做了宣传。第二个动作就是在合肥的大街小巷全部挂上了牡丹卡的宣传语，一下子就打开了知名度，这些都是方法。第三个活动是记者招待会，专门召开了记者招待会，全部媒体都到场，也找了几个托，开头提几个我们想回答的问题，然后后面让记者现场提问题，然后现场回答，结束后所有的信息全部出去了。第四个是搞了一个专场演出，跟所有大中型企业合作，各自出节目一同进行，也是电视台全程转录，整个的影响非常大，就宣传信用卡就在整个合肥市开展了那么大的活动，而且最后并没花多少钱，有深度和广度。第五个，搞一个信用卡首发仪式，请了当时合肥的市委书记作为第一持卡人，送了张卡给他。这里面就要有营销的思维，如何把事情办好了，钱还花得最少，省下来的钱就是大家分。公司费用降低了，利润高一点，大家的钱就多拿一点。

——2015 年 6 月 20 日第 21 期总裁办公会议

邮封的纪念意义和营销价值

我看到这个信封就想到首日封，你去邮电局买点邮票贴上去变成首日封，那些集邮爱好者收起来都是值钱的。一个首日封几毛钱，就贴个邮票，发给朋友就行了。这样我们这个活动就有点技术含量了。你把这个首日封搞个几万封，每个分公司都发去，我们每个人搞一点放在手边，来人就送，你写上自己的推广码，业务都在你名下了。这个可以把量做大，先搞 10 万个。一个就算一块钱，也就 10 万块钱，搞好然后让各个部门去推。

——2015 年 7 月 4 日第 23 期总裁办公会议

关于对流标情况的看法

比方本标为什么出现流标？不要认为流标是一种失败，我不这么认为。我认为到达成功的路上总是会有失败的，这个失败的过程恰恰是给我们寻找正确的做法的一个代价或者说学费。流标是什么原因？因为本标不垫付，对投资者来说，风险相对大，按照一般原理，它的价格应该高，那为什么现在价格不高？那就是分公司在营销过程中想把价格定低，低了投资者不接受。如果要低的话，就不要上本标，要上特标，因为特标风险度低，议标也可以。如何在市场上找到适合本标交易的价格？这是一个很艰苦的过程，谁都不敢说在任何一个时点上能以哪个价格发出去。在一开始从风险度高到风险度低，收益率高到收益率低这样的两条曲线当中，它是连续的，怎么形成这样一条曲线，这是一个相当艰苦的过程，如果我们做完了，那对社会是一个巨大的贡献，哪怕建立起曲线的连续就不得了。或者是从最低的 10% 一直到 50% 年化收益率，这都是我们的区间，那些急需用钱的，按照我们对特标审核不通过的，那价格就高，价格高我们不垫付，你上去价格高有人买就行。就像澳门的赌场一样，有 50% 的概率都有人买，因为他赢了一个月的钱就有了，于是就有人趋之若鹜，大把人往赌场跑，因为有高收益在引诱他。当然我们这不是赌场，在本标探索的过程中，各部门都要动脑筋。首先发标单位的真实名称要上去，单位电话、地址都要公布，让投资者能看到，要真实地展示给投资者，这样一旦逾期，让投资者直接去找企业,我们逐步要走向这个方向。因为达到本标交易条件的企业本来就少,我们放开就是因为它少,我们打开了市场空间给那些愿意发本标的企业在上面发标,你愿意发多少都行,但是你的企业信息要上去,投资者如果愿意赌就会去买,我是这样一种提示。但是我们国家众多的还是特标,大中型企业在我们国家还是主体,这种企业利率就低,同样收益也低,快标也是少,资源基本在小贷公司手里。所以为什么快标变少,一票难求?因为我们抓充足抵押率,这是核心。我们把每一种标类拉出的风险和收益曲线,我们就知道这些标的主要对象是哪些人,以什么方法进行营销。

——2016 年 4 月 11 日第 12 期总裁办公会议

关于对人员的管理

首先是人员的管理,包括兼职、专职客户经理的管理,包括市场条线的各级管理者如何进行管理,奖惩制度、培训、技能的增加,人员的更替淘汰。第二对产品的管理,有零售、对公、同业,我们如何分门别类,如何做出一个小册子,让他们推销的时候有个产品说明书给别人。还有新的产品,在尝试、摸索过程中的管理也要跟上。一个人员的管理,一个产品的管理,第三是营销方案的管理。就是我有了人、有了产品、有了政策,我用什么方案把它推出去?2015 年我们重点是推分支机构,所以没有太多时间做内部管理,我承认是快了,一快了很多后面的管理工作没跟上,这是我们需要总结的。但是我想能快为什么慢呢?这个机会来得不容易,我们抓紧时间,从流动性上抢回一段时间,一开始是一周、一个月,三个月,现在我不敢说一年,但至少有两三个月,这三个月能够安稳不出风险,我们还能够在一起研究如何处理问题。要研究什么,就是研究这个方案。我说的人员、产品、营销方案的管理,包括政策的使用,不是只在一个市场管理部做,你可以让每一个分公司都拿出这四个方面的方案,然后你们针对不同的地方可以讨论,制定出相对有目标、有内容、可操作的东西,这样市场条线对今年的重点工作,发展、清收、管理,就都有内容了,它不是个空的东西。包括刚才说的本标业务,它的价格要高才对,因为不垫付。投资人一定优先选择有垫付的,在什么情况下会选择不垫付的呢?一个他观察出这是安全的,一个是利率高,重赏之下必有勇夫,就像炒期货、股票一样。对投资者要进行评估,填个表,看他是否合格投资者,他要是没有这个心态就别投本标。或者是同业类的,高与不高它去组织投资者,不是我们,它本来就有投资者,只不过他们通过我们平台的优势去实现了。

——2016 年 4 月 11 日第 12 期总裁办公会议

3.4 对发展借款人的建议

3.4.1 对发展借款人的建议综述

对客户经理与大公司合作的指导

对于一些大公司,客户经理可以先获取对方的信息,提前做好信用评级,以备日后的合作效率。综合授信可以对所有的企业进行信用评级,设立额度,在需要的时候即可给对方。这是一个好的提议,也是未来的方向。接上国有大中型企业的业务会是我们的机会。还有我们可以和银行的合作,拿项目换取存款。我们把项目的钱存在哪个银行,做派生存款,那么异地的项目就可以这么和银行合作。异地的加盟商方式也可取,都可尝试。业务的准入条件,风控部有提审查一些要点,你们可以参考工作模板。

——2014 年 1 月 21 日第 9 期总经理办公会议

项目是否接的原则

可以,通过这个人来接。由他来判断可不可以做,然后有分公司的转给分公司,在没有分公司的地方,如果项目较大,我们的管理成本跟得上的话,我们总公司就尽量自己跟进,如果项目又远又小,就放弃。这些东西转过去以后,有很多东西是属于风险管理的事情,这个项目一上来以后,风险管理这条线都要上了,而不仅仅是转过来一个数据就可以了。

——2014 年 4 月 1 日第 18 期总经理办公会议

对项目的要求：均衡、稳定

我希望将珠海宝塔的剩余项目全部拉过来，增加稳定的项目。另外，希望项目做到均衡，不能只满足项目方的要求，同时也要考虑我司的要求。

——2014年6月7日第28期总经理办公会议

对市场部寻找项目的要求

第二块是寻找项目，我们现在主要是运用分公司的力量做，我们外围还有很多的朋友帮我们介绍，以后会越来越多，那么这些项目的审查就是靠我们自己的团队了，审查的过程就是风险控制的过程，一些预审制度就很好啊，实际上很简单，就是三句话：你是什么项目，有没有抵押，有没有现金流就完了。有就可以往下走，没有就别谈了。有抵押了以后就问是什么抵押，变现能力怎么样，那有没有必要往下走一下子就出来了。你们从以往成功的项目案例看看，就是这些东西。信用贷款那就复杂了，而且是单单都有问题，抵押这种90%以上都有问题。所以在项目审查这一块并不是很难，末班已经搞好了，指引已经搞好了，实际上到最后就是一个执行力的问题。这个纪律。执行力搞好了，每天省多少事情啊。希望市场部门一个抓好投资者，一个抓好项目，另一个是抓好服务。这个服务也是在开拓投资者和借款者，这个基础是客服中心，是全员为两边客户服务的一个缩影。但是这个部门要把我们为客户服务的方法和理念宣传出去，包括辅导人家怎么买我们的产品。我们常常讲用户体验，就是我拿到这个东西能不能一次搞定，搞不定那用户体验就不好。这个事情我们看哪些地方障碍，再针对性解决就行了。我对苹果的售后服务是很欣赏的，只要是正版买的，只要有问题打电话，一定解决你的问题。他们的产品上线以后，每个客服人员非常厚的售后资料全部背下来了，全部是客户问题解答话术。对于我们红岭网站的投资能不能通过我们的客服电话一把解决了，如果解决的话，我们全员都要懂得这个方法，印一些小卡片，每个人都发一点装在口袋里，背不下来我拿出来念给你听，这才是做到全员营销了。我们的墙上都要贴上为客户服务的字样，我们包里都要装上注册流程的卡片。我们的客服人员一定要进行话术培训，让我们客户体验的流畅性和他们提出的网页应该怎么修改一定要跟上。实际上市场就是这三块工作，你们所有的工作都围绕这个展开，你们围绕这个考虑问题就不会错，至少大的方向不会偏。

——2014 年 8 月 2 日第 36 期总经理办公会议

对市场部寻找项目的要求

找项目方面，要充分发挥各分公司的客户资源，要有拿到当地所有银行项目经理的名单，统计人员，进行洽谈，建立兼职队伍。第一个任务，分公司的做法还不规范、牢靠，拿到所有银行、小贷公司包括那些担保公司搞项目的经理的名单，联系后一个一个交谈，抢占资源，进而抢占市场。我们要从根本上进行挖掘，进行数据统计，由市场部完成。这个市场部要下指标的，第一，统计指标，有多少金融机构和类金融机构，存款的规模，贷款的规模，每个地方都可以做类似的调查。第二是搞到项目经理的名单，然后是进行交涉，看他们是什么反馈，针对这些人制定相应的激励方案。目前我们的工作重点主要围绕投资者、项目和服务。从总公司来讲，要时刻提醒自己这三块有没有人在抓，没有人要尽快落实，安排任务，不行的话就临时调配，实在不行就先让自身人员兼职。

——2014 年 8 月 9 日第 37 期总经理办公会议

平台获得好项目的来源和方法

对，半年最好。全都搞半年、九个月的，然后把利率定成几种，是 14% 还是 14.5% 等等，这是给贷款企业的利率，投资者的利率就是 12% 还是多少也要定好，但是一定要让投资者感觉到这个地方就是银行的项目，跟银行一样。这样做起来了，我们真正大战的序幕才开始了，才真的开始了。我们现在没人管，我们把标往上面挂就可以。我们分公司的信贷员，可以把所有银行的信贷员当成你的信贷员，你只要是贷不到款的就可以到我这里来，我全要。那样的话好项目就全都来了，好项目上去了以后一把上去十个项目都可以。流动性风险只要都控制住了,那还有什么问题。

——2014 年 11 月 29 日第 51 期总经理办公会议

批量发展贷款项目的方法

新产品上线对我们公司是一个非常大的事情,相当于主战场,今年一年全是序幕,现在等于是第一场要开始了,这个打法跟你们想的不一样,这个模板是对的,名字是对的,分类也是对的,但是打法不一样。首先我们有分公司的地方,先把当地的一百强找出来,然后把他们的财务报表全部找到。找到以后我们有标准模板对这一百家企业进行评级,评完级以后给出一百家企业的授信,然后让我们的客户经理联系企业原有的客户经理,通知他们我们红岭创投今年给予他多少的授信,他需要的话就可以来找我们了,是这种做法,不是去找一个个企业,不需要。这样就一下子摊开了,你们后面做的都是批量的,像信贷工厂一样的,而不是像过去一样单个地做。这个动作非常快,我们三十个分公司,一个地方一百个,这多少个企业了?

——2014 年 12 月 6 日第 52 期总经理办公会议

筹备组信贷资源开发的思路

不光是客户源的问题,重要的是你那边信贷源对吗?所有的银行要变成你的资源,他们去帮你找资源你才能做得很棒,你要靠你自己找资源,你做不到,你要这么去想你知道吗,你想你福州市你所有的信贷员都来为你服务的话你还愁你没项目吗?都很多的项目,都这么做,企业是这么多,不是说我自己还有几个项目,那样不行,搞到总公司给你否决了,这个质量不一定好,但你下面有那么多的银行来帮你做的话,那就完全不一样了,那你们肯定有好项目了,如果十个当中选一个也不错啊,哪怕你一百个当中选一个也不错啊,因为这一个下来的话,踏踏实实不会出问题。其他项目有些问题的我看就不要去坚持,我跟很多老总讲要学会放弃,你感觉没什么希望的就不要做了,里面有什么风险点的越不过去的就别做了,再去选择新的,肯定有,要会选择,选择你就要有精力去寻找,你在寻找的话就要有方法,寻找的方法你就不要一个人，你要有个队伍，这个队伍你自己要有几个助手，还有就是外面的主要帮你组织这些项目的人员队伍你要有规划，那么这个规划方法怎么去实施，我们总公司会给你一个全面的支持好不好？明不明白？

——张宇总裁面试海峡筹备组

关于对理财端和资产端的认识

我补充一下，刚才项总讲的理财端，就是解决流动性和成本问题，另一个是资产端，实际是两头。理财端做好了可以降低我们的成本，但只是一半，没有资产端你做什么，这是两面，是两条腿走路。由于我们过去成本很高，现在用理财端慢慢把它降低，把我们预期的流动性换回来，如果资产端做不上去的话肯定不能发，一发肯定要违规了。变成非法集资了，很麻烦。我跟市场部，他们理财端后面再做，应该说做得很好，但是我们资产端，也一样非常重要。所以我们讲多做快标没坏处，快标只要有充值抵押率，下面换流动性的方法我们都有了，充足抵押率下一个任务，对于小贷公司的贷款，只要有充足抵押率的拿过来就行了，我们只要有支撑它们就能发展起来了。这个原理你要清楚，清楚了就不乱了，就知道我们资产端和理财端的作用有多大。另外我们现在所有的标的分为两大类，一类垫付，一类不垫付，垫付我们已经做很长时间了，不垫付才刚开始。很多部门都在做垫付这一类，包括审批部、风险管理部、零售风险管理部，不垫付这块没有主要部门抓，我建议今天就定一下，不垫付这一块由金融发展事业部主抓，不垫付的理论研究都在你们这里，我们研究所和所有部门都配合他。你比如要有几个专门研究风险定价的，其他部门都支持你，支持你把本标这一块，照你说应该要高才对，要不就两端都找好来平台上实现，就两种形态，一种是像你发布可信基金一样，两头都差不多的，还有一种是就是我们这个标风险很高定价较高，这样有一个主要部门来抓的话，就能有个目标。红岭商城刚才项总提出，我最近也得到一些信息，天虹也可以网上订，它可以送到你家，不光是淘宝，再往后就所有百货都可以了，这样淘宝就出现巨大竞争对手，哪个不能做，他们在网上一搞，物流是现成行业，我让你送没有不干的，我都让你包了没有不干的。所以说百货行业一开始衰弱，但是它一旦振奋起来，换了一种形态，它做得比马云还厉害，你淘宝只是一种低档货，它高档货马上也给能给你。

——2016 年 4 月 11 日第 12 期总裁办公会议

3.4.2 对市场管理部工作的建议综述

市场部要尽快落实贷前和贷后检查问题

我主要对市场要提两个问题：一个是贷前和贷后检查问题，现在有哪些措施，有没有？如果没有立刻建立，如果有，如何从队伍上从制度上贯彻下去。我已经在办公会上点过三次了，下次别让我再点了。

——2015 年 2 月 14 日第 6 期总裁办公会议

工作要有实质性进展、计划目的要横向比较

市场部的工作，我每次看描述多，实质性的比较少，我都没看到有什么实质性的进展，就没看到过什么成果。是哪里做出成果来了？全是过程。要反思一下，一个计划出来，要达到什么样的目的，要知道。要达到目的怎么做也应该知道。这个目的在工作当中要横向进行比较，怎么做有成果，怎么做没有成果？我刚才为什么发火讲联通，在座的多少人听多少遍了，没有什么实质性的东西就可以扔在一边了，没有进度，推不下去就不要汇报了，要汇报有进度的。现在可以安排的支点多，能够安排工作的格局，安排工作的重点，多征求大家的意见，多跟大家学习一下。

——2015 年 3 月 21 日第 10 期总裁办公会议

市场部部门职责内容

市场部的工作，贷前调查、贷后检查的工作基本都没什么汇报，是不是？对外开拓、市场的开发我也没看到什么成果。而且每次汇报的都还不少，我不是在批评你们，我是把方法告诉你们了你们都还没去动。以为你们对，以为你们做了。我现在还要观察一下，不行的话我就要动手调整了，不调整不

行了，这种干法怎么行呢？市场是生命线，发展是硬道理，市场往前走不动，后面的风险也等于0。没有市场也是风险。态度很好，积极性也很好，但是没成果有什么用？没用。最终要态度好，还要出成果。你们要把你们的困难提出来，有什么困难，需要我帮助你们什么，提出来就说明你们在前进了。很多市场部的职责清楚不？不清楚的话好好去理一遍，看看自己的工作与整个公司发展的方向，大局和市场发展的战略相一致起来，如果没一致起来就赶快调整，赶快下力量，要人我给你人，要钱我给你钱，还想怎么样？做不了只能讲你不行了。不行不要紧，努力就行了，但是不能说不努力还要固执己见，你让大家会怎么想？如果你身边也有这样的人，你会怎么想？工作间相互扯皮？公司发展、大家的奖金、公司的未来这些东西支撑点是什么？就是我们在座的每一位同事。

——2015 年 3 月 21 日第 10 期总裁办公会议

对待投资者意见和建议的方法，以及市场管理部工作重点

市场部的工作应该说有个好的开头，对于下一步的特定标要认识到是一个关乎我们生死存亡战略性的动作，我们的中层干部都要意识到这一点，你们身上都是很大压力的。我们很多的投资者对我们的网站有这样的意见，那样的提法，我觉得都很正常，角度不一样，投资者当然希望他投资的钱能有较高的回报，还要安全，这都是合理的，我们都要理解他，但是同样不要太在意他，但是也要重视他，及时给他们一个正面的回答。特定标我就说这些，我希望市场部能逐步走向正规，真正在我们行业内能管理好市场，研究好市场，又能拿出方案。

但是今天还有两个重点没有汇报，一个是贷前调查，一个是贷后管理，这两个重点还是要抓起来，特定标只是一个点的工作，不是一个综合性的东西。综合性的东西就是贷前调查应该怎么做，贷后管理应该怎么做，怎么落实。这些东西一直没有看到，这方面要加强，首先要认识到它的重要性，这样下一步的方向就知道怎么做了，路就不会歪了。今天小苏讲的还不错，里面有些东西还是要完善一下，包括今天提出的建议，把它完善一下，在特定标上去之前，要认识到它的重要性，第一仗只能打胜。如果失败，后面第二

套方案、第三套方案都要顶上去,没有这种把握,就别做,成熟了再做。

——2015 年 4 月 11 日第 13 期总裁办公会议

制定目标计划的思路

这个市场管理部的工作,现在转型的方向应该是对的。一个贷前调查,一个贷后管理,还有一些新的业务市场开拓的一些新的方法,计划的制订,计划的执行,计划的检查。首先得有计划,我们黄总提出一个目标不是很清楚,我也有同感。在制定计划的时候主要制定的就是目标,这个目标你比方,到分公司走一圈,你的目标是什么。了解当地市场,干什么?看一看?走马观花去看一看?逛一逛?要带着某种目的,带着一个计划去,你要考虑你带回来的是什么?如果仅仅是市场调查,你搞一个市场调查表下去就完了,各个分公司填一下,交上来就完了嘛!你调查几个数字,你要人下去调查,就是要去解决问题的,你不解决问题下去干什么?这就是目标的问题。

——2015 年 5 月 9 日第 15 期总裁办公会议

目标制定思路分析,以及目标执行的思路

这个推进商城的筹建进度,你这只要没有内容的目标马上取消。没用,都是空家伙,不知道讲给谁听,我们每个部门汇报工作都是这样,你要有一个明确的目标。制订计划的时候就是在制定目标,然后有了计划再去执行,你计划推动了就是执行。你执行过程中就有一个检查、总结,有问题反馈上来,再重新修订计划。这个学过期货管理的都知道 PDCA 循环,这回去翻一下就知道了,没学过的就是这个道理。计划的提出、制订、执行、检查,然后再制订新的计划,就是这么一个滚动式的不断地往前走。好不好?

以后制订计划不光是市场部,其他部门制订计划都要制定明确的目标。这样在年终考核,给你们发奖金的时候总要有一个依据吧?你干了哪些事?都要有一个定量的指标吧?什么叫好?什么叫一般?这些都是有内容的。这个内容就是具体的指标,网点有网店的指标,有数量的指标,有质量的指标。而这些指标最终都要有所落实。我今年的规模要做到多少?都要有一

个指标。争取的指标，基本要保住的指标，最终都是量化的。搞银行，搞经济，最终都是要搞精算，这是搞量化。量化的东西在今后要形成一种习惯，它是准确的东西，模糊的东西在我们的工作当中越少越好。模糊的东西在开联欢晚会的时候开始，去抒抒情，去模糊模糊，去遐想遐想，怎么想都可以。但是在具体的工作当中，那就是一步一个脚印。每一步的目标都要清楚，你才能去执行，执行起来你才知道你有没有进度，要不一点进度都没有。我就举你们那个什么联通的那个，我都脸红。我讲出来都脸红，你搞了有一年了吧？

没有，那有 8 个月了吧？好，满意了。8 个月还不长？非要到一年才长？提到这个我都脸红，到现在搞什么？什么东西都没有。要换了我我早就给它扔掉了，这样做肯定是不对的。一个计划，如果有意义的话，不会超过一个月，肯定会看到成效。如果超过一个月还看不到什么东西的话，那你就叫把它扔到一边去吧，别搞了。搞什么？还那么坚忍不拔，还搞到 8 个月以上。那还搞什么呢？我们各部门也一样，安排发现了问题，立即去处理，不要拖。我是现在发现了问题，能马上能解决的，我立刻一个电话就过去了，连两分钟我都不拖。一拖不还是自己的事情啊？你能拖到谁的头上去啊？不还是得你自己去处理。对不对？但是一个质量对公司、对单位整个的发展所起到的作用，现在抓住了，马上做就能看得见，你要是拖到年底还能是一个样？那大家的工资哪里来啊？企业的进步、影响力哪里来啊？都没有，那么这些的支点在哪里？就在各位的手里，认真地把自己该做的事情一件一件做好，管理上是铁板一块的。这个没办法，这就是原则啊。市场部的工作，目前来讲，方向应该是对了。但是在制定具体目标的时候一定要具体量化，量化之后就好搞了。在时间上，在数量上，在质量上，在效率上都要量化，一量化就好办了。

——2015 年 5 月 9 日第 15 期总裁办公会议

市场部工作重点，以及价格问题、队伍问题、成果检查的思路

公司总的目标根据目前的发展就是几个战略重点，市场部的战略重点是什么？就是特标、议标，尽快推开！还等什么！周日就不要休息了！周一

就推下去！分公司有没有特标、议标的推开计划？这是个战略点啊！是关系到公司今后生存，关系到利率市场部，关系是公司发展的非常重要的事情。我们以往大家头疼的都是前期开业的分公司，出现了一些不良资产，出现了一些违约和流动新风险，什么原因？除了我们干部队伍在某些方面的素质有些不足之外，很重要的一个原因就是我们营销对象的身体本身不好，这些企业本身就是有问题的，就不是那些优秀的企业，不是那些身体好的企业，那么以后像这种情况还会继续发生，如果还是这种打法，以后这种情况，年化收益24%的贷款利率还是会产生，如果我们流动性风险这关过不去，那么一天到晚就是在火上烤，那就逼着我们建立生态的时候，就是一个分公司后面要跟着两三个资产管理公司，只要一逾期，立刻以物抵债，如果我们抵押物是充足的话，那立刻通过资产管理公司处理或者通过他们换一个企业重新发标，最终还是这个项目建完以后从市场上把钱拿回来，这个房地产项目建完大概多少时间，这个周期我叫他们在测，一般我估计不会超过三年，三年的时间资产管理公司要多少资金，要发多少标才能维持住我们发展的速度，这里面也有相关性，是要计算的。这一块不能停也要做，更重要的是我们要转型，就是往特标、议标上走，就是把市场上那些身体好的企业搞进来，我们利率降低一点，这样一来我们公司的发展风险会越来越小，目前这个重点当大家知道了以后，我们该做些什么，特标、议标的贷前调查，贷后管理，整个推开典型调查，条件，相关性这些，都要跟上了。安徽分公司最近做得不错，报的都是特标，但是我更崇尚的是议标，因为特标可以说是议标的一种，是议标的底线，是最好的企业，那么24%的就是议标的上线，那么整个都可以在议标中，我们所有的贷款都在议标中，底线就是特标，最低的，最好的企业，风险度比较好的，不够完善的就是年化24%的利率，有抵押，在这中间是用抵押还是担保，这个资金是拿去房地产还是企业，是固定资产投资还是流动资金，这个东西大家可以一个项目一个项目去分析，分析过之后可以拿出针对性的办法来，这个我讲的对一个问题，就是每一个部门要紧紧围绕着总公司的整个战略目标和发展方向来制订自己的目标计划，红岭商城我不反对，但是那绝对不是重点，放一放也没什么关系，不影响我们大局。无非是给我们找一个出路，还能抵扣手续费呢。当我们有时间的时候把它作为一个日常工作,不要停下来,这我是同意的,但是绝不是重点工作。

你们市场部的重点工作从目前来看是四条,第一个是贷前调查,当然它的内容是围绕新的特标、议标展开。贷前调查的模板、计划、人员培训的方法等等都是你们的重点。第二点贷后管理,第三个是关于特标、议标的推进,就是各个分公司之间如何尽快地推上去;第四个就是制度化的问题,就是所有的东西要把制度定出来,没有制度要建立制度,有了制度就有了规则,有了规则大家去管理、去比较、去鼓励、去批评才有依据,如果没有这些东西都没有依据,完全凭着自己的好恶去决定一些重大的事情是不行的,公司的规模大家是看到的,以后就是一个全国性的互联网银行,这样是比较确切的。那么现在我们这些干部队伍能不能跟得上?肯定跟不上!我也跟不上,很多东西我都不懂,我也是第一次管理这样类型的企业,这个企业有与银行不一样的地方,但是我逐步把它拉向跟传统银行相像的地方,思维倒过来就行了,存款变成投资,贷款变成项目,实际上就是这东西了,然后发动我们的队伍去找优良的项目,鼓动投资者来买就行。全部变成这个动作了。

那么我们下面市场部干什么?不就是找项目吗?所有的贷款企业都是去找银行的,因为银行有知名度,银行价格便宜,我们现在把价格降下来了,那他为什么不来找我们呢。贷款的不存在安全不安全的问题。他只要有资金需求,那就是宣传和推动的问题了。我们没宣传开,没有推动起来,这次我们刘总在安徽,华融资产管理公司,那个老总,他们现在做的规模是 70 亿元,到现在为止双 0,没有逾期,没有欠息。他们现在的价格年化收益率是 16%,这就提示我们 16% 的价格是安全的,听懂了吧?所以能够找到那些问题不大的企业,质量好的企业,那就可以在 16 附近设置价格。在这个范围内,我们在控制或者各方面都有个底了。因为我深信,我、陆总、牛总我们三个是搞风险管理的,一辈子都是搞这个的,我们的管理能力不输给任何一家银行。你包括那个华融资管公司,那个老总过去是我的老部下,过去还不是搞信贷出身的。我们既然很难找到这个参数,一下子找到了,16 这个参数很难找的。利率市场化,到底在哪个位置上是很难找的。他们现在提供给我们了,我开心得要命。我们就在这个附近,在这个附近,我再降一点,如果宣传的话,它就一定能支撑住了,不可能有大问题。这样我们做到 1 万亿元,应该讲那就安全了。我每天都在思考这个问题。而我们的市场部是在前列的,你们每天的敏感性都应该在这方面上。今天我发现这些信息,立刻传递给你们。你们就知道下一步怎么打发。这是我讲的价格问题。

第二个队伍问题,现在我们各个分公司的市场队伍,刚才也讲了你们也有一个团队建设问题,团队建设本是内部的一个团队建设。是要抓的,要依靠当地的每一个分公司的老总。他的目标计划,决定了团队建设的规模和团队建设的质量。但是更多的并不是在内部,而是在外部。我不是给你们提过一个建议吗?我们深圳分公司的李大银同志拿到2000个所有信贷公司、银行、小贷公司信贷员的电话号码,像这种思路为什么不能使用呢。每个分公司,你们当地银行的客户经理的电话,你们有没有啊?没有的话就要从这个地方做起,小贷公司、担保公司、各家银行、信托公司、保险公司,都可以啊。他们营销人员的电话号码你们有没有。他们一个地方的电话号码最起码有几千个吧,然后告诉他们我们这里有年化收益率16%的贷款,你看他们来不来?你们要把它推开啊,推开要有队伍,队伍要有方法。如果用这种方法推开的话,那一个地区在很短的时间内项目不就可以报个不停了嘛!这样你不就可以筛选了嘛!你有筛选了,你制度的建立也有目标,也有规范的东西和支撑了嘛!有地方用了嘛!这一切都是从市场和营销开始的。而我们市场部,过去的阶段工作在某种程度上,工作是不得力的。我这么给你评价。所以从现在开始要得力起来,方法都告诉你了。你要什么我给你什么,你还干不好,你还在那干什么呢?你仔细想想。还能不能干,不能干自己离开。没有任何复杂的东西。那就是我讲的几句话:你偷懒了没有,你不懂问了没有,你错了改了没有。你只要这三点做到什么问题都没有。大家别的都能容忍,就一点不能容忍你懒。你懒了,谁也没办法。在一起开办公会就是相互提示一下,你有哪些地方做得不足,这地方你必须加强,你听进去了,你改了,你就有力量了,你就进步了。

那么我们看什么呢?办公会也好,监督检查工作也好,都看什么呢?第一看的是成果。这周下来你有什么进度,有什么成果。不是老听你将思路,而你的思路有时候还不一定对,但是成果是最重要的。看了成果之后,你的效率有多高。第三是重点,这些都是大家愿意听的。工作要看你的重点是什么东西,看你的重点和公司发展的战略是否一致。如果这些东西都跟不上就要追究原因。第四就是原因。什么原因跟不上,是干部问题,还是指挥不当?找到这个原因就要制订新的工作计划,下一步将怎么办。就这个五个过程。从成果到效率到重点到原因到计划。我为什么在市场部汇报之后讲这个问题,我们所有的部门都要考虑这个认识逻辑。你的认识逻辑一旦能够认清使用,你的工作就顺利了,你跟整个的步伐就一致了。当大家的步伐都一致了,这个公司就有力量了。对于我们市场部门,我听了大家以后,就提这么一点建议,所以说你修改什么议标营销方案。还修改,你就别休息了。你还休息什么,我们总经办周末是从来不休息的。你搞几个人下个周一,议标营销方案和特标营销方案必须推下去了。这个还能这么等吗?因为你要知道整个市场一旦宣布我们的议标出来的话,这个市场将会是怎样的情况,因为我们现在抢的是时间。我们现在只有两个月的时间,因为我们前期所造成的很多的不良资产,现在流动性已经出现问题了,我们已经有压力了。如果这个后续的新的东西不出来,流量不进来的话,我们的压力会越来越大。所以我跟分公司的老总讲,我们只有两个月,到7月底。所以在这之前,我们的议标特标,必须是立刻大面积打开。那每天,现在发表是1.5亿元,到时候一天要发到10亿元,要以这个目标去做。要按照这个流量去做。当你做到这个流量的时候,我们相对就安全了。当你一旦要做到10个亿,你下面有多少个项目,我们现在有11个已开业的分公司,马上这个月底,陕西能不能开的起来啊,又开不起来了,什么原因啊?

——2015年5月23日第17期总裁办公会议

市场部工作安排:联通发展投资人移交投资理财部,市场部配合风险管理部

刚才项总讲得很好,这个投资理财部项总分管以后,思路好像清楚了,几个考核指标也清楚了。到以后我们市场部,你们联通发展投资人的事还要划给理财部,你们是搞市场的,以后就是配合风险管理部,你不能搞成两个方向,那样很麻烦,很多东西你没法管,搞完了以后全部移交给许总这边。

从个人用户、集体用户、集团用户、网上用户、线下用户,整个的投资都由投资理财部汇总进行搞。这样方向和分工就清楚了。你什么都搞,什么都搞不了。

——2015 年 5 月 30 日第 18 期总裁办公会议

市场部工作要点:特标议标、贷款客户、分公司指导计划

老叶你要注意,联通这个工作搞完后,你就要移交了,因为这不是你的重点,是投资理财部的。你的任务还是特标议标还有很多大客户,很多贷款客户,是这方面的,你现在 12 个分公司,刚才跟你说的,任务该怎么下达,指令性计划,指导性计划,到底下多少比较合适,哪些分公司有些现成的经验,哪些分公司做得比较优秀。开一个现场会,把他那的经验总结一下,推广一下,这都是你总公司要做的事情。一个部门是一个很大的工作,你在这担子很重,跟你过去的工作肯定是不一样的。而且比你过去的要求肯定要高很多,但是我们不怕,我给你一个要求,只要你努力。我到时候发现你不努力的时候,我就没办法了。就像我刚到红岭讲的话一样,只要你努力,一个都不能丢,大家都上。但你要不努力了我就没办法,那只有让你先让开。你只要在努力学习,包括我也在内,我有时候批评你们很重,我也是恨铁不成钢。实际上你们有时候已经很不错了,比过去好多了,但是还不够,当红岭真的到了一万亿元以后,那你经历了这个成长过程,你们都是一万亿元的料。那不是一般的料,哪怕你是一个螺丝钉都不得了。你参与了这个过程,需要大家共同学习提高沟通。好吧,我就插这么几句,往下进行把。

——2015 年 6 月 6 日第 19 期总裁办公会议

市场部工作的方向和思路

给你们一个最重要的主要方向,现在我们是四个战略点,你们市场部围绕着这四个战略点来做的话一定不会错。第一个就是特标,第二个是议标,第三个是体验店,第四个是资管公司。这是建立 P2P 脱媒的一个循环,一个生态,这个生态里面哪怕你们抓住了其中的一个工作,你们都会有成绩,但

是如果你们偏离的话就是有问题了。每一项工作是分步走的，涉及你们市场管理部的工作你们就尽心尽力做好就可以了。比如特标、议标的问题，我们拆分到了去分公司找客户经理的名单和联系方式，这就是你们的工作了。投资人的方面，你们前期也做了，但是这个应该是属于许总这里的，广东联通上线，协议签订以后，正常了，这个工作就直接移交给他们。这样的话，每个部门的主要方向就清楚了。

——2015 年 6 月 13 日第 20 期总裁办公会议

广东联通移交工作安排和后续发展思路

这个广东联通协议签了就赶快移交，赶紧脱出来，这个赶快移交给许总，许总找人接上去，下次广东联通来的时候把许总介绍给他就行了，现在就可以移交了，下周交到算了。市场这块议标和特标的宣传更重要，某一个产品只是一个点，以后跟移动、电信等的合作多着呢，这只是一项工作，不能把一个部门拖进去，交给许总后也是一个点，你们一个室是专门管这个产品的，然后一个、两个、三个等等，人不够给你人嘛，人力部先招嘛，不够的话总经办上。下周交接完毕好吧，这个管理赶快要归位，不要等了。

——2015 年 6 月 20 日第 21 期总裁办公会议

市场部工作重点：特标和议标工作推进、项目推广

你们部门怎么去管项目的申报了？你们部门的任务是项目的推开，用什么方法使特标和议标在全国那么多的分公司推开，速度尽快上去。具体的项目是流水了，只要一个岗位就行了。你用什么方法使全国的特标和议标赶快上来，贷后管理赶快跟上，这才是重点。开会都只是形式，实质上都是为了推进这个工作。每个部门的汇报都要有重点工作，其他的就是泛泛地讲一下。我就要听一下你们在特标和议标上管理，在项目的推广上有哪些新的方法。有的地方竟然不知道市场的奖励办法，有的分公司都不知道。这么大的举措对推进我们的发展是非常有意义的，对这些条文和政策竟然都不知道。

——2015 年 6 月 27 日第 22 期总裁办公会议

归纳市场部室设置是否合理，人员方面是否足够

所以市场部下面的几个室当时的设置是不是合理，现在牛总再帮他们归纳一下，根据我们的产品和下一步的发展情况。另外，人员方面是不是足够，这个也要考虑一下。围绕公司整个下一步的发展方向上，这个部门是一个口子，都是从市场开始的。这样的话，有很多事情要做起来。

——2015 年 7 月 4 日第 23 期总裁办公会议

市场部重点做好信贷工作：队伍、培训、产品、贷后管理方面的规范

现在市场部的责任慢慢清晰了，把投资理财的部分已经归位了，现在就是重点做好信贷部分的工作，包括队伍、培训、产品、贷后管理方面的工作。贷后管理的工作现在是不是规范了我也不知道。我刚来的时候，就和他们讲，每个月对每个企业都要有一个贷后检查表，然后企业一定要有一个贷后的管理人员和我们对接，这样每个月每个项目的进展情况我们都知道，即将要出现问题的时候，对风险的预测我们也都知道。这是对企业的管理方面必须正常进行的，信贷人员可能是在我们的各个分公司，那么对各个分公司的工作的管理和考察以及指导都是你们的任务，那么这些任务都做好了，我们的业务发展就会快多了。如果做不好，这个基础就还是上不去，上不去的话就没办法进步。不怕自己的水平不够，自己的知识不全，不怕自己的经验不足，最怕的就是懒。只要你在动脑筋，每天有一点点的进步，那么一个星期下来，这就是很多了，时间长了你不可能不前进。但是你懒了的话，什么事情也做不了。我就讲这几句。

——2015 年 7 月 4 日第 23 期总裁办公会议

要给到兼职客户经理产品小册子和分配政策

我们认为市场是最重要的，所以我把市场部也批评了几次，但是让大家全公司所有部门的精力，第一点都应该立足于市场，没有市场，什么都没了。定位始终在市场上，市场对于我们是两头，一头是供方，一头是需方。对于

供方，也就是投资方，我们有投资理财部、财富中心，都在做这项工作，但我们的需方，也就是标的企业，这是最重要的，因为我们把银行倒过来做的。那么找项目怎么能够使我们的项目人员不断地，像流水一样，流到我们这个平台上来，能够给广大投资者进行选择和投标，这就是我们的重要工作。所以说，怎么样让项目能够源源不断地提供，这是我们要努力的方向。这个方向从兼职客户经理管理制度出台以及他们现在正在研究的工作，应该是最基本的制度。要对管辖区域进行划分，全员抓市场。你有20人，每人头上都是有指标的，这个指标就把当地的金融部门、非银行金融机构，还有其他的金融机构全部化成一片片或者一类一类的，每个人头上都有，第一步先把他们关键人员的通信方式拿到手，这个进度就好抓了，你以什么方式去拿，只要大家去努力，哪怕只是大家去银行认识一个人，从这一个人开始为线索，往下挖。或者到一个小贷公司，认识一个小贷公司的客户经理，都可以挖出来。当理出来以后有很多兼职客户经理群，那我们给他们什么，一个是我们的产品，这个产品目前来说，我们只有两样，一样零售，零售产品现在的种类不算少，大大小小估计有十几个，零售产品的宣传册应该归集起来，另外我们的对公，对公大的分成为快标、特标、议标、本标。然后每一项对公业务当中的要点内容都要让我们的兼职客户经理知道，他帮我们去推销什么，要给他一个小册子。第二点，这个小册子请市场部牵头，其他所有部门配合，尽快地做出来。我在调研中出现的第三块也跟银行同业一样，同业这一块我们现在已经做了一些，包括投资方，像沃百富、联通，还有我们正在做的一群的投资人，这算是在投资方同业，那么项目方同业在哪里，就是我们的六个事业部，在我们的兼职客户经理或者专职客户经理营销当中，要对这些同业进行宣传，我的想法是把六大事业部六项或者更多一项直接拉到本标上来，用它们的客户，它们的产品，我们只收两到三个点的管理费，同样加上我们自己的本标。那么我们就打开了一条风险极大的降低、风险基本稳定的基础产品。这次我去下面给他们做了一些基本的归纳，零售、公司、同业，这跟银行完全一样。我们的宣传册上也按照这三大类进行分配，描述过以后通过市场部发到每个分公司，通过每个分公司发到每一个客户经理，通过每一个客户经理发到我们所有的兼职客户经理或者项目经纪人。让他们把项目逐步地拉过来，这一下整个宏观的战略就布局好了，产品给人家之后就要给人家政策，人家帮你干，你给人家什么，也就是我们现在讲的分配制度，分配制度我们过去有过，但是分配不够细致，包括利差的10%该怎样使用，哪些应该给到什么样的位置，我的意见是直接给到项目经纪人手上，因为这个是市场的东西，如果说我们内部给我们的客户经理也要给一个奖励的话，两种办法，第一种是从这10%当中分割出来一块，另外一种就是再加一块，这个我们的财务和市场可以再商量一下，像这种制度一定要具体，具体到可操作，任何一个帮我们拉项目的人的，到最后他来领取他的报酬的时候，我们只要分公司报上来，列个清单，那笔项目，多少利率，收入多少，我们该给多少，分给谁，这都由我们分公司来决定，做完以后报到总部的市场部，审核以后交给财务部，财务部拨款，这个流程中间没有衰减。因为我们管理当中发现很多分公司的老总或者分公司的客户经理、中层，在不同程度上没有准确或者正确地执行这项工作，这就造成项目供应方的积极性没有起来，分公司的老总在那抱怨没有项目，没人报，你们要求太严了，这个政策没有落实到位不行。所以说请我们的市场部门把兼职客户经理的队伍或者项目经纪人的队伍要建立起来，把我们的制度要赶快交下去，把我们的产品要赶快交下去，我们财务部门根据市场部门的情况要做一个具体的财务分配管理办法，越具体越好。哪个地方是多少，这样一执行起来就避免了执行政策不到位，避免了我们有的分公司转到自己账上去了，只有这样做才能真正地把握住源头，才能为那些真正为我们提供项目、积极为我们各项的项目源提供努力的人，要毫不犹豫地给他们一些报酬。

——2016年3月21日第10期总裁办公会议

3.4.3 对分公司及筹备组的管理建议

分公司的初期构架体系

分公司新招来的人尽管是总经理，但是并不给他什么东西，他自己都没有转正，如果在现有的干部队伍中能够选拔出人到那边去带队，那是最好的。有这样一个管理的构架和体系才能把200人管起来，在初期还不是一个行政的架构,只是一个管理的架构,往后一旦做起来,一个分公司范围内能做到两三个亿了,就直接变成行政机构了。这都是在走一步,看一步,往下发展一步。

——2014 年 1 月 28 日第 10 期总经理办公会议

对分公司的管理

深圳分公司要注意总结,针对累计通过率等数据找问题所在,是人员培训不到位,还是模板没有操作好,还是风险操作根本不对。要把这个问题看清,解开问题。针对不同的原因进行改动和培训。不能只发现问题,而不是问题的原因。分公司的考核目前放在市场部,等分公司筹备完成以后,市场部只对接他们的市场,各个部门对应各部门,一把手由老总管。这个阶段由市场部管理。前期的工作,由市场部牵头,根据机构开办过程中的问题由市场部人员联系,要让分公司的人到总公司有依靠。总公司的管理是非常重要的一部分。

——2014 年 4 月 29 日第 22 期总经理办公会议

分公司的管理和队伍建设

分公司设立后业务本身的种类,业务开展的方法,包括管理架构,在我们深圳地区应该早已完善,既然能往外设立分支机构,那本身内部的内部管理,也应该是清楚的。但由于历史遗留问题,导致我们需要向分公司学习。市场管理委员会不只是管一个分公司,更是管全国的,因此这块一定要管好。另外就是投资人这一块,市场部也是要独立地进行考虑,投资人这块考虑好了以后,对整个投资人的宣传,包括几个部门都是在配合市场部的工作。所以说,市场所抓的三条主线要非常清楚,投资人,贷款人和客服。围绕这三条,建立管理队伍。

——2014 年 5 月 24 日第 26 期总经理办公会议

对深圳分公司的安排

市场部的工作,我讲几件事。第一,对于深圳公司内的各个部门将变成深圳分公司，下设四个部门，属于深圳的二级分公司，业务不要交叉。将队伍进行整合，提高人员素质。第二，落实异地分支机构的建设，以李大银为主。另一块，深圳地区的组织建设和业务建设，包括全国营销的市场解决的产品部分（如何指导、扶持分公司）、项目、客服（话术）、投资者部分。一旦深圳分公司成立后，总公司的管理就要列入了。每个部门对着都是全国。

——2014 年 6 月 14 日第 29 期总经理办公会议

对深圳分公司建设的意见

市场管理委员会主要力量是搞分公司的建设，分离市场管理委员会的职能和深圳市分公司，下设的几个室是否合理，暂不评论。整合深圳分公司迫在眉睫。下设四个部，便于管理。平时的劳动竞赛等制度就可以跟上。先做，边做边改。

——2014 年 6 月 21 日第 30 期总经理办公会议

对深圳分公司的筹备工作提出要求

深圳筹备组的工作是非常重要的，等于把深圳所有的业务全部归集在深圳分公司，过去机构问题、岗位设置问题、基本员工队伍问题、业务的管理设置问题，这里面的设计难度不亚于一个总公司的设计难度，所以说你们刚才汇报的东西没有一个总的战略上的安排，这类工作首先到哪一步了，办公地点、哪些人员、分割了没有。人员配置方面，公司内部能产生的尽量从内部里面调，这个是很重要的。你们的工作积极性和认真负责任的态度我都非常认同，但是需要提高工作方法，我们都要提高这个方法，思想方法，办事的方法，策划的方法，用人的方法等等，方法只要对了，做事就会事半功倍。方法不对头，就会受到挫折和障碍。下周你们要把这个事情放在重要的位置上，先把机构搞好。

——2014 年 8 月 2 日第 36 期总经理办公会议

对分公司的考核

应该对各分公司拿出考核方案，现在没有达到 5 个亿的主要精力放在项目上，而达到5个亿的在忙开业上，投资人都忽视了，下一步工作双管齐下，线上线下进行投资者营销。没一个考核方案人家干多干少没衡量。

——2014年8月30日第40期总经理办公会议

制定分公司业绩质量指标的思路和方法

这样啊，前面我同意大家的意见。就是第三个质量指标，不叫坏账损失，就是考核分公司的质量指标。这个要有一个专门的办法，这个质量指标包含不良资产，包含管理上的其他因素，这个其他因素也包含我们过去的问题，比方讲批了以后又不行了，都在这个里面。不行了，我要调整你了，这时候第一步就是要把你的费用降下来，不能再给你乱用了，我们可能要动你了，是吧，这个都属于质量指标里面的。就是专门讨论一个质量指标，这个质量指标还是由计划部门来牵头，因为总指标还是财务上来控制的，然后各个部门提出各个部门对质量管理的要求，包括我们市场部，包括我们风险管理部，包括我们综合管理部、人事部，这些都要拿出质量指标的东西，最后汇总。达到什么程度，然后总费用要给它降到多少。如果你们拿不出来的，就把因素列出来，让计划部来决定那个权重多大，那就据以来进行控制分公司的费用，包括奖励费用，哪些好的，还有给予什么奖励，也要根据某些指标，一下子不完善不要紧，先执行，逐步完善，错了就改，这样就比较好，灵活一点，好不好？看看这个办法，大家还有没有什么意见，没有意见就发了，但是下面这个第三点要重新修改一下，在语言上要重新组织一下，就简单讲一下有这个东西，细则另行下达，好不好。这样就不影响前面东西的执行。这整个叫质量指标，质量指标下面有不良资产这一项，还有什么管理上面的某些方面。

——2014年11月1日第47期总经理办公会议

分公司向总部汇报工作的注意事项

对，要反映，再有一个就是各个分公司有什么情况，有些东西最好是有书面报告，书面上来了以后我们有个依据，不能靠口口相传，口口相传到最后没有依据的东西,他又不承认了,他说他没说,那就要不得了,这不行,以后要有一个文字的东西,让我们每个人在做事的时候就有一个坚持的原则了,好不好?刚才胡宏敏副总经理提的问题就特殊情况特殊办理,过去有一些遗留问题的话就特事特办,我来批。好不好,就这样吧。

——2014 年 11 月 1 日第 47 期总经理办公会议

分公司利息管理费的分配方案

那就这样,利息管理费一开始给到个人,在他没有盈亏平衡的时候,根据他的业务量,他的奖金的多少,和我们的抵偿之间有一个线性关系,就是说利息管理费不是一把都给他。或者讲给他的话是有一个线性关系,就是说,他做得好,他应该拿得多才对,除了这 50 块钱之外,房租和水电支出这一块应该迅速填上。填上以后,使他尽快在 50 块钱之外还能再拿一部分。明白没有?就是说他业绩越好,应该让他拿得越多,一开始是根据人头来的,然后房租我们是垫进去的,利息管理费是拿的分公司的。分公司这一块的利息管理费,应该是根据他的业绩越好往里面充得越快。一直到充满以后,因为充得快以后就很快地从利息管理费里面又能拿一块收入,那他的积极性就出来了。他就想尽快地能把这个地方做成。否则他就不管,他就只注重一个指标,就是个人的指标,上去一个人就拿 50 块钱。他就这样想。如果把这个钱全给他的话,他就更不管了。

——2014 年 11 月 5 日市场条线总经理专题会议

调动和鼓励分公司积极性的思路

你这个还是没有讲联系起来。就是在它没有收入的情况下,我们要支出的费用就是固定费用。它一旦有了变动费用的时候,这个变动费用用于成本支出和个人收入之间有个比例,这个比例可以是 1,可以是 1 比 99,这都可以。那么用哪种方法。好比一开始反正工资是保底的,你现在挣的就是你的,早一天把房租和水电挣出来,超过水电房租部分之后你还可以拿一部分。而且考核的是平均余额。他们就会争取把投资额做上去,能够把前面这块挣出来以后,另外还可以多拿一部分奖金。你们想对不对,你要鼓励他的积极性啊。

——2014 年 11 月 5 日市场条线总经理专题会议

分公司筹备工作的解决方法和思路

主要还是这个思路,购买力换购买力,这个整体的想法还是很好的。市场今天两个主要工作还是很具体的,抓紧时间做就行了。我补充一块就是,市场目前在筹备当中的工作要抓紧,现在是小苏在管这块吧? 这块要列上议事日程了,下一次不行让小苏也参加办公会,让她汇报 30 个分公司各自的进展情况,都存在什么问题,下一步怎么促进他们,解决问题的一些方案,因为目前这个机构问题是大问题,有些速度跟不上我也开始着急了,还有些地方要换人的话以什么样的方式。包括重庆现在已经开始行使一种直属了,马上成立两江新区的分公司,等于是另外还有一个重庆分公司计划单列,等于跟重庆是平级的,它有竞争关系,但是又是一家人。那么可能在其他地方也会出现这样的情况,包括在北京上海这些大地方,你选拔干部不一定能一下子选很准的时候,就有可能是两支、三支团队同时干,哪家干得最出色,由它把其他家收购了。就这样做,这样对我们下一步的整个发展会有些好处。全部按照新的分公司筹备,深圳前海马上也要搞一下,是我们原来的行长马驰,一个他有资源,再一个他有管理经验,各方面都还可以,如果放在李大银下面的话可能就不太顺当。这样一来干脆给他计划单列,如果他业务开展非常好,我们再做其他调整,当然李大银也干得非常好,反正深圳市场大。所以这个机构上面的问题都是你们市场部的事情,而且每次机构上面的业绩方面工作都是属于一般性,下一步要进行重点汇报,已成立多少? 将成立多少? 在筹备多少? 哪些有问题? 哪些要更换? 更换用什么方法进行考核? 全部要开始。我就补充这些,主要是三个工作,一个是体验店,第二个就是商城,第三个就是机构,当然还有一些日常的工作,包括项目、贷前调查、客户经理的培养、培训等等,三个重点要把握。

——2014 年 12 月 6 日第 52 期总经理办公会议

对开业分公司提出的希望和要求

对此，对开业的分公司提几点希望和要求：

第一，合规合法经营。这是红岭创投生存和发展的根基。P2P 行业的发展始于市场需求，也必将遵守市场监管的规则。国家有关部门为 P2P 行业所设定的经营业务红线我们要严格遵守，决不触碰。要在模范遵守法律法规的前提下，求生存、求发展。

第二，管控风险，稳健经营。P2P 行业是经营风险的行业，因此，在经营过程中一定要注意风险的管控。这不仅是对红岭创投负责，更重要的是对我们千千万万个投资人负责。

第三，提升业务水平，加快发展步伐。江苏分公司的成立使得红岭创投外延式扩大的发展战略向前迈进一大步。希望江苏分公司能充分利用本地资源优势，制定发展战略，大力开拓业务，努力抢占 P2P 行业的制高点，为红岭创投各分公司树立榜样。

第四，总公司将对分公司的发展给予全力的支持，并做好各方面的服务。按照公司发展总体规划，使公司的业务发展和社会各种金融形态全接触，走出一条对投资人、借款人、政府、金融改革、对我们自己发展有益的路。

——张宇总经理在分公司开业典礼上的讲话

对分公司风险控制制度、队伍建设、市场控制的建议

可以给胥总打 100 分，做得非常不错，起到了带头作用，分公司筹办初期，团队付出了艰辛的努力，但路还很长。互联网金融的红线在，董事长到北京参加互联网大会强调，要自律，自我约束。做什么生意，写什么文章，只要离开互联网就落后。有些知识点根本不重要，因为目前为止，有五年经验的互联网金融平台不多，像周总这样的企业不多，在金融行业，他们的每一分坚持都是一个冲刺，坚持过了没出事，这就是一般人做不到的，所以说在这样的平台上，我们在把它发扬光大，我有信心。我们可以看到今天参加我们重庆分公司开业，我们各个分公司的老总都来了，他们感觉到了我们重庆在开业筹备中做的很多准备工作，现在规模也有了一点，开始起步了，但仅

仅是起步，在我的观念当中，仅仅是起步，就像一个支行，拿 5000 块钱，搞两个月，也就这个水平，但它不容易的是，在一个没有开的情况下来做自己的事情，它就是非常有意义。在重庆这个地方，我们的公司站起来了，那么后面的工作只要规范，只要大家齐心协力，那么这个空间应该是，目前我不敢想多大，10 个亿，20 个亿，50 个亿？倒不是急于发展多快，重要的是基础要扎实，基础扎实了，就像盖大楼一样，这个楼层再高，才能在各种自然条件下经得起风吹雨打。如果基础做不好，摇摇欲坠，会彻底倒下，这就是我们的失误。那么这个基础是什么呢？第一就是风险控制，你做得再大，只要有一单，不是你们死了我就死了，包括董事长也一样束手无策。当然我们想了很多个应急的流动性的等等方面的方法，但是一旦出现，那就非常大，比银行要大得多，那么这一点，我们重庆分公司和正在筹备的各个分公司都忠告一句，风险在有市场情况下永远是第一位的。如果没有这个风控能力，放弃。控制不住的情况下情愿放弃，要学会放弃，机会总是有的。

那么风险控制的制度怎么建立？巴塞尔Ⅲ，你们这些老总去买本来看看，就知道以后银监会监管的，我们最后风险管理的核心内容是什么，你们就知道了。因为以后一定是这个东西，它是跑不了的。而且它属于看起来不费多大劲，但是很枯燥，它不像看小说。枯燥的数字，枯燥的模型，枯燥的语言。不行就去理解，或者我们还可以去交流，这样对我们经常提到的市场风险、制度风险、维护性风险、道德风险、操作风险，还有一个就是政策性风险，你们才知道怎么去操作，这个基础在哪儿，我们放心多了。这是第一个事情。

第二个是队伍建设。这是非常重要的问题，大家都讲没人，找个人还难，我找了全国各地现在也只找了 11 个分公司老总，我想找 30 个就是找不出，这没办法，只能找中介公司推荐，给我推荐一个好的，给你 5 万块，给你 10 万块我都干，如果是好的分公司老总，上海，广州这种大城市只要我满意的话，5 万 10 万都可以，要给我找到好的领军人。如果领军人物像我们胥总这样，或者像我们在座的分公司老总这样的，我很开心，但项目需要具体的管理操作人，那么选择这些人是有难点，它本身就是个难点。招聘真的不容易，那么真正有料的，有用的，有素质的，让我们能够放心的这种人不是那么好找,这很正常。这点我觉得胥总应该深有体会,而且很心切。马上我们后面的分公司都会遇到这种情况。所以队伍建设在我们整个分公司的筹备过程中要放在重要的位置,这也是基础建设。

第三个是市场控制,在市场控制过程中,我们发布一个指引,而且在同行业过程中也有一个指引,包括产品的指引,产品的设计,包括适应目前小贷公司高于银行信托这样一种市场战略,它的接受层面和社会基础当中到底属于那一层面?到底在哪里?不同的专业比如钢铁,它搞的钢材或者钢铁制造,或者矿山,它有它的产业链,那么做钢铁生意的人,他出来在这方面可能就不行。那么搞纺织的,纺织机械制造,棉花,化纤,从我们穿衣到染色,就这方面去考虑,他照样能找到他的同行,找到他觉得有用的东西。那么我们这个利率,这个资金需要拿到外部,那么我们也需要去寻找这样的空间,寻找这样的层面,找到这样的层面,我们就有目标再加上合适的产品和队伍,找到合适的对象,才能进行操作。我讲得抽象了一点,但是我们分公司这些主要的负责人,组建自己的团队以后,只要你们领会了就行了,可能下一步遇到的难点就是这个,至于这个难点到底有没有,你有,我有,都有这个问题。

——张宇总经理在重庆分公司开业座谈会上的讲话

分公司业务发展需要注意的事项和安排

前面提出的三个点对于提出新的业务发展方向和办法要进行讨论,讨论完了之后我们把业务风险分析、贷款流程和风险点导出来,比如说风险控制,这主要是控制住了就好做了,我们这边早晚要提出来的这些方式,还有很多方式,我们也要进行调研,至于调研来的其他的分公司、兄弟单位或者同行业,它们做过些什么东西,我们不要去评价。我们要从总公司的角度来拿出办法,拿出东西,可以做,做的时候要符合什么条件,不符合条件的不能做,这一点是需要注意的。

业务发展方向这一块是重点问题,因为我们所有资金来源和所有的工资都来源于业务,追求业务,因为发展速度问题,这种想法应该支持。但是始终风险还是第一位,要学会放弃。当你做多了,你就知道了,多种选择,对控制的点数和一些项目来源，一些机遇的出现，你说他经过多久才碰到这些机遇，你说从其他公司抢过来，这也有因缘关系，这是营销方法，所以我们希望，我们分公司这一块，有一个区域的划分，相互之间进行沟通，相互取经，每一个分公司可能都有它成功的经验或者失败的经验，认真地去总结，为我们下一步总结发展奠定扎实的基础。

——张宇总经理在重庆分公司开业座谈会上的讲话

分公司筹备过程中存在的共性问题

谢谢大家。今天这个会议是应该说很早就有一个计划，因为我们分公司的筹建速度非常之快，以后像这类的会议每个分公司总经理参加的人数也不会再多了，最多增加个三五个，你们都是兄弟了，以后在一起。今天借我们江苏分公司开业之际，感谢江苏分公司给我们提供的条件，我们在这里畅所欲言。因为分公司在筹建的过程中，第一个开业的胥总给我们开了一个先河，也使我们下一步，包括江苏分公司、安徽分公司，以及接下来几个分公司的开业都做了一个榜样。

在分公司的筹备过程中各地的情况都不一样，但都带有一些共性的问题。这共性的问题，今天就让你们自己来说一说。刚刚胡总讲得很清楚了：一，提问题，二，提建议。提出问题，我们主要的业务的高管都在这里，风险控制的、市场发展的、计划财务的，加上我。应该讲你们所有的问题在这里都能找到答案了，有些问题可能在会议上，大家交流下就能解决了，还有些问题可能我们要带回去要研究一下措施，这个机会到以后还会有，到以后可能不是在开业了。因为这次开业大家都来，上次重庆开业胥总讲，来哪些人，我说我不管。你们邀请，人家来就来，不愿意来，人家工作忙就忙人家的，结果全来了。那时候来人还少一点，全来的话就加大了分公司的接待负担，因为这么多人的吃住行、照顾、安排很多很多的事。这次我们分公司的21个人全部上来了，可以说他们都非常辛苦，我要对他们表示感谢。南京分公司做得真的不错，各方面都挺好的。

——南京分公司开业总经理座谈会

分公司为消除贷款项目地域问题的职责

如此一来，如果互联网金融要和金融全接触的话，这些东西都要借助最新的业态技术来展示出它新的作用。那么空间上没有地域差别了，比如东北一个企业的贷款投资就可以利用互联网在全国进行。但是项目依然有地域问题，所以我们分公司的责任就是寻找项目、贷款管理、按期收回、风险控制。

——张宇总经理在安徽分公司的讲话

筹备组的意义在于零的突破，一突破就好办了

就是你们分类的时候要把所有的筹备组全部周严，不能遗漏。它的意义在于零的突破，一突破就好办了。我批筹备组费用的时候，看到他们积极地用费用，我就很开心，说明在努力干活嘛。反正一个月5万块钱，哪怕3个月没有项目我都很开心，只要在积极努力。

——2015年1月10日第1期总裁办公会议

分公司老总不承认错误，还帮着企业说话，而不是站在红岭的立场上做事的话就下台，没有讨价还价的余地

分公司没办法把他老总给他撤了，根本不跟他啰啰唆唆的！你们这些副总，哪个敢不服从纪律，你们就可以把他撤了，哪有讨价还价的事情。不准让步！分公司还帮着企业说话了，那还当什么分公司老总啊！哪个分公司老总帮着企业要求展期，而不是站在红岭创投的立场上做事的话就下台，你只能承认错误，在当时决策的时候出问题了，现在错了，寻求总公司的支援，想办法化解这个问题！这个角度才是对的，你不承认错误还帮着企业说话，那还有没有规矩了！

——2015年1月10日第1期总裁办公会议

分公司的立场问题

当时贷款的时候一个个拍胸脯说没问题，现在出问题了还要搞展期？

这个时候再不站在一个正面的立场上去教育他、批评他的话,他下次还犯!你们应该知道,哪些事情是可以宽容的?哪些立场应该怎么站?分公司要是出现坏账,根本不要啰啰唆唆的,就问怎么回事?错了没错?怎么改?而不是说企业有这个问题,它一定还,我包在身上了。怎么包?你能负什么责任?这是嘴讲的吗?你要是知趣的话就赶紧追回来,再知趣一点就什么不要干了,专职催收!在这里讨价还价的话我已经把你看轻了!

——2015年1月10日第1期总裁办公会议

下一段时间的工作重点就是网点的开设

上一个阶段的工作重点就是在风险控制上,风险控制上没有大的问题了,下一段时间就是网点的开设,分公司的建立上,这个也是很重要。就是找30个分公司的老总,一个一个谈,一个一个见面,现在基本上也已经成型了。

——2015年1月10日第1期总裁办公会议

风险条线、财务条线和市场条线要准确计算折算系数来确定投资人和贷款数额的关系

马上我们要规定,比如要出款5个亿,那么我折成多少投资人也可以。就像银行的存差和借差,银行有的地方时存差,有的地方是借差。存差就是存款多,借款少,这是在富的地区;借差就是借款多,存款少,这是在穷的地区。一些经济比较发达的地区,他们的贷款可能不多,存款比较多,我们一样要折得合理。我们风险条线、财务条线和市场条线要算一个折的系数,多少投资人算多少贷款。这样的话考核的时候就容易考核了。你们算一下,算准一点。到时候陈岑也参加一下。

——2015年1月24日第3期总裁办公会议

分公司机构设置的方法和思路

就像我跟云南讲,云南省的机构设置怎么样,还没设置的话,最主要的

就是你的这些机构,就是你的二级分公司要赶快设立起来,然后你设分工公司的方法和设总公司的方法是一样的,让他们去找项目,然后给点费用他们,他们要是搞上来,云南也是17个地市,你不要17个地市全部开业,你搞一半,8个可以吧,一个地方搞3亿,就是24个亿起来了。你什么日子都能过了,这就是方法了。那就是招人了,在当地找一个好的管理者,把事情办起来。第二,你就是把所有的金融行业,所有的小贷行业划片,或者划人。你工行的客户经理归给谁搞就完了,交行、建行、中行的客户经理都可以分人管理,市场部都有这些人的。或者你划片区,东片是你的,西片是我的,你们去把银行客户经理的电话都要来,要来的目的是建立一个信息管道。我们一旦有项目,年化收益率在18,17,16,15,这个时候,信息一发,他们都知道了。这样企业在贷款的时候,有的地方可能供应不起,但是我们能供应起,我们利息可以稍微高一点,然后资金马上就过来了。

——2015年5月30日第18期总裁办公会议

市场部对接分公司的思路

老叶要把过去的工作习惯改一改,就是会议结束以后该办的事情就直接办了,不行就加班。这个事情不能超过下个星期,如果还不能落实的话,下面的工作就不知道到什么时候了。我到下面总是看不到动静,最后就是你们市场管理部没有做好。如果再看到你这里的工作没有做好的话,就是你们的问题了。现在12个分公司,工作是不是齐头并进地往前走,每个分公司在这方面有没有具体的负责人,他们的工作计划你们知不知道?这就是你们该干的事情。什么渠道都有了,该干的你们就要立马去做。没事的时候就要把有事的时候有可能出现的情况处理好,包括我们的资产保全部和风险管理部。我们制定了那么多的制度就是为了在出现问题的时候,手里有一套武器。其他的部门也一样。

——2015年6月13日第20期总裁办公会议

筹备组筹备期团队建设的思路

那么像你们现在最重要的一点是要组织团队,而不是自己去找几个项目,找几个项目很重要，但组建一个团队更重要，这仗一个人打不了，另外我们红岭创投的这个特征特性优势我们要宣传出去，宣传出去是两面，一面是各家银行，因为各家银行的信贷人员他是有这个能力做这个项目的，他到我们这边来我们一定会给很多这个费用的，估计一个亿的贷款我们可以给到 60 万元到 80 万元，可以给到这个水平，就是你给我找到一笔贷款，可以给你这个数字，这个是我们的营销费用你客户经理拿，或者你们几个分也行，这个我们不管，我们有这个制度，营销费用这是一个，深圳分公司他们做得很好，很多的银行都在帮我们做了，所以你下面就争取把所有的银行支行长以及下面的业务员都找来我们都联系一下，告诉我们的这个政策，他们就会主动帮你们找的，这个你就做得开了。

——张宇总裁面试海峡筹备组

筹备组业务开展的思路：团队、组织架构、体验店、投资人、集团客户、贷款企业

对，我就跟你这样讲，要主动，这个事情怎么做要主动，然后你这边要有一个团队要有一个领导班子，像我们对你们这样一个省级分公司的最终配备是 30 到 50 人，这是省级分公司，下面有 5 个部门，因为你不管是做贷款这方面还要做投资者方面，另外我们还要体验店，还要宣传我们这个产品，还要争取投资人上来，还有集团客户就像银行储蓄存款一样，就像银行搞信用卡一样，我们这不是存款是组织投资人，那么不是贷款是挂标，实际上跟银行项目完全一样，只是倒过来做的，这个规模是无限大的，可以做很大很大，现在是 500 个亿，刚刚才开始，到年底 1000 个亿肯定是有的，3 年内如果不出意外 1 万亿是有的，因为现在我四十几个分公司都在筹建，现在才开业 12 个，刚刚才开始，我们这次就很好，再一个国务院现在对我们很支持，包括银监会、人民银行都很支持，包括李克强总理对我们这个行业互联网金融都是很支持的。

——张宇总裁面试海峡筹备组

筹备组筹备期限和目标

我们一个周期就是3个月，到3个月不行就要换人了，都是这样的，如果到3个月已经快要完成了，那倒是可以延长的，那也是实事求是地讲，也不要求那么准多个十天半个月那有什么关系，如果已经到了3个月你什么都没有，那你自己看着办，如果你在这个公司，这个行业就是一个朝阳行业，完全全新的东西，明白吗？

——张宇总裁面试海峡筹备组

筹备组年薪、营销提成

每一个筹备组的组长来我就是先把这个话讲明白，这个地方比银行还要严格，这个地方一定要把自己搞干净，什么事情按着规矩来，要钱我们公司有，费用我们公司给，鼓励我们公司给。一切按着规章制度来就不会有什么事情，也不缺钱，我们公司不缺钱，做什么事情，包括你们的收入，像你们这样的公司开业之后基本工资也就是生活费吧，一年50万元，当然加上奖金的话，一年是在150万到200万元之间，如果做得好的话高的可以达到500万元，在这个水平上，那就看你自己怎么做了，工资里面你不要怕，肯定比各家银行都要高，你只要做到，我估计就到开业了你的年薪就在150万元以上，只要你开业了没有不良资产，你的年薪就在150万元以上，这个你一定要把它做好，你做不好不行，你出问题了不得了，你要做到10个亿了，你的年薪我估计就达到500万元就是达到这个水平了，这个我们账都算过，这个是财务制度，而且激励制度都很好。外面这个营销方面，包括银行，你给我们营销一个亿的贷款，我就给你40到80万元，这个营销人员，包括我们信贷人员都有，他们都是我们的队伍，所有银行的队伍都是我们的队伍，如果你们有些银行放不下来，有什么困难都可以找我们，对不对，我们来帮忙，我们来做调查嘛，回去以后自己要组织一个队伍，一个人是干不了的，我对你没有其他的要求，就是一个：要有信心，你自己有没有信心。

——张宇总裁面试海峡筹备组

筹备组开业时间限制和业务目标

如果你能下定这个决心的话，我就跟你讲，我们这个下面筹备阶段一般是3个月的时间，3个月的时间你要去找5个亿的贷款，你要去找项目，不光是你去找，关键是你要有个团队，你要有个领导班子，必须组建。

——张宇总裁面试宁夏筹备组

分公司开展业务的思路和方法，银行客户经理的奖励机制

我到分公司讲，我们的特标和议标推出以后，我们的主要对象就是银行了，我们自己的队伍是专业的，但是所有银行的所有信贷员都是我们的客户经理，因为我们有一个强有力的奖励制度，这个奖励制度他们可以兼职，那么在职的银行人员的资源一定比我们的人员强一点，因为他们天天都在干这个事情，他周围的客户多得很，我在云南的讲话发下去了以后，底下执行的情况怎样？有没有？你这个地区中农工建交这些大银行，你让他们调查一下到底有多少信贷人员，多少支行行长，这些在基层都是最重要的人员，首先这个地方我们的分公司想做开业务的话，首先要把这批名单搞到手。你用什么样的方法我们有激励政策，怎样通知到这些人，通知到以后，我相信他会主动来找你了，那就不是你自己一个一个项目地找了，可能在家里等着一批批的项目上来了。这个方法都是我们市场推广中很重要的打法，这个方法我都已经讲到操作面，不仅仅是方向了，你要再做不好就过不去了。

——2015年6月27日第22期总裁办公会议

关于信贷员在不同城市发展数量的问题

同样市场部在运用我们下面的客户经理的时候，在培训各个分公司老总或者分管老总的时候忙着西扼要放进去了，这就是内容。客户经理知道怎么做，到那个时候再下任务。比如说你掌握了多少信贷人员名单，这就是个任务，根据城市规模，深圳2000，一般城市要有1000，完成了没有？要具体到这程度，这些人每个月能给我们提供多少信息，多少项目。一个个去找项

目是做不大的,一定要把队伍掌握好。

——2015 年 8 月 1 日第 26 期总裁办公会议

对分公司的管理问题

但是你现在有一个重要的问题,就是对 14 个已经开业的分公司下任务。下任务的方法是让它们先把任务报上来,比如到了 9 月底的时候完成多少,特标多少,议标多少,本标多少。这个计划由分公司根据自己的发展方向上报,报送上来以后你们研究一下,不够的就增加一些,多的也可以调整一下。这样任务一旦定下来以后,你们监督这个任务就可以了。那么这个任务的执行情况中,队伍的建设、对于员工的培养和培训,你所应该执行政策的情况都可以归纳到完成任务的主攻方向上。当这个任务完成以后,后面整个公司的运转就有内容了。你们现在下去检查情况,就是去游山玩水,你们不会这么去做,但是分公司可能会,所以我觉得在这个时间点,这种事情少办一点。

——2015 年 8 月 1 日第 26 期总裁办公会议

关于分公司管理、部门协调以及工作计划等问题

我们现在紧锣密鼓地让 14 个分公司尽快开业,因为已开业就进入了正常的管理、规范的管理了。那么这总要有一个任务,银行每年就是定了任务的。有了任务以后,年终考核的时候就关系到了奖金和工资、提拔了,就有依据了。仅仅靠提成和一般的工资是不行的。管理中有很多的细节,包括对员工的关心,处理问题的公平、公正、公开。我们市场部的主要工作就是明确任务,一个分公司到了年底要在贷款上增加多少,零售多少,投资人多少。有些任务在下达的时候可以和相关部门的领导协商一下,包括投资人的问题就要和投资理财部协商一下了,协商以后你们共同把任务布置一下去。这以后都是我们计划部门的任务,计划部门在年初下达新的一年工作计划的时候,要把各个部门的工作计划拿出来进行平衡,平衡以后通过全公司的全年工作会议把计划安排下去。

——2015 年 8 月 1 日第 26 期总裁办公会议

不要偷懒，不懂就问，错了就改

最后出现我们公司经常讲的几句话，第一不要偷懒，第二，不懂就问，每个人的知识都有空缺的地方，都要学习，可以向身边的人学，可以向领导学，可以向书本学，可以向网站学，方法有了，只要不偷懒，就能学到。第三，错了就改。在不断犯错、改正中才能进步。错了不要紧，改了就好。诚如，过则勿惮改。这样在以后的工作中就不会用无数个错误去掩盖一个错误了。

——张宇总裁在山东分公司座谈会上的讲话

关于二级分公司的经营和管理

对于二级分公司我们有一个想法，就是出售二级分公司的收益权，49%的收益权。现在有很多的投资者也想搞 P2P，但他又搞不好，老想参股，我们始终没给他们机会，现在我们要放开这个机会。我们算了一个基本的账，因为投资者投资我们的产品，年化收益率是 18%，我们二级分公司也用 5 亿元才能开业的话，一年的净利润按照我们现在的 1500 万元来算，因为我们是 6%，一年是 3000 万元，工资奖金等加一块是一年 1500 万元的费用。还有 1500 万元等于风险准备金，当这个风险准备金不使用的时候就是利润。就像不良资产占用资金，收回来就是利润，这个利润，如果我们把 49% 的股权放出去的话，他要拿进来 3880 万元，他一年可以拿回去 700 万元。吸引力非常巨大，后来项总的意见是干脆就提到 5000 万元，你一年投资 5000 万元，可以拿回去 700 万元。第一年就是这样，第二年翻一倍就可能拿回去 1400 万元，可能到第三年你这 5000 万元的投资就都拿回去了，以后就可以享受你的回报了。这对投资者的刺激是很大的，如果二级分公司的股权设计为 100% 的话，我们占 51%，我们 51% 不是拿钱，就是我们的管理、风控、声誉、平台，所有的占 51%，你占 49% 是拿现钱进来。这是一种战略。把二级分公司搞好后，很可能我们的省公司也可以采取这种战略，那价格就提高了。试想一下，如果我们一个省公司能有 5 个二级分公司的话，那我们就可以把我们的准备金增加到 2.5 亿元，十个就是 25 亿元，整个干下来就是 70 多亿元，那么我们风险的抵偿能力就会极大提高。而且我们投资也会提高。这是过去没有的做法,过去没有制度、规则可循,我们要试验。第三个战略点,就是股权的出让。但是上市、定向增发,这是董事会从资本上进行运作。

——张宇总裁在山东分公司座谈会上的讲话

对浙江分公司的期许

浙江是我们中国的大省和经济强省,红岭创投能够落户浙江,对红岭创投的发展意义重大。我很看好浙江,因为你们的头吴健我非常看好,在他的领导下,大家能够相互理解支持,有什么困难大家一起克服,有什么需要总公司支持的,只要能做到,就会全力支持,下面的路还很长。包括体验店,包括二级分公司的建设,今天我还没说。二级分公司建设的方法,我已经告诉你了,包括新的项目的审查,都需要我们的基础团队,后面的工作还很大,还很光荣,今天也没有准备,谈点体会。谢谢大家。

——张宇总裁在苏州分公司座谈会上的讲话

红岭创投分公司的机构建设

红岭创投发展到今天等于要上第二个台阶的阶段了,因为第一个台阶主要是定制度、定构架、设机构、培养人员、制定产品等等这一系列的基础性工作。这个基础性工作已经基本上达到我们原来的发展计划要求了,从机构上看目前在全国设立了 45 家分公司和筹备组,其中已开业第 13 家,就是今天我们福建分公司。28 号是辽宁分公司大连开业,下个月我估计至少也有两家吧,再往 9 月份我估计有 5 家以上了,往后越来越多。因为我们没有时间再去把重点放在机构的开设上面了,所以今年年底必须全部开完,开不完就撤掉。或者哪个部门来负责这一块,公司的主要业务要放在全面的业务发展上了,这是从机构建设上。

——张宇总裁在福建分公司座谈会上的讲话

红岭创投分公司的制度建设

从制度建设上,我们从开始到现在各方面的制度基本上都完善了,根据不同的问题总公司的各个部门都能适时的拿出对新问题的新的管理规则和管理制度。现在总公司有15个一级部门都在拿,而且不会影响业务的发展,这是制度建设上。

——张宇总裁在福建分公司座谈会上的讲话

红岭创投分公司的队伍建设

从队伍建设上,我们各分公司老总我认为都很负责,包括我们正在筹备过程当中的这些负责人都很负责。根据各地情况不同可能有快有慢,有很多是属于客观原因,但是我们要求各分公司的总经理们能够再快一点,不要把筹备的时间搞那么长,因为你没有一个固定的地点办公,业务的开展和发展都会受到影响,有了固定的上班地点上班时间,工作就入正轨。不论来求职的、来谈业务的、办公的等等都有个固定的场所。但是为什么我们规定要5个亿才能开业? 因为一个分公司开业以后一定要养活自己,要是养活不了自己的话搞一半撤了多麻烦,对大家也不负责任。在开业的准备过程中,我们不反对很多老总都是兼职的,因为要给别人留一条后路,在开业不成功的情况下他还有可能转向。一定要让大家能进能退,因为一个省级公司的老总自己的管理能力、业务资源、专业能力是不是跟得上,不是谁用嘴来对你进行评价的,是要用实际的结果来进行证明的,不证明你自己都不知道。绝大部分都是支行行长,分行行长也有但是不多,这样一来,对一个省公司的素质的提高是要求很高的。

——张宇总裁在福建分公司座谈会上的讲话

关于分公司整体架构

一,平台整个和全社会无缝对接,只要是借贷的都可以上,不管什么形态的,全上,都能做。我们机构肯定是四级,现在总公司一级,分公司一级,二级分公司一级,体验店一级,全国的构架就是这么建立。你们都是省公司的位置,下面还有三级,所以对于我们分公司管理的老总的要求就比较高,你如果没有干过三级管理的,只当过大客户经理的你真的不行,思路要赶快提高不然真是管不了这个队伍。我的机会是给大家的,只要努力就有前途,就能做好,但你要不努力,自然淘汰我也没办法,就算淘汰我还会给你机会,我就是这样的。

——张宇总裁在福建分公司座谈会上的讲话

关于分公司分级问题

市场就是这么无情,现在有的地区我设了两个分公司,我把我的想法告诉你们,就是因为那区域业务没做起来,但我不给你们垄断的机会。好比我浙江设立个分公司就不再设了,浙江的天地就是你的了,不是这样,我一定让你们还有分公司。按照我们这个打法,包括业务的品种,包括互联网业务的发展方向这个打法,只要有比较大的区域业务,最后我归集的时候全国肯定只有 4 个,可能是东区、南区、西区、北区这样,然后每个区里再分省,整个构架就有了。到时候业务量大的肯定是在前面的,成为领导者,业务量小的就成为被领导者,这也不要紧,反正公司的政策是透明的,你只要做到这么多业务收入上也不会减少,只是你适应管多大的面是根据你的能力来的。这样一来让我们每个人的发展都有空间,都有努力的方向。

——张宇总裁在福建分公司座谈会上的讲话

二级分公司设立股权的新思路

我们现在很多二级分公司开始试点,49% 的股权卖 5000 万元,我们是 51% 的股权,不拿钱,我们的平台、管理就值这 51% 。到时候我们二级分公司开业,一年的利润就达到 1500 万元,你 49% 可以拿到将近 700 万元,如果第二年翻倍的话你又拿到 1400 万元,那你投资回收期其实很短,不超过 5 年,而且你是个长期的股东到时候就可以发展了。这是其中一种,二级分公司组建的思路。另外信托公司、典当公司到了事业部也是这种做法,产品可以直接拉到我的平台上来做,我两边都不管,你来搞,客户也是你自己找,我就提供这个机会你就可以做了。另外对一些有一定规模的企业可以相互换股,我持你 51% 的股权看值多少,可能值我们 10% ,换一下实际上你就属于我的下属单位了,你的规模就按照我的规模来了,管理就按照我的管理来了。诸如此类资本集中的方法很多,我研究过,若没到这个时候出台这个没有用,先把我们每一个分公司的桩打实了,基础建好了,后面才可能出这些比较高端的资本运作。现在就还是事业部门找机构、找项目、找贷款、批项目,还是这些东西,慢慢往下后段还有很多东西要做。这是我讲的第一点,把目前的情况给大家做个介绍。

——张宇总裁在福建分公司座谈会上的讲话

严格遵循法律,但鼓励创新

第一个是严格遵守法律法规,允许创新,允许先行先试,这是最高原则。如果明文规定不能干的一定不干,如果没有明文规定我们就大胆地干,不是试着干,就大胆地干不用犹豫,但最终还是不能让老百姓吃亏,不能让投资者吃亏,钱是他们自己的,我们有责任保护他们的投资。他们在我们网站上投资是对我们信任,我们要对得起他们,这点社会责任要建立起来。

——张宇总裁在福建分公司座谈会上的讲话

关于队伍建设

第二点是队伍建设和管理建设,这往往比你的业务建设更为重要。因为事是靠人去干的,一个人浑身是铁你打不了几根钉,你认识几个客户找完了以后就没法再发展了,你一定要有这个队伍建设的概念。有了这样的概念就能做得更大更广更好,包括交朋友,相互之间的沟通、代理等等,里面好多方法,都是很大的空间。我希望大家把队伍建设放在重要的位置上,特别是一把手,一把手旁边的几个帮手,人员等都要设计好。业务量不大的时候这还没显现出来,业务量到一定程度这就显现非常明确了,原来总公司也显现不明确,现在已经很明确了。少一个部门都不行,没有人去搞就搞不了,没有这个专业搞出来就不专业。我们稽核检查制度出来了,稽核监察部也成立了,以后如果听到有反映,稽核监察部就要下去了,不管是什么问题至少本人要作个说明,证明是你说的,事情要调查清楚,当本人不认账的时候是不能去处理的，都要严格执行，包括业务上的问题、人的问题都要去实施。过去没有这个部门，都是老板说了算，但做大了老板管不了这么多，必须制度说的算，有了制度办事就有规则了。

——张宇总裁在福建分公司座谈会上的讲话

关于制度建设

第二点里的小问题就是制度建设，我们总公司有制度，分公司也有自己的制度，根据不同的情况要制定清楚在总公司的制度下面要有一些实施的细则，每个公司都可根据自己的情况进行改变，比方对投资人的奖励制度、对找项目的市场人员的奖励制度，这里面比例怎么分才能调动人的积极性，这些你们在总公司的框架下可以更细，这样有利于管理。我希望制度建设我们各个分公司要抓起来。

——张宇总裁在福建分公司座谈会上的讲话

关于业务发展问题

最后一点就是业务的发展问题。发展永远是硬道理，不发展就意味着马上垮台，一停止就完了。世界上所有经济包括中国都是不发展就是倒退，逆水行舟。从新中国成立以来，哪一年中国经济都是在上升的，没有哪一年是往回走的，包括货币的发行、经济总量、GDP 等等都是往前走的，新的机会进来，新的力量出来才不会完蛋。在发展中只是抓到一些时间，但问题并没有消失，在这段时间里面要把遗留问题解决，而在新的发展过程中就不要再出现这些问题。

——张宇总裁在福建分公司座谈会上的讲话

把银行客户经理发展为我们的信贷员

你们各个分公司发展有很多的方法，上次我也讲了，所有的银行都应该是我们的队伍，深圳各家银行客户经理是非常有竞争力的，一听到还有百分之几的奖励，一个亿的贷款起码就 50 万 80 万元的奖励，哪个信贷人员不眼红不激动啊？只要好项目，不好的项目我还不要，过来的都是好项目。队伍都去联系了吗？消息都去传到位了吗？没有传达到位，有的到一半就忘了，就变成一个私货了，没法搞了，业务肯定发展不起来了，各家银行人员都知道给红岭创投找来的项目只要批下来，一个亿的贷款最后按期归还了他就能拿 50 万 80 万元，你想他干不干，没有人不干。

——张宇总裁在福建分公司座谈会上的讲话

二级分公司归属竞标问题

你也可以成立二级分公司，如果前面这个二级分公司筹备组是个空壳的话，可以拿到总公司竞标。江苏分公司和苏州分公司都是一级分公司，到总部竞标，这个二级分公司给谁设，保证什么时候能达到。在总公司专门找个部门负责招标。业务可以先到先得，业务先达标先成立是可以的。这个要提前告知江苏分公司，这个地方你有没有业务，没有就给苏州分公司；如果也有业务，那就竞标。不要只搞一笔业务，谁先达到 3 个亿或者 5 个亿，就归谁了。正面的机会都应该给。

——张宇总裁在福建分公司座谈会上的讲话

加强分公司队伍建设问题

现在很多分公司老总在队伍上重视程度不够，项目上重视程度很足但又不知道怎么去选，完全靠找朋友找关系是做不大的。如何组建队伍？整个社会、整个银行都是你的队伍，因为我们营销费用很大，给做项目的人利益很高，一个亿至少有 50～80 万元给介绍人。希望分公司认真执行总公司这项制度，要落实到每一个给我们介绍项目的人、每一个员工，稽查部马上会来落实这个问题。去激励他们，让他们劳有所值。队伍建设是一线营销队伍建设和管理队伍建设，包括总经理、副总、中层，自己的素质高身边人的素质才高，素质不高别人瞧不起你不会来帮助你。任何一个有料的人不可能跟无料的老板干，不高的人没关系，可以学习，不断改变不断提高自己，自然身边队伍都会提高，这样战斗力才会出来。我期望水平不高的人能慢慢进步，走着看慢慢调整，期望他有所改革创新，努力学习、能有些新的做法，但这是有极限的。我给很多筹备组老总讲过，你要跳起来才能够得到，跳不起来要努力跳，如果努力都跳不到那就没办法了。

——张宇总裁在辽宁分公司座谈会上的讲话

分公司该如何打市场

市场该怎么打，到目前为止我没有看到云南分公司的方案。打市场第一靠的是人，有了人，有了打法，有了产品，剩下就是指挥了。深圳分公司开了个头，深圳分公司把各家银行、信托公司、小贷公司、担保公司客户经理的电话号码都拿过来了，两千个。我不知道我们云南能拿到几个，有没有拿过，如果没拿这个事情是不是该做一做？这些客户经理就是我们的信贷员，就是我们编外的客户经理。我们跟银行利率差不多的情况下他们放贷款很容易，我们的市场激励机制是绝对有竞争力的，提成大家都知道的。一般银行决定项目是不是往上报的是支行行长，支行行长手里有多少项目你们知道吗？先统计一下云南省有多少个支行，这些支行行长电话号码是多少？有没有办法跟他们都认识？他们是传统银行，项目都汇集在他们那边。这些节点被我们掌握以后，我们把我们的信息往他们那边送，有项目找我们，价格是多少。这已经在市场上形成竞争力了，只不过我们还没往外打。这些如果我们还没做就赶紧做，如果做了要赶紧有督办、有加强、有跟踪、有计划。我们在座的这些人全部跑市场。市场没有的时候管理都是没用的，现在所有的十几名员工所有任务都是市场，都是客户经理，你们分一下工，手里拿到几个支行行长，几个信贷员，这是第一目标。靠你们拉项目肯定不如银行有专业经验的人，但是你们要善于利用他们。23 效应说每个人都有 23 个贴心的朋友，这 23 个人都有 23 个朋友。让朋友帮你找出这些支行行长或者信贷员，找到一个信贷员可以帮你介绍一大批。或者你们分开，一人管一个行，每人一片，每天通报每天落实。第一阶段就做这个工作，这个工作完成跟他们建立联系，花点钱请他们吃饭，建立微信群。这些基础建好了向他们推荐我们的产品，你们只要有贷款项目就来找红岭创投，价格高也可以谈，低也可以谈，费用也可以给，营销费用也可以给。

这样基础就做出来了。

——张宇总裁在云南分公司的讲话

关于分公司管理建设问题

我这个话,不仅是对云南的领导班子讲的,我是对在座的所有同志讲的,你们都是管理者,你们不仅要管理好你们自己,还要管理好资源。都要有管理好资源的意识,锻炼自己这种能力,当我们在座的每一个同志都能作为一种支点,都能营销,都能作为,把我们的产品推销出去,让外边的人变成我们的客户经理,我们就会逐步强大起来。当然,因为你们刚进入这个行业,还没有找到感觉,包括人与人之间、内部的管理、和总部的沟通都还没建立起来,需要一个过程,这个不怕,我们已经走过来了。

——张宇总裁在云南分公司的讲话

关于二级分公司建设的股权问题

今天项总可能和你们讲到我们二级分公司的股权出让,这里面就是倒过来算的。我们现在按照 24% 年化收益率,我们 6 个点,一个分公司开业 5 个亿,一年的利润估计就在 3000 万元,我们的费用是 1500 万元,我们可以拿出去分配的就是 1500 万元,如果我们要拿到控股权的话就是拿出 49%,算下来就是 3888 万元。那么 3888 万元,才能拿回来 700 万元的收入,这是倒过来算的。这个价格就出来了,这个参数是有基数的。算出来给老板一看,他拿 3888 万元,一年可以拿 700 万元回去,以后发展了,收入会增加,到发展成 10 亿元贷款规模的时候,我们的利润就可能是 3000 万元,3000 万元的话就可能拿 1500 万元,不出意外的话就是这么往上走的。那么我们分公司如果特标已经出来了,后面的空间肯定很大。那有远见的老板,他投资这个就比投资什么都好。那我们发标是 18%,我给投资人也是 18%。这样我就降低了我的风险,那他要承担的责任,就是说如果发生风险的时候,你要拿出来准备金来抵偿。

——张宇总裁在客服培训会上的讲话

分公司零售业务的开张

北京也一样,企业只要一挂牌,你的零售就要开始了,现在不能开展零售,零售是很具体的工作,而且每天都有工作,像我们已经正式开业的分公司,13 家,马山上 8 号第十四家大连就开业了,是辽宁省公司,他们的零售业务已经全部开始了。包商银行全国有没有 14 个分行?

——2015 年 7 月 23 日张宇总裁与北京筹备组段建宇组长的谈话

3.5 对业务员底薪、提成的金额和发放时间的建议

业务员的底薪和提成

你们在考虑预算模型的同时还应该考虑发展计划,公司的收入主要来源于信贷部和产业园,还有中间业务计划;在部门设置时要考虑到计划财务管理委员会的统计、计划、资金调度、财务功能。

——2014 年 1 月 14 日第 8 期总经理办公会议

业务员的底薪和提成

你通过市场部来,你也可以通过线上。反正市场部要看到这个东西,牵扯到业务提成的话,按照业务提成的办法来办。如果内部协调不好的话,我们就拿出办法来协调一下,没有问题。因为最终必须由专业人员来跟进,先生运营部是不可能跟进的。这个业务员拿过来以后是要分下去的,具体后面的提成按照办法操作就行。在分配上,我建议的原则是负荷均衡。但是在提成上,你们介绍过去的项目,要的话就自己提就行。我们马上要有新的薪金制度了,一些有量化考核的领导,特别是高管,到以后的工资结构和能够量化的工资结构是不一样的。如果他拿提成,他的年终奖就会少很多了;不拿提成的人就主要靠年终奖。岗位不一样,计算工资的方式不一样。底薪可以根据级别来,但是效益要根据贡献来,贡献有暂时的贡献,有长久的

贡献,有积累的贡献,都要进行衡量。到年终进行分配的时候,我们会定出来一个系数来,然后上办公会讨论。这个不要担心。这三个问题就这么解决,现在我们线上运营部和几个部门之间是有交叉的,和技术部、市场部有交叉,又和我们企划部有交叉。这样的话,我还不好说。你们就先各自发挥专长,然后配合好,一定要配合好。

——2014 年 4 月 1 日第 18 期总经理办公会议

业务员佣金提成的发放时间

胡总来了会召集市场部开会,把下一步市场部的工作计划再重新整理。在胡总的领导下,本周六的办公会议上重新汇报。关于提成佣金的发放时间需要明确。提成佣金的发放时间各部门始终有不同认识。这种不同认识要在办公会上做个最终统一。是当贷款放下去利息一收回就开始逐步发放,还是当贷款全部收回后再发放。如果这笔贷款形成不良,而佣金已经提走了,应该怎么办? 需要听听大家的意见。看看多数的人意见。根据投票表决:赞成支付一小部分佣金,待全部贷款收回后再发剩余佣金为 11 票,而赞成贷款全部收回后再发佣金为 7 票。最后决定利息收回时发放 5% 以下的佣金,剩余的由全部贷款收回后再发放。所有的佣金只发放给公司的员工。既能保证员工的积极性,又能考虑我们的风险。

——2014 年 5 月 13 日第 24 期总经理办公会议

对造成了不良资产业务员提成的看法

那到最后再给,但是费用一定要减少。你的贷后管理没跟上,项目又是你报的,到最后贷款延迟收回,这种只要批了就拿奖金的想法是一点责任不负的。那么多层级的人全部介入管理了,到最后全是你的,那是不合适的。过去原有的业务只要没有不良就没有问题,给人家多少就给你多少,一旦产生不良以后肯定有不同处理,就算全部收回后奖金分成也要打折,因为资产收回中间耗费的精力也是有成本的。

——2014 年 9 月 27 日第 43 期总经理办公会议

关于分公司员工佣金问题

一定是对公司发展有利的。这个提成我建议全部给一线或者少拿一点。这样一打,外面的人都变成我们的了,这个政策掌握好不好直接关系了我们业务能不能做大。我们14个分公司在14个中心城市,每个城市一两千个客户经理肯定是没问题的,加起来就是一两万个客户经理在外面做,怎么会没项目?都是方法上的问题。有时候我在分公司讲话,很多思想、做法、启发传导也有问题。分公司老总要知道按我讲的方法,才有可能发展快一点。原来把自己当作信贷员那就不对了。政策早都有,重点是执行过程中怎么执行的,是不是到位了。每一个政策,分析一下核心是什么,风险点在什么地方,绝对风险点、相对风险点在什么地方。

——2015年8月1日第26期总裁办公会议

大力发展兼职队伍,要动员起来为我所用

另外就是要有自己的队伍,要大力发展兼职队伍,包括各家银行的信贷人员,都可以让他们介绍项目,介绍项目我们现在有些市场的政策还是很好的,就是说只要帮我介绍项目,这笔贷款只要能安全连本带息收回以后,我们给到提成,就是我们这个公司有提成,一个亿的项目可以提到50~80万元,就是你介绍一个项目,只要没什么问题,最后收回来以后就给你这么多,这样一来对兼职队伍的吸引力是很强的,也不要做什么,只要把项目介绍过来就行了,本身的审查对我们专业人员来说并不难,拿模板套一下就行了,财务上一看,企业一访问一了解,基本就出来了,但你下一步整个项目供应量就比你在这个地方考虑得多。另外还有我们现在的项目并不是一个区内,可以跨区,边上的青海,边上的内蒙古、陕西,都可以做,甘肃都可以做,你宁夏在中间,四周有四个省。

——2015年8月12日张宇总裁与宁夏筹备组王海林组长的谈话

3.6 线下体验店及代理店、加盟店、直营店、联营店

3.6.1 成立线下体验店的意义及发展思路概述

对开设线下体验店的建议

这个很好，如果30个分公司都有，那每天流量该多大，这个是花不了多少钱的。而且，这是我们互联网企业一个很重要的方向，这几天我一直在想，怎么样把我们的投资人发展起来。有些人不知道或者上不来，解决过程中再反馈上来哪些是技术上的问题，哪些是投入上的问题，哪些是服务上的问题，下一步就好办了。市场就讲这些，要落实。项旭副总经理刚提的这个建议给我的启发很大，可以就在电脑城搞个门面。

——2014年9月20日第42期总经理办公会议

对发展投资人问题的建议——设立线下体验店的提出

今天到的部门都是围绕市场开拓，围绕市场中的投资人的开发，实际上就是要大家都拿方案。现在我拿主方案，主方案拿出来后，你们看该怎么去完善。昨天晚上我跑了几个店，顺丰嘿客点，你们知道吗？里面怎么布置你们知道吗？里面结构是什么你们知道吗？他们的运行方式你们知道吗？可能不知道，但是我知道，我去做了现场考察。苹果的体验店你知道吗？应该知道，这么长时间了，里面体验些什么东西。阿里巴巴怎么起家的，怎么对投资人对商家做活动的知道吗？可能很多同志还没有研究这些问题，但是我是一天到晚思考这些问题的。他们走过的路，走过的成功的路，在这些路上的挫折，但是他们遇到挫折都克服了，他们遇到困难就进步了，我们也一样，不做什么，困难都遇不到，天天在这里唱唱歌什么用都没有，只要往前一走就会遇到挫折，遇到困难就把它解决了，我们就进步了。我们老是感觉一帆风顺的时候实际上是我们在停止不前的时候，我们在不断遇到困难然后不断克服我们的整个工作才是往前推进的。我们讲过红岭之前最大的弱项

不是人多人少的问题,不是规模大小的问题,而是红岭缺乏研究的功能,整个队伍里面只有董事长一个人在思考,其他人没有思考,那哪行呢,一个人再聪明他的脑子都是有限的,这必须大家都在思考,这个问题用什么方法解决最妥当,我们以前在银行里面,还有你看那么多很成功的企业,它们里面的研发团队是非常厉害的,各个部门的研发功能都很强,这样才能拿出准确的方案,那么在决策这件事情的时候就有个好的基础,没有基础眼睛都是往上看,眼神都是漠然的,什么东西都没有,然后就听着叫怎么干,叫他干遇到困难还干不了,都是这样的了,这能有战斗力吗?这不可能有战斗力,能去打大仗吗?根本打不了。现在我们的队伍慢慢在改变了,今天参加会议的可能有60%都是我来之后进来的,而我们这些人应该讲比过去的人素质要高很多很多,不是一般,但没发挥出来,我要时间把你们激发出来。我的任务一个是把公司的整个管理框架要整理好,二要把它激活,三是要把重点的投资人这一块,30家分公司建立完,建立完之后只要监督就行了,没有压力更大的工作了。但是这一边,我们各个部门,各条线都没有激活,五条线没有一条是激活的,都是有一种等待观望,解决那些到边上非解决不可的问题,对未来的规划和方向基本没有。

那么今天我就要从另外一个角度来开这个会议了,我提出问题你们解决了,没有讨论的余地。我通过考察后,准备到年底前开300个体验店,平均每个分公司10个,体验店的成本核算由计划部进行,就是投入多少,要搞到多少人我们才能赚钱,我们一开始可能要垫付多少钱,他的考核每天从两条线,一条线是他组织的投资人的人数,每人给10块钱还是多少;第二条线是他组织的金额数,发展了多少投资人,有多大的投资额,我们给他多少钱,然后算个成本。

第二,企划部对它的整个装修风格有个统一的标识,是个什么样的,到哪个地方去看,到赛格电脑城去看,一档一档的,那里面也有苹果体验店,再到街上去看看嘿客店,看看里面是些什么东西。把整个的外部装修拿出一个标准方案,需要多少钱,什么格式,需要多长时间完工,需要多大面积全部由你们完成。

第三,市场部,你们的主要工作就是抓几个重点地方试点,今天应该叫李大银来(去河南出差),我准备从深圳开始,我们第一个试点肯定要在深圳进行,因为他最近,深圳分公司那里先搞个试点我们看看,然后从已开设的分公司,每个地方搞一个试一下。这个由市场部来抓。

人员配备由我们人力资源这边来抓,这个人力资源可能都是外部的,这些人员可以现招也可以加盟,也可以他有个小店把牌子换成我们的,经营我们的也经营他们的东西,工资待遇你们定,人员怎么管理你们考虑下,这是人力资源部的事。现在人、财、物理网点全有了,那么下面完成什么任务,完成的任务主要是在线下发展投资人,这是最重要的,同时宣传红岭创投所有的业务。整个综合的现场,现场的验收和一些缺陷的补救由我们线上运营部进行。就在整个搞完了以后,或者在设计中有什么问题,整个形象有什么记录的东西,然后统计各个方面由你们进行,你们对投资人的统计还是有经验的,包括由谁搞的怎么记到他的头上应该是很有经验的,过去都是你们在做,这个不能让其他人做,包括我们整个投资下去了以后能形成一个什么样的规模,这种趋势把握好。

电脑部分就是做配置了,总公司给个建议就行了,多少钱给个询价就可以了,没什么东西,一个体验店就一个大点的屏幕,价格不一定太高,搞两台电脑不就完了吗,其他还要什么东西。两台电脑,客户可以看我们的东西,客户可以体验,回去可以帮我们宣传,这样一来就把从地点选择、财务核算、形象装修到综合激活都给你们做了一个总结,下面就是大家去做了,时间给你们一周,周六上会的时候拿出方案来。

——2014 年 9 月 22 日市场条线专题办公会议

对发展投资人问题的建议——开设线下体验店的安排

我们的第一步是每个分公司必须设立一个体验中心,就在你的办公室内部,在你的办公区就应该有一个体验中心,我们现在财富中心有一个了,安徽那边有余地,江苏那边也有余地,重庆那边也有余地,都有余地,再搞一个客户体验中心完全是可以做到的,这个客户体验中心搞出来之后,就可以让大量的客户过来让他们看,然后我们体验店的行政管理就由客户体验中心进行管理,我现在计划每个分公司先搞 10 个,客户体验中心在我们这里是个一级机构,在分公司是个二级机构,然后在体验中心上面挂上 10 个,100 个这样的体验店,这样整个管理就有个程序了。这整个是由我们市场部管,老叶,胡总让你来,我说行,下面的全部是协助,财务部门,企划部门,线上运营部门,人力资源部门,技术部门对你统统都是协助,你是主抓。周六办公会我要听你们的具体方案,那就是操作方案了,今天我是提出任务,下面就是提出具体方案,包括人财物,全要出来。会议后下个专题会议纪要,然后通知各个部门,你们回去把安排的事情主持下,包括我们体验店的整个装修方案,包括标识,如果不行你们出去转一下,去看一下,那个嘿客店我是看过了。以后可以采用加盟,也可采用直设,旗舰都可以,什么样的办法都可以,把我们的投资产品放到千家万户去,第一步我们是在热闹的商业区,包括我们分公司内部也要设,电脑城啊,人流量很大;飞机场啊,坐飞机的人都是有钱的;火车站啊汽车站啊;商业中心啊。你看苹果店搞的全是这些地方,这些地方都要设上,我们可以付一部分房租也可以不付房租,以前有一些手机体验店,一些小的门面啊,档口啊,他们愿意参加我们就给他赋予这个功能,我们加强管理就行了,两个人我们来派,工资我们来发,这样就变得很灵活,我们第一步是搞 300 家,以后可能要搞 3000 家,我们红岭创投走进千家万户,就像过去银行一行独大,只有人民银行的时候,漫山遍野的储蓄所,道理是一样,这个我们都可以和别人合办联办,只要他那个地方有红岭的信号就行。第一步是商业区;第二步是社区,像这样的体验部门在每个小区都可以设,或者几个小区集中一个地方也可以设,租一套房子就可以了,变成一个俱乐部一样,里面没有柜台但是可以办手续,给你搞什么都可以;第三步呢,是广大农村,因为农村打工的那些人的钱最终还是存在银行,还是搞得最低的那个利息,以后一点我们进入广大的农村,都有这样的体验店了,让那些农民的钱也有比较高的回报,对老百姓也是有个好处。

这是我讲的线下的有形的店,线上这一块你们线上运营部和企划部做的什么找朋友啊很好,继续做,不停,另外我们还有赞助的大型的活动,包括董事长马上要去参加北京的一些会议,会场,展厅,把这些展厅要变成一个体验店,要有这种思想,不能只是参观,只要你来就可以办手续的,全部变成体验店,我们的钱要花得值,而不仅是展示也形象,人家来看了要马上可以体验一下吧。把标识做好,你们企划部搞这个应该是很有经验的了,光在那里发表演说是没有用的,重要的是把别人吸引到我们这里来投资才是真的,就把这些激活,以后我们赞助什么活动,都要把它变成一种体验店的模式,红岭的信号就到处都有了,那投资者也就各个方面都好解决了。

——2014 年 9 月 22 日市场条线专题办公会议

体验店意义

先搞吧,这个体验店有可能就变成分公司的分公司了。不仅仅是投资者,贷款者有也会往那跑,这非常有意义。

这样大家都知道在红岭上,能拿到年化收益率在 18% 的收益,对于老人家不懂,加上体验店去辅导他们,可以在店里,也可以上门辅导。

——2014 年 9 月 22 日市场条线专题办公会议

线下体验店的期望和意义

很好,整个总体方案就这样,至于到年底到底搞多少家不要提了,反正总体目标是 300 家,搞多长时间都行,试点以后在具体推开过程中有很多具体的东西,不要提到年底保证开 80 家这样的话,就第一阶段多长时间到年底前设立 300 家,就这个目标,其他细的就不要往里面谈了,太细了往里谈没多大意义,最后开多少不就是算多少吗?你只能开 30 家那就 30 家啊,那有什么办法,对不对,这你搞个目标反而没有什么意义了。整个安排是个战略安排,第一阶段是 300 家,过去 P2P 企业没有人这么去做,这就是过去我们不抓存款,现在我们抓投资人,那跟银行完全一样了,既有存款也有贷款,但是做的方法不一样,它有来源有运用,那么在这种情况下存款永远是最主要的,银行是这样的,那么我们这边投资人永远是最主要的。为投资人服务,建立好投资人队伍,搞好投资人管理,这是我们的重中之重。我们刚到红岭创投来的时候很多东西没有看清,那时一来就讲项目不够,标一放到网上去就没了,秒杀,投资人到处都是,只要有项目就没问题,那时候了解不是很清楚，主要精力放在项目上了，搞项目要队伍，包括风控队伍、市场队伍，从30家分公司方向打造，结果才打造了3个上面就吃不消了，马上投资人就没了，30门大炮才架了3门，地面部队就没了，没法打了，上面没人来了。现在反过来了，要走利率市场化道路，要真正对中国金融利率市场化作出点贡献的话看来投资人还是根本，如果我们投资人、贷款人的量上去，那么我们的服务平台自然而然就排到一个重要的位置，我刚才没讲到这个问题，因为一直在抓，它肯定会加快速度的，这一点不用多说。马上我们300家体验店，不说全开，就开到一半，马上几万人就上来了，立马就要增加几万客户，你算算吧，一个体验店一天最少增加10个人，300个体验店就3000人，3天就1万人，这光是体验店上的，它还要拉动多少。这整个投资就2000万元，但是整个系统启动起来那第三个重点责无旁贷就是我们的平台，电脑系统了，如果扛不住就不能等金证系统了，我们能修修补补能先上就先上，能完善一点是一点，总比干等好，因为我们的业务不能等，在现有条件下，我们怎么完善，让它更快一点，流量更大一点，能修正一点是一点，一件事情1个人去做和分担给10个人去做，力量肯定不一样，一件事情在一天去做和分成10天去做那每天的工作量也不一样，一个问题一个人思考和10个人思考提出的方案的种类就不一样。

温家宝总理讲过著名的一句话“再大的数字被13亿人一除就不是个数字，再小的数字乘以13亿就是不得了的数字”，这实际上是个管理思路，我们遇到问题的时候也是这样，再大的事情把队伍一增加，解决的人员一增加就不是什么大事了，再小的事情一旦积累多了也变成大事了，它是一个原理。所以说，你们经常说工作难，这个怎么操作，那个怎么弄，实际上都能做得了，只是方法问题，看我们用什么方法解决，一个好的方法可能很快就把很多问题一下子解决了，也有可能一年都解决不了，那是你的方法不对，所以我们尽可能启动投资者，包括之前刮刮卡、网上红包、贺信等等线上的方式，有没有用，肯定有用，效果到底怎么样，不是很理想。那么我们就要启动其他的发动投资人的方法，研究来研究去互联网金融下一步的发展方向以及互联网产生以来各个行业在里面产生的变革，新业态的出现，我们一看是体验，大家都想到了，那我们就进行一次突破，突破的结果怎么样我不知道，但是肯定会有一定的影响，或许很好，或许还有很多难处，这都有可能，也不能太乐观，这个事情一搞下去，300 个一下子下去，当局者怎么看，而且直接把银行的客户挖过来了，挖的速度是很快的，老百姓是不听你的，哪个给我钱多我就给哪一个，有没有风险，那肯定是有。老头老太太一看，这边 3.5% 一年，这边给我 18%，我搞 50 块钱试试，不多吧，这一试就接上了，让他老伴知道了，然后让他儿子知道了，孙子知道了，我们也要上，一试这个队伍一下子就起来了，很快的，当然这是我们比较理想的一种想法。现在我们市场主抓这件事情，市场就三件事，投资人、项目、服务，这就是属于投资人中的一项工作吧，我们胡总谈这件事情的时候也谈到，在市场部门应该有专门部门专门负责这件事情，这件事情放在哪里或者应该在哪个部门增加这一项职能由市场部自己定，我不干预，反正一定要有人管，没人管不行。行政上没问题，各个分公司自己管，我们是专业上、业务上、制度上、考核上管，这是我们专业条线管的东西，现在这个方案拿出来很好，那么就根据这个方案和上次专题会议提出的问题，各个部门对各自要解决的方面，每个条线要解决的方面不一样，包括我们深圳分公司在实施过程中问题也是一个方面，都向市场部作一个汇报，向总经理办公会作个汇报，最后我们市场部来作个汇总，汇总过后开始打。

——2014 年 9 月 27 日第 43 期总经理办公会议

线下体验店的预算及意义

我们是拿出一个预算，只是一个概念，高一点低一点都无所谓，因为这个占我们总收入的比重并不是很大，开到 300 个店的总费用也就 1500 万元，再加 500 万元也就 2000 万元。哪怕是 3000 万元，如果能把这 300 个店全都办起来了，都值得。不光是带来资金，带来的影响是很大的。

——2014 年 9 月 27 日第 43 期总经理办公会议

体验店的意义

第三个重点，就是说我们公司发展到了今天的阶段，前面我们一步一步地往前走，从组建分公司，到发展贷款人开始，再到发展投资人，无论从个人的还是机构的,从线上的活动,再到现在的体验店。那么今天就讲讲这个体验店。为什么我把体验店看得那么重?因为从互联网金融的发展、发生到今天,到最后就是一个体验,最终的成交不体验过就落实不下去。就跟买房子,看过了再付钱,买衣服,不试过尺寸就不可能买,就像苹果的体验店,可以到 iPad、电脑、手机都能操作和体验,感觉好就买,还给你保修和服务。真正从消费的角度看,你们的东西很顺心,不像原来那个很原始的时候,货一出门概不退换,你不喜欢就活该,过去就是这种习惯。但是今后,你只要不合适都可以退,这样你就真正为自己服务,买一些真正对你有用的东西,就不会花冤枉钱,因为你让别人花你的冤枉钱,人家也会让你花他的冤枉钱,大家都这样社会成什么了?如果大家都很宽容,那这个社会又会成什么样?一个和谐社会,一个社会的民主程度和道德,这个社会的每一个分子,他的质量的提高。那同样我们现在搞互联网经济,现在搞体验店,应该讲我们是从这个角度出发,真正要对所有用户负责任。让他们真正觉得投资我们红岭创投是值得的,安全的,是能给他们带来收益的。如果他们愿意的话还能够在里面挖掘、研究和探索他们感兴趣的东西。这是我讲的体验店的意义,为什么要搞。

——2014 年 10 月 11 日第 44 期总经理办公会议

体验店有测试的作用

我们的 7 个体验店就是在起这个作用,它会给你提供基础数据。其实这 7 个店已经在起作用了,不行就选个最高的店看一天能注册多少个人,有这个东西在这里啊,比你乱想要好多了。选个最高的店,或者给它加个 50% 它努力一下能达到的,然后选个最大的金额看有多大,这样你就有基础了,假设的话也需要基础,我们哪个店达到了这个水平,到以后再修正。为什么要搞 7 个直营店就是要干这个事情,把很多我们不理解的问题在市场上做了个测试,还有的是没有努力的,重庆肯定是没有努力的,你养四个人在那个地方,天天 0、1,自己看自己啊,人家怎么不是这样啊。

——2014 年 11 月 1 日第 47 期总经理办公会议

体验店每天采集不同数据的意义

就是这个参数(投资人的数量)来源不是体验店来的,是猜测的。我为什么让体验店每一天都要去采集不同的数据呢,因为这些数据往往是我们运算这些东西非常基础的东西。有了这些基础的东西,你算出来的东西才有效,有意义,所以我们希望前面的这些要统一了,人事要统一,是不是这些东西,如果是这些东西我们才能往下分析,如果不是这些东西,有些参数还要改变。现在我们按照刚才的推论就是说每天就要有3.3个人。最终导出每人投资5万元,每天3.3人就可以。

——2014年11月5日市场条线总经理专题会议

成立体验店的意义

好,我来讲一下。5家体验店是我们的试点,业务发展的触角,也是整个客户端最实际的一个操作点。无论是我们的投资也好,借款也好,客户端除了分公司的每一个人以外,也需要一个场所,在这个地方看得见摸得着。有的人说我们从线上走到了线下。线上和线下是永远分不开的,如果线下没有基础,线上做得再好也没有基础,包括阿里巴巴也一样。不可能在一个虚无缥缈的空间里面去干很多实际的事情,那是不可能的,只不过是比例,实体店的比例可能少一点,但是空间可能网络上比较大一些,因为是点击和流量来决定。

——2014年11月8日第48期总经理办公会议

互联网体验店是我们市场的前沿

我给你的提示已经非常明确了,应该去怎么做。一开始搞了图、报表都不知道是什么。都不知道想了没有,如果没想就该批评,如果想了,就说明东西太少了,不够。就要学习,还有提高。我们相互之间都应该学习,把你们的工作真正做出色了,应该是怎么样,这非常重要。它是我们市场的前沿。现在互联网体验店是我们市场的前沿,所有的客户都要从那边来,因为我们分公司以后下面的腿就是这些东西,非常重要。

——2014 年 11 月 15 日第 49 期总经理办公会议

要明确成立体验店的目的,它们很有可能成为我们投资人增长最稳定的基础

我们搞体验店的目的是什么?就是增加投资人这一个目标,这是逻辑的起点。那为了增加投资人我们要怎么做,首先我们要分析 6 个店下去的现状是什么样?一看,现状是这个样,这是逻辑的第二点,接下来我们要看怎么去改变它,这是我们需要实施的措施,当改变它的措施落实后,进行怎样的奖励,这样逻辑就清楚了。围绕着这个逻辑进行思考,讲出来大家就知道该怎么去做了。所以下一步你们和 6 家体验店进行沟通,搞个会议纪要,把相关试行办法下发,轰轰烈烈推动起来。钱肯定是要花的,不行就计划单列,最终一定要搞出个结果。代理店搞起来可能比直营店更厉害,要搞出个东西。这个事情一定要抓起来。要拿出搞储蓄的劲头来完成这件事。而我们现在发动投资者的筹码比原来要好多了。以后我们的体验店很可能成为我们投资人增长最稳定的基础,因为我们有体验店,还有那么多人员在那里。这是一个大系统,这就是为什么我每天都要这个数据,就是为了这个。到以后有可能会变成互联网金融体验店组织投资者的专业人员,这个完全是有可能的,下一步也有可能变成经纪人。这个领域,要真正动动脑筋的话,大把东西可以做。我们还没做代理东西,代理什么东西都不得了。千万别小看我们的体验店,将在互联网占据一定席位的,不信你们以后看。对于刚才汇报体验店的现状比过去有进步,但还需要提高。好不好?

——2014 年 11 月 29 日第 51 期总经理办公会议

互联网金融体验店发展的重大意义

互联网金融本身是一个全新的行业,这个行业是伴随着技术进步的发展而发展起来的。无线通信、互联网与金融的相互碰撞,使得传统金融在互联网上得以施展,展现了其更具魅力的一面。现阶段,我们国家互联网金融

的发展水平是走在国际前列的,它不仅是市场的前沿,更是科研、技术的前沿。当越来越多传统行业的业务搬到网上,越来越多的老百姓选择网上购物、网上投资理财、网上办理业务,身处其中的我们应该做些什么? 我想那就是利用体验店模式将客户体验发挥到淋漓尽致,使客户的生活更方便、更实惠、更高效。这种体验经济对广大老百姓、整个国家,甚至整个经济社会的提升都是具有正面促进作用的。

红岭创投自2009年初成立以来,在董事长周世平先生带领下,5年多来坚持改革与创新。首创本金先行垫付制度,引领国内P2P行业迅猛发展。目前平台已拥有超过25万名注册客户,在国内P2P平台中处于较高水平。截至10月中旬,红岭创投累计交易量已达117亿元,为投资人赚取收益超过2亿元。9月底,红岭创投完成了全国30个分公司的建立和分公司总经理的选拔。下半年,我们计划在全国范围内选址、铺设300家互联网金融体验店。通过体验店的设立渗入实体经济,全方位为投资人提供服务。上周,总公司刚结束对第一批全国7个分公司体验店学员们的业务培训。这些学员作为我们的先锋部队,现已奔赴各地,与大家一起为红岭创投互联网金融体验店的发展作出应有的贡献。

——张宇总经理在分公司互联网金融体验店开业仪式上的讲话

体验店的产生背景和经营模式解析

那么另外我们也知道,王健林和马云打了个赌,王健林认为以后实体商店的销售额会占据中国零售业务的51%,但是马云认为网店、网上销售会占据中国零售业务的51%。他们俩就这个分歧对赌1个亿。去年,阿里巴巴在双十一的时候,日销售额300亿元,震惊全世界,王健林就此认输并开始向互联网转向。这证明互联网、现代商业的发展造成商业模式的改变,从而改变人们的消费行为。然而消费行为的改变之中还有很多瑕疵,例如退货。这些瑕疵怎么改变呢? 那么一个新的形态产生,叫体验店。这个体验不仅是我们互联网金融的体验,是所有商业的体验。最近有很多的百货、超市关门了,有人担心零售业销售额要下降了,担心门面店铺不值钱了。那么我认为,这只是一个过程,慢慢地这些商业网点都会变成体验店。不管你买什么，都会有体验店让你体验一下，体验之后从体验店直接发货，同城异地一样配送，这样就解决了我们担心的货不合适的问题。换货退货的环节将不再有，人们逛街的时候也不用拎着大包小包。那么以后的业态就会变成四个大环节：制造、仓储、物流和体验店。

我们互联网金融也是这样，先介入，从 P2P 开始。然后在发现研究社会业态的发展方向之后，我们要开始搞体验店。这个体验店怎么经营呢？从目前来讲，两个重点，一个是内涵，一个是外延。我们做的第一步外延就是扩大，即分公司的建立。我们在全国建立 30 家省级分公司，省级分公司下再设二级分公司。然后是体验店，先成立 7 家。我们总结经验，趋利避害。之后第二批体验店计划成立 300 家，第三批计划成立 3000 家。最后第四步要做到哪里都有我们的体验店。只有别人想投资就会想到我们的体验店。体验店的意义不是要把人拉在那里，而是要教会人们怎样利用互联网金融投资。之后，我们还要开发网上体验店。网上体验店有个前提，要会上网。网都不会上，怎么弄网上体验店。所以我们要从第一步实体体验店开始。在实体体验店里面，大家都会上网了，我们再开始第二步，网上体验店。它会涉及更复杂、链接更多知识的东西。

第二是内涵式的提高。我们体验店的内容是些什么？从成本核算开始，到经营内容和它的主要发展方向，包括我们红岭创投目前主要工作是什么，下一步的工作是什么，怎么往前走，都是我们要研究的。我个人做了些思考，也和同事一起做了些交流。因为金融是经济的最高形态。金融其实只有两极，就像市场也只有两极，即买卖一样，金融的两极是投资和借款。也就是银行的存款和贷款。而社会的金融产品和金融形态还有很多。我们现在做的是最原始的形态，类似于过去的高利贷。不管用途，只要给高利息，到期能还就行。但是每个人资金量不一样，资金来源也不一样。比如，有的人集中有一笔资金，有的人经常有剩余资金，有的人甚至是很稳定的每个月都有。那么大家选择的对象就不一样了。有的人要一次性偿还本息，有的允许逐渐偿还本息，有的不要偿还本金只有支付利息就行了。大家对收益的期望也不一样，有的想高一点，有的想低一点。这就产生了风险、期限、收益的差异。这样就派生了很多金融的类别。比如贷款里面有短期、中期、长期的；有或有负债、承兑汇票、直接付现的。同样借款人也有很多形态，例如，租赁、典当、信托、保险、风险投资、私募基金。

——张宇总经理在安徽分公司的讲话

互联网金融体验店的战略作用

我们的体验店是一个窗口，我们通过这个窗口了解这个互联网、互联网金融的世界。了解互联网金融到底是什么，了解在这个平台上我们会遇到什么，会有什么样的新的反应。然后我们分析、排序这些反映上来的信息，从而制定、实施、实验新的计划。那么，这个窗口我们一定要把握好。我们公司所有的员工都要好好思考这个问题，特别是公司的领导、市场部的员工和体验店的员工。因为公司的建设和发展与我们每个人息息相关。

第二，我们要把体验店看成一个桥梁，因为客户与我们公司之间本来是互不认识的。那么，通过互联网、通过红岭创投的体验店让我们每一位客户都能在红岭创投的网页上和我们红岭创投的管理团队、和我们每一个人建立起桥梁。他们就不会感觉到失落，就不会感觉到没有依靠，就不会感觉到迷茫。有了和我们建立起联系的桥梁，他们就感觉踏实了，心里有底了。这个沟通的桥梁非常重要，有了这个桥梁我们投资者的疑惑担心就会烟消云散，都会对我们的发展建立起新的信心。

第三，我们要把体验店当成一个学校。学校里、书本上学习的是过去的知识，是对过去经验知识的总结。但是对现在的实践和未来的发展，有的书本仅仅提供了基本的知识点，没有指导作用。所以不要迷信过去出版的书。书本跟不上实践发展的速度，书本仅仅让你知道是什么。我们现在每天都在接触新的东西，创造新的东西，互联网金融的体验店就给我们提供了一个良好的学习的机会。向客户学习、向同业学习。在提出问题、回答问题的过程中学习。我们把体验店当成一个学校，自己当成一个学生，多向体验店学习。向他们反馈的信息、反馈的新的知识学习。从而指导我们制订未来工作计划。

第四，我们要把体验店当成一个市场。市场的规则就是公开、公平、公正。最后再加两个字：买卖。所有的商品都可以在市场上买卖。比如代销有手续费、有提成,这些都是市场行为。这个市场过程让成员付出的劳动力得到应得的收益。这种收益多种多样。目前,前期我们需要7个体验店进行一些调研、测试。实际上我们在遵循市场的黑箱原理。我们先成立7个体验店,观察市场反应。根据结果进行归纳总结,慢慢就知道市场脉络、市场节奏、市场需求,最后我们成立方案。这就是我们体验店的战略作用。这种战略性作用总结出来了,也是我们对互联网金融的一个贡献。

今天到安徽分公司来主要就讲这么三点,即认识、现状和下一步。昨天、今天、明天。把我自己的认识和大家分享下。可能有些东西讲得不对,我们可以再讨论、再交流。但是我们要有一个基本规则要坚持,就是一个公司的运作,劳动纪律、组织安排,敬业精神。我们都要勤奋,再加上不懂就问、错了就改,我们就一定能成功。这是我一生几十年的工作经验总结。最后就是走大道、走正道、行人间正道,那些偷鸡摸狗的事情大家千万别干,一定要走正道,哪怕我们遇到挫折、跌倒了,也要在阳光下走大道!在这里我们共同把红岭创投,把互联网金融企业发展好,把互联网使用好,为这个民族、为这个国家铺一条康庄大道!

——张宇总经理在安徽分公司的讲话

体验店的存在是必然的,但是它的规律现在还处于摸索阶段

因为体验店本身理论上的研究我不多说了,它是从互联网金融的发展中必然要出现的一个现象,这不仅仅是在我们这个行业,在所有的行业都要出现这种体验店的形式,这种形式有它的规律,但是这种规律我们还没有真切地摸到是什么东西,前面7个都是在摸索规律。

——2015年1月10日第1期总裁办公会议

做体验店试点

你把这个任务安排一下,就是让他们把体验店抓一抓,看看能不能搞500个体验店。反正现在大银在做这个事情。你们投资理财部就要做这种试点,12个已经开业的分公司,一个分公司实验一个方面就是12个方

向。搞管理的要善于这个,在试点做得好了,再全面推开。你们天天管这些东西的人,都要善于动这个脑筋,要有方法。

——2015 年 7 月 4 日第 23 期总裁办公会议

体验店要建立自己的生态,培养自己的生存能力

我让深圳分公司搞 500 个体验店,现在的进度怎么样。以后这个体验店是我们的战略重点。你们这些管体验店的部门要知道这个重点,要汇报这个工作。体验店的生态要建立起来,不仅是要推销我们的四种标的,而是要考虑整个的金融系统,各家的理财产品都可以做。这样的话就使得我们的体验店有生存能力了。

——2015 年 7 月 25 日第 25 期总裁办公会议

体验店是未来互联网金融中的一个重要切入点

体验店在互联网金融当中是我们一个新的切入点,是我们战略、发展过程当中很重要的一个安排。这个安排不仅仅是互联网金融需要,更是因为互联网的发展造成整个商业形态发生了变化,必须走的一步。商业形态的变化是说,大家都知道阿里巴巴淘宝的出现几乎摧毁了原来的零售、百货、超市,逼着它们走网上。网购过程中速度快了,价格便宜了,产品丰富了,上一次淘宝相当于几千个商店。但是我们在消费的过程中遇到了问题,各家产品都有差别,退货是一种社会资源的浪费,这里面就少了体验环节。买汽车试驾一下也是体验,都喜欢在买之前看到这个过程是什么,能模拟,能做好才去掏钱。这么发展下去实际上是一种体验经济。看到这一点的人不多,我们算是比较早的。过去我们生产、流通、消费几个环节,现在工业 4.0,生产环节不能取消,仓储也肯定有,第三是配送,配送到家就是消费,但是中间缺少了体验环节,以后肯定不可以少的。我们的体验店是顺应互联网经济的发展在当中建立起的、必然会产生也离不开的环节。我们把体验店当作学校在里面学习,作为窗口看整个市场,作为桥梁作为沟通我们和投资者的渠道。这样大家就知道体验店的意义有多大,是有宏

观意义在里面的。我们搞互联网金融体验店就是顺应于互联网经济的发展中所建立起的环境,有了体验店以后,我们把它当作学校,我们在里面学习。把它当作窗口,从这里看整个市场。把它当作桥梁,建立投资者和我们的联系渠道,把它当作市场,在里面进行交易。这样大家就知道体验店的意义有多大了,不是孤立地开个小店,是有宏观意义的。而我们这7个体验店到目前来讲还是处于原始状态,还没有像样的方案,我提过用直营、联营、代理,都可以,一定要把体验店迅速地打开,因为它取决于市场最重要的一端就是需求端,这个需求端一定要做大,这样对利率市场化比较有意义,而我们目前体验店才开了7家,都处于消极运行的状态。我们分公司在选体验店的时候责任心也不是很强。作为总公司管理体验店的部门和分管领导,应该把这个放在非常重要的位置上进行思考,这是红岭创投的半壁江山。

——2015年8月8日第27期总裁办公会议

对体验店的看法

我们现在搞得不好,你们没有责任,是我的责任。我们总公司管这一块的部门力量不够,投资理财部管理体验店的力度不够,方法不对。你给体验店一个方案,让它们先行先试都比这样好。摸着石头过河,很多事情就是没规矩的,要能建立体验店的生态,让他们自己能够生存,不论从产品的代理商,你先给它定一个方位,让投资者到红岭来投资。那最终你为什么不能把它变成一个金融超市呢?你去代理保险产品,能不能去代理其他的理财产品,能不能去代理其他P2P企业的一些东西,为什么不能?等你把这块搞起来之后,我们的体验店再采用加盟、代理、联营等等手法迅速扩大,我要让每条街上都能看到我们的体验店。

——张宇总裁在浙江分公司座谈会上的讲话

对于工业4.0与体验店关系的看法

那么整个社会生产形态中制造是永远存在的,4.0工业我们没有赶上,我们在座的各位有多少是懂得4.0的嘛！不懂回去看看。我可以告诉你，4.0就是把工业拆掉，都是定做。4.0商业完全可能出现。那么实体店的范围，就有可能走进体验店的范围。有些网店怎么可能没用呢，永远有用，得改变它的性质和展示方式。

——张宇总裁在浙江分公司座谈会上的讲话

体验店目前也是工作的一个战略点

我为什么要搞体验店，因为经济的发展，到了互联网的今天，我们都看到了一些东西，大家淘宝网都上，大家都会遇到一些情况，买到东西不合适，要退，包括我自己买T恤，我一买就买好多，不喜欢就退了，那就增加了大量的社会劳动。我们的产品也是，你把这个东西宣传出去以后，很多投资者不会上，或者上不去，他就需要一个辅导和体验的过程。那么同样，我们去进行一个金融产品的推销的时候，我们可以辅导，我们可以把所有的金融产品放上去，变成金融超市，这样体验店的生态环境就建立起来了，你还可以代理硬件，你可以卖电脑手机等等，你代理以后，把体验店本身的生态就建立起来了，员工就可以养活自己了，你搞直营店也好，加盟店也好，他们都可以生存了，那么我们在开拓投资人。实际上体验店是从投资人的角度出发的，它就有市场，就可以打开了。

——张宇总裁在湖北分公司座谈会上的讲话

对于体验店的认识和构想

一个从内部管理和认识上，提到一个新的纪录，像我们名下还要搞体验店，体验店就是我们的终端，体验店就跟我们的支行、营业所是一样的，但它们要自成体系，跟银行分理处、办事处包括支行都不一样，一开始是建立用户对红岭创投产品的体验，让有的人知道想买产品怎么上网，北京还有很多人不知道，我们只要通过这样的体验店，让他们进来有个交谈的场所，鼓励他们怎么做，这些方面是推销我们自己的特标、议标、快标、本标，还有一个方面体验店要代理所有金融机构理财产品，包括银行，所有银行发的信用卡，发的贷款卡，我们所有银行理财产品我们也可以帮忙代卖，所有金融行业的债权都可以。

——2015 年 8 月 12 日张宇总裁与宁夏筹备组王海林组长的谈话

关于线下体验店是否撤销的问题

最终我要听投资理财部说，体验店有没有必要往下干？因为已经一年多了，如今已经 8 个，如果没有必要办就全部关掉，如果有必要办要怎么办？要拿出东西来。让你们去考察的意思就是让你们去看一看自己有没有生存空间。之前办体验店是因为互联网金融企业的经营方式推测、分析，已经有企业有这样的体验店了，理论先行认识先行，那么现在在实际考察中是不是这样？和理论是否一致？如果停下来或者速度太慢的话就没有希望，感觉得不偿失，因为体验店我们也要投入的，这批人天天都在干什么？工作内容应该增加什么？包括投资人市场和借款人市场如何结合？思路放宽一点，都可以考虑。这是对体验店下一步发展的实施规划，如果你们在调研之后觉得没有必要开下去也要提出来，建议撤销体验店写个报告，然后办公会讨论，如果要撤销就对人员做个调整，如果觉得有必要，以后前景非常好，我们就把它加强。很多事情都是在实践中一点点认识的，我不想花很多精力做事情还没有效果，体验店的事情已经看到结局，现在我们要决策了，投入已经上千万了。最重要的是要在一个正确方向、正确指导下开展，已经一年多不能再放养，一年中我们时而重视时而不重视，现在许总应该找到这个工作的感觉了，有个过程是可以理解的。大家都得学习，不能慢，在打天下的时候人就是要辛苦一点，等到一些事情固定以后就好办多了。

——2015 年 8 月 29 日第 30 期总裁办公会议

投资理财部的工作成效及体验店的设立思路

投资理财部从今年以来工作还是比较有成效的，无论是从联通，还是下面的一些财富中心，投资方的工作。体现在我们网站上目前的利率，13% 的议标，现在发的都很顺利。利率市场化的两边，一个是供应，一个是需求。那么最终结果还是在需求方，银行目前有上亿客户年化收益率还很低，我们降息的空间还很大，每降低一点，我们的风险就降低。因为降低后，好的企业在我们这里贷款的可能性就大，一直降到和银行一样，或者略高，最终多少，我也不知道，因为是根据供求关系来的。供求关系是根据经济发展的规模、速度及特点来的，它们既有结构性的，也有区域性的，也有整体性的，只有市场来判断。我们现在已经看到这个作用了，当初 18% 也卖不完，现在 16% 都秒杀，这个成绩就在于红岭的努力，包括投资理财部，我们现在看到这个希望了，我们已经一步一步迈进了。这样为网贷行业，为互联网金融行业打出了一个康庄大道，是整个社会的一种金融现象。我们以前的设计设想被时间证明是对的，为什么国家现在支持和容忍，他们认为这样做是符合经济规律的。

我多强调一点，体验店的工作也是在这个过程中的，而我们体验店的工作始终是慢的，这个工作的意义非常大，它和顺丰的嘿客，格力电器的门脸，苹果的体验店，都是一样的，而且这种商业模式一定是有生命力的，是很强的。我早就讲过，你们可以试点，体验店为什么不可以代理别的产品呢，你到各个银行，我帮你代理信用卡，我帮你代理保险产品，我帮其他 P2P 代理体验，我甚至可以帮你带点小商品都可以。你哪怕一个分公司试验一个方面，一段时间下来都会形成经验，要形成体验店自身的生态，一旦建立以后，就体验店本身的金融网络，对社会是极大的促进。最开始为什么产生体验店，就是通过淘宝网推理出来的，购买商品到了后不合适，因为没有体验。生产消费的整个经济链条都会因为体验经济而有所改变，就会变成制造、仓储、配送、体验、消费，变成这样的环节。零售的环节基本上没了，批发的环节还有。金融也一样，在手机端上都可以做了，但是有些人不知道怎么做，那就需要我们教他去怎么做。它就变成一种窗口、学校、桥梁，所以我们老许同志好好抓一抓体验店。代理店目前只是一种形式，体验店有代理，有直营，有合营，都是可以的，但核心内容是要做成综合的金融超市，做几个试点。现在，在利率市场化方面投资理财部已经作出了贡献，现在网上的投资者一方面自然增长，另一方面就是投资理财部做了很多工作，比如联通等等，非常有意义，非常好。

——2015 年 11 月 14 日第 38 期总裁办公会议

关于体验店的经营模式

体验店是一种新的尝试，是过去整个发展过程中所没有的新形式，这是从互联网金融、经济所派生出的现象。我们知道现在的商业基本上已经由于互联网发展，零售、超市这类业务一大半都被淘宝、京东这些替代了。我们经常上网买东西，但是收到货后可能会发现和想象的不一样，比如我们买衣服，你在网上看到的颜色可能和实际收到的有区别，这样就造成大量的退货、换货，就是由于这中间缺少了体验环节。如果我们到商场去看好了再订货，再用物流送到家里去，或者采用其他方式来体验都好。这是第一，建立体验店的原因。

第二，互联网金融，尤其是网上投资，我们刚接触这个行业的时候，怎么注册，怎么签协议、投资，都不懂，这样就需要人辅导，这样就要去和客户建立起熟悉的往来关系，要建立起客户黏性，这里面也有一个网站的体验问题。网站体验过程中还要有辅导的功能，要有个环节能解决这个问题。

第三，互联网金融新业态在发展过程中怎么接地气，怎么和普通老百姓连接起来。还有更多的老百姓正处于从没接触过互联网到慢慢了解互联网的过程中，他们需要一个环境来引导，帮助他们完成这个过程。从宏观上讲，网络经济是近些年来由于科学技术的发展，包括无线电通信技术的发展，通信技术的发展，手机、电脑的发展，而所发展起来的新业态，如果没有基础的技术的发展，不可能有今天这样的互联网金融业态。今天我们要进一步向前发展，我们就必须清楚发展的基础，这样才能清楚之后要怎么做。像我们红岭创投这样的企业，一头是投资者，另一头是借款者，永远都是这两头。中间是平台，是撮合着，是提供场所的交易所，是中间人，是交易员，实际上两头都在社会上。一头贷款者我们用银行的方式，像客户经理一样的方式去寻找项目，我们都有专职和兼职的客户经理、信贷人员。另外一头就是广大投资者，投资者通过宣传和广告找到我们，另外就是通过每个分公司在发展过程中的影响力，同时还有行业发展所形成的影响力。凡是好事一定就是对大家都好的事情，对少数人好的事不一定是好事，对少数人好的事成功的可能性比对多数人好的事成功的可能性小，对越多人好的事成功的可能性越大，这是基本的认识。由于以上几点，我们提出了建设体验店。

红岭创投是第一个提出这个概念，也是第一个实践的。互联网金融的业态和链条怎么形成，我们还在尝试的过程中，为什么要在体验店摆上电脑，让客户体验，我们的目的就是把行业基础的一头先做起来，做到什么程度我们不知道。一开始就是说试点，我们扶持一年半，往里面砸钱，全当做广告。国际上大的商业集团，最终的成功都有体验环节，包括苹果进入中国时，很多体验店，你进去他们会辅导你，用体验店作为突破口，把它的产品往市场上推销。那么互联网金融是否也可以借鉴这样的道路呢，我是打个问号的，但是怎么把问号变成句号或者感叹号，必须经过一个过程。我们设想很多，首先得试，在试的过程中提出问题，解决问题。首先一年半下来总结下有什么成绩，是否有用，我们花这么大代价是否合适，如果不合适要怎么调整。因为一个小商铺都能够养活自己，我们体验店能否养活自己？我们养活自己有哪些形式，也做过很多设想，包括帮助其他网站进行体验，帮助代理信用卡的发放，保险产品、信托产品的销售等等，这样就变成金融超市。这也是我们的一个设想，是否可行需要实践，昨天我甚至在想，万一不行，我们就转型，可以变成分公司的营业部，上面是管理机构，这就等于省公司直属的营业部。这些都是设想，这种设想最终，一就是体验店存在的意义，二是否能够存在下去，三实在不行就转型要不就撤销。我没有任何倾向性意见，只是让大家讨论是否有存在的意义。如果大多数人认为没有存在的必要，没有试验的价值，就撤销，如果还有意义，我们就要做试点，每个公司做不同类型的试点，在试点过程中总结经验，如果做得比较好，我们就推开。体验店如果生存会有自己的一个生态，体验店的生态到底是什么形式，只有借鉴和参考。

——张宇总裁在体验店经营模式讨论会上的讲话

3.6.2　线下体验店的设备、装修、选址、开业等

对线下体验店的具体细节要求

反正第一，人流要大，这是肯定的，没人流的地方，就暂时不需要去搞，人流一大进去的人一看到这个产品，就想着要去试一下，进去当时不一定要

做，但是回去就起到了宣传作用。

你什么方法，我都不排斥，但是现在必须搞几个独立的出来，自己独立出来，有照片了，有东西了，有真实的，我们也要体验，再来考虑下一步怎么改。现在杭州批了，昆明批了，江苏、重庆、深圳，最起码有6个地方，第一批6个下来以后，就有些经验了，一旦有了经验，第二步再开拓就容易多了。这个主要是快，装修很简单，搞几个沙发，搞几台电脑就完了。这个装修不会超过一周。现成的店如果愿意给我们用了，保留一些它们现有的东西，主LOGO给我们，我们替它们付点房租就是了，这样就能把好的地方给我们。

关于店面需要哪些东西由市场部来搞，店面的设计由企划部负责，包括刘泽汀也要参加，到时候的页面设计和统计也需要你这边来搞，到时候人家搞了业绩你不知道是谁弄的就麻烦了。

不需要多大，大概20平方米左右就行了，旗舰店可以稍微大一下，因为考虑到人流的问题；加盟店随便多大都可以了。

先搞6个试点，因为不同的头在抓的话，每个人的特色是不一样，要发挥他们的积极性，把他们的经验汇集起来一推开，就很快很快了。

深圳开体验店，可以一起做多几个灯箱，哪里开了就往哪里运，跟麦当劳的灯箱一样。我们不是卖吃的，我们是赚钱的。

——2014年9月22日市场条线专题办公会议

线下体验店选址

银行附近、证券公司附近、基金公司附近，因为到这些地方去的本身就是投资人，他很敏感。这些地方反而更好。

——2014年9月27日第43期总经理办公会议

线下体验店的选址、装修

刚刚胡总讲到了两个问题：第一个是要有人流，另一个是有效人流。这两个问题。如果没有人流的地方就谈不上有效人流，所以说第一个是人流。但是有人流的地方有效人流越多越好，没得选的时候，汽车站总比郊区好，肯定是这样的。都有了以后再有这样的选择。除了这些以外,你们马上到赛格电脑城给我搞一个,赛格电脑城一个个柜台,边上很多体验店,可以和别人合起来搞一个,挂上去就能干。我去赛格电脑城去过几次,那个人流简直是不得了。你在旁边搞一个体验店,周围的小老板们都有钱,在里面都能搞,借贷什么的都有,做得起来。

不是需要气派,是需要实惠。搞个摆摊的也行!上面挂一个灯箱就行了。我看很多电脑城里,光戴尔就有五六家,索尼有七八家,好多代理,如果我们红岭创投可以变成一层楼有好几家店,那就真的厉害了。

可以,你弄好我给你提成还不行吗?我们挂个红岭创投体验店,其他都不重要。行,大银继续说。以后包括飞机场候机厅,特别是头等舱候机厅边上弄个很小一块就行了,都可以。只要有一定的创造性,不知道到底是什么形状,不用搞很大的。只要上一个灯箱就好了。多印一些宣传折页放在那,发展了投资人让他们承包就行了。你把那个体验店要专门弄折页。

这个家具,我们一开始试验的体验店,叫做家具的人把家具送过来,不付给他们钱,一旦用得好,300 个全部给他们干。包括门口的视频,先放在我们这,如果好用,300 个全部给他们。外面的灯箱也是,只要做好了,300 个全给他。做生意就应该这样做。前面根本就不花钱,花什么钱。

——2014 年 9 月 27 日第 43 期总经理办公会议

线下体验店的命名

现在可以讨论。只要是叫红岭创投的体验店,都是红岭创投的第一家,给人家叫什么都是可以的。我想了几个,给你们提示一下:体验店、体验之家、体验屋、体验中心、体验沙龙、体验俱乐部、体验吧都可以。你们看哪个名字听得最贴切,最舒服,你们肯定还有更多的想法。

——2014 年 9 月 27 日第 43 期总经理办公会议

体检店设备的配置问题

对,主要是管理。就跟总行对各个分行的电脑管理一样。像现在体验店配备的是4000块钱的设备，我觉得我们有没有必要配那样的设置，是不是可以低配一点，因为他就看我们一个网站，4000块钱的台式机是不是有必要，这是一。第二，我们跟卖电脑的人谈一谈，因为他们的电脑也在这里体验，看看能不能不收钱，产权还是他们的，我们只是用一用。那就能省一点钱，要是买很多的话，以后发展到二线的话，这就是很多了。如果我们发展到了300家，那就不得了了。当然体验店的代理部分电脑我们是不配的，只要能上网搞到我们的网站就行了，好不好。

——2014年11月1日第47期总经理办公会议

体验店电脑、手机等硬件设备来源的解决方案

以上是软件方面，那么硬件方面。我们体验店需要电脑、手机指导用户上网体验我们的产品，那我们就可以和电脑城的商户洽谈合作，让客户体验我们软件的同时，帮他们代销电脑。同样地让客户体验手机的同时，使用我们红岭创投的软件。进而，我们还可以打开电脑、手机配件销售的市场。那么，我们体验店的商业前景、销售网络会非常巨大。所以我希望在座的各位，特别是市场部的员工，多开动脑筋。不尝试怎么能知道行不行，选产品代理就是不断寻找尝试的过程。有了第一个成功代理的开端，就可以解决我们基本成本的问题，也帮助我们增加收入，从而提高我们每一位员工的收入福利。

——张宇总经理在安徽分公司的讲话

3.6.3 线下体验店的管理、人员培训及业务发展

对体验店店内业务的建议

投资人最终关心的是自己的回报，我们能够给他多少回报，这是我们公司能给投资人的，中间介绍的这些人，这些体验店的人只是起到介绍的作用，我们到最后只是给他一个基本工资加上一部分激励工资就行了。因为他们的工作量不大，技术含量不高，他没有像风控啊之类的，这些都没有，就

你过来了讲“我们的红岭多好，年化收益达到 18%，你不信的话来试一试啊”，就将这几句话就行了嘛，然后按一个人给他 10 块钱或者 20 块钱就行，后面根据他的金额，算一算利润空间多大，搞一个比例下去给他们就行了。所以今天给你们所安排的这个任务，希望回去以后，大家认认真真地把它执行了。在下周六的办公会上我要听你们的具体方案，这个方案是可操作性的方案，在你准备过程中遇到的问题随时都可以解决，随时解决，就是在周六之前，实施方案的这个过程中，遇到什么问题，我们已经成立的三个分公司，加上深圳分公司，深圳只是划开，但已经批过了，昆明也可以加上。就是已批的，李佳你可以提供给他们，就是分公司。以分公司名头批的，好像是云南也批了，还有哪？（李佳：目前没有了）就是几个已批的，批了的就告诉他们设体验店，在里面是什么内容，包括他们的装修就要有个体验中心，有这个体验中心以后，然后下面的体验店他们怎么管理，基本的模式我们已经讲过。这个由市场部主抓，所有的部门都是为你服务的，我也是为你服务的，这里必须有一个主抓的单位，没有主抓单位就要乱了，大家各自为政就形不成一个凝聚力，回来以后你把今天会议的整个情况向胡总汇报一下，汇报以后不要等它，立刻开始干，没什么等的，因为我现在代替他的职位，知道吧。因为我开办公会了就是我来指挥，那你就听着往下搞就行了，知道吧。我原来当行长的时候也经常开专题办公会，因为去激活他们，这一块现在没起来，必须我亲自来了。某些方面是一种批评，实际上这种方案你们为什么拿不出来，为什么没有提出这种方案，那现在只有我来了，所以说你们参加这个会议，我叫董事长来也是我们在一起讨论过的意见，也是一致的意见。那下一步要在尽快的时间内把 300 个体验店在年底之前肯定拿出来，这很简单，这个操作起来非常简单的，只要几个人抓住几个关键，成本核算好，外形搞好了以后，各个分公司就参照执行了，那么多小店遍地都是啊，我昨天晚上在市区里开车转了很长时间，然后到了一个地方下来看看店里面是什么东西，他什么都卖，我就问他，我讲人家在网上也能买，你这也能买，你这不就是顺丰吗？你不就是顺丰快递吗？在这个地方让你们寄东西，人家东西到这个地方，到你这个地方来领，另外就是你们卖的东西中有些是你们自己就可以卖的，直接在你们这里就可以买，他买的东西有没有体验，讲没有。

那没有体验的话，我就问你了，我买了一双鞋，这个鞋子的码子，两种鞋的码子是不一样的，我买件T恤衫，两家厂子生产的XL是不一样的，有这个情况吗？他讲是的是的。我说那个图片上的颜色和看到衣服的颜色不一样，他又讲是的是的。那我们可以退可以换，又讲“是的，可以退可以换”，但人家在买东西的过程中不能老是处于退换的过程，这样太浪费时间，他就讲“你提的这个意见很好”。因为我们从互联网以后到真正的销售上就没什么东西，那天我在会议上就说销售上没有东西，就一个生产、一个运输、一个仓储，最后一个体验，体验好了以后直接到厂里就买了，买了以后就直接从仓储里面发货，运输就直接送到你家里了，那个街面上的店就全是体验作用了。还有一个吃饭，大家在一起聚一聚，一起娱乐，这种可能性还是有，真正纯卖货的商店逐步都会退化，它就会只有一种体验了。那些高端的必须精微体验，细致体验的东西，可能那种店还会保留下来，它的体验和销售是在一起的，哪像我们这种东西，银行以后肯定也是变成一种体验，你真正看现在银行里面排队的都是老头老太太，他不懂网上银行的，懂的一般都不去银行。那么到银行实际上到那个地方也是进行体验，我有时候网上银行解决不了的到银行叫人家帮忙解决一下。U盾不知道怎么用，你这里面有些东西也是体验问题，就到你那里给指导一下。实际上以后的银行就是体验了，没有其他的东西了，无非你要拿现金，ATM在那里搞一下，另外就全是体验服务了。那么我们现在互联网金融，互联网银行实际上就是给他一个体验，体验以后他知道怎么上网，回家谁都可以上网，手机都能上网，然后上面所有的业务都能办了。那么这种模式在中国互联网企业还没有开始，还没有人做这个，但是我们来试一下，或许能成功，一旦成功的话，我觉得非常有意义，那就是把银行替代了，把所有老百姓的投资全都引到这个地方来了，因为我们的利率比它们高，又比它们安全。当然像洪水一样，资金全都进来以后，我们的流动性就没问题，肯定不可能有问题，再加上我们风控能够把得住，项目能够选得准，我估计红岭就做成了。这是第二个瓶颈。

——2014年9月22日市场条线专题办公会议

体验店人员和发展问题

不只是考虑人员，还要考虑工资待遇问题，包括提成这些，比例这些，都要让人力资源部知道。后面的事情我就交给市场部了，到时候和胡总汇报一下情况。本周六上会我就要看到。而且要有具体的落实方案，现在不要停，能推进的就推进，需要协调就提，需要我们出面就出面。现在的投标速度很慢了，哪家先开业就先给哪家奖励。我是希望越快越好。因为这个舆论的宣传比发帖的要快很多。

——2014 年 9 月 22 日市场条线专题办公会议

对线下体验店的启动问题要求

目前最紧的工作，第一个是 300 个体验店的启动问题，上周专门开了一个市场专题办公会议，正好我们胡总在杭州不在家，请我们的老叶参加的，然后几个部门都参加了，把 300 个体验店产生的原因，启动的动机，以及实施的方法、规划、财务预算、成本、人力资源配备等等方面都在会上作了安排，上次专题办公会议已经做了很细致的安排了，安排以后大家回去都做了准备，而且很多分公司都在问，包括没有成立的杭州，南京、重庆、深圳，我直接给他们打了电话，说你们先行先试，不要等，你们各个地方按照各个地方的成本方法，只要是这个目标，你们怎么做都可以，但是我们每个职能部门，包括我们财务上从整个的成本费用项总已经做了一个很细致的预算；我又跟运营部泽汀同志在一起交流了一两个小时，把我下一步的设想也告诉他了，市场部门的体验店这个重点营运部肯定要装进去。我们 300 个体验店是起步，不是最后就只有 300 个。我上次跑到银行去，我的信用卡网上开不通，我说你们这个网上银行怎么注册不了，叫他们辅导，拿个号在那里等，我就看他的客户经理过来了，中国银行，拿着单子跟我说，先生，我们现在有新的理财产品，年化收益率能达到 5.3%，你看行不行，然后就在客户排队的地方一个一个发理财产品的推销单。我当时就在想，如果旁边有一个我们的体验店，我们的客户经理过来推销，我们的年化收益率 18%，你看是什么感觉，这个把我们的体验店看到银行堆里去都不怕，跟银行的理财产品比我们有绝对的竞争优势。在现在我们线上投资人相对不足的情况下,但是发展还是很快的,经过他们的统计资料,目前投资人注册一天最高 800 ~ 900 是不是? VIP 都有 600 ~ 700,那同比增加多少?

这是个大概数,以后这个同期注册人数的同比要精确数,市场上的统计报表也是这样的,同比一定是精确数,一般的统计报表要有几个比率,同比、环比、基比、定比,这几个一定要的,这样一比就知道今年与去年比与上个月比与年初比的情况是什么样的,以后 5 个条线的统计报表都要专业一点,要尽可能避免需要什么了才去搞个什么统计,那种统计很多数据之前关联性、相关性都不是很强的,放在一起搞个数据,那个真的说明不了什么问题,但是一完整就能说明问题了。我要去年的注册人数,你没有数据,没有统计就没法精确计算。从现在开始统计是计划部门负责的,全公司总统计应该在我们统计部门,以后我们各个部门自己的统计报表也要规范化,首先要报计划部,计划部再把每个条线的数据统计出来,风险、市场、综合部门的,人力资源管理统计报表每个月都应该有,人员变动、流动、增加减少,这些都是统计报表,包括我们的固定资产,现在应该是行政部在管,财务部在登记,固定资产现在保管情况怎么样,总量达到多少了,包括分公司都买车了一百多万一辆,这都是固定资产,那么这些行政部都得要管起来。现在公司各个条线各个部门已经是站在总公司的角度上运作了,不像过去就只有个深圳地区,我们现在外部还有分公司,现在就是以总公司运作的概念了,你每做一件事情要考虑外面有 30 家分公司了,要这样考虑问题了,起码现在有四个在正式运行,重庆、江苏、安徽、再加上深圳本地,到下个月可能就是 7 个 8 个了,到年底会越来越多,那么我们各个部门的职能都要发生改变,我们有很多管理方法管理经验跟不上了,怎么办? 学习! 还是这个话,学习,我们在座的每一个人包括我在内都要学习,你不学习就跟不上,大家在一起研究问题就会有分歧,很难形成一致,但是你只要学习,大家站在同一个起跑线上,大家每天研究的问题都是一样的,这样一来沟通起来都很方便,这是我从体验店延伸开的问题。这是第一个重点工作,体验店的问题。由市场部牵头,其他部门配合,第一批在已有分公司和即将开业分公司每个地方搞个试点,也就五六家,重庆、江苏、安徽、深圳这 4 个地方肯定搞,杭州积极性很高,另外还有云南、河南马上要开业了，让他们搞一个试试，总共7家，全部搞个试点，预算项总做汇报地，他已经做过了，我同意这个预算的。就是先试，最后到底要多少钱我也不知道，全部做下来才知道。昨天我跟企划肖总研究了一下装修的风格，怎么样工厂化的生产，包括外面用膜还是吸塑的方式，灯箱的方式，几种方式、几种规格、几种设计我们都讨论好了，他马上就要汇报这个问题，这样就要使我们的体验店迅速启动，我们在尽可能短的时间让红岭创投真正走进千家万户，这就是我们的目标。就像银行一样，要让千家万户知道，每一个城市要落地有声，就要做到这个程度，我们算了一下总预算不要多少钱，几千万肯定够了，基础1500万元，再加上500万元杂费，就2000万元肯定做下来了，这个费用对我们来讲不是什么事情。300家总共差不多就2000万元，一下子可以在全国全面开花，这样事情就好办了。这是我讲的第一件事情，大家好好考虑一下，等会汇报这个重点工作。

——2014年9月27日第43期总经理办公会议

线下体验店管理

体验店的业务管理还是要移植到总公司来的，行政上应该有分公司管理，你管他行政干吗，业务上我们统一安排就行了。

——2014年9月27日第43期总经理办公会议

体验店的现状、计划和相关后续工作的要求

那么我继续讲体验店的现状。现状是什么？大家都知道，我们本来想争个第一，其实也并不是想争个全国第一，就是我们在制订计划提出来的时候，全国是没有的，结果我们的方案刚定，第二天董事长就在网上搜到了91金融超市，也是个体验店。我一看跟我们差不多，但也不是完全一样的东西，他们没有像我们一样的网络，一个平台，做的很多都是属于代理性质的工作，但它里面的方向是一样，跟我们的方向是一样的。它的出生地在延庆，在吉林省，他们的计划是在一段时间内努力在北上广开分店，开100多家。我一看，不要紧，我们一出手就是300家，现在已经有30个分公司在做

基础了,可能我们复制或者燎原起来速度要比他们快得多。我们现在的主计划已经做得差不多了,而且对于我们的计划也不难。那么从我现在知道的,像我们这样一个互联网金融企业里面的体验店,我只看到这一家。有一家也不要紧,我们的出手并不在他们之后,只是我们的实施和宣传在他们后面,我也不强,问题是在它里面还有对今后的思考,看谁有更深的东西在里面。目前我们社会体验店的现状就是这样,只有一家,分店也只有一个,我们的出手就是7个,我们的规模也跟他们不一样,我们准备了1500万元,年底前准备争取把300个体验店铺设开来,只要我们做起来肯定很快的。现在几个分公司都在抢,我讲我们23号一定要有一个开业,到时候我和我们的董事长都去参加。因为这个对于我们红岭创投来讲也是有战略意义的。很积极,包括深圳、安徽、河南、重庆都很积极,都想争第一,包括我们市场部的叶总、企划部的肖总在胡宏敏副总经理的带领下,都很积极,可以看到一种风生水起的感觉了。现状是不错的,同时,人员培训还有刘泽汀这边的软件一定要跟上,内部培训、考核、业绩的计算这方面都非常重要,光搞个壳子没什么用,最重要的就是里面的硬件。互联网金融学院这边,它的人员培训周二开始,所以以后我们发文件一定要发到位,我以为你知道了,原来不知道。我的意思就是当我在问你的时候,你不知道。这个不是你的问题,是这个信息渠道的问题,怎么回事?是不是我们的信息渠道有问题了?涉及哪个部门参加了,一定要通知到。特别是一条线在做这个事情的时候,其他条线配合的时候这个信息及时送达,才好准备。你现在知道的是你的条件已经全部具备,开哪些课最终还是需要和市场部斟酌一下。

——2014年10月11日第44期总经理办公会议

体验店员工的培训、体验店的招牌、服装等

确定以后哪些人讲课,来了怎么办,费用我已经跟游总说过了。

第一批7个店,我们原来是按照每个店5万块钱搞的,先在这个范围,不用经过我了,计划部门直接批就好了,我批过这个方案就行了,包括有些分公司讲工资不下去,飞机票都没钱买了,这不是笑话吗,连飞机票都没钱买,哭穷也没这么哭的吧?这个反正来了把它培训好,保证体验店能够准时、有

效、落地有声。在整个的硬件设计上,我觉得我们企划部要做出个样子,是我们红岭创投的脸面,这不像什么金交会、论坛,我看上次金交会做得很好,看着蛮漂亮,企划部水平都是蛮高的。现在呢,我们要考虑到7家店,面积不一样,位置不一样,怎么样有机地把我们的LOGO和招牌放在合适的位置,这一点,在应用计划上,企划部要动动脑子了,怎么样让它在那个环境下,让它的形象最佳。我估计他们体验店的服装设计的参考意见都要你们拿,这个体验店的服装要全国统一的。

行行,就50块钱一件的,上面印一个红岭创投的LOGO,颜色可以丰富一点,印上统一的LOGO就行了。我看好多的超市里面都是这样。都是T恤,再发条裤子,要有点互联网企业的风格,这个你们搞定就行了。软件这方面的管理主要是刘泽汀这块,我要听你们的汇报,好吧?

——2014年10月11日第44期总经理办公会议

体验店发展

第三个就是讲一下,下一步体验店的发展。我现在的头脑里面也没有一个固定的形象。就像前两天在网上有人讲到红岭创投大单的问题。不知道为什么大家都对大单那么敏感,对于我来说,大单和小单都是一样,我从来没感觉大单和小单有什么不一样。

从我来到红岭来,无论是个人对个人还是个人对企业,只要是我们去审查了,都一样。风险控制没有任何区别,控制成本基本上是差不多的。但是人家提出了这一点,过去说不行,要叫停,怕我们承受不了。大的东西就有大的环境,大的环境就有大的解决办法,都是相辅相成的。这个我觉得不是什么大问题,好在也有人帮我们说话。英国的一个咨询公司在一篇文章内讲到,中国的互联网金融的发展和在世界上的发展,到底是什么模型,什么结果,他们都不知道,他们无法回答。这个讲得很客观,我也无法回答,我怎么回答?到最后我们的体验店到底是什么内容,因为我讲最起码有这么四五种内容:(1)单纯推销我们的产品。包括净值、推荐等,辅导怎么开户;(2)我们的贷款项目。你要钱,到我这你也可以借钱,这样传统的P2P业务也可以在我们体验店展开。其实我们的净值标是属于传统P2P业务,就是个人到个人,净值标,就是买了我们的18%去卖14%,一到投资人买就是从个人手上买了。他借来的钱拿去投资18%的标。我们的贷款项目,你要钱的话到我们这里也可以借钱,通过在我们网站挂出以后,把传统的P2P业务同样也在我们的体验店展开了。实际上净值标是属于传统P2P的性质,也是个人到个人的,就是红岭网站上那些高买低卖的黄牛党们,他们是在国外的P2P网站上,借款者是直接投在实体上,比如去买摩托车、房子,装修、游艇等资金缺乏的时候就在网上借了。那么我们体验店里面是不是也可以包含这个内容?所以第二个就是说关于传统P2P企业的借款我觉得应该加进去,这样一来,客源进入体验店后就不仅仅是投资,他也可以借款,这个借款不仅仅是传统的P2P,包括一些企业想来融资,都可以通过我们的体验店来传导信息,就可以通知到我们的分公司约谈室来详细商讨。我们体验店是没有约谈室的,如果以后扩大可以专门开辟一间谈判室。(3)我们即将上线的所有产品,包括保险、信托、PE、VC、租赁、典当等,这些产品全部要上线,这样可能我们的体验店全部要起作用。(4)下一步可能还会产生代理行为,这种代理行为顺风嘿客店里已经有很多代理了,那么我们金融方面的代理都有哪些方面呢?最起码包括各家银行的信用卡、银行理财产品、信托公司理财产品、所有同业P2P体验的代理(陆金所、人人贷、拍拍贷的体验等)。有人说我们为什么干这种傻事啊?但是我提醒大家,如果他们委托我们代理的话,我们甚至可以不收他们的钱帮他代理,为什么?因为一是学习,二是建立网络,三是拉客户。因为我们感觉让客户多一个选择总是好的,有的投资者认为红岭创投的风险高了,那么我们体验店这里拍拍贷也可以投。当然你可以去跟拍拍贷谈,你也可以跟陆金所谈,我们这个体验店可以为你们服务。然后我们给你拉到一个客户,你给我们多少提成。所以说互联网产品可以全部在上面代理,传统的产品也可以,甚至人也可以代理,没有什么不能做到。我今天就把这些思路全部给大家理出来。(5)是实体企业的代理,这里面内容也很多,因为围绕着互联网和互联网金融,投资者回家操作的时候可能发现电脑配置不行,或者想增加一个U盘,或者想换一个手机,增加一个移动电源等等。苹果电脑体验店里面除了主要产品,这些配件也都有。那么这些东西的代理也可以做,挂在墙上就可以了。这种商业模式本身就是赚钱的东西,同时也丰富了很多产品,包括代理手机、电话卡等都可以的。甚至于可以跟顺丰合作互为代理,这种开放思路一定要有,不要把自己封闭起来。甚至我们可以跟淘宝网合作,因为淘宝网、阿里巴巴也存在这个体验问题,把我们变成你的体验店,反过来他们也可以发展成我们的投资人。像我们跟电信的合作,电信要推出手机,我们可以帮忙代理,同时也加入我们的产品。所以一旦我们的体验店办起来以后,这种代理的意义是巨大的,经济实体的代理、金融产品的代理。

我们现在是 7 个起步,300 个初具规模,3000 个就是非常大的规模。全国要是有 3000 个体验店,不管哪家企业来都是对我们刮目相看的。所以说体验店的建立对我们来说是具有战略意义的一步,它是渗入了实体经济的,不仅仅是互联金融了,是全方位为所有的投资人服务。因为我们每个人都需要财务管理。每个人都需要银行卡,都需要投资,那么就伴随着这种业态的发展,我们的体验店要成为发展的试验场地,成为一个新的模型,这种模型我们都在试探,到底这种模型有多大潜力我也不知道,但是这里面有很多的事可以做,而且怎么做都不会亏本。为什么昨天体验店租门面时咖啡店转让费 10 万块我很快批准了呢? 你可以继续卖你的咖啡,但是也是体验店,咖啡体验两不误,甚至我还可以加点其他的进去,万一我们到时真的不想干了还可以转让出去,到时 10 万块不就赚回来了。对于体验店的问题我讲得比较多,我希望我们各位把这件事情作为这一阶段发展的重点。

——2014 年 10 月 11 日第 44 期总经理办公会议

对体验店目前发展的评价及要求大家积极为公司寻找流动性支援

前面体验店的事情速度抓得还可以,基本上现在是可以看到进度的,机构合作这一块我在想还要增加,尽可能把面增大,我讲的包括保险公司、租赁公司、信托公司,全国到处都有,你可以用我们全国 30 家分公司和筹备组网,你是总公司的部门,可以利用我们整个的管理构架和网络,用全国各地的优势,不能我发一条短信,大家就热闹一阵子,后来我不发了,大家就没人管了,这实际上就是我们市场部在管理的事情,还有计划部、风险部三个条线共同合作起来办的事情,把资产打包就涉及我们风险条线了,整个资金的流进流出就涉及我们计划部门了，而选择这些对象还是我们市场条线，这三个部门各自也都要去选择对象，也不要光等着市场部去选，我也要选，跟人家一起吃饭的工夫也跟人家讲一讲。另外，你们再扩开一点思路，对于一些私人老板也可以做，有个十几个亿的，我给你十个亿的资产抵押，年化收益率给你18%，然后你给我用3个月到时候赎回来，有什么不能做的呢，只要法律上容许，完全可以做，从市场的角度我们的脑子要灵活一点，要考虑东西多一点。我看像投资我们进不来的，想跟我们合作的，各个分公司都有啊，流动性资产我们先给你赚点钱，到时候我们再买回来，你别跑了就行，最重要就是找流动性。

——2014年10月11日第44期总经理办公会议

体验店培训后人员的验收问题

你这里面缺少一个最重要的环节——考试，一定每个人都得考一下，就是店员来了做一次，遇到什么问题都要做一次，通过了这个人才能上岗，通不过根本不能上岗的，学这么多东西掌握多少？你根本不知道，最重要的东西没有，所有的东西都是为了通过进行的准备。那就是一个人来了，问我有几个问题想问一下，搞个模拟，就搞40套试卷不要重复，每人随机抽一套，一个生手到这个地方来，你要一直辅导他从开户到最后的投资，包括银行卡，所有的细节都要有，一个环节不能少，少了就是个废物，回去上不了岗一点用都没有。就像大学里培养学生一样，有的学校培养的学生全是一堆废物，有的培养出来的水平很高操作能力很强。来这就是随机提出问题然后让他解决，哪怕两天时间专门干这件事情，两天培训，然后回去自己看书，把几个重要的课安排一下就行了，反正让每个人进行一次实际的考试，这种考试既有书面也有操作的，给你一台电脑，从 Windows 界面开始，到怎么找到红岭网站，怎么注册，怎么绑定银行卡，怎么投资，所有的要操作一遍。

——2014年10月11日第44期总经理办公会议

体验店培训要围绕实操展开

还有每个人都有手提电脑，没有的话也可以借一台。就用他们自己的手提电脑干,不需要再搞电脑。反正我觉得这个环节一定是要的,而且所有的培训最终都是为了这个环节服务的。客户到体验店来了以后你要能帮他解决。所有的培训课程要围绕着实习上岗。

培养出来完全是实操型的,要能干的,课程安排多了没用,甚至这所有课程都可以不要,你知道红岭创投就行了,要能够让他网上操作。我不是反对,要让你们知道重点是什么。

你们事先搞个模拟,看一个人需要多长时间,人人都得过,不能过的就不能毕业,一直要培训到他能独立辅导别人。要进行验收,给他们打分。

——2014 年 10 月 11 日第 44 期总经理办公会议

体验店运营情况统计表的修改意见

这个我要插嘴,我怕我等一会忘了,这个表的设计是需要完善的。第一,任何的一个统计表,是反映什么的:一是反映真实情况,二是反映趋势。有了趋势,知道我们是在升还是降,哪个地方是拐点,哪个地方是凹像。如果是这种表看到的是什么东西?你们看到了什么?只看到了那一天的积累数,其他什么都没有,看不到趋势。你们看看是不是这样?实际上每一个单位,例如每一天都有一个点,描点作图,一个是量,一个是时点,是可以做出一条曲线出来的。每一个体验店都能画出一条曲线出来的,哪一个是上升了,哪一个是下降了,加总以后它也有一个曲线的,这里看不到,看不到我们判断什么?它到底每天是上升,还是下降,还是持平的,看不到这个东西,实际上一张表就解决了,就是五条线,再加一条综合线就完了,在这个 Y 轴上加重庆或者其他分公司,当然这有可能是重叠的,有的可能低一点,这都可以看得见。有了这个趋势以后,就知道体验店哪些开过了以后在增长,咨询的在增长,发卡的在增长还是现场注册的在增长,这样才能看得到,发现出什么问题。然后我们才能据以列出下一步主攻的方向。所以说,这个表不够完整,这根本不专业,看不出趋势的统计报表有什么用?什么用都没有,说明不了任何问题,所以这个统计报表下一次全部要改,要让大家看明白,它说明了一个什么样的问题,我们只知道一个汇总数,有的已经开业一周多了,但是什么情况我们一个都看不见,趋势在往上升还是往下降,一个都看不见，中间的结构是怎么样的，也看不见，这些恰恰是最重要的数字，还是看不见。最基本的作用，一点用都没有，那搞这个表干什么？画的蛮漂亮，但是里面的内容，全是豆腐渣，都是散的。因为这个是运营部搞的，不是我们市场部搞的，所以讲，马上把办公会的意见传给它，马上改，它要是设计不出来，我来帮它设计。往下讲吧。

——2014 年 11 月 1 日第 47 期总经理办公会议

体验店员工的收入和业务品种

这是两个方面的问题：首先，体验店开业以后，它的收入到底能够达到多少？现在没有数据。我们现在就只能假设一个数据，如果发展一个有效投资者我们发给他 50 块钱，每天有 10 个人，就是 500 块钱，一个月就是一万五。如果养活 4000 块钱的员工的话，就能养活 4 个左右。另外我们再给它比例，如果金额越多，我们给个小小比例的奖励。第二，我上次在体验店开业业务的品种要增加，要增加帮其他产品代理。比方说，能不能代理银行的理财产品？包括信托等，我们也可以代理，能不能代理保险？信用卡？等等，这是从金融产品方面的代理；第二从硬件产品的代理，比如说 iPad、手机、电脑等互联网终端在我们体验店都应该有，这本身也有一个代理。例如我们现在买的是 Dell，联想行不行？宏碁行不行？我们可以跟它们联系，我们本身的体验机器就是它们，就是我们现在给它们办了一个卖它们电脑的网点，只是我们演示的是我们或者其他的理财产品。这样我就可以跟它们谈，能否给一个优惠的批发价格，我们人员就能顺手推销其他产品。同样，手机也是互联网的重点。互联网的发达是因为移动终端的发达而发展起来的，最终我们可能每个人投资在电脑里办了。互联网终端对于我们这些互联网企业来说本身就是一个载体，这样对于我们体验店来说也是一个财务来源。我们和小米是不是可以联系下？跟中国有志于在中国占领一些市场份额的企业是否能够联系一下？联系过了以后，它把手机放在我们店里，还会要我们的钱吗？如果我们把手机卖了，它们一定还会给我们钱。这样又使我们的体验店多一块收入。与此同时，这两样主设备所涉及的一些附属的配件，例如移动电源、U 盘等都是不需要进货的，卖了以后再给钱的，就变成一个金融超市了，既卖物理产品，又卖金融产品，我们市场部门可能要成立一个商品销售部门，成立这样部门最起码有一个人负责。这样和别人谈一出手就是30个分公司300个体验店。我上次和肖桂林说300个体验店代理是一码事，这里边的家具通通可以叫厂家搞完了以后再订货，还有一些好的东西，还能卖掉，当成代理就行了。本身代理能让厂商帮我们设计成标准的LOGO等，把人员一培训，挂个LOGO就能办了。在电脑城里，索尼的就不止一家，都是好多家代理。我们红岭创投以后这些产品的代理，铺天盖地都能搞，要渗入全国的每一个角落。这就是体验店的收入问题我就想了这样一个思路，这就需要市场部把这个思路整理一下，再加上大家的思路，在代理金融产品的时候有什么其他的规定，在代理其他硬件产品的时候需要有其他什么样的规定，这一点是要规范，规范起来就好办。在没有办法的时候先下一个暂行办法，先行先试，你搞什么不管，只要赚钱就行，别违法，然后好的办法出来了，我们总结然后再制定下发。为什么要先搞这7个体验店，因为我没底，不知道这7家反应如何，有可能7家全部撤掉了，万一这7家不能够适应市场的发展，马上就把它撤掉。需要观察的话，我们就观察一段时间，同样我们里面的内容也存在一个先行先试，我就补充这几点。

就是说我们体验店里面要有一个产品目录。投资人也是投这些项目，借钱人可以通过这个项目来要钱嘛。我看那个墙上只有年化收益率15%～18%，还有一个就是50块钱起点，真正的业务内容反而没有，你看别人证券公司什么理财1号、理财2号，什么期限什么利率一条一条都列出来了。

——2014年11月1日第47期总经理办公会议

根据体验店上报数据的分析，建立盈亏平衡的标尺

就是说你有这样一个标尺（体验店的盈亏平衡点），少了怎么算，就跟敏感性分析一样，你这个东西，什么东西变了，都在这个基础上往上变，往下变动。七个因素、八个因素、十个因素都能算。你没有个标尺的话就没办法算。搞财务的都知道很重要，我们叫参数，什么东西都要有一个参数，这个参数从哪里来？为什么我要体验店每天报上来的数据做成曲线，就是为了统计计算的时候有一个基础。要不然没基础的话，搞错了怎么办。所以我

们这个办公会议最后在汇报这个方案的时候就可以理直气壮了,不是乱来的。而且我们在试验当中,即便有问题了,我们也能找到哪里出问题了,组织管理就不会乱了。因为下一步,体验店可能是大面积地推开。

——2014 年 11 月 5 日市场条线总经理专题会议

体验店的分配方案意见征集

还有一个就是发一个讨论稿(关于体验店的分配方案)下去,给 5 个分公司,让它们提一下意见。给它们一天的时间把文字性的东西拿上来。就是你有什么意见,没什么意见我们就这么执行了。有什么意见的话你就以文字的方式反馈上来,找一个部门把它汇总上来。看有些问题就提示一下我们,底下都考虑些什么问题。每一个分公司,都发一下,让它们在一天内,给它们一天时间,第二天反馈给我们,然后我们把有关条文汇总一下。我们在执行之前还有些问题没有考虑到的,或许是很重大的问题,一旦实施后再改就很麻烦了,只给它们一天时间。

——2014 年 11 月 5 日市场条线总经理专题会议

体验店的监督和检查问题

下去以后剩下的问题就是监督和检查的问题了。我们政策一旦下去了以后,我们市场部的负责部门就要每天监测这个政策的实施情况,和每天这个体验店的发展情况。这个非常重要,而不仅仅是统计一个数据,从统计数据里面要发现问题。这些问题里面哪些是好的,哪些是不好的,不好的要怎么样去解决,好的我们怎么样进行推广,这是第一。第二就是每天统计这个数据,必要的时候可以让 5 个有体验店的分公司都有这个数据,让它们自己做一个比较,搞一个劳动竞赛,这些都可以的。

——2014 年 11 月 5 日市场条线总经理专题会议

体验店这笔资金是一笔专项资金,特事特办

体验店这笔资金,办公会讨论过,是一笔专项资金,不能经过过去的程

序,那样太慢,就先用,用了以后只要不出大的事情就可以,到年底我们再算账。因为这第一批的5个本来就是速度非常快的,来不及,就先办了,特事特办。这样的话可能在管理、费用上有缺失。这是很正常的。但是我讲就是一笔专项费用,到最后年底不行,一把销掉都有可能。我要销掉的话就直接从总成本里面摊就算了。这也不要紧,如果能分到分公司也可以,问题都不大。但是我们这五个触点一下去以后,就像五个小鸡一样,是要生蛋的。

——2014年11月5日市场条线总经理专题会议

体验店分配制度和奖励制度的解决方案

我们现在体验店的问题,刚刚开始我们搞了5个,我叫市场部拿这个每天的营运状况,现在基本可以看出眉目,但是底下的分析还不是那么准确。因为一个统计报表后面是要有一个分析的,里面有几个重点是需要分析的,第一个是咨询人数,第二个是注册人数,第三个是进店的人数,这三个人数一定是要有的吧?今天我们有多少人进来,有多少人出去了,人流只要安个门禁就可以计算下。第二个是提出问题了,或者是我们引导出提出问题了,就是咨询人员了。第三个是注册的人数,第四个是投资的人数。这是第一需重要说明的;第二需重要说明的是,你们采取的什么措施?就是这个体验店你的周围,你每个体验店体验的客户经理你们做了什么事情,你们的分公司做了什么事情,能够使我们的体验店在这个销售终端上起到什么作用。这个事情做了没有?如果没做,是不是应该做?如果不做活动,肯定是做不起来的。第一个是我们上面的问题,制度。就是分配制度问题和奖励制度问题。当时不知道哪位领导讲了一句:好的制度能够将坏人变好,坏的制度能够将好人变坏。所以说,对下面的分配制度怎么分配,我们当时也定了一个方案。不能说这个制度就是十全十美,但是有这个方案,这个方案是个核心。其他所有的方案都是围绕这个方案,就是利益。就是说分配能够得多少,努力可以拿多少的问题,所有问题的核心。我们现在不讲这个,让大家把全局的利益放在第一位,要大公无私,要奉献,这是美好的品德。但是只有大家好了你才能好,只有整体好了你才能好,我不鼓励你好了把大家都损害了。而且在我们红岭创投以后永远都不会鼓励这样的东西,你企业好了把大家怎么样了,一定不会这样,一定是这个企业好你们才好,我们要鼓励这个东西。

——2014年11月8日第48期总经理办公会议

体验店推广思路和方法、运营模式

来河南到今天有一周了,这一周我们所有的管理制度都还没有去落实,有的还没有制定出来,有的才刚刚制定出来,我记得苹果店在华联商厦那空置了两个月,两个月什么都没有,也有两个人。我们进去他们都不知道回答什么,他们把场地占了,但是后来就知道回答什么了,每天人就慢慢多了,但是也不像深圳一样。凡是进去的人都是去咨询的人,不关心的人也不会进这样的店。进银行的一般也就是去办业务的人,那么我们管理体验店最关心的是咨询人数和注册人数。到以后我们还要去关心有可能代理的品种,从金融品种到硬件产品都可以进行试点。如果他们要自己养活自己的话,总公司不可能去拿他们什么东西的,让他们本身店员多点收入,我们也不要去反对,要给予他们一些启发。当然最重要的是投资。投资人数也一样,你有什么办法解决进店的人数,你或者里面有点小游戏,或者美女,让人家进来是营销的第一步;第二步,就是咨询,好奇我们干什么的。咨询的人多了,我们就要回答。告诉他们手机可以注册,电脑也可以注册,凡是移动终端都可以注册。要跟投资者讲的一点是,回去注册别忘记把网点号写进去,这本身是对我们的一种支持,也是算我们的业绩。这跟客户老老实实地讲也没什么。然后才是现场注册,还可以现场投资。不要指望一开始注册的人数多,包括我们自己的人开体验店都不知道是干什么的,我看网页上社区讨论说开那么多体验店干什么。实际上,我在今天开会前面讲的话,我们马上要开始打仗了,所有的产品都上去了,你说我们要干什么?就是银行的前沿。投资都在那里,不仅仅是投我们的快借标,包括信托等,全都能投。那上上下下呼应起来就都是立体的东西了,里面内容非常丰富,但在前面要把这个局布好,要是没有这个场地,就没办法测试这些东西到底有多大用处。现在我们把一个关键的问题解决了,上次跟胡宏敏副总经理他们开了会,就是管理核算的核心,分配制度我们已经定下来了,到时文件出来再给董事长看一下,如果没有什么意见就实施。包括代理店等,我们第一是自营,第二就是代理,代理非常快。然后再谈联营、加盟。这本身就是一个事业,以后可能会做得很大,还可以考虑对外的联营,包括我们跟嗨客能不能联营,跟淘宝、中国电信能不能联营。就是纵的、横的,从三维、四维来考虑问题,上、左、右,再加上时间就从四维来考虑问题,解决问题的方法就多。

年轻有年轻的好处,一个精力充沛,二是基础好,三前途光明。年轻也有年轻的毛病,没有经验,遇到问题以后自己心理承受能力需要锻炼,在工作当中各种各样的情况都会发生,你们现在根本就不算遇到问题,只是工作上怎么打开的问题,打开当中遇到的挫折问题,这些都是极小极小的问题,但是我希望从你们身上能够看到真正能打粮食的。啦啦队需要但是不重要,让别人去当拉拉队去,你们要打粮食。这个体验店的工作就非常重,我是把它放在非常重要的战略位置上考虑,一旦做好以后,整个内涵、外延是非常大的。因为我最后的规模一旦代理搞起来以后,不是搞 300 家,可能一个城市就搞 300 家都有可能,因为这个很简单,一个点的任务就是帮助发展投资人,其他东西我都不管的,我就负责培养人就完了。从体验店的运营来看你们可以代理电信等其他产品。知道这样一个方向以后,对于体验店下一步的考核就明晰了。我为什么要把这个数点搞得这么清楚,分析它怎样增加这一块,怎样增加那一块,最终目的是获得投资,最后可能还要借款,但是没有这些基础数据,就没有产生后面高质量数据的基础。这里面有一些游戏啊、抽奖啊、小音乐会啊都可以的。这个思路也要放开,要把这变成一个有趣的地方,让人们在娱乐、消遣当中接受我们的宣传,获得他们所得到的服务。就这个问题,我就讲这么多。

——2014 年 11 月 8 日第 48 期总经理办公会议

解决体验店发展路径的思路和方法

我们现在有 5 个体验店了,放在第一线上。我们用它来做窗口、做桥梁、做学校、做市场,我们从当中看到了什么？学到了什么？做了哪些交易？跟客户之间有哪些沟通？客户为什么不进来？为什么每天只有 1 个 2 个？这什么原因？这都是通过体验店在实施的过程中我们应该去寻求、去分析、去查找的内容。查找到了以后,我们怎么去解决?我们现在只看到了一个送小礼品,一级小礼品,二级小礼品,三级小礼品,小礼品谁不会送?技术含量极低。一项工作,要想把它打开,把它推动,有各种各样的方法。你们先去看看有哪些方法,我这边可以给你找 100 种方法,但是你自己不去找的话,给你找 1 万种都没有用。运营部管理的方向不对,没有内容,你做的是最简单的,今年来一个大学生都能做的事情。你这个运营部的老总怎么能汇报这些事情?这些东西随便看看就好了,几个数据并在一张图,几句话解释一下就好了,谁要去看就去看就行了。最重要的是我们体验店还有联营店、代理店和加盟店,这些下一步该怎么开展,我在会议上已经把这些问题讲得很透很透了,它是起什么作用的,为什么这么搞?而现在这些东西一点进展都没有,而我最关心的就是这些东西。所以我把你打断了,最多听下去就是一种廉价的满足而已,有什么用?没有多大的意义,2 倍、3 倍,早着呢,才刚开始。我们对这个非常关注,非常之关注,运营部在抓这个体验店,我们也投了不少钱,我们专门把这个作为专项费用开支的,底下报上来我们都没仔细看,就是为了赶快推开。我和胡宏敏副总经理两个人在河南一直做到晚上 1 点钟,就为了第二天的开业。为什么?因为它是整个公司发展中,甚至是 P2P 行业内,互联网行业发展当中,非常重要的环节。我们现在已经走在了前面,迈出了这一步,但是这一步怎么样?要去想办法,要去总结经验。最起码跟五个体验店的老总每周都要有一次会议,听听大家有什么想法,要落实一下每个分公司的体验店现在谁负责,知不知道?店长是谁知不知道?这些店长是不是跟你在一起开过会?大家有没有一起交流下?用微信快得很。然后他们有什么意见、想法,怎样把注册和投资的用户量迅速提上去,甚至于包括贷款客户都可以进来,如何将体验店的影响尽可能地做大,这就是你需要考虑的问题。如果这件事对于我来讲根本不难,没什么技术含量,也引几项活动进来,就完了嘛。引几项容易发动,一下就搞起来了。就怕你不做,你不做就没办法。好不好?我给你们提这几点建议,下周我要看你们的进度,如果还是这样的话我就要把体验店关掉,没意义。继续往下讲吧。

——2014 年 11 月 15 日第 49 期总经理办公会议

体验店发展的思路与方法

刘泽汀这边,我们这个体验店本身是整个互联网经济当中的战略步骤,刚才董事长还跟我说京东马上要建立500个线下体验店,这说明我们懂这个,研究过这个就知道这是非常重要的节点,我们走在前面的,走得快的可能就能受益,走得慢的就要差一点。所以说我们前面开的6个,战略意义非常大。但是我们要的是进度,没有进度根本没有用,当然体验店肯定有责任,但是最终责任还是在我这里,在你们这里,你们怎么管的?家里的孩子不好,你怎么教的?原来在深发展一个董事说过一段话,我印象非常深刻:你的孩子不如人家就是你的家长不如人家,你的学生不如人家就是你这个老师不如人家。孩子生下来就像白纸一样,他懂什么?他身上的所有东西都是你教的,都是社会教的,把他变成了这样子,你还在埋怨他,不埋怨自己就不对了。同样,我们在进行管理的同时,底下没做好,不能只怪人家,我们也没管好。我为什么老是强调这个,你们听得好像不舒服,我不讲你们是我的错,你们成长不起来就是我的错,告诉你们要这么做,这么做才对。同样我们底下的体验店,搞了一串零,我看着就难受。他们像孩子一样,你们像父母一样,要教他们怎么做,要告诉他们该怎么做,要激励他,才能成长起来。企业也同样是这样,所以往往在责备人家的时候先看看自己是否存在不足,你们经常说我脾气很大,我告诉你们应该是这样做,如果我告诉了你们而你们没做,我肯定发火。但是如果我没告诉你们,我们一起研究,错了就改。体验店的事不要全部去怪分公司,还要看我们自己工作抓没抓,抓了多少,我们做得怎么样,这点我是有这个责任心。我们去河南,一看到体验店那样,我和胡宏敏副总经理和老叶去搬东西,买东西,分公司一看就不好意思了,总公司的人一来工作态度、速度比他们快得多,最后李亚非常不好意思,他的自觉性就慢慢启发出来了,干活要这样干才对。

——2014年11月22日第50期总经理办公会议

对体验店发展规划的建议

第二件事就是体验店的问题,就是刘泽汀你这里的事情,我再强调一下，这是很重要的东西。你的业务统计资料，现在已经不重要了，因为你已经知道这么做了，我就不强调了。以后就是在这个基础上变化。这个变化要提出一个目标，完成这个目标可以有一些活动和工作方案。那么这个工作方案完成以后你要有一个奖惩，这是一套完整的东西，你要立刻在体验店开始实施。你规划没有拿出来，那我今天就帮你拿规划，你对6个体验店的数字，规定一个平均水平，达到什么数字，达到以后给多少钱，超过以后给什么样的奖励。先做一个阶段性的，不行先搞一个月或者到年底，都可以，先搞一个计划出来。如果搞不出来，就搞一天算一天，每天你总要有一个东西考核，每天有一个东西看，督促他们也要有一个目标。

——2014年11月22日第50期总经理办公会议

对体验店业务开展的建议

刚才大家说了，开展几项活动，不宜搞得太多，因为我认为有些活动不是活动了，是政策，例如红币就是长期的政策了，有的属于一般性政策，不一定是在节假日用，就跟我们下一步在体验店，只要开户了就给你10块钱，只要投资了就给你50块钱，那么我们体验店开始这么做了，那网上为什么又不能这么做呢？是长期的政策，不是活动。是这个政策就没必要做成活动了，坚持三个月、半年或者一年。因为我们体验店的开设就是增加投资者，多久后达到100万，我在开会的时候也跟大家说过，每天增加10个人行不行？7个体验店的人多数回答都是没问题，只要稍微下点功夫就可以完成，那一天增加10个人，10个体验店就是100人，100个体验店就1000人，300个体验店就是3000人，10天3万，100天30万，1年就是100万的用户。

——2014年12月6日第52期总经理办公会议

体验店的宣传、推广思路和解决方法

有时候我就在说刘泽汀，你不要老是当啦啦队，因为给人感觉他宣传工作搞得不错，很多帖子、答复还是有宣传能力的。但都是对已办成事情的渲染，不需要总监这个位置去做，大材小用了，找一个大学生，培训一个月能可以了，告诉他干什么事情，保证干得很好。如果一个运营总监，总是干这个事情，就太浪费了。应该把工作重点放在打粮食，现在运营哪些属于打粮食？第一个就是体验店，能不能把体验店的工作抓起来？这里面很多东西，包括之前储蓄的那些东西都要学，向老同志学学，要求各体验店像抓储蓄一样抓投资者，接待客户的时候话术怎么用，辅导他们上电脑，辅导他们上手机的时候怎么辅导，这些都是很细很细的，这些都是打粮食，不是啦啦队。每天都是在拓展，可以看到投资人数在增加，靠宣传最后所达到的目的跟你打粮食所达到的目的结果是不一样的，一个是直接，一个是间接的。间接的容易，但是如果直接做出来的话，就会学到一身的本领，都是你自己的。

——2014 年 12 月 6 日第 52 期总经理办公会议

对互联网金融体验店以后的发展提出的要求

互联网金融体验店的产生是互联网需求的一种产物，是市场需求的一种产物。互联网金融体验店的设立是公司战略发展中至关重要的一步，怎么把这一步走得稳而准，需要各位同事的共同努力，为此，对互联网金融体验店以后的发展提出几点要求：

1. 我们要形成一种认识，互联网金融体验店首先是一个窗口，我们通过窗口要看到市场中各种有利、不利的因素，同时要善于抓住每一个客户的共性和特性，保证体验效果准时、有效、落地有声。

2. 我们要把体验店当作一个学校，这是一项新的拓展，我们都在摸索和学习，这种学习方式可以是问答式、请教式、体验式，甚至是上门服务式，同所有的商业规则一样，客户永远是我们的上帝，当然也只有在不断地总结过程中才能制定出切实有效的方案。

3. 我们要把体验店当作一个桥梁，一个连接潜在投资者和公司的桥梁，通过这个沟通渠道来更直接地向投资者介绍企业文化、投资原则、避免不必要的误解。

4. 我们要把体验店当作一个市场，市场的规则就是公平、公正的交易，与一般的市场不同，我们交易的产品是投资，我们将通过总部、分公司、体验店三条线来共同做好客户体验工作，使红岭创投在这个市场中稳步前进、扎实前进。

——张宇总经理在分公司互联网金融体验店开业仪式上的讲话

我们最后要的是有效投资，但首先要把注册量抓上去

这样的过程中可能有些钱就要花得冤枉一点，要交一点学费，比如最后要的是有效投资，但是这个有效投资什么时候才能体现出来，我们不清楚，首先要有注册，没有注册哪来的有效投资，所以只有一步一步来，先把注册量抓上去，同时再慢慢抓有效投资，那么现在我们抓注册的结果怎样呢?

——2015 年 1 月 10 日第 1 期总裁办公会议

体验店要深挖，并且要迅速推开

7 个店开业以后我们是采用奖励的政策，我们也培训了人，有了一些作用，也总结出了一些体验店当中的经验，但是这个体验店当中真正运营中的内容没有得到任何充实，没有去研究它，这一点我们既然设了体验店专门的管理部门，那这里面的内容、扩展速度，包括一些方法要有一些研究功能，包括体验店的地方人流量要达到多少，这些参数都能找得到，这些参数在我们设这些体验店的时候都是一些非常重要的选择依据，这些依据大家要去找一找，要提供给我们分公司在设立体验店的时候作为参考依据，但是这不是最重要的，最重要的是一定要迅速地推开，我们现在搞了两三个月了，应该讲有点经验了，有效投资人是我们的重中之重，现在谈到体验店，马上我要谈到几块，一个是集团这块，一个是高净值线下这块，一个是体验店这块，一个是线上自然增长的这块，这些东西都要齐头并进，都要有具体的措施，没有措施，安排了没人管，到最后那一天启动，怎么监督都不知道，就是可操作性不强。

——2015 年 1 月 10 日第 1 期总裁办公会议

体验店要增加新的内容

这是从点上的扩充，还有里面的内容，现在我们已经有的体验店除了动员

注册之外，是不是还有新的内容的增加，还有贷款客户的内容，这些都要思考了，还有线上的、集团的、高净值客户，体验店都可以做啊，下面这些体验店对于我们财富中心都是腿啊，要善于把我们的一项工作推开，包括我们这些代理店。直营店到时候都能帮我们找项目啦，包括招聘人才都可以啊，迅速地把点渗透到社会每个角落，这种互联网金融，这种新的东西能够迅速地占领市场。

——2015 年 1 月 10 日第 1 期总裁办公会议

陆金所已经在开设网点了，但我们的速度肯定比他们快

你们看到现在陆金所已经开始设网点了，但是他们的机制不会有我们这么快，我们会后就能动起来，他们还要一层层审批协调。我肯定我们的速度比他们快，那么我们现在的目标就是陆金所。他们的竞争力主要是银行背书，但是真正的战斗力绝对不如我们。我就补充这么一点。

——2015 年 1 月 10 日第 1 期总裁办公会议

体验店的业务要每天抓

这个体验店缺乏一种持续性的动作，保证每天都努力一下，包括到外面去营销，建立了几个代销点、代理店，吸收了几个协存员，这些东西都要抓紧，每天都要有抓手，要促进这些东西发展的时候，只要一发力就整个上去了，没有这个东西全是散的。

——2015 年 1 月 17 日第 2 期总裁办公会议

体验店的行政管理在分公司，专业管理在总部

它的编制主题是在分公司，但是它的专业管理是在上面，就是我们专业部门来管理，但是行政管理是下面的。一开始拨给他们的费用是因为在试点阶段，专项费用比较快。但是一旦成立以后就是全部拨下去，我们就不管了。统计、评比、新的文件以及以下后台答复，包括总的财务核算都在上面。分公司以后的财务还是一个报账制，因为他们所有的账都是经过我们的。

——2015 年 1 月 24 日第 3 期总裁办公会议

对体验店人员培训的建议

这个体验店的主要任务还是在发展投资人上,起步以后每个体验店要能纳入统计,做得不好分公司都会去管的,你只要提一个要求和奖惩就可以了。现在我们投资理财部抓体验店的第一步是什么?实际上是人员培训,就是设立代理点以后他对产品了解多少?这个时候我建议你们让他们把培训人员报上来,可以是每个省报上来几个人。培训工作要立刻启动,因为不启动的话只是挂名没用。培训的需求的话就写个报告给学院,申请进行什么培训。老师如果能请到就你们请,请不到就他们请,都可以。这个要作为一件事情来做。以后我们总公司安排什么工作都是以集团军的形式来做,你们要有这个意识。思路要跟着这个走,最终这都是基础,我们要看到的是有效投资人在增加。因为现在显示的就是标足够,而投资人跟不上了,所以我们要尽快解决这个问题。你们这次超额完成了要表扬,要继续努力。

——2015 年 1 月 31 日第 4 期总裁办公会议

发展投资者思路:机构外延式扩张

然后再讲内涵式的。现在体验店的内容是单一的,仅仅是推销我们红岭创投的产品,能不能搞一些体验店把这个变成综合金融超市?从现在就要考虑到我们体验店自己的生态。自己能生存,能不能搞一两个试点?在我们代理保险产品,代理银行理财产品,代理银行信用卡产品的同时增加我们的投资客户?这种思路能不能去思考一下?有的一个切点下去不是解决一个问题,有些一个切点下去式解决很多很多的问题。你代理别人的产品,首先你会有收入,那么这些收入我们上面不要你们的,那不就是你们体验店的吗?如果把这种变成代理,那么我觉得这样的生存不应该有问题,现在市场目前还是一个空白,还没有人在里面打,即使有也是散兵游勇。我们现在就要集中起来打,把互联网金融体验店变成一个金融超市,可以代销和经营所有的金融产品,你看不到这个高度,看不到这个深度,你工作的效率就不会有那么大,就提不出。体验店的外延怎么搞,内涵怎么搞,我就提出这两个方向。

——2015 年 3 月 29 日第 11 期总裁办公会议

体验店变金融超市的思路

变成金融超市也是一种实验，体验店自身的生态要建立，就是离开红岭创投，体验店独立的也是一个商业业态，所以才产生了金融超市，这样其他各家的理财产品都可以卖，当然我们又把体验店当成一个窗口，一个学校，一个桥梁。就是在里面实验一些问题，发现一些问题。体验店这块投资理财部要好好抓，提高点技术含量，多研究，多学学。

——2015 年 4 月 4 日第 12 期总裁办公会议

（光靠下文件执行力不强）原因分析及解决思路

你主要看是什么原因（光靠下文件执行力不强的原因），找到原因以后针对性地拿出措施。这里面一定有能够调动积极性的因素在里面，不仅仅是钱的问题。当然钱能解决问题，这里面要综合地去搞调查，听听他们的意见。如果他们有好的想法你来不及推开的时候，可以先在直营店试验。我们 6 个体验店就可以并行 6 件事。并行、串行的管理思路我是讲过的，要从方法上突破。

——2015 年 4 月 4 日第 12 期总裁办公会议

体验店是发展战略点：体验店的主要任务和推广思路；体验店的生态建立

牛总刚刚接手这个工作，投资理财部就相当于银行的储蓄部，投资人就是我们的储蓄客户，集团客户就相当于我们的公司客户，这样的思路就清楚了。银行是先有存款再放贷款，我们是倒过来做。我们寻找投资人，推广年化 18% 的收益还是要找对方法的。我们下面几个分公司还是很有想法的，投资理财部今后的工作和职能、岗位的设置怎么完善，这个很重要，在没有完善之前要抓住几个重点工作，体验店也是战略点，这个互联网经济入手研究出来的。一个是体验店的主要任务，是把过去那些不熟悉电脑的，没有用过互联网的，不知道红岭创投的，通过他们把它推销出去，这种推销的方法应有尽有。你们都在银行搞过储蓄的，都是一样的道理。当时我们搞储蓄的时候，稍微大一点的企业都有我们的代办员，都是他们的财务主办会计，每个人发工资扣五块钱，零存整取到年底就是60块钱了，然后再定期转存一下。现在这种做法也可以嘛，你拿500块钱，5000块钱投资，拿年化18%的利率，到年底收益也还可以啊，积少成多嘛。这个思路也能用，我们有没有拿出这方面的思路呢。你拿不出来不要紧，下面还有八九个分公司呢，他们先实验行不行啊。八九个分公司，一个分公司实验一种方法，就是八种。他们要是实验不停，就不断有新的方法出现。这个时候它的生命力就来了，钱要花到这个地方去，你们把给投资人的奖励以后变得给这些组织管理的人身上，这才对。年化18%的利率对投资人已经不少了，我觉得没有必要再给奖励了。你开始搞一下还可以，但是最重要的是那些发动的人，搞组织的人。体验店是一个很重要的战略点，这样它的业务怎么去推广。

第二是体验店的生态，我们一定要把体验店办成一个他们能自己生存，还略有盈利的机构。一开始补贴是我们试点，看行不行，现在看来没问题。体验店包括代理保险产品，销售自己的产品，代理多种的金融产品都可以，另外还可以代理硬件。你有那么大的场所，在电脑上，手机上，iPad上体验，这些都可以代理，有些配件也可以。你这个一旦形成网络就厉害了，我们计划第一次布30多个省级分公司的基点就在这里啊。我在下面讲，三十几家省级分公司是一个战略点；把红岭创投做大做强也是个战略点。没有这些战略点，靠原来的同志干，也会好一些，但是速度不可能起得来。我们现在一个分公司起来就抵了过去红岭所有的业务，而且第二年可能就增加了一倍。这个差距就是打法的差距了，打法要有基础，基础要有人，人要有制度，这是一系列下来的，不是孤立的东西。

——2015年4月11日第13期总裁办公会议

投资理财部体验店生态的建立和推广问题

投资理财部最重要的地方就是，我们体验店的生态，自己生存的生态，变成金融超市，是不是能代理一下其他地方的产品，包括代理一些硬件产品都可以，你要抓一两个试点，要体验店本身能够生存下来，不能老靠拨款。你搞个小铺位都能自己养活自己，我不相信我们投资这么大下去，还养活不了自己。体验店本身就是一个集散地，是一个信息的集散地，你们的人又不比别人差。从我们的作用上，是桥梁、是学校、是市场，进行试验。那体验店本身也该走出去，你周边的，或者你能接触到的领域，体验店就会变成一个核心了。这样要把体验店本身的生态建立起来，让它们本身能够生存，我们还可以给一些扶持，给它一个期限，或者三个月，你不能就算了，你分公司不要就不要，不要再往下拨款了。这作为建立体验店生态的一个计划，开始试验，在三个月内完成。第二，我昨天在云南，云南提了一个问题，他们也是体验店的推广问题，内部人员的奖励，我们内部人员也应该参照体验店一般推荐人的，我们讲加盟的，代理店，这种奖励标准，都应该按照这个标准给。

——2015 年 5 月 30 日第 18 期总裁办公会议

关于体验店的运营及发展规划

我们和苹果体验店的方向是不一样的，我们是要打造全方位的金融超市。我担心的是他们的工作内容不饱满，路太窄了。因为在前进的路上有很多的可能性是在努力的过程中出现的，当你往前走的时候就会看到很多新的机会，否则就会失去，比如他们想看拍拍贷和陆金所，这都是可以的。或者实际上我们已经做了这个事情了，但是这个好处我们还没有拿，那么我们就可以和他们谈。如果他们有体验店可以帮我们做的话，我们也给他们钱，不是一个道理吗，这样交叉，体验店的生存就简单多了，包括银行的理财产品，包括信用卡，包括保险产品，都可以做，一定要把它当作一个金融超市，这样一来，给它一个自己能够生存的基础，它就有收入了，甚至还可以引入一些硬件，像手机上的一些数据线啊，充电宝啊，优盘啊，这些东西都可以代理，全国是一千家都不止，因为深圳就要有 500 家，大街小巷能代理的就都可以代理，那你想想全国该有多少家，有一个量在这里，最后都可以生存。一家人买个门面或者租个门面，搞个小生意，可以养活一家人，我们一帮人租个门面，还养活不了自己吗？你从体验店经营的这个角度讲，我要让体验店的生意要火要旺，而且又要经营我们范围内的东西，微观要有微观的思考，具体要有具体的经营的思考，宏观要有宏观的思考，两个思考都要有，联系得越紧密越好，我就给你补充这一点，在体验店的问题上可以开始试点。

因为我们现在有 14 个分公司就有 14 个体验店,还有些可能还没开。

——2015 年 8 月 1 日第 26 期总裁办公会议

对于体验店的经营与定位

现在的体验店都是总公司在负责,因为它本身是个窗口、桥梁、学校。我们通过这个窗口,研究发现解决一些我们想研究的问题,它的本意是发展投资人。因为互联网金融有一个特点就是快,就如同在网上买衣服,有时候会遇到尺码不对的情况,不合适就要退换货,这里面有一个过程,这个过程就是体验。体验经济的发展,我讲的是我们在推销产品的时候,很多老太太,很多拿着手机不知道怎么上网,我想买你的产品,但不知道如何买。我们就要辅导,让他们有这个体验,有了体验之后客户才有可能使用这个东西,才有可能发展投资者。我们的目的就是让投资者学会如何使用这个东西。现在我们已经开始做了,但是做得不好,速度很慢,我们也在找原因。我就讲,抓体验店,要像抓储蓄存款一样,抓投资人,就要像银行抓储户一样。另外就是要让体验店形成一种生态,现在体验店是花钱的,它要发展到要一定量的时候才能实现自给。下一步体验店的方向是金融超市,就是不仅让它代理红岭创投的产品,还可以代理一切金融产品,可以代理保险、信托产品,代理其他 P2P 企业的产品,那在外面买保险的都可以自己养活自己,你有个体验店场所,怎么不能养活自己。你代理一些银行的理财产品,信托公司的产品,都可以啊。那么大的市场,你只要动脑筋去做了,你能没有收益?这个思路主要是建立体验店本身的生态。分公司的战略,体验店的战略。

——张宇总裁在山东分公司座谈会上的讲话

分公司开展线下体验店

现在 14 个分公司有的还没有体验店,有体验店的它的进度怎么样?他们主要推荐的都是什么产品?这些具体的日常工作都要有人抓的,而且都要有工作计划。每周工作进行了什么?还有七八家分公司没体验店,什么时候能开?开了以后产品和过去一样还是要增加新的产品?怎么增加?每家有什么样的方案？我们可以提出什么指导性的意见？包括现在所做的联通的这些产品，下一步还有很多产品体验店都能做，都能推广。不光是理财产品，贷款产品一样可以推广。所以我说抓体验店不是光抓投资者。体验店，它是我们的终端，既是学校又是窗口也是桥梁还是市场。这是我提的4个概念，91 金融提了3个概念。这4个概念真正落实到的话，会对红岭创投自身企业起到巨大的推广作用，甚至网贷行业、商业都有巨大的影响。体验经济，我感觉总会起来的。王健林被马云打败了，网商打败了实体店，那网商未来到哪里去？体验是打不败的。我买T恤衫也遇到这样的情况，我穿7号，买来发现小了，我又从其他家买了件7号，结果比原来那件7号大。后来我想，可能贴码贴错了，本来一件6号贴成7号了，后来寄回去商家一测试，发现是错了，这就是缺乏体验的问题。比如我最近买篆刻的字帖，我原来想应该里面什么字都查得到，并且是一排排的篆字，因为原来看到过那种类型的篆刻字帖。结果买来一看，不是，全是一个个篆刻的印模，是另一种形式。如果我当初体验一下我想要的那种就不会出现买错这种问题了。

——2015 年 8 月 15 日第 28 期总裁办公会议

线下体验店对行业发展的重要性

这都是体验环节的问题，实际上哪一个环节没有体验环节？谈对象都要见见面，接触一段时间，这也是在体验。我认为这个体验环境是永远少不了的，从这个高度认识这个问题的话，体验店下一步的发展一定会再增加。再比如汽车，以后可能出现汽车体验店，在一个很大的汽车体验店各种车都有，人来了就可以看可以开，就直接在这里订货，不只是一家的，眼界放开一点所有的汽车都可以体验。开个高尔夫球杆体验店，各种品牌的都有，客户来了看喜欢哪个就直接订货，厂家马上送到家。有可能都是这种形态，这是我的感觉，不一定是这样，但我们可以试一试。我认为体验经济就是未来21世纪经济发展的一种可能。我们互联网金融也一样，要把体验店做大做强，既是企业的成长，也是经济的成长，这是带有试探性、创造性的事情，如果做成了其乐无穷。

——2015 年 8 月 15 日第 28 期总裁办公会议

3.6.4 代理店的政策、分析及发展等

代理店是最简单、发展最快的方法

可以。那个代理店实际上是最简单的，应该先拿这个办法，电脑是它自己的，我就给它挂个牌子，把人培训了就完了，然后它发展多少我给它多少钱。它就是搞个副业，这个办法时最简单的。而且一旦发展起来，代理店的装修速度是最快的。

——2014 年 11 月 1 日第 47 期总经理办公会议

代理店的多少取决于业务总量

你要拿方案，这个都要拿出方案再讨论。这样的话我估计这 5 家分公司，搞 100 家代理店是很轻松的，一家分公司平均 20 家，一天就搞定。这样的话我们在宣传、舆论上面都要好一些。不是规定多少家，而是不低于多少家，代理再多，他只要有业务就好。一个和 100 个是一样的，我们是看业务总量的，我是这个意思。

——2014 年 11 月 5 日市场条线总经理专题会议

现在开始做代理店，每个分公司至少 10 家，上不封顶

刘总提出的全年工作计划应该基础是好的，想法是好的，什么时候动我没有听到，今天这个会结束就开始动，第一步开始做代理店，代理店的政策都有了吧？每一个已开设的分公司 10 家起步，上不封顶。

——2015 年 1 月 10 日第 1 期总裁办公会议

代理点的具体工作开展

这个代理店开起来非常快，搞个竞赛，看哪家搞得多，培训人员由分公司自己进行，如果不行我们总部再培训一次，因为代理店电脑我们不需要配，只要给它个 LOGO，然后签个协议就完了。这个 LOGO 企划部做个准备，

搞一批 LOGO 出来,大的小的,一挂就是体验店的代理店就完了。他们推广得好就有钱,不好就没钱,我们又不给他发工资,所以我们就讲这个最具体的,先从代理店开始动。现在已经开业了 6 家分公司,深圳也可以了,7 家分公司的话这月底至少 70 家代理店出来,这样才有意义。那个联通、移动不是有很多街边充值的吗,我们比它简单得多,我们也不需要它代理什么产品,只要有个电脑就行了,然后把主要任务培训一下,按一个人给多少钱,保证比我们现在代理店还快一点。量一上去了,然后分公司在管理的时候定期组织他们开个会,互通一下情报,或者他们建个群,每天把代理店的消息在群里相互传输一下,某某代理店今天有几个注册,我们给了多少钱,就是靠这种最具体的操作才有意义。当然了首先要有思想,要有方案。我就补充这些,立刻动,会议结束就动,通知就下去,我来签。实际上胡总签就行了,发下去就动起来了。

——2015 年 1 月 10 日第 1 期总裁办公会议

代理店月底前至少要开 70 家

这都可以,细节方面你们拿个方案出来,先试行。有什么问题再处理,这个事情要快,月底前要有 70 家,还有一周时间,这个合同你们已经搞好了,下去马上和分公司谈话,马上签订合同,要什么东西给它,月底前开业。最少是 70 家,这种街边小商小贩都可以谈。

——2015 年 1 月 24 日第 3 期总裁办公会议

对代理店的负责人进行集中培训

如果需要互联网金融学院集中培训就培训下,就专门培训代理店的负责人,讲个一天课,路费来回我们花,叫他们把名单报上来给市场部,我们专门找老师给他讲一天。这个事情记在会议纪要上。

——2015 年 1 月 24 日第 3 期总裁办公会议

落实代理店人员培训问题

我现在着急的是培训,要赶紧跟互联网金融学院讲一下,70 个店就是 70

个人啊,到底怎么培训。是分公司分块进行还是集中到总部培训?

那培训的进度和教材、内容你要赶快抓,这才是实质性的工作,培训完了他知道怎么做了,后面的东西就好安排了,这是非常重要的工作。

——2015 年 2 月 7 日第 5 期总裁办公会议

关于代理店、直营店和联营点的发展分析

我们体验店在往下发展或管理的时候,一定要投入很大的精力在里面,现在融金所之类的也在搞体验店了,我认为搞得比较好的是 91 金融,它叫金融超市,它的 CEO 叫许泽伟。投资理财部可以关注下他们,我们可以跟他们联谊,我们体验店也来帮它代理它的产品,加盟也可以。91 金融比较像我规划的那样,已经形成自己的生态了,他们自己没有产品,我们红岭创投有自己的产品,我们不仅能卖自己的产品,还能卖别人的产品。我们一开始可以代理各种各样的软件产品,包括理财产品、信用卡,往后还可以代理硬件产品,包括充电器、连接线,U 盘等等,深圳如果搞出 500 家代理店,加上直营,联营,我们四十几个分公司的话,每家 500 个,就是两万个店,这个网络一旦形成的话,代理矿泉水都不得了,这里面的商业价值巨大,为什么分公司筹备组铺设的速度这么快,这个网络一旦建立起来,经济意义是巨大的。我从互联网金融体验店这个角度阐述下,这是督办的典型工作,我希望负责本标的线上运营部和负责投资理财的投资理财部,你们要把这两个工作做好,全公司都在看着你们,你们做好,我们大家脸上都有光,你们做不好我们都担心。需要什么我支持你们什么,需要我做什么我全力以赴。我就对这两点做一个说明。

——2015 年 8 月 8 日第 27 期总裁办公会议

对体验店生存模式的思考

对于体验店我讲了四个职能,窗口、桥梁、市场、学校,全有,更重要的它有一个市场职能在,这几个做得怎样? 那么多体验店,每个体验店每天发送一条消息出去,每天了解一个问题,这么多体验店总结出来的问题都不得了,而现在这些功能都没有,没有就是管理问题。我也不是讲你们做得不

好,因为大家的工作太多,速度太快,很多细节上顾不过来,那就从每个节点上,每个管理部门把这些一个一个落实下去,看看做得怎么样。我对体验店完全是从一种战略角度上思考的,不信你们看,多长时间我不知道,肯定要有,最后会发展得非常厉害,这个时候我们超前预估思考,能把这个事情做好,我就把它做成一个红岭商城的末端有什么不行呢?红币就有出路了,都可以做,全都可以做的。还有地下代理软件,不行硬件,咖啡都能生存,而且近来招聘的都是大学生,还不能生存?那你们就开一个研讨会,我们怎么才能生存。在体验店出个题目,让他们提一提,如果他们讲要撤了,这也是办法,都是人想的。这个是互联网金融的末端,这个末端不能没有,你拿到分公司来我也不反对,只是讲这个职能没有测出来,现在关键问题是财务费用问题,觉得这样做不合算,不合算是因为他们没有创造出效益,但这完全相当于广告费支出。

——2015 年 9 月 12 日第 31 期总裁办公会议

3.6.5 加盟店、直营店、联营店的分析和发展规划

对加盟店的看法

我插一句,加盟店后面的什么管理办法我都没意见,最重要的是加盟店的收入哪里来,这是根本,如果没有这个依据其他都没有意义。

最好做个模拟,算一下,看别人投了 50 万元来以后,然后每年能得到多少,否则别人加盟干什么。这才是最重要的部分。

对啊,你把数字要拿出来,你没这个东西就没办法跟人家谈,加盟店第一个就是你给我什么,我能得到什么,其他的条件都不重要的,那些东西搞起来很不快,就是这个东西是核心东西。

这个不重要,下周都可以讨论。在下次办公会上会的时候给加盟店多少费用要算出来。就是它发展多少人,它能拿到多少钱,然后到多少金额,它能拿到多少钱。一般从现在的模拟状况看,它努力的方向,有可能达到的是多少,这样别人来加盟心里才会有底。

——2014 年 11 月 1 日第 47 期总经理办公会议

对直营店补助的标准

就是有这个指标(总公司补助直营店20万元)在里面,要能完成任务,作为一种奖励的形式。完成了,到年底按照日均的金额来奖励,差得多就少奖励一些,并不是说我们把它补齐的概念。而是反过来,就是你完成的好,我给你多一点,完成不好就少补一点,也不是说不补。

——2014年11月5日市场条线总经理专题会议

直营店、代理店和加盟点的分配方案和政策制定的思路

就是你要保证他能赚钱,不然的话人家干嘛加盟。加盟店的政策我可以参考一下同行,看里面有哪些是可以借鉴的东西,可以分析一下。这样吧,这个东西讨论起来不是一天两天的事情,不是一下就能搞好的。现在我们就把直营店的分配方案先下去,把代理店的分配方案先下去,这两个可以快一点。加盟里面的政策很多,代理我们不用他的这个政策。我们代理实际上就要他搞我们的投资人,增加我们的投资人,代理店根据我们的自营店的奖励政策就行了。我们不给他工资,就是你搞一个人就给你50块钱就完了,就这一个政策,其他什么政策都没有。如果你达到6000万元,再给你一部分奖励,就行了,房子我们不管,电脑我们不管,给你个LOGO,给你培训个人就完了,其他东西我们统统不管。因为不指望他做其他东西,这个推广起来就很快。代理很快,对他就两个政策:一个是根据你的投资额;再一个就是根据你推荐的人头,这样你们算的数字就按照我们这个标准,这个50块钱的基本标准的话,人家推荐一个投资人就很简单了。我这个投资人,你们把我的网点号给他以后,推荐投资人了,我们把钱划给他就行了。他没有更多的管理。像平台使用费这些东西我们不讲,因为他本身投资我们,还要人家什么平台使用费啊。我不知道他怎么想的,我是没有这个想法。

——2014年11月5日市场条线总经理专题会议

自营店和代理店的政策制定、反馈与执行

行，你们拿一个方案。这个，首先我们先把自营店的政策定下来。大家是不是统一了。刚才讨论了一半，自营店是不是同意了，如果就像我们刚才画的，一块是人头这一部分，第二块属于补贴。这是属于自营这一块的。这两块我们的政策基本上同意了，那就先按这个执行。同时，还有第二个政策，就是把代理店的政策也搞出来，代理店的政策实际上就是：一个是人头这一块，就是50块钱，有效投资。第二块就是投资金额到了一定程度，再给一定的奖励。就是从利息管理当中拿出来一些，但是比自营店低一些。就是有两道激励政策。然后等我们搞好了以后，再考虑加盟，这个加盟现在不谈，还有联营，这个现在也不谈。因为这个很复杂，因为加盟和联营里面是要获取另外一块利益的，就是投资者要获利益的。它不是个人获取利益。我们代理店，多数是对个人获利益的，是不一样的。代理可能就是一个自然人，个人就可以代理的，回家你在电脑上面搞都可以。就是一下把它放开，这样我们也不会有损失。好不好，大家回去就把这个政策整理一下，然后发一个讨论稿。让各分公司讨论，只给他们一天的时间，书面意见传上来，不要是口头的。书面意见就是一、二、三、四，然后大家把这个归纳一下，如果没有什么大的问题的话就忽略不计了，重要的问题你们再归纳一下。归纳以后，可以使用的尽量使用，解决不了的再讨论。一般应该都能解决了，这就是拿钱的事情，拿钱的事情就是一个比例的问题。你不开展什么东西都没有，你开展了以后我们赚钱，人家也赚钱，这个有什么难的呢。所以成本这一块，今天计财部把成本这一块已经搞得比较清楚了，市场部这一块把下面的要求和整个方案拿出来，所以说这个事情本来是应该市场部牵头的事情，而且是市场部管理的事情。财务部门只是配合，就是花钱的事情。接下来所有的事情还由你们进行，这个会议完了以后发一个会议纪要，就是三点：第一点，规定了自营店的管理政策；第二点，规定了代理店的管理政策；第三点，讨论了加盟和联营店的方法。加盟店和联营店的讨论继续进行，待制定支出方案后再讨论。前面两种下发到有体验店的分公司，予以讨论，讨论后在接到通知的一天内，即24小时内作

出反馈，报给哪个部门的人员，然后我们汇总过以后，把这个政策在3天内发下去。

——2014年11月5日市场条线总经理专题会议

发展投资者思路：机构外延式扩张

这个目前有实质性的进展就是推广码。目前，许总跟我汇报过一次工作，我也跟他讲了，目前投资人这块的工作全部都是你们的，要按照抓储蓄存款一样的去抓。那么现在我们做了哪几个动作，我们现在为止就是一个奖励，没其他东西，这个奖励就是10元，40元，现在我要增加什么？第一，从机构上，代理店的机构、加盟店的机构计划搞到多少联店的有吗？这是一个机构扩展的计划，这是我讲的外延式的。

——2015年3月29日第11期总裁办公会议

关于直营店的运营问题

一个地方最起码要有一个直营店，直营店我们要给它一定的时间，一年以后或者两年以后，我们就不给费用了。

——2015年8月1日第26期总裁办公会议

体验店的联营或代理模式

所以北京的体验店是联营店或者代理店，要遍布大街小巷，就像工商银行的储蓄所一样，而我们的成本要比它们低得多，我们不需要柜台，只要有个人、有台电脑就行了，连路边的小店里都有电脑，只要有网有电脑，都能上我们网站，我给他LOGO就行了，然后你发展多少投资人，我给你多少钱就行了，我们给他简单培训一下，专门的课件互联网金融学院有，你们拿过去给他们培训一下就行了，都登记，一下子就铺开了，小个体户多个挣钱的方式难道不开心吗？路边的小店多着呢，从王府井到西单，每个小区的中心都有，周围都是银行的地方也可以开个代理店，老百姓去银行存款，年化收益率是3%，推销的理财产品是5%，我们这边一下就是 15%，你看他投资哪个？

——2015 年 7 月 23 日张宇总裁与北京筹备组段建宇组长的谈话

直营店的战略意义及管理方法

投资理财部的事情，关于直营店的事情刚才项总已经讲了。因为直营店的设立本身就是试点的事情，为什么要总公司来拿钱，因为这个事情不一定能成功，有可能失败，也有可能会作出调整。但是从整个经济发展的形态和趋势来看，直营店是一定要有的，一般商业上直营店和体验店的形式一定要有。苹果一开始都是体验店，一开始放几个苹果产品，有几个服务人员在，你进去他就给你解释，什么都不用买，慢慢就知道苹果了，在销售产品的时候那就很快。同样我们不都在走这样的模式？包括格力空调，甚至于顺丰嘿客都走出来了，都走这种体验店的形式，自己有自己的门面，而不是过去走别人的批发渠道，自己一竿子插到底，因为这些最有价值的实际上是一个网络，这个网络一旦建立起来以后，在上面跑什么都得给钱，就像高速路一样，什么车上去都得缴费。直营店现在是整个红岭管理体系网络的末端，这个末端的触角延伸越多，那么不管什么东西下去以后，它的生命就会越长，它的战略意义在这里。

直营店在每个区域所起到的效果有我们总公司的原因，也有分公司的原因，也有体验店员工的原因，但是最终是我们的原因，就是我们对它们的指导不够具体，但是设想已经很具体了。那么我们的职能部门在推这个设想的时候，力度不够，因为力度够的话，一定会遇到很多困难或者提很多要求，这就有力度了。包括联通的问题，现在提的问题就很尖锐了，为什么，现在有力度了。什么都提不出来的时候，就是根本上没管，放任自流。实际上方法很多，你可以采取小的奖励政策，对每个分公司做一个评比，设几个指标，就可以慢慢发现哪个直营店管理比较好，典型做好了后到现场开一个现场会，发点奖励，总结点经验，就铺开了，至于直营店是从门面拉到本部，我觉得这一点倒是不是特别重要，因为你在本部，没有再设一个直营店的话，很简单，划一个区就出来了，还不用交租金，但是要把体验店搬回来了，除非它的租金过高，在那里确实已经起到不好的作用了，这个时候才可以撤，不要轻易撤掉。

——2015 年 9 月 12 日第 31 期总裁办公会议

3.7 线上运营部

3.7.1 对线上运营部的工作建议概述

同意设立线上运营部，大家相互合作，互相包容

多数人都认为有必要，机构怎么设。最终同意设立线上运营部，归综合委员会管理，设置为二级部，先看发展怎么样。如果发展很充分就提起来。如果解决问题了，就这样。这个阶段是个非常的阶段，既有内部管理的完善，又有发展，难免有冲突和矛盾。但有意见要表明才能得到改善。每位同志都要有包容的心，哪怕别人有错，也要包容。每个人的坚持必有一定的道理。如果大家相互之间都有理解，工作就会很顺利。要让大家有一个思考的过程，讨论的过程，形成大家的意见，只有这样每个人的进步才是扎实的，他到任何环境都能生存。各个部门的任务都已很明确，都有困难，这就要求各部门在岗位上尽心工作。

——2014 年 2 月 18 日第 12 期总经理办公会议

对线上运营部的要求

以后线上推广工作全部交由线上运营部负责。你们负责用最快的方式让网民接触到红岭网站。花多少钱提出来，下周办公会上会拿方案。以后线上运营部向胡总汇报，由胡总分管。通过线上、线下、分公司三条线一起努力拓展投资人。目前我们对于大户现在还未有营销方案，这个需要回去好好考虑。

——2014 年 6 月 21 日第 30 期总经理办公会议

对线上运营部的要求

同时,给线上运营部你们提几点建议:你们不是统计汇报描述性工作,而是做几件实实在在的发动投资者的事情。包括网站优化、内容设计要考虑我要投资、我要融资、我只看看等等。马上我们要成立六个事业部,都要上网站的,等于把金融领域目前市场有的所有业务都要拉上线,现在发动投资者方面,投资者少了,现在很多投资人不知道我们的网站,知道了我们的网站却不知道怎么投标。因此线上运营部、企划部、市场部的全部精力都要放在投资者身上,我们的标 17.5% 没人投,风险基本可控,安徽 5000 万元标还没满,明显是投资者少了,线上运营部能不能动点脑筋,拿点干货出来,之前的刮刮卡效果怎么样,什么原因没有推广开,要加把力。项目方面的数量已经跟上来了,投资者跟不上会很麻烦的,现在所有部门包括风控的第一要务就是发展投资者。马上 30 家分公司筹备组成立完毕,就要进入分公司的具体筹建和内部结构建设上。发动投资者的工作要加强,要人给人要钱给钱,人家理财产品还没我们的一半的收益率,抢着买还要开后门,我们挂在网上还没有人买,真是奇怪了,这就是我们的工作确实没做好,先搞最直接的让别人知道,让所有老百姓知道红岭创投的年化收益率有 17.5%、18%,其他方面再慢慢完善,这次危机公关让更多的人知道了红岭创投,但是别人不一定知道我们的产品怎么投资,投资方法上客服要跟上,要让投资者能在操作界面上顺利操作,什么活动都可以上,包括发红包、赞助活动,只要是银行、商场做过的营销方案我们都可以用,宣传红岭创投的网站,宣传年化收益率 18%,让别人来看一看。有影响的活动都可以做,企划也要动动脑子,做活动的方法有哪些,我们能不能选几样投资少见效快收益大的?到现在一样没看到,每次开会都讲,头都讲大了,赶快想办法把投资者拉上来。

——2014 年 8 月 30 日第 40 期总经理办公会议

对全球 P2P 行业调研工作的要求

时间若不够可延长一周。关于全球 P2P 的调研工作,德国很重要,下个星期补充上,日本、南非等都需要调查。据说南非的 P2P 的网站和网贷已经超过银行,这些都是趋势。要从它们身上看到方法,吸取经验。第一个问题一定要覆盖完善,下次再统一汇报。一定要看全世界的,金砖四国、俄罗斯、日本都要看。从期限、规模、产品种类、宣传的方法这四个大的方面,进行考察。调查首先有个目的,根据目的来设计统计指标,得出能够证明调查目的的数据才能往下进行。包括我们跟国外的 P2P 也不一样。接下来传统的 P2P 也要做,不仅要做,还要加大。因为这块是基础,学习南非等国家优秀的地方,下一步再结合我们的优势,我们现在的团队,基本上就是传统银行搞信贷的这个团队,再加上互联网思维,多管其下,就能做得更好,才能制定出我们下一步的发展规划。这个东西线上运营部是先行的,制定好方案后再交给我们处理。今天就先不用汇报了,因为不太周延,汇报没有多大意义。

——2014 年 7 月 5 日第 32 期总经理办公会议

对营运部建立统计的建议

不讲了,等会再讲这个问题。这个运营部的工作始终汇报的问题缺了一个很重要的东西:你的统计是为了什么?你找出了哪些有规律的东西?你下一步该怎么办?统计,它是有目的的,在建立统计计划的时候,目标是什么?在建立目标以后,我们要从中摸出哪些东西?当摸出这些东西的时候,下一步将怎么做?你每次都缺乏这些东西,而这恰恰是最重要的东西,你每次描述的时候都可以说得非常细致,甚至一个上午给你讲都可以,但是没用。我一看就知道了,你看整个没有明显趋势,你根本看不出趋势来。我就讲这个体验店的数据完全没有趋势。如果现在看不出明显的趋势,我们下一步该怎么办?没有建议。而恰恰这个是最重要的。

——2014 年 11 月 15 日第 49 期总经理办公会议

对线上运营部的工作建议

人力资源部也在这里,我就说,包括我自己,都希望自己能够变成稀缺性的人才,越稀缺,稳定性越好,可替代性越高,越完蛋。就跟刘泽汀现在的活,我只要找一个普通大学生三个月肯定超过你现在所做的工作。那你怎么让别人超不过你，就是把你变成稀缺的，技术含量高的，那你就要动脑筋了。线上运营的内容是什么？看看其他的网站，线上运营本身概念的提出是什么东西？当然这是很新的名词，我过去也没有接触过，但是里面到底是什么内容，我到现在都还没有搞清楚。等有时间的时候你把线上运营的内涵跟大家做一个描述，到底哪些具体工作属于线上运营？我到现在都还不清楚。不仅仅是公告、发布什么，那个就是宣传部门的事情，交给企划部就完成了，你要做一个让别人代替不了你的部门，你看计划部门，谁都代替不了他，资金调拨，资金头寸，资金安排；风险管理部门，你能代替得了他们？而你现在这个线上运营部门工作就是在摇摆的，工作不知道在做什么，我看到的工作就是公告，还有什么？还有一个就是统计。其他都没东西，我没看到。当然，可能我是从片面去理解，你们可能还做了很多工作，但是我没有印象，只有这两个我还有点印象。因此，这个工作你回去好好考虑一下。现在体验店工作交给你就不一样了，对于体验店客户的往上增，这里面有实质性的内容了，里面的内容你回去抓好，要看这些东西，这才是真正属于打粮食的结果。明白了吧？你看下你还有什么要说的就说吧，反正我的要求已经告诉你了。

——2014 年 11 月 22 日第 50 期总经理办公会议

对线上运营部的工作建议

嗯，线上运营部也是，作出的规则只要涉及钱都要经过计划部门批准，没有计划部门的批准但是部门动的，一动就要乱。刚才你们讲的红币的规则，它实际上就是一个规则，后面还有一个奖则、罚则，这样才完整。这里面的内容应该是我们应该怎么去做，做好了有什么奖励，做不好又有什么。所以说你们在进行规则优化的时候都要有这些东西。你希望他们怎么去做，你就要有奖则；你不希望他们怎么做，就有罚则；你希望他正常地操作，那就是规则。这几个要搞好，搞好以后我们在听汇报的时候，大家在讨论问题的时候才可以发表自己的意见，就能够完善和补充。你把它全部都放在一起，什么比例问题、会员问题、推广制度问题都搅在一起了。你们以后汇报工作一定要把线路捋清楚，要让大家一下子精力能够集中，能够知道我们现在是在研究什么问题，就能够集中思考问题，这样完善起来就方便一点。电脑部最近的工作，特别是我们双十一的活动，相对是顺利的，比我们原来的预想要好很多，我和董事长都是很满意的。对我们技术部各方面的进步都是认可的。

——2014 年 11 月 22 日第 50 期总经理办公会议

对运营部的工作建议

所以说我们运营部的工作作为典型讲一下，有进步就是好事，但是也要意识到自己的不足，就像我说你们为什么那个曲线图老是搞一半，我老是提这个问题，每次下来你自己要进行总结，你需要看什么，我们需要看什么，为什么要那些数字，客户进来后是怎么解决的，如何能把量做上去，它是一个窗口，如果没有这个窗口收集问题都不齐。现在好不容易找到这样的窗口，应该充分地把它用好，你在上面慢慢得到的消息和总结出来的信息，在这个行业内你就是权威。因为你是一线的，真正从我们体验店参与投资的人上反馈出来的，对于我们战略的制定，工作计划的制订起到一个重大的战略决策作用。这个意义是在这里，不仅仅是做给别人看的，我们有些年轻同志老是在说，我们也没休息，也在加班，这是种不自信的表现，没人说你在偷懒。我对大家工作的勤奋程度是从来不怀疑的，但问题是工作质量始终令人持观察态度，对于在整体所带来的影响我始终持观察态度。因为你这样调整到成为主流，为公司的发展添砖加瓦的话，这样发展的速度才快，如果节点老是起不来的话，我就很着急。我们每个部门都一样，实际上我是拿运营部这个事做一个提示，但是对各个部门都在讲这个话。很多的工作就是这样，要发现问题，然后解决问题。刚才体验店的问题我觉得很好，办法已经拿出来了，现在开始实施，实施最重要的就是反馈。实施的过程中每天的反馈都是什么东西，最后要做到我们体验店在前方可以把所有的信息都拿回来，老百姓想的是什么，他们需要什么政策就能把他们激发起来，然后就能预测到我的投资人，我能开到多少店，最后达到什么样的规模，就出来了。这样一个宏观的战略方案就清楚了，以后安排的时候你就知道怎么安排了。费用方面，现在还是计划单列，试点期间就是单列，搞到最后下来不能导致赔本，前面多花钱也是正常的。到年底前至少要有一个正规的东西了，这个办法下去了以后，再测一个月，明年的工作计划制订，市场这边体验店就有一个完整的计划了。后面每个分公司开业伴随的都有体验店的开业，第一步是直营店，后面马上就是代理店，然后中间还有加盟和联营，反正两头先来。直营店反正我们办法有了，代理更简单，只要把办法给他们就行了，中间这两块怎么研究得更合理一些，他们也愿意干，我们也别亏本，既要算微观也要算宏观，这也是一种宣传，让我们快借标很快发出，从宏观的利益也要看到，有时候亏本也就亏本，但是尽量别亏就好了。需要的话算一个大账，我们计财部到时候算一个大账，到时候看下是怎样的成本。对于体验店的事我就补充这么几句。

——2014 年 12 月 6 日第 52 期总经理办公会议

运营部对体验店要迅速地全面推开

这个可以了，下一步主要是体验店推开的问题了，一个是新开业的筹备中要把体验店加进去，第二就是联营店，第一步先搞代理，然后联营和加盟，因为我们政策已经定过了，接下来就是迅速地把它推开，一个月内，元月份全部推开，这就是给你们定的目标了，下面计划的制订和实施你们去落实。

——2014 年 12 月 27 日第 55 期总经理办公会议

线上运营部做事要有目标，现在最重要的工作是发动线上投资人

这个不是你们的主要工作。现在我们的线上运营部，对公司的贡献最重要的地方在哪里？现在发动投资人的工作是最重要的工作。对于线上运营部来讲，发动线上投资人是最重要的工作。线下的体验店要立刻启动，线上体验店也要立刻启动。通过各种网络连接都可以链接到我们的线上体验店去。这个线上体验店就可以和我们的直接投资连在一起了。所以自己的工作要有目标，要有重点。你汇报的这些都是一般的正常工作，没有重点。

现在网站的修改就是我要投资、我要借款、我来看看，就这三个方面。到现在我们的网站有没有这种设计思路出来？这个我很感兴趣。但是这些

东西我没有看到,只是看到一些很琐碎的小事情。如果你只是做这些事情的话,你想一想,你的可替代性强不强!老总就要站在一般员工的肩膀上,要拿出比他们强的方案。我在办公会上为什么讲话的声音很大?因为这里是一个家,我们都是一家人,我必须把这些给你们点清楚,特别是年轻人。你们要知道我们公司的主线是什么,我们要做什么,我们的交集是什么。所以线上运营部要知道自己做什么。第一个工作就是把线上体验店做起来。线下体验店的目的是增加投资人,线上体验店的目的也是增加投资人。线上的体验店到最后很可能就变成一个 LOGO 了,或者就是一个 APP 了,点进来就是体验。而我们的线下体验店,很有可能以后就不仅仅是红岭创投的产品了。以后所有的 P2P 产品、银行产品,甚至于保险产品都可以在里面卖。这样的话它的经营思路就变宽了,经营来源也多了,这样就是我们下一步的发展方向。但是要从我们自己做起。

——2015 年 1 月 24 日第 3 期总裁办公会议

线上体验店是线上运营部的工作重点

另外是两点,一个是线上运营部的工作,你们汇报了线上体验店的问题。线上体验店的工作要作为重点,为什么呢?因为推广投资人,线下体验店是远远不够的。如果网上的体验店做得好的话,速度可能要大过线下体验店。中国有多少人上电脑,有多少人没有手机?没有电脑的就要到线下的体验店,有电脑的就要到线上体验店。

——2015 年 1 月 31 日第 4 期总裁办公会议

对线上运营部的两点工作要求

第二个就是关于网站正常页面的维护和优化问题,这也是一个永久的话题。你们可以分阶段进行优化,也可以实时进行优化,因为这个取决于你们研究的网页怎样最吸引人的眼球,怎样让客户体验最好,怎样让人看了最舒服。我给你安排的任务都不是你负责,而是你下面的人负责,你只是去负责落实这件事情。根据分工,要告诉他们专门做什么。每个月你们要拿出几个方案来，就是搞完以后新的方案又出来了。所以维护和优化的问题要跟上，连接上，逻辑上不清楚的也要动一动。第二个就是对新项目的推进和落实。网上体验店就属于新项目，怎么把这个新项目做好，推进好，你们要好好思考。到最后可能就是进入了每个人的手机 APP 里面去了，进了我们的互联网体验店以后就是游戏，玩的同时还可以赚钱，这样就慢慢把人吸引过来了。

——2015 年 1 月 24 日第 3 期总裁办公会议

要搞清净值标和快借之间的函数关系

再观察一段吧。你们一定要有一个净值标和快借之间的函数关系是怎么样的。根据过去的历史资料把它推出来。这样我们在统计和管理上，包括我们最后的成本计算和效益上，都有很重要的作用。下周我要看到这个数据。

——2015 年 3 月 7 日第 8 期总裁办公会议

运营部工作内容和重点

运营部的工作现在还能看出一点进度来了，特别是每天的舆情通报还是有点作用的，还可以把这个面稍微扩大一点，再一个就是里面的内容归几个类。政策类，投资者说的又有什么政策了等，建议类，对我们网站的建议，还有批评类，你分几个类，这样我们看的时候很快就能找到需要的东西，我就举个例子，具体的分类你们商量。另外从目前看来，网站的活跃程度和社区论坛的内容也不是很多，我们真重视它了，有人天天盯了，分析了，发现也就那些东西，所以遇到问题也不要大惊小怪，有些东西需要沉住气。

网站的本身基础已经做到这个功夫上了，而且发展的方向都已经感觉到，不需要我们自己去讲，第一第二对我们来说不重要，重要的是我们自己要把它做好，质量要提高起来，我们每一个人自己的工作都要负责任，这样我们的网站，我们的业务，我们的发展都会很好，线上运营部的工作本身在过去的管理体系中都是属于新的部门，这个部门在没有互联网产生之前，很多的商业交往和商业形态都还没有出现，互联网出现以后，运营才变得需求，所以这里面需要大量探索、实践和不断改进的东西。所以你们虽然有一定的经验了，但是还远远不够，我们都要跟着学，要多学习一些调查的方法，只有这样才能很周延地把问题收集齐全，把有可能出现的信号都捕捉到，要不然遗漏的恰恰是很重要的信息。那么运营部第一个就是要知道消息。舆情你要知道，不仅要知道网上的，网下的你们也要知道，为什么叫你们参加办公会，我们公司解决问题的整个过程你们都要清楚，跟你们部门有什么关系，所以运营部最近的工作还是有成果的。

——2015 年 3 月 21 日第 10 期总裁办公会议

运营部职能和定位需要进一步探索梳理

线上运营部最近汇报的工作好像比较明显，有些工作我还是比较满意的。但是因为它，这个部门有个很大的特点就是传统和互联网结合一起，过去有很多东西要逐步逐步地建立，在互联网企业是很有代表性的，这个部门的特点是，特别是线上的投资者，一些消息，一些影响力，用户的黏性和统计等等，有很多东西，本身牵扯到金融的东西并不多。如果要把金融的东西放进去的话质量就高了，现在仅仅还是表面的营销，就是说线上运营部下一步要往金融专业走了，那么这个部门就会变得有质量。金融行业和金融产品，有它特定的含量，有很多过去没有开发过的东西，特别是在网上命名的时候，我也在思考。包括送红包这些都还是很低端的，一抓一大把，可以每天换一个样，花样多得很，只要动脑筋了，都可以想出来。但是如何将互联网和金融业务紧密联合起来，特点和作用得话，这些就要动脑筋了，对于线上运营部职能和定位，线上运营部也要动动脑筋，都来想想，线上运营部的内容到底还有什么。这个行业本身就是新行业，有很多空白的地位，我们的知识都不够，就要学习，逐步的探索，一步一步地完成，别着急，下面有室还有岗位，每天 3 ~5 个小时的固定工作量一定要有，让他们自己能够干出点活。统计这里面实际上计划都有统计，你们这个统计偏重于哪个自己也要有想法，好吧，就讲这么多。

——2015 年 3 月 29 日第 11 期总裁办公会议

运营部岗位设置建议

有些工作属于日常工作，每个部门设几个室，几个岗，都是根据你的工作量来设的。只要有这个岗，每天就一定有固定工作量，如果没有固定工作量，那这个岗就要撤了，并到其他岗上去。所以你们在设置部室时，一定要算算固定工作量有多少，至少一天要有三个小时吧，达不到就别设。已经设了个算算工作量，达不到的话就并掉，这样人力资源才能达到充分的运用。人力资源上有很多岗位的设置和调配，一个是科学，一个是有效，还有一个是重点。有的时候可能这个地方没有这么多工作量，但是是未来的重点，那可能一下就设很多。这几种方法都应该懂，我们要善于虚心学习，这样我们才能进步。运营部和技术部需求的提取以前都是职责不清的。但是上次网站出问题你们的反应的速度和态度还是很值得肯定的

——2015 年 3 月 21 日第 10 期总裁办公会议

运营部抓住工作重点的有效思路：分析；参数比照

你这个线上运营部的工作要再归纳一下，你下期的工作重点一定要清楚。就是你工作汇报的时候，我听不到重点，都是一般性工作。一般性工作汇不汇报实际上有什么区别呢？我想知道你们最近的工作重点是什么，而且你们现在应该朝哪个方向奔？因为过去的红岭创投里面，中层干部和部门里面分析能力都是亟待提高的，几乎没有分析能力。刘泽汀还算好一点的，我们有的部门基本上就不分析，有问题就找老板啦。出现一点事情，有的还是中间信息，还没有结果的事情就汇报到老板那里去了，老板根据这些中间信息做个判断，然后回去以后，又变了。又一个信息来了，然后老板再做个决策，然后它回去又变了。我一开始我也上这个当，但从那以后他们汇报所有的东西我都不听了，然后那些东西都不能作为依据了。他们的信息总在变，你怎么决策啊？无法决策。要是所有的都这样，那就没法干了。

所以运营部和其他部门也一样，它本身就要有一种分析、比较的功能。就好比我们这个网站和其他网站的线上运营部的职能有哪些相同和不同，有哪些是我们引以为豪的特色，有哪些是我们需要向别人学习的。最起码

你要从这里开始吧,要不然你不知道你是前进还是后退了,就跟评估一样,它有一个参照值、参照系。你没有参照值、参照系,你跟什么比说你好啊?就这个简单道理,你们在找自己的差距的时候,要有一个参照,拍拍贷也好,人人贷也好,有利网也好……或者其他国外的一些网站,南非的一些网站也好,它们有没有线上运营部,如果有,它们的主要职能是什么。如果没有,它们线上运营部的职能是放在哪个部门里面的,这个都要做一个分析,你作为线上运营部的老板都要进行分析,分析之后,你慢慢就会有一个准确地掌握我们线上运营部在这个行业里边最有效的那几个职能,抓住。把它最有效的哪几个职能,发展壮大。那么这对公司整个的发展,你就真正起到作用了。要是没有这些东西的比较,你就在原地踏步,你没有进步。所以我总是听不到你们的重点,没有重点就没有同业的消息,人家是不会给我们的,我们可以自己去建立,建立这些东西。我那个办公室五个网站,为什么天天我要看?我就要从上面看信息,哪家有新东西了?哪家的利率出现什么变化了,我在这里讲没什么必要,但我天天在想,我在战略上该怎么安排,这个利率该到什么样的档次?它们有什么样的品种?它们网站本身的亮点是什么,我都要知道。有的搞一大堆那有什么用呢?那不就是亮肌肉嘛!这人家都未必感兴趣。它每个网站的特点都不同,那么作为我们部门来讲,要找到自己的参照值,找到自己有可比性的机构,这样你就有进步了。你那时候进步一点,可能我们红岭都会进步,好吧,我就提这么点建议。

——2015 年 5 月 16 日第 16 期总裁办公会议

线上运营部数据统计分析的方法和思路

我跟你讲,泽汀同志啊,以后你汇报这些趋势的时候啊,要总结几点,总结什么呢,让这些上下曲线反映了什么一看就知道,讲多了没用。从这里发现了什么规律?这些规律对我们下一步的工作有什么指导作用,对我们制定下一步的工作方案,起到了什么样的提示作用。它就是不动,不动也有提示作用,那需要我们哪一块要加强,如果我们加强了什么,就会达到什么。如果我们哪一方面薄弱了,就会出现什么,这个非常重要,这就是统计分析。光有统计没有分析,是没有意义的。我们也可以分析,但是就没有你们在这些处在具体岗位上的人分析得更透，更全面，你们分析一下，会激发一下我们主要领导人，或者你们条线的领导，在安排下面的工作的时候，就知道哪个地方该用力。我们每个一级部门的统计和分析功能都很重要，因为你是搞经济的，反映情况第一个就是数字，你对数字必须特别敏感才行。

数据来源最重要的就是会计数字，还有一个就是统计数据。这两个数据是有联系的，全体的，各种各样的，数据结合起来以后根据我们的发展目标，然后制定出一些方案、模型，这样我们在工作的时候就可以直接采纳。就会对整个总公司的管理起到作用。我刚才总结的几点，快借标和净值标之间的比例，快借标成交额和净值标成交额的比例，快借标整个的余额和净值标余额的比例，这当中说明了一些什么问题，比例大好，还是小好，还是保持在一定的区间内比较好。都是分析的方向。整个分析方向一出来以后，就知道我们在什么时候该控制一些什么。

因为你们过去是盲目的，包括我们红岭创投过去很多事情都是盲目的，搞到哪算哪，不行就卷铺盖回家，就是这种心态。现在不行，现在有社会责任了，我讲的百年老店，你很多数据的统计分析都要跟上了，人家来，你跟人家说什么都是有理有据的。以后纳入正常监管都有依据，能够说服别人，我就给你提这个建议。

——2015 年 6 月 6 日第 19 期总裁办公会议

运营部建立全面的联系制度

还不够，你还要有一套全面的，对各个部门都要有。线上运营部从某个角度来讲，是展现公司在网上的形象的，包括内涵和外部形象，而展示是靠各个部门的形象组合起来的，当然也包括我和周总。你这里要建立一个正常的联系制度，你是以召集办公会的形式出现，还是以微信群的方式出现，你定。线上运营部你是最高领导，网页上的一切你都是要负责任的，当然你上边还有项总，有事也可以和项总请示，还有只要在网站上公布的都要经过周总，因为这上面的东西，我们没有周总有经验，我们对于互联网、网贷的熟悉程度都不够，请周总把一下关，就会减少失误。

——2015 年 6 月 27 日第 22 期总裁办公会议

要敢于试水，先易后难

我们宣传某样东西的时候都是通过线上运营部进行的，而且还有一个线上体验店的问题，跟投资理财部和市场都是连在一起的。这个最好下周就能上线，先搞一两个产品上去，没产品就挂在那里，让别人自己去挂，甚至可以让每个分公司都出三个人上去挂，然后再出三个人上去买，这样大家都来熟悉这个页面。也可以跟分公司下任务，每个分公司出五个人注册，拿体验报告上来你们看用户体验，然后修订。这个模拟的过程也是宣传的过程，别人看着有交易量了，变相成为一种推广、教育的手段。

——2015 年 7 月 4 日第 23 期总裁办公会议

线上运营部关于本标的推广，新东西的发行

运营部最近工作量很大，而且效果也很明显。以后像这类的工作，特别是本标上线一类的工作，我们马上要上线的话要写个报告，项总、我审批，再给董事长审批，一些比较大的事情要让他知道，批过以后就上线，也很快，这样一来我们凌晨也就可以把本标上上去，本标上去以后最主要是要把它介绍清楚。本标上线以后我们才真正完成了借贷行为的全覆盖，我提出这样一个新名词，叫借贷行为的全覆盖，用互联网把它结束了。就是所有借贷行为全可以在网上实现。这样一来这个舞台对每个人，包括我们在座的都有意义。线上运营部下一步的工作肯定还有很多，因为它有很多新的东西还是会从线上运营部发行，包括论坛，包括我们马上要办的贴吧，发行这些东西的话，一样它也是桥梁，也是窗口，也是学校，也是市场，这几个功能，首先我们要认识到它，认识到这几点以后我们才会运用，才会把握里面提供的各种类型的信息，加工，整理，才能对我们工作起到提示和推动的作用。

——2015 年 8 月 15 日第 28 期总裁办公会议

本标的类型以及对借款人和投资人的调查

运营部现在主要是本标的牵头和管理，刚刚讲到本标，我一直要追着本

标往下走。刚才项总讲得很好,运营部的统筹下,各个部门完成各自所应该做完的工作。围绕着本标,去研究它的操作,和研究它的方向,这非常重要。

第一就是我们本标的类型,现在上了 12 个,还有多少? 这个要重新列一下。包括真正的 P2P,就是个人对个人的,这种借贷,我没看到。然后集体对个人,就是一个单位有很多的钱,它不断借给很多的人。一个是个人对个人,一个是集体对个人,一个个人对集体,我的钱,我一个人的钱,我给了哪个单位。集体对集体,就单位对单位。那么最起码有这么四种类型,那这四种类型,我都统称为借贷行为,最原始的借贷行为。那每项借贷行为的流程是什么,它有个流程。比方说从个人到个人,首先是我想借钱,怎么借,它有一个流程。另外一个角度,我想借给别人钱,那就是投资,实际是我想借给别人钱,我怎么去借给别人,这里面有什么要点,流程该怎么走。然后在建立这两个流程过程当中,要做市场模拟,实际上你至少要找一百个人来做这个模拟,就是我想借钱的个体,你希望去怎么做。你可以做成问卷,做个市场调查。另外我想借钱给别人,就是我投资,我希望得到什么,我有什么需求,我想怎么办,也要做一个市场调查,一个问卷,这两个问卷做好以后,根据两个问卷的结果来设计这个流程,它就比较有基础了。这项工作独立的一个营运部来完成它可能比较累,你可以请市场部,也可以请分公司来帮忙,甚至你可以请其他,包括投资理财部,和其他研究部都可以帮你们的忙。

——2015 年 8 月 29 日第 30 期总裁办公会议

以个体的心理为基础进行借贷

像这种软文写出去,就是怎么去了解我们的老百姓需求的。包括他要求的利率、担保形式、期限,从借钱的人,到借给别人钱的人。你就从投资者和借款人,两个角度去进行,你这个报告一旦出来,再制定流程的话,我估计就好多了。而其他一切借贷流程都是以这个作为基础的,不管单位借给个人,或者个人借给单位,还是单位借给单位,都是一样的心理,都是从个体到个体。因为它这个理论基础,在过去的很多次会议上我都讲过,世界上的所有的 GDP 总和,最后都分解到个人的头上。它是均衡的,它只不过通过不同的复合,最后分割成个人手上可以支配的财富。不管它多少个万亿,最后都分解到个人的头上,就能够具体到这么个程度。只不过有的人是在管,有的人是在支配,有的人是在消费,都会有人管的,不会没人管。它是绝对的,这一点,就跟市场均衡一样。生产出来的东西它是绝对能卖掉的,因为当废品它也能卖掉,只不过是便宜一点。或者是它被卖掉的时候,要付别人费用,就是它不可能没有地方要。这样一来,有这样一种观点,我们去解决一些具体的问题就好办了。这是讲它的市场,就是这整个流程的设计,要根据需求,根据市场,产品出来了之后就是市场部推销。用什么方法推销?通过APP、手机,还是通过我们很多的连线的,包括我们现在的联通,包括保险公司,还有很多的渠道,都可以帮我们推销这些东西。

——2015 年 8 月 29 日第 30 期总裁办公会议

加强线上运营部的工作质量

运营部现在工作已经进入程序化,在工作质量上有待加强,工作质量包括页面的设计,特别是本标的设计,在论坛上,有人已经表达了对本标上线的不同认识,当然有些不一定对,但是对我们页面设计的新鲜感,提出了很多很好的意见,比如从质量上要提高一下。提高的方法有两种,第一种就是学习,最简单了,搜集国内所有的 P2P 网站,跟我们相关的网站一共有多少,从页面上你们收集到多少,它们的变化率是多少。国际上有多少同类的网站,要善于学习,因为很多东西在自己的脑子里是想不出来的,但是一启发就想出来了。几个东西并在一起就会产生新的东西,新的方法,包括页面设计、互动、官方发言人制度,都是运营部应该做的事情,你们本身的任务现在应该很明确,那怎么能做得更好?本标在运营部的牵头下,如期上去了,但是你的内容上,还没有达到本标所应该起到的作用。这里有两个作用,一个是社会影响,一个是我们的风险,社会影响就是让所有人都知道只要想借钱、投资都去哪,本标宣传的终极目标就是那个。本标就是全社会上所有想投资和借款的人都来这,这里肯定能找得到他们想要的东西。就要和所有借贷行为全接触,我们就是把平台打好,做好我们能尽到的义务,但是信用风险不该我们承担,那是你借贷双方的事情,引导他们自己用合同解决。因为这里是我们生存的最后一道防线,我们前边的一道防线就是一一对应,后面就是本标，我们只拿手续费。这两条线就是我们的安全线，不承担什么风险。为什么现在要打上去，就是要走在监管的前面，即便出现问题，我有转移的战场，如果你没上去，新的战场还没出来的话，那就是很痛苦。现在不要紧，让我们转移就转移，我们风险都考虑到了。本标上去了，我们的战略意图就达到了，这是对监管部门的，也是对我们自己的，怎么在行业中生存下去，这一条已经做到了。

第二条就是如何真正发挥本标的作用，这就得从基础做起，原生 P2P，拿到中国不能一模一样，但也基本是这个形态。陆金所最近的消息是，从国外引进一些产品到平台上，这个刘泽汀你们要关注，它有哪些产品，我们看到了，只要我们能用，立马跟它一样，他们最多比我们早三天，我就学过来了，改个名字就行了，这个是没专利的。同样，它是从哪个网站找到的，从哪个国家学过来的，我们可以做得比它更周密，更大的范围，我们也做，学习的能力，我们不比它差。可能他们获取资源的渠道比我们多一点，我们现在红岭创投的干部应该都是最优秀的干部，我相信你们，我们招聘的大学生是红岭的未来，也都是很优秀的，不输给那些在职的，我们的忘我精神甚至强于他们，我们的个人素质也不低于他们。只不过我们的环境不如他们用那么长的时间创造出来的环境那么舒适那么协调，其他东西不输给他们。我希望线上运营部要对网站加强，要向纵深发展，要向不断提高质量发展。你们提到的用户的黏性，用户的体验，非常重要。至于体验问题，我们有哪些具体的措施，一，自己先做一个调研；二，看到别人有好的马上学过来；三，结合自己的工作怎么能够创造出新的方法。要经常思考，这样线上运营的队伍才能在红岭创投起到应有的作用。

——2015 年 9 月 19 日第 32 期总裁办公会议

对运营部工作的三点建议

运营部的报告我比较满意，反映了一个趋势，说明研究工作有一定判断基础和事前调查。我们各个部门在做任何一项决策时都要像这样把所有的数据弄清楚，这样你说出的话就有说服力。同时要补充三点，第一点运营部是我们的一级部，是我们的窗口，投资人只要一上网站就能看到我们的全部，各部门在网页上都要享有对应的一块园地。我希望运营部把各部门对接起来，这样我们所发布的信息、方法，都有具体的支撑了，我们在回答问题时也会相对准确，减少疑虑和误解，要有具体的沟通环节，运营部和各部门做个衔接。就比如互联网金融研究所有个杂志，这块是你们在管，你们有什么想法。风险管理部风险准备金的计提问题，市场部、财务部，所有部门都有相应的一些东西，都要落实。线上运营部是我们整个红岭创投的脸面，要整理下这点。第二是要对营运制度进行整理，包括投标制度、撤标制度、还款制度等等，所有问题都应该要有相应的制度来约束。投资有投资者的制度，净值标有净值标制度，把所有制度都整理一下，目前有哪些，需要增加哪些，还需要完善哪些，分三类把制度建立完成，这样我们网站对外就比较完整了。第三点我们的页面要有个持续的设计，框架设计、风格设计始终要不断改进，可能一个月一周就要改进一次。这点也要形成制度，不断完善它，让页面跟得上互联网金融的趋势和潮流，经常向别人学习，能够使运营部工作能和总公司发展更加一致，成为我们的脸面。

——2015 年 11 月 21 日第 39 期总裁办公会议

对线上运营部四类工作的要求

线上运营部实际上就是红岭创投的一张脸，跟所有的投资客户每天在进行对话，我们的线上运营部整体素质都在对外表现，所以从正常工作当中我把它们分为几类，你看对不对，有没有缺失。一个是页面的更新，就不能老是一个页面，页面的更新里面一个是功能区域的有机组合，再一个就是色彩色块权重，哪一块权重占多少，投资的权重占多少，论坛的权重占多少，一些新闻的权重占多少，实际上就是页面的比例怎么设计，这个涉及专业性，但这里面要是攻下去的话应该有一个二级室专门管页面美术的。这个页面美术里面第一步是把页面和美术搞好，另一个就是链接，就是每一个链接是跟哪个地方链接，有的是跟外面链接，有的是跟自己家里链接，而且这个功能是哪个部门提供更换的内容和充实的条件，这个不是你们运营部应该干的事情，因为这涉及面太多了，涉及很多东西。这需要我们各个部门在页面上都要有一个功能区，或者几个部门有一个功能区，又或者一个部门有几个功能区，这都有可能，要把页面和我们的管理部门甚至我们的分公司链接起来。因为有些分公司的问题你可以让分公司自己去解决，我觉得也没有什么不好的。如果每个分公司都连上以后，里面给他们一个表达的区域，分公司新闻的宣传，或者通过我们审查的宣传。就像湖北的颜泽启，我看到我们周报上的宣传，我觉得就非常好，但是在我们网站上就没看到这些东西，这些东西要是宣传出去，对红岭创投的宣传无疑是最好的。

第二个就是消息，官方的回答和公告的管理。过去我是不上论坛的，现在我也在上论坛，有些东西还是要回答的，回答的链接还是比较好的，我看有些问题立刻就有人出来回答，而且回答应该来说还不错，但这些应该归为第二块，是动态管理不是页面管理，一个阶段一个阶段在管理，但这个是动态管理，可能每天都有，这个动态管理应该有一个专门的人来管理，每天的舆情都要包括在一起。

第三个就是规则的维护与更新，经常有客户说我们的规则朝令夕改，因为我们的规则很多，投资者和每一个标的规则也很多，还有一些净值标的规则也很多，我是没有研究那些净值标，我也没有过多学习，因为没有时间，实际上这里面也是一个非常深的场所，要是研究下去的话，它就是一个单独的研究区域，所以这里面有些规则更新，往下挖的时候，这种更新是非常有重要的。

第四个就是刚刚讲的APP，刚刚项总也讲了，怎么样把它宣传出去，我更关心的是，实际上APP的开发是技术上的开发，我们是提需求的，实际上所有的需求又不是线上运营部一家提出来的，那么现在我们仅仅是投资的APP，借款能不能做APP，快借标能不能做APP，特标能不能？当然不一定，零售能不能做成APP，因为我们已经意识到手机几乎是贴近每一个人每一个公司的，如果把这个东西研究一下，并不是一定要这么做，我只是提示一下泽汀同志，要把思路放开，放开以后我们市场部也可以做个APP，也不是不可以做，你进去以后直接点一下就可以看到了，红岭市场，就是这个APP。以后我们要是有交易中心了或者资金市场了，或者有流动性市场，专门设置红岭流动，点进去以后里面全是共享。但是我们红岭创投是电商企业，是互联网金融企业，这里面所有的经营人员包括其在内都要提高，提高到跟酷虎接触的APP界面，要有这种意识去思考问题，就是把我们的东西变成APP，有这样一种界面的话，那么思考问题就是一块一块的了，红岭论坛直接就是APP，点进去就是论坛，工薪贷APP点进就是工薪贷了，当然这个都是在我们业务量相当大的时候才有可能这样做，现在还没有做到那么大，但是现在就应该有这样的思维，就像一个部门一样，很多的时候都是一个人办几件事，但是当以后做大的时候有可能几个人就只能做一件事情，那么现在就是我们从运营这个角度去思考的话，就把我们的东西变成APP，有这样的界面，思考问题就是快的。APP就是直接是红岭论坛，就是APP，大家想到的东西放一点进去就是红岭论坛了，公信贷，典型的就是公信贷了，当然在我们以后业务发展相当大的时候才有可能去这样，虽然还没做到这么大，但现在应该有这种思路。就跟一个部门一样，现在一个人办几件事，以后做大了，可能几个人才办一件事。那么现在我们从营运角度思考问题的话，对我们整个企业的宣传，对投融资整个功能的培训，等于是对每个投资者进行培训，体验店就是为了培养基础客户的，我们把这个衔接起来。另外就是APP跟我们的客服之间的衔接，跟我们电话、微信、我们客服中心进行衔接，这几个地方都是可以努力的方向，我就提这几个问题，第一个是页面的设计；第二个是公告的管理，包括论坛管理，线上客服，包括一些链接；第三个是规则的更新和维护；第四个是APP的需求输出，就是APP新的需求，包括我们零售，有个非常好的产品，要尽快把它打开，在我们网站上有的，但又有独立的APP，就是双线全上。我们和沃百富，一旦做到一定程度，就专门变成个APP直接上去，投资者点开直接进入，不需要过渡环节，这就是互联网思维。以后做很多事情，要把它集成起来，按照互联网的思路去做一些事情，我们的速度和效率会提高很多。当然，线上运营远远不只这些工作，我理解的，是不是还有什么遗漏，泽汀同志我会向你请教。今年你们线上运营部写一份好一点的总结，我看一看，也学一学，我向你们道歉，以前线上运营部我关心的不多，我把风险和市场看得更重，今年线上运营部我也来学一学，提高互联网思维，加强学习，把线上运营工作向你学习。未来是你们的，你们还年轻，把这块真正做深做透，在这方面真正成为一个专家。到任何地方，互联网金融里面或者互联网企业里面的线上运营应该包含哪几个方面的内容，应该从哪几个方面去进行努力，做一个尝试，我就说这么多。

——2016 年 1 月 11 日第 2 期总裁办公会议

关于对线上运营的指导性工作

运营的工作我一直在关注，实际上运营的工作我看成是一个中间组织，我们线上对外的中间状态，一头是产品，一头是投资者，每次所汇报的数字的变化，两头还是一方面有产品，一方面有投资者，然后他们创造出来的 APP 啊，一些工具啊，开展一些活动，使我们的营销和运营达到我们的目的，我这样的意见不一定全面，我这个意见对还是不对，大家可以一起评价，所以说我们运营里面既涉及我们投资理财资金供应方的联系和推动，又跟我们资产端包括我们寻找各种标的的这一方也要产生一些联系和沟通，这样一来才能在我们网页上找出正确的对接点，才能在我们 APP 或者其他手段和工具把我们的业务推销出去，应该讲前期阶段运营工作还是可以的，只是讲对一些页面的设计，大家也看论坛里面有很多不同的认识。对于页面的整个设计的优化，我们经常做一些变化，就增加一些佐料，搞一些红薯妹妹在上面，搞一些活动在上面，增加客户的黏性，应该来说好是很好的，这个我是支持的，但这个远远解决不了我们投资端和项目端最根本的问题，希望从你们这个地方能够统计出来一些有利于我们投资人或者寻找各种资产标的信息。我倒喜欢听现在我们的投资人有多少结构，要我们 100 多万投资人的结构，我到现在还没有听到，100 万的有多少，20 万的有多少，10 万以下的有多少，这个结构分析很重要，因为我们了解投资者的时候，我们会知道我们的方向对不对，不过努力了以后是不是能够看到这些东西，运营部可以在这方面做一些探讨和努力。另外我们大家都知道我们的快借标非常受欢迎，因为利率高还垫付，那我们的净值标在里面占多大的比重，这也要进行一个研究，是我们原始标的几倍，实际上就是杠杆，杠杆很可怕，风险点在这个地方很可怕，一旦出来的话那就是崩盘的事情，不是开玩笑的，目前为止在这方面的研究也不是很多，而是仅仅一些资料的数据的汇报和开展一些小活动，我们红岭创投这么大的公司了，更向前发展以后，各项工作也要进一步地深入。我希望我们运营部的同志对这方面的工作进行研究，要提升我们的工作质量，当你们的工作质量上去以后对整个公司形成推动和发展的作用的时候，我觉得我们运营部就真的起到运营部的作用了，应该来说做得还是非常不错的。统计资料当中我现在非常关心我们不知道的100多万人当中的结构，只知道每天增加多少人，这个数据投资理财部也汇报，我们这个运营部也汇报，当然这两个部门有一部分是交集，但整个全集是什么样反而看不出了，特别是整个投资金额的结构我们看不到，1000万以上的有多少。你们看这个组是怎么分比较合理，然后每个组是怎么变化、是什么样的，这个肯定涉及我们的利率、标的、投资人的群体。还有就是我们做牛的有多少人，你们能不能统计出来，这都是有利于我们网站整个运行的核心资料。100万投资人当中有多少人做牛，多少人是原始投资人，这些数据都没提到过，这些恰恰都很重要，我希望下次办公会要有这些，这样我们下步研究营销方面的话更加有地方使力，好不好，我就说这几点。

——2016年6月6日第18期总裁办公会议

关于线上运营部的定价问题

现在运营部的工作一直是比较细致的，也是我们讲的从网页上，通过互联网平台，通过移动端把我们的产品送到别人的手上。根据刚才汇报的分期乐购也好，一些产品也好，通通是投资端的收益。因为最终还是要有资产端，一部分变成利息，一部分变成收入，一部分变成生活费。我们新来的副总裁，我来和你介绍一下，本质就这些东西。本来要给他800块钱，我们给他600块钱，200块钱买商品，这样一来就能够开展一些小活动，和一些商城能够连起来，或者说不仅仅是去买商品，而是希望运营部和他们在做交易的时候和他们说，我到你们这边是链接了一个购买渠道，那你能不能把一些客户给我们，让他们来我们这边做些投资？这就是大客户对大客户，客户群对客户群，我给你们提供了渠道，你们能不能给我们一些客户？我们是互惠互利。人的一种灵活偏好，当你给他们钱的时候，他们无所谓，当你中间出现一个手机，一个小奖励，一张油卡，这样会比单纯给生活费更好。刚才泽汀讲到的定价问题，我们可以设一个区间，从最低向最高走，走到哪里出现风险，我们再研究。可能这样会比较好，也让投资人感觉到我们在往上走，感觉并不是坏事情。这个实际上是从我们正常的利润当中切割多少给他们，给一般投资者 10%，10% 投这个标之外，我们还有 2 个点，如果不给他们，就是我们的了，现在考虑的就是怎么给他们了，这就是一个博弈问题。那就可以根据市场的资金价格，我们吸取的成本，还要根据贷款单位的资金价格，看我们能降到什么程度，是以能够维持我们生存作为底线，我们的费用底线，养活 1000 多人，需要多少费用，在这个基础上，我们的业务需要做到多大，然后才能够产生这么多的费用，这就有基础可以算了，再往上走的话，再多的钱都是我们的了。绝对数上也可以变大，相对数上也可以变大，绝对数上可以变小，相对数上也可以变小。当然线上运营部他们不是这个专业，不是搞这个专业的，但知道是这个原理，这儿专业是计划专业所运行的东西，所以我们财务部门还是要分析一下带有精算性质的这种成本核算或者费用核算，这些要搞清楚。过去账务有些不是很清楚，已经 2 年多了，到现在还是有点不太清楚，总感觉不是很踏实，尽快把过去的账务和我们的成本算清楚，这样才能知道我们的管理起到多大的作用。再一个是运营部他们提出的页面问题，现在比过去生动多了，不管别人提什么建议，有些投资人在论坛提建议，有的对有的不一定对，你让他们提建议就行了，有则改之无则加勉。我觉得我们运营部还是很努力的，但是不等于努力就是没有不足，谁都有不足的地方，我们努力就行了。对于页面的格局，画面更加丰富，使使用的人感觉更加方便。我有一件事情非常欣慰。我有一个朋友，还有点钱，听说你现在在搞这个，能不能投？我不能盲目地跟他说我们红岭在行业排第几，我建议他平均去投，陆金所，拍拍贷，人人贷，宜人贷，红岭创投，投过以后把感受告诉我。过了半个月，他跟我说：老张，还是你们红岭创投好。我听了这句话非常欣慰。无论是页面设计，还是服务和指导，还是利率和你们发标充足率，我们这边每天都有标，有些地方充值了没地方买。再一个我们客服打电话的指导和服务都做得非常好，打电话进来，客服会指导他们怎么操作，这一点令人非常欣慰。我把我这点开心的事和在座来参会的大家分享一下。请我们线上运营部记住客户对我们的评价，在下一步工作当中越做越好。

——2016 年 6 月 27 日第 20 期总裁办公会议

3.7.2 对网页改版、网页设计、网站域名的建议

网站改版设计方案的建议

你这个缺少一个对比,仅仅是我们自己和自己对比。我希望新页面应该多参照花旗银行、美林投资等国际性大企业的页面,主要要它的风格和格式,内容是我们自己的。下周拿出多种页面设计方案,对比讨论后再决定。这样的话就是选择,而如果你们只有一个方案的话就是决策。我希望你们第一轮拿上来的东西是有比较的东西,大家看过以后就投票。逻辑链接怎么链接最方便,页面怎么样设计最简洁美观,大家可以提一些意见。现在我只知道 my089,其他的内容我都不知道。一般的投资人都不是很了解投资宝,除非是专业投资人。当我们引进了这个以后,存款就直接进来了。至于是去哪个部分,是投资部还是基金部,还是贷款部,就要根据投资人的需求来分。那就把我们的投资宝变成一个部门,或者直接把红岭的网站并入投资宝里面去,这样也行。不管名字是什么,重要的是功能和管理。能改好尽可能改好,我希望下次办公会的时候可以看到多个方案。两个关键问题,一个是主要语言的修改,第二个就是投资宝链接的修改,第三个就是逻辑链接的设计。所以先拿出来四五个页面供大家选择,一定要是世界级的。未来我们将走向世界,因此网站页面的设置是很重要的。你们可以参照银行的或者同行业的,拿出多个方案,然后还要有自己倾向性的方案。

——2014 年 4 月 15 日第 20 期总经理办公会议

对网站域名的看法

关于域名的设定可考虑两种方案:(1)维持现有的域名不变;(2)采用李志亮持有的 www. hlct. com. cn,其余域名暂不考虑。

——2014 年 4 月 15 日第 20 期总经理办公会议

对网站页面设计的建议

网站的页面设计企划部也介入。你们比较一下全世界的网站,从美术美观上看好不好看,然后是功能上,客户上网站的三个心态:仅仅看一看;想投资的;想贷款的。从这个角度看如何优化。现在还仅仅是起步阶段,其他东西暂时不要多动脑筋,以尽快的速度解决关键的问题,投资者问题最重要,关键是用户体验。这个世界,这个市场就像一个西瓜一样,任意一刀切下去这个平面就是整个世界,但是角度不一样,这是种思维方法,互联网金融也是一样的,用互联网去认识世界,通过互联网把整个世界串联起来,包括投资和使用投资、甚至游戏。

——2014 年 8 月 16 日第 38 期总经理办公会议

对网站页面设计的建议

你们的设计还是复杂了,我讲的搞三块,就是“我要投资,我要借钱,我来看看”就行了,不要太复杂、太花哨。点进去以后再是每一块涉及具体内容。

——2014 年 8 月 23 日第 39 期总经理办公会议

红岭网站的优化思路

你这个就讲是一个算法嘛。这个事情,反正我同意刚才技术发展管理委员会主任的意见,先做,能够优化的先优化,能让客户先进行使用,那些比较冷的数据先放到一边去,暂时在我们的大系统上线之前,如果讲你的大系统本身的通道就很宽,或者是本身的硬件条件或者软件条件都很好的情况下,可以就很好地把它解决,那我也是不会反对的。多一点功能不好吗?但功能也不是越多越好,它不是这样的,它如果最后点一个按钮要几分钟反应过来的话不就要命了吗,肯定就堵死了。你们做一个使用比例吧,就是低于多少的就把它拿掉就算了,你们决定一下。有些有争议的先放到边上,包括刘泽汀回来可能还会有其他的什么争议,他认为这个指标很重要的话,就先放到边上,以后再讨论。为了保证双十一和我们的网站的速度能跟上,剩下的以后再说。做一步算一步,就是“两弊相权选其轻”嘛,这样做就损失了一块,那样做速度就变慢了,那怎么办呢?我们还是抓速度更重要,那就先损失一块,有的指标先看不到不要紧,也没什么大不了的。

——2014 年 11 月 1 日第 47 期总经理办公会议

网站页面设计的思路

这个(企划部肖桂林经理:因为 6 个产品的具体业务需求还没有出来,我只是根据我的想法,和项旭副总经理沟通以后做的一个初步的方案。现在的网站是点击“我要投资”之后,就进入默认页面,就是债券融资的页面,然后在第一部分增加了 6 个事业部的标识,然后下面还是分类别,不同的利率区间、时间等。再下面就是具体的产品。但是具体的要等产品需求出来以后才能做)可以,你上去先搞吧,包括我们马上要上去的传统产品的页面,基本上是这个样子就可以,清清爽爽就可以了,但是也不能太简单。我不讲嘛,他们在设计页面的时候把全世界所有金融系统的页面都拿出来看一看,他们的理财产品页面是怎么设计的。我看过很多,包括美林的,包括花旗的,高盛的,这些都有,在网上是很好搜的。搜到以后你看看人家的画面的设计和逻辑关系、画面的布局、画面的色彩、字体都是很有艺术性的。要学习。刘泽汀一来我就讲要学习,他干的事情到现在为止没干出一件我自己感觉值得赞扬的事情。你们呢,我希望最起码在美观上、功能上能设计得更好一点。这 6 个页面加上传统页面,你们要和陆斌总监进行协调,一定要想办法。如果自己一下子想不出来的话,就从外面找两个人,好比说让一个人负责 PE,一个负责 VC,叫他们去拿方案,我们的网站给你使用,或者讲怎么合作。

——2014 年 11 月 15 日第 49 期总经理办公会议

网页改版、网页设计中存在的不足

但是也有不足的地方,包括网页的设计和链接等,你们也要慢慢提高。

——2015 年 3 月 21 日第 10 期总裁办公会议

3.7.3　对线上营销宣传活动的建议

对运营部策划推广活动的建议

现在运营部负责网站的运营，希望运营部对网站的数据进行统计分析。同时撰写发标资料。微信红包的特点只是快，在一般的企业里，这都是活动。借某个平台做活动，通过 N 多种活动都可以。把这些活动排序，分批分期推出，要花钱少，收益快，见效大。活动实际上是降级促销，降低了上线的门槛。企划部动动脑子，将 VIP 优惠卡做成序列的形式，做成带有收藏意义的东西。可举办类似于抽奖类的活动。企划部要做一些有连锁效应的东西。每当要开展活动的时候要和企划部联系，要配合着将市场做好。

——2014 年 3 月 18 日第 16 期总经理办公会议

你们写一个报告。我对这个其实不感兴趣，我最感兴趣的是高一些营销活动，让老百姓们迅速知道，迅速投资。其他的东西放一放都没有关系，不会有大的影响。你们和线上运营部、市场部研究一下，看看市场营销中能不能搞点什么东西出来。比如一个带贷款发出来以后，哪个最高给哪一个，哪个最低给哪个。这就像游戏一样，很有意义。包括投资客户都可以做这个东西，就是利率不断地变动，可以上涨，可以下降。你们可以策划一下，然后宣传一下。这样一搞就像是一个游戏了，如果常年有这样的游戏在的话，对这个网站的影响会加大很多的，等于是赌博。中国人的赌性都很强，有这种东西就能吸引他们。其实就是用投标的形式确定了利率，这也是监测市场利率的一种方式。同样也可以从贷款者方向来，利率是往下降的。有的网站上好像已经有这种游戏了，你们可以看一看，可以拿过来放到我们的网站上或者 APP 上。互联网上的东西是全新的东西，里面有很多过去没接触过的东西，但是我们要善于学习，善于利用网络的条件把我们的业务做得更好。

——2014 年 5 月 6 日第 23 期总经理办公会议

对搜索引擎营销的建议

你们找几个搜索引擎进行对比,调查后选择合适报价的引擎,什么东西都需要比较,市场会自动平衡的,找不到合理的价格就不要花钱,过去花了很多冤枉钱,现在靠5000万资本金承受30亿元生息资产,承受很大的压力。调查的面要尽可能广,把底都铲掉,整个调查完再选择,这个时候再在这个领域选择不会是最差的。有种说法叫店大欺客,我们应该迅速把自己变成大客户,迅速做大,30个分公司开业后规模很大,市场影响力会很大。要扭转谈生意心态,按市场规则来客观选择。我希望你们说的是市场价格,如果是市场价格又没有比它更优秀的,干吗不选它,我怕你们为了快,遗忘了我们的优势,一切寄人篱下。

——2014年8月16日第38期总经理办公会议

对搜索引擎营销的建议

工商银行、农业银行有没有给钱推广,给了多少?(刘:百度说平安集团推广每年2亿)说话一定要拿出依据,一定要调查过后,对自己的话负责。对引擎类的东西,看你怎么看,就是拉皮条,品牌不好再怎么拉也不行,品牌好的话不拉也行,只是有这个引擎可能效果会快点,要这么去看问题。我们每年给240万元到底值不值,它只能是在投资者输入红岭创投四个字的时候可以起到搜索检索功能,输入my089并不能让投资者上网站,域名不是它的。这件事情一定要搞清楚,不能光听他说,买东西有说东西不好的吗?平安集团一年给2个亿,我不相信,马明哲脑子进水了吗?一年240万元还说以后要涨。不理他半年,凭我们的业务量看他找我还是我找他,冷处理这件事,不是心疼这240万元,而是不能让别人压着我们走。所以我们暂时不考虑这件事情,先把业务好好发展。

——2014年8月23日第39期总经理办公会议

对宣传册和营销方案的看法

这个宣传册子上面的my089域名要加上去,让别人很容易上去,不要通过搜索引擎才能上，我们踏踏实实做自己的活，让别人认识我们，让人家跟我们交朋友，让人家跟我们一起往前走。以后企划也要注意这个问题，所有活动的关键就是要别人上我们的网站，不管是送钱也好送话费也好。这5个方案我都同意，越多越好，这本身从市场开发和发展投资人都是经常性任务，每个星期可以推出一个，不断唤醒，你们就是这个专业的，即使过去不是搞这个专业的现在也是这个专业了，至少很熟悉现在用微信宣传、用互联网宣传到底有哪些方法，任何时期的亮点舆论中心都可以拿来宣传，包括我们现在自己已经曝出来的广州纸业逾期的都可以拿来营销我们自己，大家关心的题目，无论经济的、政治的、娱乐的都可以拿来营销我们自己，整个思路和视野都打开，每周拿出一个，看看有什么东西。

——2014 年 9 月 5 日第 41 期总经理办公会议

对搜索引擎营销的建议

360 搜索和百度搜索，过去我们在百度上有历史的客户、历史的信息、历史的影响，这些客户还会在百度上搜索。百度搜索现在不花钱，过去也没花钱，但是我们在 360 花钱了以后，在里面要注明在其他地方搜索红岭创投请关注下面网站 my089，不管下面有多少个网站，my089 肯定是我们的，其他的后面搞个红岭创投点进去肯定是其他的，我已经做过这种测试，出来一大堆网站，红岭创投不知道跑哪里去了，那些网站也是搞 P2P 的，它就借着你的网站把别人引过去。现在我们借助 360，既然花钱了，我们就提示它在其他搜索引擎上包括百度的，如果搜索红岭创投请关注下面网站 my089，我就提这个建议。

——2014 年 9 月 20 日第 42 期总经理办公会议

对运营部宣传活动的工作建议

你这个问题（线上运营部刘泽汀总监：体验店的情况就是这样，接下来我汇报下元旦的活动方案，这个在上周已经发给有关部门了，我们保留了其中三项再次讨论，一个就是征集吉祥物和主题口号，一个是投资获得双倍积分,这个主要是考虑近期股市行情较好,现在投资人资金增速有点放缓趋势,想通过这样的举措增加快借的满标速度,第三个是老用户送惊喜,主要是针对一些未投资的睡眠用户推送短信的营销)我提点建议,昨天有人跟我提议,你们云南江苏开业的演出都是非常好的,质量也是很高的,为什么不把这一段段视频放在网上,就当作娱乐去欣赏,那个背景都是江苏。云南省公司开业这些东西,人家在这样的环境中去体验,对我们的网站会产生新的感觉,而这些东西你们都没有用。第二个是有一些文化的东西,这两天我一直给他们题字,这就是一种文化,就是红岭的一种精神,我们怎么去看,我们现在开始走向全国,开始一些川军、湘军都没有什么意思,越写越有一种大气的感觉,像红岭过大江,红岭伴中山,红岭朝圣,因为山东曲阜是孔子的家乡,那么山东红岭对圣人这种尊重的心情,我们到山东设立分公司,对这种优秀的文化传统是一种宣扬,我们也会做得更好,这种崇敬心理就带出了一种文化,这种文化会带领很多的投资者感觉到我们红岭的文化。我给重庆写的是红岭川军,觉得没有意思,后来想如果给重庆题词该说什么呢?红岭敬红颜,就是红颜江姐的故事,就是这样一种精神在里面,逐步把我们企业的文化树立起来,这是我们中国的传统文化,也是我们红岭的文化,也是中国人都喜欢、崇尚的一种正能量的东西,这种东西的渗透力是非常强的。所以我们运营部要考虑这些东西,不够就学,我们到那个地方设分公司了,我们给它一个什么主题,包括我们的企业也一样,做东西要有思想,有思想的东西才有生命力,才有渗透力,大家才不会忘,让大家觉得跟着红岭不仅赚到了钱,更重要的是学到了一种精神,也得到了成长,还有一些娱乐。河南的节目我只保留了童声合唱,用天籁之音伴随我们河南分公司开业,这就是我们红岭的发展,也是我们未来所追求的东西,让每一个走进红岭的人都沐浴在我们优秀的传统文化氛围中,这样的企业,成长就更加地美好。

——2014 年 12 月 20 日第五十四期总经理办公会议

宣传推广时要做成本权衡

钱都付了一百多万了那还能怎么办?一年四百多万我们在下面可以设多少体验店,那么多体验店同时宣传的话,我觉得不一定会比它的效果差,这时候需要做成本权衡。

——2015 年 1 月 17 日第 2 期总裁办公会议

线上体验店的设定方向是游戏的方向，就是一定要有娱乐性

那么线上体验店是什么方向？是游戏的方向。进了体验店就像是打游戏一样，一定要有乐趣。“看一看、逛一逛、想投资、想借款”，里面有什么故事啊，有什么博弈啊。可以搞一些小的东西在里面让大家小赌一下。我的意思就是说体验店要给人娱乐性，既娱乐人，又吸引人。

——2015 年 1 月 31 日第 4 期总裁办公会议

网上体验店的营销方式

网上体验店的营销方式，一是链接，能够链接所有需连接的用户，包括淘宝、京东都可以。第二，只要链接进来以后就不愿意走了，甚至不行了就链接几个好玩的游戏进来。这个完全在于自己做，网络空间里面你的想象有多大就有多大。

——2015 年 1 月 31 日第 4 期总裁办公会议

线上体验要娱乐化，才能吸引眼球

像滴滴打车、抢红包都是腾讯搞出来的带有游戏性质的一些奖励措施，让大家都非常感兴趣。我们也一样，如果里面的客户量多了以后，人家也会倒过来给我们钱，这是一个道理。所以讲要娱乐化，最终的生活质量提高了，娱乐的成分越来越多的话，生活质量就会越来越高。恩格尔系数就指明了，如果生活中吃穿的比例占得越多的话，人就越贫穷。我们现在就要从这个地方入手，把网上的娱乐和游戏连接起来。

——2015 年 1 月 31 日第 4 期总裁办公会议

关于活动的延伸问题

这就说明我们做活动，投资者关注度是很高的，说明搞活动是有效的。既然有这样的关注度，我们下次做活动是不是能够效果更好一点？延伸得

更长一点？通过这些参与活动的人变成我们线条继续往外的节点？要这么思考问题，这样思考的话等于我们每做一件事情都是在做一个测试。根据反应调整下一步的方向。做完以后汇报了，大家感受到了，大家就会有一个反馈，这个反馈本身就是在检查你工作的有效性、偏离度或者说最后的实际效果怎么样。好也好，坏也好，你回来以后就知道怎么修正它了。这个活动搞得不错，很敏感，下面立马有反应，以后搞活动怎么把这些敏感的点变成我们的延伸节点，让他们知道还能往外走，延伸更远一点。

——2015 年 3 月 7 日第 8 期总裁办公会议

营销时要善于搭载最现代化的传播渠道

滴滴打车也好，微信红包也好，都是传递式的，要学会这种营销方法，现在我都会发红包了，搭着这个车广告能很远。陆金所就这么发红包，一块钱你也领了，领了就知道怎么注册怎么搞了，那我们能不能也送一把红包呢？送几个亿还是几百万别人也不清楚。每天固定时间开始发，具体发多少谁知道啊。这种是有创新方式的营销，要有这种思维，整个的宣传才跟得上。手机和钱都可以送，但是换一种方式，要善于搭载最现代化的传播渠道。我觉得发红包就很好，搭载一些广告词或者目的要求的话，这种轨道非常好。

我们周总发红包的名气很大，可以用周总的名义发红包。这种营销也是很厉害的，动点脑筋。类似这种做法多收集一点。滴滴打车、淘宝等我们都可以搭上去，要想办法搭上别人已经建成的通道。自己建通道是很难的，有现成的通道你干吗不去搭个车呢？鲁迅先生讲“拿来主义”，别人有好的东西立马拿过来用。自己也要创造，别人的也要拿来，两条腿走路，我们的业务就能往前发展了。这个话不仅仅是对线上运营部讲的，各个部门都是这样。这样我们工作能提高得快一点。

——2015 年 3 月 7 日第 8 期总裁办公会议

搞活动要有重点

我谈谈我的看法，黄总刚刚也表达了我的一些意思。这 6 个活动都不错,都可以搞,但一定要有重点。这些活动不用取消,但是要有重点,最多两个,或者就一个。如果你说我这里面有两个都很有创意,效果都会很好,也可以。但是绝对不能搞 3 个,因为就 6 天,没那么多精力去搞。其他的挂在其他地方搞一搞。提这么个建议。

——2015 年 3 月 7 日第 8 期总裁办公会议

运营部要善于把网站游戏化,提高体验度

上次跟营运部讲了,要善于把网站游戏化。大人小孩老人,各种游戏都有,跟我们的业务都有关,电影也能看,赌博也能赌,交友也可以。一定要让体验非常好。你这个地方工作量大可以增加人。

——2015 年 3 月 7 日第八期总裁办公会议

3.7.4 对外信息的发布

对外信息的发布要求

第二个,对于网贷黑名单可按照字母顺序排列,方便查找人查找。关于客服部权限的问题市场部可以私下和技术部讨论,可逐级开放权限,不涉及商业机密的数据可提供给客服部。企划部负责全部对外信息的发布,由肖总负责设定如何走流程。同时,各部门如有规章制度或业务上的变动或改变,需在 OA 公告栏上告知全公司员工,否则会出现信息不对称等问题。对于有转岗意向的员工可向自己部门领导申请,通过后交由人力资源部负责转岗。

以后的信息发布只从一个口出,而且信息发布前都要有审批环节和相关制度。有什么问题向综合管理委员会主任汇报。同时,明确贷款信息模板,规范好格式。

综合管理委员会主任:各部门要明确好各流程的各项环节,落实好各环节的责任人,一个月内将流程梳理完成,交至总经办。

——2014 年 5 月 31 日第 27 期总经理办公会议

对外事务的发布流程和负责部门

你发标的依据是什么？这个不是口头讲的，我们马上要制定办法。发标的尽头就是计划部门，所有的发标都要经过计划部门。只有计财部统一对外，所有的政策都在这里掌握。然后你回去把我们今天讲的话专门制定一个完整的文件，就是发标流程的规范或者其他名称，一个正式的文件。这个文件出来以后，所有的对外流程都要经过计财部。就像银行一样，所有的对外事情都要经过这个地方。因为宣传和运营是相关的，相互之间是不可能割裂的。对外的宣传就相当于一个新闻发言人，发言人讲的东西必须经过所有的部门研究过以后才能发布，如果没有研究过就对外的话就完了。本来这个业务上有关的内容，以及我们之前遇到的平台不能担保的问题，我们过去是怎么操作的，这只是民间传说，没有正式文件。我们马上就要到北京去开会，如果这个会上明确说了，那我们就必须执行。不执行的话就肯定是违规了。那个时候我们就只能直接和投资人讲，人民银行不允许担保了。相类似的公告发布，只有经过计划部门。还有些东西明明不该去宣传，你们很积极地宣传。你宣传那些大的东西干什么？不是招致别人的嫉妒吗？不如埋头干活，等到更大的时候再发声。今天我在这里明确一下，以后不管发什么样的公告，一律要经过计划部门。计划部门拟定一个流程，然后明确每个部门都是什么职责。出口只能是一个，声音也只能是一个，如果是两个肯定是要出问题的。你这个地方只要有两种不同的东西，马上就出问题了，工作就在内耗上了。我们很多同志从各个单位来，每个人都有自己的长处，都有自己的经验，但是大规模的集团军作战，我估计我的经验要比你们经验要强一点。你们可能更适合小规模的作战，所以我现在要求你们管好自己那一块，你管多了也没有用。这里我就提这几点建议，一个是面谈的问题，一定要是主要控制人来参加，如果实际控制人来不了，他就要写委托书。因为最后和他的面谈是有法律意义的，但是他不能有律师，这不是谈判。因为分公司没有审批大单的权力，如果是分公司的权限之内，我们也不会介入；这个权限是在我们上面的，是董事会的权限。

——2014 年 4 月 22 日第 21 期总经理办公会议

对向外公告的流程和要求

不包括,但是我们可以定这个工资,这个都是有依据的。还有什么?没有的话,我提几个问题。一个就是关于官方发言人的问题,这个问题的话是我们的流程不清楚导致的,那么最典型的是公告。所有的发标流程都有所规定,所有的业务发标流程必须由项总签字,而新闻稿内容由综合委主任签字后才能发布。若未经审批人审批私自发布信息,立即处理。特殊情况可经过审批,让投资者看。

——2014 年 6 月 14 日第 29 期总经理办公会议

对向外公告的模板和制度

这个发标公告信息内容模板由市场部设计,交给借款企业来选择。然后影响他们的进度的话,就要他们自己承担了。所以我们的发言人制度,最终都在综合这里,你们要把这个制度建立起来。另外就是我们的宣传册,里面还有缺失,各部门配合提供相应的数据和信息,然后交给企划部进行设计排版。这也是对客户和投资人的一个介绍,你们想办法把这个完善一下。

——2014 年 6 月 14 日第 29 期总经理办公会议

对向外发表言论的要求

现在红岭发展到了一个关口,从央行、银监会,深圳市政府,投资人和我们的同业都在关注我们,所以我们的员工,特别是咱家办公会的人员对外说话都要注意,没有授权千万不要乱说,因为说不好就会引起巨大的反响,所有与会人员做好保密工作,一旦因为泄密导致损失要追究责任。因为现在我们公司还很弱小,才刚刚开始,每一步都要谨慎,每一步都要去思考。我们要珍惜我们的工作环境,珍惜我们身边每一个伙伴。工作上面有不同认识很正常,求同存异,我们过去的五年在 P2P 市场上有很多的经验和教训。

——2014 年 8 月 2 日第 36 期总经理办公会议

对向外发表言论的要求

网站发言人除董事长外其他部门可以委托刘泽汀，但是发表的内容必须经过办公会讨论，没有讨论的内容一律不能对外发布，我们的员工不能在网站发任何帖子。

——2014 年 8 月 23 日第 39 期总经理办公会议

对外信息发布的规则

现在我们都起步了，所以说这个公告的问题，这个协议的问题，这个公告由风险条线起草，原来就是你们起草，计划条线把关，然后线上运营发布，每个环节的签字人一定要负起责任。以后所有的公告，不能由你这个部门发起的公告由你们部门最高领导最终签字，不行，一定要跨一条线，过去我们没有在意这个问题，这是格局有问题，不是哪一个人的问题，这个是方法上面的问题，这样一来他看一下就不会由漏洞，或者说看一下能够看出漏洞，两个方法不一样，不是一个侧面，甚至于是几个侧面上来看问题。为什么需要会签，不是一个方面看问题，而是通过几个方面看问题，所有的意见和想法都提出来以后，再进行决定的时候失误就会少很多。要不然现在一搞就出现问题了，实际上大家早就可以看出问题了，就可以避免。

——2014 年 11 月 8 日第 48 期总经理办公会议

对外发布信息的解决方案

那就是刘泽汀这个口了，你这里就是“一夫当关，万夫莫开”了，所有的问题都是从你这里出去的。你们是所有的流程都有，但是所有的都没有尽职尽责，也都没有经过该经过的流程，今天我原本期望市场部门能够拿出方案来，结果没人汇报这个工作，我就在这里提出这个问题来。今后在网站上发出的任何东西，刘泽汀是出口，只有一个出口，这是对的，这个没有问题。但是从这个出口出去的任何东西你都没有权力批，你只能执行，这样的话你就没有责任了。这里面可以批的人是谁我可以告诉你，所有的高管，就是副总级以上的人有权力审批。我就在这里点名，周总、我、胡宏敏副总经理、牛冰副总经理、综合管理委员会主任、项旭副总经理、陆总，就这几个人，除了这几个人之外，其他人批无效。因为他们管着各条线，出了问题我找他们，我不会找你了。今天我在这个会上做个会议纪要明确下来，你们回去以后搞个文字的东西出来，立刻落实。以后再也不能出这类问题了。包括对外接待新闻人也一样，哪些人能接待，哪些人就不能够接受采访，就是在没有经过公司同意的情况下，独自接受外面的采访，这是不允许的。你不能代表企业，你代表个人可以，但你不能以红岭名义，这个不行，你要是做这件事就是违反规定。同样，周学彬也要反省一下，那样的语言是从哪里来的，政治敏感性都到哪里去了？以后如果是小白起草的，你们两个都反省一下，以后出消息、写东西的时候多请教一下。这个就不说了，就这样，不允许有第二次了，回去以后把制度建立起来。大家真要期望这个企业发展起来，做好，大家都能得到成长，收入都能得到增加的话，就必须遵守一个共同的规则，否则事情就没办法办好。那么这个规则的制定是大家，执行也是大家，我肯定首当其冲，我肯定带头执行，好不好？这就是技术上的出口问题，就像是原子弹起爆的密码一样，掌握在谁的手里。比如美国的总统，原子弹核武器的密码在他的手里，但是没有国会的授权他是不敢动的，一动的话就是违法的。我们这里也是一样，我们不能和那么伟大的国家比，我们只是小企业，当然我们这个小企业要有小企业的办事规则。有规则的话，大家就不会出乱子，不会出娄子。

——2014 年 12 月 20 日第 54 期总经理办公会议

建立新闻信息发布制度、设立新闻发言人的有关事项

为全面、及时、准确地宣传我公司形象，正确引导舆论，现就我公司建立新闻信息发布制度、设立新闻发言人的有关事项通知如下：

一、工作制度

1. 新闻信息发布的基本形式。涉及公司的重大新闻、信息的对外发布，由办公室归口管理，由董事长、总裁或副总裁介绍或发布各类重要信息，并回答记者提问。对于网站上的业务疑问、重要问题的解答，以新闻发言人的

名义经相关部门审核后在网站上进行答疑和回复。

2. 新闻信息发布的主要内容。主要向社会发布公司的重大决策和重要信息；发布公司重大涉外活动的新闻；发布投资者对业务、政策等相关内容的答疑。

3. 对外新闻、信息发布的工作程序。举行新闻发布会，事先须由新闻信息发布工作领导小组会同有关部门认真研究，制定方案。涉及公司业务、政策等答疑问题，由相关部门制定书面材料，交由办公室审核，经副总裁、总裁或董事长审批同意后对外发布。

二、设立新闻发言人

1. 新闻发言人的设立。新闻发言人应熟悉公司的全面情况，具有较高的政策水平和良好的表达、沟通能力。新闻发言人可由董事长、总裁授权，指派办公室的一名人员担任。

2. 新闻发言人的职责。面对突发事件，及时与有关部门协商拟定报道口径，及时向媒体、投资者介绍情况、提供信息；安排新闻媒体采访公司的有关人员；回答新闻媒体和投资者所提出的疑问。

三、管理审批

1. 对外新闻信息发布应遵照新闻信息发布工作流程进行操作，如违反操作规定，将按照公司规章制度进行处罚。

2. 对未经批准擅自对外接受媒体采访，对外回答（非授权人员）投资者问题，由稽核监察部负责查明情况，并按有关规定处理。

四、工作要求

公司各部门和各分公司（含筹）要统一思想，高度重视建立对外新闻、信息发布制度和设立新闻发言人工作，建立健全有关制度。

——2015 年 2 月 7 日第 5 期总裁办公会议

重要信息披露和投资人意见征集

还有一些重要的新闻，这点你们做得不错，一些重要的新闻基本都已经披露了。比如我们被评为“爱学习的企业”，这个你们就可以好好宣传一下，这个不丢脸，爱学习总是没有错的。那么我们的营运部要做好这一点，要和各个部门做好协调,定期和各个部门联系一下,定期发一个征询意见单,不一定要开会。如果各个部门要在网站上做一些交流和一些事情的时候,看看营运部怎么样能够帮忙,把这个事情办好。还有一些问卷,包括这次特标的利率问题,我始终想征询一下投资人的意见。这就是一个风险度的问题,我们的风险条线可以提供一个东西,风险不一样价格就不一样。甚至于我们可以露出一些想法,垫付不垫付,垫付的比例。你们要在网站进行引导,不要在网站上乱讲。有些人在网站上是乱讲,但是我们也不能禁止,只能是引导。有时候听一听他们的意见也是很重要的。

——2015 年 4 月 25 日第 14 期总裁办公会议

规则的改变必须经过严谨的程序

规则问题,我们已经屡次提出,以后不要再犯这样的错误了。当网站上公布对外规则的改变,一定要有程序,我同意项总的意见,有了程序后,就是错了也不要一个人去承担,它是经过大家讨论的,即便错了也不是一个人的失误,每个人都提出了意见,这样处理问题就客观了。公告的程序首先要有一个办法,马上运营部可以起草一个办法,就是修改对外公告或规则的管理办法,因为有的可能是运营部提出来的,也有可能是风险管理部、市场部提出。对外公布的所有东西都要有一个程序,和 OA 文件发起一样,要有一个发起、经过流程,大家通过以后,正式对外发布。

我到红岭创投的第一个月就提出这样的问题,要有新闻发言人制度,当时定的是李佳,要有人对外发布,这要经过一个流程,代表公司的意见,包括修改一些流程、规则,这样责任就不需要一个人去承担了。一个人去承担责任是不公平的,我们每个同事都是为了把工作做好,可能会有考虑不周的地方,这时候大家应该一起去承担责任,这样才有道理。

互动专区问题,我认为很好,针对性解决问题避免误解。互动专区也要专门做一个规则,既然有互动专区就要有人盯着,谁来盯,出现问题要有一个反应链条,每个节点到谁,有的可能要反映到董事长那,要有一个办法,因为要把互动专区真正经营好,而且对整个公司的进步能起作用的话,也要有一个办法,这个办法项总来定由谁来起草,起草后办公会通过,这个事情可以开始实施了。

另外红岭创投已经6年多了,积累了一些经验,像这种比较重大的事情需要请示董事长,因为他比较有经验,我们要根据他的意志来做一些调整,这样才能保证对外只有一个声音。重大事项请示董事长,意见统一后,才能够实施。

——2015年11月14日第38期总裁办公会议

关于对网站投诉的问题

网站投诉的问题我们以后都还会有。你做的越大,这种不可预见性就越多,一不高兴了,就在上面闹一通,不光分公司,总忙这边也是可能的,哪一个走了,跟那一个领导有意见啊,有的有道理,有的未必有道理,像这样的紧急事件出来了以后,包客户,分公司,总公司,因为我们现在的论坛是开放的,自由的,谁都可以在上面说,说过以后,有的说了也不负责任,反正他们是搅乱,看热闹的不怕事大,在上面煽风点火,有的是在里面起哄,这都有,但是这一起哄像我们这良民,一看以后以为真是这样,会误导很多东西,但是事实不是这样,所以在这个问题上我觉得也应该有一个针对性的解决意见,不管是客户,投资者,还是分公司,员工,还是总公司的各个层面上的干部都有可能出现这个问题,我今天提这个建议,第一我们客户中心是第一发现人,发现以后首先根据这个信息的性质,如果觉得没有依据,影响很大,立刻屏蔽,不要让它出来。江西出来了三次,第一次出来以后就不要让它再出来,有问题的就实行这种强制性的措施,这个是没有办法的,然后把这个问题报告给主管领导,项总这边,然后项总又是我们临时危机处理组的小组组长,原来定过这个东西,项总根据出现的这种问题指定那几个部门去解决,如果解决不了的话就拿出几个方案来,通过有关会议来决定解决。这样一来就对这种危机现象的出现就有一个流程了。以后再出现这种事情就有一个制度依据了,而不是今天发现了该怎么办都不知道,下次还会出现,这一点我们客服做的还是不错的,对于投资者这上面有时候乱说就把他屏蔽了,但是在我们江西分公司兼职客户经理连续出现三次,当然是我们没有制度,对它没有依据的这种报告或者影响要加以制止,因为既然是自由的,你可以自由说话,我也可以自由说话,而不要光听那些负面的人说话,正面的人也要自由说话,这样最起码有两种力量在上面抗衡的话,真正的投资者也会冷静下来看清楚,包括我们也有过一些现象,你要是不这样做的话我就在网站上公开,我经常听到这样的话,要处理哪一个人了,或者要解决哪一个问题了,然后后面就跟着一句话,就是在网站上公开,对领导进行威胁,最后不惜以损害红岭创投的影响为代价,对于这种事情,我们作为红岭创投每一位员工都有义务公正、实事求是地保护我们的网站,保护客观事实,让客观事实不受到损失,让整个工作不受到损失,让真相大白,我最怕的就是搞得不明不白的,做什么事情不明不白地指示、讲话、态度及措施,这个让人家猜半天是很麻烦的一个事情,而且在管理上不能这样,一定是要清清楚楚,是这样就是这样,你不能叫别人去猜。就刚才江西的问题我提这么一点建议,客服中心还是不错的,但是以后再发生这种事情的时候是不是应该拿出一个办法,这个办法可以实行,因为项总在这里,再不行把这个办法拿出来由大家讨论一下会签一下,补充一下使它更加完善,以后就不会重复出现了。市场部的统计资料问题我就提这两项,没有了。

——2016 年 7 月 4 日第 21 期总裁办公会议

3.7.5 舆情监测

盯盘报告要分类归纳

可以线上运营部牵头,应急办作为领导单位,需要哪些部门参加,根据刘泽汀的要求大家来参加,由刘泽汀主持,需要什么给什么,最后是要在线上运营部操作的,应急办是领导单位。盯盘的那个报告还是不错的,最起码搞出来了。最好使它归纳性更强一些,有哪几类问题,每一类有什么反应。你应该从我们的管理需要归几个类,对管理上有帮助的意见这是一类,另外一类是攻击我们的等等。每次统计都按这几个类别归纳,新出现的归为其他。面可以放大一点,我们分公司甚至都可以看。我们运营部可以把信息归纳一下,给全公司的管理带来享受,对全公司是一个贡献。好不好?

——2015 年 3 月 7 日第 8 期总裁办公会议

对线上运营部盯盘人员的工作要求

然后每天盯盘以后，每天的信息汇总了没有？汇总了以后分析了没有？一定要做到东西拿下来以后，要有一个分析报告。有事多写一点，没事少写一点，再没事就是“今日无战事”也可以。但是统计数据要在里面。一段时间以后对网上的，包括我们社区里面的，有哪几类的言论，对这几种言论我们应该分别采取什么样的对策？对提出的建议，我们用什么样的方法去进行传导和最后的落实。这些都是盯盘人员和线上运营部一个非常重要的工作。这样一来我们就从管理上有了一个正常的信息反馈渠道，有了这个渠道以后对我们的管理会起到一个非常重要的参谋作用。这个是我关心的事情。

——2015 年 2 月 14 日第 6 期总裁办公会议

论坛管理和舆论引导思路

我很支持项总的想法。遇到问题要冷静，不要人云亦云。他们为什么闹这么凶，就是要满足自己的利益。以后搞个管理员，像骂大街之类的帖子搞个规定删掉，当然一般情况下有不同认识和骂大街还是有区别的，是好的建议的来源渠道。40 多万投资人，活跃的没几个。投资了很多钱的人肯定不会希望这个平台坏。项总讲的很有道理，要丰富一下论坛的内容，找个合适时机把这个版面推出来。主要还是看看其他这种网站或者论坛有什么可以取长补短的地方，包括国外的、国内的、同行或者非同行，别人有什么栏目，哪些影响比较好，有黏性有用处归纳一下，最后拿一个方案出来。做一件事情之前，第一件事情就是调查。

——2015 年 4 月 11 日第 13 期总裁办公会议

舆情监控，扩大舆情报告范围

舆情的监控，那么这个舆情里面的东西是不是可以更加规范，更加丰富一些。对于一些不同认识方面，赞扬我们的方面，这些东西要分一些模块。

比如政策方面反映出来哪些新的政策，包括对 P2P 的政策，中央的、地方的都可以。比如这次浙江就出来一个要打造一个万亿金融平台的事情，这些政策性的新闻就要专门搞一块。还有客户对我们有什么意见都可以反映出来，有的就是从我们的客服反映出来的问题也可以反映出来。有一些好的东西，能够鼓励到大家的东西也可以讲一讲，鼓励一下大家，就像这次获奖的事情。分成几块，慢慢使内容走向规范。另外舆情的范围可以相对再扩大一点，看的人可以再多一点，我们办公会的中层干部都要有。

——2015 年 4 月 25 日第 14 期总裁办公会议

运营部重点工作内容：传统 P2P 上线；丰富舆情通报内容

舆情通报内容可以再丰富一点，你们没有分类，比如我们所关注的议标、特标进度，每天都要有进度。比如今天发了多少特标，网站上有什么反应，这都是我们比较关注的，包括传统 P2P 上去之后也一样。实际上就是每日重点，有这样一个栏目去反映，然后就是政策消息，比如说银监会、地方政府有什么消息，都可以做一个栏目，另外就是一般情况也可以搞一个栏目。就是你搞几个栏目，我们现在关注的就是特标议标，包括传统 P2P 上去以后的情况，下边都会有反应，这个反应每天要让我们看得到。最后就是舆情通报的范围可以扩大一点，可以扩大到分公司的老总，现在发的范围是哪里。

——2015 年 6 月 27 日第 22 期总裁办公会议

做好舆情监测，灵活应对负面舆论

另外，我们客服和运营在盯页面，但是力度不够，我们不仅看，还要在上面说话，但是目前组织力度不够。这点客服中心和线上运营部应该再抓起来，这个都归项总管。没出舆情的时候都无所谓，一旦出现舆情，一定要掌控在我们自己手里。枪手也罢、软文也罢，这里可以写出理论高度来，必须跟他们搞，红道白道黑道全有，反正都是讲话，但是素质高的一定要有。这个组织是靠我们的。提到哪个分公司，分公司就要有小号在上面答应，能用小号的形式搞。上面有客服中心和危机处理小组，下面有各个分公司，不然总公司压力太大,但是管理是在上面。管起来下面就知道怎么做了,比如说安徽九号问题、安徽一号问题,只要提到安徽分公司就要赶紧处理,但是不要用安徽分公司的名义,要正面去说,有理有据。当然碰到流氓也搞几个流氓来对付。舆论一定不能交给网上那些乱说的人,就是从舆论上控制那些乱说的人,这舆论一定要牢牢控制在我们手上,我过去不太在意这一块,但现在做大了要控制这一块,控制这一块很简单,网站在我们手上,让你出来就出来不让你出来就弄掉了,但是一般情况下不动他,但是要允许我们说话这就行了,你说什么都可以但也要允许我们说一说,我们有一批队伍专门在干这个的,我把四十几个分公司,每个公司抽两个人,专门来干这个事情,那就是多少人,一两百人在上面,有的几个在网站上盯的那些人、小投机分子们,几百个人上来一人说一句就把你搞掉了,然后那些帖子一下就层下去了,光靠技术上的还不行,还要靠实力上,跟他讲道理,也不是说不讲道理,现在马上我们的网站要全了,有的利息高,有的利息低,利息高的你去买嘛,风险大了那你去买风险小的是不是啊,期限长了你可以买短的,一天的都有,什么都有,不能以我们官方的名义跟他一天到晚讲这些东西,没意义,有这个东西,你买不就完了吗,他就有人去对付,在网页上自己把它做好,在这一点我们泽汀同志还是有些经验的,怎么把这个经验运用到对我们这个网站的建设上、对我们这个企业的发展确实有效这样一个道路上,我们每天都在忙,我首先讲不要懒,不懒是开始在往下发展就要有效,要有作用,我们就搞给他看真正能过改变某种形式达到某种目的再往后就是效率了,不仅有效还要快,一步一步来的,首先你要干。第二,你干出来了要有用,一开始你要生产这个东西,生产出来你要卖得掉,后来还要卖个好价格,还要卖得快,一步一步往前走。我们的工作也是这样,大家首先要开始动,有些部门还没开始动,第二个就要求要有效了,有效之后就是价值,最后就是快,速度越快越好,然后还有一个反思的过程,看看是不是产生其他的副作用,就是综合考虑,我是借着刚才线上运营部汇报完的工作,谈一些自己在管理上的想法,供各个部门在下一步的工作推进当中起一点启发的作用。

——2015 年 7 月 4 日第 23 期总裁办公会议

3.7.6 手机 APP 的运营

张总就 APP 系统问题该如何解决发表看法

我们很着急。我要在你的位置早就坐不住了。好像每个人对自己的要求和责任不一样。你年轻,我要是在你的位子上早就坐不住了,晚上不睡觉也要解决。我到红岭创投一年零两个月的时间,到目前为止,每天只睡四个小时。因为我觉得每天有好多好多事情都要在很短时间做好。因为从我来,技术上就是这个问题,到现在还是这个问题。通过需求我们看到这个问题,那我们技术上也应该能够发现不足了。就算我们现在的系统全部不用了,我再买一套设备重新开发一套,也搞完了。这是退一万步了。一年多了搞到现在还是稀里糊涂的,要有个彻底解决问题的办法。没有软着陆、有机的解决办法的时候,那就彻底解决。我到红岭来,从红岭的管理机制上怎么过渡,我是有两套方案的。第一套方案就是有机构成,一点点往下走,任何人都不伤害;另一套方案是全毁掉。我来的第三天就建立了 13 个风险管理委员会,就是怕贷款上来没地方批。做着毁灭性的准备的,后来这样顺利地过渡的话,比那样更好。红岭过去的东西没有受任何损失,好干部都留下了,有问题的干部慢慢也就离开了,员工们慢慢都在进步。这也是一个系统,比电脑系统更复杂。人脑子里在想什么谁都不知道。这些都是一个道理,做一件事情要有几个方案,这套方案不行立马换一套,换到最有效的方案上去。就像你腿上有个伤口,最后的方案大不了截肢,彻底解决问题。我们做任何事情都要有一个彻底解决问题的办法。这个系统过去我是想让它软着陆的,但是现在发火也没用,最终要解决问题。解决问题的话要找到问题的根源在哪。最终的彻底解决的方案就是开发一个新系统。设备买了,装基本的系统软件,把应用软件往上一搭就解决了。各个部门所提出的需求捋一遍,不行打回去需求重提,提到你们编程人员能看懂为止。这是关键,然后编写起来就很快了。我来一年多了,现在还是 APP,我到现在还没看到。

——2015 年 3 月 1 日第 7 期总裁办公会议

APP 要慢慢完善

APP 不管怎么样,上去了就是好事,就是进步,一点点去完善,这样就有台阶了,比过去什么都没有强多了。这一点我们技术部、市场部都是作出贡献的。慢慢完善吧。

——2015 年 3 月 7 日第 8 期总裁办公会议

APP 上线后要随时发现问题,还要有应急预案

就是现在还没有发现问题,这个推上去之后要随时发现问题。要有应急预案,这个很重要。这次我们上去之后要谨慎点,尽可能推出来的时候问题少一点,大家用起来流畅一点,方便一点。这个事情我非常关心。

——2015 年 3 月 14 日第 9 期总裁办公会议

手机移动端 APP 运营思路和目标

运营工作现在的定位也慢慢清楚了。因为现在两个 APP(安卓和苹果)都在你那,我前几天跟朋友吃饭也谈到这个手机端的运营和充值问题,怎么让手机端直接买产品,直接卖产品,现在这两个功能都完成了,这两个很重要的问题在于辅导和宣传、完善上。辅导光靠你们运营部是不行的,要利用我们的体验店和投资人,利用所有可以宣传和利用的点进行宣传和辅导,先宣传和辅导过程中肯定会收到不少认识和反馈,要及时收回这些辅导和宣传过程中的问题,及时针对性处理。最起码我们不要输给人家。淘宝网的 APP 一上去,什么基本都考虑到了。我们现在上去能否达到那个水平? APP 主要的三个目的:我要投资、我要借款和看一看,是否都涵盖了? 在手机上能够操作起来就很好了。

——2015 年 4 月 25 日第 14 期总裁办公会议

线上运营部手机端 APP 数据统计分析的思路

就是他们的统计数据来源是否客观、准确? 你在采用这个参数的时候

也要用准确的。有时候他们不准确,你就不准确。这个只是显示我们还不错。你发出了这样一个引导,但是更重要的是,我们怎么样能做到最好,我们的目标是达到百分之多少。要有这样的一个目标。如果要达到这个目标,我们还要做哪几件事,这就重要了。这就是你未来的工作了。而不是只看自然增长,自然增长量多当然好。APP 搞了以后很好,我们最终的目的是要进入千家万户,进入每个人的身边,因为每个人都有理财需求,老太太都知道去银行开账户,但是有些参数可能找到,就是七个人当中有几个人用智能手机,有几个人用手机去理财,原来是多少,现在是多少,发展趋势是多少,然后在趋势当中我们的 APP 所使用的比例,怎样提高这个应用比例,因为这个终端是今后起码 10 年,20 年内大家营销的主攻方向,就是这个手机是主攻方向,所以你们的统计是非常有意义的,但是它只是说明我们还不差,也仅仅说明了这一点,但是我们怎样做得更好,这一点上你要拿方案了。

——2015 年 6 月 6 日第 19 期总裁办公会议

3.8　客服中心

3.8.1　客服中心的改造

客服中心改造的要求

这些我都同意。但是你们在做某件事情的时候,一定要先做调查,先了解外界是什么状况。参考交易中心、银行客服中心的模板,做好客服中心的改造问题。这都是企业的形象,是企业的宣传。装修要做到一致、整洁,要看起来就是一个正规企业,这个我要求你们要在 18 号之前完成。还有员工的话术,增加人员的工作要继续进行。

——2014 年 4 月 8 日第 19 期总经理办公会议

客服中心的装修要求

这里我强调一下。在装修之前我给你们提了很多的要求,不需要豪华,只要给人一种正规的感觉,能给人参观以后很好的感觉。一定要有一种职业的专业的感觉,就是看起来很专业。以后我们的客户或者是我们的领导,或者是我们的监管部门,或者我们的朋友到红岭来参观,我觉得能看的就是这个东西。所以我们把这个搞得正规一点,专业一点。这周五的时候一定要完成,还有两三天的时间。再一个,装修的东西并不难,墙的话就是统一的材料;地的话就是铺一个地毯,然后把工作台搬进去就行了。还有就是一些话术的设计需要继续完善,要有一个统一的回答。我们现在有没有一个语音回答?就是让你去选择的。

——2014 年 4 月 15 日第 20 期总经理办公会议

建立客服体验环境所需要考虑的问题

这个事情就是要建立一个体验环境,怎样建立?边上要不要老师,如果没有老师就单独开发一个体验环境就行了,如果需要老师的话,老师从哪里来,在哪里建立,需要多大的场地,有这个可能吗,首先是这个问题,不是提出这个问题不解决。你的建议有吗?

——2015 年 3 月 7 日第 8 期总裁办公会议

3.8.2 客服中心的话术

客服需要话术,并不断改进

我们整个的客服应该有一个话术,尤其是回答每一个客户提出的不同问题的标准解答。这个话术的版本可能需要不断地进行充实,不断进行改编。这些东西都要背下来,背不下来的话对着念也可以,只要能立刻找到答案就行。这个问题上周我们在董事会上就提到了,你们现在在最前面的是多少人?

——2014 年 4 月 1 日第 18 期总经理办公会议

客服话术的回答、收集和制定

那么我们的客服人员需将客户每天常问的问题统计下来,再进行归纳总结并制定相应的应答模板，回答应简洁易懂，然后想办法向电信局申请五位数的短号码，一般到一定规模以后就是五位数的号码。像一些大的银行的号码都是五位数。这个东西去申请一下，看看需要多少钱。另外标准答案的话术，我们要再研究一下。我们要对客服人员每天遇到的问题进行统计，对这些问题进行分类，然后我们对这些问题进行统一的回答，最后就是交给客服来回答。这是一个很细致的工作，一定要搞好。以后我们对外的客服非常重要，因为它关系到我们对外的问题。我们在后面的设计上也要注意，一线的人回答不了问题的时候，他的主管要能回答；如果他的主管回答不了的时候要有其他的专业人员来回答，包括我们所有的专业人员都要能回答。这个工作的开端就是同业的学习，就是同业经常会提哪些问题，他们经常会遇到什么问题。另外就是我们自己对遇到的问题的记载和归纳。做一件事情之前要调查清楚，你对情况还没了解情况之前，不能随意去攀谈。一旦攀谈错的话就很麻烦了。所以你们要把这些东西都准备好。

你现在要总结出来是什么问题，然后对提得最多的问题，有多少权重。提得最多的问题就要越精炼和准确。我们平时的客服人员就要背这些东西，如果回答不了就拿本手册，只要能回答下来就可以。这就要求我们的素质，要有提高，这要靠我们平时的学习。在我们这里的客服，即便以后有工作调动，或者到其他地方当客服，大家都会欢迎。所以公司培训员工和国家教育是相通的，企业的员工就像自己的孩子一样，都是这个企业的孩子，这些人都能成长起来的话，就要关心培养、约束、相互培养、相互支持，这样的话大家就会有一个好的环境，在一起的工作就会很愉快。只要每天进步一点点，一年下来就会进步很多。

——2014 年 4 月 15 日第 20 期总经理办公会议

对于修改网上与投资人协议的话术的意见

两个话术。1. 投资人通过红岭投资项目成功以后，红岭在该笔贷款清偿之前仍然要进行严格的贷款管理，然后对投资人的资金流向、借款用途予以监督，一旦发生了任何借款人不利于还款的迹象，为了保证投资人的资金安全，我们平台可能会宣布提前到期等措施来收回债权，收回这个贷款，所以就需要投资人进行债权委托，这样，既是保证投资人资金安全的需要，又是保证红岭网站平台安全稳定的需要，因为平台也承载着垫付的风险，有了平台的安全才有投资人自己的安全。主要目的就是强调我们平台的稳定和投资人资金安全的相关性。我觉得也不用说对这个投资人强调过多的拘束，强调法律上的解释，只要用投资人更多能够接受我们、从资金安全这个角度来说明。2. 项总的三点：第一个就是说，要进行贷后管理。如果说没有管理权，就不能进行贷后管理。第二个就是说偿还这个钱，如果借款人不能按时还款，我们要提前处置债权，这个我刚才在这边也有体现，第三个就是说，一旦逾期的话我们要垫付，然后要代理投资人进行处置债权。就是项总的这三点。

这样吧，我这个意见，把这两个话术统统保留，对于不同的对象，用不同的方法回答。选择，因为这两个都没错，对吧。有的人可以用口语化回答的就要口语化回答，如果需要逻辑性强一点的，就用这一套，大家都没问题。还有就是，把这个委托给我们，我们可以处置，这个法律的基础是不是已经牢了？

建议两种话术均保留，项总的话术为标准话术，青云准备的可口头解释。不再上会。

——2014 年 5 月 31 日第 27 期总经理办公会议

客服中心要专门设立研究话术的岗位，进行话术调查工作

这个话术以后要形成专业性，不仅仅是自己编，更重要的要参照所有有这种话术的企业的模板，包括苹果的，工商银行的，所有 P2P 企业的模板，这个要去收集资料。搞任何一项研究之前，第一项就是要搞一个调查。如果这个工作没有做的话，后续拿出的东西一定不在前列。只有知道了所有的情况，再去制定我们的工作方案就有基础了。回去以后，我们客服中心要专门有一个话术室或者是专门有一个话术岗，就是研究话术。他们的日常工作就是搞调查，调查过了以后，把其他相同有话术的服务单位的话术拿过来。哪些就是直接可以使用的，哪一类的问题可以直接参照，哪些东西需要通过修订，你就有一个对照物、一个参照物，你做起来就会快得多。拍着脑

袋空想一句话，那就很费很大工夫。这是我给你们的一个建议。

——2015 年 2 月 7 日第 5 期总裁办公会议

张总要求客服中心对标准话术整理成册

这个要印出标准的话术，这个工作还没有做？你的整个质量的提高从哪里开始？一个客服中心连一本标准的话术都没有？你一天到晚培训什么？站姿？这也很重要，但是更重要的是话术，用标准的回答方法让他们回答投资者所关心的问题，这才是你们最重要的东西，这些东西迄今为止没有听到你们的汇报。下周把标准话术全部搞出来，印成基本的册子，办公会上人手一册。然后大家提意见，看看你们的问题是不是有质量的问题？在培训时候的内容是不是有真正的东西在里面？我知道整个苹果服务中心的话术培训，还有工商银行后台服务中心的话术培训，那里面的难度和对员工的要求，包括普通话，包括对问题的反应，包括转接，这些东西完全是有程序的，过去我没有顾及这边，现在人慢慢多了，这边的管理也需要加强。就从这个地方开始，做出一点实质性的东西。我相信李军同志回去以后会把话术好好统计一下，只要你的部门人员和队伍好好整理下，在我们的服务方面有一个实质性的提高，我相信你们，我就讲这些。

就是红岭创投客服中心标准话术，一册一册的，每个月都要有一期。每增加一个规则就要增加一个话术，慢慢就会变规范了。到年底的时候拿出来一本东西，这就是财富。

——2015 年 3 月 14 日第 9 期总裁办公会议

话术解决客户问题的思路

当时就要有个处理，有的话术当时就回答了，或者立刻转到其他部门去，至于问题到最后解决的程度那就是跟踪了，但是当时是用什么办法解决的？

（根据话术），话术够用那就可以，不够用就要补充，因为工作都是从第一线，从调查，反映过程中发现我们工作中需要完善的东西。发现了这个苗头以后就要跟上进行完善。你们要求各个部门给予话术解决问题要有文字的东西，然后他们回你的东西也要有文字的东西。这样一来的话就有记载了。而不是给你们口头讲讲，你们回去自己编，否则就不一定准确。

——2015 年 3 月 21 日第 10 期总裁办公会议

标准话术制定和运行思路

就是一定要有文字的东西，要有标准版本，这样的事情以后肯定是经常的问题，就是要求把什么问题总结成标准话术，然后他们帮你搞。搞完以后你们根据回答习惯修改下，采用客户能够快速直接理解的方式回答，这样的话术才能固定下来。以后我们就要看到你每个月增加了多少条话术，你解决的问题多，可能你增加的话术就多，问题越来越复杂，话术的种类也越来越多，这都是我要跟踪和考核的数字，还有你刚刚汇报的每个人接待多少人的数字，这个是用来设置你客服中心卡位和员工数量的基础，但是只是一个单一的，你找个可比的单位，或者是苹果的售后，或者是工行的售后，跟它们比，它们一天是多少话术，它们配备了多少人，这样才有意义。不然没有意义，你只能是自己跟过去比。但是科学的配置本来是多少人，你们要搞清楚，这样做事就有个依据了

——2015 年 3 月 21 日第 10 期总裁办公会议

标准话术用于电子导航的思路

这个都有现成模板，有些问题可以用标准话术，用导航就可以解决，就是电子回答了，不需要人工回答，那会节省很多的人力。统计的目的是发现那些带有规律性的问题，把那些带有规律性的问题把它做成模板，然后通过在导航中用统一的语言回答了。哪个话问得最多，就把它变成标准话术，放上去就行了，这也是个生产过程。以后你的工作方向就是这个方向，慢慢使你这个话术越来越充分。

——2015 年 3 月 21 日第 10 期总裁办公会议

话术完善的思路和方法

客服中心这周这个话术拿出来了,不管它是否完善,不管还有多少问题,这个执行力还是值得肯定的。因为客服中心在过去不突出,实际上是个非常重要的部门,之前它的业务量还不是很大,就没有放到很重要的位置上。现在变成一个独立的部门了,也变得很重要了,那么过去管理的方法和态度和队伍的本身都需要极大提高了。那么怎么提高,这边从公司层面,肯定是全力以赴支持,需要改造及立刻动手,一定把这个地方搞好。因为这里也是离客户最近的地方,包括 QQ、话务,还有其他的问题,都是要通过这个环节来进行落实和改进的。然后使我们公司的服务态度、服务质量、技术含量、影响力都得到提高。客户中心已经放在整个的公司管理中非常重要的环节,所以你们的担子很重,不是像过去那样轻轻松松的。上次讲的话术你们一个星期就出来了,实际上里面还有很多的问题,我不提具体的问题,我希望你们能借鉴一些大的公司的话术,参考一下、学习一下。包括电信局这样的公司都有,就是稍微大一点的公司都有话术。我们是肯定要有的,印书的话可以就用这样的,或者加上编号。这个话术是每天都要增加的,甚至于要有一个活页。就是加一个东西就马上放进去,每一个人除了有一个固定的,还要有一个活动的,然后到年底的时候再把这个合到一起,把前面的加厚。语音部分,用电子版回答的部分,那就是通过我们的调查,我们的客户回答比较多的,而且问题回答起来比较简便的,就变成标准的回答模板,这样是很简单的。我就讲你们的话术部分有东西出来了就是很大的进步,但是出来了以后要能够完善它,真正能够使用它。使我们在教学、在培养人才,在整个普及我们的 P2P 的知识,以及这种金融脱媒的各项业务的时候,这个就能够完善了。现在在培训我们客服部的员工的时候,每个人的手上先发一本话术,就是一本教材了。这是一个积累经验和知识的过程,有问题也不怕,有问题我们正好改掉。这就是我讲的话术的部分。

——2015 年 3 月 21 日第 10 期总裁办公会议

3.8.3　客服中心的管理

对客服装备和素质要求

现在都是打电话,要全部换成耳麦。然后立马把人数扩到30人,你们可以出去招聘。这些人的素质不要求很高,普通话标准,大专以上学历,主要考虑的是记忆力和口齿。办公地方的话是这里吧?

——2014年4月1日第18期总经理办公会议

对客服管理及转线流程的要求

这个客服部的工作拖得时间太长了,应该重视起来,只有重视才能迅速地完成,明确办事的几个要素:(1)做什么,(2)谁去做,(3)什么时间完成,(4)完成之后的奖惩,这样思考就能让事情的效率更高。客服部的墙上的装饰和标语由李双双负责监督执行,在明天晚上之前完成。关于话术的问题,因为我们没有看到话术的分类,你们应该清楚,这些东西怎么转机,转线的流程一定要建立起来。不建立起来的话客户会失望。公司的信誉就是在一件件的小事上建立起来的,你想感动别人就要先感动自己。话术仅仅是一般性的问题,特殊型的问题就要往上转。贷款业务方面,你们风险部门回头再检查一下,提出完善问题,看看能不能有完善的地方。

——2014年4月29日第22期总经理办公会议

对市场条线客户中心工作的建议

市场的第三块就是服务,客服中心,到目前为止综合管理委员会主任刚才还说他网站上了半天到现在还没上去,我的一些老部下到我的办公室来也跟我说,上不去,最后把技术部的人请过来最后才上去了。那我们那么多客户哪能想到要技术部门来提供服务,技术部门就那么几个人不可能都让技术部门来解决。那么我们解决问题的方案有没有一个流程,如果遇到这个问题怎么解决,就像话术一样,也有个解决方案,这个解决方案可以在话术里表现出来,也可以以文字的形式表现出来,我们的客服部门应该熟练地掌握这些东西。比方说身份证注册了一次到一半,下次再也注册不进去了,这个是遇到很多的,哪个地方卡住了就进行不下去了,下一次就怎么也进不去了,这个技术部门肯定可以解决,遇到不同问题怎么解决要拿出一个方案来,拿出一个方案来交到我们市场部,需求还是要我们客服部门来提,技术部门开发完成后交给客服部门,由我们的客服部门去辅导,但是这个机制没有建立起来。现在提出这个问题,我们客服部门提出需求交给技术部门,按照这个要求一条一条解决然后反馈给我们的客服部门,客服部门感觉可以使用了就向外推广了。不要遇到连我们综合委主任也上不去了,我也上不去,最后我还动了点脑筋才上去了。注册的指引不清楚,如果遇到什么问题怎么倒回去也不清楚,我想我们的客服部包括线上运营部这种需求应该要提出,技术上由技术部门解决,但是指引不清楚就是我们的事情了,把情况描述出来,然后交给我们客服人员对外不就可以了吗?

——2014 年 9 月 20 日第 42 期总经理办公会议

张总对客服中心的工作要求

客服中心我讲下,客服中心在下一步的发展中越来越重要,过去投资人少,而且很多都是周总的朋友,那些论坛里面说话的都是过去周总关系很好的朋友,但是现在随着网站越做越大,一般的投资人也越来越多了,跟过去所提出问题的类型也不一样了,这样整个的服务质量需要有所提高了,解决问题的种类也要多了,我希望听到以后客服中心在汇报问题的时候,每次把一周所提出的问题进行归类,归类以后你们是怎么解决的。至于这些事务上的东西不要汇报了,我们的话术有多少条?

——2015 年 3 月 14 日第 9 期总裁办公会议

(客服中心和相关部门)接到客户问题要按“四要素”办

第二点我要讲的就是客服中心的任务可能会越来越多,因为有时候它发现了问题以后要转给各个部门,有时候可能就直接转给领导了。专业部门当接到客服中心所转发的客户问题的时候一定要在第一时间给予回答,因为这是我们在第一线上最重要的东西,否则的话就会引起投资者和借款者对我们整个企业的不满和对网站的不满。这点我希望我们客服部当接到客户的投诉或者是听到客户的反映以后,立即把这些东西发给相关部门,然后我们相关部门的领导们在看到这个东西以后一定要在第一时间进行处理。可以是我们正在研究或者是我们正在处理,就是说不能把它断掉。到最后如果没有处理好的话,我们在追究责任的时候,就知道追究谁的责任。一旦没有责任,这个事情就散了。这个责任包括是谁负责,在什么时间做都要有。任何事情都有四个要素,首先是谁去办,干什么,多长时间完成,怎么奖惩。四个要素明确了,张宇去干,这是张宇的职责;干什么告诉我,乱干还不行;然后是多长时间完成,如果在规定的时间内没有完成,那就是我有问题了。

完成以后给我什么奖励,如果我完成得好的话,那大家给我们什么样的评价?是肯定还是否定?本来是要扣你工资的,现在不扣你工资了,还是给你加一些?等等,各种形态都是对你工作的认可。这四个要素一抓住,所有的工作肯定都没有问题了。而我们很多的东西往后拖就是因为这个。很多东西什么时候完成都不知道,一直往后拖,不知道什么时候完成。所以切记有些东西是要有时间性的。无论是客服中心还是投资者提到什么问题转到相关部门以后,相关部门一定要在第一时间内给予回答,包括我,肯定是在第一时间内给予回答。这样一来,作出迅速的反应,企业的工作质量才能让别人感觉到,这样别人对我们的信任度才会提高。这是客服的处理。

——2015 年 3 月 21 日第 10 期总裁办公会议

(客服中心)统计分析,岗位重设、话术重新制定

第三个就是客服中心的统计分析。你们的几个岗要重新设,你们的话术也要重新制定。我们有很多的部门慢慢变成大部门了,现在可能是一级半部门,但是可能过段时间就是一级部门了,这是肯定的,那下面的室怎么设,怎么去研究,这可能都需要动脑筋,都需要去做的事情。原来像游击队做法的人都要培养成在这个领域能够作一点贡献,作一点表率,能够让别人

来到这里看到这些东西都给予一些任可和启发这样一个部门，那就不容易，肯定要作出一些努力，没有一些努力是肯定不行的。所以讲，你们比过去进步大多了，但是还差得很远。不是你们不努力，也有方方面面的客观情况。首先，原来这个单位很小，知识就够用了，现在的业务量变大了，你们的知识就不够用了。那么不够用了就要提高，短期内提高不了的话就要添人，还没有变化的话就要换人，这是要符合整个公司发展的需要进行干部的培养和安排。原来一个单位一个人就可以指挥得了了，但是像现在大的单位就需要能够指挥几百人的人才能搞得了，这不像是懂一个技术不行，还要能够指挥得了，这牵涉到的人和素质就慢慢出来了，这不是谁行谁不行。当然，如果能够跟上业务的发展，我是最喜欢的。从我到红岭创投开的第一次办公会，我就说过一句话：一个都不能少。我们在一起工作一个都不能少，大家只要努力，我们都能够团结一起，遇到了困难大家共同克服。当然客观情况到现在，还是少了一些人，这些少的都不是主观上想让他们少，我从来没有说过：不让他们干了，这种话，尽管有时候批评，最后都是他们自己感觉做不了了，当然我们也只能尊重他们的意愿，尊重他们自己的选择，既然在一起，想做得更好一些，那么现在不仅仅是网站今天 325 亿元，也就是今年不要 3 个月的时间增加了 125 亿元。去年年底是 200 个亿，现在不到三个月增长了 125 个亿。125 个亿不到 25 天，这样又创了新纪录。上次运营部搞的那个最后一个 50 亿元用了 53 天，那么现在这个 50 亿元用 53 天都不到，这个速度又起来了，最后有可能是一天就 50 亿元。按照这个速度，到年底突破 1000 个亿是肯定的，没有什么悬念。因为按照净值和快借加起来一共是 3 个亿一天，300 天就是 900 亿元。现在还剩接近 300 天，所以这个目标肯定是能够达到的。而且我认为不出问题，肯定没有悬念。现在净值和快借基本是 6 倍的概念，如果增加 1000 亿元的交易量，就是 160 亿元，估计年底代收要增加 160 亿元。我这不是乱讲，到年底应该是要突破 200 亿元。我们现在分公司开业才 6 个，还有 29 家，马上还有一些符合条件但是我们还没设，比如沈阳、呼和浩特等等，年底到底多少个分公司，我们也不清楚。二级分公司的概念一推开，就更快了。完全有可能达到。所以对于客服中心，把这个作为专题来讲，例如话术的问题、应答的问题、内部管理和提高的问题，三个方面希望客服中心，你们的领导班子回去研究一下，把你们的队伍带好，带起来，变成一支能打善战的队伍。

——2015 年 3 月 21 日第 10 期总裁办公会议

客服中心管理类比较参数缺失

客服中心上次话术的问题得到了表扬，我们各个部门都要有这样一种精神，错了就改，不懂就问，不要偷懒。当发现我们身上的不足以后，立刻改正。现在客服中心从管理上很明显开始起步了，过去可能基础比较薄弱，业务量也小一点，客服本身很多专业的问题逐一都要显现出来，对我们的客服管理人员的要求也需要逐步提高，刚才李军同志报告的很多数据，这些数据可以跟我们过去比，但是同业做过比较吗？包括我们客服中心的设置，每天都多少电话？要配备多少个人？要回答多少个问题？里面有多少种类？有参数吗？肯定没有！

那么我们相同的、近似的这些客服部门的规模，我们现在 140 个卡位对不对啊？不一定对，这都要有参数，我们很多的工作都是缺乏参数，只是讲今天比昨天好一点，横向没有比较，只有自己的纵比。要学会横着比，跟你相同的人做同样的事情时，你比他强还是比他弱，强在哪？又弱在哪？找到了自己的弱点和不足，我们再去学习、补充、完善、进步。红岭目前肯定有自己的长处，我们的员工队伍和管理干部尽职尽责，大家都在努力，都慢慢形成了以企业为家的习惯，我们各个部门晚上加班也非常辛苦，而且有时候批评重了大家也都能理解，都知道现在是非常时期，这个品质我非常欣赏。

我从客服中心讲开主要是讲一个比较参数的问题，各个部门都要有一个比较参数，一比较就知道自己哪里做得好，哪里做得不好了，进步也是比较出来的，我们平时在搞统计数据、收集原始资料、在网上浏览的时候多个心眼，涉及自己领域的文章尽可能多涉猎。互联网是个新的行业，我们要不断地总结经验，我们往前迈一小步，对这个行业的发展都是有意义的，因为过去没有，包括我们的话术也一样，对互联网金融，对网上的投资这些话术都是有意义的。对于有多少条、多少个电话，多少个量，多少个卡位，这些东西我觉得客服中心回去跟相同的单位或者近似的单位搞个调查,然后看看我们的设计合不合理,140 个卡位能够容纳多少个电话,多少个 QQ 和网站咨询,我们的网络有多宽,现在电话能容纳多少条线?

——2015 年 3 月 29 日第 11 期总裁办公会议

客服中心工作量化方法和量化参数问题

我接着综合委主席的话讲一下。他讲的问题也是统计参数的问题,我第一个要问,一个人一天的满负荷是接多少个电话? 有没有参数? 如果没有,你们找一下这个参数。根据这个参数才能定到底需要多少个人,而不是拍脑袋来想。接多少电话,处理多少 QQ,处理多少问题? 因为客服中心的这个工作是可以量化出来的,那么你去看同样的客服中心,一个人的满负荷量是多少? 这个工作量很重要。你有了这个参数,后面就好办了。现在一共有多少工作量,需要多少人,这是很容易就算出来了。如果你没有跟上,那就是你们水平不高;如果是跟上了,超过了,那说明你们的效率高。我们可以和任何一家比工资。作为一个管理者,怎么样去合理地调配劳动力,提高你们的效率,这是你带着团队展示你们能力的一个舞台。如果到最后你找不到这个参数,我就要派人去找了。一旦我找到了这个参数,我就要按照这个参数来削减你们了。多了的人也是分这些钱。因为这里面的工作是有它的特点的。刚才综合委主席讲的就是从时间统计的规律上,微信一般下午的时间密集度最高,吃饭、睡觉的时候比较少,这都是有规律的。同样,别人打电话来咨询问题也是有规律的,什么时间高一点、什么时候低一点是有规律的,就要合理安排工作人员。同样,这里面要有一个参数,就是最多是接多少,同行业最多接多少。或者是一个平均数也可以。这样对于我们应该有多少人就有一个依据了。

——2015 年 4 月 4 日第 12 期总裁办公会议

领导管理能力需要进一步提高

我们客服中心的管理空间还很大,差距也很大。主要领导人的认识水平、表达能力和逻辑思维能力都需要进一步提高。因为你们已经是一个一级半机构了,以后可能就是一个一级机构。那么这个地方干部的素质就要达到一定的水平。

——2015 年 4 月 4 日第 12 期总裁办公会议

抓住重点工作、动作准确的管理思路和方法

一是我们客服中心目前工作的内涵很多,就是你们的工作的具体分类要明确了。有哪几个重要工作,这几个重要工作怎么去解决,这些东西每周都要汇报。如果第一步的内涵还没有理清楚,就先把这个理清楚,清楚自己的重点工作是什么。如果不懂不要紧,可以去学习,去相关部门请教。在有客服中心的单位去请教,这就需要你什么时候都把工作放在心里。我们客服中心如何提高自己的管理能力,起到自己应有的作用,也是很重要的。

二是动作的准确问题。其他部门也有这个问题,就是这个认识和动作要做准确。一个动作做了以后多其他的事情起不到多大影响的话,这就不是一个正确的动作。要先找到关键动作先做,其他的放一边去。客服中心现在最重要的事情是什么? 我要看到。看到这些问题以后,我们才能帮助你,你和你的队伍才能成长起来。如果你自己还没有看到这些问题,边上的人不在其中,你应该是最清楚问题的。这一块的熟悉程度你一定比我高,人员是什么时候进来的,工作怎么分配你一定是更加清楚的。所以动作一定要准确,如果不确定的时候也可以请教,包括在办公会议上你也可以提出一些问题,大家看看怎么办。

——2015 年 4 月 4 日第 12 期总裁办公会议

客服中心工作量和员工人数决定办法:饱和度参数横向比较

我现在关心的是你们的业务量和同行的比较,一周搞定。下周汇报的时候要搞定了,参数饱和状态多少要决定你们要用多少人,多少工作量。计算出以后人才培养就高效很多,可以抽出更多的人来搞复杂的。

——2015 年 4 月 11 日第 13 期总裁办公会议

客服中心话术和参数管理问题

客服中心我最关心的就是话术和参数,抓紧时间把它搞出来。有些东西往后推推不要紧,有些是不能推的,这涉及整个的基础管理。你把这个抓好后面所有东西都有根了。话术的管理是对客户的,参数的管理是对我们的员工的。把这些有机地结合起来,客服中心的管理才能管到关键问题上。

——2015 年 4 月 11 日第 13 期总裁办公会议

客服中心横向比较,人均电话量少,人员偏多

下周完成微信这一块。客服人均电话量比较少,说明人现在偏多。我们跟那些小 P2P 没什么好比的,跟平安和陆金所比我们负荷是轻的。不需要那么多人可以先不上岗,储备一些人可以,要储备多少你们来定。劳动力运用不是越多越好,人多了是比着松散,这样很不好。以后再汇报这个,把红岭创投和其他公司放一起,可以一眼看出来。

——2015 年 4 月 25 日第 14 期总裁办公会议

客服中心管理内容:均衡负荷、微信客服开发、处理问题和反映问题

看这个工作量现在人是很多的,负荷是不满的,管理上有问题。你跟人力商量下多余的人怎么处理。你这边主要一是均衡负荷。你这边的业务量到底需要多少人,负荷有多大。业务量是往上走的,根据往上走的这个斜率,你的人跟得上就行;第二是微信,最好下周完成,有困难再说;第三客服中心,一是处理有关问题,二是反映客户提出的问题,解决不了给各个部门,客服中心也要像运营部一样,建立和各个部门联系的渠道,定期也可以有一些问询、告知、签报的东西,横向之间的渠道要建立起来,才能把客服有机地和公司联系在一起。

——2015 年 4 月 25 日第 14 期总裁办公会议

客服中心工作量和人员配置管理

你不要大概,以后要有文字材料汇报上来。要在办公会上让大家都听到,这样第一是要知道你的工作量,二是要知道你的进步和工作负荷。这样对你的管理是有好处的。所以以后汇报工作,基本情况我要了解,你现在是80人,现在对外工位你讲是68个,实际上不是68个,实际有多少个,就按照最多对外的工位,每个人都要对应到位,我是要去检查的,如果不是这样的话,那就不好了,这个要实事求是。你这个地方人员是不是有富余,富余也不要紧,等于储备在你那里,我们现在都要有数。因为我感觉到每次去客服中心去看,你们的工位是没有那么多的。

所以说你这里边储备的人员应该是多少才对,这些储备人员怎么才能够提高,你原来的工作怎么能够更丰富一点,让客户感觉这个东西更多一点,好不好?下周汇报你要搞清楚,一定要全部是真实数据,你一天要统计,上岗最多的时间是从几点到几点,多少人,清清楚楚,你要画出一张表来,我就看出你的整个平均负荷了。人数就是权重嘛,总量不就出来了,一除大概就知道平均负荷有多大了。当你知道平均负荷以后,你这个地方要配置多少人,就好安排了,然后剩下的就是多出来的,怎么去培训提高就知道了,你们最好这周先把这个东西组织一下,调整一个合理的方案,然后到下周再进行汇报的时候,一下子让大家都明白,这是最好了。

——2015年6月27日第22期总裁办公会议

对客服工作的几点看法和认识

客服中心这个事情,上次我为什么要说一下这个整个的人力负荷。因为像二线部门没有一个具体的考核指标,对没有考核指标的就是以固定工作量来进行考核的,就是三个小时要有,就是每天有三个半小时是在干活的,这样这个岗设得才有意义,要不这个岗就设得没有意义,我就要并了,这是从管理这个角度来考虑的,节约这个劳动资源,节约整个公司的管理成本,同时这个人不能太懒散,一懒散的话他会相互影响的,一没事的话他会干其他事,干其他事的话会影响其他人,对整个管理不利,客服本身从某种意义上讲技术含量不是很高,就是他的可替代性跟其他岗位比要强一点,那么工资也相对要低一点,在这个方面要求管理更加严格,因为在某种层面上是公司的脸面,看不到你的脸但可以听到你的声音,也是一种服务,这个服务的话从内部的管理到标准话术的制定到一些随机问题的回答,都是每天都会遇到的问题,现在从客服中心的体系建设基本上是完整的,每个岗位的负荷不一定均衡,管理上很重要的一点就是负荷要均衡,因为均衡的话才好管理,不均衡,干得多的人就不舒服,人在一起比就是这样比出来的,如果确实技术含量高,别人干不了那没话说,如果我干得了那还有什么话说,从管理上心里就不太舒服,这个均衡管理对客服中心从科学管理上来讲是一个很重要的量化指标,所以我跟李军你讲不是要增加或是减少你的人,因为让你这样一个主要的管理者知道你所管理的部门里面哪些东西应该怎样做它才是科学的,哪些地方自己还不知道,最后很盲目,有些地方不科学,自己还不知道,现在知道了就好了,知道了你就会适时去调整每个人的人均负荷,然后提高每个人的工作指标,从而使客服中心在我们整个红岭创投业务发展过程中能够起到它应有的作用。我就是这个意思,所以说很多对人力资源上的管理啊,包括架构啊,这个人力资源部还是要经常跟你们联系的,这个架构的设计,里面岗位的设计,一岗多人,一人多岗这种东西的安排是否合理,这个人力要一起研究,必要的时候指导,当然各个专业上要有各个专业上的特点,要尊重各个专业上的安排。很多工作有一个人商量比没人商量要好,哪怕就是有不同认识,听了以后也会补充认识,让你完善。没什么坏事情,好不好?就这样吧?

——2015 年 7 月 4 日第 23 期总裁办公会议

3.9 财富中心

对财富中心的建议

还有线下的财富中心,集团客户想投资我们网站,怎么投资?这是二八定律二的部分,重点客户也要联系,也要抓。要有实质性进展,跟上面谈不好，跟中间谈，还可以发点宣传折页，到每个证券公司发发，必须每个层都要谈，先铲到底，找到最终的需求者，再慢慢往上走。

——2014 年 8 月 30 日第 40 期总经理办公会议

对市场条线财富中心理财产品的要求

财富中心的管理职能是什么？过去我们财富中心是单打独斗的，这次杭州来了，他们底下也想搞财富中心，浙江很多大老板，也想投资我们的产品，不需要上线，直接线下撮合。既然他们有这种需求，我想 30 个分公司都有这种需求，那么财富中心不仅自己做业务，还要管理全国分公司的财富中心。另外还有开发职能，和市场部结合起来，把它变成理财产品然后推销，这个产品怎么搞好，其实很简单，我们的贷款审批通过了贴个标签，50 块钱一份，具体的金额你们定，这些产品都有模板，跟信托有点像，把模板拿过来，稍微改一改，具体到有人执行，要落实，不能空谈，不然下次还是这样，没用。

——2014 年 9 月 20 日第 42 期总经理办公会议

对财富中心线下业务的看法

这个不要讨论了，你们的观点我知道了。很多东西都是从试验开始，谁都没有办法一下子就拿出一个非常完美的方案，包括项总的发言、胡总的发言、综合委主任的发言、我的发言，都有可能存在这样那样的问题，这都不要紧，但是不能停下来，该怎么做都可以。财富中心这个事情做是肯定的，管理方面我目前的建议是交给分公司去管，人力管不了，你们作为一个业务上的指导，这样你们会轻松很多。就跟我们现在马上推的体验店一样，体验店到最后会产生多少新东西我们都不知道。体验店也可以发展线下投资人，也有可能有人去体验店寻找贷款，也有可能代理工商银行的信用卡，也有可能代理保险。体验店也得作为我们分公司的一个部门进行行政上的管理。那么体验中心能不能和财富中心合在一起，这也可以试验。所以我觉得这个想象空间非常大。

但是现在还没有办法明晰到这个程度，只有通过我们办这件事情有个结果以后，才能讨论怎样办这件事情最好。那么现在为了让我们总公司财富中心能够运行下去，你们所提出的方案大框架我不反对，具体的管理方案两条腿走路，不要脱离分公司，你们从业务上进行管理，核算上边走边说。现在讲不清哪一种情况最好，这个单一的发展线下投资人的业务对你们上面这么大一个管理部门是不是饱满了？是不是还可以增加其他的东西？财富中心到底归哪个管？因为财富中心是有私募性质的，主要相当于银行的私人银行，我们六个事业部上去了以后，它是不是归到私募这一块，包括我们的基金公司这一块以后肯定不是独立的，大不了就是总部的一个部门而已，上面专门有领导管基金、私募、VC，以后各个分公司肯定都有这一块。很多的金融业务都是相关贯通的，谁离开谁都做不了，只能讲相对地每个人有自己的一个份额，大家相互配合把它做好。

这个方案我们就同意了，管理上两条腿走路，先不要去肯定这么做那么做。在没有办法的时候先按你们的办法来，当办法逐步明晰的时候，按照新的办法来，边做边看，大家没有意见吧？

——2014 年 9 月 27 日第 43 期总经理办公会议

财富中心也可以在为公司寻找流动性上面作贡献

没有进展我让你铺得开一点，十条路一百条路都在谈，这样一来出来的可能性就大了。还要扩开，把它变成日常工作，每天上班都有这件事，这样就好办了。当然，这一点财富中心也要考虑，财富中心在线下找投资人的时候，可以把我们现成的资产给他，他只要把现金拿过来我们就给他 18% 的利率，这个现金就能够解决我们的流动性风险问题，不需要在线上买，就把我们的良性资产打包给他，都可以做，一个搞一个亿进来，十个就是十个亿了，我们给他 18% 的利率，他们也很开心，签个协议，我们需要的时候就可以搞。个人、机构、同业，我们统统可以做。

——2014 年 10 月 11 日第 44 期总经理办公会议

财富管理中心的线下交易模式

就是我们财富管理中心现在主要的理财产品和对象就是我们自己年化收益率18%的项目,第一,财富管理中心是独立的,第二,它推广的是我们年化收益率18%的项目,第三,它是一个一级部门,它的规模目前能做到多大,因为一级部门是对整个总公司要起管理作用的,我们每个一级部门是要管一百多亿的,它能不能管到一百多亿?

——2014年11月29日第51期总经理办公会议

关于财富中心部门级别的设置问题

这样,先试行,什么都不定,什么一级部都不定,你们先做,看你们能做到多大再说,其他都无法定夺,你们的业务范围我同意,推销的项目也就是这些东西,也没什么新的东西,至于是几级部门你们先做,做到了一定规模,它该是几级就是几级。现在因为要看业绩,一年只搞了整个收益还不到一千万元,我还搞什么一级部门?最起码一级部门独立的创造利润要在一千万元以上,要不然没意义的。

——2014年11月29日第51期总经理办公会议

财富中心老总的职位要看他实际的能力,我们有个竞选的过程

不是牵头,我是这个意思,就是他的工作并不复杂,各家银行财富中心做的不都是这个工作?他们的年华收益还没有18%呢,我们这么好的产品,因为你们已经有这个固定的思维,我就不提示什么东西了,本身和体验店那些人走的路不一样,那他不能学吗?体验店那些人很多都是研究生,大学生,他们比他差吗,我从体验店里找几个人保证不比他差。我不是对某个同志有什么看法,不能因为他现在占这个位置,我就要给他一个什么,还要看他实际的能力。他如果讲不能做到这个东西的话,那就不能占着这个位置。我就是有这块工作我也要换人,那如果他做得很好,没人能超过他,那就是他了。我是这个意思。

——2014年11月29日第51期总经理办公会议

财富中心的线下私募

财富中心的线下私募。因为我们知道财富都是二八定律,80%的财富都掌握在20%的人手上,如果我们不针对性地去开拓这一块的话,投资人队伍上来的速度就会慢,我们即便找到了很多好的项目但是没有人愿意投资。年化收益率18%,投资人投资竟然还不是那么踊跃,这是很奇怪的事情。他唯一担心的就是安全问题,当然人家担心的是有道理的。

——张宇总裁在浙江分公司座谈会上的讲话

3.10　红岭商城

发展红岭商城的思路

我来补充一下。胡宏敏副总经理刚才说的方案(胡宏敏副总经理:因为红币已经达到了2000多万元,数字非常客观,我们可用余额计送红币,以后可能会更多,所以我们商量了一下,看能不能通过红岭商城的形式解决一些红币的出处,也对投资人做好一定的服务。宗旨就是活跃网站,例如平安银行的万里通,有6000万的客户,办得非常好,当然是依托强大的平安集团,但是我们现在也有30万人,而且明年还会成倍成倍地增加,相当不错。所以我觉得这个还是非常必要的。对于运行的模式,我现在还没完全考虑好,主要不以赚钱为目的,以服务为主,用最低的价格,最优惠的价格给他们买卖)很好,我们有购买力,这个购买力还在增加,这个购买力没有人不喜欢。我们自己去进货自己卖,跟别人做交易这个是一种性质,不要把它局限在我们自己搞商品,而是要做到跟淘宝做交易,我们跟京东做交易,跟网上比较大的集团做交易。你可以到我们这边来投资年化15%~18%的项目,我红币全部买你们的产品,做这种交易。淘宝有多少客户,你要这么想,京东有多少客户,它们的客户如果到我们这边来,知道了这边有年化15%~18%的投资回报率的话,你想想会不会进来相当一批客户来买我们的理财产品,就是投资我们的项目,同样我们两千万还在继续增加的购买力再去购买你淘宝、京东里面的货物，等于是我30万的客户也给你了，你给我多少客户？我的意思就是说做这种交易，那个货给谁买了都无所谓，那没意思，钱根本不过我们手，就是我们的东西挂给你来卖，然后我们客户的钱去买你的东西，我们的客户买你们的东西，你们的客户买我们的东西，是做这种交易。把这个桥架起来就有意义了。这样一来我给你30万，你给我30万，这才是核心，不是做小买卖，我们要的是直接的交易，而且做起来很简单，只要核心问题一谈完，有个对接口就行了。把我们的信息挂在它那个网上，它们所有的客户都能看得见，淘宝购物的就能看见红岭创投了，跟京东也一样，你在那挂我们的LOGO，说这里有年化收益18%的产品，欢迎来进行投资，链接进去不就行了。

——2014年12月6日第52期总经理办公会议

红岭商城的运作方式

这样的话，红岭商城可以慢一点。可以继续搞，就是资源换资源，和电商对接一下，然后我们的客户可以买东西，同时卖家可以在我们这里借款和投资。商家也可以投，买东西的人也可以投，对于我们来讲都是买家。

——2015年1月24日第3期总裁办公会议

对红岭商城开办工作提出建议

关于红岭商城的开办，要和淘宝、京东进行联系，联系的同时我们根据目前形势判断，因为目前互联网交易和互联网购物的迅速发展，遭受巨大打击的就是超市和百货。大的连锁超市和百货有的还没有平台，我们可以和它们联系，把它们拉到线上来。我们建立红岭商城以后通过这种方法和淘宝竞争。淘宝如果和我们合作，是另外一个方法。如果不和我们联手，我们就走这条路。目前互联网发展到这个程度，我们能做的事情很多，我们要为我们的未来打开另外的一个空间，这个空间打开了以后对我们所有的业务都有好处。大的百货公司和超市都有优惠卡，每一张卡都是一个客户。我们讲过一个案例，台兴银行在发信用卡的时候，因为数量上不去，当时就和台湾的一个连锁百货合作，就要把500万的客户资料拿过来。你们猜猜需要多少钱——5亿元。那么我们红岭商城和所有的百货都可以去谈，甚至于承包给外面的人去做，做成型以后拿上来。要学会用各种方法来达到目的。那种传统的、僵化的、个人的想法要融入众多的、更广范围的、更多变数的方法当中去。这时候才能打胜仗。市场部我就提醒一下红岭商城的事情，这对增加我们的客户非常重要。因为这两个正好是被冷落的行业，一个是百货，一个是超市。在网购这么受欢迎的时候不转型的话就麻烦了，正好我们平台的影响力在不断提升，如果和它们衔接起来的话，联合起来和淘宝、京东竞争，根本就不怕他们。这个事情要办好，我就点这些。

——2015年1月31日第4期总裁办公会议

红岭商城的合作对象问题

第二个问题就是红岭商城的开业问题，这个确实也是好的事情。你们刚才说有人在跟我们谈了，但是我觉得这个思路还是窄了。我们商城要谈合作对象不是谈卖商品的，最起码是大型的百货商店或者超市。因为目前网贷的发展，由于阿里巴巴、京东的发展，大型的超市和百货商店的发展面临了危险，它们都在寻找出路，我们能否把我们的平台提供给它们用？包括沃尔玛，包括家乐福，最好是全国连锁的，像这种集团客户一谈的话，把我们红岭商城交给它们去办，有大的做大的，没大的先做小的，绝不要跟小商小贩去谈。还有一个它们本身在做平台但是没做成，想利用我们做二传手也别跟它们谈。我们本身就是一个成熟的平台，要谈就跟大型百货，因为它们对商业系统非常熟悉，一接上来就可以用。

——2015年3月1日第7期总裁办公会议

关于红岭商城是否要开发平台的问题

建这个平台不是最终的出路，就像京东也有他们自己的平台，如果我们跟它接起来一下就能用，我们还需要什么平台，只要有一个接口就行了，这需要开发什么平台呢？这边点一下就进淘宝了，互联网的思维就是迅速地用移动通信把它连接起来，把现成的东西串起来，如果我们现成开一个像淘宝这样的大平台的话，我觉得我们太傻了，很多的像沃尔玛超市、大百货等等，本身也有电子平台，但是规模没做上去，就搞不过淘宝、京东，我们的优势在于红岭创投网站的声誉，这个是现成的，如果我们再开一个像京东一样的平台，这有点得不偿失，而且时间也慢。如果是直接和现成的接上，就完了，谈好利益如何分配，谈好一接通就解决。战略上的东西要这么去思考，不要去想开发一个平台。你们再想一想，合作的对象可以出去谈，大型的百货商店、淘宝等，你们在网上再看看。实际上我们红岭商城是用在网上进行交易，把我们的红币问题解决。这样的话我们的购物直接跟大型的百货商店或者京东、淘宝能够对接起来，包括顺丰的黑客，都要进行联系，要注意这个市场的有效性，接上立马见效，不能选一家，要选很多家，这样就会有新的商机出现。并没有讲反对你们现有的平台，可以双管齐下，然后你们对比一下看哪个方案做得快，去试验，哪个有效，如果找第三方帮我们开发平台，这个很快的话那也可以，我建议另外一条腿也不要停下来，否则的话我要找另外一帮人来做了，做过了以后跟你们对比，看谁快，明白不明白？我希望你们来做，不要再让别人来做，你们做个对比，怎么样最有效，在消化我们红币的同时，又能拉一部分客户进来，本身的资源来换别人的资源，主要还是投资者。

——2015 年 3 月 1 日第 7 期总裁办公会议

红岭商城的对接工作、合作平台

刚才我听到你们讲到红岭商城小商铺，我头就大了，可能刚开始就是小商铺概念，以后小商铺不要跟我提，红岭商城不准上小商户！红岭商城上去一定是和淘宝、京东进行对接的，不能搞一些小商铺，还帮别人做点事情，这种思路不能再提。这不是在做一些小买卖。红岭创投目前整个战略安排和趋势大家都看到了，现在还在做这种小买卖怎么能行呢？百货去联系了吗？沃尔玛去联系了吗？万佳去联系了吗？我之前讲过因为一些电商的冲击，现在超市业遇到了极大的困难，而对于我们来说也遇到了极大的机遇，它们也想跟京东、淘宝合作，但是它们苦于没有平台，那么我们现在这个平台能不能够给它们使用呢？像沃尔玛、家乐福、山姆这些国际型大超市还有一些百货能不能跟它们建立联系呢？另外万达广场有很多的大商店都可以联系，思路能不能宽一点？一听到你们说的小商铺我头就疼，就卖几个小商品，后面搞几个小老板，什么用都没有。

——2015 年 3 月 21 日第 10 期总裁办公会议

红岭商城与大型商超的对接问题

总共是 4 家是吧？我上次开会就跟你们说过，要把这个网撒开。淘宝联系了没有？天猫联系了没有？京东联系了没有？你先把所有的大型超市和商场列好一张表，有多少家，我想看看有多少家，有没有列出来？

先把这个名单列出来，最好有 100 家，然后再一块一块做。很多东西要像在海里面选，我不是跟你说过现在是个大的趋势，一个是批发很难受，一个是零售很难受，还有一个是超市很难受。这个难受都是被电商搞的，它们现在都期待着立刻找出路，正好我们红岭创投这个品牌是很好的品牌，只要接上一个就是一大片，又接上一个又是一大片。同样，淘宝、京东它们也需要这样的平台。具体的东西我不谈，我要看大方向，大的谈完了，后面的都好谈了。就跟我们一样，最起码有 30 个省级分公司，建立起来了才能开展业务，才能将业务推开来。光搞一个不行的，推不开没用。格局没做出来没用，所以商城一定要做到这个格局上，这才有意义，明白吗？

——2015 年 3 月 29 日第 11 期总裁办公会议

红岭商城发展投资人思路：对接大商超以资源换资源

商城这块的重点是以资源换资源，我们要商城不是要它的货物，是要它的客户，要让它所有的客户知道我们有年化收益在 15% ~18% 的投资品种，主要它把客户给我们，我们的目的就达到了。但是反过来我们可以提供给它的,我也有40多万客户,我可以到你京东商城去买东西,你在这地方有个链接以后,我们那些有红币的人就可以直接在你那里消费,简单来说就是可以把你淘宝、京东商城的网页直接接过来,只要接到我们的网页上,他就能够看到我们年化收益在15% ~18%的投资宣传,我们可以通过短信、微信直接发给他们客户,这个对接是非常简单的东西,就是把它的商户接过来,能看到我们的网页,我这里面的可以能通过链接看到它的网页。就是这么简单。就是围绕这个核心,跟它们谈就谈这个。如果偏离了这个核心,就不要谈了。那种小商家可以搞一小部分,但是主流绝不是这个。主流就是链接。你有多少客户在我这里买了多少理财产品,我可以给你多少费用。同样我的红币在你那里消费了以后,你要给我们一些通道,或者给我们一些方便,不一定要你的钱。这样就好谈了。好了,下一次汇报就按照这个思路汇报。

——2015年4月4日第12期总裁办公会议

4 综合管理委员会

4.1 对综合管理委员会的工作要求概述

综合发展管理委员会招聘及服务员工的要求

目前我们各个部门的工作都在开展,那么我们现在首先启动深圳部分的工作,对风控、人资、财务、技术都是考验。因为现在的人员流量比较大,流动性比较强,只要保证这批人的底薪就可以了。市场部可以将业绩和工资进行挂钩,决定最后工资。人力部要保证每天都有招聘工作,让公司"热闹起来",还要对招聘进来的人以及我们公司的员工不停地进行培训。我们要善待新进的员工,给他们一个家的感觉,为他们安排培训,对于一些吃住上有困难的同事,综合部门可以帮忙解决,安排吃住等。针对人员管理,相关部门需要制定相应的方案,在人员到位之前制定出来,然后上会进行汇报。这是我们综合委方面的工作。

——2014 年 1 月 21 日第 9 期总经理办公会议

对综合委工作的要求

综合委这边的工作都是综合性比较强的,综合管理委员会主任在平时工作中看哪里有问题要把制度建立起来,缺什么补什么,可以把以前单位的制度拿过来改一下就行。比如人事档案制度等等,都可以借鉴。每个部门要形成习惯,需要人员的时候不要直接横向去部门调动,应该直接人力资源部申请,由人力资源部横向调配,调配不了就招聘。包括分公司往回调人等都要经过人力资源部。所以制度已建立起来,大家就有依据了,做事才能有序。每件事回过头来要有依据。另外我提一个建议，底下员工一定要建立一个和最高领导的沟通渠道，一定要了解到我们所有员工在想什么，员工包括各级干部，要建立起这样的通道。要怎么建立，是建立在人力资源部还是总经办，就像日本的企业，要建立起长期的机制，像“双一”这样就能知道每一个层级上的不同认识，汇总起来后向办公会议汇报。这个怎么定，如果办公会确定不了就由总经办先进行，做成形了再交出去，研究一下办法，看看怎么把一线和各个层级的建议收集起来，定期汇总。除了办公会议纪要的督办外，还要建立起总经理室和每个员工的沟通渠道，了解各个层级的想法，万一我们不知道，等到事情搞大了以后才知道就麻烦了。有这样一个渠道的话，就能及时研究包括福利上的问题啊，包括干部任命上的问题啊、管理上的问题啊、违规违法上的问题啊，就能及时知道。

另外，综合委员会的稽核检查部要尽快挂牌，哪怕只有一个人也要挂牌。因为分公司有些反映的事情，还有一些东西必须有一个正式的部门出面，没有正式的部门出面的话，哪个部门都不好出面处理，会议前面已经研究过这个问题了，就在门口挂一个牌子，就叫稽核监察部。后面可以考虑一下人选，没有人的话先找人兼任一下，即使只有一个人也要先成立起来。

——2014 年 8 月 30 日第 40 期总经理办公会议

关于成立工会、资产管理公司及雕刻工牌的工作安排

还有一个，综合管理委员会主任你考虑一下，我们这边要成立一个工会，因为下一步有一个员工的持股问题要通过工会来解决。你考虑一下怎么拿方案，你综合这边拿一个方案，就是哪些人参加，怎么组成，怎么搞，你拿一个方案。至于工会主席谁当，我们到最后再说，无所谓。工会要有工会委员，工会委员要怎么产生，整个要搞起来。包括我们分公司怎么样介入这项工作，总体要搞一个工会出来，搞出来以后，下一步的话，我和周总也讨论过，员工持股要通过工会进行，不能通过其他部门。还有我们这边要成立资产管理公司的问题，也拿出一个方案出来，下周上会，成熟的我们就可以讨论了，讨论通过了就可以执行。别说了以后没执行，包括我们现在零售部也出了很多的办法，也从安徽开始试点了，在试点过程当中要注

意总结经验。还有一个我们的雕刻机拿来了,拿来了以后,王豪这边可能要和肖桂林联系一下,胸牌可以开始雕刻了。你是实际上先雕一个磨具,把名字部分留出来,到时候机器就只雕刻名字,这样就快了。不要把红岭创投再雕一遍,那就要费劲了,就是不同部分雕刻一下。我们尽快地在年底前把这个工作完成了。

——2014 年 11 月 1 日第 47 期总经理办公会议

对综合条线部门的工作要求

综合条线的事情看起来很杂,但是每一个部分和公司的发展都密切相关。从我们的企划宣传,到人力资源,到我们的秘书,都是非常重要的。这些部门过去的工作应该讲是不够规范的,可能连自己的工作计划怎么制订都搞不清。那么现在就要从头做起。这个工作计划怎么制订?这个工作计划怎么和公司的目标结合起来?然后这个目标制定出来以后怎么样去实施和检查?所以讲,我们的综合部门非常重要。比如,我们现在各个部门下周的重点工作是什么?能不能列出来?

——2015 年 3 月 1 日第 7 期总裁办公会议

张总对综合条线各部门的工作要求

很好。综合部门的工作比较分散,但是又确实是非常重要。综合下面有几个部门,这边对每个部门老总来讲,责任很大。办公室下面有很多块,所以你的工作要求就非常高,按照过去的工作思路来管理的话肯定是不行的,必须立刻振奋起来。人力资源部在哪个地方都是一个大的部门,人力资源部里面到了今天到底是做了哪些动作?人力资源部的工作不仅仅是管理档案,不仅仅是搞搞工资。人力资源部应该是组织部的功能,里面还有一块是干部的考察、干部的调配、干部的管理,包括培训、劳动工资都在人力资源部。而且我们的公司现在这么大,现在 30 多个分公司还没有正式开业,以后正式开业的话,这个工作量是相当大的。你下面一个室的工作量就不得了,我们现在正在迈向这个工作,你们现就要开始规范。现在我们有一些急切的需求，包括大学生的招聘，立刻要把重点工作抓好，还有一个一般的需求。以后人力资源部里面的正常和基本工作，按照基本规范的要求应该有几块，综合委主席要抓一下。可能我们周学彬同志还不是很懂，那就把他也培训一下。跟得上就跟上，跟不上就拉着走，再不行就淘汰。我相信他可以跟上，只要努力都可以做好。综合部门还有互联网金融学院，学院的培训应该讲是没有问题的，工作基本上还是能跟得上的。但是我讲的市场化的问题，你们要有进度。我要看到进度才行。互联网金融学院里面是一个大的舞台，以后走向社会对我们红岭创投的影响极大。一个企业就靠这个了，它的进步就靠这个了。如果没有这个的话，这个企业就没办法进步。所以这个部门非常重要。另外还有一些新的部门，像互联网金融研究所，这个工作也要纳入综合委的管理范围。纳入范围的话，6 月底就要出第一本互联网金融研究的理论杂志。稿源，包括一些经济学家，影响比较大的一些互联网金融界的人物的专访，这些都可以做。研究所主要是偏重于一些理论的东西，主要以专家为后台，以研究所为后台。包括中国金融研究所，包括大学里面的研究所，这个要建立一些外联，建立外联以后，这个杂志以后每一期大概有几篇理论文章？最起码是五到八篇的。每篇文章不能低于 8000 字。一年要约多少篇稿，由哪些人完成。然后营运的时候有哪些方向的问题。这个一旦报出去的话，就直接报国务院，直接报上级领导。这个理论刊物出来的话，红岭创投不仅仅有培养人的、有搞研究的，还有实践的，这样的话整个的套路就完整了。现在办公室还是在原来的办公室，人还是一个人，只要有三个人以上，就给它一个独立的办公室，牌子要挂出来。因为这对于一个企业的形象是至关重要的。大家一看到，对我们的看法就马上不一样了。对外面的一些理论的研讨会、杂志就都有对接部门了。这些东西的研究就都跟得上了。以后对各条线上的老总，每年可能都要规定一点任务，对一些问题可能也要写一点稿子。我们三十几个分公司可能也要搞一点理论研究了，因为在第一线，搞出来的研究可能短一点，但是是非常好的。这样的话就把大家的思想领域、意识形态领域都调动起来了。这个和工作通讯是不一样的，我讲的是高端的，这个是理论性的，要有专门的人来写这些东西。我们红岭创投的人本身是可以写这些东西，但是最重要的还是在社会上，甚至是在国外。如果可以约 LendingClub 的老总或者营运总监给我们写一篇文章,哪怕是英文的都可以,我们拿过来自己翻译。稿费的话从优,给多少钱都值。一篇好的文章出去了的话,对企业的影响是多大?那个杂志会放在大学各个老师的桌面上,会放在国家领导人的桌面上,人民银行的领导会看这些东西,那是不一样的。这个业务的营销是不一样的,那是企业的生命的营销,未来的营销。现在有的人能看到这一点,有的人未必能看到。所以我在这里提醒大家,这个动作也是一个战略的动作,现在可以拿出来了。以后还会有很多的动作要拿出来。经营上是我在操作,资本、上市方面是董事长在操作,两块是分工不分家,大家和在一起把事情搞好。

——2015 年 3 月 14 日第 9 期总裁办公会议

综合委要管好人的问题

这个(实习生入职问题)综合委主席要管好。这是个重大的政策,你们要给我盯好。人的问题、干部的问题、干部的使用问题、干部的调拨问题、进人出人问题都是原则问题,因为这个涉及了大家工作的积极性,工作的依据、支点、依靠和寄托都在这上面。你一个动作错了以后,后面的影响根本就不知道有多少。以后不要出这个情况。

——2015 年 4 月 4 日第 12 期总裁办公会议

4.2　综合管理委员会的成立意义及组织架构

综合发展管理委员会的组织架构

会议开始前我先宣布一个事项:红岭创投最后一个管理级,第五个管理委员会——综合发展管理委员会正式成立,其他四个委员会没有覆盖的部门都归综合发展管理委员会管理,并且这四个管理委员会都在综合发展管理委员会框架下工作。五个管理委员会进行五块分工,形成了公司新的机构设置、人员调整、行政架构。在新旧架构共存阶段,原来架构不变,流程按原来走，新旧冲突按新流程，新旧冲突没有一致意见按旧流程，让其最终形成一致。我们召开广范围的办公会是为了让大家知道红岭创投的发展状况，以后会逐渐缩小范围。各个部门在办公会上应该陈述和说明上一次会议的议题是什么，落实情况怎么样，在会议过程中我们是主要研究公司整体发展的问题，不研究微观的，请大家注意把握时间，提高工作效率。下面开始汇报。

——2014 年 1 月 14 日第 8 期总经理办公会议

成立综合发展委员会的意义

设置综合发展管理委员会的目的是管理的全覆盖，所有组织架构都在五个管理委员会下，各部分可以做到相互支持，交叉协作。我们五个管理委员会现在应全部成立了，第一阶段工作结束，下周我们将正式开启第二阶段的工作。散会！

——2014 年 1 月 14 日第 8 期总经理办公会议

部门名字更换：产业园改为综合部

以后不要用产业园的概念，它很容易让人产生误解，就用综合部。产业园是我们对外经营上面的名字，以后我们在出文件的时候，不要用产业园，就用综合部。综合部现在是在人力资源部上面，目前还不独立出来，等发展到合适时机以后再独立出来。

——2014 年 5 月 6 日第 23 期总经理办公会议

办公室部门的缺失与应承担的职责

我来到我们的公司，就觉得我们这边缺少了一个在任何单位都有的部门——办公室。办公室是干什么的？组织所有的日常办公的地方，主要是包括一些文秘工作，包括组织办公会、搞办公会议纪要、发文件等等都是属于办公室的事情。同时，办公室还有后勤这一块，也是属于办公室，一般单位里面都是属于办公室。汽车、驾驶员，这些都是属于办公室，没有保卫部的时候，保卫也属于办公室，另外还有一些人事档案，也有一些是放在办公室。办公室是一个非常综合的部门，而我到红岭来了以后，没发现有这个部门。我不知道这些之前都是谁在干，不知道分到哪个部门去了。人事部门，有时候充当了办公室，也充当了财务部，本身工资这个也是要财务部批准，人事部只是执行，它不能定工资，人事部只是提出方案，经过财务部门审批以后，这才能定下来。而且每个人招工的时候给多少工作，这个是按照人事部门规定的，这个是人事部门拿方案，但是最后核定，还是财务部门，最后还是财务部门发工资。人力资源部门是制定政策的，把政策制定出来就可以了。就像裁判员和运动员永远不可能是同一个人，同一个人就容易出事，凭着个人意愿给别人定工资，自己还能给自己加工资，这不搞出笑话了吗？

——2014 年 11 月 22 日第 50 期总经理办公会议

管理结构要随着业务的逐步发展而调整

好，你分一下。市场条线也要分一下，看看怎么样能分得合理一点。这三条线是最重要的，都是业务条线，都要弄好。至于综合这一块的，原来有的，我们看工作量，工作量到了就一级部，工作量不到的话就成立一个综合部，综合部下面分几个室，等大了以后再单独分出来。管理结构的改变就是随着业务的逐步发展来逐步改变的，根据它的量的需要来改变的，包括我们现在的生息资产是 60 个亿左右，你现在是 30 个人，根据这个水平，如果人员素质都上来的话估计能对付得了，如果都没上来的话，我们一下子变成 600 亿元，这 30 个人肯定就不够了，每天跟在后面搞项目的人没有 100 个肯定不行。需要 100 人的话就要是 100 人，这个模型是什么样，最后的数据描述出来的形象是什么样，那要看最后，现在是看不出来的。那就只有边发展边看。有的部门的职能可能会慢慢消亡，被其他部门代替，有的就会同化到其他部门中，那就要进行调整，调整就是为了有利于协同，有利于业务发展，有利于提高效率。这样工作也就好办了，每个人的汇报线路也就清楚了。计划我就这五点意见，下面技术讲。

——2014 年 11 月 22 日第 50 期总经理办公会议

4.3 办公室

4.3.1 对办公室工作要求概述

对总经办部门职能的划分

总经办先分两个室,一个是综合室,一个是秘书室。总经办的秘书室主要是负责文字,包括会议纪要、有关重要文件任命的签发。另一个是综合室,包括业务的研究开发,都是在综合室。从这批大学生这,选了四个人,三个进秘书室,一个进综合室,经过考察李佳、陈岑分别任两个室的室主任。宣布以后会后下文件。这是第一个以红头文件任命的室经理级。以后各位副总有什么问题,直接找他们,各个部门有什么问题也可以找他们。这样就建立起整个办公会议后所需要跟踪的问题、方向都有了。这个问题在这块做个宣布。

——2014 年 7 月 19 日第 34 期总经理办公会议

要落实预算审核委员会的工作

现在预算审核委员会的工作一定要落实下来,我讲了很长时间。不管是什么都要有人进行审核。我要看是谁审的预算,谁签的字,到时候我就要问题是怎么审的。如果是标准的审法,我们就过关了。如果不行的话我们就要专门配备一个能审的人。我想的是这个放在计财部比较合理,实际上放在办公室也可以。

——2015 年 1 月 31 日第 4 期总裁办公会议

新的架构出来后,相关细节要跟着更新

第二点就是我们新的称谓,新的机构都出来了,各部门要立刻行动起来,所有东西按照新的来。办公室所有的门牌都要换,不能超过下周。所有的名片也要换，因为现在的名片的称谓都变了，没有变的就不用换了，变了的就要全部作废。名片的格式可以有几个，让大家去选择。另外要加上英文翻译，以后走向国际的话，反面没有英文是很不方便的。另外我们的办公室要考虑到新的架构建立以后，办公怎么样更加合理，办公的环境怎么样更加合理。要把这个办公区域调整得有利于管理，我就把这个任务布置给你们了。还有企划部可以根据新的名单开始加工了，编号自己编一下就可以了。一周完成，下次在办公会上拿出来发给大家，不行了就加班。先搞总公司的再搞分公司的。

——2015 年 1 月 31 日第 4 期总裁办公会议

办公室定岗、定人、定责工作思路和方法

定岗、定人、定责，这是我们人力资源上面的三定。每个岗位要有人、有责任。同样我们办公室的工作也是这样。你们马上要接受的筹备的工作、装修的工作，要定岗、定职、定责。谁来管理哪一部分的工作要清清楚楚的。分公司找来以后要清楚哪个人是负责什么工作的，这些都要很清晰。现在你们的岗位可能不全，能兼任的就先兼任。有的岗位的固定工作量还不多，能增加的就增加。各个部门也一样，每天的固定工作量到底是多少。没必要加班的就不要加班，如果负荷量真的太大了，该增加人就增加人，也不要让员工总是加班。我是不提倡加班的，积极可以是个人加班。在没有办法的时候那也只有加班，但是不可能长时间加班。这里面又牵扯到了定岗、定责的事情。人力部门要把这个事情作为一个长期的事情来做。

——2015 年 4 月 4 日第 12 期总裁办公会议

办公室管理思路

现在的办公室和过去不一样，和银行是一样的，是一个大的办公室，包括企划、文秘、后勤、行政都在里面。所以办公室的任务很重。而且每一个室里面的工作都是过去一个部门干的工作，以后红岭创投的业务达到一万亿元的时候他们独立出来也很有可能。但是现在都归王豪的管理，那么他

们各自的职能都要体现出来。管理上面要有思路,一共四块工作,由谁来抓。你现在汇报工作是枚举式的,不是按照条线来汇报的。汇报工作应该按照你的工作职能条线来进行,比如第一是秘书综合这块的工作怎么样,我讲的督办怎么样,会议纪要怎么样,人够不够,是否需要增加?另外我们文秘这边和董秘怎么结合,怎么衔接?因为董事长过去在管理上和我的管理可能有一些不一样的地方,如果他们能够衔接好的话,对我们的工作无疑是有好处的。这些工作都要加强。

现在办公室文秘方面的工作是可以的,会议纪要、文件都搞得不错。但是你们行政方面的工作亟须提高,过去的办事效率肯定是跟不上的,肯定要提高。另外就是企划的工作,现在企划的工作主要就是宣传,主要是开业比较多,还有一些宣传册。那么企划怎么样能和企业的真正的宣传,包括公关这块衔接好,这都要拿出方案来的。职能部门是要拿出方案来的,每个部门都是有一些职能工作的,办公室的主任要清楚。办公室还有很多的工作,要理一理,事情小的一人多岗,多的一岗多人。横的要有安排,纵的有计划,后面有监督在,这样的话整个仗才能打起来,正常的办公才能维持下去。办公室要解决总裁办公的所有事情,专业部门有专业部门的领导。他们最高条线的领导我都不管,他们自己管就行了,我最后就是协调。而组织这么多部门一起办公的就是办公室,可以是文件的方式、会议的方式,这个综合委主席要抓一下,指导一些。

——2015 年 4 月 11 日第 13 期总裁办公会议

办公室工作重点问题:办公问题、装修问题、家具问题、保密问题

我就提这几个建议,因为 OA 问题、办公问题、装修问题、家具问题在我们的发展过程中都是非常重要的。保密问题也是你们在抓,刚才技术部提的也是这个问题,不能使所有的终端都能打印所有的文件,否则的话就没有秘密了。所以这个事情要制止,方法的话技术部就想办法了。打印东西不能随便打,最起码要到部门老总那里打印。

——2015 年 4 月 25 日第 14 期总裁办公会议

品牌宣传室工作量问题

品牌宣传室只有一项工作还可以,就是每一次分公司开业的时候的微信通稿。质量上没什么新东西,但是速度上还可以。其他方面我没看到什么亮点。分公司开业一个月也就两三家,其他时候都在干什么,固定工作量是什么,搞个汇报上来,每天在做什么,手上工作量是什么,下周我要看。

——2015 年 6 月 13 日第 20 期总裁办公会议

办公室管理责任重大,综合条线管理思路

办公室这一块,应该讲是各部门当中综合性最强的,它跟所有的部门都会产生联系,也是最重要的部门。那么我们王总在这个地方责任也是最大的,很多问题可能也是挨骂比被表扬多,要有这种承受能力。这一点办公室我们综合委主席在抓,人力资源乃至整个综合条线都是你在抓,平时你也要动动脑筋。这个工作,你当领导当了这么多年,现在包括大单位包括平安银行的,很多很新的很先进的管理方法,要及时地引进。为什么让你们在职,而且还在这个地方兼职,就是我们跟目前管理比较好的单位要有一个对接、传承,要有一个知道中央的声音,要知道现在管理的大单位的一些方法,这样就比我们自己摸索快得多。在这个节点上的领导同志,要承担起这个责任,为红岭创投的发展能够发挥自己的热量,而且这个地方要能让大家看得到,在办公室讲完了之后,我今天讲的话全部进入会议纪要,作为一个记录。大家以后就按照这个方法去执行。

——2015 年 6 月 13 日第 20 期总裁办公会议

办公室工作重点:分公司、筹备组日常办公的组织、监督

办公室现在只有一点:包括 41 个分公司、筹备组在内的日常正常办公的组织、监督。这个工作没听到你们汇报,我上周就讲了这个问题,这个是你们的重点工作。人力已经下了一些通知,分公司总经理离开岗位必须备案,超过几天必须请假,经过批准才行,不批准不能离开本地。另外上次去云南,日常

办公会都不开，总公司办公室有这个职能去跟踪这个事情，下面日常办公是否正常。会议纪要王总你要调阅，你也可以组织办公室之间的交流，哪个公司做得好，到哪里去开个现场会都可以，这都是你们组织日常工作的方法。

——2015 年 6 月 20 日第 21 期总裁办公会议

办公室工作添加：市场人员、二线人员和管理人员比例的参数研究

我们每周都开办公会，因为我很害怕。这么多工作，不知道哪里会出什么问题，就要靠我们各个条线、各部门领导把有关问题汇报上来，集中起来，大家一起研究，一起制订下一步的计划。所以办公会议非常重要，我们督办要重视起来。办公会内容不足或者负荷不足的问题我们在某种程度上要进行一些指导，如果这样的话就全部是市场人员。一般市场人员和二线人员比例是三比一，管理好可能是四比一，不好是二比一。现在由于公司的规模和完整性还没完全形成，还处于发展过程中，最后的参数还很难下定义，但是我们知道市场人员和后台人员比例越大，管理水平越高，当然这是说有效果的管理。这个比例是一般的企业，技术性等高精尖行业另有参数。办公室作为抓这一块的部门，对这些数据要有所研究。

——2015 年 6 月 27 日第 22 期总裁办公会议

文秘室除了督办工作，还要增加调研的任务

周小川同志的讲话对我们很宽容，首先他讲到全国网贷行业的余额加起来还不到全国信贷总额的万分之一，现在还起不到多大的影响，这就等于把我们放松了，对我们的态度是让子弹再飞一会儿，所以当时刘士余副行长请示过周小川行长，“让子弹再飞一会”这句话是有来头的，这样就给我们争取了一段时间让我们往前飞，这个时间估计监管政策暂时出不来，我也觉得没办法出来，一出监管就要停下来。因为我们也作为一个考量，像我们红岭创投这样一个公司，在这个行业中应该不算差的，在管理能力上、人员队伍上、业绩上、社会影响上应该不算差的，如果连我们都不能往前走了，那么这个行业估计也会遇到巨大的难题。在这一点上，我希望我们在座的每一位

同志把自己的本职从计划上制订出来，然后每个计划要有实施步骤，就和我们督办一样。督办工作办公室做得不错，过去是李佳同志负责，现在是蔡晨同志负责，和大家通报我们各个部门这周所做的事情进展如何，工作做得好与坏让大家都知道，但下一步还要更加深入，我们总经办的孩子们今后也要加点任务，除了为各个条线的领导做好沟通与服务，还要加个调研的任务。因为你们的学历都足够，而且基础知识也都有，只是缺乏点实践经验。特别是一些模型的建立，实际上模型就是管理模式，就是制度的前身，或者说制度的简化，就是把一些先进的管理思想固化下来，变得简洁，就如 X + Y = Z，这就是模型，那么现在我们有哪些要素，要素会产生什么后果。比方说红岭指数是红岭创投研究所的一个课题，这就涉及市场、利率，更准确地说是民间借贷市场利率，这个利率每天都应该要有一个价格，这个价格从我们红岭开始，做一个红岭指数，研究所要有一个人专职负责，每天搜索所有网贷企业的各种标的类型，各种利率价格，然后画出走势，按时间、利率的高低、效率，把每个指标做完后每天公布，就在我们网上公布每天的红岭指数，长期、短期的是多少，可以参照下几个指数的版本。有的指数就很简单，就如现在我们都知道的上证指数、纳斯达克指数一样，这些指数包含一组东西，实际上就是统计数据的线性化，让大家能够看到它的趋势，趋势可以给有关部门、给投资者一个参考，让大家可以越来越理性地进行投资。如果模型建立方面互联网金融研究所人员不足，总经办可以给予支持，可以加点任务做一个课题。

——2015 年 10 月 10 日第 34 期总裁办公会议

4.3.2　文秘综合室：督办要求

微信群开会和督促工作的完成

最后我提一下，李佳建一个办公会议的微信群，把参会人员都拉进去，如果有特殊情况要召开会议时，可以在线上召开。这样的话我们的工作就不会落下了。今天那就不占用大家的时间了，我们的工作安排会后各部门要落实，保证每项工作可以按时完成。

——2014 年 4 月 8 日第 19 期总经理办公会议

提出督办，并阐述必要性

办公室研究的问题一定要有督办，每次办公会都安排了很多工作，但是到了下次办公会的时候就不知道落实到哪里了。这次总经办进了四个人，专门干这件事，也是五个副总的秘书。有什么问题可以直接安排他们去做，这样就把总经办所有的问题合为一体了，有什么问题也可以一起做了。

——2014 年 7 月 19 日第 34 期总经理办公会议

秘书室督办问题

还有一个重要的问题，就是会议纪要的督办问题，会议纪要出来了以后，每件事情的督办问题。总经办的几个同事也很辛苦，但是督办的结果我一直没有看到过。以后要有一个结果，要有一个反馈。没有结果的话就会流于形式。有了结果的话，不管是有没有办到，最后要把这个东西收集上来。办公室要研究一下这个事情，就是怎么样能够把这个事情落到实处。办不了我们也要知道是什么问题，这样的话我们才能把问题解决。办公室的事情我就补充这几点，你们要把工作抓好。

——2015 年 3 月 21 日第 10 期总裁办公会议

督办的重要性，以及督办出现的连续性问题

以后不要出现类似的事情。还有就是督办的事情，每次会议纪要都打得很辛苦。安排之后的督办，我看到的效果实在不佳。主要是连续性的问题，很多部门对自己工作的连续性也不一定记得那么清楚，所以说办公室要在这方面加强。我知道办公室秘书不够，不够再增加。这个督办一定要跟上。这个督办既是提醒，又是服务，又是沟通。因为督办的过程会遇到各种各样的问题，要及时沟通，比如说和各条线的副总裁以及各个部门之间的沟通，和我们的沟通，横向的沟通都会遇到很多的问题。这些问题上我们总经办的秘书要能跟上了。一个企业的办公完全是办公室组织的。所有的问题下面提出来，由办公会研究以后，落实下去，实际操作的部门是办公室在控

制。很多事情都是办公室在管的,督办到保卫都是在这里的。保卫问题我看还没搞好,保卫人员的设置、职责都要有。不出问题还好,出了问题很麻烦的。任何一件事情都要有人去盯,以后不要再出现这类问题。

——2015 年 3 月 29 日第 11 期总裁办公会议

督办的“四个要素”要实现

这个督办是有,但是结果呢?要有个东西,我讲的四个要素中,最后一个没有实现,有没有实现了就无所谓,干与不干一个样,干好干坏一个样,干与不干是不一样的。所以说督办就是这样的,速度到底怎样,质量到底怎样,如果当中做得好的,那就要提出表扬,办事的进度,每次开会前要做一个报告,哪些要表扬,哪些要进步,通报一下。

——2015 年 5 月 16 日第 16 期总裁办公会议

办公室汇报重点和敏感信息:没完成的工作,没完成的原因

基本上你整个督办上一次都完成了?要整体汇报一下,正常完成的进度报一下,重点汇报没完成的工作,没完成是什么原因,告知分管条线的最高领导,你们分管这个部门的领导当中,你们手上还有哪些工作没完成。最后的督办和办公室整个的组织全公司办公当中的一个节点,一些敏感信息,一些重点信息,要让我们所有人都知道,因为这个工作安排了,安排到什么程度了,还需要什么支持,因为这个会议是需要支持的东西,因为一个部门完成不了,需要几个部门协同,从财务上,从人力上,从之间的协同上要进行配合的,主要是这个问题,没这个问题就要讲出原因了,为什么没完成,就要讲出原因,就有可能像陆总讲的可能是我们计划制订有问题,但是我就觉得不像是我们的计划有问题,计划制订不是在检查我们自己,而是跟企业也要讲好,你 3 个月还可能有点困难,你留点缓冲期吧,不行的话,你可以提前归还,本来是 3 个月,实际上是 5 个月,到了 3 个月就归还,我们欢迎,我们并不吃什么亏,就把这个道理讲给企业听,我估计这个是好解决的。还有刚才我讲到老叶这个地方,有审批项目的大概有多少个分公司?你们管机构的这

些数字都应该是印在你们脑子里面的。

——2015 年 5 月 30 日第 18 期总裁办公会议

办公室重要事项追踪和督办管理解决人员不足问题的思路

这个事情我多讲两句。现在我们的重要事项追踪和督办由我们办公室负责，这个我也跟你们讲过，现在总裁办的人力不太够，不太够的话特别是跟踪各条线的要迅速把它补齐，一个人最多跟踪一条线，跟踪两条线是忙不过来的，有多少事情要做，既要服务于我，又要服务于各条线的老总，里面的工作量很大，而且每条线里面都有 4 ~5 个部门，一件事一件事去落实的话很辛苦。所以说这个会下来以后，文秘综合室人员必须立刻充实到位，人力资源部听从办公室的调遣，立刻充实到位，从原来的人当中选也可以，从新招大学生中选也可以，不行的话从社会招也可以。当然也要把过去的人力资源也要用上，不够的话一条线也可以派 2 个，一个为主一个为辅，工作才能安排好。包括我这边的秘书蔡晨她也可以安排一条线，她不一定要为主，她可以为辅，这都可以，包括董事长那边，章旋也要安排一条线，不能为主但是可以为辅。这样才能把我们人力资源充分地调动起来，然后使我们各条线每个部门的工作有个跟踪，有个检查，有个计划。

——2015 年 6 月 13 日第 20 期总裁办公会议

重要事情追踪和督办的三项工作

实际上这个重要事情追踪和督办，在日常工作当中是三项工作：第一项是工作计划的制订。每个部门每个月，每年有个年度计划，半年有个半年计划，季度有个季度计划，月有个月度计划，周有个周计划。那么这个计划的制订首先根据总公司发展的目标，对这个目标我这个部门应该做些什么，这个会上我都已经做过了安排。安排了以后把这个大的工作目标分解到你这个部门以后，市场条线下面五个部门，风险跳线下面 5 个部门，每个部门要把自己的责任负起来。负起来第一个怎么负？我们叫工作计划的制订。现在我们办公室跟踪的这项工作叫工作计划的执行。执行过程中的不断反馈、不断跟踪。第三步到月末有个工作执行情况检查。到底我们执行的效果怎么样。一个是执行情况的制定,一个是计划的执行,还有一个是执行情况的检查。我们部门老总在这个里面是首当其冲的,我们公司我是首当其冲的。就是公司的战略目标和怎么打法,我首先要提出来,然后几个副总一起研究,包括董事长一起研究。定下来以后我们就分解下去了,我们年底工作会议干什么用的?我们条线会议干什么用的?都是一个系统里面在不同的节点上,完成这个节点对总公司发展所应该付出的工作,这个工作首先要有工作计划,然后对这个计划进行执行,怎么去做,然后对这个要有一个信息的反馈,在反馈当中当然要有一些督办,这个事情当然要有人搞,要落实,有什么问题也能反馈上来,有什么问题也能及时解决,你这个工作才能往前推进。要不然一件事情安排了以后,三天还是那个样,一周还是那个样,一个月后没人过问说不定还是那个样。这个工作怎么抓?工作怎么往前走?对于月末的执行情况有个检查,就知道我们这个月下来到底做了哪些事情,对于整个工作到底有什么进度,下一步的工作怎么制定,月度工作计划该怎么制订?这就是我们每个部门的头和当你们担负着一定责任的时候,你整个工作基本的规则和方法,而这些方法在小单位里面可能没有这么典型,单位一大非常典型。

——2015 年 6 月 13 日第 20 期总裁办公会议

分公司办公会议的督办问题

未满三个月的筹备组也要有计划时间,也要有压力。关于督办的问题我来讲一下,刚刚讲到分公司办公会议的问题,实际上办公会议的内容以及是否正常、包括所研究的结果反映着分公司的管理水平,或者说反映着分公司主要领导的管理水平。实际上使用这种工作形式来考核、考察分公司领导的管理能力和工作态度。有些人管理能力不一定高,但是工作态度很好,只要每天都努力、学习、不断总结,即便刚开始不是很优秀,也能很快进步。那些自认为能很快搞定,不开会,什么都不研究,一捅娄子就是大娄子,没有稳定的基础在那里,经常会挂一漏万。好记性不如烂笔头是为什么,因为怕遗漏。

——2015 年 6 月 27 日第 22 期总裁办公会议

督办要保证工作的延续性和连续性

督办非常重要,它是工作的第二个环节。第一个环节是安排,第二个环节就是督办,督办就是检查执行情况,和执行中遇到问题的反馈。现在你多数都督办得很好,我很开心,如果你真是按照这个方法去做的话,那我们下一次听取督办工作汇报的时候,就是有问题的才汇报,其他没汇报的都没有问题了。像这次汇报的四件事情,如果在下次会议没有提出来,那就是都安排好了,是这个意思。我要大家,特别是总经办负责督办的同志,你们都听着,办公会议开完了之后,主持会议的领导会告诉你们有哪些督办内容,你们在整理会议纪要的时候,要把督办的内容单独地拎出来,督办的目标是什么,怎么去解决,要让每个人都清楚。解决的过程中遇到什么问题,再到下一次办公会上提出来,我们才能保证工作的延续性和连续性,才能保证一件事情能抓到底,要不然做到一半就没了。

公司越来越大,这样以后很多工作有头没尾,提出来了,到最后却没有落实。一没有落实,大家就都没有责任心了。一没有责任心,这个企业大家可想而知会是什么样的结果。从督办的这四件事情上,我提示一下,我在办公会议上有时候讲话可能带有一些批评的意味,也带有一些提示的意味,但最终还是一种信息的沟通、不同认识的沟通。大家有不同角度的认识,我们把不同的认识拿出来沟通一下,如果认为我说的不对,你们也可以提出你们的意见和认识。我就想有个老师能天天指导我,但是很难,最后发现身边的你们都是我的老师,只不过是用不同的方法提示我。有的从反向,有的从正向;有的从问题,有的从成果,用各种各样的方式提示我。不懂的地方我要学,我就去问,不问清楚的话我还是不懂,下次解决问题还是没有目标,还是没办法解决。

——2015 年 12 月 12 日第 42 期总裁办公会议

4.3.3 文秘综合室:分公司开业及其他管理

分公司组织架构和岗位安排以及计财部的工作重点

分公司的组织架构的对接基本没什么问题,但是各岗位的人数需要待定。由于分公司现阶段的人员配置为 30 ~ 50 人,因此分公司的计财部可暂时一人多岗,再随着公司的发展相应扩充人员。

——2014 年 3 月 25 日第 17 期总经理办公会议

分公司选址、人员结构、工资、报销制度的要求

市场部一头是贷款,一头投资,中间是客服部。客服部是脸面,一定要搞好。投资这一块,主要是深圳本部以及分公司,都是做市场,在政策、传导、管理上都要跟得上。各分公司之间可以相互进行交流沟通学习。过几天我们要前往重庆,对于重庆分公司的装修,行政部进行安排。对于选址不要求在市中心、商业区,只要求交通方便,要求格局是五个部门一个正级,一个总经理、两个副总经理,起步 30 人。人员任命在本部备案,进行审核。本部各负责人和分公司负责人对接。

关于分公司员工的工资,先比照深圳的工资方案,提出一个基本方案执行,以后我们再进行改动。目前分公司没有财务权,实行财务报账制度,不设独立财务,报销合格的单据,全国统一管理,利润达到一定规模以后才独立核算。各地的分公司要和当地税务、工商等政府部门做好关系,然后按时落实场地、工资等工作。王豪和李大银前往,回来的时候你们要拿出一个方案。分公司一旦成立,市场部立即撤出,由五条线各自分管。总的来讲,我对你们的工作要求就是,投资和贷款都要抓紧,客服部也要搞好,刮刮卡要赶紧,尽快扩展我们的线上客户。

——2014 年 4 月 8 日第 19 期总经理办公会议

分公司组织架构和选址问题

是的。第三个问题是关于分公司的组织架构,可以批准。把技术部去掉了,这个很合理,我同意。第四个关于选址的问题,租金还需要认真考核。我们在深圳相同的地区,相同的写字楼的价格是多少?再一个,你们也要在重庆选 2 ~ 3 个地方作对比。根据市场来,如果按照原来来算的话,就可以是基本成本了。

如果是10块钱的物业管理费，我们租500平方米的话，一个月就是5万元，一年就是60万元的租金。那么如果它一年有2000万元的收入，这个不算什么。但是如果有其他更好的话，为什么不选呢？所以我对这个没有要求，即使是这个价格也接受，就是让你们做一个对比。我就是这个意见，你们有不同的意见的话可以提出来。其他就没有什么问题了，重庆分公司的筹建问题，大家看看还有什么意见补充。如果没有补充意见的话，我们下面的合肥分公司、郑州分公司在开业的时候也比照此办法。

——2014年4月22日第21期总经理办公会议

该告知分公司的审批流程，以及该给分公司的培训教材和课程等

风控方面，只要告诉他们这个审批的流程是什么样的，多长时间可以给他们回复，然后让他们看看审批的模板。该给他们的东西还要给他，不需要给他的东西就不要给他。我们的培训资料也可以给他们，这不过是一些书籍的删编。但是他们的组合是技术。有些人不懂组合是什么意思，就是我培养一个合格的项目经理的话，他的知识是组合是那些东西。我是从货币信用学、会计、统计、银行信贷，到互联网金融，这个组合很值钱。我是把最关键的东西给你们了，组合好了你去开展业务的时候才能开展好。但是后面必须配几个讲座，包括市场与风险、资产保全、项目催收、项目评估、供应链金融，还有目前互联网发展的趋势，这些讲座是一定要搞起来的。有了这几个讲座就一下子构成了项目经理的知识体系，这样的话下面的工作就好开展了。反正重庆的问题就这么做了，你们还有没有什么问题？

——2014年4月22日第21期总经理办公会议

分公司的管理：申报、税收、选址，以及其他帮助

他们该怎么做就怎么做了，也就是申报、税收、选址这些东西。这些东西要专门在分公司，我们给他们的编制是多少，另外它在当地享受什么样的税收政策，包括它年终的利润分配都有完整的东西了。你现在提出的这些问题，要经过各个部门会签，否则大家在这里讨论都没有意义。所以这里我

跟各个部门提一下，每个部门在提出问题时，最好能在会下先和相关部门沟通，形成一致意见后，再上会。然后建议应当由重庆分公司自行写报告，写明需要得到总公司哪些方面的支持。各部门再根据反馈意见落实各项工作。由市场部牵头，各部门会签，把矛盾大的意见拿到会上讨论。

——2014 年 5 月 6 日第 23 期总经理办公会议

分公司成立是采用备案制，一方面要了解清楚情况，另一方面加强执行力

备案制的分公司是根本不需要重庆工商局审批的，就和备案制办事处一样。还有重庆办事人员的能力问题，没仔细了解情况就给出反馈意见，很多的信息一定要经过充分了解才能作出决定。因此，首先要充分了解当地的政策法规，到底是由哪个办事机构负责。同时我们也到深圳市工商局了解情况，让他们帮我们想办法。在改革开放的今天，这些都不应该成为我们的障碍。或将重庆分公司以内部机构的形式设立在重庆，或以办事处的形式在当地设立办事处。所以说，一半是对情况没有了解清楚，一半是执行力的问题。

——2014 年 5 月 13 日第 24 期总经理办公会议

对重庆分公司开业典礼的要求

楼顶广告策划由综合管理委员会主任先过目。关于重庆分公司的开业典礼，要准备办两次。第一次小规模举行，计划于 6 月初开业，由内部人参加即可。待年底重庆分公司业务进展顺利且能做到 20 个亿后，再对外宣传，举行隆重的开业典礼，并邀请领导、记者等，顺便做宣传。现在的小规模不足以在重庆产生影响，一旦重庆分公司规模扩大后，会在重庆产生一定的影响。我同意他们的计划。由综合管理委员会确定重庆分公司的开业方案。

——2014 年 5 月 17 日第 25 期总经理办公会议

对分公司筹办要求

这个参照执行吧，特殊问题特批就行了。

综合管理委员会主任：第二个是分公司注册方案分两期进行，第一期是18个筹备组所在地的注册，第二期是重点城市的注册。各分公司筹备组加快注册进度，提交注册的资料要求，有任何需求总公司相关部门要进行协助配合，执照的原件要留在总公司。第三个是行政部牵头，企划部参与进行产业园公司标识设计布置，解决企业的形象问题。第四个我们明确南京、合肥分公司的具体开业时间。第五个是确定企业胸牌的版本，目前决定使用两种版本的设计。企划部要进行合作商的比较，合理敲定价格拟订方案。企划部需要制作出营销方案，联系营销公司进行相关工作的洽谈，增大企业的影响。

——2014年8月2日第36期总经理办公会议

对参与分公司开业的要求

到开业之前，各筹备组由市场部门管理；开业之后，就是由各部门接管。综合部门接管相关事宜，开业事宜等由综合部接管，调研重庆分公司的开业情况，参照标准执行。对其他分公司的邀请由分公司进行，总公司不负责。费用也由分公司出，总公司提供开业费用。总公司这边提供一个原则式的指导参考，参照重庆分公司。

关于现场办公会，每个单位只能去一个人，如果有随行人员另外住，和会议无关。会议只接待一人，这个要给分公司作出指导意见。可带随从，但费用自理，会议的宾馆由当地的分公司进行预订，但是差旅费自己买单。总部去的人要分开记账，扣除由总公司买单。总公司去的人数也要有预算。企划部一定要去，所有的开业都要参加。这个资料的记载非常重要，要作为大事记留存。以后每一个公司的开业都要去，要有视频资料。

——2014年8月23日第39期总经理办公会议

分支机构要严格执行总部的指令

这个最近资产保全部这块我认为工作还是比较好的，因为把我压力比较大的事情都解决得很好，重庆解决得很好，尽管不是最好的结果，但是这个现状我们比过去踏实多了。都是有方案了,都是在操作过程中了,董事长都到位了,我和董事长都去了,璧山也好,中飞也好,基本上把它靠住了,最后的结果会怎么样,谁都不敢打百分百的包票,但是最起码从前景来看,终极风险应该还是不大的,不能说是没有,而且重庆目前的重视程度和配合程度应该讲还是尽了力的。但是它有些报告叫它写它不写的话不行,这个有令不行是不行的,下文件的东西是必须执行的。你不执行你就别干了,文件你都不执行那不是开玩笑?这个肯定不行,你告诉他正规单位出来的应该知道这个道理。红头文件一到,谁敢不执行?肯定不行,下周可能我也要去下安徽,安徽那边两个,难度可能比重庆要小得多,我看过那个基本情况,反正牛冰副总经理去,我去,陈总去不去?

——2014 年 11 月 22 日第 50 期总经理办公会议

分公司的筹备涉及一个整体的计划,包括准备时间安排和会议安排等

我们现在关心的是筹备的进度,因为一旦筹备完成,一成立以后就不是你市场部的事情了,各个部门都要管了,在这筹备阶段全是你市场部在管,所以这里面的统筹分几块,实际上就三大块:一个是即将开业的,已经成立的分公司就是业务统计问题;还有一个是正在进行中的,就是有项目了,但是还没有满足开业前的条件;还有一个就是现在根本就没有项目,实际上就这三块。针对这三大块采取什么样的措施,制订什么样的计划就可以了,我也就关心这几个数字。这月底河南开业,下月湖南开业,它们开业的话我们就要准备时间安排和会议安排,涉及一个整体的计划,还有开业当中是不是包含体验店都没有听到,我是希望开业的时候能包含一家体验店。

——2014 年 12 月 13 日第 53 期总经理办公会议

分公司开业的效率和工作规划问题

这个预算审核就是半天的时间。我们不要在这个地方压时间,搞完以后就立马打回去。以后这种预算报上来,不能放超过三天就要解决。后面

还会有这个问题，因为一个分公司开业的最长时间就是装修时间，其他时间都可以统筹在这个装修时间内，包括人员招聘、培训、制度建立，包括所有东西都可以在装修期间内确定下来。这样的话正式开业以后就不会有问题。安徽分公司用了20多天就开业了，这里面是不是有一些经验可以学习？如果他们不行的话，可以向别人学习一下。山东和浙江都搞了那么长时间，怎么回事？你们都要下去看一看。有些东西该督促的要督促，有的地方是不对的，不对的要改。还有食堂什么时候搞好？

——2015年3月1日第7期总裁办公会议

市场部开业、看网点等工作全部移交办公室

实际上开业的问题没什么，以后把看网点的问题交给办公室就行了，王豪管就行了，看个地址没有什么大的技术含量，这都不是业务部门的事情了，这是行政部门的事情，全部交给综合管理委员会主席管了。以后家具都统一搞，和几个家具厂搞一个招标，我们统一规格，你们定下，性价比高的直接发运。所以这些家具问题，都不再谈这个问题，筹备过程中的家具、选址等等，行政部门一并把这些搞好。市场部把这个东西都甩掉，以后不再搞这些东西。很多东西属于方法的问题，不懂的问题可以学。现在市场部下面有几个小部门，从岗小的部门到大的部门，每个岗位都有自己的职能，现在不需要就把它撤了，工作量太小就把它并了，内容太大就不断地充实，要根据实际情况调节机构的内容，这很正常。需要人给人，需要钱给钱，但是问题是要看出进度出来，老是没有进度不行，而且市场这块我很着急，希望你们都能撑上劲。现在胡总在云南处理事情，市场管理部的工作直接跟牛总汇报就行了。

——2015年3月29日第11期总裁办公会议

新公司开办、看场地等行政工作全交由办公室管理

当然过去还有一个业务、机构的开办，你们做了不少事情。包括新的分公司的开办、看场地、写报告、带分公司领导引见各个部门老总，但是这些事

情一两个人都能搞定，今天我宣布这项工作从市场部拿掉，不归你们了，全部拿到办公室来，胡宏敏的工作由徐国杰接，你的工作由王豪接，苏春梅的工作由李佳接，全接过来了。你们专心致志地把市场工作做好。办什么事情一个要认真，二要充分掌握信息，三要抓住时间，你一次性能够解决的问题，尽量不要两次。所以我们每个部门都要反思下，不是你要做什么，而是你做成了什么。当然你在做成的过程中，有一部分的时间都是为做成的事情在做准备，这是正常的。我还是那三句话，第一不要偷懒，第二，不懂就问，多学，多看，多问。第三，错了就改。你们这个很多方向错了赶快改。

——2015 年 4 月 4 日第 12 期总裁办公会议

分公司装修由办公室统一管理

后勤行政管理部分，上次讲了所有的装修都拿过来办公室管，不要分公司自己来做了。审查完了以后，这边统一组织施工队伍，统一的规格、统一的风格、统一的设计。

——2015 年 4 月 11 日第 13 期总裁办公会议

机构的设置是业务发展的基础，要加强机构的设置与管理

机构的设置实际上是我们业务发展的基础，如果没有机构设置，业务发展就会停下来，但是机构设置中的管理我们始终比较薄弱，希望办公室把机构发展管理加强一下，加强的办法，已经开业的就另说了，我们总部直接对它管理，已经有贷款的有相关部门对它进行管理，还有一点点贷款的就要马上进行规整，再不行就淘汰，报给人力部门，哪个地区我们需要干部，因为最终结果是主要负责人的问题。一个区域不到 5 个亿，那就是能力太弱了。因为一开始红岭创投的品牌和影响力还不足以把那些非常优秀的人吸引过来，现在比过去有所进步，在这个进步的基础上，我们有可能选到比过去好的干部，这些干部来了以后，好的管理干部才能带出好的队伍，才能发展好的业务，所以这个事情不能停，因为这是基础。发展是硬道理，如果不发展，很多问题都无法解决，如果我们停下来，不解决那 38 个亿的话，我们马上就

死掉。但是只要在发展，就能维持住，如果发展的速度能够再快一点，我们日子还能过得很好。发展一个是品种上、队伍上质量的提高，再有一个就是地盘上的扩大，最重要的一点就是要有好的干部，所以办公室要加强管理，不行我们就再招，现在我面试筹备组很快，三个月就是 15 万元，我们现在费用还能扛，10 个 150 万元，100 个 1500 万元，我再干出 100 个出来，因为成立筹备组就是在选拔干部，它在外面，我们没办法考核，只能从业务上，业绩达到了就好办，业绩达不到就不行，有各种各样的原因，弄清楚之后该放弃的放弃，或者降格成为一个项目小组，成为我们兼职客户经理也很好，没什么问题。要有包容的、不断改进的办法来指导我们发展，让我们发展的基础尽快扩建。

——2015 年 9 月 19 日第 32 期总裁办公会议

设立项目部

在分公司和筹备组之间，我们再设立一个组织，小就是一个筹备组，大可以是个分公司，中间就可以叫项目部，因为人的能力不同，我们要因地制宜。我们也叫项目部，也叫总经理，好听一点。他们报项目我们不能拒绝，整个口子可以开得客观一点，量足够，这样选择多一点。今天就是跟大家通个气，如果没意见，就设置项目部。项目部的设立和筹备组的设立方法基本一致，还是通过办公室，王豪，蔡晨，也给设立项目部做一个模板，一个申请的模板。看过之后让他们签字，收集好身份证复印件，我们给他们一个批复，以后把它们纳入日常管理。对他们下达的文件，让他们遵守纪律，保守商业秘密，还有不违法不违规不让老百姓吃亏的理念也要传递给他们。我们在批复文件上要比给分公司的细一点，因为要按照那个约束他们。

分公司是我们各个部门都在直接管理的，项目部就稍微独立一点，设置项目部还有一个想法。就是我们六个事业部的标都上来，各个类型的标不需要很大的团队，包括一些私募基金，就那么几个人，也可以上。股权众筹、典当、信托产品等各种形式，他们的团队可能也就 3 ~ 5 个人，项目部完善起来可能会对市场开拓有好处。

——2015 年 12 月 19 日第 43 期总裁办公会议

4.3.4　文秘综合室：日常办公、OA流程梳理、会务管理等

构建全国性视频会议系统的思路和意义

还有就是视频问题，我要解决的就是我们在这个会议室可以和全国的几个分公司的人一起开会，这样全国的会议系统就出来了，这样有什么问题就直接在上面讲，这是最好的了。如果不行就找别人，需要花多少钱就花多少钱，搞一个预算也可以。看看其他的相关部门花了多少钱，可以做一个参照，这个视频会议是一定要有的，30个分公司起来了没有视频会议系统简直是开玩笑，全国那么多工作的安排，不可能全都让他们飞到深圳来。最起码一个月要开一次视频会议。这样才能把全国的工作抓起来。

——2014年11月1日第47期总经理办公会议

参会人员的考勤管理

办公室以后负责统计每周参会人员，如果有请假人员，需相应扣分。这样才能在年终奖内体现出差异。除了公务以外，如果是私事的话就要相应扣分，不在工资上体现，在奖金内也要体现出来。办公会议，包括我们的审贷会，还有其他会议都要有这样的记录，这样以后才能事出有据。特别是一个企业管理当中，特别忌讳干多干少一个样，干与不干一个样，那能做什么东西？以后凭着谁和谁关系好，这企业就发展不了了。这都是些小事情，但是恰恰都反映了企业管理的细节，这些都是有规则的。有规则里面也有主观意识，但是也要把这些意识规定下来。例如有时候董事长特批一些事情，我特批一些事情，都是要有理由的，因为我们都签字了，这些就是规则。如果没有这些规则那就全部按照制度来，肯定要按照制度来处理。

——2015年1月31日第4期总裁办公会议

秘书室会务管理规范

包括整个的会务，以后一个单位不管开什么会议，会务都是办公室的责

任。以后不管是哪条先要开会了，首先要给办公室写报告。因为这个涉及了花钱，花钱以及调人，很多的事情。打过报告以后，他们就会支持这个工作。

——2015 年 3 月 21 日第 10 期总裁办公会议

办公室工作重点问题：OA 问题，OA 要梳理顺；全国视频会议的无线 OA 问题

过去红岭创投没有办公室，工作很杂。文字工作没有，文件也没有人办，公司的整个管理没有核心。现在办公室就是一个全公司组织办公的核心部门，包括文件、行政、后勤。现在我们王豪同志在负责，工作也在慢慢走向正规，但是还差很远。在这里面，考虑到公司下一步的发展，办公室的力量还是要加强。这里面有几个重点问题，一个是 OA 的问题。现在很多人反映我们的 OA 总是出问题，出现审批人不对，审批流不对的情况。我们的副总们都反映过，这些东西要尽快梳理一下。尽快把 OA 梳理顺了。

另外就是我们的无线 OA 问题，数量有限。下面只要是我们已经开业的分公司就要给它们上无线了，到最后我们的办公会可能要让我们的分公司参加了。我们这边开会的时候它们可以参加，也可以汇报问题。以后一些全国性的会议就可以在这个系统上召开了。现在这个视频系统的基础建立完了吗？

你们把这个系统试验一下，和每个分公司进行试验。现在我们有 9 个分公司，每个分公司有一个调试人员，我们这里就是一个调试中心，你们调试一次，要做一次模拟。做完了以后，我们下周的办公会要试着做一次。我们现在是安排在哪里看？

那就是还没有安装，那就是还不行，一定要搞到下周的时候就能看到对方。你们要尽快把这个系统建立起来，这样的话以后我们的投资理财部向全国下指令的时候就可以用这个系统沟通了。有时候一旦要召开全国性会议的时候也可以用这个设备，这样的话效率就高很多了。互联网企业一定要会利用互联网工具，利用了这个优势的话，你一定比别人做得快。

——2015 年 4 月 11 日第 13 期总裁办公会议

视频会议的注意事项和流程

会议开始。请各位分公司总经理按照开业的顺序进行报到。这是我们公司第一次全国性的视频会议，这样，我们的力量就集中起来了，而且也给全国在讨论的和实践中的问题提供了一个解决的依据和基础。关于视频会议有以下几点需要注意：第一点，会议的主持。主持者不单由我，也可能是由副总裁、董事长，或者是某个部门主持。第二点，视频的形式。我们需要及时沟通全国经营方面的情况。目前已有 11 家分公司开业，预计到年底 35 个分公司全都会开业，这样预计开会的频率不会太高，不一定是总经理会议，但是各个部门至少每月要有一次这样的会议。这样，各个条线的工作就可以集中。有一致的目标，并且共同讨论问题和解决问题，对于下一步的工作的开展，无疑是有利的。第三点，开会的议程首先是连通各个分公司的视频，然后就是各分公司报到，最后就是进行开会的议题。但是我们目前的视频还有些问题，主要在于画面不全，只能显示 5 个画面，有谁需要讲话的时候才能把说话人的画面播出来，软件设计还不是很完善，这方面已经向技术部门反馈了，不久后就得更换新的软件，让我们每个分公司的画面都出现在上面。这样大家在一起沟通的时候就像全国在一起开会一样，比较方便。这是第一次会议，所以我把程序讲讲。下面，我们的会议就正式开始了。

首先由我讲讲我们下一步的工作方向和计划；第二，对分公司的工作做一个要求，下一步应该怎么做；第三，请各个分公司汇报一下你们近期的重点工作，还有需要总公司解决的问题。三个问题讲完以后就散会。散会以后我们总公司将继续开会，对各分公司所汇报的问题进行讨论，总公司讨论过后，涉及哪个分公司的问题，由总公司的有关部门直接联系，然后大家共同解决，把解决的意见通过会议纪要的形式通报给各分公司。

——2015 年 5 月 9 日第 15 期总裁办公会议

4.3.5 文秘综合室:档案管理及印章管理

对盖公章的流程的要求

目前公章保管在董事办,行政部调查清楚后决定是否出业务公章审批流程。每条线上确定最高领导,每个部门需要用印章,都要经过最高领导批准。

——2014 年 8 月 23 日第 39 期总经理办公会议

文件传阅的制度问题

这个不需要了,因为我们公司以前没有一个文件传阅制度,特别是收发文。像是银监会的一些文件,周董出去开会的一些文件,回来以后随便看看就没有了,到最后就看不到了。像这些要进行文件登记,登记过了以后,每个副总看了以后要签字,最后收回来归档。你们自己需要的话自己复印。这个过去在银行里面都是这样的,这些文件就不能在 OA 上出来,包括政府拿来的、银监会拿来的,这些文件必须有一个规定的传文制度,这个办公室抓一下。

——2015 年 3 月 7 日第 8 期总裁办公会议

档案管理由办公室负责

这个综合委这边管一下。人事档案、会计档案、业务档案、行政档案等等。档案是应该放在我们办公室管的。应该所有的档案都在这里管理,下面人事档案是档案库。

——2015 年 3 月 7 日第 8 期总裁办公会议

公章更改不能影响公司业务

这次改公章,甘肃分公司跑来讲,影响到了他们的业务开展。应该讲这个应该是有一个并行期的,就是老公章和新的公章可以并行使用的情况,这就不会影响到业务的开展。这个还不是一般的影响,影响很大。这个事情你要想办法解决。如果最后标发布出去的话,我情愿不换公章。不行的话就发一个公告,就是在一个时间段内,新的公章和老的公章可以同时使用。

——2015 年 3 月 21 日第 10 期总裁办公会议

对办公室档案管理工作的要求

办公室成立一个档案室或者档案岗都可以,专门管,人不够添人,实际上就是文件收发的最后一个环节嘛!你所有的文件传完了,最后一定要收回来,肯定要放在办公室的。那么其他外面的,一个自己的收发文,再一个就是来文,传阅了之后都要有一个归结。我们内部的文件,OA 批完了,这个地方都要有一个归档的地方,现在是电子的,还有文字的,都要有一个地方归档。就把你的工作,以文件的形式全部归结和保管起来,到时候查阅的时候就都有了。如果是我们自己的文件,可能每年还要做一个汇编,所以文件,包括人力资源制度,各种办法,各种文件,到最后都可能有一个汇编,这样就把管理工作延续下来。

——2015 年 8 月 8 日第 27 期总裁办公会议

对公章集中管理问题的指导意见

如果确实收公章影响业务发展,我们调整过来也没有关系。但如果不是这样,希望大家也尊重事实。你们听取意见的时候也要看是多数的还是少数的,如果是少数的,它是不是有一定的数量,要全部调查清楚,不是一个人就代表全部意见了。有几条意见,每条意见有多少人在谈,如果要支持会产生什么样的影响?都要清楚。王豪来主持这个会议,会议开完后看到底什么意见,总公司的想法看对不对,如果分公司说不对,那么出了问题谁负责?他们都签字如果出了问题他们负责,那就这么办吧,他敢吗?他没那个胆量、水平。其实收公章不是最主要的原因,应该还是压力大了,心里不舒服,找个突破口。当然可能也有想利用公章做点什么的,这不能排除。有些人想利用一个省级公司的公章去做点什么,比如说担保之类,最后很麻烦。

总公司就是怕风险。分公司组建过程中的干部选择也和我们过去工行选干部不同。工行提一个股长,下面 50 人在候着,提一个科长至少有 10 个股长在等着,提一个处长下面有 100 个科长在等着,提一个省级行副行长,下面至少有一两百个处级干部在等着。选拔出来的和我们的是不一样的。前期分公司的总经理基本都是猎头推荐过来了,一看当过支行行长以上正职的,就让他们先试一试。有的行有的不行,淘汰很正常。他们正确的意见我们要听取,不正确的就不能听了。干部的淘汰和选拔也很正常,我设置那么多筹备组就是要在外部有一个选拔机制,让他们能够真正立起来。我们公司从一个内部管理处于原始状态的小公司开始,一下迈向全国,这管理包含了很多东西,很多东西是很复杂、很不容易的。围绕公章的问题,我是这个意见,你们办公室开个会,把意见收集上来,一定要信息对称。一个是不同认识,一个是信息不对称。要把所有的道理讲出来大家再作选择,那样就好选择了。

——2015 年 12 月 5 日第 41 期总裁办公会议

4.3.6 文秘综合室:采购管理

采购审核时运用成本分析

我跟你把成本分解一下,我讲一个成本分解的方法。我们拿刷墙来解释,对方报价是 20 平方米,一个平方米 20 块钱,一共 4000 块钱。但是我不这么算,我考虑材料多少钱,用多少工人,多少时间完成。这么一分解开,就知道实际应该是多少钱了。很多东西的审核就是成本分解的方法不一样,然后就知道利润在哪里了,那么我们就避开那个地方,我做出来的东西就会便宜很多,而且会比别人好很多。所有的工人和工序全部是一样的,大不了就是硬件不一样。你要善于把成本分析透,该花的钱无论如何都要花,但是可以省尽可能省下来。你把它的成本分解开,已经做成的东西就是成熟产品了。成熟产品的话技术保密得很好,要不然就有一个竞争对手,这样这个价格就会下来了。在成本控制上大家一定要多动动脑筋,这样我们才能多赚一点钱。从你们电脑部汇报的工作上看,成本分析不够。我们还没有发展到钱多得可以烧的时候,我们现在还是捉襟见肘。

——2014 年 5 月 6 日第 23 期总经理办公会议

茶馆的装修和物品采购

还要 12 天! 那就不要让他们干了,再选第二家。这种干活的效率,根本没得做。以后所有的装修都不给他们做了,否则他们总认为以后都会给他们干,没有一个危机感。还有我建议你们去几个大酒店,去拍一些照片,看看他们的餐厅里面的摆设是什么样子的,是什么东西。你们实地跑一下,我要看到这个照片。把几个深圳市比较大的五星级酒店的照片拍一下,然后选一个最好的,把我们的茶馆的桌椅还有地毯搞好。这个我要亲自过问,否则不知道要到什么时候。

——2015 年 3 月 1 日第 7 期总裁办公会议

采购管理思路

分公司所有的装修都拿过来办公室管,不要分公司自己来做了。审查完了以后,这边统一组织施工队伍,统一的规格、统一的风格、统一的设计。这样的话价格肯定便宜多了。从不同的地方去买材料的话价格肯定有高有低,如果是从一个地方买的话价格肯定不一样。你可以直接就从厂家发过去了。现在的物流很发达,作为互联网企业要知道一切的资源都在你的身边。你只要把东西定好的话,就不需要你自己去办了,中间没有几个环节。你装分公司和总公司是一样的,只是分公司要去现场看一下,图纸确定就可以了。没有多少东西,只要你们把材料定下来,抓一下采购,包括我们的家具,找几个厂家做一下招标就可以了。

——2015 年 4 月 11 日第 13 期总裁办公会议

采购归属问题和制度建立问题

我听到一些反映说我们的采购都是过去的,很乱。现在我觉得采购要归集一下,采购归财务还是办公室要商量一下,重新进行招标,不管什么,包括电脑、后勤等等。我们综合管理委员会主席做过采购部老总，我们的采购一年下来上亿元，不是小钱，一定要有制度，有个部门管一管。我建议财务牵头，综合管理委员会主席参加，拿个办法出来。

——2015 年 6 月 6 日第 19 期总裁办公会议

4.3.7 文秘综合室：办公场地管理

办公室的配备、场地安排与预算规划内容

下一步，我们的部门要增加，我们人员要增加，我们的业务要扩大，办公室到底准备怎么样？现在所有两栋楼，每层楼的配备都是什么东西？办公室是怎么安排的？合理吗？如果不合理就要进行调整，进行一个合理的规划，不能想坐哪个办公室就坐哪个办公室，既没有组织纪律性，也没有规章制度。办公室的配备和场地安排都应该有个统一的规划。当然，我们前期办公室是够用的，就没有做一些前期的安排，现在随着业务的发展，办公室慢慢就变得紧张起来。过去大学生来，几十个安排住是没有问题的，以后又会出现新的问题。过去的食堂也是没有问题的，发展到后期也会有问题的。还有我们后勤的工作量会越来越大，这样一来，行政部的担子也会越来越大，职责也会越来越清楚。还有过去很多的分工不合理。比方说，我们的预算，不光是采购的预算、决算，包括像装修，体验店的装修，各个分公司的装修，各个业务量也会很大。现在预算的人没有，真正懂预算的人没有，最起码有预算证这个水平的，图纸都能看懂，根据施工图能够造出来预算，或者说最起码能够审别人的预算。装修的报价也好，基本建设的报价也好，都有依据，否则都是在拍脑袋，它是有客观依据的。施工图你有多大面积？比如说有 1000 平方米，落实在哪几块面积上，都有，这些面积需要买什么材料，然后把材料确定了。多少面积，用多少材料，材料确定就是材料价格的问题了。材料价格网上一搜就知道了，然后再给你一个合理的损耗，3% 或者 5%，节省了就是你的，损耗了就是正常损耗的，那么这个材料就结束了，剩下的就是工资。1000 平方米需要多少个工人？刷墙一共多少个平方米？刷墙从批灰一直到喷涂，总共需要多少人？几个工人干几天？大工 300 块，小

工 150 块钱,一算就知道了。这都很简单的东西,没有更复杂的。只要是大学本科毕业的,最多 3 天就学会了。这个预算员实际上过去是个中专毕业生就可以做预算了,就能领到预算证,我们这边还是大学毕业生,还都是名牌大学毕业生,居然做个这个东西稀里糊涂,买个东西也稀里糊涂,搞个装修也是稀里糊涂。装修的成本其实就是料工费,一样。施工图、料工费,再加上一个合理的费用。合理的费用我们称为给施工方的利润和管理费。这个就可以讨价还价,10% 行不行?费用算出来以后,直接费用就是材料、工人工资,再加上相关费用,里面包括交通费,也给它列入成本。然后列完了以后,整体构成了一个叫直接费用,直接费用上再加个 10% 或 20% 为他们(施工方)的直接利润和管理费就结束了,就这个价格了。他要觉得赚少了,加到 20% 也行,但是到 50% 就不正常了。在合理范围内加给施工方就行了,这样就没什么可讨价还价的。打折的都是有问题的,打到最后只有你吃亏,施工方怎么都不可能吃亏。只要算下来的话,多少钱都花,人家用的就是这个材料,真的值这个钱,不能不给别人钱。但是没有用这个材料,偷工减料,最后还不是那个东西,给这个钱心里难受,把我们都当傻子了。这个我倒不是说其他,上次那个杭州的体验店报上的价格,没有经过预算审核就直接到我那里了,我以什么样一个依据来批?都是同意,谁审的预算?这个钱 12 万元多,也不算太大一个体验店,现在第二次报上来,8 万多元,预算我还是没看到,直接就给打了个折。今后这个,我也没往下问了。

——2014 年 11 月 22 日第 50 期总经理办公会

办公场地的设计要具有前瞻性

办公室的问题,王豪这边就要拿出一个方案。我们目前到底有多少房子我还不知道,希望你把所有房子的平面图全部拿出来,拿出来以后我们要看,有些东西要删掉就要删掉,该并的并,该设计的设计,有的地方不行的话该重新装修就重新装修。因为下一步打的仗,和过去打的仗是不一样的。整个的东西都要作出调整,还要有一点前瞻性。

——2014 年 11 月 22 日第 50 期总经理办公会议

办公室的设计与改造要和业务量的发展相匹配

我的意思是把平面图拿来，我们一起讨论，一共多少层，现在是哪些部门，已经占了多少部门，我们一起来研究。还有一些已经租出去的，什么时候我们能够收回来，多长时间能收回来，这些都要考虑的。因为到年底，我和董事长讲，如果今年的利润我们算出来了以后，到明年的利润能够预算出来的时候，我们明年整个大楼的外形可能都要改造，就是花 800 万元。所以讲我们里面就要做一些整合，把它整合得像一个大公司，每一个部门都清清楚楚的，业务设计的结构，管理的结构都是清楚的。到时候我们一个个研究，看看怎么样能够搞好。再不行就看看 20 栋的情况，如果那边还有空房子，有可能我们全部搬过去，把这边全租出去，都行。因为你过去的设计和过去的业务量是匹配的，和现在的业务量是不匹配的，如果后面我们再发展的话就很不匹配了。现在如果不做调整的话，办公就很不方便。而且这个做起来的难度是不大的，技术含量不搞。你把平面图拿上来，我们临时就可以决定。

——2014 年 11 月 22 日第 50 期总经理办公会议

办公场地的合理规划

第四个就是办公场地的合理规划，整个东西刚才已经交给王豪通知了，下周上会这个事情要解决，不要拖。第五个就是包括员工生活场地的规划都要有，因为 300 个大学生一来的话，看住宿怎么安排，必要的时候给一定的补助去外面租房子也是有可能的。你要想出各种方法来解决员工的后顾之忧。第六个就是新的工资计划，我已经跟人力资源部安排过了，你拿出新的工资计划来，找三个深圳的银行和 P2P 企业的工资来做对比，我们一定是在前列的。你搞出来一个区间，在多少到多少之间，然后给董事会作为决策的依据。主要就是这六点，新的业务品种的开发都已经在做了，大家也没停下来，需求也在提，你们也提出来了。反正是明年年初，新的业务要上线，哪怕就只是改一下标的名字。加两个标上去就可以了，点进去就是我们新的内容，直接投就行了。不用的撤掉就行了，不要做样子了，这样就把整个工作安排起来了。

——2014 年 11 月 22 日第 50 期总经理办公会议

办公场地的合理化规划思路

你回去就把这两栋楼立起来，一栋楼搞一张图，标注每一层，然后每一层点进去以后是每一层的平面图，这样才能看出来。就是每一层后面有一张单独的图，上面的平面是怎么安排的，现在有多少人在里面办公，是我们自己在用还是租给别人了，什么时候到期，这样整个总体的东西就有了。平均每一层的办公人数不能低于每平方米多少人，你这个没有塞满的话布局就不合理，这个就很简单了。我们这个地方算是 300 人，平均每个人给 10 平方米办公，300 人才 3000 平方米。我就讲这样一算，就知道哪个地方不对了，哪个地方的规划或者使用不对了，要进行调整。当然这里面还有职级的差别，比如董事长、平方米，都有固定的标准，我们这边也应该设立标准，因为多了实际上也没有用。

——2014 年 11 月 29 日第 51 期总经理办公会议

19 栋、20 栋两栋楼改造的好处

开始开会。19 栋、20 栋两栋楼要改造一下，我已经和董事长说了，大概花 800 万元，这两栋楼之间能不能连起来，这样就合并成一栋楼，这样每一层就能增加面积，每层增加一个会议室，两边台阶全部封掉，中间一个大堂。这个由行政部拿方案，多拿几套方案。方案搞好了以后，看一下整个预算结构要多少钱，然后我们这边再跑，这种改造很快，两三个月就完成了，立时红岭创投的形象就彻底变了。本来这两栋楼就是我们自己租的，还有 10 年，投个 800 万 ~ 1000 万元我觉得是值得的，人家一到我们这边来，整个感觉就不一样了。原来来的时候找红岭创投找了很久，虽然现在有了指示牌，但是还是不行，等到改造完成后，给人感觉都不一样。这个作为我开会前安排的任务，下周上会前拿至少三套方案汇报。

——2014 年 12 月 6 日第 52 期总经理办公会议

办公管理环境的合理化调配要整体地进行

你们回去核一下是不是这样。部门老总是不是需要 26 平方米,我看 18 平方米就够了。我就讲,要科学制定整个办公管理环境。过去因为办公室多,无所谓。现在办公室少了,人越来越多,我们就要重新进行一些合理的调配,调配过程要整体地进行,不要局部进行。一旦局部进行,就浪费更大,而且工作还不方便。也有可能我和董事长都搬到 20 栋去了,13 层重新分割一下,变得更容易使用,都有可能,也有可能把副总都搬到那边去了,或者融入每一层去了都有可能。怎么有机地设计它最好就怎么设计,怎么合理使用最好,行政部就要动这个脑筋了。

——2014 年 12 月 6 日第 52 期总经理办公会议

办公室装修的具体流程,包括招标、工程与结算管理等

这里面实际上综合管理委员会主任就提出了一个问题,这里面是选出三家以上的单位进行比较,实际上就是招标,招标的话就有招标的规定,就要按照招标的规定来了。招标的东西,到最后我们审核的时候也要有标的,要设计标的。以后我们还有很多的分公司和体验店要装修,工程量有多大我不知道,一定要有一个制度把它规范起来,这是一,就是招标的过程。第二就是施工图预算一定要完整,就根据画出来的图纸决定用多少材料,用什么材料,然后决定多少工期。这样的话,就没有漏洞了。再一个就是拨款、付款的问题。开始的时候可以付一些定金,比例你们定,工程进行到一半的时候付工程进度款,工程进度款必须有一个中间的验收,验收过后必须有签名才能付工程进度款。最后有一个结算款,验收了工程之后,跟我们在签订合同时的材料进行核对以后,才能付款。这笔款付完了还要留一笔保证金,这笔保证金就比较少了,就放着半年以后再付给你。当然这个决算,总公司每次去的人还不能一样,就是每次决算去验收的人不能一样,综合管理委员会主任你负责一下。因为一样的话,就会容易形成公关。分公司不一定换,但是总公司是换的,就是随机决定。就把这套办法告诉他们,去看看什么东西,是不是这个材料,是不是这个面积。

——2014 年 12 月 20 日第 54 期总经理办公会议

办公场地的改造

工程预算有没有？设计你们要先做出来，要用什么结构，用多少材料。这边李佳已经做完了。我做事都是两条路子一起走路，你和李佳碰一下，赶紧把设计搞完，然后证一拿下来就要开工了。如果你找得装修单位比较好的话，他就能主动帮你搞定。现在我们要的就是效率，办公会上讲的东西是工作，工作讲的是效率。当我们大楼的新形象出来以后，大家来上班的心情都不一样，企业来我们这里的办事方法都不一样，政府到我们这里开会的心情也不一样，我们所有员工的凝聚力都不一样。这是很重要的事情，绝对不能拖，抓紧时间。

——2014 年 12 月 27 日第 55 期总经理办公会议

4.3.8 文秘综合室：年会及其他活动的策划及安排

联欢会不要搞主题

这个题目太讨厌了，就不要主题了，因为都有可能跑偏。因为一旦有一个主题的话，这个主题要经过慎重的考虑，不如不要。这三个都不是很适合，要我加一个主题的话，就是“天佑红岭”。就不要搞主题了，因为没办法搞。就是红岭创投联欢晚会就可以了。

——2015 年 1 月 10 日第 1 期总裁办公会议

要把优秀的经验分享变成会议材料，分发到每一个到会的代表

现在有没有定好发言人，就是专门要有文字发言稿的。就是说优秀的经验分享的话，在每一块都有经验。有的话就要把它变成一个会议材料，要分发到每一个到会的代表，回去以后要传达会议精神。

——2015 年 1 月 10 日第 1 期总裁办公会议

晚会上每条线都要简单讲一下，还要把专业会议的任务布置一下

反正现在各条线已经提了很多奖项，有些是可以的，但是有的不够准

确,没有明确到人。还有这个讲话部分,现在只有市场部分讲话,财务和风控部分不要讲话? 就是每条线简单讲一下,把专业会议的任务在上面布置一下,然后大家回去开专业会议的时候就有依据了。因为春节前就要把专业会议开了,你在哪里开我不管,只要在春节前开就行。所以想你们每个人都讲一下,不要长,每个人讲 5 分钟就行。把你们的工作搞几条就行了,5 条线都讲。

——2015 年 1 月 10 日第 1 期总裁办公会议

要把年会搞好

年会各部门都准备了节目,要把它搞好了。一是大家聚一下,把去年的工作做一下总结,把来年的工作做一下安排。这很有必要,我们租这个酒店花了不少钱,董事长讲一年就一次,搞好一点。

——2015 年 1 月 10 日第 1 期总裁办公会议

对 2015 年终工作会议准备工作的指示

这次会议的工作量很大,从现在开始就有很大的工作量,因为是两个会议在一起开,一个是年终总结会议,一个是明年的计划工作会议,里面的内容很多。今年的工作总结,各个部门、各个条线和分公司都要先写出自己的工作总结,然后在规定时间内把总结交到办公室,办公室在总结的基础上制定出全公司的 2015 年工作总结。总结的内容是今年的目标是什么,完成了多少,做了哪些事情,有哪些成绩,还准备做什么,还需要哪些支持,怎样才能把工作做好,存在哪些不足,这就是每个部门总结的内容。

同时对于好的要给予奖励,首先基本的每个单位都有的,每年都有的,优秀员工肯定是要有的,要有一个评比,要有比例,比例怎么分配,办公室和工会研究一下。第二是单项奖,每个部门根据自己的需要和推动工作的需要,制定各种单项奖,包括资产质量、规模、盈利水平、管理能力等等,办公室和工会也要研究一下,比例以及评比方法,优秀员工的比例应该定多少,分公司多少,总公司多少,综合副总裁负责,这是总结这一块。

明年的计划工作这一块，大家都要有计划，市场部明年规模达到什么样的水平，风险管理部达到什么样的水平，实际上就是资产质量达到什么样的水平，计划财务部主要是财务上的水平，财务上一个是利润，再一个就是费用，要有费用的预算，各个分公司的预算是多少，预计收入是多少，最后的盈利水平是多少，总部的各个部门也要有预算，有一个总体规划，包括每个人的人头费是多少，这都有计算方法的，都能算出来，不讲百分之百准确，至少要有一个区间。同样对于明年的完成目标也要提出几个要求，最后我们给予奖励和处罚的一些标准。

同样年终总结上，我们人力部要对干部进行一次考核，主要是中层干部，总公司的副总及以上和分公司的副总及以上，以后可能干部要做一些调整，这是每年都必须做的，每个部门对自己室经理这一级也可以进行一些考核，大家都写一个小结，最后的年终奖都是根据这个来的，不然没有依据。对于奖金的分配、职位的升迁，待遇的改变，这些才有依据。

会议的内容一是年终工作总结，二是明年的全年工作安排，之后的专业会议接着往下开也行，到年后开也可以，包括计划工作会议，财务工作会议，信贷工作会议，到时候再安排，但是总体的会议是在今年年会上把这两个项目都开完。

年会上要吃一顿饭，要安排一些节目，看办公室怎么安排，适可而止，原来我是想年终总结会议要开，会餐我一看那么多人，预算我一看，150 万元，请示董事长，董事长说一年就这一次会议还是开吧，那就开。包括奖励问题，年终工作总结问题，表彰问题，这些在年终工作会议上都要做出来。各个部门在总结的时候做过什么事，比较突出的，需要表扬的，也在里面提出来，工会孙院长在抓，和办公室碰一下，最终把奖励问题定下来，需要多少钱和财务上讲一下，有的是物质奖励，有的是精神奖励，有的可能买点奖品，这个到时候再定。定在 1 月 15 日、16 日，定下议程，一开始是总结大会，一些典型发言，时间上要安排好。

我肯定要有一个讲话，办公室要专门准备一个稿子，在各个部门、各个分公司总结基础上把所有大家做的成绩归纳出来，我有一个讲话，董事长可能也要有一个讲话，要向董事会报告，看董事会对经营班子有什么要求，如果需要我们这里起草稿子，我们就起草他的讲话稿，如果是董事会起草就董事会起草，需要我们什么资料，我们全部提供，报告一下时间、地点、参加人还有会议的议程。到1月15日才开会，今天才11月21日，还有一个多月的时间，还是充足的，现在先做一些收集，到年底的时候再开一次会，把具体的事情再确定一下，各个部门知道这回事就行了。

人力资源部对于干部的考核要重点抓，要组成几个小组，用什么样的方法来进行考核。我们领导班子最后要对所有的问题做一个讨论，政治路线确定以后，干部就是决定性因素，干部好，工作就好开展，希望人力资源部把这件事办好。

——2015年11月21日第39期总裁办公会议

对年会及劳动竞赛奖的指示

劳动评选方案是每年要做的，关键是这个劳动竞赛奖里面有很多专业的劳动竞赛奖，包括清收，包括不良资产，包括最佳的分公司管理奖项，像这些奖项需要各个条线提出来，比如投资理财哪个分公司做得比较好，这对于我们整个公司的发展是有好处的，这个我很重视。

至于抽奖主要是一个预算的问题，完全凭运气。我的意见是不如每个人送一个纪念品，上面印上我们红岭创投的LOGO，年会之后每一个人都有一个纪念品，比如包、茶杯等等，或者发券自己去领都可以。另外30%的中奖率也没什么问题，各个没来的分公司员工参与抽奖都可以，这都没问题，金额也没问题。纪念品只要是我们红岭创投的正式员工都有，上面有一个红岭创投2015的标志，大家以后还能做一个纪念，有一点实用性，价格不要太高。你们自己去定。

我关心的是劳动竞赛奖，要董事长亲自颁的那些奖项，清收奖、优秀员工奖、资产质量奖，这些才有一些意义，对整个公司的发展有一些意义，我们要感谢他。我们每一个部门都可以提一两个，之后办公室再归纳一下，有哪些奖项可以保留，哪些就算了，哪些放在重点的位置，这一部分才是年会的重点。

至于节目，分公司为了公司的形象它们会做好的，比如河南的相比安徽的好一点，多花一些本钱和精力，那是它的事情，我们别管太多，只要审查一下，不要全是独唱就行了，尽可能把品种丰富。总公司这边也是一样，现在年轻人也多了。

——2015 年 12 月 19 日第 43 期总裁办公会议

4.3.9 品牌推广室：营销活动策划

对企划宣传的要求

企业宣传方面尽量找寻投入少、见效快、收益大的宣传方式。例如赞助、扶贫、印发免费的会员卡等。

——2014 年 3 月 4 日第 14 期总经理办公会议

企划宣传工作的重要性

关于我们印制的培训材料，风险管理部要把《风险管理制度汇编》编上号，然后盖好序列章，防止资料外泄。还有就是在之前的工作中我没有意识到企划部的重要性，所以需要向大家检讨下工作，今后我们将持续关注企划部的各项工作，也希望大家配合企划部做好我们公司的宣传工作。最后就是我们各委员会要定期召开例会，参会人员要多参与，多提意见。

——2014 年 3 月 11 日第 15 期总经理办公会议

向社会宣传红岭创投的方法

肖桂林这边邀请一下金融办的领导。以后有新闻记者参加的，作为新闻发布会这样性质的，让他们参加。它后面要我们搞互联网协会，都是我们支持的，但是我们这边搞什么活动，你也要来一下。如果能够请到副市长更好，以后这类事情我们的请柬一定要发到。最后这个活动，实际上是一个收官，他们给我汇报工作的时候，我做了一个改动。原来是由董事长，我、胡宏敏副总经理、项旭副总经理等对内的抽奖活动，我一看这么一搞就没有多大意义了，这是一种很好的向社会宣传的活动，因为我们这个平台，这个工作，涉及投资者、借款者，也涉及新闻媒体，正好通过抽奖的机会，让三种人都到这，让大家都说几句话，然后让他们三种人都会感受到平台存在的必要性，还有给大家所带来的好处，让大家现身说法，获奖的说法，因为参与了这项活动。那么这些说法是最现实的东西。这个现场需要通过他们的嘴，把我们想说的话说出来。

——2014 年 11 月 15 日第 49 期总经理办公会议

跟企业、新闻部门建立互动性、有意义的关系的途径

所以说，让你们邀请广大的新闻部门参加，给一个背景材料，然后剩下的让他们自己发挥。平面媒体有哪些，电视频道有哪些，互联网媒体有哪些，还有其他，分几个类，然后把请柬都发给他们。来的我们下次还邀请，只要这次不来，我们下次不再邀请。发稿出去的有奖励，按字数给，稿费的价格可以稍微高一点，人家给 3 块钱一个字，我们给 6 块钱一个字，这都没问题。就跟企业，跟我们的新闻部门之间，建立一个既有互动性，又有意义的关系，不是来就拿钱，不给我们写东西公布出去我们不满意我还不给你钱。你们过来我是给你们机会，这次不来下次绝对不再请。

——2014 年 11 月 15 日第 49 期总经理办公会议

善于将活动变成大的新闻发布会，更好地为红岭创投做宣传

内部的管理，我们的主持人，我听说是刘泽汀还有市场管理部的苏春梅，你们两个主持我没有意见，但是事前要把所提的问题，实际是一种方式，提出的问题就是想要他说出来的话，就是想要他的嘴说出来的话，我们要把提的问题搞好，提的时候可以给他一种暗示，可以给他一些准备，包括我们所希望的答案都可以给他，他在那个上面发挥都可以。这样一来，全部程序都能够按照我们的意图全部做出来，这样就能变成大的新闻发布会，变成了活动，变成了宣传红岭创投的活动。就好像双十一活动已经过去了，大家已经看到一些了，但是里面综合性的意义和深远的影响还没有完全显示出来，通过这一次新闻发布会和获奖，我不是讲搞大一点，五万块钱、十万块钱都

可以，再让他们讲获奖感言，从一个人的嘴里可以传递出很多很多的东西，特等奖多少钱？

——2014 年 11 月 15 日第 49 期总经理办公会议

宣传要打破传统思维，变得有技术含量和有趣

通过一周的努力和各个部门的支持，这个工作有了个进度，这个进度要继续保持下去，因为这个业务是我们的底线。这一块在发达国家已经上市了，而我们还没有，作为 P2P 行业比较靠前的公司，这一块是必须尽快完善的一个业务范围。这一块跟我们以前最根本的区别就是不垫付了，我建议新业务打一个底色，不要用白色了，打个比较舒服的底色，两个版面完全不一样。我同意项总说的先易后难，尽快上线。宣传上现在只靠选择、爱好、投票等远远不够，这些活动可以和我们首日封或者投资理财绑在一起做。周一我们第一本杂志就要出来了，送杂志的时候折页也可以一起做，宣传上要采取各种各样的方式，要把我们想说的和别人想知道的告诉别人。当我们在设计这些东西的时候，主导思想也就是这两点，第一是我想告诉别人什么，第二别人想知道什么，提炼出来之后通过某种形式某种载体传播出去，任务就完成了。当然在速度上、效果上、面上越大越好。推广的方式尽可能有一点技术含量，搞一点游戏之类花钱很少的。微信中有多少宣传方式，万变不离其宗还是一个东西。节日祝福，高效的传播很多，这些线上运营部搞一个岗位专门收集这些东西，看看有多少种宣传方式，到时候我们用的时候在里面任选，搞一个宣传方式库，尽快弄出来。电子折页库，电子产品库等。现在每天的舆情就很好，就是有一点呆板，可以再有趣一点。

——2015 年 7 月 4 日第 23 期总裁办公会议

宣传工作要用合理的方法提高其技术含量和效果

这（品牌宣传）就是烧钱，这个问题就是我们现在有没有到烧钱的时候，真要到烧钱的时候，一个亿也要烧。很多企业都懂这个道理，企业在发展的阶段，在所有的基础还没建立前是不敢烧的，不然烧到最后还没搞好。所有

的东西都搞好了，一烧钱肯定就上去，那多少钱都得烧，是这个问题。那么这个阶段，我的建议是，广告和宣传肯定要做，它跟我们发展投资人方向是一致的，比如我们投资理财部马上要搞首日封，像这种技术含量就高了，钱是花了，但是人家拿到手上有纪念意义，而且保留时间还很长，宣传效果要比那种好很多。比单纯做广告就好多了，那么我们品宣这一块，怎么能够做技术含量高的。而不是买人家的广告，我总感觉那个东西没多大意义。当然到最后需要烧钱的时候，就到这个地方来烧，那个非常简单，选几个，钱砸上去不就可以了吗，页面我们都是现成的。就是要做一点有点技术含量的，有点宣传性的。

——2015 年 7 月 4 日第 23 期总裁办公会议

品宣烧钱的技术含量与价值

烧钱很简单，但是烧的要有技术含量，要让别人记住，所以我们搞品牌宣传的，办公室一定要在这方面动点脑筋，像这种方法很多，在学习的时候可能成本要高一点，因为包含学费在里面，但是在营销的时候成本越低越好，就像那个快闪，两三万元，效果还可以，但是一场就没意义了，意义就不大了，就是在网络上传这个视频还有点用，但是你天天在这个地方连续一周下来的话，那可能广场上聚集的人就多了，也有很多人看新鲜，里三层外三层看都有可能，还有很多人会加入也有可能，这种营销我们搞宣传的要研究一下嘛，不止这些，很多宣传方法都有，但最起码要动脑筋啊，要想到这一点啊，要知道目前社会上流行的一些能够吸引人能够凝聚人气的方法，要用到我们的业务宣传上这很好，但我们要把它推开的时候就要更加理性一点。

——2015 年 7 月 25 日第 25 期总裁办公会议

宣传岗位的重要性和专业性

那个时候我们在银行里有两个宣传，一个是银行的宣传在办公室，还有一个就是储蓄的宣传，它是专业宣传，其他都没有。五大专业当中唯有储蓄有一个专业宣传，而且这个储蓄宣传是一个专业部门，包括照相机、摄像机，什么都有，那为什么，它就是宣传投资人的。那么在我们投资理财部也一样要有这样一个机构，就是怎么去向投资人宣传，专业宣传，因为像我们这样的互联网企业，宣传是很重要的，因为他要知道的话，他就可以在手机上立马实现自己想做的事。每个部门都有自己的专业宣传，同样我们公司也有自己的宣传专业，我们办公室就算是宣传专业，包括企业，旗下品牌都是办公室在搞。但是我们在专业上又有一些专业宣传，我对我的专业进行宣传。市场部有，投资理财部也有，线上运营部更有，都有，包括私募、典当保险都有它的专业宣传，每一个专业宣传都有它自己的特点，但是你投资理财部这个负责点比较宽，所有有投资人的东西都在你那，你都有责任和义务去帮他们宣传，所以你这个地方，宣传部门或者宣传的岗位一定要设立好，设立好以后对宣传的方式、内容、费用都可以写报告，这样才能使这个部门正常运作起来，每天的工作才有意义。你现在相当于过去总行的储蓄部。他们怎么宣传的我们就怎么宣传，不是没有参照，而总行储蓄上有哪些宣传的内容和方法，包括抓典型，总结经验，推而广之，包括开现场会，赞助一些好的活动，你们都可以搞，你们要配备这样的岗位，这个岗位的人一定对这方面要熟悉，不仅仅是画画写文章，还要有组织能力。

——2015 年 7 月 25 日第 25 期总裁办公会议

关于营销问题

最后是营销的问题，互联网金融的营销是综合的营销，是全方位立体的，包括今天分公司开业、三元达今天复牌、包括线上营运部在网页上的各种消息的表达等等诸多方面都是营销。品牌营销、产品营销，还有思想认识的营销都非常重要，这是红岭创投未来是否能发展的依据，把我们想做的事情让别人知道。山东分公司做的快闪也是个很好的营销，很有意义。每个分公司每年都搞几个像样的营销出来，这不仅是对品牌的营销，也是对产品、项目的营销，这两头都需要，线上线下都需要。这个行业的专业队伍没有形成，原来没有互联网专业人才，都是从金融行业、IT、网商、证券等等过来的，我给今年培训的大学生讲过，今后互联网金融专业人才很可能从我们这里出来。

——张宇总裁在云南分公司的讲话

4.3.10 品牌推广室：印刷管理及周报

对办公室以及名片制作的要求

办公的问题可以准备大的办公室，需要办公室时可以申请。可以不在公司办公。有人提议可以收押金，在工作一段时间后可以将 iPad 给员工，保证时刻和公司联系。办公室是可以流动的。可以在公司准备一个流动办公室，配备设施，以备需求。名片可以开始制作，称呼都为客户经理和项目经理。最低工资是否该按深圳市最低工资标准来定，最终决定在 1809 元，可以把宣传和招聘一起来做，企划部要拿出方案来。

——2014 年 1 月 21 日第 9 期总经理办公会议

对周报的要求

你们这个周报里面涉及的数据要统计表，要按照分公司的成立时间来排序，数据要经过计财部和风险管理部门以及市场部门核实后，再采用。然后我们要求每个部门、每个分公司要有一个通讯员。企划部要有通讯员的名单。到以后的整个报道的方向，报道的内容要定期发给他们。然后上来的稿件才有意义。另外这个内部通讯未来可能会变成内部杂志，对于栏目的设置要参考别人的内部刊物，多看几个就知道有哪几块，而不是我们想怎么搞就怎么搞，它有规范的模块。最后简讯一般就几句话，就专门有一栏，专门有工作研究的一栏，统计资料有专门的大数据模块，模块里面也有目录，进去以后还有子目录。而且每一期安排稿件到最后统计稿件都有一个统计来源，都有很准确的定位，那么大家的思维和管理的连续性才能起来。好比风险管理也有专栏，每次只要是风险管理口出现的问题，所需要提示的问题在上面全都有，好比哪个公司在哪个地方做得不好，哪个地方有什么典型的问题，市场口好比是深圳分公司、技术部、计划部，这样内容就充实起来了。各部门的工作重点都要有体现。刊物要越办越好，真正起到作用。

大家都知道综合这块的工作很多，企划部未来的任务会越来越重，对于企划部的定位和它的工作内容，对于企业的宣传、内部很多东西的制定、包括一些刊物、一些采访、一些资料归集、记录全都要企划进行。以后的工作会越来越重,希望企划部专业化的程度再提高一点;要有专门的文字编辑,专门的美术编辑。重大的活动企划部都要参加,承载记载、宣传、反映的职责,这里面包括企业的各项活动。充分让大家对企业的信息有完整的对接。我们公司做了什么要让社会知道,社会做了什么要让我们公司知道,企划部要负起这个职责。

——2014 年 8 月 23 日第 39 期总经理办公会议

雕刻工牌的问题

就是一个数控机床。我算过了,在外面做一个像这样雕刻的胸牌的话,就要 300 块钱,我们至少要做 500 个,那就是 15 万元,我们 3 万块钱买一个设备,剩下的可以永远使用,员工怎么更换,搞掉以后再雕一个。所有问题就解决了,要不然还要找人来办。以后就是行政部和人力资源部来负责,按照花名册雕刻就行了。反正会议已经通过了,原来讲搞三种:铜的、银的、金的,最后决定的是两种,反正就是银的和金的。有职务的通通是金的,没职务的都是银的,然后编上号就行了。王豪你要抓一下这个工作,加工部分由你们解决,设计由企划提供,人员名单由周学彬提供。等你们加工熟练了可以对外再加工,接到加工以后赚的钱归你们。因为我们全公司都挂上这个牌子以后的感觉就是非常好的,外面人是很羡慕的。东西雕出来是很漂亮的。下一次会议的时候我要看一个结果,就按照我们的胸牌雕出来,把名字雕出来。你们想想银锭怎么去找。

——2014 年 11 月 1 日第 47 期总经理办公会议

胸牌的级别设定和分配问题

这个都是要有的,分公司的老总都是要有的。你们把这个补齐,然后你们给一个名单,一个新的任职标准。我们马上就要下一个文件,我要跟各个分管的最高领导商量以后新的任命文件就要下了。下过以后就按照新的任命文件做这个胸牌。高管的话就是一个人做两个,防止丢掉。总公司的中层以上都是金色的，只要达到部门的了就是金色的，然后就是银的，一般员工就是铜的。整个就是分三级，分公司也一样。分公司的老总是金色的，中层是银色的，一般员工就是铜色的。人力资源部就按照这个标准来掌握。我们总公司前面都有一个“总”字，到时候一看就知道是总公司的，这样大家交流起来就比较方便。其他的就是一些杂事了，大家回去以后做好沟通。

——2015 年 1 月 10 日第 1 期总裁办公会议

标准：办公室在胸牌管理上存在的不足

办公室工作我来讲几句。过去红岭是没有办公室的，一切都是董事长自己。我来以后很不习惯，很多事情找不到人做。在稍微像样的公司这个部门都是一个非常重要的部门。公章的管理、会议的组织、文件的收发等等一系列的东西都非常重要。过去没有，也就没有积累起在这方面的干部，包括管理干部。现在去招也不容易。办公室主任其实是大内总管，什么都管。董事长总裁副总裁有什么事情第一时间想到的就是办公室主任。王总你在这里就是压力很大，等于全公司行政的全面管理，要求也很高，所以要努力加强。学习、努力、克服困难、承认不足。现在很多事情怎么办，计划好一件一件做好。胸牌本来是展示公司面貌的，结果我们总公司年前就发了，分公司现在还没发。有问题要反映，不然我们都不知道这个工作已经停下了。这个其实跟人力资源部有很大关系，要给谁做，人员变动、更新都是人力资源部管起来的，办公室只负责制作。山东开业能配齐吗？

——2015 年 3 月 29 日第 11 期总裁办公会议

4.3.11　品牌推广室：宣传片

对制作企业宣传片的建议

另外我还给你提一点，你什么时候变成一个能够拍电视剧、制作电视剧的人就很厉害了。我这个话是给你提了一个很高的标准，就是说目前你的企划部做的宣传片的力量是远远不够的,水平也是远远不够的。人家一个业余搞着玩的人搞得都比你们强,我是明显感觉到比你们的冲击力强,包括音乐,一看以后整个的气氛就不一样了。好好和人家学一学。学一学以后我希望你们能够尽快地成长起来,外围也要有几个老师,自己要找几个老师。当时我和陈青云也是这样讲,你搞资产保全部,你搞律师这一块,有很多新的问题你没有见过,还有你的资历,你的经验是不足的。你身边一定要有很多的老师,和他们交朋友,拜他们为师,向他们请教,这样你在遇到问题的时候就不会捉襟见肘,就不会心里没底。同样你企划部也是,要在外面找几个老师,包括你搞摄影的朋友,搞编导的朋友,搞导演的朋友,你都要有,有了以后过年的时候打个申请,华强请他们吃个饭都可以。要善于把这些社会活动融入你的工作中,这样就有意义了,工作就会提高了。我也不多说了,看看还有哪个部门。

——2014 年 11 月 22 日第 50 期总经理办公会议

宣传片的问题的制作思路

全部推倒重新来。看不到我们在行业的地位,做不了请外面的人来做,年会上那个还可以,虽然是学的云南的。12 家分公司那么多素材,每个开业都有录像,还有我们董事长在央视或者重要会议上的发言,这些都是很重要的。几个战略点都没讲,不仅仅是激情,全都不够。没有把我们的心声和做的事情的影响力讲出来,视觉冲击力和音乐冲击力也不行,描述也不行,剧本结构没可看点。

——2015 年 6 月 6 日第 20 期总裁办公会议

做好宣传片的要点

总体上,这种宣传片,首先创作者要有设计思想,就是要告诉大家什么。这一点很重要,你的高度就决定这个片子的高度。这是你的理论高度和意识高度。另外就是最好在拍摄之前写一个剧本审查一下,先把主导思想定下来,这样的话大家在评价的时候就好评价了,大家针对这个主题提意见以后连贯性就好了。比如我们的周董是怎么从一点一点做到今天这么大的，以及我们在各个方面的贷款，我们的贷款种类。这些你们都可以介绍一下。但是这些都是在整体的一个逻辑线下面。产品部分、历史部分、荣誉部分、亮点部分，要分几个板块来做，然后大家补充一下。补充完以后就拿去拍摄，这样就会很好了。另外我还是建议你们找个专业的人来做，如果你们要自己做的话我也不反对。

——2015 年 8 月 8 日第 27 期总裁办公会议

关于对宣传片的意见

从互联网金融杂志来讲，里面有一个心语，那里边的内容就是我的意见，就按照那个思路，再加上动画，加点内容就很有意义了。我是思考比较全面的，那里边都是比较精炼的，他们在创作的过程中一定要看这个问题，那是一个思想，如果没看这个东西，出来的作品我都不认账，他们要看过了，知道这个内容了，导演思路的设计就对了，因为那里边本身是有思想设计在里边的。我就这个意见，那你看董事长还有什么想法，只要能把这个贯彻进去我就没意见了，我相信他们在画面处理能力和衔接处理能力上不会太差，我看有些地方讲得还不错，有些延伸把我们的思路更加拓开一点，现在红岭创投做的不仅仅是 P2P，甚至于有人和我讲，一般银行都不敢贷给房地产，你红岭创投在那么艰难的情况下顶住了房地产，而且支持它们，那对中国房地产行业的反转起到重大的作用，人家是这样评价我们的，事实也是这样。所有的银行都停了，而我们撑住了，我们和国家是一致的方向，就说明我们没错，给老百姓找到很多投资的渠道，那就不是在做一个 P2P 想赚点钱的意义上了。宣传片一定要拔到一个相当高的位置上，那才有震撼力，他们才知道红岭创投不是混饭吃的，是在进行一项伟大的事业，我们董事长会讲一个伟大的公司，我会讲一个伟大的事业。哪个公司不重要，事业很重要，是我们都要参与的一项事业，如果我们能够做成的话，对我们每个人来讲都是一种成功的记载，很有意义，宣传片就提这么几个意见，其他的没有什么。

——2015 年 8 月 15 日第 28 期总裁办公会议

4.4　人力资源部

4.4.1　对人力资源部工作的要求概述

对人力部招聘、培训的要求

人力资源部需要抓好以下几个方面的事情:1. 以后办公会议汇报工作人员要提交书面汇报材料,让参会人员了解部门汇报工作的详细内容;2. 开启校园招聘活动,对人员进行补充,并储备优秀人才;3. 培训:根据在岗人员的整体素质所需,进行针对性培训,人的技能、素质提高,企业也会随之提高。

——2014 年 1 月 7 日第 7 期总经理办公会议

人员招聘、培训的要求和流程以及对工资的要求

从这周起我们的五个委员会已经全部建立,综合管理委员会从下周开始正式执行。人力资源部要开始在深圳的主要报纸上登出红岭的招聘广告,招进来新人以后都要有一个适用期,试用期三个月。人数上限不限,至少两百人。由市场部开始启动,人事部开始面试,现在我们招的都是市场人员——就是项目经理和客户经理。人来了以后要进行培训,大概是三天时间。最终签订协议后还要有一个筛选的过程,工资允许有差异。我们允许兼职人员,只要他是很优秀的,我们就可以找他兼职,然后还要为他保密。还有,如果这个人的确不错,待遇问题可以商量,但是也不要过高,因为这些岗位的人员流动性都是很大的。而我们春季校招过来的大学生才是我们培养的重点。关于我们的干部任免,最后的流程要走到我这里,我要知道这个情况。

——2014 年 1 月 21 日第 9 期总经理办公会议

人力资源部工作要点：培训、招聘、工资结构和人员

关于人力资源部的工作我讲几点，一个是培训工作。互联网金融学院的日常管理要制定出规定来，然后人力资源部要统计哪些人必须培训，提出名单来。今后不允许出现上课人员减少的状况，一旦出现我们就要处理了。第二个是招聘工作，王总和周总监带队前往各个高校，风控、市场部各派人员参加进行面试。大家都面试一下，然后招一些适合自己部门的人员回来。第三是分公司的工资结构和人员，分公司正式批筹后人力资源部要有所有的档案和所有的人员资料。现在分公司人员的岗位和工资，各个分公司和财务部进行协商后，确定分公司人员的工资。市场部所需的资料可以和人力资源部沟通，在制定工资的时候要和级别挂钩。

——2014 年 4 月 8 日第 19 期总经理办公会议

人力资源部与高校合作建立培训基地的思路和方法

应该说人力资源部最近的工作比较忙，而且工作内容还是不错的，特别是在大学的招聘。人员的招聘是我们补充人员队伍一个很重要的过程，这里面跟你们说：一是刚才提出的几个问题，包括安财、西安交大的问题，我希望你们这次走完这 13 所以后找到 6 个以上愿意在我们这里设立基地的学校，然后你们搞一个协议的模板，就是一个简单的协议，就是一个“输送人才、培训基地、实习基地”的内容就行了，然后可以草签。草签过以后，我们可以等你们回来以后专门搞一个仪式，就是专门把这 6 所学校的人请来，请来以后就专门在这里搞一个培训基地的宣传仪式，搞大一点，然后向社会宣传一下。那么这些大学当中有的需要设立什么红岭奖学金的话，我想董事长会同意的。到时候看看有多少钱，我估计不会有多少钱。设奖学金的方法，一个就是说每年学校评选最好的学生，然后一个学校拿几万块钱就是了，不会有多少钱的。象征性搞一搞，主要是宣传的需要。看怎么操作能花钱少。

——2014 年 11 月 22 日第 50 期总经理办公会议

人力资源部和其他后勤服务部门一定要树立为大家做好服务的意识

我没有专指哪个，我的意思就是以后不能在这方面影响到干部的考核。这个东西一定要注意。另外人力资源部是一个服务部门又是一个监督部门，又是一个考核部门。但最重要，我们的人力资源部要把自己放到一个服务部门的角度，是为各个专业部门服务的，你们要有这个观念。专业部门所需要的人，你们无条件为他们做好服务，如果专业部门的主要负责人都已经同意的话，人力部门只能同意不能否决，明白吗？因为它部门的老总，条线的领导都已经决定的事情我们都要尊重他们的意见，除非他们有偷鸡摸狗的行为了，有人举报了。那就是你下面的监察部门的事情了。如果没有这种情况的话，你没有理由去阻止什么，一个大公司的人力资源部门是一个相当重的保障部门，就是总经理和董事会的很重要的一个人力保障部门，它就是要为大家做好服务，分公司也好，各个部门也好，都要为它们做好服务。人力资源部和其他的后勤服务部门一定要树立这个服务意识，包括我们也一样，我到分公司就讲，我为你们做好服务，你们需要什么，我们全力以赴，只要我能做到。都是一种服务的姿态，有了这种姿态，大家在一起合作就好办了。总体来说，人力资源部就是这些工作，下一步要把工作规范化，尽快把工作做好。今年以来，人力资源部还是做了很多事情的，做了一些有效的事情，做得还是不错的。但是还存在很多的不足，还需要提高。我相信你们会进步的。下一个部门。

——2014 年 11 月 22 日第 50 期总经理办公会议

员工执行力问题，人力部要加强人员考核

第三点就是，执行力的问题。架构、汇报路线什么都用了，就是执行力的问题。我们的文件一下，怎么样能够把问题落实？不同的人办的方法不一样，速度不一样，效果不一样，质量不一样。效果好不好，质量高不高，不是哪一个人的评价，这是多数人的评价。但它必须有 一个代表人来说，这通常就是我。那就汇集大家的意见，告诉你这件事情做得怎样。我们为什么

去年在年终大会上评选了那么多的奖项，实际上他们的工作又怎么样？真的值得那么去表扬吗？不是，真的不是，也不是我们所想象的那么优秀。但是，我们为什么要表扬？被表扬的同志肯定很开心，但是也不要高估了自己。因为我们要鼓励这种风气，建立这样的文化，努力的人都应该给掌声，那么随着鼓励这些人的能力在不断提高，奖励也在不断地提高。被奖励的人本身的含金量在提高，被奖励的人所做的事的含金量也在提高。首先要有这样的方法，让大家去追求这样的东西，否则的话干多干少一个样，干与不干一个样，大家的积极性就没了。这个奖金根据什么发？肯定要根据这些来发。我在跟人力资源部讲加分减分的问题，每个人都有100分，每条线的主席每个月都给你打分，根据你每个月的实际情况决定减分了还是加分了，做好了给你加1分，到年底看看得了多少分，按照奖金比例一分配，分高的多拿一点，分少的少拿一点，没话说，都有记载了。这赶快实施，人力资源部赶快搞出这样的考核表，很简单。另外我再宣布一次，在座的各位24小时不能关机，为什么我敢讲这样的话？我马上会告诉你们你们各自的工资是多少。不能说半个小时没听见，有紧急情况也不可能在睡觉的时候找你，从晚上12点至第二天早上6点这个时间段肯定不会找你们的，其他的时间段一定要保持通信畅通。这就是个速度和效率问题。所以说这个架构搞好，汇报路线完善后，考核一定要跟上，每个人做得好的都要有记载。人就喜欢记载，又最怕记载。努力的人就喜欢记载，记载着他过去的努力，但是偷懒的人就不喜欢记载，因为记载的都是他懒惰的一面。人就这个特点。所以说，在我们管理上，架构调整以后，我们各部门的头能够把你们的行踪记载下来，把你们部下的行踪记载下来，这样管理就有理有据了。一个月下来考核一次，这个非常简单，人力部尽快落实一下。当然，扣分要写扣分理由，一定要写清楚，不服还可以上诉，年底的时候说明情况。

——2015年1月31日第4期总裁办公会议

员工相关信息的数据统计由人力资源部负责

这样分开。已经开业的为一波，就是已经算是我们的员工了。不要紧，搞不清楚不要紧，回去弄清楚了再汇报，以后每个月这些人数都要报上来，每个月人数的变化我要看到,包括性别,文化程度,年龄结构,全部要知道。反正这个是综合管理委员会主任在管,这些数据以后我不问他,我要问你。这些数据要的时候要有,在统计的时候,在安排工作的时候,要知道这些数据。知道了以后,以后的预算才能清楚。包括如果以后要换办公室,要知道具体的人数。今天通过这个会议,一下帮大家捋清了我们各层级的架构数量,这是好事。

——2015 年 1 月 31 日第 4 期总裁办公会议

张总对人力资源部的工作要求和建议

人力资源部始终是一个服务部门,员工的入职、培训、职业发展规划、生活,我们人力资源部要从他们进来就开始关心。你这个人力资源部的老总要让孩子们感觉你就像他们的家长一样,要给人家温暖。不要像一个当官的,指挥来指挥去。第二就是你们去大学里面的招聘,你们的演讲稿要做好准备,要做统一的准备。在哪个地方做的演讲稿不仅仅是你自己写,要找几个部门来帮一下忙。综合委主席要关注一下,他们又要到大学里面去了,他们是代表着我们红岭创投的形象,标准的发言稿,我建议到时候不行了还要给参加的学生一些小的礼品。反正你要把红岭创投的形象搞好一点,因为在大学里面招聘的影响是很大的,另外你带去的人如果不行的话,其他部门是可以支援你的。因为这是一个临时性的工作,一些岗位上如果能够临时抽调开的可以过去帮你们宣讲。我觉得我们这里面还是有一些有影响力的人物,包括我们刘泽汀等等。反正你们需要的时候让他们去讲一下就可以,反正把我们公司真正在招聘的过程中的人才能力发挥出来,很好。另外如果去的时候,总公司的人力不够,分公司中一些优秀的,去年的大学生比较优秀的也可以带过去。事先你们要做一个预案,要带一些好的学生回来。

——2015 年 3 月 14 日第 9 期总裁办公会议

人力部工作要求：主要领导和助手的述职、日常管理要抓起；廉政、管理、素质、纪律问题抓起；领导干部的队伍问题纳入常态化管理

人力资源部的问题，应该讲今年开展的招聘工作比去年好，一个方面是他们的经验增加了，责任心增强了，工作效率提高了；另一方面，我们全公司通过一年的努力，我们红岭创投目前的影响力增加了。这是两个方面。但是人力资源部的工作现在也是属于不均衡状态。有些该抓的工作目前还没有加强，对于我们各个分公司的主要领导和助手的检查，包括述职，日常的管理没有抓起来，以及我们总公司各个部门的老总。这都需要我们人力资源部把这个工作抓起来。这里面也包括廉政的问题，也包括管理的问题，也包括素质的问题，也包括纪律的问题。就是人力资源部要立刻把这个工作抓起来，同样也要把领导干部的队伍问题纳入常态化的工作中。分公司的主要领导人，我最后肯定是要面试的，他的助手，你们一定是要去调查，关键部门是一定要经过我们条线领导的同意的，要见个面，包括风险管理部，包括几个重要的部门。这样才能从人力资源管理上把这个真正给统一起来。这两件事情都是综合条线的事情，这方面要加强。人力资源的工作量变得比以前稍大一点，但是质没有多大的提高。你要立刻提高工作的质量，很多有关人力资源的工作都没有到位，我不一一列举了，综合委员会主席抓一下。

——2015 年 3 月 29 日第 11 期总裁办公会议

人力工作要按制度执行

今年来的大学生也一样，我们可以不惜一切代价来培养和保护他们，让他们成长，但是如果他们没有责任心，没有可培养的能力的话，放弃比培养好。让他们去找适合他们的地方。这就是我们人力资源上的问题。来了以后，包括我们承诺的户口的问题，户口的调动问题、给人家的待遇问题，只要有办公会决定的内容，你们要不折不扣执行。如果你们没有执行的话，你们就是违反制度了。因为公司越大，人力资源部的担子就越大，包括人员的提

拔、交换等等很多的环节,你们要把这个管好,不管好的话就很麻烦了。到年终考核的时候,总裁也好,部门老总也好,你们自己看怎么办。

——2015 年 5 月 9 日第 15 期总裁办公会议

人力部工作要求:大学生管理、分公司管理、考核薪金等都需要建立制度

国杰你是综合这条线的最高领导,人力资源里面的工作量会越来越大,责任也是越来越大,工作要求也是越来越细,每一个员工,进来的干部,从他入职开始,到正常的管理、考勤、工资、奖惩,到提拔、调动,到最后调出或者退休全过程都是你人力资源的,人力资源在这个过程中是不是每个环节都有一个比较准确的、可以执行的制度,如果没有这样的制度,赶快建立,包括进人政策。这批大学生当中,真正从我们规定的 13 所院校中带来的有多少,其他学校的有多少,还有一些是有关领导或者朋友介绍的又有多少,这些都要统计出来的,正式的入职是要经过审批手续的,在这 13 所大学招的学生是经过办公会讨论的,我们都会留下,除非在三个月的试用期不行那就解决了,除此之外,全部要经过审批,首先你的条线领导要审批,这样我们管起来才不会乱。

另外,对分公司的人员管理,到现在为止管得还不是很到位,每个分公司的编制是多少人,他们已经到了多少人,现在干了多少活,这些岗位是不是对头,你们人力部都要下去指导,现在开业的有 11 个分公司了,这些分公司的所有人力资源,中层干部,包括高管的管理都在你们这边,管了没有?管得怎样?国杰你要重视这个问题。

工资制度也是人力资源的,包括奖金分配,每个月干部的考核,都在你们这里,最后年终奖的发放都是从你那里来,你这一套体系有没有?没有的话要迅速地建立起来,不然发钱都没有依据。这个考核要跟上,奖优罚劣嘛。这要想管好,一个是从各级行政领导,另外一个是从人力资源部发布的制度、考核方法来管理,这样才能使每个人,做每件事情都有个规范,有个约束,才不会乱来。为什么大一点的单位,人与人之间的规矩都清清楚楚的。

我们现在也正在加强这方面的管理,有一些需要的、现成的东西,你可以直接拿过来改一下就行了。什么员工守则啦,请销假制度啦,女工福利啦,计划生育啦,等等,都是大同小异的,没有什么特殊的东西。

现在我们红岭创投的发展是不能停的,必须一年比一年大,随着逐步变大,前面的问题就被稀释了,一旦停止发展,这些问题马上就是大问题,最后就是垮台,只有发展才能解决问题,发展中人又是第一因素,有了人以后制度是第一因素,那么人力资源部要把人管好,首先人力部老总要把自己管好,管理一边还管自己。人力部的老总你肩上的担子,你的示范效应就更强,我们各个部门老总也是一样,你要是想把你们部门的工作干好,你们先把自己管好非常重要,我们现在的管理不是私营企业的管理,就是一个上市公司的管理,我们董事长也很好,他一般不干预。我们所有的事情都是要么跟董事长汇报,要么在办公会上大家讨论决定。人力资源对于人的素质这一点上要加强管理,工作的质量、效率要尽快地提高。国杰同志督促一下,周学彬也要努力,不要再出现低级问题。就这三句话:一切按照制度办,如果没有制度赶快建立制度,如果来不及建立制度的话,要先汇报。千万不要自己做主,自己做了要承担责任,你能承担什么责任了,把损失搞出来以后你就回家吧,承担责任就是回家,没有什么其他的出路,或者就是你别干了。你们各个老总也是一样,也是这三句话,这样做什么事情都有依据了,也是保护我们每个人不犯错误的法宝。人管人管不了几个人,但是有制度就好办,我们都按照一个规则来,因为红岭

创投最终的进步是人的进步,人不进步,企业不可能进步,人的进步有几种,一个是本身素质就比较好,还有一个是在不断学习,不断进步,另外一种是完全不懂。大学生来了一点点教,把他教出来,公司的文化,企业的文化不是一天两天形成的,在形成的过程中也决定了每个员工的成长历程,包括职业规划,在这个过程中就慢慢自动形成了,也形成了这样的企业文化。作为主要领导,对一个公司里面,特别是参加办公会的都是领导,怎么能够约束好自己,怎么有效地去指挥自己所分管的部门的工作,我们在一起取长补短。怎么在一起取长补短,每个人都可以把自己的想法讲出来,之后一起讨论,拿出一个大家都认可的规则,然后大家都去执行。这样才能组织一支

人马,一支队伍,才能打一场稍微大一点的战役,不然是做不好的。综合人力资源部这边我就补充这么几点。

——2015 年 5 月 16 日第 16 期总裁办公会议

人力资源部工作的规范问题解决思路

人力资源的问题在一个企业是非常重要的问题,所有干部的提升、奖惩、制度都是从人力部出来的。所以在这一点上,你们拿出这个东西是对的,实际上这个是早就应该拿出来的。因为过去我们的公司很小,在人力资源管理上的水平不高,实际上人力资源是技术含量很高的。安排一个室经理都是要安排谈话的,你们有没有安排?怎样的谈法?要点是什么?每进来一个干部都是要进行谈话的。包括我们的档案,有的人还只是一张纸。这些东西要一点一点建立起来。综合委员会主席和周学彬要把人力的工作慢慢搞起来,因为关系在座各位的切身利益的工作都在你这里。从目前来讲是有了进步,但还是要完善,如果做不好就考虑换人。一家大银行的人力资源部有哪些功能,我们这边没有的功能就配上。所有的人力资源部的工作不会有很大的差异,我们要把这些工作规范起来。所有的分公司也一样,要让每一个人进了公司以后,自己的事情都有人管了,有人关心了。做得好的时候有人表扬了,做得不好就有人批评,这样整个过程就有一个监督了。这个办法我是支持的。我就说这些。

——2015 年 5 月 30 日第 18 期总裁办公会议

建立适应本行业的人才结构

我们这个新的行业人才结构组织。人力资源部要想这些东西,才能给部门提出新的计划,提出新的研究报告。我们有杂志有研究所,我讲的这些问题每一个都是一篇论文,把论文写出来发表一下在全国都会产生正面的作用。

——2015 年 7 月 11 日第 24 期总裁办公会议

人力资源的工作要充分调动员工的积极性

我始终很担心这个问题,因为很多人力资源的问题是很敏感的问题,如何把每个问题处理好是很需要技巧和水平的。我不是在批评谁,而是你真的要动脑筋。这个支点是什么?就是要调动员工的积极性,保护员工的积极性。这是人力资源部在我们公司能够起到的最优的作用,包括工资的制定、奖金的制定、人员的调动等等,很多的工作都在人力的部分。所以人力的工作是不是都完整了?这一点请人力资源部好好地考虑一下。我们的综合委员会主席也好好抓一下这个工作,人力资源部的老总,很多东西在这里。如果你搞不好的话会影响到很多员工的积极性,包括奖金的发放、工资的发放,升迁,求职、招聘等等。这些工作到目前为止,你们很辛苦,但是我始终对你们的效率不满意,包括大学生的招聘。原本计划招聘 300 人,最后就是 200 多,这个就是你们没有考虑到的。这一点你们不能不反思,要从自己身上找到不足。人力资源上的管理,是有一个标准化的问题的,最起码有劳动工资的部分,人员的日常管理、干部的调配、奖惩,这些都是人力资源的基本工作,你们有没有专门的人员去负责?你们过去不是这个专业,很多东西都不专业,那么你们要逐渐专业起来,可以去一些大的企业的人力资源部学习一下。

——2015 年 7 月 25 日第 25 期总裁办公会议

人力资源部的人员设置

怎么样才能把整个人力资源内部的,从里面的设置和职能开始,你就找一个样板,你和平安银行比一下,他们有多少个部门,我们就有多少个。如果工作量不到的时候,一岗多人或者一人多岗,反正你部门和职能都要有,我就讲功能全都要有,缺人就添人。对部门的老总该怎么考核就怎么考核,这样你才能管理起来,不能有缺失,比如刚才讲的档案问题,搞到现在还不知道档案怎么管,早就讲过这个归办公室管,到现在还没落实。

——2015 年 8 月 8 日第 27 期总裁办公会议

对人力资源部的建议;每个部门要有一个专门的网监

那么对干部的考核、管理问题,人力资源部都会有个评价,考核干部、考核方法,奖金发放是应该的,如果说干好干坏一样,干了与没干一样,企业一定没有发展前途,大家都比着谁更懒,这在我们公司一定不容许,要大家来评价你们部门完成得如何,你今年的目标完成得如何,有什么成果大家都能够看到。昨天我看到陆金所"人民公社"的消息,两个月有 77 家平台和他们签约,签约内容是什么,这涉及我们市场发展问题,我们敏感吗?有部门在关注这件事吗?关注这件事情有对应的措施吗?如果没有是不是应该考虑这个问题,因为我们要学习别人才能提高自己,只靠自己埋头做是不行的。比方现在 e 租宝在全国的影响力也很大,他们的风险点在哪里,和我们一样吗?如果不一样,他们摆脱了这个风险点我们就要向他们学习,我们现在每个人都有手机,每个人都可以上网,我们是互联网企业,每个部门都要有一个专门的网监或者说是网控,有什么问题都在网上搜索,在网上搜索到起码基础有了,下一步怎么发展就知道了,每个部门都要设立这个岗位,让一个人兼任就行,如果有任何先进的东西我们能够第一时间知道,速度快。

我们人事管理也一样,现在世界、中国有多少猎头公司知道吗?猎头公司是什么性质?这些在网上搜索就有了,然后再分类进行学习。例如零售业务,现在有多少种?还没做的有多少种,哪些有前途哪些没有?有前途的该如何做?我们到年底就有 20 个以上分公司了,都是省级分公司,规模都在 30 人以上,我们这是个大单位,作为总公司的部门要对分公司进行工作计划的安排,你必须有思路才能够下达任务,要明确下达多少任务,完成了有何奖励。

——2015 年 10 月 10 日第 34 期总裁办公会议

人力资源部是服务部门

人力资源部的杨焘来了,我和他进行了一次比较深的谈话,他在原有单位在人力资源方面是有一定经验和一定基础的,工作热情也是有的,到我们公司来也对我们公司人力资源管理工作是一个加强。他来也是有一定成本的，失去了很多其他的机会，我从内心表示欢迎。应该讲人力资源工作也是我们红岭创投的一项重要工作，既希望我们各部门跟杨焘同志好好配合，最怕信息不对称，你不给他看，不知道红的白的，人家不知道该怎么讲，很容易犯错误。跟各个部门的协调和我们人力资源部的内部管理也是这样，尽可能把事情讲清楚，不能捕风捉影，因为你以后讲话人家还信不信你？损害了自己，损害不了坚强的人，人家对于你评价的各方面，没有依据，人家就会打个问号。那么人力资源部在我们红岭大家庭中也是很重要的位置，我们是个服务部门。是为各部门人力资源进行调配，工资的核定，按劳取酬，合理分配，是干这个，不是凌驾于其他部门，要跟各部门搞好合作，跟各分公司做好合作，这样工作才能开展得顺利。我就讲这么几句。

——2016 年 6 月 6 日第 18 期总裁办公会议

4.4.2　人员招聘

各个高校的金融专业是很好的人才资源

你们要和各个高校的金融专业联系，和各个银行的人力资源部联系进而从对方手里获得资源。这些资源都是很好的资源，比你从社会上找的好很多，你们要和这些人建立长久的联系。

——2014 年 1 月 21 日第 9 期总经理办公会议

人员招聘要求

人员招聘方面，金融时报招聘高层管理人员，其他普通人员招聘就采取综合方式；以后人力的招聘工作作为日常性工作每天进行，招聘渠道研究，善于将招聘活动嫁接到某些活动中，至于薪金制度等级分类，目前公司发展规模还不满足分级条件，这个就暂时先放一放。

——2014 年 2 月 25 日第 13 期总经理办公会议

人员招聘要求

这项工作要搞出一点质量来，下一步要把分公司筹备组负责人的遴选或者是猎头公司提供的人员，跟着后面还有一个重要任务，新的一年大学生的招聘工作，第二是六个事业部老总的选拔，选好后就由市场、风控、计财的副总进行面试。而对于分公司不合适人员下一步也要进行调整，六个事业部老总的任职需求会和各位领导沟通。

——2014 年 9 月 5 日第 41 期总经理办公会议

持续招聘，以及员工的流动性和调动员工积极性的问题

人力资源部的招聘工作是持续的，要善于学习同行的招聘经验，将优秀的人才迅速集结过来，也可以通过嫁接大型活动的方式吸引人才。关于员工的流动性，我们需要给员工自我选择的机会，并不能一味地强留，而应当从自身找寻原因。管理者应将员工放在第一位，懂得体恤员工，激励员工，调动员工的积极性才能带动公司的发展。我对你们的工作寄予了厚望，希望能你们能把这个担子跳起来。

——2014 年 3 月 11 日第 15 期总经理办公会议

招聘工作的阶段性评价和对以后工作的指导

这次人事部的招聘工作不错，我们的王总带队，董总、大银总还有我们周总监一起前往这两个学校招聘。你们招聘学生的特点和你们分析的这些东西都是客观的，说明不了什么问题。这个学校的特点我们这次就知道了，下次就会有经验了。这些大学生来了的话，一般半年以后，他们都不会差。这样我们再到西安交大，中国金融学院带一批人过来的话，我们这个公司的基础就会发生一个根本性的变化了。到以后我们研究问题，别人提出的问题，你们的方法都会发生改变。各个方面发生改变以后，整个的知识氛围、研究氛围都会变化，那么整个公司的内在基础就会发生变化，后面的目标就会更好地实现了。我听了你们的汇报很高兴，这说明我们的这一步走得是对的。下次去的时候，我希望你们可以多带一些回来。为我们自己以及分公司找一些人才回来。

——2014 年 4 月 22 日第 21 期总经理办公会议

找猎头公司合作时运用成本分析

现在让猎头帮我们找一些人，还要给他们年薪20% ~25%的费用，如果是20个的话，是相当大的费用。但是我们要推进整个分公司的步伐，那么多的行长到哪里去找？最快的方法就是找猎头公司。那么一个人是25万元，10个人就是250万元，20个人就是500万元。我们现在只有启动这个手段，那么我们应该怎么降低这个费用？人力资源部和总经办把中国的猎头公司都找一遍，我亲自和猎头公司谈。如果他们能把30个分公司的主要领导都找齐，而且都符合我的要求的话，就付给他们固定的数目。但是如果从算账来看的话，就是花500万元也合算。因为一个人过来以后，就不只100万元了。只要五个亿一上来，一年就是几千万元了。五个亿我们算四个点的纯利润就是两千万元，我们扣掉一千万元的投资费用，那么就是1000万元。从中间拿出25万元来找人的话也很合适。但是我们不能这么算，因为这个技术含量真的不高。那我们就由人力部和总经办分来两条线集中找几家猎头公司，给出一个集中的价格，在短期内把我们的干部全部找齐。好了，我就插一句，讲一下招人的事情。公司现在还是捉襟见肘，大家都要把公司当家一样，该花的钱，绝不犹豫；但是能够省下来的钱就省下来。接着往下讲吧。

——2014年5月6日第23期总经理办公会议

如何招聘分公司干部

还有目前分公司的干部的欠缺让我非常着急，因为直接牵扯到我们公司发展的速度。分公司的人员我考虑了三方面：1. 总公司派人——可是我们无人可派。2. 口口相传，靠人脉关系——可惜关系已经几乎用尽，只能靠在座所有人的力量。只要是支行行长级以上，正职人员，而且潜力很好，培养起来很快。3. 猎头公司：下下策。现在扩张的速度慢了，所期望的是6月底能将30个分公司全部铺开，到年底就基本没什么问题了。所以说猎头这边不能停，先通过两家看看质量如何再定夺，一旦招聘停下来，公司发展就会出现问题。我们只有迅速地将分公司建立起来，公司规模上去，薪资水平才能够吸引高端人才，这样我们才能站在有利的位置。下周上会把工资制定完善，最后还需发红头文件（不需要写明具体的薪资内容）。

——2014 年 5 月 13 日第 24 期总经理办公会议

对人力资源部大学生招聘问题的建议

第三个工作就是马上下一批大学生招聘，把这个拎到了重要日程上来。因为我们 30 家分公司的人员的基础建设不够，基础建设不够，人员再跟不上，速度再往上一走，我们现在有的分公司管理严重缺位，有的分公司风气急需调整，但是得有队伍，得有人，所以这个大学生招聘问题很重要，上次办公会一带而过了，这次综合部要把这个工作作为重点讲一下。

——2014 年 9 月 27 日第 43 期总经理办公会议

对人力资源部招聘的建议

反正人力资源在招聘的时候，这 30 个分公司，你要和它们都讲好，像东北财经大学，你就告诉他们我们的大连、长春、沈阳、哈尔滨马上就有分公司的话，就尽可能招北方的人，或者家在那个地方。就是招聘的时候要告诉他们，工作意向填一下，回来就做一下平衡，然后进行培训，实习也都可以安排。

我跟你讲，去年我们去过的学校，再去招的时候从我们招来的这批新员工里面选出来几个，跟着一起去，现身说一说。因为他们之间比我们更容易沟通一点。

预算上来说应该是不会有问题的，据实列支就行了，就是招聘的数量我估计不能低于两百人，最好是按照 300 人来招，还有一个毁约率的百分之二三十进去以后还要去掉 100 人，也就是 200 人，200 人全部到位以后一下就分掉了，这不算多。明年 7 月份才到位。往前你的布局越宽越好，来了以后我们互联网学院孙院长这边注意搞好培训就行了。

——2014 年 9 月 27 日第 43 期总经理办公会议

关于校园招聘领导参与的问题和需要在招聘会上跟学生讲清楚待遇

我就不去了,这个事情,反正我们去年已经招聘过一次了,以我们周总监为主,从头到尾安排,有关领导也去了一下,应该讲去年还是比较顺利的,从带回来的学生质量各方面来看,在公司发展中还是起到了非常关键的作用。下一步招聘的话,这样吧,总公司的领导,看看他们哪个领导,只要有时间,只要他们愿意去就去一下。如果大家都很忙的话,最起码要有一个人带队,要不然就周总监带队,也可以,看看吧,都无所谓。反正这个,看看哪个有时间,尽可能有一个人跟着。

一个就是各个领导,还有就是院长,没事就可以去。你可以从头跟到尾都行,你可以自己选择。因为本身来的学生的培训第一个就是学院这边,对吧。反正你在家,把工作安排好跟着跑就是了。

行吧,这个事情就这样了,到时候院长没事可以跟着去,好不好?这批学生,初步定300人,按300人来招,你们注意要把工资标准跟人家讲清楚,因为孩子们到公司来,很重要的是要考虑收入的。讲就要定个标准,就按照深圳地区金融系统,不能低于前三名的水平,就是本科毕业生,就要给人家这个待遇。那也没多高。

肯定是要超过平均水平的。本科生的工资比较好界定,他不像我们过去招聘的一些人。你没办法界定,来的又是干这个的又是干那个的,什么样都有,没有一个标准。他这个好,基本上大学出来的,有一个衡量的标准,比较好办,不能亏了这些孩子,好不好。他来了以后我们对他的要求也很严格,那也不是开玩笑的,不是说我们很关心他们,就是他们什么也不管了,想怎么样就怎么样,那也不行。要珍惜这些东西,好不好。就这样吧,这些事情就这样落实。反正到时候院长可以去。

这个他都知道,要素他都有。你们到时候几个领导看,感觉这个地方我想去一下,我有时间就自己安排和周总监一起去就是了。如果讲工作忙,暂时离不开,就看其他哪个领导有没有人去,最好每次都去一个人,最好。我是这样想的。我这个地方没时间,因为家里我必须坐镇,这边还有很多的事情。反正孙院长你是没事就从头跟到尾,如果总监感觉有事,那就休息一下。好了这个事情就过去了。还有周总监,就是刚才我讲的,整个的人事管理,那个“三定”工作什么时候结束啊?

——2014 年 10 月 11 日第 44 期总经理办公会议

关于事业部人员的招聘问题

对。就是要投资少、见效快、收益大。这是我们搞项目的原则,就是讲在人员招聘当中也同样适用。事业部的招聘,反正几个老总都在这个地方,你招到以后就和他们对接安排面试就是了,面试过了以后怎么安排后面再说。留下来的话,待遇等方面都要谈好,下面就是办公室的问题了。

——2014 年 11 月 22 日第 50 期总经理办公会议

工资方面可以宽松一点,但要有试用期,这样既调动积极性,又不是盲目的

技术部的工作还是不错的,最近很辛苦,但是人力方面可能要加强。徐敏,要招点人。人的力量要强。你想我们红岭创投如果没有这帮老银行来的话,今天会是什么样。这就是人的力量。同样,你管技术也一样,下面有三两个技术非常好的人,解决问题就轻松很多。工资就给他开就是了,只要他能完成任务,高一点没有关系。最近我在搞事业部的老总也是这样,你要多高的工资我都满足你,但是有一个条件:要那这个工资,你要干多少活我要和你讲清楚;还有我要给你三个月的试用期,三个月的试用期内我每个月给你五万块钱的费用。三个月以后你有料的话,你也会干。既给他积极性,又给他费用,又给他机会,但又不是盲目的。这边招人也是这样,就是试三个月再说,如果有料的话,这个的利益要比那个大得多。大家要会用人,要看人家能创造多大的价值。这一点我们的周学彬同志是很能省的,既是批评也是表扬。但是真正有料的人,觉得自己就是值这个价钱,那你就真的要让步。你要往前走就真的要让步,不然人家就真的走了。所以我们人力资源上面可以宽松一点,但是记住一点,要有试用期。对,以后我给你们的建

议就是，你们在招聘的时候，他敢提可以，你要看他的基本条件还可以，仅仅是工资问题的话，多少都答应。然后就是三个月的试用期，有料的话他就不怕。没料就不敢来了。

——2015 年 1 月 10 日第 1 期总裁办公会议

要做好人才招聘工作

按部门来！徐总你把这个事情抓一下。招聘是个常态化的工作，怎样使它有效、迅速、质量高，你们要从招聘的方式、招聘的时间点、网上的、线下的、猎头公司的都要搞好，哪些地方适应哪些类型的人才都要搞得清清楚楚的。把它建立成人才供应、人才管理的渠道。这个非常重要，一个企业的人力资源是企业的生命线，这个担子非常重，薪资标准、社保、干部的提拔、考核、任免、交流全在这里。现在徐总要把这个事情做好。

——2015 年 1 月 24 日第 3 期总裁办公会议

人力资源部要扩宽视野，加快招聘速度

周总监你那边的招聘要搞快一点，速度太慢。有很多东西你视野要再宽一点。我对你是有点看法的。回去你把这个事情抓一下，不光是招聘，网站啊、各个方面招聘的路子要多一点。招一个人招那么长时间，那不是在等嘛！那么多人当中，怎么扫也扫出一个来了。我们六大事业部的领导，包括有些地方的行长要更换，包括特殊岗位的特殊人才招聘都需要。这个地方我们人力资源部拿钱去买人还买不到？不相信这个东西。说有多大难度更不相信。你不用说了，说了没用，我要看结果。

——2015 年 3 月 1 日第 7 期总裁办公会议

大学生招聘问题

还有一个问题就是人力资源的问题，这是一个大问题。过去我们对人力资源的制度一点点建立，但是制度的管理上是不完善的。今年我们计划来 300 人，最后是要来 320 人，多的话没有问题，但是我从下面了解了情况，

有些学生根本不是一本的学生。我们招聘的13所学校都是一本的学校，怎么会有不是一本的学生？（不是一本的不要）

——2015年5月9日第15期总裁办公会议

人力招聘外，总经办建立另外一条招聘热线

就是办公室有一个特殊功能，总经办嘛。它的功能就是需要重点干某项工作的时候它可以代替一切部门，所以说总经办的人员在纪律上、水平上能力上要求都是比较高的，前一阶段，人力资源在人员的招聘速度上跟不上，特别是我们各个分支机构，有些地方半年出不了活儿，搞一个广州的许永锦，第二次猎头公司又把他报上来了，是不是啊？他报上来，就给他扔边上去，还看什么东西啊？我都丢人，还看什么，这是什么猎头公司啊，拿我们在逗啊，像这种猎头公司立马就不要用了。所以这个特殊的功能我在这里宣布一下，马上，总经办介入，总经办建立另外一条招聘热线，人力资源部执行。当然，你那边招聘不停继续做，就是总经办增加一条招聘热线，由总经办王豪同志负责。放在哪个室你们自己去定。然后只要总经办这边定下来的东西，人力资源部执行。我宣布这个方法，就是让我们各个部门，当你们做重点工作的时候，如果你们不行了，上不去了，总经办就上去了。就跟我经常跟你们讲的话一样，不行我来，就这句话。我来做给你看。因为没有这种压力的话，大家不知道怎么往前走，所有的部门全部包括在内，今天从人力资源部开始，我希望人力资源部能迅速跟上来，能把各项工作的效率立刻提高，通过这种方法相互促进、相互沟通。

——2015年6月13日第20期总裁办公会议

招聘工作人力、总经办双线安排

我要看到东西，搞个计划给我看不知道你要搞到什么时候，在我没问你的时候你能讲出计划来，我表扬你，在我问你的时候，你现在开始拿计划，那是督促下的事情。王豪你这边要看到分公司筹建速度中哪些有薄弱环节，把这些信息立刻反馈给人力部招人，同时总经办也开始招人，总经办招到以

后人力部办就行了，人力部招到人以后我见个面就行了，这个两条腿走路比一条腿好，什么东西都要有个备份，重点工作都是双线安排，所以现在人力资源属于双线工作，这两个部门都是国杰管，你的担子很重，因为后面的规模完全靠这个，要消化我前面这些不良资产，如果我没有一百桶水，来解决前面一桶水，不可能的！它的首要因素是这个机构要上，项目要上，项目上到一定程度，规模一大，整个资金流变大，我们主动权就大了，然后解决过去问题的方法也就多了，这个就是我从议标所谈的问题，你们继续讲。

——2015 年 6 月 20 日第 21 期总裁办公会议

办公室和人力部两条线同时进行招聘

不能让分公司跟游击队一样，老总不行要换人，人员流动是必然的，这是长流水的东西，所以人力资源部要储备大量的人才，要预防出现这样的问题。我需要的时候要马上拿来，我要十个就拿十个才行。现在办公室也有一条线，两条线搞人力资源，主要是招聘这块。各个部门需要人也是两条腿走路，一条是找人力资源部，另外自己也要找，因为不能等，现在工资也不低，可以买到劳动力。这块也要奖优罚劣，总裁基金是可以用的，比如哪个分公司做得好可以给一个管理奖。这就是重点。

——2015 年 6 月 20 日第 21 期总裁办公会议

人力部和总经办两条线同时进行两轮招聘

这个的话就要进行招聘了，到年底还有两轮，我们现在在外面有 40 多个分公司，已经开业了 12 家，还有 30 多家在外面，第一轮必须 9 月底之前开业，开不了的话就要上第二轮，这个心里一定要有数。办公室李佳这边还有人力资源部这边都要有数，准备好大量的干部在这边，因为政策我们都给过了，两条线都在走，我们总裁办这边也在走人力资源的线，人力资源也在走招聘的线，两条线一起走，因为干部是决定我们是否能打胜仗的因素，我们现在整个发展的战略都已经确定了，包括整个发展的框架、业务、模型，包括生态环境的建立，所有东西都已经完成了，现在主要是去把这个打好了，把这个实现。如果说是一些质量比较好的干部，那么做起来可能就比较好，而且会比较快。如果质量跟不上的干部，学习提高，那也有意义，如果还躺着，那就没办法了，那就别在位置上躺着，耽误别人的事情。

——2015 年 7 月 4 日第 23 期总裁办公会议

4.4.3 大学生培训

培训方案，包括教材、课时、讲师、验收等

请人力资源部牵头，风险和市场参加将三个方案并成一个方案，包括教材、课时、讲师、考核验收、什么时候开始（预期四月一日开课），召开会议，先落实教材、哪些老师。教材的购买指定公司系列培训教材。要有考试验收，重点比较，多数可以开卷。学得好的有奖励。落实后，写一个报告争取开专题办公会，在这周解决，定人定事。课程不超过 5 个。

——2014 年 3 月 18 日第 16 期总经理办公会议

大学生去银行实习的安排

你们要给我一个准确的时间。因为我要和很多的行长衔接，我要送他们过去培训，要在岗位上培训 3 个月，就是正式地送到上市的商业银行去培训。然后等到他们回来的时候就完全是另外的一个人，那个时候力量就很强了。你们研究过以后把时间告诉我，你们要明确有多少人，什么专业，这样的话我就知道给哪个行，分配几个人去实习。安排好了以后我们就可以制订计划了，每个月给他们点生活费就行了，不需要发工资。就是帮人家干活，然后 3 个月以后再回来上岗，这样的话我们就好办很多了。我们要两条腿走路，大学生招聘要继续往下推，但是内部培训也不能停。还有就是我们异地分支机构的开设也要往下推，过程中，他们有了好的领导，就会聚集起来一批人。这批人就是很厉害的人。现在的分公司聚集的人都是很厉害的人，最起码都是在专业银行干过很多年的。当我们 30 个分公司都开设起来的话，聚集起来的就是很大的一批人了。当总部需要支援的

时候就很容易了。继续讲吧。

——2014 年 5 月 6 日第 23 期总经理办公会议

4.4.4 人力资源部各项制度(薪金制度、考核制度、请假制度等)

薪金制定的规则

这不仅仅是你们的工作,研究的也不光是风险管理部,是所有部门的薪金制度,因为它不是按照工作量来的,只要这类薪金的制定都要有一定的规则。你们自己先思考,这不是一个部门的问题,每个专业出现风险的式样不一样,口子不一样,形态不一样,那么它的追究方式也不一样,但这些东西现在不是最重要的。

——2014 年 1 月 28 日第 10 期总经理办公会议

工资与学历和工作质量有关

你把一般的人和学历高的人的价格都是一样的话,那就对别人不公平了。工作质量是不一样的。所有的部门都要考虑,客服也是。客服以后是很重要的部门,因为在每个阶段,他们都要对我们的投资者作出一个满意的回答,让他们对我们能产生一个好的印象。这也是广告的作用,千万不要小看这个事情。

——2014 年 4 月 1 日第 18 期总经理办公会议

对工资奖金的看法

工资奖金分配问题也是公司管理的核心。人力部应根据职务、岗位、贡献度、优秀度来分配工资、奖金。工资方案先具体化,并试行。如果与实际相差太大,就再进行修订。对于以前已经拿奖金、提成的部分,先不动,按照原来的执行,年底时的调整按照新的制度执行。这样的话既不影响现在正常的工作,到年底又能有新的薪酬制度。明年开始,我们就执行新的薪酬制度。很多工作都是边组织、边观察、边调整,尽量做到软着陆。经过调整后,做到按劳取酬,多劳多得。

随着公司越来越大,业务越来越多,不能再采用以前那种小公司的做法,必须多多加强管理。公司的高管是公司的骨干力量,更要遵循一般的管理规则。

——2014 年 5 月 17 日第 25 期总经理办公会议

对薪酬体系的看法

关于公司的宣传要求越来越高,希望企划部配合好,提高公司的形象。我上周收到一个关于风险管理部借调人员的 OA 申请。我没有签,也和综合管理委员会主任说明了原因。分公司人员的薪酬对应总公司的薪酬水平应该是什么级别的,调过来后,分公司发多少、我们发多少等一定要有规定和办法。工资的问题可是大问题,利益问题一定要有制度。以后所有部门向分公司借调人员的时候,工资都要有依据。现在工资都是临时的,到了年底就有新的一套薪酬体系出来。我们的工资方案要报董事会处理,董事会应该有个专门的薪资委员会,控制成本,管理经营班子们的薪资情况。而我们只是打报告,需要由董事会人员通过。所有的借调都需要依据。我们现在全是按照上市公司的标准来管理。希望大家慢慢适应这种管理,企业文化、企业发展、员工的队伍和老板的经营思想等问题都有个好的基础。活没干好,没有发言权。

——2014 年 6 月 7 日第 28 期总经理办公会议

对分公司负责人的考核和薪酬制度的要求

人力资源部找的猎头公司分公司老总的候选人做得还是不错的。下个阶段争取在一个星期内找两个,还缺 15 个,两个月之内全部完成,30 个分公司必须进入运行,所有的管理压力才能结束。人力资源部对每个分公司主要负责人的考核管理和副职及考核管理及分公司人员的备案都需要人力资源部负责。随着分公司的筹备和目前人员的增加,随时要拿出制度。还有人事档案的建立等等还有很多很多的东西,因此需要综合委主任好好抓。另外,薪酬制度。需要报董事会审批我们的薪酬制度,通过了才是合法的。还有一点,管理有一半在管自己。我们互联网金融学院是培养人的地方,是为人师表的地方。需要建立很多的规章制度,包括对老师的管理,更重要的意义是对我们国家、我们民族优秀品质的传承。

——2014 年 6 月 28 日第 31 期总经理办公会议

对外出工作的要求

还有外出工作请假制度也是一样,同样需要各条线最高领导批准。(综合部:请假制度已出)目前公司外出工作没有遵循一定的流程,较为散漫混乱,由总经办拟定关于公司对外举办任何活动所遵循的流程,由各个部门会签,保证以公司名义举办的一切对外活动一定要有相应的审批流程。首先明确要花钱的事项活动必须写报告经过计财部批准,不花钱的必须经过企划部批准,制定一套程序确保分管各条线的领导和总经理了解活动动向和进展,各部门之间相互协调均需经过人力资源部来协调管理。

——2014 年 8 月 23 日第 39 期总经理办公会议

对人力资源部薪酬、升迁、调配工作的要求

人力资源部日常的管理,要整一个薪金制度年底报董事会审批,到最后才能定工资,包括固定工资,浮动有多少,年终奖金有多少都要清楚,平时的工作要抓紧。人力资源的管理上也是企业的核心,人的核心非常重要,包括表扬、处理、调配、升迁、制度制定都很重要,担子很重,也对你们寄予期望,周总监一定要搞好你手下几个室的工作,这样才能使整个公司在一个公正公平的场合下继续工作。

——2014 年 9 月 5 日第 41 期总经理办公会议

对工资的看法

基本工资不要降低,再提高一点工资有什么了不起,等你推开以后再

说，到我们公司来的这些员工，千万不要去盘剥他们，一定要他们的心情好，这个时候才有资格去说他们。反正我的观点就是这个样子，以后定工资的问题，我们这个企业一定不能比任何企业差，要是比别人差了以后就是你失职。

参照苹果就参照苹果了，有什么关系。因为一个企业和另一个企业竞争的核心就是人，如果这个队伍没带好，再大的本事都不行。那么这些人你要去培养他，教育他，要去关心他，这些东西是我们每一个参加会议的管理者天天要做的必修课，这才叫企业管理。如果这个核心你抓不住的话，以人为本，人是核心这一点，关心、爱护这一点如果做不到的话，你这个企业后面就没办法发展。这不是做小买卖，一笔交易就完了，是要一起共事很长时间的，对别人的体贴和关心是要到位的，这样大家才能在一起合作。特别是对待员工，宁可我们高管少拿一点，也不能亏待我们的员工。

——2014 年 9 月 27 日第 43 期总经理办公会议

调整工资的相关要求：工资的制定、工资调整要告诉每一个人

人事部你要把这个工资重新核一下，核一下以后就通知财务部，通知财务部以后还要通知他本人，就是你的工资已经调整为什么了，要告诉人家，要不然人家进步了自己都不知道，明白吧。以后就是不管提拔也好，进人也好，要让人家知道自己一个月拿多少钱，有哪些是明的，有哪些是暗的，包括隐形的，包括五险一金，这些东西都要跟人家讲清楚。因为我们公司总体上，在民营企业当中，福利算好的。而且对员工总体还是关心的，应该讲，在这个地方工作，如果说他没其他想法的话还是安心的。但是你要把这个信息传达、传导到每一个人，要让他们知道。有的他可能不知道，还觉得自己受委屈了，那你看看整个社会，你就知道在红岭，应该还可以。好不好，所以讲你的工资水平一定要搞好，每一档、每一级是什么价位。

——2014 年 10 月 11 日第 44 期总经理办公会议

提高工资,提高员工的积极性

对啊,对啊,因为这个机构一旦调整过以后,哪些是一级部,哪些是二级部,总经理、副总经理、总经理助理,什么价格、什么工资,什么待遇,全是清清楚楚。现在我们还没动,因为我们现在没钱,因为可能要提一下,所有的工资都要往上提,提一下的话肯定要有钱。到年终要看董事会给我们多少钱,然后我们才能提工资。包括我们的员工如果能提高都要提高,好不好,我是这个想法。因为挣了钱不就是给大家的?又不是放着看的,就是给大家分的。到明年,明年又再挣钱了。留下够发展的,剩下就给员工,股东就先让一让,员工要放在前面,我是这个思想。对不对?因为以后真做大了以后,股东是不会吃亏的,员工们有力量,有积极性的话,应该不会有大的问题,好不好。

——2014 年 10 月 11 日第 44 期总经理办公会议

对执行请假制度的建议

综合下面的部门还有没有补充的,没有的话我来讲。刚才综合管理委员会主任讲的一点是针对什么样的问题呢?因为前些时候我们有些骨干力量在请假过程中,回去以后被扣了工资,然后反映到我这里来了,可能有两个同志。具体是谁我就不说了。找到我以后呢,我就是说人力资源部没有做错,他们是按照制度办事。那他为什么心里不舒服呢?不舒服的原因是讲,那我干了多少事情,对不对?我加班加点,尽管有时候请了假,原因有时候还是属于公假,不一定是私假,是要用公务时间来办事情,你把工资扣了以后就很不舒服。后来我想也有道理,因为我们中层以上的干部多数是很自觉的,可以讲 99% 都是很自觉的,一般都不会报加班的,也不是说我今天晚上就加班了。如果说加班的话,我想在座的每位每个晚上都在加班,项旭副总经理、牛冰副总经理,包括在座的,还有很多的部门老总,晚上经常搞到八九点钟,从来也没要过加班费。特别是风险管理啊,市场部啊等,都是这个问题,都很辛苦,但从来没要过加班费。但是作为领导,我们对这个问题要进行关心,就在执行制度的时候,怎么样能把这个问题有机地解决好,他们本人不知道，就像一般员工一样申请调休，这样既没有破坏制度，又把你所请假的时间用一个合规的办法调整了。再往下讲，有很多同志不好意思提出来，但我们在这个会议上讲，你必须提出来，你如果不提出来别人就很容易忽略。搞到最后就憋出误会来了。实际上也没有谁和谁过不去，我做他们的思想工作就讲，没有道理人力资源部和谁过不去，他们也是在执行制度。这个问题没有处理好，那我也有责任，现在我把这个事情协调一下，我跟综合管理委员会主任也在私下做了沟通，就采用这个办法对我们的骨干力量。你们自己也要提出来，包括我们在座的各位同志都是这样，有些东西请点假，家里面有点急事，到时候一般情况下就不要扣工资了，但是请假制度又要执行，不然你走了我们都不知道不行，但这部分不作为一个扣工资的依据，因为作为一个中层干部的话，他平时的加班，他平时所做的工作肯定可以抵偿他几天的请假，那我们就采取一个变通的手法。这条线的，领导就可以决定了，你们批了就作数，五条线领导的决定我都认账，人力资源部以后看到这些单子来了以后，只要是条线领导签字以后就可以了。你们制度的执行是对的，但是我们用这种方法进行调整以后，大家都舒服了，包括你们自己在内，包括今天在座的所有人在内，都用这种方法来解决，这样一来就不会违反制度，而且也把管理搞好了，这是一个问题。

——2014 年 11 月 1 日第 47 期总经理办公会议

分公司领导的待遇问题

那不一样，那带有其他性质的东西。分公司老总待遇，主要是奖金部分高。我们总公司的一级部的老总到以后的收入是跟他们一样高的，是这个水平。应该是一样的，但是我们过去的工资水平没有一个统一的标准，那就先按过去的标准执行。再一个它支付的来源你也要考虑，最后我们到底能挣多少钱，能不能承受得了。在能承受得了以后，分公司是打粮食的，它的那块工资是特殊工资，不一样。到年底可能你们不会低于这个工资，但是平时不会拿那么多。就是发展银行平时一个总行老总一个月打到账上有多少钱？

——2014 年 11 月 8 日第 47 期总经理办公会议

薪资标准的制定规则

人力资源部门的第二个工作就是要配合财务部门把新的工资计划拿出来。你们可能要把几家银行的工资标准拿出来,拿出来以后重新制作红岭创投的工资标准。从高管开始,一直到刚入职的大学生。你们把三家银行的标准拿过来,拿过来以后制定我们的方案。财务上看看,根据我们的现状,我们目前所发工资的总和,如果调整后要增加多少,和我们的财务承受能力,如果能够承受得了,那么没有多大的问题就办公说通过一下,或者需要向董事会报告的话就向董事会报告一下。我们从明年开始实施新的薪资标准,这个是给你们部门的一个重要的任务。这个是要赶快把它完成的。因为现在我们部门老总的工资都不一样,底下的人更是五花八门,什么样的都有,那不行。这个一定要有一个规则,规则不是哪一个人在控制,而是一个制度在控制。某个人表现好的时候可以有一个奖励基金,我跟董事长商量过以后就可以有一个董事长基金和总经理基金,这个基金是放在财务上的。针对这个基金可以搞一个基金管理办法,每年从利润里面拿出来多少放在基金里面,就是随时可以奖励那些你认为对红岭的发展有贡献的人,就是临时的奖励。比如我觉得他们很辛苦,我签一个字就可以拿 5 万块钱,然后分一下。董事长觉得很满意,就可以拿出来 10 万块钱,大家分。

——2014 年 11 月 22 日第 50 期总经理办公会议

干部的管理和考核问题

第三个就是干部的管理和考核问题,人事部门对干部的管理问题。干部的提拔、任免、考核,这些东西都是非常重要的。特别是对于分公司的干部的考核,他们的副总是都要经过我们的考核的。老总要每年作述职报告,每个分公司的老总都要作。即使是三句话也要有述职报告。自己讲今年的工作做得怎么样。这都是我们人力资源部要去完成的。述职报告也一样。还有以下报上来的新任副总的名单,他们的总经理提上来了,你人事部门就应该去考核。考核过以后把你的考核意见拿到办公会上讨论,决定。这个不能因为你总监在或不在来决定工作做不做,要有专人来办这个事情,你不去都不要紧,你派两个人去把这个事情做了。就是工作是不能停的,就跟我一样,我不在这个岗位上,但是我负责的工作不能因为我不在受到影响。如果影响到了的话就糟糕了,这个事情的影响就大了。这个工作的进度都要有自己的要求和规则,不能受影响。

——2014 年 11 月 22 日第 50 期总经理办公会议

年终奖分配问题

近期的话我们要做的几件重要的事情,一个是年终的分配,这也是大家最关心的内容,董事长也已经批了。大家今年干得都还不错,肯定比去年高很多,让大家的心情好一点。争取在年会前发下去,这样的话大家开年会的时候就心情很好了,就在年会前一天把钱花掉。这是一件事情。有一部分钱可能要分两部分发,就是帮大家合理避税,就听项总的安排吧。

——2015 年 1 月 10 日第 1 期总裁办公会议

工资调整方案已经出来,但要经过董事会批

第二个就是工资调整,基本上方案已经出来了。这个方案董事长已经批准了,但是要经过董事会批,因为薪金是要经过董事会的。这个和奖金不一样,因为奖金是大家的劳动成果,只要完成任务以后剩下的怎么分董事会一般不会干预的。但是薪金不一样,这块是大家正常的收入。

——2015 年 1 月 10 日第 1 期总裁办公会议

大家的工资都会大幅度提高,但有的会多一点,有的会少一点,这与定级有关

我可以通报一下,就是大家的工资肯定是大幅度提高,从一般的员工到在座的每一位员工,不管你过去拿多少钱,肯定比过去高。但是有的人可能多一点,有的人可能少一点。这个和过去的定级有关,过去不应该在这个级别上的,那可能升得就少一点,但是你以前没有在这个位置,那这次出来以后可能上升得就比较多一点了。另外,我们新的架构出来以后可能要进行

新的任命，任命后一切就按照新的任命来。

——2015 年 1 月 10 日第 1 期总裁办公会议

工资发一半，另一半以奖金的形式发

第二就是工资只是发一半，还有一半留到年终奖来发，或者是半年奖，或者是季度奖，这个可以讨论。反正就是工资发一半，另一半以奖金的形式发。应该讲是可以的，中层干部是有 100 万元的，这样的话中层干部就都上去了。大家要珍惜这个机会，好好干。董事长我是很尊重的，他和我很像。赚了钱就是给大家的。我们工资的提高就是对竞争对手的一种压力，我们培养的人就要把工资搞起来，就是挖都挖不走。这也是一个很重要的事情，在这里宣布一下。

——2015 年 1 月 10 日第 1 期总裁办公会议

人事管理要实行扣分制，对每个人每个月都要打分

总经理基金现在怎么用办法还没有出来，反正今年组织工作的进程中，哪个工作完成得好有奖励，做得不好扣你们的分，人事管理要搞个扣分制，每个人都是 100 分，这个月发生一次错误，打了电话找不到人就是一次错误，然后你的主管领导在月终评价的时候就减你一分，做得好就加一分，年终做得好拿奖金，公平合理，不是错了就错了，要有记载。有的问题不懂就要问，计财那个头寸表到现在还没有做好，哪天我来给你们讲下该怎么做。统计指标都是很简单的事情，怎么还没有搞好。反正人力资源这边对每个人每个月都要打分，马上工资就不一样了，你们的工资和银行是一样的，那你们的管理就要跟银行一样了。如果达不到就要被淘汰了，包括副总在内。一个企业的管理没有铁的东西在这里的话你想上市？你能在上市公司中站起来，获得所有企业对你的尊重？一个企业没有绑在一起拼搏的劲头，能走到上市？你比别人强什么？就是你做一遍，我做十遍，你团结不起来人，我能团结起来人。你那边人心是散的，我这边人心是齐的。有了这些东西就是一支打胜仗的队伍。我们现在的高管都是备选人员。我也是可以否定自己的，并不是我在这个地方就是这样的。你们如果觉得我哪个工作没有做好，你们可以直接

提出来,我可以和你们 PK。只要有了这样的一支队伍,我们还有什么是解决不了的。

——2015 年 1 月 24 日第 3 期总裁办公会议

中层干部要把该做的工作做好,不行就换

这是人力资源部上面的事情,人力资源部要在这个上面动脑子。今天我已经和大家谈过了,今年大家的工作都到位了,如果你的工作质量还是不行的话,我是要把你拿掉的。因为这个劳动力的价格在市场上是非常有竞争力的,中层干部的年薪你们都是知道的,我在这里就不宣布了。你干出来的活要对得起这份工资。过去我对你们没有那么强硬,现在就是要这么强硬。一定要把该做的工作做好。

——2015 年 2 月 7 日第 5 期总裁办公会议

人力部要有考勤记录,要到各部门认真核实

项总讲的是一些细节,你要把这个工作搞起来,就是有这个人,干这个工作才能拿这个钱,而且要合理。每个月要有基本的统计表,一定要有。你们要下去检查的,报表是看不出来的。你仅仅是看一个报表的话是看不出来,报表的后面要有一个考勤记录。你要能证实这个人是在这里上班的,再不你要去实地考察一下。

——2015 年 2 月 7 日第 5 期总裁办公会议

考核制度非常重要,要公正、公平、公开

这个制度是非常重要的,好的制度能够让坏人变好,不好的制度会让人变坏。这个东西非常重要,要公正、公平、公开。

——2015 年 2 月 14 日第 6 期总裁办公会议

加分减分作为年底考核的基础数据,是对工作好坏的评价,也为奖惩提供依据

我讲的加分减分是指每一个部门对自己的下一级,在月末的时候都要

打一次分。你觉得是加分还是减分,加分就加分,减分就减分,持平就持平;如果不填的话,人力部门就按照持平来算。然后到年终发奖金的时候,你大于一的话就要多拿有点了,小于一的话就少拿一点,如果持平的话就拿平均数。这都是为年终考核提供一个基础数据,日常管理中就要有这样的奖惩措施。如果你的工作总是不满意的话,我就要调整你了,就要从这个系数上来调整了。如果纵容那些没有做出成绩的人的行为的话,对那些努力的人是一种批评和伤害。我肯定是要鼓励那些努力工作的人,不然这个企业怎么会有希望?所以我提出这个东西就是给大家一个可以操作的东西,到最后月底的时候就要对你的属下们进行加分减分。我对各个副总也要进行加分减分,董事长每个月也可以对我加分减分,到年底考核以后该拿多少拿多少。这是对你工作好坏的一个评价,没有评价和监督的话,就没规矩了。没规矩不成方圆。

——2015 年 2 月 14 日第 6 期总裁办公会议

大学实习生工资要有制度,要按制度来

实习的工资是多少?我都不知道。我现在就知道正式员工的标准,进来以后就是这个水平。没有制度就建立一个制度来,没有制度的话你们随意搞一个东西出来谁负责任?要是出现问题的话你承担责任?最大的责任除了辞职外还要承担其他的责任。

——2015 年 4 月 4 日第 12 期总裁办公会议

大学生管理问题:工资管理和入职管理问题

一个月之内,不能上岗的就不要了。实习生实习后要走的现在就不要。在这里需要批评人力资源部,没有跟任何人商量就给没有办入职的学生开这么高工资。这个综合条线查一下,没有批准就决定要处理的,这种是要董事长签字的。公司来一个人,什么水平,在哪个岗位上,工资怎么定,实习期怎么定都是关系到这个人成长的问题,这一块综合管理委员会主席抓一下,不行我找你。已经发了两个月工资我们都不知道,重点是没有经过讨论,如

果是一致意见没问题，胆子太大了以后怎么得了。像这个进人的问题，为什么进人，在哪个岗位上，写没写报告，主管领导批没批都不知道。我根本没看到这些东西，新入职的31个大学生进了哪些部门，主管领导知不知道，查一下。

——2015年4月11日第13期总裁办公会议

年中奖金的考核思路

我跟董事长商量过了，上半年马上要结束了，给上半年的财务状况做个分析评价。另外董事长也已经同意今年的奖金上半年先发一次，全年的一半，财务上做好准备。都要有考核，一定要有差距，不能干好干坏都一样，有的可能没有奖金，有的可以全额，特殊的可以再加一点。我们各级干部对你们部门里面哪个干得好，哪个干得不好，哪个需要提高心里都要有数。人力资源部拿出一个办法来，奖金提这么高就是为了调动所有人的积极性。最好还是每个人对自己的工作做个评价，对公司做了哪些有用的事，自己提该拿多少奖金，最后肯定我要看，还要给董事长批。希望大家把自己的工作紧张起来，有效起来，不能闭着眼睛做事，要有点效果，有点质量，对公司的发展有些好处，这样公司才有希望。

——2015年6月13日第20期总裁办公会议

年中奖发放考核制度设立思路和方法

人事部门对年中奖要奖优罚劣，要有具体的操作方案。有的请假后补的，算旷工的肯定要扣奖金的；还有发标弄错，把议标发成快标的，还有投资者经常提意见弄错的，弄的总公司对外道歉的各个部门都知道。在年中奖发放之前，人力要拿出一条对每一个的上半年评价，请主管签上哪里是失误了，哪里是要调整奖金的，提出一个方案来，最后拿到我这里来。奖金和工资不一样，工作不好的奖金就没了，这个幅度很大。人力要把年中奖发放原则和标准制定一下，要能操作起来，综合管理委员会主席要抓一下，这关系到每个人的切身利益。大家摸摸良心，自己干得好问心无愧，干得不好自己申请扣多少奖金也可以。不是钱的事情,对自己的行为要有个约束和认识,一切按制度来。上半年我们出过好几次事情,技术部有,风险部有,线上运营部有,计财部有,都有,我不一个个点名。你们老总都知道,是自己的责任就勇敢承担,不是的落实到人,不要改正错误的勇气都没有。这是个重大的事情,特别是对一般的员工是管理上一个重大的着力点。这么做的目的就是要解决干好干坏一个样,干多干少一个样,鼓励那些工作踏实、忠于职守的人,鼓励这种品质和道德,这样公司才真的有希望。

——2015 年 6 月 20 日第 21 期总裁办公会议

人力资源部与制度问题

最后我来讲几点,一个是人力资源部的问题,人力资源部的工作要加强,很多问题制度是最大的,没有谁能越过制度,只要是大家一致通过的制度,一切按照规则来办,首先我带头执行,你们大家看到我在哪里没有执行制度的话,可以给我提出来,我保证改正。首先你们是怎么解决的,你有没有制度,没有制度就赶快建立,建立之后就赶快按制度执行,这是基本的办事规则,你不要听你领导,领导说怎么办就怎么办,领导要是一时没有了解情况,讲出一些情况,一点依据都没有,搞不好就搞错了,我也可以能搞错,所以我先问你们有没有制度,如果没有制度赶快建立。建立不起来的话,开个会,大家一起研究一下。

——2015 年 8 月 8 日第 27 期总裁办公会议

4.4.5 定岗、定责、定编及工作量问题

对人力定岗工作的要求

这都已经会签过了吧?大家知道下就行了。这个定岗问题等于三定工作的前期调查,还有报上来的东西也未必完全是下一步的公司岗位设置,还要参照其他单位的岗位设置,可能很多东西还有缺失的,怎样归集得高效有力,这些都非常重要。你们多了解调查,不断学习,不断提高,把这个定岗定

责问题搞好,这样我们打仗才有效,现在还是很混乱的。你这个招聘按计划进行吧,我肯定是要去一个学校的,给你们示范下该怎么做,这个给大家知道一下就行了。

——2014 年 3 月 4 日第 14 期总经理办公会议

公司组织架构和岗位分配

目前公司架构属于过渡性管理框架,以便于管理,日后还是需要简化。委员会成立后公司领导级别不变,只是把所有事宜归纳,使分公司和总公司以及股权基金公司的关系明朗化。关于人力资源部的岗位分工现阶段可采用一岗多职或一职多岗的形式,再逐步地完善和提高。管理者的管理思路一定要清晰,对于部门的架构和人员的配备也一定要合理。下周,周总监将配合各个部门完成其部门的组织架构和部门内的岗位职责的分工。各部门负责人先将部门的组织架构交给周总监,再由人力资源部内部讨论后上办公会。同时,可以参考同业(银行类)的组织架构,比照后再不断完善。公司组织架构的大与小取决于公司的发展,但是需要把根基打好。在定岗后,将开始制定各岗位的薪资水平。薪资水平也可参考同业水平,并根据我司的实际情况,再作调整。

——2014 年 3 月 11 日第 15 期总经理办公会议

员工的工作量问题

工作量的问题还是人力资源部负责的,我要求不多,就是这些人的固定工作量要有 3 个小时,如果没有这种量的话,我估计就要并岗了。现在你们的架构都搞好了,这个问题就要提上日程了,这是管理上一个很基础的工作,这个工作一定要抓好,如果不够你要增加人。基层员工(无任务)一天的固定工作量至少为 3 小时,而对于工作量不足 3 小时的员工可采用一人多岗的形式,增加其工作量。剩余时间可将培训的时间穿插其中。

——2014 年 3 月 25 日第 17 期总经理办公会议

三定工作的要求

那不行,那就不对,这个路线不对,首先你这个人要经过人力资源部门看这个岗位是不是合理,我要你们搞“三定”是干什么的,就是要定你这个地方有几个部门,要定哪些岗位,这些岗定哪些人,没有这些岗,你现在不能乱搞。比如一个岗上只需要三个人,你搞了五个人在这个地方,那不是乱搞嘛。这个定得合理了,然后再谈工资。工资我们有标准,就按照标准进行。财务部是发工资的,是搞考核的,你考勤是不是跟得上,你这个月有没有加班,是考虑这些东西的,也是你们考核,财务部实际上就是拨款的,财务部根据成本就是拨款的,它不监督这些事情。就是你这个地方不要再让我多讲了,就是人力资源的管理,一切要走向正轨,你不要再让我多说了,我都说了多少次了。好不好,你不要搞到分公司的管理还是一团糟,这个地方二十八九个,都在干什么活,你重庆搞了二十八九个,都在干什么活?这一次搞体验店,还要再招聘。我要在底下当行长,我不会这样做。我看哪些地方有闲人,先到体验店干去,都来培训,培训完以后先到体验店干去,等以后我们人不够了再招人,培训再上,再把他顶替下来。你一天到晚坐在办公室喝茶,我也坐在办公室搞电脑,什么活不干,搞什么东西啊?还在那里招聘。

——2014 年 10 月 11 日第 44 期总经理办公会议

每天要有固定的工作量

别看这个很小,就跟储蓄一样,涓涓细流汇成大海,每天的固定工作是有的,不像一些小企业,有了项目,有事了大家忙得要死,没事了就在聊天,没有经常性工作,每天没有固定工作量,这就是我为什么老是强调固定工作量,没有正常的工作,到最后累死了一年也没干出几件事,但是你有正常的工作量,每天都在干的话,一年下来就不得了。就跟我们搞体验店一样,这不仅包括个人,也包括集体,公司对团体客户的营销,搞定一个单位,就像原来我们搞协储,搞定了一个财务人员,你在发工资的时候,帮我们宣传一下,我们这边有年化 15% ~18% 的理财,一个月拿出 500 块钱行不行?一年一个人也就投资 6000 块钱,就像抓储蓄一样去抓投资。这样一来,我们互联网金融的发展，互联网主体工作就有内容了，市场部上面的就有正常的工作抓了，搞劳动竞赛，做一些活动，搞一些宣传，这样每天就有正常的工作了。因为这个行业本身就是朝阳行业，很多东西都是在摸索前进，在过程当中有些就是需要我们自己去完善的，好在很多东西是可以借鉴的，例如办事方式，都是可以借鉴的。我们这些在金融行业里干了一辈子，特别对于我们的老同志来说，一提到抓储蓄，搞存款，大家一听就知道，什么是协储员，什么是代办员，队伍怎么建立，工作密度有多大，行里面真正储蓄部的人什么代价都没有，代办员有的是企业的会计，一般都不给什么，就是过年的时候给些小礼品，他们实际上就是把厂长搞定了。就跟他们说我们要支援国家建设，也要给大家积累一点钱，利储蓄，利国利民，当时全国都是这个政策。我们现在也可以搞个政策，鼓励投资，利己利人，不仅可以给自己创造收益，还能给家人里带来一些收益，养成良好的理财习惯。因此，我们要对大家进行宣传，要靠体验店的同志把这种文化、这种思想方法能够传播到每一个老百姓的心中。这是好事！让大家都可以接受，每个人都能接受。投不了500元的，50元也可以。一个事业的建立不是通过空中楼阁，不是光靠你一个人就可以撑着，是通过涓涓细流，很长很长的积累，一旦建立起来，就不会轻易地被打倒。这个根要靠谁去扎，就要靠我们去扎。所以我们运营部刚才汇报的工作，应该提出表扬，他们的工作在进步，这一点应该看到。只要像这样的速度往前进步，每天都去考虑这样的事情，每天都会有有效的工作量。

——2014年12月6日第52期总经理办公会议

定岗、定人、定责要作为一个长期的事情来做

定岗、定人、定责，这是我们人力资源上面的三定。每个岗位要有人、有责任。人力部门要把这个事情作为一个长期的事情来做。

——2015年4月4日第十二期总裁办公会议

定岗、定人、定责的协调思路和方法

可以是一人多岗，也可以一岗多人。要看工作量来定。这个岗位上的

工作量太大的话，可以是多个人一个岗位。如果一个岗位上的事情比较少的话就一个人多个岗位兼任。过去的管理是适应于过去的基础和过去的目标的，现在要适应现在的目标和要求。那么肯定有些东西要进行调整，要求上可能就不一样了。所以说我们各个部门在各个岗位上都要努力，大家要适应新的管理方法。这个管理办法就很直接，而且有些东西不是看你在做多少事情，而是做成了多少事情。这个很重要。

——2015 年 4 月 4 日第 12 期总裁办公会议

岗位设计与工作量的考核问题

岗位的设计是要根据整个业务的发展需求，需求强度、密度、质量来决定的，有的一岗多人，有的一人多岗，一人多岗的原因，因为这些岗位工作量不够，就把很多岗位并给一个人干。一岗多人，这个岗位事儿太多，一个人干不了，就像审批部 30 个人，为什么，就是一个岗，就是审批岗，工作量太大，必须那么多人。那么我们特别像在座各位在机关里工作的同事，每天的考核就是用这种方法来考核，就是你的固定工作量。我要不多，你从上班到下班，你只要有三个小时在电脑面前是在工作，持续性的工作我就满意了，只要凭良心工作三个小时。有的部门肯定不止，有的可能 24 小时，非常辛苦，但是有的部门未必有那么多。你包括我们审批部现在有 30 个人，你回去想想，有几单，一天 8 个小时呢，你写个报告要几天？一开始可能要一周，到后来我们这些老信贷员，写个信贷报告最多就是一天的时间，快的话就是半天，模板都是清清楚楚的，就是几个过程，从企业概况开始一点点下来，不就是那些东西吗？几个数字往里面一填不就完了嘛！那你的熟练程度没达到，就赶紧练。

——2015 年 6 月 13 日第 20 期总裁办公会议

人力实施规则：定岗、定员、定责

对啊，你们审批部要培养他们。30 人的队伍的话，发展银行那么大也就 30 个人。你现在才多少啊，十分之一，十分之一都不到。这一点我们各个部门,为什么要搞三定:定岗、定员、定责。交给人力资源部做那么多,在实施过程中,是不是有效果,这都是管理上很重要的东西。因为要这个岗就是要做事的,这个事对整个公司的发展是不是有用,就要逐步明晰化,每个人身上都有责任,你的收入、待遇和成长之间是靠你自己的努力才能得到的。私下里关系再好,工作是另外一回事。你看我在办公会上讲话的态度和平时讲话的态度完全不同,我私下里怎么搞都可以,开什么玩笑都可以。在办公会上就是板着脸的,不板着脸不行,这个事就必须有一个规则,做什么事没规则就完蛋了。办公会上和审贷会上市一样的,亲爹都不行,必须有规则,有了规则之后大家在一起才能讨论,什么是对的,什么是不对的。你哈哈一笑,大家都不说话了,那还干什么事啊,这个船还怎么往前走啊,搞不了。

——2015 年 6 月 13 日第 20 期总裁办公会议

确定岗位职责和工作量的方法

这就是我们刚才品牌宣传室,不光是对品牌宣传室提出这么多建议,工作上的事大家按照工作的方法来对待,下周我们看看品牌宣传室的固定工作量是什么,或许它很辛苦,我们还应该给它增加人,或许它的工作负荷量还不够,还有或许它在方向上不太清楚,我们解剖一个室,然后各个部门就知道你下边的室怎么去设置了,那么允许这个室把自己做的工作都列出来,我现在做了什么事,然后你们看看我是不是做了这些事,经得起检验,那么这些事哪些是有用的,哪些是没用的,哪些是质量高的,哪些是质量不高的,共同研究以后,对我们的一级部门、一级半部门或者二级部门每个岗位的工作职责就搞清楚了,然后总经理,你分管的副总裁们,心里就知道手下分管的那些部门在干啥,你都知道了,哪些该留,哪些不该留,哪些需要增加人,哪些不需要增加人了,就知道了,那这样管理就顺畅了,这是我谈管理的第一个问题。

——2015 年 6 月 13 日第 20 期总裁办公会议

定岗、定员、定责的重要性

人员在膨胀,膨胀的人员都要发工资,都算机关人员,是要列入成本的,我不怕增加人，但增加人要有事做。有一次我曾经提示过我们客服中心，最后他们裁掉一部分人，人力是要成本的，人力在发挥它功用的同时，如果它的工作不是在正面上起作用，会横着起作用的，有的会负着起作用。你不干他也跟着不干，比谁更懒，而不是比谁更前进。优化调整方案比较好听，实际上人事部的基础工作，到现在都没做好。定岗，有多少个岗，每个部门有多少个岗，这个很好定，有多少事定多少个岗。量少的时候，一人多岗，事多的时候一岗多人，这是根据量来的，我们各部门总经理回去之后，把你们部门有几件事，把这个岗填写出来，定过岗才能定员，定员之后才能定责。定岗、定员、定责。政府都有个编委，就是管座位的，我们人力资源部就是管这事的，我给你固定编制，你也可以报，只要合理，合理就是指固定工作量，你有多少事，有多少工作量。随着业务发展就要增加，随着业务减少就要减少。就是这个道理，最起码要有这个基础，人力资源部在这方面的工作要加强，我不能说你们没做，但是人事管理要走向着正轨，不走向正轨的公司一大，很多问题处理起来就乱了。做事情一定要有依据，比如办公室，为什么综合秘书室要有五六个同志，因为公司有五六条线，都要有人跟踪，每个人头上都有任务，会议纪要他们要一个个整理出来，一个个问题要送到每条线上去，他们是定岗的，是需要那么多人的，不是盲目地来的。包括我办公室里也坐了两个人，她们是轮着的，身上都是有任务的，没有一个人是闲着没事干的。我们各个老总都回去，看看你们的定岗、定责、定员，到底定得怎么样，我们人力资源部在定岗、定责、定员方面工作怎么样，各个部门的编制是不是已经给到位了、给得准确了。需要那么多人吗？不需要那么多人在那里的话，不光是发工资啊，他们没有那么多工作量。考核要是跟不上，机关管理就要乱的。实际上 2014 年我就提出这个问题了，2015 年我基本上没管这个事情，现在一下就膨胀起来了。

那么那些精简的人员，方向到哪里去？全部到市场。最重要的是市场，我们把市场部加强一点，然后到分公司的市场，这是最重要的。一线人员是有业绩考核的，他回家睡觉都别管他，因为他最后要是没有业绩就拿不到工资和奖金，但是机关人员不是这样，不是由业绩考核，那就要由固定工作量来考核，如果没有这个工作量，就不好管理。我希望我们现在机关的各个部室，在定岗、定员、定责这方面，要理清思路，各个副总裁对分管部门都要加以指导，都有分管部门，副总裁都要顶起来。还有外面的部门老总更是这样，整个部门都是你们说了算，整个公司这么大，全国已经开业就有19个省级分公司，赶得上全国商业银行的规模了，每个部门下面对着的就是19个分公司的管理，而且这条线的管理，你就是最高，你就是总行的部门老总，问题你们都要解决，然后再向副总裁汇报，副总裁在你的意见上给你一些指导性的意见，或者是一些监督和一些协调。我们工总行的部门老总们，权力都很大，为什么？因为责任都在他们身上，什么事情都是他们在干。上面的领导是研究战略、方针，研究朝什么方向发展。如果主要的领导和副总裁们都落实到具体的工作中去，那就完蛋了，所以我们的副总裁要到基层去，要解决的是批量的问题，不是解决个案。有时候是需要解决个案的，但个案一般能够部门老总去，就很不简单了。领导不是去解决个案的，是去指挥的，是要拿出战略意图的。更不是一天到晚自己审批，那就更错了，因为底下有审批人员，领导的责任是要把审批人员培养出来，要有一批审批人员按照某种制度去执行（领导）这个位置才对，因为这是团队的工作和努力。当然不是说具体的事情不能做，能做，但主要职责不是在做具体的事情上，如果连这样的事情都搞错，那管理能力真的是有待提高。一个公司前进，是每个员工的进步，是这支队伍的进步，然后才可能整体有战斗力。要每一个战士打起仗来都很英勇，这支部队的战斗力肯定强，如果只有领导和中层干部比较强，一般员工都跟不上，那是打不了仗的。参加办公会的30多个人，每个人都有一个岗位，每个岗位的事情先向副总裁汇报，每个人分担一点，每个人都带领一条线，这样每个人的智慧都用上了，到最后重点问题到会上来讨论解决，这样的管理线路才对。部门内部也是一样的，每个部门都有室，每个室的任务是什么，至少每周要开一次会，每个室要把工作汇报一下，总经理、室经理对下面进行指导。

——2016年2月22日第6期总裁办公会议

4.4.6 档案、户口

对档案管理的要求

还有档案管理方式是不合适的。把档案全部归结到人事部，办个交接手续，信贷部只能留二级档案。档案不能这么管，这样要出事情的。出了事情我们还不好讲。这些都是隐患，下午赶紧和人力资源部落实这件事。每笔贷款搞完后就交了。你们那边也干干净净的，没有什么后顾之忧了。有特殊事项需要调阅的话经过审批手续。三个人审批就可以。

——2014 年 7 月 19 日第 34 期总经理办公会议

人力档案问题要统一管理起来

现在我们的档案管理是不是完整我都不知道，现在有些人的人力档案就是一张纸，过去很多调过来的人的档案都不知道有没有管起来。有的人的在人才交流中心，有的没有，像这种东西怎么样统一管理起来，都很重要。如果对人的底都不知道，以后出了问题找谁去，特别是分公司。我们不能不总结过去分公司出问题的，很多我们都不清楚。像这些问题我们都要建立好，综合委员会的主席要抓一下。

——2015 年 3 月 29 日第 11 期总裁办公会议

4.4.7 员工入职、转正、升迁、人事变动等

人员流动问题的要求和看法

凡是涉及人员流动的问题，一定要请示人力资源部。到现在为止我没有辞退任何人，你们一定要贯彻我的精神，不要辞退任何人，一定要给别人留有空间和余地。在任何时候都是这样。最后是他自己要走了，那我们就放弃。只是他没有努力或者他的能力很差，这时候我们就把他的工资降到适应的水平。时间一长，该走的还是会走的，如果他真的有志气的话还是

能站起来。你们在动人的时候要切记这一点,一定要经过人力资源部,因为它掌握着大的用人政策。包括以后提拔干部,临时的可以,但是真的要任用的时候都要经过人力资源部的考核。同样,免去一个干部的职位的时候,也要经过人力资源部的考核。调整一个干部的时候也要经过人力资源部的考核。干部的管理是一项非常强的政策性工作,你做得强对公司整个的发展都是有利的。目前我们企业还是很好的,不像一些家族企业,我是按照上市公司的方式来做的。原来深发展银行是上市公司,所有的做法都是很规范的,怎么做就怎么做,都是按照上市公司的方式来做的。那我们在这里面都要适应这种方法,差一点不要紧,只要大家学。

——2014 年 4 月 22 日第 21 期总经理办公会议

借调分公司员工的工资待遇意见

由人力资源部和综合管理委员会就借调分公司人员的工资待遇给出意见,并由综合管理委员会协助解决。随着公司的发展,这种内部借调方式可能会越来越多,因此这种办法还要形成制度,包括时间,吃住行,补助。不一定需要发工资,可以以补助的形式发放,因为分公司还要发工资,总公司仅给予出差补助。人力资源部参考其在分公司的定价,到总公司后按每天补助多少钱的形式,以合理的角度提高其工资。若分公司未发工资,由总公司代发。下次上会前将问题解决。

——2014 年 5 月 24 日第 26 期总经理办公会议

对员工转正事情的建议

提前转正算是一种奖励,而且提前转正这种奖励是要一步一步来,每个月都高一点,这样到最后每个月都转正,给大家一个差距。真正不行的就被淘汰,这也没办法,但我想多数不会被淘汰。所以我想这作为奖励的形式进行可能更好,好不好?另外你查一查《劳动法》,如果真是规定三个月的实习期,那就没这些做法了。一定要搞一个调查。周总监做一个调查,一是金融系统的大学生是多长时间转正,一定要有确切的依据;第二，国家《劳动法》是怎么规定的，多长时间，如果我们是合理的，我们就按照董事长的想法来。但我们不能才用末位淘汰的方式，要进行奖励。

——2014 年 9 月 20 日第 42 期总经理办公会议

新的人事任命后相关细节的落实

这就把所有的任命文件读完了，今天就等于把新的人力资源的管理架构和每个节点上的负责人都明确了。明确了以后我们的工号牌以及所有的东西就要按照新的任命，我们的薪金也要按照新的任命来发放。因为新的工资比去年的工资提高很大，董事会已经批准。下面就是要进行谈话，主要负责人以及几个副总裁谈话。其他人由分管条线的副总裁谈话，包括部门的副总以及室经理。谈话的时候要交代工资是多少，这是一个正常、正规的管理。工资从元月份开始实施，大家 2 月 10 日拿到的工资就是新的工资了。工资提高以后，就在新的基础上 1 月 1 日开始实施，新的级别工资就从今天的任命开始，这样的话就不会耽误大家的事情。

——2015 年 1 月 31 日第 4 期总裁办公会议

大学实习生入职要经过批准

对，这个（大学实习生工资按正式员工标准）是要进行批准的，没有经过我批准的都不作数的。实习生进来了就发全工资的都是不对的，没有这个规定。每一个人转正是都要签字的，走一个人进一个人都是要经过我的，不是说你人事部同意就可以了。如果有人反映的话就是你来负责。这些人入职我都不知道，谁同意入职的？

——2015 年 4 月 4 日第 12 期总裁办公会议

大学生解约情况

应该讲我们今年是不一定有这种情况了。那么今年做了这种事情的话，虽然是相近的专业，如果不是一本的话也踢掉，不要。我的要求就是一本的，这帮人进来了以后就是红岭的基础力量。我不要求你们去了以后把每一所学校最优秀的人带回来，因为你们的能力有限，红岭创投的能力有限。还有就是新来的大学生里面也有一个优胜劣汰的问题，特别是去年来的人，差距非常大，差的就要淘汰。这个东西综合委主席把一下关，去年来的人如果明显不行的话就不要续签了。只要这个人确实是不行了，在力量上跟不上，也不好好干的话就直接拿掉。

——2015 年 5 月 9 日第 15 期总裁办公会议

大学生入职问题：各部门大学生需求要条线领导批准

那不行，各个部门提出需求，他们的条线领导要有个意见，这个环节不能少。并不是说怕人多，就跟现在客服中心多出十几个人，一个月三四万元养着。所以说不是怕多，来了一定要有事干，有他的岗位。一定是需要的，那没有问题。反正这个你下去给各个条线领导看一下。文秘这一块肯定要增加，因为一条线至少要有一个人来跟啊，现在一个人跟两条线是跟不过来的。

——2015 年 5 月 16 日第 16 期总裁办公会议

大学生入职安排：没安排的派驻到分公司，客户经理培训放在第一位

这个没有问题，就安排到各个分公司去。因为我们下面的特标和议标上来了以后，下面的客户经理的培训是需要大量的人的。后面我们互联网金融学院对这些人进行培训的时候要把市场放在第一位，把客户经理的培训内容放在第一位。这样的话，第一步就让这些大学生接触市场。这样的话再多的人我们都不怕，人越多我们后面对项目的管理才有意义。这些没有明确用途和需求的就放到分公司，就是总公司的人在分公司实习，费用和工资算总公司的。

可以。这次搞了这么多人，就是要留有后备。因为可能半年以后这多出来的 62 个人都不够，就像我们第一批的 58 个人，没两个月就不够用了。实际上各个部门都很需要人员，业务量一旦上去以后，可能后面这 62 个人没多久就不够了。以后二级分公司一旦成立，省公司要往下面派人，这些人可

能很快就不够了。以后还可能总公司的一些人还要作为总公司的人派驻到分公司去，这些人才的使用和培养非常重要。

——2015 年 5 月 30 日第 18 期总裁办公会议

4.4.8 员工福利

对员工工作餐的建议

以后节假日的饭也不要钱了，所有的人全不管饭。全部改为自助餐，保证大家都放松，不许浪费就是了。他们要是做不了就承包给外面干。一顿饭 15 块钱，谁搞好给谁干。先搞一个压力测试，就是从下周一开始全部改为自助餐，看看到底花多少钱，看看到底够不够。如果不够，然后缺多少钱跟我们讲，我们再采用招标或者用什么办法把成本降在合理的水平。

——2014 年 9 月 20 日第 42 期总经理办公会议

对关心员工生活的建议

你别看现在这些事情很杂，但是很重要。另外人力资源部要做好思想工作，要做好引导。让他们能客观地看待问题。把办公会的精神转告给他们。大家记住我们都是搞管理的，千万对我们的员工要爱护，你才有资格去批评他，否则你没有资格去批评他，就跟你自己的孩子一样，你打他没关系，为什么呢，你对他是最关心，员工也一样，你批评他两句也没关系，他也不会记恨你，因为你对他很关心。如果你不关心他，别说你批评他，你不管他都没有意见。大家在一个企业里，这种凝聚力，这种团队精神就是从这一点一滴做起，首先从我们领导做起，从我和董事长做起，你们可以看到以后不光是对我们员工，包括对我们在座的高管、这些中层，以后的利益分配上都和他们一样，这样才有温暖的感觉，有家的感觉。

——2014 年 9 月 20 日第 42 期总经理办公会议

4.5 互联网金融学院

4.5.1 对互联网金融学院工作的要求概述

培训的重要性

现在我们要做的事情首先是把这个东西拿出来，有没有？有可能是不完整或者零散的，市场部要把这个搞完整，完整之后就是培训，培训孙院长这边可以提供大力支持。全国40多个分公司那么多人，要让每个人都掌握根本的内容和操作的方式，你这支队伍才能成长起来，这些都是基础工作。你光跟分公司老总讲有什么用啊，你们部门有这个责任，把每一个客户经理培训到这些武器他们都要会使用，而且熟练地使用，他才能去开展业务。如果他自己都不懂，那不就是以其昏昏使人昭昭嘛！反过来讲，市场部的老总你懂多少？如果你还不懂，或者还不完全懂，赶快让自己补充下，补充起来赶快完善，立刻要安排下去进入培训阶段，而且培训的结果要进行验收。你可以进行模拟，快标里面包含哪些内容，如果是充足抵押率的，什么作为充足抵押，这一系列都是作为培训的东西的，这些东西如果你拿不准，可以叫其他相关部门来支持。

——2015年8月8日第27期总裁办公会议

对互联网金融学院定位和看法

从互联网金融学院的建立，培养队伍，最起码基础的金融知识他要懂，基础的互联网知识他要懂，这样一来培养出的队伍，当他们加入这个行业的时候，他就不需要更多的时间去摸索，就快得多。

——张宇总裁在客服培训会上的讲话

关于互联网金融人才培养的看法

这样一个前途，这样一个市场，特别是对于你们这些年轻的孩子来讲，那是具有巨大的空间让你们去施展才能的。我首先讲，这个专业里边还没有专业队伍，我们都不算专业队伍，因为互联网金融的人才到目前为止没有专业培养，我们这个互联网金融学院目前是对内培训的，我跟孙院长讲，未来跟哪个大学能够联合一下，办个系或者是办个班，有国家学位的，我们都可以给你们提供实验基地。这一次我们到了13所大学招生，招生以后，有个大学想跟我们搞个培训基地、实习基地，我们说都可以。因为这个行业是注定要蓬勃发展的。从我们国家的政府、从我们的老百姓、从整个经济的需求各个方面，都已经展示出旺盛的生命力。市场的旺就是买卖多，股票的旺就是因为有买有卖它才旺，如果大家都看跌的话天天跌停板，如果大家都看涨的话天天涨停板，他看着这样好那样好，各种现象出现的时候才丰富。

——2015大学生职业培训暨互联网金融研究所成立典礼

大学生要靠自己不断学习进步

对于内部，我们新来的这些大学生，你们这些孩子，刚才有的同学讲，你们的父母把你们培养了出来，国家把你们培养出来，现在到了我们这个企业，我们非常荣幸，我们需要你们。不光我们需要你们，这个国家也需要你们，它需要你们什么？它需要人，它需要有优秀的人，使这个国家的老百姓生活质量更高，会使你们的未来更加灿烂、更加美好。那么靠谁？靠你们自己，谁都靠不了，就靠你们自己。所有的外部都是你的条件，这个条件看你怎么去调动、怎么去使用，你能够积极地去调动所有的条件，那你就强大，如果你只是一己之力，连资源都不会配置的话，那你最后都做不成事情，所以还是要靠学习。

——2015大学生职业培训暨互联网金融研究所成立典礼

互联网金融学院培训的方法

我为什么把培训看得如此重要呢，因为挑选干部很费时间，自己培养人才更有效。所以要两条腿走路，一条腿是选择，是很重要的，另一条腿更重要，是立足于自身。立足于自身，他所学的都是我所需要的，都有很强的针对性。他们学到的是他们在岗位上所需要的知识。所以我提出了三点，第一要一个专业一个专业的培训，包括市场、风险，本标，特标。第二是一个公司一个公司的培训。让所有的分公司，从最高领导到一般干部都接受培训，这样就有一个标准。从分公司顶层到基层员工，从政策到分配制度，从干部的培养到职业规划，到每个人的成长学习、晋升、提工资，对每个公司都该培训。第三就是一层一层的培训，下午的讲课是分公司最高层，都是筹备组组长，以后还有分公司中层干部培训，也是分专业的。我们常年地培训下去，他们的能力、知识都会不断提高，要让他们有理论研究的能力和实践的能力。重复还是三句话：一个专业一个专业的培训，一个公司一个公司的培训，一个层面一个层面的培训。互联网金融学院，现在也是我们的培训部，具有行政职能了，我就交给你们这个任务，是停不下来的，这是你们的常态。走上正轨了以后你们可以对外招生，你们就可以自己养活自己了。

——2015 年 10 月 31 日第 36 期总裁办公会议

4.5.2 互联网金融学院的意义

红岭创投互联网金融学院的意义

今天下午我把我们的培训中心命名为红岭创投互联网金融学院，为什么？这个名字在中国历史上是有划时代意义的。中国没有互联网金融专业这样的学院，这是第一所。尽管它很小，尽管它的学员只是我们公司的这些人，但是所有的塑造都是开始，这个开始的意义是非常大的。这不仅是为红岭创投，也是为互联网金融这个行业指出了一个方向，打出了一个基础。这样的话，人家再看红岭的管理就是什么管理了，人家看红岭的未来是什么未来了，人家再看红岭的方向是什么方向了。过去的方式就是小作坊，小企业的做法，永远也做不大。

——2014 年 4 月 1 日第 18 期总经理办公会议

红岭创投互联网金融学院的意义

我们搞互联网金融学院的意义是什么？是和国家教育的衔接，是为了国家互联网金融的发展。大家最近看了很多文章,都知道现在我们国家的互联网是最厉害的,那么厉害中哪个企业做得比较好?我们就要争取变成国内 P2P 的优秀企业,那么这就靠我们在座的各位,这个担子对市场部很重。

——2014 年 5 月 6 日第 23 期总经理办公会议

对成立互联网金融学院的看法以及愿景

我们成立互联网金融学院的意义非常重大,我们要从经营思想来考虑学院的长远发展。一则为社会作贡献;二来培养一支力量;三则为公司提供后备力量。日后可以请著名经济学家和 P2P 顶级管理者来学院讲座,争取尽快独立经营,自负盈亏。

——2014 年 7 月 19 日第 34 期总经理办公会议

很多新的思想都是从大学开始的,互联网金融学院任重而道远

从总公司也要考虑,有哪些比较好的项目,每一年每一段时间也会做一些示范的宣传、教学和辅导,包括我们互联网金融学院第二期马上就要开办了,里边讲的一些特殊的案例,培训特殊的人参加,包括我们有些好的经验,比如我们重庆分公司,即将开业的南京分公司啊,包括我们的湖南分公司啊,在业务过程中有好些好的经验也可以给大家介绍,大家来学习,大家来讨论,学院是培养人才的地方,你看一些国家重点的科研项目,往往是从大学开始,包括清华北大人大、中国科技大学,很多新的思想都是从大学开始,那么我们互联网金融学院今后也有一个职能,就是研发新的产品,让外部的内部的好的经验好的做法拿到互联网金融学院来,跟大家来进行传播,跟大家来进行讨论,那些听讲的学生们和老师们一起来进行讨论,因为它本身是新事物,新事物就是需要进行研讨,就是要经过论证然后才能去做,有些基本成熟了可以先行实验,我们可以批准,在哪一个公司先来进行这种业务的实验,在实验过程中我们在规模上标准上提得比较完整一点。一旦试点成功的话,我们就推广开,因为这些产品我们都会有。

——张宇总经理在重庆分公司开业座谈会上的讲话

互联网金融学院、研究所的重要意义

上次我在互联网金融学院一开始培训就讲了这几句话：一个不重视教育的国家是没有前途的国家；一个不重视培训的企业是没有生命力的企业。肯定是这样的。所以讲，在这一点，我们一定要抓住互联网金融学院的这个基础，是我们公司每一个人都能够从中不断地吸收营养，不断地提高我们的智慧，才能使我们这个企业越做越好，少犯点错误。这是我对互联网金融学院，因为刚才讲到互联网金融研究所，这两个都是一条线的东西，知识、研究都属于这方面的东西，希望大家都要重视起来，我们办公会也要重视起来，当我们的老总有哪些地方不足的时候一定要培训、学习，自己培训自己，用我们已有的条件来培训我们每一个员工。告诉他们，让他们的知识不断补充，才能有希望。

——2015 年 3 月 21 日第 10 期总裁办公会议

能力提高的关键在于学习和实践

人们生存要有能力，能力从哪来？学习和实践。要想进步快，能够跟上时代，技能和稀缺性也是靠学习和实践。因为学习和实践让我们每一个员工在生存中能够提高自己的能力，能力提高能够使我们每个人越来越稀缺。要使得我们每个人能够为这个社会发展作出重要贡献，很重要的一点就是学习。红岭创投是新型的企业，是伴随技术的发展而发展起来的。有很多的东西都是我们过去没有遇到过的，我们对过去已有的知识和经验要进行传输、探讨、研究。这过程有一个最重要的形式就是学习，这些是以学院、课程，以随意学的形式走近我们。当然学习还有其他形式，实践也是一种学习方式，而且很重要，学了以后，我要求每个人有门手艺。过去在比较原始的农耕年代、工业革命初期，学油漆工、木工都是手艺，进入现代经济社会，手艺就是一种技能，要有技术含量。技术含量在实践过程中的使用和应用就需要我们掌握大量知识，这些知识点就需要学习。有句话我很认可，一个没有培训、研发的企业是没有前途的企业，一个不重视教育的国家是一个没有前途的国家，所以教育和培训永远是大家应该全力实践、保护的，要把学习看成一个事业，如果做好了，你们的技能就会提高，就能从不懂走向懂，从了解走向实践，从实践变成老师，然后使我们每个人的能力在实践中得到最大提升。同样，也可以使互联网金融企业在经济中的作用越来越重要，也使得红岭创投在同行业中能够越做越优秀。通过我们的工作，使得国家、老百姓们的资源得到最好的配置，获得最好的收益。使我们社会的生产，在我们这类企业的帮助下，能够得到及时的资金，支援生产和国家建设。这都是我个人的认识，不一定对，但是和大家分享，我只希望红岭创投互联网金融学院随意学上线以后，全体员工都能够把这当成自己的事业，去学习、提高、实践，手艺学会了，在这个领域都是有用的，学到手了就是你的。

——张宇总裁在互联网培训平台“随意学”上线仪式上的讲话

“随意学”让学习能够随时、随地、随心、随意

今天红岭创投互联网培训平台“随意学”正式上线了！首先在此感谢各位参加随意学的上线仪式！“随意学”的上线，标志着咱们红岭有了一个全新的、高效的、便捷的学习平台。今天是 9 月 10 日，不仅仅是我们随意学正式上线的日子，同时也是教师节。“师者，所以传道授业解惑也。”如今，依托当代先进的科学技术，我们红岭打造了“随意学”这样一个打破空间、时间限制的学习平台，将老师和学员紧密地连接在一起，让学习能够随时、随地、随心、随意完成。

与传统的组织统一培训不同，“随意学”是非常具有互联网特色的培训平台，网络赋予了我们新的培训形式与方法。同样，不仅仅“随意学”是一个全新的产物，我们红岭本身，就是依托互联网产业的东风，所发展成长起来的新兴产业。互联网金融作为一个新的业态，对我们金融工作的从业人员是一次重大的历史机遇。我们有幸参与了这一历史进程。随着公司的发展及各地分公司的逐步设立，兼具互联网思维与金融专业的人才缺口越来越大，培训成了一项非常紧迫的工作，无论对社会、对国家、对我们企业的发展都起着至关重要的作用，对互联网金融的发展起着基础性的作用。

在这样的背景下，我们身为这个行业的先锋，更加需要在实践中，在前行的道路中，探索并寻求不断适应这个行业变化的生存及发展之道。这就

需要我们每一个员工,都能够保持开放进取的心态,不断吸纳和思索,提升自己的学习能力,扩大自己的知识积累。既要把握好既有的业务知识,也要结合互联网金融以及红岭自身的特色,开拓创新。

"随意学"的便捷性,也决定了这是一个需要学员自主学习、合理安排的学习方式。我希望各个员工能够提高自主性,从自身、从企业,甚至从行业的这种使命感中,去投入学习。这种学习,可以是专门安排一个时段,也可以是利用碎片化时间来进行。我也希望大家能够戒骄戒躁,在点滴累积后,终将能看到质的飞跃。这种坚持和笃行,会让你们在不久的将来,区别于那些虚度光阴的人。

在此,我对各位提三点希望:

第一,不要偷懒。《为学》里有云,"为之,则难者亦易矣;不为,则易者亦难矣"。很多事情,我们拖拉迟疑,常常是败给了惰性和畏难的心理。真正去做了,发现不过如此,而且甘之如饴。你投入多少精力,就学习到多少知识,付出与回报十分公平,勤奋是谋求自身发展的重要助力。

第二,不懂就问。我们公司的队伍十分年轻,很多都是刚刚毕业的大学生,你们有非常良好系统的教育背景。然而在实际工作中,在这样一个全新的行业中,肯定会遇到不懂的问题,不懂并不可耻,能够发现不足并及时弥补这块知识的缺失,只会让你越来越进步,这才是聪明的、对自己负责的解决方式。

第三,错了就改。所有人都会犯错误,一旦发生了错误,不要去掩盖它,而是要学会担当。磊落地承认错误并加以改正,才能够避免我们犯更多的错误来掩盖最初的错。错误是宝贵的经验,要学会从中学习并加以改正,在以后的工作生活中避免再犯,不要白白付出错误的代价,却没有任何收获。

我希望大家怀揣着我刚刚提到的这三点态度,好好地对"随意学"这个悉心打造的平台加以利用,勤学善思。让我们在红岭这个大家庭里,共同学习,一起进步！谢谢大家！

——张宇总裁在互联网培训平台"随意学"上线仪式上的讲话

4.5.3 互联网金融学院的宣传

互联网金融学院的结业典礼的宣传

这是红岭创投互联网金融学院第一期结业典礼。开业典礼并没有做重点宣传,第一是因为当时准备不够充分,第二是我们内部的管理也还在逐步协调,努力构建基础。现在总共五门课用了一个月的时间完成,准备在结业典礼上做一次宣传。搞教育这样的宣传,无论在哪个国家、哪个社会都是有意义的。所以说,准备把这次的结业典礼好好宣传下。这个策划需加上给老师颁发聘书的环节,如“红岭创投互联网金融学院客座教授”等称号,并把聘书弄漂亮些。每一个讲过课的老师都可以给予额外的奖励,并不是对劳动的奖励,而是对老师的宣传,我们尊崇教育,尊重老师。理论上来说,互联网金融就是新的东西,而投入这项教育的老师们,也是投身于新的东西。对红岭创投的发展,对这个社会的发展,对传统金融改革的探讨,都是从这里开始。希望策划更细致,企划部要出力,将记者全部邀请过来,这个宣传将全力以赴。我们自己的设备也全部用上,以后在编辑宣传片的时候,这些镜头都非常重要。必要的时候可以请金融办和市级领导参加,这样就把这件事的宣传作为红岭创投发展中重要的一步。这次参与培训共160人,四个班,有班长也有考试,下来以后的考核更重要。考试完后紧接着四个讲座也是非常重要的。因为工作和成绩状况可能有些人还不能上岗,要进入补考的阶段。董勇现在担任红岭创投互联网金融学院第一任院长,这不仅仅是载入红岭创投发展的历史,更可能是载入互联网金融在中国的历史。

这次典礼所有的部门都以学院为主,都为学院服务。需要调动什么资源,下次办公会全部提出。金融办等领导可由董事长邀请参加。主持人可考虑从公司选择形象气质佳的一男一女进行培养,或从外面请主持人。要以学院的名义刻公章,用于颁发结业证书。然后由肖桂林负责请电视台主持人主持结业典礼。

——2014年5月13日第24期总经理办公会议

关于互联网金融学院对外招收学生的计划

金融学院我们已经成立两年多了，在互联网金融发展过程中是起了一定作用的，我希望各个分公司各条线缠着我们院长了，我就开心了。他是给你做衣服的，让你身体强壮的，他是让你学本领的，一个让你好的人要抓住才对，不是增加负担的。一个企业的进步是员工的进步，不是领导人的进步。当然领导也要进步，这不是重点。重点是员工的进步，员工的进步是需要靠培训和实践的，是需要教育的。如果没有新的知识和理念，他总会在原地踏步，方法总是会比别人少。如果把19个分公司都算个你们，哪个条线不是一大群人。这一大群人根据总公司的安排和计划他们需要补充哪些指导，所以哪天你们如果能排着队去找孙院长，要院长安排几门课。我能听到这个消息时，我就开心了，那我们就是一个真正学习型的企业了。不用操心它的进步了，一定能。还有一个想法，我想把学院公开，在社会上公开。有人会说我们到社会上去培养人才干什么，培养出来不是我们自己的。但从另外一个角度，我们培训和招聘是一回事，只不过我培训把面试过程要讲的东西说得多了，如果社会上大部分人来培训，就是老师在面试，比人力资源的面试来得更多，而且这些人是真的想进步爱学习的，我是这么看。当然，这不是一步到位，我们可以先试点，孙院长，已经有180多门课了，可以开始了。我今年去了12个分公司，在当地开座谈会的时候，当地嗷嗷叫想参加培训，我说行啊，培训完了你就是我的人，是我们的队伍，这样我在外围的队伍，发展兼职客户经理不就是非常简单的事情了吗，每天流量放那就行，我们每天发展业务就是很简单的事情。我觉得现在可以启动了，启动之前我觉得先从试验开始，从某种需求是怎么样的开始，要收钱，不收钱就不值钱了。而且价格不能收得低，院长你定，收的钱可以作为你们的一部分奖金，但是剩余的要作为公司的收入。作为一个新的领域，我觉得我们不亚于清华北大的MBA班，因为我们红岭创投培养出来的人，在这个行业和这个领域是有意义的。同意我们发展的队伍，而这个队伍的质量会不断地放大，不断发展，不断为我们补充后备力量。其实这个在我提出要搞互联网金融学院的时候就想到了，我觉得现在可以试一下了。如果大家有什么不同的看法，我也可以听听大家不同的认识，这就等于我们向社会招聘人员。通过培训的愿意留下的就留下，不愿意留下的就作为我们的兼职客户经理，而且我们还赚了一笔钱。这方面的营销就由院长拿方案，当然在还没得到办公会及董事会批准之前先不要执行，这就是个计划，把计划拿出来。拿出来之后经过办公会批准，再经过董事会批准后实行，院长，好不好？

——2016年5月30日第17期总裁办公会议

关于对互联网金融学院市场化的建议

金融学院是我们企业进步的保障，企业的进步是员工的进步，员工的进步靠的是学习和实践，包括我也算红岭创投的员工，各级员工都需要不断完善和不断更新新的知识。只有大家能力提高了，这个企业才有可能进步。我们金融学院两年多来还是作出很多贡献，培训了一批又一批的人才，在正常的上岗培训、新员工的培训等等培训我们已经有了很多经验，最终我们要把它推上市场的目的我上次已经讲过了，你们在市场化的宗旨上也要把这样的话写上，就是为了红岭创投吸收、培养、发现人才，所以要推向市场。因为不管哪个P2P参加我们的培训后就是我们的员工了，不是专职的也是兼职的，因为发现好的我们就要把他留下来，不好的回到原单位知道我们这边有什么业务，就会自动给我们拉业务。这是一项战略的营销手段，不仅仅是培训手段，千万不要说我们培养了都回到社会，要反过来想，没有哪个学生对自己的母校不热爱的，大家都有感受。如果讲其他P2P来我们这里培训零售业务，他们也能学，不是学不到，我们只是把他们集中培训一下，他们就变成我们的人了，这些人的基础都不差，可能都不比我们这批人基础差，一期就是几十，这样我们的外围就会越来越好，从中如果我们发现好的干部就高价买下，这对我们红岭创投今后发展的人才方面就有了保障。在制定市场化的方案中要把宗旨写进去，这样一来让我们总经理们包括董事长，看到就知道我们的意图，就容易通过点，可能一次还过不了，大家有不同的认识，培训一个收一点钱，这样老师的费用就有了，教材费用、电费等等费用，员工宿舍也要收费，按照培训方法来收费，可能稍微赢利点。这样一来我们可能既培养了队伍又拓展了队伍，又增加内部收入，更重要的是培训市场化的演习。因为接下来所有的都要经过市场化的检验,就说这几点。

——2016 年 6 月 6 日第 18 期总裁办公会议

4.5.4 互联网金融学院的管理

培训问题的管理

工作量的问题还是人力资源部负责的,我要求不多,就是这些人的固定工作量要有三个小时,如果没有这种量的话,我估计就要并岗了。现在你们的架构都搞好了,这个问题就要提上日程了,这是管理上一个很基础的工作,这个工作一定要抓好,如果不够你要增加人。基层员工(无任务)一天的固定工作量至少为 3 小时,而对于工作量不足 3 小时的员工可采用一人多岗的形式,增加其工作量。剩余时间可将培训的时间穿插其中。培训问题人力资源部这边用最快的时间安排好教材及讲师;培训前在 OA 公告栏通知各员工非经济专业的员工必须参加,这也是公司的一种福利,以后我们这种培训不能停,也不是一种形式和课程,这样一来这个公司才能真正地成长起来,公司的成长是队伍的成长,队伍的成长就是靠培训和学习,这样我们的公司才有希望。第三个是通告问题,明确如何让全体员工在 OA 系统上看到各部门的公告。各部门间的不同认识,需要互相理解,不要抱怨,先沟通再签报。如果没有其他问题的话,今天办公会结束。

——2014 年 3 月 25 日第 17 期总经理办公会议

互联网金融学院成立、第一届院长的任命及内部管理

我先宣布一个事情。因为我们红岭创投互联网金融学院的成立,在业内引起了很大的影响。我们是在为民族、为社会、为这个世界做一些有意义的事情。原来我们是安排人力资源部门负责的,但是人力部还有很多的工作要做,包括下一步的员工的管理、晋升提拔、考察等等工作,他们现在的担子很重。所以想对这个工作进行调整,我和董事长商量了以后由董勇担任金融学院的院长,会后人力资源部进行各方面工作的交接,包括培训统计

表、考试统计、出勤统计等等，另一方面要把内部的管理完善起来。我们这次的培训主要针对的是项目经理和风险经理，这些人必须通过这五门课的考核，其他部门的员工是听课的。这个考核好的话，我们可以给奖励。若考试不合格则下岗。所有听课的学员都必须认真听讲，不得在课上开小差。对培训的老师我们也要提出要求，每门课都要有有效的教学计划和测试。每门课至少有 3 个备选老师，这样的话如果不行我们还可以立刻换老师。

同时这么多的学生，我建议把 160 名学生分为 4 个班，每个班 40 人，每个班设有班长、班委会。每个班再分 4 个小组，每个小组设组长。然后作业布置以后才能收上来，最后才能进行考核。到毕业我们在发文凭的时候，在发聘书的时候、在进行优秀员工评级的时候都作为一个重要的依据。人力资源部要把各个考核都要计入员工档案，作为表彰、晋级等的依据。关于讲座，我计划自己准备讲 2 个讲座，再外聘 2 个老师讲讲座。这些内容，刘泽汀你就可以公布一下，这样就为我们红岭带来一些非常好的影响，给我们一些荣誉感。扎扎实实一步一步往前走，我们会取得很好的结果。这是我宣布的第一件事。

——2014 年 4 月 22 日第 21 期总经理办公会议

互联网金融学院管理：课程、老师、班长等

金融学院这边，董勇要对金融学院的课程进行把关，课程要抓好，要研究，一方面授课老师的人员要安排好，另一方面学生班级设置，班长、组长等落实职责，逐步从基层锻炼员工的管理能力。最后还有学院的日常管理，班主任要负责班级的日常，与老师进行对接，要有专门接待的人员。

——2014 年 4 月 29 日第 22 期总经理办公会议

有关互联网金融学院结业典礼的安排

关于这个结业典礼，赠送礼品就可以是公司的移动电源，具体的时间由互联网金融学院确定，确定后再通知各条线的领导。然后我就不讲话了，把这个环节取消。还有主持人可以考虑用我们实习生，不一定需要名主持，只

要形象佳、熟悉主持就可以了。周董的演讲稿的话由董办和总经办共同负责，然后交给张总修改。

总负责人的话我建议是综合管理委员会主任，但由于其工作原因，由综合管理委员会主任确定负责人。但此结业典礼的总责任人为综合管理委员会主任，由其全权负责管理。

为老师颁发聘书的事情我们已经在上次的办公会上明确，未落实好工作需追究责任人。其次，将讲师改为老师。董办和总经办周一的时候把院长的讲话稿准备好，要和周总讲话稿的角度不同。市场部接着汇报。

——2014 年 5 月 17 日第 25 期总经理办公会议

关于互联网金融学院人员问题

互联网金融学院的问题，由孙院长负责召开会议，王总、周总监及董总都参加，做好汇报及交接工作，下周办公会上看计划及方案。如果缺人就先招人，先落实教务处主任及办事人员。随着互联网金融学院业务的做大，需要多少人再增加。

——2014 年 6 月 14 日第 29 期总经理办公会议

对互联网金融学院的要求

每次你们请来一些优秀的老师讲课的时候，应该全程录像。不学习没办法进步，每天都要学习，不学习肯定要落后。只有学习的团队才有可能是进步、实现理想的团队。对于互联网金融学院倾注了我的全部心血。一个能重视未来的企业是一个对社会负责任的企业。各部门应支持、关心、参与互联网金融学院。好，今天我们就讲这么多。

——2014 年 8 月 16 日第 38 期总经理办公会议

对互联网金融学院的要求

包括我们的企划部在编一本杂志，这本杂志要是编好了也是不得了，要比互联网金融这本杂志厉害得多，因为他们是拿人家的文章登，我们是自己的东西,和我们实践中搞出来的东西完全不一样的。所以很多东西一定要记录、要积累,并不一定要分析,但是先积累下来再说,等以后有时间再一点一点整理。同样金融学院这边,老师们的讲课,专家们的讲课都要先记录下来,有时间了再整理。为什么每次办公会我都要求录音,因为这是一种记录和记载,一旦过去再重复,同样的环境很难,而且不可能,所以记录下来,以后回过头来进行分析的时候速度要比别人快很多,而且总结起来的东西也多得多,可操作性也强得多。我对金融学院的期望值很高,对院长的期望值也很高,并不是让你们挣多少钱,而是真的很有意义。

——2014 年 9 月 5 日第 41 期总经理办公会议

金融学院与日常培训的衔接管理思路

那么目前我们互联网金融学院的状况是怎么样呢? 经营状况一般,没有看到有实质性的进展,这个是我的评价。现在因为对我们互联网金融学院的需求还不强烈,现在还有阶段性,大学生一来的话就忙得到死了,班主任、教室、学生怎么安排就很忙了,但是日常一般性培训整个的计划和业务发展的衔接就需要动点脑子了。现在我们孙院长自己也再讲讲课,但是搞管理的自己讲课毕竟还是少数,搞管理的还是应该以管理为主,能够把专业岗位上很重要的人,一些需求,让我们这些新来的学生们,这些小家伙们知识结构缺哪一块,只要有知识欠缺的,就要开这门课,才能保证我们技能、一般的常识和基础要能够掌握。最后一点是互联网金融学院要根据我们公司发展的需要,来制定目标加强管理。

——2015 年 3 月 21 日第 10 期总裁办公会议

4.5.5 互联网金融学院的课程设置、教师的选择和聘请、学员验收

员工培训课程设置

法律意识是每个员工必须具备的素养,可采用开卷考试,让每个员工都

有法律的意识，约束自我行为。组织架构的确立是有意义的，让每件事都能落实到每个人，才能合理地安排资源。可参考同行企业企划部的组织架构；同时，企划部还缺少制作组，应添加。金融学的名称改为《货币银行学》，《货币经济学》及《财务管理》均需删除，增加《会计学原理》；四门必修课是员工必须掌握的经济基础理论，所有非经济类专业的员工均需参加，其他可设为考察课，员工可通过自我学习；当四门必修课完成后，我将负责《项目评估》、《供应链金融》的讲座。教材由讲师筛选重要章节编成我司专用教材，并印上我司的封面，每本教材印500本。各部门的机构设置及工作职责由人力资源部汇总成正式文件。

——2014年3月25日第17期总经理办公会议

力推教育和培训，加强队伍建设

每个人发一本，马上就拿，这里面每个人一本。这个东西以后是我们看家的东西，你们在这方面没有知识储备的话，我建议你们都去听一听。一个月就把这五门课都听下来了，不懂的地方回去再慢慢看，慢慢学。以后有这样的基础的话，下一步的工作就好办了。你不听就永远不懂，自己去看就很费劲。我现在就是在推基础教育和基础培训，力推队伍的建设。

——2014年4月1日第18期总经理办公会议

对培训老师也应测评

那就有一个评估了，第一个是要有一个好的资质证书，这是我们人力资源部来掌握了，但是每一次这个老师在讲课的时候，让学生们进行测评，包括我们的管理人员。如果讲课不行的话就要换人，如果可以的话就留下来。

——2014年4月1日第18期总经理办公会议

培训老师的合同问题，以及培训资料的要求

服务合同，就是我们开始培训以后多长时间不能离开。这个我们的人力资源部注意一下这个东西。这个是合理的，特殊情况除外。关于讲课费

的交税问题就由我们来交就行了。培训资料需要重新校正，把页码加上，把目录加上。你们想办法补救一下。

所有培训资料都需要有 Word 版本，这个星期完成 5 本培训资料的 Word 版本。这个事情的大方向就这么定下来，人力部在做这些东西的时候再细致一点，不知道的就多问一点。这个事情就这么过了。

——2014 年 4 月 1 日第 18 期总经理办公会议

对大学生培训的要求

第三，培训问题。目前的第二期培训已经开始，大学生的培训也要开始了。这批大学生是未来红岭的基础力量。第一批正式到大学里面招来的。这批来要给予重视的安排。他们是我们的未来，从明年开始，每年都要校招。这次的入职典礼，所有的中高层领导要参加。最近市场部存在高密度的离职，要引起我们的重视。不要去伤害任何人。以后还有人要走的话，我会亲自跟人谈话。以后对于员工离职的原因，一定要弄清楚。现在红岭比一般的小贷公司培训的要规范得多。

落实现有的培训、大学生的培训和互联网金融学院自负盈亏的办法。

——2014 年 7 月 5 日第 32 期总经理办公会议

对互联网金融学院课程安排的要求

所有的课程都应该是互联网金融类，只是里面分专业课和基础课，搞互联网金融，不懂经济学怎么搞互联网金融，不懂经济学怎么搞互联网金融。真正到最后的互联网金融的专业课，比如说网贷的专业课、网上支付的专业课，可以进行研究。以后互联网金融学院的教材实际上都是工作经验的总结，你们把老师、专家们的讲课都录下来，这个不要告诉老师，这样在以后的培训中能减少劳动力，而且这些可见也是我们以后进行研究的基础。我想我们的互联网金融学院真能搞出来几门出色的课程的话，对于互联网金融真的是一个很大的推进。

——2014 年 9 月 5 日第 41 期总经理办公会议

互联网金融知识的培训和教育问题

在实践中还有一个问题，就是我们本身的培训和教育，因为这是个新的东西，连现成的教材都没有。我和我们的项旭副总经理、牛冰副总经理、胡宏敏副总经理、陆总几个人在一起聊天就谈到了，现在的互联网金融，金融脱媒，像我们这样一个企业，我们的标准教材到底应该是什么？专业课到底是什么？一开始我给你们定了五门课，那些全是传统金融里面的东西，包括货币银行学、会计学、信贷管理、统计、互联网金融，定这五门课的目的就是让你们知道操作这些东西的基础知识，这些是必须掌握的，你要不掌握这些东西的话以后是没办法干的。通过这段时间的实践，我们要干的是什么——互联网金融企业的风险控制，这是一个课题了。这个风险控制里面，我们从信用风险的控制到流动性风险的控制，到操作性风险的控制，到我们所说的终极风险的控制等等，这些东西，都是我们研究的对象。那么，从模板开始，包括信用评级，包括项目评估就全都进来了。它和传统金融不同的是，它都要公布，而这种公布是大家都可以看到的。融资来源是直接来自于投资人的，而对投资人怎么去公布这些项目的信息，这些都是我们风险控制的起点。有时候接受大家的监督不是坏事，有“挖掘机”是好事，这都是在风险控制当中，互联网企业所特有的一种现象，银行是不可能有的。一个不好的东西，只要一写出来马上就会引起大家的关注了，同时就会影响发标的进度了；同样一个好的东西也会马上影响到你的进度，比如最近几天体验店的进展很好，因为体验店方面，大家的组织管理、数量上都上来了，这就造成我们整个网页上的注册数量也向正面发展了。这就是好现象了，这也是互联企业所特有的现象，他在这个地方登陆的是一个人，但是回去以后他会影响很多人。上次他们研究到的这个网站对用户的黏性是很强的，有很多人一旦进来就不想出去了。这里面有很多的内容和规则可以去慢慢学习，可以当个黄牛，赚点小钱。这都是我们在实践中正在做和需要完善的一些地方。我讲这几门课，一个是从互联网金融企业的风险控制，这里面还可以分解出来很多。这个教材是非常有价值的教材，我们项旭副总经理这边估计就要编一编互联网金融企业计划与资金调度，这个东西都是非常厉害的东西，一样，也从这方面去搞点素材，搞点经验。我们那个资金调拨的头寸日报表,那个东西不是所有 P2P 企业都有的,很多人都不懂这个东西,时间错配、期限错配、资金错配,怎么去进行,包括流动性风险的控制当中怎么去运用现有资金去进行证券化,都是要研究的东西。计划和资金调度、统计这块专业性也是很强。另外一个就是互联网金融企业的会计制度,这也是一个方向,目前市面上也没有,今后互联网企业会计不仅仅是财务核算这一块,更重要的是对客户的开户、转款,包括里面的资金调出、提现等等都是属于会计这个范围的,就是互联网金融企业的会计专业,跟银行的会计专业一样。我们就要研究这些东西了。

——2014 年 12 月 13 日第 53 期总经理办公会议

互联网金融学院的课程设置和师资

应该讲,我们的学院在业内也有一定的影响了,社会上都知道红岭创投有一个互联网金融学院了。我们在回答别人的问题的时候也是讲我们目前还只是内部培训。但是我想的下一步绝对不是内部培训,就是要建立中国的第一所真正的社会互联网金融大学,这都是有可能的。因为市场对这方面的人才是有需求的,一定是有的。学校就是生产人才的,但是生产出来的人才一定能够卖掉,而且是人人都要。当然你生产出来的产品的知识构成是什么样子的,包括基础课、专业课都有。这里面可能会分成各种专业,有互联网金融会计、互联网金融计划和资金调度,互联网的风险控制,互联网金融的平台设计等,可以有若干个课程,而这些课程都是专业课程。他们的基础是建立在原来的专业的基础上,他们的教材还是原来银行的教材。但是这个经济类的教材里面要加上互联网的因素。讲到这个教材,这个老师可能就是从我们红岭创投本身出来的,搞计划的、搞会计的、搞风险控制的,都可以成为我们第一批老师。那么他们的讲义很可能就变成一本教材了。那么我们很多的 P2P 平台都没有想到这个问题,他们整天想的就是怎么生存,想着有一些交易量就很开心了。所以说我们互联网金融学院要想办法把学院的经营做起来。变成一个真正社会的学院,培养出来好的人才就能够回馈社会了。

——2015 年 3 月 21 日第 10 期总裁办公会议

大学生培训的费用、派遣方案、课程设置等问题的解决思路

那就看看平安银行这样的培训的费用有多少，要这样比较一下。做任何事情都要有比较，不能闭着眼睛花钱。合理最重要，有些钱可能就是必须花的。要实事求是，要把这些大学生培训好，包括后面的派遣方案都要制定好，还要征求各个分公司的意见。这个事情既要科学利用时间，还要真正把我们的这些孩子们培训起来。有的课程可能就是这些孩子们听，有的课程就是我们之前来的孩子们也要听，比如我讲课第一批孩子们也要听。听课的人员要增加，像项目评估、供应链金融，这些东西都是在金融系统的人要掌握的课程。因为以后在找项目贷款的时候是离不开这些东西的，我在讲课的时候会穿插一些信贷原则和信贷办法。这一点可能要注意，我们需要听课的人不止这些。再一点就是说你们都定下来没有意见的话，我不会有意见。这是一项对公司来讲非常重要的工作，公司的人才肯定要进行大批的培养。现在我们已经有很多新来的干部在室经理的位置上了，尽管他们还不成熟，但是他们会很快成熟起来，在某种程度上会比过去的老同志好。所以这批人将会解决红岭创投未来十年的干部问题，就从这批人中培养出来，包括我们前面的50多人。这批人成长起来的话，我们以后退休的时候就有人能够接上了。我总想把红岭创投做成百年老店，站起来就是永远站起来了，一旦站起来就要有人来管理，那么就要形成这样的机制。只有把队伍培养好了，市场上也有这种需求的话，这种梦想才有可能。这次给你单独的时间汇报这个问题，就是因为这件事情在我们公司发展的历程中又是具有历史意义的事情，因为没有一个企业搞过这么大规模的培训，动作是非常大的。关于高管培训的费用问题，最后可以不发。

——2015年4月25日第14期总裁办公会议

自己培养核心人才才是关键

我们董事长在去年公开场合讲现在的竞争是人才的竞争，我觉得很有道理，就是人才的竞争，人才的一方面在市场上选，吸引，更大的一方面在培养，是我们自己制造出来的，是我们自己培养的，为什么要招300个大学生，

就是因为我们自己要培养人才，我们有这个培养的能力，这点我们在座的都有丰富的工作经验，特别是在金融业，能够培养出来就跟打仗一样，抗日战争时期跟日本鬼子打仗，是抢人家的三八大盖，抢日本人的武器，你能抢多少？你自己没有兵工厂，靠抢来的武器能打赢人家？人才你在社会上找，你能找几个？你自己没有培养人才的机制的话最后会被人当笑话讲，挖来挖去，花重金这是一个措施，但是更重要的要自己培养。

——2015 年 7 月 25 日第 25 期总裁办公会议

培训的重要性

每个部门都一样，每个老总都一样，包括每个部门副总裁，包括我本人都一样，自己管理的部门感觉跟不上了，第一个是什么，第一个是培训、提高，一个是学习，一个是实践。学习第一个是自学，第二个是培训，当我们工作跟不上的时候，第一个就是短训的方法，或者一周的集中培训，或者以会带训的方法把所有知识赶快告诉他怎么做，这是最快最集中的东西，每一个条线，每一个部门都有，一个客户经理该掌握什么，一个分公司老总该掌握什么，分公司部门老总该掌握什么，分公司一般人员该掌握什么，我们每个分管部门都应该知道，都有了，从五个条线系列的建立管理架构开始就已经策划了到最后项目经理人员是干什么都有吧，这些方法、制度全有，怎么把这些方法制度贯彻到每一个人，贯彻到每一个人就是培训，那么我们进行过多少次培训，培训专业不专业，有效没有效，现在互联网金融学院在里面，是一个专业学院，在我们内部就是专业，专业就是工作，那么怎么把我们这些知识教给这些人，老师现在有这么多课件，我讲了这是天大的事情，培训员工是天大的事情，企业往前走如果不把员工的知识和能力培训上去，你光要求他是做不到的，他不懂，他怎么能做得到呢，那就教他怎么做，你教他他不学那就不行了，那你就要处理他了，教他他都不学他来干啥，学完要学好，学好以后才能够去打仗，才能够去开展业务，他才能有这个能力，这个过程大家都知道了，所以总结一下，该告诉都告诉大家了，这些知识都在那个地方，不管哪个专业，需要掌握哪些知识，都在那个地方，你们都有了，课件什么都有了，人也都有了，光大学生就 300 多，还有这些队伍这么多，那么这些人怎么进步全部掌握在在座的每一个人手上，你管的这个部门，他们是不是掌握了那些知识，是不是能够往前走了，如果不能往前走，赶快培训，这个不是开玩笑的，你培训上了，他就快了。

——2015 年 8 月 1 日第 26 期总裁办公会议

通过培训来加强对知识的敬畏之心

学院的问题，孙院长授课问题，我就讲我们参加办公会的所有人员，如果有点接触的话，都去上上课，因为你们都是老前辈。把你们的长处都讲一讲，对你们也都是一个锻炼，对孩子们的培养也是好处，人家还给你们讲课费，也尊重你们的劳动，而且我们这里讲课费还蛮高的，我是崇尚要给，为什么，这个劳动谁要不服气谁来讲，我们有的同志，好像对拿讲课费有不同认识，这个不同认识可以保留，不行你来，谁不服气谁来。你看别人听不听你的，你讲出来的东西有没有价值，这个是对知识的敬畏，为什么我把老师的定位定得这么高，这是对知识的定位，如果谁轻视这一点的话，自己回去好好学学。我也希望你们都能到学院讲讲课，促进你自己自身的学习，当你教别人的时候，你自己有没有料，你没有料你去讲，你的威信就没了，就这样。大家都能去讲课，你就想一想你的能耐还够不够，这对自己也是一种鞭策，不要懒惰。希望大家重视各个部门的培训，因为这个队伍的进步主要靠培训和实践。

——2015 年 8 月 8 日第 27 期总裁办公会议

对于新入职大学生的培养问题

今年来了 300 名大学生，为什么让他们来，去年来了 56 个现在不够用，今年一下进了 300 名，全国 13 所高校来的，那么大学生刚出学校，多数算是一张白纸，我们这些老同志来带你们，我们来教你们，就是这个东西，就是不要偷懒、就是不懂就问、就是错了就改，我们把专业知识教给你们，那么这些孩子不要时间长，他只要努力，快则半年，慢则一年，他就成长起来了。他可能比从社会上招聘的人员质量要好得多，因为他们每天进一步就是公司每天进一步。你使用起来会感觉踏实，最起码他踏实做事，我们去年来的大学生到现在都已经很优秀了,做得很好,有些已经到了室经理这一级了。当然我们有任务,一个是让这些孩子们进来以后吃住行没有问题,再一个他们的生活不能比同业差,进了红岭创投,你们肯定在同业内是处于前位的,我讲是金融系统。现在我们算是金融系统,因为我们各级的管理人员全是银行的,现在不是银行的基本没有了,因为它是个金融行业,没有在银行从业经验的话,从业习惯都不行。那么这些老师们带着这帮新的学生们,我想在不久将来,红岭创投不要时间长,三年以后,它的整个队伍就非常有战斗力了,而且都是年轻的。那就像在抗日战争、解放战争中,很多18岁、19岁、20岁的军长师长的大把,林彪二十几岁就是军团长,这是战争考验人,当然我们现在不是战争,但在经济上这是一个特殊的历史阶段,当他们从大学里面出来有一定的经济常识以后,我们也可以在较短的时间把他们训练出来,成为这个市场上最重要的一支力量。

——张宇总裁在陕西分公司座谈会上的讲话

4.5.6 互联网金融学院的经营及盈利

互联网金融学院经营面临的问题:招生问题、收费问题、课程设置、讲座问题

首先就是招生的问题,招生的问题可以面向社会。如果我们没有指标的话,就利用大学的指标。我们培养出来的人可以给他推荐到相关地方去,不要觉得他会和我们竞争。我就不怕。我们可以在一起讨论,最后共同来做这些事情。行业内的竞争是有促进的效果的。所以我们培养出来的人是互联网金融学院培养出来的,能够输送到各个岗位去是我们的光荣,能够在这个岗位上为这个国家这个民族作出贡献,都是好事情。当然优秀的人,我们还是可以留下来的,如果人家一定要走,我们也不能勉强。这个就是对社会的招生问题。第二个就是收费的问题,你要和有培训资格的学校和有关公司联合办学,我们就可以一起收费,收费多少就由你们拿方案,包括书本费、杂费等等。第三个就是课程设置,就是根据社会需要,

设计多门必修和选修的课程,这些东西都要思考一下。第四个就是讲座,国内的、国外的、业内的、业外的,而且每一次可以发布公告,给这些来作讲座的讲师们费用从优。当然了,听讲座的人一样要收费。只要你真的是知名的学者或者教授,肯定是有人来听课的。这样就给我们的社会创造出一点尊师重教、知识是值钱的文化的观念。要崇尚文化,要崇尚我们民族一些很优秀的传统,又要传承一些世界上先进的技术,这样才能够使我们的企业越走越大,越走越好。

——2015 年 3 月 21 日第 10 期总裁办公会议

4.5.7 红岭创投培训部

成立红岭创投培训部

关于培训的问题,原来培训是放在人力资源里面的,现在我们有互联网金融学院了,培训工作放在互联网金融学院,不仅是要给学院赋予行政职能,加一块牌子就是“红岭创投培训部”,院长就是培训部总经理,这样就有行政职能了,任务就可以直接下达了。我现在的要求就是培训工作要做到一个一个分公司来,一个专业一个专业来,一个层面一个层面来,从头到尾全部培训一遍。然后跟人力资源部协同起来把人力资源工作真正地抓上去,使队伍真正能去打仗,能去掌握很多技术、业务,包括人品道德。会议结束以后就下一个命令,成立红岭创投培训部,院长担任培训部总经理,一套班子两个牌子,给予行政职能就能够指挥全公司的培训了。人力资源过去的培训功能还有,但是重点放在干部管理、劳动工资、干部调配、干部考核这些了,培训问题上相互还可以协同,但以培训部为主。队伍的培养是不能停的,要一个个公司来,一个个专业来,一层层来,从基层员工到室经理、到部门老总、到分公司老总,一层层彻头彻尾把培训搞好,这样客户经理出去就知道有什么武器,就知道有什么产品,就知道要怎么和客户去谈。筹备过程当中的人也要进行培训,筹备组组长集中二十个培训一次,三天五天,让已开业分公司老总把筹备过程中的经验进行交流,让他们知道筹备过程中方向在哪。

——2015 年 10 月 10 日第 34 期总裁办公会议

员工培训与队伍的成长

我来讲一下,刚才院长的发言是动脑筋做了努力的,而且看到了明显的效果。各个部门工作抓得好与坏都是我们在座的每个部门的老总、每一个老总遇到的最重要的问题,是希望自己员工的队伍,第一员工素质要高一点,员工素质高要从哪里来,第一要有学习的意愿,第二要有学习的能力,第三要检测学习的成果,第四才会有共同的成果,是一步一步来的。如果连学习的能力和愿望都没有的话,飘到哪算哪,提高是天方夜谭。那还要大学、高中、专职学校干什么?学习始终对一个家庭,一个企业,对个人来讲都是生命的主要内容,我希望大家回去做件事,每个部门都会有部门会议,如果连部门会议都没有,那么你要好好想想是有什么问题了。如果开部门会议,那么就在部门会议上把今天我们孙院长的要求和我今天对学习方面的一些看法传达。工作得好在于员工的素质,素质的高与低来源于学习和实践。学习要有学习的能力,要有学习的成果,学习的成果才能转换为工作的成果,当然这个需要过程。徐总刚才讲的重点的学习,也需要一般的学习。这是两条腿走路,一条腿不能偏。怎么样是合理的,各个部门根据各个部门的特长,和所需要所学习的东西,各部门可以跟学院进行沟通,可以写报告要求开什么样的课。使我们每个部门的老总们,你们下面的员工,你们的队伍能够成长起来。

——2016 年 4 月 11 日第 12 期总裁办公会议

4.6 互联网金融研究所

4.6.1 对互联网金融研究所工作的要求概述

互联网金融研究所建立研究智库的要求

现在研究所这边还是处于筹备阶段,还没有正式挂牌,但是这支队伍已经开始动了,动了以后就要和我们国家所有的研究所建立关系,包括经济学界有名的教授、学者，包括全世界的，哪怕是英文版的都可以拿过来。把他们研究互联网金融研究方面的文章拿过来，然后我们做一本不敢讲在中国权威的，至少是顶尖的互联网金融方面的杂志，就让看到书的人能够了解到中国互联网金融在发展过程中所经历的每一个重要的环节。

——2015 年 3 月 21 日第 10 期总裁办公会议

对互联网金融研究所的定位和看法

互联网金融研究所的成立，是对这个行业中出现的很多新的现象进行理论上的研究、归纳、演绎，最后得出一些模型、判断。那么这些判断，就是指导我们下一步如何走、如何发展的基本依据。在这方面一定是先有实践，理论是对实践的总结。只有通过了挫折、错误、危机，才知道这个东西不能这样做，应该那样做。

——张宇总裁在客服培训会上的讲话

研究所印发资产证券化和资产流动性这两个课题的研究报告

另外一个问题是压力测试问题，就是我们现在到底可以承受多大的压力？我们天天怕穿掉。这压力测试里包括哪几个因子？包括未来三年，我们可以撑多长时间？我和项总说我们现在可以保证到 2 月底前不会有问题，那么从现在算起我们有 4 个月的时间，这 4 个月的时间我们怎么用新的措施去制订新的计划，然后我们一点点把新计划实现。因为本身后面就是没有目标的，现在是看不清之后的结果的。包括上次我们会议中提到的垫付以后需要多少新的业务才能弥补垫付，才能使我们的财务状况好转？这些都是有模型的，都可以算出来。根据我们的发展速度，等到什么样的情况下我们能够安全，这都是需要研究的，这也是我成立互联网金融研究所的目的，但他们现在的力量和经验还不足，现在做了两个课题，一个是红岭的净值标，关于资产证券化原始形态的，一个是红岭的本标，关于资产流动性的，就是资产证券化和资产流动性这两个课题，每个报告都写了两三万字，我觉得写得不错，我希望在互联网金融第二期刊物上发出来，但董事长有不同的认识，他觉得内容太细了，不要发，所以我们先不发，但是我们可以把报告整理打印出来，陈岑来了吗？（陈岑：来了。）你把它印成正规的报告版本，发给各个部门，因为这个是对大家有用的，互联网金融研究所研究出来的成果要给大家做一个参考，上面印上“内部资料不准外传”，印几十本，可以分开印，就是一个研究报告设计一个标准的封面，以后不仅是互联网金融研究所的研究报告，连总经办或者其他部门的研究报告出来以后都按照这个序列往下走，这样就可以把大家的劳动成果记载下来，因为研究成果是用了大量的智慧的，不是突发奇想，是有基础的。

我们当中有很多人还不知道资产证券化，所以普及下知识没什么坏处，有些人还不知道流动性包含几个关键要素，这些和我们网站上的净值标、本标有什么关系？从理论上要掌握清楚，弄清楚了你就知道理论先行的重要性了。打大面积战役的时候，理论先行是非常重要的，打小面积战役不要紧，可以随机做。但是这不能随机做，你事先必须有足够的准备，所以这件事我希望总经办以后在理论研究上、在课题上要做好。每个部门都是有课题的，你们把课题，实际上就是你们下一步要做什么，要奔向什么方向，要做这样的思考，我希望中层干部都要思考这个问题，我们要奔向什么方向？在这个方向上我们要做些什么？哪些是今天就可以做的？哪些东西需要再过一段时间才能做？我不点名，但是你们都应该清楚，我在历次会议上都谈过这个问题，我希望你们能够提高认识，因为人与人没有区别，如果有区别，就在于他把自己看成一只笨鸟，他先飞，多做一点，我相信如果大家都能做到这一点，只要一两年，将来互联网金融行业你们个个都是最有影响力的骨干力量。不论你去到哪家网贷公司，你都是优秀的，都能够做好，因为这个行业以后的洗牌会产生什么变化我也不清楚，每个人都要为你所在的行业的职业生涯打好基础，我有时候严肃地批评你们，但实际上内心里我是希望你们赶快成长，之后大家共事一起往前走，力量会更强，能够使企业更好地发展。

——2015 年 10 月 10 日第 34 期总裁办公会议

对P2P新产品及资金拆借中心调研的工作要求

我在要求研究所做一些新产品的调查,我们研究所现在要做两个调研报告。第一个就是对于所有有风投进入的P2P的同业进行一次调查,它们是一些什么产品,为什么风投对它们感兴趣。我们国家的风投希望它的投资能够百分百成功,不像原来风投的意义是十个成功三个就可以了,可以失败七个。我们国家的风投是投资了一个就不能失误,一定要成功。但是只要往前走就有风险,就会出错,如果想保证不出错,什么风险都没有的话不能想象这个企业还能前进。同样,在我们业务发展的过程中是有风险的,但是我们国家的风投机构先帮我们避免一些风险。就是它们的选择方法比我们自己去选择要来得快,它们都已经进去了,进去了看看都是些什么产品,做一个调查表,我们研究所在做这些调查的时候,也要有一些方法。我们有那么多的分公司和筹备组,让每个分公司完成两个就解决问题了,然后收上来,基本上这些问题就解决了。要注意这个方法,还有我们一些部门也可以这么做,把市场上能生存的产品、能够生存的方向找出来。不仅是我们现在经营的这些产品,还有未来一些潜在的产品,包括最近项总也带着大家研发了一些新的产品。肯定还有,我们研究所可以在这个问题上做研究报告。

第二个调查,对全国P2P公司之间已经形成有一种交易中心,或者是资金拆借中心,过渡中心做个调研,浙江已经有了,你们查一查。就是这种组织的组织形式,就像市场一样,大家都是P2P企业,每个P2P在需要流动性支持的时候,拿自己有质量有抵押的资产再从这里拆一部分资金回去,这个里面会有很多的规则。就跟我们过去的资金市场是一样的,就是我们自己互助,为我们自己找一条流动性的通道。因为银行在某种程度上不会支持P2P,一支持会把它们自己打垮。因为这是我们最头疼的东西,我们现在已经想了很多的办法,这条路一定要走开。这个市场我已经看到了,在我和董事长提出这个建议的第三天,我在线上运营部每日舆情的通报里面就提示哪个地方开始做这个业务了,这就意味着这种业务的方向是一样有前途的。试想一下,我们在总公司的资金计划部成立一个资金室,或者成立一个拆借中心。然后让深圳地区的,或者全国的都能参加,我们组织资金,到最后我们不仅为自己解决流动性,也为别人解决这个问题。很多东西都是在实践当中一步一步自己走出来的。这个调查非常重要,市场在进行营销的时候知道什么样的产品这个市场最有需求,然后我们根据我们的市场来制定产品,产品的模型,设计模板,全程的管理,整个这条线全部做出来,那我们市场部内部的机构设置就跟着这条线走,这样做的话就每件事都有人负责了。有可能这么做咱们会失败或者遇到各种问题,没关系,每一件成功的东西都要经过无数次改良。前几天和朋友打麻将赢了,我一整晚上一把大牌都没开,开的全是小牌,这一把牌拿到手上就像我们产品拿到市场上一样,最后成形是什么样的你根本就不知道,下面很多牌你也不知道是什么,你只能在你手中掌握的这些牌中组合出最快的开牌程序,当然你手里要是有大牌就按大牌的模式做,是小牌就按小牌的模式,怎么快就怎么做,我得出这样的体会。因为市场是客观的存在,你必须根据原始材料去做才有可能成功。同样我们的新产品,我们工作的组织也一样,我记得我在安徽时听过安徽师范大学的老师上过一堂课,说的市场调节和计划调节问题,计划调节是根据过去的情况制订出未来的计划,计划制订好以后一次性调节。国家下达计划,包括布票、粮票等等,但市场不是这样的,你还可以进口、出口,这些都没有考虑,就是一个胡同往前走,大家的生活水平不可能提高,一个环节出问题都没有候补的东西。应该要是市场调节,市场调节叫反馈调节,和市场黑箱原理是一样的,进去一只鸡看出来的是鸭还是鹅,进去一个鸡蛋看出来是茶杯还是钢笔,就是不断地进去和出来,逐步摸到规律。有了这种思想和方法以后,我们在工作当中就有支点了,有时候的失败是正常的。我们不知道我们要做到多大的经济规模,不知道什么时候才能达到盈亏平衡,不知道需要多少人,怎么办?往前走,朝最好的方向努力,也许走到最后就失败了,这也不是不存在。有些同志看到不良资产非常着急,唯一正确的办法就是找出原因,尽力去做,不懂就问,错了就改,你想要成功就要用成功的方法。要做对的事情,就要通过调查、实践、试验、灵活的反馈调节。

——2016 年 1 月 11 日第 2 期总裁办公会议

关于研究所对同业的市场调查工作的指导

研究所的工作有几项，一个是杂志，大家都知道的，现在我们是双月刊的。是季刊，一个季度一刊，另一个是发展研究，整个红岭创投课题的调研，第三个是红岭指数，统计，然后整合到网站上。实际上是一个市场化的管理，横向的分析。第四个是开发一个参数的项目，工作还是很多的，以前是综合副总裁再管，现在是我直接管，下一步就是杂志方面需要各个部门配合的，希望各个部门配合下。另外就是刚才提出的信托、典当、租赁的市场价格，利率，全国规模有多少，做一个调查，拿一个市场调查报告出来，因为我们下一步要在这方面着手，私募也要搞一下，作为依据。因为你们是研究部门，要给其他部门作为参考，最少也要有点参考价值，除了我们现在新的市场，就是我们现在互联网金融市场，还有大量的带有互联网 + 的市场，我看信托公司上网的就不多，信托公司在全国的资产有几万亿元，我们的利率要和它们接近了，说不定我们就把它们替代了。方法很多，并不是说要一个个企业放贷款，可能就是一个公司拉上来，一个分公司拉三五个这样的公司，一下子就上来了，替换的过程很简单。银行的投资人至少有四亿人，他们投资到这里，因为这里安全，收入又比那边高，一旦宣传出去，这里的项目端、资产端就要更上，这是非常大的一个市场。所以我们研究所要往前走一点，把它的调查往前做一点，越快越好，不给你们规定时间，尽快完成。给我们下一步红岭创投的发展、转型包括新的支撑，提供一点理论准备。因为我发现安徽华融，利率和我们基本接近，人家做了 70 多个亿，资产质量这么好，我一直在想全盘接过来，就是像这种类型的一个公司都接过来。投资者大把人，只要我们发动起来，我们就是一块一块做，不是一个一个做，像华融资产管理公司这个系统就从这里打开突破口，信托系统，租赁系统，典当系统，都是同一种。金融做到最后资本集中的时候，那就非常快了。现在我们总公司的管理队伍已经形成了，就是在进行些改革和调整，这支队伍的基础在这里，下一步要真正做强做大了，我们已经有了这个基础。刚才我们研究所陈岑同事的汇报，把这个工作抓紧推进一下，好不好。

——2016 年 6 月 20 日第 19 期总裁办公会议

4.6.2 互联网金融研究所成立的意义

成立发展研究所或互联网金融研究所，专攻产品的研发

这个产品设计问题我一直在考虑，产品设计要成立个产品设计部门，一定要有个流程，这个涉及的方面也很多，包括产品的建立，成本的核算，产品的管理等等，这些工作该放在哪个部门，我最后再讲。我们成立一个发展研究所，对内叫发展研究部，对外叫互联网金融研究所，开始筹备，把产品的研发就放在这个部门，这就有专门人抓了，不论哪个部门的产品研发都要通过这个部门。

——2014 年 12 月 20 日第 54 期总经理办公会议

成立互联网金融研究所的意义

最后，我和董事长讨论了，准备成立一个互联网金融研究所，对内就是发展研究部。现在没什么人，就先放在总经办，由陈岑同志负责这块业务，等到有人以后，第一个课题可能就要研究风险定价问题。我已经和她谈过话了，现在是作为筹备，筹备一个阶段以后，从人力，从研究的方向上看，到我们以后产品的研发，制度的研发，包括一些金融理论的研讨和研发，以后都要有。一个企业没有一个发展研究的部门的话是肯定不行的。陈岑同志很年轻，但是在总经办的工作应该还是很认真的，一是适合于搞理论研究，能静下来；再一个，本身是中国石油大学的会计学研究生，目前手上的项目我是满意的，进展也很好。到以后，大家会知道她在干什么，但是现在还不适合对外说。下一步整个的研究，包括产品的研发、制度的研发、方法的研发，她都会参与，希望她到各个部门进行调研和寻求支持的时候，大家能够给予支持。会后下一个文件，就作为筹备组，作为一个金融研究所筹备组，就是红岭创投互联网金融研究所，作为这样一个筹备组，暂挂在总经办，但它是相对独立地工作，需要经费的话就直接审批。这块工作的模型先建立起来，建立起来以后，包括外面有些杂志，有些研讨会需要我们去参加的时候，总要有个部门去对接。最后就作为我和董事长的一个决定，在

这里宣布一下。

——2014 年 12 月 20 日第 54 期总经理办公会议

互联网金融研究所成立的意义

我们现在已经有互联网金融学院，那是对所有员工的培养，我们还要搞互联网金融研究所，对这个新兴行业的很多内容进行研究，研究出来成果以后才能在实践中不断进行探讨。然后再发生问题，我们再进行探讨，再形成成果。这样的话就形成了一个生态，对人员整个的业务以及管理整体形成了一个生态。研究是从调查开始，调查出来问题以后，就有了课题，然后就可以开始研究，研究过后就开始培训，然后就是实践。一点点这个企业就慢慢建立起来了。

——2015 年 3 月 21 日第 10 期总裁办公会议

4.6.3 《互联网金融研究》杂志

互联网金融杂志第一期出版时间、目标以及丰富杂志内容的方法和思路

你的杂志要在 6 月底出来，第一期杂志出来以后还有很多的问题，都要有人来办。这样我们的刊物就是一本全国性的刊物，一开始的试刊阶段就是公司内部传阅。有些方面你们可以找一些国际上比较权威的研究，有些方面也可以转载一些评论，还有一些研究，把这个杂志搞得丰富一点。所以陈岑你可以去一些杂志的编辑部拜访一下，特别是一些金融杂志，研究类杂志的编辑部，去学习一下，把人家基本的运作搞清楚。等到正式挂牌的时候，我们又是一个宣传，到时候我们可以请一些教授来或者是请一些著名的专家来进行交流。这个对于形成红岭创投的品牌形象是有极大好处的。

——2015 年 3 月 21 日第 10 期总裁办公会议

4.6.4 红岭指数

红岭指数的意义和要求

我现在让互联网金融研究所和总经办做红岭指数，这个指数其实就是把民间借贷的利率和网站的利率每天发一个数字。关心这个数字的无非是三类人，一类是投资者，一类是借款者，一类是经营者，包括我们这样的经营者和监管部门，监管部门属于国家经济的经营者，再一个从投资者的角度，关心的是利率高一点、收益高一些、安全一点、期限短一点、流动性好一点。从贷款者的角度，他们希望利率低一点，贷款方便一点，及时一点，快一点，监管部门包括我们经营部门，我们希望稳定一点，做大一点，钱多赚一点，国家是考虑稳定一点，整个经济发展平稳一点，这些主体都有不同的目标。所以我们在收集数据的时候，都要有一些针对性，包括指数里最主要的部分，利率的高低是主要指数。利率的高低里又分为期限，一天的，一周的，一个月的，三个月的，半年的，一年的，每个组里利率有最高的，有最低的，不同的网站不一样，有一个组距，这个组距有时候有组中值，这是从期限上、利率高低上还有风险度上，有担保的，没有担保的，垫付的，不垫付的。从贷款角度来讲，就是贷款一年的，有抵押的，没有抵押的，信用的，担保的，个人的，集体的，都有。从经营者角度，利差，一年期的利差从多少到多少，准确的数字很难说，一般都是区间。这个指数不完整不要紧，红岭指数出来了以后，有一个不断完善的过程，我们研究所把这项工作做好，有一个人天天管就行了，和运营部联系一下，我们每天在网站上有一个小角落，展示一下红岭指数今天是多少，就像我们每天的上海证交所，深圳证交所每天的指数是多少一样，里面有几组数据，大家每天都能看到。孤立的一个数据意义并不是很大，但一个时期以后，就有一个轨迹，这个轨迹一出来，意义就出来了，时间越长，意义越大，利率市场化的反映，不管对谁，对投资者、借款者、管理者都起作用。在利率的筛选问题上，还可以选择面更大一点的，先小后大，先不完整，慢慢到完整，到最后就确定我们利率市场化需要的几个参数，或许到最后变成官方的，或许变成民间的，这都很难说，我们先试试看，不下条条框框，就是红岭创投统计出来的民间利率值,尽快地做出来,我对研究所和小苏也做了一些指导,要尽快地把这个事情完成,然后跟运营部联系,看看安排在哪个位置上,就叫红岭指数,在公布之前,发一篇小文章,介绍一下红岭指数。

——2015 年 11 月 14 日第 38 期总裁办公会议

4.7 稽核监察部

4.7.1 对稽核监察部工作的要求概述

调查时需要注意的事项

这里面少一样东西,任何一样调查都必须有本人的意见,本人的陈述。他同意和不同意都要有本人的意见,参与调查的人如果有本人的意见最好,如果没有的话记录的人也要让本人认可。在取证据的时候,这个很重要。一旦没有这个东西的话,第三者没有把完整的话拿出来的话,就会造成在处理过程中的失误,一旦失误的话就会后患无穷。所以你们处理的意见我不反馈,但是把这些东西补齐了再说。不要再往下讨论了,没有意义。因为没有他本人的东西,也没有被调查人所写的东西,只有你们的东西,而且人家也没有签字,那都没用。这是你们单方面的意愿。特别你们稽核监察部在取得证据的时候一定要是最原始的证据,特别是有的时候录音不是经过他本人的录音是无效的,就像是钓鱼一样引出来的话是不能作为证据的。有关于法律的问题,这是个非常严肃的问题,以后在取证的时候一定要是他本人写的,让他写一个情况过程,如果没有就没有。写完以后你们就去调查,调查以后你们也是写一个过程。你们有了文字的东西才能把事实锁定,否则怎么能锁定这个事实。人家反过来不认的话,又要调查,那样的话处理的事情就太大了。这个事情等你们搞完了以后,肯定是要通报全国的。第二,就是你们后面所做的工作赶快进行,包括签订承诺书。制度我们都有,但是要和每个人签订承诺书。

——2015 年 3 月 7 日第 8 期总裁办公会议

稽核监察部工作：对安徽几个项目提出警示，并对造成影响的公司以提醒和警告

以后稽核监察部要参加办公会。让稽核监察部对安徽提出警示，安徽一号还有九号几个项目，对整个公司的发展和影响巨大，请它们赶快做好应急处理，必要的时候稽核监察部派人现场稽核和监察，把这个搞完整一点，发个文件给安徽分公司，同时抄报其他分公司。这个东西每个省公司都是有责任的，每个人搞了半天，一句话都没有。这个是要责成的，因为现在对联通造成影响，对投资人造成影响，对多大的范围造成影响我都不知道，所以要对我们几个省公司，凡是没有造成影响的，有这类潜在问题的，让它有个警示。已经造成影响的，要给它们一个提醒，甚至是警告，反正稽核监察部拿出办法来，书面通知安徽分公司，并抄送其他省公司，做一个文件，当然最后还是要经过董事长审批。我就把这个事情补充一下。

——2015 年 7 月 4 日第 23 期总裁办公会议

关于稽核各项政策的贯彻落实

那么这个时候政策就要跟上了，我们市场的提成这块有个政策，这块政策要界定政策到位，一定要让我们的市场人员都知道这个政策，所以说我们下次稽核监察部的任务就是稽核一下这些政策到位没有，你每一个分公司都是怎么用的，不要哪个分公司老总想想就把它翻了，结果没有真正地把它用到市场上去。这样整个逻辑大家就清楚了，有武器了、有人了、有市场了，又把这个武器交给这些人了，后面我们就开始考核了，考核好有奖励，考核不好有惩罚，那么任意一项工作都是这样的，要做一件事情，要指导大家去做什么，知道做什么就需要什么条件，这些条件我们都把它记住，最后是激活，激活当中就靠我们自己最后的管理了。我们现在就是在打仗，不是在过小日子，没那个时间。所以一周的工作督办下来里面有很多东西，我今天为什么要说，就是让大家都要熟，每个部门都很重要，都是我们总公司的关键部门，而这些关键部门你们身上担子都很重，你们不是你们自己干，你要指挥全国每一个分公司干活，而这些活怎么能合规、合要求，而且要有质量，控

制住风险，当我们每个节点上都能负起这个责任了，我们这个公司就好了。

——2015 年 8 月 15 日第 28 期总裁办公会议

关于对稽核部工作安排

稽核监察部和各个部门是平级的部门，不管检查什么，一定要尊重这个部门，另外稽核部门如果要其他条线进行稽核的时候，一定要征得条线分管领导的同意，如果条线分管领导不同意的话，不能去进行检查，但它对各分公司的稽核可以进行，因为总行、部门之间的相互稽核是很少的，如果要稽核的话，也是外部部门进来了，如果我们本身来做这些工作的话，可能会乱，如果对其他部门进行稽核，必须经过条线最高领导的同意，不需要经过我，他同意了，你们可以，如果有问题有反映了，需要调查，那可以，另外还要经过部门老总的同意，因为你们不比别人高，明白吧？但是对分公司可以，因为你是总公司的稽核部门，对各分公司的检查是可以进行的。另外稽核部门刚刚成立，对他们的要求不能过高，但是工作要走入正常化，人员如果不够的话可以增加人员，如果需要费用的话可以批一点，都没问题。但是在稽核监察过程中的每个动作都要注意合规合法，因为我们本身是执行规章制度的，是保护法律的部门。如果我们的动作没有做到合规合法的话，那么在检查的过程中就会形成一种不公平了，人家就不会服气了，在底下做的调查一定要经过当事人的签字，不经过当事人的签字我是不看的。

——2015 年 8 月 15 日第 28 期总裁办公会议

稽核部工作需按环节进行

我们国家遇到过很多这种状况，我自己个人也遇到过，有些东西不是那样的。但是有时候我们位置不一样，讲话的方法不一样，往往很多事情，就办得不像原来那样合理，一旦不合理后患很大，每个部门都在负责人，你稽核部负责人没错，但是因为你的身份和地位会决定你是监察部门，那你下去后一般人不会和你过不去的，但是你要更加注重自己，一旦你弄错了，冤枉了哪个同事，后面的后遗症太大了。就像我要求我自己一样，我要求大家做到的我一定先做到,我做不到的我决不要求大家做到,我没有资格。同样我们稽核监察部门也一定要这样,所以调查资料一定要经过当事人的同意,如果有分歧就把分歧也记载下来。这不就好办了吗,分歧你不能不认账,这是你说的话,就算你不说话,不说话也是一种事实,那就写上不说话。最终我们稽核部门在处理这件事之前,一定要把事实了解清楚,因为最后的处理意见不是我们拿,还是要你们拿,要你们拿出什么样的处理意见,这个处理意见要在办公会上经过高层讨论的,然后根据这个意见,如果事实确凿,本人认可,稽核部提出这样的处理意见,领导也同意,那么处理起来就不会有什么意见了,后遗症就小了。中间少了任何一个环节都后患无穷。这个要事实的,要认可的,如果不认可的话,再调查,但是在调查期间为了避免影响他工作,把他挂起来是可以的,事实还没调查清楚,但不能这样继续下去,那就先挂起来,工作由另外的人负责。这才是我们真正要解决问题的方法,并不是说要整谁,也不是说要和谁过不去,但是我们总公司如果没有这样的部门的话,那肯定不行,你稍微大一点的,稽核监察是一定要有的,党委还有纪检,我们这里没有纪检,行政上是稽核监察,党内有一个纪律检查,我们的稽核监察部就相当于党内的纪检部门。

——2015 年 8 月 15 日第 28 期总裁办公会议

公司的管理需要依靠制度和规则

我们这么多同志,在这样一个朝阳行业里,大家都希望能够有发展,都希望我们的公司能发展好,如果我这个领头人把大家带歪的话,我是有重大责任的,我也对不起大家,所以我做很多事情都是非常小心的,一切都要按照制度来,这也是我工作了一辈子最后总结出来的经验。没有制度的话要赶快建立制度,这样我们在一起办事都有一个规则,一旦有规则什么事都好办了,你只要没有违反规则,你就没错,如果你违反了规则,那你就错了,错的话就要按照规则来。如果规则还不是很清楚,那我们就先把规则定下来,如果来不及定规则的话,那就集体讨论来作决定,这是避免我们很多失误的一个非常实操的办法。因为一个人独立的判断总是有限的,一个人独立作决定也是有限的,因为个人的力量是有限的,但是大家都谈一谈看法以后,互补之后,会弥补很多自己没有考虑到的漏洞,这样才能调动大家的积极性,发挥大家的潜力,才能使整个队伍健康地向前走。

比如我们对前面四家分公司的处理。安徽、江苏、云南、重庆这四家公司是我们先期开业的分公司,开始时它们的积极性都很高,它们工作的投入和努力我们大家都是有目共睹的,它们在红岭创投的创办初期是起了一个引导的作用和基础性的作用,它们主观上肯定不想把它们的贷款都变成不良,但为什么形成这些不良?第一从我们的管理层上讲是不是有问题?再一个从它们的风控水平上是不是有问题?还有一个就是从客户的身体状况上是不是有问题?把这些因素客观进行分析,如果说有个人问题,不是严惩不贷,而是依法办事,违法依法办事,违规依规办事,没违法没违规,按照政策办事,这样就有基础,就不会错。

那采取什么办法最好?第一,就地免职清收,我可以把四个老总全部就地免职,就地清收,但这会产生什么样的后果?四个分公司都没有领导了,要准备这四个分公司老总的就任、管理,还要有一个人在清收,造成什么样的状态我不敢设想。第二种方法代职清收,就是不动他,让他加大力量清收,如果他过去有一些判断失误,还有一些个人原因,有可能还有个人侵占,清收就无法进行,好像也不是很好的选择。第三种就是异地清收,就是全部调开,让新的人去清收,这有两点,第一点他有可能没有积极性,没有压力,但是我在做这个动作之前我在法律上已经控制住了,即便他没有积极性,我们的法律人员都已经确过权了,我没有确权之前根本就不敢动他们,确权就可以保证这笔贷款最后肯定会依法办事。在动他们之前,我问过牛总是不是确过权了,是不是有把握了?有了,开始动。把他们移开,如果他们没有个人问题,我们的调查小组下去,我们的稽核部下去,一移开就没有阻力了,了解情况都是清清楚楚的,如果他们还在的话,调查是进行不下去的,调查清楚了,有问题处理问题,有刑事问题按刑事问题处理,有民事问题按照民事问题处理,我讲违法依法办事,违规依规办事,没违法没违规,按照政策办事。

这样你才能在整个业务的发展和公司的发展中客观地去处理一些问题,而决不能轻举妄动,处理这些问题政策性非常强,如果你没有抓住别人的证据的话，要随便说两句话，难以想象会产生什么样的后果，如果他做出极端的事情怎么办？我作为主要领导，可能我考虑的要比其他人要多很多，担心会不会出现什么？我做每一件事情都要对每一个同志负责，在没有拿到确凿证据之前就是不能轻举妄动。工作的失误是一种，有意的犯罪是一种，有意的犯罪抓住一个处理一个，依法办事，自己做的事情自己承担责任。所以说为什么前面四个公司做了这样的调整以后，我们还没有停，我们还在继续地往下走。

稽核监察部的工作还要进一步定下来，现在稽核监察部的工作我们综合的副总裁在抓，实事求是的每一步都要有一个进度。稽核监察部有很多工作，包括不良资产的稽核检查，包括市场方面客户经理提成费用的监察，包括总经理的费用支配的监察，这都是要进行经常性的例行检查，这样才能保证我们公司内部有一个监督体系。要看制度执行过程中是不是有一些遗漏，是不是还没有贯彻到底，是不是还有不知道的方面，如果有，这就是一个宣传的过程，是一个补充的过程，是一个完善的过程，也是一个执行和检查的过程。因为一个公司的管理是通过若干个制度去规范所有行为。如果这些行为脱离了规范的话，特别是重点部分，我们稽核监察部，就是监察脱离这些规范是什么原因，找出原因的话我们怎么去解决，目标绝不是处理人，而是看制度上还有哪些漏洞。如果遇到个别人有意地在破坏制度，或者有一些是属于个人侵占上的问题，那就按照规矩办，依法办事、合规办事就行了。

——2015 年 10 月 31 日第 36 期总裁办公会议

4.7.2 稽核监察部的人员及部门职能

稽核监察人员的配备

招聘不行就再找，再不行就找人先兼任。下周办公会上我要见到这个人的名字，因为底下一旦有人的来信上来，必须进行检查，也要形成这样一个制度。不要搞到偷鸡摸狗的行为还没有人管就麻烦了，是不是啊？

——2014 年 11 月 1 日第 47 期总经理办公会议

对分公司道德风险的稽核监察

我们现在的分公司已经到了第七个了，后面陆陆续续还有很多。前期筹备的分公司当中，包括现在正在筹建的分公司当中多多少少出现了一些风险，这个操作风险的核心里面牵扯到了道德风险。以至于造成我们很多的资产形成了一些问题。现在有投资者在外面专门组织了对我们所有项目进行跟踪和调查，而且这种调查出来的东西直接发给我们的董事长，发出了很多的询问。所以之前董事长在网站里面和群里面发了很严厉的帖子，因为他知道有东西。为此我们前两天开了一个最高层的会议，在一起把一些事情做了一些沟通。那么要把这项工作纳入我们稽核监察部日常的工作中，这也是综合委的事情。如果没有人立刻添人，稽核监察工作要跟上。要制订一个详细的学习、检查、总结、验收计划。像风险管理条线以及其他条线每个人签一个确认书、认知书，这都是教育的一种方式。第一是教育，让他知道很多事情不能这样做，只能怎样做。让他知道以后还要考核验收，然后还要在总做中检查有没有犯这些东西。如果有了，立刻纠正；如果有了还不纠正，又被人举报了，那我们就只能按照规章制度处理了。这要变成稽核监察部的一个正常化的工作，因为这项工作随着我们开业公司的增加，业务量增大，这种事情的密度也会增大。那么这个东西我们有点落后，但工作是做了，还是有点东西的。这方面的工作要加强，不行的话就先独立出来。都可以。

招不到的话就先兼。因为现在马上要处理的几个问题，我私下里和你讲。有几个问题是要马上就开始动了，但是要以教育的形式出现，以教育、学习、检查、验收的形式，以自查、纠错的方式进行，不要以质问的方式进行。大家先看看自己有没有这方面的过失，如果有的话怎么样去该改正。我讲过一句话，"错了不要紧，改了就好"，要给人家改的时间，要给人家改正错误的机会。只要你改，我们大家都帮助你把事情搞好，这是我们最后的目的。绝不是要搞哪个人，那是没有任何意义的。不管是谁，都是这个原则。所以这一块，综合条线在办公会议以后立刻就要动起来了。

——2015 年 3 月 29 日第 11 期总裁办公会议

4.8 工会

4.8.1 工会的工作要求概述及组织框架

工会可以通过组织活动的形式关心一下员工的业余生活

工会的工作大家还是要支持的，我们孙院长是工会主席。他的工会抓一下，对我们整个的公司发展还是有好处的。另外就是我们的茶馆现在在改造，改造以后周六的时候很多我们来的大学生就可以在这里组织一些小的活动。我和王总讲了，在茶馆搞一个小的屏幕，搞一个可以唱歌的卡拉OK，让这些年轻人有一些交往。第二就是工会要做一点和外面单位的联谊活动，我们这里的女孩子比较多，找一些男孩子多一点的单位，可以发一点票，让他们来这里活动一下。也是给我们的茶馆增加一点生气，增加一点生意。以后我们的人来多了以后，人气就旺了，事情也就好办一点了。我们后面要来300个大学生，他们的交友问题，业余时间的生活问题，组织上要对他们有一些关心。关心的方法就是把这块的活动利用起来。时不时里面还可以搞一些小节目。

——2015年3月7日第8期总裁办公会议

工会的意图和管理思维

我再强调一下，我们的工会和国有企业，和体制内的工会是不一样的。因为我们成立工会，最终是要解决员工持股的问题的。我把这个主要的意图告诉大家，所以你们千万不要用体制内的思维来看问题。当时因为没有人分管这个问题，所以我就临时管一下，以后还是综合委主席来负责。

——2015年6月6日第19期总裁办公会议

4.8.2 工会活动

企业文化的培养

其次，就是我们的企业文化，要培养，要以企业为家，要终身为这个企业服务，终身为这个事业服务。把这个企业文化和我们的国家、民族的文化融在一起。要教育我们的每一位员工，要热爱企业，热爱岗位，热爱工作。有什么意见都可以提出来。比如我来的时候就举办了一个"双一活动"——我向领导进一言，我为公司献一计。结果100份文件下发以后就收上来了10份，最后这10分全部获奖。那个时候员工对企业的关注度就是不够，对企业不够关心。那么这次我想工会牵头搞一次，还是双一活动，民主管理、合理化建议。印出来以后就发下去，看看这次测验的结果是怎么样的，看看员工是什么样的要求。收上来以后就交给董事长，好的我们也给予一定的奖励。类似的活动都要慢慢做起来，都交给工会来做。工会也要搞几件事情出来，需要支持的时候这边会支持。

——2015年1月31日第4期总裁办公会议

"双一活动"的工作要落实好，这是民主管理的一种方式，是非常有意义的

我们这个"双一活动"委托工会去做，你们要好好抓好，不仅仅是总公司的，也包括分公司的建议，都要通过这个活动体现出来。体现出来以后，最后是要评奖的。"给领导进一言，给红岭发展献一计"，是要收集大家的意见，让他们参加到民主管理中来，这是民主管理的一种方式，是非常有意义的一件工作。以后我们可以每年举办一次，等于是征求员工的意见，有什么想法都可以谈。提交上来以后，我们专门安排人来评一下，到年终会议的时候，我们可以把这些比较好的合理化建议实施了的进行一些奖励，这些都是可以操作的。

——2015年2月7日第5期总裁办公会议

合理化建议的奖励方法

审批不行,只要是没有被各个部门采纳的就不能给钱,否则的话就没有意义了。我要看看哪个部门采纳了这个建议,如果没有采用的话,这个建议就不值钱。如果是随便提上来的建议的话,那就是一个积极性,这样的话就不能发奖金,可以是奖状的形式。积极性的鼓励不需要用这么重的奖金,可以是一些奖状之类的鼓励。我让你们上会讨论,就是这个意思。我不知道这些合理化的建议哪些部门采用了,如果没有采纳的话,今天就不讨论了,你们回去以后一个一个确定,看看哪些部门采用了,采用了我们就奖励。我们要实事求是处理这个事情。综合委主席以后要把好这个关。

——2015 年 6 月 6 日第 19 期总裁办公会议

4.8.3 股权激励与员工持股计划

董事会决议股权激励机制和员工持股制度

第二个就是今天晚上要开董事会,里面有几个重要的决定要在董事会上进行通过。第一个就是股权激励机制。董事会批准以后,就要实行期权制了,要拿出一部分股份来给我们在座的管理干部和高管们,1 块钱一股,今天晚上开会可能要通过这个议案。第二个就是员工持股制度。所有的红岭创投员工都要持股,当然那个价格可能要高一点。如果你不愿意买也可以,内部可以相互优先购买。如果优先购买还没有买完的话,公司可以自己收购,或者向社会公众和一些比较优秀的投资者开放,这些都已经做完了。我们成立工会的目的,不是在于像国有企业一样,搞一个工会,搞一个工会主席,向哪一级干部一样,我在这做一个最明确的解释:工会就是为了持股,为了公司经营操作某一个事件而成立的。但是它平时又不能没工作,所以大家不要把这个机构看得过分重要,它跟在别的单位性质是不一样的。需要的时候,我们会赋予他们一些责任,赋予他们一些能量和功能。不需要的时候就是一个群众组织,那么下面的员工持股计划和股权激励就要通过工会来完成。它是我们行政管理体系当中的一个环节,否则根本没有必要成立工会。还有人提示我是不是要成立党委,因为我们所有的高管都是党员,我觉得没必要,而且我们也不会成立。当然如果我们做大了,政府要求我们成立了,那就是必要的,不听话就要挨打,那只有成立。我就是解释一下。工会成立的意义我没有说,现在来跟大家讲讲就是为了我们的员工持股计划,为了员工参加管理,管理的形式是什么?就是持股,他们变成了企业真正的主人。在年底的时候,经过他们的努力分红得到了属于自己的那份回报,那他们就会关心它,那么企业的凝聚力就起来了,实施这样的一条操作路线。为上市做准备就是为了让红岭创投走得更扎实,为社会作出贡献,使我们红岭创投每一位员工都能够制定属于自己职业规划的场所,能够为自己的人生制定人生规划的条件,那么无疑对大家的生活、工作和进取都会有正面作用的。这是我讲的第二件事。

——2015 年 1 月 24 日第 3 期总裁办公会议

5 风险管理委员会

5.1 对风险管理委员会的工作要求概述

优化审贷流程、分工合作、重视培训，提高风控水平

我来以后一直没有给你们讲过分配问题，因为现在没办法分。就这点钱，分完了一个人也分不了多少钱。如果我们再把账查清楚，把不良资产算一下，就没什么可以分的。除非是一些短期行为的人，拿到钱就走人了。但是和我在一起这样是不行的，我要做就要坚决做好，不仅做好而且要有未来。没有未来的事情就不要做，要有希望，要有未来，要有梦想，这样才有意义。所以我不理解你们风险经理不够的情况，如果是专业能力跟不上的话我相信。但是你这边核对清单的水平的人没有的话是不可能的，大把的人。核对以后就分给风险经理，不行就补充资料。所以我有时候着急就是你们的方法不对，不是审业务的水平，而是思考的方法问题。这不是在批评你们，而是大家要往前走必须认清我们过去有哪些不足，要迅速地把这些不足纠正过来。这边风险管理最近从我们几笔大项目的审查来看，比过去进步多了。过去可能是没有审过亿级的项目，或者很少，现在一下子就四个了。我们只要到这个量级的话，对一些小项目心里就有底了，实际上就是一样的。只是抵押物的价值不一样，再一个就是市场容量，如果市场容量没有那么大的话，可能大家就不会投资了。这和风险没有关系，风险控制不住的话，再小的贷款也会出问题。风险控制好的话，再大的贷款都不会出问题。任何一个环节都不能出问题，哪怕有问题，我们情愿不放，否则搞不好就出问题了。

金融脱媒 下册 FINANCIAL DISINTRERMEDIATION

——一场经历金融改革的实践与演说

张宇◎著

中国经济出版社
CHINA ECONOMIC PUBLISHING HOUSE
·北京·

当然风险控制的方法有很多,在审查过程中要注意。你们的每一笔贷款我都会看,我看过以后每一个审贷会委员的意见都是独立的。开审贷会的时候,一是不要分散投票,一定问题讨论一下,而且一定要现场表决,不要影响任何人。每个人都独立地思考,我需要的是你们独立的思考,而不是迎合。不能是张宇总经理同意了,所以我也要同意,这样的话这个事情就坏了。因为如果我一错就坏事了,但是谁能不错呢。所以我不参加审贷会就是为了保证这个独立性。通过以后我只要关注一些关键点做到了,我就签了。还有我昨天让你们写的承诺,我希望以后在不是信用贷款里面也写上这种东西,这一点我觉得我们法务部做得很好。完善了一下,看起来就很像样了,这样的话不管是信用贷款还是其他贷款,我们都可以用来起诉,绝对不会出现败诉的情况。上次我们法务部审查下来和我讲有可能败诉,我相信法务部。那么明明知道有可能败诉的话,我们还打官司干什么?那不是白费力?这种现象不是没有,深发展也有,但是很少。那就是办贷款的时候太水了,我们这里不能出现这种问题。风险管理部现在我不担心,从董总的工作态度方面来讲,我还是很认可的。技术上也没有多大的问题,只要你把书本上的内容都搞熟了,就没有解决不了的问题。交给你们的材料要加紧印出来,工作量可能比较大,但是意义非常大。培训的教材也要在一周内搞出来。像这样事务性的事情加班才有意义,动脑筋的事情别加班,那个再加班也没用。事务性的事情加班才能看出来效果,看出来进度。我建议你们加班搞出来,把这五本书都搞出来,然后尽快给企划部做一个封面,然后做做宣传。像这种教育的事情做做是很有意义的,不论对企业,还是对社会、对所有的事情都是良性的东西。我对这个很重视,对制度、对培训、对教育是很重视的。只有把这个基础搞好了,红岭才真的有未来。反正风险管理要抓紧时间,最起码最近是过了一个坎,审了上亿元的大单,也走了流程。通过这个阶段,大家把流程也走完了。后面我还会给大家提供一些东西,后面就是你们自己学习、验收的过程。不要讲书发下去以后就不管了,还要有验收。过一个阶段就要搞一个测试,搞一个座谈会,让大家谈谈体会,真正地把知识消化了,那样才真的有意义。马上我们的互联网金融学院要成立了,周学彬同志你马上就是院长了,你要好好考虑怎么当院长,如果没有经验的话可以向别人学习。这样才能使你每天的生命变得充实一点，工作变得充实一点。这些小事先往边上放一放，等你真的站起来的时候，所有人都会给你赞扬和赞赏。我希望你能肩负起这些东西。

——2014 年 4 月 1 日第 18 期总经理办公会议

对风控部的管理和业务提出要求

风控部才刚起步，后面的工作量会加大。要维护我们的网站，维护我们的发展，要建立营销的意识。比如说刮刮卡，不能走倾销的方式。在短时间内，任何一种商品供过于求时，价格就会上升。目前的风险管理的基础太差，100 满分只能拿到15 分。但工作态度值得表扬，很积极。我讲的是审查五单，不是做五单。你讲的项目评估大概要多长时间完成呢，至少一个月，至少三个人一个月才能完成。你想你一天搞完，那是天方夜谭。我们讲的不是一个内容。我讲的是一线的项目经理将所有的资料准备齐全后交给风险部门审查，一天怎么审不了五单？不就是几个重要数据吗？金额，贷多少，贷与不贷，贷款多少，期限长短，利率高低，担保方式，还款方式，就这些东西。有问题的切下去谈，没问题的就可以过了。但评估报告可不是一天就可以搞成的，所以你的反应是正常的。公司的运转才开始，后面的事情还很多，各部门都要去做一些事情。对于过去的一单一单搞的，东一单西一单的。有些东西不要汇报，各部门应该扮演好自身的角色，作为决策层，要自己进行决断，对结果进行汇报。各个主要的节点上还缺少解决研究方案的能力。

我知道你们的基础，你们的实力还有很多的欠缺。风险管理部最近的任务很多，前期的工作是市场的任务。现在老一批的员工在做什么，目前的人员工作太不均衡。我谈谈对一些项目的看法，昨天我听到一些情况，对于分公司，禁止"这个地方这么小的门贷档案，这个地区是三级城市"之类的言辞，或者"这儿的资金这么少，我们要贷也要贷大一点，怎么能这么少呢"，千万不要说这样的话。有人讲了，下面有人反映给我了。我们现在本来就在发展，这是刚开始。一切工作以是否能控制住风险，以是否能盈利为目的。第一，能控制住风险，第二，能赚钱。再辛苦都要做。那么就要在众多的城市中进行筛选。所以我们要尊重分公司的劳动成果。一再和总公司的每个部门的经理说,一定要为分公司做好服务,客户是上帝,分公司就是我们的上帝,投资者就是我们的上帝,贷款者就是我们的上帝。只有这样去尊重别人,尊重别人的劳动,理性地进行分析,理性地给人一个结果,那么我们红岭创投就真的有希望了。所以说,董总回去要查一查手上的项目,不行了就我来查,当然我来查的话就不是那么简单就能过了。如果说你的部下们让分公司的人不敢说话,回去还一肚子气,那么就要有相应的措施了。你要给出合理的理由,有风险可以不做,但不能因为是三四线的城市之类的原因否决,有的项目很好,符合国家的政策;而且,现在二三线城市的机会是一样的,有的时候二三线城市的机会可能会跟好一点。可能调查比较辛苦一点,辛苦就辛苦一点喽,当然做大的城市可以飞来飞去,还能包吃住,但这样的地方有多少项目呢,也不是说没有,它有个过程。我们现在有多少做多少,只要风险能控制住,这就是我们公司发展的最大本钱。我这样要求可能对你们有点高了,毕竟你们部门下面的人员的素质还没那么高,看不清,看不清就不能担当,就容易乱说话,一乱说话就容易伤害人。不能伤害人,要保护。批评和警告都可以,但不能伤害人。我们50块钱都能投资,那什么不能做。我希望风险管理部落实我的想法,慢慢来,一步一个脚印。我要是说错了,大家可以指正,但是我认为我这样对我们只会有好处。你能说哪里有问题,哪里需要完善,可以让人家完善,不能一开始就拒绝。我们拒绝的原因是条件不齐。要告诉人家条件具备一定做。我最后得出一个经验,我写了这样一句话:这个项目是可行的,但是要满足1、2……如果其中有一条不满足,这个项目将存在大的风险。所有的项目都是可以做的,只是需要满足一定的条件。所有的人都会进步的,只是你要满足一定的条件。你的市场本身没打开肯定不行。这些问题在前面的量化问题中要有所表现。同样我们的贷款也一样,项目和我们的贷款对象和种类一样。“三个办法一个指引”所有信贷人员都要学习。一个是流动资金贷款,固定资产贷款,个人贷款,覆盖了所有的业务。技术含量最高的是项目贷款,其中最重要的是项目评估,把项目评估搞透了,前面就好解决了。我还是讲这句话,我们红岭什么不能克服,只要我们能有机地组合。

——2014年4月29日第22期总经理办公会议

风控档案的保管、借阅和保密

最后还有档案资料保管，由人力部门的档案室负责保管。这样风险管理人员不得随便调阅。信贷档案室应当在档案室内。所有的信贷资料都不得给客户自行浏览，客户只能了解公告所发信息，剩下的都是企业的商业机密。因此，需注意：(1)培养助手的同时多培养手下的人员；(2)不良资产风险化解问题，由独立的资产保全部给出反馈意见。新项目按照新流程走，过去的按照过去的流程处理。不良资产的发现人为计划财务部门。

——2014 年 5 月 24 日第二十六期总经理办公会议

对风控部贷款管理的要求

我们的贷款流程一定要简化，同时明确各环节的责任人。回去专门安排人员跟进损失类资产，找出是否有可追回的贷款。贷后管理一定要专人负责，而且统计也要有专人负责。学院讲师问题，建议讲师费用写随行就市，不要分内外部讲师，分为初级中级高级三档，外加专家，专家待遇和高级相同，价格也定个区间。回去落实利率、学院、项目，包括岗位责任制，一个个都要落实。风险部很大的毛病是执行力的问题，风险部的力量尽快起来，无论是培养、借调还是招聘，靠一个人的力量是不够的。

——2014 年 6 月 7 日第 28 期总经理办公会议

对风险管理委员会和资产保全部的要求

风险管理委员会的工作，一个是设计内部管理程序。从调查一直到贷款清收流程全部规范好。设计完后，每个岗位设置岗位职责，做到定岗定责，质量不行马上培训，建立人员结构，风险控制才能进入良性。另一个，资产保全要开始启动，慢慢将风险管理部、法务部、资产保全部的力量配置均衡，下周上会汇报。对于分公司风险管理部的要求非常严格，如果总公司风险管理部对分公司风险管理部有决定权。

——2014 年 6 月 21 日第 30 期总经理办公会议

对风控部开展工作的要求

第二个问题是风险问题。有了市场,第二步就是风险问题。风控问题,应该说对银行、对企业,对像我们这样的企业是生命线,一旦控制不好,全部覆灭。风险的控制,包括我们人生经历方面,都是先从最坏的想法开始。贷款一旦出问题,先从最坏的方面控制住,再往后推,所以说我们对每笔贷款,如果存在终极风险的话,我们就不放贷款。第二个是流动性风险的问题,如何把每个环节的问题落实,落实就需要有操作流程。所以说风控的核心就是这些东西。风险的控制第一就是是否有抵押、担保、质押。如果是信用的话,其他条件是否能覆盖这些。有效市场和无效市场的辨别就是现金流问题。融资性的现金流通常都不可靠。对任何的项目,对下面风控人员说,千万不要轻易否定一个项目。只要有抵押的项目都能做,没有不能做的,只是对担保物打多少折的问题。感觉如果项目有风险的时候,这种方法是可以控制住的。从理论上是可以讲得通的。我们红岭的风险管理人员较弱,所以说,牛总来了后对所有的风险人员从头到尾再进行筛选,再进行一次考试。测试一下他们到底什么水平,封闭的真实考试。因此,这支队伍一定要建设好。走出去,请进来,日常的培训,定点的培训,还有项目的研讨,都是培养干部,培养风控人员的方法。我们最终的目标是要把这支队伍培养起来,把每个人的能力培养起来,这样他们才能出去打仗,才能担当任务。特别是我们总公司的人员。所以说队伍的基础要搞好。第二点是管理的流程。队伍好了但是没有好的管理流程也不行。有一个程序:各分公司报来的项目要有人专门负责收这些项目,收了项目后先拿资料去核对,核对是否完成,不完成退回。完成后分发给风险经理。当中需要核实就下去核实,出现遗漏就要补充。然后等风险经理把项目调查完毕后,再交给审贷会。审贷会审查完后再走下一个流程。每个环节的人都要负责任,一定要有记录。一旦没了责任,风险就出来了;一旦可以摆脱责任,风险也出来了。哪怕水平不高,但是责任可以落实,都是可以培养的。一是学习,二是落实,三是监督。现在需要成立稽核部门,看放在哪个部门比较好。不仅对个业务的稽核,同时也可以多了解其他客户的来信等。稽查部门是让整件事搞清楚,最起码大家有说话的地方。这个稽核部门怎么安排由综合委主任负责拿方案。部门最多两三个人,或者先让人兼职,这个职能一定要有。过去小,没有就没关系。但是分公司建立了,如果收到什么报告,一定要有人负责检查。所以说风险控制,一个是队伍,一个是流程,还有就是责任追究制度,这些以前都有,如何落实才是重点。风险管理说难不难,按照模板做没什么困难的。灵活也只是抵押物打折上,别人说不能带,我说能带。同时要求风险控制人员个人的约束能力要加强,特别是跟企业往来方面。一旦触犯法律,是法律不客气。在维护公司利益,在维护自己声誉上,都要加强这方面的教育。包括其他部门,在发送业务交往的时候,一定要以公司利益为重。对于过去的问题,先搞清楚,有些是可以原谅的。过去的问题,和董事长一起研究一下,尽可能不要去伤害人,但是一定要明确,过去可能不知道,但是现在知道了,就不能再搞了。其次,贷款还没有收回来的一定要落实贷后管理。以后关于逾期客户,让他们写出书面说明,让他们看下他们的信誉。像珠海宝塔这样,两次出现这种情况,客户经理进驻企业,一直到贷款收回。出账应避免年底、半年底、季度底、月底。在审批的时候,避开这些。这些由风险管理部负责。第二,具体的贷款预留的期限,应搞个百分比。风控第三个问题,是法务问题。三个业务要相对独立,有分有合。从五个委员会出来的问题,如果没有副总的签字,我不会签字。在会议上再宣布一次。

——2014 年 7 月 5 日第 32 期总经理办公会议

对风控部指导分公司的工作以及效率要求

这里面一个是跨分公司的指导原则。市场给出个分成的参照比例,如果有意见的话,协商定就可以了。这里要补充下,分公司报来的项目 24 小时内一定要给回复。这个前提是有个固定的人收项目清单,需要签字和注明接收时间,24 小时内给出回复后,工作就完成了。不行就要退回去,行就交到下一步,环节不会漏掉。从材料提交完整开始,没有提交完整不能算。还需要做哪些事情,包括我们的风险经理进行跟踪。这是很具体、很细致、很敏感的环节。开办业务的速度和质量是很敏感的环节。根据很多人反馈说我们慢,但是慢到哪里,没有分析。我们风险部要把这个问题做个分析。到底是慢在哪里，流程只要准确了，提速就简单了。但是如果原因不明，相互之间推来推去，这样就很麻烦了。一旦明确如果 24 小时内没有回复就是违反制度了，这个很简单。这些都是简单的操作问题，下一步要开始提速了，在此之前，十七个分公司一下派出去，一些分公司就要振作起来了。这样我们的项目就会开始提速了，项目数量也慢慢多起来，因此风险管理部这个通道很快才行。像过去我们有很多不熟悉，岗位设置不清楚，还有过去没有什么经验，形成的一些速度没起来。适应我们过去批量没有上去是可以搞的，今后一旦批量起来，做到 100 亿元没什么事，但是要做到 300 亿元呢？那就可能有问题了。我们的目标假设 100 亿元，但实际上在我内心里肯定不止 100 亿元。一个是技术的通道，别塞。一个是报项目的通道，都要完善。

——2014 年 7 月 19 日第 34 期总经理办公会议

对风险条线的要求

对于计划的做什么，谁去做，什么时间完成很完善，各部门在制订计划时要参考，不同时期有不同的重点。现阶段尽快地培养出一批合格的风险经理，保证所有客户经理的资料在 24 小时内给予回复、给出拒绝的原因。接信贷档案的人员，要有复核制度，实行双人监督、互帮制度，包括我们任何重要岗位要有双人在岗。再一个，建立单向贷款评级制度，只要这笔贷款按照正常的手续返还就在网上发放证书，AAA 级信用证书——是这笔贷款业务的事后评级。之前的可以补发，事先要通知客户。你们企划部、线上运营部需要设计证书的模板，可参照人人贷。

——2014 年 7 月 26 日第 35 期总经理办公会议

对风险条线的要求

目前风险条线有四个一级部门，已基本定位。每个部的主要负责人要尽职尽责，因为现在的管理和过去不一样了，对大家要求会很严格，有工作汇报的，由各委员会主任决定是否上会，并报到总经办，事先拟好议题，以方便安排办公会议安排工作汇报及时间。风控部最近工作进展很快，虽然存在很多小插曲，但是随着时间的推移大家会磨合好。目前的瓶颈在于，风险条线特别是审批部结构性不对称，人数不少，但质量亟待提高，这一点希望金融学院再接再厉，继续安排培训课程以提升审批部人员质量及能力，使得下一步工作做得更好；

大家汇报工作时尽量归纳到最精炼，不要占用过多时间。以后工作思路遵循：本周做了什么，需要怎样的支持与配合，下一步什么计划。关于干部调整，我宣布一个决定：增补风险管理部叶丽娟同志为审贷委员会委员，任命叶丽娟同志为风险管理部副总经理，会后由总经办发文并交由人力资源部，人力根据职级定出薪金，再交给计财部实施；暂时将任命事宜交由总经办执行，日后交由人力资源部办理；明确各部门各岗位各人员固定工作量的管理分配，撤销/合并每日固定工作量在3小时以下的岗位/人员。综合部把人力资源部定岗、定责、三定工作做好，明确各条线需求人数，随着工作量变动来调整人数。我就讲这些，下面接着汇报。

——2014 年 8 月 16 日第 38 期总经理办公会议

对风控条线的要求

现在风险条线的工作压力很大，重点工作还是项目审批。根据牛总讲的，分公司随着筹建速度的加快，各分公司都有一批人员，可以借调到总公司来培训、交叉审查，这样可将熟练人手调用起来，调用期间新入职大学生也可跟着实习（现在大学生已经单独审批了）。另外风险条线或审批线在我们整个人员队伍中占多大比率，我们都尚在摸索中，一半都有可能，只能随着业务的发展再相应调整。一旦 30 个分公司成立起来，每个分公司每周两笔业务，双人制下每笔业务需要两人，需要 120 个人去完成，且周转期只有一周。所以日后审批人员至少要超过 100 人，行政部尽快解决人员办公位置问题，为审批部留出足够的办公位置，日后对 30 个分公司划区管理。

风险条线工作会越来越细，工作量会越来越大，担子会越来越大，办公会这边对风险条线所有的人、财、物需求给予全力支持，包括加班、费用等要给予倾斜，同时对员工要求也要相应提高。审批人员要明确自身责任，对风险保持敬畏。风险产生的要素点太多，需要我们风控人员在专业上、在实践上、在判断上、在运用集体智慧上综合起来,保证风险可控。

目前风险条线做了巨大调整,现又增加特殊资产管理部,针对过去问题专人梳理。审批部戈总对专业负责。牛总负责整个风险条线的管理协调。风险管理是综合部门,审批和零售是专业部门,资产保全是贷后管理加资产处置的部门,都是一级部门,另外还有特殊资产管理部,它只是一个过渡部门,针对过去典型问题集中处理。其他部门需积极配合风险条线的需求,可按需求调回新入职大学生。

关于培训问题,综合各个条线提出,以后培训全部用业余时间,全部排晚上和周末,每周两三晚和周六或周末,从下一期开始执行。

——2014 年 8 月 23 日第 39 期总经理办公会议

对风控委工作的要求

风险管理部要明确贷前、贷中、贷后自己部门要做什么工作,还有针对以前遗留的问题需要做什么工作。从这几个方向去考虑问题,以后还有一些研究方面的工作也要在风险管理部进行,包括流动性风险控制权问题、资产证券化问题等都是你们研究的问题。

——2014 年 9 月 5 日第 41 期总经理办公会议

对风控条线管理的要求

风险条线这一块目前下面已经是 5 个部门了,审批部、风险管理部、零售部、资产保全部、特殊资产管理部这五个一级部门的设置应该讲比较周延了。风险管理通常有三个阶段:贷前、贷中、贷后。这个大家都知道,贷前应该做哪些工作,应该交给哪个部门管,贷中应该交给哪个部门管,贷后应该交给哪个部门管,这样一来就把大家思路理清了,分管风险条线的两个领导回去研究一下。

——2014 年 9 月 20 日第 42 期总经理办公会议

对风控条线各部门工作的要求

我们做一项工作,不仅要发现问题,更重要的是提出解决问题的方案。

如果提不出解决问题的方案，你要提出解决问题的方向，如果这个方向提出来就等于把问题提给办公会了，那就是我来解答。比如人死了，到底死了没有？我们还不知道，落实了吗？查了吗？没查放着就过去了？办事不能这种习惯，这种习惯就麻烦了，发现个问题我一汇报我就不管了，后面你们看吧怎么搞就行，那怎么行。每个部门就是发现问题，然后把问题落实，怎么去处理。比如资产保全这边，已经起诉的有多少？未起诉的有多少？起诉和不起诉之间的有多少？几个重点案件每天的进度情况怎样？包括广州纸业、安徽森海，我每天要知道进度，不要扔在边上不管，每天都要专人跟，必须管到底，哪怕花点钱包给别人，也要管到底，不能悬空。任何一件事情都有具体的责任人在那里，特别是风险管理这一块。广州纸业、安徽森海、南京项目、波特唐案件，这几个项目每次办公会议都要汇报，必须落实到相关人身上，每次都要有进度，如果没有管，时间一错过就完蛋了，搞风险管理就是这样，必须盯死。那么现在我们看到问题多数在资产保全这一块，所以陈总这边要辛苦一点，公司会给予全力配合，律师不够再聘两个都可以，但是每次办公会议我都要听到这些案件进展，如果你们办理得好，就是对公司发展的贡献，并不是说要求彻底地解决，就是科学合理解决就可以了，而不是悬在那个地方，一悬就麻烦了。再没希望也不能悬空，也要有人盯，也要有进度。

另外30个分公司每天报上来的项目很多，有些东西怎样梳理好，怎样把我们的队伍运用好？我们的队伍很差，确实很差，但是你们中是有强人的，像戈总、牛冰副总经理、陆总等，如果你们亲自审的话你看那是什么结果，不行就得亲自上，短期内带不出来那不上怎么办？指挥是培养人，在没有培养起来就得自己上。你们这五六个很强的人，一方面搞管理，另一方面抓项目。如果你们每天一个人看一两个项目的话，我觉得大项目也能周转过来。所以一定要有这种思路，司令员是不上去拼刺刀的，但是关键时刻也得上去拼刺刀，公司发展到了瓶颈的时候，还到处指挥来指挥去，那是不行的。冲锋我先冲，这个我是不会让你们去扛的，但是具体的事情你们是应该能办到的。马上要调那么多大学生回来，现在人基本上应该配得差不多了，不行就招，不行就调，要培养要花钱，什么都给你，没理由搞不好。我就这么感觉，如果搞不好就反思一下是不是方法上有些不对，方法上、态度上等。

你们的付出我都看得到，没有哪个偷懒，都是很勤奋的，就是方法问题。这个方法不对就换一个方法，那个不行我们再换新的，陆总来了我很开心，他有他的方法，他也做了一辈子风险管理了，能够把一些好的方法、先进的方法运用到红岭创投的风险管理过程中，使我们整个风控队伍的建设、制度的建设、操作的实施所有东西都能达到合理科学的程度。实际上核心还是两个，就是控制终极风险、控制流动性风险，就这两点东西，就是你贷款有没有抵押、质押？抵押、质押是不是合法合规？终极风险没有后那流动性风险怎么控制？利息拿什么还？到期以后拿什么还本金？巴塞尔协议那么厚，那里面核心东西就是这两句话，包括现在搞的信用评级，内部评级法早在巴塞尔协议Ⅰ里面就有了，都不是什么新东西，都是操作上面的东西。实际上核心问题就是把终极风险、流动性风险控制住就没事了，其他都是派生出来的问题。

广州事件我们要接受一个教训，它里面有相当一部分是操作风险，有一部分道德风险，还有一部分属于无知的风险。无知的风险也是操作类的，质押的东西它不懂，以为拍个照片回来货物就是你的了？质押的东西有哪些手续制度上全有，看一看不就知道了，结果给人家拿出去重复抵押，闹出天大的笑话。还有我们分公司搞贷款的时候拍胸脯说项目没问题，现在看出问题了都不敢打电话了。那有什么用？还是要解决，逃不了的！我最讨厌推卸责任的人了，有责任就担了，有错了就改。我早讲过，错了不要紧，改了就好，谁能不犯错。出问题了，事实在那，你能推得掉吗？推不了的！什么领导审批过了我们就没责任了？这是什么话？领导叫你怎么去做，你按制度做了吗？你叫公安部门来界定，这是领导的责任还是你们操作的责任，一界定就知道了。

当然无论哪一单，出风险到最后都能找到责任人，一些很明显的责任人我们已经做了调整，再不调整要出大问题的。还有具体的潜在责任人也一样，一个个要落实，但现在不是追究责任的时候。就像油瓶子倒了，我们当务之急不是讨论谁把油瓶子碰倒的，而是赶快把它扶起来，然后再说。我们有的人一倒了就立即推卸责任说不是我碰的，油都全倒完了。银行信贷资产就是这样，一旦倒了要赶快想尽一切办法把它扶起来，然后再讨论谁碰倒的，该负什么责任。如果损失不大批评批评就算了，损失大了就按照合理的方式处理，我们不想跟谁过不去。现在贷款逾期了，这时千万不要想着推卸责任或者追究责任，那没有意义，没用！先想办法解决，因为时间还来得及。以后搞风险也是一样，一旦发现前期的逾期苗头，什么都别说，先控制住，这就是你们的责任，后面再追究责任。这样的态度和方法才是对的，不像有的人为了泄私愤，宁愿让贷款坏账也要证明谁有问题，这种品德在红岭不准出现！这是国家的财产，这是老百姓的财产，我们不能让他们受损失，把财产拿回来以后，后面再说谁的责任那都不要紧。因为在我的经历中出现过这种现象。为了把某人搞倒，硬是让一笔可以收回的贷款坏账。

我们做风险管理的职业道德就是控制风险、救风险，出问题要立刻把问题解决，其他问题都好说。现在我们的风控人员在金融界也算大佬，无论是理论上还是实践上，现在就是对红岭所有贷款的管理态度上要端正，方法要对。红岭的体系要我们去建立，而不是原来在银行是国家在建，由人行和银监会在管控风险。我们是没人管，全靠我们自己管，就按照银行的方法管，比没有依靠、轨迹和思路好。当然P2P行业以后的风险还有哪些新的特点也是我们要研究的东西。有些特别是进入保全环节的资产，我每周都要听汇报，尤其是广州这种大单需要我们做什么一定要及时汇报，一直要盯到我们的钱回来或者他们破产。因为我们这种企业经不起这种事。

今天我讲的多了点，随着我们公司越来越大，这条线越来越重要，因为我们现在做得比银行还大，而我们的风控措施有很多东西还不成熟，我们的队伍很多地方还不完善，制度都有，但是执行能力有待加强，人员素质还没有跟上，制度与制度之间的衔接管理还没有周延。这些都是我们在下一步的工作中要加强的，现在我们风险控制两个高级领导，我都是百分百信任的，他们的专业、品质、能力都没有问题，就是怎样找出一条适合红岭创投这样企业的风险管理体系，过去哪些经验可以用，哪些经验不能用，还有一些新的东西我们怎样去发展，我对风控部门就讲这些，要落实要可操作。

——2014年9月20日第42期总经理办公会议

解决市场风险和信用风险的思路和方法

成立资产管理公司，我一直是同意的，但是我从理论上把根本问题告诉你们，实际上从巴塞尔协议Ⅲ里面主要控制两个风险：市场风险和信用风险。

市场风险就是价格、利率，就是房子能不能卖得掉，整个货币出现波动了，利率出现波动了，房价出现波动了，房子卖不掉了，这是市场风险。信用风险就是违约率，企业贷了款以后能不能按期归还我，这就是信用。巴塞尔协议中最核心的研究对象就是这两个，用资本充足率的办法，用内部评级法的办法，用五级分类的办法，最后把风险逐步控制住，实际上市场风险我们是控制不了的，它是根据经济周期来的，一旦出现的时候国家都可能崩盘，我们只能说出现市场风险时选择一个有利位置，比别人跑得快，或者比别人损失小，逃掉是不可能的。但是信用风险是可以控制的，对它的审查、对它的资产质量分析、对它的评级等这些东西，根据它的过去的违约率推算它的违约概率，给它一个评级，再决定是否给它贷款。那么贷款的银行资本充足率多少，能覆盖多少风险，这一套就是这个东西。现在我们互联网金融企业怎么控制风险，这个十几倍的测算是根据巨大的样本抽出来的规律，这就是为什么核心资本充足率定为7.5%、8%。

——2014年11月1日第47期总经理办公会议

风控要做好新系统或新的特定项目上线的准备，这意味着红岭创投整个的金融脱媒实践开始启动

下一步就是说我们风控条线要做好一切准备，准备新系统的上线，就是我们的新的特定项目的上线。特定项目上线了，我们才真正地解放了，我们各个分公司解放了，我们市场部也解放了，市场部下面各分公司的业务人员也解放了。因为它的风险低多了，而且项目都是很大的，可能几千亿元的项目就上来了。那个时候就全部都由电脑来运算了，人工来做是做不来的。那么授信下去以后，页面上的标可能一下子就是几十个标，每一种类型每天

都有二三十个标挂着,然后我们下面体验店的工作就要上去了,我们全国的体验店就要全部铺开,开始大量发展投资者。这就是整个红岭创投的金融脱媒实践开始启动,我这样一讲,大家就懂我们现在在做什么了。实际上,我们就是在做金融脱媒,也不完全是互联网银行,因为银行有银行的特点,我们仅仅做的是金融脱媒,就是投融资双方直接见面。风险部要把这个作为重点工作。

——2014 年 12 月 13 日第 53 期总经理办公会议

风险控制的难点与未来的解决思路

第二块,就是风险控制这块,我们牛总到我们公司正式工作也就两个月。也不容易,各种各样的风险,各种各样的情况,各种各样的模板,包括你们提出的很多东西都很有道理。我听了你们讲得都很好,我们也想更加简洁,更加有效,客户用起来更快,而且上下沟通起来更加方便。牛总比我更着急,他现在也是每天晚上只睡三个小时,业务又怕上不去,又怕出风险。队伍又跟不上,还要培养人。我不是在诉苦,我跟你们讲的都是实事求是的话,这就需要我们大家一条心,相互理解、相互谅解、相互支持。你相信我们,我们总公司所有的人,包括我在内,都是为大家服务的。你们提出的所有要求,只要我能做到,我会全力以赴,我一定是这样的,包括我们风控部牛总也是这样的。风控上面实际上我已经把它简化到不能再简化了,就是一个终极风险,一个流动性风险。终极风险就是抵押问题,流动性风险就是能够按期支付利息,按期还本,就这两个问题。只要能控制住,这是最高原则,其他都不重要。这两个一个都不能放弃,放弃了一个就要出问题,就要出大问题。就不是一般的问题。有的企业破产不是终极风险,而是出现了资金链断裂,资金链断裂就是流动性风险。有的企业产生终极风险,那是另外一码事。还有我们 1% 的风险准备金和基本的风险备付金,和我们每年的利润加起来去控制,我们这个风控水平控制在 1% 左右的绝对风险,也就是终极风险,它出现的话,我们覆盖它是没有问题的,我们担心的就是流动性风险。流动性风险通常影响是比较大的。随着我们整个业务的发展,刚才在投资发布会上我讲了我的观点,理论上的一些认识和方法就是解决这个问题的,这个问题一旦解决，需要量。我们严格按天数算，是截止到本月的 17 号，接上以后，我们流动性风险控制这种轨迹就拉通了。一拉通再往上就不会有可怕的事情发生了。再挺七天，而且我问了一下项总能不能挺得住？没问题！那么在此期间也希望大家能够帮助我们一起把这七天挺过去，这是出现的一些障碍和挫折，在这七天内大家都忍受一下。当然有的人，多数同志都感觉不到，肯定 98% 都感觉不到，少数能感觉到，没有问题，也就挺一下而已。最多挺个一两天两三天，这不会有很大的问题，做个解释就行了，这是我讲风控这一块。下一步，我相信牛总他们会把今天大家提到的意见全部做个归纳，归纳了以后经常搞个交流。我们现在搞了一个内部刊物，周刊现在的内容还不是很充实，就通过这次会议以后我希望我们每个分公司要有一个通讯员，把分公司的发展、包括筹备组的发展的情况，做一个沟通，大家做一个交流。我们在上面公布出来，哪怕是一句话，一句话新闻都可以。然后每一周发给我们各个分公司的筹备组和分公司，大家看看我们整个红岭公司在发展过程当中的一些轨迹和可以启发的一些东西。我们周报现在已经出到第二期了，原来是我们总经办在搞，现在把它交给企划部了，企划部我们肖总今天也来了，周报以后再发展也可能会变成一个刊物，到最后，可能会变成一个对外发行的刊物。慢慢来，就跟我们互联网金融学院一样，一开始我们是在内部培训，下一步可能就对外招生，最后可以跟大学来一起合办这都有可能。这一步一步往下走。这是讲到风险控制这一块。

——南京分公司开业总经理座谈会

风险管理的细化工作要加强

风险管理始终是非常重要的一个工作，刚刚听了一下，牛总的意见我是同意的，日常的、一般性的管理现在已经上了这个台阶，就像信贷工厂一样，每天生产出多少产品来。但是一般管理的细化工作还是要加强，包括每个人的劳动生产率多高，每个人每天的贷款量是多大，这都是劳动生产率的问题，怎样进行有效的组合能够使劳动生产率尽量提高。

——2015 年 2 月 7 日第 5 期总裁办公会议

贷款出现问题时该如何应对

这个风控始终是生命线。这个风险始终是生命线。我对这个工作,多少年来下来是很敬畏的。因为你不知道哪里一个你没想到的问题就出来了,随时都有可能出现意外。但是也不要太怕它们。我们只要有办法能解决它,那就不怕。那么在我们以往的经历当中,说这个贷款解决不了的,好像在我的经历当中,还没有过,都能解决,都是时间问题或者说这个老板他不干了,那没办法。只要老板还愿意干,我都有办法救他。他只要不塌下去,他要是塌下去说我不想干了,那就没办法了。那就只能让他倾家荡产全部把他铲光。他只要有一点积极性,愿意配合,我们都可以帮他想办法,把他救回来。我们做法跟一般的小贷公司不一样,大银行的做法就是大银行的做法,说救你就救过来。为什么急着把平台做大,就是为了后面有充裕的资金再去救前面这批企业,是这种做法。

——2015 年 3 月 1 日第 7 期总裁办公会议

每笔贷款的责任人要界定清楚

信心要有,但是对每笔贷款的风险控制要严格,所有程序要清楚,更重要的是所有职责要清楚。是哪个的职责,是哪个的责任要清楚,不要搞得这个事情最后没人负责,这就麻烦了。包括我刚刚讲的首问负责制的问题。哪个客户经理承接了这笔贷款,从他的审查、审批、发放、贷后管理、回收、不良资产处置,所有这个人都要从头到尾跟到底的。这个人就非常重要。我在佛山当行长的时候我是考察到每一个信贷人员身上有多少笔贷款,什么时候到期我都知道。把他名字打出来他头上有几笔贷款我就知道了,他头上这几笔贷款什么时候到期我就知道了,什么样的形态我就知道了。我们总公司也应该知道吧?现在我们总共多少笔贷款?

——2015 年 3 月 1 日第 7 期总裁办公会议

客户经理与借款企业打交道时手莫长,要加强对客户经理这方面教育

六十几笔平均一笔一个人也就六十几个人嘛,如果两笔的话那就是三十几个人嘛,你把这些人盯住就行了。盯住这些人你就知道这些人怎么样,我会给他提供什么样的武器,让他们贷前调查、贷后管理做得更好。这也是一个策略。同时警告我们每一个员工,特别是客户经理们,千万不要跟企业拉拉扯扯。你喝杯水、吃顿饭都没什么东西,但是如果他故意用这种方法来引诱的时候,这个要拒绝,不要跟他谈。符合条件给他贷款,不符合条件也没用。他一开始就在害你了,还谈什么。这个真的非常重要,尤其是正在贷款的企业。如果利息本金还完以后,他们就是送你一座金山我都不会管。有本事你们就去私下勾兑我都不管。但是欠钱的时候根本就是不行,什么边都别沾。沾了就很难办,甩都甩不掉。我们所接受的教训多少,一辈子都在接受这个。我们的客户经理一定要明白这一点。这次我听说我们深圳分公司这个事情,马上徐总,要专门派调查组,把这个事情妥善处理。认错、书面检查给个机会,也别说不给人家机会。如果不检查没有书面东西那你看怎么办。是辞职还是我们辞退或开除,如果我们抓住了事实我们就移交司法部门。只要被逮到事实这是绝对被判的,跑不了了。这么多年我们还不知道嘛。以为这个钱好拿,以为这个利益好沾,可不是开玩笑的。不要把自己看成民营企业好像无所谓,过去我们周总心肠比较好,往往自己去把它垫了。以后上市以后谁也垫不了。出了问题是有公诉的,不是个人对个人,是国家对你的起诉。愿意在牢里待十几年别人也拉不住你。对我们的风险口、我们的客户经理要加强教育。要告诉他们,不然他们不知道害怕。贪过以后他们就知道害怕了。我在当行长的时候遇到过好多起,出了事情以后进我办公室的门都是连老婆一起跪进来的。遇到不止一起,那时候知道害怕了。有的人救下来,有的人救不下来,它形成事实了,没办法。所以说我们特别是风险条线的,我们下面的客户经理跟企业打交道的,千万千万在这一点上要把握住。他们都是年轻人,像我们的孩子一样,别让他走歪了路。没有经历过他们不知道,过去我们红岭创投前期的一批员工,他们真的不知

道。他们以为私下收别人一个点很开心,一出事一辈子就彻底完蛋了。可能会侥幸有一两笔没什么事,这不能证明以后你还没事,只要收了这个钱,一辈子的隐患都在。他们不知道,他们以为就没事了。不是这样,很多事情出现往往不是在当时的,往往不知道什么时候忽然一下爆发出来。要想人不知,除非己莫为。你没做这个事情什么事都不会有,你做了这个事情,总有人会知道,总有要爆发的一天。所以好像一些过去深圳的员工离开了,我也看到过他们微信群里面的一些对话,那个简直不是在金融部门工作的人说的话。我非常之害怕,这种人就算流落到其他部门,这些人以后肯定还会犯错误,而且最后可能都是栽在这上面,哪一天栽我不知道,必定栽。那个侥幸的心理是千万不能有的。过去很多员工都是这个心态,很可怕的心态,非常可怕。我们这些老大哥老前辈真是语重心长跟你们说,真是不能在这上面栽了,栽了真是对不起你们的父母、对不起你们的家人、对不起你们的孩子。那时候我们真是救也救不了你。你真是缺钱的话写个报告申请补助我都能批给你,我个人借给你也没事儿,这都不要紧,千万别跟贷款企业玩来玩去。不要以为你手上有了权,别人来求你了你就不得了了。千万别这么去想。权力对应的是责任。如果没有看到责任,那么不叫权力,在某种程度上,就是犯罪。这些犯罪有些是法律能制裁的,有些是上帝才能制裁的。我们应该看到权力对应的责任,要负起这个责任。风险口除了正常业务管理之外,对我们所有的员工在这方面的教育管理要切记在心。不能让我们红岭创投的客户经理们今后在这个方面出现闪失。我就补充这么多。

——2015 年 3 月 1 日第 7 期总裁办公会议

提高风控条线人员素质的方法:把控最终风险,查看财报能力,研究能力

等你们风险条线讲完了之后,我再讲一下。风险条线其他部门有没有需要汇报的?如果风险条线五个部门都没有需要汇报的,那我就来讲一讲。

P2P 网站,包括我们红岭创投,包括银行,所有的借贷企业的核心都是风险控制。风险条线就是干这个事情的,风险控制的过程中,我们风险条线上

的每个人,他的基础都是需要不断完善和提高的,我这是客气地讲。因为我们有些同志可能基本的素质都不具备,这基本的素质和基本的经验还是要有的,在没有的时候,对他们要进行培训,要让他们了解,而且他们了解了以后是要经过测试的,而且测试之后要经过实习才能上岗。因为风险管理岗位的技术含量对于金融系统来讲是一个非常高的部门,那么我们风险条线所有人员这方面的素质是否达到了?如果没有达到,这方面是否需要提高?从过去红岭创投风险条线人员的素质,可以说是不专业的,我们这样讲可能比较客气一点。那么从我来了以后,我们把它逐步走向专业化,但是前期,之前留下来的人和后来的人之间的磨合、接触、融通有一个过程,也有一个差别,就造成了公司在真正转型的初期还有很多地方做得不足,现在已经逐步显现出来了。显现在我们初期成立的分公司里面的资产质量,包括欠息、逾期。你现在回过头去指责、批评谁,都没有意义,有意义的是我们现在该怎么办?我们怎么解决这个问题。解决问题靠谁?靠我们在座的各位。而我们五个部门里面,主要负责人只来了一个,赵长华如果也算的话,也就两个,其他人都没来,都请假了。一周就这么一次会,我觉得这有点不太正常,感觉这个会议就不重要。哪天我把他们叫来问几个问题,看他能不能答得出来。风险条线实际上从制度上、教育上、管理上是要培养出一支能够控制好风险的团队,这对每一个人的要求都是很高的,特别是对我们这些管理部门。因为你们所管理的对象是 11 个分公司,马上就会有 30 多个分公司,它们所有人员的素质,所有的规章制度,所有的行为,都是靠你们去指挥,靠你们五个部门,你们自己无法指挥自己。有的会议,要参加,他要请假,我都不知道你们到底有什么多大的事情,能那么坦然,我都睡不着觉。知道红岭创投现在危机有多高吗?高风险管理的人如果没有这种感觉的话那就很糟糕了。因为这项工作本身就是一个三无状态:无门槛,谁都能进来;无监管,谁都不管;无规则,没有任何规则。三无行业。那么它就是非常难干,出了事就抓起来,就是非法集资。他把钱贷给人家,没收回来,没钱还,流动性风险就出现了。这也未必是终极风险,怎么管好这流动性风险?怎么管好终极风险,这里面学问大也大,学问不大也不大,有的人一点都不懂。分公司想早点开业,那么早有一些数据上要求可能就不是很严格,我们有很多同志工作也没什么经验。我们想很简单，就两条：第一条你把终极风险给我控制住，终极风险控制就是控制抵押物，这个抵押物和我贷款额度之间，那个打折的比例，是足以要在他违约的时候，我们能够把他的资产拿过来，马上就卖掉，立刻就收回本息。那么除了操作上的，手续是否完整之外，更重要的就是价格认定，那么我们审批部这一点你该清楚吧？如果价格认定你都认定错了的话，你觉得这该不该打屁股？价格认定也很简单，他说这土地300万元一亩，问一下不就知道了嘛！看一下不就知道了嘛！它在土地交易所，这个地方土地一亩多少钱？一看不就知道了？房屋多少钱一平，一问不就知道了？在建工程，他投了多少，一看不就知道了？都可以算出来的，一算出来，你不要讲还给他打两折，我们不要打两折，你要是全部是成交价的话，打个五折肯定没问题。你听他乱说一气，他明明只值100万元，他讲1000万元，你给他打两折，还给他200万元，实际上他只值100万元。这就为后面出现流动性风险，留下了巨大的安全隐患。现在有些项目已经出现这个情况了，一开始讲2折、3折，没问题的，现在出现问题了，以物抵债，一算，没这么多钱，如果把利息、费用一加的话，能打平就不错了。那么我们一开始在打折的时候就出现问题了，这个很简单吧？没什么难的。终极风险一旦控制住了，评估价格一旦落实了，到时候一打折，我们就不会吃亏。从终极风险，到流动性风险，到操作风险，到法律风险，就是这么几个风险。法律风险又称之为连带风险，就是不是这个项目本身的风险，是由于他过去的违约，过去和人家的交易纠纷，形成了官司之后，分理这个资产。它是一个连带东西。如果你把这四条卡死，你还怕什么东西？肯定不会有问题的，不复杂。

对于我们风险管理人员的审查判断，包括市场管理人员，第一件事就是看他的财务报表。看财务报表的目的就是看这个企业的规模有多大，那么我们还有没有看不懂财务报表的？还有没有假报表看不出来的？有没有？如果有，就是你们失职。这么长时间，还都是大学生，都是学财务专业的，数学也不错，会计、统计也都学过，连基本的财务报表都看不懂，你还能在这个行业里干什么东西啊。那不懂的人只要是大学毕业的，也就3～6个月就学会了，现在来了这么长时间，还有财务报表看不懂的。你们风险管理条线，第一就是看懂这个财务报表，看懂财务报表一定要能辨别真假，这个是最起码的。然后你才知道这个企业规模有多大，盈利是什么样的，然后你可以判定这个钱能不能给它，干什么，给多少。最后才是账实时是不是相符，我讲我有这么多钱，你去银行账户看看有没有这么多钱，我讲我有这么多房子，你去看看有没有这么多房子，一一去对照，然后跟我要钱的时候，我要知道你要去干什么，然后你给我的担保条件是什么，然后你再一个一个去实际检查。就这么点事儿，你把所有的事情都排除开就这么几件事情：第一，把报表看懂，看懂企业的规模和经营状况如何；第二，企业拿这个钱去干什么用，是否合法？第三，你借这个钱，拿什么作为抵偿？到时候还不上的时候，拿什么来抵给我；第四，还款来源是哪里？第五，到期，你是否有还款能力。这个能力是用融资性现金流来还，还是由销售现金流来还。这几个判断，你只要有就行了嘛！你只要把这些扣死，就不会出问题，你疏忽了一个环节都会有问题。至于什么哪个介绍的项目，什么领导打招呼的项目，统统别认，亲爹都不行。所以风险条线人员的素质，是不是合格？是不是要提高？如果要提高，就要赶快提高。

另外就是你们的研究功能，你们头脑的分析、研发功能。你们要是和银行比，那就是差十万八千里，那也不奇怪，现在处在转型，你们刚刚搞。现在看来，有时候要把一个小单位搞成一个大单位，不是光靠有积极性就行的，有的时候还需要人选，还需要每个人是不是努力，还有就是我们现在所进行的这个事业或工作的复杂程度，很多的要素在一起。但是往前走总不会错，每天努力总不会错。所以我们的风控部门在借贷行业是最核心的部门，它一旦出问题，那么所有的东西就全出问题。风控和市场两个条线是企业的生命线，其他全是为你们服务的，都是二线部分。

回去以后，每一个部门，特别是风控，对照检查一下自己，哪些需要提高。有些可真不是开玩笑的问题，上次底下两个分公司，对我们退档的两个项目有不同认识，然后写两个签报上来。上来后，风险条线的两个副总裁都没签字，就到我那了。我说你们两个意见是否一致啊，你们两个意见如果都一致，我就没有理由反对了，它到我这也没用。你们两个意见如果不一致的话，那么把你们两个各自的意见要签上，我再看是什么问题。因为贷款都不小，那么我最后解决问题的办法就是带着你们一起出山，搞一次调查。我把我搞调查的那几个点给你们看一下，然后调查过后，你们就都知道怎么办了。你不去调查，东西都没搞清楚的话，那都是拍脑袋的，到最后都没用。你们各个部门解决问题都一样，包括什么薅羊毛问题，都是。你不调查，拍脑袋作出的决策肯定就是不准确的，就会误大事。市场口和风险口，我通常讲的都是比较多的，而且汇报的时候，都是市场第一，风险第二，为什么，因为这两条线是最重要的。而今天这两个条线参加会议，好像很多主要领导都没到，我不是反对请假，你搞一个两个还可以，你搞个多数都请假，这是不对的，哪有那么多事儿。好吧，我就讲这么多，因为公司发展快，事情多，也希望大家都重视起来。

——2015 年 5 月 16 日第 16 期总裁办公会议

风控部门工作注意点：与计财部的数据沟通；对分公司项目积极审批

但是从办公会这个角度讲，第一，风控部门和计划部门要进行正常的沟通，把数据搞好，这样风控部门在掌握资产控制的时候才有依据；第二是对我们的分公司报上来的项目要积极辅导，太不行就给他们上课嘛，反正我们有互联网金融学院，专门给他们开一课，这都是积极的解决问题的办法，我对大家的要求就是积极地去思考问题，因为一旦消极的话对于公司整个的发展是不利的。不要什么东西都是请示下领导，领导说怎么搞就怎么搞，那不行，你得拿出自己的想法，如果你的想法每次都是消极的想法，三次以上你也别干了。我不是在讲风险管理部，我们各个部门的管理中都应该有积极的心态，用发展的想法，遇到问题以后积极想办法去解决问题，朝有利于我们公司目标前进的方法上靠近。比如我们现在需要的是流量，我讲的流量是只有项目做上去了以后，发标数量增加，流量要进来，流量一大了以后我们以前形成的一些流动性风险慢慢就往后推迟了，这样就有时间去解决这些没有终极风险，但需要时间化解的问题，从战略上必须有这种思考。这样思考才能做成百年老店，我们讲这两个月是安全期，这两个月内必须把新的方案拿出来，而且必须有成果出来，这样我们下一仗就好打了。如果没有完成，如果没有进度，我们下一步将走得很艰难。

——2015 年 5 月 30 日第 18 期总裁办公会议

风险管理对外只能有一个口

项总讲到的那个私募，本身没有风险，他是指本身没有信用风险，但它还有其他风险——操作风险。但是在我们所有的风险里面，只能有一个口对外，不能有多口对外，所以说风险管理部还得管，它管的不是信用风险，它管的是操作风险，包括签的协议中有什么条款遗漏，或者操作流程，这都是有风险在里面，需要有个部门给它把关。如果没有一个监督部门把关，万一哪个环节出了问题那就不好了。

——2015 年 7 月 25 日第 25 期总裁办公会议

风险管理委员会在信用风险审批过程中的职能

到风险管理委员会审批的时候不是审批信用风险，不是以投票的形式，而是大家看看有没有什么漏洞，这个漏洞包括私募事业部在内除其他我们目前几种风险审查方式，包括信用风险的审查，实际上我们审贷委员会审查的是信用风险，你不管是抵押的也好、担保的也好，或是信用的也好，都是信用风险，万一违约怎么办，拿不到钱怎么办，而这存在一个万一哪个地方违反了某些程序，造成项目办不下去了怎么办，办不下去的结论还是还不了钱，重点审查的地方不一样，那么我的意见是信用风险由每个部门自己审查，因为它有原来的单位负责。风险委员会是负责操作风险的审查，就是操作环节上要有个口子把关，操作环节上，跟客户的合同、跟投资客户的合同，跟借款主体的合同，这个方面在风险管理委员会要进行一次审查，查过以后再出具就不会有什么漏洞了，这个地方要加强力度。

——2015 年 7 月 25 日第 25 期总裁办公会议

风控中如何对待国有企业、民营企业

所以风控上要抓的每一种贷款每一种形式的标的审核重点在哪里，都要让大家知道，不要有人说不是500强就不能报，什么国有企业我都要，肯定没事。只不过根据规模来，规模小的企业给少一点，规模大的给多一点，只要不亏本就可以做。这是支持国家经济建设，支持国有企业发展。有些东西不能按照宣传的去做，不要去支持那些本来身体就不太好的企业，你能治好几个？现在把身体好的企业搞进来就好办了，那就是做保健了。很多小贷公司对象就是小微企业三农企业，就像是江湖郎中去看严重的病人，我们按照这种思维去做的话，肯定越走越窄。

——2015 年 8 月 1 日第 26 期总裁办公会议

风险控制是把双刃剑，宽松适度最重要

风控本身就是一个双刃剑，一个是要把得非常严，一点风险都没有的话，可能这个企业就完蛋了，如果太松全进来的话，后面再处置不良资产的时候也要了我们的命。这就是把双刃剑，在任何地方都是这样。那么如何把握这个度，既能掌握得好，又能控制风险。

——2015 年 8 月 1 日第 26 期总裁办公会议

一定要合规合法放贷

出了事之后，每个人都要写报告，都要写经过，那个经过是谁让你做的，你为什么这么做。他不可能说他有意地去犯错误，那是谁让你犯的错误，你为什么要犯错误。是不是你让他做的，只要认定是你让他做的，即使你没签字，你要负这个责任，这个贷款如果形成了不良，那么追究下去，责任就清楚了。倒过来追究是违法放贷罪，这是一个逆向罪名条款，就是说这笔贷款没有形成风险之前不存在，你只要收回来就什么事情都没有，但一旦收不回来，肯定能找到罪魁祸首。违法放贷罪的起刑是 5 年，哪怕只有 10 万元，但是超过一定金额，超过 100 万元，起刑就是 15 年，我研究过。所以说为什么我们银行、从事风控的人、本行业的人，都要严格执行制度，因为只要你没有违法制度，这个违法放贷罪就不成立，如果违法，制度就已经成立了，在没有制度之前，要制定制度，有了制度，按照制度办事。制度就像国家的法律一

样，一定要把制度制定得非常完善。过失是另外一回事，但是过失涉及一定金额，也是触犯法律的，道德风险的核心就是个人利益，这种个人利益有近期的、远期的，有实物的、有承诺的，很多，最终问题就是物质利益。没有这些代价，他也不会去做这些事，有了这些代价，如果是你按照你自己本身的劳动所取得的报酬，那是正常的劳动收入，如果是利用职务之便，为自己谋取工资之外的收入，就有问题了。如果不形成后果，没有人去追究，一形成后果，就会去追究。

——张宇总裁在山东分公司座谈会上的讲话

法律风险

所谓的法律风险，就是说业务上的事情，我们很容易失误的事情，这未必是道德风险。就是说这笔贷款，在贷的时候这笔抵押物没有问题，资金的使用也没有问题，经营和人也没有问题，但是一个企业在长期的经营当中，有很多的交易对手，在交易对手里很难没有交易纠纷。一旦在其他过往当中所形成的交易纠纷，在某个时候爆发的时候，就会形成官司，这个官司本来和我们的项目没关，但是把这个项目查封了。一查封，流动风险必然出现，因为有现金流之后人家就先用了，没有现金流之后，这个资产拍卖也先抵偿人家过去的纠纷。像这种隐含的法律风险，我想我们在座的各位老总们、客户经理们、风控人员都要明白这一点。这个看不见，但有时候会出现。

——张宇总裁在山东分公司座谈会上的讲话

对风控人员的要求

我们告诉贷款单位的社会责任，同样第一道的责任在我们身上，我们是审查者。一个是我们在技术上不能有问题，对项目的风险的认定不能有问题，第二，不要出现操作风险，尤其是道德风险。企业做大了，效益好了，按照我们国家的规定，按照制度，我相信大家的收入都会稳步提高，如果企业搞垮了，项目出现违约，出现了不良资产，社会形象不好，企业形象不好，个人形象也不会好，一损俱损。风控是银行的核心，也是我们这样企业的核心。风控企业的核心就是人,就是人的质量,人的质量包括:业务质量和道德质量,这个把它抓好了,我们才有可能稳步向前推进。

——张宇总裁在山东分公司座谈会上的讲话

安全是第一位的

我们做这个风险控制是完全用过去对企业的风险调查,和所掌握的风险形态,以及它的风险价格,还有好多东西,这些东西进去评价出来以后,然后我们再给出一个风险评价,然后定时间,让老百姓来购买这个产品,然后我们再保证老百姓最关心的收益率、安全。第一安全,第二收益率。安全一保证当然越高越好,在安全没有保障的情况下他不愿意干了。所以第一是安全,讲 P2P 企业也好,借贷企业也好,最重要的是安全了,必须把它控制好。这个你控制好,你才有市场,人家才愿意来跟你接触,就是这样一个,所以讲我们这个企业风险是始终放第一位的。

——张宇总裁在湖北分公司座谈会上的讲话

终极风险

首先你讲风险第一就是我们能控制住首先是终极风险能控制住,你每笔贷款,每个东西,你必须有抵押,要有足值的抵押,这个足值的抵押保证什么呢,就保证一旦出现违约的时候,我把它拿回来卖掉,钱搞回来,这样使投资者不会损失,这里面所存在的多数问题是什么问题呢?估价,就是抵押物的估价,有的人说我才两折,我才三折,这个不是根源,主要是你以什么价格来折的,你一千万元的东西你两折是两百万元,但那实际只值两百万元,折没折啊,这是我们评估当中经常出现的一个问题,我们有些底下的业务人员为了往下走,为了创造业绩,往往会把它放大,他看未来,这个抵押品不能看未来,抵押品就是现在啊,当时是多少就是多少,你要看未来,看它的发展空间,那叫风险投资,那不是抵押,那十笔如果成一笔就他就能抵挡得了,因为他的利润是十倍是一百倍,它是这么多,而你一般的贷款是债务性质的,根本不能这么做,这么做就一定会出问题,而我们很多的基层人员、领导都没有意识到这一点。抵押的时候最重要的是评估价格,评估价格的核心是市场价格,不管谁去调查,一定是市场价格,你讲这个房子多少价,我讲这个房子一万元一平方米,你到交易所去看看,今天成交的房子是多少一平方米,把基础给我拿来。你这个基础拿来了以后是真的,你不要说两折、五折,八折我都会给你,在建工程水分就更大了,你知道它值多少钱,你根据什么进行评价的,你知道它评价的基础?你都没有,都不实事求是,你讲值八个亿,只向你拿了三个亿,打了多少折,但是去看了一下,三个亿都不知道值不值,就是现在你要知道值不值三个亿,这都很难说,这不是自欺欺人,骗了别人还骗自己,骗了自己再骗其他人,大家相互骗,骗到最后自己去收拾,那我们在前期的贷款中,一旦出现违约的时候,一旦去收抵押物的时候,这个地方有问题了,那个地方有问题了,问题全都出来了。像这些问题不是没看到,我都看到了,我没有时间去一笔一笔看,还有一个信任问题。那么通过这次很多业务的交往还有业务的操作,我看出来了,哪些人的质量是多高,我也不怪你,但是不能再这么做,具体的业务操作,我都不能讲到这个层次上来,但是我偶尔跟你们讲一下,就是这个抵押品的评估价格是从哪里来的,你都要有依据,如果没有依据的话,你这个东西就违约了,不值这么多钱,你拿抵押物有什么用。所以我们以后房地产的抵押一定要看抵押物的评估价格,你哪怕八折、七折,但是一定要是真实的价格,到时候我们就把它卖掉,好比说拍卖土地,现在的市场价格是两百万元一亩,我拍个五个亿,然后我给五个亿,然后他拿五个亿变成十个亿,光把它拍下来,抵给我50%,这是绝对安全的,而且手续只要不出问题,这是第一道没有终极风险。第一道终极风险特别是抵押物的,就是它的评估价格是真实的,评估价格的核心就是评估的依据,这个依据一定是市场上的成交价格,这是要有记录的成交价格,没有记录的成交价格都不能算数。

——张宇总裁在湖北分公司座谈会上的讲话

流动性风险

企业的终极风险已经解决了,抵押足值了,没有问题了,接下来就是流动性风险,流动性风险就是按期支付的比率和到期还本的时候违约了。那么这个原因在哪里？原因就在于他贷款的时候没有考虑到付息的资金来源，还本的资金来源，或者说他的资金来源是没有落实的，只是一种预测，只是一种感觉，这种预测和感觉如果没有依据，你就不能作为依据来对待。有时候你可能没去预测，但他实际是能还掉的，也有这种现象，但不多。因为他如果能还掉，肯定理直气壮，就是因为还不掉，才会支支吾吾。所以说这种流动风险在我们贷款的时候就要告诉他，你的还款来源是什么，是从你商品的销售收入来，还是你向银行贷款的融资性现金流，还是你本身项目的房子售出的收入，你要有来源，没有来源的话不是空的吗，来源要落实，落实有一个前提，如果没有来源，流动性风险就出现了，出现的时候，我们网站就要垫付，因为老百姓作为投资者，到期利息他是要的，还本的时候也是要的，一旦不给他钱的时候，就完蛋了，一挤提，一告你状的话，就麻烦了，那你网站的影响力一下就下去了，一下去大家都不来投，后面只要资金链跟不上的话，你就垮台了。所以说红岭创投，六年来都没有让一个投资者受损失，都是遇到问题全垫，我们前面已经垫了多少钱进去，这些有我们的利润，有我们的资本金，还有一些增资扩股的，还有一些定向增发的，全垫在里面了，而我们很多在一线分公司的老总都感觉不到，好像还不着急，这些钱都是有成本的，这些成本都是我们用利润往里面填。我们分公司的老总们包括一线的业务人员们，这个流动性风险在跟企业贷款的时候就要讲清楚，这笔贷款的利息，到期以后你用什么钱来付，你用融资性的现金流付，还是你商品本身的销售收入付，一旦还不了，就进行资产处置，这样又要回到抵押率到底有多少，一旦抵押率有问题，那么资产处置就又遇到问题，那么大窟窿就出来了，这个大窟窿没办法解决，只能用历年的利润一点一点地去消化，那你资本金还能有多少，按照巴塞尔协议资本充足率的控制方法来的话，轻资本的行业你根本垫付不起，两笔就搞完了，那么对我们风险控制的要求就比一般的企业高得多。

——张宇总裁在湖北分公司座谈会上的讲话

要合法合规做工作

对于搞市场和风险管理的人来说，银行最终是有法律的，你们要知道你们一旦失误以后，会涉及哪些法律，会涉及什么罪名，里面最可怕的罪名就是违法放贷,受贿很容易看见,但是违法放贷,它不损失的时候什么事都没有,一损失的时候肯定就抓人,因为它两个要件,第一损失了,第二要件就是违规了,什么都是违规,比如抵押物没搞实,你就违规了,在多少金额以上,起步刑法五年,没什么客气的。我在银行工作,管资产保全,总行管了十年,当然最后有一道保障就是老板起诉不起诉,说我准备自己企业垫,还是我垫不起了,只能公诉了,那一公诉就抓人。我们出现不良资产的,有的跑了,离开了,但是跑不了的,刑法上的东西是无限追究的,他不要得意,搞了一笔不良资产,然后跑了,最后就跟我没关系了,这笔贷款最后要定为损失的话,只要一起诉,死定,不管你是谁,你不相信你去看,我把这些话都放在前面,除非我们都化解了,那是另外一回事。我们现在拼命地化解,我们不想让谁去承担刑法,那个太可怕,一家人就全完蛋了。现在我们不说,不把它搞开,你跟我们吵没用的,我们都是有记录的,还有笔录,这些事情是怎么办成的,手印就是证据,根本跑不了,法律上是非常紧的。

——张宇总裁在湖北分公司座谈会上的讲话

如何应对房地产贷款风险

房地产真正的规律我们已经摸到了,因为银行过去也搞房地产贷款,最重要的就是:第一,就是不能让它烂尾,必须保障全部盖完,因为一盖完才有可能销售,这市场才有可能形成,烂尾就一定会出问题。第二,如果到期不能归还出现风险之后一定要有处置他的办法,这个非常重要,这两点就是把握房地产贷款的核心问题。凡是已经投入的贷款,一旦出现违约就要考虑他停工没有,只要没停工就想办法让他建完,一旦烂尾就没有进度还有利息就很危险。在这个前提下就是第二点,要有消化它的办法,怎么样能把它的流动性风险化解,流动性风险体现在哪里?就是到期时投资者能不能按时拿到他的利息。如果每一期都能拿到这些钱就不存在流动性问题,所以到时候我们用哪些办法找到现金让投资者能拿回投资款和利息,这样的方法很多。在发达国家这样的方法很多,但我们国家是计划性经济方法就很少,只能打官司然后下家来接,过程非常长,很多时间、很多价值在这拖的过程中耗掉了。前期投入的人损失会很大,后面接的人他不管,那前面的人就破产了，变卖一下能多少是多少，银行、投资者全都跟着损失，这就是我们国家的特点，最后都是这个结果。所以我们在控制房地产风险的时候一出手就不能让它烂尾，要么就别出手。这属于项目本身销售现金流来归还贷款，第二是融资现金流来归还，项目一半的时候它就可以出售，就可以资产转让，可以搞社会抵押，找银行再贷款。在融资现金流里最典型的就是资产证券化，实际上就是把不能变现的东西变现，房子卖不掉但它有价值，它的价值可以变成证券化的东西，投资的人是为了利息而来的，和商业一样为卖而买的。投资人的本质是想本金不损失情况下拿利息，还要高一点的利息，我们在房地产出现问题的时候能怎样把现金拿回来，能拿回来就没问题，在市场上就进行证券化的流动。在它还没成为最终的消费品之前，这个中间产品也能转让，这个转让的代价就是让投资者有收益，而这个收益高于其他的收益他就愿意了，跟炒股票一样为了卖而买，有利息就行了。这是我从宏观经济学、微观经济学中提炼出的一些东西，里面有投资均衡理论问题、消费均衡理论问题这些知识点，我是给大家讲得通俗一点而已。

——张宇总裁对风险、市场部门的培训

——《关于当前业务管理中的几个重点问题》

风控和市场的关系

那我就把核心问题告诉你们，作为一个市场人员和风控人员，是相辅相成的，都是做业务的，业务的两个面，首先有市场，其次有风控，搞市场的人一定要带着风控的观念去搞市场，搞风控的人一定要带着市场的观念来搞风控，它是两面，不能偏向于任何一边。如果有了风险，所做的市场就是废纸，什么用都没有，因为出风险了，还要承担责任，反过来说，如果没有风险，你控制什么，连生存的机会都没有，没有市场是最大的风险，当然有了市场之后，风险控制不住，同样是风险，大家都不能生存，在这两者之间，搞市场的同志和搞风险的同志都要掌握对方的知识，而且要站在对方的立场上，相互进行考虑，怎样既能发展市场又能控制住风险，这就很重要了。

——张宇总裁对风险、市场部门的培训

——《关于当前业务管理中的几个重点问题》

关于分公司贷款首问责任制的问题

如果是从银行出来的就应该知道,银行本身就有这么一项制度。当然红岭创投是个新单位,对于红岭创投过去这些制度的制定和执行好像没有判例,一旦没有判例就没有借鉴和参照,所以判例可能就要从我们开始。至于刚才分公司提出的总公司应该承担什么责任,当然应该要承担责任,如果缺失了这部分责任就要补上去。总公司是根据材料进行审查的,当然也有双审当中也有实地进行调查的,如果也有的话这部分责任也应该签上,也应该包含进去,就是补充。如果给他们回答的话,总公司也应该承担相应的责任。但是,具体问题就要具体分析。调查当中该承担什么责任这个很清楚,不能说没责任,我都有责任,因为最终我都签字了,但是责任的性质不一样。根据性质不一样处理的方法也不一样,有的可能是罚款,有的可能是警示,但是有的可能要去坐牢,那么责任就不一样了。不要把一线这些有责任侵占的责任和上面审批的责任混为一谈,根本不是一回事,如果是上面批的我下面就没责任来掩盖自己道德上的责任的话,完全是一种笑话。那就是你智商不够,想用这种来掩盖个人侵占行为只能说智商不够。但是提出这种问题来说不对,那么就要把责任分清。一个公司出现什么问题,最终我都有责任,义不容辞,肯定有责任,但是看上很没性质。只要性质一分清,追究就清楚了,如果性质不分清,就稀里糊涂以为大家一样的责任那就肯定不一样了。我有责任,牛总有责任,陆总也有责任,董事长也有责任,只要在文件上签过字的都有责任,只是性质不一样。该是什么责任就是什么责任,根据这个责任制该怎么追究是怎么追究。如果说自己做出了什么事情没有被惩罚,我自己还过意不去,反正我已经付出代价了。不要自己做出了事情,还没有勇气去付出代价,那大家以后怎么共事?不可能的。所以说贷款责任人的首问责任制,里面还要追加过去的贷款都要按照该办法执行,这里面有这句话吧?如果过去没有正式下达文件之前,现在下达的这个办法就要按照这个执行。那么有人提出过去没这个办法,现在我们不应该按照这个办法执行,那就从下达之日起,过去的事情都包含在内,就是这样的。没标准怎么处理?肯定要按照这个标准处理。当然在标准下达之前和下达之后,处理问题的时候肯定要有灵活性，但是如果牵扯到刑事责任，牵扯到个人侵占，到哪里都一样，国家法律在那里，一样要承担责任。

——2015 年 8 月 22 日第 29 期总裁办公会议

对不同类型贷款的判定

对于贷款的判定也很简单，没有充足抵押率就不能做，怎么确定价值？就这个东西现在值多少钱，现在的交易价是多少，马上就可以查得到。根据现在的交易价，房屋、土地、在建工程的工资也好，一看值多少钱，来价一砍，抵押百分之五十，或者六折，哪怕七折都不怕，只要是成交价。那就是花比较便宜的钱买了一个贵得多的东西，一旦还不了的时候，卖掉。出问题一般都是抵押率不足。没有充足抵押率就不能做，因为我们要负责兜底的，如果他还不了投资者的钱，我们要垫付，我们哪有那么多钱垫付？我们只有利润和风险准备金，那个比例是很小的。风险，一个是产品本身的风险，就是在于市场的风险，能不能卖掉，能卖多少钱，但是本金先行垫付的模式也有风险，要把这个模式固化要费很大劲。连国家银行都不敢，它只负责赔偿 50 万元，超过 50 万元都不敢给。因为它知道，它完全市场化以后，它也没法活，国家为啥要把 50 万元政策先公告，后面跟着的是利率市场化，大家看到现在银行的利率开始波动，上浮 20% ~30%，经营不好的，不良资产多的，它需要堵窟窿的，它需要流动性的，它就要到外面找资金了，它如果没有资金的话储户就提不到款了，就造成挤兑，本来银行的钱就不多，一挤兑就完了，如果人民银行不给它支持，不给它再贷款，这个银行瞬间垮台。所有银行，只要国家停止对其的流动性支持，只要一天，全都会停止运转。不行国家印发货币就可以了，以信贷规模的形式借给你几百亿元，你还了别人的钱，别人不找你的事儿不就安全了。流动性风险就是这样，到期了，没钱还，我借了你的钱还给他，什么事都没了。不还给他就闹事了，那就不得了了。所以全部的贷款一定要有充足抵押率。如果是信用贷款，一定要是国有企业，因为有政府信用担保。

再一个就是优秀的上市公司贷款，抵押率可以不充足，短期的可以，长期的不行。上市公司，每年一个周期，国家证监会要对其进行财务上的检查,它要披露信息的,经营不好马上可以看得到。一年之内给它短期的,优秀的上市公司问题也不会太大,一般上市公司不会有大问题,因为它有流动性来源,它可以定向增发,它一旦遇到巨大的危机的时候,它搞一个项目定向增发,钱就来了。如果给它小额的可以做。

另外在零售方面,公务员的公信贷,公务员的信用是最好的信用了,可以给到50~500万元不等的信用贷款,根据你的级别不同。他不敢不还,跟你局长讲,给你点支持,你把你的员工花名册拿来,你们认可的,是你们的公务员,当他需要贷款的时候,可以找我们,这个钱是投资者的,利率要比银行高一点,只要他急需的时候,就可以用公务员的身份来贷款。这个就是我讲的第二种,不抵押的是哪些,国家,上市公司,公务员,只有这三个方向。

第三个,还有中间其他可能,那个是最大的一块蛋糕,包括供应链金融,这个是什么,本标。我们的本标就是没有哪个贷款不能上,因为利率你自己定,只要你可以卖掉,我这个地方就是提供一个市场。我只收一个两个点的管理费,但是我们不兜底,今天我们第二笔发标,第一笔发了一个300万元,第二笔发了50万元,他们零售风险部搞的,这让我们看到了新的曙光。这个不垫付的规模一旦做上去的话,前途就非常远大了,而原生的P2P就是这样。在美国是LendingClub,他们是上市公司,他们现在已经有300亿美元的交易量了。也是全世界最好的P2P。那么我们下一步的方向,这个就是方向。要保证我们的员工的工资、社保,他们的职业生涯,包括家庭生活,成长安排,他有个安稳的地方,那么要把这个地方做好。高风险高收益的地方,我们要逐步减少。

——张宇总裁在珠海分公司座谈会上的讲话

风险管理的流程

实际上风险管理部是整个信贷管理的管理部门,从一个项目的市场调查开始,就是过去的信贷部,审批只是整个信贷管理的第一个环节,资产保全和资产管理是后续,主干还是在风险管理部。

所以说我们现在资产质量问题,今天还不断在冒出来。首先我要反思到底是哪一个角度、哪一个环节出了问题,我一直在想,到底是怎么回事。

很多问题都会从源头开始，从我们市场部开始，但方案、这些项目、这些贷款、这些品种、这些产品都是我们公司整个研究出来，最后由我们市场部门在往外推销，但整个风险管理线是由我们风险管理在管理的。那么我们的客户经理，实际上就是信贷员，我们的信贷人员在进行培训的时候，他们一天到晚想的是什么，都是要业绩，但风险更重要。

从风险一开始，你就要考虑一个，什么样的风险有什么样的价格，就一看到这个项目，你要判断我们要给它什么利率，把这利率只要一定，就框在一块，要么就是快标，要么是议标体质，要么是特标体质，要么就是本标，我们一开始就要框定。框定后就按照这个方向去调查，调查过后有什么问题，最后向本标靠拢，所有的都有瑕疵，没办法，发本标。最好的是快借，因为我们收入最高，其次是议标，但我们整个的战略本身是要迈向特标的，从经营本质，是本标，因为现在我们国家整个经营系统，过去是以政权建设为条件所建立起的金融系，一切都是为了巩固政权的需要，包括现在人总行的干部任命还是党中央任命，属于政权建设，跟市场经济是不一样的。像我们红岭创投这样一个公司，完全是市场上出来的公司，完全没人管我们，最后是法律管我们。法律管我们最重要的几个法条、几个罪名要避开，一个不要非法集资，我们现在所有项目都是一一对应，就是避开了非法集资。再一个不要欺诈，是真的，没有假标，就不会有问题。第三，别逃跑，最后帮你追，一一对应。实际上就这三条，只要都做到了，其他都没有定论，什么资金池问题、错配问题、拆标问题，都没有定论，一定论肯定要关掉一大批。但我觉得这个部分我们不要过多地考虑，我们就把我们该做的能做的做好，这是一段非常宝贵的时间。

我刚才讲客户经理的风险控制从头开始，利率好了就好，项目就有选择，在这个项目上是什么类型的项目，这个项目是流动资金的，是固定资产投资，还是供应链，你也有一个基本的判断，有了基本判断你才知道怎么往下做，有一个基本的模板。然后项目选择，知道了利率，项目搞好了后面就有个责任人，这个责任人是最重要的。首问负责制，只要贷款调查是从你开始的，最后也是你放出去的，你这一辈子，只要贷款没有回来就是和你有关，这一点要植入每一个客户经理和信贷员的心目中。只要贷款从你开始，这笔贷款从你出去,这一辈子你都要为这笔贷款负责了,这是终身制的。同样,每一个参与贷款审批的人员都负有相应的责任,责任不清,是最后事情办砸一个最重要的原因,责任一清,很多事都好办,他只要一推,他没责任了,这个事情你就不知道找谁了,后来的人责任再大也不是他开始的。

这个实际上大家都懂,首问责任制早就讲完了,是不是这些东西已经扎根到我们每一个信贷经理、我们每一个人心中呢?宣传是否达到了呢?是不是我们以后干脆让首问负责人签一个协议,有文字的依据:"本项目由我进行调研,并由我进行发放,我将对项目终身负责。"给他签一个东西,给他拷上,并不是要把人怎么样,是告诉他你是有责任的,并不是想跑就跑了,这是种有点极端的办法,但不这么极端真不行,像我们这样的企业,不把他套上不行,最后该给的奖金和收入我会给你,但你该负的责任你该负。不要你讲一大堆、字不签就跑了,到最后,我没签字,这是什么话。

那我从信贷管理上,就要把每一步给套上,该负主要责任就负主要责任,该负次要责任就负次要责任,该负领导责任就负领导责任,这样企业才能很清廉、很清楚,每个人都知道自己该干什么不该干什么。责任人清楚了就对责任人实施管理,按制度执行,并不是责任人不管怎么都让你负责任,你只要执行了制度,你就没责任,银监会还有个免责指引,只要你按照制度办,就没事。我不是说你搞了一笔一辈子都跑不了了,不是这样的,你只要按照制度办了,也没事,但只要没按照制度办,有事就得你担着。

当制度执行后,各方面都搞好了这笔贷款放下去了,重要的是贷后管理,贷后管理还是有责任人的,每个发放贷款的人实际上还是贷后管理的人,直到贷款收回来前都是这个责任,只不过部门可能不一样,上面贷后管理的部门和贷前调查的部门可能不一样。贷前调查是市场部门,审批一过就是风险管理部管这事,但人还是这个人,换个人是不可能的,换个人的话责任心也不行,规定他每个星期每个月都要对贷后管理进行报告,最起码每个公司对这笔贷款一个月初有个计划,月末有个报告,每笔贷款的风险前期要有个制档。

贷后一个抵押物都被解压了,我们公司还不知道,我刚刚就发现这样的问题,我们有笔贷款抵押物解压了,我们公司还不知道,当然解压了后剩下的抵押物还有60%多，但你们是怎么管理的，解压竟然会不知道，还有抵押物解压不经过我们贷款公司，这不开玩笑嘛！怎么解压的调查下。我提示一个问题，我们每个分公司贷后管理的过程中有哪些问题属于此类问题，这种低级的问题，就跟供应链金融里无缝对接，一开始就讲要无缝对接，他能把中间搞出个缝来。就像我们森海园林，讲到收费权质押，审贷会通过也是因为有这个标准，收费权质押，最后收费权质押没有办下来你把贷款放了，你不是开玩笑嘛，讲有哪个地方不批，不批那就不能贷！不批怎么还贷，那不是笑话？还怪这怪那。怎么出的账，出账要有规矩，要有出账原则。

主观上这些同志都不想出差错，那就是不懂，不懂就需要时间去教育去培养，为什么我把培训看得这么重，从我一个老同志，在金融行业干了一辈子的老同志，很多东西不懂就赶快教他，教到懂了再犯错就是他的问题，如果你没有教他，他不懂，犯了错误，我们还是有责任，因为你没教他。现在把培训抓上去，每个产品性质、该怎么管理，让我们学院一个公司一个公司，一级一级的，一个专业一个专业的，把他培养到位，再出问题就是个人问题。教你了，你不学是你的问题，有制度你不执行是你的错误，出事了你该担责任你跑不了，你要想打仗，想做出一点事情，没有像这种非常细致的管理怎么能管好呢。

所以讲从制度的执行，刚才我们讲责任人，责任人只要执行了制度，就不该有什么问题，就是属于免责，但贷后管理还是责任人的事情，贷后管理还是需要做出一系列的管理，我记得我刚到红岭创投就给他们作出规定，每个月最起码每个贷款企业你要有个贷后管理，我们有个贷后管理人，每个月你们两个都要见个面，财务报表我要看看，到企业去看企业经营是不是正常，我们当信贷员每个月都要有的。你手里掌握几笔贷款，每个月要有个经济过程分析，分析企业的走向，及早了解到这笔贷款下一步整个管理，那么我们的信贷部就要把这个汇总起来，每个月有个给我，给分公司领导，这样上面才能看清楚整个信贷资产状况。哪些事情要预警，哪些有问题了，哪些需要增加办法了，管理的内容就是这些。所以说我从利率到选择项目，项目的选择到责任人，到制度，到贷后管理，这几个环节都要做到无缝对接，中间别留下空子，每个环节都要清清楚楚。所以我希望我们信贷部门，我们的风险管理部,你们一定要清楚,每个月起码要有整个信贷资产的分析报告,每个月计财要把逾期的情况报告给我,这是财务上的责任,会计上是有反映的,哪些逾期哪些欠息,涉及多少企业,清清楚楚,给了你们你们就要进行分析,他们处于什么状态,应该怎么执行,应该怎么监督、加强管理,就需要拿出办法。

这需要落实各个分公司在管理上,该扣工资扣工资,该奖励的奖励,才能把所发现的信息提炼成具体的指导性信息,管理链条才算完成。我们每个月这样做下去,信贷管理的水平才会提高,至于一些知识点的问题,像项目评估、资产评估、信用评级,这些是独立的专业,只要找一些人学懂了就行,最重要的是综合整个管理,风险管理部这块非常重要,流程要搞清楚,从项目选择上,利率这条线,哪些方面出问题了,需要加大什么管理,这样才能使我们信贷资产在我们心中非常清楚。

——2015 年 11 月 7 日第 37 期总裁办公会议

解决流动性占用的方法

我们大家都知道流动性占用是一个非常典型的问题。怎么化解流动性占用,出路有几条,资产证券化、自己建完处置、拍卖、找下家接手都是需要实践的。我们流动性占用已经很高了,但是风险这边对占用的资产性质做过分析,终极风险所占的比重还在 3% 之内。

但是随着进一步发展,我们先行垫付,不能迅速处理的话垫付的资金是要有来源的。现在垫付的资金量很大,如何化解将是我们管理目标的一个重点,整个行业都面临着这样一个问题。从资金衔接上,第一步到明年 2 月份没有问题,第二步可能到明年年底不会有问题,但我们的财务状况会迅速地不好,因为很多利润会用于垫付。现在的财务措施也还不确定,按照银行,还是一般企业的财务制度来? 都还不清楚。按银行来,我们资本金不够,资本充足率远远不足。我们能生存下去就是胜利,我们现在之所以还能维持,就是我们发展的速度没有停下来。各种类型的新标的、原有标的、几十个分公司筹备组都在努力。不要讲那么多负面的话,你要知道我们是在什么样的情况下,我感谢我们所有团队的努力。中锐是第一个我们自己化解流动性占用的项目，这个项目的推进下一步力量要加强，需要什么我们都支持，希望流动性化解能加快一点速度，让我们公告的时候能让广大投资者看到一点亮光。这条路走通了我们其他的路也可以走，贷新还旧等等。目前我们流动性还可以支持，但是我们财务上，上半年的利润已经被垫付吃掉一大半了。当然财务数据的准确与否我也不清楚，你们基础上一定要计算清楚，另外财务分析上一定要给个指向。

当然现在最明显的就是垫付的增加，减少的方法第一是在源头上抓住，尽量减少抵押率不足的发生；已经发生的可以分为几类，哪一类可以重组，哪些需要展期，需要贷新还旧的，能动手就赶快动手。新的资金新的投资者进去以后，旧的利润就收回来了，我们财务状况就会迅速好转，这是经营上技术性操作。有些时间长的，我们也可以利用线下。最近风险搞的资产质量的分析，做得不错。对不同的不良资产，不同类型的流动性占用采用不同的方法，还是很清楚的。但是分析是第一步，更重要的是落实、解决问题。解决到什么程度不敢说，但是每天都要看到进度。我们各项工作都要这样。各个职能部门都有担子，解决问题要群策群力，但是要有一个主导部门提出方案，大家集思广益，完善、落实方案，一点一点去解决。

——2015 年 11 月 14 日第 38 期总裁办公会议

关于如何做好风险管理工作

刚才陆总讲的我同意，现在各种公司它们的业务申报和财务方面的填报，跟董事长也传达了，几个副总裁看过也批下，请相关部门研究，和分公司沟通，提出可行的方案，这里面提的哪些问题跟你们分管的部门联系起来，下面有很多的建议，也是给部门，跟分公司沟通，也是常态化的工作，融资性的东西，我们最后要给予融资性的回答，这样事情就不会耽搁，要不然又放到边上去了，办公会后还是这样，就是我们工作不负责任。办公室这个我已经签了，签了后办公室给各个副总裁看，一定要保证相关部门跟分公司拿回来意见跟他们进行了沟通，最起码董事长批了，哪些事已经解决了，哪些事进行沟通，能解决就形成一个一致的意见。风险这个条线，根本问题就是责任，一个责任一个效率，谁都不敢说哪笔贷款肯定没问题，哪笔贷款肯定有问题，我们搞了一辈子风险，我们知道。就是拿一笔已经收回来的贷款，我可以找出一百个理由否决，一个收不回来的不良贷款，我能找出一百个理由肯定它，为什么，因为变数太大，里面包含的因素太多，只有我们抓住主要东西，为什么我们要充足抵押率，为什么要国有企业，为什么要有好的上市公司，这个是基本要素，基本要素好的话，产生不好的可能性就好点，也不是说哪种就不能做，一般概率上讲我们认为国有企业、有充足抵押率的、优质的上市公司身体好些，产生风险的概率低一点。我们能作出这个判断，但不能保证有风险的当中也有能把钱搞回来的，但费的劲就很大，一百个里面选一个，一千个里面选一个，国有企业可能十个里面就可以选一个，是这样的比重，因为有管理体系的水平在那里。我们红岭创投的管理，跟一般的小 P2P 企业根本不一样，他们的老板看了以后，说好啊，搞啊，没了不行就跑人，什么责任都没有。我们为什么要经过这么多环节，就是要对社会负责任，我们现在的管理就是全资性商业银行的管理，就是很多地方还达不到，对很多问题还在逐步提高和完善，现在是一步一步做好，我们风险管理部的同志，风险这条线上的同志都应该清楚认识这点。

——2016 年 6 月 6 日第 18 期总裁办公会议

5.2　风险管理委员会的组织架构、制度、风控流程、岗位职责及员工素质要求

风控委的人员要求，包括学习能力、实力和经验。风控制度也应落实

风险管理委员会成员个人能力不足的，要学习提高自己，如果人员实力严重不足，可招纳金融行业或银行渠道有一定实力、经验的风控人员；我们已经提供了模板，提供了指引，提供了制度，关键是落实和管理；另外，总经办把银行风控管理制度整理完善后，拿出相关部分的制度给到风险管理委员会成员手里做学习资料。

——2014 年 1 月 7 日第 7 期总经理办公会议

建立内部风险管理系统，对风控人员进行培训，提高风控人员素质

关于风险管理部门，原有队伍的项目之外，内部的风险管理系统也要建立起来。现在的200人每天有三单到五单是有可能的，那么自身人员的审查人员可以逐步增加，要迅速提高风险管理部门员工的自身素质。风控部之前的进度太慢了，没有一个质量和效率的表现，要对员工在春节前的一周到两周内完成培训，提升这些人的素质。如果有需要，你们可以和人力资源进行协商，两个部门要配合好。

——2014年1月21日第9期总经理办公会议

风控部人员需尽快提高素质，梳理审批流程，完善制度

风控部目前的工作重点就是尽快地把人员的素质提上来，你们要相应安排一些培训，保证我们的风险控制质量。然后你们要把整个项目审查的流程梳理出来，加快项目审查的进度。目前风控部的审查速度太慢，现在的项目比较少还可以，等到以后项目逐渐增多了，这个速度是远远跟不上的。你们一个是重点研究贷款工具分析类。（对于过去的问题要放开，不能那现在的办法去追究过去的问题），对不良资产的责任追究制度的完善。风险管理制度的制定，作为金融机构的身份执行制度。各位成员都要了解这些制度，有意见就提交，然后最终定稿。风控不能所有人都是在制定制度，你们还要执行制度，维护制度。董勇你要安排好风控部的工作，把这个工作抓好。

——2014年1月21日第9期总经理办公会议

风控部的培训、队伍建设

很好。风险管理委员会下面有风险管理部，这个委员会也是各个部门参加的，特别是原来对外做业务的几条线管理人员都是参加的，目的是了解我们目前风险管理的一线，包括我们的客户经理及各个岗位上的风险管理人员，他们的素质和意识怎样。很可能存在这样、那样的问题，那我们制

定这些制度让他们学一学,学过了以后找一两个案例,请风险管理部每周安排一到两次的案例解释,看看风险点在哪里,为什么出现,我们应该用什么样的方法去控制,如果老师自己找不到,就请人力资源部到外面去给我们请老师,市场人员一旦听一听这些东西以后,就知道在开拓业务中应该注意哪些东西,慢慢把我们的业务素质培训起来。以后我们的风险管理是管全国的,这个架子是很大的,你们要赶快学习,要不然真的跟不上。我是不会把你们换掉的,但是你自己真的跟不上的时候,一下子影响工作就非得要充实这些岗位了,这样才能管得起来。

风险管理部现在有审贷委员会了,你要给审贷委员会的成员安排一点作业,包括制度的熟悉,必要时可进行测试,一定要掌握才行。包括风险管理部的审查人员,有一些是属于事务性工作,但是很多的岗位就是需要有专业知识水平才要审查,这些专业知识他们到底掌握了多少,不够的话是要安排作业的,这周要掌握哪些东西,要去学习哪些东西,要测试哪些东西,你们每个部门对自己的员工定期要有个测试,这个测试是培训的结果,如果测试结果显示某方面的功能差的时候,就要向人事部门申请要人或者要老师,你们在测试当中所需要的人力、财物通过人力资源部进行汇集以后,然后向总公司打报告,专门安排一部分资金解决这个队伍建设问题。这个对五个委员会都是同理的,因为一个稍微有点规模的单位,管理是非常重要的,还有它的培训,一个企业的成长主要是它团队的成长,团队的成长主要是团队中每一个人的成长,每一个人的成长离不开学和问。那么从组织系统来讲,一个是培训,一个是测试,然后还有应用。我们是一支发展业务的队伍,更是一支培训人的队伍。一个国家、人类的进步都是对于人潜质的不断挖掘,那单位的发展也是这个道理。你们很年轻、很聪明,当你带着这支队伍能打仗了,你自己会欣慰很多。

——2014 年 1 月 28 日第 10 期总经理办公会议

风控部培训不能停

风险管理部的工作还是有效,有进度的。以后培训时,要明确什么人员须培训,应到多少人,实到多少人,便于日后检查。培训工作是永远不能停的，可以重叠，要不断给员工和各层管理者输送新的想法。可以对培训考察进行鼓励制度，明确培训人员的范围问题以及培训的内容问题。其他部门也要和风控部门一样，做好培训工作。而且你们一定要注意要提高办事效率，分清主次。

——2014 年 2 月 18 日第 12 期总经理办公会议

了解风控的知识构成，提升风控人员的素质

对于风险审查人员素质、培训状况以及所要掌握的知识、每个项目风险审查人员所具备的知识构成，这些东西都是风控部门必须做好的基础工作，总结整理提升风控人员整体素质方法，从招聘、培训两方面共同进行。

——2014 年 2 月 25 日第 13 期总经理办公会议

制度的不完整、执行制度不力和处理方法不得当会产生风险。因此要对风控的职责进行细分，以及各细分岗位职责的讲解

风险管理应该是 P2P 行业、银行最重要的部分，因此很多银行和 P2P 企业风险点会因为制度的不完整、执行制度不力和处理方法不得当使原本能预防的风险变成真正的风险。因此，在日常的风险管理中，对于管理架构的设置不能只局限于风险经理，而是要对部门内全部员工的职责进行细分。例如，统计、审核、综合、审贷会等。管理架构的设置中审贷仅仅是风险管理中的一块工作，还有统计工作、分析公司、战略研究工作、日常管理工作、资产保全工作等都是风险管理部的主要工作，包括风险管理部里面专门整理审贷会材料的应该设个专人，风险经理对分支机构一审后报上来的资料要设定专人进行审查，在这个审查中可以分类型，但是这些类型统统属于审查这一块的，对于新项目的研发和风险审批还要结合线上进行，包括公信贷，这都是我们每天非常重要的工作。我们现在风险经理和市场经理、信贷人员和其他人员工作之间的职责和定位不够明确，现在都是一类人员：市场 + 风控 + 审核或审批。因此，从一个公司的发展到以后架构的扩展，这些都需要有机的分工和定责。公司的员工大多数处于被动状态，除了上级交代的

任务后，自我无方向感，且部分员工的可替代性较强。各员工都应该提高自己的价值，多干少说，多学习，多提高。我们红岭创投今后所走的路就是一条分工合作的路，并肩共进的路。

——2014 年 3 月 4 日第 14 期总经理办公会议

明确风控部人员知识构成，并培训

风险部门要逐步提升风险审查人员的素质，不断地进行培训状况并对培训结果进行检查，明确每个项目风险审查人员所具备的知识构成。你们还可以汇报做了哪些推进部门管理秩序的事宜。

关于我们的项目审查，你们要列出项目接收所必需的贷款审查材料，只有市场部全部收集齐并初审后才能提交风控部审核，保证整个审批的效率。审查贷款所必需的三项资料最核心的资料是财务报表，它是能反映企业基本财务状况的书面材料。还有就是证明企业合法经营的一系列文件。例如：税务登记证、营业执照、法人代表身份证等。最后就是贷款申请报告，包括企业的经营范围、贷款原因、抵押资产等。项目审核必须资料齐全、遵守流程，能上审贷会的尽量上审贷会。这样才能尽量显露风险，更好地控制风险。

风险管理作为公司管理核心，对我们的发展至关重要，要尽快培养一定数量的合格客户经理、项目经理以及风险经理。针对这些员工的培训内容，由市场、风控、人力三个部门各自拿出方案，并研究培养方案和知识结构，对于采取各种有效措施提高员工素质，对员工进行培训，也应做好提出计划、组织实施、验收考试等整个过程。下周办公会议统一展示方案。

——2014 年 3 月 11 日第 15 期总经理办公会议

风控部培训课程的指导意见

要明确适合风控部门理论培训课教材的版本，浓缩课程内容，明确必修课程内容，尽快掌握，必修课程不能超过 5 门。如考试通过者，可以有奖励措施，而考试未通过的，剩下的要对他们进行考察，达到一定标准，可以奖励。

这样才能培训出各个经理的基础。培训的总课时不能超过 120 个课时，可开设讲座形式。大家对培训方案进行讨论，集合意见后确定最终版本。一门课要找三个以上的老师，做备份，进行比较。也可开展讲座的形式。另外，审查人员怎么搞，怎么培养，怎么把现有人员搞起来，这是你们需要考虑的问题，而且也迫在眉睫，实在不行可以外招，把需求尽快报到人事部。

——2014 年 3 月 18 日第 16 期总经理办公会议

风控部人员的统计和安排

风险管理委员会目前还不成熟，还在发展中。在发展过程中会发现新的问题，新的需要解决的各种各样的现象和问题。比如能够审查项目经理报告的人员——风险经理是不足的。风险管理部要对于能够独立审查风险项目的人员重新进行统计，保证项目开始排队后，每个人都没有闲着。让每个人都有任务。一轮排完排第二轮。项目一旦开始，项目经理一定要明确下来，作为项目的直接负责人。审贷会的委员未必能审查所有的报告。素质和能力亟待提高，项目提速后，人员要进行整合。招聘过来的审贷人员，要有一定的素质，定工资要根据市场定价，和市场平衡。目前红岭的工资结构是不合理的，应该是生活费 + 奖金（系数），业绩提成的话管理层一律不拿提成。但目前还不能用，因为一动就会乱的。

——2014 年 3 月 18 日第 16 期总经理办公会议

风险经理、客户经理、项目经理培训方案以及利率的确定

关于风险经理、客户经理、项目经理的三种培训方案。这个培训计划的涵盖面很大，很丰富。和风险管理部一样，教材不明确，内容太散，属于其他方便的培训也包含在里面了，要给出一批指导性的书，组织必修课的考试和选修课的验收，汇报过以后统一一下三个部门。因为市场的两头都在这里，由市场部牵头，做市场风险定价工作，风险部门要协同进行审查，相应的知识要装备。计划是做政策把握的，做利差的。要衡量好是否挂标，做好统计研究工作。发标利率是 P2P 业务的单边，还有一边是贷款利率。在这个基

础上加 4 ~6 个点,加上去后,让贷款人自己去选择利率,然后这边对时间进行描述,即相应的不同利率对应不同的时间期限。真正形成利率市场化的平台,让客户自己进行撮合。控制处放出去的前的风险。尝试风险定价的合理价格,采用尝试的方式。争取在一周内在 2 分降到 1.8 分,每一个市场化利率的档次上挂一个项目,做一个尝试。风险管理部在审批的时候可以放松一些。在不同的利率水平上。下周要看到上线的项目,这边是上线的利率,这边是发标的批准书。项目不要大,小一点。公信贷不在内。这是做试验。这是独立操作的几笔贷款。在和客户签订合同时要说明时间不敢保证,因为这是尝试。把服务工作做到位,把信息披露完整。

——2014 年 3 月 18 日第 16 期总经理办公会议

风控的流程及岗位职责(上交、审批、审贷会、约谈等)

现在的管理程序问题,所有的流程需要按照规定的流程和岗位设置来实施。下周开始明确并落实到具体人身上。若有问题的话,一是培训,二是换人。技术含量高的岗位并不多,专门接待各分支机构档案的人,只需要负责审核清单资料,并复审即可。只要符合条件,即上交风险经理。二是风险经理的岗位,当风险经理拿到资料后,首先看内容全不全,查看资料的真实性,按照我们风控的要求看出哪些缺失,找到缺失后把问题圈出来,并找到重点去核实、补充缺失,这才是风险经理去分公司调查的重点。也需要找到露点。贷款能贷的话就交由审贷会秘书,安排上会的时间,由其主持,主要是分发材料。其次,由主审风险经理介绍项目,大家讨论,投票完后写最后报告,再交给风险管理部总监及主任审批。审批完后还有贷后检查并在出账前落实措施。风险管理流程很长,但是每个流程都很重要,包括贷款放下去后,由哪个项目经理进行跟踪,每个月的贷后检查怎么完成,约谈时每个企业都需要落实其贷后管理责任人,和我们项目经理进行对接,对接后每个月都要填一份贷后管理表,对动户状况进行描述,再将情况报到风险管理部,再由风险管理部报到财务进行准备金的计提,才能最终进行核销。这才是风险管理的流程,每个环节都很重要,这个流程的设计本身就是风险控制的内容,每个环节都做了就好办。可通过培训、借调、招聘提高风险管理部的水平。这些岗位,大家工一分细就好办。

——2014 年 5 月 24 日第 26 期总经理办公会议

对风控流程和岗位职责的看法

你这个要把序号标上,在统计岗位设置的时候才能明白。另外我说一下,风控现在的流程还没完成,在风险管理部同意贷款后的出账前的各项环节还需补充。出账前的抵押手续的检查等一系列检查由风控检查一次,再由计财部复核。每个节点上必须有责任人,无论是哪个领导有不同的意见,也要按照制度执行。如果不按照流程办事,造成了损失,起刑 5 年,最高 15 年。另外,以后关于项目进度消息的发布由线上运营部负责,市场部定时将消息发给线上运营部。

——2014 年 5 月 31 日第 27 期总经理办公会议

对风控部办事效率的要求

随着项目的增多,以后在每个环节上的时间会逐步缩短,因此要尽快提高各环节的办事效率,一旦稍微停长一点,所有的业务都压住了。资产保全是我们工作的重点,过去也有,但是不规范,也不准确,现在牛总要多花心思,把时间弄准。人员方面的问题不用担心,需要增加人员就增加人员。缺人的时候有几个人就先找几个人,但是职能必须固定下来。随着项目越来越多,这块越来越重要。

——2014 年 7 月 12 日第 33 期总经理办公会议

对风控部人员提高素质的要求

这样的话下周以后办理手续的一定要跟上。我看风险管理部这次参加考试的 30 多人啊,结构性的缺乏比较严重,结果我们很多同志原来表现还不错的考个倒数第几,这个我们就要好好研究分析下,我们要赶快把这些同志培养起来,把他们培训出来,不要盲目地乐观。搞培训的要尽快把风控人员的素质提升起来,这次考试过后,(1)要和考试人员进行一次谈话;(2)对答案做一次完整的解释;(3)应该给风控参考人员补考的机会,不能轻易地放弃,他们只要努力,一个都不能丢。红岭创投以后的文化就是这个文化,一个都不能掉队,除非他自己不愿意做了。人只要努力,不懂就问,错了就改,就没有什么做不好的。我看风险管理部最近的工作密度在加大,工作在清晰,但是还差得很远,还要继续加大密度,提高质量,把我们的工作真正地做好。以前的项目还出现误传我意见的现象,我在这里重点声明,公司人员、与会人员不能轻易听信客户和高层拉关系的言论,要直接找我进行核实。

——2014 年 8 月 2 日第 36 期总经理办公会议

对风险管理部人员的看法

风险条线,我只提一点要求,就是你们的人员结构不是很合理,需要重新完善一下。风控部因为目前都在有条不紊地发展,大家只要接着埋头苦干就好。从整个风险条线来看,人员及结构都不甚合理。

——2014 年 8 月 23 日第 39 期总经理办公会议

对风控条线管理的要求,审批部和风险管理部的职能划分

我们审批中心不能变成制度中心,审批中心的很多任务是操作性的东西,我觉得风险管理部应该是专门出制度的,就是出整个风险条线的制度,包括资产保全的制度、零售的制度、审批的制度。风险管理部应该起这些作用,不然还做什么,包括信贷指引、一些风险产品的研究、风险定价都应由风险管理部做,审批就是独立的审批,保全就是保全,把职能要分开,人员可以调配,你觉得哪个人更适合做哪个就调整开,管理构架上系统方案的制定非常重要,系统方案制定后下面具体方案的制定才有纲领,没纲领的东西都是独立、松散的,没办法归纳管理。我就提这么个建议,你们可能有时候审批管理制度出了很多也很好,但是这个制定是风险管理体系里面的一块,不能孤立出去,前后还有衔接的东西。像零售这边后续也会有很多制度出台,所以讲以后还要有主管制度的部门,风险管理到最后就是靠制度来管,管制度的部门你们放在哪里?是放在风险管理部还是各自为政,就是各自为政也

要有汇总,有汇总部门就指挥起来了,只要想到制度的时候就从哪个部门进行牵头,这样就好管理了。我是教你们管理方法,不是仅仅制度定出来就行了,以后你们面对的是30个分公司,很多系统性的东西靠你一个人根本就管不过来,所以要有制度,要有体系。所以我讲系统性方案更重要,因为它是根,有了根以后下面才有具体的一件件工作,比如开发个什么产品、搞个什么活动等具体方案,如果联系不起来的话管理就会受到很多障碍。现在你们就是发现了很多问题,但是解决问题的方案我听得不多。什么这个没有了,那个没戏了,就这样放弃了?如果没放弃有什么方案?我这边是没有听到。

——2014年9月20日第42期总经理办公会议

对风险条线遗留问题的说明,一是管理架构,一是管理制度,一是落到实处

风险条线的问题还是过去的问题,一个是管理架构,一个是管理制度,一个是落到实处。每一笔业务的开展都要有开展、有中间、有业务。把身边的每一件事情都要落实。市场这一块怎么样能够在高质量的状态下保证快,速度要好一点,在不良资产的转化方面、清收方面要加大力度。经验方面你们不缺,管理体系上面你们也不缺,那么在哪方面要加强。在工作的节奏和密度上面要加强。人少的时候就辛苦一点,人不够的时候就加人,本来你这个地方就应该,好比我们现在管着50亿元的生息资产,原来的队伍来管它肯定是不够的,你原来管6个亿的生息资产的时候是多少人,现在管着50亿元应该是多少人,不能讲成倍地往上加,但最起码增量是肯定要有的。你算一下这个增量,这样你就知道,一般的银行的总行,就像深发展管着两万亿元是70个人,整个风险条线是70人。而且都是很熟的人,系统都是很完整的人,当然我们现在还很小,就是几十个亿,几十个亿还没那么大。但是后面的潜力大。我们后面30个分公司现在正式开业也就3个,加上深圳也就4个,那后面还有将近90%还没出来,一旦出来的话上面就要炸的。炸以后如果讲你的业务能跟得上,流程是对的,那就会变成一个审批工厂,有几

条流水线，上来以后这个流水线怎么走，下来了怎么走，一条一条的流水线就出来了。这流水线里面，每个岗位应该怎么设置，设置几个人，怎么样能让速度和质量有提高，这是里面最重要的思想。

——2014 年 11 月 8 日第 48 期总经理办公会议

风控条线要出抵押物价值评估文件：《抵押物价值的确定原则》

目前我们在贷款之前，企业抵押贷款的充足抵押率执行得怎样？是不是充足？这个充足就是当时你在评估价值的时候，是不是值这么多的钱？为此你们马上风险条线要搞一个文件出来，就是《抵押物价值的确定原则》。就出这个文件。以后全公司全部按照这个文件来执行。你有这个原则，谁要违反这个原则了，就处理谁，这样就能保证我们往后所有抵押贷款里面的东西只要根据这个原则来办，就没有问题。只要脱离了这个原则，就要处理。这是有规则。做任何问题都是有规则的。文件的全称是《抵押物价值的确定原则》。文件怎么搞你们自己去考虑，搞过以后下周一定要完成。我就想到现在我们很多抵押贷款缺少一个标准文件，这就是标准文件，这个里面规定好，大家用的是一样的东西，价格是一样的，抵押率也用的是一样的。但是一样是在一个区间里，并不是一个绝对数。是 5 折还是 6 折，但是价值的确定一定是根据成交价，或者是一个月内的成交平均价。或者根据一个什么价再来核实。

——2015 年 6 月 6 日第 19 期总裁办公会议

风控抵押、担保、信用三种贷款方式原则性文件的制定

另外，现在特标上来了，里面涉及担保的，那么担保也要搞一个规则。实际上贷款就是三种：一种是抵押，一种是担保，一种是信用。那么信用贷款有的人不敢搞，实际上我也不是不敢搞，对于信用贷款的条件，如果全部达到了，甚至比抵押更严格。都符合了还怕什么？所以这三个原则，我希望风险口下个星期把办法拿出来：一个是《抵押物价值的确定原则》，一个是《担保单位资格的有效确定原则》，还有一个是《信用贷款的基本条件》这三

个文件，这样就覆盖了我们所有的风险。

然后我们各个分公司在执行抵押、担保、信用的时候就有最后一个文件进行支撑了。那么步调就一致了。我们搞审批的，搞市场的，我们搞管理的，全都有一个基本的依据了。如果我们在执行当中有什么问题，我们就修改这个办法，使我们的办法越来越贴近实际，我们的风控部门再做什么事情就有规则，错了不要紧，错了我们再改。多数人在一起考虑的制度总比一个人在那里主观判断要好得多。我说行就搞，我说不行就不搞，我同意你这话，但一旦出了问题，你一个人说行不行啊。这个问题解决不了。多一个脑子总是多一条路，多一个想法，多一个智慧，多一个智慧搞出来的成果肯定要比一两个人搞出来的东西丰富一些，最起码要周密一点。

——2015 年 6 月 6 日第 19 期总裁办公会议

风控抵押、担保、信用三种贷款方式原则性文件模板，是流动资金贷款的原则

流动资金贷后管理的模板，包括固定资产贷后管理的模板到最后在贷款形式上无非是信用、担保、抵押，这三种形式我们到现在为止没有规则，不光是我们没有，所有单位都没有，但是这个规则必须制定出来，深发展有信用贷款规则，抵押贷款的抵押物的价值的确定原则是没有的，我们现在必须规定出来，还有担保单位进行担保贷款的时候，担保单位应该具备什么样的资格才能进行担保，这个担保额多大。这第三个东西必须出来，这个也是红岭创投在今后风险控制上的一个标准，有了这个标准的话出不了多大格。

流动资金贷款的核心还是这些东西，那个模板都是数字填一填，更重要的是对于流动资金贷款是项目借款企业的信用评级，因为流动资金贷款是企业的整体情况，所反映出它在短期内出现资金短缺的时候向银行申请的一种贷款，流动资金贷款的主要用途是使用于劳动对象的。什么是劳动对象，像茶杯、钢笔、汽车等被生产出来的东西，我们称之为劳动对象，一般这个钱用途都是购买原材料，支付什么劳务费啊，当它一次性周转完了以后它就要还我们钱了，流动资金是这个特点，所以它一般都是短期的，所以对于

企业的整体评价是最重要的，这个企业的整体评价只要好，市场只要好，提供给它流动资金贷款的时候就没有什么大的问题。固定资产贷款是用于劳动手段的建设和使用，劳动手段就是说很生产设备和生产厂房、流水线等，这些是属于固定资产投资，它的周转方式与流动资金不同在哪里，流动资金是一次性，生产完了卖出去就要还钱，固定资产还款方式是要用折旧和这个项目所产生的利润来归还的，这个项目上去了以后没有新增利润的话，这个固定资产就没有还款来源，这里面项目评估就是最主要的了。

我的两本书一个是信用评级，一个是项目评估，就是这两个贷款的最核心部分的研究，那么房地产贷款是什么，实际上还是流动资金贷款的形式，他生产的产品是房子，房子卖掉就行了，但是在有的单位房子是作为生产条件的，所有又变成固定资产了，有点特殊。这是从理论上的解释，很简单，就这些东西。我们风险管理部流动资金贷后报告模板的确定很重要，但是不是最重要的，这个东西要有，这是大家执行的一个规则，更重要的是流动资金贷款前面的信用评级是非常重要的，对企业总体情况的把握这是最重要的。

——2015 年 6 月 6 日第 19 期总裁办公会议

风控抵押、担保、信用三种贷款方式原则性文件的制定，迅速实施反馈

审批部在整个管理链条中是一个非常重要的环节，风险控制也是非常重要的环节，你们不审批可能没有风险，但是不审批我们风险其实更大，没有市场是最大的风险，这是双刃剑。如何拿捏得体，这是个很高的水平，当然这个水平再高你都得朝这个方向努力。我们也在一点一滴去做，比如说我告诉你三个办法的制定，要迅速地进入实施，讨论最多三天，别拖。实施有问题，及时总结、反馈效率一定要快，不要等，不行就加班。往前赶，你就比别人主动一点。现在就是快的打慢的，你比别人快，别人就撵不上来，现在国家文件已经出来了，各家银行都可能出现网贷业务，都可能成立类似我们这样的公司。而它们的背书比我们大得多，我们现在在这个领域，走得比

较早，经验比较多，我们也没什么顾忌，而且我们这些人也不比他们差的，我们不怕，他们不过是有个背书而已。实际上我们在市场上的生存能力我们远远地超过他们，他们有爹，我们没有，我们完全靠自己在生存。

——2015 年 6 月 20 日第 21 期总裁办公会议

三个文件（风控抵押、担保、信用三种贷款方式原则性文件）的意见收集和执行问题反馈

下一个讲的是文件执行的问题，这三个文件你马上要下去了，要收集底下的意见，或者在执行过程中遇到的问题，包括总公司在执行这类文件的时候还有一定的问题，抵押物在确定的时候还有问题，我们没有考虑到，任何一个事情，在决定实施以后都有可能遇到我们没有预料到的问题。遇到问题以后要收集，客观地解决。我们就有希望了。每一件事情实施的时候，注意反馈意见，然后去适时调整，你每天忙什么，要有分析判断，要有自己的方向。为了公司的发展，现在有 15 个一级部门，5 个条线，每个部门研究的问题对整个公司作出多大的贡献。你是否真正尽到了你的职能，要问问各位一级部门的老总，你们都是红岭创投的核心团队。所以要把你们的部门管好，你的部下都在看着你，不光是你部门的部下，全国 41 个分公司，那些老总员工见到你们都是总公司领导啊，你们每一个动作大家都看到了，别把自己的孩子教坏了。你的孩子一旦有毛病先检查一下，是不是自己的问题，这样一来，你能有这种严肃性去对待这个问题的话，我相信大家都会进步的。那么红岭创投下一步的工作也一定就会好的，我坚信这一点。

——2015 年 6 月 20 日第 21 期总裁办公会议

关于严格科学的风控制度

严格科学的风控制度并不是说我们过去的条条框框，我们现在新的领域，新的贷款形式里，很多风控制度跟过去有很多的改变，不可能一样，很多制度都在颠覆，那只要能把核心控制住，我们这个地方就是把钱能还了，把利息能还了，你只要把钱能还了，把利息能还我了，其他东西都不重要。我

们所有东西都围绕这个来，所有设置都按照这个来，就不会错。如果你离开了这个，其他都没用，所以说这个风控制度严格，为什么加个科学，不光是严还要科学。你否定一笔贷款太简单了，还不承担责任，一旦贷款出了什么问题，就说我不同意，雄赳赳气昂昂的我瞧不起。有能力是把这笔贷款放出去还收回来了，这是有能耐的，没能耐的是一天到晚这个不行，那个不行，都不行，不行我要你干吗。我原来在总行分管风险，原来是深发展分管风险的风险管理委员会的主任，审贷委员会的最高领导，风险执行官，我跟我们那个审贷委员会就讲如果哪个人在三笔贷款多数人同意，他没同意，不管那三笔贷款收没收回来，他都别当了，这个人根本不负责任，他只想到保护自己，自己别犯错误，工资照拿，我否定了我还没责任，自私透顶的人，你想工作肯定有点风险有点冒险，但是冒险要看属于什么样的险，是主观上的还是客观上的，有些东西要分析，你努力了没有，分析过了以后，那个头脑清楚的认识清楚的，他会分析出来的，分析出来了以后就算出了风险，只要尽了力，该表扬还是表扬，那要看什么事，如果没有这些牺牲的人，这些往前冲的人，那你这个企业还发展什么，大家都四平八稳，都什么事儿也干不了了。我就教育大家，什么事情都要敢想敢闯敢干，有风险我们大家一起承担，一起考虑，你只要不是有个人目的在里面，你冒这个风险不还是在为企业发展嘛，为了企业发展，如果有些没有考虑到，我们尽力了，出现了就出现了，我们想办法，如果没这种思想你这企业还发展什么，想安全还不容易，回家，最安全，谁也不会找你。出了问题是正常的，别你指责我，我指责你，出了问题以后要想办法解决，就很多东西不能停，就要有进步，每天都要有办法，想出办法按照这个办法去实施，实施当中有问题再回来想办法，这个问题就好解决了，也就能解决了，否则你解决不了。

——张宇总裁对风险、市场部门的培训

——《关于当前业务管理中的几个重点问题》

5.3 对信贷审批部的建议

5.3.1 对信贷审批部工作要求概述

风控方面:一是要控制终极风险,二是要控制流动性风险

风险控制方面,不管什么贷款,第一,终极风险一定要控制,这是最重要的。第二步是审查流动性问题,关心到期能不能按期归还。有时情愿多花时间,也不能不考虑风险去卡时间。现在更重要的是发展,没时间去管过去留下来的不良问题。另外,只要是对企业形象加分的人都要进行鼓励,都是企业的一员。我们希望专业的一面一定要发挥,不愉快的一面一定要敞开看。

——2014 年 2 月 18 日第 12 期总经理办公会议

分工合作提高整个审批部的效率

这个的话水平不行,我们的要求是一天五六个。我给你的资料清单就是要项目经理提供的资料,提供完以后,风险经理只是审查和最后的实地勘察。至于材料的补充不是风险经理的事情,你把这个分清楚。很多问题是出在分工上,一个人从头包到尾的话,一个人一周只能做一个;但如果你只是负责你这个环节的话,你一天就能做几个。项目经理应该做哪些事情,交代清楚以后就由项目经理来完成,不要让风险经理做项目经理应该做的事情。每一个环节就要做每一个环节应该做的事情。现在一共有多少个风险经理?

十多个的话,一天是应该能审 20 笔的,怎么会不够?问题出在分工上。项目经理只要把资料搞全,风险经理觉得不行打回去就可以了。市场部要对项目经理进行培训,资料收集全是必需的。

实地考察是另一回事,那项目基本过了,就是去核实一下了。实际上审查资料是否齐全只需要一两个人来做就可以了,其他风险经理都不要进来,

等资料齐全了以后再往下分。这就是管理的问题了,你要适应这种大规模的管理,而不是从头做到尾的管理。你们过去小而全的方法是不行的,在打大仗的时候是要有分工的。

——2014 年 4 月 1 日第 18 期总经理办公会议

审批部应对项目的审查更全面,并提高效率,优化规范工作流程

另外,我们风险管理部在为市场部门服务的时候也要注意,可能有些东西,你还没有了解清楚。可能它后面还有一些隐情,没有反映到书面上。很多的贷款,从书面上看确实是很一般,但是实际上后面确实是没有大的问题。那么出现这种贷款的时候就要多问一点,勤快一点,不要直接就否定了。你们要有一个服务的精神,不光是对我们的分支机构服务,对我们所有的为风险部门提供资料客户经理以及业务部门都要有一个服务的姿态。还有就是速度要提上来,必须在 24 小时内给答复。风险管理部对分工要重新梳理,确定一个资料审核员,材料齐全以后再上报,不完整就直接退回。对于上报的人员,要给予回执,表明收到后 24 小时以后要给于答复。你们过去都没有接下来这个环节,只是收上来就不管了。那么接下来以后,立刻分配给风险审查人员。我们深发展银行的员工一个人审查四到五单,你们的工作量是怎么样?你们好好分析一下你们的工作。有时候是岗位的分配不对,导致某些环节堵车,然后就是一系列的瘫痪。所以我们的工作流程要改变,就像我们搞市场的部分,资料一定要齐。项目介绍过来以后就直接提供一个资料清单,东西齐了以后再讲。然后拿到风险管理部来审查,十分钟就完成一个。你们一天才一笔简直可笑,因为你们过去的工作不规范,经常会资料还没齐就上来了。你要是这么做的话,我们这就根本不是搞风险管理的了,而是投资公司了。你这里就相当于是银行,是按照批量来作业的。我们制定了那么多的制度就是要使这个流水线的每一个环节上的加工都规范,这样的话才能保证我们的规模上来。以后我们的分公司还会有一定的授权,低于 500 万元的可能就直接把权力放下去了,这样才能把量坐上去。风险管理部门我讲最重要的一点就是后面的审查的速度要跟上,你们这里是把控流程的,包括到最后的发标、前期的审查、资料的筹备。这个事情要

加强，不要再出现没事却很忙，最后还没做成什么事情的状况。我们办公室的两个小家伙11本资料全出来了，至少是500万字以上。那个里面包含银行管理的所有东西，从基本打法到具体操作的每一个环节全都有了。我们就用几个月的时间完成了，你们的资料用了多长时间？怎么回事？你们检查一下自己都在做什么事情。风险部门一定要把速度提上来，要有一个责任心，然后把下一步的工作干好，干好以后我们的工作才好办。还有我们风险管理的程序，从申请开始到最后挂标，然后放出去的整个的流程要重新梳理一下。钱来了以后怎么给他，怎么进行贷后管理，一直到怎么收回这笔贷款，包括我们贷后管理的每一张报表，以及贷后管理的责任人怎么衔接。然后反过来五级分类怎么分类。这整个是一条线，要重新梳理一下。把这个东西变成一个文件，然后让所有人都知道这个流程。知道这个流程以后，办理起来就都不会有问题了。我再顺便问一下，我们现在发布的公告是经过谁的审批就可以发出去的？

——2014年4月22日第21期总经理办公会议

风控经理为分公司服务中的各项问题及解决

这些问题我们都知道，我们现在的工作也是在解决这些问题，也相应地针对这些问题提出过要求。包括反馈的时间不得超过24小时、项目到了马上分发到风险经理手上等，这是分公司的发展和总公司的发展中所存在着沟通和磨合的过程。今天这个会议以后，各个部门将分公司的建议再梳理下，更明确一些。在磨合过程中肯定有哪些建议和本部门相关的，检查下是否有落实。双方在磨合的过程中会遇到过去未曾遇到的问题。费用报销的问题已经解决过了，这个没有必要再提了。我们没有设置上限，五万元起步，用完了可以再要，我们没有哪一样工作不支持分公司的。这些问题市场部各项工作完成的都不错，出现这些建议有可能是我们对市场部工作的支持不够，或者是相关部门对市场部工作支持不够。如果是需要市场部在办公会议上将问题明确地提出来，或者由分支机构直接提建议。

——2014年5月6日第23期总经理办公会议

对审批工作中思维格局和行为格局的认识

比如说公告最后的审批，到底是谁，不能是制定这个文件的人来批这个文件，就是负责制定这个文件的人来负责批这个文件的话，往往容易出问题，不是其他问题，是自己审查自己的时候有时候看不出问题，换一个人就好了，换了个思路。银行就讲双嘛，双人临柜，双人复核，双人押运，在我们这类类金融企业，所有的东西都要双。有一个是做的，有一个复核的，这样一来就防止他再出问题。就跟项旭副总经理拿那个头寸表一样，我一看，后面没有审核，只有签字，不行。必须是谁做的，谁审核的，一定要有两个名字，这样的话各自有各自的责任，出错的可能性就小了。今天我跟你们讲的这些都是思维格局的问题，有好的思维格局、正确的思维格局才会有好的行为格局、正确的行为格局，首先这个思想是怎么想的，能想到这个问题，你肯定就能做得到。你要做得到那你肯定就能想得到，所以，思维格局和行为格局的相适应，是保证工作进度的前提，就是每件事情都要有进度，那就要看你每件事情是怎么想的。为此我就想了几个问题，这就是为什么我要先讲，应该马上就要落实的一些事情。

——2014 年 11 月 8 日第 48 期总经理办公会议

标准折现系数的设定思路

12 就是非常好的，按照我们过去搞项目评估，国际上标准的折现系数就是 10 到 12，标准折现系数的基础就是平均最好的投资收益率。它是一个机会成本的概念，当你高于 10% 到 12% 的时候，这个项目就可以做；当低于的时候这个项目就别做了，你还不如存款，或者去买其他东西。所以我讲 10% 到 12% 是机会成本的底线，它就不会吃亏；那要是高于这个的话，投资人就会兴奋了，就会去冒险了，你拿到 20% 的时候就会有人去冒险，你拿到 50% 的时候也会有人去拼一把，逮到一笔是一笔，两笔的话老本就回来了。人的心态就是这种心态，看看这个问题研究充分没有，我就是这个意见。

——2014 年 11 月 29 日第 51 期总经理办公会议

贷款审批人员和风险管理人员的审批态度：一定要积极审批

现在有几个部门慢慢地跟上来了，包括市场部门也不行，风控部现在好一点，毕竟一开始作为重点来抓的，但是也存在很多问题，我们这次到底下去看，有很多分支机构发微信给我，对于很多项目审批中有这样的意见和想法，我对风控部门的要求，因为风控和市场的关系始终是互为因果的关系，也是正相关的关系，没有市场是最大的风险，但是有了市场，风险控制不住，那个市场是没用的，作为贷款的审批人员和风险管理人员，一定要积极审批，消极的审批是最简单的，只要看到一个不符合要求的点就毙掉了，而且很有道理。还有另外一个是积极的审批，就是这个地方不符合要求，要怎样才能做到符合条件，给予一些指导，我们说风险下挖一层，把风险点拆开，把下挖这一层的风险点控制住，这称之为积极的审批。这两个态度都是合规的，但是两个侧面所解决问题的结果就完全不同，对于我们的分公司来讲，一开始他们是有个人的利益的，但是有个人利益并没有错，问题是我们如何辅导他们，他们也有成长过程，特别是分公司，他直接找我，我是不能直接管理的，要有专业条线来管理的，但是我们下面的反映是在沟通上还有些障碍，有的是态度问题等，这都很正常。

——2015 年 5 月 30 日第 18 期总裁办公会议

审批部有责任去辅导分公司的业务审批

审批部的工作特点比较“原则”。我一直说给你们增加辅导的内容。我们这个公司在组建的过程中，尤其是筹备组很多人水平确实不高，管理人员的水平也不高。项目可能千疮百孔或者自己都没看清楚就报上来了，我们审批的时候可能就很头疼。但是公司就是这个基础，我们都有责任去辅导他们，只要愿意进步、愿意完善我们都应该给机会。十笔当中遗漏掉一笔心里都会不舒服。马上出《抵押品的价值确定原则》，出来后大家都有规则了。

我们在银行对房地产贷款的认识的深度都没有这么深刻，这种抵押的控制方法也在不断地创新和探索。我们现在的抵押物只要有一倍这样的抵押力量，什么都不怕了。这样市场一下就变得很大。资产管理公司后面只要以物抵债拿过来,70%卖,肯定有人买。但前提是评估价格不能虚假。我敢讲过去出现流动性风险的单位肯定没有达到实际价格的五折。所以我希望我们风险抱着辅导的心态告诉他们怎么做,而且要有耐心。上次董事长说过有人去分公司态度不好,我不知道是谁,但是我们对分公司态度要好一点。分公司把总公司的人都当领导,所以你们下去从态度上、讲话水平上要好,这是一种尊重,对公司文化形成也很重要。当然我不喜欢打小报告的人,这样管理会乱。不能孤立员工直接向董事长汇报工作。即便是我们中层干部工作有点缺陷,大局考虑,我的原则一定是支持领导干部。一个单位的稳定,架构是不能随便破坏的。现在的这些管理层,不足大家都有,但是责任心都是有的,这一点我百分之百信任大家。只不过在工作节奏和工作密度的安排上可能有些缺陷。我是百分之百信任你们的,只有你们进步了,企业进步了,大家才都能进步。

——2015 年 6 月 6 日第 19 期总裁办公会议

审批部回复分公司项目问题:三天之内以标准书面格式回复

30 个人,那人是不少,发展银行管 2 万亿元,它也就 30 个人,我们现在才管 100 多个亿,也 30 人。当然 30 人都是一些学生,有经验的人比较少,但是已经超过半年了,都应该能够做。但是有可能是对他们的培训来不及,不能说你们不行,方法上,可能各个方面来不及,要尽快地对他们的能力进行培训,培训过以后,我刚才讲的,人家项目上来了,你们审批部哪些项目可以审,哪些项目可以不审,在一天内作出答复,一般两天,最迟不超过三天,这个项目能干还是不能干,书面地通知各个分公司,这个不要懒,印个标准格式出来,专门有个退档和退档说明书,为什么退档,有什么问题,不是否定,就是退档,你们要补充什么资料,全都要写出来,然后退给分公司,回去让他补充东西,他就没什么话说了,不要耽搁在我们审批部,一压压一周,一压压半个月,一点回复都没有,那底下当然有意见了。你东西没搞好,我当然不能让你通过了,这就清楚了。

——2015 年 6 月 27 日第 22 期总裁办公会议

审批部管理指导

赵长华同志，你过去也是红岭创投的老人，或者说是这个行业的老人，但是跟我们银行系统的同志比起来，你还是差得很远，不是差一点点，而是很远，也需要迅速地提高。同时你现在是在领导岗位上了，如何去调动别人的积极性，如何去管理好这支队伍，这对你将是一个新的考验。这不是说审点项目就完了，你下面还有三十几个人，这下面所有人素质的提高，你都有责任，你是管理者，这是不一样的。今后在这一方面，我希望你们能够尽快地提高，把这支队伍要带好，这些小家伙们在选择的过程中，我们都把最好的给你们，在学校各个方面都是最好的，给了你们审批部，那你们审批部在培养他们的时候，希望你们能够发点力。从方法上，到内容上，到效果上，都做一点努力，使审批部尽快地适应公司发展的各项要求。好不好？继续往下说吧。

——2015 年 6 月 27 日第 22 期总裁办公会议

全面考虑敏感性因素及其后面的东西

什么是敏感性因素，听懂了吗？那天我讲过，就是如果怎么样，这个东西就不行了，那如果能提多少个如果，如果卖不掉那就完蛋了，如果怎么样，它就怎么样。这些都是敏感性因素，搞项目分析的时候最后敏感性分析，多的时候有七个因素进行分析。同时出现的时候，这个项目是否能承受得了，这是项目投资，它不是贷款依据。主要的决定做好了以后，后面的是一种辅助决策的参考意见。

那要不出现不就没问题了吗？你怎么敢讲它就肯定出现呢？它本身有个敏感性，上下跳动的，不知道什么结果的东西。不能拿这个来作为能否贷款的依据。那么我们这些小家伙不知道，经常去拿这些东西，一回答吧，底下人也讲不出来话，不能讲他就讲错了。他讲的是对的，但他看不懂后面是什么东西。像我们这些人搞这个东西的就知道这个因素不能这么去说，因为它有这个可能也还有另外一种可能。

——2015 年 7 月 4 日第 33 期总裁办公会议

关于担保贷款的风险问题

中间可能出现一点流动性资金的缺乏。我们现在涉及特标项目的担保，担保贷款应该比抵押贷款更严格才对，就跟信用贷款一样。信用贷款的企业一定要比那些抵押贷款的企业管理得更好，否则还搞什么信用贷款。你有钱人才敢给你授信 50 万元，没钱人，它只敢给你授信 5000 元，为什么，它没这个能力。对于担保贷款，你首先要算清楚他能够用来担保的资产到底有多少，他这笔资产有没有帮别人担保在我们前面，在给我们担保之后，还款之前，你不能够超出你的担保能力再去帮别人担保，这都是我们具体控制风险点的一些方法，如果这些都把握不住的话，这个担保贷款就容易有问题。

——张宇总裁在浙江分公司座谈会上的讲话

关于项目评估

第一就是项目评估，我已经讲过了，任何一个东西做投资都可以看作一个项目，投下去了怎么才能收回来，对这个项目有个评价，这个评估从何下手？里面有 11 个章节，包括里面涉及的知识非常多，在我们国家银行体系内掌握这些东西的都不多。现在我把 60 个课时的课浓缩到了 4 个课时给他们讲了一遍，主要是固定资产评估项目，方法肯定要是这样做的，最起码的货币时间价值你要知道，对整个动态的内部收益率的计算你要知道，对盈亏平衡的计算你要知道，企业财务报表你要看懂，企业的市场怎么去调查你要知道，像这些东西都已经讲完了。

——张宇总裁在福建分公司座谈会上的讲话

关于信用评级

第二课就是企业的信用评级，实际上是贷款之前，对企业的一个总体评价。你只有对企业有个总体的评价以后你才敢对这个企业进行放款，这个在风险管理过程中，对企业的总体评价，不管你搞到哪一级都是以信用评级为先导的。国际规则上,巴塞尔协议一,到巴塞尔三都是内部评级法,对企业用若干个指标分解成若干个动作对它进行评分,评到一定程度累加以后就知道这个企业是3A还是2A还是1A。当然这些指标中有定量的,有定性的,不同的指标获得分数不一样,最后有个总分来评价这个企业的好与坏。

——张宇总裁在福建分公司座谈会上的讲话

关于供应链金融

最后一课就是供应链金融,供应链金融本质上就是用我这笔贷款买的东西来给我这笔贷款提供保证。就不是其他的抵押,也不是其他的担保,这市场是相当之大的,任何一笔贷款都可以做。如果你对它的原理不掌握的话,就有可能在供应链金融方面造成风险。我也是在培训上马上要讲这个,这是清华讲的课件,讲了以后我们客户经理就掌握了最基本的专业能力。

——张宇总裁在福建分公司座谈会上的讲话

分清信息真假,理清各自责任

卷谁的钱我们已经讲过不负责任了,也提示过风险,千万不要代替别人去审查,只要审查肯定有责任。自己负责,而且之前我们大批地这么去宣传。这样我们也有责任,但是责任的性质完全不同,我们上传统P2P就是想摆脱这个责任。这个责任绑在身上往前走就是举步维艰。现在我不想要这个包袱了,我做到遵纪守法,负责审查资料的真实性,如果是假的,你承担欺诈责任,不是我承担。投资人自我保护意识更强。民主就是自己保护自己,自己可以说话但是也要自己负责任。对社会要有责任的,我们的责任就是公开公平公正。

——2015年6月30日传统P2P专题会议

对供应链金融的认识

供应链金融就是我过去在深发展做的,这种业务就是过去在计划经济时代的结算贷款。我再把结算贷款的条件告诉大家,这就是在两个国有企业之间签订了特殊承付这种结算方式的合同支付,在企业需要资金或者发出货物时,银行所提供的贷款。这就说到特殊承付了,这是一种结算方式,比如我这个企业是卖钢材的,我把钢材卖给下一家,下一家也是国有企业,我和这家企业签订了合同,就是我一发货,你就要付款,或者货到付款,就是不准拒付的。如果你不付,对方银行贷款给你付,就是保证货物发出后,肯定收到钱,这是在计划经济条件下,银行就产生了结算贷款。你只要一发货,向银行提交单据,发货的银行就可以直接提供贷款,就是用发出去这批货作为保证。我们正常贷款,我们贷了一笔钱,就用这笔钱所买的货来给本笔贷款进行抵押或者担保。这样市场就大了。因为每一笔钱都要用来买东西,只要买东西,就有抵押,不论是木材、钢材、汽车,都有抵押,只不过要做到无缝对接,就是我的钱下去以后,你的货必须在我手里。当然,这个货如果下家付钱了,你就必须还钱给我。中间如果哪个地方出现缝隙,那么风险就出现了,这就是供应链金融的核心。中间第三方保兑,标准仓单,这些都是保证的形式。因为货在仓库里,那么仓单就到我手上,装货的仓库,如果没有银行的指令是不能够向外出货的,出货就违犯契约法了。同样,银行只要不盖章、不放行你的货就出不去。下面一家要提货就必须付款了,不付款就拿不到货,一付款就还银行钱了。这个整个是连起来的,当然,供应链的核心是建立在畅销产品上的,而不是滞销产品,就是这个货必须是好卖的。现在国家经济不是很景气,很多东西都不好卖。好卖的就是东西一上市就有人买,超过一定比重的积压就不算好卖的了。

——陕西分公司座谈会

关于对审批工作的建议

从审批部,现在就是反映出这样一个问题,就是底下项目越报越少,这就印证了刚才项总讲的话,底下分公司认为是它们在养活我们,如果它们不报项目,我们总公司可能吃饭都会有问题,我不知道这个理念是从哪里出来的。针对现在这样的情况,如果它们真的有这种想法,首先从我们的角度,我们的服务是不是没有到位,因为我们是一家人,分公司和总公司是不能对立的,分公司和总公司一对立,就必垮无疑,必须团结一致,想尽一切办法,市场是第一位的，审批部这边的不足，反映的是市场供应不足，有效供应不足，现在我们把零售也打开，要很硬地下任务。对公业务是什么原因，要分析，严肯定得严，否则出了问题就很麻烦，最起码没有重组抵押率的贷款我就是害怕，从方式方法上、业务品种上，我们市场部是不是可以再考虑多一点。从审批部这边，主要是看我们下去的服务是不是到位，毕竟不仅仅有一个单纯的审批的任务，还有服务和培养人的任务，因为这个公司本身先天就是不足的，过去就没有做过企业审查的贷款，都是小贷公司做的，还有风险很大的信用贷款，最后证明都存在很多这样那样的问题。现在我们做的是跟银行一样的东西了，这支队伍的建设本身就是要费大力气的，为什么把利率降下来，就是希望有好的企业进来，而我们在审查企业的次级贷款，怎么辅导它们能够控制住，怎么能够抓住机会，这是要有水平的。比方说土地抵押贷款，这个土地有五千万元，我们再给他五千万元，然后一个亿能够把这块地拿下来全部抵押给我们，像这种如果全封闭运行这个地段也不错的话，这就是好贷款。而我们审批部的同志，不能在审批过程中，一不符合条件，一口气就回绝了，这样确实是打击下面的积极性，你们给人家一些什么样的引导，哪些成功的贷款做过这样的推销和辅导嘛。审批部严格可以，但别到最后严到什么都没了。没了市场是最大的风险，这是我们要检查我们自己的。

另外一个角度，我们就从分公司看，分公司的老总本来的素质也是不高的，不能期望他们有那么高的觉悟，能够从整体把握好各种各样的东西，他们也需要培养、鞭策、监督，他们也需要优胜劣汰，当中有些特别是自己没多大本领，又散布一些消极言论，造成不好影响的，要见面谈话了。如果造成很大影响的话，那就要作出一些处理了。我们人力资源部就要注意这个问题了，就是我们的备用干部够不够，我们现在的备用干部在全社会上，不是在公司内部，因为公司内部的队伍还没起来，只能从社会上招，那我们在社会上就要有一个庞大的网络，来塑造人才，不是说张总你说怎么办，周总你说怎么办，我要你干啥？你说怎么办？你有方案吗？你给我选了几个优秀的吗？一个企业的组织，一个企业的管理，它的基础不一样，但到了我们目前发展的阶段，这个企业的基础要改变了，否则还是延续小贷公司的管理、延续公司规模还很小的管理方法的话，领导说了算的管理，就完蛋了，各个部门没有起到作用，领导脑子再好也想不到那么多事情，解决不了那么多事情。在座的每个部门老总，你们想过这些问题没有。所以从审批部现在项目的匮乏的角度，我们就想出这么多事情，希望每个部门都从自己身上多找一找不足，自己是不是尽心尽力了，有些是基础问题，是需要培训和带领的，有些是属于技术含量问题，你有没有那个辨别能力，有没有敢于承担责任的能力。所以讲不要听别人一告状，就觉得告状的人有理，不是这样的，法律上讲原告和被告是同样的，但我们总觉得原告就是有理的，被告就是有毛病的，实际上不是这样的，原告和被告都有权利，那如果原告告错了怎么办，那法律上也一样要处理，否则不负责任、乱讲一气，什么我们养活总公司这样的话，不能不负责任，你讲这样的话，你讲出来造成什么样的影响，这个话最起码不公正，我们从开业开始给分公司、给市场拓展人员的政策，提出这种政策都是希望市场能够迅速打开，让我们从当中提高能力、寻找到新的机会，如果这些搞阶级斗争的认为是分公司养活了总公司，这种观点一出来，公司就乱了，如果支持这种观点，那就更加糟糕了。包括一个国家，如果讲中央政府是每个省养活的，那不是想死吗，国家都没了，外国都侵略进来了，政府都没了，那不是当亡国奴更好吗，不管是哪个头，只要给他饭吃，这是汉奸的思想，不是维护一个集体，不是维护一个大家相互支撑的思想。有这种思想的人，一个是无能为力了，他做不下去，只有通过这种思想来给自己找支撑，还有一种就是思想动机不纯了。到最后会有事实证明我讲的是对的还是错的，总公司跟分公司不能对立，不能看成两块，谁要是支持这些做法，是肯定要遭受惩罚和教训的，一定不能这样做。总公司的管理队伍好不容易建立起来了，大家一定要团结一心，从市场部怎么样，我们现在搞那么多方法让你们寻找市场的项目源，包括如何建立客户经理的队伍，都是我们在说，都是我们在教，都是想赶快把市场打开，我们审批部，如果单纯只是做审批的工作，那就太浅薄了，应该发展式地考虑问题，怎样才有利于发展，带着发展的观点去考虑问题，这个企业才有希望，如果我们每个人都是消极的话，你踩我一脚我踩你一脚，这样也糟糕，这种文化不应该在企业里边存在，有的应该是多看到别人的优点，多看到别人的长处，多作一点贡献，一定要培养这样一种文化，这个企业才真的有战斗力。为了这个企业的发展，我们各个部门要尽职尽责，哪些认识是对的，哪些认识是不对的，从更广阔的前景去看，大家管理好自己的言行，我就讲这么多。

——2016 年 4 月 18 日第 13 期总裁办公会议

供应链金融的操作规则

银行最大的发展方向就是发展供应链，我当时研究供应链，因为供应链是从深发展银行开始的，深发展是从我开始的，现在是全国都在做这个业务，供应链的本质就是用本笔贷款所购买的物资为本笔贷款作担保，等于是信用，信用的特点就是你买什么都要告诉我，这个钱我给你但东西在我手里，当这个东西出去以后钱才能回得来，就是卖东西时这个收款账户是在我手里，利息和利润部分我给你，剩下的我都自己扣下了，这就是非常安全的，上游下游都可以做的，任何一个大企业特别是上市公司，它的供应方是有很多的，它下面也有很多的，你抓住一个主体企业，中间的一般企业，两头都是可以做的，做成小笔金额的，而且这是银行先做的方向。我们在深发展银行研究时就发现，为什么多家银行都在做呢，这个方向就是无担保的，你要看上去是信用的，实际上是有充值抵押的，因为我们的前提是和市场接在一起的，一般是做畅销的产品，还有就是上游和下游保证是能够付款的，是没有问题的，不付款东西就是我们的，既然东西是我们的，拿过来的东西一定是要值钱的，市场上一定是能卖得掉的，要打个折，一出去以后，是仓单也好、第三方质押也好，都可以，有很多做法，供应链里对货物的锁定有很多方法，在第三方仓单，货不一定在我手里，在仓库的货权是我的，当你要出库的时候要从我这边确认，有一系列的操作规则。

——湖南分公司座谈会 2

5.3.2 对信贷审批部人员的管理及要求

明确岗位和责任，维护公司形象

再提醒一句，总公司下去的人实地考核时要注意总公司的形象，风险的实地审查人员要增加，保证项目资料一定要完整。大家要明确各自在岗位上是什么环节，承担什么责任。风控是最重要的核心，现在都是信用风险，就是违约率和违约概率，从过去的违约率去判断未来的违约概率。

——2014 年 3 月 18 日第 16 期总经理办公会议

人员培训和素质提高的重要性

因为现在全国来的标的都不一样，各个地方的标准也不一样，我们的双审是风险部门进行的，不是市场部门进行的，那么在这个审查的过程中，人员的培训和人员素质的提高非常重要。他们的素质提高了，这个问题就好办了，审批就简单了。

——2015 年 4 月 11 日第 13 期总裁办公会议

信贷员能力要求和考核办法

审批部最主要的工作还是你们本身工作的提高。观察项目的能力，分析项目的能力，解决问题的能力，关系到每一个人的素质。这些素质是需要经验、辅导和学习的。而我们每一个信贷人员这方面的基础到底怎么样？如果不行，赶快补。赶快让他们去学，辅导，考试，通过，验收，否则别转正。

——2015 年 4 月 25 日第 14 期总裁办公会议

培训要有针对性

信贷审批部培训分成四个方面，这个我不反对，但是我更强调的是针对性的培训，最快。基础性的培训是互联网金融学院和在大学里面的事情，你们是要有针对性地培训，哪个地方有矛盾了，我就培训这个地方。对审批部有意见，我告诉你，这个地方我们为什么没批，以后怎样才能批，要培训的是这些东西，分成四块，有基础性地培训是浪费时间，有些东西可以自己看，市场部也一样，上一个项目，审批部和风险管理部没有批，它们会告诉你为什么没有批，然后你反过来要告诉分公司，你们市场上有什么难度，碰到这种难度，在风险上和审批上能有什么办法，让我们再下挖一层，把风险从下面一层的因素控制住,因为挖到底没有什么控制不了的风险。银行五证不全,不能贷款,我们这没有什么五证,没证都能贷,我们可以把他的土地封闭运行,买过来就抵押给我了,自己拿5000万元,我给你5000万元,买了一个亿的地,再变成地产证,再把地产证抵给我,我给你5000万元有什么不能做的,但是必须封闭运行,这个很重要。在专业里面叫次贷,次级贷款,不是标准贷款。我们的主要市场就是次贷,那么在次级贷款里面,我们怎么能下挖一层,来控制风险,是这个问题。当然标准贷款我们也想做,但是价格很低,我们现在做特标就是想往标准贷款上做,但是我们多数贷款还是次贷,从我们审批部对市场部的培训来说,要做针对性的培训,要归纳出到底有多少不批的原因,和市场部对你们的意见,你们统计一下。

我经常听见分公司的人说,我们打电话的时候,你们那些小家伙要我们补充什么资料,我头都搞大了,补什么呢,补过哪几样东西,一个个给我列出来,这还不简单吗?有意见,那就把意见全部彻底讲出来,讲出来之后我们看看,该不该补,如果该补的话,那就在上报材料的时候该有这个东西,这里就不存在补的问题。因为这个东西不报的话,我们就不会接收你,如果顺势下挖一层,这到底是不是关键问题,这可以后补的,那就先批,批了以后条件不满足,就不能放,就把时间节约下来了。大家都是一家人,都是为了公司和每个人的发展,所以在讨论这些问题的时候一定要有针对性,没有针对性不行。又是消极平衡和积极平衡的问题,消极平衡很简单,只要你哪个条件不符合,我就不贷,但积极平衡就不是这样,就是你不能贷,我告诉你怎样才能贷。如果我们都去积极平衡一项工作的话,那我们的工作就好做了。如果都是去消极平衡一件事情的话,大家都没错,就跟我们现在的官僚体制一样,我们现在的政府官僚体制都是这样,都是消极平衡,不能做就是不能做,这都是有规定的,谁找我都不能做,这就是一种消极平衡,这种消极平衡对于我们整个社会的发展,各方面都会受到影响。反过来,积极平衡的空间很大,消极平衡到积极平衡之间的空间非常大,怎样在符合规定的条件下,创造条件,往前发展,这就是你存在的意义。仅仅是遵循规章制度太简单,大学生给你十个条文,一个个对,只要通不过的就走,但是发现问题以后,怎样创造条件让他满足,然后又能做,这就不一样了,所以你们的培训要有针对性地培训，一定要跟市场人员展开充分的交流，实际上市场人员的代表人员就是各个分公司的老总，那么我们审批部的负责人，包括我们分管审批的领导人也要经常跟分公司老总接触，告诉他们你这边到底是什么问题，上面管风控和管市场的也要经常沟通，这样才能形成一个整体，把大家的意见都能谈出来，我们这个业务才能真正健康向前发展。

刚刚讲到培训的问题，很好，这个动作做了，但是这个动作不要做基础性培训，因为你来不及，你不是干这个的，你是做审批的。就是针对性的问题怎么办，就赶快给你一个培训，都培训你了，都告诉你了，有什么问题可以现场提问，我最终的问题还是信息的充分沟通，不要信息不对称，我告诉你应该这样做，这也是一种信息。告诉你之后，你有什么信息不对称的地方再告诉我，然后我们取得一致的意见。最后这种事情一定要做，有的到一定程度不能做的原因，是目前这样的条件，或者这个条件都创造不出来，那就什么时候有了这个条件以后我们再做。比如我们先要抵押，没有抵押我们就做担保，没有担保那就按供应链的方式做，这实际上就是一笔贷款的判断程序。一开始是抵押，抵押就要看抵押物，充足抵押率，抵押不行就要搞担保，担保就是要看担保单位有多少担保能力，同时，它在这个担保单位有多少担保能力，同时担保单位帮我们担保以后它还有多少担保能力，它以后的担保要控制在整个范围内，到时候我们一旦有了风险，这个第二还款来源才能真正地起作用。如果只有 11 个亿的担保能力，他要担保 10 个亿，并且前面已经担保 9 个亿了，再担保一个亿没什么用了，到时候就比较麻烦。但是按照供应链的做法又是另外一种做法了，就是用这笔贷款贷出去所形成的资产来给我们这笔资产做担保，那么这种贷款就是无缝对接，我们以后大量的就是这样的业务。我为什么在金融学院上供应链的内容，因为今后我们跟银行一样，在找寻项目的时候，寻找大量具有供应链性质的，你一旦看到供应链，实际上就是在我们这筹资成功了，这有点像股权众筹，但是还是债券，必须有你的东西抵给我才行，这样才能安全，货出去，钱进来，钱出去，货进来，同时要保证这个货一定要是市场能够卖得掉的货，别把积压产品搞进来，那就没用了，只要是市场畅销的货就不怕，我给你，你买回来以后费用你留下，利润你留下，剩下的就还我的钱，跟你结算这一块。过去国有企业的特殊承付结算方式的前提下所做的一种结算贷款，这边一发货，那边银行就给贷款，凭发货单银行就可以给贷款。没钱的话，银行立刻就要给他贷款，因为之间有协议，而这笔货只要给了他，你就要付钱，中间很多环节就省略了，等于就是用这笔钱所买的货来抵押，等这笔货到了以后钱就给你了，但是货一出去，钱就回来了。

所以我们今后培养的方向，这样的业务比前面的业务要复杂得多，抵押相对来说要简单，所以银行人员、信贷人员真正培养成专业人员不容易。就算在专业的银行里面，像我们那样，没有5年以上根本是达不到这个水平的，要大量的实践才知道，才能有这种体会，当然现在培养的手段和方式多了，可能两三年就能培养起来。但还是需要一定的时间，更重要的是我们要知道方向，那我们每天所做的功就是往一个方向，就不会做偏，所以培训员工和业务人员的时候一定要按一个方向，准确。所以我要求你们培训要有针对性。

——2015年12月5日第41期总裁办公会议

提高审批工作效率

我来讲一下，审批部是大家反映比较强烈的部门，我也经常帮他们讲话，实际上这也是个流程问题，分公司报来贷款，找谁？是一个人？还是一个岗有几个人？先找谁，后找谁？当这些人接单之后，他们的审查要点是什么？不能超过十个，超过十个就一点用都没有，只能是很简洁的几个要点，能做不能做一下就判定出来了，十个要点审查还不容易吗，能做就做，不能做就打回去了，告诉他是什么原因不能做，如果同意做的话，尽调就持续进行，马上接档，然后去搞调查，一落实之后就可以上审贷会了，审贷会同意，后面的流程就走下去了，有什么复杂的。有的是报上来的资料一开始就不全，没有财务报表报上来做什么，财务报表最起码有最近的和上年末的，最起码要有吧，最起码要看到你的资产状况吧，只要看到资产状况，能不能贷我心里就有数了，当然一定要保证财务报表是真实的，只要搞假材料，一枪就毙掉。有了真实的财务报表以后，像你们一般的财务报表分析能力都有吧，一看能贷不能贷，不就知道了吗，不能贷就告诉他是什么原因不能做，一下就清楚了,哪有什么复杂的呢。我听一些小家伙在底下反映一些问题,确实那些问题不是关键问题,你补充它当然更好,真没有也不形成,只有在特殊情况下有些很小的东西才形成大的风险,一般不形成风险。你这笔贷款只要有充足抵押率,又能保证抵押一旦出风险能在我手上,你还怕啥。你没有官司什么都没有,一旦出风险,这个抵押物就是我的,还是五折以下,我肯定能卖掉,就抓住这一点,你就围绕这个审查还有问题吗?核心问题是搞风险管理,看到每一笔贷款控制核心在哪,刚才陆总讲议标担保能不能做,实际上不抵押能不能做,我们要讨论议标是怎么出来的。议标出来是从那些优质的有充足抵押率的房地产中降低利率抵押的,否则是24%,起步是这么出来的,但你们不要抵押或是减少抵押,一定要动手,那就不是议标了,没有充足抵押率只有一个出口,从我专业的知识告诉你们,只有一个出口,就是你拿这个钱买了什么东西,这个东西拿来抵押,就是供应链,只有这一个出口。我给了你三千万元,这三千万元你拿来干啥,你付给谁,如果没有什么东西就是悬空的,其他担保都没用,那不是议标的问题,所有贷款你研究供应链就是研究这个东西,就是用本笔贷款所购的物质或什么东西来进行抵押,出去的时候要经过我们批准,这样要有个最大的前提,肯定有人要,甚至是合同已经签过了,东西在那里了,只有这种情况才能做,否则一旦出问题就要出事情。特标为什么,特标是国家信用,就跟我给你人民银行放款,人民银行敢不还我?特标就是国家信用,你国库券要不兑付国家是什么啦,我们对国家还是信任的,和一些优质的上市公司,就这两条。优质的上市公司怎么判断,一个净资产,净资产要大于贷款数,每年分红要达到什么水平,才能称为优质的上市公司,一定要有几个标准,没有标准立即制定标准,不能用含糊不清的东西来。没有标准怎么执行,特标只要不是国有企业,就是优质上市公司,国企好解决,看执照就知道,是民营的、集体的还是国家的,一看就知道。如果是优质上市公司,就要有几个指标,净资产当你贷给他的时候,能不能覆盖我们的债权,这是最起码的。另外还有他的销售收入、盈利能力和周转速度,把几个东西一审查,股价、行业位置,判断了以后才会觉得这是个好的上市公司,另外信息还要披露。所以说暗保,你们还接受,我对暗保是绝对持保留态度,暗保上不了台面,一出事以后我说是暗保,不是自欺欺人的，不出问题还好，一出问题他是没有法律责任的，这就逼着我们找更多项目，可能一千多个项目当中才有一个好一点的，或者一百个里面有一个好的项目，报了十个项目就希望有个好项目，没那么容易，本来就是这个比例的。我们搞风险控制特别是审批的，那些小家伙们各个规定几个要点，只要能做到就行了，报上来立刻就要有回复，别超过十个要点，关键问题只要解决了其他不会有什么大事情，只要能控制住，最怕是假的、失控、没有抵押的，属于供应链的东西，充分销售，可能的，那就肯定出问题。我到下个月底要把分公司全部跑完，跑完看你们做没做到，看你们流程有没有问题，看你们模板怎么使用，看到底什么素质，到时候我们教他们怎么做。所以你刚才汇报的很简单，这个项目的多与不多、严与不严、够与不够，跟你项目审查是很有关系的，很严格报的积极性不高，你也别担心，如果是消极的态度我就换人了，再高都换，我跟我们杨行说过了，每个分公司准备两个以上的备用人员在那里，不想干了，立马换。如果是我们总公司的部门有缺点需要完善，立刻改正，包括我也是一样。但你不能不负责任，不负责任总公司就没办法了，怎么可能。一天到晚说项目难报，没有项目，我跟佘大旺说，佘大旺说项目多得很，红岭现在影响力非常大了，社会上搞资金的人到处吹牛拍胸口，我这有钱，你项目质量好，保证有钱，说你在哪里，红岭创投。他知道好项目肯定都能搞到钱，如果分公司说没有业务，那是谁的问题啊，天天干啥，发短信调侃，发牢骚，也不负责任。

所以审批部是矛盾的焦点是正常的，哪里都是这样，但我们有规则，不能违反规则，你骂我也没用，你叫我高抬贵手，那我去坐牢你帮我你干不干，他说不干，我说那你让我高抬贵手？你要是愿意，我来签，帮你打电话打招呼，坐牢的时候你去，讲那么容易，想要别人帮你承担责任。你讲很轻松，到真正有问题的时候别人凭什么帮你承担责任，这种人跟他交什么朋友啊。我搞了一辈子风控，最后就这话，一切按制度来，亲爹都不行。到时候经侦来了哭都没地哭去，这种事我见多了，审批部有时候掌握严格，只要标准是清晰的，不是故意针对谁，一定要坚持下去，不能松，一松就要出问题。但你们涉及的要点一定是客观上愿意操作的，能操作得了，不能是别人无法办到的，有些小家伙不懂乱讲一气，底下人又怕你，你是总公司的啊。我们要怎么做,就跟执法者一样,比别人要更加守法,要跟分公司作出表率,要客观处理所有问题,不客观就不可能叫下面人客观,你不公正就不可能叫下面人公正,能做到这点很难,也很容易,认真的每天这样去想这样去做,就能做到。

——2016 年 6 月 20 日第 19 期总裁办公会议

5.3.3 审批原则和思路

审批的要素和原则

这不需要提示,而是本该如此做,对于哪笔贷款做得不强的地方直接通报。第一还款来源永远是最重要的,也是流动性风险的起因。从分公司找项目的情况来看,第二还款来源是其找项目的依据,在项目审查时它也是第一位的,有抵押才会接,审查时如果流动性跟不上要有其他的措施,如果措施跟不上的话就暂缓。不要做文件下去。

——2014 年 8 月 9 日第 37 期总经理办公会议

标准:审批原则和审批标准以及思路

审批部的工作主要就是一个效率和原则,就是这两点。人家报上来的项目要尽快给答复,行就行,不行就要说明问题。在保证这个原则的情况下,按照审批标准来。审批标准也不要多,目前一般的贷款审查也不要太长,就是非常简单。第一是审查有没有终极风险,抵押物是否足值? 抵押物的评估是谁评的,是用什么价格来评的? 使用现场的成交价评的还是推测的价格评的? 这个都不难。如果抵押物都足值的话,就说明终极风险是没有的,只要一打折脱手就没有问题。这个环节只要审查好了,后面的风险就会极大地降低。第二个就是流动性风险,就是用什么来还钱,用什么付息。其实就是在面谈的时候讲的五点,是否落实。我在最后面谈的时候都讲已经落实了,但是我不可能一笔一笔去看这些东西。最后出了问题的话,是我们的审查出了问题还是企业经营上出问题了? 所以审贷会在审查的时候,这些都不是困难的问题,下面的审贷员在审查的时候也不是难的问题,就是我们的落实问题。就是要我们去看看这些抵押物是否真实,价值是否真实。这些抵押物的价值,我们一开始要相信我们的分公司,但是要明确取得这个评估价值的来源。这种房地产贷款的终极风险的控制是没有难度的。

另外你要看看企业的规模,企业的过往经验。一般五分钟,我看这个企业的报表就全部看通了。包括企业的规模、效益都看通了。那么我们下面的审贷员的基本功怎么样?如果还不行的话要赶快培训,要告诉他们哪些数据是重要的数据。看完了这些数据就是实地检查了,看看是否有这些东西,以及看看这个企业的管理。实际上在审批的时候,一些会产生激烈意见的项目,其实风险就很大了。一些非常好的项目,一看就过了。我以前在银行的时候,一个项目一般不超过五分钟就通过了。对一些敏感性分析,假定某种情况出现的时候会是什么样的结果,在审查的时候就应该搞出来了,而不是放到审贷会上来搞。假如房子卖不掉怎么办,假如价格降低怎么办,假如成本提高怎么办,假如建设期延长怎么办,假如被查封了怎么办,这都是敏感性因素。这些因素在我们审查的时候就要拿出来看一下,如果有的话都要一一有解决的方案。如果到了审贷会上才去想的话就糟糕了,就不是审贷会,而是分析会了。应该是在上会前解决,然后到会上投票。为什么我没有介入这块?一是没有必要,一是你们现在的规模还不大。马上我们300人来了,我讲讲应该怎么做。实际上都不难,只要按照方法来做的话就都不难。现在待审的项目有多少?

(46个,80亿元)

等于都在搞调查,调查还没有规定时间。不行的话就让他们创造条件,不要轻易退回。我讲过这个原则,不要轻易去否决一笔贷款,没有不能贷的贷款,只有不符合条件的贷款。只要它把条件都创造成熟了,所有的贷款都能贷。但凡有一个条件不具备,这笔贷款就不能贷。你们要明白这个项目,要和分公司的人讲明,告诉他们这笔贷款条件不具备,所以不能贷。所以本质上就是这些问题,只要把这里两三个问题吃准的话就不会出问题。只要把我和企业面谈的时候强调的几个问题都抓住的话,就不会有问题。但是要熟练地把这几个问题都做好的话,还需要一些基础知识。审批部我不多说了，一个是不要积压，一个是注意质量。其他的我不多说了。

——2015 年 4 月 11 日第 13 期总裁办公会议

项目审批的思路和企业财务报表审批方法

抵押和担保肯定是抵押的风险度低，把利率从 24% 降到 15% 了，居然把抵押换成了担保。随之而来给自己的安慰就是他们大，他们好，他们有现金流，实际上一旦有了风险，那我们的风险抓手就没有了，或者说就很小了。不像抵押物在手，一把起诉，直接以物抵债。24% 都找得到抵押，15% 的找不到？质量还是比原来高很多。当然，这不一定是审批上面的问题，审批实际是项目的审查，也是一个评价过程，要有一点技术，要有经验的，这方面就要多了解政策、制度，更重要的是市场。每一笔贷款市场不一样，需要了解的内容也不一样，构成要素都不一样，每一笔贷款都是唯一的。搞到最后就像银监会总结的就是流动资金，项目融资，固定资产，个人，归纳这四个方面就好办了，银监会也有制度。我们目前的审批人员，多数是从大学刚刚出来，基础经验还差很多很多。我们当信贷员，搞了一辈子，我看一个企业好坏，首先就是财务报表。我们每一个审批人员对于财务报表的熟悉程度是多少？能不能闭着眼睛就默写出来？我现在还行。平衡表的借方和贷方，能不能写出来，搞不清楚，弄个考试可以吧？抓技术就是从这些内容抓起。然后搞一个生产企业的产供销、应收应付、权益类，然后负债类，从银行的贷款，现在的财务报表比原来的简单多了，基本上都能够看清楚。这些数字一背下来，5 分钟一扫就知道有没有问题了，但是前提是什么？必须是这个企业的账是真的。真实的报表特点是连续的，拿三年的报表连续来看，拿其中的一个科目盯着看，我就看银行存款，企业基本都有一本银行存款账，看流水跟财务报表的数字选择一个时点去对，看下对不对，如果是对的，多数是真的。只要有一点不一样，就是假的。判断真假这是我们的基本功。包括应收账款，盯住财务报表的任何一个科目，15 期，或者 15 个月，或者 15 个季度，或者 15 天，要连续记载的，一看就知道是不是真的，这是最基本的方法，谁也不用请。另外一个是懒办法，这个报表有没有经过审计，经过哪一级的审计，这个审计部门是不是负责任的，但是有些审计也是不负责任的，所以审计过的报表未必是真的。对于财务报表的分析，对于企业经营的分析，切入点就是财务报表。

——2015 年 4 月 25 日第 14 期总裁办公会议

风险管理部抵押类贷款的审核思路和方法

如果是抵押贷款类的，首先你看到他的抵押物是不是有，抵押物是不是合法，抵押物按照什么价格来的，然后有了以后，可以了，就细审，如果没有就打回去了，没办法干。打回去，你搞个表，哪几个问题，给个理由就行。你给审查人员，就按照这个表，这个模板去套，不符合就打回去。你要我来审核的话，我一天保证 10 笔，我保证一个都不会积压，而且打回去以后，他们会立刻加强工作，能够把不足的地方，通过调查完善起来。如果不行他也就放弃了，这样分公司也就没有什么大的意见了。那么我们风险管理部和信贷审批部如何就这个问题和分公司沟通好。

另外不要听他口头汇报，口头汇报没有依据，回头忘了，他说我随便说说，你就去办了，搞了结果是另外的样子，那不行的，必须有书面的东西，没有书面东西很难去界定一些东西。有了书面以后，白纸黑字写着，他必须认账，否则很麻烦，大家处理任何问题都要有书面，有签字的，这不是说其他问题，是说每个签字人，每个环节都有他的责任。

——2015 年 6 月 27 日第 22 期总裁办公会议

借款人的还款意愿是金子

所以我们在贷款的时候经常会讲到，借款人的还款意愿是金子，就是贷款人他是否还款意愿很强。他如果是还款意愿很强的人，一般不会有问题。他再有实力，还款意愿不强，也会给你找麻烦。这是多年实践中得出来的经验。

——2015 年 7 月 4 日第 23 期总裁办公会议

审批的五个要点

这个审批部门它的工作很具体，就事论事的话你们天天忙得不得了，每天在忙,但这个效率和质量是不是也要反思一下,效率和质量主要从你的程序、环节是不是设计得准确,包括收贷,包括首问负责制,包括每一单的审查时间,包括每一单的审查要点,包括信用的要点不会超过5个,抵押的几个要点也不会超过5个,担保的几个要点也不会超过5个,你把这几个5个,每个贷款的要点一个个列出来以后,审查员看这个要点,过了就往下过,不过就拿回去,就不要往下走了,这个东西我就不往下讲了。

——2015年7月25日第25期总裁办公会议

选择优质企业有利降低风险

我希望分公司的各位老总,筹备组的各位组长们,能够把特标作为主打,因为这是我们降低各项风险的基础,短暂的资金需求不排除,24%的我们还可以做。但是主打一定是特标,利率要降低,以取得身体好的企业。身体好的企业都在银行,我们要变成保健医生,不是治疗,这样我们的风险能降低很多。我们在项目的选择上,不管是流动性资金、固定资产、项目融资,还是个人贷款,我们的专项都要向优质企业,我们作出努力的着力点是,找出市场上的需求的强度,这个盈亏平衡点到底在哪里,在什么价位投资人愿意投,什么价位企业愿意贷,这就是利率市场化。私募、体验店、财富中心、集团客户,无外乎都在吸收投资者,给投资者介绍一个收益较高的项目。

——张宇总裁在客服培训会上的讲话

审查项目的根本在于抵押率

审查项目根本问题在哪里,特别是房地产项目,根本就是是否有充足的抵押率,这是最重要的,只要有充足的抵押率,后面我们解决流动性问题会简单很多,你别听他说卖的多好,那才是敏感性因素,假如全卖掉了呢,如果卖掉了一半呢,假如卖到十分之一,假如一年卖掉,假如两年卖掉,这都是敏感性因素,但我不管哪一点卖掉,现在什么价格抵押过来不行可以收回来,卖得越快越好,卖得慢也不怕,拿来我可以把土地直接卖了,这不是一下根子揪住了,揪住了根子怕什么呢?所以说信贷人员在项目审查过程当中,特别是分公司我们自己要把一些矛盾看清楚，看清楚以后在管理当中运用上，运用上以后才能使业务健康发展，所以讲从市场的选择和市场的定位方面、灵活和科学方面给大家几点建议。

——张宇总裁对风险、市场部门的培训

——《关于当前业务管理中的几个重点问题》

积极平衡与消极平衡会产生截然不同的两种结果

现在审批部有40个人了吧，我们要计算每个人的工作负荷，现在40个人在批多少笔项目，平均一个人几笔，多长时间，可以计算工作量够不够。如果不够，两条路，一条路是增加项目，让负荷增加，再一个就是裁员，把人要调出来，还有第三条路就是集中培训，不能空下来。因为我明显感到40人批这么点项目负荷不足，那就没必要留这么多人，留这么多人就会对其他人造成很不好的影响，如果能集中起来进行培训，也是一条路，就是半个月、一个月培训后达到什么水平，这也可以，就是让他能力不断提高。这是你内部管理的问题。

第二个就是审批人员对于不良资产的管理，你不要给他施加压力，你给他施加压力就不对了，他应该是根据标准来审查，因为他是延伸性的判断，可以有100种结果，不具备这种能力，只能讲是否符合这种标准。因为用很多趋势性判断，这里面难度非常高，只能讲，从抵押率讲有没有，没有就不能搞，有就可以搞，到最后哪怕趋势性有问题控制住都不怕，但当有充足抵押率说是会产生不良资产就不批，这不行。硬指标就是硬指标，硬指标通过了软指标就是可以讨论的，硬指标通不过，软指标再好也不能过，也是风险很大。所以这里下去审查说到软指标，分公司老总都不敢说什么得罪他，因为我们做风险审批的都知道，任何一笔贷款都可以找出100个理由否定它，任何一笔贷款也可以找出100个理由肯定它，哪怕贷款已经收回，我还可以找出100个理由说当时不该贷，如果这笔贷款形成不良了，找出100个理由来说这笔贷款可以贷，因为这太复杂。

不做事没风险，一做事肯定有风险。特别是我们很多老同志，做事一个叫积极平衡一个叫消极平衡，都是平衡，消极平衡跟积极平衡可能是两种结果,消极的观念去反映一个问题和积极的观念去反映一个问题,完全不一样。消极很简单,责任小,但是收益也小,如果你消极地处理事情,应该给你的是消极的结果,如果用积极的结果对应你消极的态度就不公平,对那些积极努力积极工作的人就不公平,所以尤其在我们审批要重视这点,一个是消极平衡,一个是积极平衡。这里面技术含量很高,但有些硬道理我都告诉你们了,快借标必须有充足抵押率,怎么计算告诉你了,特别好的算议标,我们少收入一点,大中型国有就可以用特标审批,如果三个都挂不住就上本标。这种指向我们下一步的方向就有了,控制的原则有了,你还能控制不好?

5.3.4 审贷会

审贷会制度规定

还有我们的审贷会的工作上还有一些欠缺,我给你们提供了七个模板,你们只要按着七个模板来执行,你们的工作就会慢慢地上来。我这里规定一下,如果一个单是由 3 人负责的话,在投票时只能由一人参加,不再是小组全员参加。我们新的结构和制度的建立是为了保护每位员工,让每个人都能安心成为优秀的职业及管理人。制度是不能讲人情的,每个人要自觉、自律、自信。到了红岭,大家要有归属感,不断提高自己。

——2014 年 1 月 21 日第九期总经理办公会议

审贷会必须是在会议室开会,面对面投票,不可以异地讨论

投票一定要开会的,不能用异地讨论的方法。要不然这里面会出现一些虚假的情况,这种风险谁来承担。只有在个别情况下,比如有七个人的,只有六个人到场,那就让他表个态,因为他已经无足轻重了。实际上,当达到4: 3 的比例的时候,这个风险是很大的。反正如果出现小比例局面的时候可以用这种办法,绝对不能每个人一个手机端投票的方式,必须是在会议室开个会,大家面对面投票。

——2014 年 4 月 1 日第 18 期总经理办公会议

审贷会投票的具体操作

不需要举手表决，现场填单投票，填完以后就收起来。集中以后公布一下几票同意，几票不同意，然后就是归档了。归档以后这个票不一定要给我看，你只要给我结果就行。那个只是作为档案留存的，最后要查的话才会看这个东西。只要有审贷会通过没通过的结论就可以，通过以后我才能签。如果没通过就不要到我这里来。有条件同意视为同意，这是审贷会的原则，很清楚。你们就不要犹豫了。部分同意的，就把条件写在约束性条款里面，但是你这个约束性条款必须是可操作的东西；如果不可操作就等同于不同意，那就干脆不同意，因为你提出了达不到的东西，那人家就不好操作了。大家在现场还要签字，就是这单业务完了以后每个人发一张单子，然后他们直接签字，签好以后就直接收了。我们的审贷会都是这么开的，但是在审贷之前要把所有的资料给他们看的，这样他们就能有一个判断的过程。然后到上会的时候，主持人把项目的情况讲一遍，大致就可以投票了。如果有什么疑问，大家可以提出来，然后现场解答，解答以后就把这个问题彻底解释清楚了。最后就是投票了。这是很严肃的，一定要独立。否则这笔贷款出事以后，那么就是违法放贷罪，起步就是五年，最高到十五年。所以我们一定要严肃对待。好了，继续往下说。

——2014 年 4 月 1 日第 18 期总经理办公会议

审贷会增补人员问题

增补一个人，你应该有一个书面的东西。这个书面的东西很重要，因为风险管理委员会的成员和审贷委员会在银行都是核心技术人员。这些人员在年终的奖金都要比别人多，他的系数就是要比一般的员工高。因为他承担了原来岗位的事情以外，还承担了整个贷款审查委员会的内容。这个事情我不反对，但是它要有一个正式的手续。如果两个人异议的，你们风险部考核一下。把两个都增加上去就可以了，多一个没有关系。既然他能被推荐出来，说明他的基础条件不会差。因为我们现在还是很缺人的，自己培养肯定比从外面调人好。我是这个看法，人力资源部考核了以后会签一下就可以了。

——2014 年 5 月 6 日第 23 期总经理办公会议

5.3.5　信用评级

特定项目审查过程中的企业信用评级问题

风险条线现在的重点工作，一个就是对我们下一步的特定项目上线所做的全套审查做准备，特定项目的审查主要是企业的信用评级，就是这 100 家企业全部要进行评级，这样就知道这些企业的好坏了。要把它们的财务报表拿过来，评过级以后，我们就直接可以给它授信了，就是主动授信。授信以后，它需要钱的时候，价格搞好了，我们就可以给它了。这个工作要尽快做好，因为该搞的东西基本上都已经搞完了，利率的制定问题，名称的确定，开展的试行过程都已经确定下来了，所以全套的评级办法和模板拿来了以后就要立刻进行评级。这个评级最好用电脑进行，就是你们把原始数据采集来了以后，输入进去立马就有结果了。你们现在有没有信用评级的程序？

——2014 年 12 月 13 日第 53 期总经理办公会议

企业信用评级的评分标准和项目评估程序开发的思路

就是一个评分标准，这个是要量化的，就是要有指标，要采集原始数据，要从企业的财务报表上面拿到原始数据。你没有原始数据，仅仅靠定性的东西去搞是不行的。定性指标的权重不能超过 20%，就是定量指标占到 80%。我过去写的书已经复印出来了，你们拿过去看一下，再把现在的指标体系完善一下，然后搞一个程序。这个程序的需求很容易提，不难。如果我们电脑部做不了，拿给别人来做也可以，这是独立的东西，是可以独立完成的。包括一些银行如果有现成程序的话也可以拷过来用，如果后面的语言不能拷过来，你就把它的逻辑面拷下来。有了逻辑线，后台人员就能很快设计出来。这个都不难，但是这个事情要赶快搞，因为对这些好的企业信用评级以后，你才知道给它多少钱，以及给它的价格，每一单都要根据它的规模、它的需求来做出它的授信方案。这样的话，拿出来才有力量，当地的宣传才有力量。所以风险条线要尽快把这项工作抓好。那么对于项目方面的，比如项目评估，我们现在没有人做这个事情，那最起码要委托哪个公司做正式、正规的项目评估。项目，就是固定资产投资，一定要从项目评估的这条路来走，这才是正规的东西。一个评估报告就是几万字，是很精确的。这些东西我们这边还没有进行，那么后面可能也要马上进行这些事情。很多办法、方法是都有的，只是这个项目评估的程序还没有开发出来，就是一个好的项目开发程序还没有开发出来，不行的话我们也自己来开发，这也是没有问题的，反正模板我有。我那本书后面就有需求，本身就有需求。这个也是独立运行的，是不在大系统里的。你们从总经办拿两本书，依照着提需求，然后把程序开发出来。开发出来的话，就罩住了所有的贷款。这两个是所有贷款的最基础的东西，一使用信用评级，企业的好坏就知道了；像能不能做，一经过项目评估就知道了。对于个人，还是信用评级，还是这里面的。有了这两个程序，等于所有的风险控制都量化了，一量化的话，很多事情就很快了。所以要善于利用很多先进的工具去做一些很杂的东西。

——2014 年 12 月 13 日第 53 期总经理办公会议

信用评级的重要性

在这之前最重要的是什么？是信用评级，评一下这个企业的市场、管理、经营都怎么样、下一步的发展趋势怎么样，评价完以后进行授信，每笔贷款拿去干什么都要盯得死死的，因为没有其他保障，只有这个保障。如果是一个良性的供应链，那还能有什么风险？房地产也是一个道理，为什么我们敢 5000 万元下去，配上企业的 5000 万元把土地拿下来，一个亿抵押 50% 的抵押率，银行不敢我们敢，只要把中间环节扣死，扣不死被别人一封那就完蛋了，这个风险就是大一点、利率高一点也是合理的。

——张宇总裁在湖北分公司座谈会上的讲话

5.3.6 抵押物

对土地抵押问题的看法

关于土地抵押的问题,从理论上讲肯定没问题,在法律上怎么走都是通的。但是我们现阶段想走一条比较适合我们的道路。对于多数银行及这些机构,它们没有什么兴趣,因为费用少。搞经营、搞风险控制,一定要考虑市场化。孤立的干风控,是永远都搞不好。这个会上讨论不出结果,由牛总负责召集会议,将所有土地抵押的案例调出来,并结合过去我们所做的那些抵押方式,及牛总自己工作经验中所遇到的抵押方式,肯定能找到一个合理的方法。

——2014 年 6 月 14 日第 29 期总经理办公会议

抵押物尽职调查评估的核心

实际上我们每一个参与尽职调查的人员都应该有这个评估能力。如果这个评估价值出来了以后,评估公司的价格高于自己的话,那就对这个价格打一个问号。我就讲几个核心的地方。如果是以土地抵押的话,这个土地今天的成交价格就是参照值,房屋的成交价就是房屋的参照值。只要找到这个以后,如果高了或者低了是什么道理?只要能讲清楚,就可以作为依据。否则不能作为依据。只要这个评估价格是对的,那么我们心里就有底了。我就讲这个,如果不对的话,你们可以指正。

——2015 年 5 月 23 日第 17 期总裁办公会议

深圳房价跳空 40% 对公司的影响

深圳房价跳空 40%,这个信息意味着什么?意味着所有贷款的抵押品在升值。我们凡是房地产都是抵押,深圳房价跳空 40%,我们的抵押品随后会不会都升值?降的机会是很小的,升的可能性是很大的,一升值我们的风险是不是从宏观上开始降低了?那么就是讲我们网站的终极风险在降低,这是非常好的一个现象。但是出现一个什么问题呢?房地产企业是有它们自身的运作规律的。一直投入一直投入,投入到最后卖掉,才算投入完成。在没有卖掉之前全都是投入,你什么都看不到,没有现金流。但是一旦有现金流的时候,你就会发现很快就全进来了。那么房地产企业最怕的是什么?我从80年代、90年代搞银行就说过,房地产贷款最重要的一点就是不能让它烂尾,一旦烂尾就完蛋了。花多大的代价都要盖完,一停下来这个中间的成本一累积是承受不了的。而且其他方面只要你一烂尾就没人跟你玩了。所以从我们风控上面也好,从我们的市场也好,任何一个房地产项目抵押一旦办好,钱一旦下去是一定不能烂尾的。如果有可能烂尾就要想尽一切办法把它建完。从市场的角度从风控的角度来看都是这样,现在一个巨大的利好就是国家出手了,一出手了以后深圳房价跳空40%,我们全国目前的贷款中,可能有90%以上都是房地产抵押,那么这些房地产抵押肯定是全升值了,从终极风险来看我们更牢了,但是还有一个问题是,当时我们的评估价是不是对?当然,对也好,不对也好,都会升值,所以在这个地方我就提出一些问题。

——2015年6月6日第19期总裁办公会议

房地产抵押的核心是抵押率

因为房地产在诸多贷款当中是最简单的一种贷款,因为生产过程也是最简单的。不是复合的东西,在成本核算当中算是大规模的单件生产,就跟造船一样。生产过程非常简单,只要设计完了,勘探好了,图纸拿出来了往里投入就好了,盖完以后卖掉就行了。前期工作都是社会工作,非常简单。所以说我不管它,因为太简单了,你们应该都能控制好。里面的核心问题就是抵押率的问题,抵押率只要控制好了,我们后面处理起来就非常简单了

——2015年6月6日第19期总裁办公会议

房地产贷款的周转问题和流动性问题

从目前来讲,我们抓住了一个机会,也为我们抢回来了一个机遇,房地

产开始升值了,这对我们来说是一个重大的利好,非常好的利好,那么这个利好可能维持我们几个月没有问题,一两年不会有什么大问题了,但是流动性还是会出问题的。抵押率一旦上去了以后,它的价值就变大了,价值变大就是我们处理它,重新去挂标,最近国家又表态了,房地产可以转贷,等于又是一个重大利好,其实也认识到了房地产贷款的周转规律。商业贷款基本按照一年的资金占用,除一下,一年周转四次、五次、六次,有周转速度问题,工业企业,稍微大一点的一年周转一次就不错了。整个资金能够周转一次就不错了。房地产不是 1 年,3 年周转一次就不错了,这种周转的特点我们怎么去把控?当我们需要流动性的时候,用什么办法能够把这个流动性换出来?实际上就像公共汽车上车下车一样。恰恰流动性强的赚钱最多,比的就是速度。

——2015 年 6 月 6 日第 19 期总裁办公会议

深圳房价上涨对抵押物的影响与应对思路

刚才我就是从市场这块讲开来,目前碰到了一个机遇,这个机遇对于红岭创投来讲是上帝在保佑我们。房地产的冰冻已经开始融化了,最难的时候已经过来了,过来了以后比较厉害的就是深圳的房价跳空 40%。一下涨那么高,就预示着全国的房价都要开始往上走了。合理不合理我们不讨论,但是对我们自己产生什么样的影响,一个影响就是使我们这个抵押物增值,一增值就对我们本身的风险度就降低了,那么对于我们抢回来的这个时间,我们需要做些什么,就需要贷款对贷款的抵押品一定要搞到位,我们前期这部分贷款的抵押物是有不足的,有需要完善的地方。那么我们风险口要把这几个规则拿出来。

——2015 年 6 月 6 日第 19 期总裁办公会议

抵押物价值确定的案例分析:按现在成交量确定评估价值

抵押物价值的确定,上周出现了一笔案例。重庆一个 1.5 亿元的项目,抵押率是不到三折,看上去很舒服,过来我一看,到最后,在公告前,才由评估公司定下来它的抵押价值,那就说明这个抵押物的价值到现在评估公司都没有。那么这个抵押价值从何而来,那就是企业提供的,企业提供的是否客观,我们就要检查,这个我就不能批了,我就把他们的经办人员找来了,我告诉他们,你去重新核对一遍,很简单。如果讲土地,就根据现在的成交价格,或者当时的成交价格,如果在建工程,实际投入了多少钱,如果说是房屋,那房屋现在的交易价格是多少,基本上这个抵押物的价值就确定了。按照这个价格,你再去看看打几折。一天就搞完了,回来了以后变成了6.9折,这就说明原来的抵押物是不实的,那么这个案例证明了过去所有的抵押物都有可能出现这种情况。为什么我要你下三个文件,就要规范它的整个价值怎么来,要规范到这个程度,因为我们现在能拿到的就是这个基础,当然未来它升值是好事,你总不能拿它的升值数来确定它的抵押价值,你按照现在的成交价来确定它的抵押价值以后,那么以后往上涨。

——2015年6月20日第21期总裁办公会议

抵押物价值错估的风险性问题

我不说了嘛,现在深圳房地产调控40%,那对我们抵押充足率,姑且编一个词,都大幅度提高,那我们的风险都大幅度降低。我们的日常工作当中,如果这项工作没有抓落实,那就需要提高,需要改正,需要完善。这是我亲自介入这个问题了,所以我要告诉你们,从我测试来讲,至少要差一倍。30%不到,变成69%,三成变成七成,这个差距多大。如果是实际价值的三成的话,那我拿过来立马就卖掉。还能卖不掉嘛,一万块的房屋,我3000元拿来了,我5000元出手,保证有人要。那就是因为你抵押价值不对,所以你卖不掉。当然你把折扣打太低了,人家也不干,跟市场上实际价格差距太大的话,我们就不客观了。要找到一个别人,我们都满意的价格,你不要听评估公司去讲。它是根据评估单位的意向来的,无非是给它点钱,就评估高一点。按理讲,我不该讲这么细,这实际上已经到风险控制的技术上的最底层了,就是抵押价值的判定。而这个最底层的工作,我们还没有做扎实,你们只要在抵押贷款这里做踏实了,后面我全都不怕。到时候资管公司直接收过来了,反正这个5折是我核的真的5折,当然这个真的我们心里要有数,未必对外公布。外部你们可以采取过去价格评估的方法，按照抵押物价值的30%，别人很开心，但我们实际上知道抵押物是70%。那么就知道风险度多大，当然压得越低我们的风险度越低，但要是1：1的抵押，那风险度就很高了，因为可能资不抵债，你卖掉之后加上手续费，可能原有贷款就收不回来了，这都是搞信贷专业出身的，一讲大家都知道，不需要我多说。

——2015年6月20日第21期总裁办公会议

房地产抵押贷款的风险性问题

那么担保贷款也一样，信用贷款也一样。总的来讲就是两类：担保贷款和信用贷款。抵押贷款也是担保贷款的一种形式，我这样分出来的原因是，我们具体的抵押贷款太多了，那就干脆制作一个抵押贷款，担保贷款就是除抵押之外的其他担保。这样分不就是三个办法了嘛，大家也很容易看，担保的就是担保的，抵押的就是抵押的，信用的就是信用的。因为我们做的所有房地产贷款都是抵押担保，我们就把抵押担保单列出来，抵押贷款里核心的就是抵押物价值的确定。当然产权的确定，土地证的确定，这种法律性质的确定是毫无疑问肯定要搞的，但是我们要掌握的有点随机性的，就是抵押物的价值到底是多少。我们回过头去看，从过去的工行，到深发展，到现在的红岭创投，牛总你也是很多年处理不良资产的，只要它是真的足值的，你怕什么。退一万步，我一一对应，把资产分给你一块，投资者都没有意见。何况，如果是房地产抵押的话，还是升值的。而我们前面留下个大空当在这个地方，那风险就出来了，那就只能期望于房地产的涨价，如果不涨价，你收回的时候，损失就会很明显。当然我们赶上了改革开放的好形势，房地产一直在涨，救了多少人。救了违规的人，救了多少犯罪的人。就是因为价值升上来，水多了，把问题全部淹没了，他没损失就不去追究了。否则一大批人全都要进监狱，深圳几次房地产危机，陆斌你知道，大中华一度捉襟见肘，搞得还能活吗？现在是大势好了，整个房地产价格好了，根本问题是这个，房地产价格好了，它解脱了。

——2015年6月20日第21期总裁办公会议

房地产贷款角度的经验总结

房地产,在贷款角度我总结了几个经验,第一,房地产贷款一定要给足,不给足就别搞了。就一定要把房地产盖完,不能烂尾,一烂尾就死掉了。只要不烂尾,抵押物抵押的时候就一定要足值,这要这两点把握住,其他不会有什么大问题。重庆中飞当时大家不都知道嘛,搞 8.9 万元一平,开国际玩笑,我都不知道风险管理部是怎么通过的。能卖那么多钱吗,也不去看一看,问一问,成交价到底是多少? 一问能有今天的漏洞吗,但是好在它是有抵押的,我们即便损失也就是一定的比例,如果现在能够搞回来,我宁愿损失,我愿意拿利润补上,我都不愿意往后拖,拖到最后利息都还在涨,我们还得支付那么高的成本,还有那么多人在搞,如果能够转化最好,这个问题不能停,也是尽快处理完。资产保全部,风险条线你们都在,碰上不要脸的人了,你们怎么办。所以分公司老总也好,你们也好,和人家打交道的时候都把眼睛睁大一点,别稀里糊涂的,这个非常重要。不要让那个企业有侥幸心理,先动民事,不行就刑事,目的是把问题处理好。这是我讲的 1.5 亿元的项目。

——2015 年 6 月 20 日第 21 期总裁办公会议

房地产抵押小缺口问题解决办法和思路:个人担保、承诺

不是五花大绑。我们在风险处理上有一个误区,在房地产抵押方面,有可能会有一个小缺口,我用个人担保来补这个缺口,或者用承诺来覆盖它,实际上个人担保是对整个负责任的,实际上如果它对整个不负责任的话,它就覆盖不了这个角。一个缺口我有几个措施来应对,最起码其中要有一个措施是肯定没问题的。

——张宇总裁和武红先总的谈话

抵押物足值是借贷的重中之重

你们搞个考试,如果这个不能判断,别让他上岗了,都这么长时间了。

判断一个项目能不能贷,有没有抵押物就一个问题,抵押物足值不足值,如果有抵押物,抵押物足值,还需要判断什么?后面的不就是搞双审了吗?直接双审,还考虑什么?反正能收回来还考虑什么,他只要不是拿去做军火,去贩毒,他是拿去盖房子的,这两个核心问题看到了后面还有什么你们讲?还要几天?现在法律确认,房产证的问题,土地证的问题,购买的发票问题,这些问题都是一些落实的东西,他只要这样讲,最后就都是一个落实的问题。你们审批部现在的负责人头脑要清楚。

——2015 年 7 月 4 日第 23 期总裁办公会议

抵押充足率的重要性

那么通过我们这么久的实践、探索,依据产生的一些现状,基本上我们摸清了一些规律,结合我们过去几十年的信贷管理经验,对于目前的风险控制制定了现在的这套生态环境,那么它的入口,现在看来,最重要的就是抵押,为此,在如何确定抵押品价格这一核心上,我专门下了一个文件。因为大家知道,评估公司评出来的价格是根据委托单位的需要以及所给费率的高低给出的,分公司评估的价格是为了争取到这笔贷款或者是多得到些利益,它们对风险这部分的考量,它的重视程度是需要提高的,而我们总公司对目前这类企业的抵押品的鉴定,是建立在一旦出现违约,就拿回来立马卖掉,我们正在朝这个方向努力,这是我们的终极目标。那么换一种思维,我们在拿钱买便宜的东西,我拿三千万元出去,拿回来一个亿的东西,那么就是三折,我拿五千万元出去,拿回了一亿五的东西,那也是三折,一旦出现风险的时候,我四折能不能卖出去啊?房子本来一万一平方米,我按三千元一平方米拿回来的,就贷款给它了,一旦出现风险,我把它房子拿过来,我按四千元一平卖,你看能不能卖掉?市价是一万元,我卖四千元,那就从速度上、效果上、心里踏实的程度上,马上就不一样了,而这些,我们是能做到的。抵押品的足值,我们讲抵押充足率,不是资本充足率,它怎么能够打得最实际,我们的风险就最小。这在银行没有研究到这个层次,因为它们最终处理的时候不是用这种处理方式,它们的处理就是催收,也有重组,也有一诉了之,都有。我们不要这样,我们诉不是为了去告别人,而是为了判决一下,资产归我，这就完了。我们诉是这个目的，你抓人有什么用？你把他枪毙了，东西搞不回来还是搞不回来。最重要的是要把东西拿回来，还有把钱拿回来，把利息拿回来。这才是我们的目的。那么我们在风控的前端，就要注意这个抵押率，我在这里一直在强调抵押品的组织问题，刚才举的例子大家都听到了，我花三千元买回来一万元一平方米的房子，到时候有问题的时候，再按四千元一平方米的价格卖出去，那怎么会有风险呢？怎么都不会有风险的。那就等于说，把值一万元的东西当给你了，再按三千元的价格买回去，他就可以还款了，没还的话，房子在我这里，我就要卖了，你不买我卖了，我在慧姐就把他卖了，实际上这个思想在整个资产证券化的过程中都是存在的，就是拿钱买便宜货，便宜了就安全了，把资产的价格搞下来就可以了。那么核心还是这个资产价格评估问题，怎么样让它是真的，后面资管部要解决的就是这个问题，我们专门成立一个部门来解决这个问题，就是到时候能够以物抵债，拿过来立马就能把它卖掉，卖不掉我再筹钱把它盖起来，都不怕，为什么呢？因为它的价值量在这里。到什么地方都有抓手，不会形成终极风险，而且有现金的来源可以给它继续发标，这都没问题，我的抵押物是足值的，我们都不用怕。

——2015 年 7 月 4 日第 23 期总裁办公会议

风控中资产抵押物的处置

我们又不是自己用，还是这个项目上老百姓的钱，而且投资人的钱利率我还可以是 17.5%，都可以。现在 17.5% 属于抢标的性质的话，我们进行重组后，一发标，立马就被抢没了。我实际上是在做这个大事。一旦做出来，我们就处于安全状态下。那么后面我们所有分公司的业务，一旦发展起来的话，红岭的未来，应该是健康的，我不讲其他的，应该是健康的，是能够负起这个责任的，这也是我们能够努力的一个方向，那么我们有了这个思想，风控第一，风控团队、风控制度、风控模板，讲到最后就是一个风控思想，这个认识，我是干什么的，你们就把它认识得这么简单，所有的都围绕这个来服务，我拿钱去买人家的便宜货，如果人家不想赎回，我再把它卖掉，就这么简单。所有的制度都围绕这个来制定，要真实的，不要搞假了，风险就控制住了。这种风险控制的方法，在银行是不会用的，那么我们用了，而且我们建立起来了。我那天和项总、牛总讲，我现在不怕了，因为我从理论上已经想通了，想通以后现在问题就是实践，到7月底之前，我们能拉通两个项目是按照这个做的，而且从现在开始，风控部门、审批部门全部按照这个方法进行抵押品的核算，我们还能出问题吗？一旦出现问题，就直接把它拿过来，不要跟他啰唆，这样我们就主动了，这样我们红岭创投的这帮队伍、这帮员工，所有人心里都踏实了，按照这个方向走。最近我突然感觉很有信心了，就是我突然把这个想通了，而且我们有能力做到，尽管我们前面有一些抵押充足率不太足，但是我们后面还有将近40个分公司的业务量上来了以后，一定能把它干掉，就是我们有一些抵押物不足的，终极损失不会太大，我们每年的利润是足够能把它覆盖的。比方中非，它贷了我们三亿五，最后哪怕损失掉五千万元，我搞回三个亿，这个还是有可能的，损失是五千万元，我立马就把它覆盖，这问题也解决了，方法就是我后面的业务量必须上来，这就是现在要大力发展分公司的原因，而且规定他们9月底必须开业，不能留一个空缺，业务赶快要上，上来以后，一旦出现风险，立马就能够把它覆盖，新的业务就不会出现这个问题，我们按照新的打法进行，这样我们干部队伍的利率就强了，信心也足了，我们员工队伍的成长也快了，再加上我们那么多新的品种都开始了，我们可以告诉这个世界我们做成了。往后就是如何可持续发展的问题，现在从理论上已经成了，没有人来教我们，我们就是靠自己探索，靠每一个人在每一个节点上发挥作用，我感谢大家，大家一起探索出了这样一条可以走的路，而且是一条比较安全的路，而且可以发挥这个规模效益。有时候是要有这个规模的，你做不到这个规模，是不宜做这些事的，小P2P公司不可能的，做不出来，就算是我们把这套现成的全搬给它，它也做不出来的，必须有这个规模才行，现在我们已经到了这个规模，待收到了一百多亿元，就可以了，我们就有生存能力了，有造血功能了。

——2015年7月4日第23期总裁办公会议

抵押物一定要做实

那么现在要想解决过去的这些问题，一是我们要从信贷部门，就是抵押这块一定要把它搞死，我不知道你们现在这个抵押率是不是按照我那个方法做的，反正我现在看，我就认为是按照那个方法做了，在我上次讲话已经有半个月了，如果没按照我那么做的话，最后你们要承担责任，我给你们讲清楚，我现在看这个抵押率百分之二十几，我认为这个抵押物的价格是经过核定的，如果没有核定还是那样的话，你们就要承担责任了，为什么要有录音，就是要把我在哪个会议上讲了什么以后，你们没有执行的话，以后追究起来就按这个来，因为我最近批的抵押贷款还有百分之二十几，三折的两折的当然它上来变成五折八折都不要紧，但一定要搞实，准备以物质债的时候拿过来我立马处理就能搞掉，这个是最重要的东西，因为后面我们这一套新的模式，这是一个新的领域，是一套新的处理模式，这套新的模式的话一定要把前面第一关把好，这样后面我们都踏实了，按照这个模板，我们新的公司所有都按照这个去打那就不怕。

——2015 年 7 月 11 日第 24 期总裁办公会议

抵押物的把关要通过实际考察

审批部还是一个核心问题，就是对抵押物的把关。所以抵押物的价格我现在已经认定到我这里签字的价格都是经过实际考察的价格，而不是评估公司评估出来的价格，他的记着的依据不是评估公司出的，而是我们经过自己调查以后的依据进行打折的，我已经讲了一个月了，如果还不是这种方法你们回去修正下，这个一定是清清楚楚的。你五折、六折、七折我都不怕，只要他是真的值。

——2015 年 7 月 11 日第 24 期总裁办公会议

抵押率充足是风险控制的关键所在

我讲的很明确——充足的抵押率。没有充足的抵押率快借一律不做。在充足抵押率的情况下，这个企业很好，那么就是我们的议标，也要有抵押，没有抵押也同样不能做。那么担保和带有信用的企业，对象只能是国有企业，再有一个是非常好的上市公司才能做特标，其他通通不能做。特标的意义是在于有国家信用背书的，价格又低，就是要把这些政府和国有企业能放到我们这个借款对象当中，因为它们是国家作为背景的，它们要有社会责任，它们的社会责任和我们的社会责任是一样的，它们会负这个社会责任，不可能不还，就算是倾家荡产这个贷款也要还。就跟我们公信贷一样，为什么要在零售搞公信贷，因为他们是公务员，是国家政府部门构成的一分子，他们不能不守信用，一旦不守信用的话，政府就会出面。那么其他一些有争议的项目怎么办？上本标。等于我们四个产品把所有业务都涵盖了，那么对于三个特标、议标、快标的定义非常清楚了，只要抓住了它们，我觉得我们的风险控制就基本上有基础了，而本标上去我们是不承担风险的，只收取手续费，这样我们在经营上，在市场的打法上，在市场经营的控制上，包括管理的量上都可以统计出来。你看一个快标什么都别看，首先看这个抵押率足不足，抵押率不足什么都别谈，抵押率足什么都好谈。

——2015 年 8 月 1 日第 26 期总裁办公会议

抵押物与终极风险

第一叫终极风险。目前，我们发放的所有贷款都是抵押的，这个抵押品必须足值。以此来保证，当我们的贷款出现了不良，收不回来的，我们的抵押品都可以及时变现，用来抵偿我们贷款的本息。如果这一条把不住，那么这笔贷款放弃。我们分公司在做每一笔业务的时候，我觉得这个不难把关。抵押物看一下值多少钱你不会吗？你看看他抵押的地、房产、在建工程值多少钱你还看不出来吗？你看不出来还有评估公司呢，一个评估公司不一定公正，我找三个评估公司你看公正不公正。再不公正，你去看一下拍卖成交价。一看就知道。更多的要看成交价，而不是看预测价。他说值多少钱，那你得看土地拍卖价格是多少钱。每个省市，它的交易所里都有成交价。房屋抵押的时候，你看看市里的房屋成交价是多少。除此之外，没有其他东西。成交价、评估价，到最后都是保证我们的抵押物能够足值抵偿，一旦出现违约风险时候用。这个我觉得，一般的风控人员或客服经理都能够掌握，你要 10 亿，8 个亿，一万个亿我都不管你，那你给我的抵押物有多少？那个抵押物我们不会超过五折。这样你一旦出现违约，我们用抵押物抵偿，控制风险我们是有这个能力的。就是在放每一笔贷款的时候都要考虑到这个问题。这个我们称为终极风险。

——张宇总裁在山东分公司座谈会上的讲话

足值抵押的重要性

如果我们每一个省分公司都有一个资产管理公司来接盘这种违约的房地产贷款的话,我们就不怕了,但这里有一个最重要的前提,就是我们的抵押物一定是足值的,甚至于是超值的,我们权且称之为抵押充足率,就是描述抵押品充足到什么程度,很好计算,关键就在于你评估抵押物的价格,我们现在是请评估公司评,但是他们是以营利为目的的,没有委托单位希望它评得低,都希望评高一点。它们是以利益为动机的,不一定会实事求是了,或者在能上能下的时候,就会尽量往上评,这样水分就出来了。比如这瓶水一元一瓶,抵押给我两毛一瓶,一旦出问题,我给他贷了两毛,也就是两折,最后出问题了,我卖三毛一瓶,肯定能卖掉,问题是两毛这个价格是否真实。所以说我们搞市场的,搞风控的,最重要的是要把抵押物的真实价格搞清楚,价格不难取,土地在每一个城市都有政府挂牌的交易价,这个不会太离谱,评估公司的才有可能离谱。房屋有它的成交价,最近期的最好是当天的。在建工程除了土地价和已支付的工程款,还有已经支付的社会投资,都是能算出来的。如果你们在前期市场调查的时候,把这些数据都调查清楚了,打五折我都放心,对于我们操作下一步就没有问题。拿回来了以后我再发一次,只要楼盖完了,无非是周期延长,那也没什么关系。房地产周期现在是两年多,在好的情况下,可能会盖完,还要看规模,每一个项目都不一样,按照每个项目的情况分别评价。所以我们现在在市场定位上,一开始是小贷公司,现在已经是房地产形式,核心问题就是抵押充足率,如果把这个在市场调查的时候调查清楚,我们后期的周转就会采取符合市场规律的又带有探索性的信贷管理模式,这个月底,我跟牛总和陆总讲过了,第一笔资产的处置一定要完成,以证券化的形式变成现金流回来,还给投资者,这样的渠道一定要打通,通了之后,我们以后就走这条路,就不用担心了。你们在前期调查的时候一定要把抵押物搞实,一个要是真实的,另一个就是足值的,这样打个五折都没问题。因为我们在审批贷款的时候已经出现过这种情况了，一开始是三折，两折，重新计算之后就变成六点九折了，六点九折也不错，只要是真的，怕的就是连六点九折都不到，甚至是一比一了，或者都未达到我们的贷款金额，那就糟糕了，我们在贷款初期也有这种现象，那就是损失了，而且是很难追回来的。

——张宇总裁对风险、市场部门的培训

——《关于当前业务管理中的几个重点问题》

对贷款充足抵押率的要求

我们标的的设置，前两年最多的是快标，是房地产，现在我们感觉房地产的风险太大了，因为年化收益率24%，可以说24%的贷款里没有哪一笔没有瑕疵，因为正常的贷款承受不了这么高的利率，国际上标准折现系数又叫投资参数，就是10%～12%，一项投资超过12%就值，如果没有超过12%，你就去寻找比较安全的理财产品。而我们24%已经大大超过标准折现系数，风险在前期就已经存在了，但我们已经做了，做了怎么办，就一条，一定要有充足抵押率，没有充足抵押率这笔贷款就不能放。什么叫作充足抵押率，就是贷款用来抵押的物资一定要能够在还款期包括一旦违约以后法律判决和处理期加起来，最终能够把本息全部打平，如何进行分析？可以把评估公司作为一个参照，更重要的是你自己要有一个标准，评估标准很简单，拿房子抵押就看房子今天的交易价格是多少，在哪个地段，这个地段的交易价格是多少。你拿土地抵押，就看这个地方在国土局最近的土地拍卖价格，在建工程一共投入多少，也能查到。查到以后，对折，打五折，打折基数要对，然后一对折，基本上终极风险就控制住了。一旦产生违约，我立刻以物抵债，法律的处理周期是在1到3年，就是判决、拍卖等周期，把楼盖完的周期也是1～3年，在这1～3年里面，投资者每年的利息我们还要支付，如果利息是18%，16%，三年下来差不多就是50%，打了五折，剩下的五折是用来备险的，一旦出问题，我把它以物抵债拿过来了以后，3年处置完正好打平，这样终极风险就可以控制住了，再出现损失就很小很小，所以我们把关的时候就很简单，只要充足抵押率就行了，达不到就不做。只要控制住就没问题。只要拿到他的资产，想要让它流动起来，我们有很多方法，就是资产证券化。

在发达国家,资产证券化的方式很多,而我们国家由于过去银行是属于政权系列,是为了巩固政权所建立起来的系列,所以利率、准入制度是垄断的,从而造成利润是垄断的,然后人有既得利益人也变成垄断的了。

——张宇总裁在筹备组负责人专项培训会上的讲话

关于提高抵押与降低风险的要求

资产保全的问题你们有个很重要的工作,法院诉讼这块都做到了,只要一出现问题,立刻诉讼,诉讼后的进度也尽力了,我们要加快进度,打官司来得太慢,因为要使我们整个资产状况好转,重组放在第一位,重组的条件只要风险降低了,同时风险推迟了,就做。因为第一,重组后,我们新进来的利率要低,企业的利率也低;第二,我们所垫付的利率也变低了,新的进来一下低下来,以前好多都是18%,现在我们是14%、15%,我们的压力就变小了。或者推迟,推迟到我们新的业务迅速上来,这样我们消化的能力才有可能跟上。所以我跟我们小黄两个人到杭州,我看到了以后只要推迟,增加个2000万利息能收回来赶快搞,还等啥,根本就不该等。我财务状况要好转,你怎么回事?因为你本身风险都降低,也是有抵押的,现在只要把风险降低了,推迟了,不能搞死,一搞死就完蛋了。把风险降低、推迟,流动起来,下一步我们再想办法,有什么问题我来负责任。银行每年有多少转贷,不转贷银行都死了,这个对我们财务上的压力太大了,因为资金成本高。利润总是出不来,总是被垫付,被占用了。那大家的奖金工资怎么发,慢慢这些问题就显现出来了,一定要解决。跟监管部门的解释还是说我们是一一对应的,抵押物是充足的,没有什么问题为什么不能转贷?银行都能转贷,银行能够重组为什么我们不能重组?我觉得没有新的办法出来前可以走一走,但是没有抵押的先放一放。从宏观的角度来看,房地产还会涨上来,只要有房地产抵押的都能做。我们现在整个公司的财务状况是否能好转,就看重组是否能成功,看重组的速度是否跟得上。要把这个放在最重要的位置上,也是每天都要有进度。如果大家的意见一致,那么就把资产重组的工作放在资产保全部工作的首位。先把比例做下来,把财务做上来,战略上只能这么动,没有其他好的方法。我这次去分公司转了一圈,我跟分公司的老总说,以后贷款你先什么都别看,先看这个老板是好人还是坏人,这是最重要的。看他过去经营是什么样的履历,这个太重要了。因为如果这个老板是个好人,是个有能力的人,就算他犯了错误,我们能够把他救过来。市场上的项目很多,找一个好一点的项目装进去一下就稀释了。终极消化是需要一定的时间的,但是作为我们这样的一个公司终极消化时间太长了,我们只能中间消化,把大家的日子撑下来,能撑过去然后把规模做上来,一个让增量部分的盈利来解决,再一个利率市场化把成本降下来。当然,我们本身的贷款量还是在,这个利率是不会发生改变的,这个是我多得的,这样一来我们的利润就会相对好一点。只要有抵押,只要风险度降低立刻做,如果有问题我负责。

——2016 年 7 月 4 日第 21 期总裁办公会议

5.4 对风险管理部的建议

5.4.1 对风险管理部工作要求概述

所有贷款都应有记录,必须对责任人进行追索

这个没有办法惩罚,因为最后要有一个不良资产责任人的认定过程,如果是他的责任就按照规定办,他主观上没有什么问题的话,那也不好说什么。如果是主观上的问题,那就涉及欺诈了,只能移交公安部门了。但是在我们这里是永远不销账的,哪怕是核销了。这些工作法务部要抓起来,有哪些不良资产,这些不良资产是谁造成的,贷款单位的人到底在哪里,这些人都要有信息记录在的。

——2014 年 1 月 28 日第 10 期总经理办公会议

风险管理部的工作职能

风险管理部在某种程度上是一个纯的管理部门,包括政策的制定和办法

的制定，政策的监督和执行，以及最后的考核，过去审批部和风险管理部是在一起的，零售风险管理部和风险管理部也是应该在一起的。但是现在把零售风险管理部单列出来，我就没有反对，走一段看看，但是零售业务和公司业务可能有一些不同的地方，有其特点，让子弹飞一会。

——2015 年 6 月 27 日第 22 期总裁办公会议

风险管理部工作存在的不足：工作质量和有效性有待提高

那么风险管理部从工作汇报来看，工作密度是够的，每周有那么多事。但是质量和有效性亟待提高，因为我从你们审批的贷款，从你们对每个项目的看法和把握项目的重点在哪里，你主要领导人都不清楚。我们现在是缺人，想把年轻人迅速培养起来，但实际上你们的能力，可能差得还很远，因为特别是管理起来，你们还差得很远，所以你们这些部门的领导要尽快提高自己的领导素质，尽快提高，当然，要让你们一下掌握多少东西不合理，但是起码你们每天都要有进步。

实际上风险管理部里面的核心没有什么复杂的问题，只要把核心掌握了，顺着这条线，梳理、积累自己的知识，你处理起来就不会很难。如果你像拼盘一样去拼，到最后你不知道哪个是主线，到最后问题还是不好解决，解决的效率和质量还不是很高。你们的工作态度肯定是没有问题的，工作积极性和密度都可以给你们打 90 分以上，但是你确实工作的质量和有效性亟待提高，这涉及每个人的素质问题，这个素质不是讲你品格素质，而是业务素质，这些素质也不是每天都可以提高的，但是要求你们每天都要有进步，只要每天有进步就有希望了。

——2015 年 6 月 27 日第 22 期总裁办公会议

风险管理部回复分公司上报项目问题：应在一天内回复

我刚才听你们汇报工作，实际上现在对于管理上，当然，有些是你们风险管理部的事情，有的是审批部的事情。现在还有下面分公司反应，说我们这个项目报上去了以后，多长时间给我们回复，你说不行就不行，立刻给我回复不就行了嘛。如果不行,我哪里不行,我马上就去改,这个问题,我觉得你们风控条线如果过去做了,再完善一下,落实一下。在我的感觉上,一个项目上来,应该一天就应该有回复,只要一天,因为你这么多人,你有一个或者两个人专门看材料不就行了嘛,所有的材料不要分,就这么两三个人看,这是个岗位,看这个材料你告诉他,哪几个重点。

——2015 年 6 月 27 日第 22 期总裁办公会议

风险管理部指导建议:加强学习;上课安排;上报项目基本要点不符合迅速回复分公司

所以我刚才就风险管理部提这么点建议,第一加强学习,第二,等大学生到了之后,给风险管理部上一课,大家都听。另外就是对分支机构,所报上来的贷款项目,每一笔贷款项目都有一个基本的要点,基本要点不符合的话迅速告诉分公司,我希望一天之内给回复,如果你们做不到,不要超过两天,最多三天,必须给回复。如果你人不够我给你加人,人员素质不够立刻培训,这个事情立刻要解决。全国马上 40 多个分公司上来以后,像我这样审查,给他讲几个要点,一天审查三到五个,十个八个都有可能的,审核过后签署意见,一定要书面给人家意见,到最后你们讨论问题才有依据,不要嘴上讲你们这个什么什么不行,你要写上去,结果人家已经有了,你没有看出来,你指出人家这样的问题,对你自己以后也是一个提示,应该把问题看过以后,再提出不足,这样人家也服气。好不好,风险管理部,我就插这么几点。

——2015 年 6 月 27 日第 22 期总裁办公会议

关于风险管理部工作所需的重点观念

风险管理部有两个重点观念要注意,你所有工作的起点都是要围绕市场服务,所以说有些东西要提前介入,提前介入是你在起草你风险管理部的有关文件的时候尽可能和市场部多沟通,让市场部了解情况,在了解情况的基础上你再制定文件,在往下实施的时候可能中间的衰减会小很多,中间多通气,和市场部共同研究,事实上是不分家的,这样就接地气了。如果完全是你一个部门闭门造车,从你们一个部门角度去考虑,很可能跟市场部的脚步很难一致,完全一致不可能,某些方面是有些对立,但事先了解得更清楚会更好一点。这是一。

第二个点是工作的时间规定。就是说我们正在努力,多长时间你要告诉我,自己给自己规定个时间,如果没有时间每次你们都说正在进行,这周在进行,下周还在进行,就跟我们有些分公司,不良资产逾期了,你每次找他们汇报工作他都拍胸脯,没问题,放心吧!这里面利息在往里面垫,一个月、两个月、半年了还在垫,你去问他,还是没问题。有问题还是没问题,大家一看就知道了。我们每个部门的工作都是一样,规定多长时间,没有完成对自己有个约束,完成了对自己也是个鼓励,没完成我们再努力,也有个阶段性。就像风险管理部的汇报说在沟通,也要有个时间界限,一周还是三天,我是希望越快越好。

——2015 年 8 月 15 日第 28 期总裁办公会议

风险和市场需同时考虑

在风险把握好的基础上再考虑市场的发展,这句话也对也不对,这两个没有在前在后,一起考虑,市场和风险始终要同时考虑,我们做市场的要把风险深深地印在心里,我们做风险的始终要把市场印在心里,这样谈话就好谈了,去找项目的时候好找了,要不然就是一大堆项目批不了,为什么呢,只考虑市场不考虑风险。你叫市场全考虑风险不可能,它不是这个专业,你要风险管理部不管怎么都往下抠,但要考虑市场的,需要你去指导的,这些能用什么样的方法去控制,你要告诉他,包括我告诉你们,快标的核心就是充足抵押率,议标的核心就是在充足抵押率的基础上企业的信誉很好,特标的核心就是大中型企业,优秀的上市公司,这三个核心都告诉你们了,本标就是怎么搞都行,我就是不垫付,还要符合法律,这四个核心清楚不清楚,很清楚了。都告诉你们了,这几个把控住出不了大事,如果把控不住就麻烦,所以该指导的,根据我们所掌握的经验教训,把该告诉你们的都告诉你们了,实践中再有问题,再讨论,因为有些东西都是在发展的,有些东西看不到也很正常,但只要抓住了,就把它做好了,不足的地方继续完成。

——2015 年 8 月 15 日第 28 期总裁办公会议

解决流动性问题要分类处理，落实到人

主要是跟大家通报一下，让大家知道我们现在资产质量的情况。现在从大数看的话，最终损失就是2%，其他部分只是时间问题，整个控制在2%之内，就是8000万元，一共38亿元，大数一看就知道了，8000万元是在我们整个大数可以承受的范围之内的，没问题，但流动性肯定有问题，流动性的问题要用解决流动性问题的办法来对付，就是分类指导，分别处理，落实到人，落实进度，随时督促。到年底能回来多少，能回来一个亿，对我们财务压力要减轻6个亿，所以说我希望你们能转贷的转贷，能重组的重组，能打包的就打包，反正想尽一切办法，最后能把38亿元全搞掉最好，最起码往后推一年。

我们后面的规模又上来了，我们新的贷款项目就好多了。现在我们风险管理部和审批部已经把得很严了，如果我们跟资管公司，包括我们外面的资管公司全部联系上的话，我们难关就越过去了，一旦越过去了，我们前面就是康庄大道了。本标一旦往上一推什么事情都好办了，所以我们现在重中之重就是38亿元，应该说是流动性占用比较准确，不良资产叫流动性占用，我们要把这部分滚动起来。我们现在包括另外一种你们使用的计提的方法，账面的利润可能是亏损3亿、5亿、8亿、10亿元，怎么反映都行，没有损失，我们只是时间的问题，东西全在那，没有哪个是空家伙。我们财务核算内部管理的账心中是知道的，我要让参加办公会所有同事都踏踏实实过日子。

问题重点是尽快把流动性占用这块周转起来，周转起来我们后面的日子才会好很多，到年底给大家发奖金的资金来源都会多很多。要不然到时候就是捉襟见肘，到年底就实现1个亿的利润的话心里总不是滋味，我原来想最起码2个亿，到2个亿的话大家董事会上好开口，1个亿我董事会都不好开口。但我前面做了这么多描述，就是说从专业能力和水平，从工作态度和责任，这点我们都没有问题，为什么还出问题，这些问题很多都是我们没见到的问题，还有一些新的问题，新的问题我们提出新的解决办法来对付，对流动性占用的部分采用一些针对的方法，尽快地、责任到人地、有时间进度地一一落实。牛总你负责这块，担子很重，需要什么支持跟我说，需要什

么政策也跟我说，还有陆总、项总三个人在抓这块，这流动性占用你给我解决一半，我年底都舒服很多。还有3个月，这个事你们解决一下，我不给你们规定到底要解决多少，但你们尽力就行。

——2015年9月26日第33期总裁办公会议

设计公告标准模板；充足抵押率的重要性

昨晚说到我们的贵州2号出现风险，到以后我们肯定每出这样的事情都要对外公告，形成惯例了，我们在风险管理部出公告的部门形成一种标准模板，把投资者最关心的东西写进去，反应就很快，多大面积、抵押物什么、抵押率多少，充足抵押率一定要写上，因为这是投资者与我们最后的防线，他们一看，没事，大不了就是时间问题，不可能损失。这里面还有哪些要素，你把它设计出标准模板来，包括我们重庆、云南，哪天又出现问题，模板早准备好了，数字一填马上就可以出具，不要再进行什么审查了，模板一出来就是一个标准，你们就能省去很多工夫。我们审查的各部门的领导、项总、应急小组组长也省了很多劲，我们看没有问题就可以直接发出去了。如果没有充足抵押率，投资者也好，我们也好都觉得是靠不住的，所以要求你们现在把过去所有已经放款了的抵押情况再做一次摸底，让我们心里真正有底，不能含糊，含糊到最后责任还是我们的。就是现在不行我们也要知道是哪里不行，早发现比晚发现好。我们讲的充足抵押率的问题不光是我们公司的问题，是个经济现象，不光是我们国家，全世界凡是有经济有市场的地方都有这个问题，最根本的问题是在经济周期上，一个经济周期到了以后，某些项目就是不能投资了，投资了就是会形成逾期，形成流动性风险。我们国家就是要根据经济周期来制定货币供应量的松与紧，财政政策松与紧，投资政策的松与紧，这个我就讲到很基础的理论了。

后天中科院要过来调查，有个很重要的问题就是我们的法律周期从宏观上要能定下来，对一笔不良贷款起诉后最长不能超过三年，如果三年还定不下来我们后面就不好处置。因为充足抵押率的消化时间最后是按照三年来定的，我们的打折是按照三年利率加上去进行打折的，如果这个基础站不住的话，理论的连续性就没了。所以，充足抵押率不仅仅是银行是一些贷款单位，还是一个经济周期里出现的现象，对国家像是房地产，如果房地产一好，我们公司会是最好的公司，因为我们的抵押物全是房地产，如果行情一好，我们抵押物全涨价，涨了 10% 我们就开心了，涨了 20% 我们全部以物抵债还赚钱了，这就是经济周期。如果往下跌，比我们更惨的可能是银行，因为它们盘子比我们大得多，抵押物有的还没我们这么充足。就是国家指责下来也怪不了我们，是国家政策的问题，国家政策指导方向，整个经济上出现失误怎么能怪我们。就跟打仗一样，打仗的时候保险公司就不赔，战争险不赔，那就是国家负责。我们不能去怨别人，也不能要求别人。我们只能把我们该做的事情做好，我们在我们可以搜集的数据里，在我们能看到的实物里，做我们最充足的抵押。最充足的抵押分两部分，一个是现价打折，打折的依据是三年的诉讼期，如果我们的利率是 18%，三年就是 54%，我们打五折，就是打五折后我们连利息带本金三年后都能拿到，这就是法律周期的问题。这个不是我们能解决的问题，如果社科院来调查，我们就要求他们提供立法方面，对于诉讼，经济纠纷不能超过三年，或者两年，越短对我们整个宏观经济上流动性的处理会更好，这不仅仅是我们一家，马上我要谈这个问题。小叶你们这边要把充足抵押率办好，这是我们最后的防线，投资者那要搞个模板。

——2015 年 12 月 5 日第 41 期总裁办公会议

对风险管理部的两点工作要求

风险管理一是整个风险管理制度的制定，二是整个贷后管理，和我们在风险管理环节上的政策和方法的制定及检查。这些工作，一要和市场部沟通，二要和审批部沟通，政策制定部门一定要和一线部门沟通，再一个要和分公司沟通。分公司提出很多问题和建议，好像是对审批部的，实际上审批部仅仅是一个执行部门，有时候分公司和市场部吵起来了，实际上市场部是他娘家，方向错了。我们政策制定部门，要看看政策在哪些地方能够完善，能够有利于我们开展业务，使它更加简单、便捷，更有利于风险控制，风险管理部要下点工夫。你们工作计划安排是没有问题的，一直在进行，但是效率最多只能给 70 分，效率要提高，再一个对于市场发展，我希望风险管理部能够做点富有成效的工作。

——2016 年 1 月 4 日第 1 期总裁办公会议

5.4.2 对风险管理部操作流程、操作风险的建议

对风控法律审核流程的要求

风险这条线，主要是法律审核的流程。在项目审批之前的法律审核流程。这个流程控制的时间没有，一定要规定好。否则因流程问题造成审查不力。每单项目在法律审查不得超过一天，最好是半天。主要是合国家的法规、公司的制度法规和银监会的规定等内容。违约率和违约概率不是你们的问题。信用风险是风险管理部的事，责任要明确。明确后就要开始实施。可以先试行，有什么问题再修改。

——2014 年 7 月 12 日第 33 期总经理办公会议

贷款项目风险的管理和控制

风险这块是命根子，每个人都要有风险意识，那种试试看走着瞧在风险管理上是禁止的，开始没把握就是不能做的，过去因为连信用贷款都是敢做的，我估计贷款里面好的不多，可能都经不起审查，这里面就是因为过去的土壤不好，而市场又很混乱，到现在抓都没办法抓，但是已经过去了，追究也没有意义，能够追回多少是多少，最后剩下的部分再看怎么处理。目前我们接触的贷款从理论上讲就是三个风险，一个是终极风险，就是土地的抵押一定要足值，一个是流动性风险，在贷款之前就要知道还款来源和付息来源，还有一个是操作风险，我们有些贷款是所有环节都懂，在操作环节上违规了，没有按照操作流程去看，这个问题非常大，要提醒我们各个分支机构在操作上要严格按照审贷会所审批的流程走，所有的环节都不能少或者拐弯，特别是一些封闭的东西一步都不能走错，一走错它就这个地方出问题，我们搞风控的人都知道，你忽视哪里就哪里出问题。

——2014 年 11 月 1 日第 47 期总经理办公会议

货权的抵押是供应链贷款的命根子，一定要严防操作风险

所以这三个风险是我们市场管理中所接触的实际风险，终极风险，就是抵押物一定要足值，在能卖掉的地方把折扣打到合理的位置。流行性就是一定要有还款来源，就像那个璧山，我当时已经跟它谈过这个话的，那它本身就带有欺诈的性质了，而我们底下的分支行是怎样把这个还款来源写上的？（牛冰副总经理：他当时写的是从银行融资）我们都要接受这个教训。操作风险的话，过去所有的贷款全是操作风险，都是没有按照制度办，或者没有制度，想怎么办就怎么办。那么现在我们纸业很明显就是操作风险。告诉它货权的抵押是供应链贷款的命根子，那么货权不拿在我们手上的话，出了问题一点办法都没有。当时这笔贷款还没有贷之前，我以文字的形式跟董事长讲过，一定要把货权掌握在我们手上，每一笔货出去我们要知道，处置货的时候一定要经过我们同意，否则我们就提货走人，只有这样，货权的质押才不会有问题，它的库房要是标准的库房，仓单要是标准的仓单才行。这些不是我们不知道，就是操作中出问题了，这就是操作风险。一涉及我们个人的专业水平和技术质量，还有一种道德风险，操作风险是隐含道德风险的，就是他自己拿人家手软，吃人家嘴短，就造成这样一种结果。（P342）

——2014 年 11 月 1 日第 47 期总经理办公会议

风险管理的管理架构问题

陆斌你没有认识清楚这个问题。刚才项总和胡总讲的是对的，就是这个整个的风险管理过程是由风险管理来负责的，具体的操作是分部门的。这个人是分公司的，分公司肯定要管它；然后分公司就是由市场部门来管，它也有风险管理，它也有市场部门。它的市场部门是跑项目、搞资料。这些完成以后就交给风险部门来批，经过了分支机构的风险部门审批以后才是到总公司的风险部门，应该是这一个路才对。而现在我们整个的分公司变成了一个市场部门，项目一收到就直接报到总公司了，自己本身的风险审查有时候只是让老总看一下，根本就没有这个过程。所以我们的风险管理就要对分公司的风险管理部进行垂直管理。然后下面也有一个市场部门，那

么这个市场部门里面的信贷人员或者项目经理在平时搞项目的时候本身和风险管理部之间就有一个协调的问题了。那么上面的两个部门也有一个协调的问题,下面也有协调问题。下面的协调人员是分公司的老总,上面就是我来协调,或者是分管的领导相互进行协调。

——2015 年 1 月 10 日第 1 期总裁办公会议

关于资产流动性问题

但是这个抵押率我们往往在计算的时候是有弹性的,这个核心东西一抓住了,我认为就不会有什么大的问题了,无非就是流动性问题,如果我们资产管理公司可以衔接上的话,我认为为我们社会做出了很大很大的东西。因为从根本上讲,我从理论上分析这个问题:每个人都需要投资的,因为每个人都有消费剩余,都想把剩余投资到一些高收益上。但现在没有投资的渠道,这些资金都是存在银行。这个社会的消费剩余是很大的量,如果是投资到我们这些三年五年的项目上的话,他们肯定会很愿意,无非就是中间需要周转一下。

——2015 年 8 月 1 日第 26 期总裁办公会议

操作风险

第三,操作风险。里边的核心就是道德风险,一般的操作风险,比如章没有盖、某个会计出差了,那边人没回来,和什么人漏了一些小手续,这都是一般性的操作风险。但是往往有一些道德风险,是通过这些一般的操作风险表现出来的,实际上他是有意这么做的,你看不出来。比如说,这笔贷款他有意不想还了,他说人不在。他说我公章搞丢了,等等很多东西。根本上就是不能按期还款。结果就是违约。因为从巴塞尔新资本协议,从国际上,这么多年来进行控制的,全世界的银行就是用这个核心的东西,控制银行最核心的东西,就是违约率和违约概率。违约率就是企业在过往的所有合同交往当中,它违反合同情况,没有按期履行合同,没有按期还款,这都称之为违约率。然后把违约率计算出来以后,推算出它的违约概率,就是推测今后这个企业会不会是这样的。从而，银行的违约，是支付不出存款，另一种违约就是，贷款的企业还不了银行了。管银行的就是要管避免出现存款人支付不出来的情况出现，因为银行的资金池很大，它里面包含的风险很深，它一旦搞不好就会引起国民经济的动荡。所以巴塞尔协议里面的主要内容就是这个，从而出现资本充足率，内部评级法，五级分类，等等，都是在这个基础上建立起来的。最终也是为了控制违约率和违约概率，而这个控制好了，这个级别就高。这个风险控制的核心就是我们一般的客户经理或者风险审查人员的业务水平，这些懂了以后，他看了企业的财报、现金流，才能判断这笔贷款能不能放，决定额度大小，期限长短，利率高低。这要是过去老银行经常讲的，审查贷款是：贷与不贷、贷多贷少、期限长短、利率多少。

——张宇总裁在山东分公司座谈会上的讲话

操作风险中道德风险

首先讲句题外的话，因为董事长强调了一下，我从专业的角度讲讲这个问题。不良资产的出现和风险的出现是一个在业务经营过程当中的正常现象，但是这些风险出现的原因有的是正常现象，有的不正常，这里的风险我们通常把它归结为操作风险，操作风险里有一个东西就是道德风险。道德风险的核心就是以个人利益为目的，而损害公司或者投资者的利益。

——张宇总裁在山东分公司座谈会上的讲话

关于操作性风险问题

操作风险里有两种，一种是由于失误，制度上有规定了，明明这个不行，不能这么做，他失误了，没想起来，忘了，明明这个章封起来，他不知道，打开了。这是第一种。操作风险的第二种就是道德风险，就是一开始曝出操作风险的现象，实际上是道德风险，为了得到某种利益，他就这么做了，那就涉及法律问题了。我们只要一搞到这个层次，那就是法律介入了，我们也没办法。如果你能还掉，什么事都没有，如果损失了，谁也跑不了。

——张宇总裁在苏州分公司座谈会上的讲话

关于对可操作风险进行控制

那么在推销的过程中要注意什么风险的控制，因为这个也有风险，这跟我们一般的风控不一样，这风控是流程的风控，是一些资料真实的风控，而不是他一旦信用出现问题的信用风控。因为我们现在风控的主要核心是信用，是信用违约，叫信用风险，这是最难控制的。包括从巴塞尔，到银行，到内部评级法，所有东西都是在控制信用风险。不兜底实际上就是我们不负责信用风险，这个我们是不负责的，但是流程风险你不能不负责。人家拿身份证给你开个户，你给人家弄丢了；或者人家要走这个流程，你们在环节上没人，这些就是操作风险，你不能不负责任。那么流程设计完了之后，我们风险管理部要把下关，这个流程风险的控制。包括提供哪些资料，身份证资料要是真的，如果是假的怎么办？单位的资料是真的，包括他交易都是真的，这些东西如果是假的怎么办？我们是负责这方面的控制。这个方面的控制如果是做一个模板就比较简单了，这个我讲很具体了。领导都把这个事情讲到操作层面了，这是什么？这是一种悲哀，我有时候想想真是一种悲哀。这种操作层面的问题，这么大的部门老总，管着全国的，这种操作层面绝对是自己应该能完成的。但是到现在为止没有看到一件很出色的、从操作层面做得很漂亮的事情，我真的没看过。但也不怪大家，过去这个单位本身基础就很差，现在逐步往好的方向走。所以每个部门在抓工作的时候，一定是从基础抓起。

——2015 年 8 月 29 日第 30 期总裁办公会议

建立贷款管理卡片账记录贷款流程

刚才技术副总裁提出的问题不光是我们风险管理部的问题，可能是各个部门需要提高的地方。因为很多东西愿望是愿望，提出是提出，过程是过程，结果是结果，四个都是相互联系的，我们愿望想达到一个什么标准，根据这个标准我们制定了什么制度，执行的过程又是独立的，过程与结果又是独立的，这个是连续的，中间不能断。所以有个建议我再提一下，过去准备提，但一直没说。我们风险管理部要对每个项目制定一个卡片，这个卡片随着信贷档案一直到贷后回收,从这笔贷款发放第一天起就有这个卡片,所有经历的人都要在卡片上签字,每个环节都要,到最后移交给谁就移交档案和卡片,到最后这个项目最后的完结也有个结果。

卡片账可以弄双重的,一个是电子的,便于统计,一个是实物卡。贷款单位,贷款多少钱,审批是怎么审批的,现在是什么状态,根据贷后管理的情况每个月在卡片上要登记谁去进行的贷后管理,办理什么要有个全过程,就像病历一样,一直跟踪这笔贷款,这笔贷款一旦放下去,在贷后管理都要落实到个人手里,这张卡片就是交给他的,然后他在往下移交的时候卡片档案是一起移交的,这样从头到尾都不会断,风险管理部一是把卡片拿来可以讨论贷款的内容。二是监督这个卡片的流程,这个卡片在哪里,这个过程在哪里。要不然贷款一旦没人管,谁在负责都不清楚,在哪里都不知道。这样在任何一个环节上都有跟踪,都有责任人。那现在的问题是我们所有的贷款,特别是已经形成不良的贷款每一笔都要有人一一对应,每一笔都要有人在跟进,每一笔都要有处理方案,每一笔都要有个结果,核销的时候我就告诉你是这样的结果,并不是说收回来是结果,核销也是结果,没戏了,必须核销,那我们就开始处理人,这样就使我们每笔贷款不会间断,这样卡片从头到尾跟踪下来基本上管理就会连续,每一笔贷款都很清楚,做一个贷款跟踪或者说是每个项目管理的跟踪制度,利用贷款管理卡片进行,也可以叫卡片账或者卡片流程,完了以后我们每笔贷款都有一个档案,就像每个病人都有一个病历,其他“医生”看了就知道贷款从哪里来的,就知道流程是什么,不需要一个个介绍。这就是我提出的建议。

——2015 年 11 月 21 日第 39 期总裁办公会议

签订首问终身责任书的意义

责任书的问题,这个实际上要明确不是追究谁的责任,这个事情谁做的要有个记载,不要到最后这笔贷款形成了不良或者最后想奖励谁,到时候谁做的都不知道,还要把原始资料调出来查。当然,如果在这笔贷款发放过程中,如果有失职现象或者其他的我们不愿意看到的现象,责任也很清楚。我们有个分公司老总有一些抵触情绪,来自几个方面:一是不想承担责任;二是不理解,以为所有都要自己承担责任,这是误解,签字只是让你知道你参与了这笔贷款。审批是监督、把关、分析的过程,原始资料的真与假是最重要的,现场审核是最重要的。审贷会都是书面审核,一线都在分公司手上,要保证资料的真实和完整,这个责任要分公司负。基本资料只要提供全面,风险就基本看到在哪个方向了。那么再往下一层,想办法控制住这个风险,用约定的方法签下来,就解决了。这件事情不能着急,红岭创投本就是从无到有,从业余到专业的过程。这个过程很痛苦,尤其是没有在正规军打过仗的。

小问题很简单,对付复杂的问题没有系统是搞不好的。不该你管的不能说话,因为你了解得不够全面,有人钻了缝隙立马造成两种思潮。这次11个分公司总经理联名写的陈情书,有些不当,为什么不直接给我给了董事长?谁牵头的?为什么要签这个头?分公司老总有什么意见不能提,没有渠道?还是不听?而且是在我们财务制度检查和风险制度落实的过程中,对我们分公司形成一定压力的时候出现。把陈情书交给董事长的主导者意图很清楚,日常管理是我在进行,董事长管更大的事情,日常管理未必清楚。向他汇报的情况如果董事长没调查作出决策,我肯定说不是这样的,矛盾立刻产生。把过去的贷款一笔一笔拿回来,核对一下哪些是责任人,哪个是调查的,哪个是审查的,哪个是审批的,这个没问题吧?对新增贷款每笔前面加上承诺书,保证提供的资料完整正确,没有行贿、受贿或其他侵占行为。从现在开始,按照这个执行。过去不愿意签承诺书的,就把过去每笔贷款的责任人列出来,我们总公司的风险管理部列个表,列在前面,调查的时候就知道找谁了,过去的也一个一个补充上。责任清楚并不是要追究责任,但是也准备追究责任。所以责任书我建立这么处理,风险条线陆斌副总裁牵头,你们再讨论一下。我们的目的不是跟谁过不去,而是每件事情做完以后清清楚楚的。

——2015年12月5日第41期总裁办公会议

关于如何控制风险的问题

这个是没办法的,这个你也越不过去。越过去了就进一步改革。这个是更高的我们就不探讨了。那就说现有的条件下我们怎么做，那么红岭创投从我们来了以后，目前我们整个的风控管理，第一强调充足抵押率，抵押率的价格衡量不依赖评估公司，评估公司可以拿钱买到评估价格，一定是我们自己进行评估。它可以评估，但评估仅仅是参考，到我们这方才是正式重新评估。评估的标准是什么？也很简单，你拿房子来评估，这个房子今天的成交价是多少，然后我们折一下。你拿土地来抵押，土地今天的成交价是多少，因为最起码这是实际的东西，马上拿到了七折我可以卖掉，比如今天是一万元一平方米，我拿来七千块会卖不掉吗？肯定卖得掉。就算卖不掉我换个东西也可以换回来。但这不是很容易做到的，你要有那么多出租抵押物的项目啊，那个项目也不是那么好找的，人家要是有那么好的条件就跑银行去了，不一定跑你这地方来啊。

另外就是我们其实没有风险是不能控制的，看你挖到多少层。如果这层不能控制再往下挖一层，一直挖到你比方说我们一笔土地贷款，土地还不是他的，他现在只有五千万元，他要买这块土地要一个亿，什么都没有的项目要申请贷款，银行肯定不能做，但我们做一个封闭式的协议，你这五千万元规定放在哪个银行，我给你五千万元，然后五千万元一定打到土地交易所，土地交易所过来的这个土地你就直接抵押给我，就是下挖一层去控制，任何一个风险都有这种性质。不管什么东西，你要下挖一层它还能控制。所以我跟风控的同事讲，没有不能贷的贷款，只看能不能符合放款条件，如果不符合条件就创造条件。只要你创造好这个条件能控制住就可以放了。

——中国社科院专家组调研会议

产品端、流程端、制度端的风险控制

风险管理部的工作密度是够的，关键是在落实上。为什么上次董事长讲了，去看了什么情况，和事实还有些差距。既然我们发现了问题，就要把它列入议事日程，每天晨会的时候要把这个工作放在第一位。风险管理部至少有三个角度，一个是产品端的风险控制，产品的贷前调查是什么内容，我们叫产品端的风险控制。怎样的准入才能控制风险，浓缩一下就是模板。随着业务的发展，模板是要调整的，是要充实、删减的，随着市场的发展和经

济的变化，我们的控制力是在变化的，产品端的风险控制要把这些写进去。检查的时候就有东西检查。每个模板后面要有一个制度，要怎么填，填了有什么责任，这些都是风险管理部要做的，如果还没完善，我建议风险管理部在这项也列入重点工作。第二个是流程端的风险控制，产品有了，这个流程从哪里开始，从到哪里到哪里，最后怎么出账，出账后怎么监督，这整一个流程，都不能少。出账中心就是在出账前，审核一下审贷会的决议是否都有落实，不落实就不能出账，这就是流程上的控制。以后可能在全行业都慢慢开始重视出账环节，因为大家都很负责任，审贷会不是不负责任，提出来一条一条很清楚的，安排在出账的时候落实。森海园林，审贷会批的是收费权质押，收费权质押如果没有落实就不能出账，出账以后这里就悬空了，一旦出问题，保证条件就不成立了，大的瑕疵就出来了。我们每笔贷款刚才只讲了收费权质押的风险控制，在以后做其他大量的，特别是供应链金融方面，哪个环节做到哪些，无缝对接都在出账过程要讲清楚，如果你要违背了，就是操作风险出现了，那么这种制度性建设，流程控制风险，我们风险管理部，这也是你们的管理对象，从各个角度，都要管理这一件事情，每个人的侧重点不一样，你们是从制度流程上，就是这笔贷款出来到最后收回要经过哪些点，每个点上该负些什么责任，这是第二点，产品端、流程端。第三点，制度端。就是说在执行这些的过程中要有制度来保证，制度就是规范我们产品端、流程端，包括操作过程中每个人的动作，有些动作只能这么做，这个实际上在一些大的银行里都有，只是它们在落实的时候或者发展到今天有了一些新的东西，有些东西开始作出一些新的调整和完善了，我们不能对我们现在的风险管理部提出过分的要求，但这是一个方向。我今天跟大家探讨的这些东西不会比银行管理弱，即使出现一些风险，这些风险在银行也一定会出现，所以我希望我们风险管理部在三个风险控制上——产品端、流程端、制度端下点工夫，这些东西放在哪个环节，你一个部门总有几个室，室里面责任怎么制定落实。

——2016 年 1 月 11 日第 2 期总裁办公会议

对于逾期如何控制风险

对于逾期和未按时还本期标的，红岭如何控制风险？对于抵押极大，风险处置手段，是否可以公开进度表？这个公开的问题我不反对，但是公开以后会有很多在某一时间概率上产生副作用。他没有了解整个情况，了解了这一点他一样很恐慌，他本来想投的不投了，他本来没有多少想把它抽走了。当他全部了解，他又回来了。当大家集中在一个点上都走的时候，那是会对一个企业产生威胁的。这就是为什么政府怕群体性事件，群体性事件的产生都是由于信息不对称产生的，在某一点上一下爆发了什么事情，一下没有控制，一下蔓延开了会造成更大的损害。这种突发事件，我们说风险处置是不是可以公开的问题？你一公开了，我们又起诉哪一个了，那投资人又出问题了。包括我们的“挖掘机”，我非常感谢他们能发现我们风险管理上的不足或者没有发现的东西，但是有时候突然出现、在不恰当的时点出现的时候会对整个业务发展产生影响。这种影响他可以不负责任，我们不能不负责任。所以我的股东兄弟姐妹们，有时候你们在网页上发出一条信息的时候你要想一想会有什么后果。如果你真正对红岭创投负责任的话，你可以打电话给我，你不要轻易地在网页上搞什么。因为你搞了之后就走了，言者无罪嘛，但是你没有想到产生什么后果。我老老实实告诉你们，我很怕，我怕不是我有多大责任，因为这个事件真的是要受到创伤、真的要受到损害，这个损害不是我一个人，是你们大家的。所以公开进度，包括人民银行要求我们信息披露的范围可能还有一些讨论的余地，你能把所有商业银行每笔贷款都公开吗？还有公开到哪个程度？这个程度你要往下追是没有底的，1 和 2 之间是无穷的，1. 11，还有 1. 111，后面还有无穷多个 1，它可以一直往下追。你公布这一步，还公布那一步，一天到晚搞不知道搞到哪一天。这在我们整个解决的问题当中它到底起多大的作用，要看清楚这个你才能把握好主动权，才能知道这样做值还是不值，最终决定的是绝大多数人的利益，这是最终的支点。

解决方案我告诉你们了，刚才项总已经讲过了，好几条的解决方案。牛总、陆总都讲了解决方案，我同意他们。未来如何规避，规避就是制度的完善和制度的执行,不执行有制度也没用,一切要按照制度办,所以我们每周都有办公会,办公会后有督办,工作的整个程序一直是连续的,不会断。

——2015 年度股东大会

5.4.3 委托贷款

委贷银行问题的解决思路

你们还有一个重点工作就是委贷银行的问题,这个要搞出几个方案来,先跟第一批哪几家银行谈,这批银行在什么位置,哪些之前有过委贷合作,凡是有成功合作过的银行名称你们要有个记录,然后在这个行在我们分公司已经开办业务的地方去跟它们联系,一个一个联系,如果解决不了,还有其他问题的话我们还有其他办法去协助解决,再不行我们要有个最终出路,就是在深圳直接出账,如果我们找一家哪怕是小贷公司,甚至我们收购或者注册一个小贷公司,只要能自己出账,这个通道一定要打开。这个通道不打通,整天为这个事情耽误时间,那就不值,这个方案你作为一个重点工作抓。

我们已经办过委贷的银行名单有了以后,让各个分公司在当地找这批委贷行,一个个谈,不会低于五家委贷行吧? 如果不低于五家,那么每个分公司都可以谈五家,如果委贷行有分支机构。有多少家谈多少家,它们都拒绝以后我们将要找一条最后的出路,如果他们在当地能找到其他的委贷行更好,如果真的找不到,哪怕我们自己投资再搞一个小贷公司,我跟董事长已经研究过了,你委托别的小贷公司不如自己开个小贷公司。当然有的质量非常好的小贷公司也可以,或者地方性商业银行也可以。你们拿方案,下周把这个作为重点工作。

——2014 年 12 月 20 日第 54 期总经理办公会议

平台与银行合作可能的领域:流动性渠道、委贷行(资金托管)

昨天华润银行,深圳银行的副行长,和我谈了一下午,叫陈鲁东。谈了一下午,谈的开心得不得了。他说我们这里经常有项目来,你们这边有资金可以合作。我说我跟你们谈三件事:第一件事,我们想建立一个流动性的渠道。我把我的良性资产抵给你,你到时候有问题的时候,给我3亿~5亿元,我保证你没风险。这个钱我还要赎回来的,他就讲没问题。第二,委贷行。我们有很多委贷行,如果你们做我们的委贷行,我们可以从你那出账,等于帮你拉存款,没问题。(三是资金托管)

——2015年5月30日第18期总裁办公会议

5.4.4 手续办理

对已通过审批的项目办手续的看法

不是跟踪,是排序问题。对于已审批通过的项目要进行排序,根据其需补充办理的手续,一定要分析得很清楚,从本地银行、异地银行、小额贷款公司等,都要整理完善。最多做两次,不能超过三次。不要耽误时间,督促落实。并多联系几家,建立合作关系。

——2014年7月12日第33期总经理办公会议

对于抵押人变更的操作要求

法律上对抵押权人授予抵押权时有法律文书,对其变更有相应制度,防止抵押权人突然离职对抵押权移交的影响。对于人员增加的请求,你们部门提出方案,写成书面报告,经我签字周总通过后交给资产保全部,跟指定人员签订合同。

——2014年8月16日第38期总经理办公会议

5.4.5 贷款合同的签订

我司与借款企业签署借款合约的借款人名义问题

我从国家的法律上找到,就是已经认定公司对外借款合法了。这是一个新的法律解释,过去是不合法的。现在有了新的法律解释,就是单位可以对外借款,而且是合法的。这一点法务回去落实是否可以以公司名义放贷的法律条款,如果可以的话就以公司的名义来签,如果确实不可以,还是按照我们过去的做法。

——2014 年 6 月 14 日第 29 期总经理办公会议

对借款合同的要求

所有数据向计划财务部门要,然后它会向风控部要。你们的这个顺序是不对的,应该是计财部从各个部门把数据要过来,然后他们再反馈给各个部门。还有我们要和所有的出借人签合同,明确他们所承担的法律责任。第二,人事部门搞一个备份,就是如果出现意外谁来接替,以后要落实第一出借人和第二出借人。

——2014 年 6 月 14 日第 29 期总经理办公会议

贷款合同签订的注意事项

不是。就是当时跟重庆的中飞谈的时候是六个月的,我们准备发一年的,实际上留出六个月的缓冲,结果给中飞的合同当中怎么也变成了一年的?这样一来就增加了六个月,增加了六个月的话,我们自己实际上的缓冲期就没有了。原来我们是有的,原来就到六个月,他如果不还我们就可以起诉了,现在还没到期,你还不能动他,最多就是欠息,你能追一追。那么你们再看一看,还有哪些在合同签订的时候有遗漏的,这都是操作风险,当时是这么定的,最后执行怎么执行成那个样子,当然不怪你们现在的,就是我们过去在做的过程当中,很多的这些环节,我们先一点一点地把它搞清楚,搞清楚以后有个什么好处呢?一个就是在我们以后防范的时候,每一笔贷款都留出这个空间来,就一定要这么做,包括我们现在一个亿、两个亿、三个亿,包括湖南的比较大的四个亿的项目,下面都要留出这些缓冲时间,另外你们要从一家开始,留出风险准备金,不行就给他增发一点,增发一点就是用他们的名义增发一点,把这个风险准备金放在我们这个地方,在没有发之前就把这个协议签好,等于就是把他的抵押率降低一点,人家的抵押率,你不能动人家的，把他的抵押率稍微减低一点就出来了，因为只要10%嘛，好不好。10%的话，从线上来看是没有问题的，但这个钱放在我们这个地方不能用，不能用的话我们不要他付利息，我们来付，这个地方的资金成本就会增加了，但这个增加的量不会太大，也就是三个亿左右，最多不会超过三个亿，目前是，一般是在两亿元。

——2014年11月1日第47期总经理办公会议

5.4.6 发标公告的拟定

《关于发标流程的有关规定》

由线上运营部负责起草《关于发标流程的有关规定》，以红头文件的形式下发。今天谈论的问题都要涉及，明确责任人，完成后下周上会讨论，通过以后由总经理签发。所有的东西包括OA啊，上线啊，公告啊之类的都在里面，规则定下来以后有意见在会上讨论，进行修改。

——2014年4月29日第二十二期总经理办公会议

产品名称的解决思路

对，那活期和贷款的利差就大了，这就是银行经营当中有很多利润增长点，在哪个地方去进行努力。我要提的建议就是这个名字可能要改，不能用这个名字。改成红岭创投什么东西的，叫什么标也可以。互联网企业都喜欢用什么标嘛，就是流动资金融资标，固定资产融资标，项目融资标，这个我就提个建议，有别于银行就行，但是实质是一样的。这个一旦上线的话，我们基本上就可以告一段落，休息休息了。

——2014年11月15日第49期总经理办公会议

项目编号要搞个简称，不要那么长

就跟身份证一样把它变成唯一的。我看可以，问题是要搞个简称，不要那么长。或者就浙江一号，下面就KJ2015001，或者是前面是细的，后面打个括弧简称什么什么，这样一来大家交流的时候也方便点。

——2015 年 1 月 10 日第 1 期总裁办公会议

项目命名问题

那就干脆一直累积下去，这样更唯一。有个问题就是珠海分公司做的福建的项目就不能叫福建一号，一定是珠海一号，就是以公告项目上报的分公司命名。

——2015 年 1 月 10 日第 1 期总裁办公会议

5.4.7 五级分类、拨备计提及不良贷款的认定

不良贷款的苗头认定

没有的话这个问题就解决了。不良资产是从逾期开始的，一欠息就麻烦了，到期的时间和付息的时间往往不是一致的，它不是利随本清，项目贷款很多属于利随本清的，还有就是分期付息的，它不欠你利息，但是逾期了，逾期一旦产生的时候，这个不良的现象就是有苗头了，下一次再不付息，那就是不良资产了。它里面就是个时间，你们查一下，暂时问不到的话就规定个时间。

——2014 年 1 月 28 日第 10 期总经理办公会议

贷款五级分类的计提拨备标准

正常的就是 1% 就不动了，然后非正常的从关注、次级、可疑、损失这四类提的比例都不一样，最高的损失类提 100%。关注和可疑不多提，不良资产是后三类，每一项的计提比例不一样。就说一下我们要开始计提拨备了，要建立信用等级评估制度，这个办法都是过去现成的，这样一来我们就不缺制度了。我们风险管理部要把它改动到适应于红岭创投的语言描述，只是这个东西。

——2014 年 1 月 28 日第 10 期总经理办公会议

五级分类的制定和使用

五级分类不需要经过审贷会,贷后管理室做出来就可以了。你们按照标准分好以后,你审查一下就可以。如果你需要我来辨别一下的就我来辨别一下。它是有标准在里面的。做完了以后主要就是提供数据给财务,因为财务上要以这个为依据计提坏账准备金额。你们知道财务上计提呆账准备金的比例有了吗?

——2014 年 4 月 1 日第 18 期总经理办公会议

严格计提五级分类和拨备

我跟你讲,拨备是严格的计提,五级分类也是严格的计提,如果出现亏损就让它亏损。该开的费用还是要开,但是亏损的部分还是要表现出来,让人看到。这样一来我们就它是了,它一旦开始形成利润的时候我们就是真的赚钱了。否则你们的利润就是假的,既欺骗别人也欺骗自己。我们不能总是让老板来顶,出现这种情况的话就是我们经营班子的失职。你们自己想一想对不对。每开一次会我们都会发现一些新的问题,可以说我过去是过高地估计了你们,现在问题都显现出来了,这也是好事,我们一起把问题解决了。

——2014 年 4 月 1 日第 18 期总经理办公会议

对计提风险准备金的看法

另外一个就是风险错配。我要有相当一批的准备金在出现问题的时候拿来覆盖,一旦降息,我的覆盖能力就会降,一旦出现风险,我们就无法承担。所以必须从好的贷款中留点结余,把出现问题的贷款覆盖了。即便是再好的贷款,也要按标准计提 1% 。因此,6% 的管理费是不能动的。对投资人让利的行为做到一定程度即可,需要有个度。一旦出现什么风险,前面所有的行为都白费了。

——2014 年 6 月 7 日第 28 期总经理办公会议

风险准备金的补充办法与二级分公司股权出让试点

我们的风险准备金，包括我们的资本金本身就是捉襟见肘。五千万的资本金撬起来一百亿的生息资产，两百多倍。那么这个资本金的补充，董事长在寻求各种办法，包括增资扩股，包括上市等等。我们现在要采取一个新的动作，就是从二级分公司开始进行试点，把一部分的股权出让，就是那些有钱的人可以来购买我们的二级分公司的股权。我们是以管理入股，占51%；他们是以自己的资金入股，占49%。根据我们年化收益率18%来算的话，他投资5000万元，每年可以拿回去700万元到800万元的收益，这样的话随着业务的发展，他两三年就把本钱拿回去了，后面就是赚钱了。这个我们先从二级分公司进行试点，到了一定的程度，我们可能就从一级分公司、省级分公司开始做了。但是管理的主动权是在我们的手上的，管理权我们是不会交出去的。我们卖的是管理、风控和品牌，就这几个东西。这个工作已经开始了，由我们的项总负责，二级分公司的出售，包括资本金的运作由项总负责。

——2015年3月29日第11期总裁办公会议

5.4.8 贷后管理

建立信贷资产的贷后检查办法和报表模板

同时我们风险管理部要建立信贷资产的贷后检查办法和报表模板。已在库的贷款，每月所跟踪的（市场部）项目经理/（风险部）风险经理填表了解项目状况是否良好，跟踪风险迁徙，直至贷款收回。

——2014年2月25日第13期总经理办公会议

贷后管理的要求

贷后管理不只是一个小组的事情，在项目一开始就要融入项目中，从项目开始到钱收回来之前，项目经理要一直负责，一旦出现风险，项目经理就要全职追回债款，而不是移交，到真正追不回来时，就要追究法律责任了。项目经理要一直编写贷后审查表，一旦接收到催收部时，就是启动保全系统，就可以采用法律方式了。什么条件才转交给保全部，一般看账龄，银行一般是一年或者一年以后，多长时间转账也可以成立制度。市场部要就大概多长时间移交给催收部这个问题拿出一个方案。我们贷后管理这块工作要立刻做起来，风险部门要有专人管理信贷资产五级分类。对没有结束的信贷资产进行分类，应专门成立贷后管理室，对已贷下去的贷款的项目的检查跟进，不具体做事，就是检查每个月贷后检查的报告，进行统计。将贷后检查报告提交给五级分类组。然后交给风控，风控方面有哪些出问题了，相关部门配合着解决。

——2014 年 3 月 18 日第 16 期总经理办公会议

贷后管理的要求

我对目前风险管理部的贷后管理工作提出几点要求：(1)每一笔项目的项目经理在签调查材料时，贷后管理的责任人就是该项目经理。一定要有这个环节，即贷后管理人的责任制。同时企业的贷后管理的责任人，即要求贷款企业提供给我们这笔贷款的对接人，负责日后和我司进行该笔贷款的对接在签订合同时要让人名出现在合同上。(2)在每一份贷款中都把简表附带进去，包括还款方式、担保方式、贷款方式，责任人，管理人等贷款的大致情况信息，放在第一页。关于风险管理制度中要求的信贷档案的盒子，标准的信贷档案的盒子，硬皮的，要永久保存，不可改动。调阅档案要经过相关人员签字，防止丢失。(3)每个月有一个贷后检查的报告简表，只填动的项目，没动的可以不填。可以由对方企业责任人填制。审核完后交给风控，最终风控根据这个进行五级分类。贷后管理，不仅是在红岭，在任何一家银行都是薄弱环节。有一半的贷款的问题出在贷后管理上。贷后管理是及时反映和发现风险迁徙的信号，及早采取措施，损失就会很小。

——2014 年 4 月 8 日第 19 期总经理办公会议

贷后管理的要求

以上办法（针对审批暂行办法，房易贷授权最高额是 2000 万元，为了简化链条，500 万元以下零售部直接授权；500 万 ~ 2000 万元是我来审批；第二个是重庆分公司准备开展房易贷业务，由于是异地分公司，暂定200万元以下由其直接审批，审批后资料备案，200万元以后2000万元以内还是按照总部审批；如果试行情况较好，再实时调整）同意，主要是监督问题，对放下去的每一笔贷款做好事后监督，包括所有的贷款申请资料的监督及贷后管理；这两个是非常重要的环节，因为我们所有的条件都设置了，是不是按照条件去执行就是事后监督。按条件做了以后（贷款下放以后）还涉及风险变化和迁徙过程，只要贷款不收回来，风险都时刻存在。贷后检查的时候，每一个月都要有贷后检查报告，哪怕再简单都要有，都得有人盯。每一个贷款都得有人盯，都要落实责任人。风险管理中每一个环节都是有责任的，都要负起责任，这样就不会出大问题。公信贷和房易贷要重点关注事后监督和贷后管理两个问题，因为标准我们都定过了，只要达到标准一般不会出问题，所有要严格按照要求来完成。

——2014年8月16日第38期总经理办公会议

不良资产需确定负责人，做好贷后管理工作

这些不良资产有没有负责人？你要把他们的名字标上，我每个月都要问他们的进度。这是每个月都有的，不然就没有连续性。我们任何贷款的贷后检查一定要落实，然后企业还要有一个贷后管理责任人，和我们的客户经理衔接，然后每个月让企业填一个贷后管理的变动表，就是他们的财务报表的变动情况。这样就能监测出这个企业的财务状况的变化，然后本企业要把这个表交给我们的客户经理，我们的客户经理就进行核查，然后提交给我们的信贷部，信贷部门据以进行五级分类。这个五级分类出来以后，我们就据以提取呆账准备金。最终贷款放出去以后，每个环节都要很清楚。贷后管理的具体工作是市场部的工作，资料全部是从市场部来的，市场部的是从企业拿来的。那么贷款单位一定要有责任人，要给我们填一张表，必须遵守我们的规则。同时我们在进行贷款的时候，也应该有一个协议，就是他贷款以后要尽什么义务，要做什么事情。我在会上讲的话都有录音，我讲的工作你们一定要落实，看你们是怎么落实的。我没讲是我的责任，你们没有做就是你们的事情。贷后管理是一件大事情，贷后检查和不良资产的催收的很多工作都没

有落实，只是口头讲。还有新放的贷款，贷后管理也要跟上。审批的时候可能是一个情况，一个月以后可能就是另一个情况，这个情况我们要随时掌握，我们据以制定出下一步的贷后管理方案和意见。要及时发现和解决。从市场到风控的每一个环节都要做好，只有每一个环节都做好了，都能紧密联系了，那么我们的风险管理的工作才有起色了。

——2014 年 4 月 15 日第 20 期总经理办公会议

贷后管理的流程、分工

贷后管理谁负责？这里面要分清，要按照时间来划分。如果超过一个月的就形成不良资产了。银行的话一般是超过一个月，就形成不良资产了，就进入清收状态；没超过一个月就归市场部来催，超过一个月就是风险管理部来管理。在资产分类的时候，催收人员或者是资产保全人员，甚至是法律人员都要出动了。实际上已经有部分形成事实上损失，那么在计提呆账的时候就要按照 100% 提。表格、档案之类的资料在风控这里，统计也在这里。那么市场部基本上就是把项目批一下，就不管了，但是贷后检查完成以后要报告给你们。然后你们根据贷后检查的报告进行五级分类，分类以后就交给我们的计财部，由计财部计提呆账准备金。如果超过一个月就到了风险管理部，那么你再委托资产保全部和催收部，性质就不一样了。然后我们每个月的贷后检查也同样做，因为它的风险是会迁徙的。一开始是正常，然后是次级，然后到关注到可疑，到损失。这个风险是变动的。贷后检查人员全部是在市场部门的。那就是由风控部门来负责指挥了，因为是属于催收类的了，而你们是管理类。催收类的话，里面的报表的填制就要更严格了。要求做到，在任何时点上这笔贷款都有人在管。然后每个月统计报表上来以后都知道是什么状态，下一步会出现什么样的变化。这样我们后面跟着财务上面的呆账准备金的提取也要同时更新。不良资产的问题就这么解决。

——2014 年 4 月 22 日第 21 期总经理办公会议

关于对贷后管理的认识

我们逾期每个月都在涨，从发展开始到现在每个月都在涨，大家压力很大,因为我们要垫付。一增长就要垫付,我从理论上解释,是否拐点没出现,我们量是否不够大?等量足够大了可能会出现一个比重,可能到哪个点就会下降或者缓解了,我们不知道。我们能够做的是从源头把它抓住,不能没有抓手。快标、议标就是抓充足抵押率,特标就是国有大中型企业,因为它的背书就是国家,这个抓手很厉害。再就是好的上市公司,因为它一旦不能够还款,导致股价波动它是受不了的。我觉得在教育分公司的时候,在我们寻求项目的时候,贷款企业负责人的还款意愿、素质非常重要。要远离品质差的人,如果他是本分做经营的,素质好的,那我们就有办法救他,重组就是办法。他如果真是好人,再装个项目做重组,他会很高兴。所以贷款单位凡是请你吃饭的,送你小礼品的,你都要警惕。让你高抬贵手帮忙的,绝对不要帮忙,我最烦这个,今天我帮你忙,明天你能够替我坐牢吗?所以第二点清收一定要把住源头,在市场开拓中要把住源头,从客户经理,从审批部、风险管理部都要把住。清收的重点在市场部如何体现?贷后管理。对于正常的贷款、已经形成逾期的贷款如何管理,已经进入诉讼的贷款如何管理?已经进入诉讼的资产保全部介入了,总公司的力量介入了。对于还没有形成逾期的贷后管理,我们做得如何?现在就要开始加强了,而在这次的汇报中我没听到。这个实际上是市场管理部在清收上要抓好的,正常的贷款每个月要有贷后管理。我当信贷员的时候,每个月有个贷款计划,月末有贷款情况检查,另外每个人至少写一份经济活动分析,要分析企业的趋势是什么。这样你才能够培养出队伍,他才有分析能力,再放贷款的时候才能够提高。

——2016 年 4 月 11 日第 12 期总裁办公会议

5.4.9 征信系统及黑名单

黑名单

人民银行也在制作相应的黑名单。主要的,一个,所要求的内容都有了;第二个,画面设计要提出一些参考意见,集合各部门需求意见后交由技术部完成设计,把基本的需求提好就行。不知道怎么提需求的学习一下。可以参照其他行业黑名单,或者人行黑名单。最终内容可以考虑在网上公开，不保密。在具体操作中，考虑安全性，技术上的问题，有技术部门支持，做不到保密的话公开也行。对于被公布的黑名单，要有依据，要有交接，要和法务部联系，保证法律上的安全性。我们这边的黑名单是只要出现欠息以后。需求在这周完成，下周二技术部汇报安排给谁了，多长时间完成。

——2014 年 3 月 18 日第 16 期总经理办公会议

网贷黑名单

第二个，对于网贷黑名单可按照字母顺序排列，方便查找人查找。关于客服部权限的问题市场部可以私下和技术部讨论，可逐级开放权限，不涉及商业机密的数据可提供给客服部。

——2014 年 3 月 25 日第 17 期总经理办公会议

对建立政信系统、大数据分析系统的要求

第四是建立征信系统。现在很多的项目上去后，还款还有投资人等建立评级系统，可以看下其他网站是如何操作的。看用的是什么参数。我们的征信系统建立起来后，也可以和其他 P2P 企业共享。由风控部门负责牵头，和线上结合起来。先调查清楚，不仅仅是企业的评级，包括还款等，和征信挂钩。有些是可以列入黑名单。建立大数据的分析系统。

——2014 年 7 月 5 日第 32 期总经理办公会议

5.5 对资产保全部的建议

5.5.1 对资产保全部工作要求概述

对法务部的要求

最后，法务部重点培训工作速度要加快，项目上审贷会之前的正常的法律审查和合同合法性审查需要建立正常岗位。

——2014 年 2 月 25 日第 13 期总经理办公会议

法务部的工作要点

两条路都要进行:一是催收的工作要一直进行下去,二是和律师的联系要继续进行下去。正常的法律审查要继续进行,所有的贷款的法律审查要进行,你们也要明确法律审查部的工作职责。

——2014 年 4 月 29 日第 22 期总经理办公会议

成立资产保全部的意义

我先宣布一个事情,经过研究,资产保全部作为一个很重要的部门独立出来,升为一级部门,我们目前生息资产已经 20 亿元以上了,估计到年底应该在 50 亿元以上,那资产保全部的工作就相当重要,因为流动性风险的出现是我们必须加强的地方,任何一家大的银行资产保全都是一级部门,根据风险管埋委员会主任的提议,决定成立资产保全部,法务部陈青云同志任资产保全部副总经理,会后总经办把手续办一下,第二个是叶自荣增选为贷款审查委员会的成员。下面开始汇报。

——2014 年 8 月 2 日第 36 期总经理办公会议

对资产保全业务的要求

资产保全这边主要是案件,广州案件我们也尽力了。过去遗留问题也不做过多解释,主要尽我们现在的力量做好就可以了。如果我们的力量不够,尽可能想办法寻求支持。广州这边需要人的话还是要去,特别是刑事立案,该保持联系的还是要联系,做好相关服务。刑事立案的力度是很大的,目前所做资产查封是民事案件,民事角度力度是很小的,拖两年都有可能,刑事案件是效率很高的。我们这边按照刑事立案要求想办法盯住,如有需要可派专人盯住,一直到有眉目。采用刑事方案逼其主动上交资产,包括交易所股权及其他良性资产。

——2014 年 9 月 5 日第 41 期总经理办公会议

资产保全部下一步的工作安排

保全部现在的工作已经进入常态了,从过去没有秩序到现在有秩序了,这是一个很大的进步,下一步的工作就是积极在公司里面依法办事,依法办事这是最重要的,我们不管做什么事情都是不能离开法,包括我们各个分公司,我来的时候曾叫杨涛做过一次法制教育,还有等新大学生来了以后还要继续普及,就是你在我们这里搞不好会犯什么罪上刑法,包括违法放贷罪,受贿罪,职务犯罪,包括判多少年,都要让他知道,都要告诉他们,我们还有一个普法教育的责任,要把这个作为一项工作来抓;第二,你们已经进入了一个常态化的工作,要有连续性,不要放着、放着就没有了,就是每天都要有进度,每天都要督促,老是盯着有什么问题立刻就能反映到,放两天不盯了就松了,就会出现这种情况的。特别是底下我和牛冰副总经理讲过,有个企业要提前还款我不让他还,这不行,以后哪个企业要提前还款,立马让他还,否则以后出现到期不还的时候人家说“我说提前还款,你们不要”。在我的从业经历中出现过不下十次这种情况。所以以后有这种情况,那就立刻就让他还,不要留任何余地,这些人鬼心思多得很,千万不要给人家骗了,所以你现在的工作一个是依法办事、一个是普法教育,一个是各项工作要连续,对于企业讲什么东西我们都是按照制度来就行了。我就讲这么几点,工作做得还是不错的。

——2014 年 11 月 1 日第 47 期总经理办公会议

对资产保全部进行普法教育的建议

所以我们资产保全部所有的法律问题都要咨询你,今后不光是处理我们日常贷款的案子当中涉及的法律问题,还有员工的普法教育。以后还要搞,要知道在这个行业内你的行为如果违法会容易违哪几条法,然后违法是怎样一个过程和结果,你要负什么样的刑事责任都要让大家清楚。我们以前在银行里面是每年都会进行这种教育的。你别说你不知道,因为我到重庆去,我跟他们老总说你知道如果这笔贷款损失了,只要一起诉,知道你承担什么责任吗?他们说不知道,我告诉你 15 年以上,叫违法放贷罪,你就是没有受贿,只要损失了,只要在这个执行过程中违背了规定,你就是15年以后,没什么可推诿了,你不要以为这是个私营企业,那不行,因为这个投资者是老百姓,老百姓只要搞乱了以后,公诉人就要出现,公诉出现就不是老板说话算数了,是公诉说话算数,那就是社会对你审判了,可不是老板追究你的责任。因为公诉是代表全体人民的利益,那不一样的,有的人有些侥幸心理,好像只要老板保一下可能就没什么大事了。但是像这种大的案子,这么多投资者参与的案子到最后是要涉及公诉的,那可不是开玩笑的,所以我们在这些法制教育当中首先我们要教育到大家,让大家懂这个,过去因为不懂真犯了一些东西,那现在懂了就不能再犯了。不懂的时候我们要进行教育,要告诉你会有这个结果,到时出了结果你也不要感觉很突然,早就跟你说过,那么我们普法的责任也要尽到。也要知道这个法律常识,用什么样的形式可以考虑一下,每年都要进行。这个法律的教育是每年都要进行的,特别是刚进我们这个行业的人,过去他们不懂,我不讲红岭创投,就包括小贷公司、担保公司,企业很小,一二十个人,二三十个人,多的也七八十人,像这样的企业它没有这个意识,当你稍微大一些,这个法律意识是一定要有的,这样才能保证这个大船能稳当地往前走,遇到问题我才知道有法可依,包括我今年年初叫你们搞的那个协议,那个就是个法律的东西,那个一旦做好,后面就没有多大障碍。你那个没有做好,后面你做一步那就是个障碍。你凭什么权利来支配这些资产?这个协议里面他是委托了,这就没问题了,他签字了,法律上就没问题了,像这种战略性的安排没有搞过的人他没有这种意识,也不怪大家,但是告诉你了你如果还不改,那就没办法了,那就依法办事了。

——2014年11月22日第50期总经理办公会议

资产保全部这个关口非常重要,不能停下来

就像资产保全这一块,你的工作就是你的常态,如果没有这部分的话就奇怪了,就不设这个部门了。设这个部门每天就是做这些工作,就是打官司,就是不能停下来。我们过去有很多的烂账,银行也一样,往那里一扔就没人管了,一年以后还是这样,过了两三年还是那样,而这边的钱已经垫付出去了,垫付出去以后还要付利息。这样一反一正不知道要损失多少钱。

所以你们这个关口非常重要，一定不能停下来，最后就是上刑事手段了，一直打到他认错。态度好了，我们可以配合帮忙搞重组。因为银行是有这种能力的，同样我们也有这种能力。只要你有新的项目进来，只要有新的资源进来，能够把我们原来的风险化解，那我们全力以赴。我们是想把资产盘活，使我们的客户、我们的投资者都不受损失，这是我们的最高原则。但是如果你的态度不好，想跑，那我们也没有办法，只能是打到底了。所以我们各个部门的工作也一样。

——2015 年 1 月 10 日第 1 期总裁办公会议

资产保全部在任何时候都不要停下来，要一直追到底

那就想办法去找人。你这里不能停下来，我给你们资产保全部的话就是什么东西都不要停下来。只要不停下来就好，你们就没有失误。一旦你们哪个案子停下来了，那就是你们的失误。每个都是能走到终点的。可抓可不抓的人，就先把他抓起来，大不了以后再放了。

——2015 年 1 月 24 日第 3 期总裁办公会议

保全部工作要求：工作密度要加强，案件进展不能停

没有的话就不要汇报了。我还是给你们保全部几句话，一是你们的力量要加强，要人给人，要钱给钱；第二，你们的工作密度要加强；第三，你们的工作不能停，对每一个案子的进展都要有跟踪，有落实。

——2015 年 3 月 29 日第 11 期总裁办公会议

诉讼处理过程，要按程序来，时刻跟踪，不能停，要有进步

以后这个工作要按照程序来。你们跟进归你们跟进，他们不汇报的话，你们写报告给我，我批给董事长。每件事情在处理的时候一定要有一个程序。程序有了以后，在哪个环节被压住了就由谁来负责。所以我们不能在保全部压住了。所有的东西都不能停下来，不管在哪个环节停下来了，都不能在你这个环节停下来了。只要不停，只要在跟踪就不要紧。要时刻跟踪，

知道它的进展。到了我这里我也不会停,我会批给董事长。

你这个资产保全上的工作,你要人我给你人,要钱给你钱。你现在在我们红岭创投这样的企业,比在银行要重要得多。所以你千万不要手软,千万不要把工作耽误了。尤其是在今年,一定要顶住。因为你这里只要进步一点,只要有一点结果,对整个大势都会产生巨大的影响。你这里只要出现一个闪失,那就会对我们造成绝大的影响。所以你刚才讲的森海园林的诉讼停下来了,要等20 天之内。如果他们是磨时间的心态的话,那就要想办法抓人了。

——2015 年 4 月 4 日第 12 期总裁办公会议

资产保全部跟进制度,以及催收有效性方法的思路

资产保全部是公司在风控中非常重要的部门,尤其是对现在的企业,整个公司的内容有些和银行的资产保全是一样的,但是有时候比银行的资产保全更复杂,对大家所要求的程度更高一些,而我们这里面多数还是一些新同志,经验各个方面都不足,每一项贷款和不良资产我们每一天都要有跟进,不一定是你跟进或者是分公司跟进,他们跟进以后我们要有检查,不能让对方逍遥法外,我们过去所采用的很多都是无效方法,我们要想办法是它有效,就是一定要逼着它把事情往前推。最典型的是森海园林,出了事以后到现在有什么进度?中飞也是一样的!我们做了什么?只是一个法律诉讼的工作?其他的没有实质性的进展,法律事情不是一诉了之,它只是一个诉讼手段,更重要的是这项工作我们用什么方法把它搞好。森海园林它当面承诺我们,学费质押问题它在时间上说的是今年,你记得不?

——2015 年 6 月 27 日第 22 期总裁办公会议

资产保全部工作有效性问题:指导分公司催收的思路,处理案件的方法

实际上我们资产保全部的工作做得很多,也是个有效的问题,有效里面涉及一些技术含量的问题,就是用什么样的方法能够把这个仗打得最好,打

得最快,能够打得最准。中飞也一样,也是快一年了,有进展吗,你知道吗?每一个月都还能收回租金,其他人就拿跑了,我们这边就拿不跑,那么我们去指导分公司该怎么做,如果它们分公司不愿意做你找我嘛,不愿意做就把它撤了,先靠边再说,这个东西出来了,根本谁也不能打,必须想尽一切办法,赶快去把它搞回来,我下去带领过处理一些不良资产的案件,你看我处理案件是什么方法,一定要把他逼住,就是说我们是有理的,欠债还钱天经地义,是不是?你要想赖账你到哪里赖?你到哪里都跑不掉,我跟你说,你尽量我们在抵押个担保上有些瑕疵,账是不是你的,对不对?那个你要什么办法,我们还是要想办法落实,你要想这个东西也不是我负责,也不是国家,是老百姓的投资,我们大家都是有责任的,这种责任感,责任心,都要告诉这些贷款企业,我们也没给你们为难,你借了我们钱不还,你什么意思嘛,对不对,我不会说你是流氓,但是你这个行为你不是流氓是什么嘛。

——2015 年 6 月 27 日第 22 期总裁办公会议

资产保全部工作有效性方法:找办法,努力落实

所以说我希望我们资产保全部下一步的工作也是这样,跟我刚才跟风险管理部提出的建议是一样,一项一项工作要有效,要有进展,如果没有办法了的话要想办法,把这个办法找好了之后,就要把这个办法落实。按这个办法做,遇到问题我们再回来考虑,任何一个事情你只要真正耐心地去做了的话,它都会比不做要好得多,而且一般的事情你只要跟踪下去。

——2015 年 6 月 27 日第 22 期总裁办公会议

资产保全部职责:反映问题,跟踪并落实;了解最终损失,紧靠质押权

资产保全部,在你们这个角度出现的问题也要不断反映出来,跟踪下去要把它落实,知道最终处理我们会损失多少,可能不会损失,只能是个时间问题,你像那个凤氏就不可能损失,拿充足的抵押物去卖了所有的钱弥补损失,可能会有损失,云南那个也不会有损失,估计也不会有损失,重庆那个有

一点损失估计也不会多大，松外园林，你如果把它靠住了也就是把这个学费的质押权一下靠住了它马上又要收费了，今年马上又要开始了，你今天把它扛住了三年还行不行，最起码靠死了，一靠死的话我这边没有最终的风险了，我也能交代这个样子，可以让步的，它这里面的钱，或许里面的条款，不能不讲理，真不讲理的话不打了那也没有办法，一般情况下还有证据，只要动脑筋的话都是有方法的不是没方法的。

我是把看到的感觉比较深刻的东西启发你们，你们以后一件一件把它做好，因为你的工作职责，就是职责嘛是一个常态嘛，你们就是打官司，你们天天就是打官司，不良资产的那些企业打不掉啊，你们经验肯定比其他人更丰富，因为你们天天接触，如果你这边还缺人，那么增加人，缺钱给钱，缺办公场地，给办公场地，什么都没问题。问题就是你自己工作的责任，工作的态度和工作的技术含量，技术含量不是一天两天，而是每天学习，不懂的要学要问，不能偷懒要问，弄透，好不好，没了。

——2015 年 6 月 27 日第 22 期总裁办公会议

建立一个资产盘活流动的函数模型

这是一个函数关系，资管部要把这个函数关系研究一下，拿出模型来。到底对我们起到怎样的作用是需要这个模型这个数据的，你们应该把这个事情完成。从我们现在 150 亿元的待收出现了也许 10 个亿或 15 个亿这样大的一个量，其中完全抵押的是多少？在这个比重当中，我们可以调动的流动性有多少？包括已发标、已还钱、资本金，包括向银行取得贷款的流动性，资产包典当换回的流动性，这些需要多少才能够保证我们的正常营运？这一点，要建立起战略模型，建立不难，几个数字基本上可以算出来，然后把业务发展的速度和资产处置的能力结合起来，同时对我们现在的资产处置时间就有数了。我们这样把源头把住，红岭创投就进入良性的生态了。

——2015 年 8 月 1 日第 26 期总裁办公会议

资产管理部的功能与职责

我们的资产管理部不是资产管理公司，下面有若干个资产管理公司，自己本身也做资产管理的业务，同时对我们下设的资产管理公司进行管理，也和外部的资产管理公司进行合作，是这个职责。资产管理部是资产保全工作的一个延续，是进一步加强流动性的环节，这个环节在所有的银行里是没有的，到这一步的话，银行就剥离了到资产管理公司了，到体制外了，包括长城、信达、东方，四大国有银行的四大管理公司已经剥离出去了，我们还在体系内，纳入了整个管理系统，但是我们处置的方法和它们又不一样，我们什么方法都可以用，因为现在是可以让子弹飞一会儿的时候，我们尽可能把政策用足，只要不违法，不违规，其他东西都可以做，做错了我们改就是了。

——2015 年 8 月 8 日第 27 期总裁办公会议

风险管理要加强内部监督

陈青云我跟你讲，只要有利于我们这个资产保全，你采用什么手段我都支持，而且你不要有顾虑，什么顾虑都不要有，抓人就抓人，抓我们自己人就抓，没事。他自己犯的罪，他自己的失误还想叫谁来承担，叫别人承担？没道理。按照法律来，我保证不会为他们求一句情，你放心，肯定砸到底。什么安徽的、重庆的、江苏的、昆明的，通通一样，只要有问题都砸到底。以后还搞什么风险控制啊，不可能的，内部首先把它砸得扁扁的，根本就不敢动。唯一给他一条路就是我们总公司全力配合你把他抓回来。把他保全了，要什么手段我们给你什么手段，要什么人我们给你什么人，想办法把人搞回来，搞回来以后你批评批评就算了，搞不回来肯定有人要承担责任，哪有核销那么简单的事情，没那么简单。你别看这个企业不是国有企业，但是我们这帮高管们干的工作就是按照国有企业，不是国有企业，是股份制上市公司的那种管理，没有人监管我们，我们自己监管自己，我们自我的监督比银监会都要强，比中纪委的监督还要强，不可能出问题，在我们身上不可能出任何问题的，所以你们前面干活的都别犹豫，该咋干咋干，别想到偷鸡摸狗的，在这里没可能，在我这里没可能，在我们这几个高管这里我敢保证他们也没可能。在我们底下你们干任何活都必须干干净净的，谁要是不干干净净的，到时我砸你们时你别说我事先没有和你们打招呼。

——2015 年 7 月 4 日第 23 期总裁办公会议

资产保全部要在保护企业的前提下实事求是处理问题

刚才项总讲的我同意，法律诉讼的问题实际上是每个企业负责任的一种表现。过去因为自己不知道会出现什么样的结果，会担心很多问题，当时有些案件可能在发放贷款的时候操作不当，一旦公布可能会损害公司的形象，最终还是会真相大白。所以我同意项总的想法，因为投资人本身的风险意识水平还不够高，不让他们知道还更好些，就如癌症病患不知道自己病情还能多活一段时间。但是随着企业发展，随着投资人风险意识水平提高，我们可以坦然，该是什么就是什么。贷款方违约，我们起诉了，我们在贷款时都已经考虑了充足抵押率，就不是我们的问题了，等于把矛盾推回给投资人自己，让投资人自己在今后进行投资的时候更加慎重，这并不是坏事。所以事情不要只是自己扛，你没有那么大能力扛下，公布了以后，投资人一样还是会来投资，你只要问投资者一句话，我们都已经快7年了，有哪个投资者出现损失了吗？如果没有还要什么来证明呢。我们不起诉才是不好，我们发现了苗头立即起诉。

我们现在所有的贷款基本都有充足抵押物，只是在前期有一些不足，这我们也要承认，但是从半年前到今后都不会有什么问题。有了充足抵押率只要以物抵债，只是处理时间问题而已。我们还有50%的空间来垫付这三年需要付给投资者的利息，终极风险是不可能有的，即使有也就是在2%左右，我们的利润已经足够覆盖它了。而且我们还在往后发展，未来会越来越严谨，所以红岭创投根本不可能有问题。如果有检查机构来，我们可以公开给他们看，我们都尽力了，我们完全靠自己对事业的忠诚和追求，我们对自己负责，对投资者负责，对贷款者负责。过去只说要对投资人负责，我补充对贷款人更要负责，因为投资人的利息都来自贷款者所取得的利润的一部分，投资者和贷款者都一样重要。虽然贷款者在贷款前我们要全力去查他们，但是贷款之后，我们就要协助贷款者去赚钱，贷款者赚到钱后，投资者才有可能拿到利息。我们不能用简单的方法说贷款者是骗子，否则投资人20亿元的收益从何而来？这些都来自于借款者辛辛苦苦赚得的钱中的一部分。

我和董事长说,过去投资人见面会很好,让投资人当面公开提问题,我们也公开回答问题,可以有记者在场,下次我来回答。我一定把一个真诚的、踏实做事的,对投资者和借款者都负责的这样一个红岭创投展示给所有人。那时候如果投资者还不接受,我们只能关门或者继续努力。我相信投资者会客观看待这些问题。所以,我对资产保全部的要求是做好自己的工作,实事求是,能够尽可能不要让事情造成负面影响。因为很多投资人没接受过教育,心态也不好,不过即使公布了也不会有大问题。我们都尽职尽责实事求是,没让任何人受到损失。我们的每一笔标的都说明了标的是企业公布的,公告是经过企业认可的,是企业在融资,我们仅仅是一个平台,先行垫付是我们的一种姿态,不是担保。所以只要我们踏踏实实、遵纪守法,到任何时候我们都能坦然、光明。资产保全部经常和法律打交道,保护企业的利益是你们的职责,要在保护企业的前提下,实事求是,这样就不会有任何问题。

——2015 年 10 月 10 日第 34 期总裁办公会议

资产保全部的工作方法

对于资产保全部的工作我多说几句,你们现在担子很重,工作强度可能要比过去高很多,这种强度还要持续下去,你们的工作频率很高,不仅是上班,一天 24 小时脑子里都要考虑这个问题。就像我到红岭创投了以后,时时刻刻脑子里都是红岭创投的事,但光有强度不行,还要有量,这是技术上的问题了。

第二点就是串行和并行的问题,串行就是解决一件事才能解决下一件事,并行就是同时解决几件事,这几件事让下面的人去做,你处于一个监督的位置,这样就抓住重点了,既有并行的,又有重点的,你就可以顺利地推行下去了。我脑子里通常有十件事,每件事都能安排好,但是这个阶段我会强调处理这件事,比如双十一就是我这段时间的重点,这个重点我们也要调查清楚,实事求是,提出高目标但是达不到也要调整,最终是实事求是,大家只要尽职尽责尽力了,我觉得都应该表扬,都应该奖励,因为大家付出了比平时更多的精力。这样我们的工作管理和工作结果就有一个脉冲。并行的量在你的工作中梳理一下，一共有多少并行的条件，包括已经起诉的，待起诉的，待重组的等等。每一项工作交给谁去做，要有人去落实，你的位置是在哪里。

第三就是有机地调整。我讲的还是资产保全部的问题，要会有机地调整，这是工作方法问题，在某一阶段，你要找律师团队，某一阶段，需要找重组的方法，某一阶段，需要重点打官司，这几项工作都有人在管，不是老总在管，老总的位置是不同时期出现在不同的重点上。我就是做这样的工作，一年中总有一段时间是重点抓一个部门的，如果不这样的话，工作就进行不下去。所以保全部的工作我提四点建议，第一是工作的强度，不能要求你们 24 小时，但是在初始阶段你的心不能离开你的工作。有机地调整，就像有可能这种分类不对，按照另外一种分类可能会更好一点，随时都要进行一种调整，调整也是组织工作中的一种方法，最后一点是重点工作，每一阶段都有该阶段的重点工作，你要抓住重点工作，你的工作成绩就会有所提高。

资产保全部辛苦了，这个部门我过去一直在管，但是力度没有红岭创投这么大，因为红岭创投与银行不同，不同的地方在于它前期的基础太差，所以我后来也犯了错误，我犯的错就是判断不准，最低的标准他们都没达到，过去的队伍风控的最低标准都没达到，这是我的失误。收费权质押没有落实前就放了贷款，供应链金融没有做到无缝对接就放款了，抵押物不足值也放款了，你根本就想不到是这样的结果，现在我想到了，怎么评估资产的价值我都告诉你们了，如果不按照我的方法评，最后出了问题，那就是责任问题了，我已经把最基本的东西告诉你了。

——2015 年 10 月 31 日第 36 期总裁办公会议

公司经营必须有关键数字的支持

以后你汇报有两个数字你一定要跟我说，资产保全部所有已经介入的项目中没有充足抵押率的是多少，不能是笔数，要整个总数，抵押率不足是多少。总量是多少，不足是多少，这两个数字对我太重要了，因为损失这部分最后我们要用利润去覆盖，或者贷款准备金去覆盖的，流动性那一块我们要采取流动性措施来流转。你是最后一个部门接近这两个数字的，你们介入了之后就要报出来抵押率的情况是怎样,根据现有的条件还值多少钱,这个非常重要。对于过去的项目每一笔都要搞清楚,如果抵押率充足,我们是一种处理方法,如果损失可能会很大,我们可能就是另外一种处理方法,还有轻重缓急的计划安排,我们资金使用的计划安排,这是我非常关心的数字。现在说是在 2% 到 3% 左右,如果是 200 亿元的话,估计损失 4 到 6 个亿,这个数字到底准不准,准到什么程度,我心里都没底。这样你介入一个就要告诉我,本笔贷款没有终极风险,或者三年内没有终极风险,这就意味着三年内每年的利息都加上去,如果把资产全部处理以后,能够连本带息全部回来。超过了三年不能全部收回来,这就代表着有终极风险了,这个终极风险的比例大概占多少。我既要考虑我的利润有多少去覆盖它,这在经营上必须有这几个关键的数字。如果真是 2% 到 3% 的终极风险,大家都别怕,肯定能解决,我是怕不是这样。这个数据不真实,基础不牢,最后不是这样,那就解决不了。如果在我解决时,数据都不真实,我以什么作为支撑?

——2015 年 11 月 28 日第 40 期总裁办公会议

关于资产管理部工作的要求

资产管理部在我们金融行业是一个新生事物,银行没有,只有像我们这种类型的网贷企业 P2P 根据业务发展的需要产生出来了。这里面有很多东西,没有参照,没有标准,也没有怎么做才算做好,怎么做才算没做好。介于资产管理公司,介于资产保全,介于法律,介于正常风险管理,介于营销,全有。在我们所处理过的一些有问题的资产当中,最绝对的方法是买过来,像江阴中锐,建完再出售。只要我们大头进去了就不能烂尾,搞房地产搞了三四十年,只要是房地产贷款千万不能烂尾,一损失就不得了了,就拼了命盖完,即便损失都是有限的。因为是个成品了,怎么做都能做得了。如果不能够变成成品的话,就要尽快地转让。不能烂在手上,否则肯定找死。很多的官司,债权债务都会赖到你头上。由于之前我们贷款的产品房地产比较多一点,所以我们现在多数是这一类的资产。这也没什么可怕,最终就是货币和实物之间的不断换位。实物包括不良资产和优质资产,那换什么价格,换得好赚钱,换得不好亏本,最终的就是财务代价。那么财务代价怎么从静止的,或者说是发展的控制在我们的范围内,我们就成功了。可能这一笔就是损失,损失就是损失,我从其他地方搞回来也一样。这是一个整体,不能孤立去看问题。包括董事长对外签的战略合作,实际上是买不良资产,而且还是我们给他们钱让他们买我们的不良资产。这很清楚的,错了没任何复杂东西。不能说这不是一种方式,这也是一种方式。那么要比较一下,做一点比较,如果需要这类的公司发动我们分公司去找,找过以后,我们资产管理部就能够直接对这些分公司。你有这个管理职能,对于 19 家已经开业的分公司,你们一家给我找一个,最后在处置这方面资产能够相互联动,手上有一二十个这类的公司选出来也比较好一点,建议去这样做一个。人家来求你肯定是有难处,它有它的难处在我们承受得了的时候,我们伸出手去,当我们自己都活不了的时候,那不是雪上加霜吗?那不是更难受吗?对于刚才项总提出的股权过户的问题,这是个技术问题,也确实是我们经营过程中碰上的问题,跟金融办过来检查的时候怎么解释,不光是这样,从董事长的角度、从我的角度、从我们公司的角度,都是想解决问题的,这是毫无疑问的。你就是跟监管部讲,我们都是想解决问题的,没有其他问题,只是在技术上我们怎么做更妥,不行你就给我们指一条路,这么长时间也没指导,现在突然监管,一监管以后过去很多事情没有做好,没给我们管,现在我们也愿意改正,给我们指导下。我们自己,对资产管理公司多搞搞,战略合作都搞搞,也有个选择,包括你有时候接一些项目,我们在往里面投钱的时候,找个好点的还好,现在我们资产管理部是个新生的部门,而这个部门是在互联网金融产生以后才出现的特色部门,其他公司是不是有资产管理部我不知道,反正我觉得我们在成立资产管理部的时候其他公司还没有,因为我觉得在资产保全部后面还应该有个资产处置的部门。如果没有这个环节的话,银行到资产保全就结束了,不行就打官司,不行就处置核销了,我们这不行,我们接下来还要处理完,我们直接面临这个岗位,我们只要能把现金还回来了,资金不要断,就能往下生存。所以我们新来的老总担子很重,也很光荣,我们到现在为止整个拐点还没出现,因为经济规模做到多大,我怀疑到两千亿元就行,不会超过两千亿元,到两千亿元以后各方面就好过很多。所以现在业务发展还是第一位的,你一停下来,所有的努力都没了,只要不停下来,我们的零售业务、对公业务、同业业务，我借用我们昨天私募事业部的话：红岭去解决我们的信托，我们的租赁事业部都要搞起来，要借助我们现在已有的平台发标模式，大家都知道的优势，在几个小时就组织几个亿资金的优势。我们在外面有19个现成的分公司可以执行总公司的决策的优势，这样一种队伍的优势，和管理制度，包括我们在座的所有同事，一致努力的优势，我觉得我们还是有希望的，我们一定能走出现在的困难，一定能走出一条路。对我们资产管理部的今天，我很高兴，是个专业人员，我是比较喜欢专业人员的，专业人员做事跟不专业的不一样，不需要费很大事。像我们黄齐军来我就很高兴，项总跟我一推荐，谈两句话我就知道，这是个专业人员，经过系统锻炼，考虑问题就比较周全，不会突发奇想，突发奇想最害人，当时很激动，手一伸出去，就收不回来了。你们都是专业干部，经过系统调研的，知道一个动作出去了，有哪些东西要跟上，跟不上东西就收不回来了，这个一定要有这种思维，好吧，欢迎。

——2016年6月20日第19期总裁办公会议

5.5.2　对资产保全部组织框架及人员管理的要求

资产保全部的成立架构安排

第三是风险管理部。会议后，法务部划归风险管理委员会，并成立资产保全部。希望牛总将风险管理部、法务部及资产保全部三块抓好。法务人力资源现在有点弱，重新整合下，风险链条就完整了。还有就是我们现阶段投资人这块工作仍需加强，通过线上和线下两条途径进行。

——2014年6月14日第29期总经理办公会议

谈资产保全部人员、队伍及其工作的认识

你那边资产保全部。你陈青云不仅是个律师，是可以出庭，可以代理，可以打官司的，更重要的你还是个管理者，你要带出一批律师，带出一批人出庭，带出一批能够独立作战的人，这你才算进去了，要不然你在这个位置

上就没有起作用，因为律师多着呢，在哪都能找得到律师来，但是能够组织红岭创投这个律师队伍和法务队伍的人不是一下子就能找得到的，这就是你的不可替代性，那么每个人都要在自己不可替代性和稀缺性上努力，如果你可替代性多的话你就无足轻重了，你明白吗，我早就讲过这句话，所以你的管理往往比你的专业更重要，所以你要有一批老师，外面有很多律师队伍，甚至外面专门有个律师团，每年给它一点钱，平时不找你，来的话来十个二十几个，讨论我们的重点案件，那个时候你的帮手就多了，大律师非常有经验，他们相互一碰撞，相互一启发，很多办法都来了，打官司为什么大律师厉害，人家打不赢他能打赢，因为他知道他有很多判例，他掌握的经验就比别人多，多了他解决的方法就多，而这就事在人为，同样的话两个律师打结果不一样，我们见过太多太多，担任这个领导职务我就告诉你，你一定要有几个好的老师，你年轻不怕，你后面有几个好的老师，好坏老师你是分得清楚的，你外面有好的老师，然后有一个好的律师团，好的律师队伍自己去选，那么多律师事务所，打民事官司的律师，打刑事官司的律师，你这边都应该有个名单，这个名单需要的时候一下有那么多人，你需要人的时候我还可以给你添人，一定要把这个法律体系彻底建立起来，包括我们内部的法制效率，包括每个分公司的法务，包括我们每个重点的官司，包括现在的民事的刑事的，甚至我们自己公司内部我们的员工遇到法律上的问题你们都可以进行支持，这才是真正起到了我们资产保全部这个部门真正的作用。

——2015 年 7 月 25 日第 25 期总裁办公会议

要建立自己的专业律师团队

这个我们资产保全部陈总把工作汇报了，应该来讲还是不错的，我都屡次讲一点就是说资产保全部像陈总你们这个位置，你不仅是个律师，更重要的是个管理者，就是专业管理岗，像我一样，属于专业管理岗。专业管理干部，里面有行政职能，但更重要的是专业职能，因为只有有专业基础的一些计划和安排，在行政上实施起来才有力度，要不然是个空的，所以说我始终提醒你们，第一个你在外围要有个强大的律师队伍，各种案件要在很短的时间就能凑出律师团来帮你分析，这个是百年大计，在任何时候都要有这样的智囊团，第一天你到职，当时提拔你的时候我就说过，一定要有几个老师，一定要有几个好的智囊团，不行给钱，都没问题，因为他们有他们的智慧，因为有的案件好的律师就打赢了，弱的律师同样的案件就打输了，这个比比皆是，大家都知道，为什么好律师价格高啊，他的智慧、他的能力、他的见识就是不一样，包括森海园林的案件，关于它的抵押权，质押费用的问题，我听说你们有点进步了，找到一点判例，这个地方要找到一个好的律师，肯定把它打下来，我不相信你借了我的钱还不了我，简直是见鬼的问题。我真的不相信这点，就是讲我们在自己的智慧不够的时候借助别人的智慧，借助别人的经验，非常重要。提高怎么提高，一个学以致用，向谁学向谁问，向那些专家，向那些老师，向那些有经验的前辈们，他们的经历比我们丰富，多学一点你们就强大了，这是第一点我要强调的，一定要把这个事情看重，每天都思考，我外面有几个老师，我今天是不是又增加一个老师，因为你们那么多案例不可能都把它记下来，但外面有那么多的路口你就不怕，最后就是花钱，花钱就花钱，只要最后能解决了，要钱干吗用的，就是干这些事情用的。这是一个知识点。

第二个知识点，要建立我们公司内部的律师团队，每个分公司，以后都要有律师，要不专职我们自己的，要不聘用外部的，都要纳入我们公司内部的管理体系，有什么问题要定期在一起研究工作，也要分析下，也要对我们P2P行业的有关法规进行学习，包括高院的司法解释，新的这种东西立刻要学，学过以后他们都能掌握住，必要的时候还能给大家进行辅导，对于我们业务人员要进行辅导，对于分公司老总也要进行辅导，有时候我也会咨询你们，有时候法律上的东西我不一定很清楚，我肯定要问你，陈青云这是怎么一回事情，帮我了解一下，这都有可能。所以说法律是国家秩序的一个规则，那么我们这个公司如果想在市场上做好，法律是非常重要的，一定要把它搞好，其他工作很好，就这样。

——2015 年 8 月 8 日第 27 期总裁办公会议

关于对法务合规部的工作安排

张总来了主要分管两项工作,一个是新成立的法务合规部,并在法务合规部没有总经理之前,张总兼法务合规部的总经理。另外,我们稽核监察也属于检查监督系列的,这个也是由我们张总管。他有点特殊性的就是办公地点在北京红岭资本,所以一个月参加一次办公会,参加办公会的形式由他自己定,或者董事长要跟我们研究一下办公会议新的召开方法,提示我们用网络的方法是不是也可以,包括在外面的,董事长本人,张总裁,还有其他同志需要参加的时候也可以通过网络来参加我们的现场办公会,因为现场办公会是组织一个企业、一个单位正常工作秩序不可或缺的节点,这个节奏是始终要保持的。以后的法务合规方面的工作,以及稽核监察的工作就直接向张旭明副总裁汇报,有什么事情我会随时保持跟我们张总的沟通。有什么问题我们一起研究,使我们下一步的工作越做越好。办公室把微信群、电话号码各方面建一下,有关的群该拉进来的拉进来。随时能够了解我们管理上的进度和情况。

——2016 年 5 月 9 日第 15 期总裁办公会议

关于对法务合规部的工作要求

法务合规是旭明总裁在分管,今天没有到。其实法务合规是两个层面的,第一个层面是刚才汇报的,关于单项业务,单项合同或者是个案这些东西具体的业务性操作。另外,更高层面的还包括对我们各项业务的合规性,包括快借标、议标、本标是否合规,线上的理财产品和线下的理财产品等等所有做过的业务是不是合规?包括资金调拨、存款等等所有营运是否合规,这是比较深的层面,因为这过去是没有规定的,那我们现在要找出不合规的地方,配合这次金融办的检查,因为检查过后肯定会提出我们很多不合规的地方,针对这些地方分类分时间分重点,一件一件安排出,计算出来。这不是一项小工作,我们要进行 18 个月,在这 18 个月当中哪些东西先易后难,先急后缓我们一步步往下做,做到全面合规。我们已经在雾霾当中前进 7 年了,现在规定下来了,我们就可以按照规定来做,只有这样做才是合规的,还有一些工作目前可以这么做,但是几个月后必须向哪个方向靠拢,另外根据国家规定禁止做的,我们将在18个月后禁止。这个从法务合规部要拿出这样一个计划,计划出来以后要给各位副总裁、董事长看了以后,然后我们和金融办也可以沟通,我们经营主要的思想就是不违法、不违规,不让老百姓吃亏,之前可能有做得不好的地方是因为没有法规,现在有了我们就应该按照国家要求来做,该舍去的就是得舍去,好在经过我们这一段时间的经营留出了360度的各个出口,我们的业务可以随时转型,最起码到最后我们自己能健康地养活自己,这是第一步。第二步我们才能够逐步地开始发展,然后第三步如果社会需求大,就可以大规模向前进。我们在座的每一位都有这个责任,这个义务,我是首当其冲的,有什么问题以后大家看,能办的办好,不能办的我们想办法办,真正办不了的我们就取消。零售业务是在众多业务中可以做的,而且如果做得很好我们将这个展开的话,我们不用18个月,一年以后我们将是另外一个面貌了,因为我们计算过最高的一笔零售业务可以养活一个人。平均下来一笔可以养活一个人,如果我们1000个人,只需要1000笔零售业务就可以养活大家,20家每一家50笔按月来除的话一个月也就是五六笔,再怎么样五六笔零售业务还是能拿下来,所以我们要有信心,这需要市场部、零售部每个业务都去抓,才能让我们每个人做到起码生存没问题,在此基础上我们再做大,做同业,把队伍拉起来,把我们国家做网贷、车贷、房贷的在红岭创投上交易,我们就做大了,我们的日子就好过了。我们就不收其他型的业务了,把红岭变成全国都可以做的平台业务,我们就舒服了,何况还有快借标、本标、议标,还有6个事业部,我们未来的发展方向,只要允许我们做我们都能养活自己。做买卖做金融第一步就是要养活自己,如果不能养活自己,下一步发展就非常困难,我们先进行整改。

——2016年6月6日第18期总裁办公会议

5.5.3 修订网上与投资人协议

修改网上与投资人协议的目的

现在这个协议里面的本质问题是,第一银监会对于我们合规的要求要有体现;第二就是为我们大踏步往前走的准备,要加一条"钱归还之前,委托我们管理或者代管"。目的是在流动性出现问题的时候,我们可以拿这块资产向银行申请流动性支援,要从法律上进行明确。现在这个东西是一个隐患,一旦出现流动性风险,如果银行不支持的话就是很大的问题。所以我们要把这个定下来。只要你们把这个明确了,其他的我都没问题。你们继续讲吧。

——2014 年 4 月 22 日第 21 期总经理办公会议

修改网络上与投资者的协议,以及协议的公告的要求

最近我要求法务部在协议中增加一条款:投资未到账前,客户资金的支配权由我司掌控。实际上当业务量做大出现流动性风险时,这是我们解决实践问题的关键。我已经和几家银行谈过了,都认为如果法律上没问题的话,我们就没操作上的问题。我们做到了 100 亿元,哪怕出现 10 亿元的流动性风险,我 50 亿元的资产,然后和银行合作一下是一点问题都没有的。但是这个支配权必须在我们手里,这样的话我们就掌握了主动权。所以这是非常重要的事情,最好在某次大标之前把修改协议的公告发出去,提示客户在投资的时候仔细阅读条款,然后由客户自主选择是否接受,这样就基本没什么大问题。所以开会之前,我讲两句。今天还是按照过去汇报流程进行,汇报尽量简洁,不要对原始性问题进行讨论。得到相关部门意见并会签后,有不一致意见的一同再讨论,意见相同的基本过一下就行。

——2014 年 5 月 6 日第 23 期总经理办公会议

修改网上与投资者协议的意义

我让你们做的协议是重中之重。我看他们在更新软件的时候会有接受和不接受的选择,以后我们的条款也要有这样一个选择。实际上这个条款里面过去的无所谓,但是加上一条,反正从法理上看就是没有还款之前,这笔钱的所有权就是我的,要给人这种感觉。这样一来,我就把流动风险解决了。当出现流动性风险的时候,我们就能救自己,即使央行不出手,我们也

不怕。

——2014 年 5 月 6 日第 23 期总经理办公会议

对修改网上与投资者协议的要求

法务部要记住，我们一定要在协议里加一条，就是在资产归还之前，客户要将资产委托我们代为管理和处置。你们可以找律师事务所帮忙拟这个合同，务必把这个协议写好，条款的语言描述时既要客观又要委婉。

我们在对这条进行公告的时候，要写明：根据央行和有关监管部门要求，遵守国家有关政策，不再执行。拟协议时，你们多参考其他网站，人人贷、拍拍贷、陆金所等，看看它们的借款合同是怎样解释的。

综合管理委员会主任负责抓好法务部的工作，还有我们采用协议的形式解决流动性风险是内部机密，不得对外宣传及告知。关于法律问题多请教法律界的专家和老师，在处理问题前先听明白后再做事。

——2014 年 5 月 17 日第 25 期总经理办公会议

修改网上与投资者协议时，如果投资者产生抵触情绪时的做法和看法

当出现很强的抵触情绪时，再撤掉条款，并相应地缩小经营规模；终极风险我们已经帮客户控制了，但是流动性风险必然出现，解决的办法是用客户的资金化解短期的流动风险。这才是对客户负责的做法，保证客户的本金和利息都能收回。我们是在加强风险管理，为我们自己，为投资找出一条路。协议拟好后，由线上运营部发公告，告诉投资者协议已经合并，并加上标准化的投资提示语言，其他的不用提及。如果客户没有问到这个问题的时候不要宣传，问到了要跟客户解释清楚，这是为了保护投资者利益。

——2014 年 5 月 17 日第 25 期总经理办公会议

被问到修改网上与投资人的合同的原因时的回答和解释

在行使这些权利的同时还要行使另一项权利，作为补充我们流动性风

险的另一来源,在合法的情况下我们用这个解决整个的流动性风险,从法律意义上,现实意义上,从保护整个投资者的意义上都是好事。经过研究现在修订的协议基本代表了我和项总的意见。在话术上,一旦有投资人问到此条款,回答按照上述三点来解释。

——2014 年 5 月 24 日第 26 期总经理办公会议

修改网上与投资人的合同的原因的解释要保密,并明确合同的法律内容,不能有断层

这种解释不要对其他平台讲,一旦掌握控制流动性风险的办法,对他们和我们一样打开了一条大路,对于 P2P 如何解决流动性风险问题可能就落在这个支点上。再具体并明确一下协议内容。同时还需明确协议内容的法律解释,中间不能有断层。因此,法务部和市场部、风险管理部都需要对接,一旦形成新合同,市场经理、风险经理都要知道。

——2014 年 5 月 24 日第 26 期总经理办公会议

投资者做投资就要自担风险,这个前提就必须搞好,然后把它变成一个规则

第二,我们在和投资者的协议里在讲到一些东西,青云把协议调出来看看,一切都是让他们感觉是自己在投资,而不是我们在帮他们在投资。因为你自己投资就要自担风险,这也是格局要做出来的。因为我们不能骗人,是我们拿到了项目挂上去了,是你自己来进行投资,这个项目是我们选出来的,我们把这个公司的信用等级、担保方式等等,因为你看到现在网上的挖掘机已经把企业全部挖出来了,他在帮我们搞风控了嘛,可以啊,全民风控最好,无形当中他已经要准备失误了,一旦他出现失误了,他就不能找我们了,他自己也在做这个事,我不知道你们能不能看得出来这后面的东西是什么,这后面的东西就是这些。那么,你挖掘机都挖过了,你还买了,那你最后还找我什么?我不是在推脱我们网站的责任,只是我们下一步还要做得更大,因为这个前提必须搞好,然后把这个变成一个规则。因为 P2P 这个规则

就是这样，你垫不起，你有多少可以垫？那只能用证券化的方式把我们的有效资产流动起来，让投资者能够收到钱，然后形成的不良资产我们去把它追回来，造成的不良损失用准备金把它消化。可能以后每年都会有一批进行核销，因为做大了就需要核销，把这个核销以后，追的资产就是我们的利润和流动性这方面，这两个方面体现的就需要有一定的技术，其他小 P2P 根本看不到这一块。

——2014 年 11 月 8 日第 48 期总经理办公会议

5.5.4　不良资产的清收、诉讼等

假公章的法律诉讼

你马上再查一查，我们在发展银行也遇到过假公章的情况，最后我们都胜诉了。你还可以从其他方面看，不要只是这一项，还有很多的实际行为。他不能单凭这一点就认定这笔贷款的行为不存在。他最终的承载是贷款行为，包括划账的证明都可以证明他是欠我们钱的。

——2014 年 4 月 22 日第 21 期总经理办公会议

诉讼及请教专业律师

还有一些专业问题，你们不是律师专业的话就尽可能采用律师的意见。如果感觉这个律师不可靠的话，就换一个律师。因为你肯定没有他专业，除非你在这个行业已经很熟悉了。我们现在打官司的目的就是拿回来东西，如果拿不回来东西，那就没有意义了。有偿还能力的话就打到底，然后你们可以多找几家律师事务所作对比，不行联手打都可以。

——2014 年 4 月 22 日第 21 期总经理办公会议

对垫付和追收的要求

文件发到 QQ 邮箱、OA 邮箱都发。逾期发到责任人，有多少个节点，发多少个节点。市场部负责监督、督促。包括问责和追收。前端到计财部，后

端在市场部。计财在制定报表的时候要遵循会计准则。至于拨备放在表内还是表外,还是有意义的。

——2014 年 5 月 31 日第 27 期总经理办公会议

对逾期项目的清收意见

过去这是高利贷的东西,你拿着这个去说服人家,如果双方都签字的话比较好办,如果没有或者略有瑕疵、不同意见时,就还有商量的过程,我们只要把本金收回来就不错了,利息倒是其次,原则是能多收回来尽可能多收回来。24% 利息正常收到以后,罚息就算了,灵活应对,但是也要按照一定的制度流程经过审批来决定。首先分公司发起,风险管理部和资产保全部审查,然后计财部审查。

——2014 年 8 月 9 日第 37 期总经理办公会议

诉讼案件每次办公会必须汇报

一个就是各个案件的进展情况。这个是每次办公会必须汇报的,这个非常重要,这个工作是每次需要汇报的。

——2014 年 10 月 11 日第 44 期总经理办公会议

对波特唐案件的处理的意见

你们的处理方案我看了一下,最主要的是时间,你们好像没有下一步计划的时间,波特唐案件促成谈判,达成还款计划;处置库存或考虑诉讼是下周落实? 那下次办公会就给出这两个结果来。我都知道你下周都是这些工作了,如果没有完成需要我们什么支持要提出来,不良资产的移交目前进行完了没有?

不管多长时间,把资料搞完整后,首先一步是确权,确权后之后再一步步走。不然其他都是废话。

——2014 年 10 月 11 日第 44 期总经理办公会议

不良资产和坏账的追查问题

你肯定得追,肯定要有办法。如果涉及我们自己的人,该起诉起诉,抓了两个人进去也没什么坏处,到时我们再把他保出来也可以。法律手段要会用,有时候打官司并不是要把哪个整掉,而是用这种方式把钱搞回来,包括我们内部的人,该抓抓了,先抓起来再说。不动人就不行了,不动人不知道厉害。不管哪个案子,涉及人的立马抓,这个根本不要停下来,这个是制度的要求,要不然这个案子就得停下来,不要去顾忌其他东西,我起诉还可以撤诉。我们的目的是把所有力量用到极限,实在不行就核销了,那也没有办法。这个事情最起码不会在我们手上间断,不能等。我最怕的就是等,一等就是很长时间都没有进度,天天汇报一大堆的工作,实际上一点进度都没有,那有什么用呢?你们要是讲核销,那就直接报核销,我就向董事长报告了,告诉他这个没有了。干吗往后拖,需要抓人就抓,那也没关系。好不好?

——2014 年 12 月 13 日第 53 期总经理办公会议

针对企业欠款,没有解决办法的话要立刻起诉,永远不要等

那我们正在做什么呢?还不了息的话我们难道要等着吗?

那就要有动作了,要起诉了。我就这个话,不可以停在这里等。永远不要等,等的话我就要追究你们的责任了。有办法,有协议的话可以,没有办法的话就立刻起诉。

——2015 年 1 月 10 日第 1 期总裁办公会议

跟企业谈判要把握时间,一定要有进展

这个也要一个时间,我最怕的就是今天谈到明天,明天到后天,谈到最后又没有结果了。一定要有进展,因为我们的垫付不是开玩笑的,我们是实实在在地把钱付出去的。

——2015 年 1 月 10 日第 1 期总裁办公会议

态度最重要，做错事只要承认，我们是愿意帮的，否则就只能按法律方式办事

对，他有意愿的话，就不要上刑事，我们可以和他谈，帮你再发一个标都可以，这是一个态度问题。一个人错了不要紧，只要你承认了，我都愿意帮你。你本来就错了，还在这里理论，哪能有这样的道理。那我们就只能按照法律方式办事了。做朋友也好，在一起工作也好，都要有一个原则，没有原则的话工作怎么办。你们想是不是这个道理。

——2015 年 1 月 10 日第 1 期总裁办公会议

有时一上刑事，所有情况都清楚了

其他的就是不能动。只要动的话，所有的东西就都不一样了，所有的情况也变了。有的时候一上刑事，所有的情况都清楚了，清楚以后就没有人再和你讨价还价了，分公司也一样。

——2015 年 1 月 10 日第 1 期总裁办公会议

采取何种行动要依据借款企业的态度

我们保全等于是最后一道关，这道关的撒手锏就是刑事。如果他配合很好，怎么说，我们都可以，哪怕再发个标都可以，即使金额比之前还大我们都愿意。但是你要有项目，有抵押，有希望。这都可以，可以做到。银行的重组，我们已经做过很多了。但是有一个前提，就是你的配合要好，要有这个意愿，要把所有的真实情况告诉我们，我们分析过以后可以干的话我们就做。这样的话，我们就不怕了。如果你态度不好，那我们就没办法了，我们只能上刑事了嘛，因为我们还要向投资者交代。该收拾的收拾，反正这是总公司的决定。

——2015 年 1 月 10 日第 1 期总裁办公会议

要对不良资产领导人的教育背景和经历进行调查

龙日园艺领导人是不是赖子？领导人是什么背景？受过什么教育？以

后这些单位的老板你看他受过什么教育,有什么经历你都要知道。有些老板就是个赖子,就不要跟他谈了。直接把他干掉。有些老板是确实遇到困难,我们帮助他,他有知识他有潜力,我们还真的要帮他。我看这个龙日园艺就是典型的赖账动作嘛。不是去积极地找项目找钱,而是想直接把这个废了。

他就是想把账废掉嘛。这种出发点我要跟他干到底的。根本不跟他开玩笑。你们把这些不良资产的主要领导人背景,特别是所受的教育、经历都要有。以后要去分析这笔贷款要怎么去清。建立重组方案或者是退出方案的时候心里也有个方向。

——2015 年 2 月 7 日第 5 期总裁办公会议

(资产保全部)广州纸业的进度要重点关注、重点汇报

以后每次都把这个事情作为重点汇报。见不到人,用什么办法能见到,就汇报这个东西。广州纸业能有一点点进度我都开心,各种资源都要用上,孙院长应该是会积极配合的。这是公司的大事,作为高管人员,我们都应该把它当作重要的事情,都是自己的事情。广州纸业已经无人不知了,那就只能盯着它做。哪怕有一点点进度都是利好。下一次再汇报的时候第一个就汇报广州纸业进行到什么程度了。为什么见不到人,怎么见到,送达不到能不能找人跟一下。很多东西不盯就不行。发展越来越快,内容越来越多,要求也会越来越高。所以说你这个部门也作为现在红岭创投发展中的一个特殊部门。这个部门非常重要,以后不良资产的化解会变成常态,你越做大越是常态,就像法院天天开庭,就是做这个事情的。资产保全部就是天天跟案子打交道,没有才是奇怪。使每一个案子都有进度就对了,一定不能不动。纸业的案子下次听不到进度我就要批评了。

——2015 年 3 月 21 日第 10 期总裁办公会议

未分类问题授信解决的决心和思路

我们目前的问题,授信,还没有进行分类。现在我们的资产保全部在全力

以赴。包括我们牛总,包括我们陆总,甚至于我们项总都在全力解决这个问题。这个过程我们是一定要有的,而且我们是一定要解决这个问题的,而这些问题怎么解决,本身就带有一种尝试性的性质,带有实践的意义。因为过去没有这样的先例,那么往前走的话就会遇到各种各样的问题,包括这些不良资产的出现。我们都在总结原因,躲是躲不掉的,只有面对它;面对它以后怕是不行的,只有想办法解决。等待是没用的,而且不能等,必须顶上去。有什么问题解决,我和牛总讲过,只要能解决问题,就不惜一些代价解决。因为你在走一条新路的时候,要付出什么代价是没办法评价的,付出代价以后最后能够把问题解决了,能获得多大的好处也是没办法评价的。但是能够把它救回来这一点总是对的。所以我们董事长六年来带着我们,维护住了红岭创投,没有让一个投资人受损失的现状,我觉得值得我们每个人去维护,去为之奋斗,去为之努力。那么同样,我们为了让广大投资人不受损失,我们下一步不论是内部管理和处理不良资产,都一样,都会全力以赴来做。

——2015 年 3 月 29 日第 11 期总裁办公会议

分公司不良资产问题:责任认定和法律追偿

在这一过程中,我们这些老同志一定要给自己争口气,我讲得很简单,就是错了就改,有些确实形成了失误,一定要想办法弥补,改过的最好办法就是先把事情搞清楚,搞清楚这是谁的责任,该出手时就出手。有很多项目,你觉得该动用法律了,就直接动用法律,只要抵押物是足值的,处理之后多余的还还给他,只是我来处理比你处理来得更主动,更快,我们用法律手段会更快一点。处理后赚了钱的话,多余的还退给你,亏了的话,剩余的金额还要继续追,但是这个阶段能拿回来多少就拿回来多少。所以,原有的已经形成的不良资产,我们要定时间,定方法,把责任落实到人。有些责任人是发放时的责任人,那责任就会更大,有些不一定是发放时的,那就是工作责任,这个也要定到人,每天都要有进度。你没有方法就要研究方法,有了方法就要按照方法来执行。如果你既不研究方法也不往前打,那你们在干什么?那就是放任自流,一放任自流,问题就会很大,原来问题一点点,越往后问题就会越大,人家已经有了对付你的方法,但你还没有应对它的方法,这两个是对等的，你这边的人都不研究，人家在研究你啊，到最后你就会越来越被动。但是欠账还钱，不管有什么瑕疵，都是天经地义的，到法院打官司我们都不可能会败。欠了我们钱不还，你还有道理吗？如果还不起，你有抵押物的话，你就先还，不够的话再说，一步步都要往下走。如果走不下去的话，我们就要研究方法了，你们是主要领导人，一定要研究。

——张宇总裁和胥激为总、丁之俊总的谈话

不良项目的处理：微观，大致损失测算，以及要抓住抵押物；宏观，测算多少业务量能覆盖损失，以及测算思路

每个项目微观上的处理，要算出来你大致的损失是多少。就算万一收不回来了，也不可能是全部损失，包括森海园林也好，那不可能是全部损失，可能是部分损失，具体损失多少，你们要测出来，测出来的方法一个是财产的分割，财产还有多少，还有一个，我们只要抓住了某个抵押物就能全部拿回来了，只是时间的问题，还有我们能参与别人抵押物的分割，这都是方法，这些都能测出来大概的损失，包括实际上流动性的损失。你们现在停下来，看起来没事，但我们每天都在支付利息啊，投资人账户上的利息是在增加的，天天都是拿自己的钱在往里面填啊，所以你们在一线是感觉不到，我是天天在看这个表的，现在每天都在跌，那我的压力肯定大，把这个钱天天像无底洞一样往里面填，我看着头大啊。这是讲微观上的处理办法。

还有一个就是宏观上的处理办法，如果要消化你们自己分公司本身所造成的漏洞，我要多少业务才能覆盖。比如说丁之俊你这边有七千万、八千万的损失，你要做多少业务才能覆盖，八千万很好算，按照现在正常的六个点算的话，一般来讲，一个亿是六百万，十个亿是六千万，六千万一半的话是三千万，三千万你可以用来填这个洞，那就要做到二十个亿左右才能大致覆盖，你就有另外一个目标，我能不能做到二十个亿，如果你都安排好了，业务量达到二十亿了，那你这个就能自动抵消，这就是你自己的能力，宏观上来消化这个不良资产。那你重庆也一样，中飞的处理，思路也一样，你要达到多少业务量，才能覆盖。

——张宇总裁和胥激为总、丁之俊总的谈话

资产保全部:不良资产终极风险测算,以及风险准备金覆盖能力

像我们这些事情都会有结果,不会没结果,因为我也想到我们有些项目包括中飞抵押物不全、抵押物不足,那我也在想,到最后我就是把它处理了,一年内把它处理了,我的损失大概是多少?它有一个损失量,它有多少损失,用我的利润就可以把它处理,这就是终极风险了。终极风险到底有多大,我能不能承受得了,这里资产保全要经常作出这种评价,是吗?包括广州纸业,最终我会损失多少,要有个评价,那么这个终极风险就是我们风险金准备覆盖的了,就是我们利润覆盖的东西了,我们整个公司要发展有没有这个覆盖能力,如果没有这种覆盖能力的话立刻要报警,我讲报警是我们领导班子要报警,覆盖不了了那就要出大事情啦。

——2015 年 6 月 27 日第 22 期总裁办公会议

(森海园林学费质押问题)要落实,办什么手续,把质押靠住了

不是交代是跟在后面做,把它落实,我给你们的任务是把它落实,哪怕你们亲自去,一定要把它落实,因为它承诺过,只要把收费权一靠完就比贷款厉害,比你走什么路都快,那么坐在这个岗位上的人看到这个东西怎么不出手,早就该出手了,我在安徽也这样讲,听到了都知道了怎么不动,在法庭上都承认了,那你去落实,你需要什么手续我们做什么手续,7000 万元一旦把这个质押靠住了以后,大家都放心了,我在网站上一公布,你知道这个是个多大的利好吗。

——2015 年 6 月 27 日第 22 期总裁办公会议

发生风险要问责到底

我们这里面是要追求责任的,如果说已经破产最后只是分割财产,造成多大的损失我们是要追究责任的。你要把当时贷款的所有人的名单列出来,到时候要查他们个人有没有问题,有问题的话就起诉,公安把他抓起来,不管他。你看,我在这里准备任何问题都要准备这一步,只要我们一损失一

定要有人进去,绝不留情,不管是谁,一个都跑不了。不管哪个项目只要最后形成损失了,一定要抓人,没问题了没办法,有问题你要负责任的。

——2015 年 7 月 4 日第 23 期总裁办公会议

如何对待不良资产

对于不良贷款,资产保全部千万不能说“接收、接管”这种语言,是我们“介入、支持、加强”而已,监督而已,责任永远是他的。即使是总公司批的,下面的人也有责任,签字的人都有责任。不让人损失就什么问题都没有。现在造成了不良资产,把那些人找回来,我们总公司提供充足、再贷款各种方法把这笔贷款搞成良性化,到时候你要调走再调走大家都没责任了,但如果现在这样就跑了,责任在你身上,你做了违犯刑法的事儿是跑不了的。

——2015 年 7 月 25 日第 25 期总裁办公会议

不良资产的处置与控制方法

资产保全这块对我们红岭创投来讲是一个高强度的工作,也是迅速升到我们主要工作这样一个非常重要的位置。因为 P2P 行业不良资产或者是流动性占用,像这几种现象的发生在过去没有先例,包括到最后的清收、化解、重组,都没有过先例。

我们现在所采用的方法一般都是参照银行的解决办法,只是在银行的解决办法后面加了个加长段,这个加长段就是资产管理这块,实际上就像我们中锐一样,我们再投入资金把它盖完,盖完后最终还是找市场化解,不会轻易列入核销,因为列入核销就是明面的损失。我们红岭创投在前期贷款审查过程中,在整个贷款管理的过程中,包括在我们贷款审批的出账过程中,还有我们各级人员不同的素质不同的心态不同的想法,甚至个人侵占,都有可能发生,所以造成了我们目前为止所形成的流动性占用,或者讲不良资产。好在总量还在我们的控制范围内,因为我们总的做了一个检查,一个评估,就是我们终极损失到底是有多少,充足抵押率以外的资产就可以判定为损失,除非产生房地产上涨,地产价格上涨,可能会产生新的利好。只要不出现上涨,那部分就是损失了。那部分就必须用我们本身所创造的利润来进行归还、核销,或者用我们自己的资本金来进行核销,或者风险准备金,或者是呆账拨备,总之就是用我们赚来的钱,来进行核销这些过去已经存在的,没有充足抵押率的这部分贷款。

但从另外一头讲,欠债还钱,天经地义,就是你抵押率再不足,你欠我钱总不能抵赖,欠钱不还肯定不对。即使是抵押率不足,法院判决也不可能判欠钱的人胜诉。只要这个事实存在,我找你要钱总不会错。有充足抵押率是我有制约你的办法,你如果不还,我就直接把你东西拿过来了,这处理起来就是确认我们自己的债权比较方便,也比较具体,而且我们处理它有方法,对于那些悬空的没有充足抵押率的,完全是靠法律的力量,就是认定你欠钱必须还,你还不上也有一些法律措施对付你,不是说你就不用还,没那么好的事,一个也跑不了,只是个时间问题。

有充足抵押率的就比较好解决,没有充足抵押率流动性就比较难解决,但大家都知道欠债还钱天经地义,怎么我们都会追到底,这就对我们资产保全部要求比较高。而资产保全部又是我们的法务,法律也在这块,保全也在这块,起诉打官司有时候重组初步的提议也是从我们保全部提出来的,所以保全上担子很重。我们陈青云同志这么长时间来说工作还是不错的,但随着工作量越来越大,这块力量肯定要加强。这块力量不加强,以后想解决这个问题,我们会显得捉襟见肘,遇到问题没有力量解决,这是一面,对于过去已经发生的问题。

另外一面就是对我们今后的问题,现在的贷款这块要把它控制好,控制好以后还是请大家记住三点。第一点对于快标、议标充足抵押率是首要的,没有充足抵押率不能放。对于特标,一定是国有企业和上市公司,而且还要有担保,按照银行贷款放的。第三个是本标这块,本标这块我们即便是不垫付,各个方面的手续我们也是要办完的,到时候我们还要帮助我们的投资者进行追偿,只不过我们有一条,不垫付,要告诉大家。当然本标里面还有另外一块我们完全不管,就是把外面的债权债务双方拉到我们平台进行交易。作为一个平台给别人使用,这是下一步。我们现在还不到这一步,当然这一步蓝图已经画出来了,以后肯定有这样一批人。

为什么有六个事业部？这六个事业部多数东西是债权人和债务人在底下协商好了，到我们平台上进行成交，成交我们只要签几个合同，我们什么都不承担，我们这就是个交易场所，我给你做了个记录，其他我都不管。还有我讲得更多的是个人与个人的借贷，同事之间的借贷，个人与单位之间的借贷，所有的行为在我们不予垫付的状态下都可以上线，等于我们对于所有借贷业务的全覆盖，最终的其他部分在我们本标里面结清。前面这几个快借到议标到特标是解决我们特定的，审查比较严，资质比较好，这方面是我们要做的。

——2015 年 10 月 31 日第 36 期总裁办公会议

管理前移与清收工作的可操作性

在银行里有管理前移，现在我们开始管理前移，就是从清收一旦出现问题，没到 3 个月，一下就上去了。前移看到没有什么问题就算了，有问题就要一直管下去。有的欠息就是不良资产出现的信号，第一个就是欠息，第二个才是逾期，一欠息我们小组就要下去了，调查什么情况，如果是良性的，三五天，三两周，没什么问题，交还给原地。一旦出现问题，就一直追下去，把它追完，这个项目小组到最后以他们把任务全部完成截止，当然中间有些调配是有可能的，但是他们的终极目标就是这几个项目最后都要有结果，这个结果有可能清收回来了，有可能拿到清收方案了，有可能重组了，都有可能，这帮人有可能以后变成专业的人，都有可能。就是在我们这样性质的企业里面，就有一套这样的人，就有一帮这样的设置，因为这是新行业，新行业的体制设置和专业你不知道是什么，或许这样就保持下去，或许这就是我们网贷企业应该有的岗位设置。现在我们不知道，但我们觉得应该有的我们就把它坚持下去，这样就控制住风险，这是一。

第二，你们刚刚提了很多要求，一定要把它变成有可操作性的，不是要求，是可操作性的程序，第一步做什么，第二步做什么，第三步做什么，谁去做，做什么东西有什么依据有谁去监督，都必须非常清楚。不是说你们大家要好好干，干好了有奖励，这没用，一定要做到能操作，操作不了删掉，光说了有什么用。所以我在里面没看到什么可操作的东西，只是分了几个片区，找了几个人员，下去怎么弄，是不是每个人应该有个网页，每天晚上清收情况在这个网页上做个登记，有个笔记本，现在电脑技术发达了是不是可以请IT部帮忙做个网页出来，或者在OA里面开辟个小空间，让清收人员每天晚上都登记进去，做了什么都登记上来，每件事安排都在上面发。或者你们建立一个大点的微信群，里面有哪些东西需要往上报，现在电子网络这么发达，方法都要跟上，一定要变成有可操作性。你们要分成几类，哪一类是属于重组类，哪类属于要起诉的，哪类属于要拍卖类的，这个要清楚，每种类别当中的制度要建立起来，怎么处理，什么原则，谁去处理，多长时间完成，都要到这个程度，委托给某个人你去管，从现在开始就监督你了，然后你的进度，我就看到你的指挥能力和工作能力，以及下面的战斗力。否则你今天把故事讲了，大家听了很兴奋，三个月以后听这个故事往前发展了一点点，没有任何实质性的东西，天天开会就讲故事了。所以我就讲这类重点工作一定要把它分类到可操作，让每个清收人员知道自己今天要做什么，该怎么干，起步就是培训，培训的内容就是可操作性的东西，这样就有实在的东西，而不仅仅是提要求，一提要求还是这样，安排了多少，一年下来还是这样，因为没有可操作性的。如果领导还要一个个问就完了，问了抓两下，实际上程序建立起来了，你只要按程序走，每个可操作性的环节一环一环往下走，一般不需要人管，到最后只看结果，中途像我们办公会只看工作进程到哪里了，需要什么调整，需要什么支持，你上班每天都知道自己要干什么，要到这个位置上，应该讲才有意义。你们是搞网页，还是最落后的方法？就是一个人发个笔记本。我倒希望你们通过办公室、通过OA，开辟一个空间，就好监督了，一下就看到了，11个人每天晚上报道，这样什么都看得了，你可以在上面指挥、归类，就跟出去打仗一样，跟美国特种部队一样，空降下去，七八个人蓝牙设备前后左右都能看到，这样你才有可能把那些不良资产都化解，工作日志我不反对，但只能作为备用手段，主要手段是在网页上，我也能看到，所有的领导都能看到，这样就建立起来了。我们如果有现成的OA，每个人都能上的话，这里面就是清收区，重点工作区，可以列一二三，把每个参与工作的同志登记下，看工作的内容，你们发布什么号令在上面也不需要打电话，发布在上面就行了，办公会纪要所提出的要求一下就发出去了，每个人都能看到。

——2016年3月7日第8期总裁办公会议

关于对清收工作的安排

清收工作是今年的重点，主抓肯定是资产保全部。资产保全部现在诉讼的项目很多，因为像我们过去所做的业务基本跟银行一样，基本上操作手法也是一样，但就是银行基本是比较好的企业，我们这基本是次级贷款，所以清收难度可能比银行催收难度要大。但这基本是个常态，这项工作怎么发展，怎么形成规律从源头把控，还是我们风险审批这条线、市场这条线，进来首先不能再出现问题，已经产生的我们首先把充足抵押率抓好，把重组抓好，真正的损失多少我们再进行计算。刚才牛总讲了，我们第一步，实际上下去的人不多，力度不够，因为既然是重点，总公司才下去十几个人肯定不行，所以今天下午董事长开办公会，给我们下达了任务，我们五个人，我、牛总、项总、刘总、陆总，我们五个人把所有有不良资产的分片包干，一个人包一块，组合分五块，每个人分一块，就一定搞到位。我们从最高层，董事长和我，全部下去，我们中间每个部门也要下，还有我们的专业人员，驻点人员，在生活上能给关心的尽量给关心，奖励能给的尽量给，这个不是什么大事，大事是把已经形成的这些在尽可能短的时间化解，化解方法很多，真正那些损失类的应该讲不会很多，多数可能都是需要重组的，重组要找到切入点，要找到重组对象的主要领导人，他的信心，他提供的重组方法以及重组进来的资产，是不是能使我们有充足抵押，一旦有充足抵押，我们换流动性要简单很多，我们能解决，所以讲下一步我们研究了可能就要分个工，在资产保全部工作还是你们主抓，但我们上上下下全部出动，一定把这块工作抓出一点进步，一点成效，我就补充这么多。

——2016年4月11日第12期总裁办公会议

关于对房地产的认识

做房地产开发，我们都是卖房，就是对于市场的判断，不同的角度和专业,看法有一致的地方,也有不一致的地方,刚刚牛总讲销售公司给的低价是9000元,而论坛里讲8000块给的最多,这两个相差1000块,哪个对,我们也没有办法评判,或许8000元都卖不到,或许能卖到一万元,过个几年整个房地产好转了,任何判断都有三种概率,分别是好、一般、差。在任何概率里面都是好的概率一般不会太多,20%,差的概率可能也是20%,一般的概率是60%,那中间的话就是8500元。这种概率判断的话我们还是损失,这一点我们还是要实事求是,就是损失大小的问题,但是如果把它变现了,那么就止损了,如果不变现的话那就再贴进去,这就是双陷。至于宣传方面,向我们论坛的投资者进行宣传,这个要慎重,因为不指望投资者去买房子,这些投资者都是拿利率走的,但是这个问题我们红岭的官方对投资者要有交代,你不交代现在已经有人出来交代了,那么我们采用什么样的组合方法。就是把事件描述出来就可以了,不渲染它,但是要交代,不交代人家都要盯,交代出来你不说好也不说不好,随着房地产的回暖可能会好,随着经济的回暖变好的可能也不是没有,只是概率问题,这个要分析,而这个分析是一个浩大的工程,我们现在也没有时间上去分析,也就是说我们现在只有立足于已经招标的销售团队,尽量要做完,损失多少认了,少损失一点对我们来说当然是幸事,损失大了也就是一个亿,毕竟是我们自己闯的祸,现在已经造成这种局面了,现在我们想办法已经接过来了,总比放在那里烂掉好,能够回来一点是一点,然后我们用未来的发展把这个补上,我们只能以全局来把控整个风险的划去,单一项目也就是说使它的损失越小越好,只能做到这个程度还比较客观一点,其他讲大话什么的没用,最终还得实事求是,投资者在论坛里讲的话只能听听,千万不要受他的影响,如果真的给他们一套房,他们也不可能会买,所以说这个事情,我们通过办公会做这样一个决定,做个一般的实事求是的公告或者告知,就是红岭官方的一个告知,就是现在已经开始销售了,出于什么样的原因,请我们资产管理部起草一个告示。

——2016年4月11日第12期总裁办公会议

关于对不良资产的清收

我谈个意见啊,项总讲的这是有道理的,当时这个议题我记不清是怎么研究出来的，不管怎么样，董事长、总裁、副总裁都已经把清理不良资产放到了很重要的位置，应该造成全公司都重视清收的工作的局面，所有分公司的老总和总公司的部门老总都应该介入和关心这件事情，原来的提议或许是这样的，就是我们执行的时候，在理论上和执行上，让这些同志都能关心我们的不良资产清收，应该讲不是坏事，但是不是有必要跟着一起下去，我觉得这个要另当别论，不一定要去，但是要让这些部门知道，现在清收不良资产这项工作对于公司来讲是多么重要，如果我们哪一个部门在清收不良资产，包括程序的设计，那么徐敏从这个角度，就有可能提出一些建议来。我们几个领导分片包干，那是不是讲这几个分公司的不良资产处置的好坏就是我们几个领导负责咧，也不是，实际上处置不良资产是有专业部门的，原来的程序是不能断的，专业的事情要专业的人做，处理不良资产的最高领导还是牛总，这个东西不能变，不是你的专业你不能干的嘛，但是你可以发挥你的长处，有利于清收，比方说副总裁们可能在调集资源方面比较好一些，或者其他方面还有一些智慧，或者说下去以后分公司老总们在汇报工作的时候重视一些，这些就是有可能的，但是专业上，资产保全部的领导，包括我们牛总分管的领导，所有的布置我觉得都是有劲头的、有计划的、有步骤的，而且是有进度、有成果的，而且这些成果在一点点地显现出来。如果项目清收回来了，当然分片包干的领导有功劳，但我觉得最根本的还是专业部门的工作，你不过是在边上助一把力，这个位置千万别摆错了。包括我们资产保全部，前面跟法院打了那么多的交道，把每一个项目都搞得清清楚楚，领导下去它还要担负汇报工作的任务，这实际上给它增加负担，但是如果跟分公司的关系协调，跟法院的关系协调，需要领导上能够帮点忙，那倒是好事，我今天会议上本来就要讲这个问题，我讲的角度和项总讲的角度不一样，就是说不良资产清收是有专业部门的，专业的事情还是要让专业的人去干，其他人去，力度和效果肯定不如专业的人，这一点我觉得还是应该客观看待。有很多认识，各有各的，我们能够把我们真实的认识谈出来，当然我现在是总裁，我讲的话估计大家都听，但我不管讲什么话，一定要让大家都能够认可，觉得这样才是对的，才有可能执行，如果大家有抵触情绪的话，讲了也没用。这一点我就在这个地方强调一下，包括这个名单，发了就发了，发出去的重点是在大家能够关心这项工作，如果你这个部门能够对清收起到作用的时候，大家出一把力，这个总不会坏。分片的领导，大家都有责任把不良资产清收的进度加快，但这一定要依据专业部门的清收计划，到哪一步需要我们做什么，不能轻易去改变原来他们诉讼的程序和他们的进度，因为人家前面做了很多工作，每一步都是衔接的，一切按照法律来，一切按照步骤来，我们每一个环节都尽职尽责去做，就行了，只能这样，不要不负责任就行了，只要尽职尽责了，有很多东西不是你承担得了的，要实事求是。所以说在清收工作当中，我们会不惜一切代价、用所有的方法，包括清收、起诉、重组、拍卖，各种各样的方式全都要上，为的是把我们的流动性赶快搞起来，因为从我们目前掌握的资料来看，最快都要拿出一个重组来，那么达到重组条件最核心的问题，就是贷款企业负不负责任，所以我经常讲，要是贷款企业的老板是个骗子，什么东西都完了，帮他都帮不上。如果老板品德很好，他想还款，但确实是经营上失误了，你帮他有意义，那能帮得上，重组也简单很多。但人要是不好的话，给他搞重组，他再编一条谎言让你套进去，这种人就不能搞。所以每一项东西我们都要认真审查，要能够扣住、能够咬死，事情才能办好。项总讲的关于这些人的名单问题，我的建议就是，名单照发，大家工作都已经做了，舆论也已经造了，提出这个建议的同志，也是让全公司，就跟我们讲全员抓市场的道理一样，至于能不能起作用、起到多大的作用，都能起作用，最起码能在舆论上支持，只是作用有大有小，我们尽力就行。另外我们部门的领导也不能代替资产保全部，不能代替律师，更不能代替法院，我们只是在边上用我们的力量使工作进度更快一点，他们遇到困难的时候，需要我们援助的时候，我们全力以赴。

另外一个就是处于什么状况？比如说逾期了，逾期了多长时间，我们现在在做什么样的处置，有的打官司了，打官司在什么状况下，另外就是我们在采取什么措施。这要达到什么目的呢，就是每一个老总下去的时候，拿到这张表，对分公司的每个单位有个大概的了解，老总下去主要的作用是督促和提方法，以及下一步怎么办，再一个就是，通过这个研究以后，讲了方法和措施，然后就要跟踪了，领导不可能驻点一驻驻两周，各有各的路子，但是总体我想要搞个东西给领导们一看而过，这是一个想法。另外一个就是怎么做，重组已经经过公司审批部、法律合规部、市场部都研究好了，文件也搞好了，今天也发给各个分公司，这份文件相关领导再看一下。再一个就是刚才讲到了，老总下去了还要走啊，布置这些事情有两个，一个刚才讲到了各个中层干部要形成压力，就是全公司都在干这个事情，董事长、总裁、副总裁都下去了，我们这帮人马就要跟踪，每一个项目我们都有具体下去的人员，这样就形成了领导抓主体、提方法、跟踪，另外一个我们的领导该要去的时候你要去，同时要至少一两周打电话，因为我们现在的办事人员就是大学生，那你比他们要强多了。比方说我们孙院长去打个电话，比我们大学生强多了，院长啊，高手，下面都是学生，这样更容易下去。关键还是分公司督促他做，我们这个老总、总裁们或者我们总经理，或者专门的人来跟踪，你不走也要走，现在就是担心有没有时间，素质我就不说了，大家都知道。趁这个去库分化的时机，提高我们一年半的整改事件，我们争取在这一年半有所进展，从现在看，我们下去的人现在应该说还是有收获，不管是保全部还是风险管理部，给我的信息都还是有突破，每个人都有支持，数字都有。还有处理不良贷款方法非常多，我们去找对方至少要有个还款的期限，每一个时间节点都需要人跟踪，我建议我们分管部门的老总作为时间节点跟踪也要有吧，首先我讲这笔贷款的还款期限我们要列出来吧，在这个期限要列出来采取什么办法，所以讲这是考验我们每个人的头脑，要想，还要跟相关部门沟通。另外张总讲了我们主要的业务部门，所以我们要协调，不要到时候我们保全部这么想，另外一个老总那么想，会导致下面说到底怎么处理。所以我们声音还要一致，我想，坚持到年底，必有收获。再从另外一个角度，上次董事长问我们人下去了以后有用吗，我说有用，第一个我们现在下去和不下去至少很多信息都收回来了，过去有很多信息我们不了解，现在很多都了解了。另外一个我毕竟有人催着，上周没有报一单，现在我告诉你们，报的时候都讲好得很，都在天南海北，去都不去啊，这样的话我们的人驻在点上面。第三个，从现在时点来看，有人跟踪和没人跟踪完全不一样，再讲一个，我们现在的人业务量不是很大，自己人在这里，他的工作走了以后都交给另外一帮人，对公司来说没有受损失，管理策略的事情，和我们贷款孰重孰轻，所以这对工作来说根本没有什么损失。就拿我们审批部讲，为什么叫我们审批人员不仅要会审批，也去调查，也要到这笔贷款跟踪到结束后才算完成。我们不要把银行那套搞来，看什么阶段，贷前、贷中、贷后分那么细，这就是要一直跟踪。还有个牛总也在讲，我是审批的，这个是贷后的，废话，你的工作是我们安排的，要你干啥就干啥。所以这里我想刚才老总也说了，就在于我们总经理、业务骨干，看我们到底能有多大力量，这个就取决于个人了。再一个工作上要做好自己的安排，我倒不是咒大家，你生病怎么办，休息一周，业务怎么办，所以工作也要安排好，你要尽量安排好，看微信的时候，中午不看微信打个电话不也行吗。比方说我们下去的人遇到什么困难，小朋友推不下去了，那就会请你出个马，我想力量还是不一样的。

——2016 年 4 月 18 日第 13 期总裁办公会议

关于对清收工作的认可

青云刚刚汇报的工作我还是很满意的。最起码我们从近两年过来，每一笔不良资产我们都措施，都有着落、进度，没有空白。这不简单，因为我们没有办法决定这个多久的速度能回来，这个是没办法决定的。但是我们能控制，就是不能有空白，都要有人跟进，该采取动作的时候就要采取，而且每次汇报工作的时候都要有。那我们的工作就尽到责任了，推得慢与快那是我们工作水平的问题。你做没做是工作态度问题，工作态度问题是不能有任何闪失的。有十几笔出现警示了要立刻反映出来，而且要立刻专门地报告，要对接怎么去解决。至于用什么方法能够使我们贷款的回收得到最佳的效果，那有水平问题，我们只能尽可能做好。有些直接就用典当的方式进行抵押，一旦碰到房地产升值的时候，我们可能获取到比本息收益更高的收益。也就是同样一个东西我们换一种做法可能最后我的本息会高很多。因为房地产在涨价，用典当的方法全归我。现在资产保全部的工作从一开始不是很熟悉，到现在基本熟悉了，而从基本熟悉到变得现在慢慢有节奏，有步骤了，这是非常好的。这次清收的主发部门还是资产保全，专业部门。分公司的老总和机构负责人，他是有责任，但是专业的问题处理上没有一个如我们资产保全部的。而牛冰副总裁他是管多年这项工作的，我对他的要求是工作态度上不能马虎，工作水平上我们一起提高，不光是他的问题，我也有问题。所以下去支持清收的一些同志，无论是副总裁还是中层干部还是到线下去蹲点的这些干部，最终的服从还是服从于资产保全。他们是从各个角度去发力，让回收的进度更快。要人给人，要钱给钱，要方案给方案，一定要弄回来。

——2016 年 4 月 25 日第 14 期总裁办公会议

关于对清收工作的安排

很辛苦，这项工作，资产保全部和牛总都非常辛苦，我是有体会的，这也是非常重的任务。我提几点建议，一是下一个文件，关于清收工作中的注意事项，牛总你签订，把你今天谈的意见都变成一条一条可以执行的条文，任何事情不是光提出来，一定要落到实处。这里边有几个什么要点呢，第一，分公司老总，清收这项工作是我们资产保全部为主、风险管理部及其他部门配合的一项重点工作，分公司的老总是主要主持人，我们是向他们提要求的，不是他们倒过来向我们提要求，这一定要明确，每一个分公司老总，是你把这些不良资产搞出来的，就是你在这里边从开始到现在都是清楚的，你别退到一边去了，这个责任一定要清楚。然后客户经理是每天要盯住的主要人员，就是原来放这笔贷款的客户经理，他是主要盯住的人，别让他跑了。第三，资产保全部门是指导部门，是协同部门，是协调部门。第四，其他相关力量都是支持和服从需要的，包括我们的总裁和副总裁，包括部门老总和下去清收的人员，这都是支持的力量。分公司老总说人不够，我有清收人员在这里，说需要请示，我有领导在这里，说需要部门的力量，哪个部门就可以给你，最后一定要落到这种程度，然后后面一定要有进度，每周要有一个进度表，搞细一点，搞了几次，打了几个电话，问了几个问题，解决到什么程度，还需要解决什么问题，很多问题难是难在操作上、难在落到实处上，要变成可操作的步骤，这就要有实践操作经验。刚才我们牛总讲了，这是一项突击性的工作，是今年的重点工作，或许以后会变成常规工作，这都有可能，我们不敢断定，因为行业本身的最终的资产处理方式，谁都不敢讲是什么，但最后目的是全都要搞回来，谁都跑不了，特别是当时发放这笔贷款的主要责任人，这些分公司的老总，就是辞职了，包括我在内，需要的时候不管到了天涯海角，都是有责任的。违反制度是违反制度的责任，违反法律是违反法律的责任，这个一定都不开玩笑。如果有个人侵占的话，公安一立案，随时可以介入，随时把你叫过去，随时可以处理，这是非常严肃的问题。所以说我们对于清收这项工作，我们要发一个文件，发下去以后，我们资产保全部，包括我们办公室的督办，每周都要做一个任务，最起码要设计一个表，关于清收工作的几点注意事项，放在整个文件的后面，下去了以后就开始盯，这样才能变成具体可操作的东西，遇到问题了我们随时再研究、再解决，使工作越来越接近实际、越来越有效。我就补充这么多。

——2016 年 5 月 9 日第 15 期总裁办公会议

关于清收人员工作量不饱和问题的指导

以后汇报项目不要汇报这么细，也没什么进展，一大堆问题，别人也帮不上什么忙，你要把一重点工作讲下，另外把需要会议解决的问题提出来，这是最重要的。你刚刚提到下去清收的人员工作量不饱和，作出这种判断，他有没有工作任务，肯定有，工作任务的目标是什么，解决这个目标任务，什么方法，列了没有，可能就一种方法，一种方法没有进展就不饱和了，实际上有 N 种方法，是你们没选到，是思想方法问题。解决一个问题有很多方法，到最终通过各种网上搜寻的信息、亲戚朋友还能寻找他们的资产，都是方法，都会起作用。所以这里目标清楚，又有人在这里，解决这个目标的方法有多少，就跟到北京有多少条路，我们现在在走哪条路，你在车上就到考虑我到那里该怎么做，万一到那里解决不了还有什么方法。永远从我们工作效率出发，永远没有什么不饱和，因为你没有参照值怎么算饱和。一天工作三个小时算饱和的话三个小时要有依据，三个小时打字要打几张纸，每天要处理几件公文，打几个电话构成劳动工作量，有时候饱和工作量才能计算，现在都没有就当没事干。没事干不是具体工作人员的责任，首先是领导的责任，首先我有责任，就是对这块工作的督办你们下面的方法对不对，怎么能让他们下去没有事干？没有事干人就废了，我们安排些事，我们一级一级都去想想，不光我们资产保全部，一旦没事干，这个岗位就要撤掉了，这个岗位在这里，一个方法解决不了就两个方法，两个方法解决不了就三个方法，三个方法解决不了就四个方法,你要建立资产保全,对我们前期的 P2P 企业网贷企业可以讲有一半的力量在干这个事。因为今年三件大事,第一个是发展,第二个就是清收,第三个就是管理。管理的内容还是清收和发展,而我们现在的力量是多少了,我再考虑更大的问题,设立第二个资产保全部,第三个资产保全部。因为重心的分割已经形成这样了,才能适应这个企业正常往前发展。清收的主力现在是资产保全部,后面还跟着一个资产管理部。后置的重组等于是两个部门,在银行只有一个部门。后面这个部门是处置资产的不是打官司的,这么多的官司让陈青云一个人去分担,担子确实太重了。作为组织者和管理者我在想,这部分的力量该怎么去加强,一个办法是在你的底下多设立几个组,还有一个办法是多设立几个资产保全部。那么怎么样去解决最有利于业务的推进,我们就选择其中一个,这个牛总抓一下。我们其他所有的部门都是在为清收和发展这两大块服务,包括学院、人力资源、财务。财务测算没有指标,没有业务还测算什么,有了指标才有意义。这个逻辑大家要是明白的话,就知道我们的重点一个是发展,一个是清收,在发展的过程中各个环节包括风控、财务、人力资源都是为这两个部门、这两个资源做服务的,有机地配合好,使我们的市场发展得更快,更安全,使我们一旦形成不良以后能够更有效、更合理解决。一个项目并不是一定要弄回来,一定要科学合理地把它追到该追的位置,到现在还没有一个,你说它核销了,你要提出核销的理由,看是不是值得核销,如果还没有达到核销的标准那就还有很多的潜力没有发挥。以前在工行的核销量,五个标准:破死逃亡还有国家政策。破什么人? 人死了、人逃走了、人没了,在这种情况下才核销,还有在国家规定下,这个产品到时间报废了。那么在我们这个行业,如果还没有达到这个地步的话不能核销,就算是核销了债权还在,还是要追,还是要一帮人委托一帮人追。明明是二十人解决的问题要十个人解决是解决不了的,一开始的时候不知道要 20 个人解决,到最后才能把有效的规模建立起来,并且维持这个规模有效地往前发展。这都是在探索,大家都是在摸索,调整来调整去,因为它没有一个定形。所以,我就根据你说的不饱和延伸开来给大家一个启发,需要人给人,需要钱给钱,需要加强力量就加强力量,这一点都不含糊。我觉得在资产保全上再加一倍的力量都值得,但人家来了要有事干,如果说不饱和那就是方法问题了,你每天规定几个动作让他完成,哪些是自选动作?就是带有创造性的动作,哪些是规定的动作?也就是必须完成的。我们做管理的人,对自己的管理和安排没有几个规定的动作那还做什么工作?当然,这可以以启发和建议的方式,比如我建议市场和零售再开一次零售业务组的发展会议,这就是一种建议,实际上已经是工作,在这个动作以外还有一些自选动作,在这个会议上我可以做些什么等等,合作起来进行使用。这样自选动作和规定动作就像跳水一样,先跳出8251,3251,最后再挑一个自选动作,自选动作选得好就加分,选得不好也不会减多少。体操也一样,我们的工作也一样。固定工作量就是规定动作,自由工作量就是自选工作。企业的固定和变动费用是一个道理,所以资产保全部也应该像这样解决不饱和的问题。

——2016年5月30日第17期总裁办公会议

关于对资产处置的方法总结

资产管理部是我们这个行业、也是红岭创投的新的部门,在过去的管理过程当中,像专业银行当中,也有资产管理这一块,但最终剥离出去了,成立了资产管理公司,把不良资产从银行剥出去,然后用各种方式进行清理、化解、盘活,资产的另一端就是资金,市场的发展就是货物也就是资产跟货币资金的不断易位,易位的对象各种各样都有,有时候把资产就卖给老百姓,我多付一点利息,只要安全,这都是处理资产的方式方法。那么现在我们红岭创投,目前所具备的优势是专业银行都不具备的,优势非常明显,我们最终付出的仅仅是财务成本,就是可能少赚点钱,但资产都有办法在平台上发出去。那么对于互联网金融企业,从理论角度进行分析的话,这是一块全新的工作,从实践操作来讲,就是要总结过去所有资产处置的方法,对于部门的工作,资产管理部和其他部门有同理性,第一就是要梳理有哪几件事,刚才汇报的几件事是不是周延了我不知道,是不是有其他事情没汇报我不知道,几件事情捋出来之后,针对每件事情要有方案,方案有处置方案,有预备方案,有比较方案,最起码几种方案都要有,这些方案就是你们的日常工作,如果拿不出来方案,可以去学习,可以去借鉴,可以去汇报,牛总讲的专题报告，也是一种方案，我们解决不了了，我们汇报一下，看领导有什么意见。工作不能总是停在那个地方，否则就是有毛病了，包括我讲到福建漳州的项目，不能停下来，一停就非出问题不可，发现问题之后立刻就要向管理层汇报，一个是指导下面应该怎么做，另外一个就是向领导进行汇报，一个是你们平级进行研究，怎么都要有个方案。刚才牛总提了几种建议，这都是方案的选择，希望资产管理部对不同事件，不怕它出事、不怕它有问题，最怕没人管，问题只要有人管，只要有结果，亏了就亏了，亏了也要明白是怎么亏的，真是亏了、真是有问题了，我们现在就要开始想办法进行化解、进行处理，尽量让它少亏。这些东西，希望资产管理部，你们的日常工作，一个是制订方案，一个是专题报告，一个是要学习，还有一个是要建立队伍，不够的话还可以增加人，因为这块工作，以后在红岭创投这样的企业是常态，就像我们资产保全部，一开始我们的陈青云同志压力很大，天天打官司，天天跟法院打交道，别急，只要按照工作计划来，这周有三个案子要出庭，你去出庭就行了，下周还有几单要起诉，起诉就行了，它有个节奏，不可能出现问题一下子全解决了，但是要有个计划，每天都有事干，一个阶段下来，所有的工作都是有序的，这时候你再看，很多问题就慢慢有好转了，有个阶段性在这里。比方我们早期的一些项目，当时我们很多同志都感觉到很害怕，我和牛总就商量，第一法律，先起诉、兜住，不能让人跑了，第二所有资产先进行保全，第三再谈判，需要重组就重组，不需要我们就打（官司）到底，我们运气很好，房地产开始往上走了，这对我们是重大利好。这次我下去调查，安徽的问题基本解决，江苏的问题也基本解决，云南的问题估计也是基本解决的，重庆也没有多大问题，只是时间问题，悬在头上的这把剑，大家都看到了，是不是这样的，对于当初有些看不清问题的同志，我们也能理解，所以在看到问题的时候不要慌，我们看到现在漳州项目有很多不规范，很多问题，但是你慌没有用，急也没有用，只有拿出针对性的解决办法才有用，第一套方案不行再来第二套方案，第二套方案不行再来第三套方案，总是有方案，总是在解决它，不能停下，这是最重要的。犯了错把对方关进去有什么用，资产还在那里，把资产盘活才是最重要的。所以我们的资产保全部、资产管理部，资产管理部是在资产保全部后面，有的地方是平行的，就是我们的资产一旦出现风险，我们就要介入，而不是承接，一承接的话分公司就说“哎呀你接过去了”，就不管了。不，我们是介入，是加大处置力量，是给予支持，想出一切办法帮分公司解决问题，所以这个主次关系一定要搞清楚，还要把分公司的积极性调动起来，该花的钱再多都得花，不该花的钱，就要请示，而且出文字材料的时候一定要先核实情况，这样才不会被动。形成文字材料报上去，包括分管的牛总，再报给董事长，看看怎么处理。资产管理部是比较新的工作，也就是近 10 年中农工建上市进行的剥离，不上市的话也不引起这个资产剥离，要上市他们就想公司不干净怎么搞啊，那就把过去的不良资产都剥离了，慢慢小银行也就学着了。像我们就不存在这样的剥离问题，这是不可能的，这是我们集体的一个部分，但是这块要操作起来，包括我们介入、购买，就是拿钱买下来，买下来以后再卖出去或者转让给别人，什么方法都可以使用，最终要把我们的风险降低，不一定要马上收回现金，风险控制住，风险降低、风险缓解、风险解除，是这样一个过程，我们不要实物，我们最后要的是钱，因为投资者要的是钱，你还他一套房子他也不要，否则我们就变成卖房子的了，不是这样的。前期我们出现了这样的问题，整个大的趋势应该讲是向好的，但还是有很多困难，具体的工作实施，还是需要我们资产管理部发力，我看尹总也是个老同志了，在这一行里面也是有经验的，但是有经验归有经验，动不动脑筋、发不发力、用到什么程度，这在于你自己。我自己感觉在这里工作比在银行要累得多，非常累，没有一点可以喘口气的心情，因为这是个新行业，没有像公务员一样的按部就班，这是一个阶段，只要冲过这个阶段，后人就享福了。我们的资产管理部也是这样，尹总你才来，可能你要累过一个阶段，希望你能顶住。总公司的领导，从董事长到我们这些高层，包括各个部门的老总，都会支持和理解你，有什么困难就说出来，在这一行你是有经验的，但管理上你可能还需要补充知识，有一些东西跟过去不一样，还是需要学习，但不要怕，只要努力，就有解决的办法。

——2016 年 6 月 27 日第 20 期总裁办公会议

对待不良资产的方法

这 10 个亿造成的不良资产，我们的态度，一要有信心，二要有方法，三要紧盯不放，不能松劲。你松一天，后面要花10天去盯。你只要不松劲，可能这个问题三个月以后就有眉目了。一旦有眉目之后，这个关就过去了。对不良资产，像现在我们处理的意见，第一步起诉，先用法律手段固定下来；第二步谈判，谈判当中的第一方法：重组，你只要有这个意愿，我都愿意配合你，等到重组的方案成功了，撤诉。如果不能重组，那就保全，把资产封掉，到时候能拿回来多少，拿回来多少，就朝这条路上走。剩下的就封其他财产，找一帮人专门去找，拿回来一千万元，我给你两百万元。就用这种方法，一定要到这种程度。这就是资产保全的路，没其他的路，如果你能用融资性的现金流归还我们的钱那更好，你能借到别人的钱，把我们的还掉了更好。如果你有生产能力，我可以支持你扩大生产能力，用你的现金流归还，如果你没有生产能力，你能不能找到好的项目，我再支持你一把，你把这些用到新项目上去，把项目做好，用新项目赚的钱填平你过去的债务，这都是方法。唯一一点就别想跑，因为你跑不了，跑的人是最愚蠢的，这辈子都别抬头了，一定把他盯死了。

——重庆分公司座谈会

清收的重要性

清收也是我们今年的一个重点，我们现在不良资产严格意义上应该叫流动性占用，因为它不是不良，只是没有流动起来，对于这些资产我们花费了两倍的成本。1. 我们对借款出去的投资者要付一道利息，这个企业没有利息给我们，我们要垫付这种利息给投资者。2. 我们垫付利息的钱，还要借别人的钱，这还是高息，成本上升是很可怕的，如果出现本金垫付的话，又是两道利息，这个本金本身也是要高息支付的。这样我们财务上的压力会很大，那么现在说的这个清收一箭双雕，你只要解决了一个项目，就等于两倍地解决了财务上的压力。现在出现了不良资产，我们只有一一去化解它，清收它。清收是我们今年重点的第二个项目，清收的方法和渠道，1. 他一旦出现了不良资产，我们先从法律渠道起诉，确权。2. 在法律途径下谈重组，谈好了撤诉，谈不好一直打到底。3. 抵押物不足，继续查清资产。法律起诉、重组、追清资产这三条是我们在清理资产当中的惯用手法，中间有一个很重要的要点就是要持续不能断。总公司对法律手段包括律师、资产保全部、资产管理部都是由我们自行处置的。那么我们规模要发展到多大才能出现拐点呢？这个是一个什么样的问题呢，我们知道新的对公的包括：快标、议标、特标。都是用国有企业、优秀的上市公司来做，那么它的风险就变小了，身体不好的企业有充分的抵押物，不行就把抵押物扣押过来。这样在业务上就有了底，一点都不能含糊。清收如何极大地影响到我们的财务，这就是为什么我们要把清收放在第二个重点。

——云南分公司座谈会

红岭创投的两道风险防线

我们有两道防线，第一道防线是我们的每一笔贷款都有充足抵押率，而且每一笔贷款和投资人之间都是一一对应、清清楚楚的，即便最后出现了风险，我们会帮你追回来，只是需要时间，而且我们不仅把本钱追回来，利息也会追回来。存款保险法规定，客户不管存多少钱，银行破产了只赔 50 万元，这个大家都知道，所以我们比银行要好，无非是时间问题。我们守住这条底线，就可以告诉投资人和监管部门，我们的业务都是认真在做的，而且我们对投资人负责任的，不会让投资人受损失，整个红岭创投 200 多亿元的资产全都是这样，某种程度上我们比一些商业银行做得还要好。至于在诉讼和官司之间，我们为什么要做这样的选择，第一是要保全资产，然后再谈重组，如果有重组的机会，只要比原来的风险率低，只要有利于收回贷款，我们一路绿灯。所以我们负责清收、重组、诉讼的部门，一定要明白抵押物是什么样的状况下、我们要达到怎样的目的，才能跟对方进行和解，要找出尽可能有利于我们的条款。企业欠债本来就该还钱，就算是没有抵押、就算是信用贷款，最后也得还钱，这是天经地义的，只要有资产，我们随时可以跟法院申请查封，因为它们欠我们钱。所以起诉的第一步是确权，就是它们欠我们的钱，证据是我们哪天从账上划款给它们了，只要确权成立了，后面企业就别想跑掉。有抵押、有担保是尽快回收贷款的依托，没有抵押、没有担保的也跑不了，只是时间和力度问题，所以大家也不要惊慌，总有办法能回来，何况这还不是银行的钱，都是每个投资者的投资资金。我们用重组的方法不过是延缓还款的时间,或者换一种经营方式而已,债务还是跑不掉的。重组的核心是换一批投资者,重组就是要重新发一次标,老的东西重新进行抵押,就跟银行转贷的“贷新还旧”是一个道理,还是原来的抵押物,但是重组要求再装入一些抵押物,装入一些降低风险的筹码进去,否则比原来的风险还高的话,重组就没必要了,这样就要打官司。最后把东西卖掉,我们认了损失,损失也是正常的,哪个企业都会有损失,但是不能拖,损失我们可以用新的盈利来弥补。所以对于资产重组,对于化解不良,有很多技巧,有很多方法,关键问题要看债务人属于什么性质,这非常重要,一是他本身的综合素质,二是他的还款意愿,三是还款可能,四是有没有赖账心态,要分析清楚,根据不同心态我们采取不同对策,最好的就是重组,只要积极找一个新的项目,新项目跟这个项目一起发一个新的标,就能缓解,但是要组织一班人继续经营好,这是比较好的借款人。还有一种是骗贷款的,他们本身就打算把抵押物卖掉换钱,抵押物他们不要了,我们拍卖了多少就算是多少。还有一种就是开始并没有想法,但是官司打着打着他撑不下去了,或者出现新的情况了,最后只能跑路。还有一种就是恶意欺诈,本来抵押物就是假的,或者不属于他的,或者抵押物带着多笔官司,出事之后被别人查封,别人查封了我们就不好办了。在西方市场经济国家,只要欠债不还,只要法院传票一到,这辈子就别想过好日子了,香港也是这样,不准上高级酒楼,不准住高级酒店,好多都不准,要是违反就马上起诉你、把你抓起来,别想欠了债还逍遥法外。重组是我们比银行还要有条件的一个方法。因为银行重组是有规模限制的,存贷比的限制。100 亿元的存款银行只能放 70 亿元的贷款。要增加贷款,必须增加存款。有存贷比就没有那么大的规模,而我们这完全是新东西,没有规模,多少我们可以一起去干,你只要好,这个空间可以很大,这个优势是哪家银行都没有办法比的。根据这一点,董事长上周也成立了重组特别贷款审批委员会,组成人员就是董事长、我、几个副总裁加上分公司的总经理。只要我们的抵押物是真的,项目是真的,其他都不怕。

——辽宁分公司座谈会

5.6 对零售风险管理部的建议

5.6.1 对零售风险管理部工作要求概述

对零售业务的要求

零售条线业务一般来讲在要在已经成立的分公司开展起来,筹备组分公司的人员架构等问题不适合开展此业务。重点应该放在深圳、重庆、安徽、江苏,其他地区暂时不去考虑;零售业务以后笔数很大,还是要以当地的分公司为主要阵地,这也只是我的建议,你们仅作参考,该怎么做我不干预。零售品种以后会越来越多,你们都是总公司机关部门,都要有调查、统计、分析、研究出新方案的功能,我们零售部和市场部的品种研究,要多了解研究国内外所有网贷企业、小贷公司、银行等哪些产品适合我们公司做,最终确定我们的产品方案及管理办法。零售部门在这方面多下点工夫。

——2014 年 9 月 5 日第 41 期总经理办公会议

房地产的范围很大,要规范清楚

规避房地产这句话要规范清楚,因为房地产很大,你现在自己住的房子能说不属于房地产的? 房易贷肯定是要拿房子来抵押,那是自己买的,还是按揭的? 不一样,还是拿正在建的房子来抵押? 也不一样。要定义清楚,我听这个名词就不对。搞清楚就好了。

——2015 年 2 月 14 日第 6 期总裁办公会议

零售部重点性工作:工作目标、产品品种、规模利润

下面别讲了,我讲几句。我从你的汇报里面听不出你工作的重点,都是一些一般性的工作。这是一两个人两三天就做好的东西。但是零售部到目

前为止的工作目标我没有看到，我要看现在分公司达到这样的发展状况，零售要达到什么样的目标。从品种上要达到多少，从规模上要达到多少，从利润创造上要达到多少？如果你的规模太小的话，我就把你取消了，或者你一年干下来的利润还不如一笔贷款的收入的话，你们的部门还有什么作用？下面就别说了，下周汇报吧。

——2015 年 4 月 11 日第 13 期总裁办公会议

零售工作开展的思路和方法

这个零售工作进度我是不满意的，12 个分公司都已经正式开业了，它们零售人员的配备和整个工作的方案包括你们对它们的指导和它们的业绩到底多少，我看不到统计报表，你们统计了没有，分析了没有，下一步的主打方向有没有，这些东西都要建立起来，另外你们的思路应该宽一点。我上次接到一个电话，做汽车按揭的，他们每个月都有一千多万的汽车按揭的优质贷款想和我们合作，能不能跟我们零售部谈一谈，那么我们各个分公司都可以做这项业务了，通过这种内引外联的方式把别人的办法学过来，我们自己加工以后，自己也可以开展。汽车可以开展按揭的话，那么钢琴也可以按揭，还有家里大宗的耐用消费品都可以进行按揭，如果这些按揭当中有利可图、有盈利空间的话我们各个分公司都可以做，那就在于你们自己思考、学习了。你们在制定工作方案，包括基本的思想理念各个方面都需要提高，一切按照制度来。你们要依靠你们的学习，依靠自己的智慧，推进零售业务。

零售从某种意义上应该是最大的一关，我讲过一个经济学原理，这个社会的财富不管是多大的 GDP，它经过若干次的分解以后，最终跟人所拥有的财富是画等号的，最终所有的财富都是分到每个人头上的，国家的税收收上去了，又拨到单位里了，最后都变成了劳动力的工资，所以社会的整体财富都是分到个人的，全世界所有的财富与全世界所有的人正好是画等号的，只不过比例不一样而已。所以零售业务是根本的，零售业务做好了跟着集团业务也就上来了，因为每一个老板也是个人，只是他后面有一个企业。所以零售的意义我今天给你提到一个相当高的高度，这是非常重要的。银行是非常重视二八定律的，所以有了投行，有了私行，有了财富中心，都是为这

20%服务的。零售是有产品的，这些产品是什么东西，要一个一个理出来，然后交给我们财富中心，交给推广人员，交给我们各个分公司，才能真正做起来。我很长时间以来没有对零售提出指导性意见，今天谈一点，回去以后消化一下，有问题可以一起讨论。

——2015年6月6日第19期总裁办公会议

零售部门汇报要有零售曲线，看到增长量和增长速度

你以后汇报这些情况要有一些曲线，就是说零售曲线要有，我要看到你的增长量和增长速度，图像一看就看出来，再看一下增长的幅度，你没有比较的话没法说，你到底算多啊，还是算少啊，看不到。

——2015年6月20日第21期总裁办公会议

零售业务开展要有计划和目标

零售业务，我们也是泛泛地讲，但是重点很清楚，你的份额，到最后应该在所有的投资人中占到多大，在所有的项目中，你该占到多大，你应该有个计划。李瑾来了以后，你们两个好好商量一下，零售业务怎么覆盖全国，你现在就是个全国性的公司啊，你们没有其他的退路了，已经是全国的公司了。下面有12个省级分公司的单位，在全国不多。问题是我们的一万五到底开展得怎么样，需要我们每个人的努力。

历史给了我们一个机遇，在这个机遇中，我们如何发挥自己的聪明才智，你所付出的努力，这才是最重要的。你努力了就会有结果，就会显示出来。我在陕西分公司开业的时候，对他们讲了一些话。他说我现在浑身都是劲儿，因为他来之前是商洛邮储银行的副行长，他那个级别并不低，相当于副县级的单位，一开始来他也没信心，但从现在他的感想和打法来讲，他进步了。他现在很有感觉，我说你感觉到什么程度，你要感觉到两三年以后在陕西省金融系统开会的时候，你坐在最前面。工农中建交都在你后面。为什么？因为你第一个杀入这个领域，而且是互联网金融，陕西省所有的社会资源都是你的资源，我们所有的贷款项目，分配政策，是超过任何银行的，

就是介绍一个亿的贷款，最起码有几十万元的奖励，只要批下来，按时收回了，哪个银行都做不到。所以只要真正做得好的分公司，分公司老总的年收入最少都在200万元上，好的发到500万元，只要你做好了，做不好你别怪我，不良资产一大堆那你怎么办，所以银行没办法和我们竞争，几年以后你肯定要站在最前面的。我问他有没有信心，他说有，有困难你告诉我，我们和你一同来做。你一定要做出一个省级公司的模范。现在银行的人都在向我们靠拢过来了，如果我们不提高，是不对的，但是有个先来后到。在座的人就跟我刚来红岭来的时候一样，一个都不能少，只要你努力。不懂就问，错了就改，别偷懒就行了。你要真的领会了，真的去应用了，就肯定会进步，你别自己讲了，还不太相信，还偷懒，那就不行，那我能看得出来。你工作如果我不满意，而且对公司的发展产生不良影响了，那不光是我不满意，是这个制度、公司需要这样调整，我对哪个人都是兄弟姐妹，我年纪大一点，我是老大哥，对一些年轻的孩子来讲，我是长辈。我都会负责任的。我就对零售业务提几点建议，下周逐步我要看到你的动作。

——2015年6月20日第21期总裁办公会议

谈零售风险部的功能

零售风险管理部掌握着所有的零售产品及其推销、统计和所有的管理。它不仅是风险管理部，还具有市场部的功能。当然你的产品到了市场部他们是义不容辞的，因为它需要这个武器，不然它不知道武器怎么去推销。除了四个标是商业的，个人这块车易贷、房宜贷、公信贷等产品也要交给市场部人员。推销过程中，每个产品的指引方向在哪里要知道才能进行开发客户，过程中有集团的、个人的、集体的各种各样形态，怎样进行推销。零售业务也有宣传的功能在里面，这就是我讲的专业宣传问题，零售部里也要有宣传的岗位，不光是风险。

——2015年7月25日第25期总裁办公会议

对个人本标上线的指导

我们本标个人对个人零售这块，实际上是整个P2P的老祖宗，这个重担交给了零售风险管理部，你们理论原理和操作方式都很简单，就比如哪个人有50美元，想赚点钱，就放到网上，谁要借这50美元，在网上就可以借走，两个人形成合约，每个人身份挂到网上。因为美国本身大数据和征信系统很发达，把社保卡往上一挂，所有的信用全看到了，直接就借了，你要不还马上给你留下灾难性的记录：你这人不守信用，以后就不再借你了，实际上把非常复杂的问题很简单就解决了。我们怎么解决这个问题？能够把一个老大爷向他兄弟借钱，能够把子女向爸爸妈妈借钱，能够把单位员工向财务部门借款通通搬到网上，留个记载，给他一个方便的成交场所，我说过要把全部的借贷行为搬到网上，这样一来大家在手机上就能完成借贷、形成契约，问题也解决了。

为什么说只有在无线电行业发展到今天，这个行业才有可能形成，这个职业才能形成，实际上的原始状态是这样，把所有借贷行为都搬到网上，几分利我不管，零售这块大概是多少都行，制定个办法就行了，我们只要能赚到手续费，不指望高利差，因为我们不承担风险。那么本标的上线就解决了风险度跟收益成正比的问题，我们风险降低了，我们的收益就降低了，因为我们没风险，投资者收益提高了，同样，风险也提高了，到时候也没人给你垫付。贷款企业价格定得高就好卖，价格定得低不好卖，你找个合适的价格作为你的成本，能够承受这么高的利率，给利率市场化的各方提供了可以明确表达、明确进入、明确进行表现的形式，这样一来我们操作就简单了。零售风险管理部就这个业务，下周最起码两笔，找两个人在上面借贷一下，你邝宝杰向李璟借，借100元，最起码完成一个交易。私下怎么做我不管，但要通过最简单的交易把网上的交易系统激活，风险是你们两个的，当然永远不会有风险，利率你们两个定，10%也可以，5%也可以，就是表现一下。零售风险的核心部门，基本业务都没操作，还怎么指导别人、制定办法？最后我提这个建议，下周完成。

——2015年9月12日第31期总裁办公会议

零售打响了红岭本标的第一枪

这次零售的个人的300万元本标应该说对我们本标起了一个很重要的

开口作用,当然没有你也会有第二个,但是你走在第一个了,就和许海峰取得第一个奥运金牌,当然没有他,就是枪不是第一个打,跳水第一个开始,那么跳水可能就得到第一块金牌,一个道理,那无论如何你是有历史意义的,你占领了先机。那我们零售打开了红岭创投本标的第一枪,后面怎么把它做得更好?马上我们对公要打本标的第二枪,租赁打第三枪,典当打第四枪,一个一个都出来了,出来以后,本标我们这么多的市场部门,事业部就是6个,6个事业部,全国40个分公司,每个分公司报一个同类型的项目,一个信托项目,或者一个典当项目、租赁项目、保险项目,你知道这是多大的规模?40个分公司只要各报一个,40个分公司再乘6就是240个项目,就是这么大的力量。所以我们今年还在起步,到年底做个一千亿元,先试一试,热个身,明年是向一万亿元走的,以后是这个爆发力的。你们现在分管的各个部门要有这个感觉,就是组织全国大战的感觉。有了这种感觉明年飞起来就是一万亿元,就是很快的,非常快的。所以我跟技术副总裁讲我们网站的设置是按照上海或者深圳证券交易所的交易量来。它一天最高成交量是上万亿、一万亿元,那么我们的成交量不敢说一天一万亿元,最起码一天一千亿、一百亿元是有可能的,那么我们的网络能不能承受得了?如果能够承受,那人家登我们的网站就和人家登证交所的网站一样,一个道理,剩下的就是我们在里面扩充了。一定要有这个高度,你才真正能把中国的P2P,中国的互联网金融,中国的金融脱媒,真正做起来了,要不然就是在浪费时间。

——2015年9月26日第33期总裁办公会议

对零售部的三点工作要求:第一任务要有完成的时间,第二零售业务的比重要占到20%,第三线上本标新产品的设计要有计划、步骤、方法及落实

我来讲三点。第一个我看了你们都没有具体的完成时间,都是“持续进行中”,以后不要有这样的字眼,截止到哪一天就哪一天。以后制订工作计划,有几个要点:干什么,谁去干,什么时间完成,奖惩。就这四个要素,清清楚楚的。奖惩包括额外的奖惩和正常的工资奖金,这都属于一种奖惩形式。

这是第一点，工作计划的制订和所有工作的安排都必须有一个时间，没有时间不行。

第二，我们现在零售业务的余额是多少？（3.1 亿元）占整个待收多少？（百分之二点几）我们待收目前是 170 亿元了，2% 还不到，零售业务在银行的比重占到至少 20%。现在 170 亿元的 20% 是多少？30 多亿元。是现在的十倍。你有这个计划吗？如果没有这样的计划是不是应该制订？实施由哪些品种去实现？由哪些机构去实现？用哪些措施去实现？这才是真正的操作计划。你现在没目标，走到哪里算哪里。发了两笔本标之后，后面的可持续性怎么样？有，目标是什么？没有。不清楚，走着看。我就给你这个指标，零售业务至少要占到 20%，你看你什么时候完成。包括项总提到的，最有意义的事都在线上完成，我们所有的操作过程和流程包括模板全都是线上模板，这就有意义了。这是第二个问题，20% 的问题。

第三个问题就是线上本标内容里的研发空间和业务空间应该说很大，因为最终的本标就是为零售服务的，P2P 本身就是 Peer to Peer，从个人到个人，从客户到客户，是单个对单个的。周小川行长的讲话里也体现了这一点，过去就是私下的借款，这里的品种很多，但有哪个释放出光彩了吗？我刚才给你们想了很多方法，包括项总、牛总都给你们想了很多办法，你们部门要人也有人了，是不是该学习提高一下了？不能光有热情，要有科学性。比方我们交代的几个任务，新产品谁负责，你们几个领导谁负责？谁去办？多长时间完成？完成之后有什么奖惩？落实了吗？放在你一个人脑子里怎么落实？全国马上 20 个分公司了，工作怎么往下推？是不是在哪里弄一个试点？品种比较多的话，是不是一个分公司放一个品种试点？这种管理的感觉有没有？没有赶快提高，到年底考核的时候，不行的话我要换人的，你就不适合在这个岗位上了，因为在这个岗位上，你是专业部门的主要领导，工作的时候拿不出计划和目标，也拿不出方法的时候，那就要调整了，不然影响太大了。我希望你们提高，当然不会轻易地作出调整，但是如果真的不行，我也没办法，因为公司要往前发展。这块业务全公司都在忙，从线上运营部到计划到信贷到风控到你们自己，都在忙，线上运营是外部，内部还是你们本标的，主体还是你们。你们发了一笔本标，我很高兴，发了第二笔，我也很开心,第三笔就没看到了,第三笔在哪?第四笔在哪?第五笔在哪?我们的内部员工不是目标,内部员工是试点,如果在内部试点成功了,感觉大家都能够接受,那就一个单位一个单位去推行,要有这样的思路。就像打字还有联想功能,要把你的联想功能开发起来。都是受过正规教育和完整教育的,这种基础和素质要提高。

我就讲这么三点,第一个是任务要有完成的时间,第二是零售业务的比重要占到20%,第三是线上本标新产品的设计要有计划、步骤、方法,要有落实。

——2015年10月10日第34期总裁办公会议

零售业务在红岭创投所有业务中占比要达到20%

零售最近的业务有点起色,但还差得很远,因为不论银行什么业务也好,所有的业务最终都是零售的,市场最基本的要素就是每一个个人,零售搞好了,就是零售的每个个人可能是企业的老板,或者是哪个管理节点非常重要的人物,就会把这些公司负责人面上的一些业务都拿过来了。零售业务开展好了,它的企业也会到你这开展新的业务,所以零售是一切业务的起点,一切业务的中心。我们过去的零售业务一直比较薄弱,公司的整个管理上我有责任,但零售风险管理部管理方面也需要不断提高、完善和学习,有些东西不是什么都懂,什么都能做好,就是通过不断学习、不断努力,不断地提高。零售现在整个发展的计划我到现在还没听到,你们很快应该拿出一个零售业务在红岭创投所有业务中的发展计划、占比,我提得不高,20%,你能达到吗?如果达到20%,你将有哪些措施,哪些品种,以什么样的速度,需要什么样的投入?一个部门如果连自己的计划都没有,就发两个标,就到处发短信,我两个标满了,一个是几百万,一个是几百万,你讲这个有多大作用,什么作用也没有,我们搞两个人也能搞个几百万,没用。这次从员工内部开始启动,也不是说这是最终目的,只是开始启动而已,启动过程中我们项总说等于跟员工发点钱,你有积极性就多拿点,你没积极性就少拿点,事实上你自己并没有花钱,把你下面拿这个钱买什么都给你做好了,做好了中间拿点利差,买的多拿的多,买的少拿的少,完全是好事情,通过这种方式把我们本标个人这种环节里面让它活跃起来，让他看到一些东西，但目的绝不是仅仅在我们公司内部推行，我不知道你们考虑的是我们机关还是全国，包括筹备组的话就1000多人，这个试点成功后以什么样的计划推开，以什么样的速度进行推开，这里面都要做一个很细致的讨论。

所以我经常在说每个部门都要有一些动脑筋的人，都要有一些有理论思维的人，大家都是本科毕业，受过完整的教育，毕业论文起码都是你们一个完整的思考，这个思考都是带有研究性质的，那么在你的工作岗位上都应该经常思考这样一些理论上的东西，特别是在管理岗位上，因为理论上的东西是带有规律性的，带有模板性质的，带有模型性质的，一旦弄通了一个，一推开好多事情全解决了，就事论事的事情很多方法都能解决，但是带有趋势性、规律性的必须动脑筋。所以上次在研究所我就说了研究所现在研究我们每一个部门都应该有课题，甚至每个岗位都应该有课题，这个课题是伴随着你思维的进步，伴随你对业务发展的理解所展示出来的，你理解得深，你做得好，你的文章出来了，你的思考出来了，就好了。你如果理解得不深，往前走就走得不远，走得不好，就没质量，速度也上不去。

零售风险部现在比例占的太小太小，如果占到常规的20%以上，发展的整个规划怎么去制定，怎么去落实，作为部门负责人要有个思路，你下面那么多人，不是仅仅干一些统计和督促的工作吧，更重要的还是要有研发的能力。我在历次会议上都说我们设立互联网金融研究所，就是要帮助大家，和大家一起去研究在互联网金融专业的设置专业的工作和我们在业务发展过程中所采取的新的办法，新的策略，新的计划，哪些是已经具备的条件，哪些是我们需要创造的条件，这是给大家从理论上探索一条路。当我们把这个看清楚以后，我们的步子就好走了。为什么我把互联网研究所看得这么重要，因为你做任何事情，没有一个成熟的理论上的思考，没有一个理论上的依据，往前走，心里都不踏实，你一旦在这里立住了，踏实了，就好办了。所以我在这个会议上再强调一下，我们每个部门每个月包括每个分公司，都应该有一个研究报告，关于你这个专业的研究报告，或者就像我们早期在人民银行一样，每个信贷员每个月有一篇经济活动分析，你所分管的信贷企业，不管对哪个企业，要做一次分析，这个分析是什么，就是让你提高，让你按照正道的方法去思考、去研究,而我们到目前为止很多部门没做到。但从现在开始,我的精力可以有一部分来考虑这个问题了。

今天是 24 号,我希望到下个月 24 号,每个部门都可以从自己部门的工作有一份研究报告交给互联网金融研究所,我也希望我们以后互联网金融杂志里面出现的是我们自己的研究报告,而且这些研究报告是有基础的,由于是我们正在做的事情,结合了我们懂的道理,和市场上所做的事情,在一起进行研究。这个研究出来了以后,可以对外公布,经过董事长批准后,我们对外公布,不能对外公布的,我们就以单册形式印发,分发给大家,执笔者,我们互联网金融研究所给稿费,谁执笔给谁稿费。这个等于今天办公会也作这个决定,因为我从零售风险管理部工作上发现老是有点零散,工作积极性还是可以的,但工作过于零散,要有一个总体的战略计划,要有这个计划的话,每一步的安排就会有序得多,而且每一次往前进就不会轻易退下来,这样零售工作就会慢慢地提高,而零售工作又恰恰非常重要,所以我在他们讲完后做一个补充。

——2015 年 10 月 10 日第 34 期总裁办公会议

零售部门应制订并下达切实可行的零售计划

零售做了个中长期计划到下周四结束,我现在要的不是听你的中长期计划,我是在提示你,总公司每个部门的管理对象是分公司,这是重点。至于总公司个人本标,当然作为一种试验是可以的,不是方向,更不是目标。这就只是个内部操作的引导,市场意义不是很大。制定中长期规划,你连近期目标都没有怎么行? 要达到整个信贷资产的 20%,你分几步走? 我们现在 200 亿元,也就是达到 40 亿元,你怎么走? 分几步? 第一步、第二步、第三步怎么走? 没看到。

这不是中长期计划,就是现在你该怎么办。19 个分公司,现在我们零售有多少个品种,一一列出来。我们现在知道的最起码有公信贷、车易贷、房易贷,还包括我们很多私募产品,以及其他产品。那么这些产品在 19 个已经开业的分公司中全部可以下达计划,计划下达了吗? 要求到年底他们一定要完成多少吗? 完成以后给什么样的奖励和惩罚,有吗? 我都没有看到。

也许有，但没有汇报，或者正在想，正在做，还没有落实，正在摸底。但最起码作为一个部门对全公司，特别是管理19个分公司的时候，首先要有一个目标，不能没有计划。你自己对哪块有兴趣，或者感觉从某方面突破可能快一点，这也没错。但我到现在没有看到你对19个分公司下达的零售计划，你的零售计划要建立在占到整个业务的20%这样一个基准目标上。

这个目标你不可能一次达到，要分几次达到，第一步完成多少，通过19个分公司要达到哪一步，第二步要完成多少。先不谈第二步第三步，你第一步做了没有，思考了没有，有没有具体的措施？零售风险管理部有个特点，集市场和风险于一体，实际上是个市场部门，因为你的风险管理办法是要经过审贷会审批的，就是零售风险每一个品种的程序和管理的方法一定要经过风险管理，一定要经过我们审贷会审批，不是自己独立出来一个东西就可以执行，这不行。因为你某种程度上来说也算一个市场部，这比较特殊，集结到每一个产品上，市场跟风险是结合到一起的。所以我今天对零售风险管理部所安排的计划和汇报提出几点建议，希望你们尽快纠正过来。

——2015年10月31日第36期总裁办公会议

工作要有可持续性

我补充下，零售我始终关注邝宝杰那个地方，一个是产品的品种，有哪些，准备开发的有哪些，19个已经开业的分公司，它们的积极性和当地做的还有哪些，零售专门要捋一条线，出来后哪些立刻可以做，哪些要经过我们调整或完善才能做，花多长时间完善。产品一旦做好，跟市场联合起来看怎么推，实际上就是你明年的工作任务。有时候工作安排下去积极性挺高，开头很好，往后没声音了，都是这样，这不是你一个部门的问题，每个人工作可能都有这种特征，要有可持续性，跟我们办公会一样，每周必须开这就是可持续性，工作可持续性就要有可持续性的办公制度，没有可持续的办公制度不可能有可持续性的工作。我们每个部门的工作也是一样，零售产品在我们产品小册子里也有五六个，现在你们还有几个，准备开发几个，有可能市场上还有哪些东西？零售部肯定要有一个人管产品，产品的风险要控制，然后才能下达任务，才能跟市场结合推出去。零售产品在任何国家，在什么样经济条件下，都是主打市场的，永远都是最重要的。世界就是一个一个人组成的，最后的财富，发达国家做过一个公式的演算，GDP 多少万亿元，通过多少次分解以后，全都落到个人头上，只不过分解的次数不一样，最后都是个人控制着。所以零售产品只要做到个人，不要看他只是一个人，有时候这一个人代表着一个企业、代表着一个行业，零售产品一旦做好，就跟银行一样，个人的储蓄、个人的投资理财进来了，他后面还有一个公司，再往后还有一个行业，一旦进来了是非常厉害的。所以不要把零售业务当成一小块，它是整个都在你那里，再大的公司都能分解成零售的东西。我对零售业务非常重视，虽然零售部这两天工作有些进步，但进步太慢，邝宝杰我要压你一下，下点工夫。

——2015 年 12 月 19 日第 43 期总裁办公会议

关于零售风险管理部工作可持续性的认识

零售风险管理部的重要性我已经多次讲过。零售风险管理部的工作缺乏持续性，公信贷，我来了就提这个问题，现在规模多大？是没有市场吗？有持续性吗？10 多个分公司开业了，每家都做了吗？你工作的空间？邝宝杰同志做事很尽心，也很努力，但是方法一定要调整，也很简单，人人头上都要有任务，不是你做几笔贷款，你是一个部门，你是管着 19 个分公司，你管哪里，公信贷谁管，车易贷谁管，你头上是不是都有任务了，没有回去落实。第二，每天工作有进度，不要安排下去了没人管，一周问还是那样，我还在努力，下周汇报还是这些东西，看不到进度，你每天工作得有进步。机关工作是必须有固定工作量的，如果你工作负荷达不到，这个岗位就并掉了。第三，件件事情要有落实。原来讲零售业务是半边天，零售业务应该是整个天，所有对公业务最后都分解成零售业务。公信贷、车易贷，是不是所有的分公司都开展了，你部门谁在做，有没有进度？我们之前以为可能是新产品的开发遇到问题，当然这需要提高，不断地加强，但是老的东西，很好的东西都没有推出去，这是什么问题？所以请你们好好思考一下，开个会，反思一下，零售风险是个大部门，好好把这个工作抓一下，这里市场很大。翼龙贷为什么要你们介入？因为它是零售性质的。你们每天工作要有持续性，才能有成绩。我希望你下次汇报工作的时候,能带给大家一些振奋的消息。

——2016 年 1 月 4 日第 1 期总裁办公会议

关于河南分公司车库押车多于申报数量问题的指导意见

你先别联合其他部门一起调查,河南分公司库里押的车比申报的车要多出很多,实际上就是怀疑他们可能自己在外面干,你现在不便于外部介入,先让他上来一个自查报告,自查报告说他没有我们再下去查,查了以后就是他的问题,如果他说本来我就没搞清楚,先给他自查一下,看报告怎么讲,处理这类问题我肯定比你们有经验,一定要让他自己把这个问题都认可了,然后我们查出跟他不一致的地方他怎么解释,他解释不了以后说怎么办。明白吗?现在河南分公司能干,其他分公司也有这种可能,就先把一个典型抓好。我们从浙江分公司开始,小草金融我们把它免职了,马上重新找办公场地,实际上他们做的也是这些东西,那么就是讲我们河南做是不是受了浙江的影响,还有我们其他分公司会不会也受这种影响,受这种影响他们到底想干什么?是想赚点钱,还是利用红岭这个平台为他们招揽生意,留条后路,这些事情你都要搞清楚,但这个一定要个自查报告。自查以后我们抓住这个自查报告感觉有可疑的地方,第一个方面是业务部门的调查,你不要请几个部门,就你下去调查,调查后发现疑点稽核监察部直接去了,那还等什么其他部门,稽核监察部一去就是等待处理了,所以先让他自查,车贷是你管的,其他部门去干什么呢,资产保全部去干什么呢,出了不良才要资产保全部去,你就是把它拉进去不是给它添乱,犯不着,明白吧。就是这么处理,规定他一周内或十日内把自查报告写上来,然后根据报告,带着这个报告下去检查,看有没有其他情况,如果有,你们回来写个检查报告上来,检查报告给分管领导,如果没什么问题就算了,如果有什么问题就请稽核监察部直接下去查了,查出问题了有一个抓一个,规章制度的执行不能开任何玩笑的。大家认为这是民营企业,实际上我们的管理完全是按照国家政策进行管理,也按照上市公司方式进行管理,要不然肯定做不大,第三步以外你碰到问题怎么打,明白吧?

——2016 年 2 月 29 日第 7 期总裁办公会议

关于零售业务如何制定市场目标

风险那么低，市场那么大，居然没有做开？什么原因？支持力度不够吗。政策我们没有给吗，机构不够吗？人员不够吗？零售风险管理部有十多个，二十个人了吧，都在干啥，我不是批评你们不对，是不应该这样，风险度又低，资产端和资金端都有，为什么那么多的小贷公司都在做，浙江自己搞一套则在做这个事情，为什么风险度低市场大能做得开，而我们总公司有那么大一个零售部有 20 多个人在管。今年 3 个月下来，增量一个亿，这个目标可以多下一点，包括分公司，根据当地的情况，有多少套房子和车。你能算市场份额，占当地市场的 1% 或者 2%，到底多少我不知道，反正你们要定一个目标，做管理就是要定目标，开现场会，有措施，以前都是自由自在发展，过去就是做零售的，你对这一块比较熟，市场当中的一块，市场部有对公、零售、同业，这样吧你们两个部门一起搞，从两个不同的角度一起抓。你们怎么合作，你们自己开一个会议，下一次办公会我要看你们的具体措施，起码这三个一定要定下，要找出一个典型，就选它，制定一个目标，占当地市场的 0. 1% 也行，定到 10% 更好，开一个现场会不难吧，最后根据它超出的利润拿出一定比重来奖励一下，这个可以吧？

——2016 年 4 月 11 日第 12 期总裁办公会议

关于对零售业务的重视

刚才市场部汇报，牛总做了一个总结，把你们的重点也做了一个归纳，零售市场包括你们的零售部分、整个部分的重要性不再说了，因为上次强调零售工作，零售是基本工作，是要养活红岭这么多人，我好不容易找到一种能养活我们这么多人的产品，因为它的风险比较低，只要我们认真去做，很快就会看到成果的，这样一来，我们所有的部门都要为零售业务的发展献计献策，为零售业务的发展保驾护航、开绿灯，要加码。从总裁办公会议这边要什么条件给什么条件，不惜一切代价，一定要在短期内见成效，一定要使我们的零售业务上一个台阶，现在分两块，一块是分公司的，一块是筹备组的。分公司的零售业务那是任务，任务可以按照当地的 GDP 或者人头算，这个是计算依据，这个可以拿浙江分公司作为参照，他们已经做了八九千万元了，多长时间，多少个人，你们可以算出来，然后要求凡是开业的分公司不能低于他们，低于他们是没有道理的，你这样再提要求订计划的时候大家都不会有什么话说，浙江分公司在管理极不稳定的情况下业务发展到这种程度，那我们到那些发展已经很稳定的分公司，应该做得更好，这是我从零售业务包括我们市场业务这个角度提出我个人的认识，这是吃饭业务，是基本口粮，要靠它挣的钱来养活我们公司上上下下的干部，要提到这个高度，这是第一点，就是零售业务的重要性。

——2016 年 4 月 18 日第 13 期总裁办公会议

关于发展零售业务的要求

你定了没有？我不管你多长时间，干什么都要有个时间，你不要说你准备了什么，下次开会还在准备，一个月过去了还在准备，准备最后要干吗就不知道了。地点定了是在浙江杭州，任务是发展零售业务。时间还没定下来？定下来了就立刻发通知。发完通知开完会以后要完成什么样的目标和任务，事先我给你测算方法，反正不能低于浙江分公司，对于开过业的，低于它就是没有道理，你就是按人头算也行，按地区 GDP 总量都是可以的，因为你人员还是可以招聘的。你可以专职兼职，弹性大，在于你管理力度，你管理力度上去了，以后业绩就可能上去了，如果管理力度跟不上，就跟不上。任务、时间、谁去干、责任，叫你们两个部门去干，就是说这个任务带有一定的专业性，市场是一个，全公司的市场管理中心，就是左右的业务你都要管，但是这次把零售业务提高到空前的重视高度，那你们现在主要精力要在上面驻留一个阶段，其他作为一般性工作。任务谁去干都明确了，时间明确了，你明确的是开会的时间，你还要明确交代任务给别人的时候多长时间达到这个水平，一定要有，一个月要完成多少，至少要完成多少，而且要稳步增长多少，和我们的储蓄一样，我们当时在工行的时候，每个月能增加一个亿，那是很好了。而且储蓄是上来就不会下去了，第二月就是 2 个亿，第三个月就是 3 个亿了，一点点地往上增加就不得了了。零售业务也是这样。如果我们现在以浙江分公司为基数 8000 万元的话，那么到第二个月就是 8000 万元最少,20 个分公司就是 1. 2 亿元一个月,年底 10 个亿就上去了,何况还有筹备组,还有发展、存量、增量。到年底,到了年底至少是 10 个亿,还有自然增长量。这个参数是提示你们的参数,真正是什么参数你还得去找,找那些当地分公司都能认可的参数,或者其他的小贷公司或者渠道商,都能接受或者完成,但是要经过努力才能完成的,在这个过程当中,人员不足可以增加人员,业务不熟可以增加培训,督促不行可以给予奖励,几个动作全上这个业务才能发展起来。其他零售产品都可以做,筹备组的管理怎么管,过去我的认识是没有开业的不能做零售业务,因为零售业务是长期的业务,不是单一的业务,零售业务一做就是一大片,万一这个筹备组筹备不起来,这个业务往后的管理持续性就会出现问题,初衷在这里。那么现在筹备组能做,你们也是要拿出来一套方案,万一筹备组没有成立起来,零售业务怎么管理一定要考虑。如果你没有考虑好那就不动。或者总部专门把他们都看成客户经理,就是成立一个管这些筹备组的分公司或者是把他们的零售业务放在附近已经开业的分公司他们来进行管理,一定要有持续性,这个跟储蓄业务是一管一大片,跟对公是不一样的,这个管理一定要实事求是,才能保证管理的延续性,对开业的和未开的要注意这个东西,再一个就是对于已经开业的要以浙江分公司为基数,主打产品是两个,其他的都可以上,这样就全了。第二点,就是在浙江分公司召开现场会的事情前前后后都已经定下来了,后面就执行。也可以搞评比,一二三名奖励都没有问题的。

——2016 年 4 月 18 日第 13 期总裁办公会议

关于对零售业务的管理工作

34 家已经开展零售业务,你刚才也提到关于筹备组的管理问题。筹备组的管理问题可不是个小问题,一定要纳入管理范围。以产品线和人员线,还是区域线,哪一条线都可以,但是一定要把它统一起来,不能让它悬空,就是在任何时候都是有人在管,出了什么问题立刻有人管,否则出现空白点就要出事。那么,现在已经有 34 个分公司包括筹备组已经有零售业务,现在有两个很重要的。第一个,种类,就是现在我们有哪几个基本种类,让它都要开办。有的地方只做车,有的地方只有房,但我们好几个种类都要做下去。

第二个就是分公司的机构管理岗位不能有空白点。要有专门的分管的东西，而不是总经理直接管。就是下面要有这个岗位，有可能是个部门，一定在管理条线上不能有空白点。一有空白点统计上面的资料都是悬空，都是间断的，一旦间断哪个地方出问题了你都不知道。这是第一个，零售业务不应该有空白点，种类不应该有空白点，岗位设置不能有空白点。这是我们零售业务管理的第一个模块。第二个，零售业务可以专职和兼职并用。我们自己有专职的，市场在推行兼职的时候也一样，同时推。这样兼职的客户经理可以做得很大，但是最后的控制是在我们手里，这是我们第二个模块。第三个模块，就是基础管理。怎么管？每天的统计工作，贷后的管理工作，日常的管理工作，都是要有岗位管的。有岗位就要有制度，我为什么要开现场会，就是可以在会上发现很多的亮点，很多的不足，一交流问题全出来了。把好的继续推广，不足的立刻改正。这样才能使我们的业务真正迈开步子，合规、合法、稳当地往前发展。

——2016 年 4 月 25 日第 14 期总裁办公会议

零售业务的竞争优势

这个零售业务还是要讲，我讲红岭创投走了 7 年多，一直在看不清楚路、没有监管、不踏实、雾霾中摸索前进。一档又一档、一件又一件、一段又一段，总是碰上这样或那样的困难，感觉心里不踏实，不良资产的问题，所有的问题，大家都努力了，都尽力了，但最后结果还是不尽如人意，我们从各个方面控制风险、化解风险来进行搜索、寻找，终于找到目前零售业务的出口，这个出口从我个人角度很珍惜，从利差比较大，从风险看，比较小，操作比较简单，从机构看，我们具有这个能力，从平台看，我们具有这种影响力。这项工作我希望我们公司上上下下都当作一个能够救我们出水火的出口，这个项目到目前为止，速度越快越好，因为它的盈利能力，各方面的控制我们都基本掌握成熟，我们 19 个已开业的分公司，我已经跑了 12 家了，每到一家我都跟他们讲，零售这块赶快做，想尽办法做，不仅是我们自己的队伍做，我们还要想办法把已经形成的供应商，包括渠道商，包括同业，这里的业务都能归并起来，当然红岭创投在社会上应该还算有好的口碑，这样在短期内有个突破，这个突破需要我们上上下下每个人的努力。

——2016 年 5 月 17 日第 16 期总裁办公会议

零售业务需有突破性的进展

那都不要紧，我就告诉大家这个是个非常重要的突破点，这个突破点我们寻找了这么多年，我走进互联网金融这个行业一开始是一头雾水，只觉得有希望，有可能做起来，但到底怎么做我真的不知道，只能因为我熟悉银行，都按照银行的方法做。看来目前零售这块从专业角度是个突破，当然还有其他突破口，这是其中之一，我们摸到一个，我们就全力以赴做。从过去我们相对盲目性找到一个可以掌握的方向，就跟金融办这次来到我们这里来检查、纠正、判断，怎么说都是好事，怎么说都对我们今后的发展找一条路，有一点支撑，哪怕我们再多错误都不怕，我们只要改，因为我们的初衷，从董事长讲是帮助他人、快乐自己，从我们讲是不违法不违规，不让老百姓吃亏，总体为社会上投资者找到比较安全的资金方向，为需要钱的项目找平台融资，最终使我们经济健康发展，这点我想我们上上下下都是一致的，我们要正视这次机会，把我们手上的项目做得更好，这个阶段不会太长，但这个阶段，特标是零售业务这个阶段，突破上去就突破上去了，我们希望通过这次会议把全公司上上下下一个促进，工作推向小的高潮，包括我们线上运营部、品宣部，都要进行一些宣传，让大家都知道，红岭创投现在有这样一个产品，利国利民，能够把我们业务量尽快推上去。我谈这么几点意见，需要人力或财力各个部门都给予支持。

——2016 年 5 月 17 日第 16 期总裁办公会议

关于对零售部日常统计工作的要求

这个是最基本的数据，余额多少，比年初增加多少，比上月增加多少，去年同比增加多少，这个是最起码的东西，数据增加量中结构是怎么样的，什么增加了多少，是什么原因，我们还有什么不足，我们下一步将怎么努力，就结束了。现在大家清楚了，我们零售贷款余额是 6. 15 亿元，比年初增加多少,不知道,下次不要不知道了,上月末增加多少,也不知道,下次要知道,比去年同期增加多少,不知道下次补上,增加这么多余额结构是怎样,随心贷是多少,车易贷是多少,房易贷是多少,哪一个发展得比较好,哪个发展比较差,哪个没发展,什么原因,发展好什么原因,发展不好什么原因,我们将采取什么措施推动,这就是基本情况的汇报,我只要听这个基本情况,下步的工作怎么搞,怎么支持,大家都清楚了。另外还有个发生额,你这里没有讲,发生额就是有借有还,年初到现在我们累计放了多少,余额多少,剩下的就是还的,就算是周转了,就一年能周转几次,平均多少时间的长度,是一个月的还是两个月还是三个月,哪个是众数,哪个最多,就要往下一步统计分析,你们都是大学毕业生,最基本的尝试在汇报中都不会运用,所以讲在办公会上汇报基本情况都是这样的套路,你们按照这个大家一听主要东西就知道了。

——2016 年 6 月 6 日第 18 期总裁办公会议

5.6.2　公信贷

公信贷借款额度、期限及借款人资质要求方面的指导

建议你们将金额设定在 50 万 ~ 300 万,不要最高额度,可循环贷款,也可用其他人或企业来担保。具体可参考薪资水平进行设定。这个授信额度模板设定要根据级别以及工作年限等来设定。科员、处级等不同级别的额度由风控部来设定。用工作证来确认身份,工资流水也可以,期限设为 1 年,每年重新授信。级别越高,信用度越高。确认后相当于给政府贷款,不会有问题。这样一来,我们以后开发担保贷款也可比照公务员贷款进行。另外,公信贷以后可以不上会了,私下设定好交由董事长,这个模板要尽可能地简单。

——2014 年 2 月 18 日第 12 期总经理办公会议

公信贷的审查材料、流程,以及对市场部提供相关服务的要求

公信贷审查方面,列出项目接收所必需的贷款审查材料,只有市场部全

部收集齐并初审后才能提交风控部审核，而且项目尽量都上审贷会来统一决策，经过流程来发现可能风险点。风险管理作为公司管理核心，一定要注重培养一定数量的合格客户经理、项目经理以及风险经理，主要培训内容需要市场、风控、人力三部门各拿出方案，研究培养方案和经理知识构成，下周办公会议展示方案。

统一公信贷推广方式和试点决议，信用贷款的审核比较复杂，这个一定要求上报项目资料齐全。同时市场部门需要理清一线员工每天工作计划和日常工作，确保工作效率，重点解决客服和投资者发动问题，通过培训技术课和项目讲座，提升深圳业务和人员质量。

——2014 年 2 月 25 日第 13 期总经理办公会议

公信贷的推广以及借款人的资质和审查流程的要求

还有一个，公信贷的推广要先做好模板，公信贷的问题小区的推广，对公务员本身的偿还能力要有客观的评价。考察其在贷款期限内的担保品有多少，另外要让公务员承诺以这些资产作为还款的保证，要在协议里写清楚。一定要在模板里体现清楚，要求签字一旦出现风险就会有法律保障，有可追溯的依据。在表格没有做完全之前，公信贷的推广就先停下来。每个人贷款的金额，要明确房产、收入、归还期限等等风险控制的底线。风险控制要在源头开始，发放的时候要考虑可能出现的风险，按照经理讲的思路完善模板后，交给风险管理部，确认通过后签字交给总经理。模板印刷后对审批人员进行知识培训，由风险管理部牵头，培训完后要有人员签字确认，表示自己已经掌握相关内容。在贷款问题时，由于审查上出现的问题，个人要承担相应责任。营销推广方面，其他企业更多的是和政府签订协议，从政府手中获取公务员名单，进行落实。可从区政府开始，不行的话，继而局，再继而二级机构，希望落实。原本的推销方法很积极但不够有效。应该先走的是和政府合作的路线。

——2014 年 3 月 18 日第 16 期总经理办公会议

公信贷的借款人的资质、审查流程、风险管理的要求

对于公信贷，没有分公司所在的城市一律不接，待分公司开业后若分公司当地有公信贷才可接单。且公信贷的还款方式明确只采取两种：按月等额还款和按月还息、到期还本。其次，公信贷需防止欺诈，一定要核实其公务员身份；在合同内需要明确客户的还款来源（包括房产、投资收入、工资等），若客户无房产证可考虑采用供应链金融的模式。对于贷款项目要会取舍，一定要了解贷款背后的信息。接下来对所有的业务人员都需要进行理论培训，专门针对贷款的类型和风险控制手段等。在签订合同前需明确告知客户若未提供真实材料将记入我司黑名单内，且今后一律不接该客户的贷款申请；其次，市场部可将申请贷款的清单递交给各局领导，对他们管理自己本身的人员是有好处的；同时，市场部需要警惕身边活跃并意图不明的贷款人；对于公务员在外从事其他职业者也一律不得贷款。另外，关于五级分类由项目经理先初步分类后，再交由上级复核，最后在风险管理部汇总并明确各项分类的准确性。以后每笔贷款需要明确项目经理和项目主管。每个月经理都需要根据手上每个项目的实际情况填写贷后报告，若发现企业有特殊变化需对其风险做评价（按照五级分类评价）。

——2014 年 3 月 25 日第 17 期总经理办公会议

公信贷在（重庆）分公司的业务拓展

以后的文件先会签再上会。前面的工作市场部要继续抓好，然后推进新的工作安排。重庆分公司在开业后拟将公信贷引入重庆，希望市场部对重庆分公司人员做好业务培训。深圳公信贷的管理是不及格的，而胡总的加入，希望能提高市场部的质量。那么公信贷的模式引入重庆后，可能会比深圳做得好，所以要加强重庆分公司的业务培训，把模板和原则交代清楚。市场部要抓紧各项工作。

——2014 年 5 月 17 日第 25 期总经理办公会议

5.6.3 零售风险管理部的产品推广

直销团队应该由分公司管，总公司不能直接操控

不能使总公司去管理这个直销团队，这个想法是很幼稚的，应该是放在分公司管。

总公司是不能直接操控团队的。

市场管理部也是总公司的，不好管。市场管理部只能制定出对零售业务的指导意见，各分公司可以搞直销团队，直销团队上面可以有部门来管。每个分公司都一样，都是这样管理的，而不能是直接管理直销团队。

——2015 年 1 月 10 日第 1 期总裁办公会议

零售产品的推销可以交给客户经理来做

现在的零售业务好像搞的不是很理想，一是现在的产品已经设计不少了，对于零售产品的推销方法和队伍怎么建立？实际上零售的产品是可以交给每一个客户经理来做的，不管是不是做项目的客户经理。

——2015 年 1 月 10 日第 1 期总裁办公会议

分公司的客户经理可以身兼几职，是多功能、综合性的客户经理

每一个分公司的客户经理是可以身兼几职的。这些客户经理是归市场部门来管理的，但是市场部门在制定对客户经理的培训的时候，就不仅要培训一般的公司贷款，也要培训这些零售贷款，以后可能还要培训租赁，培训典当，还要培训保险。我们的客户经理以后就是多功能的，综合性的客户经理。所以你们这些产品要通过分公司的零售部来推销，推到每一位客户经理的手上，这个东西就做开了。然后就是统计每个分公司的业务量是多少，开展一些评选活动，进行经验分享。

——2015 年 1 月 10 日第 1 期总裁办公会议

可以先在深圳分公司搞一个直销团队，总结经验，然后推广到各分公司

你就可以直接下去抓一个直销团队，在深圳分公司搞一个直销团队，看看效果怎么样，如果搞得好就总结经验，然后各个分公司都搞一个直销团队。这种做法是可以的。而不能是你来搞一个直销团队，那样的话非乱不可。这是管理上的思想问题，我给你们纠正一下。

——2015 年 1 月 10 日第 1 期总裁办公会议

现在主要是产品推出去的问题，可以交给客户经理来做

实际上你们研究的产品已经有不少了，就是怎么推出去的问题。那就是交给谁来做——交给客户经理，交给所有的客户经理。当有一批人集中来做这个事情的时候就是直销团队了，如果不是集中做，而是全员客户经理的话，我们也是可以做的。那么我们市场部在培训客户经理的时候就把这个作为一项内容。一段时间就要发一些学习资料下去，让大家知道这个东西。

——2015 年 1 月 10 日第 1 期总裁办公会议

零售业务开展的方向和思路

这个零售业务，动作一直不是很快，现在马上给你增加一个人，现在李墐过来，我已经批了。你要迅速地抓起来。零售业务从你身上认识的话，它是一个切面，从整个意义上来讲，它可以把市场都看为零售业务。因为市场上的财富最终分解都是由每个人掌握的，这个人，一个是在他个人账户，再就是在他公司账户。最终一一对应，理论意义上是这么看的。当然从公司业务角度来看也是一个切面，也可以把全社会都看成是它的，是单位的，但这个还不一定周密。公司业务不一定周延，因为还有很多个人。但个人是周延的，他最终都属于某个公司，或者是个人，他没有空缺。而所有社会的财富，最终都分配到每个人头上的。它跟国民生产总值都是对等的，只不过分割的多与少不同，所以说从这个角度来看零售业务的话，它是绝对意义的

最终方向。不管在什么阶段,对零售业务的发展都是有前途的。

这个不需要多讲。所以说我们开展零售业务要把它放在战略高度,现在我们零售业务看上去很积极,动作很多,但现在连个曲线图都没有,技术含量极低,赶快提高。现在李瑾过来了,看看你们两个人能不能有点起色,到7月底能不能上一个台阶,自己订计划,看看零售业务的发展能不能为公司的发展贡献一点什么,看看你邝宝杰最终能做出什么来,这也是你最终价值的体现,也是我对你的一个考验。你这么年轻,未来的路还很长,希望把自己岗位上的事都能够做好。所以我给你零售业务的认识,从零售业务对整个经济做一个切面的话,那么你的市场是全方位的,你只要找对了个人,这个市场都是你的。因为这个个人有可能是公司老总,有可能是银行行长,他可以把所有财富全部分掉,那么零售业务怎么打法,可以去多学习一点同业的工作方法,以及其他一切可以为我们零售业务提供参考的一些行业,这是我给你们零售业务的建议,要让大家看到你们的起色,不要总是泛泛汇报,看不到亮点。

——2015 年 6 月 20 日第 21 期总裁办公会议

关于零售业务的市场及风险问题

一个重要的文件和制度在出台前,尽可能让每个相关的领导和部门都看下,防止缺失,在实践中已经遇到过的问题,结果遗漏了,就可惜了,这就是为什么重大问题要搞会签,看一遍可能有人就补了一句话,后面就好多了。第二,零售业务上次已经强调了重要性,放在了很高的位置上,第一步是让 19 家分公司消灭空白点,现在基本做到了,19 家分公司的零售业务可能都有了吧,已经开业的最难的是大连,我们这次去就把它激活了。这样都有了,我们新的办法往下推的时候都有个基础,当然利用这个基础,这是我们这么多年风险比较小的一个业务品种,各个部门对零售业务的发展下一步包括刚刚提出的抵押权人的问题,这些都是问题。零售风险部要把这些问题都考虑在内,使这个业务走稳一点。因为现在赎楼贷、车易贷、房易贷,市场上做的家数 N 多,为什么,相对安全,大家就一窝蜂全上了。上来以后我简单做了分析,更具备这种筹资能力能够解决的,超过红岭创投的还不多，因为我们成本低，我们给渠道商成本很低，这样一来在零售业务上可以搭建一个同业，那些做这个车易贷房易贷的小公司、小平台，我们审查如果是合格合规的，核查后都拿到我们这里来，一下子量就上去了，而且可以拿到本标上来做，现在我们是不是拿到本标上？

跟他们常在底下讲，你别想你在底下有多能干，那个不容易，相关性相当强，系统性相当强，没有整个系统的配合做不好。但我们不存在这个问题，车易贷、房易贷在我们这里为什么这么好，因为有抵押，风险小，又是一一对应，就我们自己买理财产品也买这个，买这个不会有问题，对应的都是车、房的周转款，周转一块等于是拿复利，学经济学的都知道复利多厉害，每次滚起来都非常厉害。所以我讲在零售业务上做到第一大平台，现在第一大平台不是我们，尤其是上海、北京，我建议我们零售风险管理部去做调查，调查了以后能够把业务迅速做大。我们正在被监管、整改过程中，这个时间我们有 18 个月，我们尽快找出合规的路，这个合规的路我们自己要踩实。所以对零售这块从我们这么长时间的经营，从经营成果看，还是比较实的，从这个地方看，我们零售风险管理部、市场部都在做这个方面的业务，合起来把这个事情迅速做大，我没调查过，全国的车贷市场有多大，我希望下次能听到这个数据，全国的车贷市场、房贷市场到底有多大，哪些在银行、在社会上做的比例各有多少，看我们能拿多少份额。我们已经从已开业的 19 家分公司干了，下一步筹备组也要开始干，再下一步我们从营销中心也要开始干，这样三块加入，每个分公司是有支点的，每个分公司是个战略团体，筹备组是个小团体，营销中心等于把底给搂了，所有做不了的没在体系内的都可以在我这做，这样就把市场都周延了。一周延了特别是车易贷、房易贷这种业务会越来越多，会很长久，房也一样，我们做的都是二手车，到以后一手车也可以做。可能以后是我们红岭创投的吃饭家伙，跟银行的储蓄一样。挣钱是靠对公、同业，但端饭碗要靠这个，比较踏实。你们任重道远，要拿出一些措施，我只能给你们提出把全国市场调查下，如果这个产品做得很成熟，其实最安全。

——2016 年 7 月 4 日第 21 期总裁办公会议

5.7　资产管理公司

5.7.1　成立资产管理公司的意义

组织抵押物的流动性解决办法

这（资产管理部设置）对我们红岭创投解决流动性风险将是一个战略性的安排。我们很容易遇到抵押物是充足的，但是企业没钱还，那就只有自己拿过来，自己去卖。不行自己搞个公司重新发标，贷新换旧，流动性风险就没了。不拿过来就一直拖着，还不努力。反正抵押足值，这样还怕什么，处理起来就好办多了。这样边生产边卖，流动性通道就打通了。不是犯罪就好办。

——2015年3月21日第10期总裁办公会议

内部资产管理部+外部资产管理公司：解决流动性风险

成立一个专门的资产管理公司，这个资产管理公司是建立整个流动性风险管理一个重要环节。这里面的具体内容我们已经在有关会议上研究过了，就是在这个地方向大家做一个通报。资产管理公司的相关事情由牛冰副总裁来负责，属于资产管理公司，包括外面的资产管理公司，我们公司内部的是资产管理部。红岭创投内部要设立一个资产管理部，外面要建立若干个资产管理公司，主要目的是解决流动性风险。解决方法我们已经研究过了，因为规模越做越大，如果没有这种手段，按照传统的银行的方法来进行管理的话是肯定不行的。我们现在既是在实践也是在探索。但是必须往前走，不往前走就是死路一条。

——2015年3月29日第11期总裁办公会议

关于资产管理部的作用

就是风险管理部和资产管理部工作，特别是资产管理部的工作是一项新的工作，这项新的工作对我们红岭创投整个营运、经营管理中是一个非常重要的节点，过去是没有这个部门的，我们现在设计这个新的部门，叫资产管理部。资产管理部实际上是在资产保全部的末端。就是从我们贷款，从前面的客户经理找到项目、项目的审查、项目的审批、项目的发放，贷款发放后有贷后管理，贷后管理后正常的是收回，不正常的下个环节是资产保全，保全也有几种决定，一种决定是重组，一种决定是起诉，一种决定是核销，当然还有很多种决定，其中一种决定就是转到资产管理公司，由资产管理公司化解、购买，这又是一种新的方法。

——2015 年 8 月 1 日第 26 期总裁办公会议

关于未来资产管理部的发展思路

资产管理是我们有别于其他金融系统的一个特定的环节设计，一个管理部门的设计。这个设计在过去的银行部门是没有的，在小贷公司所有的地方都没有，在我们互联网金融公司不但要有，而且还要扩大，使整个信贷的结构发生了变化。贷款的时候代价都讲好了，一旦出现违约，他到时候不还就直接拿过来，卖了以后就是我们的了，说不好这个环节我们还能赚钱，不像银行那样收回本息以后还退回，我们不退，提前讲好，不愿意就不做。这从贷款环节就全部变了，变成我们拿老百姓的钱去买一些廉价资产，相当于典当，到期不赎回我们直接处理，这样我们就主动了。当然，这是绝对意义上的，一般意义上不是这样。风控上这么去思考问题的话就简单很多。抵押物组织，所有权真实，各方面符合就可以做，我们已经准备好直接处理了，处理不了就发标，这就周转起来了，资产证券化嘛。只要房子能盖完，抵押物充足就没有问题。只有在有侥幸心理，在一些地方放松了才会出现问题。我们资产管理部下面管理着若干资产管理公司，实际上就是解决这个问题的。这个问题解决以后，体验店要变成一个完整的生态环境，自己能生存，我们资产管理公司也要变成一个完整的生态环境，也可以收购其他地方的资产，自己处理。这是市场行为，由资产管理部管理。

——2015 年 8 月 22 日第 29 期总裁办公会议

5.7.2 对资产管理公司的工作要求概述

小叶总重点工作:资产管理公司的进度情况每周汇报

那小叶以后每周要对资产管理公司的进度情况做汇报。因为这个在7月底要见到成效,一定要见成效。一定要完成一次发标或流转,过去的不良资产,或者是重组一定要完成一项。这个要作为最重点的工作,没有突破的话,我们没有进入安全区。甚至在某种程度上和特标、议标同等重要,在牛冰你这条线上,现在具体人管的话,让谁兼管,他的重点工作也是这项工作。宁愿我作为风险管理部其他所有工作全停,这个工作都不能停,如果找到人以后立刻接手,这个工作每天都必须有进步。这个进度一旦推上去的话,很多事情都好办,推不上去,我们还是有很大风险。因为现在只是利息的违约,下一步马上就会出现一大批的本金违约,此时如果这个行动还没建立好的话,那处理起来要你的命。而且大量的流动性的补充很费劲,现在我们还有点时间的时候就要把这个放在最重要的位置上。听到没有? 这个事情作为主要督办工作,资产管理公司的建立和转化,作为重点工作来抓,记到会议纪要里,你们督办部门从下周开始,每一天把这个进度都要跟得上。你补充什么你讲吧?

——2015 年 6 月 30 日第 21 期总裁办公会议

资产管理部每周都要作为重点汇报

以后资产管理部每周都要作为重点工作汇报,因为资产管理部是我们目前几个战略点中一个非常重要的战略点。我在以前的会议上讲过,我们现在可以说 90% 的资产都是房地产,而房地产这个行业的周转规律,从我们过去几十年的管理经验看来,往往银行或者小贷公司或者担保公司当出现房地产贷款不能按期归还时,这种资金链的断裂等现象的出现,我们是知道原因的,那么我们现在看到这个问题,就要从内部机构设置上,针对这类问题来进行处理,那么这样处理下来的话,我讲深态,这个就是深态。

——2015年6月27日第22期总裁办公会议

不良资产证券化流程和形式，以及资产管理公司不良资产处置方法

实际上这是把静态的东西变成动态的东西，把物资变成了货币。从理论上讲，每个人有了钱都会寻找投资方向，有的是股票，有的是银行存款，有的去买银行理财产品，谁手里都有钱，世界上所有的财富都是量化到每个人头上的，最终掌握财富的是我们世界上每一个人，那么当有闲钱的时候，每一个人都会投资。

所以讲次级债也好，资产证券化也好，这都是个无限大的市场。只要价格合理，风险度控制合理，一样也是无边无际的市场。那么在银行的投资，它的年化收益率是百分之三点几，你肯定不干，搞一个理财产品，年化收益率到百分之五点几，可能显得有点低了，现在我们红岭的P2P最低也有12%，感觉还不错，感觉还不是很高，那到最后人家的不良资产往上卖，卖得很便宜，但它最后处理的时候有可能翻三倍。可能从工行是一折买过来的，但它最后卖出去可能是三折四折，那就翻好几倍，而且有很多人来投资这个项目，这实际上就是个资产证券化的过程，资产证券化的内容就是这些。就是把不流动的东西把它流动起来，一些固定收益的东西把它货币化。那么搞金融的人就是玩这些东西。包括期货也好，对冲也好，这些东西都是货币和物资之间的易物。

我讲的物资是哲学上的物资，物资，包括你的服务，你的经验等等，都是属于可以直接和货币换位的。所以我们的资产管理公司一旦成立以后，资产管理部成立以后，下面有若干个资产管理公司，那么对我们内部形成的一些违约资产进行处理，当然对外部的资产也可以接受，放在网站上来进行销售。我们P2P的真正意义在这里。明白了吧？所以我叫你们赶快搞，这是我的战略点，一旦上去，我们红岭就进入安全区了，这个生态就建完了，最后一个环节就是资产管理公司，其他的都已经建完了。

当资产管理公司的第一笔业务做成，我们已经有三个业务在运行了，一

旦做成的话，我们的道路就通了，后面我们就拼命地上项目就行了。资产管理公司的工作现在还是由我们小叶在管，风险管理部在代管，人力还是要辛苦点，需要一个人还是要增加一个人，牛总在负责嘛，等牛总回来，我们再一起商量，要抓紧点时间。

——2015年6月27日第22期总裁办公会议

建立一种资产盘活的全新生态模式

对于前期快标这里我们设计是全抵押，而且重组抵押用资管的方法最安全，时间可能比较长，可能不会那么短，但周期到底多长我们也在摸索，但都是通的，这地方一定是通的，通的由我们整个业务量上去和需要转化的大概有多少的量，然后根据我们的资本金和发展速度以及我们可以调动的流动性可以撑起多少这是个函数关系。这个函数关系资管部要把它研究下，拿个模型出来，你没个模型的话到底我们整个管理起个什么样的指导作用，我是需要一个数据。叫我去思考的话，我也能思考出来，但我觉得你们应该把这个给完成。就是从我们现在150个亿的代收中，出现了10个亿的，可能10个亿可能15个亿，其中完全抵押的是多少，在这个比重中我们可以调动的流动性有多少，包括已发标、已还款、我们资本金、我们可以向银行取得的贷款、流动性，包括资产包出去以后换来典当的流动性，这些东西需要多少才能保证我们的正常营运，这点要建立起模型，这个模型不难，几个数字都有，把数字搞到以后基本就能算得出来了。这一算出来我们就能把业务发展的速度跟我们资产处置的能力结合起来，同时对我们现有资产处置的时间基本上心里就有个数了，那么这样我们只要把源头把住的话，红岭创投就进入一个良性生态，就什么都不怕。大家只要在各个岗位上尽职尽责把工作干好，这个生态就算完成了。这个生态过去是没有的，任何一家银行都没有，在任何一个公司也都没有，我们是在边干边摸索，到最后结合银行的、结合市场的、结合西方的、结合很多个办法，带有创造性地拿出很多生态系统，这个生态系统如果成功了，对我们国家的经济是一个贡献，这个贡献从我的感觉上来说是相当大的，不是一般的贡献，如果把这个生态建设完了，因为你所有的此类公司都可以比照这套生态，走这套生态的话，整个国家的资产就更多了，整个都盘活了。

——2015 年 8 月 1 日第 26 期总裁办公会议

关于资产管理公司的工作计划和作用

今天继续跟进,因为这个事情是个大事情。资产管理公司主要是把程序建立起来,很多事情要建立一个程序,办事、提出、执行、检查、总结和重新制订计划整个这样的流程是一定要建立起来的。资产管理公司也是这样,我们屡次在办公会上讲到工作计划的时候也提出,你们要制定方案,然后这个方案有一个流程怎么走,一切事情都要遵循这个规律,这样这个工作就不会半途而废了,或者不知道从什么地方下手。就资产管理公司这个事情,因为红岭创投整个想要做大做强,必须攻克的一个环节,必须解决的一个生态点,如果这个生态点不建立好的话,对于我们业务的整个发展,不良资产的处理和处置,甚至包括我们的审贷标准都会产生影响。

——2015 年 8 月 1 日第 26 期总裁办公会议

解决不良资产的其他三个方法

所以说我们在发放贷款的初期,充足抵押率只要抵实了,只要把良性资产拿回来的话,这样一个模型就在直接解决了,何况我们还有其他的手段,包括:第一,发标未用。发标的钱都来了,但是还没有给企业,这是一块。比如特标,还没满,今天只有一千万,一共是两个亿,全部发完才拿走,或者是发完一段才拿走,期间总有间歇。第二,企业已还款,还未给投资人,这个也很多,我们有企业提前还款了,还款以后我可以还给投资人,我也可以不还,没到期我就不还给投资人,这又是一块。第三,发标本身预留的时间,就是这个企业本身发标以后,本来企业只用一年,我们发了一年半,这里面就有半年时间,资金我们可以调度。但这三个通通存在资金成本问题,年化收益率可能都在 15% 以上,因为这是给投资者的,这个成本很高,这就影响到我们的财务效果,就有可能使我们的利润率降低,如果占用越多,我们的利润率就越低,最后可能会出现亏损。我们从绝对意义上讲,流动风险如果控制在这个比例的话，我们采用这个办法肯定是能解决的，不到这个数字的话，下面的可以补充。

——2015 年 8 月 8 日第 27 期总裁办公会议

资产管理公司在于解决流动性风险

马上要成立 3 个资管公司，总公司成立资产管理部。意义在于，我们没有终极风险的项目一旦产生逾期，直接以物抵债。就跟华融、东方、信达，它们剥离的是不良资产，我们是自己处理。我们自己处理，拍卖、发标，资金链条就会接起来，就会建立解决流动性问题的生态。但是这就要求我们在贷款的时候不能有终极风险，抵押物必须真实、足值，这个分公司需要各分公司配合。分公司可以和当地的资管公司合作，我们来发标，你们来收购我们的产品，收购以后把投资者的钱还了。我们没有开业的分公司可能还遇不到这种情况，已开业的分公司可能已经遇到这种问题了，而对此我们也启动了一些方案。

——张宇总裁在山东分公司座谈会上的讲话

资产管理公司回购的新办法

一开始有快借标，优势是利率，年化收益 24% 或以上，曾经达到过 36%，但忽视了没有还款来源，基本都是信用，这样风险巨大最后基本都是损失。现在做法就不一样了，主打产品有四个，第一个是快标，一两个亿一天是没问题的，利率是年化收益率 17%，而且全是有抵押的，没有则不能做，没有第二还款来源风险一出则没办法处理。所以贷款第一要有充足抵押率，当贷款出现违约或逾期立马把抵押物以物抵债变现。在办理抵押的时候要足值，且按当时市场成交价来计算，若最后没人接手则用资产管理公司把它收购再慢慢去卖，在资产管理公司收购时需要钱，则对资产管理公司发标，用购买的资产抵押，这是一条新的路。

——张宇总裁在辽宁分公司座谈会上的讲话

关于资产证券化

回到刚才讲房地产风险的控制，第一不能烂尾，第二用资产证券化的方式周转起来，把现金拿回来，这有很多方式，我们现在要求每个分公司都要有一个资产管理公司，意图就是如果出现违约，立马以物抵债，拿回来我们自己处理，我们处理的方法很多，可以找其他的企业买，我们可以帮购买的企业发标，也就是以旧换新，换一个新的企业去经营，中间需要的投入我们再想办法增加一些额度，或者让新企业自己投入，最后利润当然就归它们，如果损失的话，我们也不管。

——张宇总裁对风险、市场部门的培训

——《关于当前业务管理中的几个重点问题》

关于资产管理部的工作概述

资产管理部以后作为我们办公会一个非常重要的内容，只是因为它是我们整个管理链条中对于互联网金融企业或者说互联网银行一个新生的部门，这个部门在过去的银行中是没有的，这个部门没有先例，也没有可以参照的东西，我们只能从过去的资产管理公司和银行的资产保全部一些处理的方法当中，把它逐步干出来，这样一个部门，这个部门实际上就是风险管理的末端，就是通过资产的处置怎么样把它收回来，一个是正常的收贷把钱收回来，通过这个环节把钱收回来，这样就把整个链条建完了，现在我们是在进行尝试的或者正在进行典型试点的三种类型，一个是江苏的这种类型，我们全收了，收了以后建起来又把它卖掉，这是一种类型。另外一种就是和一些公司合作，例如跟联通合作，变成产品，变成产品以后等于是贷新换旧，证券化的贷新换旧，新的一批客户进来，把老的一批客户顶出去，这种形式。还有第三种形式就是我们现在跟一些有关的公司的合作，外部的合作，合作以后还是资产证券化，还是这条路，三种形式在进行。横琴跟它们又不一样，横琴就是收资产的一种方式，等于是外部动作的一种克隆，但是是我们自己掌握的，就与刚刚说到的贴吧一样，办两个，反正两个都是我的，两个不同的形态对外，实际上操作的内容完全一样。对内是我们控制的，这样在操作上我们就打点擦边球，又不违法，从哪个方面都能讲得过去。

——2015 年 8 月 15 日第 28 期总裁办公会议

关于资产管理部如何建模型

资产证券化或流动性生态的建立都建立在一个前提下，充足抵押率，我还是这话，充足抵押率，我们一定在贷款的前期充足抵押率要控制好，只要控制好后面应该没问题，有也是时间问题，你们那个资产管理部模型，就是几个变量在动的时候，到底我们要准备多少资金，或者资金一定的时候需要多长时间，因为从绝对的时间上，法律控制时间是两年以上，我们铁定在两年的话，我们的贷款的流动性有 20% 出现流动性风险，我们要准备多少流动性资金，以什么样的项目去发，这些资金能筹集到，或者我们自己在网上发，或者人家还了钱，我压多少天，多大流量在里面才能把这段水给它截出来，才能保证我们的流动性不会出问题，在客户提款的时候不会出现问题。事先我们在建立这样生态的一套东西，建立模型就是这个意思。实际上我已经建立完了，这个模型在我心里已经建立完了，而且已经知道怎么处理了，只是量的精算没算，精算到小数点后好多位，数学上是连续的，每个点上都是一一对应的，到了多少就该有多少，到了多长时间就该是多少钱，这个东西从哪里来啊，我们是不是大于它是不是覆盖它了，如果大于它覆盖它就没事，小于它就要警觉了，再往下就要警戒了，到最后就要垮台了，都能看得到，实际上就是建立这种东西，我们资产管理部把这件事情下周就完成，因为这个难度不大，就那么几个参数。根据现有的提出一个期望值目标，而且我们自己能做到的，把这个建立完了以后，我们下一步的业务发展就基本没什么很大的障碍了，往后发展就很快了。

——2015 年 8 月 15 日第 28 期总裁办公会议

资产管理部关于流动性问题解决

我们最后一道红线就是一一对应，我们所有的贷款都是投向所有的项目，我们最怕的就是流动性出现问题，即便流动性出现问题，我们也可以在社会上宣布，我们既不违法也不违规，我帮你追，比银行还好，我这里承诺，保证连本带利把它追回来，你放心，如果损失，我真正全赔，没话说，这种全赔就是兜底的，还是承诺我们过去的话，不是不垫付，我们还是垫付，垫付是整个我赔了，因为我们只要真正是把充足抵押率做好，真正赔的地方很小，用我们的利润、风险准备金绝对把它覆盖，这个账我们是算过的，肯定覆盖，只要能覆盖，我们的盈利水平又在增加，规模也在增加，我们控制的方法也在逐步准确，从现在往后看这个趋势就不该有大问题了，我们现在所花的精力、所动的脑筋、所产生的压力，都是过去所产生的，现在一步一步在进行消化。

而我们后面还有三十几个分公司没开业，我们量一旦上来，本标一上，三个大动作：三十几个分公司的开业、本标的上线、体验店的往前突进，都是大量的水、大量的业务进来，业务到了一定的量以后，河就变宽了，原来我们的河可能只有三尺宽，现在一下变成了三十米宽，同样地截取过来，立方量肯定不一样，最起码三十个以上的立方量，这个来解决以前的问题，我们完全有能力来覆盖。往后我们再采取新的管理模式的话，再也不会产生同等比例的流动性问题了，只要把保证充足抵押率，到时候以物抵债，一套资产证券化的方法一上，就没问题了，从理论上和实践上都是这样。所以以后资产管理部是一个非常重要的部门。

——2015 年 8 月 15 日第 28 期总裁办公会议

对资产管理部领导工作的指导性意见

不是研究，一定要有方法，这是你的方向，不能把问题提给领导，你看怎么办，不管是有利还是不利的影响一定要研究出我们的对策。你给我们的指导是这个不能做了，我们就停下来，只要再做就是你失职了。只要有方法做的话，我们就要努力，不能叫停。不能仅仅是研究有利不利，关键是要拿方案，方案还要可行，如果自己解决不了，可以寻求其他力量支持。法律问题提给领导，我们就为难了，我就只能换法律人员了，一定不能用专业的问题来为难领导，各个部门都一样，有的领导懂一点很好，如果不懂，他会很难受。包括董事长也好,我们千万不要去为难他,要想为难他太容易了,但是之后工作怎么开展,你一定要提出解决方案让他表态,一般你提出方案都会同意,工作办好是你的功劳,办不好不是领导的责任,是你提的方案本身水平不高。所以我们当部门领导的一定要明确这个问题,不要出点问题就给领导做。领导只能提供战略性的看法,还有就是遇到问题了,责无旁贷地承担责任,尽管是你们做错了,也是我来承担,但是犯罪是另外一码事。第三就是用干部,干部不好就要及时换,没有讨价还价,感觉你不合适就把你换了,就这么简单。包括我刚才批评的几个部门,工作没什么进步,包括风险部,我点你的名,你也要有思想准备,说不定就把你并掉了,完全有可能,这不是威胁你,这是根据你的重要性来确定你的位置,工作性质和工作质量来确定你的位置,不像国有企业,这个部门有了,我就一辈子安心了,根本不是这样的。

——2015 年 8 月 15 日第 28 期总裁办公会议

资管公司重点要解决流动性问题

第二个就是我们资管公司的问题。因为昨天跟项总讨论了一下我们的财务状况,今天财务状况不用汇报了,因为我知道了。财务状况现在就是盈利,肯定没有问题,我向大家负责任地讲,一个月一千万元以上是肯定有的,费用这些不担心。但是现在这个逾期的资产,我不讲不良资产,一天天在增加,那么到底会增加到什么量,现在还没有一个底,因为我们的贷款量在增加,逾期量也在增加,两个都在增加,但是不是同一比例?现在算的还不是很清楚,如果要贷款增加了 10%,那么是不是不良资产增加了 10%?这个比例我还没算,所以我就希望我们的风控部门,把它算清楚,一定要清楚这个变化率,变化率与变化率之间的关系。如果讲发展的速度高于我们不良资产上升的速度,应该是安全的,因为我们在原有的基础上都能维持,那么在新的状态下,再往前发展更大的话,应该更安全。如果发展的速度低了,而不良资产上升的比例和速度高于它了,这个风险就出来了,就一定要加大马力,赶快想办法,把这个风险资产解决,把逾期的资产赶快解决。我们现在还没算出来,我们暂且考虑已经超过了,一定要这么去想,现在不良资产的速度,逾期的速度,已经超过我们发展的速度,要这么去想,所以要全力以赴解决这个问题。因为这是把双刃剑,它停息了,按照银行的财务制度,它不能再提计利息了,这是一面;另外一方面,它要付出利息,它是双刃的,这一下让我们财务上面压力巨大,这个时候我们付出一点劳动,能够让它流动起来,只要流动起来就好办。比如重新发标,有多少种方法重新发标?你们研究。包括利用其他的资管公司,利用我们线下,一定让它流动起来。怎么流动起来是要资产管理部、风险管理部思考的,市场部门是负责推销的,但也可以研究,发现做得比较好的流动性方法,可以借鉴过来,大家齐心合力。中锐现在已经开始预销售了,实际上它已经开始解决了。我刚才听督办上讲中锐已经快要开始销售了,快要开始销售怎么更快一点?甚至在销售过程中也可以再去办按揭,也可以通过银行现在就把它抛出来,这完全可以。既然已经开始销售,银行一般贷款是没有问题了,贷款两个亿,得一个亿也好,剩下我们卖了再做,能够降低一点就降低一点。这个对我们资产管理部门是一个新的课题,能够迅速变现的绝不要拖到明天,能够今天减低一点成本也不要拖到明天。大家千万别去等,任何事情都别等,需要主动出击的时候就是要主动出击,听天由命会失去很多机会。我们现在和一个资产公司谈,流标这个单位,不行我们就上一个我们自己的标,高一点,让它买我们回购,不就周转起来了吗?他们不损失,我们回购。我跟你谈,就给你16%、15%,或者14%,能发标到什么价格,以你的公司来发,你把我们的收了我们给你一个承诺,你不承担一点风险,你收一个点两个点或者一点五,或者给一点费用,不承担任何东西,但你发过来就一下周转过来了。像这些动作你们都要去思考,越快越好。这些东西不解决,我们到年终的财务报表会不好看。因为流动性风险的控制,计财部门是主要的,资金在这里流动,出现问题以后大的资产运作,从银行管理来说,这一块我们要想想办法。另外,我们已经成立的资管公司,包括我们珠海成立的资产管理公司等等,外面做的这些铺垫要加快速度,因为这个太重要了。所以从江苏中锐这个项目谈开去,也是我们资管督办的过程当中所出现的这些情况,要采取多条腿走路,要快。风险度只要没有提高，让它流动性起来，这是原则，但是要提高了风险度，这是另外一码事，只要风险度没提高，立刻行动。这跟打仗一样，一定要果断，不能停在那里。如果讲现在是30%，我们假定是30%、20%这样的流动性风险，或者是这个资金缺口，或者讲逾期，我只要把它转起来10%，弄一半出来，不就十个亿吗？十个亿要是在我们网站上发，我们现在已经做到这样的基础了，不怕发不出，大家都知道快标出来不怕发不出。这个基础就是我们保留到最后的一股力量在这里，一旦有问题我们自己救自己的时候就靠这个了。一下十个亿，三天就行，问题一下全解决了，再想下个办法。这跟打仗是一样的，我们现在快标，大家排队，急得都在骂，这是好事，当我们快标挂上去的时候，一下就发出了，对我们来讲没有比这更好的事情，大家不知道能不能看到这一点，我感觉很好。他们有的没办法就去买特标、议标，这也很好，方向也是对的。唯一不太好的就是第一个本标流标了，但好在测出来向下不行，我们要向上，一旦向上以后情况会变化。这是从正常业务发展上考虑的东西，从自己救自己，从内部管理方面，赶快把这部分不良资产运转起来，我们要加快力量。我们现在技术条件已经具备了，就是我们现在的快标可以保证上去就没了，那么我们把这个资管标就放在这个快标里，我觉得完全可以，因为自己的问题，你得解决，得兜底，得垫付，就看垫付什么环节。这话的意义很多人听不懂，就让垫付循环起来，它的风险就降低了，最终我们最多贴点利润进去，因为占用资金成本的价格。大家都是聪明人，都受过教育，如果是金融专业，我一讲全懂，你就知道是什么原理了。

——2015年9月12日第31期总裁办公会议

资产管理和处置的方法

不良资产责任的跟踪问题，现在每个月我都看到计划表，我们有多少停息资产、待收资产，分别是哪些，处于哪些处理环节，该采取怎样的措施，我们根据反映出的资料后面就要有另外一个统计表，一共有这么多，要分成哪几类，该如何做，由哪些人负责，你要有个办法让我看看，有个记录。网上有句话我觉得有些道理,说我们在不良资产处置方面目前没有一个成功的案例,好像是这样。但是我们有理由,时间还短,一个周期还没完成,我们在风控上、不良资产的处理上,在流动性的问题上,都在进行的过程中,我们尽量在近期内能够有一个突破,有一个我们称之为成功的案例,这个案例到底在哪个节点上实现我不敢说,但我们要努力。例如中锐开始售楼了,这就是一个案例,或者重组成功了,也是一个案例。我们的部门领导首先要动脑筋,属于哪个部门的,你们首先要在网上搜一搜,互联网企业一离开网肯定落后。

资产管理部要了解全国网贷行业的资产管理和处置,包括银行、国有资产管理公司的资产处置有多少种,都是什么样的形式,资产管理部有专人在网上搜索就能够搜到很多信息,然后建议就出来了,方向就有了,就知道下一步如何工作了。这全在于你我,在于我们在座的每个人每天都做好这件事情。

——2015 年 10 月 10 日第 34 期总裁办公会议

5.8 与贷款企业的约谈

5.8.1 放款前与贷款企业的约谈

与贷款单位约谈的规定

贷款单位一定要是一把手,必须是能做主的人,我们都是要有记录的。如果他们是副手的话,今天他们就别来了。有一个正职来一个,下次可以再来。我们贷款给它 2 个亿,它来个副总肯定不行。一定要来一个一把手,我今天和他的谈话都是要有记录的。这些大额贷款,最后都有一个面谈,什么东西都是有一个承诺的,要有一个压力。发展银行也是这样子,一个亿以上都是要面谈的。你们和分公司是绝对不能有留缝隙的东西的,该怎么办。我听说重庆他们要自己搞子公司,要搞独立核算。你们不要理这个,就是分公司,就是分公司制。这是一个组织纪律性,是一个公司管理的原则,没有讨论的余地。这个项目不准带律师,约谈的时候就是我、主要负责人、分公司的老总、董勇,还有办公室的记录人员。所有的谈话都要做记录,然后备到信贷档案里面去。只有这样谈话之后才能放款,要让他明确是什么责任。如果他的回答和他申报的材料有出入的话,也不和他们合作。像这种大额的贷款,在诚信上一点空子都不能留。刚才你讲的事情,你尽快向他们转告我的意思。还有你们在分公司的时候,为他们提供服务是对的,但是原则和立场不能变。

如果他来不了的话,就见一个公司,不来就算了。如果不是主要负责人来,我就不见。参加人员就是分公司的老总、风险管理的老总、我和企业的负责人,还有一个秘书,其他人不准参加。这个没有任何余地,不能含糊。这个事情真出风险的话是不得了的,后悔都没用。这些环节都是非常必要的。我们是终身,下面是不负责的。我们也是这样,不能只听分公司的话,这样的话只能是我们自己把关。一个单位,要在全国能够让人家产生尊重,你没有铁的纪律是不行的。还有你们市场部在报告之前要相互之间先通过气,要形成一致意见。你们汇报过以后,如果哪一个领导和我讲还没有形成一致意见的话,那就是李大银的问题。你们要维护他的威信的话,你们就要提醒他。

——2014 年 4 月 22 日第 21 期总经理办公会议

和贷款企业最后的约谈制度的建立,要从以下五个方面重点把握:社会责任、终极风险、流动性风险、操作风险和法律风险

这点我们现在有一个和贷款企业最后的约谈制度,这个约谈制度我讲了五个风险,是最重要的风险。第一个你要认清楚自己是有社会责任的,那是很多人的钱放我们这里的,是靠很多点点滴滴的钱积累起来的,到时候你如果还不了钱的话,这些老百姓们是会闹事的,他们会争取自己应得的那部分利益的,搞不好会造成群体事件的。那么作为贷款者身上是要有社会责任的,如果没有社会责任,意识不到这个社会责任的话就不要用这个钱。第

二点就是终级风险，就是你这个项目要有抵押，在任何时候我都能把抵押物卖掉，卖掉以后足以偿还我们的本息。如果在贷款之前做不到的话，也别做。我经常和分公司的人讲，要学会放弃。放弃有时候也是一种胜利，你要知道一旦形成风险，那影响是很大的。我对风险是很敬畏的，很害怕，因为你不知道哪个地方就出现风险了。不是没有尽职，大家都尽职了，但是这样的情况下还是会产生问题的。所以这个终极风险要在贷款中控制住。第三就是流动性风险，流动性风险主要是按期付息和到期还款的问题，每个月是要付利息的。你的利息来源是什么？如果你的利息来源落实不了的话，这个事情也不要做。那就是其他的产品了，可能是租赁，或者信托，利随本清是可以的。但是那个也有流动性问题，就是到期还款的问题。流动性的问题里面，我们指向的目标是你用销售收入，用项目的销售收入来付息。所以说，我们和企业的方向是一致的，都是对着市场。市场好，大家都好，市场完了大家都完了。开始贷款的时候你就要帮他分析市场，不要仅仅是分析企业，这是没用的，要分析市场，看看有没有可能性回来。一定要把市场分析好，一旦房子卖不掉的话，有没有其他的还款来源，只有这些都扣死了，这笔贷款才能放。第四个就是操作风险，留下了很多的操作隐患，像广州纸业就是这样的。所以我们每笔贷款在办理手续的时候，一定要注意操作风险。像这种质押类贷款，货权转移是核心，必须将所有的动作都控制在我们手上才行。最后就是法律风险，就是讲在我们贷款的时候是没有问题的，但是由于它过去的原因涉及一些官司，我们钱打过去以后被封了。这样的话项目搞不好就要停下来了。所有项目放下去之前一定要考虑有没有官司在身。我在和企业的主要负责人约谈的时候，我把这五点讲得清清楚楚。如果能做到，我们就签字；如果做不到，还需要考虑。

——2014 年终工作会议（一）

企业面谈主要是就一些政策性规定和风险状况做一次沟通

首先，此次面谈只是一个例行公事，到了这个环节，风险审查的程序都走得差不多了，因为我们风险管理制度有个规定，一亿元以上的项目需要红岭创投总经理与企业法人（实际控制人）亲自面谈，主要就我们的一些政策性规定和风险状况做一次沟通，因为我们红岭创投跟银行不一样，银行的资金来源是它的资金池，它首先是吸收存款再发放贷款，所以说它的还款期限、流动性风险控制方法和我们都不一样。我们公司首先寻找项目，然后审查可行性后挂到网上由投资者直接认购。因为资金来源不同，所承担的责任也不同，银行是国家在承担责任，因为一旦银行贷款不能收回的话，可能动用的是银行自有资本金、央行再贷款、同业拆借、风险拨备金等来源，我们一旦产生风险的话，就是老百姓的损失。一亿元以上的项目可能涉及成千上万个投资者，因为我们规定是 50 块起投，企业的综合融资成本是年化 24%，而我们给投资者是年化 18% 的收益，我们平台只收 6 个点手续费，其中包括 1 个点的风险拨备金，还有我们全公司的日常运营费用及一些利润。所以一旦出现逾期和风险以后，平台本身是承受不了的，那就只能是广大投资者自己承担了，这样的话事情就闹大了。当然我们也有一些风险准备金可以帮你们做短期的垫付，也有这种情况存在，但是这种垫付毕竟是有限的，主要还是在贷款出账之前将企业风险状况做一个彻底的分析，如果觉得企业可以放贷才可以挂到网上去。所以包括企业提供给我们资料、贷款用途、风险控制、还款期限、还款来源都事先做好计划，一旦做不好的的话这个贷款就宁愿不放，因为放下去的话就是受罪。不仅是受罪，一旦形成风险以后影响是巨大的，结果之一是企业本身会遭受巨大的负面影响，另一个是会造成社会不稳定。因为成千上万投资人到企业去追讨的话，那对国家、对社会都会造成极大不安定，甚至会引起社会混乱。这个银监会、人民银行领导都给我们告知过这些事情，做对投资者、对企业、对社会、对金融改革都有利的事情也是我们红岭创投的社会责任。

——企业面谈实录

企业面对的领域和贷款形式是全新的

第二，企业面对的领域和贷款形式在过去是从来没有过的，是一种全新的形式。第一个，这笔贷款的终极风险要能够彻底控制住，也就是抵押物在任何条件下拍卖之后都能偿还贷款的本金和利息，一般这个抵押物要有流动性，能够卖得掉，同时卖掉的资金要打折，打到能够覆盖本金加利息，这才能称之为终极风险可控。第二个,这笔贷款的流动性风险要可控,就是当这笔贷款下去以后,要按月支付利息并到期还本,按月支付的利息资金要提前做好准备,以什么样的来源来归还每月利息,资金收入在哪里都需要做好安排,然后到期以后按时还本的资金要明确还款来源。我们经常建议企业不要集中到一起到期,因为一亿元以上贷款集中到期的话对任何一个企业都是一种风险,能够分成三期、五期,一点点按照销售现金流进行归还是最合理的规划。当然有融资性现金流比如银行接盘等方式进行归还的也可以,但我们提示企业在归还到期贷款的时候尽可能不要安排一次归还,我把这些问题跟你们讲清楚。第三个,操作风险可控,就是这个贷款放下去了以后要有固定的指向,所有的贷款用途、还款来源和销售收入整个都有一个有机的计划,但是如果在实际操作当中改变了其用途,没有按照原来的用途使用,这个操作风险就出现了。一旦改变用途,整个计划就要重新制订,这个对企业来说工作量很大。那么我们也一样,红岭创投本身在贷款调查过程中的每一个环节都是严格按照规章制度操作,一旦偏离制度都会产生操作风险。比如钱到位以后,土地抵押时他项权证的登记,每一环都要扣得很紧,一旦违规了以后,形成不良以后是要追究责任的。而这个责任在法律上要是损失了的话就是违法放款罪,倒过来不损失就不追究责任,一旦损失了是你的责任就要追究法律责任,这是很严重的。当然你没有产生风险,能够按时还本付息就没什么问题,我们就是把最坏的打算告知你们。第四个,法律风险可控,狭义上就是说,贷款企业肯定还有其他债权债务的往来,在往来过程中可能会产生一些法律纠纷。本来我们这笔贷款没有问题,但是有可能放下去以后被其他的官司给封了资产,一封就形成了资金链障碍,整个都不顺了。所以在贷款之前我们要提示企业,有哪些潜在的风险现在就要避开,不避开的话,贷款下去一旦被封,打官司就要一两年,处理时间很长的话,一旦老百姓不能按期把这笔款收回去,那也会形成社会动乱。所以就是这四个告知,就是终极风险、流动性风险、操作风险、法律风险一定要把控好。

——企业面谈实录

加强风险控制的措施

第三,为了加强风险控制,我们需要企业指定一个专人跟我们公司联系,配合我公司每月贷后检查,并就项目实施进展情况每月填写贷后检查表,我们分公司的贷后管理人员每月要上交至总部,总部据此对项目进行五级分类,计提坏账准备金,确保一旦出现风险,我们有一定的风险准备,而且当发现一些不良苗头的时候,我们能够及时动手保全资产,将风险降到最低。

——企业面谈实录

我们会为贷款操作优秀的企业颁发单项 AAA 级荣誉证书,并寻求长期合作

第四,我们希望以后有一个稳定的客户,你们企业也希望有稳定的资金来源。如果你们本次贷款操作很优秀,我们红岭创投会为企业颁发单项 AAA 级荣誉证书,同时,以后有好的项目我们还能长期地合作下去,这对我们相互的业务发展都是有好处的,希望你们企业发展得更好,也希望我们公司能够走得更加稳当。

——企业面谈实录

为了能平滑过渡到较低水平利率,要让更多的投资者参与进来,你们借款企业和我们分公司都有宣传的责任

明年开始我们的利率可能要下降,下降的空间就是与国有银行之间的差额,当然这也取决于投资人,我们在座的每一个人都可以是投资人,也都希望拿到稳定的回报,并且希望越高越好,最好是没有风险,但是社会的客观现象是风险和收益成正比的,那我们怎样才能平滑过渡到较低水平利率,这就需要越来越多的投资者参与进来,目前我们国家有 80% 的人还不知道 P2P 网络借贷与理财,那需要我们的宣传,你们借款企业也有这个责任,我们分公司也是同时具有发展借款人和投资人的义务。

——企业面谈实录

企业是否公布真实名称的问题

第五,项目发标前我们均需要跟企业确认,企业是否愿意在我们网站公布其真实名称?你们可以选择公布,也可以选择不公布。公布有公布的好处,这样可以展示出企业的自信,同时满标速度可能会更快。不公布也有不公布的道理,就是可能企业考虑到投资者知道不要紧,但是其他的合作客户知道后可能会产生各种各样的不利影响,这是一个自由选项。但是公布肯定比不公布好,因为红岭创投在全国的影响力已经很大了,我们每一个项目挂上去以后,我们网上有一个号称"挖掘机"的投资者,他会通过网络把企业全部信息搜索出来挂到网上。我们已经遇到过很多次了,除非没有这个项目,否则一切信息都会被挖出来,这个我要对你们做一个告知。

——企业面谈实录

如果分公司存在服务不到或者不合规的地方,你们可以随时联系总部。最后一点,综合来看企业年化24%的贷款费率跟社会平均费率相比是偏高的

但在民间借贷行业我们又是最低的,如果我们分公司有什么服务不到或者操作不合规的地方,我们总部专门设有稽核监察部,你们可以随时跟我们联系。如果我今天跟你们表述的问题你都清楚了,如果没有问题并且保证都能做到,那我们就签字,签字的内容就是我跟你说的这些事情。

——企业面谈实录

关于一亿元以上贷款约谈的五条要点

我现在对一个亿元以上的贷款都有约谈,我想跟大家把约谈内容讲下,很短,就五条:

第一条,我告诉贷款企业你这个贷款跟银行贷款不一样,银行的贷款有银行组织来的存款。银行有资本金,有同业拆借,还有其他的信用工具,它们来支持你们,它们变成一个大的蓄水池,一个大的资金池,然后把这个资

金池根据它们选择的对象一一贷出去，所以说你们贷款的对象是银行，你们对银行负责，如果这个银行是国家的，你们对国家负责。红岭创投是倒过来做的，是把需要贷款的企业项目我们审查以后挂到网上，让广大老百姓直接投资，你的贷款对象不是红岭创投，是所有老百姓，你一个项目一个亿可能就有上千上万个人在进行投资。一旦出现违约现象，你所面对的不是银行、不是集体，不是红岭创投，而是广大的老百姓。当老百姓找你就会发生群体事件，就会发生系统性事件，就是我们中央，我们领导提出的，金融系统的改革不能出现系统性事件。那么这后面的话是说，我们是有责任的，我们对这个社会的安定是有责任的，你能负起这个责任吗，只要回答 yes，不需要回答其他问题，他说我能，好，过去。

第二条，就是我们说的风险问题，第一个就是终极风险，你能不能提供足额的抵押物，抵押物是经过国家评价以后合法的而且是足值的抵押物，而且不会形成终极风险，终极风险是一旦违约，我们把抵押物拿过来，在任何时间都能拍卖，而且拍卖的价格和收入足以抵偿这笔贷款的本息，只要回答 yes 或 no，他说我能，好。

第三条，是流动性风险，贷款下去后他就要不断支付投资者的利息和到期还款，你在企业的现金流中做了这个安排吗，每个月要归还利息，你们做了计划吗，有这个来源吗？到了还款那天，你如果按照本息按期归还，是否有计划有准备？你能否承诺不产生这种流动性风险吗，回答 yes/no。他说我能。

下一个是第四点，操作风险，就是在我们的贷款过程中会产生很多环节，这些环节中每个环节的操作人员都有可能，包括我们的贷款过程中，明明规定了公章是封存的，封存的原因，就是这笔贷款只有把公章打开后，双方都同意我们贷款时候约定的用途，才能用这个章，谁批准它能用，只有风险管理部批准才能用个，其他人无权，我都无权，必须是风险管理部，哪里审批的哪里再批，不能有第三者进去，第三者进去操作风险就出现了，操作风险出现后果很严重，审批者不知道，下面怎么敢操作，那就是重大违规，追究责任跑不了，这是我们内部。还有企业那边，该还利息了，说银行贷款没下来，我本来是银行贷款下来了，拿着笔贷款还利息的，那你事先干什么了，本来计划里有这个东西，你拿这个理由随时有理由不还钱，还有什么我们会计没来、钥匙没带，今天耽误了，明天拿，到了明天再讲后天，不能按期还钱给我，实际上就造成违约，我们统称操作风险，背后还是道德风险，表现为操作风险，核心还是道德风险，最后可能问题就是欺诈，就是商业欺诈罪，就问企业你能保证贷款之后不出现这些操作风险吗，他说我能。

第五条，就是法律风险。法律风险是我们在贷款时贷款没问题抵押物充足，各方面正常，但企业在经营过程中有很多交易对手，什么叫交易对手，就是与企业有各种资金往来的单位，包括银行贷款，包括施工队，包括买房子的客户，包括代理公司，包括销售公司，包括评估公司等等都属于交易对手，在过往的交易对手中多少会有交易纠纷。这个交易纠纷在低级的时候，就是吵吵嘴，一旦到高级阶段就要死，就是法律诉讼。我这个贷款一下去把我的财产给封了，这不糟糕了？跟我一点关系都没有，就封了，这个事实一出现，流动性风险就出现了，一旦出现我冤不冤。那么跟企业讲，你这个企业有没有这样的法律风险，如果有，你能不能用防火墙隔开，如果能隔开，这笔贷款就可以做，如果没有，那就回去考虑好再说。

这五点讲完讲话就结束了，同时我告诉他我们的谈话是带录像的，一切都在法庭上作为呈堂证供，如果你说的话没兑现，可能涉及欺诈，当面告诉他。如果你认可的话签字，不认可还可以回去考虑。

——张宇总裁企业面谈实录

5.8.2　逾期后与贷款企业的座谈

红岭创投的影响力和社会责任

因为我们这样的企业在全国来讲已经是吸引了众多人的眼球，双十一当天全国 P2P 成交量是 20 亿元左右，我们是占了四分之一，在传统的金融行业中哪一家银行能做到？可能连十分之一都做不到。所以这个在全国的影响力就比较大了，为此，中央、国务院，人民银行包括银监会对我们都非常关注。因为国务院批准我们是互联网金融的试点单位，我们每一步都是领导在盯着的，包括广州纸业一亿元的垫付问题，因为它涉及社会的安定，投资者是遍布全国各地的，所以我们企业是有社会责任的。

——中飞企业贷款分析沟通座谈会

借款企业要把真实情况说出来，才能真正解决问题

今天我们希望双方好好谈一下，把问题摆出来，让我们知道到底真实的情况是什么，不要遮遮掩掩。如果你头疼，你说你肚子疼，我们给你开治肚子疼的药，你说能治好吗？很多企业的接触面和金融企业的接触面是不一样的，你是真的反映，我们会把你的反映放在整体趋势中分析，如果你讲的不是真实情况，最后可能得出错误的判断，这样可能害了企业，害了我们自己，害了投资人，所以你们也要负起社会责任。我们自己肯定是说话算数的，所以希望企业跟我们合作的时候也应该注重这一点，做不到不要紧，但是不要欺骗，那是最可怕的。所以我开场白的意思是你有什么情况就说什么情况，都没有关系，就算破产都是有办法的，就怕不真实。我们这些在金融行业干了很多年的，搞重组是轻车熟路的，我做过最大的是 300 亿元的，最多一年都办好了，小的也有几十万的，你这个是属于中等的，有什么情况你一定要把真实的情况说出来。我们也还希望这次事情处理好之后还是好朋友，有什么问题我们还一起共同把事情做好，我们对企业非常诚恳。所以我在开场之前把这些事情说好，我们这边有什么做得不对的地方，我们向你道歉。我们永远跟你们在一条线上，永远是你们的朋友，但是我的要求就是你们不能不讲真话，就这一点。下面我们听听你们的方案，怎么把这个三亿五千万欠的息以及后期的还款情况怎么解决，还需要我们对你们的支持和配合，你们都可以提。另外，我们今天是全场录音的，这个要告知下，就是我们今天要谈的东西都是要留下记录的，希望我们今天议定的事情不要出现什么新情况，今天也是董事长第一次亲自出面解决借款企业出现危机的情况，那足以看到我们公司对这个事情的重视程度。

——中飞企业贷款分析沟通座谈会

一个企业家只有讲诚信，才能赢得大家的尊重

你们承诺过多少次了？书面承诺都在这里。你现在这个方案没有能够

站得住的地方，你等下听听重庆分公司什么方案，总部什么方案，看看能不能站得住。今天是来帮你解决问题的，你们连个书面的东西都没有，这个什么态度？我之前为什么不给你面子，因为你自食其言，你知道一个企业家的诚信多么重要，你应该受到大家的尊重，但是你的做法让大家无法对你尊重起来，这是你自己的行为让人家没有办法尊重你，今天是来谈方案，负责任的做法是应该有一个纸质的方案，我们全部在录音，你们说的每一句话都要经得起分析。

——中飞企业贷款分析沟通座谈会

红岭创投会全力配合企业解决问题，但前提是你们企业要自己负起责任

你们的方案乍一听没有什么问题，但是都经不起推敲。所以今天要解决的是一定要把这些东西落到实处，你刚才讲把红岭的账还上，你不还也不要紧，只要安全！因为我不想你们死，你发展得好我也发展了，我干吗要把你搞垮？只要能救的话我都会想办法，我们会全力以赴。哪怕你拿另外的资产进来，我们再给你发一次标，都可以！我们都能做得到！关键你讲话要算数，你不算数要我怎么操作？你今天承诺的东西明天做不到我怎么办？你一个问题没解决可以讲出 N 条理由来，这理由与我们什么关系？我只看到期有没有归还，没有归还那就违约了，怎么把违约扳回来是你们的责任，你扳回来当中需要我们怎么配合，我们全力以赴，这一点我的态度可以表得很清楚，而且我讲话肯定算数，我绝对不会食言，也不想跟谁过不去，但是事实就是事实。所以说今天既然是来谈的，你一定要把真实的情况告诉我们，你刚才跟我们反映的一个信息是准确的，就是你在努力，我们听出了这一点，但是你们在努力的每一个项目都漏洞百出，因为它不是完整方案。我们交谈的所有内容都是有记录的，一旦出现问题，就找出来看当时是怎么说的，所有的证据全都在。那对自己的每个脚印、每一步都要负责任，没有这种精细程度做什么金融？我不是批评你，我是在提示你，因为我们是平等的，只有我们在债务上出现纠纷的时候才这么认真，又不是跟谁过不去。

——中飞企业贷款分析沟通座谈会

积极的态度是解决问题的关键，也是进一步合作的前提

这个事情刚才我们双方进行了充分的沟通，我们对我们每个人说的话要负责任，这里面不能有任何的水分，这样我们才能考虑下一步怎么走。值得幸运的是我们戴总的态度还是好的，还是积极的，我们的态度比你还积极，不然我们也要遭受灭顶之灾。这个影响太大了，所以说为了保住红岭，保住投资人的利益，我们会不惜一切代价，同样你们也是要不惜一切代价，因为任何一个产业它的发展过程都是有时间段的，刚才牛总把你的总账算了一下，你是入不敷出的，这很可怕，如果没有好的手段，那最后就是全部完蛋，因为往后延续只是时间问题。我刚才问你们护照的事情也是怕你们跑了，这也是正常心态，而且已经跟公安局打好招呼了，就是限制出境，这个我们已经做这个准备了。现在你们态度还可以，如果能够合作起来，我们再拿方案，今天这个方案看来拿不出来。那就从你们的承诺开始，按照你们的承诺先走，在多长时间内先还一千万元，在年底前还两千万元。

——中飞企业贷款分析沟通座谈会

红岭创投会协助你们企业解决欠息问题

而且是不再欠新利息，这是第一步，我们先看这一步能不能实现。在这期间，我们会派人把你的物业再查一遍，哪些东西能够变现的，我们协助它们变现，哪些东西能够经营的，我们协助它们继续经营下去。因为也不能把企业一锅端掉，这不是我们的目的，因为你毕竟还有我们看不见的资源和智慧，可能在一些领域有你独到的地方。你这一千万元什么时候付？

——中飞企业贷款分析沟通座谈会

把你们企业搞垮不是我们的目的，但我们也不想把事态扩大

好，记录在案，先看这一步能不能实现。我们不想把企业搞垮，到最后走诉讼的路那是没有办法，那是对投资者负责。因为现在我们网站上有个叫“挖

掘机”的,每个标都能给你挖出来挂在网上。这个影响力不是我们这个小范围的影响力,而是全国范围的影响力。

——中飞企业贷款分析沟通座谈会

我们和你们现在都承担着压力

当然重庆分公司也是承担着压力,你要是还不上,它今年所有员工的奖金、工资全部要借钱了,那我最后面临的压力就是辞职,我没有办法面对投资者。这种压力我们和你们都有,你们的经营压力在贷款的时候就已经有了,我们的压力是贷款给你以后才有的。

——中飞企业贷款分析沟通座谈会

红岭创投会再盘一遍你们的物业,然后协助你们企业解决问题

现在处理过程中,你讲的方案我都相信,但是都靠不住。你也是在努力过程中,怎么个结果你也不知道!我们先看第一步能不能实现。在这期间,我们会派人把你的物业再盘一遍,就是哪一块是必须卖了才能维持下去,哪一块还可以通过新的经营现金流抵偿一些东西,包括你即将开业的会所,包括你争取的几家其他融资单位的支持,包括你手里还想组合的新的项目这些东西。都是一种方向,你们去努力,我们协助,在这个实施过程中,如果某个项目确实有抵押,各方面又很安全的话,我们还可以再出手帮你发标。因为只有这种办法才能解决,你这等于是重组了,没有到最后的清盘,到清盘那是很快的事情,法院、律师一来就清盘了。我们一清盘就出大事了,所有的债权人全部上门来了,那你一天到晚出门都不容易。现在我们在争取这一段时间,现在这段时间我们不是没有准备,我们还有另外一手,随时准备下。

——中飞企业贷款分析沟通座谈会

通过与中飞企业充分沟通,最终就借款的处理方案达成一致意见

我总结下,我们前面进行了充分的沟通,对于中飞这笔借款的处理方案

形成一致意见:第一,11 月 28 号之前归还 100 万元利息,年底之前归还全部利息,而且不能有新的欠息。

——中飞企业贷款分析沟通座谈会

我们要一块一块想办法把钱要回来,但同时要保持内部资金的流动性

我们盯着它,一块一块想办法把我们的钱搞回来,哪怕时间拉长一点,时间换空间,想办法往后拖,我们这边内部资金流动性跟上,它能还多少还多少,要是真的全卖了还两亿多,剩下的就好搞一点了。

——中飞企业贷款分析沟通座谈会

你们企业要和重庆分公司达成统一意见,不然最后只能走诉讼这条路了

那今天的会就结束了,重庆不同意,总公司是不能同意的。今天往下谈没有什么必要了,准备应诉,只有这么动了。

我也是非常有诚意的,重庆分公司不同意,我们就不能同意,我们同意了它会跟我算账。你和重庆分公司的意见没有统一起来,就这样,根本就没有余地。你这么大的资产这一点承诺都不愿意承担,你要是做到这一步,我后面就可以开展了,你要是这一点做不到,后面就没法展开了。按照胥总的话,你们要商量好,因为我要考核他的! 他要求是多少就是多少,他同意了我没有意见!

——中飞企业贷款分析沟通座谈会

我们现在要做的就是协商出一个可行互利的方案,不要把影响扩大

今天主要是来了解一下情况,我们璧山的贷款产生了一些不良,欠息已经到了目前的状态。原来希望重庆分公司和企业可以拿出一个方案,但是

到目前一直没有有效的方案。这次来就是希望可以和企业在一起协商一些比较有效、有用、可执行的方法。因为我们过去在谈的时候，我们都是很清楚的。现在我们出现了违约，而且不仅仅是一次，而是超过三次，包括你们的书面承诺。这种情况的出现是我们都不愿意看到的，但既然出现了，指责和项目的埋怨以及遗憾都没用，有用的是想出一个切实可行、可以执行、对双方都有利的方案。我们重庆分公司现在已经遭受创伤，开始向总公司借钱，因为利息已经收不上来了。这个已经涉及了重庆分公司的每一位员工，总公司对所有的投资者已经进行了垫付。目前的情况还没有出去，一旦出去，后果难以想象，就像我们的广州纸业的一个亿的问题，尽管后面的问题解决了，但是造成的影响非常大。如果璧山的事情上了网，我们和你们以及我们的重庆分公司都会受到很大的影响。网络的传输速度是像闪电一样的，可以在一分钟内传遍全世界。所以今天我们来，是和企业共同商定一个可以操作，可移植性，有依据的，大家都能负起责任的方案。如果怎样就能怎样的话就不要讲，那是耽误大家的时间。因为这个方案一旦形成，我们要对每一个点进行调查，所以希望企业今天和我们的谈话不要有一点保留。保留会害了你们，也会害了我们。因为制定方案的依据不牢靠的话，制定出来的方案怎么能牢靠。态度是首先的。我们的态度已经表达了，今天来就是想解决问题的。董事长今天晚上到，如果你们愿意，我可以约见。

——凤氏置业贷款沟通座谈会

这次会议的流程介绍

所以今天这个会议，第一，我们要谈定璧山房地产公司以陈总、蒋总为领导的代表们，对这笔贷款处理的后续方案。你们的方案，如果我们感觉可以通过，或者可以完善，我们会落实里面的每一个环节。需要我们做的，我们会全力配合。第二，我要听一听重庆分公司对这笔贷款的处理方案，因为他们在第一线，对这笔贷款的情况更加了解。我们每一位参与的领导和工作人员，都要把里面可以执行的，可以操作的问题摆出来。然后第三步，听听我们的董总有什么建议和想法。最后听我们的牛总对整个内容进行一个归纳。然后我们协商一个方案。今天所有的内容都会有记录,都会成为我们的法律依据。我就讲这么多,胥总看看有什么要补充的。

——凤氏置业贷款沟通座谈会

你们现在要说一下该怎么办,不要讲一些没有实现的没意义的东西

当时的定位就不要讲了,没有实现的东西也不要讲,因为没有意义,你们就说现在怎么办。你刚才讲了你现在的住房卖不掉,原因是市场不好;商业卖不掉是因为没有统一的规划,不便于对外销售,那么下面你们将准备怎么办?前面讲的东西都没有意义,就是你们现在怎么办。

不要讲你本来打算怎么做,没有实现的东西讲也没有用。

——凤氏置业贷款沟通座谈会

现在解决问题,我们要求每一步、每个环节都是靠牢的,要避免把事情扩大

现在就不是百分之七八十了,而是要有百分之百的把握。现在和你们做事,我们所有的步骤,对于你们过去讲的话都要打折扣了,我们都会实际跟着的。你讲哪个银行有的话,我们会派人去调查。我们总公司来解决问题,就是一步一步全部靠牢。如果真的是松开抵押物,能够把资金链接上。

不管松开不松开,最后只要有利于还款,我们都会配合,但是我们要求每个环节都是靠牢的。如果靠不牢的就不要操作,搞不好会更糟糕的。一定不能让事情扩大。具体业务上的事情我不谈,我只是和你们谈方案。你们是不是就只有这一套方案?就是用融资性现金的方式来还款?

——凤氏置业贷款沟通座谈会

你们现在的融资方案就是用我们名下的这个抵押物通过两个企业向银行贷款?

问题是你现在要拿出方案来。你现在的融资性的方案就是通过两个企业向银行进行贷款,需要抵押物,但是还没有抵押物。抵押物的话就是需要我们的这个抵押物,然后这个抵押权还在我们名下。剩下就是怎么和银行解释了,对不对?

——凤氏置业贷款沟通座谈会

如果你们企业还有其他房产作抵押,我们可以给你们拿出一个完整的方案

如果你还有其他的房产,你就别去招其他的 P2P 了,抵押在我们这里,我们可以给你拿出完整的方案。因为最终就不再是欺骗别人,或者是冒险了。你讲不需要评估是根本站不住脚的。我不希望你去害人,能解决的话就在这里解决。在这里的话,你就必须再拿资产进来,没资产就不能再做了。你们往下说吧。

——凤氏置业贷款沟通座谈会

你们企业不要去欺骗别人,也不要伤害我们对你们的信任,这对你们没有好处

那是了,十年以后也许能卖掉,十年以后红岭都关门了,你们也回家去了。这个基础本身就不牢。超值的部分就是忽悠人的事情,根本不可能的。如果有超值的部分我就直接拿过来卖掉,多的钱都退给你。我出面了就不是这个处理方法了,只要我们有利的东西我们都会全部抓住,但是对企业有利的事情我们也会全力支持。你找其他的 P2P 干什么?你凭关系,给人家送点礼,搞一点利益输送?那就是把人家害在里面了,这不是我的个性。解决问题就是彻底地解决问题,有什么问题需要我们配合的我们可以配合。你们这边还有什么能力可以拿出来。相互之间都有一个可以执行的东西,

执行不了的东西别说，说了也没有意义。我不希望你们去骗别人。做这种事情的话就是在伤害了我们对你们的信任，到最后我们对你们的信任度急剧降低的话，那你以后怎么生存？

——风氏置业贷款沟通座谈会

这个事情我有责任，我不会想怎么去脱身，就算脱了身，我的良心也过不去

胥总昨天讲如果璧山的出问题，他就辞职，没有办法，就是有这个压力。因为这个我有责任，所以我来了。我没有去想怎么去脱身，脱不了身。即使是在形式上脱了身，这个事情也会在你的心里面跟你一辈子。

——风氏置业贷款沟通座谈会

你们三个人要统一出一个主要的意见跟我们谈

另外你们今天来了三个人，实际上你们应该有一个主要的。没有主要的东西没办法谈，因为你们的意见还能一致，三个人谁讲的话算数？谁算数我们就和谁谈。我讲话算数，我委托的人讲话算数，我承认。

——风氏置业贷款沟通座谈会

我们是和你面签的，这个责任本来就是你担的

怎么是你把担子挑起来？我到今天认识的就是你，他们两个我根本就不认识。你本来就在这副担子上，如果你想脱身的话，必须有人来顶住你。我把这个事情给你明确了，我是和你进行面签的，录像上的是你。

——风氏置业贷款沟通座谈会

当问题出现的时候，我们要解决问题，自己要多思考解决的方法

而且我们现在给你这个态度，并不是要损害你什么，而是问题出来了，我们要解决问题。解决问题的话，不是我们在这里讲半天还得不出来一个

结果，那有什么用呢？所以说你现在必须：一、你现在到底有多少资源；二、你到底还有多大的能力；三、你到底有几套方案？资源尽可能去找，包括有形的资源，无形的资源，包括资产。自己要去多思考，有的路子不是过去就有的，而是被逼出来的。

——凤氏置业贷款沟通座谈会

一个方案的制定，从开始到运行，到最后收尾，每一步都要考虑清楚

你刚才讲的方案，有哪些可以从头到尾联系起来，而不是间断的。开始怎么开始，怎么运行，到最后怎么收尾都要考虑完。考虑完以后就是要一步一步做完，这才是你应该努力的方向。这一点一点的东西是没用的，你没有看到全部的东西。你现在讲房子很值钱，抵押物有超值的部分，那你可以卖给谁？卖不了的话有什么超值？这只是你自己在讲超值。评估公司如果想多赚一些钱的话，它跟你讲是超值。那个超值有用吗？能还钱吗？还不上的！因为像这类重组的项目我经历得多了，我来就是因为可能还有救。因为我最大的操作是重组了300亿元，而且操作是成功的，小的几千万元的我也操作过。

——凤氏置业贷款沟通座谈会

现在到了这个阶段，唯一有用的就是赶快想办法

那么企业到了这个位置怎么办？用什么方法来解决？现在唯一有用的是赶快想办法。看看到底有多少资源？有哪几套方案？我可以去学，可以去向别人请教，过去这种情况是怎么解决的。

——凤氏置业贷款沟通座谈会

这个过程会历练你们，成为你们的财富，避免你们以后做事的时候再踩空

你们走的这个路一定是你们一辈子都不会忘掉的，会成为你们的经验。

这样的话你们以后再做事的时候，就不会再踩空了。不能做的时候就不要做。

——凤氏置业贷款沟通座谈会

你们解决问题的态度是好的，我们会协助你们完善可行的方案

我没有指责你们的意思，也没有批评你们的意思。只是讲我们今天在一起谈，把你们的方案拿出来讨论。如果可行的话，我们怎么来完善它。这里面我值得欣慰的是，你们三位的态度是不错的。有好的态度的话，我可以再给你们钱，因为重组当中包括再投入资金。但是一定不能再把路走错了，一走错的话就害人害己。

——凤氏置业贷款沟通座谈会

这3个亿的评估是不牢靠的，是拍脑袋出来的

那现在这3个亿的责任谁来承担？现在这个还变成别人的筹码了。我是搞评估出身的，我还没有往下深究你是怎么评估的。现在这3个亿是不牢靠的，到底是多少钱我都不知道，是拍脑袋出来的。既没有评估公司的评价，也没有人能出来承担这个责任。你就让那些人别想了，没有意义。你们还有什么说的？

——凤氏置业贷款沟通座谈会

评估的时候不能讲感觉，没有依据的东西讲出来是没用的

你怎么感觉都可以，但是作为依据的时候必须制定出来，拍脑袋不行。你高也高不到多少，就是在两万六千元上下。高一点可能是三万元，低一点就是两万元，除了这个范围都是没有依据的，没有文字就别说。你可以找两个人来抬价格，一个土地排到一千万元，然后周围的土地都涨价了，实际上没人买，过两年再说。然后以这个价格进行招商引资。这个情况大家都是见过的，所以你没有依据的东西讲出来是没有用的。我相信它值三亿元，或

者是两亿五,能不能立刻变现都是乐观的。如果不是,那就是另外一码事了。我到现在没有讲它不值,我只是在讲方案。现在你们的方案我已经听到了,你们还有其他的吗?

——风氏置业贷款沟通座谈会

现在所有人都盯着这块抵押物

那就是所有的人都盯着这块抵押物了,包括外面的账也是盯着这块抵押物了,包括你们交上来的报告也是希望把抵押物配合你们把证办了,然后就是用这个证去其他银行把钱贷下来,然后还给我们。你们的想法我都看到了,我现在不做评价。因为有很多事情的基础我没有去核实。

——风氏置业贷款沟通座谈会

我们现在需要商讨的是如何操作能使这笔资产安全

我现在就让你们把这个问题充分谈完,另外你们也表示在其他地方已经没有资产了,就这点东西了。那么就这些东西的话,我们怎么搞?怎么操作使这笔资产能够安全。第一步是控制终极风险,不能有任何的终极风险。如果你们的评估是2个亿,能够立刻变现,那就说明我们的抵押物是足值的,没有终极风险。第二个是流动性风险,就是按期支付利息的还款来源是哪里。如果没有的话,羊毛还是出在羊身上。第三个就是操作风险,就是我们前面谈的这些东西能不能落实,落实当中是否会留下漏洞。比如,我们把抵押物放开以后,又有人不能兑现承诺的话,那这种可能性就有50%。那这个50%一旦出现的话,你怎么办?这都是我们每一步计划往前实施的时候有可能遇到的问题,这些问题如果出现的话,我们还有没有办法?我们要做一个全面综合的评估。

——风氏置业贷款沟通座谈会

张总讲述了重组APP300亿元项目的过程

我们的态度还是在帮助你们,没有讲立刻对簿公堂,即便有时候我们采取了一些措施也是为了这个项目。有时候对簿公堂了也是一个方法,就像我当时重组 APP300 亿元的项目,外汇管理局都参加了。那是印尼的一个企业,很大,它在美国纽约证券市场上发了 100 亿元的公司债,一年到期以后想再发一期。那就需要印尼政府的审批,结果政府不批了,然后它的股票价格一下子从 18 美元降到了 0.8 美元,整个资产急剧缩水。它们在中国投资了很多,包括 7 个大厂,3 个小厂,垄断了中国的造纸市场。全世界的纸浆价格是由他们在控制的,那就是一个国际的集团。在国内所有的贷款有 14 家银行进去了,我们深发展有 15 亿元,中国银行 50 亿元,工商银行 70 个亿,国外债权人进来只要一封就会垮了。那么它的老板给江泽民写了一封信,因为他在战争年代曾经对我们共产党作出了一些贡献,为了回报这些对建国有功的民主人士,那么江泽民同志把这个批给了朱镕基,朱镕基批给了人民银行,人民银行组织了债权委员会。然后大家制定除了方案和规定,为了避免资金流出,国家外管局专门派了一个副司长参加。就是这个集团凡是向外销售或者购买任何原料或者输送产品必须经过外管局的批准,担心外面的债权进来。然后中国的债权任何人不准收,但是也可以不增加贷款。那个时候只要有一个银行抽走了,那它就垮台了。一共进行了一年,是相当大的一个重组。

——凤氏置业贷款沟通座谈会

大家今天讲的话都是要负责任的,这是往前发展的依据和信心

你们这个企业也是这样,按理讲今天的汇报时应该有一个 PPT 展示,要有一个文字资料的。你们现在都只是口头讲,没有一个依据。所以我们今天进行了全场录音,大家讲的话都是要负责任的。只有把这个基础站稳了以后,我们往前发展才有依据。如果底下踩的是棉花,双手一歪就办不成了,那你能踏实吗? 踏实不了的。只有脚踩实了,你往下走才有信心。我今天表的态度完全是站在尊重客观事实的基础上,如果我讲得不对,你们可以反驳。

——凤氏置业贷款沟通座谈会

我们会认真反思和总结，避免在今后的项目中出现同样的问题

你和我争论评估价格的问题没有意义，因为没有依据。那我们重庆分公司在前期的贷款当中有多少失误，有多少不规范，有多少问题，我们自己知道。我们也会反思，也会进行总结。在今后的项目中怎么样规避这些东西，怎么样把真正的技术掌握了。下面你们重庆分公司讲一下。

——凤氏置业贷款沟通座谈会

要等评估的结果出来再决定方案

没有可能的说法，就是讲评估以后如果有空间的就按照有空间的来做。如果没有空间的话就要按照没有空间的来做，这个都要等这个结果出来。你现在是按照有空间的方法来制定方案的。

——凤氏置业贷款沟通座谈会

我们先商定一个大的方向，具体的方案细节就由重庆分公司来落实

你们打算用融资性的方法来解决问题，这是一个方案。但是要是用融资性的方案来解决问题的话，有哪些步骤？包括重新的评估，包括我们自己的评估。这都是其中的一些步骤。如果讲有可能的话，我们可以配合他们办证，这都是可以的事情，都是为了有利于这个事情的解决。你最终都是要解决问题，不是过了今天就不过明天了。我们把大的方向先定一下，就是大家都能认可的大的方向。定过了以后，还有很多的细节，具体的方案就由重庆分公司来进行落实。我们只是拿好方案。

——凤氏置业贷款沟通座谈会

要综合考虑两个方案的优劣和行使顺序，但最重要的是做到安全不出岔子

第一个方案就是融资性方案，第二个方案就是起诉卖掉，不外乎这两个

方案。两个方案就两个方案，然后比较一下两个方案，哪个方案比较好，或者先使用那一套方案，然后再形成哪一套方案。这在我们这里都可以操作，没有什么不能做的事情。但最后怎么做到安全，做到不出岔子，这个才最重要。你一个人在公开场合说话也好，在市场上说话也好，不是看你在这个会议上怎么说，是看你回去了怎么想的？看到你的表现以后，人家回去以后经过深思熟虑，人家会考虑你讲的对不对，这个事情能不能做。

——凤氏置业贷款沟通座谈会

你们只要反映的是真实情况，我们就能掌握全面的信息，然后制定相应的规划

不要紧，只要是真实情况就行，这样的话你的心里就没有负担。你没有负担的话，我们就掌握全面信息，然后制定规划，这个基础就牢固了。我相信你们，这个态度是可以的。

——凤氏置业贷款沟通座谈会

重庆分公司要通过这个案子，看看哪里存在漏洞和风险，不断总结做错的东西

今天我们重庆分公司在这，我这次来没有任何责怪你们的意思，让你们听这些事情，哪些地方有漏洞，哪些地方有风险，通过这个案子就可以看清楚了。我是相信你们的，所以我对你们这么厉害。通过这个案子，你们看看到底哪里是有漏洞的，因为一个造成不良资产的人，他的本意都不是把它变成不良资产，哪怕有个人问题。出问题的都是技术上的原因，偶然性、冒险，有可能都是在这些地方出的问题。你要让人感觉可以作为一个依靠，可以让人信任，作为可以在一起合作的对象，那你就要不断总结过去做错的东西。错了不要紧，改了就好。不要管别人怎么说，撑面子没用。

——凤氏置业贷款沟通座谈会

会议拿出了一个可操作的解决方案，这对保护企业和投资人都有重大意义

这周要办完。你们就先执行吧，我晚上再和董事长汇报。你们没什么讲的话，我来讲几句。今天上午我们解决这个项目，这个案子的关键人物都在这里了，上午这个会议拿出了一个可操作的解决方案，我还要向董事长汇报。先执行，我相信董事长会同意的，但也可能有不同的看法。我们先执行，因为时间不能等。今天这个会议在某种程度上对保护企业，保护上万的投资人的话是有重大意义的，所以大家要有足够的重视，全力以赴把这个事情办好。

——凤氏置业贷款沟通座谈会

企业这时候要把真实情况都说出来，才能找到好的解决方案

任何一个企业都会遇到一些困难，什么东西都不要遮着盖着，否则的话我们就不能解决问题了。把真实的情况都讲出来以后我们就都有思想准备了，才能找出一条最好的方案，在我们这个方案实施的过程中可能还要遇到困难，这谁都不知道，出现问题以后我们还要拿出新的方案。

——凤氏置业贷款沟通座谈会

各方都承担着社会责任，要齐心合力把问题解决好，相互指责没有意义

我们今天能拿出这个方案，就是要确保我们的企业，我们的红岭在这种情况下利益得到最大的保护，对我们的企业、投资者、我们都一样，对社会的稳定都一样。我们要站在这个高度想问题，我们都承担着社会责任。今天这个方案的实施，牛总已经讲了，等于他在全权负责这个事情，有什么问题都可以讨论，但是执行一定不能有差错。只有大家的力量在一起，这个事情才能办好，中间只要有一个人出现了差错，整个的都会影响。每个同志都非常重要，包括我们记录的人员，因为你不小心一句话讲错了，出什么问题的话就麻烦了。在我们这个事情办完之前，没有进入安全期之前，今天这个会

议不能对会议之外的任何人讲任何的话。你们在咨询一些原则和政策,包括下面去调查的时候,越淡越好。等办完以后我们再总结,现在我们也不谈谁有什么责任,也没有意义。相互的指责是没有意义的,有意义的是把问题解决了。茶杯倒了以后,要赶紧扶起来,以后有时间我们再讨论。今天我们总公司来了这么多的同志都是为了这个事情,所以大家应该引起一个足够的重视。我们能够相逢,能够相识,能够相交,能够在一起合作也是一种缘分。希望我们能更好地走下去,也希望你们璧山的公司可以做好,还能起死回生,以后还能合作。因为人打了交道以后,自己在哪里有不足,自己是会反思的。不需要相互指责,都没有意义,也不要有侥幸心理,都要为这个事情负起责任来。我讲过,这个事情对投资者,对我们的企业,对红岭,对国家的稳定都是非常重要的。我们应该有社会责任。感谢大家今天参加这个会议,我们希望大家还可以一起走下去。

——凤氏置业贷款沟通座谈会

今天座谈的目的是要商讨出一个解决方案

今天来跟文达的领导们座谈一下,座谈的起因是一个不好的起因,因为欠息和逾期,对我们红岭创投形成了压力。我就有必要来一下,跟领导们一起座谈,然后拿出一个解决方案。

——森海园林贷款沟通座谈会(一)

红岭创投的投资者都是老百姓,中间没有资金池

因为我们红岭创投跟一般的银行是不一样的。第一,投资者全部是老百姓,中间没有资金池。就是把一个项目划到我们的平台上全部由老百姓来进行、投资的。那么一个项目下来,至少有上万的投资者。上到几十岁的老头老太太,下到大学生,都有。起点五十块钱,高的也有一千万两千万元的,这些都有。

——森海园林贷款沟通座谈会(一)

我们和你们的压力都很大,所以现在要制定处一个切实、可行的解决方案

所以说从红岭创投目前在全国也是有一定影响力的。它的每一个动作,都会对这个社会产生影响。一笔贷款一旦产生了不良、产生了问题的话,众多的投资者会闹事,这样的话会对国家的稳定性造成巨大影响。每一笔贷款一旦产生欠息或者逾期,这个资金全部由我们垫付的。我们垫付的资金是有限的,不是个无底洞。一方面我们来追,另一方面先垫。到最后一旦垫不起的话,那就是投资者来找你们了。投资者要是来找你们的话,多数这个钱是完蛋的,因为上万的人会过来。你们的贷款信息是在网上披露了,他们非常清楚是哪个企业,投了哪个标,谁是借款人,谁是债务人。现在我们每个标只要往网上一挂,下面的网民们会“人肉”把这个项目搞得清清楚楚。现在网络实在太厉害了,只要有一点点信息就可以彻底地挖出来。这样一来,我们红岭创投本身的压力也很大。我想我们的压力要跟我们的借款企业说清楚,来做一个沟通。要制定出一个切实、可行、有效的解决方案。今天主要是来听你们的方案的。

——森海园林贷款沟通座谈会(一)

我们在采取非常手段之前,还是要跟企业做个沟通,避免信息不对称

因为红岭创投发展到今天,在网贷方面,在全国应该在前列了。互联网金融本身是一个新兴的行业,这个行业的发展速度在全国是属于领先的。那么我们对不良资产的处理,动作也算是比较快的。这次我亲自来了,就说明你们已经到极致了。下一步可能就是要采取非常手段。当然在采取非常手段之前,我们还是跟企业见一次面。见面后做个沟通,避免信息不对称。一旦大家沟通清楚以后,如果只能走极端手段,我们也说清楚。你们应该准备什么,应该做什么样的心理准备,我们也要讲清楚。红岭是做这行的,我们随时都有准备该怎么做,怎么行动。但企业不一定知道,所以信息要对称,要让你们知道怎么回事,为什么要这样。

——森海园林贷款沟通座谈会(一)

互联网金融的发展现状

国家、中央、人民银行包括银监会都对这一块非常关注。因为它涉及社会的稳定。李克强总理对这一块也是很支持,因为这是一个新兴的行业,中国的互联网在国际上是站在前列的。中国很特殊,在美国搞不起来的东西倒是可以在中国搞得很厉害,而且面很大。

——森海园林贷款沟通座谈会(一)

你们企业要设身处地地为投资者想一下,如果投资拿不回去了会怎么样

文达是七千万元,利息到现在欠了一千三百万元。投资者我们可是一点不敢耽误,全是我们垫出去的。我们公司的垫付能力本身也是有限的。我们给企业贷款年化收益率是24%,我们给投资者的年化收益率是18%。也就是说投资者是两分的利息,投资者拿的是一分五。这些你们在网站上都是可以看到的。如果有钱的话你们自己也可以投资这样的项目,然后就可以拿到一分五的利息。如果你的投资拿不回去了,你是什么想法。

——森海园林贷款沟通座谈会(一)

我们跟银行不一样

这在现阶段叫作脱媒。离开银行这个媒介了。银行是个媒介,搞了个蓄水池,把存款集结起来以后,它去选贷款来进行放。我们是倒过来的。我们是先选择项目挂在网上,由老百姓自己直接去认购投资。所以说,他们自己是要承担责任的。他们承担责任跟银行承担责任就不一样了。银行有资金池它垫付得起,一旦有问题,银行也是属于国家的,准入制度很严格,国家是要出手的,尽可能把这笔贷款解决得比较妥当。而我们这边等于是社会的、市场的,只要没违法,国家不会管。国家不管的话老百姓自己就要管。自己的投资自己不可能不管,一管的话就会形成群体事件。大家都是部队下来的。在处理很多问题上,要深思熟虑。很多问题要实实在在

地解决。要有一个可以执行、可以操作、对大家都有利的解决方案。我来主要是为了解决这个问题。

——森海园林贷款沟通座谈会(一)

今天会议的流程

今天这个会怎么开要听听你们文达对这笔贷款的还款计划,或者对我们还有什么要求。第二步我们听一听安徽省公司对这方面有什么样的建议和方案。最后我们总公司的牛总谈谈我们的方案,做一个最后沟通。如果能行成一个一致的意见,这是我们求之不得的。大家都能够以积极的态度、以负责任的态度来把这个事情妥善地处理好。

——森海园林贷款沟通座谈会(一)

还款这个事情如果处理不好,对我们双方都是大的灾难,所以双方要以负责任的态度来沟通

今天的开场白我先讲这么几句。如果这个事情处理不好的话,对于你们和对于我们都是灾难,而且不是一般的灾难,是大灾难。本着负责任的态度跟几位领导做最后的沟通。我们先听听我们文达的领导有什么想法。

——森海园林贷款沟通座谈会(一)

当前最重要的是商讨如何解决这笔债务

在我印象中,森海园林是文达系的一笔贷款。当时对森海园林描述的整个前景都是非常好的。出现不良以后我们也做了一个调查,发现当时在调查的时候有很多的欺诈行为,一些不真实的行为。甚至于我们已经约定的一些东西没有经过我们的同意也变成了其他的非法行为。我们已经收集了一下情况,但是这些都不是最重要的。最重要的是怎么样妥善地把这笔债务化解。

——森海园林贷款沟通座谈会(二)

无论是对老百姓还是社会，红岭都承担着很重的责任

因为红岭创投和一般的银行是不一样的，就是我们给予文达集团或者森海园林的这样一笔投资是老百姓直接投资的，不是我们红岭创投，也不是银行给的钱，而是成千上万的老百姓直接向这个项目投资的。所以我们身上的责任很重，包括我们的贷款单位身上的责任也很重。银行一旦出现不良以后，国家和它本身的资金池、人民银行的再贷款、同业的拆解以及自己组织的大量存款可以缓解流动性风险，我们不行。试想一下，谢总的钱借给别人投资了，人家不能按期归还，你是什么想法。当然谢总的消费水平比较高，但是对于一些普通的老百姓，可能就是一些大爷大妈把自己并不多的资金都投了进来。这样的话，以成千上万的老百姓的损失为代价的话，我们是不是应该反省一下，是不是应该反思一下。同样我们参与这笔贷款的各级干部是不是都应该反思一下，因为这涉及整个大的方面，涉及整个社会的稳定。从深度方面，涉及我们的良心。从法律方面，涉及我们是否遵纪守法了。

——森海园林贷款沟通座谈会（二）

我们承担着重大的社会责任

无论从哪个方面，森海园林这笔贷款出现了违约，第一是欠息，第二是即将要本金到期，我们要进行垫付。为了维护我们贷款企业的形象，维护社会的安定，为了广大的投资者不受损失，我们先行进行了垫付。垫付是我们红岭创投的资本金，这个资本金是有限的，那么如果继续拖欠下去，可能要造成我们红岭创投的破产。红岭创投一破产，后面有几十万的老百姓，那我们的责任就更加重大了。这一点和银行是完全不一样的，我要和谢总明确一下，就是我们身上的责任很大，不是一个简单的债务关系，也不是一个简单的人与人之间的借贷关系，而是涉及了整个社会的稳定。

——森海园林贷款沟通座谈会（二）

我们要坦诚相待，把这个可能会危害社会稳定的事件妥善解决，这是我们应该承担的责任

上次我去了安徽，就是想和牛总一起把这个情况了解一下，看看用什么办法？大家把所有的情况都摆出来，有什么困难，需要解决问题都提出来，大家在一起坦诚相待，最后把这个问题妥善解决。这是我们的出发点，结果是去了以后谢总在外面融资，不能参加。去的几位同志都不能做主，这样一来很多问题就不能进行交流。今天也是谢总一个人来了，我很敬佩也很惊讶。我们这边来了所有能解决问题的人。我最后拍板，那么你能不能？这个是我们都要面对的问题，没有任何要躲闪的，该怎么解决就怎么解决。我并不是说要把企业怎么样，只是要把这个可能会造成社会不稳定因素的事件妥善解决好。这样一讲，我们就知道我们身上的担子有多重，责任有多大，包括我们参与这笔贷款的人应该怎么反思，或者怎么规划我们下一步的措施。

——森海园林贷款沟通座谈会(二)

这次会议的流程

这个会议，我想先请谢总把解决方案讲一下，这个解决方案中需要我们做什么，对于我们能做到的，怎么样去努力，去配合，我听一听你的意见。然后我想听一听安徽分公司的意见和方案，怎么样处置和解决森海园林这笔贷款。最后总公司牛总来谈谈方案，在你们的方案的基础上拿出一个妥善的解决方案。如果大家在这个会议上能解决好的话，今天我们要出一个专门的会议纪要，作为我们今天解决森海园林这笔贷款的方案。然后我们都按照这个方案进行执行。我的意思已经表达完了，如果听清楚了的话，看看安徽分公司还有没有补充？没有的话看看谢总有没有解决方案？

——森海园林贷款沟通座谈会(二)

我们现在要制定一套能走得通，且能够实现的解决方案

现在我们也不是给你施加压力，就是说一定要有一条能走得通、大家通

过努力能够实现的一套方案，你刚才讲尽快把我们的贷款转为正常，正常状态的前提第一个是立刻还本付息，那么立刻还本付息的措施在哪里？

——森海园林贷款沟通座谈会（二）

你们要拿出合作的诚意来，制定出可行的还款方案，否则我们只能走法定程序

努力是努力，但是没那么容易，基金进来尽调需要三个月左右，你这都是处于被动状态，我们这边也是没有办法，只能按照法律一步一步地往前走，而且每一步都告诉你了，没有什么遮盖的，一切都是按照正常的步骤进行，现在你说跟我们合作，那么你拿出合作的诚意来，包括第一步欠的息是不是能够先还，然后欠的本金什么时候还，那么在还了本息之后我们再怎么合作，或者你再拿一块资产进来，重组或者其他我们再想办法。这是个诚意的问题，哪怕让这个钱不进你的账户，直接从第三方过来，还我们一部分钱，都能表达你的诚意，如果你现在靠在这个地方，觉得我就这样来，那就没有办法了，那我们就按照法定程序来，看最后的结果怎样，那肯定是很严重的，现在就看看你的诚意，上次丁总跟我汇报，讲你10月中旬还，我说你写个承诺，你写了，现在把承诺放在你的面前，你怎么看？一个人无论做什么，说话都要算数，不算数就不要说。我跟你说话都是算数的，我希望不要再出现第二次，今天坐在这里跟你谈方案，希望不要再出现第二次又有什么变化。

——森海园林贷款沟通座谈会（二）

作为一个主要领导的职责和责任

如果连这种预测和判断的能力都没有的话，你这个企业的前景肯定很糟糕。作为一个主要领导，对自己企业的把握，包括整个资金的调配，业务的发展、投入、回收、调度，这些东西都应该有个秩序在里面的，有个计划在里面的，所以我今天看你一个人来我就有些诧异，你看我们来多少人，我一个人肯定不行。每个人都有每个人的责任，如果每个人的责任都负到了，这个事情就没有什么大的问题，只要有一个关口出了问题，就有可能出问题。

哪些关口容易出问题，都是要事先有预案的，一旦不行，至少有三套方案来解决。包括你今天来，我们至少有三套预案在，我唯一没想到的是你只有一个人来。

——森海园林贷款沟通座谈会（二）

只有这个贷款问题解决了，你们企业才能有后续发展，不然将寸步难行

如果你还没有意识到这是大事情，那我对你也表示疑问，这还不够大事？这个问题解决了，其他的问题都容易得多，这个问题不解决，后面就是寸步难行。我们跟借款企业打了一辈子交道了，我见的多了，你是老家的人，没把你当外人才讲这些话，凡是企业只有一个人来跟我们谈话的，这个企业大多是到了边缘。这种企业管理真的要加强，这也是我对你的劝告。

——森海园林贷款沟通座谈会（二）

我们要先谈好欠息和欠款的解决措施和解决时间，再谈再次合作的问题

刚才我们牛总讲了你谈了两个方案，一个是尽快地解决欠息和欠款的问题，就是已经欠了的问题，另一个是寻求和红岭创投再次合作，能够妥善解决今后的债务问题。如果是这样的话，你的欠息和欠款有什么措施？什么时间解决？然后我们再谈我们第二步再怎么合作，这肯定走得通。红岭创投解决这个问题还有点实力。

——森海园林贷款沟通座谈会（二）

你的错误有主观原因，也有客观原因，但是客观原因也是你主观上的判断不足

不要解释，这是小孩儿话，能拿这种话到法律上去解释？这有事实在，白纸黑字在的！你是想让我们成为一支力量帮你解决问题，还是遮遮掩掩，

没有这个可能性。你100%错了,你要是没错就不会违约了。还有什么道理可解释?就是由于你很多地方的失误,造成这个大的失误,这也是有原因的,这个原因有的是主观的,有的是客观的,客观的就是你没有判断到,意外出现了,这种是有的。主观的就是自己的原因了。但是就是客观出现的问题,也是主观上对它的判断不足。

——森海园林贷款沟通座谈会(二)

想合作就要拿出真诚的态度,这样才有合作前景

不是不给你机会,你这样遮遮掩掩怎么合作?怎么去帮助你?这不光是对我们,对任何一个跟你合作的人都应该拿出一种态度,一种胸怀和认识高度,这样合作才有前景。我没有研究过佛教,我知道它是很好的东西,但问题是在实践当中,我们有没有运用到那么一点点,那才是真的有意义。如果没有真的去做的话,那只是贴在脸上给别人看的假面具。如果你真的是信佛的人,那对佛是崇拜的,也是真心实意地去实践的。

——森海园林贷款沟通座谈会(二)

6　计划财务管理委员会

6.1　对计划财务管理委员会的工作要求概述

计财部应做好计划，给其他部门提供依据

然后是我们的计划工作。计划是内部的东西，对于成本启动资金要当成是启动项目一样来做。例如你要启动项目需要招200人，那么需要多大的资金，需要什么样的安排，管理人员要多少，最后能够达到什么样的效果来计划，这样的话在考核的时候就有依据了。计划部门和财务部门对标的审查要按规定进行，只要风险管理部门通过就立刻投入。公司的财务和收益都在计划部分，你们要把这个工作做好，给大家提供一个工作的依据。

——2014年1月21日第9期总经理办公会议

计财部的工作重点

去年的股东分红方案由董事会决定，而今年的分红和奖金分配在股东大会结束后可提上议程，由我司讨论决定。计财部的工作重点在于统计、利润的核算、资金的调度和全公司资金计划、经营计划的安排，因此发标的程序和流程，由计财部负责牵头开会讨论。

——2014年3月25日第17期总经理办公会议

对计财条线工作的要求

所以我讲计财部的两块工作，一个是计划工作、一个是财务工作，要进

行加强，缺人给人，缺钱给钱，缺什么给什么。只有做到这样，每次出来的统计报表、会计报表，我们才能看清楚，有什么问题就是什么问题，你不能遮，也不能盖，你遮了盖了到最后都是我们自己的问题，你亏了就亏了，现在亏了一亿多就亏了一亿多。当然我们现在知道有将近一个亿的钱还在自己家里，钱还没出去，真正从考核利润的角度来看，按过去的核算办法，考核利润挣了3600多万元，是这样的规则。费用率高就高，也不要紧，反正挣的钱都是要花的。另外就是我们今年的资产量增加了多少，费用是花了，车不是还在那里吗？那也是你的钱，也是我们挣的钱，那么多的办公用品不都是我们的资产吗？东西都还在这里，真正花的也就是一些工资、一些招待费用而已，添置的固定资产都还在那里。买的车一百万元一部车，十部车一千万元还在那里，办公用品也还在那里。这也是我们所积累所贡献所创造出来的东西，增大了公司的规模，从原来就是6个亿的生息资产，现在变成了40亿元的生息资产，而且原来的固定资产就那么多，现在的固定资产增加到多少了，这些内部的财务都能反映出来。没有一个标准的报表，你就看不出这些东西来，固定资产跟年初比有什么变动，低值易耗品有什么变动，这些我统统看不出来。看不出来的原因就是没有一个完整的、标准的财务报表，包括资产负债表，包括利润表，包括现金流量表，包括费用表，大概就这么5张表，这5张表我们只要制定标准了的话，每个月都能出得来，基本上也就差不多了。所以都要走这条正路，不进行归纳的话就不能管理，你没有标准，到以后对30个分公司的费用管理都是具体的东西，那个没有多大难度，那就制定一个政策，到什么程度给你多少钱，那种制定专门有一个分公司的管理就行，在财务管理上就行了。所以我提出我们在计划财务这一块，下一步的工作怎么样迅速地开展起来，我要看什么东西我已经告诉你们了，我每天要知道这个头寸里面是什么东西，哪些钱我是能花的，哪些钱我是不能花了，哪些钱是必须报警了，哪些必须交易了，这些东西心里必须知道，不知道没办法调度，心里没底。但我心里大致上有一个底，但我还是不踏实的，很多东西都没有完整性，应收利息现在是多少啊？在一个报表上本身就有一个应收利息的科目，每个月的要有一个连贯的东西，不是我要的时候你拼起来给我。我就讲一定要建立一个标准的财务平衡表，每个月都要有这份报表，这个报表没有的话很多东西没办法管理。如果要什么数据就去拼一下,万一过两天又不对了,我就不知道以什么为依据了。所以计划财务部门的担子也会越来越重,它会越来越核心,30 个分公司一旦运行起来的话,它里面有很多的财务问题和资金调拨问题可不是一般小,P2P 企业能想到的问题,它比银行还复杂。这里面关于 P2P 企业的财务制度和计划管理就可以写一本书,我们现在所经历的东西到最后都会是教材,因为这些东西过去都没有,但你又不能走歪路,必须把它规范了,进行管理,那么你还要依靠会计准则,依靠统计准则,这国家都是法律规定,要按照这个拿出来的东西以后进行汇报,包括以后上市才能有东西在里面。大家都很努力。但现在大家的精力都要转一转,30 个分公司建设完了,下面就是监督的问题了。现在就是内部管理的问题,我要一块一块都把它落实了。我上周回来,我计划根据几个系统开几个专业会议,一个是计划财务系统专业会议、一个是市场系统专业会议、一个是风险管理系统专业会议,把你们的问题全都列出来,因为针对这三个分公司的管理,那就跟过去管理那么一小块完全不一样,当然我到红岭创投来我就没想过只是管理深圳这么几个人,我一来就是全国的管理架子,就是这个思想,每一步的实施都是按照这个思想来的。所以请大家都动动脑子,让下一步的工作都上轨道,我讲要钱给钱,要人给人,如果这边不行就请会计师事务所来帮忙,请我们的综合委主任来帮忙,包括我也来参加,我们一起把后面的东西来捋顺,捋顺以后把它执行好。因为这个部门太重要了,跟风险管理部门一样,因为你不大时还不重要,你一大就非常重要。

——2014 年 9 月 20 日第 42 期总经理办公会议

计财部的工作安排

不认账就再搞一个报表给他就行了,我们变成一个服务平台,没有资产。我们自己按照正规的东西,以后一旦上市都可以使用的东西,内部分配要有依据。这个账要算清楚,年终决算这块要加强。第一个无形资产问题,第二个年终决算问题,第三个就是分公司的考核问题。考核问题项旭副总经理最近提了一些意见都很好,我同意。特别是对那些形成不良资产、利息收不上来、利润形成完全虚售的情况,他们的年终决算怎么进行,到时可能还有些借款出现,借到什么程度,让他们有饭吃,奖金多多少少给他一点,反正能够调动他的积极性就行了。好的就多拿一点,不好也没有办法。从总公司角度肯定是希望他好,我们人力、物力、财力全部是到位的,你们没有经营好,那就是自身问题了。所以说这个也是我非常关注的问题。第四个问题就是我们要成立预算审核委员会,就是预算、概算、决算的审核委员会,这个是不能由人事部门牵头的,怎么买东西的价格也要人事部门去核?人事部门核人差不多,怎么核钱的事呢?核钱是财务部的事,所以请财务部牵头。

——2014 年 11 月 15 日第 49 期总经理办公会议

计财部要抓好年终决算、流动性问题、无形资产评估这三项重点工作

那么几项重点工作:一个是年终决算的问题,计划财务来牵头这项工作,在哪里都是这样的。分配一下各个部门的工作,在几号之前要报什么东西,有些部门要报的报表要按计划报上来,这样计划部门才能够汇总。这是年终决算这一块,年终决算那天具体的安排要有,包括早上做什么,中午做什么,哪几个部门不到晚上 12 点是不可以下班的,哪些部门可以提前走的,都要提前安排好。这是一个重点工作。第二点就是我关心的流动性的事情,流动性事情实际上还是计划上面的问题。整个是在资金调拨的过程中出现的风险,不是一个项目,而是针对整个的项目在运行当中出现的流动性的风险。这个风险就要由计划部门来控制,当然信贷部门要全力配合,其他部门也都要配合,配合计划部门把这件事情办好。这就像找交易对手一样,搞期货也要有交易对手,有多少个对手,对手有些什么样的条件,这些都要一个一个谈。这个我很着急,因为到现在为止,看到了一些进度,但是我还没看到一些实质上的进展,我已经叫了至少三个月了,而且我是天天叫这个事情。希望我们计划部门把这个事情当成事情,认真地把它抓起来,由专人来搞,专人统计。包括我们市场部一天到晚接触的这些也是流动性的问题,谈的有些东西也是解决流动性风险的问题。但是真正主抓还是我们的计划部门,它才知道解决整个流动性风险的意义在哪里。那么他所设计的标准

就比较牢靠一点。第三个比较重要的问题就是无形资产评估的结论问题，上次的无形资产评论给我们评了10个亿。10个亿的话，如果把它放到我们新的财务报表里面去，就会使我们的财报大为改观，看上去就舒服多了。但是现在因为最后一句话到现在为止还没有办下来，我不知道是什么原因。

这要有自己的判断的，这是没有道理的。要不行就再找两家，一定要事先和他们谈好，一定要有这个话然后再出手。我们也接受一下教训，也就是5万块钱，后面的5万块钱还没有付。他不愿意出的话就算了。我们以后到外面也都知道这个评估师事务所是干什么的了，没什么大意思。这个事情也不要耽误，最起码在年底前要落实，越快越好。如果他能认可那句话的话，也就好办了，好办以后我们就可以在十一月份的报表里并进去了，那样我们的报表就好看一点了。

——2014年11月22日第50期总经理办公会议

计划条线的工作安排：一是今年的年终决算，二是明年全年的工作计划

很好，现在计划和财务的工作慢慢走上正轨了，但是我们的系统还没有跟上。技术上的问题我已经和技术发展管理委员会主任讲了，我会单独地讲这一块。反正计划上面要注意，一是今年的年终决算，计划上面要搞好；再一个是明年全年的工作计划各个部门已经报上来了，报上来以后财务计划就由你们来做了。各个部门明年要花多少费用，要办多少事是要有计划的，你需要多少人，要多少钱都要做出来。如果你没有预算，到时候就不给你钱，以后我们就这么做。你要有一个预算，然后我们就能把它列到明年的整个支出成本里面去了。这样我们在预测明年年底员工的收入等其他方面就有依据了。不要搞突如其来的问题，包括还有些其他的费用，都要安排到我们的计划里面去。按照国家的费用都是有标准的，比如宣传费、招待费、会议费都是有比例的。这个比例如果还没有用的话，就尽可能把它用足。用足不一定是把钱花出去，就是用这种方式我们把钱合理地进行递延使用。这样一来的话，我们就要和有关单位做一些联系，比如一些大的酒店，我们

就可以和它们签一下协议,我们把房租预付一下,这样的话我们不用把费用放到明年去了。这样我们就能把指标用完了,用完以后明年还有。这样就不会说不够用的时候,给人家多缴税了,那就麻烦了,我们就吃亏了。好比我们的宣传费,按照国家的规定,我们能够用几个点。包括广告给也有一个预算,如果超过了就要重新研究了,这个没办法,因为涉及向国家交税的问题了。同样我们各个部门的费用,特别是条线领导要拿出预算来,要报出来你们要花多少钱。这样我们在进行财务核算的时候,才知道明年的成本大概是多少,才能合理花费,包括年底我们和其他单位之间的一些礼貌性往来。这个我已经和项旭副总经理讲过了,各个部门向计划部门报一下,我们适当地安排一下。会后你们赶快报一下,年前我们要把这个事情处理了,不然到明年年初又要报上来了,能够在今年出的东西尽可能在今年出。计划上的事情一个是财务计划,一个就是全年的工作计划。财务计划全部是你们的事情,全年工作计划的话这边由总经办配合来做。这边是业务计划,我们总经办主要是全年的管理计划,这两个计划并在一起成为我们全年的工作计划。

——2014 年 12 月 27 日第 55 期总经理办公会议

计划财务部要直接把自己的需求提给技术部

你的第二个问题,又没有提需求?你现在要直接把这个需求提给我们的技术部。现在我们的开发角色已经转换,是以我们为主了。所以你要开发的一些产品或者系统上面有一些变动的话,你自己要提需求,然后交给我们的技术部来搞。

——2015 年 1 月 24 日第 3 期总裁办公会议

提出问题时要考虑清楚,要有具体的实施步骤

可以,怎么操作?谁去操作?你不能只是讲空话。你提问题的时候就要考虑这个问题怎么落实。比如财务系统的开发,这个肯定是优先的,但是优先到什么程度,谁来对接,怎么把这个计划落实,要考虑清楚。否则这个

问题解决不了。反正这个事情提出来,这四点我都支持。关于财务系统的开发问题,你要有具体的步骤,是给钱还是加人,还是其他的。你提出来以后,技术部这边怎么优先照顾,你们两个部门要协商一下。这些我都支持。

——2015 年 1 月 24 日第 3 期总裁办公会议

计财部要把净值标从申请到还款的整个过程详细描述出来

这个需求你们(计财部)比较熟悉,你们把这个需求重新再搞出来,净值标用什么样的方法申请,申请了以后怎么取得,然后怎样还款,这整个的过程要很细地描述出来,描述出来以后我们才能分析,什么地方能统计出来,什么地方可以预警,什么地方可以停止。

——2015 年 3 月 1 日第 7 期总裁办公会议

跟金盾合作时需求要提好

黄总我提一个建议,金盾那边跟我们的合作、需求跟最后的设计、编码肯定是要分开的,需求肯定基本上都是我们这边的。需求一定要提好,不然交给技术人员没办法实现。需求要讲简单就非常简单,怎么做的就怎么写就行,或者你想怎么做就怎么写。不过如果你对业务不熟悉,那需求就真的提不出来。需求提好了,技术人员做起来简单得很。

——2015 年 3 月 7 日第 8 期总裁办公会议

对技术部的工作开展提出要求

好,我补充几句。IT 的问题,技术上的问题始终是伴随着业务的发展不断调整的一个专业和部分,在这一部分中,在红岭创投的不断发展中,这一部分也是在不断的调整中,那么真正的大部队的引进还是从 2014 年开始的,今年 2015 年可能有些问题会暴露更加充分。那么对于 IT 部门的要求就是保证业务的正常运行,即便出了问题以后要立刻解决,不能一下子就搞得我们束手无策了。我们的技术委员会主席在这里我很放心,因为在中国的 IT 界比他更优秀的人不多,他不仅能够解决随时出现的问题,而且对于今后的发展规划,他会实事求是提出他的方案,这一点我很放心。只是对一些应急时候的处理方法,对他们具体部门的指导要再具体一点。因为这个系统它有它的特点,很多过去的做法和我们大系统的做法可能不太一样,这个东西平时要多了解。一旦出问题以后要知道从哪里下手,解决问题就是在短时间内恢复交易,其他什么都没有。到底是哪里的问题,用什么样的可以解决。已经出现过两三次了,以后再出现也就是这类问题。这些问题有哪些应对方式,想好了,到时候一旦出现了怎么解决,我觉得这个是没有问题的。其他方面,今天提出的这些方案,我和董事长是全力以赴的。钱不是问题,因为平台上不了的话,很多事情做不了。所以我们用的设备都是最好的设备。工具不行还怎么和别人竞争?在 IT 技术的设备以及新技术的应用上你们是站在前列的,包括阿里云的应用。你们要在外面和这些企业建立一些通道,人员的通道、技术的通道、同业的通道,有这些通道的话,再遇到一些同业的问题的话就有一个人可以商量,光靠一个人的话是不行的。技术部门今年的进步很大,但是出现的问题也很多,多是发展过程中出现的问题,我希望下次再出现故障的时候能够迅速以最快的速度解决。我就讲这些。

——2015 年 3 月 7 日第 8 期总裁办公会议

计财部工作程序问题:工作要规范

你这个财务部门,工作这么长时间了,我就感觉你们很多工作程序有问题。工作的流程可能有问题,你们的分类可能也有问题,所以就造成你们工作的效率不高,实际上财务上的东西在某种程度来讲,是最规范的,它不能搞其他东西。它没有原始凭证,就不能记账,就不能记到总账上,没有总账就出不来会计报表,它是非常规范的东西。规范的东西,只要你分工的链条是对的,哪个是第一手,哪个是第二手,哪个是第三手。一分工,哪个是搞核算的,哪个是搞统计的,这样一分开,每个月不就这么多数据嘛!加起来不会超过 50 个科目吧?连 50 个科目都不到,我背都背下来了,还有什么搞不好,搞到现在,每次我到年终问一个利润的时候,都在含含糊糊,没有哪一个能给一个明确的答复。像这种,你这个计财部的老总,对这个利润情况,脑子里时刻都有数,这个月匡算一下,我这个月的收入是多少,费用是多少,都可以算出来,然后不出意外的情况下,月初就能算出来月底大概有多少利润。如果出了意外的话,到月底的时候,把这个意外情况列进去,算一下,马上就出结果,上下浮动不会超过10%。这个,你作为一个计财部的负责人,这个功能你都没有,那还搞什么东西啊。那个头寸表,讲到现在,你自己不懂,你学一下,请教一下许总,也能搞出来,还用等到开会?所以我在办公会上,在批评某个人的时候,我不是批评,我在着急。我就觉得你们基础不好,但是没有想象到这么不好,赶紧得赶上来,不然真的很麻烦,每个月都是重复的科目,每个月的收入,工资等就那么点东西,每个月的支出、税收就那几个科目嘛,这个量有多大,垫款余额多少,很清楚,这么大一帮人在那里算,还那么慢,不是有怠工,就是程序不对,自己的头脑还没有一个清晰的方案,以其昏昏使人昭昭,那怎么行呢?以后要改正,我就讲这么几句。

——2015年5月16日第16期总裁办公会议

对财务基础数据的要求

计财部的工作到目前为止我觉得除了完成重点工作外,基础工作还是需要进一步加强。一些基础数据,因为做计划财务、会计、统计,第一,记载要真实,东西是真的。第二,记载要完整。真实、完整、全面,这三个是做计财工作最重要的基础会计工作,做计财工作的同志一定要抓住这个原则,真实完整全面都要考虑,还有一个就是分析,要给各个部门领导利用这些财务数据提供管理指引,给我们提供管理指引。这个月利润少了,为什么;这个月待收多了,为什么;这个月工资涨了,为什么;这个月工资跌了,为什么。这些从财务数据上都是第一反映,从银行账户上的金额是第一反映。这个反映出了以后我们管理才知道哪个地方需要加强,如果不加强会有什么后果。而其他部门也有一些统计,但那不是会计,是统计,是一般数据,会计上的数据全部是从账户从银行来的,对账是银行,银行最后对账是现金。你账上是多少钱,从哪里来,到哪里去,整个东西一条一条都把它翻出来,这些东西到目前为止我心里不踏实,真的不踏实。我原来认为这是个很简单的东西,因为我学过财务,我也学过会计。从我1978年当信贷员开始,企业的财务账我都翻烂了,不论是明细账、总账,原始凭证,各个账之间的相互关系到最后的财务报表,所有的环节没有一个我不熟,都非常清楚。这么多工作基础,我看财务报表,新的财务报表一到,最多五分钟基本上所有问题都出来了,当然那个时候财务报表都是真实的,现在有假的,假的也很容易看出来,假报表把时间序列一对就知道了,是不是连续的数据就知道了,一个银行存款你能做出假的来,我都不相信,对应的银行对账单一出来我就知道了,有12个单位或者12个月或者12个季度或者12年,银行存款能查到一个客户,拿对账单一对,马上就知道了,没办法造假,你要造假,银行对账单银行不会给你,任意一个科目连续一比较马上就知道了是真是假。

——2015年8月29日第30期总裁办公会议

关于计财部对特标、议标和本标的定价的工作要求

你们要增加些新的工作,目前特标、议标和本标里面的定价,必须有个部门来做负责人,因为这个定价决定了我们做这笔生意是不是亏本,你跟分公司要进行分成,如果最后亏本我要知道亏多少,我能不能承受得了,3个点、2个点、1个点,说的时候简单,一旦操作起来,但收入一算养活不了自己,养活不了自己怎么办?原来我们对分公司5个亿,开业是按照6个点的差额,费用大概用掉3个点,剩下3个点作为利润,年终给他们分成,收入是落实的,现在变成5个点、4个点、3个点,越来越少了,我们有时候拉客户没有进行成本核算,没有一个专业部门负责这个事情,我把这个事情委托给计划部门,因为资金的价格,在哪里都由计划部门来定,风险管理部、市场部可以提出建议,但最终是我们财务部门定的,因为最后是不是赚钱,我需要知道,不要到最后忙出个亏损出来了,一个月时间计财部门安排清楚。第二个定价问题,一周解决问题,怎么定价,定价来源在哪里?原则是我们不能亏损,起码几个人操作费用能承担,最终是要能赚钱,分公司怎么考核,分公司养这么多员工怎么办,总公司这么多高管工资、奖金哪来?都还是赚来的,赚的过程盈利能力都要考虑,我是在考虑,但有些东西,具体部门要有具体负责人来负责这个事情的操作。

实际上,这个事情计财部门要核算,资料是由各个部门提供,提供哪些数据计划部门要提出需求,哪个部门提供哪个数据,要整体规划,拿到后计

划部门要定多少计划部门要知道，宏观上刚才项总讲了，有些不良资产造成全用利差去覆盖这个可能性没有，必须用其他的流动性的问题去解决，有些是可以用利差去覆盖，因为这种新的形态里面有很多东西不能用过去的东西相比较，如果我们目前的不良率要用利差来覆盖是天方夜谭，因为是流动性的问题，不是最终损失的问题，最终损失、坏账率，那不一样，终极风险必须覆盖，而这个肯定能覆盖。里面有一个运算过程，我们标的出来以后，什么标定在多少也要有规定，要有制度。三个点的利差，四个点的利差，拉大不要紧，缩小了的话，规模一旦上去，你补不了，制度一旦形成，往后很多东西不好往回扳。趁着我们现在是低的价格，本标好在我们不存在风险，但是对我们付出的劳动要收多少利率，这个要有一个规定，收费应该是计财部定，但是你们定的依据需要各个部门提供。计划部提出这种要求，市场、风险等各个部门都必须配合。你们测算出来以后，在发标之前规定利率，这个利率要签字，以保证养活自己。这里在会上明确一下部门。

——2015 年 8 月 29 日第 30 期总裁办公会议

计财部应做好计划，为其他部门的工作提供指引

今年我们增加股东 4 个亿、5 个亿定融，实际上就是借钱，要在这个水平上借钱，20 个亿、30 个亿都能借到。但借来了以后成本怎么处理，要这样想，成本还是我们自己承担，董事会不会再拿钱给你来承担这个利息，这是要吃掉我们经营的利润。吃掉靠什么，靠优质资产，优质资产你出具这个利率，贷款利率如果是 24%，现在就拿不到优质资产，这就有财务平衡问题了。拿到 24% 的资产就不优质，优质相对利率是多少，17%、18%、16%，这是相对优质资产，如果这些相对优质资产拿来全给了股东，我们靠什么活，马上财务平衡就出问题了。那么就要想其他的办法，相比较低的成本，那就是投资，为什么投资理财部这么重要，因为在银行利率才一点几、二点几，好一点的五点几，如果我们这里在 8% 左右，发行 16%，中间就有 8 个点，有 8 个点我们就成功了，这个就有意义了，再发一点我也能过，因为众数还是我们的规模。你决定出具 4 个亿，4 个亿我们应该付出多少钱，然后我们用 400 亿元赚的钱来维持我们不穿，只要不穿我们维持住这个财务水平还是能往下经营的，这就是财务平衡问题，里面

有很多技术上的东西,跟经营的每个动作都有关。所以到明年开计划会议的时候肯定要比较细致地把这些问题都落到实处,总体要在好的资产质量的基础上,尽可能高的贷款利率,我估计水平在18%左右,有风险的资产,24%的,一定要保证充足抵押率,那就是沙里淘金,也要做,不可能是大批量的,但是有多少做多少。

投资者这一块,线下的利率已经到10%,12%,特标也是12%,11.5%都能发出去,议标13%都抢了,如果是24%的项目,中间有11个点的利差,我们利润就多了,但是24%的项目不是很好找,多少都是有些瑕疵的。好的项目利率相对就低,这中间有一个财务平衡的问题,有一个结构问题,如果我们做到500亿元的待收资产,24%的能做多少,18%的质量好的能做多少,网上投资在12%的水平上要做到多少,线下的又应该做到多少比例,都有一个结构性的问题,叫作利率的错配。在整个经营当中,一个是时间的错配,还有利率错配,最终平衡时,我们一定要盈利,哪怕是一个点,这就是我们计划部门和财务部门应该要计算的,把所有数字算准,越精确越好,最起码大的概念上不应该有问题。现在结构有些变动了,如果像以前都是24%的项目,发标利率是18%,6个点的利差,很好计算,但是这样不行,资产质量好不起来,这样就需要调整,利率就要下降,一下降,财务就会受到影响,费用就会受到影响,我们发标的价格,给投资者的价格都会受到影响,这是一连串的问题。每个部门都有各自的工作,计划部门有计划部门的工作,财务部门有财务部门的工作,你们要把账算好,给出一些指引。

——2015年11月14日第38期总裁办公会议

计划财务部的三大工作:会计工作、资金计划类工作、财务工作

计划财务在整个总公司是核心部门,担子很重,也很复杂。到现在为止还没有标准,所有在计财部工作的同志担子很重,很辛苦。每个月要把计划报表做出来很辛苦,所以计划部门内部管理要加强。第一个是会计工作,我不知你们有没有做这个分类,所有投资人、借款人在我们这里的投资借款算会计类,有没有制度,有没有办法?没有赶紧解决。我把方向给你指明确了,这个方向就是对所有投资人和借款人的会计账户管理要有专门的制度,

在这个岗位工作的分支机构包括总公司的，总公司的内部计财部门怎么分工，我到现在没有过问过。但我想简单分下类，是不是有些不清楚的地方，把这块单列出来，我们称之为会计工作。第二类，资金计划类，就是每天的投资管理，这个投资管理每天的数字准确程度和储备情况，以及资金的供应情况和流动性资金的管理情况，要有管理制度。如果有的制度不便于让更多的人知道，起码要有个内部规则。这样我们一旦出问题，能找到责任人，否则找不到责任人。动用什么资金需要什么人签字，动用什么款项的时候需要谁盖章，审批程序应该是什么样的，这也必须清楚，我称之为资金计划类。这属于计划部门的，资金调拨，资金错配，资金流动性管理。第三个是财务工作，费用的分配、工资的管理属于财务类。我不知道这三种工作的划分能不能把你们的工作处理好。有没有遗漏？税务属于财务类，费用处理，如果周全的话，我希望你们在这三个方面拿出三个制度来，拿过来我先看，然后再小范围内讨论，这样我们部门才有规则。否则一旦上面来检查的时候连一个制度都没有。内部管理的时候要有标准，没有标准这个责任是谁的我们不知道。会计工作、资金计划工作、财务工作，这三项工作，我希望游总和黄总回去把这个制度做出来。过去可能小制度有，但是大制度还没有，把小制度整合成大制度，这样以后你们的这三项工作都有制度。分管哪一块就把哪一块做好，分工不分家，相互配合，把工作梳理清楚下面工作就好开展。

——2016 年 1 月 11 日第 2 期总裁办公会议

6.2 计划财务管理委员会的职能和组织架构

财务委的职能和组织架构

财务部的职能属内部管理部门，一方面负责制定公司的考核制度、预算计划、发展计划，同时核算公司成本，利润，费用。另外也需要及时给相关领导呈送统计报表、会计报表(包括日报、周报、月报、季报、年报)。这是财委会最基本的一项工作，也是很重要的决策依据。同时，内部要建设几个部门:统计部门、计划部门、资金调度部门、财务管理部门。另外,你们要重新起草发标流程,召开专题会议。统一发标的工作落实在计财部,计财部最终发标的依据必须有董事长周世平的签字。

——2014 年 1 月 7 日第 7 期总经理办公会议

对计财部的定位

计划部门在我们红岭创投是主要和中枢的部门。这个部门跟各个经营单位都有关系。包括如何调拨我们的资金,也是计划财务部门的事情。让我们在下一步制订计划的时候有依据,有目标。

——2014 年 5 月 31 日第 27 期总经理办公会议

计财部的工作职能

财务部的工作主要是记载和反映。首先是记载,确保所有的信息要记载完全,特别是财务的开支。要有原始凭证。过去的,能补的补起来,补不了的就放着,现在能记的都记上。然后是反映,把问题反映出来,要知道的数据要看得到。过去的数据看不到或者看不准确。过去的账不清晰,要梳理清晰,明确责任人。搞出一本清楚的账目,关于过去遗留问题解决的办公会,方法不对要改正。

——2014 年 7 月 26 日第 35 期总经理办公会议

对计财条线工作的要求:财务计划与资金调配职能

第二,讲“计划”这一块。计划这一块我们和银行完全一样,我不知道你们的岗位是怎么设置的,我就是提出这个建议。第一是统计岗,就是专门做统计报表,他有哪些统计报表,他要统计哪些报表,他要统计的原始数据一方面是从财务上面来,另一方面就是从各个部门来,包括账户数、多少个企业这些东西应该由专门弄统计的岗位来做,应该有这样的岗位,我不知道你们有没有,但理论上是应该有的。第二就是资金调配。我看在哪个银行有多少头寸干什么,我真正要看的是这些头寸里面有哪些是我用的,我能用的，每天的站队资金有多少。现在的报表，我只知道在那么多的银行有几千万元在那里，但是差额都不知道是从哪里来的，我不知道你们的风险有多大。这都是我需要看到的，这样的统计报表对于我来讲才有点意义，你看一个工商银行有多少钱，平安银行有多少钱，发展银行有多少钱有什么用，我只要看到我们有多少头寸，这个头寸的来源是什么，如果哪个地方出了问题的话这个地方出不出问题，我只要知道这些就可以了。现在还没有，而且还要去问，每天站岗资金有多少，每天的费用有多少，这都是很重要的东西，还有我们的投资每天有多少，这也是很重要的东西，像这个大的问题应该是每天的统计报表都应该有的数据，而我们恰恰没有。我现在看到的就是每天我们在各家银行有多少钱，剩下的东西还要去问，问了还不一定清楚，过一会再来改一改。实际上，像这样的统计报表应该是很清楚的。这个头寸表是给资金调拨用的，就是搞资金调度和资金调拨的人就要干这个事情的，以后我们的资金头寸多了，这个调拨可以拿去交易。还有一个交易岗，就是说把我们的资产包拿出去，那人家的流动性资产拿进来，缓解我们的流动性风险的，要有专门的岗位做这个事情，这都是计划上的东西，不是信贷上的东西，因为它属于交易类了，是上面的大资产包在起交易作用了。总的讲，统计岗、资金调拨岗、交易岗、计划制订岗、包括计划的分析岗都要有。这是计划这一块。

——2014 年 9 月 20 日第 42 期总经理办公会议

对计财条线工作的要求：监督职能

因为计划还有一个监督的职能，每次我们提示风险管理部门哪些逾期了，哪些有问题了，这些数据的来源都是会计上，因为会计上反映的都是第一数据，计划上的数据实际上也是来自于会计，都是银行账户上的变动，变动以后再把它反映出来，然后再反映给其他部门，那么这些监督都是计划上面的东西。

——2014 年 9 月 20 日第四十二期总经理办公会议

计划财务条线的部门分类及职责说明

这个计财这条线近期工作应该讲还是有成效的,把过去的一些账务、报表整理得大家能看懂了,过去是看不懂的,首先我看不懂,再一个还不清楚,一查什么都不知道,连原始记录都没有,很头疼的东西,慢慢项旭副总经理来了以后开始记载,开始把它搞得清楚了,但是还有很多地方需要提高,包括整个计划管理体系,财务管理体系,这些体系的建立,到以后可能要分成两个部门,这都是有可能的。反正这条线还是由项旭副总经理来管理,但是底下可以有几个部门,就像风险现在就有四个部门了,计财以后业务多了可能就要分成两个部门,计划和财务,或者还要专门分出来一个会计。我讲这个会计是营业上的会计,包括所有记载投资人的账,怎么分配,怎么体现。这实际上是营销上面的会计,这个和财务及内部核销上面的会计是不一样的。内部核算上的会计是很简单的,一两个人就行了。就像银行的会计部门,它的出纳,账务全在这个地方,真正的核算——内部的工资、费用实际上是很小的一块,但也还是要有。那么以后就专门要有会计、计划、财务,计划搞大了以后很可能就要搞交易中心了。我们周总现在搞的这部分钱以后可能就是交易中心的钱,头寸多了,钱暂时用不掉的时候就可以先放在交易中心。

——2014 年 11 月 22 日第 50 期总经理办公会议

计划部门内部机构、岗位设置的思路和职责分工

第五就是年终前的工作计划,明年的工作计划,我上次讲过很多次了,就是说我们计划部门内部的结构的分设,这个分设的话,计划里面本身就有统计、资金调拨,还有一些其他的岗位。那么会计又是一个专门的部门,银行里面也有会计,我们以后可能就是互联网会计,互联网金融的会计,这个会计的话可能包括开户开始,前面对的注册方法,红币奖励,怎么划账,这些实际上都是会计的范围。这个实际上我都不知道放在了哪个部门,有时候营运部也搞一点,有时候电脑部也搞一点,有时候计划部也搞一点。实际上它的本质应该是在企业会计上,不是在核算会计上,不在成本会计上。所以会计在你们这里要单列了,把其他部门的很多没有规范到位的只能规范到

位。规范到位以后你这边就好管了，就不会乱了。还有就是财务部分，财务部分就是算账的，算我们赚了多少钱，怎么分配，我们日常的费用和开支，就是经费会计了，所以就是成本的核算和经费了，就是这些东西。你们在设置岗位的时候就考虑一下怎么设置便于管理，这样的话机构的设置就好管理，就好办了。所以计财部门我要提这五个方面，到年底之前把它抓一抓。每个月尽可能报一下利润的情况，让我们知道，知道以后也便于我们提前做一些动作。因为我们到年底不能亏待了大家，我和董事长已经汇报过了，要有一个年底的全年收入的平衡。今年一年，大家的工资和收入都没动，都还是原来的，但是根据今年的收入和利润情况，我们可以拿出来一部分钱来。那么这个平衡就要根据各个岗位所作的贡献，你所作出的努力和你这个岗位的重要程度来进行分配。我是希望大家能够努力工作，能够在增量中多拿一点。但是我们不可能一刀切，永远不可能。一刀切的话相当于一分钱没发，必须有区别。有区别就知道了岗位的重要性，岗位的工作的成果以及好坏，大家也都有了区分，最终还是要在财务上反映出来的。我昨天也和董事长反映了，我们的意见基本上是一致的。因为我们不知道到最后到底是多少，还有分配方案怎么样才最有利，还包括我们的分公司，刚才项旭副总经理讲得很好。各种分配下来以后，总公司机关里的同志，各级的管理人员怎么分，这都很重要。大家忙到最后，就是为了结果。到年终大家都能得到很好的回报，这才是一个好的结果。这一点也是我们计划、财务、会计上面很重要的工作。这样你的内部机构设置路线清楚以后，明年在设置机构的时候是分设开，还是搞二级部门都可以，怎么样的管理需要就怎么搞。我们的风险管理部门已经设立了四个部门，估计以后不会有什么新的部门了，基本上都已经包括了。计划条线估计要分出来。

——2014 年 11 月 22 日第 50 期总经理办公会议

计划条线工作和结构的安排问题

当然，也和我们项旭副总经理说了计财条线怎么调整，现在计划和财务是在一起，但是以后至少要有三条线：一个是计划统计部，一个是互联网金融会计部，所有客户的开户、销户、充值、提现等，都是属于会计部的事情。

过去我们没有这个部门，但是随着我们的发展，这个会计部必须有，而且是个大部，每天需要解决好多的问题，也包括一些规章制度。第三个就是财务部，就是统计，包括预算都是属于财务。还有分公司收入的预算、核算，每年公司重大的财务核算，都是在财务部内。所以说，最起码计财要有三个这样的一级部门，都是大部，都不是小部，因为工作内容在里面。我讲这个意思主要是抛砖引玉，工作今后一定是要往某些方面去靠，设计和工作计划一定是要往某些方向去靠，这样才有利于管理。因为现在大家已经明显感觉到我们已经是全国的管理，不再像原来只是深圳地区的管理，包括我们年终要开年终总结会议，最起码已经开业的分公司领导要来，正在筹备而且已经有项目的要来，没有项目但是正在筹备当中的也是一套人马，也要让他们过来。这样就是 30 个全来，最起码分三个组，讨论的内容和针对性都不一样，这样他们就会提出他们的想法，为我们来年的工作计划的制订奠定了依据。讲这个意图就是让在座的各位你们已经不是过去小打小闹，一个人搞点小钱，拿点提成，早就不是那样了。大家的头脑早就要转变过来了，不能光靠你一个人，一件事情都要有一个团队去做了，它里面有制度还有很多的方法，大家都要去考虑。

——2014 年 12 月 6 日第 52 期总经理办公会议

完整的统计要包括原始数据统计、分析和预测，现在需要补充预测这块

你们现在的统计数据慢慢地规范了，但是有很多还是不行。现在还缺少一个预测。统计第一个就是真实地统计原始资料，真实地反映原始的情况。这里面就是准确、及时、完整。第二部分就是统计分析，通过这些统计资料，分析出下一步我们需要做什么，哪一步需要加强，哪些地方可以继续坚持。第三个就是根据这个趋势外推。通常用的就是这种趋势外推法，这个发展速度，我们达到 100 亿元是什么时间，我们的利润达到 100 亿元是什么时间。我们现在的边际成本是多少，边际利润是多少，像这些东西都是预测类。一个是原始数据统计，一个是分析，一个是预测，这样的话统计才是

完整的,才有意义。现在是75亿元了,那么按照这个速度,达到100亿元是什么时间?大家都很迫切地想知道这个资料。但是这个又不能拍脑袋想出来。这个要靠过去的资料推出来,但是过去的资料至少是12个单位以上,可以是12个月,是12年,12个季度,也可以是12天。反正最起码从统计学的原理上,要有12个单位就够了。如果说没有12个单位的话,我们就把5年拆成12个单位,然后把它统计好,然后画线就出来了。大概在什么样的水平上波动就知道了,然后你给它一个置信区间。这个我就补充这一点。统计上很多东西你们都要从基础上搞,好多都是不规范的东西,你们要操作好。

——2015年1月17日第2期总裁办公会议

6.3 对计划财务部人员的管理及要求

计财部需添加一名研究性人员,负责数据分析

文件的会签就是每人一份,有改动直接在文件上改动,会签过的文件就是同意的文件。我对计财部目前的工作提一点,就是你们要增加一个研究性的人员,主要负责数据的分析工作,包括数据统计分析,利率分析,风险分析,利润分析等,为计划部门提供数据支持,制订计划前要有这样的准备工作,建立在分析调查的基础上。要知道计划是公司的脑子,市场部门是突击队,风险部门是内控,技术是保障,综合是所有的基础。各部门之间要协调起来,按制度办事。还有办公室要时刻关注网上的动向,让会议参与者都了解市场的动向。风险主要有直接风险,和第二还款来源。任何一个项目都要满足要求的条件,只要不满足,就打下去。

——2014年1月21日第9期总经理办公会议

计财部缺乏做研发分析的人员和功能

如果愿意办分公司,也是许可的,把领头人的简历交由总经理。过去的按过去的搞,现在的按现在的搞。我们机构上的设置会在未来的发展中不断地

调整。另外，资料的收集来自于各部门，各个部门也要将业务状况等的所有数据提交给计划部门。计财部门这个研发功能缺了一块，要对所有事情进行调查，然后进行分析，根据所有意见获得方案，然后上会进行讨论，这样才不会有遗漏。在会上所有的意见要讲出来。计划部要培养搞研发、搞分析的人，多研究人人贷的业务状况，或者5个大P2P平台总的业务状况。

——2014年2月18日第12期总经理办公会议

计财部需要有人专门做统计分析

你这边是会计上的一些东西，在统计上要加强。部门里面要专门有一个搞统计分析的，让他在上统计课的时候好好学习。会计上科目的设置你们要自己好好考虑，要完善、合理一些。看看大家还有没有要汇报的。

——2014年4月22日第21期总经理办公会议

计财部员工的管理：调岗、岗位设置、责任划分、工资、部分岗位双人

不只是要调整他的工作，而是要有一个认识。如果是他不懂却让他做了他不懂的事，那是领导的问题；但如果他懂，能做好，但是因为粗心犯错了，那就是失误。那失误应该承担什么样的责任。责任人后面还有一道复核，是没有复核还是没有尽到复核的责任？你们在处理问题的时候一定要把每种问题的性质分析清楚，是主观的还是客观的，要分析清楚。最起码要知道是怎么错的，哪怕你们不批评。光调离岗位是没有用的，需要通过这件事让大家知道每个岗位的工作职责是什么，应该负什么责任，应该怎么进行管理。这要让各个部门都从这件事吸取教训。对于这种情况，在银行最起码是扣奖金，尽管并未造成财物的损失，但是损害了我们这个企业的形象。同时我们公司的工资结构又不合理，还有很多的提成，还有的到年终才有奖励，平时就是一个工资。所以它整个的设计也是有问题。在管理中应该跟进和协助的一些手段，它没有。只是想到哪里搞哪里。随意性很强，缺乏科学性。因此需要思考一个合理的方式。计划部门所有的数据出口都要从游总那对外，一定要经过部门主管领导批准后才能给数据。那么计财部也应该考虑是不是哪里没有把控

好。游总的责任心值得表扬，但是方法错了。在银行所有的岗位都是双人，靠一个人是没办法来决定事情的。以后我们公司也需要在各岗位配备双人，一定是至少两个人以上，避免出现失误，少犯错误。所以就这次乌龙事件，对于相关人员不要过多处罚，但是一定要让责任人意识到后果，明白严重性有多大，下次避免犯此类的错误。

——2014 年 5 月 6 日第 23 期总经理办公会议

计划部要加紧岗位设置，方便管理

计财部最重要的问题，一个是准确，一个是及时，还有一个是分析。我们计财上面有些工作做得应该讲比过去有进步，但是整个从会计到统计的逻辑线路还是不清楚。所以你们下面的岗位设置要加紧，要方便管理。

——2015 年 1 月 24 日第 3 期总裁办公会议

6.4 对财务核算及会计报表的要求

6.4.1 对会计事项、账务核算及科目设置（拨备科目等）的要求

会计事项必须规范，解释清楚，便于理解和审查

我看了你发的那个，我看出来哪些科目的列支，应该列出来的你没有列，还有一个，对于上市公司最后有个会计说明，要非常清楚，因为你们很多会计事项我不可能一点一点去分析，我只能从宏观上提一点建议，很多东西要解释清楚一点，让人家看完以后对公司的整个财务状况都很了解，一定要达到这个目的，而且要经得起检查，有些变通的处理也可以，但是要合理解释。我到红岭来工作，与我共事的同事你们一定记住，什么东西只要是真的，就不要怕，错了也不要紧，改了就行，下次不要这样做就行了。

还有什么?

——2014 年 1 月 28 日第 10 期总经理办公会议

计财的财务核算及账务

计财部实际上是组织全公司工作实施过程的平台,反映、监督、落实各个部门工作情况,从业务的开始到业务的结束全部是在计财这边的,所有的统计数据也是这边出来的,下设的这几个架构还是合理的,还有一些不在架构之内的工作,包括一些对外的任务,主要是资金调度,我们规模一旦上去的话,这些问题立刻就活跃起来了。统计和财务是不一样的,这个财务里面也有两本账,一本是公司内部的账,就是资本金、手续费等,这个规模很小,另外还有一个很大的账,就是所有的资金流量及信贷资产,目前不算大,以后会很大。银行里面这两个是合二为一的,财务部分单独还有一张明细表,所以我们今年财务部分要改过来变成一张表,另外有一张我们内部核算表。我们计财部下一步的架构有了,但是具体的工作不明确。计财部更多的是成本核算,包括员工福利的核算,分公司的核算,这里面我都没有听到。好几种控制方法你想了没有,报账式的,利润率式的,费率式的,各种各样管理分公司财务的方法一个都没有,但是这个非常重要,以后分公司一旦成规模起来,这个费用率怎么控制。我们选择的模式是不是最佳模式,银行总分行管理的是两率,资金利润率,工资利润率。就是每个人的工作都与利润挂钩,自己创造的利润越高,工资越高,还有个费用利润率,利润越高,你们所支配的费用就越高。在开始的初期对公司的财务管理是非常核心的,整个工资占费用的比例是多少啊?我没有看到。我们现在的提成制度就目前来讲有用,也需要,但是随着往前发展这个作用会越来越小,越来越前移,管理人员最后就没有提成,你所有的收入是根据总公司的业绩来定,你所有的工作是需要其他部门的协助的。但是目前由于我们正在起步阶段,这个提成方案我不反对,包括我们各级管理人员也拿提成的做法我也不反对,但是到一定程度上这个东西一定要改,没有哪个银行管理干部是拿提成的,你一个人什么也不是,只有形成一个团队,形成一股力量的时候,这支队伍才有力量。所以我们要协同、配合,齐心协力把事情做好,各部门要互相配合,不同认识可讨论，互相宽容，多听意见；多做事，不要一味地索取，才能赢得其他人的尊重。因为计财牵涉到利益的分配，你们在计算的时候一定要科学、合理，在某个阶段采取某个方法，定时进行公司全年计划执行情况检查，查看实施进度。计划部我就提这么多。

——2014 年 3 月 4 日第 14 期总经理办公会议

计财的核算要兼顾合规性和公司需要，可以先借鉴银行的做法

计财部是整个单位的核心核算部门，兼顾合规性和公司发展需要。你们要把需求具体化，说明所需数据及来源，以便技术部更好配合你们把工作完成。财务方面，因为目前还没有互联网金融企业的核算办法，建议先学习银行的核算方法，再根据我司的实际情况做补充。固定资产盘点的工作批准了，你们执行就行了。游总任组长，各部门资管员任成员，配合小组完成工作。一年盘点一次就可以。新公司的员工工资在红岭公司发放，财务部写相关报告经总经理签字拟同意后交由董事长确认。

——2014 年 3 月 11 日第 15 期总经理办公会议

设立呆账准备金

赶快设。不设的话财务检查的时候我们都不能交代，连这个科目都没有。就叫呆账准备金或者拨备。每一个提出来就放进去，然后就是我们的内部资金了。你们财务上把这个做好。马上我们的业务量大的话，这一块也会很快就上来。到最后有一个亿的拨备在这里的话，我们的日子就会好过很多了。你们下去好好算一下我们的信贷资产，包括周董的都算出来，然后对所有的信贷资产进行分类，包括没有追回来的都要算一下。然后按照五级分类再进行一次拨备。然后和现在进行比较。我估计和现在你们的拨备的差距应该在 3000 万元左右。这件事情就不要在这里争论了。我们整个的贷款余额是多少？

——2014 年 4 月 1 日第 18 期总经理办公会议

呆账准备金的计算

那么我们的呆账拨备就按照这个来计算，就是以每一笔发放的时候来算。因为余额是有借有还的。然后形成余额以后我们就一个季度合一次，合一次五级分类。然后就再提一次。正常的都应该有1%，然后每个季度进行五级分类以后，要加到这个1%上，要覆盖整个的不良资产，要大于不良资产，不能小于不良资产。而不是走到后三级以后才提。在核销的时候不良资产减少，拨备减少，就是财务手续了。在没有核销之前，不良资产还是资产，还在资产的计算内。继续往下讲吧。

——2014年4月1日第18期总经理办公会议

完善科目设置

行了，我知道了。下一次你们搞细一点，数据搞真实一点，科目该设置的设置。基础方面要尽快提高，财务人员首先要想的就是科目，哪些没有的尽快完善。现在就要按照银行的方法来，但是我不干预你过去的，过去的报表还可以保留。如果什么时候有人要看我们的报表，就可以拿出来给人家看，我不反对。但是我来管理的时候要按照我这套管理方法来看所有的东西。这样我们所有的工作才能看到成效，才能找到不足，我们才能在一起研究。继续讲吧。

——2014年4月1日第18期总经理办公会议

对计财条线工作的要求：建立财务报表

我现在就对计划财务部下任务了，第一步，要把会计和统计分清楚，今天全是统计资料，我没看到会计核算资料，因为标准的资金平衡表没有，财务报表没有，大家看到了吗？没有标准的财务报表，很多东西都没办法分析，那些孤立的统计数据，孤立的统计报表只能去分析孤立的问题，没办法看到系统的东西。那么从会计报表，小游过去跟我讲过，那个会计报表不知道是什么报表，它是个服务的报表，我们整个的资产没进来，很多就是平台上的交易没进来,这样不对,我现在想通了,是一定要进来的。它和银行的财务报表一模一样,只不过是存款变为投资,贷款变成了应收,就这两个地方变了一下,其他地方全都一样。这有什么不一样呢,在我们银行的报表里面有各项存款,有各项贷款,它是平衡表的两方,我们这边只要把投资者的所有的钱和借给投资者的所有的钱都放上,就和银行的报表一样了。从固定资产、流动性资产、非流动资产,到权益类全部都有了,它们的应收应付从里面都能反映出来。应收、待收、利息在里面全部都能反映出来,只不过这是个新兴的行业,可能在会计准则里面还没有设计出像我们这种投标、投资之类的东西。当然,你可以看看信托之类的报表,看看其他同业的报表,把它拿来都看看的话,从当中找出一个符合我们 P2P 企业、符合会计准则、符合会计原理的报表,是完全可以拿出来的。如果实在不行就采用银行的会计报表来,企业财务报表是统一的,是根据会计准则来的。会计准则是会计法,这个东西是不能去制造报表的,你要自己制出来报表是要搞出笑话的,我讲我们这些搞财务的人员不能连记账规则、账户设置、一级科目这些还要我来讲。会计报表有了,下面的一级科目怎么设置,一级科目下面还有二级科目,然后账本怎么记账,讲会计事项怎么归类,不就是这些东西吗? 都是一样的东西,性质是完全一样的,没什么区别。如果你们还没有收集来,我叫陈岑收集了两套报表,一套是一般企业的空白报表,一套是银行企业的空白报表,你们要不要看? 所以这一块必须马上介入,就是银行标准的会计报表一定要出来。因为我现在看的都是统计报表,而且统计报表还不完整,很多东西看起来还很不舒服,总觉得还不完整,或者都是一块一块的东西,我现在就是这种感觉,所以财务会计这一块要加强,立刻要搞好。

——2014 年 9 月 20 日第 42 期总经理办公会议

任何一个财务系统都有现成的,有借必有贷,借贷必相等

任何一个财务系统都有现成的,银行的也有,都是有借必有贷,借贷必相等,资产方、负债方等。有的科目名字改一下就行了,有的接口接到大系统里面就完成了嘛! 你就买金蝶的系统来,跟我们的新系统接上不就完了。

——2014 年 11 月 1 日第 47 期总经理办公会议

税收核算方法的探索与实施思路

第四个事情就是我对财务部门提一个建议,关于税收还有很多的问题,我们一定还要有另外的一套核算方法,一定要有。因为我们这个互联网金融本身就是在一个试探和摸索的过程当中,它到底适合什么样的财务办法还没有规定。没有规定的话,这本身也是一种摸索。在摸索的过程当中怎么样对我们有利,我们当然就会选择相应的方法。这不是搞假,就是讲我们要选择一套适合于我们的核算方法,包括合理避税,包括让员工多拿一点,包括有些递延资产摊销的年限等。像这些东西,我们的会计政策在使用的时候,我肯定要选择有利于我们的企业发展的会计核算方法。我并不是讲搞假,所以说一定要有。到最后,要有一套对股东交代的核算方法,就是我们付出了多少,我们赚了多少,要告诉他们,这是我们的家里人;另外对税务部门,我们讲实在是没赚钱,实在是没钱交,我们现在还捉襟见肘,有的钱还没有收回来,你这样搞的话我们连工资都没得发。那就要搞另外一套核算方法给它看一下,我们代收资产有多少,如果不给我们核销的话我们就没办法往下撑了。第三,就是要找一套规范的核算方法,这个是不管谁都不让看的,就是我们自己看的,就是按照银行的核算方法来做,就等于把无形资产加进去了以后,把所有的资产和所有的负债都搞好,搞好了以后我们就按照正规的方法核算出来。前面两个都是要改动的,给税务部门和股东看的都是要改动的,改动的原因:因为这个公司本身是在发展中的,在发展的过程中我们要寻找一条不同的路,有利于调动员工的积极性,有利于公司向前发展的核算方法。我们不是在违规,因为我们也不确定到底用哪种方法,哪种方法现在都不完善,所以这里我就给计财部门提出这样的建议。

——2014 年 11 月 22 日第 50 期总经理办公会议

财务数据派生以及对账思路

是啊,我没有进行深入的调查。我没有讲你们做的有什么不对,只是有些问题大家可能不懂,我提示一下。有些东西,只要牵涉到数据,包括统计数据,它的原身都是会计数据,都是财务数据,在财务数据上派生出所有的数据。管理上的所有数据都是从财务数据开始的,它是真实的银行账户记载,对记载的数据进行归纳,然后去掉小数点,不同的时期、不同的问题,个人的账户、集体的账户、不同银行的账户都是从这里面开始的。就像银行,最后年终决算盘点的是现金,你所有的账算完了看和现金能不能对上,最后一道关是行长查库,这查库干什么,不是看这钱有没有了,最后是对这个账,最后都对到现金上去了。

同样你这里经营,经营到最后对应到我们公司在银行的存款,所有的存款就是所有我们经营的结果。不是多和少的问题,问题是是否准确。这个一对你就知道了。比如你赚了多少钱,花了多少费用,摊了多少折旧,你交了多少税,到最后的财务成果是反映在银行账户上。这个账户只有对上了,那才对。银行账户、银行存款,加上你家里的库存现金,如果跟你会计上都对上了,那就对了。如果有差别,你要找出原因。以后你们只要有大量的数据,首先是财务上的,综合委主席是搞财务的,这个你是知道的。

——2015 年 5 月 16 日第 16 期总裁办公会议

6.4.2 计财部数据提取和运用

财务数据

计财部是整个单位的核心核算部门,兼顾合规性和公司发展需要。你们要把需求具体化,要说明所需数据及来源,以便技术部更好配合工作完成。技术上我建议采用银行财务核算方法嫁接。

——2014 年 2 月 25 日第 13 期总经理办公会议

计财部数据的运用和不良资产的跟踪

计财部的数据一定要真实准确,然后通过你们把账务上的具体不良资产信息交给市场部,并由市场部需明确这些不良资产是谁负责跟进,再提出解决方案,以后每月公布数据,落实到市场部个人。同时风险管理部建立信贷资产的贷后检查办法和报表模板。对于已在库的贷款,每月所跟踪的(市场部)项目经理/(风险部)风险经理填表了解项目状况是否良好,跟踪风险迁徙,直至贷款收回。人力部要核实内部架构,核好后今后资金的出口、入口包括账上余额,保持合理投资,对于闲置资金既要合理利用,避免资金闲置浪费,也要保证一定的流动性,注意流动性以便随时抽出。希望各部门配合把这些工作做好。

——2014 年 3 月 11 日第 15 期总经理办公会议

对计财部提供数据的要求

目前计财部手工整理数据,是保证过去所遗留的问题解决,工作量可能很大,但是意义也很大,希望你们把这个工作做好。其次,希望以后计财部每周提供五个数据:第一⇒头寸,就是我们的账上有多少钱可以支配;第二⇒站队资金;第三⇒信贷规模的存量;第四⇒不良资产的数据;第五⇒垫款数,就是我们垫付出去的金额。最后我要明确几件工作。首先是各分公司总经理的薪酬必须在总公司发放,总经理的卡号需要给到总公司,这就保证了我们的主要负责人是很干净的。但公司员工的薪酬体系在今年年底利润出来后要进行调整。其次,不良资产的数据要由风险管理部报给计财部,并由计财部核实汇总后再返还给风险管理部,再由资产保全部负责。计划财务部门在业务上是核心,每个月的分析都非常重要,为我们其他部门进行决策提供依据。下周你们要给出你们的一个工作进度。

——2014 年 6 月 14 日第 29 期总经理办公会议

处理财务数据和财务报表的注意事项

我插一句,每次出来的财务报表和财务数据首先你们自己要能看懂,你自己都看不懂,给我们更看不懂,还有的数据应该是连续的就连续起来,不要间断。不要像过去我要个什么数据你报个什么数据,我连这个数据是真是假都不知道,因为它没有连贯性,它孤立的数据分析起来没有依据,为什么我要求你们做统计报表的时候要同比、定比、环比、基比,一比较就知道差距和业务发展情况了。如果反映的不正确的时候你马上就知道了。

——2014 年 11 月 1 日第 47 期总经理办公会议

财务部数据指标应用于管理的逻辑、连续性问题

你们计划上很多东西都是不完善的，不能让我清楚看到我要的东西，没有意义。有哪些东西你们有把握不会垫付、哪些是可能垫付的，这样的东西给我的指导信息就是我要加强哪方面的管理了。这个方面的管理是在哪里？是在风险控制还是我们的资本金要增加，是存款，是投资，还是不良资产的清收？实际上就是要这些东西。但是你们的数据逻辑到现在还没有理清楚。现在的数据没有连续性，都是孤立的。每个月的报表，实际上一张表就解决问题了，每个月就是同比、基比、环比都应该有，利润的话也是，报数据一定要连贯。我要知道整个的财务状况，因为我是要进行决策，要有依据。所以计划上一定要准确，否则一定是不行的。现在你提供给我的指标，我就知道我们目前的利润的进度，我就知道目前哪些东西要加强，哪些东西暂时没有问题都要知道。

下一步计划的报表一定要准确，数据要有连续性。这样我才能核算出来我能拿出来多少钱给大家发。搞计划和财务的最终意义就是能给大家发多少钱。我们做了那么多的工作就是让大家可以有更多的回报。所以这个事情大家还是要抓紧。

——2015 年 5 月 9 日第 15 期总裁办公会议

计划财务加强数据构成、解决、提示、反映数据的能力

计划财务上的问题我一直在讲，随着公司往前发展，过去一些数据要慢慢清理出来。业务发展快，统计毕竟是后续的工作，我就没有加以过多的重视。现在规模上来了，我们现在财务的核算包括我们一些会计数据、统计数据对我们管理的指导和提示、反映越来越重要了，规模越大越重要。

因为我们流动性缺口每天的扩大与缩小，银行存款的多与少直接威胁到所有投资人是否提现，搞不好就会穿。这种风险很大的东西要及早地提

示管理者和各部门,必须在哪个方面加强、在哪个方面采取措施,不采取措施的话就会出现巨大的风险。

构成、解决、提示、反映数据这样的基础,红岭创投目前来讲还是非常差的,很多数据可能大数据库里都没有,也并没有建立起适应现在的数据管理体系,管理的人素质也亟待提高,我希望计划财务部门立刻积极起来,不行我要换人了。如果跟不上赶紧学习。今天计划财务作为很重要的一个事情提出来,下一步我要开始注意了。资金的核算、利益的核算、资金的调度、头寸等都不是很清楚,需要支援的时候总公司分公司所有人员都可以作为支持力量,需要什么给什么。

——2015 年 5 月 23 日第 17 期总裁办公会议

计划部门工作要点:财务数据要有利于管理的制度建立

这个计划部门的事情我再强调一点,计划部门在公司的运营中是最重要的部门,它的基础是会计,从原始数据上来,然后制订整个的计划,包括每天的头寸表,通过这些数据来看到我们工作当中的不足,和我们所要努力的方向,一定要有利于我们的管理,这个思路我们计划部门应该尽快地建立起来,要能看出一种趋势,一种预测和经验,看出一种记载。这一点我们黄总做得比较好,每次讲话都能考虑到全局,这个思路就对了,特别作为部门来讲都应该这样考虑问题,公司这条大船才能往前走。

——2015 年 5 月 30 日第 18 期总裁办公会议

对公司各项指标的测算要求

就是你们后面整个业务经营规模的精算,我看了一下,略显简单了点,这个东西不是要把它复杂化,一定要给经营班子和各个部门下达任务的时候作为一个理论依据。就是某种要素不变的情况下,到年底零售要做多少,对公要做多少,我们的经营才能出现拐点,继续往上走,我们要定一个目标,测算的目的是要找到这个目标。经济规模要做多大我是不知道的,拐点什么时候出现我也是不知道的,那只能在发展过程中去测算,不行你就简单一个外推，推到好比我们现在整个信贷规模是200亿元，这其中待收是多少，如果待收达到多少我们就达到反转了，这是一种因素的分析，这是待收恢复到多少。如果待收维持不变，我们业务规模要做到多少才能维持整个盈利情况，包括消化能力的安全。那么业务发展当中，最可能发展的是零售业务，我们零售业务做到多大，我们的能力是多少，其他东西需要哪些人去解决，要分析出这样的东西来，这样我们对各个部门下达计划的时候就有依据了。目前这个报告我看了一下，研究所还参加了，可操作性再加强下，因为这种思维要有，这样今后在制定长远目标的时候就知道该怎么走了。我就提几点建议。不错，完成了，有了第一步就好，慢慢就会上正轨了。

——2016年5月9日第15期总裁办公会议

6.4.3 对资金头寸表的要求

对计财条线提供的资金头寸表的要求

那个银行存款的表我不要了，那个表没用，我要看到这个表的结构是怎么来的，钱是怎么来的？反正你搞一个统计表，让我看得出来哪些钱我能用，哪些钱我已经超出了，我要看这个东西。看不到这个东西不行。

就是说你现在每天发给我的银行存款的表不要了，搞一张资金头寸表，我要看到站队资金多少，银行存款多少，还有发标的多少。安徽的5000万元到现在还没有给人家，你现在上面反映的3000万元存款实际上占了人家5000万元，这些都看不到。我都要有。就是以后这张表换掉以前的表就行。

——2014年9月20日第42期总经理办公会议

头寸表的制作要求

你采集哪些数据，他们又从哪里采集数据，包括原始数据，一级数据、二级数据、三级数据，一级一级累计上来的。那就讲我们构成这个头寸表的有几级数据，要分清楚。归纳起来最后要给我看什么。这个逻辑线一定要清楚，否则这个表没有用。我只看到一个流动性。流动性有硬的流动性和软的流动性。特别是你们的内部资金的流动上,在增加和消耗的时候会对我们产生什么影响,当我们垫付的时候会产生什么影响,垫付收回的时候会收上来。这些都要有。像这种统计报表是管理的指引,是日常管理的指引。只有看到这些东西,我才能知道哪个地方没有搞好。包括你们计划部发的逾期违约通知单就很好,发现以后就立刻通知,这个动作是对的。你的头寸表的话是提供给我的,通过这个我就知道哪个地方出问题了,哪个地方进步了,哪个地方需要解决,这一张表就都看到了。哪天你和小陆两个人到我办公室来,我给你们讲一讲该怎么做。

——2015 年 1 月 24 日第 3 期总裁办公会议

6.4.4 对年报、季报、月报及其他统计表的要求

对计财部账务和报表的建议

你们的报表还是有问题。垫付金额肯定不止这些。你们要和税务部门建立良好的沟通渠道,多了解如何计提呆账准备金。多学习肯定没有错。还有这个表,要增加定比、同比、环比三个数据。还有要分开列出固定费用、变动费用增加多少,弄清楚是什么费用增加后再进行分析。

计划部门的事情游总最近可能要辛苦。财务工作、会计工作最大要求就是真实。搞不清楚就是失职。原始数据的归集在哪都是最难的。分清工作,才能把计划工作和财务工作真正为决策作出依据。项总来了,希望能看到比较清楚的内容。确认出有效数字,计划工作才真正地开始。

银监会开会是好处,对我们是利好。这是一个新的东西,我们都在学习,对这个行业的理解,也很快,我们的出发点肯定是一条合规的路。监管前一定会有一套文件内容,我们要注意规避主流问题。项总将会议精神向我们传达,也让我们安心。

——2014 年 5 月 24 日第 26 期总经理办公会议

统计报表的要求

数据无意义,只知道数字而已。统计报表的统计目的是什么?才会有

定比、基比、环比，才能找出来哪些需要加强，哪些不错需要表扬。

——2014 年 6 月 7 日第 28 期总经理办公会议

统计表是给别人看的，里面的逻辑性一定要清楚

你这个统计表又有问题，本周新增 1 笔，发放款 2 笔，放款金额是 60 万元，审批通过金额是 5265 万元，放款金额是 4000 多万元，我就讲你这个横的统计表，交单一笔，放款两笔，人家一看莫名其妙。你应该有个交单累计多少笔，然后你才有可能放款两笔。还有放款金额也一样，累计数据审批通过这些金额从一开始到现在是多少笔？我们很关心这个笔数，那就可以算出平均每笔是多少，放款金额是多少笔啊？这样的统计表才有意义。统计表是给别人看的，这个里面的逻辑性要清楚，这一方面要补充起来。

——2014 年 11 月 8 日第 48 期总经理办公会议

统计报表用于公司管理

计财上有些报表比过去快了很多，尤其是每个月的财报。头寸表现在基本可以看了，但是还是需要完善。这是个统计报表，这个统计报表怎么归纳总结得更加精确。我们看无非是看管理上的重点和失误，有什么风险，管理上要采取什么措施。比如什么时候我们的垫付不增加了，才是进入良性循环。现在公司在急速发展的过程当中，定下来一个东西确实不客观。我们发展形成的新的盈利和规模超过了垫付增加的规模，垫付比重还是在下降的，但是是不理想的。这个可以理解的是大家一点经验都没有，但是我们慢慢看清楚了，后面只要解决流动性，成立资管公司，拿到资产立刻可以流动，我们垫付马上就可以下来。好在我们风控在抵押这一关上把控得还可以，打 80 分。这个地方不能再有任何闪失了，我们等于在最后一搏。以后不出这类问题，公司的管理就上正道了。我们等于是继往开来的一代，过去红岭比较小，现在很多人已经看到了红岭未来的发展方向和规模，我们对自己的要求也要高标准。高标准就是工作要细致，要有效，对个人来说还是不要

偷懒,不懂就问,错了就改。

——2015 年 6 月 6 日第 20 期总裁办公会议

6.4.5 对年终决算的要求

计财部对年终决算的安排与后续事项

这是一,第二是马上到年底了,计财部对整年的年终决算要有个安排,因为以后你跟银行是一样的,在途是多少,总公司和分公司之间的分配,股东是什么意见,全部要做这方面的工作了,年终决算要做好,做好的话也要对今年的考核利润提出大致的分配方案。因为账面利润那是在于我们调整的,你们调回去就有,不调就没有,亏损就亏损,那是给税务局看的。

——2014 年 11 月 15 日第 49 期总经理办公会议

年终决算的准备工作、内容与执行流程

我们还有一个最重要的工作就是年终决算,因为过去可能不办年终决算,但是我们今年一定要组织一次年终决算。现在这个机构,这个规模是必须做年终决算的,不做年终决算,根本就没办法算账,这怎么算?跟银行一样,到 12 月 31 日零点前最后把所有的账目结清,包括利润、不良资产、分配方案等,我们 30 多年,年年如此。以后红岭创投也可能要这样,年年如此,当天加班是有加班工资的,按照双倍加班费计算。元月一日开始就是全新的年度了,所有的工作重新开始做。现在年终决算所有的工作都要开始做准备了。年终决算还是由财务部门牵头,最后拿出个计划,需要哪些部门配合,年终决算都是组织过的,包括固定资产最后的核实、盘点,各个分公司的固定资产全都要搞一遍。各个部门都有任务,市场部门有哪些待收,能够催到怎么样的程度,心里都要有数。年终决算那天我们企划部门、线上运营部门有哪些工作,因为这是比较新的东西,原来我们在银行基本到年终决算都是属于帮忙的。而本部门没有什么实质性的工作,但是线上运营是不是也应该有点工作?所有参与我们投资的客户是不是也要有些交代?是用余额

的方法交代还是用今年整个的交易成果还是什么方式，年终决算的时候也要给人家一个交代。当然这个不做特别要求，只是这样让别人知道我们这个是比较正规的单位，到年终以后，大家都有这样一个账在这个地方。企划部就准备一下怎么把我们的经营成果在元月一日客观地宣传出去，当然有些数字是不宜公开的，我们就用增长速度来解决，不讲基数，只讲增长速度。增长速度都是相对数，看不出来什么东西。这些都要提前准备，不要到时候手忙脚乱，我想到这个问题，我怕我等会搞忘了，就先提示大家一下，各个部门汇报工作，到最后我再来总结一下。另外就是，中途一些重点工作我可能会做一些强调。

——2014 年 11 月 22 日第 50 期总经理办公会议

年终决算的安排事宜

这里面的工作最重要的就是年终决算。这个工作应该是由会计部门组织的，包括整个的人员、财产、资金、利润各个方面，哪些部门要提供的数据，规定从哪一天起就要报给你们了，有些固定资产盘点都在里面了，各个分公司的都在里面。年终决算是要有通知的，就是每年都一样的，包括决算那一天怎么安排，在途资金怎么搞，还有费用截止到哪一天必须报，还有发票年底前截止到哪一天就停止报销了，完了以后就要等到明年了。就是财务上全都要干干净净的，保证我们年终决算后，我们所有的财务数据都是真实的。这项工作，到月底前就二十几天了，这二十几天内这项工作应该做一个周密的安排。现在的年终决算比过去要简单一点，全部由电脑完成，收集以后要确保这次年终决算的顺利进行。年终决算以后，最多三天财务报表就出来了。这一年整个的经营成果就出来了，后面会跟着整个的奖金分配和利益分配，都要有。我就讲这些，你们到年底之前的年终决算要安排很多的事情，以及明年的工作安排，还有财务、计划的执行情况。

——2014 年 12 月 6 日第 52 期总经理办公会议

6.5 财务预测和资金错配与调拨

资金错配和资金调拨

好，那我马上再看一下。就是头寸表里面把可垫付的加进去，加进去了，我基本上就可以看清楚整个资金结构了，另外就是我讲的资金错配的问题，因为这是你计划上的东西，整个资金的调拨是在你计划上的，等于是有些东西要反馈给审批部门，让我们的审批部门要了解它在放款的时间上，不是企业要放款多长时间就多长时间，而是我们这边要有计划地去安排是多长时间，这样就使我们的资金衔接、错配、资金调拨都能衔接起来。它这个和银行的存款还不一样，在某一些方面我们带有一定的主动性，因为我们标不挂，资金就不会来了。那么这个时间怎么安排，还有期限上怎么安排，我把它浓缩成了一张表，现在你看懂了吧？

不是，我现在就是要求你们每个月都有它的错配，就是每一笔，然后要把这个表反馈给审批部门，他们在审批的时候就知道那个月到期多少，那个月有可能出现流动性风险是多少，他们就知道怎么去安排了。这个按理讲，一个银行要有一个资金调度会议，就专门是调度资金的，资金调度会是由计划部门来开的。你们是从来没有开过资金调度会，好不好。资金调度会就由信贷部门、存款部门、投资部门，我们这边就是市场部门和信贷部门参加的。要组织多少资金进来，我的贷款要放出去多少才能达到我的平衡，这是资金调度会上要解决的问题，是由计划部门牵头来进行的。到现在为止一次没开过，所以希望以后能一个月开一次会，这样子才能知道我们整个资金调拨的情况。再一个资金调拨专门都要有一个资金调拨岗，统计岗，计划岗，财务岗都要有的，这样的话工作才有序。行了，你这个计划部门把这个事情继续往下搞就行了，另外现在程序的开发可能马上就要讲，讲了再说。

——2014 年 10 月 11 日第 44 期总经理办公会议

按月归纳期限错配表对工作计划和决策的指导意义

那是,那是最大限度,(流动性缺口)是五亿五,我算过。我让计划上搞过一个期限错配的表,还让李佳参加,最后帮你统计了一张表。你一开始拿过来一大堆表,也没归纳,把每一笔都搞过来了。你归纳一下不就行了嘛,对不对,就是不知道怎么归纳,现在归纳出来了就知道每个月到期多少,按月归纳不就完了嘛。每个月到期多少,需要多少,一旦它都不能归还的时候,我们这个月需要垫付多少。每个月都要有这样的数字,有数字的话,我们的计划部门、风险管理部门在进行到期错配,甚至于在进行资金交易的时候都会考虑到这个错配的缺口。这个是每个月都要做的,而且还要做得很准确才行。就要每个月的缺口大概有多少,几月份我的缺口大概是多大,一旦出现的时候,我用哪些资金来进行弥补。这个表是刚刚才做出来的,你们还没有正式地独立出来,我要你的错配表,每个月都要看到。从现在开始,你发放贷款,每个月都要做一次错配。到下个月底再做一次错配。这个错配做出来就可以看到每个月的资金缺口在哪里了,然后再跟我们每天的投资调度配合起来。

原来是每一笔拆几个全都搞出来了,那个你根本没法看,厚厚的一摞,你这个有什么用。我讲,你马上按月进行归纳一下,他们不知道怎么归纳,我让李佳他们半个小时就搞定了。这样错配的东西出来了以后,我们就能看到每个月的错配应该是多少,然后我们借以各种方式,包括流动性风险控制权的使用,包括我们资产包多少钱要打出去,包括我们还有其他方面,增加流动性风险的控制或者是讲补偿的机制、资金的来源,包括向周总汇报,增加资金,这些东西我们都有一个计划,这样才会不乱,我们才有心思去组织正常的工作。否则你这个计划都没有,搞得好好的突然又出问题了,那到最后就麻烦了。所以我们计划部门在这方面的工作是非常重要的,给领导要制定工作决策的计划方面的依据,要让他们知道哪些地方需要提醒了,要提前一段时间让我们知道,这样才不会出现大问题。

——2014 年 11 月 1 日第 47 期总经理办公会议

成立预算委员会的原因与必要性

但是你们牵头成立预算委员会，然后下面具体的经办人员，就是审核员要有人签字。任何一样东西要是没有人签字，我不知道是谁负责，稀里糊涂搞到我这个地方多少多少钱，问核过了吗？没有核过，那你们领导怎么都签字了呢？他说过去就这样，那不行，杭州的预算为什么我打回去了，这不是钱多和钱少的问题，连预算都不审核就直接批钱，我不踏实啊，最起码要有个标准的审核。审核也不难，就是第一有个施工图，后面有个料工费就完了嘛。就这么简单，你审下来以后感觉面积是对的，用的材料是真实的，花的费用是真实的，给他的费用和利润是真实的，那就行了，该多少钱给多少钱了。如果没这个过程的话，你什么都不知道，你连多少平方米都不知道，花了多少钱你什么也算不出来，这个事情只有我们计财部来牵头，计财部就专门安排一个岗位，增加一个财务审核，就是预算审核，预算审核不需要看其他东西，只要施工图能看懂，面积能看懂，在一个各项材料的价格网上都能搜得到，再一个就是人工费用，一个大工一天是 300 块钱，小工一天 150 块钱，你用了多少大工，多少小工，所有大工价格是一样的，五个工种，木工、水工、电工、油漆工、瓦工，搞什么装修都少不了这五个工种，大工一天的工资就是 300 块钱，这项工作要几个工来干，算一下这个工资就出来了，另外给他加多少利润你们定。加 50% 我都没意见，但是一定要清楚。好不好，你加 100% 我都没有意见，你愿意给人家赚钱的话我没有意见，但是这底下必须清楚，你不清楚的话就把我们都当成糊涂蛋了，是不是？特别是搞财务的人，你更是不能当这个糊涂蛋。所以讲在下周会议上把这个事情落实。落实以后，我就不担心了。因为往后 30 个分公司装修就是一大堆东西，还有那么多的体验店的装修也是一大堆东西，这个成本核算没有人搞是不行的。

——2014 年 11 月 15 日第 49 期总经理办公会议

预算委员会的成立与职责

我上次和项旭副总经理探讨了一下，以后要专门有一个预算、概算、决算委员会，和审预算的一个部门，哪怕只有一个人。这个不归到人事部，这个应该归到财务部门，这件事项旭副总经理抓一下。包括整个工作计划，工资等都可以由你们抓，上面有个预算委员会，包括我、周总都参加，不光是我们装修的预算，还有采购的预算都有。这些预算也都经过预算委员会，应该在财务部门进行审核，然后上这个预算委员会进行审批一下。一旦审批下来，各部门按照预算执行一下就行了，马上跟分公司之间的分成问题，核算问题，都是一些账务上的东西讨论一下，这样以后你们也轻松，我们也轻松了，下面的人知道怎么去做了。这个我没有怪大家的意思，因为这个公司以后慢慢地走向正规，也越来越大了，里面很多东西，不规范起来就会搞乱掉。部门有些职能的交叉，部门定位不清楚，由谁管的就是谁管的。

——2014 年 11 月 22 日第 50 期总经理办公会议

各部门费用的上报问题

你们各个部门，特别是现在的一级部门、一级半部门，你们每个部门需要什么费用都要报出来，各条线的领导要抓一下这个工作，然后计财部才知道全年的财务费用。

——2015 年 1 月 17 日第 2 期总裁办公会议

分公司利润预测方法

虽然分公司什么时候上报没有办法确定，但是它们的费用是有上限的，你就可以加入放到最大，然后进行预测。最后的实际一定就是在这个上下波动了，这种预测能力是要有的。它的费用是有上限的，不管它有没有报账，我预测这个费用有多少，我基本上不会犯错。这样的话，公司里面就知道每个月的利润是什么状况，在进行战略安排的时候就有依据了，在安排工资、福利的时候，我就知道哪些钱可以用，哪些不可以用。如果财务上提供给参考的数据都没有的话，你们这个部门就没有用了。所以这个数字回去搞清楚，不清楚不要紧，多问问就可以。

——2015 年 4 月 25 日第 14 期总裁办公会议

做好一一对应，避免资金错配时出现风险

只要我们刚开始抵押时一一对应做好了，如果出现错配，我们的资本金一定要把这部分覆盖，我们的资本金和自身的风险准备金能够覆盖错配的这一部分，不是你掌握，是我们总公司掌握的部分。因为总公司也有站队的资金，有借款企业已还但未还投资者的资金，也有投资者已投标未满未给企业的资金，不能让这些资金放着，之间可能会产生一些错配，这种错配不是主观的错配，而是客观把资金利用率最大化的一种错配，这种错配是客观上需要，而不是主观上有意识地搞一个资金池。我把道理讲给银监会听，它都服气。如果我的资金闲着，是要付高成本的，我们不能不运用出去，只要没有自营，不是为我自己服务，还是围绕投资者服务的话，我就不应该有问题，这点从理论上到实践上基本已经考虑通了，生态已经考虑完了，接下来就是一步步往下落实了，你们往前走不会有任何问题。我对你的要求，一点，就是报项目的时候抵押一定要真实并充足，这个只要做好了，后面的事情都没什么问题，老百姓手里有上百万亿元，现在我们平台才有多少，一万亿元都是很小。像你来了，再来几个稍微专业一点的，一万亿元根本不费多大事，北京能搞两千亿元，你先搞个两百亿元让我看看。

——2015 年 7 月 23 日张宇总裁与北京筹备组段建宇组长的谈话

特议标比重上升，计财部必须重新进行财务预测分析

从风险管理部、贷款审批部报告特议标比例超过 50%，这对我们整个营运模式产生新的挑战，我们财务部门就要重新算一笔账，议标和特标的利差能不能承受得了我们现在的财务费用，必须算出来。因为我们过去的营运模式是建立在快借标 6% 的基础上计算出来的，包括分公司分配都是按照这个来的，新的出现后，我们后面的比例应该按什么进行，这就给我们财务方面提出了要求，必须跟着走，有比例按比例，没有比例逐笔核算，我们不就这么多贷款，把每笔贷款收入算出来，跟原来的一算有多大差异，用新的财务管理办法和政策，才能导致我们干活还有点效益，不要最后都是亏的，那特标、议标都不要干了，没办法活，生存不下去。

再一个就是说如果利差变小了，我们的量要增加多少？这就是财务部门算的事情了。要达到多少量，才能达到养活这支队伍的水平，而且大家收入不能下降，这里也有财务分析问题，这里告诉我们前线是发快借标还是发议标，还是放特标还是上本标，都是有一个收益的变化。四个里面最明确的区别就是收益的变化，快借标最高，其次议标，然后特标，本标收益最低，但本标风险最小，但风险跟收益正比，这就真正跟市场接轨了。在这里我们要找一个支撑点，才能保证我们业务政策运行下去。我对财务部门就提出这样的要求，这周你们把我们现有放下去的特别是新的贷款做一个预测，预测后就知道我们年底要怎么控制。

——2015 年 11 月 21 日第 39 期总裁办公会议

6.6 固定资产盘点

固定资产盘点要求

你们就成立个固定资产盘点领导小组，游总任组长，各部门资管员任成员，配合小组完成工作，一年盘点一次就行了。

——2014 年 2 月 25 日第 13 期总经理办公会议

6.7 分公司的财务制度和报销流程等

关于分公司报销的问题

分支机构的财务问题，重庆分公司没有拿到 10 万元的原因，没有及时处理好。以后各个领导要经常查看 OA，保证流程顺利进行。分公司开业前期的费用问题要及时解决，该拨款要拨款，但手续要完整，要有原始凭证，只认主要领导。总公司的每个部门要摆正姿态，为分公司服务。批示过的要尽快完成，错了就道歉。这样我们才能和谐地发展，一起进步。还有技术部的问题,你们的速度还没跟上,是不是过去的办事方法不正确?如果是的话,就要对方法进行完善,错了就改,不懂就问,向专家学习,进而作出解决方案。

——2014 年 4 月 8 日第 19 期总经理办公会议

分公司前期费用的规定

重庆分公司是我们正式开业的第一家分公司,这个是定死的方案,不可能设立子公司,只有分公司的形式。第二,关于 50 万元的前期费用,是无封顶的,用完了再来报就行。我们的文件就是这个意思,你可以转告他们。但是必须要发票,实报实销。一开始就要把这个规矩立下来,该花的钱可以花,这个我们也不限制为 50 万元,因为它可能不够,也可能用不了,但是不管怎么样,最后都会记到分公司的账上。最后算你们的年终利润的时候,我们拿 70%,你们拿 30%。所以他们花的钱是自己的钱,只不过我们先帮他们垫付而已。这样的话我们就要有一个依据,不能乱来。

——2014 年 4 月 22 日第 21 期总经理办公会议

分公司报销流程

他们只要知道报销的流程就可以了,只要知道哪些东西能报,哪些东西不能报。内部的账户处理就不用学习了,他们不会涉及。他们本身就是保障制。他们来总部一是混个脸熟,一是了解一下工作的流程。所以来的时候要尽可能要让他们都知道,知道整个流程就可以了。

——2014 年 4 月 22 日第 21 期总经理办公会议

分公司核算体系,与总公司的对接,利润分成、费用列提

财务下一阶段重要的工作就是核算,各个分公司的核算体系和总公司怎么对接,包括利润分成。所有的费用列提以后,所有的分公司单独核算,在总公司有单独的账本,记录各自的收入和支出,利润也清楚,但不需要告诉他们。当费用全部列支完以后,剩下的利润,我们给他 30%。这是主要思

想。我更急的是今后的发展速度,只要把政策跟分公司讲清楚了,他们的积极性就很高。如果分公司经理方面有问题,由总经理上会进行讨论,如果能做的放弃了,那么就有责任了。

计财部的工作中,分公司的财务管理是重点,日常开支和服务,购进固定资产打报告,费用来源都需要找计财部解决,批准后上会就行。

——2014 年 4 月 29 日第 22 期总经理办公会议

对分公司财务管理和计划管理的要求

第三点就是讲到财务管理和计划管理这一块。就我们项总这一块在做。刚才大家也提了很多的意见,包括租房子问题,包括费用的问题,包括临时招聘几个人的问题,这都不是问题,我全答应你们。而且我都已经答应过了,只不过沟通没有充分,信息不对称。所以这三方面的问题,你可以直接找项总、找胡总、找牛总。因为在这三条线上,他们是最高的负责人,不需要找我,他们决定了就决定了,你们放心,这些都不是大问题。包括说一个人单打独斗很辛苦,我想招两个人,这没问题,你们招两个人就是了。费用 5 万块钱是可以据实列支的,你不够可以添一点就是了,你只要花的是地方。但不要搞个大发票把钱领取了,我不知道你是怎么花的,这就不好了。在我们公司不要出现这种现象,这种现象我不欣赏。据实列支,包括交通费、房租费、咨询费等等,据实列支干什么事情实事求是,这个没有任何问题。包括请的人不好搞工资来列支,因为不是这个公司的嘛,我们这里有税务局来查我们,我们开支不合理的话还会来找我们的麻烦。你用一些合理的方式,包括稿费,你写了一篇稿子,写了一些材料,给人家稿费,讲课费,干什么都得有个记载。这样检查的时候,我们也不会理屈。我希望大家坦诚相待,诚实,大家在一起共事,往前走的时候,才会开心。遇到困难的时候,大家绑在一起才有力量。我就总结一下今天我们十九位同事的发言,我谈一谈我的观点,下面就请我们三个条线的领导各自把他们条线的想法最后给大家做一个总结性讲话,谢谢!

——南京分公司开业总经理座谈会

筹备组筹备期费用情况

那么作为一个省级分公司,你要叫海峡分公司的话,那么海峡分公司的本身,它的业务是可以在全国做的,也可以交叉的,你们做到台湾去都可以,都这没问题的,但最后成交的话还是在我们这个平台上,在总公司的平台上,总公司所有人都知道,五条线,等我们把公司的文件给你以后我们总公司的服务都会做到位的,包括你的费用给你三个月的筹备期,三个月的筹备期的话要弄到五个亿的贷款,发放五个亿的贷款就可以开业了。在这三个月当中,每个月给你五万块的费用,就是给你个人五万块钱的费用,这五万的费用里面包括你请客吃饭,包括来回到总公司汇报的机票啊,包括租个小房子啊,你要有个小团队讨论讨论问题啊,当然在一起,还有就是你请别人帮你做什么资料了,那个稿费啊,都在这五万块里面开支,这样筹备组给你三个月的时间,每个月五万块钱,你到时拿发票来报就可以啦,这样不至于太紧张。

——张宇总裁面试海峡筹备组

筹备组年薪标准和费用标准

但是任务一定要完成,完成不了的话,开不了业的话,我们就要换人啦,开业以后,我们的年薪都一样 50 万元,50 万元是你的工资打到你的工资卡上,除此之外还有奖金,奖金是很高的,像你这样完成五个亿的话,你的工资在 150 万元以上应该是这个水平,如果你做到十个亿的话我想你的年薪应该就在 500 万元了,很高的,这一切都要靠你自己,

这三个月里面每个月给你五万块钱的费用,这五万块钱是打到你个人账户上的,你只要拿发票来报账就行了,这个很简单,这个费用是干什么呢,你招人做个资料啊,你来回公司请示的机票啊,你请人吃个饭啊,不是工资,全是费用,你拿发票来报账就可以啦,另外在这三个月允许你兼职,你还可以在原来那个单位不下来,这都没问题。

——张宇总裁面试宁夏筹备组

完善财务管理办法,对分公司的管理要周延

财务管理办法我们要重新完善,包括对分公司的管理,不能有空缺,一定要周延。给分公司的费用里面,列支范围一定要清楚。第二,要规定列支的权重,即一块费用在总额中所占的比例。第三,总经理的权限,就是一些特殊报销的东西要规定和约束。从长远看,各分公司肯定还有独立核算的地方,从短期看,是集中核算。开支范围一定要有规定。财务上这一点非常重要,这次的财务检查我觉得很好,在检查中和检查后要出具一系列的财务制度把管理制度细化。因为前期公司规模比较小,越往后越要规范。关于合理避税刚才综合管理委员会主席提出了一些建议,我提个建议,一切遵守税法,但是在每个人可以报销的费用中,只要能够报销的都给报销,家里的、正常开支的发票都可以在公司报销,报销后,在税前扣除,等于企业的成本。剩下的部分按照标准缴纳个人所得税。关于营销的部分,有些可以拿票报销的,这也要做个合理规定,哪些可以报销,哪种比重下可以报销。这个不需求征求意见,大家都希望拿到的现金越多越好,但是大家必须遵守统一的规则,发票多少大家自己调整,财务上给每个人一个额度,接下来就按照国家规定来执行。

——2015 年 10 月 10 日第 34 期总裁办公会议

对分公司财务管理的要求

分公司发展的过程中,我们判断不足,首先我要承担责任,一个是出于对这些分公司老总的信任,财务部门也是出于对他们的信任,由他们自己支配,但是确实我们制度也没跟上,很细的制度没有跟上,尽管有国家的法律,但与具体执行的法律之间还有衔接,我们没做,不要紧,我们立刻纠正,财务经理的招聘问题我是坚决支持的。

另外开支的范围,也要有大致的规定,可以有一定的自由度,但不能为所欲为,明明是公家的账户,转到个人的账户,动机是什么? 这种自觉性都没有吗? 因为这块对于分公司的管理,制度上没有,如果有的话,转账这一个动作就是贪污了,最起码是挪用,就是犯罪。财务的纪律和国家的会计

准则一定要遵守。做个规范也不难,列支范围做个规定发下去就行了,没有制度我们立刻建立制度,以今天会议上的精神为原则处理事情。遇到问题,大家不要慌,一起讨论,这就是集体决议了,先这么执行就不会出现大纰漏。

我们现在的管理是按照上市公司在进行,高管都是来自于上市公司,有董事会、监事会、经营班子,每年的股东大会、监事会、董事会,经营班子都是正常的,我们的分公司也一样,都要按照上市公司的要求来。

——2015 年 11 月 7 日第 37 期总裁办公会议

关于对财务工作上分配问题的指导

我来讲一下,因为刚才涉及这样一个问题是公司管理当中一个核心的问题,就是分配的问题。这是涉及每个人的,涉及管理,涉及每一个分公司的,所以说分公司的老总也好,部门也好,对反映都很敏感,的确取决于员工他干得怎么样。在这之前有过一些分配办法。但是这些分配办法到目前为止都不是周延的,不是完整的分配办法,特别是对于分公司在创造业务和收入,和自己的工作质量方面,与它最终所取得的收入,跟它自己得到的利益之间的关系到目前没有很明确的文件。这是个大事情,分配这块一般是由财务部门来做的,但是在制订分配计划的时候它的基础又是市场,包括资产保全,包括相关的部门投资理财等等。我的建议就是我们多长时间能够拿出一个比较完整的分配方案,拿出方案后各个部门以纸质的方式,不要以线上的方式,因为线上的方式有时候修改很麻烦,纸质文字的增加和减少都是看大家提出的意见,大家要多提出点意见。在总公司的意见统一以后,再让分公司也看一遍,看分公司的老总们有什么样的想法和要求,他们也要提出来。这样我们再商量最终的一个方案,在实施当中的阻力就会变小。让大家在各个角度提出意见,最后制定出来的制度和结果可操作性就强多了。在新的方案没有下来之前,先按老的执行。有了新的方案以后,只要经过办公会审批的都可以执行,但一旦有矛盾的话也不要立即否定,包括对客户经理的管理方案,对市场人员、兼职人员的管理方案,都属于这个方案,属于费用的管理体系。如果说完整的方案拿不出来,先单个拿出方案也可以。看分公司的收入到底和哪几样东西挂钩，之后根据什么样的原则来掌握一个统一的尺度。有了这个统一的尺度各个公司才能步调一致。这样一来的话可能就不会有什么大问题，再一个可能不会那么快。

——2016 年 6 月 20 日第 19 期总裁办公会议

关于分公司的财务分配问题

张旭明总讲得很好啊，第一我要感谢三位老总参加这次办公会。第二我要感谢你们提出来的所有的问题。第三我全部听进去了，我也接受。第四我要想办法解决这些问题。这是我的基本态度。同时像分公司的这些问题是长期以来形成的，就是分公司设立开始，有很多的制定政策的标准和依据都在变化，产品也一直在变，分配的方法也一直在变，我们想拿出一套让分公司、总公司，让每一位员工各级干部都能满意的分配方案，因为没有理由跟分公司过不去，如果有理由的话那就是狭隘的，我们难道不知道分公司不好了，还有我们总公司吗？这个道理肯定懂，但是反过来分公司也要考虑，如果没有总公司还有分公司吗？它们两个完全是一个相互依存的整体，从不同的整体来发现自己对这件事情的看法和想法，比如说我们颜总，账算得很细，3 个亿，一个亿特标，一个亿议标，一个亿快标，然后利差是多少，利差才能算我们的收入，可不是利息的收入，要减去我们对投资者利息支撑收入之后才是我们的收入，这个收入我们不知道计算是不是有误。这个利差有这么大，利差大以后分配比例是怎么定，过去财务有这样一个分配方法，我也同意，董事长也同意，不是哪一个人能定下来的，是经过文件研究一级一级发下去的，所以你也不要迁怒于哪一个部门，更不能迁怒于哪个人，这个是经过一级一级地审批下来的。既然分公司有那么多的想法，从你们的角度，就是调整分配方法，如果能够调整成总部满意，分公司也满意，我们干吗不施行。为什么要不施行，没有理由，我们肯定也是找一个对于分公司有利，对总部有利。同时对发展好的有利，对发展不好的也要兼顾。对个人利益要满足，对国家利益也要满足。如果仅仅从一个角度去看问题或者想问题的话，还会产生一些摩擦和认识，永远不可能一致，不论任何事情永远不可能一致，但是不要紧，我们可以求同存异。大家共同认识的东西，觉得最基本的东西要继续保持,那些具体的问题上我们要针对性地解决。我们颜总是代表性的,可能有一些分公司委托我们颜总对于分公司对于分配方面及对业务开展方面的建议,把它汇总,也是非常辛苦,这也是关心公司的建设,所以说非常感谢他,因为他在中间不仅担任了反映情况的作用,更重要的是把各个分公司的意见汇集起来的作用,这个就是无私奉献,没有道理地感谢他。首先我感谢,而且我听进去了,我只是想请我们各个部门,颜总提出来的意见只要涉及各个部门的,各位一定要听进去,同时最终要落实,而不是表个态就好了,一定要落实,怎么落实,把我们颜总所提出的问题他有一个书面的发言,一会交给我们办公室,办公室把它复印出来,分别交给研究和决定这些政策部门,这些部门去进行一些实地的验证,分析调查,到最后拿出一个实际的依据,然后根据分公司的要求制定一个新的办法,新的办法可以有两条腿走路,一条腿是要分公司自己制定,我们看行不行,还有一条就是我们制定,让分公司看看行不行,然后把两个办法搞在一起,大家都认可的东西搞在一起就实施了。不论是我们的业务发展还是利益分配,因为整个的经济现象就四个环节,学经济学的都知道,生产,交换,分配,消费。生产交换的环节在我们前面,我们在干,消费者环节在后面,分配的环节在最关键的环节上,分配在整个环节里面不仅是分公司的分配,总公司的也一样,而这些办法也是一个很重要的政策,一个国家靠宪法维持,一个企业靠企业管理的法规运行,那么分配也是有分配的制度,制度好坏人能变成好人,制度不好好人都变成坏人,因为约束着他的某些行为,鼓励着他的某些行为,一旦违犯了准则会得到相应的惩罚。你的内心世界,你考虑的问题都会得到惩罚,如果你是对的你会不断地得到鼓励。你的心情各方面都会很好,所以分配是一个很重要的办法。因为红岭创投本身就处于发展当中,制度也在发展当中,提出的问题很难做,提出一就解决一,提出二解决二,一和二之间是互相有联系的,所以办法制定的时候要考虑得周全一些,当然这不是理由。我们应该尽快地解决分配这一方面的问题,我就给一周的时间,下周一办公会一定把这些问题全部解决。就是针对颜总今天提出的问题所有针对性的解决全部要出来,因为任何一个事情都是干什么?谁去干?完成以后有什么样的奖赏?不落实没有用,在办公会上很多问题我都说了,但是我没去追究,再没完成我就要追究责任了。但是现在不追究,我把它记录在案,没完成以后在最后发年终奖的时候,提拔干部的时候这些记录就有作用了,所以一定要落到实处。今天我听到的这些问题,从分公司的角度来讲都有道理,不能说没有道理。但从整体上来看,可能考虑得还不够完整,有些问题提的是对的,但是不完整。我们还是要承认我们的不足并且改正,这个态度永远是对的,而且必须是这个态度。所以办公会上每个部门包括分公司所提出的意见第一个就是要耐心听取,第二检查对照,第三针对性的方案,在出针对性的方案的时候首先就要调查清楚,不要光听一面之词。把事情弄清楚后再处理,这是最冷静的。很多问题不是一下就反映出来的,是需要一个阶段的。所以颜总今天该有什么问题解决什么问题,底下的分公司有一致,大家有交集的时候大家都同意,如果各有各的问题是可能会互相反对,所以总公司要一碗水端平了,就要把情况搞清楚以后拿出针对性的解决办法这才有意义。所以说今天的会议,一是让三个部门的老总研究和讨论一些什么,让大家知道有什么问题怎么让总公司讨论,第二来参会是可以随时申请的,但是有三个名额,今天已经开了 4 个小时了。所以办公室留出三个名额,像颜总我们参加过的我们还欢迎参加。不影响分公司工作的前提下,我是始终欢迎的,更欢迎没来参加过的分公司来参加,这样一来就公开了,互相之间容易沟通了。所有部门的老总,总裁副总裁有什么问题都能说,大家都听到了。我感谢你,而且是善意的,在分公司当老总不容易,希望你以后经常参加,经常沟通。把红岭创投建设好,我的讲话完了。

——2016 年 6 月 27 日第 20 期总裁办公会议

6.8 对无形资产(商誉)的评估

对公司商誉评估的要求

行了,提出问题,你们记住就行。关键问题是,评估是一定要进行的,技术影响到入账也是要进行的。因为这对于我们对任何风投的引进,有一个客观的部门对我们的评价以后,就是对我们身价的一个评价,不能我们忙了那么长时间都不知道自己值多少钱。所以这个事情就这么定,但是价格私下要交流一下,看看怎么样能给我们打个折,30 万元搞个 20 万元怎么样,看看能不能便宜一些。另外我给你讲,一个是把价格谈低一点,另外要把它的运算过程所使用的参数全部给我们,一旦给我们,以后我们也可以成立这样的公司,把钱挣回来。这边综合管理委员会主任提出的问题去沟通,去汇报,这都可以,但即使不同意,我们评估也是要进行。

那就让他们评两套指标,不可能两套收费。就让他们评两套数字。我跟你说,这个评估报上就是要有两个数字,一个是给银行的,一个是给风投的,要是评一个的话不可能给两套的钱。这就是一个输进去数据以后套模板的事。

我有三个要求,一个是评估的过程的参数要给我们,我要知道它是怎么评的,以后我们也搞个评估公司,把这个钱再挣回来。第二个要评两个数字,一个是给银行的,一个是给风投的。第三个就是,在钱上要打个折,我们现在亟须这个东西,也是没办法。另外,综合管理委员会主任提出的问题,你们也跟税务上面沟通一下,如果讲有灵活的地方,我们就活动一下。这个事情就这样。

——2014 年 9 月 27 日第 43 期总经理办公会议

无形资产评估的解决思路

第一是无形资产的评估这个事情,这个事情要抓紧,最好是在 11 月的财务报表上能看到这个东西,但是这个财务报表不是对外的。你们记住以后可能我们是三套报表,一套是按照银行,我们今后所定位的方向做出来的真实的报表,包括我们的无形资产的评估都在这里面。第二套是给股东们看的报表,给他们看就是告诉他们,我们经营团队今年赚了多少钱,包括资产扩大了多少,我们买的车都是我们一年一起共同努力的结果。现在的规模已经做到了多大,你们要反映这个东西。第三个是给税务部门看的报表,就尽可能使我们合理避税。我刚才讲的无形资产的评估可能是这个方向。

——2014 年 11 月 22 日第 50 期总经理办公会议

无形资产的评估落实问题

因为我们要把它往财务报表里面做，现在50亿元的资产总额就会变成60亿元，60亿元的话拿出去融资什么的都不一样了，而且在权益方里面会增加，我们本身的亏损通过账户调整都可以通过这个数据搞好。管他认账不认账，反正财务是我们算的，这里面财务意义很大。我对他们不是有什么意见，就是说有些东西不损害他们利益的时候，他还不给予支持的话，那就有点有意刁难了，这种合作很不舒服。或者你跟主要领导人谈，经办人跟主要领导人不一样，我们的要求并不高，加一句话是一点问题没有的，你根据我们的资料判断是这样的，你连个态都不敢表，这算什么评估，这一点合作的态度都没有了。所以这块你们抓紧时间搞，我是想把赶快无形资产这块的评价纳入我们的财务报表，一旦纳入的话，我们引进战略投资啊，干其他事情的时候都有个完整的东西在这里了，而且我们的财务状况会看上去好看一些。

——2014年11月15日第49期总经理办公会议

6.9 与银行的战略合作、资金托管等

与银行资金托管合作方面

（第一是流动性渠道看，第二是委贷行）第三，你不就想跟我们搞一点托管资金嘛，反正我们每天托管的资金有两亿多，增加你们一个银行也没什么嘛，给你个2000万，3000万，5000万都可以，但要看你和我们配合怎样，配合好就做。他们激动得不得了。还有投资理财部、投行部……谈得非常好，然后陈鲁东就说，他们华润银行系统，很多项目都没钱，不知道我们这里有资金，早知道放到你这就可以了。我说可以，第一我们签署战略合作协议，在全国各地，你们有分行的地方，我们都可以联合起来做；第二，有几个重点工作，你们再来的时候，我找我们项总专门负责这一块。上次包商银行不也来了吗？（谈过了。）这样银行就一个一个建立起来

了，银行的目的就是。

——2015 年 5 月 30 日第 18 期总裁办公会议

与银行合作解决流动性问题的思路

以后我们不光是合作委贷业务，还可以跟他们合作解决我们流动性问题，就是我们给他们一些资产包，然后典当钱回来，我们给他的优惠条件就是在资金托管的时候拿一块给他，我们两个亿的资金分在那么多银行，给他两千万可以的。他们帮助我们做委贷，解决流动性，这种合作就有意义了。现在的开户行给我们什么优惠条件我也不知道，我们现在每天流动资金 2 亿多。

——2015 年 6 月 6 日第 19 期总裁办公会议

平台与银行合作方案和思路

你跟人家谈的时候要会用这个东西。我们跟他们可以合作三件事，第一我们可以把部分资金托管给你们行，第二我们委贷，甲类委贷不需要你承担任何风险，还给你送手续费和开户企业，还给你送资金流动性，有时候还有存款。第三个是我们合作的，他们贷款出去不就年化 6%、7% 嘛，你把钱给我，我还给你典当，抵押，还有安全性，我给你 10%、15%，这是多好的事啊。这三项工作都可以做，有什么问题我们再沟通。

——2015 年 6 月 6 日第 19 期总裁办公会议

公司与恒丰银行达成战略合作

这么提出来就是说办公会决定与恒丰银行进行战略合作（包括：零售渠道和投资人的合作；综合授信额度的审核；资产包转让和对等互换；托管业务），由吴剑牵头，规定一个时间请董事长跟他们去进行签字仪式。里面每一个项目哪个部门负责哪一块要交到各部门落实，落实后跟恒丰银行的合作就清楚了。大家知道一下，好事情。

——2015 年 6 月 20 日第 21 期总裁办公会议

7 技术管理委员会

7.1 对技术管理委员会的工作要求概述

技术部可以采取外包形式，务必完成任务

技术部的技术人员是劳务性的问题，你们还要提高人员的工作，在自身不能完成任务的时候可以采取外包的形式进行，我的要求就是不管什么形式都要完成。

——2014 年 1 月 21 日第 9 期总经理办公会议

对技术部的要求

技术部现在最重要的一个就是要配合业务部门，为业务部门提供服务。在需要解决技术问题的时候，你们就是扛大梁的。本来在没有计算机、没有程序的时候，我们这个工作是很慢的；但是有了这个工具以后，我们的效率就提高了很多。那么，在这一点上看，希望技术部真正地发挥这个作用。当然过去因为我们公司比较小，起步也比较低，在很多的分工上不合理，这样的话就使得我们的技术部门很辛苦。你们也在过去红岭的发展中作了很大的贡献，这一点要向你们表示感谢。现在公司基本上开始拉开架势了，开始往前走了，那么你们的任务也更加集中了。我们的副总的能力是很强的，人家解决的问题，他没有解决不了的。我们不说我们比别人强，我们不输给别人。所以你们下一步，包括金证的开发、我们的后台，以及日常的维护这些东西要搞好。刚才你们的领导讲得很好，你们要认真贯彻执行。

——2014 年 6 月 14 日第 29 期总经理办公会议

技术管理委员会的工作安排

好，那技术上就没其他的问题了吧，就这样。那下面就是，一个是速度问题，一个是质量问题。周总和我都对这条线和这个部门很关心，需要什么尽管提出来，我知道和大家都很辛苦。还有一个就是分支行系统的下面的电脑的日常管理，总公司要有一个人，技术上要有一个人管一下。分公司成立，包括深圳分公司现在还没有正式集中办公，还没有搞好，搞好以后就是四个分公司：重庆、安徽、江苏和深圳，这四块正常的 OA 系统，哪些人要上，像这些东西都要连起来，我们开会的事情全国都要知道，还有包括电话会议系统，你们可能都要考虑。视频系统的开会，以后下次我们在开会的时候就可以考虑。上次我就在想，办公会议没有开，那是不是可以在微信上开一下，后来我想我一讲就要讲半天，打字就要打好多，大家再参与的话，会议就不知道要开多长了。如果只是一个表决，那是可以；只要是有讨论的问题就必须是面对面，不面对面的话时间来不及。所以说，这个视频会议问题电脑部要把它作为一个问题来解决。一个是 OA 系统，就是全公司总公司系统的 OA 系统的统一并行，第二个就是视频会议系统，他们有的是通过微信方式解决的，反正你们看用什么方法来解决。“花钱少，见效快，收益大”，原则就是这个原则……这个地方有一个视频，一放大，这边有多少人都能看到，那边有多少人也能看到……

——2014 年 11 月 1 日第 47 期总经理办公会议

技术要做好两件大事，一是 11 月 11 号当天不要出事，二是新系统的上线

技术现在是两件大事，我最关注的：一个是 11 月 11 号当天不要出事，如果有困难，到当天随时解决，解决就行。慢肯定要慢一点，卡肯定要卡，但是要立即解决。完全流畅不可能，我也知道不可能，但要立即解决。这个要求不算高。第二，要把新系统的上线好好地抓，越早越好。因为新系统上线以后，我们还要开发新需求，那上面都是留有接口的，然后在接口再做，做好了

接上去就好，问题就简单多了。因为新系统的平台没上，还是老平台的东西，根本没办法打。舞台就这么一点大，上去五个人跳，还没上去就被搞下来了。你现在的平台变大了，东西不行就再加一块，上面能够表演的人就变多了。所以新平台上去以后，你的业务空间和运作的空间才会变大，这个事情还是最重要的事情。因为你看我们从去年年底整个的 6 个亿的生息资产到现在变成到年底可能是 60 个亿，是这样一个规模，电脑怎么运行它的量都不一样了。那么这次平台改造要有点长期的打算，我上次就讲过了，不仅仅是 60 个亿，一天 600 个亿都有可能。上海证交所一天的交易量最高的时候到了 6000 亿元，我们达不到那个水平，但是以后可能也不会比那个少，这都有可能，就要留出这个想象空间。这个想象空间要留出来，就是当我再改造的时候知道从哪里下手，到时候就快了。

——2014 年 11 月 8 日第 48 期总经理办公会议

技术部要逐步改进工作，为投资者提供更方便、更优化的环境

这一点我们好好总结，就是说我们在现有的平台上，我们同样能做出比过去好的动作，能够为投资者提供更方便、更优化的环境，这个是能做到的，我们这次也看到了。看到了以后也给我们做了一些提示，有些技术上面的问题过去我们没有尝试，比如我们一次发六个标，过去我们没有尝试过，这次尝试了一下，很好。那么以后如果发标来不及的话，就可以一下子上六个标，慢慢搞就行。哪个项目好，你这个标就是快一点，这个没办法，这个也给他们产生一个竞争机制，没有问题。有的大资金和小资金愿意买什么就可以自己选择了。而且也造成这样一个声誉，就是红岭创投每天都有高息的标，这样就把全国稍微高的利息市场垄断了。当然我们还有很多其他的产品，那是我们下一步的工作。

——2014 年 11 月 22 日第 50 期总经理办公会议

技术部要放开手脚，工作也要随着成长逐步调整

技术上应该讲最近多了很多的事情，就是我们的电脑部做了很多事情，最起码从我们双十一活动的时候六个标齐上到最后没有出现大的问题，连

我们的客户、投资者都对我们有比较好的评价，这是我们的技术部共同努力的结果。但是按照我们目前发展的速度，现在的平台是远远不够的，大家也都知道。下一步，如果明年年初还有新的产品上线的话，可能还会遇到一些问题，可能我们的页面设计还要改变。但是页面设计不是技术的事情，可能是我们企划还有线上运营部这块要做一些工作，包括里面的逻辑方面的联系都是你们负责。还有一些新的需求也是你们信贷上面要拿需求，还有我们的六个事业部都在进行中。我希望我们的技术能放开手脚，我同意刚才技术发展管理委员会主任讲的话，我们的方案定了以后，如果不行就外包，就是从外面买人力就完了。多花点钱，只要能够累加的话，你花一百万和花一万，如果一个是一个月，一个是三个月，那我就花一百万，一个月完成，那就可以把时间缩短了。如果达不到这种程度，必须串行，必须搞完一个搞下一个，那就只能实事求是，在每一个节点上我们尽力就行。从技术上面应该不会有大的问题，我讲没问题不是讲自己来解决问题，我们有时候讲的没问题是说即便有问题，也知道怎么去解决，这就够了。我们有很多过去的东西，连自己都不知道怎么去解决，把问题一提就不管了，那不行。最起码要知道解决的方向，知道用什么样的方法去解决，只要有这个路就不怕，我们日常的工作也一样，那么能不能更快一点。跟金证的合作从开始谈，可能就是有一些不专业，不是讲人家不专业，是我们自己谈得也不专业，从需求提出的本身就不专业。这个也不要去怪谁，这本身就是一个成长的过程，这个成长过程当中一开始就是有一些东西不懂，我们现在懂了以后怎么样能够调整更顺畅一点、更好一点，抓紧时间，尽力而为，量力而行。时间能够更早一点当然好，因为我看到很多单位都有APP，也许以后我们红岭创投就不仅仅是一个APP，可以有许多的APP，一个产品就可以有一个APP：信托的直接点信托的就可以了，这些都有可能。

——2014年11月29日第51期总经理办公会议

技术部的工作要加快进度，如新系统的上线、APP的开发等，要有明确的时间表

技术部门一直是很辛苦，而且通过双十一以后，我们在自己目前网站的

优化过程中做出了成绩。六标齐上也是得到了广大投资者的认可，董事长和我都比较满意。第二就是你们目前的工作的确是很重，这样的话你们就要想一点办法，怎么样把进度加快一点。现在很多人都在问，新系统什么时候开发上线？我知道，谁能回答这不个问题。这个问题可能要作为技术部的一个问题，最起码要提供一个时间表，给一个让大家比较踏实的时间表。有了这个时间表，如果还需要什么，提出来，我们共同解决。要钱给钱，要人给人，没有解决不了的问题，只有想不到的问题。现在平台的优化做得不错，但是不能光用这个优化去解决未来的发展，一些基础的东西要重新构建好，然后才是新的东西，像 APP 的开发，这些都不是大问题，但是这些问题要逐步让大家看到进度。其他的没有了。

——2014 年 12 月 6 日第 52 期总经理办公会议

技术部要尽快建立制度，并严格执行制度

电脑这一块，特别是技术这一块，我和董事长都是全力支持，你们需要什么给什么，就是希望不会在这一块出大的故障，不要影响整个大局的发展。因为技术本身就是一种服务，是一个平台，是一个工具，是为我们完成任务提供的一个平台和条件。因为需求是业务上提的，是各个部门提出的，然后由电脑实现了，固化下来。这样的话，大家以后再做一些事情就走了便捷的通道，就是起这样一个作用。这个实际上就是一个保障部门，那么我们就希望我们的技术保障部门能够随时随地解决问题，速度要跟上。有时候有很多的应急问题，应急问题不要紧，该加班加班，该外包外包，该搞外援搞外援，反正你这个地方不能有障碍或问题。包括昨天晚上的问题，有些东西要有一个制度。技术部过去就有制度，现在就要把一些制度完善了。制度是约束每个人的行为的，出现问题的时候能够知道是谁的问题，有了功劳以后也能知道是谁的荣誉。如果没有制度，好的坏的一个样，做与不做的一个样，快与慢的一个样，那就不便于管理了。昨天晚上的事情，如果追究下去的话，就要知道是谁动的，怎么动的，有什么规定允许这么动的。可能这些都没有。这种散兵游勇式的管理，是不应该在一个正常管理的公司里面出现的。如果过去没有，现在就要逐步地建立起来。当然这不只是技术部门

的事情,其他部门也有同样的情况,没有制度。没有制度就要赶快建立起来。每次会议上我都在提这个事情,如果没有做就是你们的责任了。如果我讲话,你们总是不听,那我们就只能换人了。这是执行力的问题,就是一个问题出来了以后,要去全心全意执行。遇到问题的话不怕,但是你要去执行。如果你放了一周没人管,那就不行。这个话我都讲了,只是没有监督。所以每次办公会安排的事情,我都会交给总经办来督办,一个部门一个部门跟踪。落实很重要,如果没有落实的,下次也要提出一个报告,指出哪些事情没有报告,当我看到这个报告,我就知道到底是主观原因还是客观原因了。如果是主观上的原因就要追究责任了,是客观上的原因,大家就想办法解决了。我工作这么多年的习惯就是什么事情都要有一个交代,什么事情都要有一个进展和结果。一旦没人管就随大流了,一点进展也没有了。技术部门我就强调这个,没有制度的话,赶快把制度制定出来。风险管理部门在这方面是很清楚的,一笔贷款出去要经过很多的环节。你这里一上线,一动电脑系统,里面的一个功能发生了变化,都要经过一定的程序。如果没有一定的程序,搞核心技术的人员随意改动程序,那就是很大的问题了,那就简直是不得了了,搞不好就会把系统搞崩溃了。灾备系统也是,你们到现在还没有做过检查,也没有做压力测试。哪天你们做个压力测试试试,应该做一个模拟,像平安银行这样的大银行,每年都要进行压力测试,就是说一旦系统摧毁了,另外一套系统能否跟上。这个最起码是要做一下模拟的,哪些人在哪些岗位上,是怎么进行备份,怎么样切换原来的东西,都要进行模拟。如果没有这种实战,那就根本不成熟,以后一旦遇到这种问题肯定要出事,投资者肯定要担心的。这种压力测试信息的宣传是对我们最好的宣传,要比宣传增加了多少投资人、多少投资额有意义得多。这样人家就能看到你的实力在增加多少,就讲不是看你的肌肉,而是看你能提起多少的东西。当然,每个人不是万能的,我们的技术部也不是万能的,也是随着整个技术的发展,不断学习和提高,包括现有人员的学习,再一个就是引进人才。你们是要钱给钱,要人给人。要是这样还解决不了问题,那我就要看到底是什么问题了。所以技术部我首先提的就是要制定制度,我肯定带头执行制度,如果没有做到,你们可以提出批评。这个是肯定的。

——2014 年 12 月 27 日第 55 期总经理办公会议

技术部的工作内容：保障业务开展，加速优化电子手段

有需要我们解决的吗？没有的话，就这样。技术就是两件事情，一个是保障，一个是加速优化。保障就是保障我们业务的开展。第二个就是利用电子手段，加速和优化，使我们的办公效率更快一点。围绕这两件事情，你需要什么我给你什么。

——2015 年 4 月 25 日第 14 期总裁办公会议

技术部重点工作放在彻底解决问题上

技术部做了很多事情，我看他们也一直在忙，忙的原因也是过去的基础不好，总是修修补补，真正彻底解决问题的到目前还是在过程中。我觉得彻底解决问题已经迫在眉睫了，重点需要放在彻底解决问题上，其他的修修补补肯定也要做，要维持生产嘛，在维持生产的同时要有一个彻底解决问题的方案。

——2015 年 5 月 16 日第 16 期总裁办公会议

对于技术部的职责、制度、协作方面的认识

技术部门无非三大块：开发、生产、维护。参与搞技术的同志们看看在哪个环节，在每个环节上大家都有自己的岗位职责，都有应该做的事情。红岭创投的过去管理还没有进入规范化，现在慢慢进入规范化环境中，这些制度的建立、岗位的建立都是非常重要的工作。技术部同事的岗位职责是什么、工作 8 小时都做些什么都是清清楚楚的，不像搞市场的同事是凭业绩的，放了多少贷款、拉了多少存款都是看得出来的，而技术是一个无底洞，花了多少汗水是看不出来的，非常辛苦。我们今年的网站事故频率在明显降低，使我们广大投资者逐步体会到这一点，我是体会很深，以前网站很卡，投资进不去了大家都慌了，现在的发展水平必须有新的基础，而这个基础必须建

立在真正的技术专业基础上，如果像过去简单的、综合性很强的不是没有意义，但到了今天分工会越来越细，大家相互之间的协作、技术的提高、劳动的有效性都要加强。这是我讲的第一点，跟大家分享对我们技术工作的认识。

——2015 年 8 月 4 日技术部张宇总裁致辞内容

对技术部的认识期望

我来红岭创投一年零八个月，把整个红岭创投下一步的总体规划、业务的安排和发展方向都已经做完了，下面全是操作上的东西了，理论生态已经建完，是倒不了的。现在只是操作上快与慢的问题，尽可能抢时间，在建立生态过程中技术是个保障，很多地方需要技术上的东西，包括新产品的上线以及里面很多内容，都需要技术人员辛苦的劳动，一种是过去知识的付出，更多的一种是学习。用电脑研究，电脑速度很快，不学习肯定落后人家很多，我们怎么学习一些新的技术、新的方法，把这些方法衔接起来为我所用，来使我们红岭创投的技术系统能够上个新的台阶，保障在互联网金融发展当中，技术上我们立于不败之地。我们不说多么领先，但我们不输给任何人，我希望技术上也能做到这一点。如果你不足不要紧，好好学习，学习方法很多，最简单的方法百度都可以找到。

——2015 年 8 月 4 日技术部张宇总裁致辞内容

全力支持技术部工作

最后讲一点，目前技术部工作黄总在全力负责，深圳同志们大家都很辛苦。虽然我们来开会不多，但董事长、我始终把这个部门放心上，是非常重视的。只要徐总、黄总提出来对技术部门要采取什么政策、要做什么事情我们都是会同意的。而且这个部门的工作不能用业绩的考核，但可以用固定工作量来考核，让同事之间也要有个比较，不能让干多干少一个样、干好干坏一个样，否则的话就不能调动积极性。在管理上我也希望技术部上一个台阶，在红岭创投发展中起到保驾护航的作用。今天没做什么准备，第一次跟技术部同志们讲话，可能有些讲得不对、不妥，不要紧，如果有什么错我改，有什么要求跟我提出来，我们自己把事业和红岭创投的发展结合起来，走好每一步。

——2015 年 8 月 4 日技术部张宇总裁致辞内容

技术部要对所有的需求进行分类，每个类别都要有模板

技术部的事情，原来技术管理委员会主席管的多，我很少过问。我要提出你们技术部门最重要的认识，就是所有的需求，都有类别，这个类别都能找到现成的模板，不会超过十个类别。如果这类别的模板都有，开发起来有多大难度？基础工作做好了，包括蒸功夫、联通这类产品，都是一种产品的对接，基本上是细节的变动，本质上没有多大改变。我自己做过电脑开发，我能编程序，这个从开始的系统的设计，平台的设计，语言的搭建，这个过程我都知道。现在真正程序的开发都是对接。用到的原始的有条件转向、无条件转向、赋值等等，真正用到这些语句的还不多，就是一个接口接上就可以了，还有就是语言。从我来这里已经一年零九个月了，按合同期的话，我还有一年零三个月的合同就到期了，在此期间我做了什么事你是可以看得到的，这期间你们做了什么事你们也看得到，进步肯定有。管理、业务，各个方面的能力提升都是很大的。但是在管理方面要从一定高度回去总结、归纳，当你归纳出它有多少种类型，以后遇到同类事情的时候就不必浪费太多时间。就像我们现在寻求筹备组的负责人，现在人力和总经办两个部门在找，来了以后我只谈半个小时，简历一看，谈半个小时，马上任命，就这么快。任命过后，见各个条线老总，一个月给他多少费用，然后你完成多少任务。不行三个月以后就不给费用了，做了项目我们给对接，按照费用给提成，你做个体户也可以，我也不管你了，换个筹备组上去。现在不换筹备组，多几个筹备组放那里，哪个先开业，哪个就是省级分公司，剩下的都是二级分公司，愿意干就干，不愿意就变成一个外围组织，都可以。这就是方法了，整个扩建队伍，下一步我就找小贷公司，我们都可以联营，拿到项目都可以到我这里来做，那步伐就更快了。也可以和典当公司合作，挂一个红岭创投的牌子，第二步就变成我们的二级分公司了。或者你挂两个牌子，你原来的业务还可以保留，但我们可以进行合作，这都是方法。我讲还是方法，一个方法

一旦出来以后，就是一批出来了。这个方法的支点就在于今天参会的每一个同志，你们在各个环节上都坚持自己的岗位，都把自己的事情干好了才可以，我们后边很多打法才可以打得出来。技术部也一样，很多东西并不复杂，你们掌握了认识和处理事情的方法，就会事半功倍，效率和质量就会提高，对公司的贡献就会提高。所以对技术部我不讲具体的东西，实际上技术部的东西就跟数学一样，最精确，不能错。不懂就做不了，懂了就很简单。所以说，你是懂得，你懂的同时能把队伍带好，你也知道该做些什么，哪些东西最重要。我只从认识的高度告诉你一些方法，这样你在不管哪个部门，再提出需求的时候，无非就是那几样东西，都是有规律的，你用方法的模子一套就解决问题了。

——2015 年 8 月 29 日第 30 期总裁办公会议

技术管理与业务管理的关系

技术部门实际上是一个含金量很高的部门，但任何技术没有业务支持的话就没有用武之地。我们技术上要研究一些先进的技术应用，包括我们跟阿里的合作，反过来他们在宣传我们，说他们在跟红岭创投合作，我看过很多这方面的文章了。运用先进的技术，其实业务开展跟技术没有多大的关系，技术部门所有流程的开发是根据业务部门的需求来开发的。根据需要对流程进行设计的时候，跟我们硬件条件的对接，技术条件的对接要实事求是。董事长对这方面的投入很舍得，不论是技术还是人力。由于过去红岭的管理和现在的管理有些不太一样，我们现在管理偏重银行的管理，技术就是技术，不能管账，不能调业务数据，技术上调业务数据需要签字。我们的账号一旦出问题，内部的财务倒没什么，几十万投资人的账户一旦出现风险，就是灭顶之灾。灾难备份一定要做好，千万别出问题。这一部分一定要保障。会计账是在大系统里面的，财务账是独立的，财务账应该和大系统接上，因为你的支出和收入都是在大系统上完成，我现在提出这个建议，按严格的管理，这一块不能分离。一旦分离，数字对不上我不知道找谁。所有电脑的联系是非常严密的，不能变成两台电脑，一旦两台电脑有了分离的话，数字的传输只要有一个地方出问题了，就有问题了。变成两个系统灵活，这是事实，可以实时调整，但是一旦出问题了，不好解决。我们朝这方向努力，一定都在机器里面，一旦在机器里面就把机器的口子打住了，就不会出问题，出问题也很清楚。中间一旦分离，调整OA里面的某个程序，哪些必须经过哪个级别，如果不知道中间就调整了，那不行。所以这一类的调整都在电脑的管理里面，OA审批权限的修改必须经过逐级审批，管理一定是要有流程的，有流程的都不怕，谁应该知道，谁不应该知道。流程不能走乱了，回去检查一下。财务系统、OA系统等等在调整的时候，一定要有记录，否则就不知道谁要负责任，一旦产生风险，包括资金的调拨，都是大事情。一切按照制度来，不会错。对于电脑这个问题，红岭创投技术性的管理跟业务管理之间的关系，要遵循客观规律，这是很严肃的问题。

——2016年1月11日第2期总裁办公会议

7.2 对技术部人员的管理及要求

加强技术力量的重要性

因企业性质属于互联网金融，对IT技术的依赖度很高，一个网页的设计，也是依赖于技术，公司发展以来离不开技术部的付出。同时队伍的技术力量还需加强，让网站的设计更加简洁明朗化。

——2014年1月7日第7期总经理办公会议

要建立红岭创投技术人员的生态环境，包括招聘、培养、奖惩和淘汰

技术这一块，应该讲在我们这样的企业的力量是要占到相当的一个部分，但是我们红岭创投目前的技术力量的生态环境没有建立，过去就没有建立，现在也没建立，但是现在要开始建立。建立技术人员的生态，他的环境、他的流转、他的培养、他的要求，要建立起这套东西。关键基础就是钥匙，就像开门的钥匙一样。现在的钥匙在谁的手上，或者哪些人的手上，技术上要

做出这个生态。而这个生态是根据红岭创投整个公司的发展要求来制定的,刚才技术发展管理委员会主任最后讲的都是关键点,大学生明年 7 月份才到,现在这个阶段怎么办?该招就要招,该挖就挖,该内部培养就内部培养。前面我讲了,关于干部的培养问题,发现我们技术部门有没有很好的年轻,可以培养的干部苗子?如果有的话,能不能重点培养一下?培养的过程中,真正需要的时候能不能真正顶上去,担当一块?我觉得肯定有。什么都是相对的,绝对的东西是没有的,但是相对好一点的是有的。我看你们技术部在这次互联网学院的结业典礼上获奖的就有,那就可以和这些同志聊一聊,发现他们的能力,这个很重要,哪些人能够培养是很重要的。那么在管理上要关心到每一位员工的成长,既要对股东们负责,又要对广大的投资者负责。那么我们就要组织一支能打仗的队伍,而且品质好的队伍,有潜力的队伍。那么这些队伍是要靠我们自己去带的,要靠我们自己培养。这个培养是有一个过程,但是要有开始,不能不开始。所以我对你们的要求就是,从今天开始要建立红岭创投技术人员的生态,建立这个生态环境,包括招聘、包括培养、包括奖惩、包括淘汰,一定要有这样一个环境。这就要制订出一个计划,我们人力资源部也要介入。

——2014 年 12 月 20 日第 54 期总经理办公会议

不要偷懒,不懂就问,错了就改

一,不要偷懒,大家都知道我讲的话,勤劳是最重要的,只要不偷懒就感觉到每天在长大,每天很充实。一个人如果懒,谁都没办法,精力都不在工作上怎么会被别人重视,没有人不喜欢勤劳的人。第二就是不懂就问,问就是学习,在任何时候任何地点不懂就向别人请教。搞技术的人自尊心往往很强,每个人对向你请教的人肯定都有好感,当你有问题为何不请教,又能在同事间交往中越来越融洽。所以我希望技术部的同事们不懂就问。第三点错了就改,每个人都会犯错,只要前进就会碰到没遇到过的东西,那就容易犯错,知错就改是进步的表现,遇到同类问题就不会再犯错,所以在工作中要记住这点,不要将错就错,不要拿错误掩盖错误,认个错道个歉一下子就轻松了。这是我从业 40 年来总结的三句话,你们真正这样做了心里会特别放松、坦荡，生活也会很美好，没有压力，在工作上也该有这样的认识。

——2015 年 8 月 4 日技术部张宇总裁致辞内容

7.3 网站通道堵塞问题

对提高红岭网站流量的要求

现在我们的交易量已经开始有上升的趋势了，我们的注册人数也会不断上升，那么我们的网站一定要稳定。一旦网页上出现卡或者被攻击的情况，技术部一定要立马发出公告，告诉投资人，也要告诉我们公司的各个部门，这样我们才能帮忙解决问题。这是有可能的，无法避免，那么我们技术部安排的盯着视频的人员要增加，保证 24 小时都有人盯着视频，增加夜班人员，保证任何时候都有人为客户解决问题。保证页面流畅，标的进度要清晰。

——2014 年 1 月 21 日第 9 期总经理办公会议

页面访问压力和通道堵塞

你们技术上有很多东西的思考还不够，今年我讲我们过 100 亿元的交易额，很多人都皮笑肉不笑，都觉得不可能，都是这个想法，根本都不相信。我还没有出劲，就已经超过了 100 亿元，还没有真正发力。为什么呢？因为技术上还没搞好，没办法发力，一发力一下子到 1000 亿元，很快，就是很快的，然后你们技术上再跟不上。实际上我们已经在做这种铺垫，如果说技术上还跟不上，步入停下来重新搞，你搞到最后不能用，然后过一个阶段你能维持多长时间，我们就抢一段时间回来。实际上，我们真到 1000 亿元以后，做系统的钱我们也不在乎了，要的就是时间了，花个 2000 万元下去也没事，但是问题就是你要有时间拉，没时间你也没办法。

这个东西很多都是技术上的问题，在这个办公会上我们要解决的问题就是：我们要达到这个目的，你技术上能不能完成，如果不能完成，什么障碍,需要我们怎么样把这个障碍搬掉。这个事情一定能做,这个我们能够肯定,如果这个事情这个那个 IT 界都不能做的话,那我们就是天方夜谭。如果讲这个事是能做的,他们做不到,什么原因? 也许我们选金证选错了,也有可能。再选其他家也有可能。

——2014 年 10 月 11 日第 44 期总经理办公会议

技术部通道堵塞问题要自己想办法解决,要提出可行方案

就是嘛,你没有底气嘛,你可以否定他们。我们授予你这个权力了,不行了就把他扫掉。他干不了还让他干什么东西啊! 又没有哪个非让他干,我们让他们来是解决问题的。问题是你是怎么想这个问题的,黄总到最后也要听你的,因为你在这里是老人了,基础你知道啊,所以我们的部门以后都得注意这个问题,你首先要明白,不清楚,回去看书去,看清楚再汇报,我们没时间跟着你后面去学电脑,这不可能。我要去看电脑,我不如去选人了,那更简单一点,就是要解决这个问题,需要什么条件,这都没问题。我们能解决到这种程度,当领导的还要怎样呢。要钱给钱,要人给人,要思路给思路,所有东西都给你。如果这都解决不了,我要你干什么呢! 这个话要讲到位,这不是在批评你,就是你汇报工作的方法,过去就有这个毛病,我一直不讲这个问题,都有这个毛病,而这个毛病当然不能怪你们,因为它有个过程,有个管理习惯,过去这个企业的管理习惯就是老板讲了算,然后只要老板讲了我们就不讲了,所有的责任老板承担,那就只能是这样。出问题了,就是老板的责任了。但是正规的企业管理不是这样的,首先要听你们的,你们要有方案,是吧? 方案拿出来以后,最后不是你找我,是我去找你的,为什么出这个问题了,这个方案是你们提出来的,是这个问题啊。当然老板要承担老板的责任,不能说不承担责任,就是说主要领导人我要承担我的责任,但每个人的责任是不一样的。

——2014 年 10 月 11 日第 44 期总经理办公会议

通道堵塞问题成为发展瓶颈,亟待解决

借着徐总的话我就想电脑的问题到现在还没有解决,我确实很着急,因

为可能第三步你这边就是瓶颈,第一步的瓶颈是项目,我来的时候没项目,我找几个有什么用,关键是整个要有一个生态系统,要有一个源源不断提供项目的生态系统才行,那就要从分支机构开始,深圳分公司我要是一动就全动乱了,过去基础跟不上,所以只有从外面开始,现在项目已经不缺了。第二个瓶颈是投资人的问题,我们线上过去搞了那么多活动,三室好像都效果不太大,投资人都没起来,我们也跟中国电信联系了,目前都还不错,但现在最迫切的还是体验店的形式,本来我准备明年再推出,后来我看了一些资料还是决定先推,推出去之后分公司不光是体验店的事情,还有六个事业部,这就是内涵式提高。我一来我就讲了今年是外延式扩大,明年是内涵式提高。现在我把明年做的事提前到今年来做了,大家肯定都感觉到压力比较大,事情比较多,这不要紧,只要大家团结一致,我觉得没什么大问题。所以我就怕第三个瓶颈到技术这边跟不上。投资人不缺了,项目不缺了,一天到晚网站堵塞,一堵塞投资人就骂,一骂董事长的手机就给打爆了。

既然我们已经提前知道网站要堵塞,就提前把方案拿好,我不指望你们10 月底完成,只要 12 月底完成就不错了。但是现在系统上临时需要解决的问题不能停,还得继续往前拖,该完善的小改动还是要继续完善。再加上黄总是老师,他的经验和技术是够用的,只是个时间和衔接的问题,以后技术部汇报工作时一定要拿出你们认可的方案和计划来,我们的目标早就给你们了。我的目标是要做到上交所、深交所那样的交易量。你们认为不需要那么大,那你们决定做多大,只要能满足企业的业务发展需求,或者即便你跟不上了,你只需要很短的时间就能调整到跟上。

——2014 年 10 月 11 日第 44 期总经理办公会议

7.4 新系统的开发

用红岭创投后台系统替代投资宝的方法

你要用投资宝的后台接上红岭创投的后台。就拿投资宝替换红岭创投。因为后台的程序是看不见的,直接克隆一个投资宝过来。原来红岭创投所有的东西全部废掉,不要了。我相信投资宝的开发比红岭是先进一些的,那直接挪过来就可以了。给你们一个星期的时间搞定这件事情。过去的东西废掉不用了,重新搞一个数据库,把里面所有的内容做一个备份就可以了,以后有问题的话就再查。现在投资宝能够顺畅,取决于过去后台程序的合理。我从网站上看到也确实可以,当然可能里面的分支和红岭创投里面的分支不一样。不太一样的话,就求同存异。我估计现在投资宝内部的分支和循环的设计一定比红岭平台先进,因为它是后开发的,那么它就会避开过去开发过程中存在的问题。现在我们就设想一下红岭创投的名字不变,把内容变得和投资宝一样。如果有哪些需要衔接和编码的地方就简单补充一下。用这种方法行不行?

全部用投资宝的数据库。然后把原来要沿用的功能再延伸下去。因为现在已经证明投资宝这边的路是通的,这是很有意义的。有这个意义的话最起码就把这个路打通。这样的话红岭创投原来的页面还是不变,大家也不会知道你后面的动作。所以我要你以最快的速度完成。这边我们的宣传一开始,我们的项目已经上来了,后面基本的项目应该不会缺了。那么现在我们要解决的一个是宣传问题,一个是通道问题。现在要把红岭创投的客户都引向投资宝的话有点多余,有些人会不知道是怎么事情。那么我们不如就直接把投资宝的用户都过来,或者讲接一条通道到投资宝,或者就直接把红岭的废了。

——2014 年 4 月 1 日第 18 期总经理办公会议

选择打开红岭网站通道方法的几个原则

我的设想是,投资宝也好,红岭平台也好,都没有问题,但是管理起来要直接、简洁。越简单越好,最简洁的东西就是最好的东西。还有不论是我们的资金计划还是我们的技术,第一,你要明确目标是什么,你要完成什么事情;然后就是要用什么方法把事情完成。如果没有考虑好,一直在考虑具体的东西的话,你的方向就是有问题的。现在我们就要想一切办法把通道打开,那么有几种方法?你要进行选择。第一种方法,进行修改;第二种方法,全部重来;第三种,就是怎么接轨。从中选择最可行的方法。选择了以后并不排除其他的方法，可以是几条腿同时走路。哪个方案先实现我们就先受益。我和你们讲的大多数是方法问题，只要方法是对的，就能省心很多。你们现在的执行力我只能给你们打三分，很多工作不能立马展开。你们问问自己每天的八个小时都在干什么，自己好好想想。不光是你们自己，你们也要问问你们的员工。反正这个事情我不反对，你们就搞吧，尽快搞好就行。

——2014 年 4 月 1 日第 18 期总经理办公会议

投资宝和红岭网站的合并和改动

投资宝现在就拿过来作为子项，然后就是红岭首页，然后是投资宝，然后是我要投资、我要贷款。马上就动，不要放到以后。以后就变成一个网站了，不要两个网站了。这样的话我们的管理、页面都变得简单了。以后对于投资宝上有的东西，红岭网站上都要有。

——2014 年 4 月 15 日第 20 期总经理办公会议

大数据系统开发：外面开发系统和公司自己开发系统的对比和选择

就是把外面的开发和自主开发做了一个性能比较，如果我们自己开发的性价比高的话就我们自己开发。这里面有一个源代码提供的问题，它不愿意提供的话就留下了巨大的隐患。而且以后我们每个月给的维护费就是 50 万元，我们自己开发就不存在这个问题。那么我肯定支持你，你要下好决心，遇到了困难不要退缩。

——2014 年 4 月 22 日第 21 期总经理办公会议

大数据系统开发，以及对公司自己开发的看法

时间长的话，你们就去优化它。想一想有没有其他更好地节省时间的方法，包括怎么并行最合理，包括有几个层面，等等问题。这些问题你们要做一个安排，做好工作分工和计划。一定要把各个部门的需求明确下来，再杂都没有关系，技术人员会帮你归类的，归类好以后就会设计成开发程序。

一个模块实际上就是一个应用软件，一个大的系统软件里面实际上就是把很多大的应用软件串到了一起。实际上软件就是把先进的思想和方法固化下来，大家都走这个流程。为什么导弹用计算机发？因为出现了什么问题，都是由电脑数据来控制，有问题立马就补上了。人可能会分神，但是电脑不会，顶多是停电了。为什么车床切割那么整齐？因为它完全是按照数字来操作的。数字世界是最精确的，可以精确到无穷。实际上电脑就是这个问题，它可以控制得非常精确，你提出的不精确的话，它没办法模拟。所以我们各个部门，包括风险管理部、线上运营部还有市场部等部门对技术部提需求的时候，你们认真去看看别人的网站，你们想要达到什么目标，什么功能。银行的各个部门提出需求的话就是多总结一些东西出来，写得细一点，然后提交给技术部，由技术部进行汇总装订成册。技术部在针对部门进行开发的时候，就找到相对的模板，在原设计的基础上进行修改。如果有现有模块的话，那么就可以直接借鉴，没必要一定要自己开发。那么我们技术部的开发也是这样，我们的网站到底需要多少功能，你们枚举一下。然后针对这些功能找到已有的模块或者重新开发，重新归类一下。明确全部重新开发的话需要多少人，修改的话需要多少人，这样的话，后面的整合开发就容易很多。所以我认为徐总提出的8个月是可以完成的，你们按照我的这种思想来做的话应该是能够完成的。你就是去优化它，再一个就是在攻坚的时候不要放下来，要坚持搞下来。有时候写程序是一种创造，就像写文章一样，怎么样用最简单的语言编出来最有效的程序来，它是有这种东西在里面的。我支持你们。

——2014年4月22日第21期总经理办公会议

系统开发的步骤和看法

第一步是需求的提出。需求的提出是根据经营的需要所提出的，技术是完善需求的。至于技术是否能完善需求，等黄总了解过技术团队后再考虑如何组织。如果人员不够，可考虑从外部聘请人员来我司协助开发，这件事不能拖。首要的问题是要成立需求小组，需求小组的名单由项总负责制定。

——2014年5月13日第24期总经理办公会议

系统开发的需求提出

会后由计财部牵头，相关部门参加，起草好参会人员名单，成立需求小组，名单于周六办公会提交讨论。技术发展管理委员会主任和徐总就技术问题讨论出方案后也于本周六上会。

需求的提出还是文字的形式，我们都需要上会讨论，缺少什么内容马上增加。待各部门的需求上报后整理上会让我们补充，补充完善后再交给技术部。

技术部的工作很杂，特别是对于我们这种互联网金融企业而言，离不开互联网，技术在当中撑起一半天。黄总的加入会大大地提高我们的质量。由于红岭创投过去没有经验，从分工上，整个梳理问题上，追究责任、追查某个环节出现的问题都不准确，有时会让技术部受委屈。业务的需求没有提好，技术部根本无法完善业务的需求。因此，技术部的工作很辛苦，也受了很多不白之冤。要尊重技术部，各专业人员的加入，看问题就客观多了。本周六会议等待技术发展管理委员会主任和徐总的方案。

——2014 年 5 月 13 日第 24 期总经理办公会议

新系统开发的要求

我们技术部门是建立在各部门需求的基础上完善后面的开发。项总的需求小组一定要加快速度。还有呼叫中心全面上线前是否有调试？万一系统一上线，出现问题会非常麻烦。现阶段先维持旧系统，待新系统模拟成熟后再替换。

技术管理委员会主任所提出来的系统设计思想和需求之间的对接方案一定要落到实处，需求小组由项总负责，技术部全面配合。重大问题再汇报。特别需要明确的是计划进度表。总计划表由项总制定，但研发的计划表由技术部自行制定，并于下周办公会汇报。同时，老系统的完善也要有需求，希望各部门配合。技术管理委员会所强调的内容，技术部徐总应该高度重视。各部门有什么问题应该找自己的主管，不得越级汇报。

——2014 年 5 月 17 日第 25 期总经理办公会议

技术部和各个部门合作完成系统建设

先让技术发展管理委员会主任过目后再讨论，里面重要的内容没有。还需要明确每个节点的负责小组和负责人。技术部门的工作现在基本上和每个部门都有所交叉，这就是过去导致很多不是技术部的工作交给了技术部，所以技术部很辛苦。现在和财务计划系统在对接，马上也要和客户系统来对接等等，很多模块，完全要技术部去完成是天方夜谭，即使做出来也肯定不完善。现在只是总的系统，但慢慢地每个部门的东西都要进入系统，需求的提出就变成经常的事情，并随着业务的发展，需求有机地增加。使整个管理，在计算机技术的基础上，使我们工作的质量、业务推进的速度更有专业性。因此整个工作基本没什么难度。技术部门在技术发展管理委员会主任的带领下，和各个部门相互合作。

——2014 年 5 月 24 日第 26 期总经理办公会议

对技术部新系统成立方案的看法

你们这个方案(《关于成立新系统开发实施小组的预案》)提出来是非常重要的，实施是一个非常重要的东西，这只是一个管理架构，但还要有实施计划，干什么、实施计划的进度、多长时间完成，这两个东西都要有(技术已经制作方案)，总经办要对进度进行监督，黄总要再开一次会，明确各个小组的任务以及时间，或者向各个小组提出要求，要求他们拿出工作进度，工作内容。一旦有了以后，李佳他们看着这个才可以去检查，或者多长时间做一次汇报，或者多长时间有一次书面的统计。才能知道进度在哪里，遇到了哪些困难。我们不只是监督，更多的是服务，服务就是他们有什么困难，赶快帮助解决。所以总经办这边要做好服务，要人给人，要时间给时间，解决一切问题。这里很重要的是对人员制定可行的计划、目标和运行的时间。当人这个主要因素定了以后，就把目标和进度搞完，然后把三个因素整合在一起，一周或者几天在正常情况下有一个会议或者通报，或者报告(有标准格式)，不正常的要把不正常的事情归纳起来，然后一件一件搞好服务、解决好问题。这样这个工作才能都落实。

——2014 年 8 月 23 日第 39 期总经理办公会议

对技术部开发系统工作的要求

目前技术部的工作应该说做了很多,包括我们的徐总和技术发展管理委员会主任以及技术部门的所有员工,大家都很辛苦,但这个时间恰恰又是我们最需要的时候,因为不管是做市场也好,做投资也好,都是要等到 10 月份新系统上线以后才能进行,如果讲我们的技术部分跟不上的话,那么我们下一步整个的工作又会遇到一个巨大的瓶颈,我们已经可以预见到这个问题了,我们也是事先做了准备,我也讲了你们以后根据红岭创投今后的业务发展规划的话,系统一定要大,大到跟上海证交所一样,达到这样的程度。你们的前景规划一定要按照这个规模来,不然还会遇到瓶颈,还会麻烦。昨天我和技术发展管理委员会主任讲到这个东西了,因为六个事业部一旦上去了的话,对外面的业务量就了不得。业务也就不再是一单一单的了,而是一批一批的。所以新系统的开发一定要注意,还是一句话,要人给人,要钱给钱,不惜一切代价把最后的条件搞好。

——2014 年 9 月 5 日第 41 期总经理办公会议

对技术部系统开发的要求

现在技术发展管理委员会主任在这,主要是新系统的开发。另外还有一个日常的维护和开发。因为我们整个的技术工作都是我们管理线路、管理方法、管理制度的一种落实,就是落实在技术上,通过系统的方式来完成我们要做的东西。我们的管理先进,系统就先进;如果我们的管理落后,系统就先进不了,包括管理的流程、所开展的业务的先进性,何况我们开展的是新的业务,新的业务也有现成的东西,但可参考的不多。他们也是在摸索中,所以这要求我们准确提出需求很重要了,实际上这个需求应该由董事长提,“我想做什么”,要讲清楚,提出想做什么以后几个部门就要想你们该做什么,然后这个部门就明确该怎么做,交给部门的经理去做,这样就简单很多。但现在都是在讨论当中,所以很难,而过去董事长亲自指挥反而简单,找几个人,说出自己的想法然后就做,反而很简单,但那不周延、不完整,毕竟还是起步阶段。现在我们的开发怎么样?现在技术发展管理委员会主任在牵这个头,在负这个责,各个部门等于是把过去做的事情重新做了梳理,也结合了一些先进的东西在里面。但是有些新的需求的改变我们也不想,谁想去改变一些东西,总想一下就解决。我现在最头疼的就是两个问题:一个是交易系统,怎么样让速度起得来,品种足够、交易起得来就行了。品种足够,可以三个月、五个月的归归类,包括我们以后的六个事业部全上去,都是品种问题,不同的品种,下面就是交易的速度问题,然后就是几张账簿,就这几个东西。你变来变去就这几个东西,至于社区网站、论坛,从其他地方搬过来就行,这些都是现成的东西,那倒没什么。所以,技术发展管理委员会主任我对你的需求就两个:第一个,有足够多的分支,就是我要什么产品你都能做上去;第二要交易量和速度,只要能起得来就行了,其他的都不重要,对于我的需求都不重要。因为最后我可能要求你按照上海证交所来做,在某种程度上,我们不会比它多,因为交易所的系统里面很细,菜单里面有很多东西,那我们的系统按照这个来做基本上就够用了,只要把里面的一些名称改一下就行。所以我的需求这两点,第一点足够多的分支,就是每个东西都能做;第二点,足够的交易量,只要把这两个问题解决,我业务上就什么都不怕,就能往前走。不要让交易卡住了,也不要想买东西不知道在哪里买,所以我希望我们技术发展管理委员会主任在执行当中能够把我的需求传达给金证,如果这个解决了,其他的都是小问题。大平台套小平台也就是个品种问题,也就是个分支问题,其他的还有什么呢?好不好?技术上就这样。

——2014 年 9 月 20 日第 42 期总经理办公会议

对技术部新系统提需求的建议

第三个瓶颈就是你那里,这是我最担心的你那里。因为这个需求肯定提得不到位,因为我没有去管,但我知道肯定不到位,那就看黄总怎么样了,怎么去衔接,怎么去搞好了。因为这个需求所提出的架构有问题,像这样一个公司，第一需求应该是董事长的，他提需求不是细致的需求，而是我要做哪几件事，就是总需求，然后到我，总需求这几件事怎么分解，分解过后各个部门要做哪些事，然后用什么界面，这才是正确的需求，然后拿出一个金证开发的东西，这个才符合我们整个的要求。现在倒过来了，遇到问题再来问，因为它本身就不周延，不周延需求就提得不到位，当然我现在还不敢讲就是这个问题的话，因为有时候有些事部门来解决，董事长的思路是有部门来解决的，包括工行的需求，它就专门有一个研发部门，这个部门就是专门设计的，围绕着行长办公会议研究下来的意见，他们去做一个分解，而我们没有这个研究，也没有这个部门。所以讲上线的时候，最多的水平也就和原来差不多，真正是达不到先进的水平的，我现在看到这个问题，那我就要重视这个部分了，因为我没接入，我没经历这一块，黄总过来以后你们就把需求汇报给他，需求这一块可能要搞清楚。还有项总这一块，你是负责人，整个需求的提出，这一点一定要清楚，实际上你就要大概念就行，具体的操作下面去做就行。包括操作环节一二三，第一步、第二步、第三步怎么做是下面的事情，你只要清楚红岭船头有哪几个大模块，投资这一块、贷款这一块、服务这一块，也是这么儿个大块嘛，大块里面投资人上线以后能看到哪些东西，你又有哪些品种。包括我们以后要上六个事业部，又有多少品种，这每个品种的交易有哪些是共同的，有哪些是不同的，哪些可以通过同一个模块循环一次性解决，哪个必须单列一个模块来解决问题，你从业务的需求到你电脑的需求之间还有一个衔接，好在我懂，因为我做过这个东西，我开发过这个东西，这我是知道的，我自己是能写码的，所以这个平台应该怎么搭建，我基本上是清楚的，所以这个我是很担心的，董事长。因为我现在我没接入，让你们搞，能搞成，就万岁、就最好了，要搞不成的话，就很惨，还得重来一遍，我担心这个事情。但这个有专人解决就行，没停下来就行，黄总这块没问题，不行的话就把银行的这块全都搬过来，都没问题，因为他搞过银行的系统，那都是大的系统，所以我一直提出来讲我们的这个系统要像上海交易所一样大，要达到千亿元，要有这个规模，上海证交所的平台是什么样，实际上原理全部一样，没有什么更复杂的东西。人家卖钱那么高，卖 700 万元就是因为你不懂，要一懂它就一分钱不值了，比方说我家的楼梯是我自己去装的，装下来我就花了 12 万元，人家一评价 70 万元，叫外面来搞这个楼梯要 70 万元，至少 70 万元，我自己搞就 12 万元，我做的方法就和他不一样，一、图样我自己拿，二、网上那么多图样哪个最好，楼梯柱是什么样的形状上面都有，自己选好，然后上宜家买 12 立方米的木料一下就发到工厂，到工厂加工好，加工好以后喷漆组装就结束了，我是这么做的，因为我懂，我知道它的结构是什么样的，你要是装修公司来搞就是 70 万元，70 万元可能还不够，到最后还讲我这个木料多好，我这个油漆多好，你还要和他搞半天，就这样。所以你要知道它里面的结构是什么样。电脑开发也是这样，你要把它的结构搞清楚了有什么，你看编码，黄总说大学生本科生都可以编，但它整个硬件的结合和你们公司要干什么，他不清楚，一旦分解到仅仅是编码就很清楚了，我们高管就是分解这些东西，战略目标出来后，一块一块，分解了就清楚是干什么的了，有几个人解决，一下分到底就好办了。

——2014 年 9 月 22 日市场条线专题办公会议

新系统的开发思路

过去我们技术发展管理委员会主任在这边弄不难，按照我的思考，第一就是静态的页面设计，应该是以企划为准。例如信托页面的设计应该怎么布局，至于怎么衔接那是技术部的工作，但有一个静态的画面设计，把每一个静态的画面设计设计出来，可以从网上收集，加加减减。又比如说需要有什么功能，就需要我们的信贷部和市场部来提供，我们每一项需要多少个产品，包括我们流动性贷款、票据贷款，我们都能做，都是一样的，和银行完全一样，不同的就是我们挂在网上，别人来买而已，就这一点区别。我们现在已经挂在网上那么多年了，别人来买肯定没有什么问题。把一项功能变成了标示，不就跟小 APP 一样嘛！以后信托就叫“托”，租赁就叫“赁”，但是怎么样排布，就是企划部来设计。而动态设计，就由运营部来弄，哪一个吃什么东西，这里面有个逻辑，整个画面打开是什么？我要投资，我要借款，我要看看，我不是讲过这样一个逻辑了吗？哪个上网的都是这三个心态，怎么组织能一上网就看到这样的页面就行了。也不要去看人家传统的怎么搞的，我们要从网络体验、互联网体验，体验到最后就是要知道别人的心情，别人是想来干什么的，清楚就按照这个枝干去做，你永远都不会错，自己是这样的感受，才能说服别人，自己都没有这个感受，拿什么去说服别人？没用。现在进来的人多数是看看的，看要给他们看什么？我们有哪些产品，我们的历史是什么，我们未来还需要做哪些产品，这些主要以消息和产品为主，而投资主要是以投资为主，我要借款是以借款为主，我个人可以到上面借到什么，这三个大方面下去以后，产品也有了，未来也有了，什么都有了，全有了。每个页面出来画面设计怎么好看，那个是美工的问题，是布局的问题。布局和美工的问题就需要企划部来解决，也可能要三四十个画面，这个我不知道，量到多大我也不知道，因为一个个套下去，套到最后都是这么大的。实际上要搞出一本来，弄出个 PPT，一个个看，看完以后修改，修改完再链接，然后后台才能把功能弄上去。技术发展管理委员会主任我说的对不对？这实际上就是一种需求了吧？我们把需求提出来，后台有些东西才能衔接上了。衔接上了以后，我们在开发需求的时候也不会太困难，因为画面都有了，都是现成的，逻辑线也是清楚的，过去交易的东西多出了几个分支而已，交易在后台是一样的，前面表现不一样而已。技术上我觉得没有多大的难处。

——2014 年 11 月 8 日第 48 期总经理办公会议

技术部新系统开发的重要性

这个事情就这么决定了，今天这个会议董事长没有参加，我们后面要把整个的结果向他汇报一下。技术委员会主席就可以直接向董事长汇报，就是这个事情已经通过办公会了，但是还是要尊重一下董事长的意见。这个事情是必须做的，没什么可以犹豫的地方。因为系统和程序都是先进的管理方式的固化，会给你节省很多的工夫。在没有计算机的时候就是工作计划，每件事情有很多的节点，从哪里开始到哪里结束。那么有了计算机以后就变成程序了，输入东西以后经过几个环节就出来结果了。实际上就是把工作上的经验固化了。我们过去的系统有很多的问题，让人很头疼。现在我们的技术委员会主席来了，后面不会有大的问题了，小的问题还是会有，但这个是很正常的。开发这个新系统，让我很感兴趣的就是我们的人员参加开发，这样的话以后一旦出现了致命的问题的话，我们自己可以出面解决这个问题。这个事情就这么定了。

——2015 年 5 月 30 日第 18 期总裁办公会议

7.5 备灾系统和突发事件的应急措施

技术部需建立备灾系统和突发事件的应急措施

还有我讲过的灾备系统到现在还没有建立,而且对于突发问题还没有应急措施。这个一定要迅速建立,这是我们在突发事件发生的时候保证能够迅速切换的保障。任何一个银行的网站或者大的网站都是有一个灾备系统的,就是在另一地点建立灾备。我们要承担自身的社会责任,保证客户的账户安全和资金安全。

——2014 年 1 月 21 日第 9 期总经理办公会议

网站通道、应急措施和灾备系统

我现在关心通道的问题,目前有两个通道,有相同有不同。投资报的其他功能要接到红岭平台上。一旦发生突发事件,内部系统应对火灾等风险的应急措施,预计什么时候可以完成,灾备系统一定要建立起来。

——2014 年 4 月 29 日第 22 期总经理办公会议

备灾系统构建意义

要玩跟大公司玩,不要搞一些小的随便弄弄,搞不出名堂。小东西我们不玩。目前技术这里是对的。技术的问题网站上反应非常强烈,董事长非常焦心,但是欣慰的是每次大家都努力解决了。不出问题是不可能的,有问题能解决就是要表扬的。表扬之后我们要反思一下,哪些问题能预防在前,能够让它少出现或者不出现,尤其是同样的问题。这一点希望我们技术部门针对我们现在发现的问题,既要有立刻解决的手段,还要有长远的打算,两条腿都要走。这两次的应急反应还是值得表扬。用户有不同的理解和需求是正常的,我们积极解决就问心无愧了,解决需要一点时间也要实事求是。有时候领导有点着急,批评你们几句不要往心里去。由于一些客观条件,这个网站开始环境不是很好。

——2015 年 3 月 21 日第 10 期总裁办公会议

网站技术问题解决的三套备灾方案

但是现在不是这样了。现在知道问题就要积极地去解决。整个平台当初可能都没考虑到今天可能出现的情况。最好是三套方案,一套是长远方案,战略方案,是不能停的,以后机房怎么建立都要考虑好;还有就是现实的安排,怎么能快一点,不要出现经常出现的问题;最后就是应急方案。每个都要有几套方案,应急可能有很多套方案,不行换一套,这个要事先考虑好。在遇到问题需要解决的时候,要运用这个思路思考。这样打仗才能立于不败之地。我们网站运用的技术应该不是最复杂的,最多算中等。我觉得如果条件满足,运作起来我们现在的团队应该游刃有余。这种状态不能时间长,长了不行,也是一样,要钱给钱要人给人,把这个事情做好。这是董事长的心病,也是我的心病,更是投资人的心病。那里面包括灾备、备份等等所有的东西全都有,那才是一个完整的机房。我们现在就是一个小房间,里面有几台设备。还有就是现在的限时的安排,就是怎么样让它快一点,怎么样让它不出现现在经常出现的问题。另外就是应急,就是出了问题就要立刻解决。最起码要有这三条在这里,每一条里面都有很多的方案。应急上面不仅仅是一套方案,一套不行再换一套,再不行就再换一套。在事先就要考虑好有哪几套方案,中间这条路也有几套方案,包括机房的安排。那在我们工作之余,在我们工作遇到问题需要解决的时候,就要自觉地用这样一个思路来思考了,这样才会在遇到问题的时候不手忙脚乱。

技术上的问题,在目前我们这样的平台,运用的计算机技术或者是互联网技术应该说不是最复杂的。复杂的计算机技术是非常厉害的,我们最多也就算是一个中等的。这种中等的技术,现在我们的技术委员会主席来了,那么这种技术运作起来的话是不会有大的问题的。我们就是因为前期运用技术的基础太差了,即使是改造都不知道从哪里下手,很多东西都是牵一发而动全身。但是我们也是没有办法，工作又不能停下来，只能是一点一点往前走。但是这个状态不能时间太长，太长是肯定不行的。今天这个会议上，我给你们技术上一个肯定，也给你一个信任。你们是要钱给钱，要人给人，缺什么都提供。希望大家把这个事情做好，也使董事长和我的心病能够治好，也把广大投资者的心病能够治好。

——2015 年 3 月 21 日第 10 期总裁办公会议

7.6 办公系统的构建、维护及培训

针对 OA 系统的培训和维护，技术部单独调一名技术人员

红岭创投和投资宝的分离增加了公司战略和计划实施的困难，这个事情先搁置不议。技术部门是保障公司业务正常运营的重要部门，因此，明确职责非常重要。从技术部调一名技术人员专门针对 OA 系统的培训和维护并归属于总经办。

——2014 年 3 月 4 日第 14 期总经理办公会议

我们需要办公自动化的无线接口端，可选择微信

微信还可以视频开会。我认为微信一定比 QQ 先进，因为它是在 QQ 之后，是总结了所有的功能后推出的。但是我不推翻你们的意见，因为我现在用微信比 QQ 方便。到底怎么搞，你们怎么决定我都支持。还有一个我想，我们办公自动化的无线接口端你们要尽快搞好，这样的话，我出差在外地也可以批。

——2014 年 4 月 1 日第 18 期总经理办公会议

OA 办公系统的构建

这是我很关心的事情，就是我们全公司的 OA 办公系统，他们省公司要全部能看到我们总公司的批文、流程，直接报告，包括一些发的帖子，下面要

直接能看到这些东西,包括他们直接在上面可以写一些东西,我们能看得见。办公系统,公式栏、报告栏,分公司给总公司的报告、个人给组织上的报告,在上面都应该有,这些东西要组织建立起来。这个问题我们回去也抓一下。

——2014 年 11 月 1 日第 47 期总经理办公会议

7.7 手机 APP 的开发及改版

对技术部手机 APP 开发要求

只要你们每个人做好自己的职责,按部就班前进。这个 APP 的事情要尽快定下来,价格要合理,货比三家。要充分考虑到时间情况,要充分考虑到市场,以便于日后的市场推广。

——2014 年 7 月 26 日第 35 期总经理办公会议

APP 的分项开发

第三个是对于我们信贷部门和技术部门提出的问题,就是 APP 的分项开发,包括我们的股权众筹,包括我们的六个事业部,都要有自己的 APP,现在就要把这个思路接上,接上以后。我们技术部门在开发的时候要把这个思想加进去,加进去以后,让我们以后众多的用户一上网就能够直接去下载这个 APP 产品。你可以是红岭信托,红岭租赁,你可以搞一个名字,然后做一个 APP,放到 store 里面,免费下载。适应目前移动经济和互联网的发展潮流,让大家都感觉到很方便执行。那么我们现在的速录要建立起来。我们的信贷部门、电脑部门、市场部门,包括图像设计的时候我们的企划部门和线上营运部都可以参与,但是基础还是从产品开始。有了产品才可以设计 P 处理。P 处理实际很简单,只是被他们搞复杂了。不懂的人好像很难,实际上就是几个程序并到一起了,接起来就行。进到画面里面是原来的东西,没有新的什么东西。所以这个东西要抓紧,我们在设计的时候都要考虑这个思想,以后在业务推广的时候这个方法非常重要。这是第三个。

——2014 年 11 月 22 日第 50 期总经理办公会议

APP 的开发要具备互联网思维

技术部以后的工作还有很多,包括 APP 的开发。APP 的开发,我们到现在为止都依赖于新系统的开发,那么在新系统开发出来之前,就是用手机、用平板电脑上网,没有批处理就是了。APP 就是个批处理,就是点进去以后,简化了过程,直接就到了,不需要你去操作了。这种批处理我们现在才做了一个产品,就是我们 my089 这样一个产品,那么以后我们可能在 store 里面,就是商店里面可以放很多的 APP,有的是免费下载的。以后会不会出现我们的期货、典当、租赁,甚至于我们的流动资金贷款、项目贷款都会有,把它们都可以做成 APP,用它们来卖产品。它后面包括一系列的操作规则,然后我们把这个批处理放在了 store 里面,都可以下载,这就是互联网思维了。那么我们的业务规整就要按照这个思路来规整,一点开里面什么都有了,就是我们红岭创投的,其他人的还没有。这样的话红岭创投出去了就不仅仅是一个 APP 了。我们搞电脑的,搞了这么多年互联网的同志,应该要有这个思维,如果没有就要赶快建立这个思维。一看苹果卖 APP 的商店,它有很多的东西。我们早一点认识到这一点,早一点进入开发,甚至我们对于开发 APP 这样一个批处理的软件,我们内部要有人掌握它的内部结构,即便请别人来,我们要能够很快提出需求。不要提了一大堆东西以后,自己还没有理清楚,这样的话开发过程肯定就慢了。这是我对技术部门提的一些建议,也是对于我们业务部门在推销产品、利用互联网思维上所提出的一些新的设想。这样我们的市场部门在进行推销的时候内容就变得充实了,具体了。操作起来也就方便了。总的来讲,技术部门这个阶段的工作还是要提出表扬的。下一步要保证年终决算的正常进行,这个非常重要。

——2014 年 11 月 22 日第 50 期总经理办公会议

8 六大事业部

8.1 六大事业部发展综述

6个事业部未来的工作规划

同理,我们现在6个事业部在推进,传统的保险全都能拿到我这边做,包括保险产品,包括保险理财都能做。六个事业部的第一步就是把现有的传统产品挂上去再讲。然后找一个单位,找一个保险公司,我们只要你的手续费,不赚你的利差,你们在红岭平台上面成交,把红岭的名字改一下就叫红岭保险、红岭信托、红岭租赁,以后就这个名字,然后按照顺序排下去,这样就都简单了。典当也一样,你要典什么?可以和净值标一样前面弄个小方块,点进去另外一个画面就出来了,画面全是保险产品,再一点进去都是信托产品等等。这个动作一旦做出来的话,我估计会对金融界产生一个震动。这可不是普通的震动,因为在中国没有一家P2P敢像我们一样向传统金融挑战。我们开始了,因为不能等,因为这一等,时间来不及。

——2014年11月8日第48期总经理办公会议

6个事业部统一上网

创新当中的技术组合。到底哪些技术是有创新的,包括我们现在把过去传统的6个事业部拉到网上是一种创新,上网的目的是更快、更便捷、更方便,让每个人都能做。从这个角度思考,真正专业的问题你能思考就思考,思考不了有人去思考,招聘或者合作就行。

——2015年7月11日第24期总裁办公会议

对六大事业部的费用规定

第二个是关于六大事业部的事情，现在进展参差不齐，这个也有方方面面的原因，包括分管领导的调整、过去整体工作的重心等等，对事业部费用的使用方法一直没有做明确的规定，现在我们规定一下。我们首先把六大事业部看成6个分公司，6个事业部在筹备期间像分公司一样提供筹备费用，也就是每个月5万元，符合条件后就转为正式的费用列支当中。在这个过程中，成本、支出、效益、计算办法由分管领导决定，在正式成立任命后才能列入发工资的范畴。今天这个会议上没有其他意见就这么定了，之前发放工资金额可以不变，都转为费用的形式，要有个标准。干部是社会招聘的，有些可能干一段时间就走了，这种很难保证合适我们的职位。我们现在还有40多个筹备组在筹备，这四十多个筹备组组长是否合适，就要有一个优胜劣汰的过程，这个过程中对干部的管理就要提高到一个新的高度，比我们自己培养的干部的管理要费一点劲。现在六大事业部要慢慢撑上来了，各个部门都有自己的任务了。六大事业部除了自己营销之外，还可以发动分公司营销，设置分支机构都可以。事业部把所有工资改为费用，标准5万元，超出的部分打报告，成立后按照部门老总管理。

——2015年10月10日第34期总裁办公会议

将6个事业部合并，成立一个大事业部

私募这里提出表扬，最起码产品上去了，很有意义。快标之后，我们有个特标、本标、议标，现在有了私募。下一步我们还要上很多品种，我们6个事业部都是在做准备的。我们分管副总裁精力可能分到其他地方去了，这方面工作还没有抓起来。如果抓不起来，就放一放，集中成立一个大的事业部，一个副总裁管一管。私募已经出来了，不行就先代事业部老总。我有这个想法，还要大家讨论，最后有个副总裁分管就可以了。这是个临时的办法，让6个事业部都慢慢成长起来，6个事业部就是红岭内涵式提高的主要内容。没有违规的事情，我们现在本身就违规，什么牌照都没有，但是国家支持。没有牌照现在互联网上什么都有了，你找没找？全国信托、典当、租

赁产品没有上互联网的？不可能的。它有牌照吗？基本都没有牌照，这是新东西，你做了保证不会有问题，有问题我来承担责任。实际本质上它们都是众筹，我们现在属于债权众筹，私募是股权众筹性质，所以都是众筹，都是金融脱媒，只是不同的还款期限、回报率、风险分成了这几种产品，原理是就是投资，都是项目，只是项目性质不一样，风险、时间、还款方式等等有一些区别。债权和股权众筹都能够成立，那几个也一定能够成立的。昨天蔡晨汇报说我们没有牌照，我们这个行业就是没有牌照。

关于事业部的情况，私募是项总在管，项总考虑个方案，我有个想法，把6个事业部全并起来，叫红岭创投创新事业部，下面分6个小事业部，可以让黄总先牵头，抓起来，以后可以了，再分出来，给它一个过程，这样就能管好了。其他副总裁就管自己的事情，大事业部项总管。拿个方案出来，下周上办公会讨论，别让大家都感觉很为难。现在我们有人抓就可以，不要说没牌照做不下去了，这可能是节奏的问题，一定阶段的工作重点不同，但也有我们工作经验的问题，不管如何，不能停下来，大事业部是红岭未来的希望。外延式扩大，我们机构的设置是我们的希望，内部是我们的六大事业部，是我们的希望。我们在每个分支机构里都要有大事业部，每个事业部里都要有这六种业务，就和我们正常的市场管理部都有四个标一样。现在事业部的标和我们本标是联系在一起的，是不垫付的。红岭创投现在缺优秀干部，所以只要看到有进步有希望的人就要给机会，这样我们整个发展才会有基础。

——2015年12月5日第41期总裁办公会议

成立金融发展事业部

事业部的问题，当时提出六大事业部的思想的时候，本身就是面对互联网金融，打开新的一面墙，一个突破性的思维。从债权众筹、股权众筹，当时我们加入红岭的时候，仅仅是从快标的认识和股权众筹的认识开始，然后我们下面一思考、一分析，后来国务院提出互联网+的概念。不管怎么样，只要是金融产品，只要加上互联网就会出现新的局面。红岭作为比较早的，不能失去这个市场。如果抓住的话，就可能出现新的局面。为了给红岭的发展留出这部分空间，当时就设立了这六大事业部。当时的红岭结构不完善，现在更完善了，老同志们应该最有体会。

六大事业部建立两年了以后，发展不均衡。有很多原因，既有人的原因，有力量用得重点的问题，也有业务发展需要探索的原因。都有，是系统性的原因。项总说得对，虽然叫代管，但就是实质性的管。因为事业部没长成大树之前，底下就是六棵小树。六棵小树全是你管，这棵树长大之后就独立出去，就是这个道理。成长过程当中，需要阳光、雨露、人，那么就可能需要根据先易后难，调整一个成熟一个，使人力资源得到充分利用，时间又不浪费，又没丢掉发展机会。哪一块我都不想丢，但你知道我们什么时候有这个发展机会吗？什么时候有这个人才吗？每个专业都要有一个领军人物，专业上的管理是不一样的，虽然可能有共通的东西，但专业的还是专业的。所以刚才黄总汇报的还是很完整的，还是动了脑筋的。以后这六棵小树交给你了，由项总来分管，根据营养供应情况一个个培养，培养出来一个就独立一个，需要怎么走就怎么走。从横的方面它是独立，从纵的方面，每棵小树在每个分公司都有腿，用这种推广的方式。思路拓宽点，哪个分公司突然有个信托人员了，你就在这试点了，但是由你管。都是为了把业务发展起来，不想丢掉这个点。大家都知道，所有金融产品最后都得上互联网。现在国家对我们宽一点，让子弹飞一会儿的时候，我们不要浪费了。或许在这一块，就获得成功了。董事长不是要求我们创新吗？创新是要有基础的，是要有专业的，没有专业的往往很盲目。

那天社科院的专家们讲，看不到整个生态环境的人，看不到自己真正所处位置的人，怎么死的都不知道，e租宝怎么死的都不知道。很多人很兴奋，实际上经济是有规律的，不是你头脑发热，在一个阶段赚了点钱，就以为什么都以你为准了。上市是让别人分享你的成果，我做的好了为什么不让员工自己享受，要让别人来炒我的股票。想上市的还有另外一种，就是想筹集资金迅速变大，有些筹集资金但是没投向，一把现金在手上不知道干啥。有些就是投机心理，上市就是为了圈一把钱。我们都是踏踏实实做事，没想过上市的事情，让我们每个员工工资和奖金都有，过得很开心，上市不是我们经营班子考虑的事情。你看我们同业的人员，你就查高管的背景，很多没有专业背景。年轻人不知道天高地厚,还没懂,真的懂了,就是踏踏实实把每个人想做的事做好,听到不同的认识,大家共同讨论,相互提高下,这才对。

行业允许我们往前走,我们就往前走,看不清的时候,就摸着石头走,不要乱来,乱来是不行的。事业部现在叫创新事业部是不是再思考下,我总觉得浅薄了点,大家都叫创新,是不是叫发展事业部或综合发展事业部,踏实一点的名字好点。我想综合发展事业部更稳一点,或者叫发展事业部。创新这个词不能乱用。没有更踏实的名字,就叫创新事业部,有个名头,就管理六棵小树。你们需要什么样的薪酬体系你们提,项总只要同意了就开始实行,不要求十全十美。发展的过程中可以试,试了不行我们回过头来再调整,使我们更客观地一步一步往前走。任何一件事情都要有设想,有了设想再试验,试验过一个阶段感觉不行就试行,试行不行就调整,调整过以后再发展,发展成功一个,独立一个。从横向一棵棵小树成长起来,纵向要把它插到我们每个分公司去。

第二点是方法上,我们要有自己的领军人物,更重要的一点是要整合。我把现成的信托产品搬到我们平台上来,直接就卖,这又是一条思路了。这就是外延了,现在中国有多少家租赁公司,多少典当公司,是不是从这些方面来思考。然后我们从管理典当产品的人当中,去把现成的典当产品,只要符合我们的要求,就拿到平台上来卖,我们收手续费。这些都是思路,不一定对,但是我们希望你们 360 度地去思考。方法就是多学习,多请教,多实践,哪条路走得通就先走哪条路。44 个人每天都思考肯定有成果,然后把成果记录下来。思维的总量每天都在增加,这个企业就会发展。所以我把自己的体会告诉大家,不要偷懒,每天都在努力,每天都在长大,每天都在进步。后面不懂就问,错了就改都是为不要偷懒做服务的。不懂的话不问怎么有用呢,错的话不改怎么有效呢,但都是建立在不要偷懒的基础上,你的总量,你的密度,每天都在增加。

工资的问题我刚刚说了,项总定了,人力资源部不是规定什么,是为他们服务。现在我们把事业部并起来了就是因为现在不能细分,等成长起来了再细分。我们总经办细分到没到位,因为每个条线都需督办,每个事情都需要督办,总经办的督办质量怎么样?督办也是一种服务,实施过程当中的困难要带上来，有什么困难我们一起研究，各个部门一起协调，把困难解决，最终是解决问题。表现在大家团结，收入很高，心情很好，表现在政府和老百姓对我们很认可，我们就围绕着目标开展工作。有这样一个纲领性的东西，下一步实施就有可能了，有什么问题我们一起研究。

——2015 年 12 月 19 日第 43 期总裁办公会议

本标业务是红岭的重要发展方向

本标业务是我们以后的重要发展方向，可以看一下大背景，现在不准担保，不准增信，这个都是人民银行和国家政策上对我们提出的要求，那我们怎么向本标方向转移，我们推出本标业务的时候就留出一个当我们转型的时候能够让我们活下去，能够养活这支队伍的新的产品方向，主要任务是不垫付，拿劳务费、服务费，无风险，在这方面进行大举发展。同样我们六大事业部的发展，六个事业部也是属于本标类型。希望金融事业部跟市场部要好好研究，里面六个事业部的业务，分公司能承担多少，能找出多少，能经办多少。现在私募已经开头了，我们现在 19 个分公司，通过我们私募事业部把这个任务下达下去以后，每一个分公司能够做两到三个，那么私募事业部的业绩一下就上去了，那就是接近 60 个了。这些实际上就是本标业务，把现成的业务拿到我们平台上来做，我们只收取手续费。红岭的优势就是董事长带领我们 7 年以来没有让一个投资者受到损失，大家对这个很踏实，规模也很大，影响也很好，口碑也好，在这个条件下大举推出本标业务，把别人的业务拿到我们平台上来做，仅收服务费，没有风险的这个事情要大举去做。对于分公司市场部的工作该如何指导呢？我们下面很多人市场经验不足，对于怎样把市场全方位打开，这需要我们一起讨论，但是我们最起码往前走的基础要建立起来。我举个例子，不管本标、私募、VC、典当、租赁、信托、保险，所有的业务都是运用我们的客户经理，每个分公司的客户经理在职的有多少，编外的有多少，我们深圳分公司曾经搜集了一个两千个信贷员的电话号码，这个非常好，但后来跟大银同志讨论了一下，是不是跟下去了，是不是分给每个人了，是不是把我们业务的优惠政策传达给每个人了？好像没有跟进，力度不足。你天天都需要跟别人打电话联系，你可以分六条线，本标里面最起码有6个业务，除了我们原来的四个标的以外，市场打开的方法，在福建和陕西讲过。队伍分开以后，第一，几个专职的，你可以分成几个片，以区域划分，也可以以行来划分，所有国有银行的客户经理的名单要拿到，跟他们联系上，甚至组织一个微信群解决这个问题，厦门有多少个典当、信托、租赁、私募等这些信息你们都知道吗？我们市场部是不是应该把这些一手信息拿过来呢？有没有拿呢？给分公司半个月行吗？你把这个方案拿出来，应该没有问题吧，拿过来以后就是跟进，我们的优惠政策和奖励政策到没到每个人的耳朵里，是不是每个人都掌握了项目的提成和奖励，有没有？知不知道？如果没有的话那第二步就可以推这个。第三步就是业务上来了，然后才到我们的管理程序，再讲到风险控制，前期的基础打好之后，后面的事情就好做了。

——2016年2月22日第6期总裁办公会议

关于对消费理财的推动

这个消费金融应该也符合现在的方向，包括现在的中央人大各个方面开会，包括我们的监管部门指向非常清楚，因为消费金融本来就是拉动我们生产的最原始的一个动力，国家经济消费都是非常重要的，中国是国际第一个开放的市场，这个是最值钱的，我有13亿人的市场，你们来不来，在国外谈判的时候就是这个东西，要拉动生产的也是刺激消费，都是从消费的角度抓工作。从宏观上这个方向是不错的，关于下一步流动性的问题，给额度就是给流动性的问题，这个要加快，大家更放心一点，但是注意合规，怎样才能合规，不要在合规的问题上栽跟头，这一点把现在有关的可能查到的文件看一下，有些东西要科学地去处理一下，让监管部门来了会认为，我们是支持国家经济建设，我们是响应党中央号召，推动消费，消费理财也是推动消费的一种做法，它也是民间的，摆在线上也是公开的。都是可以监督的，都是一一对应的，这个东西我们也没有乱来，只不过链条可能长一点，这一点我们从理论上还是要据理力争的，环节长一点，没有弊端，如果在哪个环节上要设监管的话，在哪个统计数据上想把它扛一扛还是可以的。从主观上我们不想违规。从客观上我们也没有违规。只是看怎么解释。我看到一个解释说我们的委贷是非法集资,我就有不同的认识了。说有非法集资、犯罪的嫌疑,我们又不是放贷款,是投资者进行投标,然后委托银行放款,还是原来的这些东西,又没有动它,怎么有犯罪嫌疑和非法集资嫌疑了呢,我说这个报告可能不是监管部门写的,谁写的我不知道,但是最起码要客观地来认定这类事实,以后什么事情都好办。

——2016 年 4 月 25 日第 14 期总裁办公会议

关于对同业市场调查工作

我就是这个思路,全国有多少信托公司?金融研究所来统计一下。全国信托公司有多少家?信托公司的利率是什么水平,盈利模式是什么样的?它们的利润状况,资产状况?这个调查你们可以设计一张表,发下去让分公司填,利用我们分公司的优势。当你们在设立里面每一个科目、每一个子项的时候,尽可能全面,这就是给分公司下任务了。研究所下这个调查表,那就不仅这一个指标了,就连着把租赁、典当、私募基金,这些事业部的东西统一做一次调查。调查总数、利率水平、目前资产质量、下一步发展方向,这项调查以后,我们尽可能周延所有的项目源,这样所有的非银行金融机构就基本覆盖了。分公司接着就有事情干了,你做不好一块就做另一块。我昨天突发奇想,把安徽华融的人全接过来,资产全接过来,我们发标把资产全买过来,这样就全都过来了。这是一个设想,它如果有 70 个亿,我们就发标 70 亿元把它买过来,他们的资产质量全是好的。我们发标都是有抵押的,把钱还上以后,资产就是我们的了,现在华融包括众多信托公司中,都有这种机会,接过来就有几十亿元,这个设想我在两年前就有,现在慢慢成熟了,可以做这种调查了。现在信托公司的利率是多少?平均利率、最高、最低的利率,中间分成几组,组中值在哪里,中间最大的那块是多少?这就基本上把利率正态分布看清楚了,这样就能看到我们要努力到什么程度能接上它。我们利率一直在往下走,从一开始的发标 18%,到现在最低 10% ~11%,降了 8 个点。这就是利率市场化的过程,降低的目的是让更好的企业进来,这样我们就更安全了。另一方面,让更多的投资人进来,让他们能够受益,这样两头就都有了。所以我们对它有兴趣,就是两头无限大。这次金融办的检查过后,董事长给我们通报说整体向好。我说我们只要有两点能够做到,前途就很光明。第一,没抓人,第二,允许我们整改。这都没有问题了,只要允许我们整改,我们做什么都没有问题,我们还有 18 个月,在这 18 个月中,我们有支点了。如果我们做得不对,他们就会干预了,如果他们没有干预,那我们就接着往下做,一下把整个渠道全打开,全做。我们各个部门在管理过程中,在给分公司下达任务的过程中,从调查开始,到制定政策,到打开思路,到下面一点一点去做。

这只是一方面,就是从私募基金得出我们可以动手了,包括信托、租赁都可以动手了,保险已经动手了。项总最近很辛苦,进展还可以,但我们还要推得更快,研究所负责一个调查,做个调查表,让各个分公司和有可能拿到调查资料的地方,调查当地有多少私募、信托等等,到当地金融办、人民银行应该能统计到这个数字。有了这个数字,在体系内就是国家做的,体系外,民营企业没有人做,但是我们可以做,我们规模这么大。所以第一步必须从统计开始,我们知道信托,或者说华融资产管理公司的利率,它们现在和我们基本接近,它们 14%,我们也有 14%,这样就接上了,投资者愿意,资产质量又好,他们一过来就 70 亿元。它出现流动性问题,如果它有充足抵押率,它打个折,我们给它流动性。把赚钱的那块拿过来。市场发展就是有价值的资产不断流动,在我手上还是在你手上。房子也一样,你不卖没有现金,你卖出去了,就产生了现金流。资产也一样。红岭的流动性好,老百姓都知道红岭创投,都愿意在这投资,这里的流动性始终很好,这个很不简单。我们要进一步发挥好红岭创投的这个优势,合作方看中我们的流动性,知道我们一小时发 2 个亿没有问题,只要是符合风险管理的规定。这就是我们的优势,老百姓认可了,但我们要让更多的老百姓认可,这样投资的利率会继续往下降,贷款利率也要往下降,把更好的资产拿进来。所以营销中心整个的管理流程,下次会议能够拿出来了吧。如果下次会议拿不出来或者已经拿出来了,提前和大家通报,让公司全体知道,有人想给我们业务了要去找谁。这就和医院挂号一样,院长不可能在那挂号,到时候你告诉我们是市场部或者营销中心的哪个部门,是谁,把流程公布在文件上、OA 上,让内部外部都知道,这个窗口打了以后,所有人都可以来找它,这样我们都好介绍。管理者要站在管理岗位上,你别上去拼刺刀,你是在后面掌握步骤和方法,不能轻易上去拼刺刀,除非到最后没办法要同归于尽了,但在正常情况下按照正常的管理规则。这是第一个,怎么打开项目源,做那些政策允许做,我们能做又愿意做的。业务中我们说三大块,对公、零售、同业,同业中又有很大的,就是事业部这块,本标类型的。现在我们开始要做这块,就要做市场调查,请研究所调查,然后事业部把这块抓好,没有人就马上招聘。人力资源部杨总也在,现在我们信托事业部没人,这块你要想办法找个总经理,因为这块也是很大,现在没人黄总也没办法管,人力资源部在这方面做好支援。这样,零售、对公、同业都上,对着我们的客户群,至少4.6亿,看我们能够拉过来多少。2015年工行的客户4.65亿,对公客户500多万,这个数字是给我们一个参照。我们拿它10%应该是没问题,现在红岭创投在全国的影响力,如果所有分公司都发力了,我们是可以做到的。这次金融办对我们调查,给了我们机会,等于正式走向了金融监管。我在这工作,我觉得这里的工作压力比银行大,挑战更多,举步维艰,如履薄冰,因为这些真的没有做过,监管部门让我们做,我们就做下去。不让我们做了,我就赶快改,要有利于国家和老百姓。

——2016年6月20日第19期总裁办公会议

8.2　融资租赁事业部

租赁市场的前景是好的

租赁我最近看了很多的资料,这个市场是巨大的,汽车、飞机、轮船等都可以。这个风险是比较可控的,都是大国企嘛。现在的机遇是很多的租赁都没有触网,我们一旦搬上来,这个前景非常好。这个公告还是你们融资租赁事业部来起草。

——2015年3月7日第8期总裁办公会议

8.3 保险事业部

对保险事业部的工作部署和要求

保险事业部和其他的事业部一样,目前都是在筹备过程中。目前我们已经落实的是保险的、租赁的,还有是典当的,后面还有信托、PE、VC。马上我们这几个都开始筹备了,以后这六个事业部筹备组的组长都参加办公会,我要听他们每周的汇报进度。你们汇报进度的话,战略上可以宽一点,战术上要抓住一件事情先做好。这里面的业务内容本身就很大。你现在在做的给贷款保险也是一个突破,如果互联网上能以营销的方式把贷款的保险问题解决了,使我们的贷款更加安全了。反过来你还营销其他的客户,所有的客户你都可以营销。它的意义在这个地方,不光是解决我们自己的问题,是解决全社会的问题,而且是通过网络来解决。以后你们就可以独立出来买红岭保险了,等于一个网上的最大的保险公司了。所以说前面的路很宽,但是必须从事业部做起,因为这样的话各方面的条件都会提供充分一点。你起步就会扎实一点。那我就要看到你的进度,就像你现在在谈的贷款保险问题,你和风险部门是怎么衔接的,还有在理赔、费率上又是怎么做的,有没有案例?这些都是有全套资料在的。我来了红岭以后首先做的就是调查,把所有有关这个行业的内容都看了,包括国内国外的。一个月的时间我把全世界都了解了,把我们自己也了解了。然后我就知道下一步应该怎么做了。看看这个队伍是怎么样的,有哪些条件,有哪些条件是不能用的,哪些资料可以现在采纳,哪些材料根本没有用。这就要建立自己的战略打法了。这个战略怎么在维持原有的基础上,一点一点建立起来。我们也就用了一年,就是全新的东西了。那么王总,我给你也是一年的时间,用这一年的时间实现整个保险网站的上线。你开始可以搞一些事业部性质的东西,下面有 30 条腿。下一步你就要考虑独立出去,做红岭保险。以后“红岭”代表的就是互联网,要有这种意识。有了这种意识,我们就做成功了。下次我们其他几个事业部也一起参加办公会,只要是筹备组的负责人都要参加办公会。要让他们在一起交流一下,这里面有一个交流的空间，包括发展研究部，也要经常参加他们的会议，帮他们搞一些调研。

——2015 年 1 月 24 日第 3 期总裁办公会议

8.4　私募事业部(包括 PE、VC)

私募事业部发展注意事项

这个私募事业部我们已经搞了很长时间，是我们目前六个事业部中第一个比较成型的，要对你们表示祝贺。但是私募从线下走到线上，从传统的金融产品和操作方法，到和互联网联系起来本身也是新的东西。在这个过程中我们要做到：一、把风险要控制住，一旦风险控制住了，其他的东西都好说；第二就是不要明显违规，所有的事情都要倒过来做。我们现在的做法就是借鉴私募的做法，就是我们的目标。大家在向相关部门解释的时候都是一样的，没有多大的区别。只是在管理上有一些区别，还有一些就是在推进的过程中才知道的问题。

——2015 年 5 月 9 日第 15 期总裁办公会议

关于对私募事业部的工作支持

这个工作推进得还是算积极主动、有效，我就希望这个方案让我们分公司加入，我们 19 个已经开业的分公司，在整个营销这一块的，事业部的像私募基金，包括典当、信托，几乎都还没动，红岭创投现在如果说还有的一个亮点的话，就是它的融资速度，大家非常关注。现在我们把金融资产搞到上面来交易的话，对各分公司有个推动作用，我这次到分公司考察，他们有些对这个还不是很熟悉，我们黄总看是不是组织一小型的会议或者视频啊，先泛泛地讲一讲，那些分公司有兴趣的可以来，或者你安排到他们那去，不是跟他们谈，是他们带一个客户，你带他们谈一谈，谈一次他们就知道了。尽快地能够把这个业务在全公司拓展开，这样你就是真正的管理者，我们有些同事一不小心就变成一个客户经理，你们都是管理者，要用更多人都能做同一件事，而不是自己一个人做，一个人做得再多你也只是个客户经理，搞了10个项目都是客户经理。一旦分公司搞起来，一个分公司一个，合起来就是19个，一个搞10个的话就是190个，要有这个思维层次。我们都是管理者，到最后要拼刺刀再拼刺刀，你牺牲怎么办，后面还有很多队伍，好不好，我就提这点建议。为什么上次你们的私募基金见面会我参加，就是对你们的支持，我也是一种学习，为学习这个过来的，原理我是知道。看了一下来合作的那个私募基金的负责人还是很不错的，此类的基金全国有多少，都联系了吗，都建立起来了吗，如果都能跟我们联手的话，我们的同业就能迅速做起来了，我们的交易额也就能迅速地做起来了。我们现在已经进入资本的集中阶段，刚开始是靠我们网站一个一个往上做，现在是各个都在往我们这边，像零售全国有多少个小平台在做，小平台做得有我们好吗？投资者的利息也没拿多少，渠道商中间拿的也没多少，中间的分配不均，如果我们搞一个大家都很满意的分配方案，也不是没有可能全国50%以上的车贷都到我们这边来了，不要讲50%，上了10%都是什么概念，我觉得都是万亿元。董事长早说我们下一个目标是5000亿元，我心里想这个我早就想过了，我们第一个目标是1万亿元，只是我们走得慢了一点，资本集中刚开始。总公司这么多部门，后面这么打，组合拳怎么打，其实都已经设计好了，图纸都画好了，理论都有了，接下来就是施工了，施工就需要队伍，我们总公司现在各个老总现在底下都要带一批人，这批人在全国各地，一旦打起来以后很快上去，因为我们很不容易争取到一点生存空间，我很感动，我为我们红岭创投、董事长感动，为在座每一个人感动，七年多来都在黑暗中，随时都可能被抓进去，随时都可能成为非法集资的牺牲品，今天终于不会这样了，这个解脱不得了，因为这个是新行业，国家都不知道怎么下手，我们在市场上走出来了，所以我们董事长不简单，走出来真的不简单。接下来要靠强大的专业力量，光靠热情不行，要有专业的系统力量来做，我们以后的方向是什么？其实我们内心早就想好了，只是没有拿到桌面上来讲，就是互联网银行，就是中国首家互联网银行，将来我们是要站在工商银行的前面的，因为我们是第一家。为什么要有这样的机构设置，就是要有这么多的机构、产品和方法，才有可能变成中国首家互联网银行。我们现在所有的操作都是按照银行来，事实也会证明银行最接近这一快，比小贷公司接近，而不是其他这个行业那个行业。大家要珍惜这样的机会，我们金融发展事业部其实下面是有6个部，为什么把它们并起来了，就是因为它们发展不均衡，如果独立去搞的话，每次办公会汇报就太占用时间，所以我们黄总先管，如果我们6个事业部都做起来了，那这个就厉害了，既有前途又很厉害。我就补充这么几句。

——2016年6月27日第20期总裁办公会议

9　各部门的协同工作

市场和风控应协同工作，做市场的要带着风险控制的意识去做市场，做风控的人要带着发展市场的思想去做风控

在核销之前需要审计这个由计划部门完成，暂时先不要独立。以后这个内控、审计的功能是在计划上，今天在这明确下，加个审计小组。现在风险管理部很重要的一点是要保障市场，没有市场是最大的风险，搞市场的要带着风险控制的意识去做市场，搞风控的人要带着发展市场的思想去做风控，它是一个协同、相互支持的过程。我们现在分公司项目很少，只要分公司一开始，项目就非常多了，你这个机构要准备承受得了。

——2014 年 1 月 28 日第 10 期总经理办公会议

大家努力学习、充分沟通，做好团队配合

我来到红岭创投以后，我们的队伍始终处于被动状态，看不出主动状态。这个现象不仅仅是风险管理部，这与企业的性质和过去的管理有关，在过去的激励和公正方面，可能有一些缺失，我希望尽我的力量来改善这种情况，当一个领导，第一能够领着大家挣钱，第二要公平，我来三个月对每件事都做到了。五个委员会成立是业务的观察期，这个观察到一定程度的话，很多人员要重新任命。现在两条线并行，一条线是新的管理线，一条是老的管理线，这条线不发生交叉的时候并行，发生交叉的时候以新的为主。新的大家认为不行的话还是按照老的走，但是这个最后的决策还是要经过办公会。过去我们确实有一些管理、方法的缺失，但是大家都很积极负责任，从我们风险管理部的计划上我讲这些，你们回去在这个基础上把它修改下，具体思

路都已经给你了，整理好之后交给总经办汇总下交给我来改。股东们今年的期望值很高，我不能让他们失望。我们在一起不容易，我们希望在一起工作的过程中能相互理解、相互信任，能够相互帮助，我把我懂的、见过的和自己思考的无保留地告诉大家，我也希望大家真诚地、努力地去学习，有不同认识说出来，大家做一个充分的沟通，这样的团队在默契和配合上才有力量，然后才能打胜仗。我们要多考虑自己对工作做了多少，有没有可替代性，是不是稀缺性的人才，因为最终解决问题的都是那些越不可替代的人。你们作为各个部门的管理人员一定要考虑这些问题，需要人的时候一定要增加，能够兼的时候就兼一下，没到一定的工作量就要反思了。

——2014 年 3 月 4 日第 14 期总经理办公会议

各部门将最优资源配置起来

线上运营部与其他各部门有相互交叉，因此在实际操作中需要与各部门协调和交流。而线上运营部在现有工作计划的基础上，下一步需要考虑如何提升网站的品牌，增加网站的功能和宣传网站的影响。尽管各部门间有部分工作存在交叉，但是现有的架构仍不动。随着时间的推移找到合理整合的方法，用什么样的方法将资源最优地配置起来。

——2014 年 3 月 25 日第 17 期总经理办公会议

部门沟通的不畅可以通过办公会签报来解决，并对某个体案例进行分析

像这种部门与部门之间遇到了一些沟通不充分或者不同认识的情况，不光是我们市场和风控之间，其他部门之间都会出现这种事情。那么在以往的经验中都有一个签报制度，就是因为两个沟通不好，只有上交办公会，然后由提出签报的一方说明理由，然后听听大家的意见，最后怎么处理就怎么处理。这个市场部先说。每个人的发言也是每个人的表现、能力和质量，你们该怎么说就怎么说

现在我来讲吧，不在是非上纠缠了。我只要知道是假的，立马就否决了。这个是不能搞假的。两个部门之间会有一些不同的认识，这个很正常。不同认识的时候要用善意的方式、合理的渠道申诉，然后公开的场合表态。在这个会上，我们没有一个人敢对一个提供假的结婚证的人提供贷款。反而如果他不提供这个结婚证，我们还可能给他这个贷款，因为他们根本就没有结婚。前面的我们就不查了。我给你们的结果就是如果这个老人拿房子到我们这里抵押贷款的话，确实没结婚，但是有房子来抵押贷款，我们可以贷款。让他们到民政部门核实结婚证真假，若客户结婚证为真，则需要联名担保，若客户结婚证为假，联名担保无意义，这次可以给客户一次改错的机会，若有足值的抵押，风险可控，则可以做。今天这个会议就给你们这个结论，不是在赌气，是一定要保证我们红岭的业务往前发展。要实事求是，有些东西别人错了，给人一个改正的机会，我们只要能从法律上把住就行了。如果他承认了错误，然后抵押物是足值的，又是能控制风险的，那还是应该做的，我就是这个态度。以后还会遇到这样的情况，不要赌气，最终我们要赚钱。

——2014 年 4 月 1 日第 18 期总经理办公会议

市场发展部和风险管理部应互相理解，协同合作。项目能否做，风险管理部应在24 小时内给予市场发展部答复

24 个小时里必须给别人回复。部门之间有矛盾很正常，但是都应该善意地解决问题。你们不能伤害公司的发展，否则你们都是公司的罪人。大家都在不同的岗位努力工作，都在为大家服务，都很重要，没有不重要的。所以大家共事的时候一定要有相互的理解、相互的包容、相互的支持、相互的关心。风险管理实际上和市场管理是一个方向，都是这笔贷款别出问题。但是第一个，市场永远是第一位的，没有市场就没有风险；没有市场是最大的风险。所以不能轻易否决某一笔贷款，因为找一笔贷款是很不容易的。那么你要说服人家，给人一个拒绝贷款的实事求是的、令人信服的理由，你们要有这个素质。然后我们的风控部必须在市场部项目上报的 24 小时内，给出市场部可不可以接单的回复。人都难免犯错，要给人改错的机会，人和

人相处要互相理解、互相包容。要容许犯错误，然后纠正过来了，那还赌气干什么？不要意气用事。错了不要紧，改了就好。再一个就是不懂就问，知错就改。在我们工作中随时都会遇到这些东西。一个是不懂装懂不问，一个是错了不改，这两个是非常要命的问题。大家要多问，要有这样的认识。这些认识是我们的核心，如果一个企业没有这样的认识的话，它的生命力就不会长。我不能容忍一个企业总是在一些鸡毛蒜皮上的事情上花费时间，那样的话太没有意义了。今天这个会就多讲一点，态度可能不是很委婉，但我是很着急。我们现在需要的是不断地进步，我们不能停下来。所以会后各部门要协调好，共同把工作做好。散会。

——2014 年 4 月 1 日第 18 期总经理办公会议

风控部与市场部应互相理解、互相协助

风险管理这一块要慢慢加强起来，再一个就是队伍建设要搞起来。风险管理和市场在哪个单位都是有矛盾的，搞市场的人都想尽快审批，搞风险的人就讲不要出风险，这非常正常。我也听到了一些反映，这些都非常正常，如果大家都说好，反而我要担心了。原来讲审贷分离就是这个原因，不能是一个人来做。就是要在不断的博弈中把真相越博越明。当真相明晰的时候，大家进行投票就都有依据了。尽管当时你可能不高兴，但是当你避免了不良资产的时候你就高兴了；你当时很高兴，一旦产生了不良资产，你就后悔了。所以市场部门在风险部门提出疑义的时候，你们也要理解。你们要考虑是否存在这个风险，如果有的话，你们只有去把风险解决，没有理由去指责风险部门。

——2014 年 4 月 22 日第 21 期总经理办公会议

逾期时各部门的职责

逾期是三个部门的问题：计财、风控和市场。完整的数据是计财负责，而市场部是负责找原因，而拿出政策则是由风控负责。包括哪些催收，哪些跟进，哪些诉讼，还有哪些可以转化（重组贷款），政策可以由市场部提，但是

需要风险管理部确定。每天通过后台提供批量客户名单给营销小组,但技术开发不能停。线上运营部根据用户体验提需求给技术部,并将国内有名的 P2P 企业都浏览一遍,学习别人好的地方,再结合我司的情况,把需求提交给技术部,再上会过一下,下个星期看结果。

——2014 年 6 月 7 日第 28 期总经理办公会议

针对不良资产,向各部门提出的要求

计划财务部尽快将不良资产的账整理出来,过去的呆账交由风险管理部,追回来给予一定的奖励,针对逾期数据,追是没错的,指定下来追。同时我们也要保持正常经营,当头寸出现问题的时候要立即报告,风险管理部于下周办公会提出针对坏账的方法和措施。

——2014 年 6 月 21 日第 30 期总经理办公会议

关于分公司管理责任在各部门的迁徙

你们考虑问题要多方面进行,项目,贷款方,多少个,什么质量,多少速度,以什么方式去找到这些项目。今后可能也会设计租赁项目,在项目的寻找方面的基础工作进度要汇报。下周深圳分公司的进度要汇报,需要什么力量全力支持。18 个筹备组,要总结经验,不合适的要更换。关于分公司的责任迁徙,阶段一:在分公司筹备组负责人任命前,人力资源部负责筹备组负责人的招聘工作。2 个月内(9 月底)完成 30 个分公司筹备组人员的招聘;阶段二:分公司筹备组成立后,市场部接手,并负责协调、落实筹备组的各项工作;阶段三:分公司达到成立条件后,进入开业筹备阶段时,计划财务管理委员会、综合管理委员会介入,负责选址等各项事宜,直至分公司开业;阶段四:分公司开业后,分公司由总公司总经理统一管理。同时,各分公司之间的信息要及时传递,大学生也可以是信息渠道。人事部要不断地了解大学生的生活工作近况,了解工作环境和工作进度。筹备组需要的资金,我们将给予全力支持。关于分公司筹备过程中遇到的具体问题可以整理成资料,来上会研究。比如装修的问题,要规范,不管是风格、材料、

预算等要规范。

——2014 年 7 月 26 日第 35 期总经理办公会议

对部门间有争议问题的解决

部门之间能相互协调解决的问题自行解决，不能解决的问题写报告上报总经理审批决定。我们的制度也需要逐步完善，需要时间和各部门支持关心，慢慢走向比较正常的轨道。不足之处及时提出，对于历史问题不要刻意去追责，所有工作都要进入程序，下属分公司的风险管理体系要建立起来。马上就要成立个人零售风险管理审批中心，注意目前根据分公司数量和总公司架构在数量和规模上适度，以后根据发展慢慢增加和调整，落实到专人。

——2014 年 8 月 9 日第 37 期总经理办公会议

各部门之间要协同工作

还有一个问题，就是说人力资源部往后的任务越来越重，它里面有很多的工资：劳动工资部分、干部管理部分、绩效考核部分、薪金制度都在人力资源这里，它里面的结构设置，综合管理委员会主任你要再看一看，那些分类是否准确，如果不准确的话，需要增加什么机构就再增加。甚至于我们讲的稽核监察部分，目前都在这个大部里面，人力资源部在任何单位里面都是一个大部，因为它里面包括培训，尽管我们互联网金融学院是独立的，但是在某些地方和人力资源不是分不开的。现在我们看它们是平行的部门，但是它的工作的联系是很深的。所以说我们人力资源部今后的任务是很重的，当然我们的老周同志也很辛苦，今年以来也做了很多的工作，提出表扬。但那也有很多东西，由于情况不是很了解，或者是一下走向了这样一个新的组织架构、管理，有很多东西大家都要学习提高。比方他们向我反映的一些问题，有些部门，包括企划部有一个同志的转正问题，自己也向我、向周总写了信，转正里面有一些误会，可能有些问题没有讲清楚，我看了一些情况，里面没有什么大不了的事情。老周你看一下子，如果没有问题，就给他转正吧。

——2014 年 11 月 1 日第 47 期总经理办公会议

各部门协同作业、明确分工，尽快完成新产品的发行

但是如果我们要搞，也至少要在两个月以后，因为没两个月这个准备是不够的。这个准备过去我们线上运营部，包括页面的设计，功能的设计，产品的设计涉及我们市场、计财、风险，从产品上、从技术上设计，涉及我们的电脑，主要是技术这块；从页面展示，涉及我们的企划、运营部，大家都在里面，一个都跑不了。因为整个东西都要改变，如果不行的话都打不开，我们就没办法往里面走。这个大家就要进行分工了，那么新产品的上线又涉及新系统的改变。

——2014 年 11 月 8 日第 48 期总经理办公会议

风险定价要求风险、计财、市场三个部门协作完成

这样，风险定价方面的问题你们提出来以后给计划部门、市场部门会签一下，能决定下来就可以了。反正你们三个部门，一个是风险、一个是计财、一个是市场，利率变动的时候你们三个部门一定要参与讨论，从三个角度来看这个问题，如果可以我们就动，不行先试点。我是这样想的，好不好？我刚看了公信贷 60 多笔了，基本上没有什么恶性风险的。这就非常好了，我们可以考虑分公司开业的时候推开，实时给他们一个前景，利率还可以降一降，让他们市场更好一点。

——2014 年 11 月 15 日第 49 期总经理办公会议

近期重要工作的落实需要各部门协同作业

第三个就是近期重要工作的安排。第一个就是年终工作总结，10 号之前所有的年终决算数据必须出来，都要安排好，包括分配方案，组织架构，人员，工资，元月 10 号前全部结束。那么在年终决算会议上有几件事情：

一个是工作总结，一个是工作计划，开个两天时间，然后大家在一起联欢联欢。

第二就是工会，今天工会主席已经明确了，劳动竞赛属于工会的工作和

职责。今年，各个条线的工作都要评一些先进工作者，劳动模范，一些单项奖，这些各个条线都自己提，提出来以后要给予奖励，让干得好的，作出贡献的要得到奖励。推动工作必须有这些，提出这些以后交给孙院长完成。我刚才讲的是单个劳动竞赛，而优秀员工的评选，按照各个部门自己评选，例如互联网金融学院培养出来的优秀学员，在任命干部的时候，要有内部奖励记载，作为提拔干部的时候的优先考虑，要培养出一支品质好、道德好的队伍。所以培养要有一种奉献，培养为大家，培养对企业的忠诚，这样才是为大家好。如果每个人只考虑自己，那就是一盘散沙。所以各条线把这个工作好好抓一下，最后给综合委审核一下。劳动竞赛由工会组织，评比的标准由各条线自己定。这也是年前各个部门很重要的工作，这样工作就有序了，知道怎么干了。

另外，年会的内容包括人员评选、工作总结、奖金分配等，都要在这个会议内提出来，包括从明年元月份开始，全面调整工资，工资计划也拿几个方案出来了，综合管理委员会主任再斟酌一下，从元月份开始实施，原则上是比今年最少要提高20%以上，根据我们自己的能力，并且和其他同业做一个比较。一般员工和管理干部提成的比例不一样。工资的制定和人员的稀缺性相关，如果这个人可替代性很强的话，那么他的工作就永远上不去；越往上，能力越稀缺的话，那他的工资肯定是会更高一些。定到了那个岗位还要看你的贡献，贡献小同样不行，根据岗位给你一个基本工资，然后到年底再根据你的贡献率给奖金，到最后这个奖金往往大于你的工资，银行也是，以后红岭创投的工资也是这样，基本工资跟银行差不多，奖金也要慢慢跟银行靠拢，现在公司差不多200人，工资总额差不多200多万元。所以说，工资的制定，一定是根据业绩和贡献来的，可能差距很大，就是要有这样的差距，才能激励人，这就要奖勤罚懒。所以说我们的工资制度，在年会之前也要全部完成。这是第三件事。

第四件事就是我们的称谓，要重新下一次任命，以此次文件的任命为准，但是过去的任命不作废，在我们现有的管理体系中尊重过去的管理体系，但是在现有的管理体系中称呼上就有所改变。称谓总经理取消，改为总裁，副总经理改为副总裁。部门为总经理和副总经理，分公司为总经理；部门下的室为室经理，同时根据部门的需要可以设若干总监，和部门总经理是一样的级别。先按照这样的行政管理体系实施，然后综合管理委员会主任汇总一下，机构和人力资源由你负责，包括我们企划做的名牌，按新的体系来实施。到最后职务的确定要在办公会议上通过，基本工资也要在办公会议上通过，然后奖金是机动的。这是我讲的第四件事情。

然后第五件事情是，今年的工作密度比较大，明年的工作密度更大，我讲的是序幕，明年才是主战场，重点工作我再强调一次，就是我们特定项目的上线问题。特定项目上我看风险条线，步伐很快，基本完成，我不知道企划条线、线上运营条线、技术条线你们的进度怎么样？我不知道。如果没有跟上，元旦之前全部完成，必须完成，下次办公会我在这里要看到新的页面，这个由总经办督办。我只看到了风控条线的工作进度，昨天风控见了开发信用评级的人员，就信用评级的问题召开了会议。我们根据我们的实际需要，如果费用较高，暂时只需要适用我们的模型，如果费用较低，那我们就可以根据我们的情况购买相关模型，这个东西不要耽误。另外，在上线之前，我们需要做一个公告，由风险管理部起草，计财进行审核，然后线上运营部执行。要告诉所有的投资者，我们为什么要这样做，这是降低风险，保证各位投资者的利益，降低项目方的成本，降低风险，最后可以讲到金融脱媒，是社会经济可以良性健康地发展。就把我们的目的向社会讲出来，为什么要这样做。给所有的投资者和贷款者要看到红岭创投的社会责任，不是一个小企业赚点小钱，就跟我们跟每个贷款企业谈话的时候第一个强调的就是社会责任，面对的是千千万万的投资者，如果有一点的风险，有一点点犹豫，宁可不用。如果造成了社会群体事件，那么就是我们的失职了。盈利是次要的，能够把大家养活就行了，不要比其他同行业差就行了，能够多赚点钱当然很好，不要一味地考虑自己的利益。当然，如果我们利润上去了，我们就能稳定一点；如果像波浪一样，一会上去一会下来，整天提心吊胆的，日子怎么过？我们现在解决流动性风险的方案，包括资产证券化的方案等等这些计划都是为红岭创投的事业添砖加瓦。包括新设立的机构如黑龙江、两江新区、上海、北京等等积极性都很高。所以特定项目上线的事要作为主要工作来抓，要作为重点工作进行汇报，只要三句话就行了：你是否在做，多长时间完成,需要什么支持。不要强调客观原因,进展的速度就是我最关心的。员工的工资,年终的分配,年终的总结,明年的计划以及现在的重点工作,我讲了五个方面。这五个方面的工作希望大家回去以后工作安排向这几个方面靠近,我就讲这么多,每个条线汇报 20 分钟。新的组织架构就是总裁、副总裁,下面各个部门就是总经理、室经理,各个条线下次会议就要报上来了。

——2014 年 12 月 27 日第 55 期总经理办公会议

风险部门、财务部门、市场部门要联合起来把分配问题阳光化、合理化和合规化

这个(项旭副总经理:只要有不良贷款我就降低他们拨款的比例,它不良贷款超过 20%,这个分配比例只有 30% 了)是不能让造成不良资产的人倒过来还要钱。如果你在问题化解的过程中也付出了努力,那么给你适当的奖励也是可以的,但是你不是主体了,一出现风险你就不是主体了。这个分配的问题是非常敏感的问题,今天拿到会上来讲,希望我们风险部门、财务部门、市场部门要联合起来把这个问题阳光化、合理化、合规化。客户经理的管理这块,因为贷款的贷前调查是客户经理完成的,审批过贷款放下去以后贷后检查也是由客户经理完成的,而风险经理是管审批和检查核实这块,一旦出问题了,资产保全部和风险管理部就要上了,日常的管理是各分公司这块,客户经理这块要有专门的人管理,你们回去好好落实一下,市场管理部的主要工作实际上是这个内容,贷前调查,贷后管理,当然,提成分配你也介入,从这笔贷款介绍到收回来,你们也要介入,这个原则也一样,你们市场部牵头,风险和计财参加开个会,把分配提成比例的方法重新拿一个文件出来,原则上不改变过去的提成比例,但是分配结构要变化,不能按照过去那样。这种敏感的问题我们不能视而不见,我们要准备解决了,就是要公正合理,下一个,风险管理委员会。

——2014 年 12 月 27 日第 55 期总经理办公会议

市场部和风险部之间是有交叉的，不可能分得那么清楚

那么这些技术性的东西都是在风险部的，当然了前面有一套预警也不坏，是可以有交叉的。我们不可能分得那么清楚，风险完全不管市场部的东西、市场部完全不管风险部的内容，那也是不可能的。

——2015 年 1 月 10 日第 1 期总裁办公会议

部门之间要协调好，知道重点放在哪里

我们的分管领导也是一样，都要懂一点，然后就是要协调好，就是重点在哪里。贷前调查的话，大家都很明确，就是在市场部这里。当审批贷款发放下去了，后面的贷后管理实际上是双线控制，一个是每个月有没有完成，一个是管它的质量。这两个内容的话两个部门是都要管的，就是是不是完成了，每个月是不是都做了，如果没做的采取什么措施来做，这个时候就可以和风险管理部来商量采取哪些措施。这就是几个部门合起来的事情，我们每次的办公会就是在协调这些东西，如果没有协调的话就没有办公会了，办公会就是充分展示这些问题，然后把这些问题协调好。

——2015 年 1 月 10 日第 1 期总裁办公会议

不能以直销团队的方式来改变管理模式，那种做法不利于全面的管理，工作上有不协调的地方可以各自提出来进行协调

你不能以直销团队的方式来改变管理模式，那样的做法是很幼稚的。为什么我们这么多领导在讨论怎么管理的时候把这个方法否定了，因为这种做法不利于全面的管理。如果工作上有不协调的地方可以把各自的问题提出来，然后进行协调。每个人肯定是认为自己是对的，这个时候才会有争论。如果是都对的话也不要紧，我们讲出来，然后看一看到底有什么问题。

——2015 年 1 月 10 日第 1 期总裁办公会议

线上体验店要与线下体验店融合

少了，肯定少了，这种东西至少要三层，30 个画面。这样就可以装很多

东西进去，有的链接都可以装进去，这样就丰富了。线上体验店今天汇报的不错，包括内容、链接、整个活动方案都不错，线上体验店目前的推销和设计要跟线下体验店是一个融合，就是线下体验店知道有线上体验店，线上体验店也能看到线上体验店，这两者扩展的方式不一样，但是有互补。

——2015 年 2 月 7 日第 5 期总裁办公会议

三个条线在管理客户经理时职责一定要界定清楚

第三点就是贷后管理问题。那天胡总也跟我讲了，贷后管理确实交叉了好几步，风险条线、计财条线，因为牵涉到分配，是很综合的问题。所以你们三个部门要开个专门的协调会，上面千条线底下一根针都是对着客户经理的，你们管理上可以感觉到这个东西。风险最后管的也是这个客户经理，市场管理的也是这个客户经理，计财也是对着这个客户经理，那么怎么管？很多银行搞过首问负责制，这个贷款的收回和核销最后都是这个人的责任。我们这个地方也要有这个首问负责制，从这个客户经理接手了到结束都要由他负责，不要轻易地换人，一更换人的话责任就不清了。一定要明确责任，一定是你的责任，如果职责界定不清的时候，一定要把这个职责先界定清楚，这就好办了。如果职责界定不清的话，就不知道是谁的责任了。这个贷后管理是几个条线交叉在一个客户经理身上，哪一段是由哪个部门管，哪一段是由哪个部门共管，这是要有一个部门牵头，这个到底是市场部门牵头，还是风控部门牵头？这个不是计财部门牵头，它只是分配不是主体。我认为都可以，如果你们协商好就你们定，如果你们协商得不好，就我负责来牵头。牵头以后请计财参加，对客户经理的管理，不光是贷前，也是贷后，对这个客户经理的话我们到底用哪一个制度来管，从政策上、制度上由谁管，最后项目的跟踪和分析上又由谁管，最后贷后检查又由谁管，每一个都清清楚楚。大家搞个文件按照各自的职责来办，职责一清楚就好办，职责不清就不好办了。今天的办公会一定要定下来。市场部能不能牵头？

——2015 年 3 月 1 日第 7 期总裁办公会议

风险调查的责任界定要尽快落实

由风险管理部来牵头就是对风险调查的责任界定,由风险条线牵头,计财和市场条线参加,你们定个时间,这个星期一定要把会议纪要拿出来,然后具体的责任一定要清楚。对于每个客户如何管理,对公司如何管理,对分公司如何管,风险条线怎么管,市场条线怎么管,让每个客户经理都清楚地知道要找谁,出了问题我知道是哪个部门的责任,否则的话都职责不清了。所以说贷后管理也好,贷前调查也好,这个问题要解决。

——2015 年 3 月 1 日第 7 期总裁办公会议

盯盘以及后续分析工作一定要落实

我来讲吧。从昨天这个事情发生了以后,我就一直在思考这个问题。从顺序上看一下,按照董事长的意见,我们上次安排过,每天的盯盘是谁?运营部,安排过。盯盘以后每天的分析是谁?还是运营部,安排过了。我到现在没有看到过一份分析报告,我没有在追究责任,我只是很清楚地告诉你。按理来说每天都应该有,没事就是一个报表,有事的话就要在上面作出分析。不是没安排,都有安排的,只是这个节点的力量没有显示出来。办公会都是有记录的。这个盯盘的人盯出来问题以后,后面跟着就是分析,分析你这边只是一个单方面的分析,还要有财务的资料,与会计上的资料并在一起分析,还有风险这边,包括贷款的到期,这里面就要有一个分析的中心,分析的中心就不是你了,你必须把网上的消息提供给相关部门,包括计财的消息、风险的消息,全部提供到一个部门专门去分析,这个分析部门应该在计划部门,所以计划部门必须有这个岗位,就是专门搞这个分析的。要人给人,要钱给钱,这个岗位必须立刻建立起来,然后分析出结果以后,到底是网站本身技术的问题,还是突破平常一般规则、集中爆发的问题,还是有人恶意攻击的问题,或许有一种、有两种,或许都有,这都有可能,找出这些问题来针对性地去解决,现在大家都知道的无外乎技术上系统的问题,系统设置已经不能适合我们今天这样的规模、速度,但是这项工作从我到红岭创投来就在安排,到现在都没有看到结果,你们回去好好反省一下,这是工作上一定有问题了,要钱给钱,要人给人,你还要什么,我很少批评技术部门,但是今天我要提这个问题了,这个问题是属于技术部的问题了,包括关闭哪个通道,这不是业务上的问题。

——2015 年 3 月 1 日第 7 期总裁办公会议

盯盘、分析、反馈、处理四个环节的责任各部门要界定清楚

这你是知道的,你应该事先考虑到这个问题。当然,有一点是可以原谅的,就是我们现在业务量的加快速度超过一般的水平,也有可能来不及考虑。但是我一来就说过,我们的系统要做的跟上海证交所一样,就是我们的规模往最大的通道上做,因为我知道这个瓶颈一下卡住,做得累死也没有用。实际上这事解决起来也不是什么大不了的事情,技术上没什么东西,有的就是个累加,那个服务器到处都能买得到,真没什么大不了的东西,不行我来抓,两个月我全部搞定,所以这里面还有个责任心的问题。一年多了,你把这个问题和黄总汇报一下,你们技术部拿出个方案,要钱给钱,要人给人,再搞不好你们下班,换人！没有这样搞的,不该出现的问题,这完全是我们自己可以控制和解决的问题,这不是丢人嘛！你能关闭、打开这个通道,为什么不把通道加宽一点,或者早早把这个通道关掉,总有办法的。所以这个盯盘从运营部开始,你每天的分析报告要反馈,不要再让我讲了。盯盘出来的数据还不完整,需要会计上的数据,还有风险的数据,几个数据在一块才能分析出来,我们过去还丢了一块,就是净值标很少去分析,因为感觉它跟我们关系不大,他们自行买卖,只要平台不堵就没有我的事情了。我们只要把规则掌握就可以了。现在为了保全我们平台本身的信誉,这块我们也要介入,通道出了问题就是我们的责任,好不容易把之前的负面消息危机公关处理了,最后被这个小事情搞得很狼狈,不合算啊！

今天回去以后第一就是运营部每天报表要出来,重点的情况要重点分析,或者按旬、月、季、周都可以,反正要有个规则,你要是觉得我每天出不来,一周搞一次,可以！但是要能看到这个东西,然后要有个分析,包括每周办公会汇报的资料,在这个基础上加内容也可以。还有一个要整理的我们论坛上的那些不同认识,好的坏的我一个都没有看到,那些典型的东西要原

样打印出来给几个重要领导看，这个信息反馈才对称，这个论坛才有意义了，我们没有那么多时间天天盯着的。盯盘的看到有什么重要的、敏感的信息赶紧拷下来，每天晚上梳理一下，重要内容提供给管理部门，这样信息就不会疏漏了，建立起我们和投资者之间的管道，这个管道对大家都有好处，信息对称了嘛，上次我也安排了这件事情，今天我再强调下，把这个事情抓起来。那么这个分析的问题是计划的事情，每天你们的数据给它，包括风险管理部的数据也给它，计划上还需要什么数据去分析我们目前的业务问题？到期错配的问题没有了，现在我每天能看到头寸表，就是解决我们流动性的问题，流动性多大，风险多大。但是净值这块没有，这个数据从你们那个地方来，分析还是从计划上执行。我现在都不知道快借和净值的相关系数是什么，就是快借多，肯定对净值价格产生影响，但是影响是个什么样的曲线，不知道，只有等你模型建立出来我们再看，到底我发了 1 亿元利率 18% 的快借以后，一天的净值标的利率振幅是多大，这个东西我们不知道，你们没有定量分析嘛，这个是在计划部门，我们风险管理部门是在贷后管理当中已经形成不良的资产回来的可能程度。资产保全部就抓这个资产可能回来的程度，一个是时间的可能程度，一个是数量的可能程度，另外还有准备上会的有多少个，已经审批的有多少个，这个都要汇集到计划上，你们自己也要分析，计划上实际上还要拿会计上的数据，这些数据是最真的。有这个数据才能清清楚楚，有多少到期，有多少利息没收，就是各个侧面都能看到。有了计划部门的分析，分析的结果才开始反馈，一个是反馈给各个分管领导，每隔半个月看到这个分析报告，有什么问题了，对下一步的工作有什么协调，这样就有根据了。看到这个问题就有一个处理。它有四个环节，一个是盯盘，一个是分析，一个是反馈，一个是处理。处理也是涉及方方面面。技术上要立刻解决这个问题，不要往下拖了，有什么问题提出来，如果是我们管理上的失误我们改正，你们有失误，你们也要改正。发现不了错误本身就是错误。这一点大家要看到，最终目的是要解决问题。下面你们开协调会的话，你们每个部门都可以开协调会，就是在你们这个分析上需要其他哪个部门来进行配合的时候，可以主动向其他部门申请协调。技术部门要开会了，通知其他部门老总来参加一下，是很正常的，要形成这样一工作习惯。我们现在才开了6个分公司,30个分公司开了以后,各个部门都是忙得要命的,我办公室都是排队汇报工作的。针对昨天的事件,我们各个部门的都要引起警觉,要查到问题的根源,最终拿出解决问题的办法。我提出这个方法,如果没有什么意见的话就执行。下次办公会议上整个职责和应急办法,各个部门要拿出书面的意见来,该建立的制度要开始建立了,以后不能再出现类似的情况,就是从盯盘开始,一直到最后解决问题,各个流程,各个部门的责任全部搞清楚,有什么问题解决什么问题。这里面主要涉及风险、技术、计财和运营四个大的部门,你们在一起讨论看怎么把问题解决。

——2015年3月1日第7期总裁办公会议

(风控、市场条线):制止、引导特定项目变成常态化业务

我们关于特定项目的进度不要一下子全部搞大的,三千万、五千万元可以做,三百万、两百万元都可以做。变成一个常态化的业务,这个引导都是在风控和市场条线。

直接制止、引导。试做你可以列几条,第一笔都做小的,现从五千万元开始,不要超过一个亿,你可以做这种规定,前面已经批了的就算了,下一步可以下新的规定,你们是管理部门,你想约束个什么东西,下个文件不就行了。我们是想让它正常化,但是授信和出账完全是两回事。一个企业可以给你授信10个亿,但是你用钱的时候,这笔干什么用,什么抵押,什么担保,都要来一遍。

——2015年3月29日第11期总裁办公会议

运营部工作内容:内部与各部门的协调配合

运营部本身是涉及面很广的部门。现在看像是涉及线上的事情,但是另一个角度看是涉及管理方面很广的事情。世界就像一个西瓜一样,从哪个角度切下去都可以看到一个面,不论是物理角度、文学角度、历史角度还是个人的角度,还是宏观、微观的角度,从任何一个角度切开以后都是一个面。我们的网站也是一样,从这个角度就可以看到我们公司的所有东西。

这样我们的营运部和相关部门的配合也就非常重要了。我讲的主要是内部的协调。你们的功能主要是对客户的,只要是和客户进行交谈的、告知的、研究的、问卷的都要通过你们这里,那么在内部你们就要和我们的市场和我们的客服中心、计财、风控、金融学院都要建立管道。所以这个内部协调在你这里是一个重点工作。只有这个工作做好了以后,才能把整个公司的整体形象展示给所有人。

——2015 年 3 月 29 日第 11 期总裁办公会议

信贷上的反馈信息要与计财部统计口对接

计划和信贷始终是连在一起的,信贷上的很多反馈信息必须从会计上来,因为它比较真实,包括欠息啊,待收啊,不良资产等,都是从会计来的,所以我们信贷上要有人专门跟计划部门统计口对接,这个习惯要建立起来,我们要知道最真实的数据就是会计数据,通过财务的反映,知道哪些贷款没有收回来,哪些利息没有收回来,这都很清楚的。

我们信贷部门需要哪些原始数据一定要清楚明确地向计划部门提出来,然后有了这些数据以后你们才能去有依据地制订自己的工作计划,包括我们的生息资产达到多少,待收资产还有些什么问题,不良资产一共有多大的量,它发展的速度是什么样的,利率水平是什么样的等等,这些东西都是从计划上来的,这种关系大家一定要弄清楚。这些基础数据计划部门都有,只是它们之间的关系计划部门目前还需要提高,这个提高还需要动点脑筋,我看你们的基础真的不好,要赶快提高。如果跟不上到时肯定是要换人的。

——2015 年 5 月 30 日第 18 期总裁办公会议

宣传工作的分类和归属部门

我补充下,实际上从宣传的角度,一个是宣传专业和专业宣传问题。宣传专业是办公室的事情,就是宣传公司的总体形象。专业宣传是各个专业的问题,就是这个问题投资理财部牵头所宣传的是专业宣传,企业的宣传是办公室,同样还有风险的宣传,还有计财的宣传,你们各个专业部门还有专业宣传,现在投资理财部、市场部是属于首要的宣传单位,你们可以有专业宣传,这样各个部门都有自己的专门管宣传的人员,这样这个组织该怎么成立,会后再讨论下。

——2015 年 6 月 20 日第 21 期总裁办公会议

报告提示数据相关部门的注意事项

这个报告(业务指标报告)提示的数据有几个部门需要关注:第一个是计划部门要进行关注,因为没有进度的话对于分公司的拨款和费用都要注意了。第二个对我们搞机构建设的要提醒,已经开业的下一步怎么办,没有开业的业务发展怎么办,同时我们人力资源部也要知道,那些业务上不去的是要换人的,同时把这个数据带回去,进行人员调整计划。

——2015 年 7 月 4 日第 23 期总裁办公会议

前期做好风控,后期做好资产管理

我们现在比较核心的岗位一个项总,一个是牛总,还有陆总,我们几个人经常在一起讨论问题的时候,基本上我们还是信心满满的,不会说大问题的,再加上我们黄总和徐总,电脑上我们有黄总在指导,综合上我们徐总在指导管理,应该没问题。风险管理部是我们一个核心,资产管理部是围绕我们所有的核心打法在建立最后一个环节,这个搞完了之后,应该讲大家心里的压力就解除了,说我们会跑路,怎么可能呢,我们往哪儿跑啊,我们也不想跑。我就补充这么几点,安排的工作会议纪要上记录下来,办公室督办一下,包括之前的法律条文,以物抵债,都把它做好。

——2015 年 7 月 4 日第 23 期总裁办公会议

加强部门之间协调有助达成共识

关于统一协调和部门管理的认识。任何事情都是要协调的,不是独立的部门完成的,一定要知道和平行部门、上下级、分公司之间的协调。单位越来越大，管理的统一性要有，在座的都是管全国的部门，完善后可能和全国的商业银行不相上下。我们管理者必须达到这个要求、有能力才能做下去。需要调整的时候大家也不要有什么意见，绝对不对哪个人过不去，一定是岗位需要更有能力的人来做。部门之间的统一协调，部门管理的认识一定要站在这个高度上。

——2015 年 7 月 11 日第 24 期总裁办公会议

部门协作问题

理论研究方面可以找互联网金融研究所，理论培训上面找互联网金融学院，风险控制上面可以找风险管理部，人员配备方面可以找人力资源部。所有都是协同你作战的，把这四个标的最后能真正推向市场，让每个人掌握，最后真正要起到作用，这都是一步一个脚印做出来的。

——2015 年 8 月 8 日第 27 期总裁办公会议

公司与各部门之间如何协作

我们的行业还没有形成，更别说国际的趋势，这次的办公会我就说，每一个部门都是一条大船的一个节点，这个节点怎么样能够创造出对这个大船往前走有利的东西。如果你提不出对这些有利的东西，那么这个节点就要换人了。因为过去船小无所谓，老大划船，后面跟着跑就行；船大了的话，每个部位都要各司其职，每个部位都有每个部位的作用。而且这个大船是离不开你的，一旦离开你的话，这个公司是要有代价的了，那么一旦发生了这个代价，我们就绝不留情。大家都知道自己很重要，那么你对这个重要要很珍惜。不能把这个作为筹码，不重视。包括各个节点上的员工也是这样，都应是这样一种心态。我希望大家在一起能够把积极性调动起来，能够在一起合作得很好。我今天把该讲的问题都给你讲到。

——2015 年 6 月 30 日传统 P2P 专题会议

内外互动，交流合作，共同进步

都做了你可以设一个奖项，定期搞一些研讨会，可以叫外边人参加，我们自己也参加,然后把论文在上面读一下,交流下,跟大家讲,再不好都跟人讲,一开始用这种方法,而且用这种方式可以对升职、工资,对各个方面都有一系列的政策,因为你就是高精尖的人才,就要用这种方式培养出来,因为这样培养出来人才以后,企业才能真正战胜别人。这个行业好的人才没有,我没有看到有一个,真的没有,什么江南愤青、房震,看起来很牛的人,写的东西都不上路,都是新闻性质的东西,哥德巴赫猜想系列的东西,根本没有实际的操作,因为他没做过,都从宏观上,大概是什么。我们不一样,我们是钻在肚子里做,做了就看到很多具体的东西,看到具体的东西就知道怎么去研究。我为什么让你们去参加这种东西,你蔡晨跟在我身边,必须建立这种思维,你研究所陈岑为什么让你这么做,就是让你变成理论研究人员,否则你就是我从外面请个理论家过来他不一定如你,不是经验不如你,是对这行熟悉程度不如你。尤其每次参加办公会以来我们每次跟大家讲的很多东西都是给大家上课,因为我处理这些东西,什么样的方法,达到什么样的结果,还不能看到,看到以后你们在当中就会有一些体会,这些东西外部人没有的,不可能有,我们自己内部管理上的东西,跟你们说下。我总觉得最后这个阶段能够在这个行业里面为大家做一点事,能够把自己思考的东西告诉大家,你们接下去一定会有用,没用的东西我不会告诉你们,没有意义,真的我自己这么想告诉你们。因为我们现在干部不够,不够的原因是速度发展太快了,你想想全国性的互联网商业银行一年多时间就把架构全部搭完了,而且你们所有的条线包括产品全部搞完了,下一步就是一个一个落实了,天天都在干这事。你们搞研究的人员,包括高层管理,在理论思维上要有基础,你这个基础搞好了,对于你以后的人生经历都是有好处的。搞点研究,一是自己研究,再一个是组织人研究,在自己研究和组织人研究的时候提供一点指导。再一个就是不断去学习,参加研讨会,大家在一起沟通、探讨,等于在研究一种科学,包括经济学家都有自己的支点,我们的支点就在我们这是新东西。

互联网金融大半都属于经济系列,经济学的我们讲也不是没有,也一样。那一天我在北京的时候,当中国互联网经济对全世界产生重大经济影响的时候,这里面就会出现诺贝尔经济学奖的人,不一定在哪里出现,但新人是肯定有的。大学里很多老师天天专门去研究这些东西,但没有支点,大学老师有时为了职称想搞点理论成果,但他没有支撑。红岭创投内部已经形成这样的氛围,特别是互联网研究所,对他们不是形成一般性的就是作为一个劳动力来使,是作为研究人员来使用。但作为研究人员来使用你们的基础确实还弱了一点。但你起步了就好,别去等待。我今天跟他们几个副总裁在一起吃饭,我就讲有很多都没有想好,但没有人去做,看到这些孩子们确实顶起来也很累,但最后又想不叫他顶不行,你与其空在那里,不如给他们一个机会,这样他们要进步快的话,对这个行业,对你们这个企业,都是一个机会。你们这些孩子在我身边的,我是觉得可以培养的,都不错,基础都是很好的,要愿意去做,都是很优秀的,我不会看错的。但是你们要去干,而且这个阶段,你们跟我共事的时间不会太长,但是共事这个阶段我希望你们能按照我说的话去做,当我们分开以后,你想想这个阶段一定对你们终生都是有好处有意义的,因为你们这些孩子才二十几岁嘛,一不小心这个阶段就可能成功可能失败。就跟我在佛山一样,一不小心佛山变成了我一生当中很值得记忆的一个点,一开始并没有把这个当一回事,去那里组建一个分行嘛,但我在里面所投入的很多精力现在回想,到所有人只要回想到佛山分行,佛山分行所有员工只要提到这个集体,他们都觉得很值得回忆,而且那个时候我们传统的一些做法到现在都还在实施。红岭创投更是这样,我也是无意中打造的,但也不是无意识的,因为最后我是有选择的,这个选择是互联网金融行业,把自己的金融知识在这里得到一个新的发挥,得到一个新的发展,把过去的知识和新的知识结合起来。我自己也知道在最后这一段可能还过得比较充实,那你们跟在我身边,我也希望把我的这种认识传导给你们,希望你们能得益。至于个人的收入,应该讲没有什么大的问题,当然多一点更好,我也在创造条件,能让你们得到更好的收益,那要我们整个事业要做好,做好以后,效益好了、规模大了,人员没增加多少,我们的单位人员所分配的最后的利润就可以增多,可以采用各种形式,可以想象,那要靠谁,还得靠我们自己,今天就讲到这里。

——2015 年 8 月 17 日张宇总裁与陈岑的谈话

对双十一活动的安排

接下来讲协同的问题。作战有主攻、辅助,还有协同。每个条线有自己主要的职能,但是在主要工作之外,会发现其他专业的问题,要想办法告诉需要提示的部门。任何一项工作都不是孤立的,和相关的几个专业或者部门都会产生协同。综合管理部门和每个部门都是有协同的,第二个是专业与专业的协同,比如市场和风险,这种协同的部门和工作在我们在组织正常工作当中比比皆是。发现非自己部门的问题,但是,是公司的问题,有的部门不说,有的说出来不积极协同,或者老是指责别人也不行。这些协同需要大家有一种"以我为主"的思想,我能帮到多少,替别人想想该怎么解决。解决不了的大家一起协同。昨天我们成交额是876亿元,但是我们还是没有开始拉,还是在打基础。我们现在有18个分公司,这18个分公司的内部管理、目标、工作、协同、指挥系统、效率是不是都跟上了,实际上还早得很。分公司90%以上都是社会招聘的,不是自己培养的,很多东西都有一个观察的过程。规模到了这个程度,各个部门的管理就非常重要了。会议之前我提出几个问题,你们之后也考虑一下。

一个是去年的双十一我们做了个活动,成交量五亿多元,我们欢欣鼓舞,社会反响很大,但是今年双十一再五个亿就很一般了,最起码翻一倍,或者一倍还不止。今年的双十一只剩下半个月的时间,我觉得这次活动还是应该做。不需要花多少广告费就会有很大影响,而且我们去年做了,网贷界都知道,那么在这一点上我们应该提一个目标,这个目标我来提,提了你们去修正。我们就从成交量上来讲,目标50个亿一天。你们能做多少我不知道,反正提出50个亿一天。这里面涉及4个标类,一分解就发现没多少,从快借标到议标、特标、本标,我们所有的市场和这些标类有关的单位你们再去分解一下,并不多。你们把这些任务分解下去,本标就是一个筐,什么任务都能装进去,而这里面利率对成交将是一个巨大的自变量,如果利率高,那么放的就多,如果利率低可能就放的少。本标、快借标、议标、特标,我们18个分公司,每个公司能提供多少?一分解除以18大家就感觉没多少了。一个分公司将近30个人在那里,半个月搞不出一个标是不可能的。挂上去那么多标,未必能成交这么多,还有投资者的问题。那么投资理财部这边能组织多少投资者上来,有多少方法。

这是两头的事情,一方面各种标的的提供,这就是我们市场部、六大事业部的事情。当然不是你们去干,是你们去组织,组织18个已经开业的分公司和40多个筹备组。为什么这个梯队这么安排,就是说资源基础越大越好,只要供应上,后面就不怕。那么我们市场和6大事业部,对18个分公司和40多个筹备组,怎么下达完成50个亿成交额的任务。那么同样,我们风险管理部门,特别是审批部门要批得出来。现在光是我们审批部的人员至少40个人,怎么样提高效率把这50个亿的成交量能批出来就是你们要做的事情。线上运营部门,组织这个活动能够搞出什么样的新意,怎么样玩点新鲜一点的东西,钱反正都要花了,要感觉新鲜一点,要感觉有一点延续性,方法非常多。前两天投资理财部许维刚还给我讲,去试验了一下陆金所现在送红包是什么事情,试验了一下,有很多想法非常好。这我就很喜欢,善于喜欢,要经常向同行学习,同行都要向前走,那我们,包括市场条线、风险条线,包括我们每一个条线都应该向身边的人、向同行、向先进单位不断地学习,学习过后变成我们自己的,我们就提高了,我们就成长了。

我们线上运营有时候搞一些奖励、方案,还是蛮好的。但是能不能出一点新东西来?现在大家都知道红岭创投了,红岭创投的东西拿出来不能丢人,出来的东西至少要有一点质量。让投资者在获奖过程当中有一点乐趣,能学到一点知识。赌博还有一个过程,像梭哈之类的,一关一关往前搏,它里面还有一个技术含量。我们这个活动实际上就是奖励活动,要有一点技术含量。那同样是我们财务部门的列支,这个活动需要多少钱,提一个预算出来,在我们可以承受的范围之类,我们把双十一的活动做好。因为这将是一次品牌的宣传,因为我们已经到了这个位置,可持续发展已经不是梦了。从理论上、从实践上、从国家所给我们的政策上,目前来讲应该没有什么大的问题了。昨天我看了一篇很好的文章,一个律师关于深圳融金所法律处理,融金所被带走了10个人,然后拘留了8个人,放了10个人,2天以后全部放掉了,他从法律上进行了很多分析,我看了以后很震撼,那确实有点道理。前些年国家由于保护四大管理银行,保护很多银行存款不被流失所制定的罪名,就叫非法集资,非法吸收公众存款。就是让你这些钱必须存到银行去,其他的地方都是非法的。是这种行为,这是一个伪命题,但是以后肯定要取消这个罪状的。我们现在遇到的政策环境是非常好的一个政策环境,舆论可以说话了。

下一步红岭创投怎么发展,还是取决于我们自己,如何利用这些积极的、对我们有利的因素,使我们企业健康、稳步向前发展。遇到这样的政策环境是非常好的,舆论可以说话了,过去的垄断和不公正的恶法都没有了,红岭怎么发展取决于我们自己。如何利用有利的因素,使企业健康发展。这次还是让线上运营牵头组织双十一活动,每一项工作该由谁负责还是由谁负责。有多少项目,市场负责,审批多少,审批部负责,能发多少标,分公司负责,财务问题财务负责。但过程中如何保证合规合法,保全部、稽核监察部负责。

——2015 年 10 月 10 日第 34 期总裁办公会议

风控与市场的积极平衡

上周的整个督办都有一些进展,前天晚上突破了 1000 亿元,对每个员工都是一个鼓舞,对整个 P2P 行业产生了一个比较大的影响。这 1000 亿元里有 800 亿元是今年的,这就意味着明年至少 1000 亿元。大家都觉得很鼓舞人,但同时问题也越来越多,这些问题都是新的问题,过去没有遇到过。我们应该把它视为正常现象,困难克服了就进步了。目前最关键的问题,一是风控,二是风控,三还是风控问题。

单一的风险控制很简单,难的是整体的风险控制的系统。风险的产生到控制、消化到风险的欠息,有很多内容。我们现在遇到的风险跟过去都不一样,没有准入制度,风险非常大。我们做的这个专业和行业,在我们可以认识到又可以控制住的认识水平上,才能控制住风险。欠息、逾期、核销,过程很简单。我们控制风险首先是看终极风险能不能控制住,不能就不放。能控制在多少比例内可以容忍,超过就不能做。有些超过能做的是因为未来有发展趋势,我们化解的能力会变大,比例会变小,有这样的一个空间,所以我们拼命做大,稀释比例。逾期率是展示风险控制水平的。目前的出路就是发展,一个是外延式的,一个是内涵式的。外延式就是从一千亿元发展到一万亿、十万亿元;内涵式就是品种增多。规模扩大,单位成本降低。而我们发展速度超过风险暴露的速度的话,我们就有机会。我们可以保证两个月没问题,这抢回的两个月是我们的机会,我们要用这机会找出我们的不足。找出关键点,在这个时间段把它化解,下一步就好走了,化解不了下一步就难走了,说不好就会出问题。现在我们都看到了流动性占用的比例是多大,待收目前接近两百亿元,已经形成逾期的四分之一。这实际上就是我们的流动性占用,不产生效益了,还需要补贴利息、诉讼费等等。这些垫付目前有12亿多元,这里面相当一部分是我们的利润。不过我们终极风险不会超过2%,我们现在要知道我们盈利能力有多高,现在还没算出来,要算得很准确。我们现在标的类型在变多,要准确算出每一种,再算出整体的。我们的盈利能力到底有没有超过2%,如果超过,超过多少,低于的话低于多少。如果低我们的贷款定价就有问题了,就要调整贷款定价。如果贷款定价没有问题还是亏损,那可能就是贷款结构的问题了。我们特标基本不赚钱,本标只有手续费,议标也不多,主要是快标赚钱。那么这四种标的比例占多大,这个比例在我们下一步的工作方案与业务制定过程中就要控制比例了。发展的品种也要控制。财务成本里,有固定费用和变动费用。固定费用是一定有的费用,比如房租、工资、水电等等;变动费用就是随着人员和业务量的增加而增加的费用。这两种费用之和和营业总收入的差额,就是我们的盈利水平。我们未来发展的空间,目前来看是可以抢回我们发现问题解决问题的时间。那我们现在从总账上看盈利不盈利,之前赚钱,现在待收增加了,很多利润抵消了。我们的垫付里面,有多少年底可以收回来,包括用变通的手法,例如转贷、重组、展期、线下募集等方式把过去的账还上,这样账面上的利润就会好转,这个比重有多大,这个只有一个多月的时间,必须解决。下一步的工作中,各个部门打算怎么办。我们能一年做800亿元,还有41个筹备组没开业,6个事业部现在只有两个事业部有业务,本标也没打开,像零售这种针对未来的业务都刚刚起步。这个解决问题的空间或者时间的代价,我们在往前走,还有很多希望。固定费用是固定的，只要业务量上去就很好。

目前我们各个部门之间、分公司筹备组和各个部门之间的矛盾，很尖锐。市场和风控之间的矛盾按理说每个分公司都会有，但是由于每个分公司的发展主要在于业务增长，就变成了分公司和总公司的矛盾，演化成了分公司、市场部与审批部、风险管理部的矛盾。各方都没错，都在坚持自己的原则。发展和风险控制本来是一体的，不发展都会死，但是造成了风险，用十倍的力量拉回来更辛苦。控制风险是一门科学，不发展什么都没了，风险控制不住也什么都没了。我们不能批评市场人员，也不能批评风险控制人员。他们都有积极性，他们对抗得越激烈越负责任，说明双方都在努力，这是公司有希望的表现。市场人员很辛苦，不论在品种上、贷款质量上、企业性质上、标类选择上都付出了巨大的劳动，都非常辛苦。我也感谢我们的风控部门，接受过去的教训，在每一个新项目上一个一个测试，我感谢大家，公司现在终极风险比例越来越小，这是个趋势。两方都很好的情况下，发生了矛盾怎么办，那天在分公司高管群里，分公司老总意见很大，里面有对有错，我没敢说话，以后会议室增加一个可以把手机投影到大屏幕的设备。最终解决问题，靠的是信息充分对称以后作选择，一旦信息对称，选择也就不难了。其他所有部门都是围绕我们市场和风控，这两者结合好，我们业务就能往前走，不好的话所有业务都受影响。

我提个个人看法，市场和风控部门，都有一个积极平衡和消极平衡的问题。风控的消极平衡就是不合条件我就不批，谁都能控制，对照标准就可以了，不管主要还是次要，不符合就补上来，不符合就不能放，讲话方式也不注意，这是我们风险控制上比较容易出现的问题。我过去做风控出身，我就很注意讲话不要伤害到别人，他达不到条件我要去指出如何才能达到条件，而不是不行就退回去不放款，要告诉他怎样才行。不仅要告诉别人怎样才行，还要去帮助他去建立这种条件，这才是积极平衡。不论一个项目存在多大问题，都要告诉他怎样才能解决，或者一起去想办法解决，用一种积极的方法。如果自己不懂就向经验丰富的同志学习，把它做好。做风控的一定要去积极平衡，不能够消极平衡，因为这是我们的生命线，市场一旦停下来，我们的公司就完了。现在一些刚参加工作的大学生经验不丰富，贷款不符合某个标准就退回去了，有可能只是缺少点很小的东西，一个电话能够解决的问题，却要对方做个报告，像这类问题一定要注意，对风控人员的培训要加强。

风控新人存在的种种问题是因为我们的培训没跟上，要教育他，需要培训。学院是执行培训的，具体的培训要求是风险控制部门和市场部提出来的。我重视培训是因为这是个年轻的行业，进来的也都是年轻人。在市场上选择很难，还不如自己培养。大企业都有培训，如果没有培训，企业注定做不大做不好。比如平安有平安大学，华润有华润大学，工行有四个干部管理学院，每个新干部任职前都要经过一个月的培训，才知道管理要素是什么。哪个银行下面没有好的学院？所以我们对风控人员的要求是要积极平衡，不要消极平衡。

风控和市场发展是个平衡，不是否定或者肯定，要积极平衡。当你不同意的时候，达不到条件的时候，你要去辅导市场人员。因为市场人员主业是开拓市场，而风控部门主业是控制风险，没有矛盾是不正常的，矛盾越激烈说明我们公司越有希望。但是我们要处在一个积极平衡中，风控人员要告诉这笔贷款怎样才行，抓住主要的问题。只要能控制终极风险，其他问题都可以想办法。终极风险要是控制不住就不行。绝对损失的比例和我们盈利能力成正比，盈利能力高终极风险承受能力就高，现在我们是2%左右，你发放贷款的时候就看终极风险能否控制在2%之内，如果在2%才考虑。如果不在2%以内，你就要告诉他需要什么条件，比如增加抵押等等，他要满足这个条件你就给他办，满足不了就再去努力，你要永远给他机会，永远不要否定。我们做项目评估也是一样，要项目满足几个条件才能上，每笔贷款也是一样，项目都能贷款，没有做的贷款，本标也可以上，再不能做的贷款也能上本标，你把本标条件设置科学一点，不行就可以讨论上本标的问题，要善于调节。所以风控人员，第一要坚持原则，第二要辅导市场人员如何才能够满足条件，第三绝不轻易否定一个项目，第四永远给人希望。这是我对风控部门的要求。

反过来我讲市场人员。市场人员素质亟待提高。实际上，现在每个分公司总经理都是市场人员，要达到5亿元才能开业，开业以后不能够有不良资产，要能够养活员工队伍。很多市场人员变成接项目的人员了，自己都不看项目，就直接上报到风控部来审批了，这样就是不负责任。而我们分公司在发展市场中因为利益驱使，总希望能够审批通过，希望审批标准降低一些。但是市场人员中也有一些是积极的，只是他不懂风控，还有一些人存在侥幸心理，因为风险发生是在未来的，在贷款时是看不出来的。我们的市场人员开拓市场一定要把风险控制放在第一位，这样才是对公司发展负责，对自己的发展负责。所以市场人员往上报项目最致命的问题是他不懂风险控制问题，对于这种问题还是一句话，培训。

我提个建议，风控部门对市场人员有什么风控上的要求，提出来，让互联网金融学院去培训市场人员。反过来，市场人员对风控人员有什么要求，也提出来，让互联网金融学院去培训风控人员。这样就对等了。相互配合、相互帮助，这种帮助是以提出问题的方式来实现。就如民主大选，在野党和执政党，互相提出问题，最后受益的是人民。同样，市场和风控相互提出指责、提出问题，最后受益的是整个公司，整个公司就提高了。市场部门和风控部门，你们是相依相存、相互支撑的一体，是分不开的。只能相互配合，相互讨论，好好研究，把每一类项目都制定出规则，使市场人员和风控人员都有据可查，有制度可依，都有学问可学，都有方向可研究，都可以提出新的想法共同把工作做好，这样我们的公司也就真的有希望了。我们现在建立很多的群，里面什么话都能说，很民主，但就担心信息不对称。就如我说的一个故事，有个人买了个茶壶，结果不小心把茶壶盖子掉在地上了，心想茶壶盖子就碎了，留着茶壶有什么用，于是就把茶壶扔到窗外了。结果低头一看，茶壶盖子掉在地毯上，根本没有摔坏，于是生气地一脚踩碎茶壶盖子。后来跑到门口一看，茶壶挂在树上，没有摔坏。这个简单的故事告诉我们在局部信息不对称的情况下千万不要表态，一定要弄清楚后再选择，信息一对称选择就变得很简单了。尤其是市场和风控，信息一定要充分沟通，沟通一致，发展是我们共同的目标，信息不对称就把信息提供完整。

所有的问题都有反映的方法和渠道，中间也会造成衰减，有些问题我到现在还不知道。其实有什么问题，写报告就行了，报主管部门的同时，抄报几个副总裁、总裁，几个领导看到问题一定会重视，就会去解决。部门间有问题就写报告，抄送副总裁、总裁，甚至董事长，这事情大家都知道了，知道后领导一定会来干预，然后就能够解决问题了。所以要书面反映问题，这样处理问题也有个依据，什么事情都要有理有据。比如反映审批部的问题，市场部要归纳每一个意见，然后报分管副总裁，报陆总、牛总，然后我们一个个看是什么问题，一定给你一个交代。这样就不会盲目地去责怪谁。我始终强调，在座的每一个同志都是红岭创投最重要的骨干力量，缺一不可，在每个岗位上都非常重要。今天的会议，我就讲风险控制和市场发展之间如何配合，如何协调，如何一致地使公司健康向前发展。我的意见给大家做个参考，以后有什么问题，一定要有书面报告。书面的东西，就有记载，我希望我能够看到，也希望看不到，看不到说明问题解决得很好。时不时有些这种情况反而是正常的。

我和大家说风险控制和市场发展的关系是因为前几天，在分公司总经理的群里，以及我昨天接收到的信息里，有很多不同认识，这些不同认识都要统一起来，我把我的意见告诉大家，分公司提出的所有问题，都是我们每个部门要解决的问题。所有问题都可以分解到每个部门上去，我们每个部门的工作都完成得如何，你们是否都尽职尽责了？我们是 1000 亿元公司的各部门负责人了，有什么不足？如果有就要去学习，学习的方法很多，走出去，请进来，都可以，大家要不断地提高，这样才能做好每个部门的工作。分公司总经理反映很多各部门的问题，近两年我们确实发展速度比较快，我们原有的队伍必须提高，要不然就跟不上了。项总说明年是管理年，我同意，管理永远要放在很重要的位置上。总公司的部门就是负责管理的，我们自己的管理是否合格？企业管理的 PDCA 循环你看过没？没有就去学习，学习后才知道什么是企业管理。

——2015 年 11 月 28 日第四十期总裁办公会议

审批部和市场部如何进行针对性的培训

审批部你们现在培训工作是挺好，针对性的培训。什么叫针对性的培训，马上跟市场部做个衔接，市场部看看各个分公司提出什么问题，把这些问题全部反馈给审批部，然后审批部对他们提出的问题进行针对性培训，说服市场部的同志，这些分公司的同志们，我们为什么不批你，然后你们告诉客户要做到什么条件，我们才能审批，就做这种针对性的培训。市场部尽快把各分公司对审批部的建议和不理解以及误会，都要收集梳理成条，提交给审批部。审批部针对这些问题进行针对性的培训，让我们审批人员全部参加，教给他们这事该怎么做。然后我们互联网金融学院配合他们进行培训，培训成绩最后向我报告，所有的审批人员全部参加，培训完参加考试。问题由市场部提出，你们进行培训，教会他们跟市场部衔接，这样大家都服气。一个水平提高了，问题有方法解决了，一个市场部也不要提问题了，人家都回应过了，该怎么解决就怎么解决，也别乱告状了，按照标准解决就不会错，领导也不会轻易表态了。我不会轻易表态，因为没把事情搞清楚我不会指责谁，一旦指责谁，弄错了，结果原告被告是相同的。权利是对等的，当领导的很容易先入为主，会把自己变得被动。

所以你们市场部提出了很多问题，包括市场部各级领导也有各种想法，想法都对，但要沟通，沟通后让审批部知道你们想的是什么，有些问题一沟通就很容易判断对错。市场部提出问题，金融学院组织考试，针对性培训。审批部市场部一起下个文件，各分公司，对贷款审批有什么意见，以书面的形式报上来。市场部跟审批部一起下文件，会签文头。以后对于我们各个分公司你们上报项目有什么要解决的都报上来，两天内，以文字的形式，你们两个部门在一起协调。有针对性的问题，然后互联网金融学院进行培训，需要哪个老师就哪个老师上，解决这些具体问题老师肯定够了，哪个上课就给讲课费，一定把这个问题培训透，以后别出现这些问题。

——2015 年 11 月 28 日第 40 期总裁办公会议

10 工作的阶段性总结

10.1 2014年5月6日第23期总经理办公会议的阶段性总结

过去5个月的工作总结

3000万元吧。还有别的要讲的吗?没有的话我讲两句。今天是我们五一以后大家一起上班,各路大军都已经回来了,包括周总到北京开会,包括王总带着人马在外面招聘,以及我们的大额的项目也逐步增多,包括我们客服中心的装修。我们后面还有很多的事情,今天开会相当于对过去工作中的一个总结,以及对下一步工作做一个安排。现在我是很踏实的,因为这次周总去北京开会,人行给予的认可,默认了我司现行的操作模式,而现阶段银行界很多人也对银监会的政策看得很重。在红岭上班,我们就需要对所有员工的前途负责任。现在我们有这么好的环境,我们要珍惜这个环境和这个时间,我们主观上并无投机、违规的想法。但由于国家政策的原因使我们的发展受到阻碍,这也很正常。

红岭创投我来了将近五个半月,我和大家也做了很多的沟通。大家对我也很尊重,这点我很感谢大家,我有时候在说话、做事中可能会无意中伤害了同事,但他们都很包容我,在这点上我很感谢大家。在公司发展中需要各位相互协作,即使出现了矛盾也是正常的,需要大家相互宽容。一个人是做不成事的,只有团结一致才能往前走。只身一人来到红岭,如今红岭的人员还是相同,部门基本没变,但现在红岭有了非常大的变化。这个变化还是来自于大家,各位是有能力和潜力的。我只是在其中起到向导的作用,让你们少走弯路,迅速地让 P2P 在传统金融的基础上没有障碍前行。因为我可以把我过去所做的东西给大家,让大家的路好走一点。因此,大家要有信心,只要大家以和为贵,相互包容,即便有不同的认识,也要相互理解。很多事物都需要时间来检验一切,现在说什么都为时过早,因此很多问题切勿下结论过早。

——2014 年 5 月 6 日第 23 期总经理办公会议

10.2 2014 年 5 月 13 日第 24 期总经理办公会议的阶段性总结

阶段性总结

今天的办公会比较特殊,对于红岭创投也是发展的一个新节点。高管层增加了四位,都是银行界的骨干力量,将领红岭创投的管理向新方向迈进。他们的任务是带领红岭走向新方向,同时也是帮助红岭培养出优秀的人才。他们都是各位的贴身老师,在座的各位跟在身边培养 3 ~5 年大家就真的成长起来了。公司的发展最终还是靠年轻人的,要学会尊重他人。新来高管的思路和管理都是大家需要学习。即便领导们有不同意见也很正常,他们还是会尊重大多数人的意见。在办公会议讨论的时候,大家一定要表达自己真实的意见,不要去附和别人。中央集权最容易犯错,谁都怕犯错,所以一定要尊重大多数人的意见。国家的制度法规,公司的规章制度都是有其规律的,违背规律办事,是会受到处罚的。各位要保护在职的高管,不得对外宣传,工作时间由他们自己安排,周六办公会再把有异议的问题上会讨论。

——2014 年 5 月 13 日第 24 期总经理办公会议

10.3　2014 年 5 月 24 日第 26 期总经理办公会议的阶段性总结

阶段性总结

总经办负责订 30 本《互联网金融》的书，给在座的高管看看。各部门之间提建议，工作质量有所提高，效率也有所提高。逐步能解决关键性的问题。非常好的开始。从现在到年底还有 7 个月，工作量很大。我们五个委员会都还是过渡中，是便于指挥、便于不伤害老的体制运行，但不敢保证是否合理。但事实证明是有效的。现在五个委员会主任都到位了，也是在考察每个委员会和二级部门的职能，分工到年底到底应该形成怎么样的格局，应该进行怎么样的管理。到年底新的机构的设置在大家意见的基础上就有了依据。

分公司设置全资子公司，控制起来非常容易。和太原分公司探讨问题的时候受到启发，可以挖小贷公司的一把手建立分公司。市场部要不断地反馈新的意见。接下来许多工作越来越规范，每个人也就越来越简单，每个人做好自己的事情。以后会议纪要主要由综合管理委员会主任负责签发。不得越级，这是基本的管理原则和规则。管理就是管自己。

——2014 年 5 月 24 日第 26 期总经理办公会议

10.4　2014 年 6 月 14 日第 29 期总经理办公会议的阶段性总结

阶段性总结

你找几个参照的。然后每条线的领导都要看过，确认了以后签字，给你们一天的时间。由综合管理委员会主任、技术发展管理委员会主任、技术部徐总落实好协议上线的问题。会后向牛总汇报工作，由牛总负责解决实际问题。我就提这几点要求，法务部要一一落实。好了，别的看看还有没有补充。今天我们迎来了两位新的领导，现在我们的团队基本上是完整了。那么下一步往前走，从政策面来看是很好的。从基本面来看，目前监管层对我们是认可的。但是我们在业务发展中也遇到了很多客观问题，而且无监管层认定的正式牌照。我们在开展业务和行进的过程中，遇到了种种困难，如法律、同业竞争、传统金融的障碍等。我们在克服这些困难中一步一步往前走。风险控制是银行，也是 P2P 行业，也是任何一个金融投资机构里面最重要的东西。那么风控在任何时候都是在变化，如何控制风险，很难把握准确。风控作为核心部门，需要寻找出一条适合我们的风险道路。而且我们协议的上线就要使我们整个的流程拉通，使资金的投入到资金的回流，所有的风险控制要形成闭环。实际上就是用我们的资产解决了我们的流动性问题。因为我们现在已经起步了，一个方面国家也是支持我们，那我们自己也要争口气，要在守规守法、在争取国家支持的情况下，把我们的事业做大、做强。会大到什么程度的话，大家已经看到了我们的速度，今后还会快。那我们的协议是非常紧迫的，你们要尽快搞出来。这样的话，即使是人民银行来，我们也是没违规，我们就是在用我们的良性资产的证券化来覆盖我们的流动性风险，完全没有问题。我们就相当于用类似于保险的方式来操作了，只是带有我们这个企业的特点。希望今天我的讲话大家能记住，包括风险上的从理论上到实践上，我们已经打通了，不存在不能解决问题的情况。今天我们的管理团队都到位了，我很开心。大家每个人帮我担一些责任，希望我们可以一起把红岭做好。

——2014 年 6 月 14 日第 29 期总经理办公会议

10.5 2014年8月2日第36期总经理办公会议的阶段性总结

阶段性总结

我们现在有五条线，每条线上都有很多的问题，也积累了很多过去的问题，那么面对这个市场，如何发挥我们每个人的积极性，为了企业的发展，为了个人的发展，也为了整个社会的发展，我们把自己身上的正面能量发挥出来，使企业真正健康地大踏步前进。我们不会去做违规的事情，我们一定会和监管当局保持一致的，我们做的也一定是有利于老百姓，有利于整个经济发展的事情。如果我们无意触犯了某些红线，无意中犯了某些错误，只要提醒了我们，我们立即改正。还是一句话，错了不要紧，改了就好。我们不能要求别人容忍我们的错误，但是我们要有自己改正错误的勇气，这就好办了。

从这五条线出发，下次汇报的时候可能要把汇报顺序调整下，第一是市场部，第二是风控部，第三计财，第四技术，第五综合。市场放在第一位，市场是所有工作的源头和起点，没有这个起点后面什么都没有。我们的工作、我们的计划。我们的培训所有东西都要从市场开始，也就是从投资者、项目和客服三方面做好市场工作，扩大投资者队伍。投资人这块我们目前进度不算快，我越来越意识到这个太重要了。我们贷款企业以后可能跟银行产生一定的竞争，同样我们的客户也跟它产生竞争，因为直接融资永远是个大方向，中间人越多越麻烦。我们就是信息中介，我为什么要研究传统P2P，就是说最终你们在上面怎么撮合都行，我就拿手续费，这个量越大越好，这一部分才是基础。

第二个是风险，你们风险管理委员会牵头，计划财务管理委员会把关，市场部配合，完成对时间错配、金额错配、拆标的错配的策划模板。这是风险控制非常重要的内容，测算出利息垫付模型，明确垫付金额的上限，确保后续资金进来以后能覆盖住风险，预防流动性风险。计划财务部从下一个上线的标开始进行，保证金额做大以后的保障措施。另外开辟绿色通道，一旦有闲置资金进来，还了以后暂时投资者没到期前，这个资金一定要有个特殊通道，要能把利息拿回来，不能使我们的经营有损失，这个事情下周落实。监管部门问的话，那是我们自己化解流动性风险的措施。另外，计划财务部要和银行联系好，采用资产证券化的方式，把我们的资产包联系起来，这些都是市场、风险和计财最近的工作重点。技术这边主要是新系统，大家都非常关注，我觉得根本问题可能还是需求以及金证与我们之间的交流是否充分，另外金证可能还有些跟不上，我们都不能放弃。各部门要充分准确地向技术部提交需求，配合完成系统的完善。技术部门要加紧和各部门需求的沟通，和金证团队的沟通，把工作做快做好。

综合部的工作比较杂一些，工作方法要做一些调整，各部门配合要变得有机起来。互联网金融学院有什么要求都可以在办公会上提出，应该全部满足。我的目的绝不是赚钱，我们是要为红岭培养一支真正的队伍，教育在哪里都是对的，再多的投入都是值得的，它是利在千秋啊，怎么做都是应该的，我相信我们的学院一定能办好。今天会议时间有点长了，大家根据会议纪要贯彻落实。

——2014 年 8 月 2 日第 36 期总经理办公会议

10.6　2014 年 9 月 5 日第 41 期总经理办公会议的阶段性总结

阶段性工作总结

风险条线现在的工作确实是比过去任何一个阶段都忙，而且目前包括广州纸业对我们的震动都是巨大的。不论从网上、线下、各方面对我们的压力都是巨大的。所以我们风险条线或者别的线都应该以红岭的发展为己任，大家这时候要团结一心，知道现在的重点是什么，因为红岭已经开始往上走了，还有分公司也往上走了，在这个走的过程当中，各种各样的人什么心态都有，尤其是涉及过去的利益，过去的案子，这些人有的会为了自己的利益，在社区内发布一些不负责任的言论，这我们可以不理会。社区有时候可以当回事，有时候千万不能当回事。昨天我上社区看了一下，有人把我拎出来了，为此，周总还为我作了解释。在我看来根本没必要。以后凡是有人在网上说我的事情，一律不得解释。根本没必要，爱怎么说怎么说，如果我要说话，马上就委托律师，直接起诉。5000 万元的资本金，撑起 30 多亿元的生息资产，这是 60 多倍，在什么的控制下风险都是存在的。17 号后全部解决，不需要外援。不要去依靠谁，依靠自己。现在都是打劫的人，只有自己想办法，自己站立起来，只需要等 12 天，不可能再有事。等我们做到一定的规模，到时候他们就会找上门。我工作那么长时间了，雪中送炭的我从没遇到过。红岭遇到挫折的时候，不要期望别人来雪中送炭，否则就是幼稚，一旦撑过来了，我们到了 100 亿元的时候，别人来锦上添花的时候是什么样？又是另外一个样子。这些都是我的亲身经历和感受，没有一点歪曲事实。所以讲，风险控制、市场开拓或者是其他后面的管理也好，都要立足于本质，不要在意别人怎么说，只要我们走的是正道，别人爱怎么说怎么说，换个角度来想，他们这样有什么开心的呢？这样会得到什么呢？还是不负责任，没有考虑到最终的后果。不管怎么讲，刺激不了我。要求我们内部管理、每个人的工作放在第一位。我们自己心里最有数，知道我们自己在做什么，我们会坚强起来，因为我们的挫折太多；我们会乐观起来，因为我们的苦难太多。因为该怕的时候都怕过了。只希望大家什么都别怕，什么都别去依靠，只有依靠自己，等待别人来锦上添花。资产保全的事情，做到了努力了就行了，经侦一定要跟进，逼紧了就会吐出来，这样无疑对我们广州事件起到推动的作用。

我们在座的办公会议所有的同志，包括我们红岭创投的稍微想进步的、想发展的同志，红岭创投都为大家创造了机会。所以我们要珍惜这样的机会，多学习，多为我们的老百姓、我们的社会、我们的企业做一些能做的事情。当我们把事情办成了，每个人的个人利益一定是能实现的，而不要倒过来，搞什么事情先把个人利益放前面，因为那样的话最终会导致一盘散沙，而大家把集体的利益都放在前面，把事业的发展、把红岭的发展放在第一位，相信到最后大家都会得到应该得到的东西。我是相信的，肯定相信的。为什么我最开始的时候和周董谈话的时候，就说过我一不谈工资，二不谈职位，只要有工作做就好。因为我坚信这件事一旦做上去以后，这算什么，这就不算什么的。钱挣了干什么，放着看吗？都会是大家的，周董也是这么认为的，该是大家的都会给大家的。大家不要担心这些东西。其他方面出现的议论，包括一些事件的出现，最重要的是在任何情况下都要冷静，把自己的事情一件一件做完，争取做到最好就行了，没有其他更多的东西。不要搞得束手无策了，把自己搞慌了。那些他们认为被损害了的既得利益者，包括我们的一些员工，有一部分离开了我们红岭创投，离开以后有些同志还好，有些同志可能心里不太平衡，但是从管理层角度，我们没让任何人走，怎么倒过来你还说三道四呢？如果是对我们公司有益，利于企业改进的东西，我们会接受，我们会继续改进，你说的是不是这样的东西，就是为了搅一下局，这真的不光彩。但是我能理解这些同志，他们也不容易，他们想在这个地方挣一些钱，但是自己的能力跟不上，可又想多拿钱，每个人都这么想，用最小的劳动挣最多的钱，最后没有实现，而且也不可能实现了。因为在红岭创投必须工作才能拿到钱，不然不可能拿到钱，每天必须努力才能拿到钱，这个氛围要慢慢建立起来。我们不能让不干活的人也拿到钱，给了那些不干活的人鼓励，就打击了干活的人。天天辛苦工作的人凭什么没人保护呢？保护了弱者，不就打击了强者吗？这是一个辩证的关系，但是我们有很多同志没有意识到这点，没有大体的观念，这个取决于原来我们红岭创投的起步太艰难了，太基础了。从太基础、太艰难的基础上将他们变为专家，可能这条路比较难走，有的人可能就是跟不上，我们给了这些人机会，保证大家一起向前走。但如果他自己不努力、不学习，那么我们也没办法。

今天很好，我现在最关心的还是大家团结一致，大家相互信任、相互支撑、相互鼓励。我们再忍一忍，再吃一点苦，我们等待着社会、等待着投资人、等待着战略投资者锦上添花，我们不期待雪中送炭。我们争取把自己变成一个能够得到锦上添花的企业。我和大家一起努力。

——2014 年 9 月 5 日第 41 期总经理办公会议

10.7　2014 年 9 月 20 日第 42 期总经理办公会议的阶段性总结

阶段性工作总结

因为我们风控这条线一共五个一级部门，而且今后我们的业务将越做越大，30 个分公司现在开业了 3 个，今后的工作量是相当大的，不论从技术上、体量上、从操作的难度上，都会提出很多很多的新东西，这既是银行风险管理的延续，又是互联网金融管理的延伸，又是新东西的融合和研究，对于我们每个从事这个领域的人，都要不断地学习。包括我在内，不学习就要落后，今天我们陆总来主要先听，不用他做任何发言，他先了解下基本的情况，现在我们公司处于一个非常时期，速度非常快，但是难度也非常大，矛盾也非常多。过去，红岭创投的一些基础薄弱的地方，现在全部暴露出来了，所以解决它需要相当一部分的人，相当一部分的精力，还要采用一些相当非正常的手段，否则的话要想扛住、挺住、走下去，真的不容易。我们昨天看了马云的阿里巴巴在美国上市了，股价上升到九十二点几美元，有期权的员工获得 182 万美元，整个融资是两千多亿美元，有消息称比我们最大的工商银行、中石油、中石化、农业银行、建设银行还大，这个企业并不是国有企业，也不是中国把它催生出来的，而是美国的企业把它催生出来的。这个对我们有个启示：红岭创投哪天也能走到这一步，不是没这种可能，因为从我们近一个阶段，整个发展的过程，我们拉通了，已经形成了内部的良性循环，这个循环只要没人干预我们，应该讲我们会走得很快，如果有人干预，我们也没有违反规章制度，我们在做对国家、对老百姓、对企业和项目、对我们本身、对整个社会发展都有好的支持的事。所以我不相信它不能成功，我一直都是这个想法,不管它遇到了再大的困难,我们都要克服。一定要挺下去,走到底。我们下一步整个的股改工作也在进行,我们每一个员工,包括我们的中层干部,都会有期权,都会绑在红岭创投这个战车上,不会让一个人为红岭创投付出了却没得到什么,我已经和董事长沟通过,也形成了一致意见,每个员工都有,所以希望大家能认真地工作,能够有效率地工作。因为最近我也在思考,这个难度很大,很多东西,一个是从战略思考这边考虑怎么做,还有各个部门提出了方案没有?有的提了,有的没提;第二,提出方案以后,做得怎么样?自己问一下自己,从效率从质量上;第三,到底问题在哪里?找不到问题的关键,就很难解决。找到了问题该如何解决?我根本不怀疑你们工作的积极性,但是,有些问题确实是你们单个人解决不了的,需要支持,需要支持的要提出来,提出来我们一起来研究,动用我们最大的资源,动用我们所有人的智慧,把我们该解决的问题,尽快把它解决好,让我们红岭创投整个的运行,进入健康的轨道,下面按照五个委员会的顺序汇报,今天我可能插的话多点,因为每个委员会的工作下一步怎么做,都会做些提示。哪些是正常性的工作,哪些是没有建立起来的,哪些是我每天都需要知道消息的工作,这些东西,在你们汇报当中我都会给大家提出来,大家一起讨论。

我们过去红岭创投整个的财务和计划信贷方面,基本上没有规范,很多东西找不到账,找到账以后,账也不规范,连个财务报表都没办法拼。我来以后的精力也没有完全放到这个方面去,因为整个业务的发展,管理的架构更重要。所以我前期的精力主要是:第一,整个架构的设计,包括成立五个委员会,怎么样把所有的工作拎起来;第二,发展人员队伍,我一来就提出了大学生招聘,我去年 10 月份就提出了招聘大学生的问题,这是扩展人员队伍的问题;第三,要解决整个培训问题,因为他们基础差,又不能轻易地把他们挪开,只能给他们机会逐步地培训,然后成立了互联网金融学院。这三件大事情开始实施后,人员一个没动,然后我们就开始调整,开始做新的业务,新的业务从风险管理开始,风险管理所有的制度建设一共 700 万字,我用了三个月的时间把所有的制度搞完整了。但在实施过程中的操作遇到了很大的障碍,因为他们的基础太差,一下吃不了,吃不了不要紧,有的还不吃,完全还是过去的习惯。但我们又不能动他们,一动,红岭还要垮台。那怎么办?

只有慢慢来，再选人。同时，机构的设置没停，一定要迅速地把全部的机构布置下来。那么一方面在控制风险，一方面在开拓市场。因为机构的设置也是市场的一部分，为什么我们现在很多的东西放到市场部分，因为我把机构的扩张看成市场，有形的东西出去以后，无形的东西才能起来，它的业务量才能起来。靠现在深圳这样的机构，是做不大的，那么到昨天为止，我们已经完成了30个分公司，开业了3个，加上深圳分公司是4个。那么到下个月可能还有三四个，再到下下个月可能又是三四个，到年底我们就在逐步的调整中一个一个地就成立了。这样我们的业务量也就一点一点上来了。而从我们红岭创投自身5000万元的资本金，到现在运作生息资产将近40个亿，这个杠杆是多少倍？是80倍，5000万撬起40个亿。就是在任何一个地方都没有这么大的比率，历史上也没有，所以出现流动性风险是非常正常的，因为倍数太大了，能挺到今天真的是不容易，但是我们不怕。为什么呢，因为我们根据市场的东西已经找到一条解决流动性风险的方法，包括给我们30个分公司的老总们发薪，去建立这种用典当的方式，用资产包的形式换回流动性，这种方式有些地方我们已经开始实施了。开始实施的话，如果在一两周之内能解决这个问题的话，我们的良性循环就建立了，整个通道就建立了。另外一个就是风险控制权的使用，风险控制权一旦使用起来，现在我们从项总这边，从牛总这边，一个在期限错配上，一个在资金支付时间错配上，两个方面来做一下，保证有3亿资金的风险控制权在我们的手上，这样就在内部控制上把我们的流动性风险控制住了。外部风险这一块用资产包的形式，用典当的形式，然后可以购回，这样就把流动性风险解决了。内部管理我们又加强了风险管理，可以讲我们现在是兵强马壮，全国30个分公司，总公司现在已经是全国的管理架构了，所有的东西都已经逐步推上正轨，这是我们看到的好的方面，包括下一步的战略计划，我们的六个事业部，我们线下怎么开展，全都有，都是按着步子在往前走。那么从现在开始，我的工作重点可能要改变了，就是对内部管理的一些很细致的东西，我要收一收了。因为今天项总谈了关于计财的一些东西，前面我对市场条线，对风险条线都说了很多，我对计划条线也说说我的认识，因为这个基础很差，过去连账都没法查，完全对不上号。口头上讲的东西，完全没有依据的东西，我们完全没办法管理,真是没办法。今天讲是这样的,明天讲是那样的,完全没有一点依据。我昨天想了一晚上,到底问题出在哪里。就是过去的东西都没有一句,没有说哪个地方是扎扎实实的,那么现在我要介入了,一定要把这个地方搞实,一定要按照规矩来,如果不按照规矩来以后还是这个样子。

——2014 年 9 月 20 日第 42 期总经理办公会议

10.8 2014 年 9 月 22 日市场条线专题办公会议的阶段性总结

阶段性总结

现在红岭是处于这个发展阶段,很有希望,如果又没希望我也没有那么大劲,而且这个希望,在我内心世界不会低于阿里巴巴,如果真的走出这个平台。如果真的要做到这一步,那就要流一身汗——特别是对于现在的体制和机制,肯定要流一身汗,包括加入我们这个体制的人,都要努力。你不努力肯定不行,靠哪一个人都不行,每一个人都要把公司当成家,而不是在这混一天拿多少工资。董事长讲了,我也讲了,反正下一步,整个战略合作者进来,或者不进来,整个股权激励,一定要到每个员工。只要让每个员工都感觉红岭就是他们的家,在里面有股份,哪怕只有 100 或 1000 股都要。世界上伟大的公司,它里面的激励机制都是这样的,从高管到员工,我们见过人家成功的,我们可以去学习,全部集中起来,因为这盘棋很大,不是很小的棋,缺哪一个都不行。今天正好周总监在,校园招聘问题上次好像没定,不用列入会议议题了,反正开始把,别停了,工行早就开始了,不行的话清华北大都加进去。因为互联网是一个新课题,在整个人力资源界都是震动。第一个目标是 200 ~ 300 人,然后通知各个分公司自己报一下,看下地域,有些人希望去招聘的,你们把计划拿好,什么时候开始跑,你们计划好。具体的学校我就不再跟你们建议了,反正上海财经大学不错,南京审计学院不错,还有一些不一定是大学，大专都很好，广东的金融专科学校都非常好，到我们这边非常好使。很多地方金融专科学校都可以搞一些，这个事情趁着今天的会议说一下我的想法，回去以后看下还有什么问题。

——2014 年 9 月 22 日市场条线专题办公会议

10.9　2014 年 9 月 24 日江苏南京融资说明会的讲话总结

红岭创投能做好互联网金融服务的原因及以后发展中遇到的挑战

在这里，我们就要尝试，要克制，这个不宜过难，这个担子不重，那么一旦突破，它的前景就是多么美好。我跟大家说过，我们现在进行的是一项非常有意义的，一个历史阶段的一个事业。我们有幸在这个历史阶段当中，我们参与这个社会性变革，这个变革不是每个人都会遇到的，它有机遇在，我们遇到这个机会，就要努力去做好。

我们的基点在哪，为什么我们能把它做好？第一，我们从市场上看，15% 以上的年化收益率，对每一个投资人来讲，都是具有吸引力的。因为银行只有 3% 的年化收益率，还是一般情况下的利息。好的理财产品也只有 7%、8%，有时候还要打包。它的起点很高，它规定多少元，包括我们的信托产品，我们发现信托都是这样，这样才有巨大的市场需求。为什么我们的网上经常挂 18% 的年化收益率马上就卖完了，因为一旦承诺本金垫付，或者讲，让它感觉到不会受多大的损失，大家就会蜂拥而至，就是因为它的利率确实比老百姓期望的要高。如果这个行业不开放，那么只能眼巴巴地去信贷银行去。知道银行是根本跟不上我们单位，我们每年通胀百分之多少，那么老百姓所得到的实际收益，是跑不过通胀的，而社会经济结构的变化和结构性的发展，在有些方面的利率就是比较高，有些是因为改革。包括房地产，为什么我们现在很多贷款都在房地产方向，因为它的利润确实高，利率高的原因，是过去改革开放之前，我们连房地产贷款都不能放，当初我们在银行的时候，固定资产投资贷款，银行根本不能放。不能靠银行贷款，因为固定资产投入是国家财政这块解决的问题，不是银行贷款解决的问题，这是在最早的情况。资助过渡到项目贷款，资金改造贷款，然后就是房地产贷款。由按揭贷款一步一步过渡到这里来的。你现在看到的国家城市化进程，包括我们现阶段主要领导人，国务院总理，对城镇化进程，对取消农村户口等等这么大的行动，都预示着人会重新进行迁徙。每一个人都会进行迁徙或被迁徙，这种迁徙多数是农村迁往城市，或者是从这个城市迁往那个城市，那么居住，那是第一个问题。这个居住当中，首先要考虑到，他没钱买，没钱买他就得租。那么租就有人投资，投资买房租给别人，那么就产生了一个房地产基本的方向。这刚性需求不是谁说没有就没有的，因为现在我们国家的发展，它有特定历史阶段的一种规律，我们所有的银行当中，包括我过去所在的银行当中，有50%以上的贷款，跟房地产有关。它不是房地产开发，它也不是房地产的按揭，它是什么？它以房地产作为抵押来贷钱去做其他产业的。而且银行对用房地产抵押的贷款还不是太放心，它不是去开发房地产，一个企业缺乏流动资金，它拿它的厂房、拿它主要的设施、拿它的店铺来做抵押，去增加它的流动资金贷款，而且这种贷款批得很容易。一旦房地产出现信用风险的时候这个结局会怎么样呢？所有的银行资产会全部缩减，他人缩减不要紧，从银行这一块可直接获得利润会缩减，从银行这一块上缴的利润就会缩减，从国家统一财政（因为是改革开放的成果）这一块财政收入会缩减，就业就会缩减，我们国家整个经济就会走向一个谁都没有办法控制的状态。那么从国家经济发展的角度出发，我认为，如果真正出现这种系统性风险的时候，谁都躲不了。没人能躲得了的时候，那能管得起这个，能够调控得起这个政策的主要部门，它们没有动作吗？不可能，我认为不可能！这个可能概率很低。前些年出现四万亿元投资的计划，国家不能不要政权的稳定吧？国家不能不要经济的发展吧？国家不能不要世界的名誉吧？不可能，国家不能不需要我们老百姓的安定团结吧？这都不可能，这都不可能出现。从这一点上，大家最关心的极端现象出现的时候，我们该怎么认识它，该怎么解决它，我们前面已经说了，所以说我在这个地方说，下一步如果我们参与监管制度制定的时候，我会向当局提出一些对支持这些企业确实有点作用的政策，有些作用的政策，不是光喊口号。能不能给我们一些实实在在的好处？能不能允许我们进行同业拆借？能不能允许我们资产证券化？能不能在不违反政策的情况下，在征集实话的前提下，能不能让我们进行资产登记？这才是我们，包括税收，包括准备金的积蓄，现在政府他们看到的，你们提风险准备金不合法，你们不是什么企业，你要按照这个准备金率，是要收费的。

他们从这个角度去探讨问题，而对这一方面实际性的政策是一条都没有，这是我们今后有可能在每一步的行进当中所遇到的问题。对这些问题的话，我们觉得我们 P2P 从业者只能从市场上找解决这个问题的办法。怎么解决？刚才我们董事长讲了几项，实际上他没有把它讲得很细，我们现在终极风险，我们在贷款的时候提取 1% 就能把它覆盖，不怕，这肯定不要紧。

——2014 年 9 月 24 日江苏南京融资说明会的讲话

10.10　2014 年 11 月 8 日第 48 期总经理办公会议的阶段性总结

未来的工作安排，任重道远，只要思想不滑坡，办法总比困难多

我先讲这个事（向风投区和高风险区靠近）就等于把未来两个月的工作都跟你们讲了，该怎么做你们要心里有数。包括其他的人员配备、年底的奖励等等都是下一步的事情，我都在考虑这些事情。但是我刚才提到的事情，讲到有些部门可能需要努力一下。从主观上讲，在座的每一位同志都是好同志，我都是信任的。工作当中很难说不出现闪失，考虑不周的地方，出现了不要紧，改了就好，一定要有这个心态，出现了问题不要相互指责，最后吵得大家不亦乐乎，搞得大家都不开心，事情还是要解决。在这个地方要形成一个风气，在我们公司也要形成这样的风气：当有困难的时候要伸出援手，

大家要去帮助他;企业在遇到困难的时候,大家也要站出来,为企业做一些事情。当然,这些企业指的是我们自己本身,而不是其他的,那么最后可以检验出,我之前对红岭并不是很了解,但是现在来了快一年了,到这个月的21号正是1年,我觉得我们的未来还是很好的,通过在座的努力,我们每一个人都能起到很重要的作用,希望大家能珍惜我们在一起工作的机会,珍惜我们所遇到的这个时代,珍惜我们相互之间的友谊。再说大的方面,我们现在的工作仅仅是拉开了序幕,主战场都还没出来,我刚才讲的东西实际上已经接近于主战场,实际上的打法还有很多很多这样的东西,到时候大家身上的担子都很重很重,总体上我觉得我们的未来是光明的,我们的市场是广阔的,我们的信心是满满的,我们也有可能会遇到很多的困难,希望大家团结起来,想办法,总能把这个事情办好。还是那句话:只要思想不滑坡,办法总比困难多。只要大家在一起努力,再多的困难都能克服。今天开会之前,就昨晚想的问题,我怕你们讲当中我会遗漏,我把未来各部门发展方向和大家说一说,让大家心里有个底,董事长有没有什么需要讲的?

——2014年11月8日第48期总经理办公会议

10.11　2014年12月27日第55期总经理办公会议的阶段性总结

对于计划执行情况的检查,年终工作总结非常重要

从我来到红岭,我一边在听,一边在观察,了解这个公司到底是什么结构,到底是哪些人员配置,他的专业到底涉及哪些,才能制定下一步的打法。我现在和你们说一下我当时为什么那么做,我实践过来看看哪些东西做得对,做得不对,还需要完善,大家见仁见智。所以说,对于计划执行情况的检查,年终工作总结非常重要。现在由总经办负责,专门制定周计划的标准模板,落实到每个人,每个部门,然后一级对一级统计,然后保存。

这么做的目的是落实好各项工作，是否有落实，完成用了多长时间，如果搞了三个月还是完成不了的话，搞个进度表，要有个说法，一天到晚在忙什么。我们二线的管理部门到底每天的固定工作量有多少，到底完成了多少事，都要有记录的，就是为了知道大家每天在做什么，安排的任务到底有没有按时完成，没有完成的原因是什么。每个人每个星期都要填一张，各个部门发到每个员工，部门领导人收上来汇总，就知道你这个部门这一周到底完成了哪些工作，具体的工作量是多少，这样我们才能根据这个订工资和奖金，这样才有依据。有的还以为拿的很少，其实一周啥事都没干，有的部门还累得要死，负荷不均衡，跟大锅饭没什么区别。所以说，我们部门马上要搞年终工作总结。这个非常重要，要变成常态工作，到时候我就要看这个统计，到年终评优秀工作者的时候就有依据了。这是第二件事，关于计划的问题，回去以后，总经办把标准计划模板设计出来，发到各个部门，然后抓底下的工作就清楚了，每周做一次统计，这样就知道如何管理了，就知道人不够，为什么要增加人了。

——2014 年 12 月 27 日第 55 期总经理办公会议

10.12 张宇总经理在重庆分公司开业座谈会上的讲话总结

对公司财务问题和未来发展方向的总结

刚刚分公司从不用的角度提了不同的问题，总结起来无非就三四点：第一，就是财务问题，这个不是问题，费用，分成，工资，这些全都不是问题，都有，都在制定。只是我们现在的精力还不在这上面，还在寻找项目，兵马未动，粮草先行，这个规矩，在各个时期都适用，在筹备分公司之前，我们要准备充分的资金，没有任何问题，这个不用担心。不会因为资金的问题、工资不合理的问题来拖大家后腿。

第二，关于我们未来公司发展的方向，这个 2 分左右的利率，它的客户对象到底在哪里？也有不同的认识，这里有三四个点，第一点，关于这个可以拿一个方案出来，自己先讨论一下，看能不能走通，能不能控制住，有哪些风险点，分析完，然后报到总公司。总公司我们组织专门的人员进行讨论，或者请各家分公司来，我们开一个座谈会，这也是产品的一个新的方向。如果真的是风险可控，干吗不做？如果杀出这条路来对所有分公司的业务拓展有好处，干吗不做？我们就做，这点我可以保证。但是如果风险控制不住，这可不是开玩笑的。

我们成都提出的问题，包括它提出的方向对不对啊，希望发信用贷款的问题，就是期望是好的，但是也要看到各个分公司在风险控制这一点能不能把握，那么对于信用贷款的想法，也请拿出模型和方案来，尤其是贷款的流程和风险控制的点在哪里？有什么方法能控制住，也请我们分公司上来，大家一起讨论下到底应该怎么做？如果真的能做，那干吗不做？我不能在这讲，我认为怎么样。大家讨论了就知道能不能做。还有其他分公司提出的一些，当然信用贷款最简单，放的时候很简单，收的时候就有问题，它们的风险点有多少，产生问题的地方，大家都来讨论，我们现在业务研发和业务分析这方面目前还没有做，不光我们这个公司，很多公司都没有做，很多同行都这样，这实际上是一个科研，在一个大的磅礴的金融中介，大的银行内部，来进行风险构架、风险分析的时候，会有专门的人员来进行分析，不是一个两个人靠一些偶然的因素或者关键人物他的人脉或者某些特殊风险控制的方法来进行控制，所以这一点要记住。

——张宇总经理在重庆分公司开业座谈会上的讲话

10.13 张宇总经理在南京分公司开业总经理座谈会的讲话总结

分公司在开拓市场和控制风险方面的思路和解决方法

我来说一下吧，我仔细地听了我们 19 个同事的发言，我数了一下一共是 19 个，我们还有些同事没有能来。这一次不是总公司通知大家必须参加的会议，就是我们江苏分公司开业，大家都来这个地方来交流交流，熟悉熟悉，混个脸熟。再一个看看南京，看看我们的江苏省公司的这个发展的现状，给大家有一个启发。开个座谈会是我早就有的想法，只是这个时间定在哪里？地点定在哪里？最后讲就在南京，本来也想过安排在合肥也可以，他们自己就有会议室，就这么大的会议室，坐下来就可以开会，不需要在酒店里就可以开会。那么在南京就正好两个会议一起安排交流一下，我觉得我听了也蛮受启发的。我们这次参加会议的分公司估计分这么三种类型：一种类型就是已经开业的分公司，还有一种是即将开业的分公司，第三种就是正在筹备的分公司。这三类的分公司他们的体会是不同的，有共同的地方也有不同的地方。吃过苦的人他走过来了他知道该怎么做，还没有走过来的人他还要继续去进行一些探索。因为我讲我们每一个人都是唯一的，他的特点都不一样，他的长处更不一样，怎么样能够运用自己的长处，把我们想做的事情做好，这里边需要智慧，也需要努力，也需要试验，也需要探索。那么这里边需要的是时间和毅力。刚刚大家很多都提到请已经开业的分公司来做一个经验介绍，我觉得这个想法也很好，也不是说就不好，但是我更希望大家有自我沟通的能力。分公司我们已经正式成立的应该是四个还是五个。正式开业的是重庆和南京，实际上深圳也批了，还有我们云南也批了，浙江也批了。这个基本上他们已经完成了他们应该完成的，他们确实有很多经验，那么我们分公司可以私下地单独向这些老总们请教，可能比在公开场合介绍压力来得小一点。打个电话，一起吃个饭，聊聊，相互到地方去学习学习都可以的，这是一条腿。另外一条腿就是我们总公司，通过这个会议回去以后，我们三个主要的老总都在这里，一个是分管市场的，一个分管风险的，一个分管计划财务的，你们今天提出的所有问题他们都能解决，都在他们的解决范围内，没有出这个范围。那么他们把今天大家所提出的意见和建议、想法进行基本的归纳，我们做了全程的记录和全程的录像，就是怕丢了大家所提出的问题，这次我把肖总带过来，就是说江苏分公司开业的全程都要保留下完整的记录，留下这个记录的目的就是备考备查，我们哪一段搞忘了还可以看看。我们把每一个人的意见都看得非常宝贵，大家也都是动过脑筋，所提出的建议，所以我们非常珍惜。首先我很珍惜，我很认真地听了大家的一些想法，无非也就是三个方面的问题。一个是市场，市场永远是第一的。市场三个部分，第一个部分找项目，第二个部分找投资者，第三个部分搞好服务。实际上就是这三个大部分。市场这部分大家提出较多的，就是怎么找项目，要一个指引。实际上这个指引我们都有，你这个指引就在这简单说一下，小贷公司，它们手里的项目，信托公司、投资公司它们手里的项目，还有一些银行它们什么项目，大的房地产企业它们什么项目，无外乎主要方向就这四个方面，你们想想是不是？它们能做的我们都能做，这些方向就是我们主打的、目前的方向。当然，往后可能还要更深一层地往下挖，包括我们零售这一块，马上就有很多的产品出来，这是市场找项目这一块的情况。另外，在上周的办公会上我也讲了很多我的观点，今后哪有那么多能承受那么高息的项目，乍一听很有道理，但是我仔细想了想，只要经济发展，新的项目就会不断地出现，除非经济不发展了。社会资源的组合总是不停地在进行变动，每项产业根据社会的发展都在不断地进行组合，组合每一个点就是一个新项目。而任何一个项目不是一开始就符合银行的条件的，它全都是从不符合银行贷款的条件开始。那么这个时候就是我们的介入，当它符合银行贷款条件的时候，我们就退出了。或者我们接着往下做都可以，那么从理论上分析，我们的业务的发展的目标和空间，时间上是无时无刻的，空间上也是无边无际的。你们说没有项目？我这样一分析，大家可能就明白，它永远有。只要社会经济发展，就跟不良资产一样。只要社会经济发展，不良资产是消灭不了的，因为社会永远是优胜劣汰的。被淘汰的那部分，它就是不良资产。而我们所有银行的贷款，放款单位的钱都是在社会上，那么社会上的企业，一旦被淘汰，银行不良资产它就必然闲置，谁都逃不掉。那么关键在哪里，第一是高手们可以避开。二是有风险控制的手段以及可化解的能力，化解风险的能力一是程序上的控制，项目审查严格，符合规定；二是消化的能力，消化就包括我们计提坏账准备金，包括五级分类。我们增大风险备付金的数量等等，这就是消化。用我们的利润用我们的坏账金来把这些东西给消化。那就是说大家在选择项目的时候，风险控制和风险的指引，包括我们的项目指引，大家心里都有一个基本轮廓，它就是这么一个框架。那么从我们市场条线，以后下面也有四五个一级部门，每一个部门干的事情也就是这个，包括新的事，新的产品设计，新的内容的产生，这些事情都是我们市场部要做的事情。从项目的选择上，我们刚刚讲的是对公类、项目类、企业类，另外零售类，包括对个人的消费类，它们这些东西以后慢慢都要出来，这是从我们的业务发展本身这样的一个分析。那么下一步的更大胆的，我最近就在想以后在我们的网站上，10月份我们新的网站就要上线，可以把它连续起来，就开辟一个空间，跟银行一模一样的。有没有投资者，有没有项目，跟银行的贷款利率比，6%多，我就挂个6%，然后投资者，银行的存款利率是3%，你看上面有没有交易？这就是对社会的全接触，我跟你银行完全一样。你看咱们有没有成交？如果有成交，那说明我们成功了，如果没有成交，那就要往上提，它中间的差距到底该多大？我们都把它给连续起来，不管怎样，全连续，三四五六七八九十全连续，一直到二十四，那么这样出来的话，那就是全接触。这既是一种创造也是一种测试，这个测试的结果到底怎么样？我觉得很有意义，这就把大家提出的问题全解决了，你不是要降低利率嘛！这个档次里边有，你找到这个利率就行了。这个利率应该网上挂多少投资者的利率，你也要找到对应的，你不能让我们不能活，那不可能。银行能活我们就能活，这是最合理的一个利差，我们把它挂上去，看行不行，看投资人干不干？这样的贷款单位它就不会再提出那些能不能再降一点啊，可以降，你看降多少？24%、20%？行，可以，16%、18%行，也可以，15%也行，10%也行，6%都行。但是你说在上面3%，人家来不来，人家不来那我们有什么办法？那不是我们这个服务平台的问题了，那是社会本身的资金供求在某个阶段它就是这个价格，你不能不承认这个价格，买方卖方只有在意见一致的时候，他们才能成交，他卖的合算才愿意卖，他买的合算才愿意买，这不是哪个定的什么就是什么，这才是市场。我们要探索的路也是这样的一条路，这事我也思考了很长时间，下一步可能我们也要做这种，包括我讲的我们六个事业部。一旦成立了以后，你们的方向就不仅仅是现在这个方向了，你们可以跟信托公司、租赁公司、证券公司、保险公司、典当行等等这些可以全接触。把他们的产品按照他们的那种模式来到我们这个上面来进行众筹。老百姓掏钱，都可以做，有什么不能做的呢？只不过就是期限不一样，价格不一样，风险不一样。那么同样还有一个我们讲到的24%，像24%以上我们可不可以做呢？一样可以做，这我们就开辟另外一个空间，就像风投一样的空间，还有的房地产前期的介入，拿土地，我们给他钱直接去把土地拿下来，再把土地抵押给我们。比方企业有五千万元，我们给它五千万元，然后一个亿去拿一块地拿下来了，像这个的企业肯定很多，这样的企业肯定愿意干，那么这个抵押率是多少呢？50%，那对一个企业拿一个亿去拿到地之后再抵押给我们，我们给它五千万元贷款，你们觉得是哪个更好做？肯定我讲的前面的更好做，实际上对我们的风险是一样的。但如果说它有七千万元，我们给它三千万元，把这块地拿下来，然后抵押率是多少？一个亿的地抵押给我们，我们只给三千万元，那我们这个抵押物就更值了，我们的风险就更低了。但是这个我们的收入就不是24%了，因为带有风投性质，在某种程度上带有投资性质，那它利率当然提高。所以讲有两头，一头跟银行接上，一头跟风投接上。这是全链条的，你来找吧，你想干啥都行。

在市场开拓上，我们市场的老总，包括我们胡总分管这块的，还有我们牛总分管风险这块都要多动动脑筋。这要是做出来，我们红岭创投的这个平台将是比较有意义的事情，是真正扎根于市场，发展于市场这样的一个企业。我们只要维护好市场的秩序，我们只要遵守国家的法律法规就可以了。我相信我们这些老总都是身经百战的，而且我们有这样的战略思想的话，我们每一步都会一步一个脚印往前发展，这是市场的项目这一块。

——张宇总经理在南京分公司开业总经理座谈会的讲话

10.14　2014年终工作会议的总结

从人力队伍建设、省市机构战略部署、体验店的推广、增强企业品牌形象四个方面对2014年工作进行回顾，并指出不足之处及未来努力的方向

2014年的工作回顾：

1. 完善规章制度，建立健全人才队伍建设的长效机制。

为了顺应公司发展管理的需要，2014年年初在不改变原有管理架构的

基础上，逐步规范并完善现有的组织架构，并相应制定了具体的实施方案。在原有部门的基础上，成立了五个委员会：风险管理委员会、市场发展管理委员会、计划财务管理委员会、技术发展管理委员会和综合发展管理委员会。各委员会职能分工明确，通过将原有部门进行归纳整合，使管理覆盖到公司的每个角落。部分制度及工作流程也已基本明晰并相继出台。本年度共制定了72项制度，内容涵盖信贷审批流程、业务操作流程、不良资产清收、财务核算、体验店管理、工作纪律规范等方面，为员工的业务操作和工作规范提供了依据，使各项工作更加合理有效，同时也保障了公司和员工的权益。随着业务的不断拓展，现有的制度也将不断地完善修改，逐步适应公司的发展。

同时，为满足不断增加的互联网金融人才的需求，2014年我们加大了招聘力度，在4月至7月实施了人才储备计划，从各大高校成功招聘了58名毕业生，为公司人才储备打下了良好的基础。2014年10~12月赴安徽财经大学、中央财经大学、中南财经政法大学等各大高校开展2015年校园招聘工作，为明年总部及各地分公司的人才需求做好准备。同时通过猎头公司推荐面试了50余名事业部总经理候选人，现租赁、信托、保险、典当事业部总经理已有合适人选。

其次，我们建立了一套完整的培训体系。2014年4月份成立了互联网金融学院，围绕公司人才资本优先及可持续发展战略，按照“精准培训，快乐工作”的基本工作思路，2014年共开设了49门、183课时的通用科目及专题科目，完成了546人次的不间断轮训，持证上岗合格率高达93%，基本完成了公司全员入职、任职、在职融合式的精准培训，为公司的人才资本储备和培养使用奠定了基础。具体情况为：2014年4~6月开展了第一期培训班，设立课程13门，培训人数139人，培训考试合格89人，合格率64%；2014年7月学院设立新入职大学生培训班，开设课程7门，共参加培训人数58人，培训考试合格58人，合格率100%。2014年6~9月学院展开了第二期培训班，共开展课程17门，共参加培训人数139人，培训考试合格98人，合格率70%；2014年10月14~17日开办首期公司体验店员工培训班，共制定课程9门，参加培训人数25人，培训考试合格25人，合格率100%。

我们说过，一个不重视教育的国家是没有前途的国家，一个不重视培训的企业是没有希望的企业。企业的进步是员工队伍的进步，员工队伍的进步是靠培训和学习完成的。要使我们的公司能够长远发展，真正在新的行业中处于不败的地位的话，培训永远是第一位。这对员工来说是他们最大的福利，对企业是最大的发展依据。如果离开了培训、教育和学习，那么这个企业的发展就没有力量了。所以我们在今年上半年就紧锣密鼓地把金融学院开起来，就是为我们今后红岭创投在这个行业内的发展奠定一个长久的基础。因为一个 P2P 行业也好，网贷行业也好，金融脱媒也好，这个行业本身是经济发展的要求。这个基本的要求大家都在探索，都在学习，这样的人才没有现成的。不管到哪里，谁都不敢说自己是专家、在这方面可以游刃有余。因为它确实是一个全新的行业，在全新的行业里，无非是两类人：一类人是过去在互联网上、淘宝网上，以及小贷公司这类对电子商务比较熟悉的人才；一类人员就是金融人才，而这两类结合起来的复合型人才还非常缺乏。我们现在所做的还只是银行方面的业务，刚刚开始起步，我们的培训也刚刚从银行的基础业务和金融从业人员的基本专业支持培训起。我们讲互联网金融本身就是新事物，这个新事物对整个国际经济和整个国际社会的发展进步，都将起到历史性的作用。我们参与到这个历史性的事情中，应该讲我们是很幸运的。我们这些幸运儿能够踏上这艘船，在这艘船上运用我们已有的知识，能够使这个社会进步一点，使我们自己进步一点，我想是一种荣幸。所以说我们在这个领域，从培养人才开始，从我们自己的学习开始，使参与这项工作的每一位同事在知识上、在执行力上、在操作上能够有科学的提高方法，提高的节奏，让这项事业能够迅速地走向正规。所以今年我们互联网金融学院开办还不到一年，成果应该讲是很明显的。当然我们还缺乏很多经验，毕竟才是开始。我们和各大高校之间的业务联系和课程设置的内容，师资力量的通用，还有我们授予一些客座教授的工作也还在进行中。上次我们前往安徽大学进行招聘的过程中，他们提出要在这里建立一个培训基地，就是安徽财经大学的互联网金融学院的实验基地。我给他们一个任务是最少完成八所大学的合作，最后在互联网金融学院挂八所学校的牌子。这样的话就和产学研联系到一起了。很多的理论、很多的知识、很多需要研究的基础方面我们就有根基和依据了。学校里面的研究都是理论性的研究，都是学院派。这些专家、教授们在研究问题的时候是可以把一句话变成一本书的，所以他们分析一个问题可以向下挖很深的层次。而我们董事长是把一本书变成了一句话，是专家型的。我们在座的也是，把一本书变成了一句话。我们为什么这么做，怎么去做的细则就由这些学者们去研究，我们就是直接把事情办好，就是专家的事情。专家的事情不容易，学者、教授也不容易，但是两方结合起来的力量就强大了。这是我从培训的角度的认识，大家要达到这样的认识高度，这样你就能明确培训和学习是这个企业的生命线。不懂了就只有学习，没有了解决问题的方法以后也只有通过学习。急没有用，问题是要想办法解决，要拿出解决问题的方案。如果拿不出解决的方案，就要去学习别人解决问题的方案，那么解决的方案是有基础的，要见识过。如果没有见识过的话，你要善于学习，善于钻研。现在你们都是在前方打仗的，一线的情况你们最熟悉，特别是对一些产生不良资产的项目的源头是什么样的，是什么原因，从什么时候开始的，什么样的措施能解决问题，这就要动脑筋，要去想办法。当然我们最怕的是你们自己陷进去了，这是我们最怕的。我希望不会，我们的同志都是非常好的同志，即便是有一些失误，但是都会改正。那么就要总结过去的经验和教训，不要再出现这样的偏差。昨天我和几位老总在一起讨论前期工作，不要看我们前一段的业绩很好，但是问题很多。先期开业的公司在资产质量上，不同程度地出现了一些问题。那么出现这些问题不怕，这是正常的，问题是有一个正确的态度来解决它，这是最重要的。我们从总公司的角度也在想办法，包括流动性的问题，包括重组的问题，包括展期的问题，包括它有新的项目我们从其他方面激活的问题，这都是办法，我们可以所有的办法都用上。好在我们属于发展阶段，对于已经出现的问题，我们还是用发展的眼光来看待。那么要求大家，一实事求是，二齐心合力。我想奔着一个目标不可能有解决不了的问题，一定是能够解决的。有的可能是时间的问题，时间的问题的话，我们正在想对付这些时间的流动性的办法，如果要解决流动性问题的话，就是损失利润。要继续维持下去的话就是利润减少了。这是操作比较好的，操作不好的话就只能用呆账准备金来核销了。一旦进入了核销，那损失就大了。我们和银行不一样,我们没有资金池,一旦核销了我们就捉襟见肘了,很有可能我们就会被一个项目拖垮了。我在这个会上就从培训到提高质量,到遇到问题怎么办,在这里说一下。

2. 全面推进分公司筹备工作,重点实施架设省市机构的战略部署。

2014 年是金融领域大提升、大发展的关键一年,也是红岭创投在挑战中抓住机遇,在困难中开拓进取,在发展中勇于跨越,在拼搏中实现创新的重要一年。在沧海横流、大浪淘沙的互联网金融领域,红岭创投坚持点面结合的原则,自 2014 年 2 月份第一家省级分公司筹备组正式成立以来,2014 年已累计成立 33 家筹备组,成了地方金融领域的新亮点。按照红岭创投总公司制定的开业条件,截止至 2014 年 12 月 31 日正式开业的 5 家分公司,包括重庆、江苏、安徽、云南、河南,加上 2015 年 1 月 8 日正式开业的湖南分公司,共计 6 家,其余 27 家分公司筹备组正在紧张而有序的筹建中,争取 2015 年上半年全部达到开业条件。2014 年各分公司(含筹)重点工作如下:

(1)组建团队,积极开展筹备工作

红岭创投各分公司自筹建工作开始,从银行到大型基金公司,全面甄选和引进业务、风控等方面的专业人才加入我司,迅速成立了以组长、副组长为领导的筹备小组,同时依托总部积极开展人员招聘工作,建立起创业团队,并在总公司行政部的协助下,完成了 14 家分公司的注册工作。2014 年 9 月至 11 月,红岭创投总公司风险条线特邀各分公司(筹备组)风险经理到总部进行为期三个月的交流学习,统一了各分公司(筹备组)风险控制意识,提高了风险业务水平。

(2)拓展业务,努力达到开业要求

各家分公司筹备组自 2014 年成立至当年 12 月 31 日,共完成项目上报 343 笔,金额达 468.17 亿元,其中:审贷会通过 88 笔,金额为 103.28 亿元;已出账 47 笔,金额 47.47 亿元;截至 2014 年 12 月 31 日,分公司贷款余额 46.13 亿元。根据总部零售业务开展要求,率先在已成立的分公司组建零售业务团队,开展零售业务。8 ~ 12 月份 6 家已成立分公司累计申报零售贷款 160 笔,金额达 2.68 亿元,其中:审批通过 91 笔,金额 7380 万元,出账 82 笔,金额 6,025 万元。截至 2014 年 12 月 31 日,零售本息累计回款 1,142.02 万元,贷款余额合计为5,482.7万元。

(3)控制风险,落实贷后管理措施

结合总公司风控制度制定了分公司贷前、贷中、贷后风险管理制度及操作流程规范。分公司所有储备项目均由分公司领导或风险经理参与前期调研,通过筛选后经分公司五人审贷会(由分公司总经理、两位副总、风险经理及随机抽取的一名业务条线人员组成)讨论通过后上报总部审批。已放款项目每月进行贷后实地检查,并形成贷后报告,上报总部分析存档。

3. 全国铺设互联网金融体验店,充分发挥窗口、学校、市场和桥梁的作用

为进一步发展平台投资人,拓宽业务渠道,多元化经营产品,红岭创投于2014年10月份启动互联网金融体验店试点工作,各分公司(筹备组)按照总部要求,在短时间内迅速完成了体验店选址、装修、店员招聘培训等一系列工作,重庆、湖南、江苏、安徽、云南、河南六家省级互联网金融体验店陆续开业,通过线下实时体验身临其境地感受投资理财新模式,同时使客户的生活更方便、更实惠、更高效。自互联网金融体验店设立以来,累计通过各地体验店注册的平台用户人数超过9629人,

投资人数613人,投资金额约1297万元。

4. 增强企业品牌形象,提升公司品牌的认知度和认可度

根据公司发展需要,红岭创投顺利完成了新品牌形象的转变。通过统一更新企业LOGO,制定新品牌形象的VI体系,使公司全新品牌形象得到进一步的提升和完善。一年来,红岭创投陆续参加了广州金交会、上海理财博览会、北京金博会等国内重要金融展会及一系列活动,充分提升了红岭创投的品牌知名度。

今年8月初,因网站社区投资者出现对"福建1号"项目的种种质疑,我公司通过召开项目说明会邀请投资者、媒体到场与我公司风控团队进行面对面的沟通和释疑,使福建1号事件转危为安;8月底,在广州纸业一亿逾期事件危机公关过程中,因公司公开、透明、诚信的态度,维护投资者利益的形象得到有效的树立,使危机转化为商机,此次事件后更多的投资者了解并加入红岭。"双十一"活动当日网站以5.37亿元成交额创网贷历史单日成交

纪录,进一步提升了公司品牌知名度和美誉度。

5. 存在问题与不足

过去一年的成就来之不易,是公司各位同仁共同努力奋斗的结果。在工作中行之有效的思路和做法,要在今后的实践中继续坚持、不断探索与完善,同时,我们也清醒地认识到,在公司发展道路上还存在不少的困难和问题有待解决:(1)业务规范化管理及内部治理仍需进一步加强,基础管理、规范化治理及业务操作等方面,还存有薄弱环节,下一步需要将规章制度全面落实到业务工作的各个岗位及各个环节中去;(2)业务发展不平衡,机构设置不合理,分公司发展贷款项目与营销投资人的比重偏差较大,对公业务与零售业务发展比例不合理,因此,2015 年需要各分公司、各部门转变观念,理清思路,对公、零售业务齐头并进,优化贷款结构;(3)分公司的管理方面,业务团队中兼职人员较多,部分客户经理的主动性和风险控制力不强,下一步将继续加强总部与各分公司的交流,不断扩大业务范围,以促进业务快速持续发展。

因为现在我们的业务团队中兼职人员较多,包括我们分公司筹备组的组长,多数还在兼职。这点我们可以理解,不仅能理解,而且是默认的。默认的原因:一是给他们一段时间,因为他们的选择需要时间,他们的选择需要支点。我们提出分公司达到 5 个亿的贷款余额后才可以开业就是让你们踏实了,你们不踏实的话我们也不踏实,都不踏实的工作就没办法往前推进。所以说现在还在兼职的同志们,你们身兼两职,很辛苦。希望你们能合理安排工作,尽快完成筹备期间的任务,最终能够下决心,把我们红岭创投的事业开展得更好。因为在人才战略中,好的人才是稀缺性人才,稀缺性人才就是难找。稀缺型人才通常都在岗位上,那么在现在的人才战略上我们就要打破过去把一个人固定在一个岗位上的想法,如果还是这种想法的话我估计我们会损失很多的机会。所以在人力资源的管理和使用上,也要有创新。比如在一个城市,你们认为哪家银行的哪位干部最好,如果这个干部很好,我们就和他进行交流,我们就相互联系,想办法让这些优秀的干部来我们这里兼职。因为优秀的人员所思考的问题、所采取的动作够那些一般的人想很长时间,因为他们的基础就是不一样,他的智慧,他的思考能力就是强很多,包括管理的经验。所以你们要善于发现你们周围在金融行业当中,或者在 P2P 中,或者在电商行业中,有哪些很优秀的人,你们搞一个统计,然后想办法和他们接触,想办法向他们学习,想办法请他们帮我们兼职。这样的话,整个社会资源就归你使用了,要善于利用社会资源。而人力资源是所有的社会资源中最重要的,因为有了好的人力资源,所有的问题都可以解决。我们现在红岭创投的事业是经济社会发展的必然要求,这个事业中就需要汇集大批的有能力、有志向的人的加入。那么在加入的过程中,肯定有各种各样的障碍,有各种各样的掣肘。所以在这一点上我希望我们分公司的老总们能放开去思考。孔子在《论语》中讲,不要和不如自己的人打交道,只有和比自己强的人打交道你才能进步。希望你们去和比自己强的人打交道。那些只会在你身边打转的人遇到问题的时候什么作用都起不了。所以我们分公司的老总们一定要懂这个道理。

还有从围在你身边的人身上就能看出来你自己的质量,你的质量高,围在你身边的人的质量就相对高一点;你的质量低,围在你身边的没有一个有用的。我们人力资源部在招聘的时候,在培训的时候,在奖优罚劣的时候,对于这些使用干部、培养干部、发现干部的方法,要能够摸索出来,要变成一种经验进行推广,要树立一种发现人才、使用人才、培养人才的思路,把社会上优秀的人才都汇聚到我们的事业中来,在我们这里出一份力,发光发亮。你做一件像模像样的事情,没有一支像模像样的队伍是打不起来的。你们都是各分公司的一把手,在这个问题上面的认识一定要提高。你要是不提高的话,你的队伍就是建立不起来。你每天都非常辛苦,就是因为你的人没有用好。如果你身边有几个非常能干的人,那你就轻松多了。但是你要想优秀的人围在你身边的条件是什么?就是你自身优秀不优秀。你不优秀,那别人就不会围在你身边。让自己变优秀就只能是学习提高,把过去那些不好、别人不喜欢的部分改掉。错了不要紧,改了就好;不懂不要紧,问了就好;事情多不要紧,勤劳就好。只要你每天都在努力,都在学习,错了就改正,怎么会不进步?除非你自己不想干,那就不一样了。我希望我们这个事业中的每一位同志,都能够树立一个新的世界观,然后我们共同把这个事业做好。讲到不足的地方,我就讲这些,就是兼职人员我不反对,包括我们现在还有很多兼职的分公司筹备组的组长们,我都理解。大家不要埋怨他们,应该给他们这个空间,应该给他们这个选择。因为他们经过慎重选择以后,他们在这个地方的工作质量就不一样了,他们就会全身心地在这里工作。我们前期的工作总的来说还是很好的,我们已经开业的几个分公司的老总们都应该表扬,他们都是尽职尽责的。经验是慢慢积累起来的,问题是慢慢发现的,出现了问题也是慢慢解决的。所以我不批评你们在过往中发现的问题,因为你们都已经很尽力了,都在想办法了。但是在一些其他方面的方法上可能有一些欠缺,包括你们的队伍、一些偶然的现象,包括一些极端现象的出现,我们不能排斥这些东西。出现这些东西,关键是我们主观上要有一个正确的认识,要把这个问题解决。

以上问题有的是在发展过程中产生的,有的是工作不到位造成的,都是我们以后在工作中需要完善和改进的重点,今后我们将加强管理,不断开拓业务新领域,同时加强总部与各分公司(筹备组)之间的交流沟通,努力完成2015年各项工作任务。

2014年终工作会议(二)总结

会议要结束了,我做个总结,这次会议是两天时间,昨天一天主要是对全年工作的一个总结和对今年工作的一个部署。另外对于下午分组讨论的一些问题也汇总到了我这边,对于分公司做异地项目的问题,项目由哪个公司接到了以后,然后这个公司就把这个项目做下去,那么涉及哪个地区,比如辽宁的可能项目做到华东或者江苏来,到江苏以后可以给予支援,当地的一些人力、财力、人脉的支援。如果两个分公司谈得好,项目也可以进行移交,那么一些利益的分割两个分公司可以协商,这在管理上可能会大大节约成本,因为贷后管理的话,每个月从大连飞到江苏,是比较麻烦的,这个事情大家都要有个协作的精神,最后不还是利益问题嘛。过去在银行,两个分行遇到同一个业务,都可以协商。兄弟单位之间的相互配合以便我们新的公司在需要解决问题时相互帮助,要有个协作的精神,因为全国性的公司,这个协作是非常重要的,特别是我们红岭创投,现在正在走向全国,而且我们的管理已经不是过去小贷公司式的管理了,现在的管理是全国性的,可能以后是集团化的管理，那么对于我们第一批走向全国，在各省担任领导职务的同志们就要相互配合了，这也是一种锻炼的过程，因为当领导，协调是非常重要的能力，所以第一点关于项目属地问题就说这么多。

第二点，要随着公司业务的快速发展，风险审批人才的专业素质亟待提高，这也是永远的问题，因为社会在进步，风险的形态，产生风险的因素也在不断地变化，那么我们的能力也需要改变，包括现在大数据等都是把控风险的一些方法，那么提高风险管理的能力和方法是永远要做的事情，只要有贷款，就有风险，只要有风险，风险管理的能力就要不断地提高。目前我们基本的风险控制能力还需要提高，那就是队伍的建设问题了，这个确实是存在的，毕竟红岭创投才刚起步，底子还很薄弱，人才的底子，制度的底子，管理的底子都很薄弱，那我们属于从深圳走向全国的主要领导人，在这个过程当中，我们也要把我们的风险控制逐步从制度上、从操作上、从理论上实现。

还有些问题我们会分到我们各条线上去，各个条线的领导回去，主要是市场条线、风控条线和计财条线要开专业会议，专业会议上把这个问题给个答复，对下一步能够提出一些解决的办法和新的制度。因为全国性的公司的管理和地域性的公司的管理是不一样的，要能够把管理的链条延伸到每一个管理的岗位上，它的方法跟管理一个具体的小公司是不一样的，虽然每年的年终工作会议是肯定要的，每年的专业工作会议是肯定需要的，这样才能把整个的战略安排和具体的每项分解工作实施了。有计划、有落实、有监督、有检查、有总结。在计划的制订上是个过程，这样才能把我们全国公司的协调做好，我们在座的每一个人都是省级公司的领导人，当你们以后对各个市级公司进行管理的时候，那到时也是这样开会。总公司开完会以后要进行传达，也要去安排落实。怎样以最有效的方法、最快的速度把大家研究出来的一些方案、方法、打法、计划、目标落实到每个环节上，这些东西等于我们都在学习，这次会议意义重大，是红岭创投从深圳走向全国第一次全国性的工作会议。上次的年终会议是单项的，我们所有正在筹备中的分公司和已经开业的分公司的领导基本全部来了，只要把这次会议的精神带回去，让大家了解这次会议的精神，然后全国的步调能够协调起来，能够在总公司各条线、各部门的领导下把好的经验迅速推广、能够把错误的做法尽快地纠正，然后找到适合红岭走向全国、业务走向互联网的道路，使我们的互联网金融事业有个健康稳定的发展，这是我们的目的。

这次会议是全国性的第一次年度工作会议，我们大家在一起，已开业的分公司、即将开业的分公司还有筹备中的分公司共商发展大计，把存在的问题、需要解决的问题、成功的经验进行了交流、讨论，为我们下一年的发展奠定了稳定的基础，我们的工作和事业才刚刚开始，去年的一年我们所有的工作仅仅是一个序幕，都是在做准备，而且我们的准备已经在社会上引起了巨大的反响，我们突破 200 亿元的时候，我接到了很多我过去同事的祝贺和一些赞扬，200 亿元的成交量，第一个 50 亿元用了 5 年零 3 个月，第二个 50 亿元用了 158 天，第 3 个 50 亿元用了 58 天，第四个 50 亿元用了 53 天，这个数字我很清楚，等于今年是直线地往上走，那么我们以后的速度可能一天就是 50 个亿，有人说这怎么可能呢？可能！完全有可能，因为目前我们集中在一个红岭创投的 P2P 平台，以后可能我们产生 7 个平台，可能是红岭保险、红岭租赁、红岭信托、红岭典当、红岭私募、红岭风投等，这所有的东西全部放在网上，所有这类业务全部在我们的平台上成交的话，那一天 50 个亿我觉得不是很大的事情。但是这些事情需要干部去落实，需要人去落实，我们战略的安排是有的，这个问题是明显的，而且社会的需求是很强烈的，都能看得到的，只要我们把这些东西一点一点落到实处，这是梦想，但梦想是有可能实现的。所以这次会议我想总结的时候，大家一定要团结一致，沟通情况，共同地来讨论我们今后发展过程中所该着力的地方。

大家提的意见都是很好的，回去我们要把它分解到各个条线去，制定出具体的工作方案，然后在专业会议上逐一落实。我们红岭从我的意见上是想打造成百年老店，不是说我们一阵子就完了，我们可能是红岭的第一代人，这第一代人的使命我们应该知道，就是打基础，把基础、机构、制度、人才培养所有的东西都理成块，然后随着我们年龄变大，我们逐步移交给我们第二任，这项任务很光荣，特别是现在我们事业部的同事已经到位了，这个空间很厉害。这些东西从传统的做法到现代的做法到奔向未来的做法都是值得研究和探讨的，值得我们每天去学习的，而最终我们的结果是对这个社会产生正面影响和推动力的，也证明我们每一个从事这项工作的同志的努力是非常光荣的,所以说打造百年红岭也是这一次会议的精神,我们走向全国的第一代红岭人现在是在打基础,下一步可能还要走向世界,这项工作我一到红岭就已经开始部署了。所以我们在座的同志很光荣,身上的担子还很重,我们第一代人到底能做多少,我们尽力,我希望我能干得长久一点,只要大家不嫌弃,我与红岭共未来。

所以这次会议也是一个团结的会议,一个交流的大会,也是共商发展战略的大会,会议以后,各个单位要落实会议精神,在业务发展、队伍建设和机构建设上下工夫,把我们互联网金融事业推向一个新的阶段。今年的年会开得比较早,主要是为了抓紧时间,早安排、早动身,为我们下一步的发展赢得时间,这样才有可能把我们的工作安排得更加完善一点,时间更加充裕一点。所以说我们要早开展、早落实、争分夺秒,结合分公司介绍的经验,都是很好的经验,但也都是不完善的经验,但是在这个阶段是最领先的,我们就要给掌声和奖励,今后的工作都是这样。我们任重道远,但是我们一起学习,我们一起进步,我们一起克服困难,我们一起改正错误,我们一起相互支援,我们欢笑同行。这次会议结束,最后预祝大家今年万事大吉,万事如意,谢谢!

——2014 年终工作会议的总结

10.15 2015 年 3 月 29 日第 11 期总裁办公会议的阶段性总结

关于各部门管理要求的阶段性总结

今年红岭创投,在我的感觉上,是最重要的一年,比去年还重要。如果越过了今年,红岭创投的未来就是非常好的,可以讲超过任何一家银行。但是今年又是非常难越过的,要付出非常多的精力。既有体力的,又有技术的,最后还有运气。我承认很多事情是有运气的,除了我们大家的努力外,还有运气在里面。但是我们不管出现什么,我们往前走,不停下来。我们做对哪个方面都有好处的事情,不相信不能成功。我始终是这个想法。昨天我们的深圳分公司开业了,是我们的第七家分公司。4 月份还有 4 家分公司,那么到了 4 月底就是 11 家分公司了。那么对我们总公司各部门的管理要求是在一点一点提高。那么对我们每一级上的干部的要求都在提高,所以大家再累都正常。年轻同志累一点不要紧,当作一个实践的过程。另外我们各条线的最高领导各付其责,有什么问题我们在一起商量解决。人力资源部的招聘还要想办法,速度一定要加快。另外我们几个部门要善于运用我们已有分公司的力量。有些工作你们在上面抓不起来的时候,先让分公司做试点。这样工作就有一个支点了,然后大家集中智慧,慢慢来。你完全可以把不同的想法在不同的分公司做试点,关起门来考虑肯定是不行的。比如市场管理部的贷前调查就可以用安徽做试点,贷后管理就用重庆做试点,这都是可以的。

这都是方法的问题。很多人没有在现在的岗位上工作过,那么就要学习,如果不学习的话就没有办法了。向兄弟单位学习,向有工作经验的人学习,提高了就好了。管理一半是管自己,一半是把工作让别人去做。怎么样让别人很开心去做,这就是管理水平了。你首先把自己做好了,就很好办了,剩下的就是技术了。如果你连自己都管不好的话,你还怎么管别人。即使别人嘴上不说,你在别人心里的分量是很轻的。大家经历了这么多年的管理岗位,对这些心里都是有数的。大家都是大领导,那就要名副其实,要好好学习,不断提高。我也要好好学习,不然的话我也跟你们没话说。但是我还有一点,我要是没话说的时候我会向你们学习,你们懂了就是我懂了。有这种精神,到哪个地方都不会败。所以最后我讲的还是三句话:“不要偷懒,不懂就问,错了就改。”受到了批评不要紧,你回去想想有什么办法?像我们刚才和孙院长的争论,这里面有一些误会,但是你回去想想有什么办法?有些东西有一个轻重缓急,有一个决策范围。这是不一样的。大家回去了都要想想,真要解决问题都要客观,主观只能解决一个点,客观才能解决面上的东西。今天我就讲这几个问题,也是我们目前比较重要的问题。

——2015 年 3 月 29 日第 11 期总裁办公会议

10.16　2015 年 4 月 4 日第 12 期总裁办公会议的阶段性总结

公司发展的战略重点，对员工有更高的要求

我讲几句。今年我们整个公司发展到了起步阶段，去年是起步阶段，去年所有的工作都是在做准备，包括制度的准备，架构的准备，战略方案的制定，下半年仅仅是试了一下。这个试的过程中我们也发现了很多的问题，但是我们又不能停下来。一动起来就必须往前走。今年我们就动起来了，我们开始往前发展了。大家也看到了，去年我们一年增加了 160 亿元，今年我们一个季度就已经增加了 160 多亿元了，是去年一年的成绩。往后的速度还要加快，这个快的原因我们都考虑到了。那么在快的情况下，对大家的要求就都不一样了，大家的负荷也都不一样了，标准也不一样了，原则也不一样了。像过去的办事方法是绝对不行的。为什么我现在讲话这么肯定？因为现在只要稍微偏了一点的话，后面造成的后果是非常严重的。今后如果红岭的交易有上万亿元的话，对我们管理的要求有多高。那么首先就要从我们自己做起。我们自己的素质要上去，如果没有上去的话就要赶快提高，如果没有提高的话就赶快换。我不敢讲我的素质有多高，最起码我管过 2 万亿元的资产。我是从一个信贷员做起的，哪里会出现问题我都是知道的。原则性的问题我看到了就告诉你们，不能这么做，否则一定会出大事。现在我们对社会负有很大的责任，360 亿元的成交额在网贷界已经没有人能和我们比了。我们现在就是向金融机构走的。整个的版图就是这么画的，走法也是这么走的。那么在每个节点上对大家的要求就是比过去高的。现在还是三句话“不要偷懒、不懂就问、错了就改”，在任何时候你们都记住这些话。今年是我们非常重要的一年，如果我们今年挺过去了，到年底的交易额过了 1000 亿元了，明年的事情就更好做了。我还是当时刚到红岭创投时讲的，

“一个都不能少”，今天你们在座的同志，一个也不能少。只要你们愿意努力，我会和你们一起战斗到最后。当然一些自动退下的，不合适在那个位置上的，那就要经过一个评价的过程，他就不合适了，不合适的话就只能退下来了。在我来讲，是不会的。我有时候讲话会很重，但这是因为关心你们，希望你们赶快赶上来。

所以今年我们的任务很重，因为我们在考虑的是生态的问题，就是 P2P 行业甚至是网贷界的生态的问题。技术上的问题只要去学习就可以了。但是建立生态环境既有实践性的问题，又有理论性的问题，又有改革性的问题。而且这个生态建立不起来，你再往前走的时候就会遇到障碍，这个障碍我们能看到，在哪个地方会出现什么问题，基本上是知道的。所以现在我们在战略上安排的一些支点，大家一定要努力去做。包括体验店的问题，包括集团客户的问题，包括我们即将成立的资产管理公司的问题，另外还有我们六个事业部的问题，以及我们的特标的问题，这都是我们的战略点，每一个都非常重要。电脑很重要，但是我始终没有把它放在第一个位置，因为它不是战略点，就是一个基础，只要搞好这个基础就好。但是战略点一旦出现问题的话就影响很大，可能就是全军覆没。即使有再大的能力都没用。所以你们在战略点上的同志，一定要十二万分振作起来。我没有别的承诺，我的承诺就是我会和你们在一起，我会尽我最大的努力，其他的东西你们都别担心。挣的钱都是大家的，关键是大家要把活干好，我们的活不是给哪一个人干的，是在为这个社会干的。我们能在这个社会生存，能够在这个国家平安成长，这都是我们的福分。我们对这个国家、对这个社会都应该做出我们应该做的事情。作一点贡献，也为自己挣一份荣誉。那么这种荣誉感要比金钱高得多。金钱只是一个价值符号，肯定不会缺的。所以希望我们共事的各位同事能一起努力。回去以后把会议的内容消化一下，体会一下；然后传达给你下面的员工。

——2015 年 4 月 4 日第 12 期总裁办公会议

10.17　2015年4月25日第14期总裁办公会议的阶段性总结

公司工作重点：分公司管理、发展问题与解决、投资人管理、人力资源管理、零售管理、互联网金融研究所

今天我先讲，因为我们办公会过去车轮式的转法很单薄，又浪费时间。为了让我们每个部门都知道最近的重点是什么，怎么能够在企业在发展的不同阶段知道我们在干什么，知道我们的目标有什么，哪些是属于一般性的工作，哪些是属于重点工作，哪些是属于突击性的工作。这样我们的工作的有效性和整个公司发展和推动的节奏会更加合理。

第一个问题讲到分公司的管理。因为在座的是红岭创投总公司的整个管理团队，都在这。尽管我们有几个副总裁出差在外，但是主要的管理力量都在这。每一项都有它的职能部门进行完成，而我们每个职能部门应该做些什么都应该清楚。从分公司的管理，从原来我们没有分公司，深圳地区原来的红岭创投，根据过去的工作特点所涉及的过去的工作进行设立的，风险管理部就有好几个，每个队都有搞风险管理的，在人员上首先是一个浪费，不是很集中，现在已经调整过来了。不仅调整过来了，而且深圳这边的业务变成了深圳分公司了，这样我们红岭创投整个管理格局有了明显的变化，现在我们红岭创投已经有9家分公司正式开业了，这9家分公司都是省级分公司，每个办公面积都是一千平方米，有的超过，而且人员不下20人，其中80%的人员都是从银行过来的。那么这9个分公司对于我们总公司来讲就是下一步业务发展的基础，要把它们管好，要把它们带好，要把它们服务好。因为总公司就是管理部门，这个管理机构，主要对象就是对分公司的管理，这个作为每个部门都要清楚，不论是市场条线，风控条线，计财条线，综合条线，还是技术条线，都一样，都是对着分公司进行管理。对于分公司的管理实际上是要为它们做好服务，管理就是服务。制定出目标以后要看它们在完成目标的过程当中遇到什么困难，需要什么支援，在它们制订不出工作计划的时候，要辅导它们怎么去制定工作计划，在它们

不知道这些项目、资源在哪里的时候，要帮助它们去寻求这些资源和项目。当它们队伍跟不上的时候，要帮它们培训和提高，要让它们遵纪要让它们守法。

分公司一开业就跟原来大不一样，分公司没开业时，在以前某种程度上是散兵游勇似的，没几个人到处去拉项目，后来我们感觉不行，就给了5万元租场地，非常简单。他们生活和工作环境都是很简单的，但是实际上他们是不简单的，把这个分公司就这样建立起来了，所以我们应该感谢他们，为他们服务也是义不容辞的。打粮食靠他们，靠的是分公司，对于分公司的服务一定要做好。但是我跟分公司也讲，过去我们没有在开业之前，办公条件什么都没有，别人找到我们想做个项目都没有踏实的感觉，现在不一样了，每天上班有了固定的办公室，固定的办公群体，可以在一起研究、讨论和实践，包括我们总公司也一样，有相对固定的工作职责，每天上8个小时的班，怎么把这8个小时运用好，起到作用，对于分公司来讲，他们已经具备这个条件了。我们分公司随时可以得到总公司和兄弟单位的支援，有什么问题直接向上面汇报，然后大家一起研究解决，就会有一个依靠。实际上，现在办公条件和经营条件是完整的，问题是会不会使用？这些条件我们充分利用好了吗？我们缺什么？缺钱吗？缺人吗？缺工作吗？都不缺！分公司也一样，都不缺。那么我们充分把它用好了吗？充分把这些条件用好了吗？分公司把这些条件用好了吗？好与不好有个客观标准，有个比较，跟过去比，跟同行比，我认为都不差，但是我们的工作做得比别人好吗？我认为还远远不够，这远远不够就要靠我们管理团队的每个同志认真学习。

所以今天为什么说我先讲呢，我首先问问我自己有目标吗？包括你们每个人，你们有目标吗？你们部门有目标吗？包括分公司有目标吗？如果没有的话，要赶紧想想你们想干什么。如果连目标都不清楚的话，那就要赶快制定目标，没有目标上了班都不知道干什么，下班就回家了，一个月下来什么都没做。反正我是有目标的。我跟红岭创投签了三年合同，我这三年的目标非常清楚，在实施这个目标在完成当中需要调动什么样的资源，需要作出什么样的努力，应该建立起什么东西，我很清楚。我在开会的时候，我也会跟你们说应该做些什么，所以说，一开会首先是要推落实的，重点不明确的,很多同志甚至把汇报当作我没闲着的感觉。我们要的是质量和效率,根本就没有讨论这个问题。我嫌你们工资还低了,我不会跟你们讨论这个问题。挣钱了就是大家的,但是目前工作到现在到底有没有效率,有没有质量,对于推动事情中起到了什么作用,贡献多大。当你们目标有了以后,还有重点和非重点工作,刚才我讲的,重点工作每周明确吗?如果不明确就要把工作列出来,如果明确了我就要问第二句了,有执行人吗?谁去落实?如果没有执行人赶快落实,如果有了,那有具体完成的时间吗?没有就赶紧制定。时间就在不知不觉当中就没了,回过头一看都没有。你做了事情就是你生命的记载,就是你价值的记载。有的人就非常精彩,尽管时间长度没有别人长,但是宽度很宽。对自己也好,对自己的后代也好,都是很有意义的。有了具体的完成时间,那还有奖惩和实践吗?还是我讲的四个阶段:做什么,就是目标;谁去做,要有落实;多长时间完成,要有个进度;最后就是奖惩。这样才把任务安排完了,跟着后面就是监督和督办了,建立这样一个正常的办公秩序,任何问题放到了这个轨道总能往前走。我们想想每个部门是不是都做到了这一点?尤其是我们的分公司,现在我还没跟他们说,这9个已经开业的分公司跟我们办公的节奏应该是一样的,它们所研究的工作比总公司某些方面还单一,还少一点,总公司考虑的要更多,分公司有没有考虑呢?如果没有达到的话应该谁去督促它们完成呢?日常的办公就是办公室的事情,每个分公司每次开几次办公会,研究解决什么事情,同样我们每个部室,下面他们的工作是怎么完成的,每条线下面工作是怎么完成的?这是我们每个部门都要管的事情。现在我们的构架不是一个小公司的构架,而是全国性的商业银行,就是这个构架,只不过现在才刚刚开始。过去我们没有在这个环境内,在各自的岗位上找到自己的位置,当我们找到这个位置的时候,就知道怎么办了,现在面对的是9个已开业的分公司,下个月是3个,就变成12个了,迅速到年底30多个就是全国性商业银行的架构了。我们每个人的管理、节点就是总行部门老总的节点,你看要管多少的事,可不是开玩笑的。我们有这个感觉吗?没这个感觉要赶快进入角色,否则注定被淘汰。

不懂不要紧,错了就改,重点是不要懒,只要努力去做了,就能跟上。很多事情都是一点一点积累起来了，单词也是一个单词一个单词背下来了，长城也是一点一点砌起来的。工作也一样，每天做一点，每天都在进步，每天都在重复，每天都在提高，久而久之，一年以后你们的感觉就不一样了。我们想想，一年前红岭创投是怎么样的？你们想想，现在是什么样？自己去体会一下，不论是从我们客服中心，到我们的运营、风控、技术、计财和办公室，原来是怎么样，现在又怎么样，进入了全国性商业银行管理架构的阶段，这个阶段我们在各自的岗位上要找到自己的位置，找到这个位置该怎么干就要摸索和体会。人员很重要，一方面是从社会上招聘，更重要的就是自己培养。我始终把立足点放在自己培养干部上。这是企业真正的核心竞争力，你有培养人的能力你就厉害了，没有培养人的能力这个企业还是不行的。我们搞互联网金融学院和研究所，这些东西都是培养人的。人培养不起来不行。昨天一个消息我还是蛮开心的，给我们一个"十大学习型企业"，就因为我们搞了一个互联网金融学院。我觉得这个给我们的奖赏比给我们一千万元还开心。这是对我们的一种很高位置的肯定。这个肯定将在我们红岭创投发展史上深深留上一笔。现在福好同志是我们的院长，要好好地珍惜这份荣誉，我相信你。你能干好。所以我刚才讲，单词也是一个单词一个单词背下来了，长城也是一点一点砌起来的，博士学位是一天一天地读出来的，我要求我们每一个员工包括我们管理队伍、管理干部盯住我们的目标，把每一分钟用好，不要浪费我们每一分钟，作为我们在座管理层的管理干部，我们的办公室还算是宽敞、舒适，我很满意，我原来那个办公室我就很满意，董事长说原来那个他不用，我就搬过来了，什么事情都能搞，我们可以任意指挥身边的人进行沟通，你们都可以，下面都有部下，可以根据你们的想法，只要合理的，没有哪一个让你们捉襟见肘。这么好的条件，我觉得我们每一个人都应该珍惜。

（第二个重点是企业发展中遇到的问题）企业会遇到什么困难，企业发展当中会遇到什么挫折，在目标实施过程当中会遇到什么样的磨难，这是客观的，但是我们会把最关键的问题约束住，再抢回一段安全的时间，在这段安全的时间内迅速把最重要的东西顶起来，让它 能够接替上。现在我们包括流动性风险问题，缺口问题，资本金问题，包括前期发放贷款中的不良问题,这都是企业发展过程当中的必然现象。这种经营和这种业态,在过去根本就没有过,监管部门都不知道怎么管,真没那么容易。我们在银行那么多年了,要拿出一个办法来监管,又要使它发展,又要使它约束,这个东西很难拿,所以说最好的方法就是让子弹飞一会儿。反正我没责任,谁违反了法律,一闹事我就把你们抓起来,没这事你就先往前面跑。国务院也是这个态度,所以人民银行敢说一句:让子弹飞一会儿。我们这个企业也是这样,对我们是个莫大的机遇。红岭创投过去 6 年来说没有让一个投资人吃亏或者受损失,这个是最伟大的胜利。当然也形成很多遗留问题。这些遗留问题我相信在我们今后的发展过程中都会一个一个地解决。为此,我们对于下一步的工作还是要突出重点,突出我们各个部门的重点。我讲几个重点,马上你们汇报工作的时候就围绕着这几个重点汇报,非重点我称为一般性工作,在八个小时内去做的事情,不要在这里汇报。什么考勤、调查报告等等,属于日常工作。重点工作是我们要做什么这个才是最重要的。

总体上讲,我们现在所做的工作实际上就是金融脱媒。P2P 只是一个切入点和解释的侧面,做金融脱媒实际上就是两头无限大的事情,不需要媒介了,让投资人和项目直接见面。项目可以是各种形态:信托、房地产、典当等等,共同的指向都是需要钱。另一方就是投资人,每个人的偏好不一样,选定投资品种,这就是为什么要有六个事业部,出现了为什么要有特标,为什么要有快借,都是满足投资者不同的风险需求和投资代价的。这里面就牵涉一个价格问题,怎么根据风险偏好取得适合的利率问题。这种事情在中国来讲是新的东西,但是真正能够给我们感觉到利用互联网,社会最先进的基础设施,满足或者促进金融的改革,促进金融业态或者活动进入千家万户还有一段很长的路要走,所以我们要帮助大家一起走完这条很长的路,走宽这条路。所以我可以放心地告诉大家,现在人民银行和银监会不可能说 No,如果说 No 我就把 400 亿元交给他们处理,150 亿元的待收交给他们处理,看怎么搞。你说怎么搞怎么搞。但是我们要做我们就要负责任,还是那几句话:不违法,不违规,不让老百姓吃亏。只要我们真正抓住这个立足点,不让老百姓吃亏,应该讲会支持我们的。那么我们带着红岭创投这班员工一起走,给大家带来什么?首先是大家生活要提高,收入要提高,这个是最重要的。生活的提高和收入的提高来自什么？来自项目的盈利能力。盈利能力来自哪里，就是你选择这个工作的科学性和市场。一是市场有这个需求，二是经营过程当中要取得合理的收入。在合理的收入中我们才能去列支我们的成本，包括我们的费用和工资还有其他福利待遇。我们看看前面，贷款的需求者是有的，贷款利率定在了24%，投资需求也是有的，我们定在了18%，中间就是6个点的利差，养活我们自己是没有问题的，盈利水平也不会低，但是有一个很大的问题，就是年化收益率24%目前来讲是比较高的。因为一般的企业是承受不了年化收益率24%的收入，这种成本支出，短期是可能的，超过半年以上用这个的话，成本确实很大。因为我知道全是的标准折现系数，经济投资有一个标准折现系数，也就是我们所说的平均收益率，就是投资的平均收益率，是10%左右，10～12，也经过测算的。所以我们在搞项目评估的时候也是跟这个比较。高于它可以投资，低于它这个项目可以放弃。有一个计算方法。

我们把财务成本搞到了24，哪一个可以承受得了？一用这个钱肯定亏损，除非是短期。这样就出现新的问题了，这样长久积累地干下去，企业的风险大，势必我们的风险就会高，越来越多。我们化解风险怎么办呢？从人民银行和银监会，从社会上真正支持我们化解这种风险的渠道和方法，基本上还没有。完全靠我们自己想办法，只是把风险推迟，没有做到真正把风险化解。因为都还没有一个周期进行完，那么大的贷款，哪个企业到期能够按时还款，出现欠息是第一步，第二步就是出现逾期，第三步就是清理资产了。我们现在已经从清理资产的角度入手，不管三七二十一，我们拿过来处理，先把本金利息清理后，剩下的钱还给你，我不依赖你企业进行处理。但是这种极端的手段不能在企业正常经营中用，如果老是用这种手段，变成这样的循环，大家就非常辛苦，那么大家在寻找这些项目来源的空间变得很狭小。为什么我们当时一下把30多个分公司，一个分公司只要有5个亿的项目，那么30多家分公司加起来，我们就可以生存下去了。而且大家工资也不会低，但是远远不是我们发展的目的。真正变成互联网金融企业，风险度比较高的只能是其中的一种方式，比如说有VC和PE等等，占所有投资当中的一部分。24%以后都会有，因为过桥永远会有，风险永远会有，只要有项目，风险永远会有,但是空间永远很小,坏的总是少。那么我们怎么办?我们30多个分公司出来了以后怎么办,一定要找到适合我们企业发展的新的经营目标。虽然这个经营目标不是新的,但是如何演变成适合我们的新的贷款,实际上就是一般性贷款,我们称之为特标。就做一般性贷款,我们做这个一般性贷款是没有问题的。这么多行长都是搞了一辈子的,培养出队伍是没有问题的。制度也没有问题,模板也没有问题,主要问题在于贷款需求单位怎么适应于我们,怎么与我们建立起联系,就是要找到这些企业。第二就是合理的价格。这个合理的价格到底应该是多少,我们早就应该探索这条路。我们互联网金融研究所搞了第一个风险定价的报告,尽管不是很深入,尽管研究价值不是很高,但是切入了。作为一般性的贷款,是什么价格,我自己做过这个调查,因为我们要切入这个点的话就一定要知道这个价格。包括卖的和买的。银行给我们了一个参照底线,银行一年期贷款是六点几,存款是三点几,名义上利差是3,但是贷款所产生的派生存款是零点几,那也是它的存款,综合成本就一下子降低了,而且这个派生性很强。按照货币成熟的理论是5倍,存款准备金就是过一道就闭一道,只要在银行体系内永远是存款。这种派生叫货币乘数,学过货币学的都知道。我讲的派生存款价格到底定在多少和风险定价是有关系的。那么我们现在就要找两个价格,一个是贷款的价格,一个是投资的价格。怎么让贷款者接受,且这个贷款企业一定是好的企业,在银行里不讲是3个A,至少是2个A企业。那么给这样企业的价格多少呢?就应该看它现在在银行所取得的贷款实际成本是多少,而不是那个名义利率。这个实际成本算起来很麻烦,因为很多涉及派生性质的,但是必须算,到底是多少,要把它算出来。而不是那个名义利率,这个实际成本算起来很麻烦,因为很多事属于派生性质的东西,但是必须算清楚到底是多少。有些人以为银行的利率就是六点多,实际上他不知道自己在银行放的结算性的存款要是用来投资的话能够抵掉多少利率,他没有算过这个东西,但是我们是搞精算的,我们是非常清楚的。银行不就是像公共汽车上车下车一样嘛,无数的贷款客户,无数的存款客户,这个存款客户今天拿钱走了,那个又拿钱来了,车上总有人,有人的那块,稳定的就是零点几,这个成本是很低的,这些都是贷款企业贡献的,虽然它在银行贷了款,但是它这个钱还放在这个银行。反过来,它没有存款的话,把这个存款折算成它另外的收入的话,你就会把它这笔贷款的真正的利率算出来,互联网金融研究所今天好好听听这个,回去你们好好算一算这个东西,因为我要找到这个价格的话必须算这个东西,不然价格找出来没有依据,这是我们自己找价格。再一个就是市场价格,我们把所有的 P2P 企业的贷款价格全部找到,最高现在是多少,投资好找,因为它是公开的,同业网站上都有,肯定我们现在是最高的,我觉得那么高没有必要,我就比它们高 0.5 就行了。因为我们第一个阶段,星火燎原的阶段已经结束了,全国网贷企业没有不知道红岭创投的,你再降低,只要你比别人高,他就会来,我讲的是大平台,只要我们在这些像样的平台中是最高的,就可以了,没必要搞 18%。另外一边贷款,我们也要降到企业可以接受的程度,项目也要好的程度,包括我们现在的特标,就是在找这些东西,找一个真正我们能够经营的市场,而这个市场的基础是好的,不是一些身体不好的企业,再交给一帮江湖郎中去看病,那是怎么都看不好的。我们要找身体好的企业,我们尽可能去给它做保健,这样我们的风险就会极大地降低。特标的经营管理的目的就是为我们红岭创投,为金融脱媒,为新的互联网金融线下或者企业找出一条新的路,这个任务非常艰巨,这里面也是需要真智慧的,盲目做是不行的。为什么红岭创投一下子一年从 30 个亿的成交到现在 400 多亿元,从 6 个亿的待收变成 100 多亿元的待收。这里面不是盲目的,都是有步骤的。

下一步一个重大的动作就是特标,实际上就是一般性贷款,一定要进入这个领域,不进入这个领域我们 30 多个分公司到最后就是高风险。一般性贷款一旦做好,我们的贷款规则,贷款管理,所有的事情都简单了,一切按照规矩来。投资的定价好找,贷款的定价我最近做了几个比较,几个山东的标,年化 14 ~ 15 给贷款企业,我分析了下,全部是民营企业,只有一个,它们很大,它们可能在全国是多少强,这是第一。第二,全是担保的,没有抵押的,这就有点可怕了,担保法里面,抵押是最高的担保方式,其次才是信用担保,那么信用担保再往下挖也是抵押担保,信用担保的企业,它的担保能力到底是多少,你要算它的净资产,这个就比较麻烦,一个它是不是也对外有过担保,它对我们担保以后是不是还能对外担保,作为一个企业的担保倍数应该是多大,一般担保公司是 5 ~ 10 倍啊。那么对于这些实体进行担保的话,这个担保倍数应该是多大,没人研究过。但是真要搞好这个工作能不研究吗? 再反过来想,我 24 都能找到抵押担保方式的贷款,我 15 怎么不能找到抵押担保的方式呢? 你们都好好想想。另外特标我们是找那些 AAA 或者 AA 级的企业,这种企业多数是在上市公司的,多数是在国有企业的,真正的民营企业能达到这个层次的还不多,山东那边有一个习惯,都知道客大欺店,都拼命把自己做到几百亿元,然后说找你要几个亿还不行嘛,但是它就是有问题,它们企业间互保,到最后一个塌了就全部塌了。本身这种业态就是有风险,更不要提操作了,所以山东那几个特标我一个也不批,尽管你们审贷会全部通过了。现在慢一点不要紧,宁可踏实。这个贷款放下去一旦出问题,一点抓手都没有,到时跳楼都来不及。它又不是国有企业,也不是上市公司,没有监督,没有背书。我这是往极端的、不好的方向去分析,当然它也有好的方面,确实为这一点它不值得去做,还有它的现金流会帮助我们按期还款,不让我们出现流动性风险,这种情况都有,这就要求我们搞风险管理的人从中间找一个平衡点,最起码我们自己要有 80% ~90% 的把握不会出问题,还有 10% ~20% 一旦有问题,我有什么办法把它解决,这样我们再往下做,没有这种把握的话宁可放弃。我希望我们风险条线好好地思考下这个问题,特标的推出不是为了做特标而做特标,主要是希望有一些好的企业要进来,那么好的企业必要要求就是利率低。这个特标的问题跟我们的分公司要讲清楚,你们是真的要去找那些好的企业来,利率价格可以低,只要投资者愿意来,我们只要能生存就行了。我们只要用我们的盈利计提呆账准备金,对于我们的风险管理的水平能够化解就可以了,其他每年盈利多少钱不重要。等到三五年我们的基础全部打好了,我们再来一个新的提升,这里面就要放弃一些利润,放弃一些利益,只要我们把风险控制住,不要让它出问题。因为规模大了以后,后面还会出现其他盈利机会。所以对特标的经营管理的主要目的是降低利率,把好的企业搞进来,能够进入主流的信贷市场,一旦挤进去了,我们就好办了,现在是个好机会,没有人来管我们,等于我们是在做银行。人民银行、银监会到现在没有说不,等于我们没有做错,我们一个亿以上的几笔贷款已经给到人民银行审查过了,等于允许我们这样做了，那么我们应该珍惜这样的机会，我们就不要偷懒，要动脑筋，把我们应该做的事情一点一滴落实。

特标的主要的落实部门一个是市场条线，一个是风控条线，后面还有我们的互联网金融研究所和互联网金融学院。希望我们这几个部门在给分公司下达文件、制定目标的时候要把特标的意义和做什么让大家清楚，然后我们几个部门在落实的时候要有一个措施。怎么去推，有什么好的方法去推，市场部拿出办法来了吗？我们现在有9个分公司，有办公场地，有人员，什么都有，他们每天在干什么，特标的问题，投资者的问题，他们解决了什么问题，它是一个省级机构，他们研究了什么问题，如果还没有研究，希望现在开始研究，我们总公司的各个部门对分公司的管理就是这些东西啊，就是检查、督促和服务啊。特标这条路走不上去的话，高速发展这条路是没有办法打开的。特标一旦能推开，我估计三年内就是一万亿元，就是我们现在架构要找好，找好贷款单位的架构，找好投资者的架构，然后宣传跟上，一方面把流动性空间和利润空间打开，这样一个企业就有希望了，所以说发展永远是硬道理，这个不能停下来。

第三个重点就是投资人的管理，目前这块我们的动作很慢，实际上我们从战略上已经做了几个安排，从互联网体验店开始，所有的费用都是总公司出，搞到现在我看不理想，钱花了不少，但是实在不理想。应该鼓励的是做起来了，毕竟过去没有。做起来了就有支点了，就能站在这个支点上去观察新的问题了。但是更重要的是你站在这个支点上要发现更多新的东西，然后去解决这些问题，能够使我们真正的投资者找到目前年化18的利率。一方面我们的财富中心12～15他们做得还不错，另一方面我们体验店讲他们费用很高，每天增加1～2人。我就想不通了，你们可以搞个市场调查，100个人，100张表填一下，你看这100人有多少个人知道15～18的年回报率，或许连一半都没有。这都要搞一些调查和分析，总公司每一个部门都要有分析的能力，研究的能力，要有制订计划的能力，当你的研究力量不够的时候，你可以借助外力，也可以借助于我们的分公司，你们每个部门都有九条腿了，5月底就是12个摊子了。我们各个部门下去好好想一下，投资这一块为什么还是没有上去。40多万元我看不是个数字，一千万元还差不多，这需要我们每个人都认真地去思考下，我的工作努力了，但是有效没有？有效了以后质量怎么样，这是第三个工作，第一，分公司的管理，二特标，三投资者，这三个是很重要的。

第四个是人力资源的管理，公司一大以后人力资源一下子排到一个很大的位置上，过去人力资源和办公室都是后勤部门，管理部门和服务部门，不是业务部门。但是随着公司的变大，这两个部门会越来越重要，全公司的指挥系统实际上就是办公室，所有的杂事都是办公室的，从秘书，到开会，到指挥，后勤、总务全部办公室的事情。公司有哪一个人跟人力资源没有关系呢，那么一些制度的运用和方法按照过去的做法是远远不够的，这就需要提高了。这里面的核心从他进来开始，决定他的工资，决定是否适用，决定是否转正，决定是否接收，这一系列的东西没有哪一个人敢决定，我都不敢决定，我们人力资源部一定要按照规章制度来，如果没有制度，立刻制定制度，如果来不及制定制度，一定要向你主管领导请示，你不能作任何决定，包括办公室也一样，没有制度立刻建立制度，你们这些行政部门都是这样，有了制度不完善的立刻补充完善，来不及补充的要请示你的领导，然后才能定一些事情，否则一旦出现后果以后，谁承担责任？用制度来约束管理的话是保护每一个人，不是跟谁过不去。因为制度是大家研究的，就跟国家的宪法一样，大家定的规则大家都遵守。如果你一个人违背了制度去做一些事情，你能负得了责任吗？特别是重大决策，一定是很多人一起决定的，一定是集思广益的，千万不要认为我有权力，权力后面就是责任，我看更多的是责任，当我负不起这个责任的时候，我就不敢滥用这些权力。刚才是从人力资源和办公室这边讲，制度一定是第一的，没有制度赶快制定制度，有了制度不完善的话赶快修订制度，紧急情况下请示主管领导，这是方法，千万不要自己去决定什么事情，更不要觉得自己还有点权力，这种想法要是不改掉的话，你以后就栽在这个上面。

第五点就是关于零售管理的问题，零售业务的管理目前是不饱和的，现在我们有 9 个分公司了，它们的零售业务哪些是有规律的，哪些东西已经展开了，多个品种推的情况怎么样了，第一目标是推到多少啊。我老是问这些问题，再不行我就把这个部门撤了，并到风险管理部不就行了嘛，搞个小组就完了，还要专门成立一个部？还是一级部？达到一级部门的工作要求了吗,如果达不到要它干吗?你们是要有措施的,零售部对我们已开业的分公司将起到重大的基础性作用,我们当时推出公信贷的时候,这个市场是很好的,车易贷、房易贷都可以做,甚至你们的利率也可以降嘛,本身就是市场化的东西,利率降了以后找到一个合适的支点,只要我们能够生存,只要能够控制住风险就可以了,做小买卖也能薄利多销,我们的企业让一点利也是可以的。有时候一下子拿不出来办法可以试点嘛,9 个分公司每一个分公司是试点一项工作的话,就是 9 项工作啦,零售上的,风险管理制度上的,还有人力管理制度,办公室管理制度的试点,都可以做,他们还可以进行交叉检查,都可以嘛。这些方法你要会运用,你运用得多,你的工作就做得有声有色,而且就会不断进步。不知道怎么办也不要紧,不懂就问嘛,你还有主管领导啊,最后不行你来问我嘛,办公会上也可以提出来大家一起讨论嘛,方法一多,解决问题的可能性就大,效率也就提高了。今天为什么我先讲,就是这个意思。

最后一个是关于互联网金融研究所,我是准备他们第一本创刊号出来的时候开业,然后到时专门搞一个发布会,就叫互联网金融研究,他们现在已经五个人了,最后搞了一个课题是派生贷款的观察与分析,我看写的方向是对的,深度不够,但是切进去了,出来以后印出来给每个部门看一下,不能对外传,这是我们自己的研究成果,我们 P2P 才有这种派生贷款,银行是派生存款,派生贷款的倍数,我们原生贷款对派生贷款会产生多大的影响,它的倍数是多少,放一个亿的贷款会有多少的派生贷款出来,一个是快借,一个是净值,就这两种。现在我们交易量这么大,我估计有三分之二都是派生贷款,这里面就有很多理论意义,就是我们只要控制这个贷款标,控制在多少的时候,这个交易额会达到多少,然后通过交易额可以算出它的盈利能力,派生贷款的盈利能力大概是 2.1% 的收益率,还不需要我们去风险审查,我们没有任何责任。这样一来,通过这样的观察和分析来指导我们以后的实践工作,互联网进入研究所就是起这样的作用的,对内是发展研究部,对外是互联网金融研究所,你们这边的力量现在很年轻,后面还要有很多有经验的人过来,现在我会辅导你们怎么做,很多重大的发展计划,重大的策略调整都要经过发展研究部,你们是搞理论思维的,要拔高,要调研。

我希望我们各个部门，都动动脑筋，自己写点东西，有理论研究思维的人才是有前途的人，不思考东西，叫你干啥你干啥，你肯定在这个位子上干不长，你自己有思想，有规划，有方向，你才可能往前走。我们不光是在办公会上提出这样的要求，我们回去以后各个部门也要提出这样的要求，希望在总公司机关工作的每一个同志，都要有研究的工作，自己头脑里都要有分析、研究、调查解决问题的这种能力，它只不过范围不一样、针对性不一样而已。你到大的银行里面，只要是机关里的所有人办事，不管办什么，只要是机关里的人办事就是不一样的。那是因为他头脑里面思考更多的东西，他是一个面，整个一个整体，他不像你在底下，我就把某件具体的事情给干好就行了，这上面很多都是综合的东西。我就要通过我们的办公会，一点一点把大家真正引入一个全国性的商业银行的那种管理架构的思维上来，你有了这种思维以后，你管理这样一个大的摊子，才有可能。你连这种思维都没有的话，那你真是不知道从哪儿下手，工作该怎么搞。有时候我着急，着急以后可能讲话就重，因为不重的话你们没反应，你没反应的话，往前推进的话就急死人。所以，有时候我讲话比较重，这个请大家原谅。我总体还是希望它快一点，不能拖，这个东西我也没亲没疏，工作上铁板一块，对谁都一样，不管他是副总，副总裁，还是你是部门老总，还是你是一般工作人员，我同样，只要你是机关工作人员，我逮到以后我就要狠狠地说一顿，他们讲骂一顿，我也不骂，你们听我讲过一个脏字吗，没有。就是声音大一点而已，强调得重一点而已，其他东西我不会讲。这个目的是什么呢？是让你们警觉起来，认识到这个问题，赶快就做起来。你要做起来，你要每天珍惜你的八个小时，从上班开始，每一段工作的计划有落实，你就会往前推进。完全在于自己去把握。

下面我讲的就是，再汇报工作就围绕这几个重点工作来，几个重点我都讲过了，不是重点工作，一般性工作就不要汇报了，汇报这个没有什么大的意义。但是你们觉得需要汇报的东西，需要这个会议解决的东西，也可以说一下。需要说，在这个会议上，你们领导各位看一下，就像那天临时召开了一个网上会议一样，办公会，就是关于公告的问题，公示和公告的问题，我就提了六个意见,就是像那个一样,表个态就完了,那个需要大家通过,董事长不通过就不能搞,而且董事长的意见就是最高的意见,他如果不同意就按照他的意见办,因为责任他负。就这个问题,你们不要看谁讲话算数,算数后面是责任,我是看得非常清楚的。我不敢算数就是,我一个人负不了这个责任,那就大家一起来负。你们一旦建立起这种思维,那么以后你们就会小心了。你们也不会觉得好像这个我说了算,那个他说了算,大家还是一起讨论讨论好一点,那失误的可能性还是小一点,成功的可能性还是大一点,该退的时候还是要退,该进的时候还是要进。稳妥地做好我们的每一件事情,今天我讲了不少,十点半,我讲了一个半小时,我们九点钟开始的,目的就是大家今后在汇报工作上面,一定更要有重点,因为目前我们已经进入了红岭创投的第二阶段,去年是起步嘛,今年是发展,明年是提高,后年是超越,四年四步。今年发展这一步的话,我们就进入第二阶段,这一阶段我希望我们能够团结起来,能够使大家把工作有效开展起来,好不好,今天没办法,没有人主持会议,只能我主持会议,从市场部开始汇报。

——2015 年 4 月 25 日第 14 期总裁办公会议

10.18 2015 年 5 月 9 日第 15 期总裁办公会议的阶段性总结

视频会议常态化管理,办公会提出的问题要及时解决

今天我们这个会议开了两节,前半部分就是全国的视频会议。以后这种会议可能也会成为一个常态,因为公司在快速发展的过程中就有一个分公司统一步调、及时沟通的问题。以后这个视频会议可以搞一个办法,目前这系统用到了 11 楼,以后要有专人来操作。第二就是总裁办公会议召开全国的会议外,各条线都可以召开视频会议,这样我们就可以把需要通知全国的事情一下子告诉全国所有的分公司,就大量节约了我们的时间。任何一

个部门的老总都可以召集这个会议，包括技术、投资理财、私募事业部都可以。一旦我们的分公司逐步建立起来了，全国的管理就变成常态了，这样开会的话就节约了很多的成本。李佳这边要培养几个会操作的人，另外就是技术上要改，一定要让所有的分公司都可以出来。只要技术上可以满足的就要做好，还有就是全部分公司在讲话的时候要能顺利切换。好在今天这个会议在这里召开了，以后大家也都知道一些全国性的事情可以用这个系统来开了。

后半部分就是公司的各个部门的工作汇报了。总体来讲公司整个的发展方向是两块，第一块就是董事长负责的上市，董事长这边也告诉我一切正常，所有都是按照我们的计划往前走。我们这边很重要的就是把我们的经营和发展搞好，不出娄子、不出问题。这样的话就是两个方面，一个是我们发下去的贷款已经形成逾期的要尽快纠正过来，否则就会出大乱子。

今天上午的视频会议，我讲了几项工作重点，都是围绕着我们的发展，包括特标也好，议标也好，投资人也好，都是围绕着发展制定的。希望各个部门回去以后针对各个分公司提出的问题和汇报的问题，要认真对待。比如安徽的老总提出的权限的问题，不行的话零售方面有些权限就按照制度给他们，但是对公项目的权限要等一等。这个权限下去以后，他们就要有责任了。反正他们提出的有关问题，各个部门回去以后研究一下。各个部门目前的重点在发展，那么我们从私募事业部等实际上是解决我们未来的流动性风险的组织，我们要尽快搞好，需要什么给什么。那么现在对人的问题，对目标的问题，以及利率的问题，都在因为发展的情况在变动，各条线要经常沟通，把问题解决。今天这个会议就到这里。

——2015年5月9日第15期总裁办公会议的阶段性总结

10.19　2015年5月16日第16期总裁办公会议的阶段性总结

办公会工作要点；公司隐藏危机的解决思路；流动性问题及应对办法；资产管理运转流程；终极风险相关问题；投资理财部职能；保险事业部职能

技术管理委员会主席刚刚总结得很好，办公会实际上是一个组织一个单位正常办公的固定形式，这个是不能间断的，假如间断了企业的管理就停止了。我们加上视频就是全国的管理都在一起了。在办公会议上讨论的问题有时候是大家汇报一下工作，就是你干了什么，你还想干什么，你需要我们总公司领导给你什么样的支持。我刚到红岭创投的时候每次开会都是这三个议题，三周我什么都没听到，那么就我来说干什么了。现在我们的办公会应该是汇报我需要大家帮我什么了，我需要领导支持我什么，因为目标非常清楚。发展是硬道理，发展是用指标来衡量的。成交量、注册人数、利润、待收余额、不良资产、人头数、公司数等都是目标，都是任务。任务和目标有了，怎么去完成，那就是各个部门的事情了。各个部门的分工都是为了完成主要目标从不同角度发挥应该发挥的作用。有的就是一个螺丝钉，有的是一个小发动机，有的可能是一个CPU，每一个都有它的职能，每一个职能都发挥好了，这个轮船、火车或者航母才能往前走，才能走得稳。这就要求参加办公会议的同志要有这个素质。参加这个会议不仅仅是在听其他部门在汇报什么，而且是研究这个问题的时候领导给了什么提示和支持，我这个部门如果下一步想完成这个任务和指标，需要大家给予什么样的支持和协调，需要领导给予什么样的政策和态度，这样才能使我们整个公司稳步向前迈进。在各个部门汇报工作的过程中，我经常会给予一些点评和看法，包括我们分管各个条线的副总裁也会作出一些评价和想法，一些兄弟部门也会提出，作为我们汇报工作的这个部门，这些建议、想法、点评记下了，回去思考一下，见贤思齐，见不贤而自内省也。每一次会议大家都能想一点，每次会议大家都能进步一点，久而久之这个事业成功的可能性就大得多了，我们每个人成长的速度也会快起来。不要和那些进步慢的人比，要和那些进步快的人去比。不要和落后的比，要和进步的比较。论语讲“君子不友不如己者”，就是指他不和不如自己的人打交道，这样人才能进步。另外一个角度来看就是我们做什么事情都要能看到自己的长处，这样才能进步。因为这个公司从我到了以后的一年多来，大家都很辛苦，大家也看到这个发展速度从过去的节奏到今天的节奏发生了多大的变化。但是仅仅是这一点是不够的，这还只是刚刚开始。同时，我们还有很多的隐患，还有很多的问题亟须我们解决。所以我在办公会上经常点到的部门，你们在汇报的过程中，我直接给你们点出来的问题，你们回去以后要尽快地解决。我们办公室最近的督办进步很多，但是还是不够。以后一个人最多跟一条线，因为每条线的工作都非常多，一个人跟两条线的话真的是跟不过来。他们既是我的秘书，也是各条线最高领导的秘书，他是起到传达、穿针引线以及提示、服务的作用的。所以我们每个同志回去以后要思考今天我们这个会议都讲了什么内容，下一步要注意什么。今天风险条线的汇报我讲得比较多，但是专业的东西我还没有讲。等你们哪天开专业会议的时候我讲讲专业的知识。因为这个办公会是所有的专业都有的，如果讲专业的东西的话和其他的部门就没有关系了，所以我们专业的东西就要放在专业会议上来讲。今年我没有参加各条线的专业会议，就是为了防止大家形成依赖，要大家形成独立作战的能力。等到你们都能独立决策了，我再参加你们的会议，这样我就是一个倾听者了。这样每个人的职责就能最大限度地发挥出来了，每个人的最大潜力都发挥出来了。现在来看红岭的发展还可以，一些几千万元的标都已经是很抢手了，几乎是上线的标都能很快就发出了。一些同业以及政府都很羡慕我们，但是这其中隐藏着巨大的危机。这个危机来自于哪里？一、本来这个行业就是三不管，没有监管，没有门槛，也没有规则。以前的疯长，良莠不齐。很多企业都是能挺过来就挺过来，挺不过来就跑路。我们能挺到哪一天？我们要做百年老店。这样的话，我们要吸取同行业垮台兄弟们的教训，我们不能重蹈覆辙。我们必须避开那些容易造成风险的业务和做法，这样才能成功。美国很大的公司——黑石集团头天还在谈业务,第二天就倒闭了,这样的例子有很多。我们目前也就是400多亿元的交易量,也有可能会出现这样的状况。关键是我们要对千千万万的投资人负责,我们身上是有责任的。这个责任最后就是要落实到不会出现风险,最终就是不让我们的投资者受损失。我们红岭六年多来做到了,赢得了大家对我们的信任。但是我们能够走多远?如果我们的规模停下来的话,我讲最终就是死路一条,很快就会出现问题。但是如果往前发展,那么这个速度应该是什么样的?发展的速度,增加的规模和过去形成的问题之间的比例是什么样子的,我们要发展多快才能把过去的问题解决?发展过程中要注意哪些地方才能在新的业务中不会出现同样的问题。这都是我们要讨论的问题。所以我对我们一个亿以上的贷款都要有一个约谈,只有贷款单位认可了我们才能把钱给他们,即使是一点的犹豫都不行。一笔贷款在发下去的时候本身是没有问题的,但是企业在过往的经营过程中有无数的交易对手,对每一个交易对手不会一点纠纷也没有,只要有一点纠纷,就会有诉讼,那么我们的资产就会有风险了,就会被查封了,那么我们就很冤枉。我在提到这点的时候,山东的贷款人就犹豫了,就主动提出如果有的话就把我们放在第一个受偿人,那我讲这笔贷款肯定有问题,这笔款不能放。山东的企业间互保的很多,风险很大。担保企业的核心是什么?流动资金的贷款,担保的作用是不大的。担保的作用就是保证最后有一个还款来源,而没有一个资产抵押给你,最后还不了钱的话也只能起诉它。如果企业能够产生现金流的话,可能还你,产生不了的话就没办法了。供应链金融就是用我们的贷款所买的东西拿来给我们作质押,就是这个本质。如果钱还不了的话,最终我们还有货物作保证。这个不是担保,是仓单,就是货物。同时,这个货物是能够卖掉的。只要你能保证这个交易能够实现的话,最终不会有问题。广州纸业出问题的原因就在于我们没有拿提货单。这样的贷款中货权的转移是最重要的手段,如果这个手段没有做的话,货物的质押根本没有用。如果提货单在我们这里的话,出现问题的话我们直接把货提过来就可以了。今天讲到风险管理就讲到了这些。实际上我们公司目前最大的风险是流动性的风险。为什么?因为我们现在主要的标的都是房地产,而房地产的销售具有一个不确定性,不是立刻就能卖掉的。它什么时候可以还钱是很难说的。但是整体上它还可以再抵押出去,融资性地还钱。但是这样的转化你的成本是很高的。现在多数的房地产最终都会陷入这种流动性的风险。那么如何解决流动性的问题,包括发展壮大现金流,就像银行不断增加存款一样。银行自成立起,就在不断地增加存款。所以发展永远是硬道理。第二,资产证券化,不仅是把不良的资产证券化卖出去,还要把良性的资产也证券化典当出去。因为流动性只要是正常的话,投资者就不会感到危机,我们未来就能发展起来了。否则只要出现了危机,我们就发展不起来了。好在我们的网站在这方面做得不错,口碑很好。如果有这种苗头的话,要立刻出手解决了。第三个流动性的解决就是资管公司,就是到期以后直接把资产收回来处理掉,处理以后把本息扣下来,多的还给它。这个就取决于我们一开始的中级风险,抵押物是不是值这个价值,如果值的话,我们就不怕。它就是这个原理。但是如果一开始的评估价值就是不对的话,是虚高的话,我们的风险就大了。实际上整个社会的经济的运转就是在流动性上和空间上和错配上,不停地变动。这个变动会产生很多的空间差和时间差,就在这个空间差和时间差的夹缝中,每个人从不同的角度来赚钱。现在有很多人看到,资产管理很赚钱,因为资产的流动性在各家都是问题,对于银行都是问题。那么现在如果有一笔资金来买资产的话,买的时候可能要降价,但是实际上是要比原来的价格高的,可能要加上利息,要加上未来对市场的判断。这就相当于拿钱去换流动性。银行的话自己就有钱,只要卖掉以后把钱收回来还可以继续放贷。而且这个周转自己是可以承受的。那么银行这类的资产、我们的资产以及个人的资产的这种买卖和重组本身也是经济的常规现象。我们这种 P2P 企业,或这是网贷企业,或者讲是互联网银行企业,都避不开这个。今天我和牛冰打电话打了半个小时就讲这个问题,安徽的华荣现在做的贷款就是 16%,现在是 0 的不良贷款。那么牛冰就讲这个 16% 肯定是可以拿到好的贷款的,如果我们再降四五个点的话,就是十一、十二个点的话,这个贷款能不能放?如果能发出的话,我们就能把华融的底端掉了。我们搞风险管理的要看到这个,要对这些东西敏感。要一看到这个东西就知道往哪个方向发展,只有安全的资产进来,那么风险度才能降低。不好的企业,我们付出的代价就会大;健康一点的企业的话,我们的代价就会小一点。那么要这些好的企业进来的话,条件就是成本要降低。我们是一个轻资本的企业,等上市融资完成以后应该是7个亿的资本,即使是7个亿的资本这个杠杆差不多也是20倍。按照巴塞尔协议规定的话,是12倍左右。那么这个规模这么大的话,风险肯定是很大的。好在我们看到了这个风险,也正在纠正。第一就是我们的终极风险。终极风险的核心就是估价的问题,就是抵偿物的原始价格是怎么来的。如果是市场价格,我们就不怕;如果是虚估的话,那就没有保证。只要这个价格是真的,我们再打个折肯定就没有问题。出了问题直接把抵押物收回来就可以,这样的话风险就会极大地降低。这是讲个体的风险的出现。整体的系统性的风险的出现也是可能的,不是一个企业。包括我们现在的利润率,和我们现在的备抵资金是不是重组?这个核算是我们的财务部门要做的,包括错配问题。现在我经常要对垫付的文件签字,这个是我不得不签的,如果不签的话我们红岭的方向就要改变了。不垫付可能是我们未来的方向,但是目前我们是要垫付的。这样的话这个字我们一定要签的,那么你能不能告诉我在某个方向努力一下就能不垫付了?头寸表分析以后,我就要知道哪个方面我是决策不对了,是费用高了,还是利率高了,还是里有疏漏了。但是到现在我还是不清楚。这样的话我做事情就有依据了。

我今天和大家做这个交流,就是告诉大家,你们每天认真把自己的事情做好是非常重要的。现在没有危机不代表三天以后不会有危机。各个部门要知道自己的职能是什么。投资理财部职能就是尽快地把投资者发展起来,越多越好。只要有源源不断的后备力量进来的话,我们的标很快就能发完,各种各样的产品也能上来了。当然我们的标的质量要越来越好。甚至于我们可以把别人的标拿过来帮他们发,我们只是拿手续费,风险由他们来承担,但是这是取决于我们要有源源不断的投资人。我们的保险需要什么?我们这种互联网保险现在是放开的,我们只要放手去做就可以了。我们做这个的目的,第一是增加我们的利润增长点,第二是加大我们网站的投资数量。这两个任务只要完成了,保险事业部就可以开始营业了。新的利润增长点里面的内容就多了,品种、盈利水平、速度、效率都是。你们可以把对手的东西都搬上去,如果你们能驾驭起来的话，这个互联网保险可以做得很大。下面的 30 多个分公司都是你们的支点。所以保险事业部的话就先试验，先行先试。测试的标尺就是是不是赚钱，如果不赚钱的话，多长时间不赚钱，我们要投入多大程度才赚钱。这些我都要知道。或者你这个节点本来就是起作用的，就是费用的，不是利润中心的话也有可能。马上我们的互联网金融研究所的杂志就是拿钱养的，就是一个成本中心。要根据每个部门的性质或者是产品的性质进行定位。保险的话我就要看你们的盈利水平，如果盈利好的话，就上；如果没有的话，就想办法。互联网保险这块肯定有盈利的空间，只不过是没有找到，那就一直到找到为止。我们六个事业部都是这样，第一都是增加新的利润增长点，第二就是增加我们公司的投资人；另外就是找一些新的项目。

流动性危机的解决途径是我也是每个人要考虑的，我每天都要想用什么方法可以既合规又解决问题，包括周董运作的马上上市都是在解决这个问题。为了从时间上和空间上和周董对接上的话，我们就要有几套办法，才能继续撑下去。这样的话可能就要动脑筋了，既要专业的，也要业余的，还要大家一起动脑筋。今天和大家谈的就是深一点的东西，大家了解了主要领导人在考虑什么问题。你们怎么去配合这个主要的发展路线，知道你们应该做什么对整个发展大局有用的东西。能够看到主线才是关键，看不见主线的话就会走外调。所以你们回去以后要想想自己身上的担子和责任。我们上半年到 4 月底的利润是 9700 万元，我们去年统一口径的全年利润才 9800 万元，上半年还有两个月，我估计可能还有 4000 万元，上半年完成 1.3 亿元到 1.4 亿元的利润是没有悬念的。完成的话争取在 6 月底给大家发一次奖金。赚了钱就是分给大家的，这样的话大家就要把工作做好。只要大家把自己的工作做好，力往一处使，齐心协力才能把工作做好。今天就讲到这里。

——2015 年 5 月 16 日第 16 期总裁办公会议的阶段性总结

10.20　2015年5月23日第17期总裁办公会议的阶段性总结

关于工会活动的指导意见;稽查部制度制定的指导意见;人力部工作原则和工作内容的指导意见

今天这个会议黄总作了一个基本的总结,后面还有几个具体的事情。

一个就是关于工会活动的问题,这个事情我提一个原则,就是经过批准的事情工会就可以自行决定了,只要是在经费范围之内就可以。但是当中涉及集体的一些活动,恐怕要征求一下大家的意见。因为一下子这么多人出去,很可能会有很多的问题,像这样的事情可以征求一下大家的意见,看看是发钱好还是一起出去好。如果大家更想发钱的话就发钱让他们自己去。所以工会的事情就由工会的几个领导决定,行政上的办公会只是从某些方面保证你们工作的实现,最终还是要征求大家的意见,就是所有的工会委员的意见。如果这么多人一起去一个地方的话,是很困难的工作,如果大家希望拿到钱自己去的话也可以。做任何事情都要落到实处,让大家真正去做想要的事情,不能去强制,要让大家都开心。其他的事情你们定下来就可以了。

第二个事情是稽核监察部的事情,我们的综合委在抓这个事情。稽核部要立刻进入行动,因为现在我们各个分公司有些人民来信,还有一些反映必须去调查了。下来以后我个别给你们讲一下,到各个地方调查的课题要给你们讲一下。还有就是在没有进行调查之前,要下一些文件,下一些警示书,包括我们在客户经理岗位上的人在和企业打交道的过程中的一些承诺,这些书面的东西都要搞出来。搞出来以后都要让大家签字。在我们这里要遵守什么样的法律,要遵守什么规则,如果触犯了以后要接受什么样的处罚,包括刑事责任都要告知大家。这些东西我们稽核监察部都要做,这是对我们每一个同志、每一个员工负责。在这个行业你要遵守哪些规定,你有可能接触哪几条罪名，如果触犯了会接受什么处罚，这些都要告知他们。这样的话，在他们做出了违犯的行为以后，你去处理他的话，他就没有话讲。否则的话，他可能就讲自己不知道。这个我们要提示。包括我们分公司的领导，对于身兼两职的、自己做生意的都是违反企业的基本规定的。在过去我们没有规定的时候，即使抓到了我们也不好处理。

那么稽核监察部就出一个规定，如果有这些行为的事情要立刻停了，否则的话我们就要按照规定处置了。反映一个问题很简单，发现一个问题也不难，处理一个问题非常难。因为要处理一件事情的话必须有理由，必须不能翻案。不是人对人的处理，是制度对人的处理。制度是维护每个人的利益的，你违反了制度就违反了绝大多数人的利益，那么这个时候按照制度来处理的话，他也没话说。就像是国家的法律，如果人违法了的话，你只有接受法律的制裁。所以我们在法制上以及纪律上的教育，请我们稽核监察部下周完成，不要拖。这个制度下去以后，只要有问题的就立刻按照制度处理。一个企业越做越大，这些东西很快就要处理，是不需要讨论的，否则的话我们的步调没有办法一致起来。所以这个事情综合委要抓一下。

第三个事情就是关于人力资源部的问题。人力资源部的工作质量和效率要极大提高，如果不提高的话我看我就要和人力部的老总谈话了。一，招聘人员的质量；二，招聘人员的针对性；三，招聘人员的及时性。你们在外面挂了几个网站，在外面有几个渠道，是不是有人力资源方面招聘最快的动作，如果不是的话就赶快学习。各个部门都需要人，现在是大家请你们部门去招人，这个本来就是你们的工作，是你这个职能部门必须完成的。如果你们没有完成的话你们就失职了。我们前期开分公司，一个人花 10 万块钱已经不算低了，到现在还没有搞好，北京、上海到现在都还没有彻底解决问题，特别是北京。人力部的经费和人员我从来没有卡过，一直是支持你们的。所以对于人力资源部的三个大的工作，一是人的问题；二是分公司的干部管理问题，从分公司的老总到分公司的一般员工的管理的一套东西，人力资源部必须搞起来；第三个就是推荐人制度问题，每一个进来的人都要有担保人，如果是我推荐的话，后面都要有我的签字。如果是校招的话就例外。这样的话就能保证进来的人后面都有推荐人，这个人就不会犯错误，如果犯错误的话,推荐人就要承担连带的责任。这都是人事上的正常管理,我就不讲了。

这三样工作综合委主席要赶快抓一下,抓好了以后就是为公司保驾护航的。技术上我们最近还是可以的,基本上没有什么问题。至于开发的话很难说,因为提的需求的话可能会不准确。我们的技术委员会主席现在在抓这方面的工作,我还是很满意的。所以今天会议结束之前,我就补充这几句。如果大家对我的做法有问题的话,大家可以提出来,我一定改。但是你让我不说不行,因为我要负责任。我要带领大家往前走,如果我不说出来的话大家就会提我的意见。所以为了把工作往前推,我只能把问题说出来。在一起合作,那么两个人要有合作的态度和精神,当别人提出对你这个部门不同的认识的时候,首先要想是不是存在这个问题,如果存在的话就改正。如果我们每个部门都能做到的话,这个公司一定能够成长起来。用孔夫子的话就是"见贤思齐,见不贤而内自省也"。看到好的东西就要学习一下,看到不好的就想想自己有没有一样的问题,这样的话我们自己和工作都能够进步起来。我就讲这个问题。

——2015 年 5 月 23 日第 17 期总裁办公会议的阶段性总结

10.21 2015 年 6 月 6 日第 19 期总裁办公会议的阶段性总结

总结性发言:分公司办公会制度建立和管理问题;当前企业形势和重点;平台社会影响度;贷款欠息风险问题:准备好底线;公司工作重点:贷款抵押物办法、资产管理公司、特标和议标;责任问题:公司责任和社会责任

我来讲一下。本来我是可以直接从合肥到西安的,但是我觉得这个会议不能耽误,不能打断公司正常的办公。总公司是这样,分公司是不是也是

这样的？分公司的办公组织应该是由我们办公室负责，每个分公司是不是每周都有办公会？现在可能有的公司有，有的没有。可能有的是按照规范每周开一次，可能有的是零散地召开的。但是这种正常的组织办公的形式是一定要坚持的。如果没有这个规则的话，这个公司就乱了，就像一盘散沙。这样的话，员工对这个企业的信任和依靠都没有了，那这个企业也生存不下去了。那么我们怎么做到？首先是我，我保证我 24 个小时之内都在工作上，不论我在哪里，只要你们找到我，所有的工作我都负起责任。同样我们在座的每一位同志、每一位老总都要负起这个责任，我们不仅要负起这个责任，我们也要让每个分公司负起这个责任。我们花了这么多的代价把分公司建立起来，以后就要让红岭创投成为百年老店。我们要一代一代传下去。即使我不在这里了，责任我也是要一直承担的。办公室把这个事情记下来，下周要开一个视频会议，让每个分公司报一下自己的开会时间，然后定期查一下他们的会议纪要，知道他们都干什么事情了，研究什么问题了。

分公司不能总是在讲批项目，而是要看看自己的队伍建设、业务发展计划、人才发展战略、二级分公司的建设规划、产品发展规划，这些都要有，否则就不是一个省级的分公司。今天我强调这一点，我们办公室对于已经开办的省级分公司的会议制度的执行要进行督办。我们上面已经建立了视频的会议系统，随时可以召开会议。信息的通畅是保障一个企业可以正常发展的重要条件，我们现在起码是通畅的。我们可以用手机进行随时的沟通，同样我们面对面的这个交流也是有的。这是第一点。

第二点就是目前的形势和重点，目前整个对于我们公司整个的形势来讲，应该是三七开，七是利好。不论从国家对这个行业的支持力度，法律从案例上对于产生纠纷的示范，还是目前国家对房地产行业的政策，以及深圳市和全国房地产市场的价格趋势都反映了这一点。整个的形势对我们都是好的，风险在短期内是处于降低状态的，人员和我们的队伍逐步成熟起来了，我们可以在一起坦诚交流，可以正式研究各种工作了，我们要组织一项工作也可以完成了。完成的质量我们可以逐步提高，但是我们最起码是达到了。

第三就是我们的社会影响度，从目前来讲，应该讲是在全国搞 P2P 的几乎没有不知道我们的，已经有很多人以我们为参数了。这说明我们已经成为这个行业的标杆了，但是我们并没有想去成为这个行业的标杆，我们只是想在这个行业内让我们这批人在一起做一点自己想做，又能做的事情，做一些对老百姓、对政府、对经济体制的改革都有意义的事情。那么人家一不小心把我们当作了标杆的话，我们也没有办法，我们只能自律。从一开始我们就是自律，首先就是从我开始。如果一个企业的领导人都不能自律的话，他怎么去领导一个企业。所以如果我有什么做得不对的地方，你们可以给我提出来，只要我做了我一定会改的。那么这个大的形势，以及我们的影响力，和我们组织办公的能力都是很好的。上市公司方面，董事会估计是在 7 月初复牌，估计会宣布一些消息，这对我们来说都是正面的，反过来会从证券市场上给我们带来一些影响，这种宣传也是很厉害的。董事长跟我们讲只要这边能顶到 7 月底的话，就什么问题也没有了。我也请教了项总我们现在的情况能不能坚持到 7 月底，项总给我的回复是肯定的，所以不会有问题的。

那么还有不好的“三”是什么地方？第一，我们在去年一开始的一个阶段中的相当一部分的贷款出现了欠息，好在基本上都有足额抵押，但是里面还有一些欠缺，这些就是风险。还有的出现了一些想象不到的情况。这个时候我们关心的就是它的资产是不是能抵偿我们的投资，包括本息。因为现在我们还仅仅是利息的垫付，我们还可以坚持，但是如果出现了本金的垫付的话，我们可能会撑不住。所以我准备了一个底线，当我们顶不住了怎么办。董事长可能会寻找一些外援，但是我们自己也要准备一个底线，这个底线就要保证红岭创投不能倒，红岭创投要一直站立下来。也许以后这种事情就是常态化了。项总刚才也提到了传统的 P2P，这个就是指明传统的 P2P 就是不应该垫付的，垫付只是一个态度，也有垫付不起的时候，垫付不起的时候我们要事先把功课做足。我很早就让你们在发公告的时候说明，此公告经过企业确认。为什么？这就是告诉投资者，这是企业在这里发公告，我们在法律上是站住脚的。这个公告投资人看了，但还是投了，那么企业发生欠息的时候，我们退一步承诺，我们一定帮投资人追回，而且这些企业都是有足额抵押的。如果讲没有足额抵押的部分，那就是我们进行抵偿，因为这是我们的失误。但是企业的失误，那就不能让我们进行抵偿了，这么做就不对了，因为不是我们的原因。如果是我们的原因的话，这个赔偿我们是肯定足够的。我们现在就要准备好这个底线，要把这个一一对应做好。如果是错配的部分，自己心里要知道有多少，一旦出现了这种情况的时候，错配的部分我们要进行抵偿。这样的话就真正地和市场接轨了，即便出现了问题，我们不会失败，只是慢一点。我们还是会发标，还是会公布情况，选择在于投资人。如果我们用这种坦诚和真实的态度来对待我们的态度的话，我们才能真正立于不败之地。坦诚相待每一个人，包括监管部门，包括老百姓。只要我们能知错就改，心里就踏实了。今天提出来的这个关于抵押品的规则问题，就是在改正或者完善我过去的工作。搞风险控制的人就是要有一个标准的。我希望每一个在座的同志都想一下，自己在哪个方面还有一些不足，不要紧，改了就好。改了以后自己的心里一定很舒服。我已经把我们的形势讲给大家听了，重点是什么？一个关于贷款的抵押物的办法要尽快做出来，有了这个办法以后，用这个办法去衡量一下我们过去所有的贷款的抵押品是不是足值，就用这一个东西衡量。第二个重点是资产管理公司要尽快搞起来，只要有了问题就发标。第三个重点就是特标和议标要尽快上，伴随着投资者的工作要赶快上。上来了以后和我们的特标和议标呼应起来，这样我们的分公司筹备组以及开业的分公司要尽快把规模做起来。我们年底的时候把生息资产搞到300亿元，我们就安全了。那么在这个流量的过程中，我们的资金间歇可能会加大3到5倍，现在我们的资金间歇大概是2亿元，那么可能就是6到10亿元，这样的话一般的流动性风险我都不在乎，大不了就是降低我们的利润。所以这几个重点，我希望我们所有的同志都关注这些，把所有的工作都围绕这些我们公司的工作重点来开展。资产保全是常态化的工作，只要不停就行。但是上面的各条线的领导一定要把这个战略上的问题确定，这样的话工作就能正常开展了。

第三个问题就是责任，我们每个人要负起这个责任，家长有家长的责任，做儿女的有儿女的责任。我们在各自的岗位上，各自都有自己的责任，这个责任大家要承担起来，不要推诿。一遇到问题就退缩的人，即使大家想帮你都帮不了。只要你有勇气，愿意积极地解决每一件事情，我相信每个人都会愿意去帮助你,支持你,因为这是正能量,是给大家一个期望,给大家一个示范。这个讲的是对我们整个公司的责任,另外就是对这个社会的责任。我跟每一个一个亿以上的贷款单位的领导谈话的时候,我都跟他们讲我们是有社会责任的。在这个社会责任中,我们要敢于担当。我们的基础是做一些对大家都有好处的事情,要让大家承认我们对这个社会做的事情都是有意义的事情。想让别人承认你的话,你就要做得到,你就要能承担起这个责任。我要求大家在处理任何事情的时候,先把自己放一边,这样的话最起码你在处理这件事情的时候的公正性就达到了 80% ~90% 了。自己的利益一旦在其中的话,这个数字肯定要打对折。这是我多年的工作经验,凡是优秀的领导和员工,在处理问题的时候肯定是把自己的利益放到一边的。所以这种认识我必须给大家统一起来,就是先把自己放到一边,先把事情做成,只要做好了,大家都会有的。肯定不会比这个行业差。所以我最后讲的就是这个责任,在每个岗位上一定要承担起这个责任。核心就是把自己的利益放在一边,就是要大公无畏。只要有了自己的利益,你做起来事情总是畏畏缩缩的。这一点多和大家合作以来,大家都是比较坦诚的,只是发挥的程度可能有些不一样,我希望大家把这个发挥到最大。人品是最高的学历,人品里最核心的就是把他人的放在前面。自私的人肯定成功不了,因为没有人会支持他。这也是我工作多年的经验。今天我在这个大势下和大家讲了一些话,也是想让大家一起努力,把我们的事业做到更好。

——2015 年 6 月 6 日第 17 期总裁办公会议的阶段性总结

10.22　2015 年 6 月 13 日第 20 期总裁办公会议的阶段性总结

阶段性总结

我来最后讲几句,今天的时间比较充裕,才 11:10,比我们以往开会的速度变得快了，这是好事，为什么呢？都不耽误大家的时间嘛！每个部门汇报工作，就是把你这个部门一是重点，二是需要会议解决的工作，主要就是这两个工作。每次上会之前，你们要准备什么？就是我有哪些问题需要在会上汇报，需要其他部门配合，需要领导重视给予支持。另外一个我现在在做什么，哪些重点工作对整个公司比较重要的，而且在办公会议上，分管条线的领导和主要领导所提出，我们该做什么事情，怎么去落实的。主要是这些工作。没有什么工作，你就说没什么工作。但也不能长期没有工作，如果长期没工作，那你这个部门就糟糕了，永远不进步啊，那不可能的。只要三次没工作的话，那这个地方我反过来就要问一问了，怎么回事啊？你这个地方怎么工作就没有？进步了没有啊？提高了没有啊？对工作没有什么新的想法？这些东西希望大家在办公会上汇报工作的时候主要能抓住重点。

第二，今年我们业务的发展开始动了。去年不算动，去年还是基础，基础只是试一试而已，根本就没有进入综合体系的指挥系统来进行一些协同作战，到年底都没有搞。今年上半年逐步进入，可以讲从现在开始，进入体系性的指挥了。系统性的指挥了，工作也是系统性地在做了，每一件事的推出都是系统地在搞，不是过去还在尝试了，因为每个节点上都有人了，所有的节点，市场、风险管理、综合、技术，所有的点都撑上劲儿了，从分管的领导，到部门的领导，到分公司建设，全部撑上劲儿了，一旦撑起来了，那我们打的就是硬仗了。第一个战役就是到 7 月底。特标议标，打到什么程度，100 亿元的成交量这是一定要完成的。我的目标就是日成交量到 10 亿元，要到这个水平，要保证我 3 天截下来的资金，能够化解过去的问题。这一点就要从量上来，量的基础是我们分公司的建设，我们现在已经有 12 个分公司了，而后面还有很多。

这一点，办公室担当起分公司机构建设这样一个重担。这边王豪，我估计你机构建设，人如果不够的话，给你再添一个也可以。你看怎么设置，现在主要是李佳在搞，因为李佳干的事情太多，这个事情，人力资源怎么安排，你看怎么安排是你的事情，负荷要安排满。每个人都要有每个人具体的工作，因为办公室这块本身就复杂，要善于调动人力资源，要善于配置人力资源，要善于让每个人的负荷均衡，我跟董事长实际上，上面只是在看，出点子怎么来搞，具体的办事全靠你们。其他所有的人等于是你在指挥,办公会开会后所有指令的下达,所有计划的下达都是你在负责。包括董事长的秘书、我的秘书都是归你指挥的,他们的负荷也应该是均衡的,而不是他想干什么就干什么,这都是有规矩的。所以说我和董事长表示这个态度,希望你在管理上把办公室这个指挥中心,迅速把握好。然后在我们第一个战役,就是让我们进入安全区。实际上这个口号就是让我们进入安全区。里面四个战略点,贷款方面,快借以外增加特标、议标,投资方,除了我们的体验店以后,增加像联通,包括集团客户的投资。流动性方面,我们还要资管公司迅速启动,越快越好,我们也开始做了,但是还没有看到实际的效果,就是现金流进来。

不光是快拿到执照了,这个我是要看到现金流进来,它才有效,没有现金流进来,不算有效。现金流进来,不管你是置换、贷款,还是发标,统统是现金流进来的形式,这个事情在 7 月底之前现金流必须进来,进多少我不管,必须进来。所以这第一个战役,一个是要整个标的数量要上去,规模上去,第二这条路我要打通。这一打通以后,首先我们公共汽车上的人变多了,就是说当我们一天成交量在 10 亿元左右的时候,当然包括净值的成交量,我们估计我们的快标每天如果能够发到 2 亿 ~3 亿元的话,我估计就能达到这个水平,我已经做过这个调查了。那达到 2 亿 ~3 亿元的话,那就是说我们的分公司,你可以算这个账,12 个已经开业的,因为现在打开议标和特标的战场和过去寻找项目的方法完全不同,不是 24% 的东西,主动多了,那是所有的银行在帮你搞了,你要站在这个角度上去思考问题了,甚至会超过这个东西,那么指挥这场战争的,首先我们市场部老叶,怎么个打法,我都告诉你了,如果你还不行,还有牛总,还有那么多分公司,听听人家的意见,要想进步不就是学习吗?当你学到东西以后你自己就有力量了,当你有了力量以后,你的可替代性就会变得越来越小,你的价值就会变得越来越高,你的工作就会变得越来越稳定,如果你的可替代性很强,随便找来一个人不要说比你差,可能就超过你,那稳定就会很差,客观上就会造成很差。我就希望所有人,就像我刚到红岭创投说的那句话,一个也不能少,我还是这句话,大家都努力。

批评不要怕,批评是提醒,批评就是觉得你还可以进步,我要是感觉你不能进步以后就直接把你除名了,还批评你干吗?除名的时候还笑嘻嘻地给你一笔钱，让你回家。批评说你还可以，你还有可能进步，办公会上提出这样或那样的问题都是工作上的问题，没有个人之间的成见。如果你们哪次感觉张总在会议上对谁有成见，发表了他的一番意见的时候，那我是要对你负责任的，我对所有的人都要负责任的。我可以在这个地方承诺，我绝不会因为对个人有意见而以工作的方式去进行，我永远不会，我没办法去证明这一点，但是你们在心里能够有这种体会。而且我过去，40 多年的工作经历当中，在任何一个岗位和节点上，我没有这么做过。我过去不会，现在也不会，永远都不会。工作就是工作，就是铁板一块，就像风险控制一样，它里面就是不能有空隙，就是亲爹都不认，你一认就要出问题，那是非出问题不可的。为什么客户请我吃饭我不去，一旦真去了没办法自己买单，我都是这种处理方法。这样做的原因在于，我手中始终掌握着主动权，你别想有一点空隙你可以钻，就是不给你钻，那你到哪里都是踏踏实实的，你那个企业给我讲得天花乱坠再好听，但是你一旦出现违约，我就敢骂你不要脸。你再大的企业家，我骂你不要脸，骂得他吭都不敢吭，我法律上动他就敢动。

所以讲我们的干部，我们的管理，我们现在做的一些事情，当然大家的特点都不同，不能要求全一样，我是想经常在这个会议上能够展开一些沟通和交流，知道我们的目标要干什么。辛苦是肯定的，责任是重大的，我们都有责任。就像上次牛总跟我讲，我压力太大了，我从来没有这么大的压力，那我只有反过来安慰他了。像这些责任心本来就很强的领导我只有安慰他了，尽力就行，很多事情就是这样。尽力了，还能怎样呢，你看我们的工作哪一点做得有闪失，哪一点是我们没有考虑到，没有尽力吗？就算投资者站在我们面前质问我们，我可以把我所有的工作，甚至我 24 小时的作息都可以公布给你看，那你投资者还能说什么呢？尽力不就行了嘛，那么我找出这样的理由实际上是在安慰我身边的那些已经很辛苦的同志，大家尽力就行了，我也相信，如果大家都尽力了，就没有越不过去的坎，我绝对相信。因为这里都是老的共产党员，都是经过党的教育很多年的，最起码都是大公无私的，都不是把个人利益放在第一位的，那么这种优秀的品质，我觉得在这个地方还是在起作用的。我首先就是这样的，我 1975 年就入党了，党龄 40 年了，在这 40 年当中，我所做的所有事情，都对我的党籍负责，不会做一点偷鸡摸狗的事情,不公开或者自私自利的事情。任何事情,凡是涉及我个人的事情是一定经过批准的。没有我自己去做我自己的事情,永远不可能,我也不会去做这种事。工作上再辛苦、再累,我先上。如果讲哪一次我不上了,那就是我讲话不算数。那么为什么这么做。因为我觉得这样做我心里才踏实,才有资格去说别人,才有资格和别人讨论下一步工作该怎么做。否则你凭什么讲别人,你自己都没做好。你嘴上不说,人家心里边瞧不起你,他真的瞧不起你。因为我们现在做的事情确实是一件全新的事情,不学真的跟不上,我也是,真不是谦虚,必须每天看很多东西才跟得上。但是我有一句安慰我自己的话,就是说我尽力了,哪怕再出现再大的障碍的时候,我可以和大家讲我尽力了。如果大家都尽力了,就没有什么解决不了的问题。我就认为不会有什么解决不了的问题,所以大家不要怕,别担心,未来会非常好,我们董事长也跟我讲,7 月份上市公司可能就要公布一些消息,咱们这些消息肯定对我们红岭创投是利好的,在外面成立包括深南资产管理公司,包括青岛,这些东西都是有助于红岭创投这条大船向前行进的。都是非常好的,所以我们一定要珍惜这样的环境、机会,当你在这个地方工作的时候,你可能体会不到,你一旦离开之后,你们会深切地体会到,有这样的集体在一起是很好的,有这样的一帮同事在一起是很好的。哪怕有时候挨批评,哪怕有时候有不同的认识,但是有一定比没有好,因为这些人在一起是想做点事的。今天办公会是时间稍微宽松一点,我就和大家稍微讲两句。看董事长要不要讲两句,把你那边的辉煌战果讲一讲?

——2015 年 6 月 13 日第 22 期总裁办公会议的阶段性总结

10.23　2015 年 6 月 27 日第 22 期总裁办公会议的阶段性总结

总结性发言:分公司不良资产问题;分公司费用管理标准问题

我最后补充几点。一个呢就是我们现在关于前期开业的几个分公司,包括重庆、安徽、昆明、江苏，主要就是这么几个分公司，在这个经营过程当中由于开始开业嘛，它们暴露的不良资产可能要多一点。一方面，我们从总公司的角度，资产保全部，风险管理部，得想办法把化解重组来解决问题，另一方面，更重要的要用发展解决问题，发展是硬道理。我跟他们几个老总也谈话了，都很有决心。下一步呢，我们总公司对于这四个分公司上报的项目要给一个绿色通道。特别是我们审批部，对他们的项目，要能让他们自己救自己，尽快给他们答复，不行就打回去，标准不能改变，时间顺序上，尽可能在三天之内，最好是一天，不行就两天，一定要给他们一个答复。在分公司通过发展来自救的过程中，总公司要给一个支持，这是第一个。

第二个问题，这些分公司的费用，按照以前我们的费用管理标准都已经可能没有费用了，因为它不良率太高了，有的已经采用借用了，我和项总也研究了一下，我们财务部门，对它们采用新老划断。对这些分公司新上来的项目按照我们的标准执行，老项目费用还是按照借用，因为目前还不能让它们死掉，这个公司还得维持，得想办法帮它们渡过难关。所以在财务上做一些调整，也要征求一下他们的意见。第三个问题就是关于苏州分公司买车超标的问题，我们规定分公司的买车标准是 100 万元，加上商务车是 140 万元，结果苏州分公司，光头车就 120 万元，如果再加上手续费大概 130 多万元，奔驰 400，这个事儿没有向任何人请示汇报。它是知道有这个规定的，在没有得到允许的情况下就这样办了，是一个严重的错误，不是一般的错误。所以我们在分析错误的时候要看是什么性质的，第一是不知不为过，第二是没有制度不能为过，第三是过失不为过，我们处理问题是这样处理的。如果有规定，还要往上闯，这就是大错，不是一般的错，这件事你敢这样闯，以后你还敢闯其他的事情，那要是出事后果就不得了。我们搞管理的已经很多年，像这种明明有规章制度，还要突破规章制度，然后到处去游说，什么经过谁同意的，我根本就不知道。如果你真是先汇报了，得到董事长或者我同意了，也可以，都没有同意，都不知道，他就这么做了。他说定金已经交了，这个车最后提没提我不知道，因为他交了 5 万元定金，所以这个事实我还不知道怎么回事。这个事违规了，综合委主席，你那个稽核监察部出面一下，把这个问题做个调查。首先主要把这个事实搞清楚，让他自己说，他自己写一个书面材料,把情况说一下,然后我们根据他的书面材料去追踪一个一个的书面材料,你说谁同意了,如果没有同意,按照制度该怎么处理。第一步,先搞清楚事实,还要让他认可,不要强加给别人。因为这次我要处理人了,这不是开玩笑,一旦要处理人的时候,所有东西都要站得住脚,否则是不能处理人的,那么首先事实是什么,买车是有规定的,你经过谁同意了,如果没有,你怎么敢这么做,你是怎么想的。他要是说谁同意了,你是同意还是没同意,都要有一个书面东西。然后把书面一对质,责任就清楚了,清楚了之后再考虑怎么处理。要有处理方案,总公司在执行制度上一定要有权威,这不是开玩笑的,如果没有这种权威,那么这个公司就不是公司,再大把他炒了都在那,苏州分公司停业我都不在乎,一个国家没了法律,一个公司没了规章制度,有了规章制度不去执行,不执行你还不去处理,你这个公司以后就没有什么希望了,至于处理的方法是另外一码事,或者是书面检查,或者是退回去,那是方法的问题,但这个事情必须处理。也必须搞清楚,并不是一定要把谁怎么样,但是这个是非一定要搞清楚,不能马马虎虎的,到哪里稀里哗啦地一讲好像这个事情就遮过去了。不行,在我这里肯定不行。这种原则性的问题,一定不能留面子。如果我做错了,我首先做检查。不是跟谁过不去,把事实讲清楚了,这个没问题,你可以讲你的嘛!你请示过谁?或者你没请示过谁,你想买个好车,也行嘛,毕竟也是事实嘛,你把事实搞清楚,我们才能作出怎么处理的决定。或许董事长同意了,如果董事长写个书面,我同意了,那还调查什么,处理什么,经过批准了。但如果没经过董事长,他就不敢讲这个话,这个东西一对质就知道了嘛。这个事情,我们就从整个事情开始,实际上就是超标了,买了个车,好像是没多大事,从资金上我们也有这个实力。但是从这件事的性质上,这个是原则性的。

以后我们办公会的所有成员,我希望你们也记住,主要有制度的东西,在制度问题上,我们都要遵循一个规则,违反了一定是要按制度处理的。如果不这么做的话,这个公司前景就不会太好。因为大家没了规则,这个规则不是对哪一个人的,是对所有人的。做错了事情不要紧,认个错,改了也好,你不认错,你还认为你是对的,你拿总公司不当回事,开什么玩笑啊,这不是哪个人的问题,这个是公司的问题,是保护大家利益的,任何事情都要这么做，我肯定要遵循制度，如果我有违反制度的地方，我要向大家做检查，请求给我处分。但是我决心我不违反制度，包括处理人，都要按制度来。如果这样的话，应该怎么处理，赶快建立起来，所以从这件事当中，大家都要吸取一个教训。我们的做事方法，第一步，首先是把事实搞清楚，允许人家通过书面解释，签字画押，如果他书面涉及哪个人，哪个人都要一个一个去写，写完了，一对照，得出一个结论，这到底是怎么回事。我们再上办公会，看看怎样进行处理，处理也有很多方法。第一个根据本人的态度啊，根据错误认识的深刻程度啦，也要给人机会，不能一棍子打死了。

——2015 年 6 月 27 日第 22 期总裁办公会议的阶段性总结

10.24　2014 年度张宇总裁工作报告上的年度总结

2014 年度张宇总裁工作报告

各位在座的股东、董事和监事：

红岭创投在公司董事会的领导下，在各位股东的支持下，走过了 6 年的风风雨雨，迎来了 2015 年的大发展。今天，我代表深圳市红岭创投电子商务股份有限公司经营团队向各位股东报告过去一年的工作成果，并介绍红岭创投 2015 年的工作目标与计划，请各位审议，并提出宝贵意见。

2014 年是红岭创投辛勤耕耘、开拓创新的一年，也是理清思路、迅速发展的一年。面对国内经济下行，P2P 行业爆发式增长的复杂形势，在周世平董事长的带领和全体员工的共同努力下，红岭创投克服重重困难，勇于开拓，始终坚持合规经营、防范风险的原则，以打基础、谋发展为主线，以普惠大众为目标，积极研发新产品、培育客户，实现了企业全面快速的增长。截止至 2014 年 12 月 31 日，红岭创投及投资宝平台累计交易额为 200.05 亿元，其中，2014 年全年交易额为 158.09 亿元，同比增长 6.17 倍；贷款余额（含投资宝）为 72.26 亿元，同比增长 12.17 倍；累计注册用户为 34.1 万人，较 2013 年增长 1.69 倍，本年新增注册用户 21.42 万，同比增长 2.99 倍。

2014 年,我们取得了较好的成绩,这是我们正确实施“内涵式提高和外延式扩张”的战略方针所取得的成果。下面我将从几个方面介绍一下 2014 年的工作情况。

1. 完善规章制度,建立健全人才队伍建设的长效机制

为了顺应公司发展管理的需要,2014 年年初在不改变原有管理架构的基础上,逐步规范并完善了现有的组织架构,并相应制定了具体的实施方案。在原有部门的基础上,成立了五个委员会:风险管理委员会、市场发展管理委员会、计划财务管理委员会、技术发展管理委员会和综合发展管理委员会。各委员会职能分工明确,通过将原有部门进行归纳整合,使管理覆盖到公司的每个角落,部分制度及工作流程也已基本明晰并相继出台。2014 年度共制定了 72 项制度,内容涵盖信贷审批流程、业务操作流程、不良资产清收、财务核算、体验店管理、工作纪律规范等方面,为员工的业务操作和工作规范提供了依据,使各项工作更加合理有效,同时也保障了公司和员工的权益。随着公司业务的不断拓展,现有的制度也将不断地完善修改,逐步适应公司的发展。

同时,为满足互联网金融人才不断增长的需求,2014 年我们加大了招聘力度,在 4 月至 7 月实施了人才储备计划,从各大高校成功招聘了 58 名毕业生,为公司人才储备打下了良好的基础。2014 年 10 ~ 12 月赴安徽财经大学、中央财经大学、中南财经政法大学等各大高校开展 2015 年校园招聘工作,为明年总部及各地分公司的人才需求做好准备。同时通过猎头公司推荐面试了 50 余名事业部总经理候选人,现租赁、VC、保险、典当事业部总经理已有合适人选。

其次,我们建立了一套完整的培训体系。2014 年 4 月份成立了互联网金融学院,围绕公司人才资本优先及可持续发展战略,按照“精准培训,快乐工作”的基本工作思路,2014 年共开设了 49 门、183 课时的通用科目及专题科目,内容涵盖会计、统计、货币银行学、法律、互联网金融等方面,完成了 546 人次的不间断轮训,持证上岗合格率高达 93%,基本完成了公司全员入职、任职、在职融合式的精准培训,为公司的人才资本储备和培养使用奠定

了基础。

2. 全面推进分公司筹备工作，重点实施架设省市机构的战略部署

2014 年是金融领域大提升、大发展的关键一年，也是红岭创投在挑战中抓住机遇，在困难中开拓进取，在发展中勇于跨越，在拼搏中实现创新的重要一年。在沧海横流、大浪淘沙的互联网金融领域，红岭创投坚持点面结合的原则，自 2014 年 2 月份第一家省级分公司筹备组正式成立以来，截至目前已累计成立 35 家筹备组，成了地方金融领域的新亮点。按照红岭创投总公司制定的开业条件，截止至 2014 年 12 月 31 日已正式开业的 5 家分公司，包括重庆、江苏、安徽、云南、河南，加上 2015 年 1 月 8 日正式开业的湖南分公司，共计 6 家，其余 29 家分公司筹备组正在紧张而有序的筹建中，争取 2015 年全部达到开业条件。2014 年各分公司(含筹)重点工作如下：

(1)组建团队，积极开展筹备工作

红岭创投各分公司自筹建工作开始，从银行到大型基金公司，全面甄选和引进业务、风控等方面的专业人才加入我司，迅速成立了以组长、副组长为领导的筹备小组，同时依托总部积极开展人员招聘工作，建立起创业团队，并在总公司办公室的协助下，积极完成了 14 家分公司的注册工作。2014 年 9 月至 11 月，红岭创投总公司风险条线特邀各分公司(含筹)风险经理到总部进行为期三个月的交流学习，统一了各分公司(含筹)风险控制意识、提高了风险业务水平。

(2)拓展业务，努力达到开业要求

各家分公司筹备组自 2014 年成立至当年 12 月 31 日，共完成项目上报 343 笔，金额达 468.17 亿元，其中：审贷会通过 88 笔，金额为 103.28 亿元；已出账 47 笔，金额 47.47 亿元；截至 2014 年 12 月 31 日，分公司贷款余额 46.13 亿元。

根据总部零售业务开展要求，率先在已成立的分公司组建零售业务团队，开展零售业务。8 ~ 12 月份 6 家已成立分公司累计申报零售贷款 160 笔，金额达 2.68 亿元，其中：审批通过 91 笔，金额 7380 万元，出账 82 笔，金额 6,025 万元。截至 2014 年 12 月 31 日，零售本息累计回款 1,142.02 万

元，贷款余额合计为 5,482.7 万元。

(3)控制风险，落实贷后管理措施

结合总公司风控制度制定了分公司(含筹)贷前、贷中、贷后风险管理制度及操作流程规范。分公司所有储备项目均由分公司领导或风险经理参与前期调研，通过筛选后经分公司五人审贷会(由分公司总经理、两位副总、风险经理及随机抽取的一名业务条线人员组成)讨论通过后上报总部审批。已放款项目每月进行贷后实地检查，并形成贷后报告，上报总部分析存档。

3. 全国铺设互联网金融体验店，充分发挥窗口、学校、市场和桥梁的作用

为进一步发展平台投资人，拓宽业务渠道，多元化经营产品，红岭创投于 2014 年 10 月份启动互联网金融体验店试点工作，各分公司按照总部要求，在短时间内迅速完成了体验店选址、装修、店员招聘培训等一系列工作，重庆、湖南、江苏、安徽、云南、河南、深圳 7 家省级互联网金融体验店已全部开业，客户可通过线下亲身体会投资理财新模式。自互联网金融体验店设立以来，累计通过各地体验店注册的平台用户人数超过 9629 人，投资人数 613 人，投资金额约 1297 万元。

4. 增强企业品牌形象，提升公司品牌的认知度和认可度

根据公司发展需要，红岭创投已顺利完成了新品牌形象的转变。通过统一更新企业 LOGO，制定新品牌形象的 VI 体系，使公司全新品牌形象得到进一步的提升和完善。一年来，红岭创投陆续参加了广州金交会、上海理财博览会、北京金博会等国内重要金融展会及一系列活动，充分提升了红岭创投的品牌知名度。

今年 8 月初，因网站社区投资者出现对"福建 1 号"项目的种种质疑，我公司通过召开项目说明会邀请投资者、媒体到场与我公司风控团队进行面对面的沟通和释疑，使福建 1 号事件转危为安；8 月底，在广州纸业一亿逾期事件危机公关过程中，因公司公开、透明、诚信的态度，有效地树立了维护投资者利益的形象，使危机转化为商机。此次事件后更多的投资者了解并加入红岭。"双十一"当日网站以 5.37 亿元成交额创我国网贷历史单日成交纪录，进一步提升了公司品牌知名度和美誉度。

5. 存在问题与不足

过去一年的成就来之不易。在工作中行之有效的思路和做法,我们会在今后的实践中继续坚持、不断探索与完善,同时,我们也清醒地认识到,在公司发展道路上还存在不少的困难和问题有待解决:(1)业务规范化管理及内部治理仍需进一步加强,基础管理、规范化治理及业务操作等方面,还存有薄弱环节,下一步需要将规章制度全面落实到业务工作的各个岗位及各个环节中去;(2)业务发展不平衡,机构设置不合理,分公司发展贷款项目与营销投资人的比重偏差较大,对公业务与零售业务发展比例不合理,因此,2015 年我们将转变观念,理清思路,对公、零售业务齐头并进,优化贷款结构;(3)分公司的管理方面,业务团队中兼职人员较多,部分人员的主动性和风险控制力不强,下一步将继续加强总公司与各分公司(含筹)的交流,促进业务快速持续发展。

以上问题有的是发展过程中产生的,有的是工作不到位造成的,都是我们以后在工作中需要完善和改进的重点。今后我们将加强管理,不断开拓业务新领域,同时加强总部与各分公司(含筹)之间的交流沟通,努力完成 2015 年各项工作任务。

——《2014 年度张宇总裁工作报告》

10.25　2015 年 8 月 22 日第 29 期总裁办公会议的阶段性总结

关于公司的架构和对管理部门的要求

公司已经发展到现在了,应该讲主要的架构和管理部门都在这了,我们所有的管理部门都应该知道我们在干什么,就是知道我们的目标是什么。知道我们的目标以后,不光我们知道,要让全公司的每个人都知道,那么要达到这个目标,就必须有很多的条件,比如说开拓市场的方法、产品,比方开拓市场过程中需要的管理、奖惩，我们在座的每一个部门都负有不可推卸的责任和义务，因为你是管理部门，你管理着不同的要业务，你也承担着不同的责任，那么要让所有人都知道所有的产品，第一件事就是培训，为什么我去年那么早就成立互联网金融学院，因为一个企业要向前发展，就必须学习吸收新的东西，而且，吸收东西企业所能做到的就是不断地对员工进行培训，包括所有员工，包括我，都要进行培训，培训是有层面的，每个层面的内容是不一样的，分公司的总经理培训的内容应该是什么，分管的总经理应该培训的是什么，条线培训的是什么，各个部门培训的是什么。培训就是这条线上，或者这个岗位上所需要掌握的本领，我为什么一开始红岭创投700万字的制度先建立起来，然后那么的产品我要给他们一个一个上课，这都是要教给他们，教给我们在座的每一个人的，你们手里要有东西，我们在做什么，我做得远远不够，包括讲课讲得也远远不够，所提供的产品和建立的制度也远远不够，但是我要树起一个靶子，让大家去打，让大家提出不足，然后去完善它，这种完善就要靠在座的每一个人，企业这个大船，每个人都是重要的部件，每个部件松了，这个船都不能往前走，所以每个人对自己的岗位，和在这个企业中所处的位置，要十分清楚，当你每一个动作，对这个企业往前提升能够加分的时候，我们为你鼓掌，当你哪一个行为为这个企业减分了，自己心里最起码要有数，不能有那种，什么我在这个地方打工，拿一份钱，这种思想来做我们今天带有一种事业的工作，那是不一样的，如果我没有把这个工作当成事业来做的话，我没有积极性和斗志，单想着赚钱我不会这么做，因为这是一个机遇，这个将记入历史，我们每个人都是参与者，身上应该有一种使命感，这种使命感一旦融入你的行动中去了，你的力量就不一样了。

因为你知道这些都是没有参照值的，这些都是前人没有做过的东西，我们是创造者，每天面对的都是新的东西，那么怎么样能够用我们过去学到的东西和即将学到的东西把我们的工作做得最好，这是每个人每天需要落实和思考的，那么培训人员培训的材料、内容，那最起码是我们各个部门要盯着办的，同样我这里也要盯着一些东西，那么我们人力资源部门对干部的培训，互联网金融学院作为专门的培训机构，你们两个也要开联席会议吧。综合管理委员会主席，你分管，这两个部门都是你的，在一起也要研究一下全员培训的计划，一年的全员培训的计划怎么培训。新进的员工大学生该多久培训一次，中层干部多久培训一次，培训是什么任务，分公司高管，一把手，多久培训一次，培训的是什么内容，包括纪律教育，法制教育，廉政教育，这都是培训的内容，这些内容应该在我们人力资源部，包括稽核监察部，包括互联网金融学院，包括各个部门的老总们都要参加。制定一个全员的，不断有新的知识，新的要求，新的规定，有新的目标和内容，让我们在座的和公司的每一个同志有新的补充，或者一个阶段要补充一次的规划，这样，你这个企业才有希望，虽然我们伟大领袖毛主席说过一句话：没有文化的军队是愚蠢的军队，而愚蠢的军队是不可能战胜敌人的。那么我们换一句：没有培训的企业是没有希望的企业，没有希望的企业是不可能持续发展的。温家宝总理也说过，没有研发的企业是没有前途的企业，没有教育的国家是没有前途的国家，都是一个道理。那么我们这边，从培训，互联网金融研究所的研发，再到每一个同志的实践，就是孙院长讲的产学研，都有，我们在座的都属于产，培训就是学，研究所就是研，这个事业中每个环节都有，如何把这三个环节有机结合起来，真正能够变成力量，那些嘴上功夫、擦鞋的，让大家开心的，没用，最重要的是你到底有多大的战斗力。

你的规模，你的发展速度，你的资产质量，你的盈利水平，这才是真家伙，真指标，这些东西起来以后，你才会看到我们真正的效果是多少，而这种指标才是真正能说明问题的指标，任何不太健康的地方，都能看到健康的东西，不要看到一点点健康就沾沾自喜了，任何一个在健康的东西上面，都还有不足的地方，我们都要看到。然后把不足不断地完善，这样才能使企业在一个积极的层面上，努力使自己健康向前发展。所以这里有三个主题词：培训，研究，实践。研究部门，我们的研究所，上次我和陈岑同学也交流了一下，我跟她讲你现在做两个研究报告：第一个就是净值标资产证券化的自然形态，从这个方向完成一篇论文。写完了之后提交上来，大家看一下，从理论高度大家就认识到净值标是什么了。那同样净值标往下再延伸，我能把资产证券化，还有什么不能证券化的呢，我们自己的资产，所有的资产都可以用净值标的方式，把它变成现金流。这个思维你一延伸不就知道了吗，这个东西别人能发净值标我们为什么就不能发，如果我们不能发，我们不能找一个单位来发吗,那么我们现在所有的良性资产是不是都可以通过发净值标的方式让它流动起来呢?或者一部分,有一部分按照这种方式流动起来呢?完全可以,资产管理公司看到我们眼睛都红,你这个地方是一个大平台,全世界的投资人都往你这里投现金,就像大银行,往里存款一样。

我们现在的这种平台,它的知名度越大,它的现金流的量就越大。现金为王,只要现金流一来,争取时间,拿时间换空间的方法就会很多很多。我们只要坚守住不违法不违规不让老百姓吃亏,我们只要把这个坚守住了,我们将所向披靡一往无前,我讲一万亿元不是梦。到年底一千亿元没有悬念,这就是从理念的角度,从资产证券化的角度,从净值标的角度,既有支点又有研究方向,还有最后的应用,全有了。那么这里的东西大家去思考一下,有没有意义。

第二个课题,就是论文二,红岭本标利率市场化的具体实践,这也是一个课题。资金价格根据供求强度的水平不同,它的利率就会升高或降低,你是约束不了它的,这是看不见的手。那么我们的本标就是着力于把它打造成这样的一个市场环境,为所有的投资者借款者,为我们的国家、政府冲出一条利率市场化的环境和道路,我有时候也会感觉还蛮自豪、骄傲的,利率市场化。我们从这个意义上,打出一条利率市场化的路。不管你怎么去讲,它都有意义,它是真的,不是假的。而且我们主观上是想把这事做好的,为什么要成立研究所,研究所就是要从理论上能够研究出一点指导我们实践的东西。

这两个都是指导我们实践的,本标、净值标、快标、特标都可以研究,从中都可以看到国民经济和中国经济现象的侧面,那么这种侧面里面你们都可以获得经济学奖,都可以获得甚至诺贝尔经济学奖,把思路打开。你有了这样的思路的话,有研究、有实践和应用,到最后还有结果,你遵循了市场的规律,我们企业的发展就有希望了。所以讲三个主题词:培训,研究,实践。那么第二个层次下面是什么,培训是什么,培训实际上是学习,一种是主动的,一种是被动的,我们所提倡的培训实际上对在座的各位是一种被动的学习,企业的主动,学习的被动。另一方面我们要反过来,主动学习,就是不培训我们也要学习,这个学习就要把主动学习和被动学习结合起来,这样我们每个人的质量才能提高,我们队伍的质量和科学含量才能提高,然后你的队伍提高了,成为有文化的军队了,那就可以打胜仗了。你要是文盲,你怎么打胜仗。专业人员就是专业人才,不是谁随随便便就能做的,我们现在有一帮懂的人在这里,还有一帮新人,学生在这里,我们就有责任把这些学生培养出来,对于我们自己,互联网金融也是一个新的东西,我们要好好学习,就把我们已经懂的和需要懂的结合起来,才能有提高。第二个层次,研究是什么,研究就是思考,要有思考的习惯,就是这个问题以后,再往下面一个是什么问题,再往上拔高一个层次是什么东西。

就是逻辑上的演绎和归纳,要用,我每天早上散步的时候总要思考很多问题,思考过程中突然眼前一亮,这个东西可以这么做,马上就记下来,哪个事情不能这么做,我就在上班的时候告诉谁谁谁不能这么做,这么做有可能后果不太好。这就是思考,要经常思考,有些同志可能对其他东西思考多一点,这也无可厚非,但是我觉得在年轻的时候,在工作上思考还是有益处的,因为这是你吃饭的家伙。如果你连事业、连吃饭的支撑都没有了,你思考其他的东西,那就是一种遐想了,要实现的可能性就不大了,只有你的主业,你的工作做好了,你有了支撑,有了发展,其他方面的发展才有可能性。那么培训第二个层次是学习,研究第二个层次是思考,实践第二个层次就是行动。想完了以后,回去就要动起来。就像那个图标一样,徐总说了今天可以上,可以上等它干吗呢,马上就上,一分钟都别耽误,能做的立马做。就像异地的猎头公司给我们找分支机构总经理候选人,看完资料觉得可以马上就卜任命,半个小时完成,就这个速度。马上联系各部门老总,回去他就得开始干活,三个月不行就被淘汰,就是这样。总说等到下周一上班再说?为什么要等?我想不明白。如果不是不得不在下周做那就马上做,只争朝夕。耽误的时间谁也不会帮你惋惜,是你把时间耽误了,能很快干完的事情耽误了好长时间。所以,实践的第两个层次的具体就是行动。

从培训到学习,然后第三个层次就是计划。干什么都要有计划,今天要干什么?这周要干什么?生活上要干什么?工作上要干什么?哪些东西还需要学习?哪些不懂还需要请教?这都是计划。一个不会制订计划的人,进步会很小,只有有计划的人才会有条不紊,才有进步的可能。第二方面是对计划的执行，不要订出计划给别人看，而是按照计划这样做，大家公认的计划都要去一点点落实。计划也好，执行也好，共同的一个支点是目标。干什么？谁去干？什么时候完成？完成以后有什么奖赏？这就是工作的一般的四个要素、目标。知道干什么、谁去干、多长时间、完成后什么结果这就是工作的一般规律，我早就说过。这是第三个层面。

第四个层面，是比较主动的东西，也是我们企业急需加强的。第一个是宣传，我们现在的宣传是零散的，线上运营部有一些软文，很好。一个企业的宣传口径要有统一的方向，往哪一方面。比如特标上线，所有宣传应该围绕特标，软文也好其他也好。比如本标上线，我们要连编的故事都应该是本标的。我昨天讲了一个事：我没钱了要找国家借钱，国家也不好意思不借给我，也不好意思叫我写借条，怎么办？如果中间有个人说简单，在网上挂一下，大家都很轻松，这就完成了一个伟大的动作——见证。这就是本标在你们看不见的时候起的作用。两个人之间要借款，都拿身份证去网上挂一下，零售对零售，到期了我们会提醒该还钱了，不还我们不管。像这种个体对个体的贷款，在中国不管从农村到城市，不管从低级到高级，蓝领到金领，都有这种现象，这个人群是相当大的，包括父母对子女、兄弟之间全有这样的东西。

如果做这样故事的软文给大家看一看，本身就是对本标市场的一种培育，把这些实实在在的现象用某种规律归纳出来，让人们知道按本标这条路走，对整个市场的借贷秩序、维护，包括信用的建立都是有好处的。宣传是有引导作用的，在某个阶段宣传的是什么都是有目的的，是有舆论导向的，包括国际上也有很多。之前有人拼命讲我们大陆的小孩在香港不卫生，大陆人没素质，香港人跟着一起骂，实际上这都是有人幕后操纵的。好像这是对的，其实在宏观上它是不对的，像是有人在经营善良。善良本来是一种美德，但是有人在经营买卖这个善良就是没德了。所以我们在分析问题的时候要看到这个层次，这样在做事的时候人家只看到三步你已经看到五步了，后面所产生的影响和结果就都会不一样。最近我看到企划部和线上运营部的宣传工作，目前主要就是这两个部门。以后宣传的导向和内容的口径以后要在一起统一一下。根据办公会的要求，这段时间本标是一定要大力宣传的，特标、议标等等这几个产品最终有一个主题——借贷市场全覆盖。投资行为全覆盖，借贷行为全覆盖，就是这句话。最后目的是，当你需要投资的时候想到红岭，当你需要借款的时候想到红岭，我们就成功了。这里能解决投资或借款的所有类型，宣传就要朝着这个方向走，我们手机的APP也点活了、网页也点活了、所有的都活了，每个人从业务发展中能发挥聪明才智把这个事做得非常漂亮。

第四个层次的第二个关键词叫联络，对外的交往称为联络，现在我们这块还不够。我们杂志上面有约稿、和其他杂志的往来，但一个企业也一定要有联络。这个联络是同业之间的，比方我们在机构发展上，新的角色一旦出来，有可能由我们分公司和小贷公司进行联络，我们和所有担保公司、信托公司、典当公司、租赁公司都要进行联络，这一定要有个具体的部门具体去抓，这个部门是放在办公室还是哪里我还没想好，但这是必须有的。各个部门本身也有各自的联络工作，有的是公司平行科室之间，也可能是其他公司的同业部门，如何建立这种联络？当这种联络建立起来，有问题大家可以一起研究，抱团取暖。包括资金流动性问题、开发市场问题，没有哪一家公司没这些问题，当我们发展到一定程度以后，可以让大家共同来研究，因为这是个行业内，既有竞争更有联合。我们国家这么多银行，看上去也是竞争关系，互相拉存款、挖客户，但另一方面也有同业拆借，这就是这种关系，以后我们这个行业也是这样，同业之间既有联合又有竞争。联合是互相帮助抱团取暖，竞争是根据各自的优势做得更加出色，这都是需要的。所以我们每个部门具体联络由每个部门具体落实，包括市场部、私募，一定要把社会上优秀的、有好想法的人围到我们身边来，包括典当、保险都是一样有联络问题，还有法律上，在外一定要有一帮律师团队，要有老师，要有联络。我今天把这两个关键词提出来，在我们工作中是非常重要的。

最后两个字是整理，很多想法做到最后总要整理一下，就是规划和演绎，该细的细，该粗的粗，把每个阶段整理一次。实际上也是重新制订计划，把计划制订好再进行下一步的工作。实际上今天给大家讲的就是十二个词，第一个层次是培训、研究、实践，第二个层次是学习、思考、行动，第三个层次是计划、执行、目标，第四个层次是宣传、联络、整理。这十二个词就是我想说的，希望大家在今后工作中经常想到这十二个词，从宏观上、哲学高度、管理高度上怎么认识它，最后把你的工作做得更加出色。

我们红岭创投发展到今天很不容易，经历了坎坎坷坷，在座的每位同志都付出了汗水，都不容易，历史会记住大家，哪怕你只干了一天，但这个过程中你用心了、动脑筋了、付出了、努力了，这都很不简单。每次办公会是大家研究工作的会议，也是大家学习的会议，又是一次大课，又是一次研讨会，每个人把每个工作从各种角度提出来，然后不断完善它去做得更好。办公室出个会议纪要，然后对几个重点工作进行督办，等到下一周是否这些事情能完成好。现在办公室抓的机构建设这一块现在正在紧锣密鼓地做，9 月是个大限，做得不行的可能都会撤并，人力部的招聘工作要跟上，那些不行的地方的干部招聘要抓紧，一旦跟不上到时候要撤回原来分公司筹备组的时候，没干部就是你们的责任了。

最后再讲一个问题，是稽核监察的问题，这是一个非常重要的执法和调查的部门，不论出现什么问题以后调查是在前面的，不然没有发言权。当一些分公司出现一些不良的状态，包括有人举报、个人侵占等等这些情况，必须经过一些正式的调查，调查要本着实事求是的态度，一切怎么说的就怎么记，回来以后大家可以进行分析这是属于什么性质的问题，分析完再进行事实的确认。怎么说的都要进行确认，有些人说什么“我忘了”这样的话，自己知道没忘只是不想说，要让他们看看他们这样说的记录，这样记录留下来让他们看看到底好还是不好。现在每一个分公司所形成的不良可能会变成稽核工作的常态，一方面我们化解、充足它，另一方面责任还是要弄清楚，因为我们要总结经验教训，要总结出下次不能再这样，不是要整谁或者把谁怎么样，并没有这个意图，而是查看到底哪个环节出问题了，以后不能再出这种情况。我在这个会上公开地讲，稽查的目的不是要针对人，而是发现问题去完善，未来不再出现这种失误。已经出现的失误要按照法律执行，这不是我们说得算的，是法律说得算。当稽核过程中对人最终提出人事意见的时候，人力资源部也要参加，干部的奖惩是通过人力资源部的，要予以判断或认定或提出不同意见，后才能上办公会，或者上最高层。这样做任何事情都有依据了，对每个人都是进行客观的调查，都经得起历史的检验，不是头脑一发热就做了，做错了怎么办？

稽查部门的同志很辛苦，不小心就得罪人，但是工作就必须这么做，被调查的人心里不开心也很正常，不开心就讲话不礼貌了，这都是不冷静的表现，真正冷静的人就实事求是，该是什么问题就是什么问题。要想人不知，除非己莫为，永远都是这样。人力资源部以后要加一环，新的筹备组组长任命的时候要签一个责任书，就是关于廉政、纪律、道德方面的，要抓一下。

——2015 年 8 月 22 日第 29 期总裁办公会议的阶段性总结

10.26　2015 年 8 月 29 日第 30 期总裁办公会议的阶段性总结

关于学习其他同行和对管理部门工作的安排

办公会提出的几项主要工作必须落实到几个具体的部门去完成，但是这个部门在完成过程中，又涉及其他的几个部门之间相互支持，人、财、物、制度、监督、培训等方方面面的管理，我们其他的部门都要积极地介入公司的四项重点工作。分公司体验店是投资理财部负责，市场部，特标、议标、快标是林梅花同志负责，之前是叶自荣同志负责，那么其他涉及这个工作的部门就要积极提出建议或意见，我们办公会就是解决这个的，资产管理公司的问题实际上是资产管理部在负责，上面挂着许四红，但是在珠海的。所以说这个时候，工作负责人是谁这个事情都很清楚，但是其他的人一定要配合，要有主动的精神。

我这几天也一直在思考关于本标的情况。因为这个对于 P2P，对于网贷企业，讲大一点，甚至是互联网金融、互联网银行、深圳市新金融，这种名词，包括陆金所叫人民公社，不管叫什么名字，把传统民间借贷的行为搬到线上来。然后，在线上进行交易，目的是便捷、有效、资源配置有机，成本低，而且效率高，这个就是我们的最终目的。我们在研究每项工作的时候，大家讲客户体验,互联网金融也好,互联网经济也好,最后的东西都是讲到客户体验,就是你的感觉怎样,感觉好吗?感觉有难度吗?感觉哪里有障碍?感觉怎么做才最舒服?这实际上就是一种客户体验。这几项重点工作,里面的意义在于哪里?都是接近于老百姓,最基层的,最大众的,最普通的。本标的上线,最核心的意图是让所有的借贷行为全覆盖。不管是个人对个人,单位对单位,还是单位对个人,还是个人对单位的行为,什么样的行为都全覆盖,而且这里面就有规则。产品设计不论是从线上还是线下,这里面都非常广。在我刚到红岭创投的时候,我对全世界 P2P 的资料,包括风险规则做了搜集和调查。我搜集了包括 LendingClub 在内的英文资料,当时是李佳帮我翻译的,翻译的不错。这个资料分发给本标的相关部门,看看全世界是什么水平。这是什么?这就是学习。

我当时和刘泽汀同志说过,把全世界的网站都打开看看,看看它们有什么长处,进步就是要学和问及实践,就是三件事。在不懂的时候就要多去学学,在工作做不好的时候,不光是想一想,更重要的是去学一学,学学别人,认识的能力和方法也可以学习。有很多看待问题的角度,这是我在工作中的体会,和办公会上的同志做一个交流。我每次会议上都要讲几个重点的地方,本标实际上就是最原始的 P2P,是 P2P 的本源,或者是 P2P 里面整个动因和所起到作用的本源。是 Peer to Peer,客户到客户,人到人,就是金融脱媒。风险我都告诉你,不垫付你都要忍着,当然你能看得准,你就能找到好项目,找不准就会有风险。过去是因为我们国家体制造成的,管得严,管得严就说明背后的责任,我们都听你的话,损失了我就找你。往深里讲,当你抓权力的时候,背后更深层次就是你要负起这个责任。负不起这个责任就不要去抓这个权力,这个是对应的。同样,别人要求很严格都时候,你也要做好示范,如果你做不好示范,就别对别人要求那么严。要求严的话,别人会反过来问你一句你怎么样?那么这个工作就不好抓了,就没有力量了。所以说现在我们网站上有些投资者,一定要求刚性兑付,但是你不理他,他也没办法,为什么呢?因为一个是国家的规定,一个是我们把所有的标的都非常彻底公布在上面了,并且公布的一开始就在过渡,全部了解贷款企业的信息,而且公布贷款企业的信息是经企业确认以后公布,这样就是企业在公布贷款信息,那么我们就起到了介绍人的作用,只是提供这个场所,他们在上面发标,然后让老百姓可以看到这个标,觉得可以的话就在上面进行投资。我们现在是兜底,垫付是我们的姿态,但是法律上没有这种必然,这是营销的态度。我认为千万不要把本金垫付这个高度提太高,如果提太高,只能说你对这个问题基本上还没有看透,在某个阶段起到营销的效应,解决不了本质上的问题。光有勇气和决心是不行的,最终还是要看客观的,所以我们不能做这样的。我们一定要做到我们能做到的事情,把最后的堤坝守住。我们能做到的是什么?每笔贷款的充足抵押率,因为我们有选择,我们能做,如果没有充足抵押率,我们可以不做。这不就简单了吗?现在为什么筹备组这么多,那就是一定让项目来源在我们祖国大地上,只要有需求,我们就给他们办,但是他们的需求要符合我们的条件。那么等于几十个分公司在选项目,只要是稍微优秀一点的项目就不会逃出我们的网络,全国公司都有了,不管哪里的房地产全有了,我们就可能从当中筛一批最好的,筛不到最好的,就是我们的管理问题或者是队伍问题。如果我们的管理和队伍问题都上去了,那么比如房地产行业,还有人承受这样的利率,而且又能够回收,这种最优的项目,80%的项目都能够到红岭创投来。

今天林梅花才上任,实际上你就是担负这个任务的,我们40多家分公司和筹备组就是在找这个事情的,只要是房地产项目在我们祖国大地上无一遗漏。因为我们省级分公司的规格是有这个能力的。你到房产局去或者到某个登记部门把所有在建项目全部看一遍就知道了,一个个并过来。总公司指挥,总公司完成工作没这种战略,没这种能够覆盖全部的设想,所设计的机构就不相适应,一旦不相适应的时候就会事与愿违。你想做的事情做不到,那么如果我们是这样做,每个节点都尽心尽力去做,我想应该没问题,除非中国房地产或者中国经济完蛋了,那么中农工建交的银行都全部垮台。我认为我们现在的管理已经不输于任何一个专业银行了,因为我们管理团队和管理制度是不会输给它们的。关键是我们下一步怎么做?怎么去落实才可以。

那么从本标产品说开,最终是要解决Peer to Peer的问题,我们现在很多措施都要围绕着这个去进行分析,围绕这个方向去建立制度,围绕这个方向去建立一些具体的产品，我们所有的部门对这个都有责任，因为借贷形式物与货币，物与流动之间的无缝对接，在所有的部门都有，租赁也一样，私募也一样，什么东西都是拿钱换物，就是用什么样的方式推销出去。一开始市场部也推出过大平台套小平台的东西，实际上就是解决企业内部之间的借贷，借助我们红岭创投的平台实现企业内部之间的借贷。因为很多大单位之间有员工借贷，包括大单位的，包括和财务部门的，这些都可以通过我们平台进行。实际上我们本标产品里面是包含这块的，我只是举了一个例子，实际上还有很多的例子，我们市场部的本身，包括计财、研究所、风控、零售都涉及。从各个不同的角度去理解本标产品的核心和上线初衷，认识到本标产品上线实际上是回归 P2P 的本质。因为在这之前，这个行业在全世界的发展，已经证明是有效的，我们只不过是仿照，并没有任何创造，只是把别人做过的需求，拿到我们中国实施。但是实施中有很多的对接，这种对接就要具体问题具体处理，具体的人，具体的事，具体的地点都不一样，那么怎么让它本土化，适合中国的经济现状，适合中国的基础，那才能使我们本标产品真正上线。我们办公会议所落实的各项工作都是围绕着重点来的，重点是要解决问题，这就是为什么本标作为第一项，作为重点督办工作，我们每个部门在汇报工作的时候，这也要作为重要的方面。比如人力资源部门，在人员的调配方面，我们金融学院在本标产品的培训上，刚才我也和李佳同志说了，我开始到红岭创投收集的资料是保密的，有些是从咨询公司弄过来的，对外都是绝密的，现在给几个部门的领导看一看，包括风控、市场的领导看看逻辑上的东西。同样我们自己也要去寻找这些资料，寻找这些做法，寻找之后去学习去消化。

你想比别人做得好，那么你就要比别人做得多，一直都是个很简单的道理。人和人之间没有什么区别，最主要的区别是在于你把自己当笨鸟，你先飞，别人飞一遍，你飞十遍，别人只工作三个小时，你工作二十个小时，我相信这样去做才真是聪明的，才能做到比别人更优秀。那种投机、赌博的心态，偶尔是可以，但是把赌博当作工作，想赚点钱那就是笑话了。中奖概率是极少的，为什么不去投中奖概率 100% 的呢？有人说哪里有中奖概率 100% 的项目？有，就是你自己。每天你做了哪几件事，每件事你应该怎么去做,怎么去学,在学的过程中需要记住哪些东西?这些都是投资。把每天生活和工作都分成一件一件的事情,你的经历就是投资,这就是100%的概率。当你做十遍,别人做一遍的时候,我敢保证你一定比他强。没有什么特殊渠道能够成功,偶然有,但是不要把偶然当作必然。投机只能当作游戏,不要当作工作的支撑,否则就完蛋了。有人说我们国家这个不好那个不好,我们的领导人这里不好那里不好,讲一万遍。我有时候很烦“挖掘机”,以第三方的角度好像他对我们是有用,我也承认他有用,但是我不会做这种事情,像这种小孩子想博眼球的就根本别把它当回事。我们看看“挖掘机”暴露了哪些单位,把这些整理一下,给到对方企业,让企业跟“挖掘机”谈,和我们无关。我们从来都没想瞒任何人,如果说能力不足,哪些地方犯错误了,提示一下是可以的,我也认账。但是廉政问题、腐败问题那是绝对不可能的,我对我自己的要求比对别人的要求要高得多,我敢说这种话。那么这种信任的建立,包括投资人的心态也可以分析得到,就是赚钱。有些投资人都拿了6年的利息了,还在说这个地方不行那个地方不行。如果说不行也可以,但是在公共场合,掀起一种思潮,这就不对了,就像群体事件一样,这就糟糕了,我们就要反击了。这个是大家的平台,我们要维护多数人的利益,不能以少数人为主。例如之前我们说要降息,是从宏观上看的,那么过去有少数天天在网站上泡的投资者,利息降了以后说:我要走了,我要提现了,现在红岭创投已经不像过去了,有人就在说这样的话。如果说要走了,就走吧,但是讲这话干吗?自己把钱提走就完了,到其他平台去就完了,在网站上说这种话有什么意义?而我们有的同志就对这个非常紧张,我就跟他说,你要算算我们现在60万投资人,每天在网上论坛的有没有十分之一?不可能有6万人,我估计1万人都没有。我在乎的是所有的老百姓,有的在银行还拿着定期百分之三点几的利率,那些为国家作出贡献的退休的老同志们他们在银行理财才百分之五点几,我们要组织一个通道,让前面那些企业能够立刻拿到合理利率下的钱,同样老百姓能真正享受这种改革开放带来的、经济改革带来的实实在在的利益,我考虑的是这些。降息升息是根据供求,利率市场化是供求平衡的结果,真正的大局是中国90%以上的老百姓,而不是一天到晚在论坛上胡乱言论的那群人。要建立一个基本的通道就需要我们这些人,我们架一座桥修一条路,今后人们不用挽着裤脚一脚深一脚浅往前走,现在我们建的是经济的路、理财的路、跟每个人都有关的路。每个人在理财生涯中,在消费剩余里面能够找到合理的投资渠道,然后得到合理的多一点的回报。

本标里面包含很多东西,我们对本标的理解实际上是对事业的理解、对经济现象的理解、对每个人生活中理财和经济管理的理解,涉及千家万户。我希望办公会的同事在督办这些重点时找到立足点,今天我就在本标这一个重点工作上多说两句。

后面几项工作都是我们的战略点,分公司体验店的情况是战略点,特标议标快标加上本标四项产品怎样变成市场人员手中的武器弹药,掌握、运用它,把个人、单位、企业全部引到我们线上来,通过集团、个体、联营的形式都可以,方法众多。资产管理公司是个特殊现象,是网贷企业特有的组织和内部管理架构。特别是房地产很典型,它的生产周期和销售周期,房地产产业的循环周期是有特点的,从现金最后变成现金的周期就是周转。现金变成物质,变成水泥、变成劳动力、变成钢筋、变成楼,在楼没卖出去之前并不是现金,最后再变成现金拿回来这个周期到底多长?这是有规律的。过去银行基本上做最后端,实际上以买的房作为抵押最后进行还款,这就是按揭,实际上是抵押贷款。供应链金融最本质的东西也是钱与物的无缝对接,循环下去。

房地产的循环周期是根据经济形势来的,有的可能一年,有的没盖完就卖完了,比如华南城物流中心的建设,一开盘还没启动钱就全部回来了,因为它的价格非常好。我参加他们建设的这个物流城,为什么他们做得这么好?第一,拿的工业用地很便宜,十万元一亩,一次拿两百亩左右,20 万到 60 万平方米,都是交通方便的地方。然后拿国家政策,物流企业有特殊政策,他们通过政策突破以后用工业用地进行卖,或者可以租,物流是国家支持的。什么是物流?有前端交易端,有配送、有仓储、有交易。把物流城做好全是交易,交易端做好全是门面房,建材城、服装城、皮革城、药材城等等。它后面还有个仓储端,通过物流直接配送出去,最后还有一个综合服务端,所以华南城做得很大。这就是把钱变成物,把物变成钱。我再讲一下生产周期的问题,地拿下来规划已经都做好了,出来的都是标准化产品,一个单位一百平方米,一层三十三平方米,三层,地下交易,中间办公,上面住人,都是这样。当地住房价格是多少它就卖多少价格,铺位跟住宅一个价格,如今铺位的价格是很高的。销售的时候就是抢着排队,5000 块钱一平方米拿到手,转手卖给别人就是一万,所以一转手就赚钱了。这种操作也是房地产中很优秀的操作模式。现在贷款的房地产也有自己的周期,一般处理问题周期是两到三年,从盖到卖应该是多少时间我们也该研究这个问题,我们如何介入?会出现什么风险?风险怎么解决?这是一个个环节。实际上我们资产管理公司就是在它出现风险环节时,只要出现违约,马上就去把资产拿过来,大不了就盖完卖了,因为房地产最终的解决办法还是市场。这个风险的终端在市场上,当这个房子能卖到消费者手里的时候,这个风险在市场循环中才算真正解决了,压在哪一端都是没解决。从宏观经济的周转看,只有到消费者手里才算都解决了,接下来又可以循环,它又可以变现又可以到银行贷款,拿出的钱又可以投资新的项目。我们从事经济的人对于这种周转和循环的规律必须摸清楚,以后工作才不会失败,就算失败也有办法扭转过来。所以资产管理公司是我们目前新的组织机构,在今后的工作中会不断完善发展和壮大,一旦能解决我们自己周转环节的问题以后还可以对外,一旦变成师傅,业务就会扩大了,收购外面的机构也可以。我们现在最大的优势就是平台,这要感谢董事长六年来的经营,没有让一个投资者受损失,这非常有意义。我们快标上去能瞬间就满标,5000 万元上去就是几秒钟,一个亿可能也就几分钟,全国能做到这个水平的可以说是不多的。不是奇迹也是个壮举,我们做到了。所以我们一定要把全国的项目跟上,机构的审批上速度非常快,昨天惠州、长春的批了以后还没拉上线,现在在机构建设上我思路又有新的调整。今后分公司有若干个二级分公司,一些大的城市也一样,不如现在就设。你不能证明你第一个用的干部就是最优秀的干部,必须经过实践和时间的检验才能证明,好与坏是比较出来的。广州现在三个筹备组,还准备设立第四个、第五个、第六个,看谁先站起来,就等于我把二级分公司也设好了,然后广东省级分公司成立。所以人力部和总经办搜罗人才要继续进行,对每个城市省公司下面再找十个人出来,这个投资是值得的。有了这些二级分公司运作之后，首先项目的量就充足了，本标一上也丰富了，剩下的在于风控部门了。市场的组织是市场部门的工作，要达到这个规模、这个量，包括人力资源部要达到人员规模，另外培训要跟上。

要提高效率是要有规律的，光靠一两个人不睡觉工作是没用的，值得同情和尊重，但什么时候你能不累也把事情办好我就佩服了。在座的所有领导，你最重要的事是思考、是研究、是示范，当然也要以身作则。如果要真的办成一件事，每个人对自己的要求就是要严格，八个小时之外干什么都行，只要不违法我都不反对，八个小时以内就是要有规则。我们的工作就像一个流水线一样，每个人都在自己的岗位上，走到哪里都是跟着流水线一起走的，你不能自己乱动，一动就会出问题的，那就危险了。下了流水线之后，就是下班了，你想做什么就做什么，喜欢唱歌就去唱歌，喜欢旅游就去旅游，这都没问题。所以我在办公会上很少笑脸，基本都是板着脸的，因为这是流水线，我在维护这条流水线，这条流水线大家都要集中百分之百的精力来做。散会以后，大家就可以放松了。我从资产管理公司引申开来，怎么看这个问题，实际上这是一个新的环节，不仅在房地产周转的规律上，在所有资金周转的规律上，都是有规律可循的，必须抓住规律才能把事情解决，所以这一关对于我们各项工作也是一种创造，这是一种新的东西。有些是可以借鉴的，包括长城、华融、东方，这几个大资产管理公司，它们的业务跟我们的业务基本上是一样的，但是它没我们这么灵活，我们管的人少，就没有什么条条框框，这就叫灵活，它们的规定很多，所以不敢乱动，但是它们有另外一个优势，有人管它就有人保它，没人管就没人保。现在银行有人监管，但是出了问题也有人给它负责，一个单位出了问题之后，人民银行行长都坐不住，因为他有责任。而我们都是公安管，想请当地银监局监管，都回我们不管，请人民银行，也是我们不管，再问金融办，也是我们不管，都不敢管，因为管了就会有责任，不是光有权力。所以我在银监会开会都是盼望他们来监管，越早越好，你让我们怎么做我们就怎么做，因为我按照他的方法做，出了问题就是他负责了，所以他们一般不敢轻易教别人你该怎么去做，最后是要承担责任的。你把自己当作笨鸟，就不会失败，如果失败了，你来找我，但是我会问问你，你是不是做到了。我从本标和资产管理公司讲了两方面，每次开会这四项工作都是重点工作,可能一直要维持到明年,希望我们各个部门所有的精力和思想都集中到这四项重点工作上,把这四项工作都做好了,上市也好,资本运作也好,才会有基础。现在大家每天都很辛苦,都很敬业,都在忙这条船,这幢楼,大家工作的效率、质量、协调各方面都要做好,才会有可能使各项工作往前进展。

——2015 年 8 月 29 日第 30 期总裁办公会议的阶段性总结

10.27　2015 年 11 月 21 日第 39 期总裁办公会议的阶段性总结

工作方法:第一,要看到自己的进步。第二,要看到自己的不足。第三,要看到别人的长处

督办提出的具体的东西也要加强,有些东西指向也不清楚。是哪个部门在落实什么事情,在落实过程中遇到了什么困难,如果没有遇到困难,结局是什么?现在需要办公会注意些什么,协助些什么?如果遇到困难我们要帮助,如果是责任心的问题我们要提示他,做错了就要批评、提醒或者纠正。我们是有 19 家分公司的大公司了,在座的每一位都要跟上大公司的管理,当然我们都有不足。有三点,第一,我们每个同志都要看到自己的进步,我们每一天每个同事的工作都在进步,这个进步是我们往前再迈一步的基础和信心。第二点是看到自己的不足。虽然很多人做了一辈子金融,但是互联网这方面都是新人,而董事长是这方面的专家。我刚才讲基本办公制度、针对性的管理制度的制定、落实、执行、检查、监督、修正和提高,都是我们要努力的,是一个整体,不是独立的。看到不足以后才制定该怎么办。比如中锐,价格取决于市场价格,跟销售公司怎么谈,多久能拿回来,我们自己怎么销售,都没有方案。没有方案拿到办公会就没办法决策。销售这些,中原等大的销售公司,不行可以招标。自己没有销售过没有经验,也要学习,但是一切都要有依据,这些方案拿出来办公会再讨论就有依据了,有判断标

准了。融资方案有很多，只要流动起来，待收就会减少，利润就上来了，这个方案还没看到，没法讨论。

这个领域我们都没有经验，但是方法要去寻找，找到方法就好走了。另外我们几大事业部，保险时间也久了，但是效果不太好；其他事业部有的有点起色，有的不理想。体验店现在也不理想，工作进度、质量、方法都不太好，一直在提，希望能加快一点速度，一定要建立自我生态。我和项总商量，最多养一年半，如果再不行就关掉。不能拖了，指导性的意见我们都有，但是你做了试点没有？如果没有做，那么投资理财部是不是要列为重点工作？如果列了，每周是不是要有点进度？行就往前走，不行讲出不行的道理，我们一起想办法。建了生态以后，就可以和红岭的宏观管理结合起来了，下一步发展也有依据了。不行的话抓紧掉转枪口，用其他的方式来解决。大家都很聪明，都在进步，我相信这么多人集思广益，发挥积极性，就可以解决所有问题。

邝宝杰同志，你的零售部，我讲了很多次，你们一直在努力我很赞同，但是你的方法，总是没有一个让我感觉到有点振奋的东西。零售，我们是把银行接起来了，什么业务都可以做了。还制定不出来一个可以落实的方案，速度提不起来，所以建立正常的制度，这也是对自己的约束，没了这种约束的话，时间很快就过去了，进度如何也不知道，也会很慢。

市场部一样，林梅花同志来了后积极性很高，已经拿出了一些办法，但是最深入的部分还需要研究，讲个简单的，就是市场人员的激励，这是非常重要的。如果分配制度不能落实到位，市场人员的积极性就没有了，什么都没有了。我批评人的时候，我都会注意不要伤害他。这个市场的分配制度，你们现在还没做，实际上你们早都应该做了，你问问现在已经放下去的那么多的贷款、费用落实情况如何。有些不法分子，不好的领导干部凭借自己的权力做了人情，我没有证据，我不好说，但是最起码要有一个调查。制度是经过集体讨论定下来的，制度的执行也要大家讨论，这个事先要调查，如果这个没有落实到位，我们的工作就不可能健康发展。每一笔，我建议市场部，从审批部或者财务部，拿一点待收余额，把待收余额分开，看是哪个分公司的，什么状态，这都是市场做的事，费用到位没有，根据哪个制度分配的。

制度上有什么问题,开个座谈会,让下边提意见,然后再修订完善。让真正付出劳动的人,得到真正的收入,这样积极性才能起来。市场永远是最重要的,林总的任务是很重的。现在业务已经全覆盖了,只是有些要完善的问题。分公司的老总还做不来业务,一个是能力问题,再就是责任心问题,第三就是分配不公,弄自己口袋里了。所以市场部在这方面要加强一下,抓住核心。

风险管理部包括审批这边,也要把四个标有机地结合起来使用,不要孤立地看问题。他报上来的是快标,能做最好,做不了就做议标,如果是大中型企业做特标,如果都不行就上本标,还有什么业务不能做不能批的。最后主要就是我们承担这样的风险,我们承担不了的话让他们去承担,让投资者去承担。我敢说我们的图纸画完了,剩下就是施工了。过去头脑不清晰,现在应该都清晰了。快标审查充足抵押率,利率嫌高就降,也给分公司老总一个鼓励和方向,你一句话不行,搞得人家一点积极性都没有了,一旦把市场打死了,什么都死了。但有了市场后要管好,四种标的类型要有机结合起来,控制风险。要让分公司老总有信心,有目标,把业务越做越好。有一本新的杂志,叫《互联网金融观察》,和我们的也差不多,新闻性居多。研究所可以看一下,建立联系,有些稿件互通一下。所以刚才讲要看到我们的不足。第三,看到别人的长处。每个人都是有长处的,每个人发挥所长,大家优势互补,企业就会进步。看到别人的不足,当然你很好,但绝不是最重要的,最重要的要看别人的长处。有了错误,给机会改正就好。每个同志,你能发现别人优点的能力,比你能发现别人缺点的能力更重要。

实际上我到现在讲了三点。第一,要看到自己的进步。第二,要看到自己的不足。第三,要看到别人的长处。我们把制度制定好,做好制度的建立、执行、检查、完善,我们的工作就会上台阶,企业也才会有希望。目前成交量已经 980 多亿元,下周就 1000 亿元了。实际上才刚刚起步。

——2015 年 11 月 21 日第 39 期总裁办公会议

10.28　2015年12月26日第44期总裁办公会议的阶段性总结

2015年度工作总结

今天是2015年最后一次办公会，马上就是一个新的开端了。昨天我跟董事长沟通了一次。首先对办公会议的时间调整一下，办公会议的时间调整为每周一下班以后六点半到九点半，这样大家能有个双休日。因为公司发展的初期以工作为重，一直都是占用大家的休息时间。尽管还有很多不足和需要完善的地方，现在基本管理格局形成了，对我们指挥、管理、研究、发展奠定了基本基础。这样我们的工作应该进入正常化了。

第二个是建立董事长办公会议制度，在每月第一周的周一下午三点到六点半是董事长办公会议的时间，需要参加的人就参加，根据董事长需要确定参加人员，基本是几个副总裁。会后办公室下个文，关于办公会议制度、时间调整的通知就可以了。这样大家有个思想准备，对自己工作时间的安排也有个思想准备。

今天是最后一个办公会，对今年的工作我简单做一个总结。今年所有的成绩都是在董事长的领导下和在座各位、分公司共同的努力，成绩主要是大家的，不足主要是我的。首先交易规模大家都能从网页上看到，我们年初交易规模是200亿元，昨天晚上是1076亿元，不出意外年底在1080亿元以上，增加了880亿元。待收资产年初是72亿元，现在是196亿元，我估计年底是200亿元，比年初增加130亿元待收资产。我们的机构数从开业5家，今年是19家，增加了14家分公司，年初投资人是35万，现在82万，年底大概83万，增加近50万。这是我们几个主要的数字。不良资产比重上，年初比重跟现在比，同口径是上升不到1%。利润数据去年年末是9800万元，今年还算不出来，相同口径应该差不多。今年的整个工作当中，我们各个部门今年都做了大量的工作，从产品方面，我们从单一的快标到今年上的议标、特标、本标，同时我们在原有业务范围以外，我们投资理财部的新产品、私募事业部的新产品、零售的新产品，这里不一一列举了，都上了很多，为下一步工作正常推进奠定了新的基础，为新业务的开展打开了新的开端。

我们主要的几个一级部门，市场部、风险管理部、审批部、投资理财部到我们资产保全部、金融发展事业部、零售风险管理部都是市场部门，到我们二线的管理部门，计财部、客服中心、线上运营部等都作出了巨大的贡献，在座各位都尽职尽责作出了努力。另外我们在理论研究和舆论宣传、提高认识和培养队伍也做了大量工作。互联网金融研究所，今年的互联网金融杂志已经出到第三期了，同时提出了 15 篇以上的研究报告，对 P2P 下一步的行业发展和我们公司的发展从理论角度进行了探索。互联网金融学院对我们每个分公司，每个业务线，每一层管理人员都进行了不同对象、不同内容、具有针对性的培训，使我们整个公司的干部、员工队伍在整体素质上有了一定提高。以上这些简单的数据就是我们今年做了什么的总结，为此得到了社会、政府、国家、有关调研部门对我们的重视和关心。包括中国社科院中国国情研究所到我们这里做了专题调研，还有很多兄弟省市单位到我们这里做了一些交流，政府金融办在召集会议上也邀请我们作为主要的参与单位。这些大家也是有目共睹的，在整个深圳也好、全国也好，红岭创投应该说又往前迈了一步，这是主要从我们几个数字上看来。

从内部管理上看，我们各个部门的内部管理也有了很大的提高，我们是个新行业，新行业很多东西没有参照物，也没有参照标准，我们急切盼望的监管条例目前还没出来。我们在整个工作组织过程中，完全凭各自在过去专业上的经验和知识组合起来，做我们过去都没做过的事情，难度可想而知。它不是努力就行的，是一个社会经济有机地在一起发展出现的一种条件和环境，对于这种有机的不断变化的环境，我们有机地组合怎么能够拿出有机的应对方案，是有挑战性的。从而造成我们分公司对总公司各个部门有些不同的认识，我们各个部门对分公司也有不同的认识，这种不同认识的形成就是因为大家都还没有在一个统一的，大家认为都能使上劲的、都能出结果的前提下。如果大家都做过去成熟的东西，有参照物的东西，标准非常容易制定，没按规则做事情就错了。但是我们现在没有规则，整个国家都在研究，国家都还没研究出来，仅仅靠我们一个公司完成这个历史任务的话，压力太大了。

我到现在为止，没有得到一点支撑，完全依靠意志以及大家和董事长对我的信任。事情既然已经到了现在的状态，还是没有标准，还是要往前冲一阵。在这些工作中，我也做了一些反思，有很多地方不对，很多地方做错了。我们每个部门的领导也一样，对你们的下属，对分公司领导们也要有一些意见，不能光指责批评，怎么去改正要提出指导性意见。搞金融的道德一定要好，我给我自己打 100 分，当然在座的同志多数是 100 分。所以这次办公会之前我对我自己做一个简单的总结。

——2015 年 12 月 26 日第 44 期总裁办公会议

10.29 张宇总裁在年底业务拓展暨信贷工作联席会议上的阶段性总结

统一认识、统一步伐、统一行动，向红岭创投的发展目标团结奋进

今天的会议我想总结三句话，也就是今天讲话的主题。第一，统一认识，首先我们要把所有不同的认识经过讨论、对话、分析、研究，统一到一个我们大家都认可的认识基础上，因为只有有了统一的认识基础，我们才能走第二步，统一步伐。各分公司目前的发展节奏、步伐、业绩、管理应该说有先后、快慢、好坏之分，通过会议统一认识以后，希望大家能够统一步伐，把大家所有的认识都集中发力在我们要做的几件事上，统一步伐了以后，还有统一行动。红岭创投要想真正在市场上生存，真正变成百年老店，必须统一行动，如果各自为政，没有统一标准、统一认识，是不可能达到我们的目的的。

任何一支军队、一个单位、一个企业要想做成自己想做的事情必须做到这三点：统一认识、统一步伐、统一行动。我们已经覆盖了内地除新疆、西藏、青海之外的其他所有省份，信息的来源也基本覆盖了除这几个省份以外

的中国，全国各地区、各个省份经济发展的平衡状况，优势、资源、经济基础、改革开放程度、民风民俗、传统都有所不同。一滴水可以反映太阳的光辉，同样红岭创投这个小小的企业里可以看到全国的经济状况，这是我们红岭创投在机构建设上所依据的思想和战略意义。单一个人去做一件事，和集体、利用网络去做一件事，得到的结果是完全不同的，因为信息、资源、人力、认识、制度都是可以互补的。世界上所有大集团都不是单一经营，大的金融机构都不是在单一地区经营。前几年我到欧洲几家大型银行，包括德国德意志银行、法国兴业银行、英国巴克莱银行，还有汇丰银行的欧洲总部，对它们的交易进行过学习。在座的很多都是从银行来的，交易中心是属于什么性质的？中国的交易中心实际上就是一个银行的二级备付金的使用场所。什么是二级备付金？首先存款来了以后，要交存款准备金，这叫一级备付金，是为了防范风险向人民银行所交纳的一级备付金，又称存款准备金。另外，就是我们正常使用的贷款，存款里面有个存贷比，一般在70%左右，就是100亿元的存款，可以放70亿元的贷款，还有一部分上存到人民银行，这部分在8%~20%，国际上的规则一般是在8%，交存款准备金，就是100亿元要存8亿元到人民银行，这是所有银行都要上缴的，一旦某些局部的银行出现挤兑风险、金融风险时，这些资金可以作为再贷款使用。存贷比70%，存款准备金8%，这之间还有22%就是备付金，也就是银行间进行清算所用的资金，这就是交易资金的来源。我们国家做的交易基本上是中国国债、美国国债、掉期、同业拆借等等，范围都在国内，国际上是和一些大型银行有票据方面的业务，票据业务主要属于债券类。但欧洲完全不一样，欧洲的交易中心不是二级备付金，交易中心发行金融债券，一发100亿美元，然后大家来买，在全世界集中这些钱。

这四家银行都面向全世界，为什么这么做？因为它们用交易中心发行债券所筹集的资金去购买石油期货、橡胶期货、黄金期货以及股票的期货。全世界经济发展此起彼落，和能量守恒定律一样，经济上永远是互补的。在西方经济学里有市场均衡理论，简单来说就是生产出的东西都是能卖得掉的。哪怕生产一个质量极其不好的茶杯，最后当玻璃废品也能卖出去，所以没有卖不出去的东西，只是在什么时间以什么价格什么方式出售而已。市场上均衡就是这样产生的，产品一定卖得出去，只是优质产品价格高，劣质产品价格低，但最后的生产和销售总量是平衡的。经济现象也是这样，我们为什么走全国战略？因为经济是互补的，和刚才谈到的欧洲的大型交易中心、大型银行所做的事情一样，它们知道这个产业不行了但另一个产业肯定行。我们现在看，百货产业不行了，超市的销售遇到问题了，很多门店关门了，但是互联网销售起来了，如淘宝、京东等等，可能后面还会越来越多。投资、经营方向，管理目标都在发生转移。包括我们的就业，赚钱的机会，处理问题和认识问题的方法都在做新的改变，这也是一种均衡，是市场均衡的一种形态。我们在全国设立这么多分公司也是一种均衡的形态。房地产可能从东向西由经济发达地区到经济欠发达地区逐步过渡，地价、房价、各种产业在全国不同地区都会出现一些差异，这也是正常的。我们最近得到一些消息，东北居住人口减少，就是由于东北经济发展欠佳造成，使人口大量向东南地区迁移，根据真实的统计资料，黑龙江省原来一个镇有将近 7 万人，现在只剩下 3 万人。这种现象是否好，不好下定论，因为世界上很多事情是不能用好或不好、对或不对这样简单的标准来评判的，当这种现象出现了，我们要做的是思考在这种现象中该怎么办。从经济、经营的角度，看似人减少了，但是机会出来了。前一阵股票大跌，董事长说股票下跌就会出现新的机会。

经济也是一样，我们红岭创投全国战略也是一样，区域经济发展的不平衡给我们这种全国性的公司带来了互补、选择的机会，整个工作的推进可以有机组合。所以我们到会的每一个省的领导，你们身上担负的担子是一样重的，因为今天可能东南沿海改革开放前沿地区比较发达，明天说不定机会就在内蒙古、甘肃、陕西、云南、贵州。所以我们在很多项目上，没有规定区域。哪个公司在哪个区域做项目都可以，只是我们当地分公司可以协同、配合，把我们想要做的事情做得更加完整、更好。因为全国的人流、物流、信息流、资金流都是跟随这个地区的发展机遇和在不同时间的热点随时流动的。这个流动不像过去在计划经济时代去规定这个事情该怎么做，它里面就要有一种有机的运作去对付有机的变化，也就是控制。就如打一个固定的循环靶，很简单，瞄准，三点一线，一下就解决了，但是如果是飞鸟就难了，你要了解飞鸟的飞行速度、飞行规律,这是有机的东西,而我们的工作也是由大量有机的事情组成。两个变量都在变,如何选择一个控制的方法能够把握住这个基础?在我们的日常工作中,一件事可能有N多个变量,需要我们选出当中最重要的2~5个变量,然后找到这些变量之间的关系,控制住,找出它们之间的相互关系,制定能够达到我们预期目标的制度,将这些变量有机组织在一起,从而实现目标。

一个项目的成败,能否按时收取本息,这里面涉及很多的变量,第一,企业在审查时,我们首先要看属于什么行业,是朝阳行业还是夕阳行业,还是均衡?均衡是永远有的行业,就如服装行业属于均衡行业,它只有款式的变化,不会有其他变化。互联网就属于朝阳行业,由于科学进步造成生产工具变化而产生一些新的东西。而新的经营思想是建立在这些新变化的基础上产生的,在新技术出现前是无法预估的,这就属于朝阳行业。第二,企业本身的经营状况。第三,企业领导人的水平。其中领导人的还款意愿最为重要。第四,贷款的目的,有没有可能在规定的时间归还。我们在企业的变量上如何有效控制好,任何一件你没有考虑到的因素都有可能导致贷款出现问题。作为风险控制、市场人员一定要弄清楚孰轻孰重。关于公司的全国战略我说这么多就是为了让大家统一认识,这是以市场经济、市场行为、结果来统一大家的认识,市场的根基第一就是需求,没有需求就没有市场。第二是政策允许。市场需要很多,但是很多政策不允许。关于政策,国际有国际的规则,国内有国内的规则,人与人之间有规则。在市场有需求政策允许的情况下,我们每个人考虑的是我所投入的精力是否合算,合算的结果是是否赚钱,我们把思想都统一在市场经济的基础上,知道市场基础是需求和允许,然后我们做出合算又赚钱的事情,那么这个认识就对了。

红岭创投发展到今天也是基于这几个重要的基本要素。我说过需求从时间上、数量上都是无限的,因为从人们的消费习惯和市场经济的基础来分析它,边际消费递减,边际需求增加,这样一个原始理论,造成有多余的货币,有多余的储蓄就要找投资的方向。过去的投资方向是国家垄断的,只有储蓄这一项选择。现在投资方向慢慢变多,所有的投资人包括我们在座的每一个人有多余的钱时,就想用这些钱再生钱,在这个过程中最重要的第一是安全,第二是赚得越多越好,这就是需求。我认识到投资的需求是永远有,而且是无限大的,是涉及每一个人的,同样,只要经济发展,人们都想赚钱,也就有人需要借钱,因为有些项目光凭一个人的力量是做不了的,所以需要借款。只要经济发展,只要有项目,就需要借钱,有想投资的人,也有想借钱的人,只要国家政策允许,市场基础就形成了。红岭创投的发展是在市场需求、政策允许的基础上。今天技术的发展,智能手机已经进入了每个人的口袋,相当于电脑,已经非常先进了。我们用的智能手机是非常先进的电脑,只是屏幕小一点,其他什么事都能干,只有打印不能干。最终都是要看信息结果,信息的储存有云储存,这个技术很伟大,但很多人不去思考这些问题,不知道科技已经进步到什么地步了,已经解决了所有我们过去,只能玩单反机时代的问题。无论是什么品牌,凡是智能手机,都是一部非常优秀的电脑了。那么搭载在如此先进的工具上,我们红岭创投,我们这个行业才得以起步。有人认为我们已经发展到一定程度了,其实不是这样,这个行业才起步,行业还没有形成,我们是这个行业的第一批从业者,我们这第一批从业者很多的经验是没有模板可以参照的,是没有经验可以遵循的,没有现成的、固定的、大家都能够认可的模式。来自全国的每一位同志去思考、去学习,结合我们掌握的不同的专业知识,然后在这个领域发挥我们的长处,最终达到一个市场需求、政策允许,我们又能赚钱的结果。所以我用这些简单的事例让大家统一认识,也就是我们红岭创投是在互联网金融、互联网经济、互联网基础硬件的进步下诞生的,我们是第一批人,我们这个行业还没有形成,我们每一天都在探索,我们都很不容易,我们都很难,这些困难、这些不足或者我们遇到的一些障碍,甚至于一些过失和错误都是正常的。

我经常和项总讲,我们还有几个月的时间是安全的。我刚到红岭创投的时候每天都不安全,因为基础没有建立起来,下面风险管理部的老总经常一句话“出险了”,我听不懂什么叫出险了,保险公司有出险了,怎么我们也讲出险了,就是又有人跑了,又有借款者还不了款了,这类事情就叫出险了,而且每天都是这样,出险的基础是没有抵押,是完全信用的,一旦出现问题没有任何抓手,没有任何处理方法,后来我们取消了,取消的时候我们分管领导还受到威胁,当时就是这帮人在追讨贷款,因为没有其他办法,只能用这种最野蛮的办法，这就是红岭创投的前身，天天出险，一个阶段以后，可能稳定在一周，是安全期，再过一个阶段，一个月是安全期，现在我可以告诉你们，我们项总在管这块，我们现在至少有四个月的安全期了，到二月底一定是安全的，大家要知道，敢宣布四个月是安全期是非常不简单的，就算是工商银行、建设银行等五大行都不敢宣布，如果它们敢宣布它们有一年的安全期我就很佩服它们了，因为政策变化不知道什么时候出现。为什么国家出台了存款保险制度，50 万元之外的存款不赔付，这包含了什么样的意义？意义就是银行可能破产，而且破产以后底线都讲好了。我们从银行过来非常清楚，金融行业是国家政权的基础，货币发行权，资金调配权，资源配置权全从金融系统出。为了政权的稳定，首先以垄断的准入制度，要求很严格，垄断的利率，规定利率而不是市场决定，形成了垄断的利润。当然就有垄断的人群，有既得利益的人群，在里面你怎么都垮不了。银行生存的基础大家知道是存款，但除了存款之外还有其他来源吗？当然有。列宁说过，银行是一架绝妙的机器，他不是搞经济的是搞政治的，都知道银行是绝妙的机器，因为它能创造货币，能创造很多东西。我讲银行垮不了的原因，只要国家垄断了它，它就垮不了。它最终的保证就是老百姓能够提现，不要兑付，银行最怕的就是挤兑。但目前准入制度这么严格的银行，都不怕挤兑，因为后面有人民银行的再贷款，还有同业拆借，还有取之不尽用之不竭的各项存款，在某种程度上自己还能发行货币，比如承兑汇票，它开承兑汇票没有任何依据，这个管理到现在都是不专业的。有一家银行，刚开业存款余额就达到两百亿元，很不简单啊，最后我了解了一下情况，承兑汇票开了 50 亿元，除去保证金还有 30 亿元，出去以后到任何银行都能贴现，贴现以后再存到银行来，第二还有派生存款，那一天它给很多大企业放了 100 亿元贷款，留三天，这两项一共就 130 亿元。银行垮不了还有一个原因就是贷款的五级分类，从正常、次级、关注、可疑到损失，反映的是银行风险管理的质量，也反映了整个社会的经济状况，当社会经济状况不好的时候，这五级分类的风险迁徙从正常类到最后的损失类，迁徙的规模、速度和节奏都是不一样的，可疑慢慢变大，正常慢慢变小，最后的损失类慢慢变大。如果经济状况好的时候，就会慢慢向正常类转化，这就叫风险迁徙，会往上也会往下迁徙。但这里有一个人为的因素,分类的标准到底是什么。我以前在银行和四大会计师事务所为了最后年终的利润,要同时满足董事会、经营者、国家的要求,就要在五级分类上下功夫。正常的越多,计提得越少,第三类以后从次级到关注这一类差别大了,前面是2%,后面就是25%,这样一调利润就大幅度下来了,其中要动很多脑筋,最后还有一个公允原则。

现在我们也在讨论这些问题,在前期的管理过程中,我们形成了大量的逾期、欠息,不懂的人叫坏账,稍微懂一点的人叫不良资产,但我觉得最准确的定义不是这个。如果这笔贷款有充足的抵押率,这一点是前提,我们应该称之为流动性占用,充足抵押率的换算方法我告诉过大家,如果是土地,一定是当时贷款时土地的实际成交价,你别管未来是多少,当时成交价是多少就是多少。如果是房地产抵押,那就是房产当天的交易价是多少。如果是在建工程,那就是实际投入的钱是多少,然后打对折,这就叫充足抵押率。为什么这么做?因为一旦出现违约的时候,立刻以物抵债,就不需要追收,直接把抵押物拿过来,因为以充足抵押率来计算的话,市场价是一万元一平方米的房子我拿过来是五千元,我七八千卖出去是轻而易举,只要是真的。中间我们拿过来出售还有一个法律过程,我跟牛总研究过,我们的法律周期在一年到两年,正常不会超过三年,那么三年中我们需要支付的利息是多少,需要支付给投资者的利息是多少,基本上是对折,三年的处理期加起来就是百分之一百。

如果是有充足抵押率的话,我们就称之为流动性占用,这就要解决流动性占用的问题,不是解决其他问题。流动性问题的解决渠道有很多,资产证券化是第一条,银行正常的贷款处理都可以,包括展期、贷新换旧、重组,如果有机会再增大投资来进行重组,但是前提必须有充足抵押率,我们最后算了一笔账,我们现在整个流动性的占用应该讲不是一个小数,但是我们算下来最终损失不会超过2%,如果真是2%的话,从利润和费用周转中应该能覆盖,这是从理论上计算出来的,但是我们的重点是要解决流动性占用,用什么出口去解决这个问题,这也让我们各个分公司的老总明白在今后经营的过程中的根本是什么。我们为什么要做供应链金融,供应链金融是做什么的?供应链金融实际上是拿我这笔贷款所买的东西来抵押,根本就没有其他的抵押,如果要拿另外的资产来进行抵押,是作为第二还款来源,作为一种保证的,只要第一还款来源安全的话,它是不会出问题的,供应链就是在这样的基础上产生的,但是它有一个最高原则,就是这笔款贷下去所买的物资必须掌握在我们手里,这是第一条,第二条这笔物资必须是畅销的,供应链才会形成。目前银行为什么把供应链做得这么火,确实在市场上有这种机会,任何一个生产型企业和商业型企业,都有上游下游,都有产供销,都有购销调存,它的供应链都能形成,只要是畅销的商品,都可以开展这种业务,所以它的市场非常广阔,但这里的原则是东西必须能卖掉,第二钱和物之间必须无缝对接,货动钱就得回来,一点缝隙都不能有,只要有,就百分之百出问题,但这个市场非常大,如果我们开辟出了这个市场,意义巨大,当然这里还有利率问题,这又有一个过程。因为现在是国家垄断利率,全国所有的投资人在银行都有账户,因此他们的行为银行都知道,银行给到他们的利率是活期存款利率百分之零点几,最多活期宝是百分之一点几,理财产品是百分之五点几,所以资金成本一低,它的贷款成本也就低,企业当然要求资金成本低,这样它的经营成本也低,利润就高。

我们红岭创投介入了这一块以后,投资者利率必须比银行高,借款者希望利率低,能低到什么程度,这两方面的需求都出来了,投资者是需要高的回报,贷款者要求低的成本,那么要掌握在哪个区间,没有模板,没有参照,没有规定,三无,怎么办?试验。我跟大家讲过,有一个黑箱原理,你不知道会出现什么,那就试验一下,我先放进去一个鸡,看出来是猪还是鸭,这就是市场上的黑箱原理。市场的利率在某种程度上也受这种规律的制约,利率在5%的时候,是什么结果,利率在6%的时候,又是什么结果。我们为什么从快标开始推上了议标、特标、本标,都是在对市场作出一种测试,这要有一个过程,所以我跟互联网金融研究所陈岑同志说,我们要出一个红岭指数,就是把我们真正的民间借贷利率每天不同的期限、不同的场所、不同的类型,有一个统计数据,每天的波动情况在网站上公布,这样统计了全国的民间借贷利率,包括各家网站的利率,包括我们的利率,全部公布以后,一阶段以后就能看出中国民间借贷市场资金需求的轨迹,在这个基础上再一步一步地往下走,它就有依据了,这是要有经验的,在没有经验的时候是需要有方法的。我们在进行项目评估的时候,有一项是计算内部收益率,是用差误法,有经验的人只要三次,初学者至少要五次,差一点要十次八次,因为要找到使净现值为零的两个利率水平,一个是净现值为正,一个为负,只能一个个试,类似于黑箱原理,现在当然是电脑在查,以前手工计算的时候就是手工查,这跟市场上的黑箱原理很类似。市场上的很多的要素都是自变量,你根本没办法去组合,只能是我看到什么,其他的因素我没有办法去考虑,如果能掌握到中间的几个要素,那就非常简单了。我们已经把模板拿到了,拿到了模板就拿到了方法,拿到了方法完全不一样了。

我们在下一步的经营中一要运用好先进的工具,二要有先进的认识水平,所以我跟大家讲要统一认识,我们认识统一了,下一步的仗就好打了,如果认识不统一,大家各自为政,这个事情就是不好办。包括我们在前期经营过程中存在很多失误,有客观原因,也有主观原因。这些客观原因和主观原因放在一起就是今天的结果。结果出现了,我们怎么运用客观情况,发挥主观能动性,把它扳回来。当一件事情出来的时候,有两种选择,一种是担当,一种是逃避。我希望大家都能担当而非逃避,如果对一件事情真的有了错误,包括我本人,我有很多错误。过失,就是即便有了错,但我不知道,我主观上是不想错的,但还是发生了过失。但对于过错,我给你们大家讲,我担当,我担当起来,我改,我改正过来,最起码要敢于担当,不要推诿。我看一个人只要推诿,这个人的品质我就给他减分了,如果他一担当,我就给他加分。同样我对于自己也是这样,我该担当的时候肯定担当,绝不推诿,告诉你们所有的事情好的坏的我都有责任,但我尽心尽力。

在网站上、论坛上,各种比价,各种“挖掘机”都有,好像发现了别人的一点东西,非常兴奋,我就不知道他什么心理,这都不是什么秘密,谁都能查到,只是对于那些懒惰的人懒得去查,都是公开的消息。我们都是真实的,我们没有做一点放弃,我们没有做一点逃避,我们都在站起来勇敢地面对这些问题,一点一点地去解决,我们该担当的时候我们一定担当,我们担当不了的时候我给大家报告,到最后有一点我跟他们风险控制上讲的最后一句话:第一,我们保证所有项目一一对应,所有投资人,你们投资的前都是有承载的;第二,一一对应的项目都是有充足抵押率的,大不了就是时间问题,银行破产只给你50万元，你投资了多少我给你全部追回来，就是个时间问题。能做到这一步我觉得已经很不简单了，而我们正在朝着这个方向迈进，前期可能出现一些抵押不足，可能出现一些抵押物的变故。但我们从现在开始，我们测算一下我们损失多少，经过我们多大的发展速度，把它提升起来，运转起来，我们也做过一次测算，因为我感觉我们还是有把握的。为什么全国要搞60个筹备组加分公司，就是后面进来的水一定要消化初期所交的学费。而我越往后，从风控上，从资金调拨上，从内部管理上，从人员培训上，从制度建设上，从统一步伐、统一行动上，我们都在提高，我也相信我们在座的每一位同志，你们有能力、有志向、有基础、有可能，我们一起来完成这中国一个崭新的行业的一件事。

老总之所以成为老总，因为你们身上担的担子要比别人重，思考的问题比别人多，你后面还有支队伍，大家都看着你们。你希望大家都尊重你们，但怎么能获得大家的尊重？不是靠你一句话两句话，要靠你每天一言一行，一举一动，每个步骤，都要能够做出大家认可而且对大家都有用处的事情，这样才有意义，所以你们感觉到的压力跟我们感觉到的压力是一样的。真要把这件事情做好，就是要有这么重的担子，就是要有担当，这没办法。所以我用跟大家交谈的方式把一些很重要的东西，很重要的信息传导给大家，当然具体的一点认识也跟大家做一下交流：第一个就是我们这个企业发展到这个阶段，我经常跟大家讲的一句话，我们还很穷，我们的贫穷，不是指财富上的贫穷，是认识方法的贫穷，认识和处理问题的准确性，你是可以表个态，你是可以订个计划，你是可以下个决心，但这个表态、这个计划、这个决心的准确率是多少？我始终感觉我很贫穷，在这方面能够使自己富有起来，方法要有、认识要对、办事效率要高、处理问题要准确——这方面的贫穷，《红灯记》里有一句歌词叫：穷人的孩子早当家。我们把自己都看成穷人的孩子，为什么？互联网行业还没有老子，我们是穷人，没人来教我们什么，全靠我们自己，社会把我们扔到这个行业，或者我们自己走进了这个行业，我们在这方面的认识水平、认识能力、处理问题的准确程度都很贫穷，但这种贫穷怎么办？早当家。就是寻找这些方法，寻找这些新的方案，寻找这些新的认识，当你在这方面建立起来了后，才慢慢变得富有起来；当你的认识富有了，当你办事准确率提高了，计划的准确率提高了，可执行力、执行程度、执行的结果都有了，我们这个企业就有希望了，当你在企业的认识提高了，你认识上不贫穷了，你的方案、准确性提高了，你的生活质量也随之改变，包括你的家庭、你的亲人、你所教育的子女、你的朋友在一起交谈的过程中，内容和质量都不一样。

也有人说红岭创投发展得很快，这两年从一个很小的企业一下发展成全国都知道的企业，红岭张宇在里面做了很多工作，我讲我什么都没做，工作全是大家做的，都是董事会、董事长、监事会，包括我们在座的所有干部，包括我们的副总裁，大家共同的努力，我在中间充其量就是农村的一个老头，一个村里面放羊的老头，可能对这个村子地形比较熟悉一点，附近哪个地方有个沟，哪个地方会有草，那个地方是个洼地，哪个地方是个制高点，这个知道，我大不了给大家带个路，事情还是大家干，日本鬼子来了，你们都是八路军，我把八路军带到最好的地势上，然后把日本鬼子消灭，我充其量就起这个作用，其他东西还是大家的，你们是否能够干好，我相信大家，你们会拿出你们的能力，我这个路是否能带好，我竭尽全力。真没带好，错了就改，还有一句，不行我就改，总是要努力的，不努力什么都没有，努力还是有希望，像这些认识跟大家分享，让大家的认识能够统一在这样的高度上，或者这样的范围内，我估计我们今后在交流起来，工作就会好一点。

当然大家最关心的还是我们的收入，每个人都关心，这很正常，到这个单位来就要考虑我一个月拿多少钱，我一年能拿多少钱。这是个双向的东西，你能拿多少钱，首先，这个企业是愿意投入的，你想要多少钱，关键在后面你能干多少活，永远是双向的，你干不了活，怎么给你那么多钱，你看看能不能拿，你自己想一想。如果你干了那么多活，不要说，那个钱在你的手里，你怎么指挥，取得大家的认可，你又有什么问题呢，不会有什么问题。

而且这个行业本身如果运作得好，只要经营没有问题，肯定赚钱。为什么国家把它垄断了，你要看看，只要国家垄断的行业，没有哪个行业不赚钱的，不赚钱就不会垄断，不会垄断那些亏损的行业。如果还亏损那是经营的问题，肯定你的管理有问题。就像那个珠海宝塔，为什么我们开始敢支持它，因为它进入垄断行业——石油行业，石油行业过去国家是禁入的，一般人根本进不去,因为大家都知道,能源,哪里不用油? 现在汽车那么多,发动机那么多,不只是汽车的发动机,那么多发动机,都是烧油的。发电也烧油,能源永远是有市场的,在这样一个国家垄断的市场,现在一个民营企业进去了,只要能够生存下来,肯定有发展前途,我这是从宏观上讲,要么就是管理不善,管理不善不要紧,想办法,找人把它收购了,因为它的基础是大的基础。我举个小例子,当时深广高速,深圳到广州的高速公路,经营亏损,发生好多怪事情,向我们行申请贷款 2 个亿,我一看,他们家抵押物不足,说保证不会出问题,它马上就要被收购了,收购的人就要承担这笔责任,凭什么依据? 就凭广州和深圳的车流量。这就是市场基础,每天全国各地在广州到深圳中间跑,有多少人,到深圳来的,只要从工作中,哪有不往那走的,当然它有关卡,人来了就跟出国一样的待遇,我们给了它两个亿。果然不假,两年以后,全额收回,什么问题都没有,但中间确实被收购了一次。它这里生意好,你不干有人干啊,经营不好会自动换人,换人后在好的基础上还是赚钱的,行业在这里,怎么能不赚钱呢,就这个原理,所以我说银行是垄断的行业。

互联网金融是个放开的行业,放开的行业两头都有,有赚钱的,有亏钱的,我们要看到行业的特点。大家现在也知道,我们现在统一认识,我今天跟大家谈的多数是认识,下面的任务和东西由你们下面的人来解决,我不跟你们解决这些,我跟你们解决认识问题。现在我们的同业,还没形成同业,就是原始的参与人员,应该这么说,全国估计有两三千家,其中可能每年至少要死掉几百家,跑路几百家,垮台几百家,小贷公司估计全国也是几千家,担保公司估计也是几千家,那么这种大的行业实际上属于民间金融行业,民间借贷行业,不列入国家宏观控制和国家的计划列表,那么我们看看参与的人都是什么人,我们看国家给这个行业是个什么动机,为什么要开放它。今天谈话是有内幕的,不要到外面传,听了就完了。他们共同所投放的对象都是小微企业、三农,为什么? 国家不支持,大银行不愿意贷。从国家的角度来,为什么不愿意贷,政府想贷,银行不愿贷,银行为什么不愿贷,为什么? 银行从专业的角度一审查,这些企业风险太大,那些财务报表有几张是真的都不知道,有的企业可能连财务报表都没有,连个基本情况都反映不清楚的企业你敢给它贷款吗？简单讲就这些企业本身风险就是很大，这些小微企业、三农，本身风险就很大，没有了小企业今后国家就没有了大企业，支柱就没有了，发展不起来。宏观上大家都知道这个道理，这个基础很大，需要支持，但这里风险又确实很大，因为不成熟，这是从国家的政策和银行的态度来说，专业银行的态度是怕风险，反正我只要有钱给谁都行，干吗给这些小企业。政府说我要支持经济的发展，宏观上讲要支持，这也是对的，这是一面。另外一面我们再看小贷公司、担保公司来解决这些小微企业响应政府号召都是什么工程。投资或者经营这些小贷公司的可以讲50%以上都是对金融行业基本不懂的人，对借贷行为、风险控制、市场风险、信用风险、操作风险、政策性风险等等根本一窍不通，但它们为什么进入这个行业？因为它们知道，银行金融业高大上，而过去包工头谁瞧得起？现在他要高大上了，他有这个荣誉的需求和追求，进入金融行业后在他们的指导和管理下，他把贷款贷给谁是由他来决定，这是另外一面。这就形成了贷款的两个方面，第一个贷款的主体是小微企业，本身身体就不好，贷款单位即小贷公司身体也不好，都是一些江湖郎中，这帮江湖郎中去给人看病能看好几个，所以说那些小贷公司的贷款后面的催收队伍都是一些粗胳膊，即使是这些粗胳膊的公司到最后还是要关门跑路，而我们现在P2P队伍里面很多比例当中都是这些人转过来的。那么这个基础就很可怕，所以说经常会出现P2P公司跑路，不跑怎么办，这些公司它们不懂风险控制，头脑一热就把钱贷出去了，它们也不知道把钱贷出去是什么后果。

在这种状态下，江湖郎中给一个不健康的人看病，看不好就造成了目前民间借贷史上的现状，这个评价和分析大家听一听，是我自己的看法，那么红岭创投可能和它们有一些不一样。首先，这批队伍不一样，目前百分之九十以上是来自银行的，最起码不算是江湖郎中，最起码知道要去分析企业，知道风险的控制，知道《巴塞尔协议》，知道风险的迁徙，知道五级分类，知道流动性占用，而且知道去怎么做，我们当然是和它们不一样的。我们自己就应该建立起一个信息，我们这支队伍如果按照目前我们所拥有的素质，应该在这个领域能够打胜仗，当然我们还有很多的缺失，因为发展的速度太快，队伍跟不上，包括管理也跟不上，还有就是各个部门的职能、各个分公司的老总自己的定位和要求也跟不上，这些东西都是客观存在的，那么对于这些现状怎么办，担当还是逃避，我们每个人都会作出一些选择。我觉得我是选择了担当，有什么问题解决什么问题，有什么困难解决什么困难，我们一步一个脚印地往前走，如果逃避了就是失败了，重新选择了就是认输了。

所以我希望大家在今后的工作中有困难不怕，只怕你不努力，有错误不怕，只怕你不改正。首先，把认识提到一个正确的高度，然后去解决问题，眼光要看远一点，在解决问题的时候，本着实事求是的态度，是什么就是什么，包括我们现在的网页和论坛上，有很多的投资者提出这样、那样的疑问，这样、那样的想法，包括“挖掘机”挖出这样、那样的信息，实际上也没有挖出什么信息，我是一点也不担心的，我会让风险管理部门把所有的档案资料准备好。

纠正一个我们过去的认识，保护投资者的利益，难道不保护贷款者的利益吗，这些投资者的钱从哪里来大家想过没有，那些贷款者的经营一旦不好投资者的钱从哪里来，你只是指责，否认了那些贷款者在经营当中所付出的努力是不公平的。我们是要保护投资者的利益，我们网站也要保护贷款者的利益，如果你想知道什么消息就给你知道什么，但如果你断章取义，你不完整的消息影响了贷款者的经营，到时候让投资者的钱真还不回来的时候，怪投资者还是贷款者？处理什么问题都要公平，不能只是站在一边，我们平台也担当不了投资者只要投资了我们就能保证，你投资者也有自己投资的选择，投资者也是要自己担一些风险的，哪有什么是没有风险的，投资肯定是有风险的，有风险的话我们尽可能把风险降到最低，这是我们的责任，我们平台把它降到能够让投资者不受损失这样一个目标，我们把不受损失当成一个目标。

市场是最重要的，没有了市场什么都没有了，对于市场我们的分公司老总都要充分地认识到这一点，任何时候作决策时千万不要偏到一边去，大家可以有不同的认识，但最终还是要求同存异，能够找大家都能认可的这样一条道路这样一条方法，在这样的认识高度下，我觉得我们是能够统一起来的，不是统一不起来的，那我们最终所从事这个行业是市场所需求的行业，是有市场的行业，到我们经营这个行业以后，争取在这个行业能够使我们每个人的能力得到最大程度上的发挥。当然,最终取得成果会是让我们大家最大程度上的受益,包括投资者、贷款者,千万别忘了贷款者,绝大多数贷款者都是好的,那些真正还不了款的是他们经营上出现问题了。那么我们在贷款审查之前、放贷款之前,一定要审查出他们经营上是不是有问题,这个问题不是贷款者想不想、到时候能不能,不是这个问题。因为最终我们是和企业是站到一个战壕里面的。

我刚进银行时老师这样跟我讲过:对贷款企业贷款前我们是冤家,什么都要搞得清清楚楚,一旦贷款放下去以后就变成了亲家,因为你要把钱收回来,把利息收回来,把本金收回来。这个企业所有经营的一言一行都非常重要,我把自己受过的教育和大家进行分享。

市场人员、客户经理也是这样的,在寻找企业需求贷款的时候,那贷款前就是冤家,没办法我不审查你不行,因为到时候一旦出现问题我们承担不了这个责任,不单是我承担不了你自己也承担不了,哪个能承担得了,到时候这个贷款法院里搞得投资者难堪、贷款者也难堪、大家都难堪,到时候全是坏事,那么我情愿在贷款前把你得罪了也没什么,最起码我没伤害你,而只是我不贷款给你的理由。但是贷款之后就不能讲这个话了,贷款者是有问题,你不要去指责,指责是没有用的,你错了怎么办,贷款已经贷了,越搞到最后越僵,僵到以后就是走法律程序打官司了,那如果贷款单位有积极的还款来源、还款意愿的话,我们能给它重组,能帮它一把,让它站起来才是最可贵的,才是我们真正应该做的。

经济发展的细胞是企业,企业发展的核心是它的主要领导人,这个企业的核心领导人,在贷款前主要是审查他的品质,审查结果确实还可以的话,那就要帮助他了,帮助他去经营,以和为贵、和气生财,尽可能不要把别人都树立成对立面。我们现在考虑的是国家经济发展到现在这个阶段,通货膨胀,每年这个时候我们国家的 CPI 高于我们本身的货币价值,等于我们的零售物价是在提高的,是一直在通货膨胀的,这个膨胀以后特别是我们的老同志、老干部、退休人员、公务人员,他们钱本来就不多,他们的钱放到银行里,银行给他们的利率又是有限的利率,他们得不到投资所应该得到的回报,实际上是负资产,每年的资产在减少,每年的购买力是在减少,我们是要打出一条渠道,实际上国家政府也是要打通一条渠道,不要让中间这个很多环节扭曲了本来能让他们得到改革开放红利的一条渠道,要让每个老百姓都能分享这个红利,我们眼光是盯在每一个在银行开账户的人身上,让他们都能到我们这里开个账户,然后让他们能够体会到改革开放红利的回报,使那些真正需要资金的企业能够及时地拿到资金,使我们的投资者找到合理的投资方向,我们的任务是这个,对于他们的反映,对的我们接受,错的不要在意。

从过去的一个小企业现在走到一个大企业,里面的认识水平、管理内容都在发生改变,我们过去在红岭工作的同志跟现在在红岭工作的同志也要进步,也要改变,认识也要提高,你不提高的话对于现在出现的很多新的问题,你没有解决的办法,要用过去的解决办法解决现在的问题,是杯水车薪,根本解决不了,方法就不行,能力也跟不上,结果肯定不好,面临这些新的问题我想我们都要:第一条,不要偷懒。勤奋,每天人家做一件,我做十件,人家思考一个小时我思考十个小时,人家只跟客户打一个电话我打十个电话,我每天早上四点或者五点起床,一直工作到晚上十二点或者一点,你只要真的这样去做了,你肯定会进步。第二,不懂就问,这是一个新的行业没有任何参照物,只有我们自己努力地去学习,向身边的每一个人学习,向投资者学、向借款人学,向网络上、百度上学,向书本上学、向所有身边的人学,不懂就问。那就可以使我们每个人的知识、认识不断提高,那么操作能力也在不断提高。第三,错了就改,没有人不犯错误的、没有不犯过失的,真正出现了过失和错误的时候不要紧,认识到改了它就好。放下屠刀都能立地成佛,我们现在工作当中,真正出现了一些过失,只要不是主观上的问题,有什么不能改的,改了就是好同志。过失的东西就想办法解决,真正想办法解决不了的,该承担的责任担当起来,不要逃避也不要回避。再一个是想逃避也逃避不了,这是最后一句话。所以说把大家的认识统一在这个认识的高度上,我觉得我们这个队伍就会不断地成长起来,这就真正能打一两个胜仗,以至于以后能打更多的胜仗。

市场部提了几个问题给我,我总括在一起讲一下:最主要的就是说我们每天在做什么,目标一定要有,每个分公司一定要有自己的目标,如果没有目标到现在自己还报不上来目标的话,总公司就要给你下目标了,没有目标、没有任务也是检测每一个同志你的工作态度、工作方向、工作水平。不管哪个分公司,特别是已经开业的分公司,人家筹备组任务是3个月做5个亿,你开业3个月以后做了多少亿?自己想一想,有房、有车、有办公点、有队伍,开业之前都能做,当然3个月做5个亿会费劲一点,但对于好的来讲它不一定费劲,我们就把它推迟到4个月、5个月、半年,那么我们看看这些已经开业的分公司,开业半年以后你增加的有多少,自己想一想,这就是目标。这些问题分公司老总想没想过,如果分公司不想,那么总部要帮你们想,总得要有一个目标,有了目标以后就是怎么做了,怎么做就是产品、队伍、方法,那么这些东西我觉得也应该有,产品首先是总公司开发,我们从快标、议标、特标、本标到零售等等方面已经开发出很多很多的产品,现在我们的产品不算少,我们专门有个小册子,不能说我们没有产品。同样的各个分公司在开展业务的过程中也有开发新产品的任务,当地同行做得好的、现成的我们可以学过来。有了目标、有了产品,剩下就是队伍,这个队伍可以招聘可以自己培养,各个部门可以和互联网金融学院对接,保证把这个队伍都培养的什么都懂,该做什么就让它懂什么,这个条件都给你配备。人、产品、打法都有,最后就是时间。目标有了、打法有了,时间,我们最缺乏的是一个到年底怎么办,到年底还能完成多少,明年一年你们怎么办,能完成多少,这些都要有。这个目标具体的内容,包括贷款的指标、投资的指标,包括其他方面总公司各部门所下达任务的指标,到年底前能完成多少,也得有。

我们已经有16个分公司开业了,如果到年底前每个分公司增加两个亿的贷款就是32个亿,两个多月两个亿我觉得能做到。只要方法对有什么做不到的,这不是拉存款,现在有特标、议标、本标还有快借标,什么产品都能上。从目标到打法、到时间,最终也要有个奖惩,我跟市场管理部讲过:总经理奖励基金还有部分资金,当完成任务你们指标下去到年底的话,该奖励就奖励,该罚的就罚,该怎么做就怎么做,得实事求是。

今天的讲话就三句话:统一认识、统一步伐、统一行动,向红岭创投的发展目标团结奋进,谢谢大家。

——张宇总裁在年底业务拓展暨信贷工作联席会议上的讲话

10.30 张宇总裁在筹备组负责人专项培训会上的阶段性总结

从理论到实践上对市场发展，及中层管理工作的指导性建议

像我们这样一个企业，能掌握到百分之二的损失率的话，在目前这个阶段我觉得还是成功的，往下走我们肯定会越来越好。我们控制的方法会越来越多，资产质量会越来越好，虽然对于我们每个标的在设计的时候，就已经考虑到它以后会出现什么样的情况，我们怎么样去解决它，就建立好整个的生态环境。从用什么方法控制到出现问题时，怎么把它以物抵债，以物抵债后，我们再怎么换回流动性，换回流动性后再怎么把它彻底收回，就这样一条又一条全部死抠住。所以我们现在增加一个很重要的部门——资产管理部。资产管理部和银行不一样的就是，它一旦出现违约后就立马把它拿回来。不能拖延，我们不能等，不行了就直接拿过来。那么互联网发展到今天，目前这样的状况，为什么我们往前走得那么快，如此迅速地做大？因为做得越大越安全，做得越大它之间的这个互补性越强，包括在地区上的互补性，西北、东北、华南、西南它们不一样，它经济发达的水平不一样，有互补性，有继起性，房地产可能在东南沿海先起来，再一步步往西北再起来，经济发展也是它有它的继起性，一个接着一个地继起。所以像这些东西掌握了以后，把它的面上一旦布置下来，就是从空间上布置下来，然后再在时间上把握好节奏，那么在全国我们互联网金融的下一步发展就有了一个基础。

实际上我们在做什么？原生的是 P2P，是 Peer to Peer，从个体到个体，从客户到客户，但是本质上是什么？本质上是我们在做互联网银行，传统银行的存、贷、汇，就是这三个，存款、贷款、汇款。我们今天是贷款，投资支付，一样，只不过是把银行倒过来了。银行是先拉存款，先准入然后再做。我们是先找项目，然后去发动投资人。也就是借贷行为从时间上和空间上做了一

个对调，其他一样。我们审查项目和银行审查项目一样，而且我们比它们更严格，我们严格是为了对我们有益，对投资人安全上有益，能够保证这个钱用到了合适的地方，又能够把它及时地收回来，这就是快标，就是我们的产品。除了快标之外，我们还有议标，因为企业的贷款利率这么高，成本这么高，一般企业受不了，那些好的企业它也不愿意来，承受不了这么高。我们也想了一些，也学习了一些资产管理公司像华融、东方、信达，还有一些其他资产管理的企业，学习什么呢？就是它们在多大的利率空间内，在利率水平上，它们的资产的质量做到什么样的水平。安徽华融资产管理公司现在的老总过去是我的老部下，他说我们现在是 82 个亿的信贷资产，没有一笔欠息，没有一笔逾期，真了不起，全国第一。像华融这样，全国都有每个省都有，都是工行出来的，我就问他一个你们的利率水平在哪里，因为控制我不比他差，我干了一辈子的信贷工作，在风险控制上哪个环节你只要点出来我就知道，不可能有我不知道的。我问他在掌握在什么样的利率水平上，他告诉我 12% ~17%，做的全是房地产。我们要给贷款企业 12% ~17%，那么给投资人该多少？他们有雄厚的资本金，资产管理公司在从中央银行剥离的时候，很多是剥开给他们的，不要钱，国家直接给他了，他没有代价，他处理的就是他自己的资本金。

而我们多少？5000 万元，我们现在 5000 万元的资本金撑起了 180 亿元的生息资产。按照资本充足率的话，50 亿这已经是 100 倍了，180 亿元有 300 多倍，这么少的资本撑起这么大的资产。如果按照传统银行的资本充足率，我们现在 180 亿元的资产，按大的算 200 亿元的资产至少要有 20 亿元的资本金，才能操作起来，一般银行都这样，资本充足率 10%，大家都知道，现在有的是 11%，最先进的也就是 8%，如果 200 亿元的资产，我们起码要有 16 亿元的资本才能够撑得起来。我们就 5000 万元，这怎么做？财务上还得做得好，风险上还得控制得住，那么我们在一个全新的行业里面探索一条过去根本就没有过的路，我们在一点点地往前蹚看能不能走，那么我们就设计了一条底线，什么底线？所有的项目和所有的投资人一一对应，我退到底，你的资产都在，我不会跑路，我来帮你追，我还保证我有充足抵押率，保证帮你都追回来，包括你的本金和利息都追回来，只是个时间问题。同志们知道前期人民银行，国家发表了关于存款保险的问题，所有的存款者在银行里面最多只能赔到50万元，银行不都保底了，它只能赔你50万，你在我这投500万元我都保你的底，而且我还保证你连利息都追回来，这种状态比银行先进很多了。我们只要做到一一对应就行了，不要自己去自融，自己去投资其他的项目，否则会出事，你只要跟着这个项目一一对应后，又认真地去审查，我们的这个底线牢不可破就不会出问题。

中央出了这个存款保险制度以后，我想下一步肯定是利率市场化，因为它把底先留好，告诉老百姓在银行里存款也不是很安全的，教育广大的老百姓都要有风险意识，不是什么都是国家包了，在选择投资对象的时候你自己也要承担一定的风险。比方说炒股票，股票跌了没有谁去找政府，最多发发牢骚，连跳楼都没人理，自己买的股票本来就是上下波动的。存款也是一样，银行也有可能破产。大家也知道这个原理，它也有可能会破产，破产对你是会造成一定的损失的，但损失率多大，现在银行已经告诉你了，就是赔你50万元。不是比例，不管多少就只赔你50万元，果然不假几个月后，现在利率放开了，存款利率开始不设上限了，大家都看到了。那么下一步，那些经营得不好的银行或者经营得很好的银行就会在利率上开始动了。经营得不好的银行，人民银行只要对它的再贷款和存款准备金一控制，这边一提款，一旦支付不出来，它就必须提高利率，不提高利率，就无法生存了，老百姓拿不到钱了，同业也不会借给它。对所有银行的评级，巴塞尔III里面所有的条款都开始起作用了，那是市场经济了，国家看到你这样不给你再贷款了，或者把再贷款利率提高，这就是你的经营水平了，如果一个银行没有经营好那就是垮台，也没有什么办法。那我们等于先行了一步，我们在国家出台这个政策之前，我们董事长在2009年就做了这个原始形态。

那我们在接下来的时候就要把理论的思维跟上去了，怎么样跟现在的金融形势能够结合起来，我们能够把这个事情做好，这就变成这样一套东西了。在座的每一个人都会作出这样的预测，破产以后必定有一批老百姓只能赔到50万元那么这种心理的预测就会使他们找其他的投资机会，那么其他的投资机会互联网金融就是一个方向，所以说利率的下降是为了选择那些比较好的企业。把那些好的企业选进来，我们的风险就降低了，然后我们的违约率就会降低,违约率降低我们在管理上的成本就会降低,我们就有更多的时间去发展更多的业务,这是我讲的一个方面。另外一个方面,身体不好的都是些中小企业,是刚刚开始创业的,大家听到很多的舆论,中小企业融资难,融资贵。各级政府凡是能解决中小企业融资难融资贵的问题,都给予支持,但是支持什么呢?我想是言语上的支持,认识上的支持,其他什么支持也没有,没有任何动作。大银行不愿意贷,为什么不愿意贷?风险大。很正常,风险大它不愿意贷,为什么风险大它不愿意贷,它还能活下去?因为还有很多国有企业,身体好的,国家垄断了的企业都在它那贷款,而它们的存款也在那里,在国家规定的垄断利率下享受着垄断的利润。现在大量身体不好的企业在这个市场上,一天到晚嚷嚷着融资难,融资贵,这很正常。那怎么办?政府又放开另外一条,允许成立小贷公司,成立担保公司,给它们的口号就是解决中小企业的融资难融资贵的问题,就让市场你们自己去解决,我们再看这些担保公司和小贷公司是什么样的角色。

我在清华讲了一年的课,我给云南的一个小贷公司董事长班上课,他们都要拿 MBA 证书,都是董事长,60 个人当中有 48 个人的履历我一看,48 个人出身于房地产商、钢材商,还有一些是做贸易的。我们可以得到一些什么判断呢?这些房地产商是怎么出来的?过去多数是包工头,包工头包了一单工程,到后来政府支不出来钱,就说划块地给你吧。包工头他不愿意要,无可奈何要下来了,哪知道他正好碰上了中国的经济在崛起,城市化的建设在加快,改革开放的这样一个环境,那块地涨价了,房子也在涨价,结果他富起来了。还有一些煤老板、倒卖钢材的,他们都赚钱了,赚了钱的人就想投资,做金融。正好我们国家允许做小贷公司了,这也属于金融界,一下进了一大批。那这帮人如果从医生的角度来说就是江湖郎中,江湖郎中能把本来就有病的人看好几个?那些融资难,融资贵,身体本来就不好的中小企业能被看好几个?它能看好几个是偶然,看不好是必然。

现在大量的小贷公司破产,大量的担保公司一片一片出问题。包括现在很多的 P2P 跑路的,关门的,很多都是当时的小贷公司看它不行了不能赚钱了,我们再弄一个这个吧。到最后,他一个江湖郎中根本不知道这里面的经济规律,他能融到一点资了,觉得自己也能投资,做房地产,也就是自融。

那一旦他的资金链不说断裂，一旦收不回来，后面投资者马上问题就出来了。这很现实，江湖郎中看身体不好的病人从本质上就很难看好，但也有看好的。那我们能这么做吗？实际上，我们的起步也是这样，当然我们有另外的转向，我们向个人方向上转，我们做车贷，抵押。这些方面可能稍微好一点，但是本质上的整个惯性没有改。红岭创投必须把身体好的企业弄进来，这是我们的方向。哪怕利率降到再低，只要投资者愿意承受，就要把身体好的企业弄进来。我们有三个上市公司大家都知道的，昨天还有个很大的，四个亿的，在国内知名的房地产企业也挂进去了。马上就有舆论出来，说红岭创投向银行进攻了。这不是进攻，我们不向任何人进攻，我们只想生存。我们这个行业要生存，就必须把身体好的企业拿到我们这边来，我们当保健医生。保健医生当然好当，他身体本来就好，我给他吃点感冒药就好了，那些本来就很严重的病患，要开刀手续很复杂，医生水平又达不到于是肯定会有问题。这样的现状和分析来看，我们从快标就出现了议标，从议标又到了特标，特标就是跟大众一起，国有的，上市公司，优秀的公司。我们讲国有企业的领导水平都是很高的，在过去来讲国有企业的领导都是我们这个民族里面优秀的骨干，就包括我们的共产党一样，中国可以说百分之七八十的中华民族优秀骨干都在共产党里，这不得不承认，那么他们经营企业的水平，一定比那些江湖郎中要好，它拥有着国家的垄断资源和垄断行业，那它经营出来的企业风险就是小一些，我们检查的时候至少它的财务报表是完整的，真实的。现金流的进和出是清楚的，而有很多的小企业没有哪一个财务报表是真实的，如果你需要它真实的财务报表，那得费很大的劲，这样的企业没有办法管理，后面的后遗症也会是无穷的，所以说我们出现了特标，特标首先它的干部队伍是好的，管理它的人是负责任的，更重要的是它有国家的信用，一旦出现违约不还 P2P 的钱了，不还投资者的钱，你看这个社会是什么反应，它敢吗？它不敢。所以只要投资者愿意投它们，我觉得这个风险就很低了，因为企业本身性质，和它的管理水平，垄断资源所决定的。现在我们的特标发了以后发不出，正常。到底多少能发出？要取决于投资者，投资者现在的量还没达到，因为这是一个发展的过程，我们就要在投资人这边下工夫，我们现在整个网站上 70 万人左右，而银行的客户至少有 7 个亿，他们享受的活期利率是零点几，一年定期才一点几。

我们拿下来万分之一是多少，七个亿的人百分之一就是多少，或者百分之十是多少，可以算出来。七十亿减去个零头都没有，这么大一块蛋糕我们都还没动，但是现在我们的影响越来越大，在银行的存款者心理开始慢慢地动摇了，国有的政策也可以说动摇了，他们要寻找新的投资机会了。我们董事长创造了本金先行垫付，那不是担保那是一种姿态，我们解释为一种姿态。就是没有了，我们也帮你追，绝对不让你吃亏，一定让你安安全全的。而且我们的利率在下行，但是我们比年化收益率零点几和一点几的还是高很多了。银行现在实际上是负利率，CPI 每年至少 2% 以上。我们现在的年化收益只要在 10% 左右，我觉得还是具有优势的。陆金所是 8.61%，也是很紧张，他们主要是有平安银行的支撑。

现在我们没有别人的支撑，但是我们的规模在扩大，做到一定大的时候，自己本身的造血功能就有了。我们自己有造血功能，这个问题就解决了，就不用怕了。现在我们信贷工作当中，特别是筹备组当中，还会碰到一些没有办法放的贷款。既不符合特标，也不符合议标，又不符合快标的条件，怎么办？上本标，所有条件都具备，但是我们不垫付了。这样我们的负担就很轻，让这些贷款企业和投资者直接在网站上签协议，我们注意维护和记录就可以了。这样一来，我们就应该没有什么贷款是不能贷的了，只要他愿意，如果没人投也不是我们的问题，是利率不合适，你可以升也可以降。

现在我们把一个特标从 9% 调到 11.5% 马上就行了，而我们过去不到 17%、18% 没人买，现在 11% 都能卖得掉了，13% 开始抢了，15% 更多人，到 15.5% 排队都要排上半天。我们在走的是利率市场化的路，现在就是要一步一步把利率试出来。马上我们研究所就要出一个红岭指数，这个红岭指数就是我们现在中国民间借贷的行业，包括 P2P 行业每天的资金价格，包括一年期的，半年期的，流动性的。同样里面还包括一些银行的指数，也给大家做一个比较。这样我们研究部门给投资者做一个参考，投资者就知道该怎么做了。所以我们从传统的银行讲到今天的互联网银行，把银行倒过来做。为什么这样？我们的前途应该讲是一片光明，只要大家努力，只要大家动脑筋这个市场是非常之广阔的。我们都是全国各地来的，大家很辛苦，有的筹备组筹备了很长时间，到目前为止事倍功半，没有达到开业的标准。我有时候也很痛心，怎么会这么长时间然后做不下去，或许有一些是我们政策上的问题，或许有一些是我们管理上的问题。我也在反省，怎么样使我们的筹备组，想从事互联网金融行业的这些同事，能够有好的机会，能够有好的平台，能够付出他们的努力后得到他们应得的回报，我经常在想这个问题。

我又在想另外一个问题，我们今天先要把这图纸画好，画完整以后才能开始施工，如果让大家都伴随着我们都在探索中往前走的话，那太辛苦了。当我们把图纸画完了以后，我们再在一起去施工，这就变得简单多了。施工当中我们首先要有工具，有产品，有方向，这些东西拿出来。那就是学习，培训，如果想要打大战，如果没有培训机构，没有这些队伍基础的话，不可能打大战，打不起来。北伐的胜利，有黄埔军校，就连我们共产党的胜利，延安还有一个抗日军政大学。干部的培养、干部的交流是非常重要的。让他们能够经常在一起有所交流有所学习，有所提高。我们产品有了，要培训到每一个客户经理，拉客户的时候怎么去拉，如果他连这个都不知道，他就做不好。

我们筹备组的组长们，他要把自己的业务完成，要知道怎么样去建立自己的构架，怎么样去开拓市场，怎么样才能把业绩做上去。我们要培训，当然我们来的这些同志都是从银行过来的，这些素质基本上都还是有的。但到这个行业来，大家都是新手，我也不例外，我也是新手。我跟你们打交道到今天，我也认可你们，因为我也见过很多小贷公司和担保公司，你们比他们还是强多了，基础还是好的，有的可能很好。我们到一起以后一定能做出一些别人做不到的事情，能够为我们自己铺出一条光明的大道。在去年我们就成立了互联网金融学院，对于人的培养，对能力的培养要跟上，如果不跟上，完全靠其他的方法，在这个地方学一点，在那个地方学一点，或者街头巷尾听一点，或者自己漫无目标去学一点，那太慢。所以我跟我们互联网金融学院的孙院长讲，以前我们当互联网金融学院是红岭创投的培训机构，只是负责培训任务，各个部门提供需求，需求以后安排培训计划。包括大学生的培训、专业部门的培训等等。现在我给它加了个行政职能，就是红岭创投的培训部。

我们干部、员工的质量的提高你有责任，如果没有把他们培训好，我就要找你。如果你没有培训他是你的责任，如果他不学是他的责任。今天早上开会我还在讲，我们要培训每个分公司，不同专业的，不同层面的培训，上下左右全都要培训。我们自己老师不够，我们到外面去请。我们中间有经验的可以先相互交流，大家相互体会，相互借鉴，相互学习。把实践当中的知识能够总结出来，在这个培训结束以后最起码要学点干货，要有点启发，回去后要知道我们在做什么，我们怎么去做，我们遇到了困难该怎么办。从实践的高度自己都要有套办法，而不是束手无策，不是单纯地在等待。等待的时间不是别人的，是你自己的，也是我们的。我在对于互联网金融和传统金融之间的区别和一致，这个方面的认识是我今天讲的第一点。第二点，如果我当筹备组长，我们在一生当中都组建过一些新的企业，都组建过一个新的部门，哪怕再小的部门，都独立地做过一件事。我也跟大家一样，我在安徽组建过合肥工行的房地产信贷部，我组建过国际业务部，组建过信用卡部，组建过信托公司，组建过经济信息咨询公司，所以组建我是知道的。到深圳以后组建过佛山分行，另外，大连分行，我把珠海分行扭亏为盈。那么在组建过程中有些什么问题，在筹建当中应该注意些什么问题，我也想跟大家做一下交流，这个交流不一定适用，但是如果能给大家一个启发的话我就觉得很有意义了。我们知道物理上有串行和并行，串行就是一个点一个点地串起来，有甲，才会有乙，有了乙，才能有丙，有丙，才能有丁。也就是没有甲，丁是实现不了的。就是做一件事情是为下一件事情做基础的，这叫串行。还有一种是并行，可以五个点同时往前进，大家相互都不影响。我觉得在我们筹建当中这种知识很重要，我们的筹建组长你每一天考虑几件事？考虑一件还是两件，还是考虑 N 多件？我觉得你的脑子里先得考虑 N 多件的事，尽可能枚举出所有你应该做的事，然后把这些应该做的事交给应该做的人去做，自己去做那些最重点的，你的位置应该是在最重要的部分，其他都有人去做。而不是一天只做一件事，那样就会很慢，这是个物理上的原理，我们在工作上也是这样。

我举第一个例子，我到佛山的时候，两个副手原来都是一般的干部，到我身边以后跟着我到最后两个都是副行长了。我把筹建过程分为三块。第一块，拿到批文后的硬件部分，什么叫硬件部分？找房子，装修，电脑，办公用品。所有看得见摸得着的部分都是硬件部分,这让一个人负责。第二个部分,软件部分。软件部分是什么?招聘、培训、制度等等。手拿不住的东西,感觉上,意识上的,规定上的东西叫软件。第三块,统一的东西,就是综合的东西。那就是跟人民银行、中国银行、当地政府打交道。完全是来来往往,上上下下,综合的事情。我就把工作分为了三块,分别让三个人负责,进度就非常之快了,每个人都有每个人的任务。每天晚上十二点钟的时候碰头,大家有什么困难一起商量,大家再一起往前走。这里在软件部分就出现了问题,就是第二部分的事。在开业之前要到很多部门去审批,领取工商执照,列入编制,计划生育,装修的报建,装修的消防,一大堆事情。我算了一下要跑26个局,如果从下面的办事员开始算起的话,就一件事情你跑得再快都需要一个月。那二十几个局,需要二十几个月。不能两年以后才能开业。抓紧时间也至少要一周,一周算的话也需要二十多周,这样也要半年。没半年也开不了业,所以说一个机构半年开业大家认为是正常的。我去佛山的时候就三个人,就拿了纸批文。所有东西搞定我用了43天,包括所有东西在内。怎么做到的?不是二十几个局吗?我到市政府找到副市长,我们深发展到这个地方来,希望能得到政府的支持。政府态度很好,你们做什么我们都支持,既然欢迎你们来了肯定支持,你想要我们做什么?我说简单,帮我们开一个市长办公会。他说什么内容,我说什么内容都没有,就是我们要批这么多个部门,你让二十几个局的局长全都来,到这汇报一下,只要十分钟,他们点完头就结束,就这么快。他说行啊,什么时候开?我说今天下午。他说今天下午来不及,明天上午开。然后通知二十几个局明天上午开会,在政府办公厅会议室。去之前,我把要在二十几个局办的事情列了一张表,打印了五十份,买了二十几张卡作为小礼物。

第二天上午十点钟,大家都到了。市长先讲话,之后我开始讲,先表示感谢,佛山市人杰地灵,需要得到大家的帮助,我们希望快一点得到大家的关注和支持,我们这有一张表是你们要解决的问题,希望能够解决得快一点。市长让各局局长表态,都同意了。市长问我然后怎么办,我说,给我发一张市长办公会议纪要,其中包括多少局局长参加了,解决什么问题了。下午他给了,我交给我们分管软件那部分的人去跑。于是一周全部搞定,这就是并行和串行的关系。那我们在发展客户的时候可不可以也用这样一个原理呢？全世界的资源都是你的资源，关键是你有没有本领把它调动起来，这是你的本领问题。你有什么办法能够让市长为你服务，这是你的能耐。从什么地方做起？我们需要项目，我们的分配制度是具有竞争力的，包括对市场人员的提成和奖励制度还是有一定吸引力的。首先看深圳有多少家信贷银行，包括小贷公司也可以，结果统计上来2000多。我说把他们的电话号码全拿来，把我们要做的事情告诉他们，他们可以兼职，把他们做不了的项目拿到我们这来做。深圳现在已经批了十几个亿了，这就是批量的方法了。我们哪个城市不能这么做？我们每个城市都能这么做。而我们的筹备组长通常使用的太少了。北京市有一万多名信贷员，如果一万多名信贷员都知道我们红岭创投，没有风险他们能拿到几十万元的提成，他们肯定帮你，他不犯法，我们也是在合适的制度范围内的。问题是你有没有这样去实施，你们手里面有没有这么多电话号码，这些原始要素的取得是靠我们在工作中一点一点地积累过来的。

这是第一步，第二步是多少小贷公司，它们那只要能放的东西，我们全都能放，只要把风险控制住就行。一个个去联系，从他们的总经理到他们的信贷经理都行，他们项目多了反而没钱，那么项目到我们这来，我来帮你做。担保公司有多少个？一个个列出来，分成块，你就有方向了，然后你的队伍就知道，我今天有多少任务，要跑多少个单位。地毯式地扫一遍，还没扫之前，一对一，点对点的工作肯定做不过来。保险公司经常是扫街，我们筹备组谁做过这个扫街的动作？可能有，可能没有，有可能正准备做，有可能还没想到，这都有可能。我们有产品，有市场，有政府的支持，有总公司的后盾，有这样的培训力量，所有东西都给了你们，有这么优秀的平台。这么好的机会，如果还做不开，再思考下是什么问题。只有一字，懒。我讲过人跟人没有区别，人跟人的区别就在于谁比谁先认识到自己是个笨鸟，我比别人笨，人家做一遍，我做十遍。人家跟客户一天只打一个电话，那我打三个电话。人家一周跑一个客户，我跑十个，我就不相信我做不好。别指望哪天天上掉下个大馅饼来，突然哪天碰上一个高人贵人，想这个东西就没用，贵人和高人都是你自己。关键是你自己看到了该怎么样去做事，怎么样去做人，这个很重要。

当你认识的高度提高到了这个层次，你的行动就会发生变化。当你发生变化你的方法就来了，当你做不下去的时候就别做了，一定是方法出了问题。当你把方法弄对了后，一切东西都会大踏步往前走。我经历过很多这样的事情，一开始很纠结很难弄，但是到最后一旦走开了以后很容易很顺利，再解决的问题就不是原来的问题了，再遇到的问题就是新的问题了，你克服了一个问题你就进步了。在红岭创投分公司的老总，筹备组的组长们如果你们真正的站起来了以后，就会感觉到成功有多难，成功以后你要想再成功你就要想受多少苦才能成功，我讲过一句话，他们有的人很欣赏，成功过的人再成功就会比较容易，因为他知道成功一次要付出多少，那些没成功的人第一次成功往往很难，毛主席讲过有时候有利的情况会主动出现，在坚持一下的努力之中，就是你再坚持一下就过去了。因为你不知道前面还要走多远，你恐惧了，你退却了。但到底你要走多远才能上得去，我也不知道。但是我告诉你，只要你努力往前走，你的方法只要对了，成功的可能性很大。不管你是在红岭创投，还是蓝岭创投，还是你自己去创业，都要过这一关，这一关你非过不可。你在哪过都一样。当你过了这一关你就到达一个新的层面了。到了一个新的层面，你又会有新的环境和条件。那你朝着新的目标再往前走，因为我自己就是这么过来的。我知道成功要付出多少，最简单的就是你一定要比别人要付出得多。你如果不付出得比别人多，你就不可能比别人强，没有那么多的天才。我就不相信天才。第一个就是在市场上怎么开展业务这个就是基础，用并行和串行的概念怎么样把市场打开。

第二方案就是中层，就是你身边的，你可以指挥得动的，你的助手，你怎么可以让他们都变成你。跟你有同样的理念，大家一起做的时候，这个事情就好做多了，大家还可以互补，大家还可以相互间的讨论，大家还可以相互之间的安慰。一帮志同道合、相互支撑的朋友，伙伴。我到红岭创投，经常讲的话就是，我们现在是一伙的了，我有什么你们就有什么。你们只要愿意，我们大家一起努力。我相信只要大家一起努力的话，一定做得比我们单个人更加成功。一个是你自己，一个是你身边的人，第三个就是广大的你的队伍。你的员工，和你外围的员工，兼职的员工，这些社会资源都属于你的，他能帮你,协助你,能够提供有利的方案,或者是有力的措施,有力的支撑。这些东西完全在于你们这些领导者是如何去领导。这就是如果我当筹备组长,应该怎么去当,怎么去思考这些问题,怎么样组织一个团队,怎么样和大家在一起,怎么样去分析这个市场,怎么样去一步一步地落实。

有了这些人以后,我们要有武器,这就讲到第二个方面了。武器是什么?就是产品,我们的产品现在很清楚,我们有一个小册子,让他们把这个小册子看一看就知道我们有什么产品了。这些产品里面需要什么样的充分必要条件,需要怎么样去推销,包括我们的模板,什么东西都有。如果你们在那边,没有时间培训,你们可以提出申请,向我们孙院长提出申请。然后我们定期弄一些这个方面的培训方案,使我们一线的这些员工们能够得到这些培训。因为这些培训很简单,就是什么产品,应该怎么做。模板怎么填,企业审查怎么进行,这些基础的东西,基础学历上的东西,综合的东西,提高的东西,那不是一天两天能够掌握的,那是需要时间积累的。特别是我在金融学院讲的三门课,那是综合知识。那个知识要建立在已经有了很多知识点的情况下,他才能够听得懂,他才知道怎么去运用。一开始跟他们提他们不一定能掌握,但是要知道要掌握这几样东西,这三样东西都是相互有关系的,是我做一辈子信贷工作总结出来的。信用评级是对一个企业资本概念的描述,就是这个企业到底是好的还是坏的,还是中间的,处于什么样的一个层级里面。这需要靠信用评级来评估它。24 个指标,牵扯到 60 个亿元的公司,通过定量和定性的方法来一一判断,最后得出一个总分,划分为 AAA,AA,BBB,BB,B,这就是对一个企业整体的描述。当知道一个企业是好还是坏了以后,第二个过程就是这个钱是用去干什么。那么钱投入的对象就是项目,只有项目。对这个项目的评估,投入产出,建设期,回报率,内部收益率,敏感性等等,进行一个综合的分析。这个分析能看懂所有的项目,看懂以后你就知道钱投入到个项目以后是不是能够达到它的回报率,是不是能够高于百分之十二以上,是不是有这个还款能力,你就知道了。

第三个问题是供应链,供应链融资为什么现在这么火,就是它脱离了抵押和担保之外,看似信用贷款,好像很容易做,不需要抵押,但是实际上还是抵押贷款,它所不同的是,用我借给你的钱买的东西再抵押给我。供应链就是这样的本质，不管是煤还是油，还是钢材，还是汽车，都一样。你买一个汽车等于你的汽车抵押给我了，当你的汽车卖出去的时候，你的钱就还给我了。这个最大的要点就是货跟钱的无缝对接，不能让它脱离，只要一脱离就完蛋，所有的控制都在我们的手上，当我的钱出去了，货一定在我手上，当我的货出去了钱百分之百在我手上。这就不会出问题，这是供应链的核心。因为供应链就是我做起来的，现在全国都在学，没有几个人能想到是这个核心。今后我们要是真正做大了，这项业务肯定是要铺天盖地，因为这个好做。但它的对象一定是畅销的产品，这点很重要，如果是一个积压产品就别做。这个货积压在你这，卖也卖不出去，谁也不要。但是畅销的货，总是有的，每一个阶段都有。有些东西永远都是畅销的，比方说石油，最起码十年八年不会有问题，哪个车不烧油。还有一个阶段的煤也没有问题，现在，煤是有点问题，但你把它的折打到一定程度也没问题，反正它有下家接着。还有很多的产品，包括手机，电脑，还有包括我们现在所消费的很多很多，包括矿泉水，都可以做。就是货和资金不停地移位，做到无缝对接。我讲的这三门课实际上都是在信贷员的最高阶段，他可以独立去运行各种东西了以后，应该掌握的知识，到了这个阶段的话，那他在信贷市场上可以说是游刃有余，没有他不能做的东西，他一看就能知道问题。所以在做项目评估的时候，最后这个项目是可行的，但是要满足几个条件，这几个条件就是在项目审查过程中所发现的缺陷和不足。缺陷和不足如果达不到，那这笔贷款就不能放。

在西方经济学中，有个市场均衡理论。市场均衡理论的核心是什么？就是所有生产出来的东西都是能卖得掉的，没有卖不掉的东西。只是有不同的价格，在不同的时间以不同的形态卖。这个矿泉水卖不掉了，没人要了。这个塑料瓶子可以当废品卖掉。汽车卖不掉，如果当废铁也能卖掉，只是价格不一样而已。这是西方经济学的理论，那么我们也一样，不能贷的贷款，它只要符合我们的条件都可以贷，那么我们就要去让企业创造这些条件。它能创造好这些条件，我觉得那就能贷了，而且一定要做到无缝对接，这个不能有一点疏忽。一旦疏忽了，操作型风险就出现了。从理论上到实践当中，这也是我从工作上所总结出来的一些体会，说出来跟大家做一个分享,分享了以后希望能够让大家有启发,我也就开心了。刚才讲了我们的对象应该是谁,有些对象是直接对象,有些对象是间接对象,还有对象是间接对象的间接对象。那中间它有个链条,那么源头在哪里,哪里都是源头。供应链金融是怎么开发,是怎么起来的。

我有一次到深发展的广州分行做工作检查,在开会的最后留了一些时间给大家提问题。其中有一个客户经理就提了,他说张行长,我们现在要怎么去发展客户。我说,你手上现在有没有客户,有客户就行。他说有三个。我说不要三个一个就够了,你把这个客户抓住两头一捋,一个供方一个销方,三个客户出来了。你再这么一捋,又出来两个客户。这么捋下去的话一个供应链就形成了。而我们的资金整个就在这个链条当中,你可以从一个很小的企业拉到一个很大的企业当中去。所以去发展客户也是这样,既要有从面上的,并行式地一起往前走,也有从点上的,串行式地往上走。这两条路一旦走出来就形成立体的了,从物理上能看到这个形态,可以描述出这个形态。所以对象并不难,还有 N 多个节点都会帮助你去发展你的对象,就是你的客户。无论是投资的也好,还是贷款的也好。第三个就是队伍,也是我们关心的问题,队伍问题你可以有专职的,你更多的问题应该是去应对那些兼职的,因为我们现在的鼓励政策非常好,不要身边放很多人,大部分放在外面,而且不一定让他们脱离他们之前的岗位。这样一来他也很安心,专心想帮你做事的人,会有他的本事,挤出时间。他坐在他的办公室里,他会来帮你考虑的。你最终要的是他的智慧,不要他坐着给你看。他的结果出来了那就正是我们需要的,只要他帮你这么做了的话,我觉得就是一个很好的员工,很好的队伍。你要做地下活动你就做地下活动,地上也有,空中有,水里也有。它是立体的一支队伍。你如果有这样的思维,你的业务和你的队伍也就大了。

最后讲到一点,我们现在都是一伙的了,我们大家并不是一定要在哪个企业里面怎么样,因为我要告诉大家的是互联网金融是一个新的行业,这个行业足以让我们在座的每一个人包括我自己,去施展自己的身手。而我们这支队伍,包括我们参加听课的所有同志,都是这个行业的先行者。这是一段历史,你们既是这段历史的参与者,也是这段历史的创造者,非常光荣。

刚刚才开始,这个行业本身都还没形成,一些兄弟的P2P公司,包括e租宝,陆金所,人人贷,说它们这样那样。你们都不要说它们是我们的竞争对手,它们都是我们的战友,一定要有这个思想,不要把别人都看成对手,要把它们看成伙伴。为什么?因为这个行业根本就还没形成,它刚刚才开始。像陆金所费那么大劲,每天增加投资人。那些投资人都是傻瓜吗,他一旦决定要投陆金所以后,他不会到网上去看看,其他的,相同类型的,网贷公司的利率吗?和安全性吗?和方便制度吗?他一定会去看的,就像买东西有个货比三家。但他们所拉的客户都是互联网金融的客户,同样投红岭创投的也会去看陆金所。那么最终我们跟他们比的是什么呢?第一个,把基础建设做好,再一个,不能让老百姓吃亏,一定要做到这一点,这个才是常胜不败的一个法宝。老老实实,踏踏实实地做事。行业之间大家都会遇到同样的困难,你现在指望一个行业给我们帮助,不可能。它现在不干,为什么?它现在把我们看成是另侧的,它们感觉我们不正规,或者没身份,什么都没,不跟我们玩。我们还没批文,它各种各样的想法都有,但我们不这样看,这个行业还没形成,这个行业一旦形成,那个排山倒海,传统的银行业将会遭到巨大的挑战。就拿利率来讲,存款的路线就会发生另外的变化了,先有投资后有企业的存款,变成这样了。

那我们同业之间的相互关照,哪家出现流动性风险后,我们可以把它的优质资产拿到我们这个平台上来发标,来解决它的问题,相互之间都可以这样做,打开了这样的思路。在这个行业还没形成之前,相互支撑都没有。商业银行有同业间的拆借一样,我们这相互之间还没有同业拆借,为什么呢?因为太小了,它自己都没办法活。真有几个大的起来了后,统一了这个认识,这个流动性风险我们自己就能够解决。我们的人民银行就是老百姓,老百姓比天大,最大的就是老百姓,他们只要决定做一件事情,这件事情就一定能成功。所以我们的同业还没形成,我们都是朋友。对其他网贷企业你们要友好一点,特别是在外面弄筹备组的,以后我们都会跟他们联起手来,都会变成好朋友。

遇到困难时,我们都会相互帮助,在它的网站投资跟在我们网站投资,那是取决于我们自己做得怎么样,而不是去压别人,或者是去损别人,所有那些损别人的人我打心眼里面是不会重视他的，因为他的胸怀不够，他想要做大的基础不具备。我们就一定跟大家都是朋友，跟银行也是朋友，因为和气生财，大家都好。那明年，我可能要去收购一批 P2P，这完全有可能。它们危机的时候，有没有优质资产，拿到我这来帮你发标，把你给救起来，救了以后你就变成我的子公司了，就放在分公司下，当二级分公司就够了。这个动作一旦做开，可以做得很大，有资本的集中。我们现在做的是资本的集聚，那个叫资本的集中。但今天还没到这个份上，还没有到这个阶段。到这个阶段后，后面还有很多的动作。有些我们已经提前行动了，有些我们还没有，那我们就要一步一步地来。现在我们的互联网已经成立一年多了，做了很多的工作。但是我们筹备组的培训是第一次，我觉得下一步我们的动作要开始加快了，这边的基础已经基本上建立了。各个部门都已经建立了，它们都还在发展，都在自我完善。但是我们筹备组这一块我们也要抓起来了，抓起来以后只要愿意努力的，我觉得都有希望。

——张宇总裁在筹备组负责人专项培训会上的讲话

10.31　中国社科院专家组调研会议上的阶段性总结

关于出台监管制度和对流动性支持的看法

因为现在就目前来讲，这个互联网金融行业还是没有规范、还是没有监管，现在的监管就是经侦监管，第一你有没有违法，违法主要就是非法集资，还有就是一般刑事犯罪，行贿受贿这一类的罪。但是对于我们这个行业来讲，最明显的就是非法集资、非法吸收公众存款这类事情。其实我们是警觉的，所以我们所有的标的全都是一一对应的。还有就是讲我们要是垫付不起怎么办？我想我们也有一道最后的防线——一一对应，资产全在里面，而且都是有充足抵押物的资产，从金融的角度理解成为流动性占用，流动性占用而不是不良资产，因为它只是个时间问题，最近人民银行提出了商业银行可以拿信贷资产去换流动性，这点我们金融所的应该知道，实际上对 P2P 行业对我们这个行业同样打开了一个缺口，我有良性资产也应该能换回流动性,我有充足抵押物的资产也一定能够换回流动性,不管从理论上还是实践上都是可操作的。中国的资产证券化,我们搞金融一辈子都知道,是步履艰难、步伐很慢,到目前为止资产证券化都没有一个标准,实施细则的办法没有,份额怎么分、期限怎么定、哪些产品可以进入,这些都没有。但是,资产证券化恰恰是市场经济这样一个环境下必不可少的、对所有的资产进行流动性驱动的一种行为、一种专业,中国没有。这个事情很麻烦,所以造成银行有些不良资产不是不良资产,是根据国家的经济周期来的,经济上是有周期的,资本主义经济危机,多少年就有一次,因为技术要改革要升级了。

国家的指导经济上,可能某一阶段指导经济上有这个倾向,包括在战略时期、建设时期、在和国外协同时期,有很多不同的时期,主要是经济政策不一样,经济政策不一样对整个国家的经济趋向会产生影响,经济趋向产生影响会导致哪些行业好一些、哪些行业不好一些,那就会造成在哪些行业里资产流动性强、哪些行业的资产流动性差一点,比如房地产,房地产出过几次流动性麻烦的,但是收了,然后过剩了就出现流动性问题。但是过一阶段它又过来了,为什么呢?就是流动性的问题,因为你买了房子只要房子是资产、只要想把它变成钱,在发达国家你随时都可以变现,各种形式都可以变现,这是你的住房、这是你的东西。那同样我们的贷款放出去,我们给银行抵押的这部分资产,它只要真正有这个足值的物品在这个地方的话,应该随时是可以变现的,而这个变现的工具在我们国家没有,只有把它们卖掉,卖掉哪有这么多钱一下子就可以买下来,国家也就是发货币,发货币是最蠢的,但是就是这样做了,前面 4 万亿元就这样出来了。

涉及经济深层次方面就是流动性的问题,只要流动起来就没有问题了。根据消费递减规律投资是永远有的,经济只要发展,项目是永远有的,投资永远有、项目永远有,那么交易就是永远有,即便遇到问题也仅仅是流动性问题,就像投资者只要能拿到他那一部分比一般投资者高一点的回报他就愿意,这是第一点,第二点就是要安全,投资者主要关注两点,一是投资收益二是安全,要是这两点做到,投资是源源不断的。那么如果我们在一个平台上投资的收益能准时拿到,然后能按照他的想法及时变现,谁会不乐意呢?这时候就要担心是不是平台的问题,平台是什么问题?平台就别拆东墙补西墙,是不是有这么多资产在这,否则就产生庞氏骗局,就这个问题。所以我敢跟你们讲我们的资产是一一对应的,不存在这样的问题。

我们每一笔贷款都是打五折以下,就是评估以后的价格,抵押物都是五折以下的,为什么是五折以下,这就涉及我们的法律周期。我们谈起诉一个案子,到这个案子判决下来、抵押物处理掉,需要三年。那么三年当中,这个流动性怎么办,这个企业不还钱了,我们起诉了抵押物判给我们了,我们要处理这个抵押物,整个过程要三年时间,而投资者投资的时候只有一年,到期投资者就要拿走,不拿走的话我每个月都要出利息,那么这个钱我从哪来,整个就是这个问题。这个时候解决这个问题的办法只有一个,就是流动性办法,流动性办法是打五折的,比方我们每年支付给投资者 15% 的利率,那么三年就是 45% ,我们五折三年以后还能打平,还有 5% 的空间,这就要求我们的法院部门要研究新的方法,针对这类问题的案子期限最好不要超过三年,已超过三年对我们企业包括对我们国家整个金融界都是一个灾难,对整个经济界都是一个灾难,这就是实质上怎么样让发展速度上去,实际上不难,只要求法律的保障,这个问题是能解决的。对于社科院的老师们来我们企业调研我要补充的就是这几点,我们是想很认真地在这个新的行业做一些探索、做一些实事,如果能做成算是我们从事金融的人一辈子回馈社会的一种愿望,如果真没有做成,我们主观上尽力了。

我在上次在人民银行的支付清算会议上发言:第一我盼望政府方面的监管,第二你让我怎么做我就怎么做,第三你不给我做我就回家。你政府不管,然后我在往前做的过程中,为了维持老百姓和社会的安定,有些东西变形了,任何有生命力的东西,就算是棵黄豆芽压在石头底下,压住之后也会在边上长出来,出来以后并不一定是坏东西,但是它跟你原先主观想象所设定的不一样,这就是新东西,我们在目前的事业当中经常遇到这样的问题——没有规定,怎么办?那我们就找一种规定,反正我们个人利益别牵扯进去,这是第一条,所有的个人利益别牵扯进去,是为了社会的稳定,是为了这个网站的稳定,是为了老百姓的安全,从这个角度出发。只要这个角度不出错,其他方面真出了一些偏差,我觉得领导部门、监管部门是应该能理解的,你们可以查,我们留下这么详细的记录就是备查的,所以我盼望着你们来监管。

所以从董事长到总裁这批高管是真实地想做一些事情,即使做不成我们也是尽力的,在我们整个业务的发展上我们主要的方向就是:互联网的到来是我们大家都没有想到的,这是一种技术的进步,对大家提供生活和工作上的条件是这么方便,现在的应用方便已经让人离不开它了,现在所有的思维所有的工作如果离开了互联网就注定已经脱轨落时了,互联网已经成了我们全社会的基础设施,谁要离开互联网就注定落后了,必须所有的思维建立在互联网上才有可能往前走。在这样的条件下,金融行业也一样不例外,也是在互联网的基础上,新技术大家都会喜欢,最方便的包括我们现在在座的老师,如果大家所有的行为都能够通过你的手机按几个键就解决了,就不会再找其他的事情了,因为它太方便,包括滴滴打车、淘宝现在的投资、红岭创投,这样一来我们的空间也是非常大。我给我们今年招的三百个大学生上课的时候也讲过这些东西,这个行业是朝阳行业,不论你们以后是来红岭创投还是去蓝岭创投不重要,重要的是对这个行业要有一批专业的人员,因为这批专业人员到现在还没有,没有哪个大学有互联网专业,我们红岭创投在董事长的带领下是一个先行者,在这方面也应该为社会作一些贡献,也培养出几批人,在这个行业里做一些事。

所以在发展上,这个机构比较着互联网金融体系建立,包括我们现在设立分公司,分公司下面设立二级分公司,再往下设立一些项目组,项目组上三五个人就可以的,灵活且成本低,有些人员还可以是兼职人员,也是根据我们业务不断地发展调整我们的思维,对于下一步机构发展上是外延式的、扩大的,我们现在有六个事业部,原来是从快借标到议标、特标、本标、个人标,本标系列是不垫付的,世界上所有的借贷行为都是纯平台,现在本标就是纯平台,这个纯平台不论你是信托,还是租赁、典当,或者是其他的 PE、VC,一个是众筹,众筹的比例是一百万元还是五十块,本质上都是一样的东西,那么在本标里面内引外联,让那些信托公司、租赁公司、私募基金、保险公司需要众筹的时候我们可以在一起合作,但是过去做熟的业务我们也不放弃,包括我们的风险控制上也摸索一些经验,包括充足抵押率的问题、流动性占用的问题,包括我们研究出来的比较深入的流动性风险控制权和使用，怎么进行使用，这就是我们的发展方向，董事长指出对于规模做多大我们不关心，我们关心的是所有投资者的安全和投资者的收益，因为真要做成百年老店的话，投资者还是非常重要的。

最后就是发展方向，整个我们的队伍建设、机构建设、产品建设，基本上我们都有了，最后就是提一些建议。建议几点，第一点就是我们希望研究部门能给我们这个行业尽快地制定规定，规定我们实行什么样的会计准则，是用金融系统的还是一般企业的，因为这里面差别太大。如果我们使用金融系统的会计准则的话，里面就涉及资本充足率、核心资本、权益类资本、坏账准备金的提取，是金融企业的五级分类，如果是一般企业就牵扯到税，这个选择对于我们年终报税的时候非常重要。

而对于大家没有这个的提议，如果我们按照金融系统来，税务局不认，你怎么可以样的东西，这样的利润不就减少了吗？利润减少了，那所得税不就减少了吗？那不行，你们不是金融企业，如果我们不按金融企业来进行提议的话，那产生风险怎么办？这就是一个问题了，我采取那个怎么办，银行可以提，我们不能提，是不是？那我们怎么办，我们在操控和管理过程当中就很难，非常难，两边做的都不是，那我们怎么办呢？所以说，对于会计制度的执行和会计准则的执行这一点，我希望我们各位老师们回去研究一下，到底我们应该采用怎么样的会计制度，这是第一点建议。

第二点的话就是流动性支持的问题，因为任何一个企业都有流动性的问题，不管是金融企业还是物流企业，还是生产企业都有流动性的问题，那么让任何一个企业的流动性问题，就是在短期内突然出现流动性短缺，或者挤兑出现什么问题了，或集中提现了，然后错配危机，到时就出现流动性问题了，那么如果比较金融系统，它的流动性来源的话很多，人民银行再贷款，这是第一，这是没问题的，它肯定得给，只要关门了，强保都要保，你都得给它，也不让关门；第二，银行之间的拆借；第三，它取之不尽用之不竭的存款；第四，它自己还可以开出信用凭证，包括承兑汇票，这都是它解决流动性风险的根本手段。所以说，只要我们国家的银行，只要银监会准入了，没一个能垮的，永远垮不了，它们才是放心队伍，它们的刚性兑付是由国家统一作保证的，这个大家都知道。但是现在如果宣传开来，也许影响也挺大的，存款保证制度,50 万元,以后银行有可能破产,而且流动性国家不支持了,你就立马回家,你一回家以后,你就得一下赔 50 万元,谁也不敢做保证,跑起来就得跑,一跑银行不就关门了,那肯定得关门呀,那后面已经出来的这个东西,但是如果讲,国家领导人对互联网金融行业,如果对支持的话,实行鼓励政策的话,应该给一些流动性支持的手段,我们不要别的,跟银行一样就可以,因为这种支持的话,我觉得不难,只能做到这,我们也是拿良性的资产,拿优质的资产向人民银行进行抵押,然后缓解流动性,然后到期我们再收回来,也是这样的方法,所以说,这个建议,这个流动性支持。当然对我们这个行业的监管也很重要,那你首先就要规范经营,你就要按照国家的规定实施,那么这些规定和这些经营,我们听人民银行,听银监会,听监管人员,你们要求我们怎么做我们一定去怎么做,我们犯不着去偷鸡摸狗,真是犯不着,我们只是不知道怎么做,我们为了这个社会稳定,我们想做点事,做点事万一出不来了怎么办?向你们汇报,汇报又没人管,你跟银监会汇报,银监会说我们不管,你跟人民银行汇报,人民银行说我们不管,你跟金融办汇报,金融办说我们不管,最后跟公安局汇报,公安局说你没有犯罪我们不管,你要是犯罪我们就得管你。没人管,因为没人管反而恐慌,反而有种恐慌,对我们的约束,有些地方不该约束,就阻碍了整个这个行业的发展,我们没有依托,我们不知道怎么做才是对。

——中国社科院专家组调研会议

10.32　2015 年终业务发展座谈会的年度总结

关于对分公司所提出的问题的反馈

今天分公司的总经理和筹备组负责人都来了,台上坐着董事长总裁副总裁,上下左右大家的目标全是一致的,千万不要对立起来。如果把分公司和总公司领导对立起来,这样的做法是犯罪,我们是统一的,是一家人。我们要往前打仗是要有领军者,是要有一支支军队,我们是一家人,什么问题都可以提,什么不同意见都可以说,但是绝不允许把分公司和总公司对立起来,我们总公司各部门的领导要注意这点,分公司的领导们也要注意这点。我们是你们的后盾是为你们提供服务的,为你们提供我们可能做到的一切。这个观点必须明确,否则红岭创投打不了胜仗,我们是一家人。在遇到任何困难的时候,你放心,第一个冲上去的一定是张宇,一个人获得的尊重是通过自己的能力取得的,如果你不值得尊重,那是你自己的问题。获得大家的尊重是通过行动,而不是嘴上所说的,说是没用的,当一个人没法让他人尊重,那你就检查自己。所以今天,大家从各个角度提各种建议都非常好,总公司在管理上是存在很多问题和不足,这点我深深地知道,但是解决这个问题不是一句话。这个新行业涉及了方方面面的问题,我们感觉到难就是因为这是新行业,很多问题没有规则没有标准。总公司要求为什么严,因为总公司每月的待收余额都在上涨。但为什么要紧,因为我们没有经验,我们的行业定位和产品是不是还要调整、改变和提高,我们目前待收余额、逾期数、垫付量还在增大,恐惧啊,这种恐惧的心理我天天都有,折射出来的行动审批部门就很紧张,这里面就难免动作做多了一点,任何一个事情的精准定位是很不容易的,就是很难一点都不错,只能通过一个个阶段慢慢地修正,最后找到非常准确的方向。实际上我们每次办公会议上都研究过这些问题,会议纪要全有,但是办公室考虑到保密的问题。我们是相信分公司总经理的,但是也不能排除有些分公司筹备组领导有其他行为,他也不会告诉你,包括目前还在身兼两职的,分公司总经理还身兼两职,怎么解释?忠诚度如何?包括有些分公司自己又搞了一套,怎么解释?包括有些筹备组快一年了还是没有动静,而还需要我们辅导、资料和费用,如何解释。从总公司管理的角度来看,能不谨慎吗?而这种谨慎有时候有可能也不精准,我们都是一家人,希望兄弟们给点时间和宽容度。心胸有多宽你就能做多大的事,如果对一点点小事都计较就做不了什么事。相信总公司、总公司各部门在进步,同样我也相信分公司总经理们也在进步,因为都是一家人,即便你们有时候讲话不当,或者我们做事不当,相信我们会改。

我讲三句话,第一不偷懒,第二不懂就问,第三错了就改,我们一起不偷懒,不懂就问,错了就改。前些天在办公会上,我就说为什么早期有些公司全军覆没,所有贷款全部逾期,而往后一个个分公司的贷款又逐步显现出来了,你能去说这些老行长们不负责任吗?我不相信。不良贷款、逾期,没有人主观上想这么做,都不想出问题,如果没有个人问题,到时候我们想办法化解,如果有个人问题,能追回来,董事长说了网开一面,如果追不回来,法律见,必须有人承担责任。这是广大的投资人来起诉你,谁能跑得了?产生这些的原因是有些地方经验不足。今天还有分公司的总经理说他负责,到最后出问题你能负得了责任吗?我们知道会出现这种现象,所以制度建设要做好,对过去所产生的问题,解决问题是第一,处理人是第二,但如果你不积极不努力去做,最后产生法律责任谁也保不了你。兄弟们,这个行业对的是广大的老百姓,不是哪个单位。所以我天天诚惶诚恐,逼着我们在选择产品、分析、定位和社会的整个经济形势上有没有把握准。分公司积极性很高,提出很多新的产品设计,我们也在办公会上设计出了很多产品,我们让分公司在当地找一些接地气的项目,然后一起讨论,适合红岭发展的就学习过来。如果大家都去认真地学习,包括翼龙贷的产品,其他有利于我们公司发展的产品,我们都学习,推不开就先在一个分公司试验,试验成功了就推开,因为这条路的前面是什么,我真的没看清。社科院来做调研,我们沟通很充分,会议的录音整理了28页,对我们做了充分的肯定,但是监管政策到现在还没出来,一只靴子下来了,还有一只靴子拿在手上,我们的态度不违法、不违规、不让老百姓吃亏,这个新行业国务院总理、习总书记是支持的,周小川行长说过这个比例还很小,还可以观察一阵,给我们打出了空间,但在里面到底该怎么做,很多不确定性。我们有的分公司在做其他的事,分公司做事要报给总公司,出了事,总公司能帮你承担一点责任,自己承担,有这个能力吗?你向零售部报一下,让他们帮你一起干,之后也会帮你承担一点责任,如果试点成功会给你奖励的,明白吗?还有其他一些分公司在下面悄悄地做一些事情,我不反对,但你们要和总部零售部联系,想往哪个方向发展。我觉得在其他的任何一个单位都不如在红岭好,因为我们是踏踏实实地在做事,去其他的公司你肯定会后悔,所以对于以后的发展和定位,我们都有计划。但是怎么定位,怎么去做,需要我们大家一起去做,错了不要紧,改了就好。我也经常错,但是我觉得我能改,只要有改的机会,改了就好,没有什么了不起的。分公司在业务发展过程中,也有可能犯错误,出现失误,赶快用你的实际行动改过来，从另一个角度看，一个新的分公司老总来，不一定能力比你们强，我还不如让你们认识到过去的错失，然后重新站起来，我们才更合算。所以我讲这段话的意义在于，不要怕错，但是不能错了不改，只要错了就改，把我们的损失弥补回来，然后我们再去寻找新的路，从新产品、新的方向、新的方法、新的上下沟通机制，都是非常有意义的，最起码让分公司感觉有依靠，觉得还有很多兄弟公司可以相互支撑，相互支援，可以交流，可以学习，这样我们才能真正地把红岭创投往前推进，让我们在这个大家庭里生活才感觉到心里踏实。

其他类问题，董事长让我回答，关于总公司战略定位不清晰，业务发展和经营管理缺乏长远规划，这个评价很重，这些不是没有，战略定位是有的，但是要很精准不容易，就像社科院来找我们调查，说我们基本上就是做银行，我说我们不做银行做什么，我们都是从银行来的，我不做我最熟悉的东西，去做我最不熟悉的东西，会有什么结果？最起码我风险控制的程序是知道的，对企业一般情况的审查我是知道的，做我熟悉的总比做我不懂的要好一些，他们说那也是。我们现在做的实际上是类银行次级贷款，互联网在做一些次级贷款，标准贷款都在银行里，都是有一点毛病的，风险控制方法一是充足抵押率，二是下挖一层，把风险点从下面一层控制住，控制不住，就寻找其他的出路，分公司在寻找新的出路是好事，应该表扬，你们在探索的过程中会得到总公司的支持的，你们不要担心。业务发展和经营管理缺乏长远规划，道理肯定有，你提各种不同的认识都是有道理的，业务的发展从去年开始时起步，今年是发展，明年是提高，后年是超越，这是不是规划，我不知道。每年的业绩提高 50%，每年的交易量提高 50%，每年的网点提高 50%，这是不是规划？我不知道。应该算，还算清晰吧？至于说那些宏伟的蓝图也有，但是我们只敢想，不敢宣传，如果做不到的话，不如不说，如果做到的话，别人会给你一个评价，让别人来评价你，这是最好的。我们六个事业部，我们的机构发展不停下来，为什么？就为了有新的项目、产品能够源源不断上来，我们才有希望，市场一旦没有了，什么都没有了，这就讲到了市场和风险部门之间的矛盾问题，实际上我们分公司的老总都是偏向于发展业务，这是对的，因为没有市场什么都没有了，控制什么风险？最大的风险就是没有市场。风险如何控制？就需要我们分公司和总公司一起研究，通过一些会议充分沟通之后，我们还是能够制定出我们长远的规划和本身的经营管理新的方法。

第二个，关于部门设置不合理，各部门各自为政，缺乏沟通，导致效率低下，分公司反映的问题不能及时解决。恐怕是后面的分公司反映的问题不能及时解决导出的上面的，因为这部分概念太大了，关于部门设置不合理，这个部门合理要有一个过程，现在谁能知道互联网金融企业的部门设置应该是怎么样的？到底该有哪些专业？我说不出来。我只是摸着石头过河，我们高管团队还有分公司老总你们自己想想是不是这样，但是你提出来哪些部门不合理，哪些分公司反映的问题不能直接得到解决，我们立刻解决，这一点你们放心。至于刚来的新人要加强教育，如果不听教育的话，要有相应的处罚制度，还是制度问题。这一点可能我们市场部和审批部之间打交道比较多，可能和我们财务部门打交道比较多，这是主要的两条线，一条市场、风控，一条财务，业务的问题，钱的问题，中间加个风险的问题，三大问题，有什么问题我们解决什么问题，一定把这些问题解决在我们能力所及范围内，超出我们的能力我们也解决不了，集中大家的智慧，尽力而为，一个一个去解决。以后分公司有什么问题，要有一个反映渠道，有些没有在大单位工作过的，不知道怎么去反映情况，直接来找我，我说要写一个报告，你主送一个部门，抄送几个领导，马上就解决了，保证不会拖，就干等肯定没有用的，当然抄送周总，抄送董事长，抄送我，还有分管副总裁，这个时候主送部门就会重视这件事了，这是大单位处理问题的一种方法。只靠口述，最后没有记录，你让我怎么去处理，没有办法处理。大家一肚子话，你要拿出证据来，以后有什么意见，我希望你们都能用这种办法，这就符合规范的管理，就很少有漏洞，什么意见都会反映上来，大家都能看到，事情都能得到落实和解决，这就不会产生认识上的不一致和误解，这一点办公室以后制定一个签报制度，不是告状，是把问题签报上来，我给你解决，然后我同时签报给几个领导，几个领导看到了以后就要签字了，请某个部门如何做，这样事情就得到解决，我看到了最起码会上办公会，我会问，这是怎么回事？最起码要作出解释。如果理解错误的话，会有制度管你，不是我管你。

刚才讲到各分公司老总对总公司老总的评价问题，这都安排过了，到年底对我也要有评价的，人事部门专门来一个360度的评价，对谁都一样，最后能看到缺点，会真心地告诉你，有什么问题。去年没有进行，因为去年公司只有一点点大，开业的只有5个分公司，所有的管理都还没上路，还没到一定规模，所有的制度都还没落实，工作量那么大，最后也解决不了多大问题。今年不一样，至少有5次办公会，每周一次办公会，我每次都在讲，你们各个部门是总公司的管理职能部门，你们代表着总公司在管理着全国，你们都要提出自己的工作计划和规划，如果不懂就要去学习，向工行学习，向农行学习，向其他的P2P企业学习，把一切可以学习到的管理经验在你这个部门中都能发挥出来，我们这个企业就提高了。当然我们这些部门的领导也有一个进步的过程，我现在面试的分公司的领导，很多都是支行行长，没有到分行，没有管过两级，更少的人管过三级，管理是科学，有经验的人管理起来就是不一样。

大家共事的时候就把事情讲清楚，你们就知道现在公司处在什么阶段，我们应该去考虑什么问题，有什么不同的认识应该怎么去反映，然后怎么去解决，解决问题结果的好与不好就是这个企业有没有向前发展，有这个标准。人与人之间的矛盾，最后没有谁胜利，全是失败者，知道这个结局的话，在处理问题的时候就应该合作，就应该把意见谈出来，怎么把事情做好，有这个态度的话，企业才真的有希望。你们在分公司做总经理，你下面还有二级分公司，你以后会遇到和我一样的问题，因为你也是两级，分公司老总们写信给董事长，怎么回事？有什么问题为什么不反映给我？需要这样吗？所以说很多管理没有经验，就很盲目，很幼稚，最后根本不存在谁战胜了谁，还是要解决问题。大家最终还是要团结起来，朝着一个目标，劲往一处使，心往一处想，有什么困难，大家一起想办法，现在已经有19家分公司开业了，已经是一个很像样的全国性的企业了，你们在各个节点上都是地方大员，你有19个兄弟分公司，最起码你的腿都会比别人硬一点，腰都比人直一点。人只有在一个集体里才能起作用，如果离开了，什么都不是。我是深深懂得这个道理，我做每一件事，如果有信息不对称的地方，我会和你坦诚沟通，告诉你什么原因，我将会怎么做，这才是解决问题的正确方法。

下面一个问题，总公司和分公司权责利不对称，原则上讲不错，但是必须指出具体的问题，才能分析，到底什么问题是权责利，是在管理上、分配上，还是风控上、责任认定上，在哪些方面，要把这些提出来，提出来谁来解决，这还是部门来解决，如果对部门有什么意见，我们进行全面的评价和考核，哪个部门受分公司的欢迎，为什么受欢迎？同样，哪个分公司最受总部各部门的好评，一样，如果所有部门都说这个分公司好，坏不了，同样，一个部门所有分公司都说它不好，这个部门好不了。一半对一半是正常现象，有褒有贬，才正常，全是好评，也不好，到处都讨好人，肯定不得罪人，那也不行。肯定会一部分人说它好，一部分人说它不好，这个时候就要分析了。所以总公司和分公司权责利不对称的问题必须具体到一个问题上才能解决，从宏观上无法解决。以契约方式明确总、分公司关系，这就不对，总公司和分公司不是契约关系，是上下级部门，以制度方式这是对的，因为在我们红岭创投机构设置的过程中，我们一开始就是全资子公司，没有契约关系、合作关系，我正式告诉大家，不是契约关系，就像工行总分行，就是这样的关系，同样你们分公司跟我们也是这个关系，不存在契约关系，总公司有总公司需要执行的制度，分公司有分公司需要执行的制度，都按照制度来，不能违反制度，这是一个整体，分级管理，这是一个体系，至于契约关系，权责利不对称问题也好，这是一类问题。

至于骨干人员对红岭的归属感，对职业生涯的安全感，合理进行利益分配。这些都是各个部门应该考虑的，包括人事部门，对于个人的人力规划，职业规划，人生规划，人力资源部可以开展一些活动，包括关心我们每个员工的成长，包括学习、学历、收入、福利待遇，这些都是应该的，归属感包括我们董事长说的全员为家，只要是我们红岭的正式员工是我们的骨干力量了，我们都应该关心他，你们这些分公司的老总肯定毫无例外，我们都是一家人，一荣俱荣，一损俱损。

产品创新设计能力较弱，定价不合理，无法适应市场需要。这个绝对正确，新产品的设计我们一直较弱，因为我们是一个新单位。但是我觉得我们这两年也设计了不少的产品。从原来的一个快标发展成了快标、特标、议标、本标，还有六个事业部，包括我们的私募产品的上线，基金产品已经上线了，这些都是新产品，但是要求高一点，是应该设计出更多的产品来。也不错。我们在努力。包括我们零售部门，现在的公信贷、房易贷、车易贷，这些也都是新产品。今后我们还会有更多，包括我们线下的财富中心，和联通的合作、和沃百富的合作、马上和中国电信的合作，也都是新产品，既有投资的新产品，也有项目的新产品，两端都有，但是我们还可以更好，这不错，我们继续努力，总公司和分公司都是一体的，你们要发挥你们的积极性，我们也一样有积极性，我们一起来研究这个问题，把这个问题解决。

定价的问题，既是我们市场的问题也是内部管理的问题，一些准确的操作问题，首先是定价程序，定价是由市场决定的，市场就像一个黑箱一样，因为利率怎么走我们不知道，那只能试一下，我们发7%的利率，市场能不能接受，我们不知道，那我们就要试一下，本标的试验已经显示了结果，不对那就要调整，市场是一头。另外就是尽可能多地去选择参数，马上研究所要出一个红岭指数，这实际上就是民间借贷利率指数，每天都有一个记录，给国家的相关政府部门提供一个决策的依据，让他们知道网贷行业的利率是什么样的趋势，就叫红岭指数，我跟线上运营部见过了，在我们首页上留一个小方块，显示红岭指数，但是还没经过董事长批准，这样一来，我们就一步一步地往前做。

还有定价的问题，既有风险部，又有市场部，还有我们财务部，三个部门都涉及定价，所以定价问题，可能我们要成立一个小小的组织，这个组织由我们计划部牵头还是市场部牵头，还是由风险管理部牵头，还是由研究所牵头，都是可以的，这个可以作为一个专题，大家一起研究，我们也听听大家意见，前面大家很多的意见提得非常好，当我们有一些重大制度出台的时候要征求一下大家的意见，这个很好，这是应该的，不同认识赶快提出来，我们修正一下，让它更好。

改革不良资产的考核制度，给分公司一定生存发展空间。我们的空间就是分公司发展生存的空间，是一体的，绝对不要割裂开，不按照制度来，分公司的考核制度一开始都是很清楚的，如果制度不合理的话，我们就应该立刻修改，包括分配制度，包括管理制度，但是有一点：优胜劣汰，马上年底考核干部，哪些干部还能留在原来的岗位上，哪些不合适，哪些要进行调整。

同样在不良资产的考核上也是这样的,你努力化解了,朝好的方向发展了,那就要鼓励,如果不管,那肯定要处理,也不是处理你,是制度不允许你这样做,制度是集体的智慧最后所制定的规则,我们必须遵守,最终是规则的话,大家都安全,违反了规则,规则会处理你,不是我们处理。我从来不处理人,董事长也不会处理人,制度在这里,你违反了制度,是跟大家作对,不是跟哪一个人,大家的利益都受到了破坏以后,制度就会处理你。

——2015 年终业务发展座谈会

10.33　2015 年度张宇总裁工作报告上的年度总结

2015 年终工作报告:学习、探索、发展、总结、提高

2015 年是互联网金融行业快速发展的一年,随着监管意见的出台,P2P 网贷行业在不断的洗牌中迎来新发展。2015 年也是红岭创投内涵式提高和外延式扩大的一年,在周世平董事长的领导下,各部门紧随互联网金融发展趋势,围绕公司今年的战略部署,各项业务积极稳步向前推进,切实把控资产端及资金端,各项工作取得了一定成效,公司知名度和影响力也不断提升。现将 2015 年度的工作总结及 2016 年度的工作计划报告如下:

一、2015 年主要工作回顾

2015 年公司的贷款余额为 197.86 亿元,2014 年贷款余额为 72.27 亿元,同比增长 174%。

截至 2015 年 1 月 6 日,红岭网站累计注册人数为 82.86 万人,2014 网站注册人数为 34.1 万人,2015 年新增注册用户数 48.75 万人,同比增长 128%。

截至 2015 年 12 月 31 日,红岭创投网站累计成交量达到 1092.63 亿元,成功突破 1000 亿元大关,其中 2015 年全年成交量 905.83 亿元,占 2015 年全国网贷行业成交量的 9.22%,去年网站交易量为 147.74 亿元,同比增长 513%,领先行业发展水平。2015 年“双 11”单日成交总额达 29.34 亿元,刷新网贷行业单日成交量历史纪录,2014 年“双十一”的单日成交量为 5.537

亿元,同比增长 430%。

截至 2015 年 12 月 31 日,红岭创投累计为投资人赚取收益 26.24 亿元,待收收益达 23.55 亿元。其中 2015 年,为投资人赚取收益 21.53 亿元,相较于 2014 年的 3.32 亿元,同比增长 548%。

截至目前,公司共在全国共开设省级分支机构 62 家,已开业 19 家,其中 2015 年新增已开业分支机构 14 家,逐步完成了资产端的全国布局。

(一)对公和零售业务取得较快发展

1. 对公业务

对公业务作为红岭创投的核心业务,在各部门的共同努力下,截至 2015 年 12 月 31 日,累计通过审批 186 笔,金额合计 169.58 亿元。其中快借标累计通过审批金额 100.73 亿元,特标累计通过审批金额 37.10 亿元,议标通过审批 28.15 亿元,本标累计通过审批金额 3.6 亿元。

2. 零售业务

2015 年公司零售业务已完成六个零售产品的审批,放款金额分别为公信贷 1845 万元、车易贷 6,696.60 万元、房易贷 23,623 万元、微商贷 7,150 万元、组合贷 150 万元、其他类 700 万元。截至 12 月 31 日,零售贷款余额合计为 3.6 亿元,相比 2014 年零售类贷款 4,590 万元,增长了 780%。

(二)创新产品类型,优化调整信贷业务结构

1. 优化资产质量,全面推进议标、特标发展

为适应监管要求和市场需求,公司的标的在主要标的基础上,创立议标、特标、本标等多种类型。引入上市公司和国企等"身体好"的优质企业,不断降低贷款风险,推动利率市场化的变革。通过制定《二季度特定项目营销推广计划》、《议标项目营销推广计划》、《第四季度业务冲刺奖扣方案》,召开特标、议标动员会议(视频)等方式,引导各分支机构开发特标、议标类优质项目,优化对公业务的资产质量。

2. 降低平台风险,推出去担保化本标业务

为了顺应互联网金融发展的必然趋势,符合国家对 P2P 网贷行业的监管要求,丰富公司贷款类型,降低贷款风险,公司在 8 月份成功推出了本标业务。并不断加大本标营销推广力度,下发《关于鼓励各分公司上报本标项目

的通知》,先后完成本标 • 金融超市中保险、天得保基金、股权、资管、优选等多个新产品的上线及需求设计工作,取得了一定成果。

(三)推进分支机构管理,强化区域布局

全面推进分支机构管理工作,强化全国重点省市架设机构的战略布局。2015 年,总公司结合公司发展战略,根据筹备组的业务开展情况实时督办,为筹备组提供各种支持和服务。截至 2015 年 12 月 31 日,共设立 62 家省级分公司和筹备组,累计开业 19 家,2015 年新设立 30 家省级分公司筹备组,另有 43 家二级分公司筹备组在总公司备案。

此外,为提高工作的计划性和战略性,总公司坚持每周召开总裁办公会办公制度,2015 年总公司共召开总裁办公会议 44 次。为加强总公司与分公司之间沟通和联系,改进管理,促进发展,2015 年 12 月 14 日,总公司组织召开了业务发展座谈会,对分公司提出的问题予以了妥善的答复。对外方面,公司在 2015 年还召开了投资者见面交流会等会议,促进了与投资人理解和交流。

(四)增进对外交流,网站影响力不断攀升

随着业绩规模的不断发展,公司得到了政府、新闻媒体、投资人及贷款企业等社会各界的广泛关注和支持。2015 年中国社会科学院金融研究所国情调研项目组、广东政府通讯局、如皋市政府、人民网相关领导来我司调研;全年共参与各类行业研讨会议及专题会议约 20 次,极大促进了对外沟通交流。此外,公司还多次参加中国支付清算协会举办的相关论坛,成了深圳市互联网金融协会副会长单位。先后荣获"最受欢迎互联网金融平台"、"十佳互联网金融产品创新奖"、"十大学习型企业"、"最佳投融资服务平台"、"最具信赖金融平台"、"2015 最受欢迎互联网金融平台"、"2015 年度影响力品牌"、"2016 中国最具社会责任新金融企业"来自社会各界九项荣誉,公司品牌影响力不断提升。在国务院参事、深圳市委常委、宣传部长等领导参加的"十大学习型企业"颁奖大会上,对红岭创投的颁奖词这样写道:"他们作为中国 P2P 网络借贷行业线上交易规模最大的企业,于 2014 年 4 月成立了国内第一所互联网金融学院,作为红岭创投的知识库和人才培养基地,帮助学员把知识转化为价值。红岭创投在阅读学习上不惜血本,敢为天下先,开创阅读江山'一片红'"。

(五)增强风险内部管控,促进公司稳健发展

为建立利于公司长期稳定发展的生态环境,公司在 2015 年推出了以下举措,不断加强风险把控,促进公司稳健运营。

1. 不断加强项目审查力度,调整业务结构

通过加强项目审查力度,严格把控项目风险,截至 2015 年 12 月 31 日,2015 年累计申报项目 557 笔,平均通过率为 20.24%。其中,快借审批通过率为22.58%,特标审批通过率为21.68%,议标审批通过率 16.17%,本标审批通过率 7.77%。

经过一年的业务结构调整,快借标业务占比已有一定程度的降低,由 2014 年的63%调整为 57.25%,特标、议标、本标、零售业务占比也分别达到了 21.09%、16.00%、2.05%和 3.62%,在一定程度上均衡了各项业务的发展。(按审批通过金额占比计算)

2. 加强法律合规建设,积极诉讼保全

公司通过审查法律文本、修订法律文件,制定法律文书管理办法等制度规范,同时结合 OA 法律审查流程,不断加强公司法律合规建设,对公司合同文本的法律问题完成初步把控。2015 年资产保全部对公项目法律审查 177 件,合同审查 275 件,零售项目法律审查 12 件。并为公司提供法律支持,提示法律风险,2015 年全年提供法律事务咨询 500 次。同时积极推进清收工作进展,2015 年介入停息资产 76 笔,对逾期项目进行积极诉讼和资产保全。

3. 成立资产管理公司

建立资产管理公司,盘活不良资产,化解信贷资产风险。在抵押足值的前提下,借款企业一旦出现违约,公司即可立刻以物抵债。通过多种方式对抵押物进行处置,牢牢把握主动权。此外,还在总公司设立了资产管理部,同时要求各分公司选择当地的优质资产管理公司,与之建立长期合作关系。

资产管理部采用"鼓励创新、全力支持、经验分享"的管理模式,强化对分公司的管理,大力促进资产管理公司的业务发展。在"一一对应、充足抵押率"的基础上,开展重组、回购式或买断式债权转让、基金计划、资管计划、P2P 平台对接等多种方式,解决流动性问题。

截至目前,资产管理部接手已取得判决书或调解书的项目共18个,并采取与外部资产管理公司洽谈、回存保证金等多种方式以缓解我司流动性压力。

4. 通过发展解决流动性风险

发展永远是硬道理。公司在保证稳定运营、强控风险的前提下,必须加快业务发展的速度,通过发展带来的增量来弥补损失、解决问题,应对可能出现的各种风险。此外,私募基金业务及广东联通项目的发展,也对化解流动性风险起到了积极的促进作用。

(六)多措并举,大力发展投资人

1. 通过线上线下营销与推广,提升品牌知名度

2015年全年,网站共开展多项线上主题营销活动,其中“双十一”活动单日成交29.34亿元,完成49410笔借款。通过参加广州、北京、上海等国内重要的金融展会,不断扩大和提升品牌知名度。并开通红岭百度百科、百度贴吧,有效维护及提升了红岭创投网上品牌形象。

公司网站还与随手记、融途网、网贷东方、众筹之家等第三方网站友情互链,并与券妈妈使用精英推广员方式进行合作,不断拓宽合作渠道。2015年网站日均PV(浏览次数)超200万,日均UV(独立访客)达8万,两项数据同比增长均超200%。

2. 大力发展集团投资人

为大力发展投资人,2015年除了推进互联网金融体验店的发展之外,还完成了推广码的设计与升级,对投资人推广奖励提成方案进行了完善,强化互联网思维发展投资人。通过制定并下发《分公司发展集团投资人的指导意见》、《集团投资人奖励方案》,大力推进各分公司的集团投资人项目。广东联通和深圳联通多个项目成功上线,完成了大集团项目的突破。截至12月31日,广东联通沃百富“红岭财富”累计成交金额为8.69亿元,投资人数为14370人。广东联通沃百富“红岭购机宝”11月5日上线至12月31日,成交金额2556万元,投资人数为272人。

3. 客服电话回访,提高投资转化率

公司在大力发展投资人的同时也注重投资转化率的提升,2015年客服

中心对 376101 名新增注册客户进行了电话回访工作，通过对新注册客户及睡眠客户的维护，注册当天的 VIP 转化率从 20% 增长到 40%，投资人数转化率从 10% 转化为 30%。据统计，2015 年网站全年注册用户数 487542，投资用户数 265305，平均投资转化率 54.4%。

（七）用户体验持续优化，客户黏性进一步增强

为提高用户体验，公司进行了网站及移动端 APP、触屏版的迭代更新工作。其中红岭网站完成“我的账户”、线上体验店、银联支付方案等新功能上线；移动端完成了六期迭代更新，触屏版完成二期迭代更新，完成新系统后台整体需求设计及用户管理原型设计。

通过建立客服反馈对接机制，客服中心不定期收集整理投资人对网站的各项建议并反馈给各部门，2015 年客服中心总共提出 342 条优化建议，横跨八大部门，目前已经采纳并完成优化的有 270 条，占比 78.9%。通过建议及反馈、网站用户体验与产品问卷调查、建立项目管理体系等制度，不断改善工作方法，增强用户体验。

为增加客户黏性，客服中心不断拓宽服务思路，打造高端客户服务品牌，7 × 16 小时的人工服务时间及 7 × 24 小时不间断语音服务，“人工服务 + 自动语音”双管齐下，为客户解答疑问，减少客户咨询流失率，从而提高客户满意度及提升用户体验。

（八）强化公司内部管理

1. 制度建设日益完善

为了规范公司业务流程，公司各部门积极推进制度建设，2015 年共制定《红岭创投电子商务股份有限公司抵押物价值确定原则（暂行）》、《红岭创投电子商务股份有限公司对公业务出账流程操作指引（2015 版）》、《红岭创投公文管理办法》等规章制度 132 项，通知公告 35 项，真正做到了公司各项业务有据可依，极大地规范了公司各项业务的办理流程。

2. 人才建设日趋完善

为了满足公司业务快速发展的需要，2015 年上半年，公司多渠道开展骨干人才的招聘，2015 年共招聘筹备组组长 23 名，招聘骨干及专业性人才 156 人，同时在全国 11 所著名高效招聘优秀大学应届毕业生 210 名，为公司未来的发展提供了可靠的人才支撑。

此外为加强人才梯队建设，完善干部晋升机制，根据公司实际情况，拟定了《干部管理制度》，并在干部晋升评估中引入素质测评，健全干部评估机制。完成公司岗位说明书的编制，使人力资源体系更加规范化、科学化。

3. 规范财务管理，全力支持公司业务发展

计划财务部门通过详尽的财务预算与分析工作，为公司计划与管理提供决策支持，并严格控制运营成本，通过积极寻求与新的第三方支付平台合作，预计每年可节省充值费用 1494 万元，节省幅度为 32%。

通过贯彻落实《分公司财务管理制度》等各项制度，对分公司进行规范管理。通过启动分公司“财务内部检查”工作，促进分公司加强财务管理与内部控制、稳健合法合规经营，确保分公司的费用使用合理，降低经营风险。

4. 完善培训体系，全面提高员工专业素质

2015 年红岭创投互联网金融学院通过 O2O 线上线下的方式，逐渐积累和完善了公司的职业培训体系，通过上线随意学职业培训平台，制定培训管理制度，开展全员培训及市场化运作。顺利完成了 2015 年新生入职培训工作及 5 项大型专项培训项目，12 个专题培训课程。培训课程共计 82 门，总参加人数 1175 人次，总课时数 258 课时。对公司相关部门的培训工作给予了极大的帮助和支持。

目前“随意学”平台注册学员 1122 名，实际参与在线学习人数 844 人，占公司员工总数的 75%。平均每人在线学习 30 课时、学习完成 17 门课程。对提高公司全体员工的专业素养、能力水平起到了极大的促进作用。

另外，随着规划的不断完善，互联网金融学院还逐渐展开市场化初探工作，展开与高校洽谈，探索与同业及培训机构的合作，逐渐开启互联网金融学院市场化运营工作。互联网金融学院这一战略化探索，为互联网金融行业，为社会培养新型互联网金融人才提供了重要途径。

5. 规范信息化管理，保障公司信息安全

为了提高公司信息化管理水平，2015 年公司相继引入了财务核算系统、阿里云系统、客服中心系统等七个新系统，为公司各项业务的发展提供了强有力的技术支持。其中财务核算系统的上线，将搭建一个全公司财务数据

共享平台,有效地为分公司及公司各需求部门提供准确及时的财务数据。而阿里云系统的引进和开发,有效保障了网站交易平台的正常运行,系统运维水平较去年得到了空前提高。为适应公司未来业务快速发展的要求,技术部2015年还启动了基于新型互联网架构的红岭新系统开发项目,经过不懈努力,技术部攻克难关,按时完成了一期开发并于2015年10月份成功投产,二期计划也将于2016年4月份完成。

6. 不断加强互联网金融理论研究

为加强互联网金融研究,公司成立了互联网金融研究所,以探索公司及行业发展中所出现的疑难课题,开行业之先河。2015年互联网金融研究所共完成《特定项目风险定价研究报告》、《资金头寸调拨统计表设计及说明》等文件18个。创办《互联网金融研究》杂志并成功出版3期,前两期累计印刷量达4000册。并加强与外界的学术沟通交流,首创红岭指数,对各大P2P平台的贷款利率等数据进行定期发布、更新。通过理论研究的不断探索和深入,为公司各项业务的发展提供了一定理论参考。

二、存在的问题与不足

(一)市场拓展力度不够,发展的速度和质量有待提升

2015年,公司的各项业务指标较去年取得了长足进步,但受今年经济下行、分支机构筹建进度、产品与市场磨合周期等多重因素影响,公司业务增长速度滞后于指定目标。获客渠道及来源的相对薄弱,也使公司优质客户的占比相对较少;投资人的规模及投资转化率略显不足,未能与投资规模相匹配。

公司目前的待收余额虽然已经达197.86亿元,总量上有了显著提高,但并未实现持续平稳增长,后期增速缓慢。在贷款质量方面,公司目前贷款不良率相对较高,存在较大流动性风险,为此公司通过成立资产管理公司、资产证券化等多种手段开展了解决流动性的实质性探索,对解决流动性问题起到了良好促进作用。

(二)内部沟通存在信息不对称现象

总公司的交流渠道虽然较多,但由于部分制度流程、个别人员工作态度、协调能力等多重原因,总公司与分公司之间出现信息不对称现象,存在

一定的误会和矛盾，导致各项管理举措在落地实施上存在一定困难，一定程度上影响了总公司各部门及各分公司、筹备组的工作效率和工作质量。

对此，总公司一方面在办公室设立分支机构对接人，定期收集反馈分支机构的相关意见，积极协助分支机构解决各类问题；另一方面，组织总公司各部门与有业务的分支机构召开业务发展座谈会，就相关问题展开交流，对于不能当场解答的问题，由办公室形成会议纪要后反馈给相关部门，并及时跟进督办，从而不断改进管理，统一认识，共同促进公司的发展。

（三）风险管理力度有待加强

一方面，公司审批、发标出款的速度均有待提高。因缺乏有效及时的信息反馈机制，分公司贷后管理及风险预警略为滞后，风险处置能力也略显不足。为此，公司通过加强对业务人员的培训，明确任务和分工，不断提高员工业务能力和综合素质；加强与分公司的沟通，在防范风险的前提下不断优化审批流程，持续提高审批和工作效率。

另一方面，虽然在清收工作投入了很大人力物力，但是受诉讼保全工作自身法律程序和周期等因素影响，清收进度较为缓慢。因此，要在风险转化、重组及资产处置力度方面加大执行力度。

（四）制度建设及内部管理仍需加强

随着公司各项业务的发展，相关的规章制度及流程需进一步梳理和优化。如目前存在的内部风险控制及管理流程体系、贷后管理流程及预警系统、资产保全相关管理办法等需要进一步完善。在此，各部门从公司发展战略及管理实际出发，不断完善修订相关制度，梳理优化各项业务流程，努力做到规范管理。

（五）人才队伍的建设及培养需加强

人才是企业发展的根基，作为互联网金融这一新兴行业，公司人才队伍的建设和培养尚有不足，目前技术部、互联网金融研究所、零售风险管理部、市场管理部等部门仍存在专业人才需求。目前，公司已经和多家招聘单位签订了合作协议，通过自行招聘、内部推荐及外部合作等多种方式加大人才招聘力度。此外，公司还通过互联网金融学院（培训部）制定了三级培训管理体系，加大力度对各级人员进行培训。2016 年将继续加强人才队伍的建设和培养,为公司的发展提供人才支撑。

三、2016 年工作计划

(一)提高产品创新能力,促进可持续发展

1. 丰富产品类型,打造具有竞争力的产品

随着金融市场的不断变化和发展,国家对互联网金融行业监管政策的陆续出台,规范现有产品,大力开发和丰富符合监管要求的新产品,已经成为公司发展的必然要求。因此,2016 年公司在合理推进快标、议标、特标等既有业务发展的基础上,还要紧贴市场,提高产品创新能力,丰富产品类型,通过成立产品创新发展委员会、设立专职机构、开展业务竞赛、考核激励机制及定期通报业务进展、市场调研等方式鼓励公司上下大力开拓新产品、新业务,不断优化新产品立项、审批及开发流程,将互联网消费金融等产品的开发和上线作为重点工作,从而为调整、优化业务结构,促进可持续发展奠定基础。

2. 全面推进本标业务,实现金融产品全覆盖

本标即传统 P2P 业务,是公司丰富产品类型、实现互联网金融业务全覆盖的重要举措,也是应对未来互联网金融行业发展及监管的重要战略。2016 年公司将以实现公司可持续发展为依托,以金融发展事业部为支点,进一步丰富本标产品类型,搭建科学高效的网贷信息中介平台,最终将红岭创投网站打造成为国内较具影响力的互联网金融交易中心,为公司的长期稳定发展奠定基础。

3. 调整业务结构,提高零售业务比重

通过调研当前金融市场中现有的零售产品、基于分公司当地市场特殊的融资需求,与第三方平台或企业合作等方式研究和开发新型的零售产品。比如开发个人线上信用贷款、红岭贷及其他产品贷款等全新产品,进一步丰富零售产品。同时以分公司为试点,以点带面地向所有分支机构铺开推行,从而提高零售业务的发展速度。最后调整考核方式,有效激励客户经理开拓零售业务。

(二)全力发展投资人,拓宽营销服务渠道

投资人队伍的迅速发展是公司各项业务向前发展的前提,因此公司将

着力从发展集团投资人和互联网发展投资人两个方面加强营销服务工作。

1. 借鉴“沃百富”成功经验，多渠道发展集团投资人

集团用户是发展投资人的重要着力点。总公司与联通的合作方案已经初见成效，深圳等分公司也已经策划了集团营销方案，明年将借鉴“沃百富”成功经验，创新发展集团投资人思路，拓宽合作渠道，总公司将大力协助分公司推进集团投资人方案的落实，将地区成功的案例向全国推广。

2. 组建专业的互联网营销团队，优化《互联网发展投资人方案》

发展投资人，需要巧妙地运用互联网思维，更需要一支掌握互联网营销技能的专业团队。明年将发动全公司力量，加强总公司和分公司之间的协作，督促各分公司发展网络营销团队，搭建网络营销框架。利用互联网金融学院跟进线上推广团队和营销经理的培训管理，落实系统培训，优化《互联网发展投资人方案》，将《网络推广方法集锦》推向全国。

（三）促进同业间交流合作，丰富业务拓展渠道和方法

2016 年将是 P2P 行业规范化运营的一年，也必将是行业间整合和兼并的一年。面临互联网金融发展的巨大浪潮，公司必须加强与同业间的交流，共同建立适合 P2P 发展的生态环境。

丰富业务拓展渠道和方法，积极寻求与京东、腾讯等互联网巨头的合作机会，创造合作基点，加强与资产端的对接力度，利用红岭的品牌优势和平台优势，吸引优质资产的介入，强强联合，拓宽红岭发展的生命线。

（四）加强风险管理，加大不良资产的清收力度

1. 认清形势，增强风险意识

面对整体经济和房地产经济增长减缓，金融转型的动荡调整，对 P2P 所做的贷款风险防控须格外严密，防范风险要全过程，每个环节都不能掉以轻心。引导分公司多报特标、议标等优质项目，引入优质资产。

2. 强化信贷风险战略管理

公司必须守住信贷战略风险底线不动摇，实现信贷战略目标不动摇。守住风险底线是有成本、有代价的，要尽可能地兼顾短期收益与长期风险、市场机会与风险防控的关系。只有这样，才能在宏观经济出现波动时，避免发生系统性风险。只有这样，我司信贷资产质量的稳定性、信贷资产分布的

匹配性、客户风险的可控性、综合收益的持续性，才能有基本的保证。

3. 深化贷后管理，加大不良资产清收力度

强化贷后管理，每月定期对放款项目进行风险排查，及时发现风险，做好风险预警工作，及时提出应对措施，将风险降低到最小。强调充足抵押率，动态监测存量贷款抵押物价值，降低贷款风险。增加与分公司沟通交流的渠道，坚持每周培训和分享制度，提升整体素质水平。落实责任到人，贯彻执行不良资产责任认定及追究。推进风险管理信息系统建设，提升各环节工作效率。加强与相关机构的战略合作，建立 P2P 行业良好生态环境。

拓展不良资产清收处置的渠道，尤其是针对未到期的大额逾期项目；加强与资产管理公司、外部资产管理公司的衔接，尽快通过多种途径转化重组不良资产，缓释我司流动性风险。指导分公司加强与法院、经侦关系疏通，实现立案、保全快速化，加快司法程序的推进，减少或避免因时间拖延所造成的风险扩大。

（五）进一步规范分支机构管理

加强对分支机构的管理，明确分工，实现定岗定责。根据分公司、二级分公司、项目部及筹备组实际情况，采取分类管理，分级指导的原则，构建系统全面的管理体系。充分传达总公司的授信文化、产品侧重点，提高分公司上报项目的质量；加大对分公司项目申报流程及资产管理的指导力度；督促各项规章制度及战略重点的贯彻落实；加强对公司固定资产的管理，实现动态化、信息化监管。规范分公司印章管理，建立稳定、高效的沟通渠道，加强总公司与分公司的沟通、联动，为分公司业务的开展提供全方位的服务支撑。

（六）巩固人才队伍建设，打造战略性人才梯队

根据公司战略发展需要，做好人才库建设工作，对公司内人员进行合理配置，同时拓宽招聘渠道，加强招聘计划管理，及时补充人员；进一步规范公司职级体系管理，深入研究同行业薪酬绩效考核体系，明确各部门职级及岗位配备原则，全面落实目标考核责任制，加强人力资源信息化建设，不断提升企业竞争力。

（七）加强培训，提升员工专业技能

通过学分制及定期考核等手段，加强员工对专业知识的学习，充分利用线上、线下培训平台，整合内部及外部学习资源，实施分层次、岗位开展培训工作，督促员工学习，激发员工自主学习的意识，营造“精准培训，快乐学习”的良好氛围。另外，修订完善《学院市场化规划及实施方案》，深化外部合作，共同开发、录制互联网金融各业态的线上培训课程，开发对外培训平台，进一步深入探索互联网金融学院市场化运营工作。

（八）利用互联网思维，不断提升品牌知名度

移动互联网及自媒体的迅速发展给公司品牌宣传及推广提供了新的途径，在日趋激烈的行业竞争环境下，公司需不断研究并利用互联网思维，紧跟新形势的传播规律，提高宣传工作成效，不断提升公司品牌知名度和美誉度。

（九）加快技术开发进度，提高系统运维能力

技术是公司平台得以平稳运营的重要保障，2016 年，技术部将加快新系统开发速度，锻炼多个项目并行开发的能力，提高代码质量，多方面提高开发能力。与此同时，还要继续保障系统的安全稳定运行，提高应对和解决故障的能力。增强公司信息安全的防护和管理工作，提高 IT 服务效率和服务水平。最后，加强团队建设，多渠道引进高端技术人才，提高业务水平和能力，打造红岭的过硬技术攻坚团队。

四、结语

随着《网络借贷信息中介机构业务活动管理暂行办法（征求意见稿）》落地、互联网金融被列入“十三五”规划等，网贷平台发展进入了新的阶段。2016 年，全公司将继续在周世平董事长的领导下，紧随行业发展步伐，全面推进各部门的工作，努力把公司的各项制度建设落到实处，提高各部门的执行力和创新力，并以积极昂扬的精神状态、科学有效的工作方法、扎实过硬的工作作风促进各项工作任务的落实。

新年伊始，万象更新。红岭创投发展的序幕才刚刚开启，我们要团结一心，努力工作，积极探索，树立信心，迈出坚实的步伐，本着帮助他人，快乐自己，不违法，不违规，不让老百姓吃亏的经营理念，为国家的发展，为经济的繁荣作出最大的贡献。

谢谢大家！

——张宇总裁在2015年终工作会议上的讲话

10.34　2016年1月18日第3期总裁办公会议的阶段性总结

对2015年资产管理工作及待收、垫付问题的总结

资产保全在我们红岭创投应该属于一个新的部门，但是在银行这个就是一个成熟的部门了。但是，目前我们的资产保全部比银行又要前进了一步，后面又加上了一个资产管理，整个的资产处理流程完全不一样，是新东西了。在这个里面，我要求大家一边干，一边学，一边总结，一边进步。包括我们做P2P行业，我们大多数同志是从银行来的，对于这里面整个标准和运行的方法，各个方面可以说懂得不是很多，但是又有谁懂得很多呢？因为它是一个新行业，谁都不敢说他懂得很多。刚才讲，可能今年要进入第一个周期了，就是我们处理的不良资产要开始往回走了，有的是通过拍卖，有的是通过把房子建好了以后回流现金，各种各样的行使办法开始出现了，这点我要感谢大家这两年来大家的努力，因为到现在为止我们所有的支付都是安全的，到现在没有出现任何问题，这个两年多很不简单。从规模那么小开始做到这么大，在支付上没有出现任何问题，这个要感谢我们在座的每一个部门所做的辛勤的劳动和努力，是在座的我们每一个人所付出的心血。那么在新的一年里，流动性的问题不仅仅是银行和P2P的问题，它是整个经济现象问题。每个人的需求不一样，我们怎么把社会上的经济类，包括市场上的各种需求类能够做平衡，它就不会出现流动性问题。一旦不平衡，谁都挡不住。那我们所做的工作，一是不让它有计提的条件，包括集中到期，集中出现的时间，要把它平时就分散，再一个是一旦出现这种苗头的时候用什么方法把它救住，就

像灭火一样把它灭掉，第三个就是我们的渠道，第四个就是我们通过自己的手段把它化解，包括发标，包括线下的产品，等等，这个是很主要的东西。这一点，我希望我们在座的每一个同志都把这个作为我们经营过程当中的一个核心问题。只要这个核心问题能够守得住，我们不违规不违法，就能过一点安稳的日子。那想要达到这样一个环境，我们就还要作出一个阶段的努力，至少还有一年。一年可能才能把这个通道基本上打通，这个通道一旦打通，或者说这个机制一旦建立，我们共同来维护这个制度。这个行业就安全了，我们红岭创投就安全了。而现在还不行，现在就是全身心一定要把这几个关键点解决，能够越过去那后面的日子就开始好过了。两年以来，我们各个部门的同志都立了汗马功劳，都作出了巨大的贡献，我不一一点名了，所以我也感谢大家。今年的工作，董事长提出了要转型，转型也提出弄很多的新产品。新产品由我们董事长亲自抓，也显示出了我们董事长对红岭创投发展的重视和责任，这一点我们应该是全力支持，当好助手，做好我们每一个人的工作。

去年我们完成得可能没有计划中那么理想，主要问题还是待收和垫付的问题，待收和垫付的问题我们今年要想尽一切办法把它降到最低。最低是多少我也不知道，因为规模是往上走的，不往上走的话，我们也没有能力去消化过去所形成的问题，在新的一年里，我们还是要把规模做上去，品种还是要做上去，风险还是要控制下来。有三条底线，第一条，我们所有的贷款是一一对应的，退一万步，人民银行不允许我们垫付了，不允许增信行为了，我们都是一一对应的。让投资者不会有急迫感了，只是时间推移了。银行只赔你 50 万元，我全赔，包括你的利息。第二条，也就是在去年，我们打开了所有转型的通道，有本标不垫付的东西我们已经开始做完了，我们线下，私募都已经开始做了。我们已经打开 P2P 可以在线上运营的所有通道，只是看做什么了，这样在国家给我们 18 个月的缓冲期间中，我们有时间去能够做的事情。大家只要联起手来，努力做是能够做到的。第三条，新产品的问题。我们董事长亲自在抓，包括我们在座的各个部门都有开发新产品的任务。因为新的东西是生命，我们的产品有无形磨损，有些产品今天是好的，可能在三个月以后它就不行了，或者新的产品出来，这个产品就被淘汰了，这个技术和我们认识上的进步，是随时在进行的。为什么我让研究所收集

60 个以上的风投进入的 P2P 公司的资料，包括它们的产品，营运方法呢？就是因为 2000 多家 P2P，风投已经替我们筛选了 60 多家了。这个可以作为我们的基础，在里面选出若干，我们把它变个形，下一步就可以开始往前走了。我们各个部门包括分公司，新产品开发的思路往这个方向上走，另外我们 6 个事业部现在并成一个金融事业部，在这个事业部里面各种产品都能做。首先是我们总公司本部，更重要的是要发挥我们广大分公司的力量，我们有 19 个分公司，60 多个经营单位，每个单位都去努力，去开发新的产品的话，那么我们的后备力量是非常充足，新的一年在董事长的领导下，要把新产品的开发抓好。另外一个就是新产品出来的时候，第一要把它的办法弄完整，然后进行试点，不要把它一下就全面推开。一下都推开的话，万一有什么闪失的话都退不回来。比如说我们的体验店一开始的市场是非常好的，但是体验店发展的速度和现在的结果远远没有达到我们设想的结果，是不是它就不行呢？有可能是产品的问题，可能是运营方法的问题，还有可能就是时间没到，可能三年以后它才会做得不错，这个很难说是什么原因，但是这个方向应该是不会错。那我们暂时收敛一下，把我们的重心用到其他的地方去，使我们整个的发展均衡起来。我们整个的新产品的开发、试点，到最后的总结推广才对公司的发展起到一个非常好的作用。

——2016 年 1 月 18 日第 3 期总裁办公会议

10.35　2015 年度股东大会的阶段性总结 1

对出现极端问题，投资人资金的安全

第一个问题，大家都关心的问题，如果极端情况出现怎么办？极端情况就是挤兑、流动性风险出现了等等，一系列，企业欠账、不良资产这么大，你怎么解决，这是大家共同关心的极端问题。不光是我们的股东，是我们一百万的投资者都关心的问题。我们怎么防范？我可以踏实告诉你们，第一，我们最终的支点上建立一道长城，这道长城是什么？就是所有的贷款跟所有投资人的钱一一对应，而一一对应的这些贷款项目都是具有充足抵押率的。

我们要求在现行的交易价上打 5 折，打三年的官司我照样可以给你付一点，不光是你的本金。如果在现有贷款条件下，就是出现这种极端情况的话，保证每个投资者的投资安全。存款保险法的出台大家也看见了，当一家银行破产的时候你们可以拿多少不用我说，你们这些聪明的投资者都清楚，最多可以赔 50 万元。这是国家银行，后面有印钞机的，后面最少有四种流动性支持方法的国家银行，那是跟印钞机连在一起的。

第二，同业拆借，商业银行相互之间的拆借，这是银行界里面的惯例。我今天可能存款不够用了，人家要把存款拿走了，贷款一回来怎么办？拆借，拆借不成强拆，强拆不成大不了就是人民银行给你罚款而已。

第三，取之不尽、用之不尽的存款。

第四，自己给自己创造的信用，沉兑回标（音），沉兑回标只要开出去到他行贴现金，立马回来就是存款，懂一点银行的都知道。

我们这样一个新生的企业、这样一个新生的行业，当我们步入这个行业的时候，我们都傻了。我们周总了不起，我们董事长不简单，所以说你们对他的鼓掌是值得，非常不简单，近年来没让一个投资者受损失，这一点我很佩服，因为他后面没有谁能支持他，他完全靠他自己的智慧和他的能力，和我们在座所有的股东一样一起在扛。当然，也要感谢你们，你们帮着他一起度过了一个又一个的难关，终于挺到了今天，挺到了我们看到的曙光，但是前面的路绝不那么好走。

我刚才讲的这些问题都是实实在在的，从理论上到实践上，到不可知上都存在的各种各样的可能，所以说这种极端情况出现的第一点就是我们有一道万里长城已经筑起来了，我们所有的东西都是一一对应。所有的投资者，我负责任地告诉你们，你们不会损失，连利息都不会损失，我们比国家银行所给你们的条件都要负责任。你要不相信，股东们可以查查哪笔贷款没有对应哪笔项目，对应的项目打官司之后值不值这些钱，你们可以去问问、看看，当你们看到这些东西，我相信你们是踏实的。大不了的就是推迟一点时间，何况我们现在还在垫付。我们垫付就是目前遇到的流动性的问题，我们的利润不是没实现，我们的财务状况不是那么不良好，就是因为被这些垫付给垫了，我把它称为流动性占优。上次社科院来调查的时候，他说你发明了一个新名词。我讲这样讲比较客观，就是流动性占优，而不是损失，谁这都不敢说这个房子不值钱，谁都不敢说这个地不值钱，它只是今天值多少钱、明天值多少钱的问题，而且它不会损失。所以说这一点上，当极端情况出现的时候，我们有高高的拦水坝，你想想我们有必要跑路吗？有必要去担心吗？我跟我们的股东们说一声，你们有必要担心吗？我负责任地告诉你们，一一对应，全部有充足抵押率。我们就怕不放心，刚才牛总、陆总都讲了在前期有一些抵押率不足的情况，过去的团队跟后来的团队新老交替之间还有一些抵押物不足的问题。这些不足的问题，我们把它算在内，我们把它算在内，我们对所有的抵押物进行过一次重新的评估。这个评估不光请了两个以上的评估事务所，加上我们自己的原则，我们自己的原则就是真实、可靠、值钱，不值钱别乱算，有多少算多少。原来我们充足抵押率的规定是50%，包括这些损失、包括他们5个亿，还有可能再大一点、还有可能再小一点，各种可能性在内，我们最终综合抵押率，告诉你们一个数，今天60%，6折，是这个价格。我们宏观上所有的体现在这里，再出问题也是流动性问题，只要流动性问题解决了，它能出什么问题？还有一个是政策问题，不给你干了，不给这个行业发展了，那我就没办法了。

第一点我跟大家讲讲如果极端现象出现的时候，我们是怎么想的、我们是怎么做的。我可以很坦诚地告诉大家，这个我们已经完成了，所以下面我们盼望赶快监管。为什么？我们在没有监管的条件下就跟我们没有指路的明灯一样，没有灯塔，什么也看不见，我们就在黑暗中一点点往前摸，我们多希望边上有人给我们指一路，我们多希望大家给我们讲讲什么，是不是？我们多希望，我们在场的所有人哪一个不是这么想的？但是一直没有，没有我们这些最起码算是良民、想干点好事的人、想干点事业的人在这个地方辛辛苦苦这样做，我觉得很委屈，所以说我盼望监管。你监管来，我想你像一个公约数一样所有分子分母都要约次分，如果我给你约一次分把我们约没了，那说明我们不行。因为监管政策对于所有的人都是公平的，我们能够承受得起这个公平。只要是公平的，我们做错了我们改正，我们不懂就问。首要的一点，我们不偷懒。也就是我经常在红岭创投对我们的员工说的话：不要偷懒，不懂就问，错了就改。

一旦监管政策下来，对于我们来讲，从我内心深处来讲，绝对是一个非常非常好的大事情，非常非常好的事情，使我们有了支点，使我们知道该怎么做了。如果国家政策不想让你发展，一刀下来全死了，那也不是我们的责任，前面你没有给我们指导，所以我们走成了这样子。哪怕只有一个能活，我红岭创投就能活下去，所以说我们不是想怕监管，我们希望监管。我们为什么在两年左右的时间把规模推到这个规模？不推到这个规模，谈何管理？一个人管，一个管什么？没到一定的量，它的规律你根本看不见。跟我们搞统计调查一样，抽样没有那么多的样本，你能反映出这件事情的正态分布吗？根本反映不出来，要到一定量的时候才能反映出这个规律，比方我们现在不良资产在上升，我们待收在上升，我们的规模也在扩大，当它扩大到多少的时候它的拐点会出现、它的凹像会出现，我用这些高端数学的名词了啊。它会不会出现不知道，因为它有一个经济规模，到底多大最经济，也叫边际效应，最好在哪里。我们搞化肥有十万吨的、有五十万吨的、有一百万吨的，每一个万吨都有一个投入、都有一个边际效应，它的收益最好是在哪里。同样，我们也在等待这个边际平衡点的出现。边际平衡点的出现靠的是什么？靠的是发展。或许我们到两千亿的时候，我们代收资产到五百亿的时候，我们就全部安全了，但是到安全之前我们最起码要守住底线，这个底线就是一对一，不能让投资者有损失，这一点都不能含糊。只要这点能够守得住就一定要往前冲，绝对不能停，一停就死了。银行也一样，只要把银行停下来，停哪个银行哪个银行死。这是规律，这不是谁的声音大，这个规律你们都看得见的。所以我们下一步的工作，发展永远是第一位的，绝对不能停，一停就完蛋。一停，再聪明、再有能耐都不行。发展为我们赢取了时间，发展为我们增加了实力，发展给我们争取了新的可能，最起码这三个是有的。如果我们在发展的路上一步一步往前走，我相信我们一定能走过去的，因为我们做的是对老百姓、对投资者、对我们的股东、对我们本身的从业人员、对政府都是好事。

什么叫好事？对一个人好的事不算好事，它成功概率极低，只对你一个人好，周围都是你的对手。对两个人好的时候，比对你一个人好的时候要好一点。当对所有人都好的时候，你说你的成功概率有多大？那应该成功才对。要是不能成功或者遇到了挫折，可能这个错误我们还是可以修正的，把它改过来我们也可以大踏步地往前走。我们现在做的事就是这些事，对投资者、对项目的需求方、对我们每一个股东包括对我们台上的高管、对政府、对监管部门都是好事。就是监管部门来，我也会这样理直气壮、也会这样头脑非常清醒地跟他讲、跟他汇报，看看他是什么看法。如果我讲错了我接受批评，我改正，错了就改，你让我怎么做我就怎么做，你让我回家我就回家种菜，我会种很多菜。马上到清明节了，种瓜种都啊，种瓜得瓜，种豆得豆啊。种菜也很好，不行到街上去搞一定有机蔬菜价格也蛮高的，讲讲笑话啊。所以说第一个问题，出现极端情况下我们怎么办，我告诉大家。

第二点，解决办法。我们这一步往下走的解决办法是两个字——发展，只有发展。现在全公司已经把今年的主要工作定下来了，第一个就是发展，第二个是清收，第三个是管理，这“三驾马车”同时往上走。

发展，首先从制度上的、从市场调查上的、从学习上的、从产品品种上的、从逻辑上的，很多很多东西的发展都要齐头并进，它不是一个孤立的东西。包括市场的占有率，市场的占用方法我们现在都做了安排。我春节前跑了三个分公司，春节后又跑了三个分公司，明天我又要去山东分公司，因为我们分公司这一期的管理本身干部的梯队跟不上，我们都是市场招聘的。我说实话，都是靠猎头公司来的。猎头公司给我们推荐的这些行长们有的应该不错，有的确实不怎么样。不怎么样，有的品德没什么问题，那么这个时候我们很重要的是要给他指导、给他辅导。为什么一开始就要办互联网金融学院？就是他不行的时候我教他怎么做，你只要认认真真去学，学会了不就行了吗？人家学一遍，你学十遍，你再笨的人也能前进啊，学好了不就行了吗？我来教你。我跑这个分公司一是听取他们对总公司的管理中到底有什么建议，听一下，带回来大家研究研究怎么解决他们的问题。第二，要指导他们，如果我来当山东省公司的经理我将怎么做，我市场将怎么打。没了市场啥都没了，不要再控制风险了。发展是第一位的，要教他去发展；市场是第一位的，没有了市场就什么都没了没有市场是最大的风险。

——2015 年度股东大会

10.36　2015年度股东大会的阶段性总结2

关于对腐败现象的看法

坏账的原因多少是因为腐败、多少是因为风控技术？已经发生了的腐败现象做了哪些处理，今后如何杜绝？这是一个题目，在某些阶段是一个非常重要的题目，但它不是永远的题目，永远的题目是市场。挣不到钱根本就腐败不了，到哪儿腐败去？没有市场，从哪儿来的风险？啥都没有。当然，只要有市场、只要有交易就会产生腐败。腐败是什么？腐败的核心就是个人侵占，哪怕他占了一毛钱、占了一块钱，他都是腐败。不是他的金额大小的问题，是这个事情的性质问题。好在处理腐败我们有规章制度，你别担心，出了问题按照规则处理，绝不袒护。包括我在内，你们只要发现了张宇在哪个地方有腐败行为，立刻举报。如果我自己的腐败行为确实是这样，我会承担我自己的责任。现在我们是发现了一些线索，但是到目前为止我这里还没有接到正式书面的，书面证据我还没有。当我接到了书面证据的时候，我一切按照国家的法律处理。不存在风气流行不流行的问题，是按制度办，一切按制度办，证据一成立了按制度办。我们前期也免了几个分公司的老总，现在还没有看到他们腐败现象，但是看到他们的违规现象了。给他看，这是不是你做的？我说别强调理由，是不是你做的？是的。违规没有？我为了什么。不管你为了什么，违规了没有？违规了。好，回去吧。先免了再说，免了你还不能跑，因为这个钱还没回来。如果涉及刑事问题，当然有的写一个辞职报告，谁都别同意他辞职，不同意他辞职，就是免了，一个月给他四千五百块生活费放那儿。如果他三天不上班就以旷工处理，也不开除，不发工资了。他要再来找你的时候就说你旷工了，现在不能发你工资了。然后所有后面的问题他一个也跑不了，他往哪儿跑？涉及刑事上的问题要追到底，所以说你在这个世界上你犯了法、犯了罪要能跑得了，我真算你本事大了，你根本就跑不了，但这要有步骤、要有过程。当然也有可能出现什么呢？也有可能出现钱追回来了。钱追回来了，那就倒过来讲了，该批评就批评，该处理归处理，但是处理的力度和方法就人情化点，都追回来嘛，什么都没有问题了嘛。但也要有警示，也不是说没有警示。我就是这个态度，最终是以我们资产的安全，而不在于抓几个人，因为抓人不是目的，抓人只是手段。所以我们股东们大可放心，关于腐败问题、个人侵占的问题，在我们这里我们没有把它看得特别重要，为什么？它是正常工作，过去我们在银行里面处理这个东西就是正常工作。我过去的老部下也有给我下跪的，我怎么救你？你去自首看看法律上有什么最好的途径或者找律师，依法看是不是能轻一点，或者你讲你有其他的理由能够向法律上证明你自己这个罪能够轻一点，那你自己去想办法。我就讲最直接的了，最后就是这个东西啊，所以你们在座的所有股东们，按理说股东大会，我不应该讲这么多，因为大家都来了，谈得也都很好，就想把自己的心里话跟大家做一个交流，实际上腐败就是这么回事。只要有了，只要按照程序这么往下打，一起诉他就受不了了，受不了了他非出卖你不可。你要把我钱还了，还了以后再说吧，一个也跑不了，一切依法办事。

刚才大家提到的腐败问题，腐败在任何地方都有，只要有交易就有腐败，只是程度、性质方面有所不同。当然了，我是请求你们相信我们。其实我们也相信我们自己是会按照一切制度来正常处理一切事务的，你犯了法，你自己要承担责任，你不能连承担责任的勇气都没有，那你自己还敢去做这些事吗？

刚才也讲到坏账，我们经常讲到坏账的问题，这个地方我也讲讲坏账的问题，坏账实际上是一个概念上的模糊。我们股东就有很多可能搞过财务的，也有的人没有搞过财务，有的人搞过银行，有的人没有搞过银行。坏账是指什么？广义上的坏账应该是讲只要有问题的不良资产都称之为坏账，狭义上的坏账就是损失部分。对于我们互联网金融目前出现的流动性占用怎么定义，到现在还没有一个具体定义方法。因为我们始终不承认我们充足抵押率的款是坏账，我不承认。就跟项总刚才讲的，如果按照银行的经营方法来考核我们现在的企业的话，资本充足率这一条我就要 20 个亿。没有了 20 亿元，谁也没那个本事，这是国际规则。

社科院来也好、人民银行总行来调研也好，我就跟他们讲了同样几句话。第一,我们的快借制度到底是实施哪个快借制度。如果是金融快借制度,我们就可以进行五级分类、我们就可以进行拨备、我们就可以进行最后的核销。如果不是快借制度,税务局就不同意,你又不是金融企业你凭什么用金融企业的快借金融?全给我缴税,交少了还不行,交了五千万元还不够,要你交七千万元。要按普通企业、一般企业的快借制度就不能五级分类,它没有这种管理方法,要按照一般企业的来,那我们风险备底和备长(音)的形式也没有,没有对我们的企业也不公平,那我怎么控制风险呢?这都是一些模糊的地方,到目前国家任何一个企业都没有最后的界定,到底是什么。第二,流动性支持。国家如果真要支持我们可以给一个流动性的缺口给我们。你现在鼓励商业银行拿良性资产到人民银行抵押可以拿到再贷款,我们也可以啊,我们也有良性资产,我们充足抵押率的资产都称之为良性资产,我到人民银行你按照给商业银行的办法也给我划分一点流动性为什么不行啊?如果行的话,你稍微支持我一下,我真的什么都不怕,你想我走多远我就跟你走多远,你又不给,那怎么办?第三,监管政策赶快下来,你不下来我比谁都害怕,我胆子比谁都小。本质上不想去违规,本质上就是想老老实实地做一点事,利用自己的经历,在金融行业经历了那么多年,在这些经历当中我们应该怎么做,现在你又不给我一个灯塔、一束阳光,你叫我怎么活呢?这些都是我们真正遇到的问题。刚才从坏账讲了那么多,现在我们红岭创投有充足抵押率的贷款是什么?我不讲它是坏账,我也不能讲它是不良资产,最后我给它下一个新的定义叫流动性占用,一不小心搞不好这个名词真的会用开,因为过去没有用过这个词。什么时候换回来就换回来了,东西都在那儿了。就跟你家里的黄金一样,你买了一公斤黄金的资产配置,你又不好卖出去,你就在家里放着,放着不就是流动性占用吗?它值钱,这个道理是一样的。

——2015 年度股东大会

10.37　2016年4月25日第14期总裁办公会议的阶段性总结

关于计划财务部测算指标的阶段性总结

清收工作正在按计划实施，有些工作要做调整，你当医生的怎么去做清收呢？我刚才强调这个问题了，专业的工作还是要专业的人去做，工作计划必须由分管副总裁统筹规划制定，其他工作都是从不同阶段，不同角度，不同层面给予加入，最终清收工作还是要听专业部门的意见，最终的决定还是要向董事长报告，批准之后我们才能实施有关重大方案。第四点，业务发展始终不能停下，一旦停下，对整个公司的发展都是致命的。所以各业务部门，对分公司的要求，按监管部门的要求，有力、加倍、积极地去把业务发展做好。零售业务还要加力，这可能是我们今后P2P企业发展的重点，可能是以后的重点。请我们计财部门进行一部分的精算，精算所涉及的原始数据，每一项产品规模的成本，收益，待收资产，停息资产，已清收资产，业务规模发展的平衡，找出其关系，制定其有效的定量指标。首先，在原有的业务收益水平上，拿出一个参数；其次，用这个参数推算，业务做到多大规模才能盈亏平衡；逾期标的存量和增量速度对其财务的影响，对我们财务的影响，包括结构、金额、利润以及费用率。预计损失和我们的承受能力，以及流动性解决的量化分析和合规性分析，以上这些都是我们各部门，包括研究所在内，需要研究的课题，只有明确这些要点，才能在即将到来的监管下，健康成长。在这之前我们没有做过这方面的精算，那么希望我们各部门，包括研究所在内，大家文化水平都还可以，数学最起码学过高等数学，货币时间价值也会算，就算不用货币时间价值，哪怕用趋势外推法，也一样算得出来。算过之后就知道，我们业务要发展到哪个水平才安全，这个要经过精算。或者是结构，哪个业务发展到哪个水平，哪个业务发展到多少，我们才能达到盈亏平衡。据以制定我们所有产品最后的价格，即利差收入，做一个亿的对公和零售和本标有什么区别，收益率分别是多少，这里面可以算出一个当量，或许是三亿元的本标相当于一亿元的零售，两亿元的快借等于5000万元的零售，这就是当量，要把它算出来，不难。有了这当量，特别是市场部，在制订下一步的计划的时候，总公司给你这个分公司下10个亿的目标，10个亿的目标零售应该是多少，对公应该是多少，对公中，快标应该是多少，议标多少，本标多少，然后据以下达费用率，因为它盈利水平不同，我们逐步从过去风险度比较高的产品，移到风险度比较低的这段，收益选择最科学的收益。上次董事长跟我说，我们不能不赚钱，不赚钱的事不能干。我们有些分公司把价格打得很低很低，在初始阶段为了影响，为了展示我们的方向，为了在市场上找到我们的位置，哪怕几乎把费用一摊我们就不赚钱了，我们也批过。但是当我们在这些产品都出事以后，下一步就要在结构上进行一下。当然这是不一两周的任务，对于我们财务部门这是一个长期的任务，要有专门的人来做，业务规模，发展速度，这都要进行精算。精算之后再下达指标，我们就知道做多少是亏损，做多少就安全了。我们的流动性在某些标发到某种程度的时候就好了，让我们董事长心里要有数，让在座的各位领导都要有数。只有管理到这个层面了，红岭创投才有希望。现在有那么多待收，还有停息资产，还要用其他收入垫利息给投资者，没有管理过这项业务的会觉得错综复杂，在管理这项业务的人，要一条一条把它理清楚，一下做不到不要紧，这是个目标。特别是我们财务这方面，要逐步达到这个要求，达到这个要求后，实际上各个部门都是根据这个精算来制订各个部门的计划，包括我们的工资，我们的费用，所有东西都是根据这个来的。这一项希望我们计财部门包括我们研究所，哪怕先从一项开始，找出几个相关，找出几个自变量、因变量，它变动之后所产生的一些影响，从我们过去已经实施的管理的真实数据上，去寻找摸索，因为有实际数据在这，然后哪些地方做了修正之后，推导我们的未来，我们的工作就有支撑，技术上就有支撑了。因为这利率是市场化的，是我自己定的，不是监管当局定的，也不是人民银行定的，那么就要科学地认识到我们这个行业要遵循的基本规则，我们这个管理才有希望。前一阶段大家都很辛苦，新的一年我想做三件事，第一是把这个分公司都跑完,然后把它们引导向比较好的水平或者朝这方面走,一条一条来。等我把分公司跑完后,我会到各个条线和你们一起研究,包括你们计财部门,我来和你们研究建立这个模式,因为我建立这个模型,还有点经验,这是计量经济学啦。包括我们的市场条线,我们的风控条线、技术条线我相对外行一点,但是黄总在这里我很放心,还有徐总在这里,我很放心。怎么样把业务搞好,还有综合条线。今天还有十分钟,就最后讲这么几点,谢谢大家。

——2016 年 4 月 25 日第 14 期总裁办公会议

10.38 2016 年 5 月 12 日第 16 期总裁办公会议的阶段性总结

关于对市场部的统计、营销中心、客户经理等问题的指导

市场部每次的工作汇报都是第一,可见市场是我们公司的重心。第一个问题是关于统计指标的问题,我在两年前就提到过这个问题,统计工作每个部门都有。一个是现在的数据,第二个就是比较数据。比较数据的专业比较一个是同比,一个是定比,一个是基比,一个是环比,就是以后只要是汇报统计资料都要把这几个比放进去,然后分析起来才有依据。任何一个孤立的数据出来以后让大家没办法去分析,没办法去判断。同比好解释,就是今年什么时候和去年什么时候比;定比就是大家确定一个比较的期限都跟这个期限的基点来比较;基比一般是跟年初比或者是跟去年年底比;环比就是跟上月比。以后专门的统计部门在统计工作的时候都应该有这四个部分,这样一来参会人员在看的时候就能看出它的发展速度,也有说服力了,我们的工作到底是有进步了还是没有进步,进步得快还是进步得慢,这才看得清楚。然后根据这个指标我们才能往下分析,因为我们分析任何一个工作一开始还是要统计指标。这一点希望我们各个部门的老总都要加强,汇

报工作的时候几个数据都要清楚。

第二个问题就是关于营销中心的问题，这个问题我同意。因为大家一直都在研究这个问题，就是市场上各个分公司以及全国有很多形不成项目部的，大家暂时还没一致意见，又加上分公司在组建过程当中有相当长的时间，而营销中心就可以把一些比较分散的、全国性的项目集中到红岭创投的平台上来做。为什么我上次提出营销中心和市场部实际上一块牌子两套班子，它的工作量现在还不知道有多大，现在还只是一个开始，往后也有可能大起来。很多东西刚开始的时候都只是一个岗位，然后变成一个室，然后变成一个部。刚刚我看营销中心的整个图基本上还是不错，基本上都考虑了，考虑之后立一个正式的文件，关于营销中心的管理文件，这个文件让大家会签一下，上会通过后就执行了。我们每次讨论每次不执行，每次都在这议论到最后每次都是议而不决，不能往下拖了，这个事情市场部弄完以后各个部门会签一下，什么意见补充上，最后由我们市场管理部也就是营销中心把所有意见归纳一下，然后补充到营销中心的管理办法里面，这样我们就可以操作，这是我讲的第二个问题。

第三个就讲到客户经理以及客户经理离职问题。一般的客户经理分公司要管，总公司也要管，市场部门要管，风险管理部门也要管，人力资源部更要管，最后稽核监察部门也要管。也就是在入职协议合同上就要签订他离职的时候需要做哪些工作，我们要告诉他。在入职的时候就要告诉他，离职的时候是按这样一个制度执行的。比如他自己产生了不良贷款，比如他三个月业务等等方面的问题，他离职的原因，自己提出的还是具体的东西，这些东西由各个不同的部门往上申报，所以分公司要管起来。申报以后，分公司解决了哪一层，然后到总公司的市场部解决了哪些问题，包括我们的风险管理部的贷后管理，甚至到资产保全部的资产处置都会涉及这些问题，都是一连串的，到最后实际上是以项目为归结。如果没有项目，他自己没有这个责任，没有这个项目的话，你的管理是没有内容的。关于这方面的管理主要是项目的有与没有，现在的发展状况怎么样。有没有项目肯定是市场部管，项目的质量如何那肯定是我们风险管理部来负责，项目出现问题了肯定是我们的资产保全部来负责，如果要追究的话是稽核监察部负责。所以任何一个离职的客户经理最终都是稽核监察解决问题，但是稽核监察不需要自己去，他们有要求给各个分公司来执行。这样一来就要对兼职和在职的客户经理有一个专门的管理制度，这个专门的管理制度还是要由市场部来监督管理。剩余的其他部门包括风险管理部、资产保全部、稽核监察部最后都要参与会签，有些什么意见进行补充，补充以后一个整个的文件批示下去，下去以后分公司和总公司执行，这样在操作上面大家都有依据了。这是我讲的第三个问题。

第四个问题就是对于四无的这样一些公司，这一类的公司有些是属于还没有正式开业的，属于筹备组，四无那是放在办公室，只要是在开办前都是办公室机构部门在管，我们财务部门也在管就是没有这笔钱了。财务部门有这样一个制度，也要在办公室形成一个开业前机构管理的暂行办法，也做一个文件。暂行办法拿出来了以后，把所有考虑的问题，需要各个部门参与意见的也是由相关部门进行会签一下，有些需要补充的意见补充进去，最终由办公室的机构管理部门来决定。对于四无已经开业的分公司，那起点应该是市场管理部，一旦报上来了如果没有的话其他不考虑，由人力部门第一介入。介入以后，第一换人，二撤销。四无单位有个基础，有个过去，现在没了，现在余额但是不增加了。还有增加了以后又没了，这种是正常的业务管理，既由我们市场部管理又由我们的人事部进行管理。对于分公司主要负责人的考核也是从它的业务反映出来，最后的监督管理是各个部门都需要管理的，包括他的离职也一样，到最后稽核监察部门的离任监察也是要管的，这些工作也是要有一个专门的办法，这是对于分公司业务状况的发展与对分公司的考核处理办法。这个处理办法起头还是市场管理部，市场管理部的担子非常重，之后有什么问题要提出来，提出来以后也是要请其他几个部门来进行会签，会签过了以后具体落实下去以后，一环一环后面就有办法处理了，都有依据了。会议下来，市场部提出的这个问题处理一下，可以分头大家起草，也不一定是你一个部门起草，但是都是从市场管理部起步，起草过以后我们一个部门分担一块。风险管理部分管一块，资产保全部分管一块，人力资源分管一块，稽核监察分管一块，牛总看一下怎么样分工，然后各个部门来做，旭明也在这里都来看一看，制度一旦定好了我们之后管理起来就方便了。而不是老是提出问题,老是得不到解决。

——2016 年 5 月 17 日第 16 期总裁办公会议

10.39　2016 年 5 月 30 日第 17 期总裁办公会议的阶段性总结

对市场、零售,及分公司调研工作的阶段性总结

市场部的工作应该说在逐步地重拾起来,逐步地跟我们公司的发展开始合上了,工作的重点开始明确了,从上周开的这个零售业务现场会当然还有零售部,都属于市场这个大范畴,从我的角度发表看法的话,那就是开了一个好头,以后把这项工作安排下去,我们知道零售业务为什么要放到这么重要的一个位置上,前几次会议我们已经把零售业务的重要性,为什么要这个时候下这么大的力气再推开,我再重复一遍,我们红岭创投在雾霾当中走了七年多,没有真正找到一个让我们踏实——从风控、业务流程、资产端的业务可行性,到市场的需求、综合方面的业务,大量的快借业务为什么形成不良,我们有很多同志在批评下面的老总,讲他们不负责任,我们也有人在批评我们风控部门,讲我们风控部门控制不严,我们还有方方面面的人认为我们这里面有腐败和个人利益,各种建议和看法都有道理,从某个角度来说都有道理,但是根本性的问题不在这里,根本性的问题在于我们所做的产品市场发育就是不好的,本身就是准高利贷,我有一个朋友,跟我说我现在在做高利贷,一开始可能是从高息入手,因为我们不做的话也是有人要做,但是最终应该说让我们的民间借贷有一个合理的、科学的生存和发展的条件,因为这项业务从历史上来说,利率的高与低和所伴随的风险的高与低是成正比的,在只要有经济在的地方都有这种现象,高利贷那就风险很大,非常低息的贷款,政府贴息贷款风险可能就很小,这两头都有,那么我们在里面寻找一个我们可以生存的空间。我到红岭来也是这样一个初衷。利用已有

的知识和经验，在这里寻找一个生存的空间，为这个社会做点事情，好在我们的政府是鼓励的，我们技术的发展已经形成这样一个需求，那么七年多下来，我们很多的贷款形成不良，除了我们的管理能力有待提高，队伍还不够健全，我们有些人员的干部培养机制还没有形成，除了我们是一支新生的力量和行业，之外还有一点，就是这个市场本身就没有标杆，我希望有一个标杆，如果说我们这个市场有一个标杆，我们全体人员去学习，都向它学习，这一点我觉得我们大家都能做到，学，比创造更容易，参会的同志 95% 以上都是本科以上的学历，都是有长期的工作经验的，都不是笨蛋，我们在一起努力摸索，试验，到今天为止，终于找到一块可以落脚的石头，这就是我们的零售业务，这就是我的心态，阿基米德讲，给我一个支点，我可以撬动整个地球，我们不敢这么去说，但是我们一旦有了支点，我们业务向着健康、规模、盈利的方向发展，就真真切切有了希望，所以有了零售业务，我们把它提高到这个高度，我们要在杭州开现场会议，我们要把这个支点落实，我们要在这个支点上打出一片天地。它现在是开了一个好头，关键还是要持续下去，我们市场人员、各个部门关键还是要持续下去，抓住成果来，我在想我们这次开的是 19 个分公司的会议，我在想你们能不能再开一次会议，开一下已经有贷款业务的筹备组的会议，看一下它们有没有开展零售业务的意愿，把地盘再画大，因为我们毕竟还有几十个筹备组，里面半数以上还是有人的，虽然没有公司，但是有人，业务量从这地方来，资产端既是资产端也是资金端，零售业务是具有这个特点的，那我作为一个建议，还有我们抓市场的领导，和我们抓市场的部门，包括我们零售部门，能不能再准备一次会议，就是结合我们营销中心、零售风险管理部、市场，再开一次会，会议的地点可以在深圳，也可以在你们觉得做好的筹备组那边。再打开一个领域，如果我们的营销中心立刻或者很快就能运作起来的话，把这块业务也放在营销中心对全国进行点对点的营销，我在前面把零售业务开展的意义，说是在泥潭里面找到一块比较硬的地方站得住脚，这千万别失去了，在这个地方不仅要站得住，还要快，还要抢时间。结合这次全国互联网的检查，金融办在我们这检查了两周，我们报送了大量的数据出去，我们没有隐瞒任何东西，因为我们问心无愧，我们就算是做错了也是在为这个社会做好事，就是有些需要完善和修改的地方，我们也愿意，我们可以很自信地说，我们所做的一切动作都是老老实实的，都是围绕着不违法、不违规、不让老百姓吃亏的原则进行的，没有做其他任何违法违规的事情，所以说我们心里是坦荡的，在这里面有可能有失误，有可能有能力不足的时候，这些问题做自我批评、反思、总结，在下一个工作当中我们争取再也不犯这样的错误，我们找到了支点以后，我们争取在这个稍微硬一点、能够撑得住的地方，我们好好发展一下，上次有个领导问我，现在检查我们到底怎么样，我说只要有两点我们能拿到，我就感觉是踏实的，第一点，不要抓人。第二点，给我们整改，我只要有这两条，红岭创投前面七年多的努力就没有白费。大家看好像要求不高，其实政府开始监管了，我们没有重大问题，没有个人问题，没有犯罪问题，仅仅是整改，我们每个同志都有这样的整改空间，我们每个人都会比过去更努力，做得更出色，因为我们踏实了。这位领导告诉我，抓人的可能性为零，那就只是整改了。当然我们也做了另外一种准备，就是清盘。清盘就是我们一一对应，不让老百姓受损失，这也是最坏的打算，但是这个可能性不大，因为我们的运作到目前为止是正常的，我们的流动性不会出问题。虽然我们目前流动性占用的数额和比重相对大一点，但只要我们流动性能维持住，我们的零售业务在短期内有大发展，快标、特标、议标，我们做得更科学一点，这些业务齐头并进，我们就有希望了。再加上本标，六大事业部这里，齐头并进，现在也很有进步，我很高兴。从金融行业走到互联网我们现在逐步摸出了一条路，这条路有我们所有人的心血和汗水。既有我们董事长七年来勇敢带领大家一起迈过一个又一个困难，又有我们在座每一个同志的努力。零售业务、市场发展是我们的生命线，我们再好好往下抓，抓出成果。刚才汇报的发展兼职客户经理是扩大队伍的方法，我说的是扩大地盘，再进行一次零售业务学习，包括涉及全国的、有筹备组的地方，包括营销中心是涉及没有筹备组的地方，从地方上周延。兼职客户经理是从人力上周延，刚才我听市场部汇报，说我们政策还没用到位。政策一定要到位，每一个兼职客户经理一定要知道做一个项目能拿多少钱，一定要落实到位。首先市场部提出这个问题，相关部门，最终财务部门要做一个会签，哪怕多花点钱我觉得都值，因为没有发展什么都没有了，发展越快我们生命力越强，希望是在发展上，清收是给我们减轻压力,发展才能够使我们富裕起来。所以接着市场部刚才所提出的问题,我说第一点看法。

第二点是认识上的问题,一个部门在打仗时,协同是非常重要的,孤军奋战肯定不行,一定要听取不同认识,办公会就是协同功能,一个部门提出问题,让其他部门都听一听,如何协同,如果只是按自己的想法去做,没有协调机制,光靠一支队伍去打是不行的。市场部提出的政策问题,市场提出这种需求,我们过去就看到了,但是现在还没有落实,我今天不追究责任,但下一次办公会的时候我不希望再看到这个问题了。任何协同的工作,都有一个部门为主其他部门配合的问题,有主角和配角,一个单一的东西都成功不了。有人往前冲,有人当拉拉队,有人给补充弹药,办公会就是协调这些相关部门,相关力量,从不同侧面来帮助为主的部门来完成这个任务。现在市场上为主的部门就是市场部,另外还有零售风险管理部,小苏你们压力很大,但是有明显进步,今天表扬你们,这是我们牛总最近抓的成果。你们现在的内容可以讨论了,你提出意见了,而且其他人能帮助你们了,这个就是进步了,很不简单。从我们市场部开始往前走,其他部门应该都会有进步。

第三点,就是和我们这次的检查,我们在缓冲期中寻找新的方向、新的目标和方法,在一定的时间内完成结构、产品、市场合规性的调整,这是赋予我们更高的一个任务,我们希望能够完成好。但是由于我们的水平,尤其是我的水平有限,有可能结果不尽如人意。我总是鼓励大家从不同角度提出不同认识,然后统一不同认识,为我们最终打好这一战起点正面作用。认识有了,后面是执行力。你可以把办公会录音拿出来听,没有哪一项工作我没有安排过,没有讨论过,没有强调过。但到现在为什么还有这些问题没解决,就是执行力的问题。强的执行力就是在短期内把只有一点可能性的问题用 N 种办法实现,弱的执行力只要碰到一个困难就退回来了,不再想办法。我们每个人的执行力到底如何?不是不听你们的困难,但是困难难度是可以看出你的执行力。你提出的困难是大家都解决不了的,那说明你有点水平,如果你提出的问题大家都能解决,那就看出你的弱点了,说明你水平不高。我就说这三点意见,希望能够起抛砖引玉的作用。

——2016 年 5 月 30 日第 17 期总裁办公会议

10.40　2016年6月20日第19期总裁办公会议的阶段性总结

关于对处理不良资产的阶段性总结

这个陆总考虑一下吧。我从操作上讲几点,不良资产是非常自然的现象,所有产品从开采矿石的一天开始,就是一个货币和商品不断互换的过程,只不过最后是以财务为代价,怎么做都是这个过程,没什么可怕的,最后都能做得了,只是看我们怎么操作。这两年以来,我们的垫付逐月都在上升,刚才亲亲汇报的整个的数据,比过去要清晰一些,讲出一点结构性的东西了,每个月都在上升,可能现在缓一点了,这里面也有,我给我们自己找理由,就是经济规模问题,拐点到底会在多大规模的时候出现,不到一定的规模就没有那样的能力,要有一定的边际投入才能够赚钱。我们公司的边际投入到目前为止就是六千万元,管两百亿元的资产就六千万元,如果按照百分之十的话应该是十二个亿,就是要有十二亿元的资本金才能做出来,结果我们六千万元就干出来了,这肯定违反经济规律了,但这是一种新的经济现象,股东们也没拿钱,不仅不拿钱,搞点定增进来以后每个月还拿走好几百万元,所有东西都是借钱在干,真正的干货没有,完全靠我们竭尽全力在努力,而现在不良资产还是在平缓地往上走,待收在增加,但现在是不是比过去要平缓一点了,可能平缓一点,但还在往上走。我们什么时候能让它不往上走了?风险管理部肯定要拿出这样的分析报告来,你需要我们做什么,什么时候开始,包括我们的产品、风控、审批,和整个资产结构,你们都可以提,提出来以后我们大家讨论感觉可以,就能做。有很多事情属于已经失火了,我们在救火,或者是这个地方本来就不好,我们一直在补,边补边搞,一直是这样,国家也允许我们这样搞,我们就只能边补边做,很难,谁骂我们都不能吭声,有时候感觉挺委屈,累死了,我们一帮老同志都是全力以赴在做,从来没有做成这样子过。现在还好规模做大了，影响做上去了，机会给我们了，下一步我们怎么样让它向好的方面转化得快一点，为什么我零售业务抓着你们搞，因为这个地方我们站得住。所以今天我讲风险管理部要尽快拿出报告，让拐点早一点出现，不要再往上走了，否则垫付的压力太大，也没有其他人拿钱出来，都是通过我们本身的营运拿钱出来的，我们付出的代价就是财务代价，利润在下降，可是现在还没亏损，但是很有可能亏，还可能亏很大，但现在我们还能生存，万一我们的资产收回来可能我们就不亏了，可能就赚钱了。金融机构的营运就是在这个过程当中，经济危机多少年形成一次，金融危机就是很多包括次贷危机，都是包含在里边，看不见的，到时候一旦出现问题，大问题就出来了，我们现在发现了问题，就不要让它出现了，争取让它逐步消化，消化的办法就是靠发展，其他也没办法了，然后新的业务不要再产生不良，否则我们的曲线还在往上走。风险管理部马上拿出分析报告，从我们业务发展的速度上资产能走多高，资产速度高，不良资产的速度也高，高的过程当中我们怎么样一点点往下降，流动性占用也很高，就要分析这些东西，然后给我们下一步决策提供一点依据，我们一线的分公司老总们也有一点依据，分公司老总很难，他们难我们也难，一天到晚讲我们不行，他们自己也一样没做好。老是讲我们审批部这里难那里难，他们敢批吗，他们是不敢批，批了以后不良资产曲线还在往上走，风险出来了，分公司就推说是审批部批的，所以有时候我要帮风险部门讲讲话，别把他们都当作恶人，他们更辛苦，分公司老总有时候讲话，讲过就算了，我们同志工作都是辛辛苦苦勤勤恳恳兢兢业业的，现在想扭转不良资产的问题，他们本身就是把关把严一点，不要再出问题了。另外一方面我们拼命降低利率，也是想使好的企业进来，它们本身风险度就不高，然后我们参与管理，把投资者的钱交给他们，然后对这个经济的发展起点作用。所以说，我刚才听完亲亲他们的汇报就有一种感觉，我们的垫付在逐月上升，这个判断谁也没办法回避，那能否上升得慢一点，能不能让它出现拐点，不让它再上升了，或者能不能持平，或者我们通过化解的方法终于使它下降了，那么这一点我想我们风险管理部提出下一步化解的方案，我们整个风险管理系统都要提出，包括我们这个财务系统也要提出，怎么做？有什么好的建设性建议，包括我们分公司也是,有没有什么好的建设性建议？我们能操作起来。发牢骚谁不会？指责太简单,但是要解决就没那么简单了。那就必须忍辱负重,心里满腹的委屈,但是还要干。每个人都会受委屈,不管哪个部门,我们杨总也有体会,哪里有不受委屈的,都得要踏踏实实地干,不干就一点希望都没了,一干就有希望。都要靠在座每位的努力,我们才真的有希望。总体听了风险管理部的汇报,总体我们的状况能让我们生存下去就是有希望的,这个行业本身就是新行业,我们同志在各个岗位上都是兢兢业业,都很努力,包括我也会努力的。一定把自己的工作搞好,我有时候讲话重一点,包括统计上面一些东西,大家跟上要快一点,希望大家快一点,在决策的过程中能快多了。包括每一次汇报不良资产的上升和垫付,一开始项总和我都是很重视的,只要出现一垫付,几个通知就马上发到相关部门了,最近好像没有了,太多了。过去是有的,这个要恢复起来,警钟长鸣,要告诉大家,哪笔贷款出问题了,哪个分公司,哪个搞的,这是很好的措施,最起码提示我们哪里有问题了,而且当分公司老总再发牢骚的时候,拿给他看:你看看这是什么？干吗跟你过不去？我看分公司老总在这些群里讲话,像小孩子一样,很幼稚,都是没办法回答的话。但我们不能像孩子,我们是要解决问题,大家要把问题看清楚才能出手。我这就是婆婆妈妈讲这么多,插这么几句。

——2016 年 6 月 20 日第 19 期总裁办公会议

10.41　2016 年 7 月 4 日第 21 期期总裁办公会议的阶段性总结

关于对分公司不良资产的控制及对财务分配制度不同认识的建议

我们的想法是听到分公司的声音,经营好的分公司的领导过来,看我们总公司办公会每天是在讨论什么,这样一来就能让总公司和分公司从两个角度吻合起来。从上次我们颜泽启同志和今天林海滨同志的发言来看,我是有些感触的，不管怎么样，他们从他们的角度提出了对分公司管理的一些看法，怎么讲都是合理的，就是讲合理的过程当中，怎么让总公司和大家都能执行得了。就是执行之后总公司和分公司都很好，这样的制度没人会反对，问题是这个制度，大家提的都是从一个角度来讲的，分公司是从自身角度提的，总部是从总体角度提的，但是有些时候没有考虑到分公司发展过程当中的具体特点，有时候会出现很多没想到的问题，那就要想怎么把它周延进去，那么我今天再总结一下，实际上分公司和总公司的主要集中在两个焦点，一个是审批一个是财务。再浓缩一下就是财务问题，一下子能拿到钱，拿到钱之后能不能再拿多点，实际上核心就是这个问题了。实际上在这个问题，我们希望分公司多拿点钱，分公司好了总公司才好，同样总公司好了分公司才会好。平台没了，你们去打游击战试试看。我们不是没看到全国那么多小平台，都是小游击队，最后都被一支一支消灭了。这是两方面的事情，能够有这样一个沟通，为我们年中工作会议提供了一个前提，不光是要提出问题，是要解决问题，能解决的问题才有意义，不能解决的问题是没有意义的。这次的年中工作会议我是参加者，具体情况我不知道，是董办通知的，如果是我们分公司和总公司沟通的，所有的办法让我们分公司拿一套出来，总公司拿一套出来，然后我们对接，对接后大家都能接受的我们就实施，不能实施的暂时不实施，一定有一个大家都能遵守的规则才行。财务上，55%的比率行不行，一定要有个大家都统一的，你要设多少前提条件都行，最起码我们总公司和分公司都能认可。第二，现有55%有哪些支出的比例，合理不合理，我们分公司也拿一个方案出来，我们看行不行，可以做一个推演，就知道行不行了。第三，对于不良资产怎么控制，这是个长期的东西，肯定要跟经济联系起来，怎么联系？既有利于调动分公司积极性，又有利于管理，主要是利于管理，管理对每个分公司都是一致的，就像上次三个人来汇报，颜泽启同志想去，身边两个同志赞同，我们许永锦同志讲：我没这么说，我和你看法不一致。好像声音大的就代表大家了，不是，敢说的就代表大家了，也不是，最终是合理才代表大家，要能实施才有意义，关于贷款我们现在已经成立特审会了，关于我们林总刚才提出的有不同认识的项目，最后拎到最高来处理。关于财务，我们分公司不是还写过一个陈情书嘛，把陈情书的那些领导们再到一起，再陈一次情，然后你们对财务上有什么要求一条一条写出来，我们保证解决，在大家都同意的基础上才有可能实施。在总公司角度上，没道理和大家过不去。现在管理过程中存在这样那样的问题，这一点毋庸置疑，肯定有，包括我个人，有不足，有失误，我到哪都承认这一点。但是有一点，就是你提出来我保证改，因为改了就好了，我希望我们分公司老总，可能我们林海滨同志不代表所有分公司老总，但是他代表分公司老总的一员，今天提的建议我听了感觉有些很好，实事求是讲，为我们解决他提出来的问题提供了思路，这个是思路是否完整还需要完善，完善之后形成一个良好的制度，这就是天大的好事。因为一件事不同认识很正常，每件事都会有不同认识，不能就讲这是报复，你要允许别人说意见，要摆出道理来，一条一条讲。最终还是以多数人的意见，以能够执行得了并能持续执行下去才可以，并不是一句话就这么搞了，后面后果很长。所以我感谢我们今天林总提出来的，对我很有启发，所以这次会议大家沟通的话，大家能把事情解决，我们董办到时候不知道有什么要去，反正不管到时候有什么事都要去，我们相关领导或分管领导把东西拿出来，一定要有分公司同意我们才实施，有分公司不同意我们就修改，一直修改到分公司认为可以了我们才执行。一直不行就分公司来搞，分公司找几个素质好点的，经验好点的，你们来拿我们来修改，一直修改到你们同意，我觉得态度先摆出来，一定把分公司和总公司协同到一条线上。工作协同非常重要，如果不懂协同的话，是打不了打仗的。人与人之间的、部门之间的、专业之间的协同，协同是非常厉害的，不能孤军奋战。所以我们分公和总公司也一样，一定要协同，一定要相互理解，相互支持，这样我们工作才有基础，不要担心有人报复你，谁报复你，谁给你小鞋穿。有不同认识正常，不要把帽子往别人头上一戴，吓死了，搞得人家都不敢说话了，最终的结果就变成你说什么就是什么我不说话了，那你再看后面是什么结果。短期看不出来，长期就看出来了，当你不在意的时候，还有谁在意呢。所以分公司的问题，可能是这段时间以来一直跟总公司有不同认识的方面，只要分公司需要的部门，我每一个都待下去了，我每一个分公司都下去了，都勤勤恳恳，踏踏实实地听大家的意见，而且都提出了经过分公司同意的解决方案，这个我到每个地方都有录音。这样一来才能把一个公司团结起来,引向正道,在阳光下大踏步地向前发展,所以今天我想说谢谢我们分公司,下次我们还这样开。我们多听听分公司意见,因为从总公司来看,不论是我还是副总裁还是在座的各部门领导,和你们都是一家人,情同手足,不可能存在过不去的地方,肯定不会,哪有这样的理由。但是对于喜欢在群里起哄的,大家可以看看喜欢起哄的都是哪些同志,一起哄什么话都说,也不负责任,掉过头去看看。所以今天办公会以后听了这个意见,之后的年中会议,使我们和分公司能在某些方面,共同研究红岭创投的发展,从不同的角度完善我们的制度,建立对良性发展有益的管理制度,把工作引向新的未来。

——2016 年 7 月 4 日第 21 期总裁办公会议

10.42　张宇总裁在分公司财务经理培训上的讲话总结

对互联网金融行业的财务制度的认识及分公司财务经理的工作要求

因为会计在某种程度上是比较死的东西,就是按章办事。有规定的科目和规定的核算方法,没有记账就没有科目,就产生不了总账。在日常生活中有时候没有原始凭证,只是领导打一个招呼,打一个招呼也行,但是要有原始的记载。哪怕是电话,也要有记载,这就是依据。没有依据的事情是不能做的,而且打招呼的事情一定是要有记载的,打招呼人的一定要是认账的,不然责任不清楚。你们在分公司就是分公司老总的参谋,是他经营核心团队的人员。如何做好这方面的工作,大家自己要作出努力。但是你们的原则是要遵守国家所规定的财务制度、会计准则。如果违背了这些点,那么财务人员的职业道德就有问题了。同时,你们又是从总公司派去分公司的,实际上总公司和分公司是一家人,只是从不同角度在管理着公司,管理着我们不同的业务。每个分公司都是红岭创投前端的一部分,你们也是前端的一部分。我们在管理过程中,业务发展和记载过程中,总公司有规定这个需要你们执行。在当地法规中,一些灵活没有出现的会计事项在进行记载或者记录的时候，要遵循国家的法律法规。这两条抓住后，就是财务人员应该遵守的职业道德。真实是第一的，及时是第二的，准确是很重要的，完成是少不了的，做会计的人员一定要记住这几个字。我们有记载的功能，最终有辅助决策的功能。领导做决策的时候要分析财务状况，是否赚钱？员工的工资得多少？都是会计人员在核算时所要做的工作。在岗位设置，固定工作量和变动工作量如何进行核算，使每个人劳动所得的报酬能对等起来，能够适应起来，都是在给领导做决策的时候，能够提出的有效的专业建议。

互联网的财务到目前为止没有一个规范的依据，因为会计里面分很多种，包括工业会计，商业会计，银行会计，这都是不同的专业分工，互联网金融会计也是一个分支，以后肯定有。这个东西红岭创投在探索，你们作为探索的专业人员，也可以写写心得，也可以写写体会。可以在我们互联网金融协会的杂志上，和我们会计的杂志上写写文章，做做研究，都是能有体会的，特别对年轻人的成长是非常有利的。所以我们每个同志在工作的过程中，把自己的工作与这个行业的发展和公司的发展结合起来，这样一来我们的人生也有意义了。我上次和项总也聊过，我们公司也要有个和银行一样的部门，专门做会计方面的记载。银行内部的会计就是一个收付，没有其他什么东西。根据核算出来大概能够提多少利润，然后就出来分配了，跟工厂的成本核算不一样，简单多了。投资人在我们这有投资账户，有保证金，或者有站岗资金都属于会计问题，估计还没有人入手研究这些问题。现在所执行的很多工作都属于财务类别的工作，真正像银行会计那样对每个对公账户怎么设立，设立之间资金怎么流动，到最后怎么把每天会计上动用的事项归并起来，最后归入当天的日报表，这有一套方法。而我们这个行业到目前为止，因为太新，还没有开始，但是它有参照物，可以参照金融企业的会计制度来建立，当然这是我们总公司的事情。如果我们分公司的财务人员有兴趣和愿望，也可以参与研究。以后我们每个分公司，当地的项目，你可以分区进行核算，虽然现在没有这么去做，但是你们也可以去考虑。给总经理提供数据，去告诉他应该怎么发展，这样才能在管理中起到真正的作用。

新行业很多东西都是盲区，包括现在的互联网金融的监管，最近开始出台。红岭从注册到现在七年了，以前完全像在雾里一样，看不清，很不容易。

那就很容易做错,我没有怪过任何人,要怪也只怪它是个新东西。政府提出了让子弹飞一会儿,主要想规范行业的发展,他们也一样不知道。在这种情况下,只要主观上没有个人侵占动机,我觉得都可以原谅,因为本来就没有规则。我们前赴后继的每个同志都作出了巨大的牺牲,历史会记住他们,尽管有些人已经不在这个行业,但他们为这个行业付出了很多。现在监管政策出台了,给我们指明了方向。从理论到实践上大家应该要懂得这个道理,这样你做事情心里才不会乱。会计人员是我们整个行业发展的基础力量,一定要真实,如果有假的,那就没有办法分析。有时候你认为是错的,但是宏观上看不一定是错的。我们以前造成的不良资产、流动性占用,表面上看是错了,但实际上未必是错,我们在做测试,测试是需要学费和代价的。如果没有测试就没有后来的办法,总要有人走。我们在管理中理直气壮的是,我们是遵纪守法的,除非没有法,那我们就试试干。做到这一点就很不容易了。我们会计也一样,要遵守基本的会计准则,记账要有原始凭证,会计列支也要按照规定,这不能违背,这要按照要求做好。你们这批人员,培训以后奔赴分公司的管理岗位,由于财务本身是管理岗位,在这管理岗位上要协助分公司的领导和员工把分公司的管理做好。分公司的管理好了,总公司的管理就有基础了,这样上下团结一致,才能把红岭创投做得更好。哪怕我们失败了,我们也是在摸索和探索,我们为后来的人做了一个拐杖。为此,我提三点想法,大家一起分享。

第一,遵纪守法,这是财务人员的底线。遵纪守法的核心是真实、及时、全面、准确,反映各项活动的起点、终点和过程。按照国家的会计准则、会计制度,在企业内根据总公司财务部门所提出的规章制度去进行。一定要模范遵守各项财务制度,真正做到遵纪守法。朱镕基总理在 2001 年 4 月 16 号视察上海国家会计学院的时候提了四个字,有没有知道这四个字的?叫不做假账。这四个字送给大家,做什么都要有依据。

第二,要熟悉业务。对于本身的会计业务要熟悉,也要熟悉红岭创投的业务。因为你只有在既熟悉会计又熟悉红岭创投业务的情况下,记载才能够准确、真实、全面、及时。如果专业业务不懂,会计列报不知道要列报到哪个科目就很麻烦,设会计账户的时候,分公司要设立哪几个一级科目,哪些二级科目，在需要的时候临时设计哪几个，这些东西你要懂。当然总公司会给你们指导，但是你们在整个经营的过程中可能还会遇到一些特例，那会计人员要从专业角度给领导能够看懂又能够准确反映的会计科目，这样财务上的开支和流程都能记载下来，都能准确进行反映。所以我要求大家要专业，要熟悉业务。文明的社会，在批评别人的时候有一句很重的话，就是你太不专业，你太业余，这句话的攻击力很强。所以要熟悉业务，要专业。

最后一点，当好参谋助手。会计和财务是反映、记载、分析，最后的结果是给主要决策者和领导者作为参考，他以你的数据来作为制定今后工作的依据，作为整个排兵布阵的参考。他知道这些数据，知道工资水平、费用水平、业务发展速度、盈利空间，这样他制定的政策和方案才有依据有支撑。如果我们的数据不完整，一问三不知，领导决策就少了一个很好的参谋助手。所以，除了会计专业应该做的很多工作之外，最后一条也是非常重要的一条，给领导当好参谋助手。这样才能使企业完整的反映出整个经营面貌，真实反映我们在业务中产生的有关问题，让我们每个员工付出他们劳动时拿到他们合法的应该拿到的那一部分。对企业发展要留足用来备份，包括风险准备的资金。才能使我们的业务健康发展，在新的领域摸索出一条有利于这个行业发展的路。你们到了各个岗位上，我希望你们能够把工作做好。总公司就是你们的家，这是培训就是让大家来，要有归属感。总公司的财务部就是你们的娘家，有什么问题在这里都能得到解决。你们下去以后，又是分公司老总的助手，就等于总公司派人到分公司老总身边去辅助管理，这是好事，千万不要对立起来，是一家人。处理这类问题应该是合作共赢，是相互支撑和帮助，而不是谁监督谁，正确反映就行了。当然这里面隐含监督的功能，无法回避。所以真实反映，按照总公司的财务制度来办事。项总、游总、黄总会提出具体的要求，来解决你们工作中遇到的问题，能使红岭创投的财务会计工作有个新局面，对业务发展起个正面的支撑作用，今天就讲这么多，谢谢大家。

——张宇总裁在分公司财务经理培训上的讲话

10.43 张宇总裁在浙江分公司座谈会上的讲话总结

发展、清收、管理

今年公司主要任务第一点是发展,第二是清收,第三是管理。三大主要任务,因为发展永远是硬道理,只有发展才能解决问题,发展的核心是市场的发展,市场的发展就是供应,就是我们的供应,就是项目源,一定要有充沛的项目源,要有来源,那么在从总公司市场发展的过程当中,这个市场源是什么呢? 三大类,零售,包括我们现在的车易贷,房易贷,工薪贷,赎楼贷等等所有的零售产品,那么这些零售产品是有市场需求的,已经证明了能做成,现在我们不光要把它做成,我们还要把它发扬光大,把它做得更好,做成批量化,我甚至想把零售全国所有的都拉到红岭创投来,为什么? 因为红岭的影响力已经达到了,而且我们出具的资金成本是很低的,在市场上是有一定竞争力的,我们不仅是做单个渠道商,我们甚至是把一个公司都是在做这个的一把全部拉过来,在我们这个平台上发标,我们只收两到三个点,剩下的全给你,这样就可以给你做出一个全国最大的车贷平台,这是其中一个产品,要大家一讲到车贷就想到红岭创投,就要有这样的印象,就要从这个方向努力发展。我们浙江分公司先把浙江做好,把浙江所有地级市先看看有多少的渠道商,做个统计,把这些渠道商都拉过来谈一谈,问一下他们要什么条件,直接跟我们说,这样就做好了,做大事情要从整个规划上去考虑,一定要有一个格局的规划,这个规划一旦出来以后,浙江省所有的渠道商都跟我们打交道,这就不一样了,然后条件我们可以放低,我们不要赚很多的钱,我们只要稳当,只要有个量,然后在这里面,在管理人员上,不够再加,跟不上那就培训,慢慢地你们的工作每一天都是有节奏地往前走,这是市场的第一块。

市场的第二块就是我们讲的对公的产品,这里面分为四块,你们都是知道的,一个是快借标,过去对接房地产的这一块,年化收益率目前对于贷款者是 24%,我们也正在往下降(现在是 21%),现在已经到 21% 了,现在是有充足抵押率的，但是还可以继续做，只要有充足抵押率还是可以继续做的。第二块就是我们的议标，也是房地产，比较优秀的，利率往下降，降到低一点，让他们也能进得来。第三块是特标，就是对国有企业和上市公司的，这一块进来以后重点是国有企业，我们对国有企业进行发标的目的就是让老百姓和国家的利益到一块去，这些老百姓是国家的，我们只是个中介，你要是不还的话就会乱，这就是最安全的承接，不可能有问题，所以说只要是政府，国有的项目，你们只要找到了就可以做，我肯定支持你们，优质的上市公司，你们要选择性做，因为优质的上市公司到最后有可能不是优质的了，有时候一单就会把你弄砸了，你弄砸了，正常的变成了 ST，再由 ST 变成 PT，一变成 PT 就都没有了。

第三个就是同业，我们还没有做。同业这一块空间是巨大的，巨大到什么程度呢？包括我们六大事业部，我们的 PE，VC，到保险、信托、租赁、典当，一共是六大事业部，所有的投资的方式上我们这边都有，而且这个就不是一单单在做了，是一条条在做了。我们现在的利率已经跟信托公司的利率降得差不多了，全国信托公司的资产现在是 16 万亿元，现在很多信托公司资产已经出现问题了，利率降低一点我们就把它接过来，接过来了以后是原来的投资者，投资者换了，就是新的投资者换了，把原来的投资者替换过去了，新的资产到我们手上了，钱就是我们赚的了，我们的利差可能少一点，因为我们可能解救了信托公司那些需要钱的单位了，信托公司也是个中介，我们将金融脱媒就是脱掉它，就是把银行和中介公司通通脱掉，上互联网直接见面，这就叫金融脱媒，我们就是朝着这个方向在走，全国 16 万亿元，我拿一个百分之一过来是多少？百分之十呢？这只是我们讲的同业当中的一条，这个市场也是大得不得了。现在杭州有几条地铁了，以后的地铁可能满地都是了，人员膨胀，大家可以看到，这个城市化进程那么大的，农民全部进城来住了，一住这个轨道交通肯定是要发展的，不发展地面上的车开不动了，只能在地下打洞了，一打洞没设备怎么办，动工机设备一台两个亿，租赁归还那是非常稳定的一个归还，那我们为什么不去做这个租赁呢？还有今天讲到的保理的问题，你讲到找到合适的对象，是药厂的不是医院的，应收账款的保理，对象全是医院，你还怕医院不还钱？不可能的，还有军工企业，你怕什么，军工企业的应收账款，那是国家付给它钱，你怕什么，这个肯定能做。华为是怎么起家的，华为就是从交换机开始的，华为任正非的起家我清清楚楚，他是抓住一个机会，过去我们国家通信是保密的，这个交换机是不准一般单位生产的，这个其实就是一个转换机，电话来了插四根线同时四个电话接听，原理就是这四个玩意，外面来了一个电话，我把这个电话分成四路，然后一个个插上去变成四路电话，这个就是成功的交换机，然后把它放无限大，就是现在的电话终端。任正非就是这个行业出来的，他对这个行业很了解，国家全力放开了这个生产，他一下抓住了，大量的应收账款，只要是你地市的需要交换机的，我不要你钱，我直接就帮你生产，生产过了以后你用电话费再还我的钱，这儿肯定没有问题，我们深发展一下就给了任正非5个亿，在这个基础上他一点点走起来，他抓住了一个历史机遇，任正非是这样起来的，就是华为的今天，现在它的产品已经很多了，包括手机都出来了，但是当时就是转换机，要抓住这个机会。那我们现在的金融行业也是这样，今天也是个机会，这个机会我看到了，但是我年纪大了，我肯定走不了多远了，但是你们这些年轻人应该要看得很远，这个行业是大有可为的，所以这个市场的发展当中，市场就是我们的项目源，有哪些？有零售、公司、同业，同业当中是个什么东西，怎么去联系，全都交给你们了，现在在座的这些孩子们都是做零售的多，以后你要培养对公的，还要培养几个同业的，做同业的质量相对就要高一点了，因为一做就是要做一个系统，这样它们的客户群就变成我们的客户了，就拿到我们的网上在本标里面发了，我们不承担风险。本来就是信托产品，我们只收三个点的手续费，但是投资者全都是我们这边的，我们的目标是哪里？是工商银行4亿多，先从这个地方挖一部分过来，那些客户现在多一个投资方式。我们去工商银行办卡的时候要亲自去一趟，那些客户经理在大堂里面说新的理财产品出来了，我一看4.2%，还不如我们的利率，但是其他的老人开心得很，比原来高一倍，这个市场你们要看到。我家老妈今年80多岁了，现在在招商银行买到一个4.5%的很开心，我告诉她红岭的利率，她很惊讶，很开心。老年人都是一分钱掰成两半花的，非常节省，你们的父母亲那一辈，要是他有四五十万，你能给他赚个四五万，百分之十那就很开心。投资方无限大，项目方无限大，我们只是个平台，这个空间有多大，能做多大，这里面可以容纳 N 多家的互联网金融企业，不光是我们红岭，就银行也一样，金融界也一样，中农工建交，之后还有股份制银行，还有农商行，还有很多金融机构，家家都赚钱，为什么？这个行业足够大，所以在目前来说不形成竞争，但是不容易做，因为它的综合性太强，它不是独立的，跑一单生意不是那么简单，这里面每一个方位都要考虑到，那么现在自己做不到干不了，你可以先傍一家，先傍着我们，之后你们要是成熟以后想要独立出去了我还是会支持你们的，变成一种互助的关系我都愿意，因为一定是互惠的。包括我们现在吴剑同志，他要是现在和我们合作我都愿意，因为这个足够大，所有我很可惜的是有些另外注册的公司根本没有必要，因为现在我在这个地方给大家提供的这个环境，其他公司一般提供不了，因为它们不具备这个素质，它们没有看到前面是什么东西，它只看到里面赚到的一些小钱，它不知道一旦打开一个东西以后，那个势头就像排山倒海一样，谁都挡不住，是做这种东西的。所以说我们今年第一个任务就是发展，发展才能把过去形成的问题解决，发展才能使我们未来充满希望，这不是空话，发展起来了就会使大家的钱越来越多，这个是最实在的，发展就是要让大家赚钱花钱。

第二个就是清收，其实是倍加的收益，所以对我们来说已经形成不良的，只要有充足抵押率仅仅是流动性占用，因为它没有出现问题，我们做银行的都知道，抵押贷款是最好的。设备每年都要折旧，一年比一年磨损，这是有形磨损，就算是技术进步，它还有一个无形的磨损，到最后三年以后根本就达不到原来的价值，要出现 个技术进步，就像我们现在的数码相机一出来，过去的胶卷就不值钱了，就这么厉害。所以说设备抵押肯定不是很好的。股权抵押，股票价格只要一波动你就要平仓，不平仓的话你就什么都没有了，最后发现还是房地产最靠谱，我发现了一条规律，不管什么周期，房地产市场最后总是能活过来，深圳就有四波，挺住的都活过来了，深圳现在的房价，均价都到 5 万元每平方米了，因为人都往深圳去，去了就要住房，买不起就要租，所以好多人买房去出租，这是个链条，所以房价能始终往上涨，这是深圳特殊的地位造成的需求。所以清收只要有充足抵押率，就不用害怕，我当时在深发展分管风控和资产保全等六个部门，当时整个的资产状况我非常清楚，每年都要跟会计师事务所接触，它们年底要给我们出审计报告，到最后都要谈一下今年我们要多少利润，涉及最重要的就是后面的五级分类，五级分类可以往前分，也可以往后分，往前分的话利润就多一点，往后分的话利润就少一点。那利润多的话怎么办，国际还有一个规则，只要是房地产抵押的贷款，都可以不进入第三类，就不是不良资产了，这是国际规则，所以我们现在所有投资、有房地产抵押的，严格意义上都不能称之为不良资产，这就出现一个新的名词，叫流动性占用，流动性占用是要付出财务代价的。所以我们浙江分公司根本不用紧张，只要能重组，只要有充足抵押率的，一往无前，我给你们信心。所以清收要抓紧时间，我们好在100%都有抵押，都有充足抵押率，退一万步讲，我们就算破产了，投资者也不会有一分钱损失，我帮你们把本金和利息都追回来，只是时间问题，所以投资者的心里基本上是踏实的。流动性占用的问题只是我们在管理上、在国家支持的政策上、在整个大的背景下，还存在一些不足，这个不足不是我们造成的，这本身就是新东西，没有规矩可循，我们都是摸索着往前走的，我们没有违规，只是想为老百姓能够挣点钱，日子能够好过一些，让金融垄断企业不能垄断，市场再度振作起来，把资金使用提升到最大效益，这是我讲的第二点。

第三就是管理。前两年的管理是宏观管理，第一年是机构和制度建设，第二年是网点的向外扩充。第一年的建设做完了，第二年机构的建设也基本上做完了，今年是内部管理的建设，就是我们每个节点上工作的同志都要知道在自己管理岗位上有哪些不足，还需要学习哪些东西。像李璟同志，现在是浙江分公司的主要负责人，这个位置相当于银行省行的领导，你要和省行领导相比，看看自己还有多少差距，比如管理的能力，管理的资源，都可以创造出来的，只要有机会的话，十五个地市一下子全设上，因为你有这个能力也有这个权力，但是设好以后要有能力把它管好，这跟跑马圈地一样，圈了地就是你的了。红岭现在把全国都圈了，红岭创投已经是全国的了，过去是深圳市的，我来以后三个月就变成全国的红岭创投了，所以现在是个全国性的机构，那么你们每一块在这个节点上应该做什么，我跟很多分公司老总讲，你们现在的职务跟实际能力之间，就像天花板跟你的高度之间的关系，你要跳起来才能够到，还有的现在跳起来都未必能够到，如果不努力，跳起来就够不到，够不到业务发展就要受到限制,就发展不上去,很多问题就解决不了,但要真上去了,会用人,会用办法,肯动脑筋,肯思考,就会一点一点进步,这是我讲的分公司老总这一级别。

分公司部门老总,你们部门负责的同志,相当于省行的处长了,你们要想想过去的处长是怎样做管理的,他也要管着全省,好比你们金华起来了,可能嘉兴也起来了,可能还有其他地方起来,一个处长就管好多地方,跟总公司一模一样,这个时候你就要想想自己有哪个地方不足了,哪个地方要提高了。有几点最重要的,可以跟你们做个介绍,大家分享一下。什么是管理,管理实际上就是把自己做的事情,让别人去做,你做的目标很大,但是你一个人做不了,必须让别人去做,很多人一起做,那你怎么让别人去做,这里面就有很多办法,包括激励的政策,包括鼓励、批评、惩罚、制定标准,都是鼓励的方法,要公正、公平,人们才会去努力,把自己的事情,让别人去做,这就是管理。当然管理里面还有很多实质性的操作阶段,一般分四个阶段。第一个阶段是命令,就像军队一样,命令你去把什么事情做好,接受命令的人是不负责任的,只要把任务完成就行,由下达命令的人负责任,这是最低级、最原始的管理方法,只要领导动好脑子就直接搞了。管理的第二阶段叫辅导,像老师一样,教你这个事情该怎么做,我今天就带有辅导性质,有什么样的产品,应该怎么样去推销,怎么样去联系,怎么样去看待这个市场,就是辅导,一点点地教,等你学会了,管理能力就会提高。第三个阶段称之为教练,就像现在看欧洲杯,欧洲杯的指导都是站在场外的,球员是在场上踢的,怎么踢,教练就在场外讲一句话"从左边进攻"、"从右边进攻"、"打中路",只讲一句话,然后上面自己做好,管理的时候分公司的老总就是教练这个位置,安排好了下面的人去打。有什么问题我来跟你们讲,我在总公司也是这个位置,这样一来,真正怎么组合怎么打,有具体的小组,为什么要有零售部,零售也是个足球队,对公也是个足球队,怎么打法他们自己去排兵布阵,教练只是指导他们应该达到什么样的目标,这就是我们讲的第三个阶段。最后一个阶段是最简单的,授权,就是我交给你就啥也不管了,我只要结果,你怎么做我都不管,比方浙江分公司,我授权给李璟了,所有东西你全权负责,所有东西你去解决,我都不管,彻底信任,但是有时候我对下面的一些问题还有辅导,有时候还有教练,但是基本没有命令了,那是最原始的阶段,不会那么去做了。

所以今年我们提高管理,首先是业务的管理,行政的管理,包括上下、包括你们提出的一些指标,都是管理上的问题,包括我们今年的费用率应该是多少,刚才我跟你讲,55%是给分公司的,如果你没有不良资产,日子过得比银行不知道要开心多少倍。要是有不良资产,那就有个标准了,不良资产到多少只能给你多少,否则谁来帮你背呢。但是杭州的情况比较特殊,不是原来的老总,如果是原来的老总就不是这种管理办法了,换了老总以后就新老划断,但是也不能新官不理旧账,但是这个程度不一样,要客观,在总公司能够承受得了的情况下,尽可能让分公司舒服一点,我是这个原则,总公司都承受不了的话,谁去担呢。我们的董事长很好,我也不错,从来不想留点什么,总是想把赚的钱都用在这支队伍上,让大家都开开心心的,但是不能把投资者的投资款分了,总是要赚的钱才能分。现在垫出去多少钱了,这个大账大家都应该知道,所以说财务管理上、费用率上,我们都应该有一套新的办法,来适应今天的业务发展。所以第三项管理里边,不论是行政管理、干部管理、业务管理、财务管理,都是你们的具体内容,总体我把自己想做的事情让被人做,大家一起做,再一个就是管理的不同阶段,针对不同的事情应该怎样管理,只要授权了,你自己就去干吧,我也不管你了,不懂的话可以来问我。这就是我今天要跟大家分享的一点看法。

——浙江分公司座谈会

10.44　2016年中工作会议的阶段性总结

工作中的感受与反思

在红岭创投的发展和管理过程当中存在着很多不确定性,我们董事长带着我们走过七年不平凡的路,这七年当中我们是在雾霾当中前行,我们是在黑暗当中摸索,没有监管、没有标准,深一脚、浅一脚,任何一脚插下去都可能会死。就这样我们跌跌撞撞地走过了七年,终于迎来曙光,监管来了,所以说董事长也好,我也好,一直盼望着有监管,因为有监管我们所有的动作就有了依靠、就有依据,否则我们老是感觉不踏实,对还是错啊,有没有问题啊,这个东西有没有诚信啊,这个问题到底怎么解释啊。从法律上讲"法无禁止"就可行,只要没有规定不能做的都可以做,但在实际操作上有力推进比比皆是,任何一个环节上都有,所以说检查过以后我们有关领导和我们聊天的时候说你希望是什么结果,我说我希望这两个结果是满意的:第一个结果是别抓人,一抓人就麻烦了;第二个结果,允许我们整改。他说恐怕没问题吧,抓人的概率是零,允许整改与不允许整改还差那么多啊,你还没错嘛,我错是允许的。听到这个话我非常开心,因为他全盘接受了我们,那是另外一面的东西,不是这一面的东西,全盘接受我们的东西,对我们所有做法没有异议,这个不简单,非常不简单。你知道过去金融、银行成立要多费事吗?监管条件,包括最后的审批要多少监管?你不是金融行业都是金融行业了,而且是互联网金融行业,我们也是深一脚、浅一脚稀里糊涂地就进来了,实际上大家在整个业务经营当中都非常清楚,我们哪一笔业务做的跟银行不一样?几乎完全一样,只不过有一点是倒过来的,就是我们不是先进行存款,我们是先去选择优质项目,然后让广大的投资者进行投资,其他完全一样。我们这么多的行长、银行高管人员在这里,如果这个做不好对不起自己的职业,但它毕竟是一个新型的行业,它跟互联网沾在一起,它是一个没有监管、让子弹飞一会儿、大家都在观察的一个行业,在这样的一个行业当中,我们每个人都不简单,首先我们董事长不简单,带领我们走了这么多年没有倒,自己作出巨大的牺牲。其实我们在座的每一个同事都不简单,因为勇敢地进入了这个行业,在这个行业里面游泳,但是别淹死就行了,在这个行业你们都是互联网金融行业的先行者,因为这个行业目前为止还没有真正形成,只是一个雏形,因为它的量现在整个规模还占不到全国信贷规模的万分之一,所以说刘士余同志讲让子弹飞一会儿。

我们在这当中能够有这样的一个机会做到今天,首先要感谢我们董事长,其次要感谢我们在座的每一个同事。所以说我们这个行业通过了这次监管以后,尽管我们有很多东西要整改,但是我们最踏实的就是什么,就是说监管部门等于接受了我们,我们要出问题,它不监管就是它的问题了,不是我们的问题了,我什么都给你看了,你不叫停我就往前干,我就按照你的规范干了,有依托了,就是知道水底在哪里。要是深不可测,你都不知道底在哪里怎么能踏实呢?今天我们能踏实了,我觉得这点是红岭创投的一个伟大胜利。这个胜利再过若干年以后,如果我们这个企业真做大了,大家回过头来看,使我们每个队伍的每个人都知道子弹怎么去做,而且最重要的是监管部门包括政府现在肯定和接纳我们,它不肯定都肯定,不接纳都接纳,它表示不是这样,但实际上已经是这样了,否则我们红岭创投今天在经营过程当中你看我们的满标速度,我们的利率降到这个程度,满标速度还是非常迅速,那一两个亿标上去以后全部资本就没了。当然这并不是说我们达到了一个目的,我们下一步要把更多的投资者拉过来,我们的目标是跟工商银行比,工商银行是四亿六千五百万元,我们连它百分之一都没有,上升空间非常大。它的投资利率才多少?活期每年利率零点几,一年定期才二点几,我们这边最起码有10左右,这个空间还有那么大空间的话,那就像我们的宣传、我们的产品、我们各方面怎么样去做动作,让这些客户们逐步转移到理财、用互联网金融、用手机去投资,那我们就真做大了。这个做大的话,我们一个省公司,我补充数字上讲如果按照这种手段,如果监管部门允许我们做下去,互联网金融应该站在第一位,你一定站在工行前面,我的预测是这个预测。这是对于目前形势的判断和一种认识。

第二点是我们公司发展到今天,从我自己个人身上要总结一些想法。首先红岭创投为我们提供了这样的条件,我和大家都一样,我们董事长创立了红岭创投公司,然后为我们提供了这样的条件,我们应该感谢,因为不存在谁跟谁讨价还价的问题,就是你选择了我,我选择了你,包括我们分公司老总有时候好像还不太开心。我跟你们一样,角度和心态完全一样,就是你双向选择。选择了这样的条件,在这样的环境里面我们一起往前走,遇到困难也很正常,遇到困难我们应该团结起来,一致进行解决,这点应该讲我们分公司的老总都在努力,而且应该说值得鼓励,做得不错,当然还有很多地方有待于提高。从我个人讲,我感谢我们董事长,他给了我这个机会。我到红岭创投的愿望是想把我在金融界没有实现的想法或者目前提供的互联网金融的机会做一个研究、探索,看能不能发挥一点余热,能够做一点有用的东西,这是我个人的需求。现在应该讲,这个目的我达到了,不管是深是浅,做得好与坏,可以说互联网金融像红岭创投这样企业的运作和未来的方向怎么把握、路怎么走,应该讲我基本上清楚了,所以我感谢我们董事长给我提供这个机会。第二我要感谢我这几个助手,包括项总、刘总、陆总,再加上新来的张旭明副总裁,我感谢他们对我工作的支持和理解。第三我要感谢我们在座所有分公司的老总和筹备组的组长们,我要感谢你们对我工作的支持和理解,因为我们是面对面的,是我第一次跟你们见面,然后提供给我们董事长作决策的,也是我们人事部选拔的,我们能够一直进行到现在,而且将一如既往一路同行,这一点我感谢你们。第四,我还要感谢我们总公司各个部门的老总和总公司的全体员工他们对我工作的支持和理解。

我唯一感觉到自己应该进行反省的是什么?有时候我很粗暴,受到我这种影响的所有同事,我向你们表示抱歉。我这两天老在思考这个问题,我为什么是这样,我为什么变成这样?任何一个事情你不要去怨它,你要看产生这个问题的原因是什么。我想大家会理解我,你们看一看系列的片,我在部队待了八年,部队的管理作风就是这样的,我批评是因为我爱你们,就是这个道理,没有其他东西,我很重地撞击你的时候,因为我要保护你。我们这儿有当过兵的,吴锋同志也当过兵,还有几个当过兵的老总,你们在部队的时候是不是有这种感情?我有这种感觉,我们的领导就是部队的管理和战友之间“是”“走”,八年的部队生活养成了这种习惯,这种习惯可能到了地方工作以后一直没有改变,就没有注意到这。当你们理解这一点以后对张老头的理解会更深刻一点,或许能够容忍我过去在工作管理上包括批评、粗暴,估计你们会理解一点。如果讲不能理解,那肯定是我的错,因为不必要这样。

这是我讲的第二点,就是感受和反思。

第三点就是今年的工作重点。今年的工作重点是三点,我跑了 19 个分公司,还差一个深圳分公司。这 19 个分公司 18 个分公司我都讲过了,今年三个问题发展、清收、管理,这是今年的发展要点。发展当中零售、对公、同业三个并行,清收一对一、点对点,每一天都要有人盯住,尽管我们中期风险没有,但是流动性风险也很可怕,一定要盯住。最后一点是管理,两年多来这个管理没能上去,为什么?没有时间,第一年是基础,第二年是机构开设,今年才开始涉及内部管理，今年董事长也要求我们把管理工作上去。这点我在分公司的讲话当中 18 个分公司都有记录，大家回去看就知道了。

最后一个问题就是开这次会几个针对性的问题我们都思考过，第一个问题就是财务问题，第二个问题是审批的问题，这是最核心的两个问题，审批也是为了财务，因为批下去费用就有了，批不下去费用就没有，最终是财务的问题。我们会广泛听取大家的意见，找出一条总公司和分公司都能接受的路，把我们工作做好。

——2016 年中工作会议